MÉTODOS DE PESQUISA EM ADMINISTRAÇÃO

C776m Cooper, Donald R.
        Métodos de pesquisa em administração / Donald R. Cooper, Pamela S. Schindler ; [tradução: Scientific Linguagem Ltda, textos da 10. ed.: Iuri Duquia Abreu]. – 12. ed. – Porto Alegre : AMGH, 2016.
        xvi, 695 p. : il. ; 28 cm.

        ISBN 978-85-8055-572-1

        1. Administração. 2. Métodos de pesquisa. I. Schindler, Pamela S. II. Título.

        CDU 658:001.891

Catalogação na publicação: Poliana Sanchez de Araujo – CRB 10/2094

12ª EDIÇÃO

MÉTODOS DE PESQUISA EM ADMINISTRAÇÃO

Donald R. Cooper | **Pamela S. Schindler**
Florida Atlantic University   Wittenberg University

AMGH Editora Ltda.
2016

Obra originalmente publicada sob o título
Business Research Methods, 12th Edition
ISBN 0073521507 / 9780073521503

Original edition copyright (c) 2013, McGraw-Hill Global Education Holdings, LLC., New York, New York 10121.
All rights reserved.

Tradução da 12ª edição: *Scientific Linguagem Ltda.*
Textos traduzidos por Iuri Duquia Abreu da 10ª edição desta obra foram utilizados nesta edição.

Gerente editorial: *Arysinha Jacques Affonso*

Colaboraram nesta edição:

Capa: *Maurício Pamplona*

Editoração: *Know-how Editorial*

Reservados todos os direitos de publicação, em língua portuguesa, à
AMGH Editora Ltda., uma parceria entre Grupo A Educação e McGraw-Hill Education.
Av. Jerônimo de Ornelas, 670 – Santana
90040-340 – Porto Alegre – RS
Fone: (51) 3027-7000   Fax: (51) 3027-7070

Unidade São Paulo
Av. Embaixador Macedo Soares, 10.735 – Pavilhão 5 – Cond. Espace Center
Vila Anastácio – 05095-035 – São Paulo – SP
Fone: (11) 3665-1100   Fax: (11) 3667-1333

SAC 0800 703-3444 – www.grupoa.com.br

É proibida a duplicação ou reprodução deste volume, no todo ou em parte,
sob quaisquer formas ou por quaisquer meios (eletrônico, mecânico, gravação,
fotocópia, distribuição na Web e outros), sem permissão expressa da Editora.

IMPRESSO NO BRASIL
PRINTED IN BRAZIL

Para Kelli Cooper, minha esposa, por seu amor e apoio.
Donald R. Cooper

Para minha alma gêmea e marido, Bill, por seu constante apoio e sábios conselhos.
Pamela S. Schindler

Prefácio

Voltada para alunos de graduação que estão começando a aprender sobre métodos de pesquisa e também para alunos de pós-graduação que começam a avançar em seus estudos de pesquisa, esta obra é um livro-texto de fácil leitura, além de uma valiosa referência para o futuro. Como marca de sua aceitação em nível mundial, *Métodos de Pesquisa em Administração* agora é publicado em nove edições internacionais e em quatro idiomas.

Liderança

Utilizamos o relatório Greenbook Research Industry Trends (GRIT) de 2012 como um ponto inicial para a criação da 12ª edição. Esse grande estudo de fornecedores e clientes de pesquisa nos deu uma direção clara sobre as técnicas emergentes e como o campo estava mudando. Concentramos nossos esforços em obter exemplos dessas mudanças e as fizemos presentes ao longo do livro.

Responsivo... para estudantes e professores

Revelamos o que é oportuno e atual em pesquisa por meio dos Instantâneos, Perfis Visuais e do Close-up. Nós esperamos até que tais questões tornem-se preponderantes antes de dar a elas um lugar permanente dentro do texto. Na verdade, dos 82 Instantâneos e Perfis Visuais descritos, 35 são completamente novos e metade dos Close-up foram atualizados. Entre os novos exemplos, você encontrará tópicos tratando de biometria, rastreamento ocular via internet, levantamentos móveis, comunidades *on-line*, audiotours, caminhadas locais, análise de talentos, incentivo à participação, visualização de dados, levantamentos de modo misto, recrutamento de acesso misto, gráficos, bem como pesquisas na Internet e computação em nuvem usando o Excel para análise de dados e apresentações, pesquisas por smartphone, dados sujos, palpites instintivos, levantamentos arriscados e muito mais. Você descobrirá também histórias de pesquisas que estão relacionadas com tais organizações ou marcas, como a Mercedes-Benz, TNS-Infratest, NTT Communications, Next Generation Market Research, Interactive Advertising Bureau, Groupon, TrustE, Decipher, Living Social, Troy-Bilt, entre muitas outras.

São aproximadamente 200 imagens e arte de texto dando base para os nossos objetivos de aprendizado; você descobrirá que mais de um quarto deles são novos nesta edição. Atualizamos as questões da seção "Direto das manchetes", cobrindo introduções de produto, questões dos funcionários, processos legais, campanhas publicitárias. Muitos outros tópicos e exemplos de pesquisa foram adicionados ao Manual do Professor para uso nas discussões de sala de aula ou testes.

Nosso livro destina-se a disciplinas com duração de um semestre, embora não acreditemos que seja possível abordá-lo do começo ao fim neste período. Como muitos métodos de pesquisa para alunos da graduação não usam estatísticas multivariadas, transferimos o capítulo "Análise Multivariada: uma visão geral" para o site do Grupo A (www.grupoa.com.br), beneficiando os alunos de pós-graduação. Lá você também encontrará casos, questionários, conjunto de dados, uma amostra do projeto de um aluno e material digital para apoio relacionados a alguns de nossos Instantâneos e Close-Up. Atenção: o material de apoio disponível para *download* por professores e estudantes no site do Grupo A encontra-se em língua inglesa.

Continuamos usando os finais de capítulo e os apêndices para informações que, dada as diferentes habilidades e o conhecimentos dos estudantes, os professores queiram enfatizar. Mantivemos os apêndices de final de capítulo relacionados a Criando Questões Eficazes de Mensuração e Determinando o Tamanho da Amostra, bem como os apêndices de fim de capítulo relacionados a uma proposta de amostra, um guia de grupo focal, estatísticas não paramétricas e tabelas estatísticas.

Colaborativa

Quando revisamos uma edição, muitas pessoas e empresas contribuem. Aqui listamos algumas que merecem reconhecimento especial e nossa gratidão:

- Para todos os pesquisadores que compartilharam seus projetos, ideias, perspectivas e o amor pelo que fazem durante horas e horas de entrevistas; que nos ajudaram a desenvolver casos, Instantâneos, Perfis Visuais ou Close-ups, ou forneceram visuais novos, externamos nossa apreciação sincera: Edwige Winans, Marcus Thomas, LLC; Jennifer Hirt-Marchand, Marcus Thomas, LLC; Kristin Luck, Decipher; Tom H. C. Anderson, Anderson Analytics; Leonard F. Murphy, GreenBook; Rachel Sockut, Innerscope; Erica Cenci, Brady PR for OpinionLab; Olescia Hanson, The Container Store; Cynthia Clark, 1to1 Magazine; Rachel Sockut, Innerscope; Betty Adamou, Research Through Gaming Ltd.; Debra Semans, Polaris Marketing Research; Keith Chrzan, Maritz Research, Inc.;

Michael Kemery, Maritz Research, Inc.; Christian Bauer, Daimler AG; Kai Blask, TNS Infratest; Melinda Gardner, Novation; Pete Cape, SSI; Keith Phillips, SSI; Sean Case, Research for Good; Nels Wroe; SHL; Ephraim (Jeff) Bander, EyeTrack-Shop; Ron Sellers, Grey Matter Research & Consulting; Guadalupe Pagalday, Qualvu.com; Sandra Klaunzler, TNS Infratest; Betty Adamou, Research Through Gaming Ltd; Steve August, Revelation; Kathy Miller, GMI (Global Market Insite, Inc.); Takayuki NOZOE, NTT Communications Corporation; Janeen Hazel, Luth Research; Christine Stricker, *RealtyTrac*; Stephanie Blakely, The Prosper Foundation; Jennifer Frighetto, Nielsen; Andy Pitched, Research Triangle Institute (RTI International); Jeffrey C. Adler, Centric DC Marketing Research; Josh Mendelssohn, Chadwick Martin Bailey, Inc.; Ruth Stan at, SIS International Research; Sharon Starr, IPC, Inc.; Lance Jones, Keynote Systems; Keith Crosley, Proofpoint; Christopher Schultheiss, SuperLetter.com; Hy Mariampolski, QualiData Research Inc; Julie Grabarkewitz e Paul Herrera, American Heart Association; Holly Ripans, American Red Cross; Mike Bordner e Ajay Gupta, Bank One; Laurie Laurant Smith, Arielle Burgess, Jill Grech, David Lockwood, e Arthur Miller, Campbell-Ewald; Francie Turk, Consumer Connections; Tom Krouse, Donatos Pizza; Annie Burns e Aimee Seagal, GMMB; Laura Light e Steve Struhl, Harris Interactive; Emil Vicale, Herobuilders.com; Adrian Chiu, NetConversions; Eric Lipp, Open Doors Organization; Stuart Schear, Robert Wood Johnson Foundation; Elaine Arkin, consultor para a RWJF; Colette Courtion, Starbucks; Mark Miller, Team One Advertising; Rebecca Conway, The Taylor Research Group; Scott Staniar, United States Tennis Association; Danny Robinson, Vigilante; Maury Giles, Wirthlin Worldwide; e Ken Mallon, Yahoo!; e colegas da IBM e da Lenovo.

- Para Jane Ducham, nossa Editora de Desenvolvimento e Christina Kouvelis, Editora de Desenvolvimento de Gestão que facilitou um processo complexo; para nosso Gerente de Marcas sênior Thomas Hayward, que sentiu-se confiante o suficiente com o nosso sucesso como escritores para apoiar esta revisão.
    - Para o restante de nossa equipe na McGraw-Hill, por tornar este livro uma prioridade:
    - Gerente de Projeto de Conteúdo: Mary Jane Lampe
    - Gerente de Marketing: Heather Kazakoff
    - Gerente de Projeto de Mídia: Prashanthi Nadipalli
    - Comprador: Nichole Birkenholz
    - Designer: Studio Montage
    - Pesquisador de fotografia: Danny Meldung
- Para nossos revisores docentes por suas ideias, sugestões, divergências e desafios que nos incentivaram a analisar nosso conteúdo de maneiras diferentes: Robert Wheatley, Troy University; Gary Tucker Northwestern, Oklahoma State University; Warren Matthews, LeTourneau University; Marjolijn Vandervelde, Davenport University; Ron E. Holm; Cardinal Stritch University (Director of Distance Learning); Erika Matulich, University of Tampa; Cheryl O'Meara Brown, University of West Georgia; Kay Braguglia, Hampton University; Ken Zula, Keystone College; Bob Folden, Texas A&M University; Scott Baker, Champlain College; Scott Bailey, Troy University; Robert Balik, Western Michigan University–Kalamazoo; John A. Ballard, College of Mount St. Joseph; Jayanta Bandyopadhyay, Central Michigan University; Larry Banks, University of Phoenix; Caroll M. Belew, New Mexico Highlands University; Jim Brodzinski, College of Mount St. Joseph; Taggert Brooks, University of Wisconsin–La Crosse; L. Jay Burks, Lincoln University; Marcia Carter, University of Southern New Hampshire; Raul Chavez, Eastern Mennonite University; Darrell Cousert, University of Indianapolis; David Dorsett, Florida Institute of Technology; Michael P. Dumler, Illinois State University; Kathy Dye, Thomas More College; Don English, Texas A&M University–Commerce; Antonnia Espiritu, Hawaii Pacific University; Hamid Falatoon, University of Redlands; Judson Faurer, Metropolitan State College of Denver; Eve Fogarty, New Hampshire College; Bob Folden, Texas A&M University–Commerce; Gary Grudintski, San Diego State University; John Hanke, Eastern Washington University; Alan G. Heffner, Silver Lake College; Lee H. Igel, New York University; Burt Kaliski, New Hampshire College; Jane Legacy, Southern New Hampshire University; Andrew Luna, State University of West Georgia; Andrew Lynch, Southern New Hampshire University; Iraj Mahdvi, National University; Judith McKnew, Clemson University; Rosemarie Reynolds, Embry Riddle Aero University–Daytona; Randi L. Sims, Nova Southeastern University; Gary Stark, Northern Michigan University; Bruce

Strom, University of Indianapolis; Cecelia Tempomi, Southwest Texas State University; Charles Warren, Salem State College; Dennis G. Weis, Alliant International University; Bill Wresch, University of Wisconsin-Oshkosh; e Robert Wright, University of Illinois at Springfield.

Também temos uma dívida com dezenas de alunos que identificaram partes confusas, de forma que pudemos tornar os conceitos mais compreensíveis, que participaram de testes de busca, que trabalharam em inúmeros projetos de pesquisa demonstrando onde precisávamos de mais ênfase e que nos lembraram, com suas perguntas e ações, que muitos aspectos do processo de pesquisa operam abaixo de seu radar de aprendizagem.

Utilizando esta 12ª edição, esperamos que você e seus alunos descubram, ou redescubram, como este mundo da tomada de decisões baseada em pesquisas pode ser estimulante, desafiador, fascinante e, às vezes, frustrante.

Pamela Schindler
Donald Cooper

Sumário Resumido

Parte I
Introdução à Pesquisa em Administração 1

1. Pesquisa em Administração 2
2. Ética em Pesquisa em Administração 26
3. Pensando como um Pesquisador 50
4. O Processo de Pesquisa: Um Panorama 76
5. Esclarecimento da Questão de Pesquisa por Meio de Dados Secundários e Exploração 94

Parte II
O Projeto da Pesquisa em Administração 123

6. Projeto de Pesquisa: Visão Geral 124
7. Pesquisa Qualitativa 144
8. Estudos de Observação 172
9. Experimentos 192
10. Levantamentos 216

Parte III
As Fontes e a Coleta de Dados 245

11. Mensuração 246
12. Escalas de mensuração 268
13. Questionários e Instrumentos 296
    Apêndice 13a: Criação de Questões Eficazes de Mensuração 331
14. Amostragem 338
    Apêndice 14a: Determinando o Tamanho da Amostra 367

Parte IV
Análise e Apresentação de Dados 375

15. Preparação e Descrição de Dados 376
    Apêndice 15a: Descrição Estatística de Dados 401
16. Exploração, Exibição e Exame de Dados 406
17. Teste de Hipóteses 430
18. Medidas de Associação 470
19. Apresentação de Ideias e Resultados: Relatórios por Escrito 506
20. Apresentação de Ideias e Achados: Apresentações Orais 542

Índice de Casos 579

Apêndices

A. Briefings e Propostas de Pesquisa em Administração (com amostra) 588
B. Guia de Debates para Grupos de Discussão 612
C. Testes de Significância Não Paramétricos 614
D. Tabelas Estatísticas Selecionadas 621

Referências e Leituras 632

Glossário 654

Créditos das Fotografias 672

Índice de Nomes 673

Índice de Empresas 677

Índice de Assuntos 681

Sumário

Parte I
Introdução à Pesquisa em Administração 1

1 Pesquisa em Administração 2
Por que estudar pesquisa em administração? 4
Informações e vantagem competitiva 8
   Metas 8
   Apoio à decisão 9
   Inteligência de negócios 9
   Estratégia 9
   Tática 10
Hierarquia de tomadores de decisão baseados em informações 10
Processo de pesquisa: apresentação 13
   A pesquisa é sempre baseada em solução de problemas? 15
O que é uma boa pesquisa? 15
Breve visão de quatro estudos de pesquisa 19
   ClassicToys 19
   MedImage 19
   MoreCoatings 19
   York College 20
   Qual é o problema enfrentado pelo gestor? 21
   Tipos de estudos de pesquisa representados pelos quatro exemplos 21
Resumo 23
Termos-chave 24
Questões para discussão 24
Casos 25

2 Ética em Pesquisa em Administração 26
O que é ética em pesquisa? 27
Tratamento ético dos participantes 28
   Benefícios 28
   Logro 30
   Consentimento informado 31
   Esclarecimento dos participantes 32
   Direito à privacidade 34
   Coleta de dados no ciberespaço 35
A ética e o patrocinador 37
   Confidencialidade 37
   A relação entre patrocinador e pesquisador 38
   Ética do patrocinador 40
Pesquisadores e membros da equipe 41
   Segurança 41
   Comportamento ético dos assistentes 41
   Proteção do anonimato 41
Padrões profissionais 41
Recursos para a consciência ética 45
Resumo 46
Termos-chave 47
Questões para discussão 47
Casos 49

3 Pensando como um Pesquisador 50
A linguagem da pesquisa 52
   Conceitos 52
   Constructos 54
   Definições 55
   Variáveis 57
   Proposições e hipóteses 60
   Teoria 64
   Modelos 65
A pesquisa e o método científico 66
   Raciocínio lógico para respostas úteis 69
Resumo 73
Termos-chave 73
Questões para discussão 74
Casos 75

4 O Processo de Pesquisa: Um Panorama 76
O processo de pesquisa 77
Estágio 1: esclarecendo a questão de pesquisa 79
Estágio 2: a proposta de pesquisa 82
   Alocação de recursos e orçamento 82
   Determinação do valor das informações de pesquisa 83
   A proposta de pesquisa 84
Estágio 3: planejamento do projeto de pesquisa 84
   Projeto de pesquisa 84
   Plano da amostragem 86
   Teste-piloto 87
Estágio 4: coleta e preparação de dados 87
Estágio 5: análise de dados e interpretação 88

Estágio 6: relatório dos resultados 89
Problemas do processo de pesquisa 89
   A síndrome da técnica favorita 89
   Mineração do banco de dados da empresa 90
   Questões não pesquisáveis 90
   Problemas gerenciais mal definidos 91
   Pesquisa com motivação política 91
Resumo 91
Termos-chave 92
Questões para discussão 92
Casos 93

5 Esclarecimento da Questão de Pesquisa por Meio de Dados Secundários e Exploração 94

Uma estratégia de busca para exploração 95
   Níveis de informação 97
   Tipos de fontes de informação 99
   Avaliação das fontes de informação 102
Mineração de fontes internas 104
   Evolução da mineração de dados 105
   Processo de mineração de dados 107
A hierarquia das questões: como questões ambíguas se tornam pesquisa acionável 110
   A questão gerencial 110
   A questão de pesquisa 114
   Questões investigativas 115
   Questões de mensuração 120
Resumo 120
Termos-chave 121
Questões para discussão 121
Casos 122

Parte II
O Projeto da Pesquisa em Administração 123

6 Projeto de Pesquisa: Visão Geral 124

O que é um projeto de pesquisa? 126
   Classificação dos projetos 127
Estudos exploratórios 131
   Técnicas qualitativas 131
   Análise de dados secundários 132
   Levantamento de experiência 134

   Grupos de discussão 135
   Projeto em dois estágios 135
Estudos descritivos 136
Estudos causais 138
Resumo 141
Termos-chave 142
Questões para discussão 142
Casos 143

7 Pesquisa Qualitativa 144

O que é pesquisa qualitativa? 145
Pesquisa qualitativa *versus* quantitativa 147
   A controvérsia 147
   Distinção 147
O processo de pesquisa qualitativa 150
Metodologias de pesquisa qualitativa 153
   Amostragem 153
   Entrevistas 154
   Entrevista individual em profundidade 158
   Entrevista em grupo 160
Combinação de metodologias qualitativas 168
   Estudo de caso 168
   Pesquisa-ação 168
Combinação de metodologias qualitativas e quantitativas 169
Resumo 169
Termos-chave 170
Questões para discussão 171
Casos 171

8 Estudos de Observação 172

Os usos da observação 173
   Observação não comportamental 175
   Observação comportamental 175
Avaliação do método de observação 177
A relação observador-participante 178
   Observação direta e indireta 179
   Dissimulação 179
   Participação 180
Condução de um estudo de observação 180
   Tipo de estudo 180
   Especificação de conteúdo 182
   Treinamento do observador 182
   Coleta de dados 183
Medidas não intrusivas 186

Resumo 189
Termos-chave 190
Questões para discussão 190
Casos 191

9 Experimentos 192

O que é experimentação? 193
Uma avaliação dos experimentos 194
   Vantagens 194
   Desvantagens 195
Realização de um experimento 197
   Seleção das variáveis relevantes 197
   Especificação dos níveis de tratamento 199
   Controle do ambiente experimental 199
   Escolha do projeto experimental 201
   Seleção e definição dos sujeitos 201
   Teste-piloto, revisão e teste 202
   Análise dos dados 203
Validade na experimentação 203
   Validade interna 203
   Validade externa 205
Projetos de pesquisa experimental 206
   Projetos pré-experimentais 207
   Projetos experimentais verdadeiros 208
   Experimentos de campo: quase ou semiexperimentos 210
Resumo 213
Termos-chave 213
Questões para discussão 214
Casos 215

10 Levantamentos 216

Características da abordagem de comunicação 218
   Erro na pesquisa de comunicação 221
   Escolha de um método de comunicação 226
Levantamentos autoadministrados 228
   Avaliação do levantamento autoadministrado 228
   Maximização da participação no levantamento autoadministrado 232
   Tendências do levantamento autoadministrado 232
Levantamento por entrevista telefônica 234
   Avaliação da entrevista telefônica 235
   Tendências do levantamento telefônico 239
Levantamento por entrevista pessoal 239
   Avaliação do levantamento por entrevista pessoal 239
Seleção do método ideal de levantamento 241
   Terceirização dos serviços de levantamento 242
Resumo 243
Termos-chave 243
Questões para discussão 243
Casos 244

Parte III
As Fontes e a Coleta de Dados 245

11 Mensuração 246

A natureza da mensuração 248
   O que é mensurável? 250
Escalas de mensuração 250
   Escalas nominais 251
   Escalas ordinais 254
   Escalas intervalares 254
   Escalas de razão 255
Fontes de diferenças de mensuração 256
   Fontes de erro 258
As características de uma mensuração legítima 259
   Validade 259
   Validade de conteúdo 259
   Validade de critério 260
   Validade de constructo 261
   Confiabilidade 262
   Praticidade 264
Resumo 265
Termos-chave 266
Questões para discussão 266
Casos 267

12 Escalas de mensuração 268

A natureza das atitudes 270
   A relação entre atitudes e comportamento 272
   Escalonamento de atitudes 272
Seleção de uma escala de mensuração 273
   Objetivos da pesquisa 273
   Tipos de resposta 273
   Propriedades dos dados 274
   Número de dimensões 274
   Balanceada ou não balanceada 274

Escolhas forçadas ou não forçadas 275
Número de pontos na escala 276
Erros de classificação 276
Escalas de classificação 277
Escalas de atitude simples 277
Escalas de Likert 279
Escala de diferencial semântico 283
Escalas de lista de classificação numérica/múltipla 285
Escalas de Stapel 286
Escalas de soma constante 286
Escalas de classificação gráfica 287
Escalas de graduação 287
Ordenação 291
Escalas cumulativas 292
Resumo 293
Termos-chave 294
Questões para discussão 294
Casos 295

13 Questionários e Instrumentos 296

Fase 1: a hierarquia da questão de pesquisa revisitada 297
Tipo de escala para análise desejada 299
Abordagem de comunicação 299
Disfarce de objetivos e patrocinadores 300
Plano de análise preliminar 302
Fase 2: construção e refinamento das questões de mensuração 303
Categorias e estrutura das questões 304
Conteúdo das questões 304
Redação das questões 304
Estratégia de resposta 307
Fontes de perguntas existentes 314
Fase 3: elaboração e refinamento do instrumento 317
Triagem de participantes e apresentação 318
Sequência da questão de mensuração 319
Instruções 322
Conclusão 325
Superação de problemas do instrumento 325
O valor do pré-teste 326
Resumo 327
Termos-chave 328
Questões para discussão 328

Casos 330
Apêndice 13a: Criação de Questões Eficazes de Mensuração 331

14 Amostragem 338

A natureza da amostragem 340
Por que amostra? 340
O que é uma boa amostra? 341
Tipos de amostragem 343
Passos para o projeto de amostragem 347
Qual é a população-alvo? 347
Quais são os parâmetros de interesse? 347
O que é a estrutura da amostragem? 349
Qual é o método de amostragem apropriado? 350
Que tamanho de amostra é necessário? 351
Amostragem probabilística 352
Amostragem aleatória simples 352
Amostragem probabilística complexa 353
Amostragem não probabilística 360
Considerações práticas 361
Métodos 362
Resumo 364
Termos-chave 365
Questões para discussão 365
Casos 366
Apêndice 14a: Determinando o Tamanho da Amostra 367

Parte IV
Análise e Apresentação de Dados 375

15 Preparação e Descrição de Dados 376

Introdução 377
Edição 378
Edição de campo 379
Edição central 379
Codificação 381
Construção do registro de códigos 381
Codificação de questões fechadas 383
Codificação de questões abertas 384
Regras de codificação 385
Uso da análise de conteúdo para questões abertas 387

Respostas "não sei" 390
Dados faltantes 392
Entrada de dados 394
Formatos alternativos de entrada de dados 394
No horizonte 398
Resumo 398
Termos-chave 398
Questões para discussão 399
Casos 400
Apêndice 15a: Descrição Estatística de Dados 401

16 Exploração, Exibição e Exame de Dados 406

Análise exploratória de dados 407
Tabelas de frequência, gráficos de barras e gráficos de pizza 409
Histogramas 409
Gráfico tronco-e-folha 413
Diagrama de Pareto 417
Boxplot 418
Mapeamento 420
Tabulação cruzada 421
Uso de porcentagens 422
Outras análises baseadas em tabela 425
Resumo 427
Termos-chave 428
Questões para discussão 428
Casos 429

17 Teste de Hipóteses 430

Introdução 431
Significância estatística 433
A lógica dos testes de hipóteses 433
Teste de significância 442
Tipos de testes 442
Como selecionar um teste 444
Seleção de testes usando critérios de escolha 445
Testes de uma amostra 446
Testes com duas amostras independentes 449
Testes com duas amostras relacionadas 453
Testes com k amostras independentes 456
Testes de k amostras relacionadas 463
Resumo 466
Termos-chave 467

Questões para discussão 467
Casos 469

18 Medidas de Associação 470

Introdução 472
Análise de correlação bivariada 473
Coeficiente r de Pearson de momento – produto 473
Diagrama de dispersão para explorar relações 473
As suposições de r 475
Cálculo e teste de r 477
Regressão linear simples 481
O modelo básico 483
Aplicação de conceito 484
Método dos quadrados mínimos 486
Predições 489
Teste da excelência de ajuste 491
Medidas de associação não paramétrica 494
Medidas para dados nominais 494
Mensurações de dados nominais 498
Resumo 502
Termos-chave 503
Questões para discussão 503
Casos 505

19 Apresentação de Ideias e Resultados: Relatórios por Escrito 506

Introdução 507
O relatório de pesquisa escrito 507
Relatório resumido 508
Relatórios longos 509
Componentes do relatório de pesquisa 510
Itens de prefácio 510
Introdução 512
Metodologia 513
Resultados 514
Conclusões 514
Apêndices 515
Bibliografia 516
Redação do relatório 516
Preocupações pré-redação 516
Redação do rascunho 517
Considerações de apresentação 520
Apresentação de estatísticas 521
Apresentação do texto 521
Apresentação semitabular 521

Apresentação tabular 533
Gráficos 533
Resumo 540
Termos-chave 540
Questões para discussão 540
Casos 541

20 Apresentação de Ideias e Achados: Apresentações Orais 542

Introdução 543
Os três princípios de comunicação persuasiva de Aristóteles 545
Etos 546
Patos 546
Logos 546
Planejamento 547
Análise do público 548
Tipos de aprendizes 549
Evite que seu público vá embora 550
Planejamento e a apresentação na internet 551
Organização 551
Padrões tradicionais de organização 552
A organização de sequência motivada 553
A organização narrativa 553
A regra de três e o discurso de três pontos 555
Apoio 555
Transmissão de experiência pessoal por meio de histórias 557
Demonstrações 558
Visualizar 558
Fundamentos psicológicos e físicos 559
Princípios de elaboração 560
Sugestões para slides melhores 565
Proferir 566
Modos de elocução 566
Roteiros e anotações 566
Os detalhes fazem a diferença 567
Praticar e preparar 570
Ensaio é essencial 570
Controle da ansiedade de desempenho 571
Preparativos para instalações e equipamentos 574
Resumo 575
Termos-chave 577
Questões para discussão 577
Casos 578

Índice de Casos 579

Apêndices 587

A Briefings e Propostas de Pesquisa em Administração (com amostra) 588

Proposta de pesquisa 588
O briefing de pesquisa 588
Como criar o briefing 589
A proposta de pesquisa 594
Utilização de patrocinador 594
Benefícios do pesquisador 595
Tipos de propostas de pesquisa 595
Propostas internas 596
Propostas externas 597
Como estruturar a proposta de pesquisa 598
Resumo executivo 598
Declaração do problema 598
Objetivos da pesquisa 598
Revisão de literatura 599
Importância/benefícios do estudo 599
Projeto de pesquisa 599
Análise de dados 600
Natureza e formato dos resultados 600
Qualificação dos pesquisadores 600
Orçamento 601
Programação 602
Instalações e recursos especiais 603
Gerenciamento de projetos 603
Bibliografia 603
Apêndices 603
Avaliando a proposta de pesquisa 604
Contextualização 608
Requisitos contratuais 609
Tarefa de avaliação 609
Programação prevista 610
Instruções da proposta 610
Critérios de revisão 611

B Guia de Debates para Grupos de Discussão 612

Contextualização 612

C Testes de Significância Não Paramétricos 614

Teste de uma amostra 614
Teste de Kolmogorov-Smirnov 614

Testes de duas amostras 615
  Teste de sinal 615
  Testes de pares combinados de Wilcoxon 615
  Teste de duas amostras de Kolmogorov-Smirnov 616
  Teste U de Mann-Whitney 617
  Outros testes não paramétricos 619
Testes de k amostras 619
  Teste de Kruskal-Wallis 619

D Tabelas Estatísticas Selecionadas 621

Referências e Leituras 632

Glossário 654

Créditos das Fotografias 672

Índice de Nomes 673

Índice de Empresas 677

Índice de Assuntos 681

Parte I

Introdução à Pesquisa em Administração

Capítulo 1	Pesquisa em Administração
Capítulo 2	Ética em Pesquisa em Administração
Capítulo 3	Pensando como um Pesquisador
Capítulo 4	O Processo de Pesquisa: Um Panorama
Capítulo 5	Esclarecimento da Questão de Pesquisa por Meio de Dados Secundários e Exploração

Capítulo 1

Pesquisa em Administração

> "Executivos com visão de futuro reconhecem que a análise pode ser a única verdadeira fonte de vantagem competitiva sustentável, uma vez que capacita funcionários de todos os níveis da empresa com informações para ajudá-los a tomar decisões mais inteligentes."
>
> **Wayne Eckerson**,
> *diretor de pesquisa, aplicativos de negócios e arquitetura de grupo, TechTarget*

Objetivos de **aprendizagem**

Após ler este capítulo você compreenderá...

1. O que é a pesquisa em administração e como ela difere dos sistemas de apoio à decisão e dos sistemas de inteligência de negócios.

2. As tendências que afetam a pesquisa em administração e a hierarquia emergente dos tomadores de decisão com base em pesquisas.

3. Os tipos diferentes de estudos de pesquisa usados em administração.

4. A distinção entre uma boa pesquisa em administração e aquela em que falta qualidade profissional.

5. A natureza do processo de pesquisa.

Dando vida à pesquisa

Myra Wines, diretora de defesa do consumidor da MindWriter Inc., recebeu a tarefa de avaliar o programa CompleteCare, da MindWriter, para manutenção de laptops. Como resultado, enviou a diversas empresas de pesquisa uma solicitação de proposta (RFP, do inglês request for proposal), e ela e sua equipe estão entrevistando a última dessas empresas, a Henry & Associates.

Recentemente promovida à sua posição, Myra tem experiência em telejornalismo e relações públicas governamentais. Ela possui um *laptop* MindWriter desde que foi lançado no mercado, décadas atrás, e nunca teve problemas com ele. Ela quer um fornecedor de pesquisa com quem possa aprender, bem como em quem possa confiar, que faça uma pesquisa adequada e de alta qualidade.

O último entrevistado é Jason Henry, sócio-gerente da Henry & Associates, empresa altamente recomendada por um colega de outra área. A empresa ganhou respeito por combinar metodologias tradicionais com algumas novas abordagens criativas. Myra está interessada em explorar a metodologia da empresa em relação a estudos de satisfação do cliente. Quando Myra recebe Jason na sala de espera, ela estende sua mão. "Bem-vindo à MindWriter, Jason. Sou Myra Wines."

Jason levanta-se, segurando a mão de Myra em um firme aperto de mão. "Prazer em conhecê-la, Myra."

Myra chama a atenção de Jason para um longo corredor. "Minha equipe está reunida em nossa sala de conferências no fim deste corredor. Que tal irmos até lá?"

O processo de entrevista começa com uma curta apresentação de Jason sobre a H&A e suas habilidades. Conforme a entrevista continua, Jason compartilha alguns resultados impressionantes obtidos para antigos clientes em setores não concorrentes. A última lâmina de sua apresentação mostra um prêmio de líder do setor que a H&A recebeu recentemente por sua metodologia de satisfação do cliente.

Durante a sessão de perguntas e respostas, Jason demonstra conhecimentos atuais sobre o setor de informática (ele obviamente, leu inúmeros artigos), confiança e qualificação em um nível que Myra não esperava, em função de sua aparência relativamente jovem. Ao término da entrevista, Myra está inclinada a contratar a Henry & Associates, mas quer consultar sua equipe.

No dia seguinte, Myra liga para o escritório de Jason. "Escolhemos a Henry & Associates para o contrato de avaliação do CompleteCare. Parabéns."

"Obrigado", responde Jason. "Você fez a escolha certa."

"Tenho dois lugares em um voo para Austin na próxima quarta-feira", diz Myra. "Você pode vir comigo? Esta será minha primeira visita às instalações do CompleteCare e meu primeiro contato pessoal com o gerente. Gostaria que alguém fosse comigo para estabelecer as bases para o projeto e entender alguns cálculos complexos que já foram feitos."

O telefone fica mudo enquanto Jason faz uma pausa para consultar seu BlackBerry. Duas reuniões internas precisarão ser reagendadas, mas a MindWriter é um cliente novo importante. "Sim, posso fazer isso desde que estejamos de volta às 19h. Tenho um compromisso à noite."

"Não será um problema", responde Myra. "Aqueles dois lugares de que falei são no jato corporativo. Estaremos de volta pelas 17h30. Encontro você na entrada da pista de decolagem da cidade às 8h da quarta-feira então."

"Só uma pergunta", interrompe Jason antes que Myra desligue. "Preciso ter uma ideia do que vai acontecer nessa reunião."

"A reunião é para dar início ao seu trabalho. Vou apresentar você a outras pessoas com as quais vai trabalhar e dar mais detalhes sobre as preocupações que temos em relação ao programa CompleteCare", diz Myra.

"Ótimo. Você pode conseguir um terceiro lugar? Seria melhor incluir a Sara Arens desde o princípio. A experiência dela será fundamental para o sucesso do programa de avaliação."

"Sim, você falou sobre ela. Não deve haver problema, mas vou verificar e entro em contato mais tarde."

"Então, na quarta, Sara e eu planejamos fazer perguntas de sondagem e escutar para descobrir exatamente quais fatos a gerência reuniu, com o que os gestores estão preocupados, qual é o problema do ponto de vista deles, qual é realmente o problema em vários níveis de abstração..."

Dando vida à pesquisa (cont.)

"Ouvir as pessoas. Discutir. Olhar para as coisas a partir de diferentes pontos de vista. Nessas coisas eu também sou muito boa", replicou Myra.

"Que bom. Depois de ouvi-los, chegaremos ao que a H&A sabe fazer bem: mensuração, escalonamento, design de projeto, amostragem, identificação de ideias interessantes. Posso presumir que colaboraremos no relatório dos resultados?"

"Certamente. Ligarei para você em 10 minutos a respeito daquele terceiro lugar."

Por que estudar pesquisa em administração?

Uma das mudanças fundamentais na gestão organizacional nos últimos 10 anos foi a integração da internet por gestores em todos os níveis de tomada de decisão. Pode ser tão simples quanto acompanhar a gestão de projetos por *sites* do SharePoint ou mensagens de *e-mail*, ou tão complexo quanto o roteamento de chamadas para vários centros de serviços ao redor do mundo para garantir o menor tempo de espera ou usar o GPS para fazer a rota de caminhões de entrega a fim de eliminar conversões à esquerda. Essa integração não era intencional no início da última década. Alguns disseram que os gestores, muitos treinados em abordagens de menor tecnologia, foram na verdade arrastados a contragosto para o uso da internet como ferramenta de trabalho. Porém, a velocidade das mudanças tecnológicas e as gerações mais novas, que cresceram com *smartphones* e *tablets*, forçaram as empresas em direção à integração de tecnologias. Os pesquisadores, como parte dessas empresas, foram levados de arrasto – alguns de forma relutante, mas com cada vez mais entusiasmo.

Com internet não queremos dizer apenas o conteúdo gerado por empresas da World Wide Web, cujas informações (e as não informações) se expandem a um número alarmante, mas também o rápido avanço de conteúdo gerado por usuários na mídia social. Conforme as fontes de dados se expandem, os gestores sofrem pressão crescente para extrair algum sentido da enorme quantidade de dados. A internet também influenciou a maneira como colaboramos para definir problemas e oportunidades, bem como nossos processos de coleta e análise de informações trazidos pelas tecnologias que formam o espaço conhecido como "nuvem". É nesse espaço que a pesquisa está passando por mudanças fundamentais, não apenas as ferramentas dos pesquisadores, mas também a metodologia de pesquisa.

Você está prestes a iniciar seus estudos sobre pesquisa em administração, tanto sobre o processo quanto sobre as ferramentas necessárias para reduzir riscos na tomada de decisão gerencial. A **pesquisa em administração**, conforme usada neste texto, é uma investigação sistemática que fornece informações para orientar decisões gerenciais. Mais especificamente, é um processo de planejamento, aquisição, análise e disseminação de dados, ideias e informações relevantes para tomadores de decisão de formas que mobilizem a empresa a adotar ações adequadas que, por sua vez, maximizem o desempenho. Uma variedade de diferentes tipos de projetos de pesquisa está agrupada sob a classificação de "pesquisa em administração", que será explorada mais adiante neste capítulo.

Suponha por um momento que você é o gerente de seu restaurante favorito. Está havendo uma grande rotatividade em sua equipe de garçons/garçonetes, e alguns clientes mais antigos estão comentando que a atmosfera amigável, que sempre os atraiu para seu restaurante, está mudando. Por onde você começará a resolver esse problema? Esse é o tipo de problema para o qual se deve usar uma pesquisa?

Talvez você seja o secretário de transportes de seu Estado, encarregado de determinar quais estradas e pontes serão repavimentadas ou substituídas no próximo ano fiscal. Geralmente, você analisaria as estradas e pontes com maior trânsito em combinação com as que representariam o maior desastre econômico se fossem fechadas. Entretanto, o gestor de informações públicas do Estado manifestou preocupação quanto ao potencial protesto público se as obras forem novamente dirigidas para as regiões mais prósperas do Estado. O gestor sugere o uso de pesquisa

Instantâneo

Mercedes-Benz e TNS Infratest desenvolvem a Stars Insight

A Stars Insight é uma colaboração de pesquisa online entre a Mercedes-Benz (MB) e a TNS Infratest (TNS). "A proposta original da Stars Insight é captar ideias sobre necessidades, valores e atitudes do importante motorista de carros compactos na faixa dos 20 aos 45 anos", declarou Christian Bauer, MP/MR de ideias de clientes para a Daimler AG. As ideias seriam usadas para criar iniciativas de marketing.

A TNS se baseou nos pontos fortes da Web 2.0 para produzir diversos ativos de pesquisa importantes: neutralidade da moderação, objetividade do pesquisador, qualidade dos dados e anonimato do respondente, ao passo que ainda permitisse que a MB ajustasse seu foco para um grupo-alvo específico de proprietários de carros compactos. "Por meio de uma série de métodos – incluindo dados do processo de seleção do recrutamento, declarações de páginas de perfil dos usuários, sondagens (tanto pré-planejadas quanto instantâneas), discussões online, postagens de participantes do blog e competições criativas de *hotspot* entre os membros da comunidade – a TNS pode fornecer dados que ajudam a MB de diversas formas. Os dados criam uma imagem do que uma marca moderna deve ser, identificam futuros canais de distribuição, criam medidas de comunicação autênticas do grupo-alvo ao testar propagandas, desenvolvem a configuração ideal do automóvel desejado, identificam os critérios de intenção de compra do grupo-alvo, identificam as expectativas de preço no segmento de carros compactos e compreendem os conceitos modernos de mobilidade", explicou Sandra Klaunzler, consultora de automóveis sênior, TNS Infratest.

A interatividade é a marca da Stars Insight. Para exemplificar, um "hotspot é um período de 2 a 3 semanas em que os membros da comunidade lidam com um tópico específico – por exemplo, quais são as formas apropriadas para atingir consumidores jovens que talvez ainda não dirijam ou queiram comprar um Mercedes", declarou Kai Blask, sócio-diretor de automóveis da TNS Infratest. "Durante o hotspot, atribuímos uma tarefa específica aos membros da comunidade. Por exemplo, desenvolver uma estratégia de comunicação para o lançamento do modelo XY no mercado. Os respondentes trabalham nisso sozinhos ou em grupos. Todos os participantes fazem upload de seus conceitos para a comunidade em uma data específica." Os uploads dos usuários geralmente são arquivos de alta qualidade do Word, do PowerPoint ou de outros formatos digitais. "Depois, todos os outros membros da comunidade podem avaliar as ideias e dar de 1 a 5 pontos para cada uma", explicou Blask. "A ideia de usuário com as melhores avaliações recebe um prêmio específico ou pontos extras", bem como atenção significativa da Mercedes-Benz.

No geral, a MB tem 1.700 usuários na Stars Insight. Dos usuários, 60% possuem um carro compacto (não um Mercedes-Benz) e 40% têm um Mercedes-Benz (não importa qual o modelo/segmento). A TNS recebeu o prêmio de Melhor Estudo de 2011 da Associação Alemã de Marketing e Pesquisa Social pelo desenvolvimento do processo da Mercedes-Benz. Alavancando, assim, o software de negócios sociais Acquia Commons para construir o premiado site da comunidade social da Mercedes-Benz.

www.mercedes-benz.com; www.stars-insight.com; www.tns-infratest.com; www.acquia.com

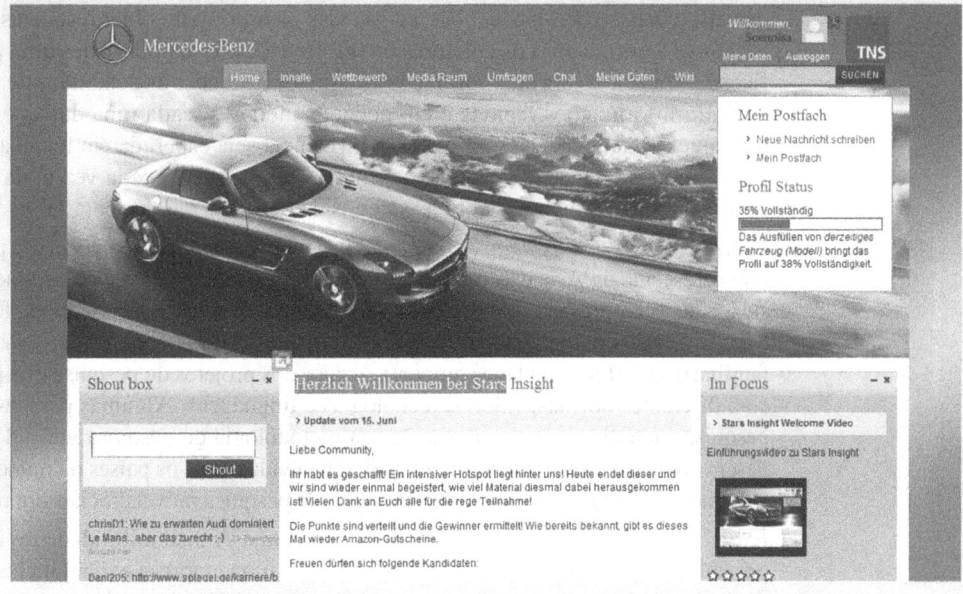

para auxiliar na tomada de decisão, pois ela envolve inúmeras ramificações operacionais, financeiras e de relações públicas. Você deve autorizar a pesquisa recomendada?

Como revelam o texto de abertura e os cenários de decisão iniciais, os tomadores de decisão podem ser encontrados em todos os tipos de empresas: de negócios; organizações sem fins lucrativos; e agências públicas.

Independentemente de onde eles estejam ou de seus recursos serem abundantes ou limitados, todos dependem de informações para fazer uso mais eficiente e eficaz de seus orçamentos. Portanto, neste livro, assumiremos a perspectiva mais ampla da gestão e sua consequente aplicação à pesquisa em administração.

Em nenhum outro momento da história se deu tanta atenção à mensuração e ao aprimoramento do **retorno sobre investimento (ROI, do inglês** *return on investment***)**. Simplificando, quando medimos o ROI, calculamos o retorno financeiro para todas as despesas. Os gestores organizacionais cada vez mais querem saber que estratégias e táticas obtêm o maior retorno. Nas últimas décadas, à medida que a tecnologia melhorou nossa capacidade de mensuração e monitoramento, os gestores perceberam que precisam ter uma melhor compreensão acerca de funcionários, acionistas, constituintes e do comportamento do cliente para influenciar os indicadores de desempenho desejados. A pesquisa em administração desempenha um papel importante nesse novo ambiente de mensuração. Além de ajudar os gestores a escolherem estratégias e táticas melhores, as despesas com pesquisa em administração são cada vez mais examinadas por sua contribuição para o ROI.

A disciplina de métodos de pesquisa reconhece que os alunos em preparação para gerenciar qualquer função – independentemente do contexto – precisam de treinamento em um processo disciplinado para conduzir uma investigação de um **dilema gerencial**, o problema ou a oportunidade que requer uma decisão administrativa. Diversos fatores deveriam estimular seu interesse no estudo de métodos de pesquisa:[1]

1. *Sobrecarga de informações.* Embora a internet e os mecanismos de busca apresentem grandes quantidades de informação, a qualidade e a credibilidade delas devem ser continuamente avaliadas. O acesso universal à informação trouxe o desenvolvimento de comunidades de conhecimento e a necessidade de empresas que alavanquem esse universo de conhecimento para inovação – ou arrisquem meramente se afogar em dados.

2. *Conectividade tecnológica.* Pessoas físicas, organizações do setor público e empresas estão se adaptando a mudanças em padrões de trabalho (tempo real e global), mudanças na formação de relacionamentos e comunidades, e à percepção de que a geografia não é mais uma limitação importante. Com o aumento na aceitação e no uso de tecnologias móveis, o *petisco de informações*, curtas visitas online para obter respostas específicas, tornou-se a norma para os coletores de informações. Isso poderia ter uma profunda influência sobre a coleta de informações destinada a atender às demandas de gestores que queiram informações rápidas e em pedaços menores, cada uma das que sejam mais relevantes para decisões. Embora essa influência seja esperada em técnicas quantitativas, como sondagens, a pesquisa qualitativa também está cada vez mais abrangendo acordos iterativos menores com os sujeitos da pesquisa para orientá-la.

3. *Centros globais de atividade e competição econômica em transformação.* O poder econômico crescente da Ásia e as mudanças demográficas dentro de regiões destacam a necessidade de as empresas expandirem seu conhecimento sobre consumidores, fornecedores, bancos de talentos, modelos de negócios e infraestruturas com as quais estejam menos familiarizadas. Essa mudança aumenta o valor dos projetos de pesquisa que possam lidar com diferentes normas, valores, tecnologias e linguagens. Algumas pessoas do setor de pesquisas acreditam que as inovações na metodologia de pesquisa virão do mundo em desenvolvimento, e não das economias desenvolvidas, pois os países no mundo em desenvolvimento já estão aderindo a metodologias de pesquisa móveis/sociais em maior grau.

4. *Exame detalhado crescente de grandes empresas.* A disponibilidade de informações possibilitou que todas as partes interessadas em uma empresa exijam inclusão na tomada de decisão, ao mesmo tempo em que elevou o nível de suspeita societária. Sistemas

globais interconectados de fornecedores, produtores e clientes possibilitaram e, mais ainda, tornaram provável a emergência e a viabilidade de megaempresas.

5. *Maior intervenção governamental.* À medida que as atividades do setor público aumentam, a fim de proporcionar um grau mínimo ou aprimorado de serviços sociais, os governos estão tornando-se cada vez mais agressivos na proteção de seus diversos grupos ao impor restrições sobre o uso de ferramentas de pesquisa gerenciais e de negócios (por exemplo, Lista Não Ligar, Lei Anti-Spyware).

6. *Batalha por talento analítico.* Os gestores enfrentam decisões progressivamente mais complexas, aplicando modelos matemáticos para extrair conhecimento significativo de volumes de dados e usando softwares altamente sofisticados para administrar suas empresas. A mudança para indústrias de conhecimento intensivo impõe uma demanda maior sobre a escassez de talentos bem treinados com habilidades analíticas avançadas. A integração de mercados globais de trabalho, com sua infusão de novas fontes de talento, é apenas uma resposta parcial. Muitos acreditam que o valor da pesquisa não esteja mais na coleta de dados, mas sim no foco no contexto, nas implicações e nos resultados. A coleta de dados, e até mesmo alguns elementos importantes da análise, pode se tornar futuro domínio de tecnólogos e cientistas de dados. Os pesquisadores serão forçados a oferecer novo valor baseado em princípios estratégicos de consultoria, à medida que a coleta de dados passe a ser uma mercadoria.

7. *Maior poder e velocidade de processamento.*
   - *Coleta de dados com custo mais baixo.* Computadores e telecomunicações reduziram os custos da coleta de dados, alterando drasticamente o conhecimento acerca dos consumidores tanto no nível de lojas quanto no de domicílios; funcionários em níveis individual, de equipe e de departamento; fornecedores e distribuidores em níveis de transação, de divisão e empresarial; e equipamentos em nível de peça, processo e série de produção.
   - *Melhores ferramentas de visualização.* Downloads de alta velocidade de imagens nos permitem ajudar as pessoas a visualizar conceitos complexos, enriquecendo assim as habilidades de mensuração.
   - *Cálculos poderosos.* Técnicas sofisticadas de análise quantitativa estão emergindo para aproveitar recursos cada vez mais poderosos de cálculo.
   - *Maior integração de dados.* Avanços na informática permitem que as empresas criem e gerenciem grandes depósitos eletrônicos de dados que atravessam fronteiras funcionais.
   - *Acesso ao conhecimento em tempo real.* Os computadores e softwares atuais oferecem o poder de coletar e analisar dados e personalizar relatórios em tempo real para uma tomada de decisão muito mais rápida.

8. *Novas perspectivas sobre metodologias estabelecidas de pesquisa.* As empresas estão demonstrando uma fome palpável por ideias inovadoras e métodos mais eficazes de obtê-las. Empresas passando por rápidas mudanças tecnológicas e sociais estão procurando pesquisadores que possam ajudá-las a manter-se não apenas atualizadas com o ritmo rápido das mudanças, mas à frente delas. Ferramentas e metodologias mais antigas, que já foram limitadas à pesquisa exploratória ou qualitativa, estão ganhando maior aceitação para lidar com uma variedade mais ampla de problemas gerenciais.

Para ter sucesso nesse tipo de ambiente, você precisará entender como identificar informações de qualidade e reconhecer pesquisas sólidas sobre as quais basear suas decisões gerenciais de alto risco. Você precisará saber como conduzir tais pesquisas. O desenvolvimento dessas habilidades requer compreensão do método científico e de como é aplicado ao ambiente de tomada de decisão. Muitos alunos também precisarão contratar fornecedores de pesquisa ou escrever uma RFP (solicitação de proposta, do inglês *request for proposal*) eficaz. Para facilitar essa meta, o Anexo 1a, disponível no site do Grupo A, descreve como a indústria da pesquisa funciona. O Apêndice A, no fim do livro, descreve como planejar e documentar com eficiência solicitações e propostas de pesquisa. Com outros materiais de referência fornecidos ao longo do livro, atendemos a suas necessidades de coletor, processador, avaliador e usuário de informações.

Informações e vantagem competitiva

Os gestores têm acesso a informações diferentes das geradas por pesquisas em administração. Entender a relação entre pesquisa em administração e essas outras fontes de informação – sistemas de apoio à decisão e inteligência de negócios – é crucial para entender como a informação impulsiona decisões relacionadas a missão, metas, estratégias e táticas organizacionais.

Metas

Uma padaria tem metas diferentes da Nabisco, mas provavelmente ambas têm objetivos relacionados a vendas (afiliação), participação de mercado, retorno sobre investimento, lucratividade, aquisição de clientes, satisfação do cliente, fidelização de clientes, produtividade dos

Perfil **visual**

Como a NTT Communications indica, "atualmente, a informação é tudo. É o centro de seu negócio e não se pode existir sem ela". A NTT usa a nuvem privada para acesso contínuo e seguro a dados em todo o mundo. **www.ntt.com**

funcionários, eficiência de produção, maximização do preço das ações (ou do patrimônio do proprietário) e assim por diante – seja codificadas em um plano escrito ou detalhadas apenas na mente de um empreendedor. Para auxiliar a tomar decisões cada vez mais complexas sobre metas, estratégias e táticas, os gestores voltam-se, em primeiro lugar, às informações obtidas do sistema de apoio à decisão, combinadas com aquelas geradas por inteligência de negócios quanto à atividade competitiva e ambiental.

Apoio à decisão

A necessidade de concluir uma ou mais transações com seus potenciais clientes, membros ou constituintes impulsiona qualquer empresa. Não importa como definimos uma *transação* – uma compra, um voto, comparecimento a uma função, doação para uma causa –, cada transação, com as atividades estratégicas e táticas projetadas para concluí-la, gera inúmeros elementos de dados. Se organizados para recuperação, esses elementos de dados coletivamente constituem um **sistema de apoio à decisão (SAD)**. Durante as últimas duas décadas e meia, os avanços na tecnologia informática tornaram possível compartilhar esses dados transacionais coletados entre os tomadores de decisão de uma empresa pela intra ou extranet.

Atualmente, gestores sofisticados desenvolveram SADs a partir dos quais os dados podem ser acessados em tempo real (conforme as transações são concluídas). Gestores de catálogos (por exemplo, um varejista de roupas) sabem exatamente quais táticas geram uma transação de um indivíduo específico dentro de seus bancos de dados de prospecção e clientes, bem como quão lucrativo cada cliente é para a empresa e uma estimativa do valor ao longo da vida desse cliente para ela. Esses gestores têm uma vantagem diferencial no planejamento estratégico e tático sobre os que não têm acesso em tempo real a dados transacionais.

Inteligência de negócios

Como nenhuma decisão existe no vácuo, o tomador de decisão deve ter um amplo conhecimento do ambiente da empresa. Um **sistema de inteligência de negócios** (em inglês Business Intelligence, de onde se origina a sigla BI, comumente usada no Brasil) é projetado para fornecer ao gestor informações contínuas sobre eventos e tendências nos ambientes tecnológico, econômico, político e legal, demográfico, cultural, social e, mais criticamente, competitivo. Tais informações são compiladas a partir de uma variedade de fontes, conforme mostrado na Figura 1-1.

Muitas vezes, dados de um SAD ou BI estimulam a pergunta "Devemos fazer pesquisa em administração?". No exemplo da MindWriter, poderiam ser os dados coletados sobre problemas em laptops que precisam de conserto; ou, para o restaurante cujo quociente de cordialidade está se alterando, poderiam ser os comentários dos clientes coletados pela equipe de garçons.

Estratégia

Define-se **estratégia** como a abordagem geral que a empresa seguirá para atingir suas metas. No exemplo anterior, um restaurante estava recebendo comentários de que a atmosfera amigável estava mudando. Essa percepção pode ter resultado de uma mudança na estratégia. Talvez o restaurante tenha decidido mudar de uma atmosfera em que os fregueses eram incentivados a prolongar suas refeições (ocupando uma mesa por um longo período de tempo e, ao mesmo tempo, adicionando receitas incrementais com cada pedido adicional) para uma nova estratégia de ter maior rotatividade das mesas alterando a preparação dos alimentos e o cardápio.

Uma empresa geralmente implementa mais de uma estratégia de cada vez. Com relação a treinamento, a empresa poderia treinar seus funcionários do centro de dados basicamente com atividades em sala de aula; outra usará treinamento no dia a dia. Outra estratégia pode descrever como a empresa lida com a manutenção de seus equipamentos – manutenção periódica rigorosa *versus* manutenção somente quando os equipamentos quebrarem. A Microsoft recentemente concluiu uma grande reestruturação corporativa. Ela decidiu vincular a remuneração de seus 600 gestores não a vendas e lucros, mas a níveis de satisfação dos clientes medidos por sondagens periódicas.[2]

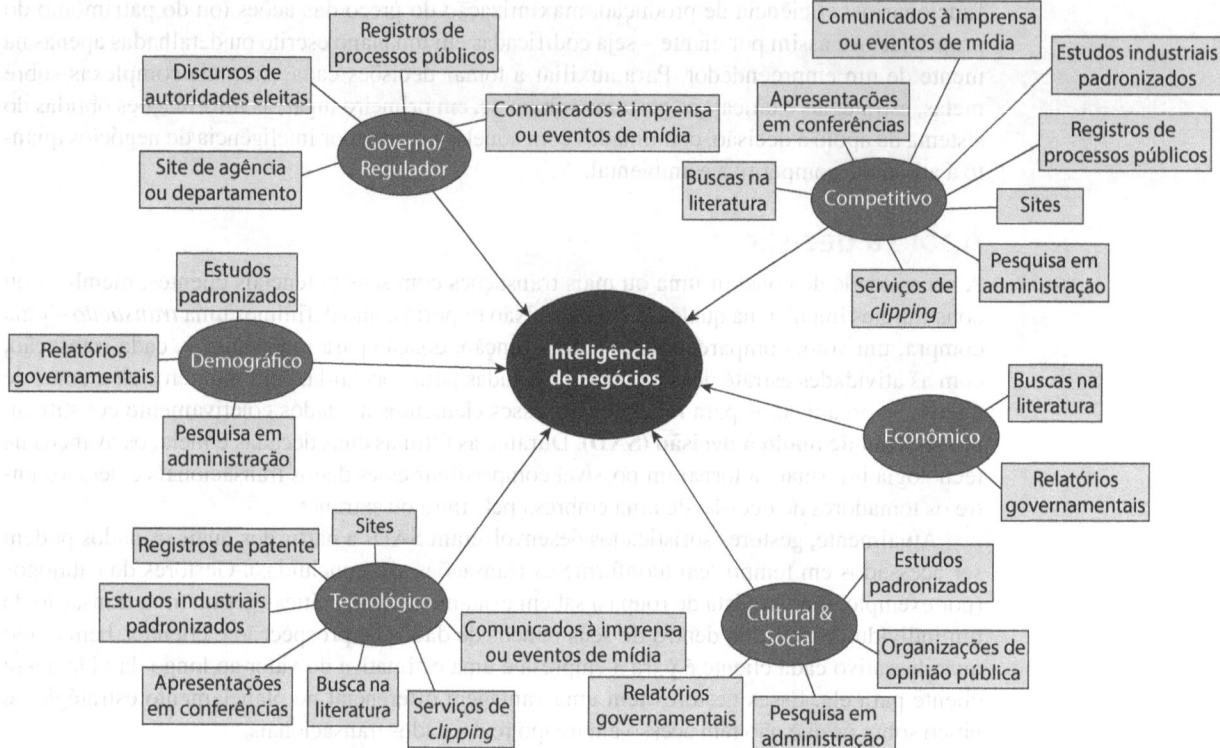

Figura 1-1 Algumas fontes de inteligência de negócios.

A descoberta de oportunidades e problemas que influenciam decisões estratégicas muitas vezes é tarefa do BI em combinação com a pesquisa em administração.

Tática

A pesquisa em administração também contribui significativamente para a elaboração da **tática** – as atividades específicas e com cronograma que colocam uma estratégia em prática. A pesquisa em administração também pode ser usada para ajudar um gestor a decidir qual das diversas táticas tem maior probabilidade de realizar a estratégia desejada com sucesso. No exemplo anterior, o gerente do restaurante pode ter alterado o cardápio (tática de marketing) para incluir entradas que poderiam ser preparadas com maior rapidez (tática operacional) e servidas em menos tempo. O gerente também poderia ter instituído um novo programa de treinamento (tática de RH) para implementar uma nova estrutura de atendimento de mesas por zona (tática operacional), juntamente com um novo programa de incentivo de vendas (tática de RH) que desencorajasse a equipe de garçons a jogar conversa fora com os fregueses e recompensasse o trabalho em equipe e a eficiência.

Todos os exemplos anteriores demonstram os propósitos da pesquisa em administração:

- Identificar e definir oportunidades e problemas.
- Definir, monitorar e refinar estratégias.
- Definir, monitorar e refinar táticas.
- Melhorar nosso entendimento acerca dos vários campos da administração.[3]

Hierarquia de tomadores de decisão baseados em informações

Embora nem todas as empresas utilizem a pesquisa em administração para ajudar na tomada de decisões de planejamento, cada vez mais, as bem-sucedidas o fazem. A Figura 1-2 mostra uma hierarquia emergente de empresas em termos de seu uso da pesquisa em administração.

Instantâneo

Perspectiva do cliente das habilidades de consultoria necessárias para ser um pesquisador eficaz

Recentemente, um grupo de clientes de pesquisa participou de um blog da GreenBook acerca de necessidades de habilidades de consultoria para pesquisadores. Eis o que eles compartilharam:

- **Pesquisadores precisam pensar estrategicamente.** As ideias são, em última análise, sobre estratégia – explicar implicações e recomendações, destacar oportunidades e descrever como os tomadores de decisões de negócios podem usá-las.

- **Pesquisadores precisam ser especialistas em ideias e ações.** Os pesquisadores precisam pensar como tomadores de decisões de negócios, produzindo ideias concretas e que levem a ações. As ideias e recomendações precisam refletir uma compreensão dos contextos e cenários em rápida transformação com que a empresa se depara – pensamento ágil, flexível, proativo e com visão de futuro.

- **Pesquisadores precisam desafiar tomadores de decisão.** As ideias precisam ser ousadas, provocadoras. Os tomadores de decisões de negócios estão buscando soluções, orientação.

- **Pesquisadores precisam argumentar.** Os pesquisadores precisam contar uma história, conquistar uma audiência, inspirar e compelir os tomadores de decisões de negócios à ação. Eles devem aprender a ficar tão confortáveis usando a palavra *deve* quanto a palavra pode. A argumentação é crenças apoiadas em fatos, e não ambivalência.

No nível superior, as empresas veem a pesquisa como o primeiro passo fundamental em qualquer empreendimento. Elas vão além das metodologias consagradas e usam combinações criativas de técnicas de pesquisa para obter ideias profundas que as auxiliem a tomar decisões sofisticadas. Algumas até desenvolvem suas próprias metodologias. Essas empresas podem formar parcerias com um pequeno grupo externo de fornecedores de pesquisa com experiência em combinações inovadoras de métodos de pesquisa para lidar com problemas gerenciais. Esses gestores visionários podem ser encontrados em empresas de pesquisa e de serviços, organizações sem fins lucrativos e em fabricantes e distribuidores de produtos e serviços. A Minute Maid, fabricante de sucos frescos e congelados, promove a tomada de decisão nesse nível.

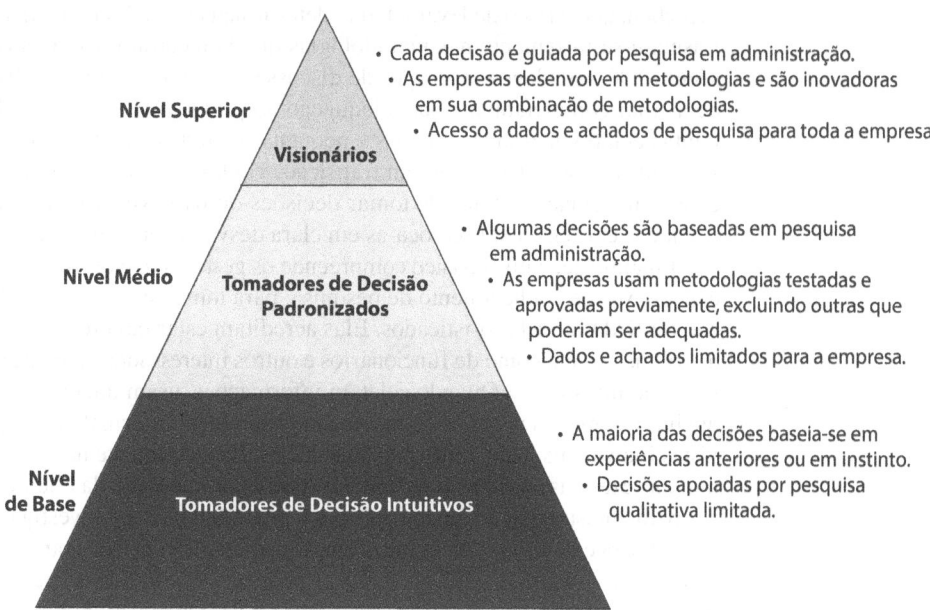

Figura 1-2 Hierarquia de tomadores de decisão baseados em informações.

Instantâneo

Padrão de pensamento na Yum! Brands

Quando a PepsiCo transformou sua divisão de restaurantes em uma empresa separada, a Yum! Brands Inc., alguns podem ter pensado que a saída dos problemáticos restaurantes do ramo de lanchonetes populares era mais um fim que um começo. No entanto, David Novak viu uma oportunidade para aprender com os melhores.

"Para aproveitar nossa posição única de nova empresa composta por marcas bem estabelecidas, fizemos um tour de boas práticas em algumas das empresas mais bem-sucedidas na época, em busca de obter inspiração boas ideias. Visitamos ao todo sete empresas – GE, Walmart, Home Depot, Southwest Airlines, Target, Coca-Cola e UPS –, então voltamos e consolidamos o que tínhamos aprendido."

A Yum! combinou a observação com entrevistas individuais aprofundadas para obter ideias – padrões – que poderiam ser usadas na divisão de restaurantes. Novak empregou uma técnica que cunhou como *padrão de pensamento*.

O padrão de pensamento é "quando você olha o que está funcionando para outra pessoa e o aplica à sua própria situação". A técnica gerou mais que melhorias incrementais, ela ajudou a Yum! a dar um passo gigante à frente. Usando essa abordagem, ele e sua equipe identificaram cinco princípios orientadores para a Yum! Brands. "Estas eram as coisas que acreditávamos que nos tornariam uma grande e duradoura empresa: uma empresa na qual todo mundo faz a diferença; entusiasmo em clientes e vendas; diferenciação de marca competitiva; continuidade em pessoas e processos; e consistência nos resultados."

Novak identificou uma lição valiosa para pesquisadores. "O padrão de pensamento requer que você mantenha seus olhos abertos e procure ativamente novas ideias onde quer que possa encontrá-las. E você não terá seus olhos realmente abertos a menos que tenha humildade o bastante para admitir que as melhores ideias nem sempre virão de você."

www.yum.com

Seu vice-presidente de marketing faz parte da mais alta equipe de planejamento estratégico da empresa.[4] A implementação e a ativação da pesquisa são os estágios cruciais dos tomadores de decisão nesse nível. A Design Forum, empresa de design gráfico e arquitetônico especializada em identidade visual e posicionamento para empresas como Lexus, Dunkin' Donuts e McDonald's, é outra empresa que opera nesse nível; cada recomendação ao cliente baseia-se em dados retirados do uso de pesquisas minuciosas.

No segundo nível da hierarquia, estão os tomadores de decisão que se apoiam periodicamente em informações de pesquisa. Em geral, voltam-se à pesquisa em administração quando percebem que o risco de levar adiante determinada estratégia ou tática sem ela é grande demais. Baseiam-se fortemente nas metodologias que já mostraram seu valor nas últimas décadas do século XX – sondagens e grupos de discussão –, muitas vezes escolhendo a metodologia antes de avaliar completamente sua adequação ao problema em questão. Esse nível é ocupado por muitas empresas grandes, médias e pequenas de todos os tipos. Algumas das empresas recém-chegadas a esse nível estão em transição, vindas do nível de base. Elas perceberam que não coletar informações antes de tomar decisões ou não extrair ideias de informações que foram coletadas em seus SADs coloca-as em clara desvantagem competitiva.

Finalmente, o nível básico compreende os gestores que usam principalmente instinto e intuição, em vez de conhecimento de pesquisa, para tomar suas decisões. Essas empresas podem ou não ter SADs ou BIs sofisticados. Elas acreditam estar tão próximas dos clientes e parceiros de distribuição, bem como de funcionários e outros interessados, que raramente precisam de pesquisa em administração. Quando coletam informações, usam uma quantidade limitada de pesquisa qualitativa, muitas vezes na forma de um grupo focal informal ou um pequeno número de entrevistas individuais, para confirmar suas ideias. Especialmente no ambiente interempresarial, elas muitas vezes baseiam-se no *feedback* filtrado por membros da equipe de vendas. Seguir diretrizes para amostragem adequada ou outros procedimentos de investigação científica não é fundamental para esse grupo. As grandes empresas são influenciadas tanto pela cultura organizacional quanto pelos recursos. Muitas empresas pequenas encontram-se nesse nível não por falta de uso de uso de pesquisa em administração, mas pela percepção de que qualquer pesquisa formal é onerosa demais e que seus recursos não se ajustarão a esse modo de tomada de decisão.

Tipo de dados	Onde/Como	Fonte de dados
Transacionais	Compras online e na loja	Cliente
	Perguntas online, por telefone ou na loja	Potencial cliente, cliente
	Informações de armazém e de expedição	Parceiros de logística, funcionário
	Desempenho da máquina	Registro de dados da máquina
Observacionais	Visitas online e visitas de compras à loja física	Cliente, funcionário
	Interações com concorrentes	Cliente
	Caminhos de cliques na web	Potencial cliente, cliente
	Interações de serviço ao cliente na loja	Cliente, funcionário
	Avaliações de preço da ação	Investidores
	Medidas biométricas (por exemplo, neuro-marketing, RNMf, PET, rastreamento ocular)	Potencial cliente, cliente, funcionário
Conversacionais (Pontos de contato)	Pesquisas, abordagem online e na loja	Potencial cliente, cliente, funcionário
	Interações no call center	Cliente, funcionário
	Interações de serviço ao cliente na loja	Cliente, funcionário
	Interações no bate-papo online	Cliente, funcionário
	Caixa da loja	Cliente, funcionário
	Entrevistas com candidatos	Potencial funcionário
	Análises de desempenho	Funcionário
	Entrevistas de saída	Funcionário
	Reuniões anuais de acionistas	Investidor
	Apresentações de desempenho financeiro	Analista financeiro, investidor institucional
	Visitas para ouvir	Cliente, fornecedor, parceiro logístico, funcionário, influenciador de decisão
	Postagens no Twitter	Cliente, funcionário, concorrente, associações de comércio, distribuidor
	Postagens no Facebook (site da empresa)	Cliente, funcionário, concorrente, associações de comércio, distribuidor
	Atividade no blog	Cliente, funcionário, concorrente, associações de comércio, distribuidor
	Postagens ou discussões em outras mídias sociais	Cliente, funcionário, concorrente, associações de comércio, distribuidor
Análise da internet	Buscas por palavra-chave	Potencial cliente, cliente
	Análise de cliques	Potencial cliente, cliente
	Google+	Potencial cliente, cliente

Figura 1-3 Onde a empresa coleta as informações da pesquisa.

Nossas entrevistas para esta edição revelaram diversas fontes de dados de pesquisa. Esta tabela foi adaptada a partir dessa pesquisa e da experiência do autor, bem como do material de autoria de Cynthia Clark, "5 Ways to Learn What Customers Aren't Telling You", 1to1 Magazine, de 5 de março de 2012, acessado em 8 de março de 2012 (http://www.1to1media.com/view.aspx?docid=33464) e "Harness the Conversation: Business in Today's Social World", Cvent, acessado em 8 de março de 2012 (http://www.cvent.com/en/sem/business-in-todays-social-world-survey-ebook.shtml).

As tendências das últimas duas décadas, especialmente a tecnologia que vem impulsionando metodologias de pesquisa de coleta e disseminação de dados, deixam em desvantagem os gestores que não se preparam para subir na hierarquia. Alguns exemplos de fonte de dados para as empresas são mostrados na Figura 1-3.

Processo de pesquisa: apresentação

Os autores geralmente tratam o estudo da pesquisa como um processo sequencial que envolve etapas claramente definidas. A Figura 1-4 modela a sequência do **processo de pesquisa**. Ninguém

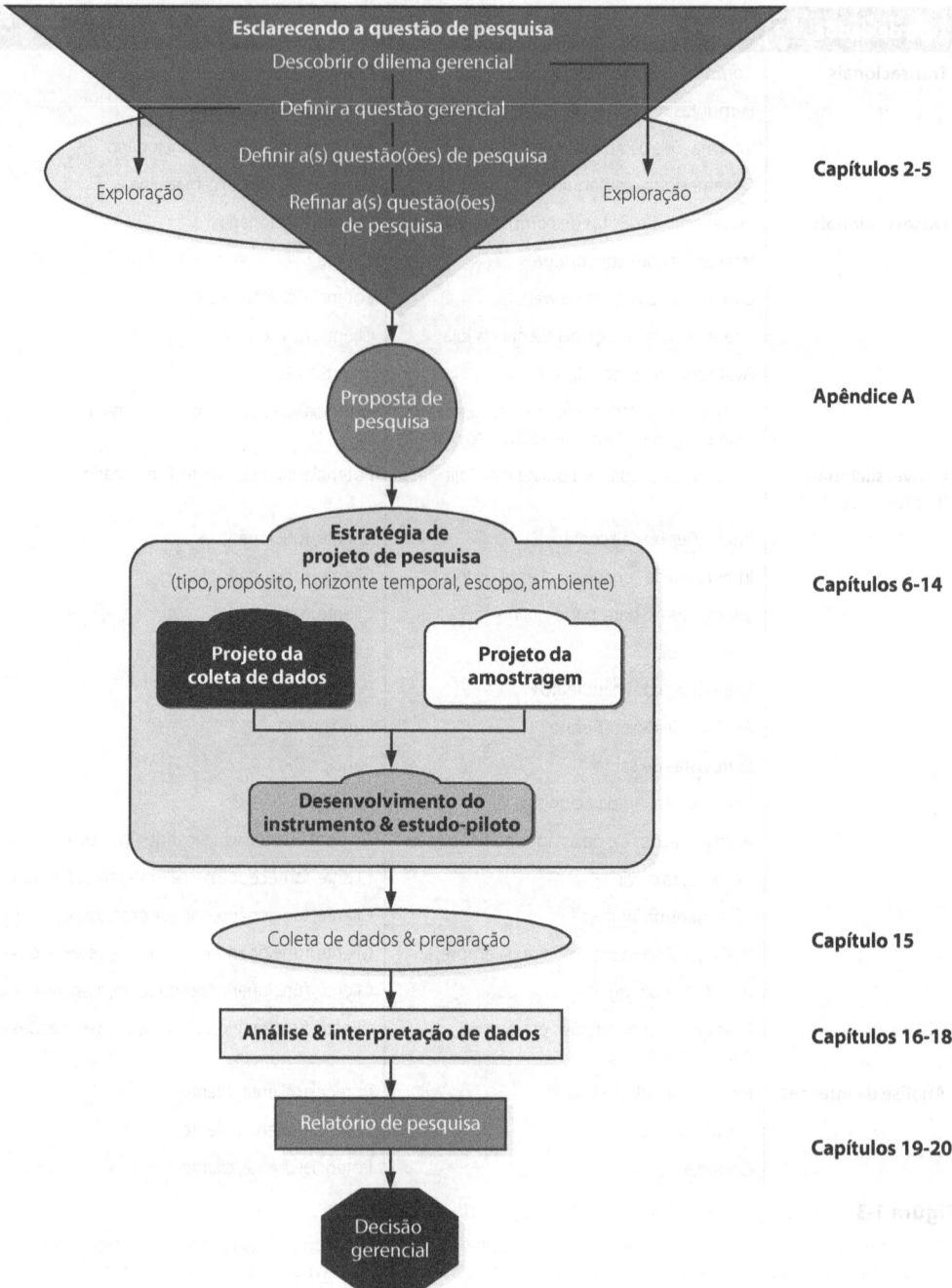

Figura 1-4 Processo de pesquisa.

alega que a pesquisa requer a conclusão de cada etapa antes de passar à próxima. Reciclagem, evasão e omissão ocorrem. Algumas etapas são iniciadas fora de sequência, algumas são realizadas simultaneamente e outras podem ser omitidas. Apesar dessas variações, a ideia de uma sequência é útil para desenvolver um projeto e para mantê-lo organizado à medida que avança.

O processo de pesquisa começa como sugere a vinheta de abertura. Você notará que a parte superior do modelo é dedicada ao entendimento do problema do gestor – o dilema gerencial. Um dilema gerencial desencadeia a necessidade de uma decisão. Para a MindWriter, um número crescente de reclamações sobre serviços pós-venda deu início ao processo. Para outros, pode ser uma controvérsia, ou uma necessidade de recursos, ou as condições no ambiente indicam que uma decisão se impõe. No caso da MindWriter, o evento crucial pode ter sido a introdução, por um concorrente, de uma nova tecnologia que revolucionou a vida útil das baterias de laptops. Eventos como esse levam os gestores a reconsiderar seus propósitos e objetivos, a enfrentar um problema ou a desenvolver estratégias e táticas para soluções que identificaram.

Em todos os capítulos, vamos voltar a esse modelo à medida que discutimos cada etapa do processo. Nossa discussão acerca das questões que guiam o planejamento do projeto e a coleta de dados também está incorporada nos vários elementos do modelo. Nos capítulos seguintes, discutiremos procedimentos de pesquisa científica e conduta ética mostrando sua aplicação aos problemas pragmáticos dos gestores. No mínimo, nosso objetivo é torná-lo um consumidor mais inteligente de produtos de pesquisa preparados por terceiros (*vide* Anexo 1a, disponível no site do Grupo A), bem como capacitá-lo a realizar pesquisa de qualidade para suas próprias decisões e para os seus superiores.

A Figura 1-4 é uma importante ferramenta de organização porque oferece uma estrutura para apresentar como cada módulo do processo é projetado, conectado a outros módulos e depois executado. Assim, ela organiza o livro.

A pesquisa é sempre baseada em solução de problemas?

Muitas vezes, solicita-se que os pesquisadores respondam a "problemas" que os gestores precisam resolver. A **pesquisa aplicada** tem uma ênfase prática em solução de problemas. Seja o problema negativo, como corrigir um sistema de estoque que está resultando em perdas de vendas, ou uma oportunidade de aumentar o lucro dos acionistas por meio da aquisição de outra empresa, a resolução de problemas predomina.

A natureza da solução de problemas da pesquisa aplicada significa que ela é conduzida para encontrar respostas a questões específicas relacionadas a ação, desempenho ou necessidades de política. A **pesquisa pura** ou **pesquisa básica** também se baseia na solução de problemas, mas em um sentido diferente. Ela visa a resolver questões intrincadas ou obter conhecimentos novos de natureza experimental ou teórica que tenham pouco impacto direto ou imediato sobre ação, desempenho ou decisões de política. A pesquisa básica na área empresarial pode envolver um pesquisador que esteja estudando os resultados do uso de cupons *versus* descontos como tática para estimular a demanda, mas não em um caso específico ou em relação ao produto de determinado cliente. Em outro cenário de pesquisa pura, os pesquisadores podem estudar a influência de sistemas de remuneração por produtividade *versus* estruturas de salário mais bônus. Dessa forma, tanto a pesquisa aplicada como a pesquisa pura buscam a solução de problemas, porém a pesquisa aplicada é muito mais voltada à tomada de decisões gerenciais imediatas.

A resposta à questão proposta no início desta seção é sim. Seja aplicada ou pura, simples ou complexa, toda pesquisa deve fornecer uma resposta para uma pergunta. Se os gestores sempre soubessem o que está causando problemas ou oferecendo oportunidades, haveria pouca necessidade de pesquisa aplicada ou básica; tudo de que precisariam para tomar decisões de qualidade seria intuição.

O que é uma boa pesquisa?

Uma boa pesquisa gera dados confiáveis, que derivam de práticas conduzidas profissionalmente e que podem ser usados na tomada de decisão. A pesquisa ruim, por sua vez, é planejada e conduzida de forma descuidada, resultando em dados que o gestor não pode usar para reduzir seus riscos na tomada de decisão. A boa pesquisa segue os padrões do **método científico**: procedimentos sistemáticos e de base empírica para gerar pesquisas passíveis de reprodução.

Listamos diversas características do método científico na Figura 1-5 e, a seguir, discutimos as dimensões gerenciais de cada uma.

1. *Propósito claramente definido*. O propósito da pesquisa em administração – o problema envolvido ou a decisão a ser tomada – deve ser claramente definido e nitidamente delineado em termos o menos ambíguos possível. Fazê-lo por escrito é importante

Características da pesquisa	O que o gerente deveria buscar em uma pesquisa feita por terceiros ou incluir em pesquisa autoconduzida	Capítulo
Propósito claramente definido	• O pesquisador distingue entre o sintoma do problema organizacional, a percepção que o gerente tem do problema e o problema de pesquisa.	4, 5
Processo de pesquisa detalhado	• O pesquisador entrega uma proposta de pesquisa completa.	4, Apêndice A
Planejamento abrangente do projeto de pesquisa	• Procedimentos exploratórios são destacados com constructos definidos. • Unidade de amostra é claramente descrita junto com a metodologia de amostragem. • Procedimentos de coleta de dados são selecionados e planejados.	3, 4, 5, 6-14
Aplicação de altos padrões éticos	• Existem salvaguardas para proteger os participantes do estudo, as organizações, os clientes e os pesquisadores. • As recomendações não excedem o escopo do estudo. • A metodologia do estudo e suas limitações refletem a preocupação do pesquisador com a exatidão.	2, 19, 20
Limitações reveladas francamente	• O procedimento desejado é comparado ao procedimento real no relatório. • A amostra desejada é comparada à amostra real no relatório. • O impacto nos resultados e nas conclusões é detalhado.	6, 14, 15, 19, 20
Análise adequada às necessidades do tomador de decisão	• Resultados suficientemente detalhados são relacionados aos instrumentos de coleta.	15-20
Resultados apresentados de forma não ambígua	• Os resultados são apresentados claramente em palavras, tabelas e gráficos. • Os resultados são organizados de forma lógica para facilitar a tomada de decisão do gerente em relação ao problema. • Um sumário executivo de conclusões é destacado. • Um sumário detalhado acompanha as conclusões e a apresentação de resultados.	15-20
Conclusões justificadas	• As conclusões para tomada de decisões são associadas a resultados detalhados.	15-20
Reflexo da experiência do pesquisador	• O pesquisador fornece sua experiência/suas credenciais no relatório.	19, 20

Figura 1-5 Quais ações garantem uma boa pesquisa em administração?

mesmo quando o pesquisador e o tomador de decisão forem a mesma pessoa. O enunciado do problema de decisão deve incluir seu escopo, suas limitações e os significados precisos de todas as palavras e termos relevantes para a pesquisa. Se o pesquisador não o fizer adequadamente, pode levantar dúvidas nos leitores do relatório da pesquisa quanto ao fato de o pesquisador realmente ter entendido o problema a fim de fazer uma proposta sólida para combatê-lo.

2. *Processo de pesquisa detalhado.* Os procedimentos de pesquisa usados devem ser descritos com detalhes suficientes para permitir a outro pesquisador reproduzi-la. Isso inclui as etapas de seleção dos participantes, consentimento informado, métodos de amostragem e representatividade, e procedimentos de coleta de dados. Exceto quando houver imposição de confidencialidade, os relatórios de pesquisa devem revelar com sinceridade as fontes de dados e os meios pelos quais foram obtidos. A omissão de detalhes significativos dificulta ou impossibilita estimar a validade e a confiabilidade dos dados e, compreensivelmente, enfraquece a confiança do leitor na pesquisa em si e também em qualquer recomendação baseada nela.

3. *Planejamento minucioso do projeto de pesquisa.* O projeto de pesquisa, e sua escolha entre outros projetos possíveis, deve ser claramente descrito e cuidadosamente planejado para gerar resultados que sejam o mais objetivos possível. Um levantamento de opinião ou depoimentos não deve ser usado quando evidências mais confiáveis estiverem disponíveis em fontes documentais ou por observação direta. Pesquisas bibliográficas devem ser o mais criteriosas e completas possível. Os experimentos precisam ter controles satisfatórios, reduzindo ameaças à validade interna e aumentando a probabilidade de validade externa (generalização). As observações diretas devem ser registradas assim que possível após o evento. É preciso se esforçar para minimizar a influência do viés pessoal na seleção e no registro de dados.

Perfil **visual**

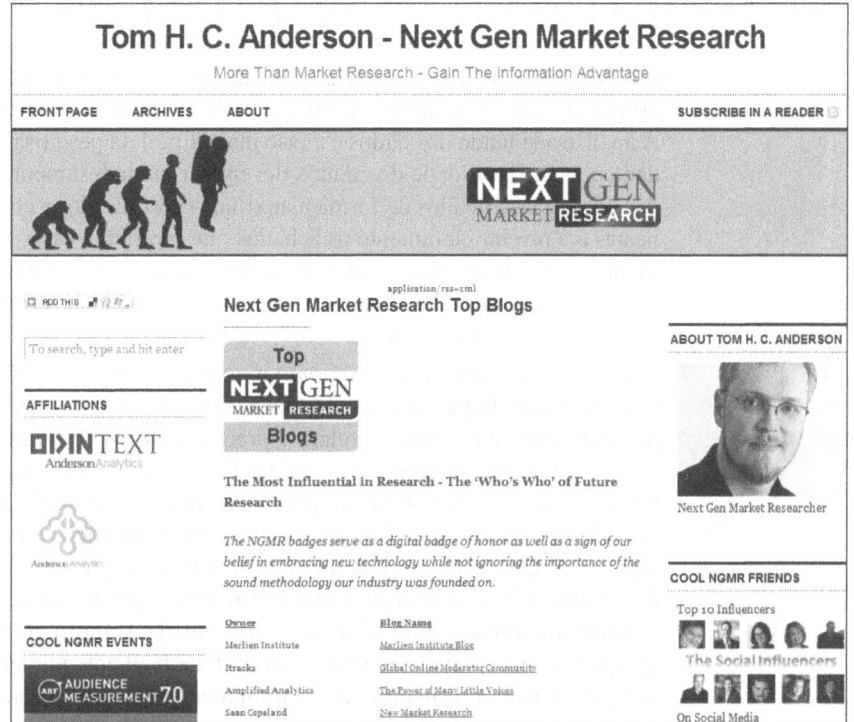

Manter-se a par de novas metodologias e técnicas é um processo sem fim para um bom pesquisador. Acompanhar blogs relacionados a pesquisas, acompanhar e participar de grupos do LinkedIn e ir a conferências é crucial nesse processo. O blog Next Generation Market Research e o grupo do LinkedIn gerido por Tom Anderson, fundador e sócio-diretor da Anderson Analytics, é um excelente exemplo. Observe que Tom fornece links para muitos outros blogs relacionados a pesquisas a partir do seu: **www.tomhcanderson.com/next-gen-market-research-top-blogs**.

4. *Aplicação de altos padrões éticos.* Os pesquisadores muitas vezes trabalham de forma independente e têm grande liberdade para planejar e executar projetos. Um projeto de pesquisa que inclua proteção contra danos mentais ou físicos causados aos participantes e no qual a integridade de dados seja prioridade deve ser altamente valorizado. As questões éticas em pesquisa refletem importantes preocupações morais sobre a prática de comportamento responsável em sociedade.

   É comum que os pesquisadores tenham que equilibrar precariamente os direitos dos participantes com as normas científicas do método escolhido. Quando isso ocorre, eles têm a responsabilidade de proteger o bem-estar dos participantes nos estudos e também das organizações a que pertencem, seus clientes, seus colegas e a si próprios. Deve-se considerar cuidadosamente as situações de pesquisa nas quais haja possibilidade de dano físico ou psicológico, exploração, invasão de privacidade e/ou perda de dignidade. A necessidade da pesquisa deve ser pesada quanto ao potencial desses efeitos adversos. Normalmente, é possível redefinir um estudo, mas algumas vezes isso não pode ser feito. O pesquisador deve estar preparado para esse dilema.

5. *Limitações reveladas francamente.* O pesquisador deve relatar com franqueza absoluta qualquer falha nos procedimentos e estimar seus efeitos nos achados. Há pouquíssimos projetos de pesquisa perfeitos. Algumas imperfeições podem ter pouco efeito na validade e na confiabilidade dos dados; outras podem invalidá-los totalmente. Um pesquisador competente deve ser sensível aos efeitos de um projeto imperfeito. Sua experiência na análise de dados deve proporcionar uma base para estimar a influência de falhas do projeto. Como tomador de decisão, você deve questionar o valor da pesquisa quando nenhuma limitação for relatada.

6. *Análise adequada às necessidades do tomador de decisão.* A análise dos dados deve ser abrangente o suficiente para revelar seu significado, o que os gestores chamam de *insights*. Os métodos de análise utilizados devem ser apropriados. O grau a que esse critério é atendido frequentemente é uma boa medida da competência do pesquisador. A análise adequada dos dados é a fase mais difícil da pesquisa para um novato. A validade e a confiabilidade dos dados devem ser cuidadosamente verificadas. Os dados devem ser classificados de forma a auxiliar o pesquisador a chegar a conclusões pertinentes e a revelar claramente os achados que levaram a essas conclusões. Quando são usados métodos estatísticos, técnicas descritivas e inferenciais adequadas devem ser escolhidas, a probabilidade de erro deve ser estimada e os critérios de importância estatística devem ser aplicados.

7. *Achados apresentados de forma não ambígua.* Algumas evidências da competência e da integridade do pesquisador podem ser encontradas no próprio relatório. Por exemplo, uma linguagem concisa, clara e precisa; afirmações cuidadosamente baseadas e cercadas de reservas adequadas; e um esforço aparente para atingir o máximo de objetividade tendem a deixar uma impressão favorável do pesquisador no tomador de decisão. Generalizações que vão além dos achados estatísticos ou de outras evidências em que se baseiem, exageros e palavrório desnecessário tendem a deixar uma impressão desfavorável. Tais relatórios não têm valor para gestores que atravessam os campos minados da tomada de decisão organizacional. A apresentação dos dados deve ser abrangente, interpretada de forma razoável, de fácil entendimento e organizada de forma que o tomador de decisão possa prontamente localizar os achados essenciais.

8. *Conclusões justificadas.* As conclusões devem se limitar àquelas para as quais os dados fornecem um fundamento adequado. Os pesquisadores muitas vezes são tentados a ampliar as bases de indução incluindo experiências pessoais e suas interpretações – dados não sujeitos aos controles sob os quais a pesquisa foi conduzida. Igualmente indesejável é a prática muito frequente de tirar conclusões de um estudo de uma população limitada e aplicá-las universalmente. Os pesquisadores também podem ficar tentados a confiar excessivamente em dados coletados em um estudo anterior e usá-los na interpretação de um novo estudo. Tal prática algumas vezes ocorre entre especialistas de pesquisa que limitam seu trabalho a clientes de um setor pequeno. Essas ações tendem a diminuir a objetividade da pesquisa e enfraquecem a confiança dos leitores nos achados. Bons pesquisadores sempre especificam as condições sob as quais suas conclusões parecem ser válidas.

9. *Reflexo da experiência do pesquisador.* Uma maior confiança na pesquisa será garantida se o pesquisador for experiente, tiver boa reputação em pesquisa e for uma pessoa íntegra. Se fosse possível para o leitor de um relatório de pesquisa obter informações suficientes sobre o pesquisador, esse critério talvez fosse uma das melhores bases para julgar o grau de confiança que determinada pesquisa garante e o valor de qualquer decisão baseada nela. Por essa razão, o relatório de pesquisa deve conter informações sobre as qualificações do pesquisador.

Uma boa pesquisa em administração tem um valor inerente somente à medida que ajude a gerência a tomar melhores decisões para atingir metas organizacionais. Pode ser agradável ter informações interessantes sobre consumidores, empregados, concorrentes ou sobre o ambiente, mas seu valor será limitado se as informações não puderem ser aplicadas a uma decisão crucial. Se um estudo não ajudar a gerência a selecionar as alternativas mais eficazes, mais eficientes, menos arriscadas ou mais lucrativas, seu uso deve ser questionado. De forma alternativa, a gerência pode ter recursos insuficientes (tempo, dinheiro ou habilidade) para conduzir um estudo adequado ou pode haver um baixo nível de risco associado à decisão em questão. Nessas situações, é válido evitar a pesquisa em administração e seus custos associados de tempo e dinheiro. A pesquisa em administração se justifica pela contribuição à tarefa do tomador de decisão e ao resultado final.

Breve visão de quatro estudos de pesquisa

Podemos extrair a essência de pesquisa de cada um dos exemplos de problemas gerenciais a seguir. Como ela é realizada? O que ela pode fazer? O que não se deve esperar que ela faça? À medida que você lê os quatro casos, pense sobre a possível gama de situações para conduzir a pesquisa e tente responder a estas perguntas: (1) Qual é o problema de tomada de decisão enfrentado pelo gestor? (2) O que o pesquisador deve realizar?

ClassicToys

Você trabalha na ClassicToys, empresa que está pensando em comprar uma fábrica de brinquedos. O vice-presidente sênior de desenvolvimento pede que você lidere uma força-tarefa para investigar seis empresas que são potenciais candidatas. Você reúne uma equipe composta por representantes de áreas funcionais relevantes. Dados pertinentes são coletados de fontes públicas devido à natureza confidencial do projeto. Você examina o seguinte: relatórios anuais da empresa; artigos em periódicos de negócios, revistas especializadas e jornais; avaliações de analistas financeiros; e propagandas da empresa. A seguir, os membros da equipe desenvolvem perfis resumidos das empresas candidatas com base nas características compiladas das fontes. O relatório final destaca as oportunidades e os problemas que a aquisição da empresa-alvo traria para todas as áreas do negócio.

MedImage

Você é o gerente administrativo da MedImage, um grande grupo de médicos especializados em diagnóstico por imagem (ressonância magnética, nuclear, tomografia e ultrassonografia). Uma conhecida empresa de seguros de saúde contatou-o para promover um novo programa de redução de custos. O comitê dos médicos ao qual você fará uma recomendação terá prazo curto para decidir se adere ao programa. Se aderirem, concordarão com um cronograma de redução de taxas em troca de procedimentos mais fáceis de envio de documentos, reembolso mais rápido e listagem em uma rede de referência de médicos. Se recusarem, continuarão a lidar da mesma forma com seus pacientes e com a companhia de seguros. Você começa a investigação extraindo dados de prontuários de pacientes para verificar quantos estão usando essa companhia, a frequência de consultas, a complexidade do envio de documentos e assim por diante. Então, você consulta dados do setor de seguros para descobrir quantos pacientes em potencial em sua área utilizam esse plano de saúde, ou planos semelhantes com outras seguradoras, e a probabilidade de um paciente escolher ou mudar de médico para encontrar um que seja conveniado ao programa proposto. Você tenta confirmar seus dados com informações de publicações profissionais e de associações. Baseado nessas informações, você desenvolve um perfil que detalha o número de pacientes, despesas indiretas e potencial receita realizada caso escolha aderir ao plano.

MoreCoatings

A MoreCoatings, fabricante de tintas, está em dificuldades para manter os lucros. O proprietário acredita que a gestão de estoque seja uma área fraca das operações da empresa. Nesse setor, muitas cores, tipos de tinta e tamanhos de recipientes facilitam o acúmulo de grandes estoques sem que se consiga atender aos pedidos dos clientes. Você analisa as operações atuais de armazenamento e expedição e encontra perdas excessivas de vendas e atrasos na entrega em consequência de produtos esgotados. Uma pesquisa de opinião informal com os clientes confirma sua impressão. Você suspeita que a base de dados atual do estoque e o sistema de relatórios não oferecem informações úteis e imediatas, necessárias para tomar decisões adequadas de produção.

Com base nessa suposição, buscar informar-se sobre as mais recentes técnicas de gestão de estoque. Você solicita ao gerente de almoxarifado que faça um inventário e revisa os pedidos recebidos do ano passado. Além disso, o proprietário mostra a você as etapas de produção do ano anterior e seu método de avaliar a necessidade de determinada cor ou tipo de tinta. Modelando o último ano da empresa usando técnicas de produção, pedido e gestão de estoque, você escolhe o método que oferece o melhor lucro teórico. Você testa uma linha-piloto usando a nova metodologia de controle. Após dois meses, os dados mostram um estoque bem menor e uma taxa maior de atendimento a pedidos. Você recomenda que o proprietário adote o novo método de controle de estoque.

York College

Você trabalha na associação de ex-alunos do York College. A entidade está ansiosa para desenvolver laços mais estreitos com seus ex-alunos mais antigos a fim de incentivar o aumento de doações e induzir os alunos mais velhos e não tradicionais a voltarem a fazer cursos complementares. A direção está pensando em criar uma comunidade de aposentados voltada para os ex-alunos da universidade e solicita que sua associação avalie a atratividade da proposta a partir do ponto de vista dos ex-alunos. Seu diretor pede que o estudo seja dividido em quatro partes.

Fase 1

Primeiro, você deve informar o número de ex-alunos que estão na faixa etária apropriada, o número de novas entradas por ano e as estatísticas atuariais do grupo. Essas informações permitem ao diretor avaliar se vale a pena continuar o projeto.

Fase 2

Seus resultados iniciais revelam um número suficiente de ex-alunos para viabilizar o projeto. O próximo passo do estudo é descrever as características socioeconômicas do grupo de ex-alunos visado. Você revê estatísticas de prêmios, analisa posições de trabalho e avalia a localização e o valor de domicílios. Além disso, revisa arquivos dos últimos cinco anos para ver como os ex-alunos responderam quando questionados sobre sua faixa de renda. Ao terminar, está apto para descrever o grupo de ex-alunos a seu diretor.

Fase 3

É evidente que o grupo de ex-alunos visado pode facilmente pagar por uma comunidade de aposentados conforme proposto. A terceira fase do estudo é explicar as características dos ex-alunos que estariam interessados em uma comunidade de aposentados relacionada à universidade. Para essa fase, você conta com a participação da American Association of Retired Persons (AARP) e do criador de uma comunidade de aposentados. Além disso, busca informações sobre cidadãos idosos com o governo federal. Com o criador da comunidade, você descobre quais são as características de planejamento e construção mais atraentes para aposentados. Com a AARP, informa-se sobre os principais serviços e características que os potenciais aposentados buscam nesse tipo de comunidade. Por meio das publicações governamentais, familiariza-se com as regulamentações existentes e com as recomendações para administrar comunidades de aposentados, descobrindo uma enorme variedade de informações descritivas sobre um associado típico. Você escreve um minucioso relatório para o diretor da associação de ex-alunos e para a direção da universidade. O relatório inclui o número de ex-alunos elegíveis, sua condição socioeconômica e as características daqueles que seriam atraídos para a comunidade de aposentados.

Fase 4

O relatório deixa a reitora da universidade empolgada. Ela pede que uma fase adicional seja realizada. Ela precisa prever o número de ex-alunos que seriam atraídos para o projeto a fim de poder planejar adequadamente o tamanho da comunidade. Neste ponto, você pede ajuda à turma de métodos de pesquisa da faculdade de administração para desenvolver um questionário para os ex-alunos. Fornecendo telefones e verba, você solicita que os alunos dessa disciplina façam um levantamento em uma amostra aleatória da população de ex-alunos elegíveis. Além disso, pede que desenvolvam um segundo questionário destinado a ex-alunos que se tornarão elegíveis nos próximos 10 anos. Usando os dados coletados, você pode prever a demanda inicial da comunidade e estimar seu crescimento nos próximos 10 anos. Você envia seu relatório final ao diretor e à reitora.

Qual é o problema enfrentado pelo gestor?

O problema enfrentado pelo gestor está razoavelmente bem definido nos quatro casos. Vamos ver quão cuidadosamente você os leu e entendeu. No estudo da ClassicToys, o gerente, que é o vice-presidente sênior de desenvolvimento, deve fazer uma proposta ao presidente ou possivelmente à diretoria quanto a adquirir ou não uma fábrica de brinquedos e, em caso afirmativo, quais dos seis sob análise é o melhor candidato. Na MedImage, os médicos do grupo devem decidir se aderem ao plano de assistência médica proposto por uma de suas principais seguradoras. No estudo da MoreCoatings, o proprietário da fábrica de tintas deve decidir se implementa um novo sistema de gestão de estoque. No York College, a reitora deve propor aos diretores o financiamento de uma comunidade de aposentados. Como você se saiu? Se não chegou às mesmas conclusões, releia os casos antes de continuar para entender o que deixou passar.

Na vida real, os problemas gerenciais nem sempre são definidos com tanta clareza. No estudo da MoreCoatings, em vez de apontar o problema como sendo de gestão de estoque, o proprietário da fábrica de tintas poderia ter enfrentado diversas questões: (1) uma greve de caminhoneiros afetando a entrega de produtos para os clientes de atacado e varejo; (2) o desenvolvimento de uma nova fórmula de tinta que oferecesse cobertura superior, mas exigisse um ingrediente relativamente raro para ser fabricada, afetando, assim, os índices de produção; (3) um incêndio que destruísse a principal plataforma de carga do maior depósito no Meio-Oeste dos EUA; (4) a ocorrência simultânea desses três eventos. Como o processo de pesquisa começa com uma tarefa de tomada de decisão por parte do gestor, a definição precisa do problema é fundamental, mas muitas vezes difícil. Destacamos o processo de pesquisa que começa essa atividade no fim deste capítulo e lidaremos com ele em detalhe no Capítulo 4.

Tipos de estudos de pesquisa representados pelos quatro exemplos

Os quatro estudos qualificam-se como pesquisa aplicada e podem ser classificados como informativo, descritivo, explanatório ou preditivo.

Informativo

No nível mais elementar, um **estudo informativo** fornece um resumo de dados, muitas vezes reformulando-os para alcançar um maior entendimento ou para gerar estatísticas para comparação. A tarefa pode ser bem simples, e os dados podem estar prontamente disponíveis. Em outras ocasiões, pode ser difícil encontrar as informações. Um estudo informativo exige conhecimento e habilidade com as fontes de informação e com os controladores dessas fontes. Tal estudo geralmente requer poucas inferências ou conclusões. No estudo da ClassicToys, o pesquisador precisa saber que informações devem ser consideradas a fim de avaliar uma empresa. No estudo de administração, esse conhecimento seria adquirido basicamente em cursos de administração financeira, contabilidade e marketing. Sabendo o tipo de informação necessária, o pesquisador do estudo da ClassicToys identifica fontes de informação, como artigos na imprensa e relatórios anuais. Devido ao possível efeito da avaliação da fábrica de brinquedos sobre o preço das ações do conglomerado que motiva o estudo e em cada empresa de brinquedos, apenas fontes públicas são usadas. Outros estudos informativos de natureza menos confidencial podem levar o pesquisador a entrevistar os controladores das fontes. No estudo do York College, por exemplo, uma entrevista com o diretor de uma instituição para aposentados poderia ter revelado outras fontes a serem incluídas na pesquisa. Tal especialista é considerado um *gatekeeper*. No início de sua carreira, é fundamental para seu sucesso como gestor identificar os *gatekeepers* para sua empresa e seu segmento.

Os puristas podem argumentar que os estudos informativos não se classificam como pesquisa, embora dados cuidadosamente reunidos possam ser de grande valor. Um projeto de pesquisa não precisa ser complexo e exigir inferências para que seja chamado de pesquisa. No início de sua carreira, é provável que você receba diversas solicitações para realizar estudos informativos. Muitos gestores consideram a execução desses estudos uma excelente forma de fazer novos funcionários familiarizarem-se com seu empregador e com o setor em que atuam.

Descritivo

Um **estudo descritivo** tenta encontrar respostas para as perguntas *quem, o quê, quando, onde* e, algumas vezes, *como*. O pesquisador tenta descrever ou definir um assunto, muitas vezes criando um perfil de um grupo de problemas, pessoas ou eventos. Tais estudos podem envolver a coleta de dados e a criação de uma distribuição do número de vezes que o pesquisador observa um único evento ou característica (conhecido como **variável de pesquisa**), ou podem envolver a relação da interação de duas ou mais variáveis. Na MedImage, o pesquisador deve apresentar dados que revelem quem é afiliado àquela seguradora, quem usa programas de assistência médica gerenciados (médicos e pacientes), as tendências gerais no uso de tecnologia de imagem no diagnóstico da gravidade de doenças e lesões e a relação de características do paciente, encaminhamentos a especialistas e padrões de uso de tecnologia.

Os estudos descritivos podem ou não ter potencial para gerar inferências poderosas. As empresas que mantêm bancos de dados de seus empregados, clientes e fornecedores já têm dados significativos para conduzir estudos descritivos usando informações internas. No entanto, muitas empresas que têm tais arquivos de dados não costumam explorá-los regularmente para obterem possíveis *insights* para tomadas de decisão. Na vinheta de abertura, Myra Wines poderia explorar diversos bancos de dados da empresa para ter ideia da natureza e do número de problemas relacionados a serviços de pós-venda e, de forma semelhante, obter informações sobre consultas referentes ao uso do produto. Um banco de dados gerado por certificados de garantia poderia revelar dados significativos sobre as características do comprador, bem como sobre o local de compra e o comportamento de uso do produto. Contudo, um estudo descritivo não explica *por que* um evento ocorreu ou por que as variáveis interagem de determinada forma.

O estudo descritivo é popular em pesquisas em razão de sua versatilidade entre disciplinas de administração. Nas empresas sem fins lucrativos e outras organizações, as investigações descritivas têm um forte apelo para o administrador e analista de políticas para planejamento, monitoramento e avaliação. Nesse contexto, as perguntas *como* abordam questões relacionadas a quantidade, custo, eficiência, eficácia e adequação.[5]

Explanatório

Os acadêmicos debatem acerca da relação entre os dois tipos de estudos, explanatório e preditivo, em termos de precedência. Ambos os tipos de pesquisa são baseados em teoria, e a teoria é criada para responder às perguntas por que e como. Para nossos propósitos, um **estudo explanatório** vai além da descrição e tenta explicar as razões para o fenômeno que o estudo descritivo apenas observou. A pesquisa que estuda a relação entre duas ou mais variáveis também é chamada de *estudo correlacional*. O pesquisador usa teorias, ou pelo menos hipóteses, para explicar as forças que levaram determinado fenômeno a ocorrer. Na MoreCoatings, o proprietário, achando que o problema de falta de produtos resulta da gestão de estoque, pede que o pesquisador detalhe os processos de armazenagem e transporte. Seria um estudo descritivo se tivesse parado por aí. Mas se os problemas nos processos pudessem ser associados a perdas nas vendas devido à incapacidade de fazer entregas no prazo para clientes de atacado ou varejo, então surgiria um estudo explanatório. O pesquisador testa essa hipótese ao fazer um modelo do último ano da empresa usando as relações entre processos e resultados.

Preditivo

Se pudermos dar uma explicação plausível para um evento depois que ele ocorreu, é desejável que sejamos capazes de prever quando e em que situações ele ocorrerá. Um **estudo preditivo**, o quarto tipo, está tão enraizado na teoria quanto a explicação. A NATA, uma associação comercial do setor de aviação, pode estar interessada em explicar os riscos da radiação solar e estelar para tripulação e passageiros. As variáveis podem incluir altitude, proximidade das rotas aéreas com os polos, época do ano e blindagem da aeronave. Talvez as relações entre as quatro variáveis expliquem a variável risco de radiação. Esse tipo de estudo costuma exigir um nível mais alto de inferência. Por exemplo, por que um voo, à determinada altitude, em certa época do ano, não produz um risco de radiação tão grande para os ocupantes da aeronave quanto o mesmo voo em outra estação? A resposta para essa pergunta seria valiosa no planejamento de rotas aéreas. Também contribuiria para o desenvolvimento de uma melhor teoria do fenômeno. Na pesquisa em administração, a previsão é encontrada em estudos conduzidos para avaliar cursos de ação específicos ou para prever valores atuais e futuros.

Pede-se ao pesquisador que faça a previsão do sucesso da comunidade de aposentados proposta para ex-alunos do York College com base no número de interessados que o projeto atrairá. Essa previsão será baseada na hipótese explanatória de que os ex-alunos frequentam programas e projetos patrocinados pela instituição em razão de uma associação entre sua experiência universitária e imagens de juventude e estímulo físico e mental.

Finalmente, sendo possível explicar e prever um fenômeno, seria bom poder controlá-lo. O objetivo do **controle** é poder reproduzir um cenário e ditar determinado resultado. No estudo do York College, se presumirmos que a faculdade prossiga com sua comunidade de aposentados e tenha o sucesso previsto, a reitora terá interesse na possibilidade de construir uma instalação semelhante para atender a outro grupo de ex-alunos e duplicar esse sucesso.

O controle é um resultado lógico da previsão. No entanto, a complexidade do fenômeno e a adequação da teoria de previsão são em grande parte responsáveis pelo sucesso em um estudo de controle. No York College, se fosse realizado um estudo de controle das várias abordagens promocionais usadas com os ex-alunos para estimular imagens de juventude, a tática promocional que gerasse o maior número de inscrições de ex-alunos para residência poderia ser identificada. Uma vez identificada, esse conhecimento poderia ser usado com êxito em diferentes grupos de ex-alunos apenas se o pesquisador pudesse explicar e controlar todas as outras variáveis que influenciam as inscrições.

Qualquer dos quatro tipos de estudo – informativo, descritivo, explanatório ou preditivo – pode ser corretamente chamado de pesquisa. Também podemos concluir, pelos diversos exemplos, que a pesquisa é uma investigação sistemática com o objetivo de fornecer informações para resolver problemas gerenciais.

Resumo

1 Pesquisa é qualquer investigação organizada conduzida para levantar informações para a solução de problemas. Isso inclui estudos informativos, descritivos, explanatórios e preditivos. Neste livro, enfatizamos os três últimos. A pesquisa em administração é uma investigação sistemática que fornece informações para orientar decisões. Mais especificamente, é um processo de determinação, aquisição, análise e síntese e disseminação de dados relevantes, informações e ideias para tomadores de decisão de formas que mobilizem a empresa a adotar ações adequadas que, por sua vez, maximizem o desempenho. Se organizados para recuperação, os dados coletados de operações diárias da empresa constituem um sistema de apoio à decisão (SAD). Um sistema de inteligência de negócios (BI) é projetado para fornecer ao gestor informações contínuas sobre eventos e tendências nos ambientes tecnológico, econômico, político e legal, demográfico, cultural, social e, mais criticamente, competitivo. Os estudos de pesquisa são usados para complementar o SAD e o BI.

2 Os gestores do futuro precisarão saber mais que nunca. A pesquisa em administração será uma grande contribuição para esse conhecimento. Os gestores irão valorizar o conhecimento de métodos de pesquisa em muitas situações estratégicas e táticas. Talvez precisem conduzir pesquisas para si próprios ou para terceiros. Como compradores de serviços de pesquisa, os gestores precisarão ter condições de julgar a qualidade da pesquisa. Por fim, podem tornar-se especialistas em pesquisa.

Nem todos os gestores estabeleceram a pesquisa como prioridade em seu processo de tomada de decisão. Consequentemente, está surgindo uma hierarquia de tomadores de decisão baseados em pesquisa. O nível superior contém os gestores que usam a pesquisa como uma etapa fundamental em todas as decisões e que usam a visão criativa para estabelecer metodologias próprias. O nível médio inclui os gestores que ocasionalmente recorrem à pesquisa, mas somente se valem de métodos consagrados. O nível inferior inclui os gestores que, por escolha ou circunstâncias econômicas, preferem contar com intuição e capacidade de julgamento, em vez de pesquisa em administração.

3 O processo de pesquisa é um modelo para o desenvolvimento e a interpretação de estudos de pesquisa. Embora muitos pesquisadores percebam o estudo de pesquisa como um processo sequencial que envolve diversas etapas claramente definidas, ninguém alega que ela requer o término de cada etapa antes de passar à próxima. Reciclagem, evasão e omissão ocorrem. Algumas etapas são iniciadas fora de sequência, algumas são realizadas simultaneamente e outras podem ser omitidas. Apesar dessas variações, a ideia de uma sequência é útil para desenvolver um projeto e para mantê-lo organizado à medida que avança.

4 O que caracteriza uma boa pesquisa? Geralmente, espera-se que a boa pesquisa seja dotada de objetivo, com foco claramente definido e metas plausíveis; de procedimentos defensáveis, éticos e que possam ser repetidos; e de evidências de objetividade. O relato de procedimentos – seus pontos fortes e fracos – deve ser completo e honesto. Devem ser usadas técnicas analíticas apropriadas; as conclusões tiradas devem limitar-se àquelas claramente justificadas pelos achados; e relatórios de achados e conclusões devem ser claramente apresentados e profissionais no tom, na linguagem e na aparência. Os gestores sempre devem escolher um pesquisador que tenha uma reputação estabelecida pelo trabalho de qualidade. O objetivo de pesquisa e seus benefícios devem ser pesados em relação aos potenciais efeitos adversos.

5 Pesquisa é qualquer investigação organizada conduzida para fornecer informações para a solução de problemas. Isso inclui estudos informativos, descritivos, explanatórios e preditivos. Um estudo informativo fornece um resumo de dados, muitas vezes reformulando-os para alcançar um maior entendimento ou para gerar estatísticas para comparação. Um estudo descritivo tenta encontrar respostas para as perguntas *quem, o quê, quando, onde* e, algumas vezes, *como*. Um estudo explanatório tenta explicar as razões para o fenômeno que o estudo descritivo apenas observou. Um estudo preditivo tenta prever quando e em que situações ocorrerá um evento. Os estudos também podem ser descritos como pesquisa aplicada ou pesquisa básica. A pesquisa aplicada visa a descobrir soluções para problemas ou oportunidades imediatos. A pesquisa básica (ou pura) visa a resolver questões intrincadas ou obter conhecimentos novos de natureza teórica ou experimental que tenham pouco impacto direto ou imediato sobre ação, desempenho ou decisões de políticas.

Termos-**chave**

controle 23
estratégia 9
estudo descritivo 22
estudo explanatório 22
estudo informativo 21
estudo preditivo 22

método científico 15
pesquisa aplicada 15
pesquisa em administração 4
pesquisa pura (pesquisa básica) 15
dilema gerencial 6
processo de pesquisa 12

retorno sobre investimento (ROI) 6
sistema de apoio à decisão (SAD) 9
sistema de inteligência de negócios (BI) 9
tática 10
variável de pesquisa 22

Questões para **discussão**

Revisão de termos

1 O que é pesquisa em administração? Por que haveria dúvidas sobre a definição de pesquisa?

2 Qual é a diferença entre pesquisa aplicada e pesquisa básica ou pura? Use a decisão de como um vendedor deve ser remunerado, por comissão ou salário, e descreva a questão que guiaria a pesquisa aplicada *versus* a que guiaria a pesquisa pura.

3 Distinga entre um estudo de pesquisa explanatório e um preditivo.

4 Distinga entre um estudo informativo e um estudo descritivo.

Tomada de decisão em pesquisa

5 Um gerente de vendas precisa ter informações a fim de decidir se cria um programa de motivação personalizado ou compra um oferecido por uma empresa de consultoria. Quais são os problemas que o gerente enfrenta ao selecionar qualquer dessas alternativas?

6 A Toyota teve um grande problema de inexplicável aceleração em vários de seus modelos em 2010. Ela fechou a produção e interrompeu as vendas de diversos deles Quais tipos de pesquisa a Toyota poderia ter conduzido para tomar essas decisões?

7 Você recebeu um relatório de pesquisa em administração feito por um consultor para sua empresa, uma corretora de seguros de vida. O estudo é uma pesquisa de satisfação do cliente baseada em uma amostra de 600 pessoas. Pedem que você comente sobre sua qualidade. O que você procurará?

8 Como gerente de vendas de uma empresa que fabrica e comercializa motores de popa, você foi encarregado de conduzir um estudo de pesquisa para estimar o potencial de vendas de seus produtos no mercado doméstico. Discuta as principais questões e preocupações que surgem devido ao fato de você ser o gerente e também o pesquisador.

Dando vida à pesquisa

9 Quais evidências de esforços para entender o problema gerencial são apresentadas na vinheta Dando vida à pesquisa?

Do conceito à prática

10 Aplique os princípios da Figura 1-4 ao cenário de pesquisa na questão 8.

Direto das manchetes

11 Kathy Lee Berggren, professora de comunicação oral na Universidade Cornell, menciona que "muitos dos meus alunos [apenas] arranham a superfície com o tipo de pesquisa que fazem". De acordo com Andy Guessa, da Inside Higher Ed, "simplesmente porque os alunos chegam como 'nativos digitais', não quer dizer que estejam preparados para lidar com o trabalho pesado de bancos de dados digitais e mecanismos de busca próprios que compõem a maior parte das técnicas modernas de pesquisa online". Erroneamente, os alunos pensam que uma busca no Google é pesquisa.

À medida que você lê as razões que devem estimular seu interesse no estudo de métodos de pesquisa ou avalia os nove fatores que garantem uma boa pesquisa, quais ações você propõe para diminuir a lacuna entre a competência de pesquisa dos alunos e o que é exigido de um graduado moderno que esteja tornando-se gestor?

Casos (em inglês) no site do Grupo A

HeroBuilders.com

Você encontrará uma descrição de cada caso na seção Índice de Casos deste livro. Verifique no Índice de Casos quais fornecem dados, o instrumento de pesquisa ou outro material complementar. Para acessar os casos (em inglês), entre no site do Grupo A (www.grupoa.com.br) e procure pelo livro.

Capítulo 2
Ética em Pesquisa em Administração

> " Negar o crescimento do mercado de trabalho para profissionais da privacidade seria desconher a realidade. As empresas estão cada vez mais contratando funcionários da área de privacidade e até mesmo elevando-os às posições de direção; a Comissão Europeia propôs uma lei em seu quadro de proteção a dados alterados que vai exigir funcionários de proteção de dados em certas empresas, e os filiados à International Association of Privacy Professionals (IAPP) recentemente atingiram o número de 10 mil em todo o mundo. "
>
> *Angelique Carson, CIPP/EUA,*
> *Associação Internacional*
> *de Profissionais da Privacidade*

Objetivos de **aprendizagem**

Após ler este capítulo, você compreenderá...

1 Quais questões são abordadas na ética em pesquisa.

2 O objetivo de "não causar dano" de todas as atividades de pesquisa e o que isso representa para participantes, pesquisadores e patrocinadores da pesquisa.

3 Os diferentes dilemas éticos e responsabilidades de pesquisadores, patrocinadores e assistentes de pesquisa.

4 O papel dos códigos de ética na conduta nas associações profissionais.

Dando vida à pesquisa

Jason Henry retornou ao escritório depois da apresentação da proposta elaborada para ganhar um projeto de pesquisa de um novo cliente em potencial. Jason e Sara Arens, sua parceira, trabalharam por muitas horas na proposta. Ambos tinham esperança de que ele abrisse a porta a negócios significativos para a Henry & Associates.

"Como foi a reunião para discutir a proposta com a MicroPeripheral nesta manhã?", perguntou Sara enquanto Jason sentava-se em uma cadeira em frente à mesa dela.

"Não foi bem", respondeu Jason secamente.

"Bem, tínhamos uma boa proposta, mas não dá para ganhar sempre", resignou-se Sara. "Você sabe por quê?"

"Ora, poderíamos ter conseguido esse contrato", disse Jason. "Apenas decidi que ele não era adequado para a Henry & Associates."

"Agora você conseguiu a minha atenção", disse Sara, inclinando-se para frente. "Seria um pequeno negócio, mas ser um fornecedor de pesquisas para uma empresa tão grande possibilitaria um relacionamento lucrativo em longo prazo. O que deu errado?"

"De acordo com seu presidente, Bill Henderson", explicou Jason, conforme ele e Sara voltavam a seu escritório, "a MicroPeripheral (MP) assumiu uma posição de quase liderança em periféricos para *laptops*, mas periféricos são voláteis. Os periféricos ficam menores a cada mês e precisam ser vendidos a preços mais baixos. Henderson precisava de um relatório detalhado de mercado pelo qual a MP poderia muito bem pagar, porém, na verdade, ele queria algo que não poderíamos oferecer".

"A proposta que desenvolvemos foi para um estudo detalhado de mercado", disse Sara, intrigada.

"Sim, mas ele tinha em mente um estudo completamente diferente do que propusemos. Ele propôs a contratação de um *headhunter* para organizar entrevistas para uma posição mítica de gerente sênior de diversificação dentro de uma empresa mítica – chamou-o de estudo disfarçado. Queria nos oferecer as instalações do grupo de foco para as entrevistas a fim de que pudéssemos usar nosso equipamento para gravar digitalmente cada uma."

"Não consigo ver como isso teria dado a ele os dados de mercado de que precisava", disse Sara, agora claramente confusa.

"Segundo Henderson, outro CEO tentou esse estratagema e conseguiu atrair funcionários da concorrência para a entrevista. Cada entrevista aumentou muito a compreensão da empresa sobre a concorrência e o mercado. Então, eles tiraram a sorte grande. Um dos candidatos era um dos principais executivos de uma grande concorrente. Baseada na entrevista e nas informações que o executivo ludibriado inocentemente revelou, a empresa decidiu fechar sua linha de produção na Califórnia e abriu uma no México para uma versão menor, mais rápida e mais barata de seu principal produto. O aviso antecipado permitiu que a empresa roubasse uma participação significativa de mercado."

"Ele teve a ousadia de sugerir que participássemos dessa fraude?"

"Henderson me garantiu que não era ilegal, mas não fiquei por lá para ouvir mais. Literalmente peguei nossa proposta de cima da mesa – aquela com o logotipo da Henry & Associates bem visível na capa – e saí porta afora."

"Então imagino que você esteve ao telefone desde que voltou", supôs Sara.

"Liguei para cada uma das empresas de pesquisa cujo logotipo estava visível na pilha sobre a mesa de Henderson. Todas ficaram muito gratas", disse Jason, sorrindo pela primeira vez.

"E é provável", sorriu Sara, "que Henderson logo descubra que todas as outras propostas serão retiradas".

O que é ética em pesquisa?

Assim como em outros aspectos da vida em uma empresa, todos os participantes de uma pesquisa devem apresentar comportamento ético. **Ética** são normas ou padrões de comportamento que guiam as escolhas morais quanto ao nosso comportamento e nosso relacionamento com as outras pessoas. O objetivo da ética na pesquisa é assegurar que ninguém seja prejudicado ou sofra consequências adversas oriundas das atividades de pesquisa. Esse objetivo geralmente é alcançado. Entretanto, atividades antiéticas estão difundidas e incluem violação de contratos de sigilo, quebra de confidencialidade, apresentação deturpada dos resultados, logro de pessoas, irregularidades de cobrança, fuga de responsabilidade jurídica e mais.

O reconhecimento da ética como um problema para as organizações econômicas é repetidamente revelado em levantamentos. Apesar de um aumento de consciência resultante de programas formais de ética e da presença de códigos de conduta ética por escrito (83%), uma pesquisa relata que, embora 52% dos trabalhadores norte-americanos afirmem ter observado pelo menos um tipo de conduta antiética, somente 55% deles relataram a violação (um declínio de 10% comparado a um estudo semelhante realizado dois anos antes). Empresas com forte cultura ética tinham probabilidade 1,6 vez maior de relatar incidentes que as com fraca cultura ética. Essa falta de ação suscita questões acerca da eficácia dos códigos de conduta e sistemas de denúncia.[1]

Não há uma única abordagem para a ética. Defender a adesão estrita a um conjunto de leis é difícil em razão das restrições não previstas impostas aos pesquisadores. Devido ao histórico da Alemanha na guerra, por exemplo, o governo proíbe muitos tipos de pesquisa médica. Consequentemente, os alemães não se beneficiam de muitos avanços em biotecnologia e podem ter acesso restrito a medicamentos geneticamente alterados no futuro. Contudo, basear-se no senso pessoal de moral é igualmente problemático. Considere o choque entre aqueles que acreditam que a morte é a libertação de uma vida de sofrimentos e os que valorizam a vida a ponto de preservá-la indefinidamente com o uso de meios mecânicos. Cada sistema de valores alega conhecimento superior da correção moral.

Claramente, é necessário um meio-termo entre ser completamente governado por códigos ou fiar-se no relativismo ético. A base para esse meio-termo é um consenso que começa a surgir sobre padrões éticos para pesquisadores. Códigos e regulamentações orientam pesquisadores e patrocinadores. Comitês de avaliação e grupos de colegas ajudam os pesquisadores a examinarem suas propostas de pesquisa em relação a dilemas éticos. Muitos problemas éticos com base no projeto podem ser eliminados com planejamento cuidadoso e vigilância constante. No fim, uma pesquisa responsável prevê dilemas éticos e tenta ajustar o projeto, os procedimentos e os protocolos durante o processo de planejamento, em vez de tratá-los como reflexão posterior. A pesquisa ética exige integridade pessoal do pesquisador, do gerente de projeto e do patrocinador da pesquisa.

Como a integridade na pesquisa é vital, já estamos discutindo seus componentes no início deste livro e enfatizando o comportamento ético por toda nossa abordagem. Nosso objetivo é estimular uma mudança permanente em valores e restrições práticas de pesquisa nos capítulos seguintes. Este capítulo está organizado com base no tema do tratamento ético dos participantes, clientes, patrocinadores de pesquisa e outros pesquisadores. Também destacamos leis e códigos apropriados, recursos para consciência ética e casos para aplicação. A Figura 2-1 relaciona cada questão ética discutida ao processo de pesquisa apresentado no Capítulo 1.

Tratamento ético dos participantes

Quando se discute ética em projeto de pesquisa, costuma-se pensar primeiro em proteger os direitos dos participantes, ou sujeitos. Não importa se os dados são coletados em experimentos, entrevistas, observações ou levantamentos, os participantes têm muitos direitos a serem protegidos. Em geral, a pesquisa deve ser projetada de forma que o participante não sofra dano físico, desconforto, dor, constrangimento ou perda de privacidade. Para salvaguardá-lo, o pesquisador deve seguir três diretrizes:[2]

1. Explicar os benefícios do estudo.
2. Explicar os direitos e as proteções do participante.
3. Obter o consentimento informado.

Benefícios

Sempre que houver contato direto com o participante, o pesquisador deve discutir os benefícios do estudo, tendo o cuidado de não os superestimar nem subestimar. O entrevistador deve iniciar

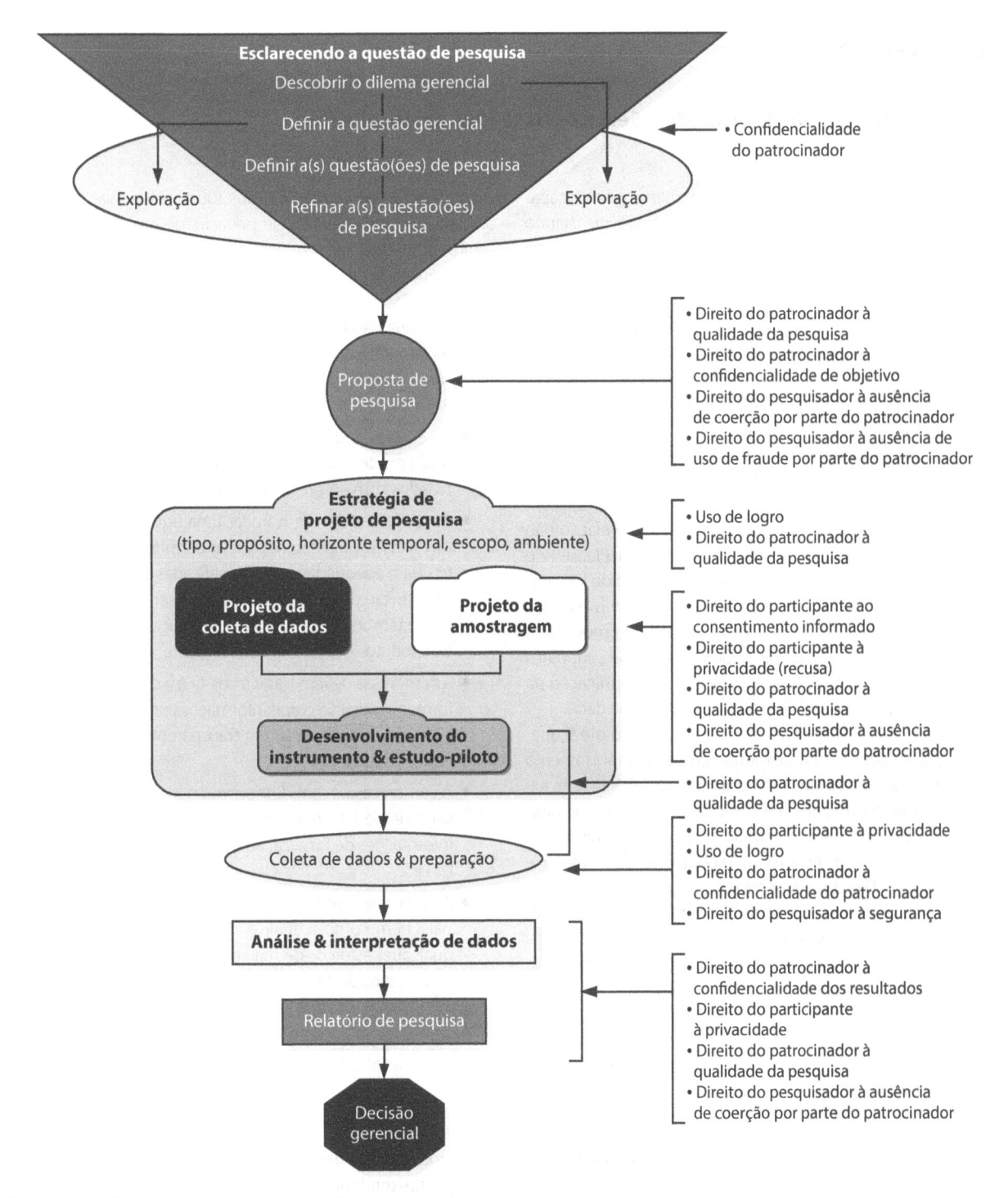

Figura 2-1 Questões éticas e o processo de pesquisa.

a apresentação dizendo seu nome, o nome da empresa de pesquisa e fazendo uma breve descrição de objetivos e benefícios da pesquisa. Isso deixa os participantes à vontade, sabendo com quem estão falando, e motiva-os a responder às perguntas de forma honesta. Em resumo, saber por que se está respondendo a perguntas melhora a cooperação pela revelação honesta do propósito. O incentivo à participação, seja financeiro ou de outra natureza, não deve ser desproporcional à tarefa ou apresentado de forma que resulte em coerção.

Instantâneo

A nova fronteira da privacidade... Serviços baseados em localização

Com o crescimento contínuo do uso de smartphones, a capacidade de executar softwares e aplicativos móveis usando serviços baseados em localização (LBS, *location-based services*) sem fio é um dos principais atrativos para empresas e clientes. Com os LBS, indivíduos compartilham *online* informações em tempo real e históricos de localização para facilitar uma variedade de atividades, incluindo encontrar amigos, jogos, localizar um restaurante ou comprar uma oferta. Facebook Places, Living Social, Groupon e ShopAlert são apenas alguns dos participantes atuais.

"Porém, juntamente com os benefícios, a capacidade de LBS móveis também envolve riscos para a privacidade do consumidor. Por exemplo, o principal risco percebido para o consumidor de serviços habilitados para LBS é a revelação não intencional do endereço do usuário. *Sites* como 'Please Rob Me' demonstram o perigo do compartilhamento de localização ao fornecer um banco de dados de casas vazias baseado nos *check-ins* de usuários em outro lugar", informou Alysa Zeltzer Hutnik, sócia de privacidade e práticas de segurança da Kelley Drye & Warren LLP e gerente de comunicação da Associação Internacional de Profissionais de Privacidade.

Embora os consumidores tenham expressado preocupações quanto a empresas que monitorem seu comportamento na web para propagandas direcionadas, a maioria (52%) expressou "disposição para deixar seus padrões de uso e informações pessoais serem monitorados por anunciantes se isso resultasse em custos menores de produtos ou conteúdo *online* gratuito, e 43% dos consumidores disseram que estariam dispostos a receber propaganda direcionada em troca de taxas ou serviços mais baratos".

A Universidade Carnegie Mellon estudou os controles de privacidade de 89 aplicativos de LBS populares em 2010. Dentre os pesquisados, 66% tinham alguma forma de política de privacidade. E a maioria deles conservava todas as informações por um período indefinido de tempo. Em 2011, um estudo da TrustE revelou que "97% dos 100 principais *sites* tinham alguma forma de política de privacidade em uso, embora muitas empresas tivessem uma compreensão insuficiente de suas políticas de privacidade e do *software* de terceiros usados em seu site".

"Ainda que não haja regulamentação sobre as práticas de LBS", declarou Alysa, "existem algumas regras de 'faça' ou 'não faça' claras que devem ser consideradas ao iniciar práticas empresariais envolvendo serviços habilitados para LBS".

- As empresas devem saber o que seu serviço LBS faz, qual tipo de dados coleta e se esses dados são compartilhados com empresas afiliadas, parceiros ou terceiros.
- As empresas devem nomear uma equipe treinada em privacidade para garantir que as considerações a respeito sejam adequadamente identificadas e atendidas, tanto no início do projeto de um novo serviço ou produto como também em intervalos periódicos após o serviço ou produto ser lançado publicamente.
- As empresas devem tratar a coleta e a divulgação de informações do LBS como informações pessoais confidenciais, o que significa serem transparentes e cuidadosas com os dados.
- As empresas devem demonstrar que obtiveram o consentimento informado para o uso ou a divulgação de informações de localização antes de iniciarem um serviço LBS.
- As empresas devem ser sensíveis às expectativas dos pais, bem como à análise legal adicional que sucede quaisquer esforços de marketing direcionados a jovens com menos de 13 anos de idade.
- As empresas devem manter-se a par dos avanços e recursos de privacidade, incluindo atividades da FTC e da procuradoria-geral dos estados.

Algumas vezes, o objetivo e os benefícios reais de um estudo ou experimento precisam ser ocultados dos participantes para evitar respostas tendenciosas. A necessidade de ocultar objetivos leva diretamente ao problema do logro.

Logro

O **logro** ocorre quando os participantes são informados apenas parcialmente ou quando a verdade é totalmente omitida. Alguns acreditam que isso nunca deva ocorrer. Outros sugerem duas razões para o logro: (1) evitar a influência sobre os participantes antes do levantamento ou experimento e (2) proteger a confidencialidade de terceiros (por exemplo, o patrocinador). O logro não deve ser usado para melhorar os índices das respostas.

Os benefícios obtidos pelo logro devem ser pesados em relação aos riscos para os participantes. Sempre que possível, um experimento ou uma entrevista devem ser reprojetados para reduzir a dependência do logro. Além disso, os direitos e o bem-estar dos participantes devem ser adequadamente protegidos. Nos casos em que o logro em um experimento possa gerar preocupação, a condição médica do sujeito deve ser verificada para assegurar que não haverá dano físico. O código de ética da Associação Norte-Americana de Psicologia declara que o uso de logro é inapropriado, a menos que suas técnicas sejam justificadas pelo valor científico, educacional ou aplicado esperado do estudo e que alternativas igualmente eficazes que não o utilizem não sejam possíveis.[3] E, por fim, os participantes devem receber seu consentimento informado antes de participar da pesquisa.

Consentimento informado

Obter o **consentimento informado** dos participantes é uma questão de divulgar inteiramente os procedimentos do levantamento proposto ou de outro projeto de pesquisa antes de solicitar permissão para prosseguir com o estudo. Há exceções que exigem um termo de consentimento assinado. Ao lidar com crianças, deve-se solicitar aos pais ou responsáveis legais que assinem um termo de consentimento. Ao fazer pesquisa com ramificações médicas ou psicológicas, também se deve obter um termo de consentimento assinado. Se houver uma possibilidade de os dados causarem dano ao participante ou se o pesquisador oferecer apenas proteção limitada à confidencialidade, deverá ser obtido um termo de consentimento assinado detalhando os tipos de limites. Para a maioria das pesquisas em administração, o consentimento verbal é suficiente. Um exemplo de como os procedimentos de consentimento informado são implementados é mostrado na Figura 2-2, em que um centro de pesquisa universitária demonstra como manter-se fiel aos mais altos padrões éticos para procedimentos de levantamento.[4]

Em situações nas quais os participantes são intencional ou acidentalmente logrados, eles devem ser esclarecidos assim que a pesquisa estiver terminada.

Conteúdo

Os levantamentos conduzidos pelo Indiana University Center for Survey Research contêm os seguintes componentes de consentimento informado em sua introdução:

1. Faça a apresentação – nome do entrevistador e da instituição Indiana University Center for Survey Research.
2. Dê uma breve descrição do tópico do levantamento (barreiras contra o seguro-saúde, por exemplo).
3. Dê uma descrição da área geográfica que está sendo entrevistada (ex.: pessoas em Indiana) ou da amostra-alvo (ex.: engenheiros aeroespaciais).
4. Diga quem é o patrocinador (ex.: National Endowment for the Humanities).
5. Descreva o(s) objetivo(s) da pesquisa (ex.: satisfação com os serviços recebidos/prestados por uma agência local).
6. Dê uma estimativa honesta do tempo necessário para fazer a entrevista.
7. Prometa anonimato e confidencialidade (quando apropriado).
8. Diga que a participação é voluntária.
9. Diga aos participantes que é aceitável deixar respostas em branco.
10. Peça permissão para começar.

Exemplo de apresentação

Olá, sou [NOME] do Center for Survey Research da Indiana University. Estamos fazendo uma pesquisa com moradores da área de Indianápolis para saber a opinião deles sobre algumas questões de saúde. Este estudo é patrocinado pelo National Institutes of Health, e seus resultados serão usados para pesquisar o efeito dos laços da comunidade sobre atitudes relacionadas a práticas médicas. A pesquisa leva cerca de 40 minutos. Sua participação é anônima e voluntária, e todas as suas respostas serão mantidas em sigilo absoluto. Se houver qualquer pergunta que você acha que não pode responder, por favor me informe e passaremos para a próxima. Então, se você me permite, podemos começar.

Exemplo de conclusão

O participante recebe informações sobre como contatar o principal pesquisador. Por exemplo: John Kennedy é o principal pesquisador deste estudo. Você gostaria de ficar com o endereço ou o telefone do Dr. Kennedy, caso queira falar com ele sobre o estudo?

Figura 2-2 Procedimentos de consentimento informado para levantamentos.

Os pesquisadores têm responsabilidades éticas especiais em caso de participação de crianças. Os bons pesquisadores trabalham em total conformidade com a Lei de Proteção à Privacidade Infantil Online dos EUA (COPPA, do inglês Children's Online Privacy Protection Act). As regulamentações federais da COPPA exigem que a permissão adequada dos pais seja obtida antes do início do contato. Além de fornecer um consentimento informado, muitas vezes os pais são entrevistados durante o processo de seleção para garantir que, caso seu filho seja escolhido, tenha maturidade suficiente e as habilidades verbais e físicas necessárias para lidar com as atividades planejadas. Os pesquisadores que trabalham com crianças querem que elas percebam a participação como uma experiência agradável – e às vezes até entusiasmante.
www.coppa.org

Esclarecimento dos participantes

O **esclarecimento** envolve diversas atividades subsequentes à coleta de dados:

- Explicação sobre qualquer logro.
- Descrição da hipótese, do objetivo ou do propósito do estudo.
- Compartilhamento de resultados pó-estudo.
- Acompanhamento médico ou psicológico pós-estudo.

Primeiro, o pesquisador compartilha a verdade sobre qualquer logro com os participantes e as razões para usá-lo no contexto dos objetivos do estudo. Nos casos em que ocorrerem reações graves, deve-se providenciar acompanhamento médico ou psicológico para continuar garantindo que os participantes não sejam prejudicados pela pesquisa.

Mesmo quando a pesquisa não ludibria os participantes, é conveniente oferecer-lhes informações de acompanhamento. Isso mantém a boa vontade dos participantes, servindo como um incentivo para que participem de futuros projetos de pesquisa. Para levantamentos e entrevistas, pode-se oferecer aos participantes um relatório sucinto dos resultados. Geralmente, eles não pedirão informações adicionais. No entanto, ocasionalmente a pesquisa pode ser de interesse para determinado participante. Pode-se gerar um conjunto simples de gráficos descritivos ou tabelas de dados para ele.

Para experimentos, todos os participantes devem ser esclarecidos a fim de contextualizar o experimento. O esclarecimento em geral inclui uma descrição da hipótese testada e do propósito do estudo. Mesmo os participantes que não foram enganados beneficiam-se do esclarecimento. Eles conseguirão entender por que o experimento foi criado. Os pesquisadores também obtêm informações importantes sobre o que os participantes pensaram antes, durante e depois do experimento. Isso pode levar a modificações em futuros projetos de pesquisa. Assim como os participantes de levantamentos e entrevistas, os participantes de experimentos e estudos observacionais devem receber um relatório dos resultados.

Até que ponto o esclarecimento e o consentimento informado reduzem os efeitos do logro? Pesquisas sugerem que a maioria dos participantes não se ressente de logro temporário e pode ter mais sentimentos positivos acerca do valor da pesquisa após o esclarecimento que os que não participaram do estudo.[5]

Todavia, o logro é uma questão eticamente difícil e deve ser tratado com sensibilidade e preocupação em relação aos participantes da pesquisa.

Instantâneo

ESOMAR e CASRO e a ética de levantamentos *mobile*

A ESOMAR é uma empresa mundial focada em possibilitar melhores pesquisas sobre mercados, consumidores e sociedades. Ela facilita o diálogo contínuo entre seus 4.900 membros, em mais de 130 países, para promover o valor da pesquisa de mercado e de opinião na tomada eficaz de decisões. O Council of American Survey Research Organizations (CASRO) representa mais de 300 empresas e operações de pesquisa nos Estados Unidos e no exterior. Ele considera-se a "voz e os valores" do setor de pesquisas de levantamento. Ambas as organizações têm estado na dianteira do desenvolvimento de diretrizes para práticas de pesquisa móveis. Embora muitas diretrizes refiram-se a levantamentos independentemente do modo de coleta, os levantamentos móveis têm algumas diretrizes exclusivas.

Recrutamento de participantes

Embora a maioria dos países não restrinja ligações não solicitadas para pesquisa, as diretrizes da ESOMAR indicam que é "obrigatório consultar e aplicar listas não contatar específicas para pesquisas [específicas por país]" para telefones celulares, caso essas regras existam. O consentimento prévio é exigido para mensagens de texto não solicitadas em inúmeros países, embora essas regulamentações nem sempre possam ser aplicadas a pesquisas. Se forem usadas mensagens de texto para contatar entrevistados, as diretrizes da ESOMAR exigem que "o pesquisador forneça a oportunidade de saída a fim de atender [ao requisito de consentimento prévio] para garantir a natureza voluntária da participação na pesquisa. Além disso, o código do CASRO requer que as empresas de pesquisa de levantamento não utilizem e-mails não solicitados para recrutar respondentes de levantamento.

Prevenção de desvantagem financeira

Ligações para dispositivos móveis podem envolver cobranças tanto para quem as faz quanto para quem as recebe. E pode-se incorrer em cobranças de *roaming* quando ligações de levantamento forem feitas para números móveis além de fronteiras regionais e nacionais. Como resultado, o pesquisador pode descumprir sua obrigação de garantir que um potencial respondente "não esteja de forma alguma em desvantagem pela participação em um levantamento de pesquisa".

Privacidade e apropriação ilegítima

As diretrizes da ESOMAR requerem que o pesquisador "termine a ligação educadamente quando se tornar claro que o receptor não esteja em situação propícia (por exemplo, ao conduzir, operar maquinário, caminhar em espaço público, ou quando quem faz a chamada estiver em outro país/fuso horário) ou não quiser aceitar a ligação, não for competente (para responder ao levantamento) ou for uma criança (a menos que o pesquisador receba um consentimento informado passível de verificação de um adulto adequado para prosseguir com a ligação)". Assim, as diretrizes da ESOMAR requerem que o pesquisador tome todas as precauções razoáveis para garantir que os respondentes não sejam lesados ou adversamente afetados como resultado direto da participação em uma entrevista ou um levantamento. Os pesquisadores são encorajados a confirmar se o potencial respondente está em situação em que seja legal, seguro e conveniente receber a ligação.

Como um respondente em um dispositivo móvel pode ser contatado em um espaço público ou semiprivado, as diretrizes da ESOMAR exigem que o pesquisador "considere a natureza do conteúdo do levantamento à luz da possibilidade de o respondente poder ser ouvido por terceiros e informações ou comportamentos pessoais serem inadvertidamente divulgados ou as respostas modificadas em virtude da situação do respondente".

Alteração do dispositivo móvel para monitorar comportamento

Levantamentos móveis exigem tecnologia de agente ativo, definido como "qualquer software ou dispositivo de hardware que capte os dados comportamentais sobre sujeitos em segundo plano, normalmente sendo executado simultaneamente com outras atividades". Essa tecnologia registra diretamente no software baixado para o dispositivo de um usuário que seja "usado somente com a finalidade de alertar potenciais respondentes de levantamentos, baixando conteúdo do levantamento ou fazendo perguntas de levantamento". A transparência é a principal diretriz para a pesquisa móvel, exigindo que o pesquisador forneça aos potenciais respondentes informações suficientes para a opção de participar ou não do levantamento – incluindo o que o software monitora, por quanto tempo fica armazenado no dispositivo do participante ou orientações para sua remoção, que não contém propaganda (a menos que esse seja o assunto da pesquisa), e que o consentimento prévio é obtido antes da instalação do software. Muitos aparelhos móveis possuem dispositivos geoespaciais, capazes de localizar fisicamente o participante. As diretrizes requerem que essas informações exijam consentimento prévio e, caso sejam coletadas, que continuem a ser confidenciais.

www.coppa.org; www.esomar.org

Direito à privacidade

As leis de privacidade nos Estados Unidos são levadas a sério. Todas as pessoas têm direito à privacidade, e os pesquisadores precisam respeitá-lo. A importância do direito à privacidade pode ser ilustrada com um exemplo.

Um funcionário da MonsterVideo, grande empresa de vídeo, também é aluno da universidade local. Para um projeto de pesquisa, esse aluno e os membros de sua equipe decidem comparar os hábitos de uma amostra de clientes. Usando entrevistas por telefone, os alunos começam sua pesquisa. Depois de perguntar sobre os hábitos da pessoa em relação aos filmes que assistiam e à frequência de aluguel *versus* compra, os alunos passaram para os tipos de filmes a que as pessoas assistiam. Eles constataram que a maioria dos participantes respondia às perguntas sobre suas preferências de programas para crianças, clássicos, *best-sellers*, suspense e ficção científica. Mas não havia cooperação quando questionados sobre a frequência com que assistiam a filmes pornográficos. Sem garantia de privacidade, a maioria das pessoas não responde a esse tipo de pergunta com sinceridade, se é que responde. Dessa forma, o estudo perde dados fundamentais.

A garantia de privacidade é importante não apenas para preservar a validade da pesquisa, mas também para proteger os participantes. No exemplo anterior, imagine o dano que a liberação de informações sobre os hábitos de algumas pessoas poderia ter causado. Evidentemente, a confidencialidade das respostas de um levantamento é um aspecto importante do direito à privacidade dos participantes. Uma vez que a **confidencialidade** é garantida, é essencial protegê-la. Os pesquisadores podem fazê-lo de várias formas:

- Obtendo documentos assinados que garantam sigilo.
- Restringindo o acesso à identificação dos participantes.
- Revelando as informações do participante apenas mediante consentimento por escrito.
- Restringindo o acesso aos instrumentos de dados em que o participante esteja identificado.
- Não divulgando os subconjuntos de dados.

Instantâneo

A confiança sobrepujou a privacidade?

Desde que o comércio eletrônico registrou sua primeira venda, defensores do direito à privacidade vêm dizendo às empresas que a privacidade é uma questão importante entre navegadores e compradores *online*. Um levantamento conduzido pela Harris Poll para a *Business Week* mostrou que mais de um terço dos adultos norte-americanos não se sentiria confortável se as suas ações online estivessem sendo analisadas, enquanto 82% não gostariam que suas atividades online estivessem sendo mescladas com informações pessoalmente identificáveis, como renda, número da carteira de motorista, dados do cartão de crédito e condição médica. A pesquisa mais recente do TrustE Privacy Index mostrou que "91% dos adultos norte-americanos online preocupam-se em algum grau quanto à sua privacidade online, enquanto 53% disseram que 'não confiam totalmente em empresas com seus negócios online'". Isso continua a refletir o trabalho do pesquisador. Alan Westin, presidente e editor da *Privacy & American Business*, identificou três grupos diferentes relacionados à privacidade: *fundamentalistas da privacidade* (que acham que perderam sua privacidade e temem maior erosão), *pragmáticos da privacidade* (que estão dispostos a compartilhar informações pessoais quando entendem as razões para seu uso ou veem benefícios tangíveis do compartilhamento) e *despreocupados com a privacidade* (aqueles para os quais a privacidade não é uma preocupação fundamental).

Mesmo face à liberação inapropriada de grandes bancos de dados de informações privadas pelo governo, por instituições financeiras e varejistas a que essas informações foram confiadas, esse estudo recente pela Truste mostra uma diminuição quanto às preocupações relativas à privacidade de adultos. Oitenta por cento dos adultos norte-americanos evitam fazer negócios com empresas que não protejam suas informações pessoais e 93% acreditam que as empresas têm a responsabilidade de proteger sua privacidade. É por isso que se viu uma onda de empresas atualizando e simplificando suas declarações de privacidade em 2012.

www.truste.org; www.harrisinteractive.com

Os pesquisadores devem restringir o acesso às informações que revelem nomes, números de telefone, endereços ou outras formas de identificação. Somente pesquisadores que tenham assinado termos de sigilo de dados e de confidencialidade devem ter permissão de acesso aos dados. Os vínculos entre os dados ou o banco de dados e o arquivo com as informações de identificação devem ser reduzidos. As folhas de respostas a entrevistas individuais não devem estar acessíveis, exceto para os editores e os responsáveis pela entrada dos dados. Ocasionalmente, os instrumentos de coleta devem ser destruídos assim que os dados estiverem no arquivo. Os arquivos de dados que facilitem a reconstrução de perfis ou a identificação de participantes individuais devem ser cuidadosamente controlados. Para grupos muito pequenos, os dados não devem ser disponibilizados, pois muitas vezes é fácil identificar uma pessoa dentro do grupo. Pesquisas de satisfação de funcionários em unidades pequenas podem ser facilmente usadas para identificar uma pessoa usando apenas as perguntas descritivas. Essas duas últimas proteções são especialmente importantes na pesquisa de recursos humanos.[6]

Todavia, privacidade é mais que confidencialidade. O **direito à privacidade** significa que a pessoa pode recusar-se a ser entrevistada ou a responder a qualquer pergunta em uma entrevista. Os potenciais participantes têm direito à privacidade em suas casas, inclusive a não receber pesquisadores e a não atender a ligações. E têm o direito a comportamentos privados em locais privados sem medo de observação. Para atender a esses direitos, pesquisadores éticos fazem o seguinte:

- Informam os participantes sobre seu direito de recusar-se a responder a qualquer pergunta ou a participar do estudo.
- Obtêm permissão para entrevistar os participantes.
- Agendam entrevistas de campo ou por telefone.
- Limitam o tempo exigido para participação.
- Restringem a observação apenas ao comportamento público.

Coleta de dados no ciberespaço

Alguns defensores da ética argumentam que a própria conduta que resulta na resistência por parte dos participantes – interferência, invasão em suas vidas, negação de direito à privacidade – encorajou os pesquisadores a investigar online assuntos que por muito tempo foram exclusividade da investigação *off-line*. A novidade e a conveniência de comunicar-se por computador levou os pesquisadores ao ciberespaço em busca de fontes abundantes de dados. Não importa se chamamos de "sociedade conectada", "vida digital", "comunicação mediada por computador" ou "cibercultura", o crescimento de estudos cibernéticos faz-nos questionar como coletamos dados online, lidamos com os participantes e apresentamos os resultados.

Em uma edição especial sobre ética da *Information Society*, os acadêmicos envolvidos em pesquisa no ciberespaço concluíram:

> Todos os participantes concordam que a pesquisa no ciberespaço não concede qualquer permissão para ignorar os preceitos éticos. Os pesquisadores são obrigados a proteger sujeitos humanos e a "fazer o certo" em locais eletrônicos, assim como nos mais convencionais. Segundo, cada participante reconhece que o ciberespaço suscita questões éticas complexas, que podem não ter analogia exata em outros tipos de investigação. A facilidade de observação oculta, a distinção indefinida entre locais públicos e privados e a dificuldade de obter consentimento informado tornam o ciberespaço particularmente vulnerável a transgressões éticas, até mesmo pelos pesquisadores mais escrupulosos. Terceiro, todos reconhecem que, ainda que os procedimentos ou as atividades de pesquisa possam ser permitidos ou não impedidos por lei ou por políticas, isso não significa que eles sejam necessariamente éticos ou permissíveis. Quarto, todos concordam que o pesquisador tem responsabilidade final em assegurar que a investigação seja conduzida não apenas de forma honesta, mas com integridade ética.[7]

Questões relativas ao ciberespaço em pesquisa também se relacionam à mineração de dados. Os dispositivos de coleta de informações disponíveis hoje foram as ferramentas de espiões, protagonistas de ficção científica ou super-heróis em outras épocas. Cartões inteligentes, biometria (impressões digitais, exames de retina, reconhecimento facial), monitoramento eletrônico (circuito fechado de televisão, monitoramento de câmera digital), vigilância global e identificação genética (DNA) são apenas algumas das ferramentas tecnológicas que estão sendo utilizadas pelas empresas atuais para monitorar e compreender funcionários, clientes e fornecedores. A mineração de dados de todas essas informações, coletadas de fontes avançadas, mas não necessariamente óbvias, oferece possibilidades infinitas de fazer mau uso da pesquisa.

A ética da mineração de dados

As principais questões éticas da mineração de dados no ciberespaço são privacidade e consentimento. (*vide* Figura 2-3.) Os cartões inteligentes, aqueles dispositivos onipresentes do tamanho de um cartão de crédito que incorporam informações pessoais em um chip de computador que então é associado a compra, emprego ou outros dados de comportamento, oferecem ao pesquisador consentimento implícito para a vigilância dos participantes.

Contudo, os benefícios do uso do cartão podem ser suficientes para esconder de um usuário inocente seu propósito de mineração de dados. Por exemplo, The Kroger Co, uma das maiores mercearias dos Estados Unidos, oferece descontos significativos pela adesão a seu programa Kroger Plus Shopper's Card.[8] Varejistas, atacadistas, prestadores de serviços médicos e legais, escolas, agências governamentais e resorts, para citar alguns exemplos, utilizam cartões inteligentes ou o seu equivalente. Na maioria dos casos, os participantes fornecem, embora por vezes relutantemente, as informações pessoais exigidas pelos procedimentos de adesão. Todavia, em outros, a adesão é obrigatória, como quando os cartões inteligentes são usados com pessoas que cometeram crimes e foram mandadas a instalações de correção municipais ou estaduais ou pessoas que frequentam escolas específicas. Em alguns casos, o compartilhamento obrigatório de informações é inicialmente para o bem-estar e a segurança pessoais – como quando você se apresenta para um procedimento médico e fornece informações detalhadas sobre medicamentos ou cirurgias anteriores. No entanto, em outros casos, a adesão é para benefícios monetários

---

As empresas que se registram neste pacto voluntário de privacidade de dados dos Estados Unidos recebem imunidade de ação jurídica sob a diretriz de proteção de dados da União Europeia.

- *Aviso*. As empresas devem avisar clientes/participantes sobre quais informações estão sendo coletadas, como essas informações serão usadas, com quem serão compartilhadas e como as pessoas podem contatar a organização em caso de dúvidas ou reclamações.
- *Escolha*. Clientes/participantes devem ter disponível um mecanismo de retirada do cadastro para usos secundários de dados para divulgação a terceiros. Para informações confidenciais, os participantes devem consentir em participar (*opt-in*) antes de fornecer os dados que serão compartilhados.
- *Acesso*. As pessoas devem ter acesso a informações pessoais sobre si próprias que uma organização mantenha e poder corrigir, alterar ou excluir as informações que estejam incorretas, exceto quando o ônus ou despesa de fornecer acesso seja desproporcional aos riscos da privacidade individual.
- *Segurança*. As organizações devem tomar precauções razoáveis para proteger informações pessoais contra perda, mau uso, acesso não autorizado, divulgação, alteração e destruição.
- *Transferência progressiva*. As empresas que divulgam dados pessoais a terceiros devem, com algumas exceções, aderir aos princípios de aviso e escolha. A terceira parte deve aderir aos Princípios do Safe Harbor.
- *Integridade de dados*. Medidas razoáveis devem ser tomadas para assegurar que os dados coletados sejam confiáveis, exatos, completos e atualizados.
- *Imposição*. As empresas devem garantir que existam mecanismos independentes prontamente disponíveis e a preço acessível para investigar reclamações de clientes, obrigações de remediar problemas, procedimentos para verificar a conformidade com os Princípios de Safe Harbor e sanções suficientemente rigorosas para assegurar essa conformidade.

Figura 2-3 Os sete princípios básicos do acordo de Safe Harbor dos Estados Unidos.

Fonte: Diane Bowers, "Privacy and the Research Industry in the U.S.," ESOMAR Research World, no. 7, julho-agosto 2001, pp. 8-9 (http://www.esomarnl/PDF/DataPrivacyUpdateUSA.pdf); Lori Enos, "Microsoft to Sign EU Privacy Accord," www.EcommerceTimes.com, 16/5/2001 (http://www.newsfactor.com/perl/story/9752.html); U.S. Department of Commerce, "Safe Harbor Overview," acessado em 30/11/2002 (http://www.export.gov/safeharbor/sh_overview.html).

menos essenciais, mas potencialmente atraentes – por exemplo, serviços gratuitos de cuidados ao automóvel quando um cartão inteligente é incluído com as chaves de um novo veículo. O resultado final é que a empresa que coleta as informações obtém um enorme benefício: o potencial de ter um melhor entendimento e vantagem competitiva.

União Europeia

Leis gerais de privacidade podem não ser suficientes para proteger usuários ingênuos no domínio da coleta de dados no ciberespaço. Os 15 países da União Europeia (UE) iniciaram o novo século aprovando a Diretiva de Proteção de Dados da Comissão Europeia. De acordo com essa diretiva, comissários podem processar empresas e bloquear *sites* que não ponham em prática seus rígidos padrões de privacidade. Especificamente, a diretiva proíbe a transmissão de nomes, endereços, etnia e outras informações pessoais a qualquer país que não proporcione proteção adequada aos dados. Isso inclui listas diretas de correspondência, reservas de hotéis e viagens, registros médicos e laborais e pedidos de produtos, entre uma série de outras informações.[9] O setor e as agências governamentais norte-americanos têm resistido à regulamentação do fluxo de dados. Mas a UE insiste que é direito de todos os cidadãos saber que informações sobre si próprios estão em um banco de dados e corrigir quaisquer erros. Poucas empresas norte-americanas ofereceriam espontaneamente tal acesso em função do alto custo;[10] um exemplo perfeito dessa relutância é a dificuldade que as pessoas têm de corrigir relatórios errôneos de crédito, mesmo quando tais informações são baseadas em identidade pessoal roubada ou transações com cartão de crédito.

Ainda assim, permanecem dúvidas referentes à definição de comportamentos éticos específicos para a pesquisa no ciberespaço, a suficiência das diretrizes profissionais existentes e a questão da responsabilidade final pelos participantes. Se os pesquisadores são responsáveis pela conduta ética de suas pesquisas, serão eles os únicos responsáveis pelo ônus de proteger os participantes de todos os danos concebíveis?

A ética e o patrocinador

Também existem considerações éticas ao lidar com o cliente ou patrocinador da pesquisa. Não importa se a pesquisa é de produto, mercado, pessoal, financeira ou de outro tipo, o patrocinador tem o direito de receber uma pesquisa conduzida sob padrões éticos.

Confidencialidade

Alguns patrocinadores querem empreender pesquisas mantendo o anonimato. Eles têm direito a diversos tipos de confidencialidade, inclusive sigilo do patrocinador, do propósito e dos resultados.

As empresas têm o direito de dissociar seu nome do patrocínio de um projeto de pesquisa. Esse tipo de exigência é chamada de **sigilo do patrocinador**. Devido à natureza confidencial do problema gerencial ou da questão de pesquisa, os patrocinadores podem contratar uma consultoria externa ou uma empresa de pesquisa para executar projetos de pesquisa. Isso muitas vezes é feito quando a empresa está testando uma nova ideia de produto, para evitar que potenciais consumidores sejam influenciados pela imagem atual da empresa ou sua posição no mercado, ou, caso a empresa esteja pensando em ingressar em um novo mercado, talvez não queira relevar seus planos a concorrentes. Em tais casos, é responsabilidade do pesquisador respeitar esse desejo e elaborar um plano que proteja a identidade do patrocinador da pesquisa.

O **sigilo em torno dos objetivos** envolve a proteção da finalidade do estudo ou de seus detalhes. O patrocinador da pesquisa pode estar testando uma nova ideia que ainda não foi patenteada e quer evitar que a concorrência saiba de seus planos. Pode estar investigando reclamações de funcionários e não querer provocar atividade do sindicato, ou o patrocinador pode estar pensando em uma nova oferta pública de ações, na qual a divulgação prévia desencadearia o interesse das autoridades ou custaria milhares ou milhões de dólares à empresa. Finalmente,

As informações podem decretar o sucesso ou fracasso de uma empresa no mundo dos negócios. É por isso que você precisa de um pesquisador que possa extrair informações enquanto mantém os resultados estritamente confidenciais. A Seaport Surveys é uma dessas empresas. Ela é especializada no recrutamento de respondentes de difícil alcance, bem como na entrevista entre empresas e grupos de discussão executivos.
www.seaportsurveys.com

mesmo que o patrocinador não sinta necessidade de ocultar sua identidade ou o propósito do estudo, a maioria quer que os dados e os resultados da pesquisa sejam confidenciais, pelo menos até que a decisão gerencial seja tomada. Assim, os patrocinadores geralmente exigem e recebem um acordo de **sigilo em torno dos resultados**, entre eles próprios ou seus pesquisadores e qualquer outra parte interessada, mas não aprovada.

A relação entre patrocinador e pesquisador

Em um ambiente organizacional, o pesquisador deve tratar o patrocinador como um cliente. Não se consegue uma relação eficiente entre patrocinador e pesquisador a menos que ambos cumpram suas respectivas obrigações e diversas barreiras críticas sejam superadas.

As obrigações dos gestores são especificar os problemas e fornecer aos pesquisadores informações adequadas do histórico e acesso aos detentores de informações da empresa. Geralmente, é mais eficiente se os gestores enunciarem seus problemas em termos das opções de decisão que devem fazer, em vez das informações que desejam. Se isso for feito, tanto o gestor quanto o pesquisador poderão decidir conjuntamente quais informações são necessárias.

Os pesquisadores também têm obrigações. As empresas esperam que eles desenvolvam um projeto de pesquisa criativo que fornecerá respostas a importantes questões empresariais. Além de fornecer dados analisados nos termos do problema especificado, os pesquisadores também devem apontar as limitações que afetam os resultados. No processo, pode surgir um conflito entre o que o tomador de decisão quer e o que o pesquisador pode fornecer eticamente ou acredita que deva ser fornecido. O patrocinador quer certeza e recomendações simples e explícitas, enquanto o pesquisador muitas vezes pode oferecer apenas probabilidades e interpretações limitadas. Esse conflito é inerente a seus respectivos papéis e não tem solução simples. Entretanto, um equilíbrio razoável pode geralmente ser encontrado se cada um for sensível às demandas, restrições éticas e limitações impostas sobre o outro.

Entre as fontes de conflito entre gestor e pesquisador estão:

- Lacuna de conhecimento entre o pesquisador e o gestor.
- Prestígio no trabalho e coalizões internas e políticas para preservá-lo.
- Pesquisa desnecessária ou inadequada.
- Direito à qualidade da pesquisa.

Lacuna de conhecimento

Alguns conflitos entre tomadores de decisão e pesquisadores remontam à exposição limitada da gerência à pesquisa. Os gestores raramente têm treinamento formal em metodologia de pesquisa, nos vários aspectos da ética em pesquisa ou conhecimento de pesquisa obtido por meio da experiência. E, em razão do crescimento explosivo da tecnologia de pesquisa nos últimos anos, desenvolveu-se uma lacuna de conhecimento entre gestores e especialistas em pesquisa conforme técnicas mais sofisticadas de pesquisa foram implementadas. Assim, o especialista em pesquisa retira o gestor de sua zona de conforto: o gestor precisa agora colocar suas crenças, e às vezes sua carreira, nas mãos do conhecimento e da adesão aos padrões éticos do especialista em pesquisa.

Prestígio no trabalho e coalizões internas

Além disso, os gestores costumam ver pessoas que trabalham com pesquisa como ameaças a seu prestígio pessoal. Eles ainda veem a gestão como o domínio do "artista intuitivo" que é mestre nessa área. Podem acreditar que uma solicitação de assistência de pesquisa implica que são inadequados para a tarefa. Esses temores são muitas vezes justificados. A função do pesquisador é testar ideias antigas, assim como as novas. Para o gestor inseguro, o pesquisador é um rival em potencial.

O pesquisador terá inevitavelmente de considerar a cultura corporativa e as situações políticas que se desenvolvem em qualquer empresa. Os funcionários lutam para manter seus nichos e podem buscar superioridade sobre seus colegas. Formam-se coalizões e as pessoas envolvem-se em várias atividades em causa própria, de forma explícita ou dissimulada. Como resultado, o pesquisador é bloqueado, ou os resultados ou objetivos da pesquisa são distorcidos para servir aos propósitos egoístas de determinado indivíduo. Permitir que as operações de alguém sejam investigadas com olho crítico pode criar problemas com outros competindo por promoção, recursos ou outras formas de poder organizacional.

Pesquisa desnecessária ou inadequada

Nem todas as decisões gerenciais exigem pesquisa. A pesquisa em administração tem um valor inerente somente à medida que ajude a gerência a tomar melhores decisões. Pode ser agradável ter informações interessantes sobre clientes, empregados ou concorrentes, mas seu valor será limitado se a informação não puder ser aplicada a uma decisão essencial. Se um estudo não ajudar a gerência a selecionar as alternativas mais eficientes, menos arriscadas ou mais lucrativas, o pesquisador tem responsabilidade ética de questionar seu uso.

Direito à qualidade da pesquisa

Uma consideração ética importante para o pesquisador e o patrocinador é o **direito à qualidade da pesquisa** por parte do patrocinador. Esse direito implica:

- Fornecer um projeto de pesquisa adequado para a questão de pesquisa.
- Maximizar o valor dos recursos despendidos pelo patrocinador.
- Fornecer técnicas adequadas de tratamento e relatório para os dados coletados.

Desde a proposta, passando pelo projeto até a análise dos dados e o relatório final, o pesquisador orienta o patrocinador em relação às técnicas e interpretações apropriadas. Muitas vezes, os patrocinadores já ouviram falar sobre uma técnica sofisticada de tratamento de dados e desejarão usá-la, mesmo que seja inadequada para o problema em questão. O pesquisador deve orientar o patrocinador para que isso não ocorra. Ele deve propor o projeto mais adequado para o problema. Ele não deve propor atividades projetadas para maximizar suas receitas ou minimizar seu esforço às custas do patrocinador.

Por fim, todos já ouvimos que: "Pode-se mentir usando estatística". É de responsabilidade do pesquisador evitar que isso ocorra. O pesquisador ético sempre segue regras e condições analíticas para que os resultados estejam corretos. O pesquisador ético relata os resultados de forma a minimizar conclusões falsas. Ele também usa quadros, gráficos e tabelas para demonstrar os dados objetivamente, apesar dos desfechos preferidos pelo patrocinador.

Ética do patrocinador

Ocasionalmente, os patrocinadores podem solicitar aos especialistas em pesquisa que tenham comportamento antiético. A anuência do pesquisador representaria uma quebra dos padrões éticos. Alguns exemplos a serem evitados incluem:

- Violação da confidencialidade do participante.
- Alteração de dados ou criação de dados falsos para atingir um objetivo desejado.
- Alteração na apresentação ou interpretação dos dados.
- Interpretação de dados a partir de uma perspectiva tendenciosa.
- Omissão de seções da análise de dados e das conclusões.
- Recomendações além do escopo dos dados coletados.

Examinaremos os efeitos de aceder a esses tipos de coerção. O patrocinador pode oferecer uma promoção, contratos futuros ou um pagamento maior para o contrato atual; ou pode ameaçar demitir o pesquisador ou manchar sua reputação. Para alguns pesquisadores, a solicitação pode parecer trivial e a recompensa alta. Mas imagine por um momento o que aconteceria ao pesquisador que alterasse os resultados de uma pesquisa. Embora haja a promessa de pesquisa futura, será que o patrocinador poderá confiar nesse pesquisador novamente? Se os padrões éticos do pesquisador podem ser vendidos, que patrocinador dará o lance mais alto da próxima vez? Embora a promessa de contatos futuros pareça atraente, é pouco provável que seja cumprida. Cada recompensa ou punição coerciva tem um desfecho igualmente ruim. O pagamento "acima do valor" contratado é suborno. As ameaças à reputação profissional não podem ser concretizadas de maneira eficaz por um patrocinador que tentou comprá-lo. Logo, as recompensas pelo comportamento antiético são ilusórias.

Qual é o caminho ético? Frequentemente, é preciso enfrentar a exigência do patrocinador e adotar as seguintes medidas:

Uma consequência da crise financeira foi a retomada dos bens pelos financiadores das hipotecas. Em alguns bairros, propriedades abandonadas passaram um sensação de insegurança para residentes e visitantes. Metodologias de pesquisa que exigiriam visitas a bairros nessas condições foram cuidadosamente avaliadas. Se a visita fosse considerada fundamental para a pesquisa, medidas de segurança significativas eram acionadas.

- Instruir o patrocinador quanto ao propósito da pesquisa.
- Explicar o papel do pesquisador na descoberta de fatos e o papel do patrocinador na tomada de decisão.
- Explicar como a distorção da verdade ou a quebra de confiança com os participantes da pesquisa levam a problemas futuros.
- Se a persuasão moral não funcionar, cancelar o contrato com o patrocinador.

Pesquisadores e membros da equipe

Outra responsabilidade ética dos pesquisadores é a segurança – tanto a sua quanto a da sua equipe. Além disso, a responsabilidade por comportamentos éticos é do pesquisador, que, com seus assistentes, deve proteger o anonimato do patrocinador e dos participantes.

Segurança

É de responsabilidade do pesquisador projetar a pesquisa de forma que a segurança de todos os entrevistadores, examinadores, experimentadores ou observadores seja protegida. Diversos fatores podem ser importantes na consideração para assegurar o **direito à segurança** do pesquisador. Algumas áreas urbanas e áreas rurais menos desenvolvidas podem não ser seguras para os assistentes da pesquisa. Se, por exemplo, o pesquisador precisar fazer entrevistas pessoalmente em um bairro com alto índice de criminalidade, será razoável enviar outro membro da equipe para protegê-lo. De forma alternativa, se um assistente sentir-se inseguro após a visita de carro a uma localidade, deve ser nomeado um pesquisador alternativo para ela.[11] É antiético exigir que membros da equipe vão a um ambiente em que se sintam fisicamente ameaçados. Os pesquisadores que são insensíveis a essas preocupações enfrentam riscos de pesquisa e jurídicos – o menor deles envolve a falsificação de instrumentos pelos entrevistadores.

Comportamento ético dos assistentes

Da mesma forma que os patrocinadores esperam um comportamento ético dos pesquisadores, estes devem exigir comportamento ético dos membros de sua equipe. Os assistentes devem executar o plano de amostragem, entrevistar ou observar os participantes sem parcialidade e registrar com exatidão todos os dados necessários. Comportamentos antiéticos, como preencher o questionário sem ter feito as perguntas aos participantes, não podem ser tolerados. O comportamento dos assistentes está sob controle direto do pesquisador responsável ou supervisor de campo. Se um assistente comportar-se de forma inapropriada em uma entrevista ou compartilhar a folha da entrevista de um participante com uma pessoa não autorizada, a responsabilidade será do pesquisador. Consequentemente, todos os assistentes devem ser bem treinados e supervisionados.

Proteção do anonimato

Conforme discutido anteriormente, os pesquisadores e seus assistentes protegem a confidencialidade das informações do patrocinador e o anonimato dos participantes. Deve-se requerer que cada pesquisador que esteja lidando com os dados assine uma declaração de confidencialidade e sigilo.

Padrões profissionais

Existem vários padrões de ética para o pesquisador profissional. Muitas empresas, associações profissionais e universidades têm um **código de ética**. O impulso para essas políticas e normas pode ser atribuído a dois documentos nos EUA: o Relatório Belmont, de 1979, e o *Registro Federal*, de 1991.[12] As diretrizes da sociedade ou associação incluem padrões éticos para a

Instantâneo

Seu projeto de pesquisa sairá do país?

Offshoring é um processo feito em uma empresa em um país para a mesma empresa ou outra em um país diferente. Esses processos na pesquisa muitas vezes incluem TI (tecnologia da informação), administração ou processos de conhecimento. A principal motivação para serviços de pesquisa *offshore* é custo. O *offshoring* tende a ser mais usado por grandes empresas de pesquisa.

Existem riscos significativos associados ao *offshore* de serviços de pesquisa, conforme descobriu Gordon Morris, gerente global de *insights* da Sony Ericsson (Londres, Reino Unido). Durante um projeto de pesquisa global para o telefone Android Experia X10, planos confidenciais foram compartilhados com os pesquisadores contratados. Como resultado do *offshoring* de alguns serviços de pesquisa, informações sobre o lançamento do telefone em 2010 vazaram meses antes. "Estimamos os danos potenciais causados pelo vazamento em aproximadamente £100 milhões", disse Morris. Os vazamentos podem ocorrer mais facilmente nos casos em que o *offshoring* é utilizado em função de propriedade intelectual, normas de segurança da informação e legislação de contratos, que variam de país para país. Além disso, a grande rotatividade de funcionários em alguns países em desenvolvimento também pode aumentar esse risco.

Em 2009, um novo grupo foi formado para estimular a transparência no *offshoring* de serviços de pesquisa: a Foundation for Transparency in Offshoring (FTO). Um levantamento entre 850 compradores e prestadores de pesquisas norte-americanos e internacionais indicou que os clientes subestimavam a possibilidade de *offshore* em seus projetos: eles não estavam cientes de números de vezes em que esse recurso era usado. O número de clientes que julgava que deveria ser informado a respeito também superava o número de fornecedores que pensava o mesmo. "Muito poucos compradores têm informações suficientes para avaliar os pontos fortes e os riscos relativos associados ao *offshoring*", declarou Tom H. C. Anderson, fundador e presidente da FTO e sócio-gerente da consultoria de pesquisas Anderson Analytics. Embora não tome uma posição contra ou a favor do *offshoring*, a FTO encoraja as empresas de pesquisa a registrarem suas práticas de projeto e a obterem um dos dois selos: um selo certifica que as empresas que prestam serviços de pesquisa *offshore* estão em conformidade com as normas de divulgação da FTO, que são modeladas segundo o Safe Harbour Compliance Framework da UE; o segundo selo identifica empresas de pesquisa que não prestam quaisquer serviços *offshore*.

A FTO espera que os compradores de pesquisas procurem os selos de certificação ao adquirir esses serviços. Conforme explicou Sonia Baldia, sócia da Mayer Brown LLP e especialista legal em *offshoring*, "os clientes precisam saber de qualquer subcontratação *offshore* e da localização a fim de calcular os riscos e se proteger".

www.offshoringtransparency.org

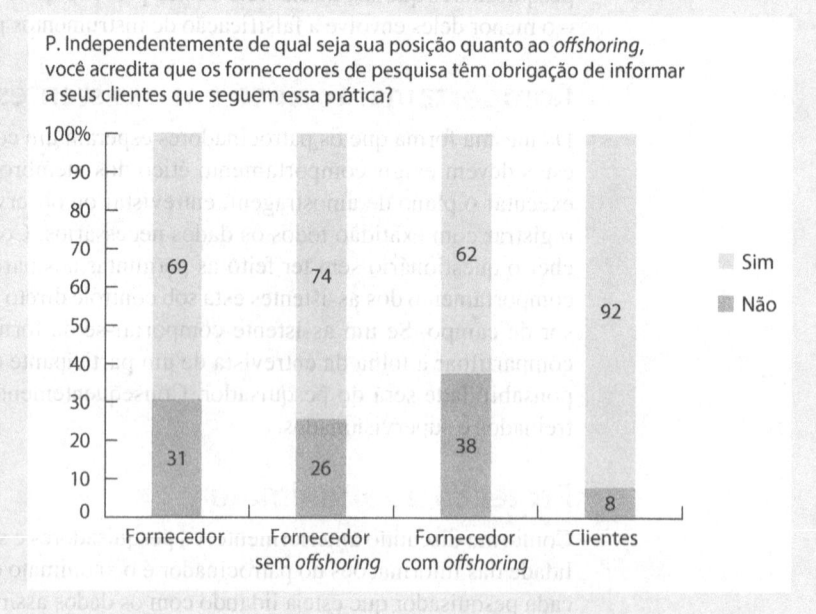

P. Independentemente de qual seja sua posição quanto ao *offshoring*, você acredita que os fornecedores de pesquisa têm obrigação de informar a seus clientes que seguem essa prática?

	Fornecedor	Fornecedor sem *offshoring*	Fornecedor com *offshoring*	Clientes
Sim	69	74	62	92
Não	31	26	38	8

condução da pesquisa. Uma fonte abrangente contém 51 códigos oficiais de ética emitidos por 45 associações em administração, saúde e direito.[13] A seção de administração dessa fonte consiste em padrões éticos para:

Contabilidade – American Institute of Certified Public Accountants.

Propaganda – American Association of Advertising Agencies; Direct Marketing Association.

Transações bancárias – American Bankers Association.

Engenharia – American Association of Engineering Societies; National Society of Professional Engineers.

Planejamento financeiro – Association for Investment Management and Research; Certified Financial

Planner Board of Standards/Institute of Certified Financial Planners; International Association for Financial Planning.

Recursos humanos – American Society for Public Administration; Society for Human Resource Management.

Seguros – American Institute for Chartered Property Casualty Underwriters; American Society of Chartered Life Underwriters and Chartered Financial Consultants.

Administração – Academy of Management; The Business Roundtable.

Imóveis – National Association of Realtors.

Outros códigos de associações profissionais têm seções detalhadas de pesquisa: a American Marketing Association, a American Association for Public Opinion Research, a American Psychological Association, a American Political Science Association, a American Sociological Association e a Society of Competitive Intelligence Professionals. Essas associações atualizam seus códigos com frequência.

Recomendamos a sociedades profissionais e organizações empresariais que desenvolvam normas. No entanto, sem a obrigação de cumpri-las, as normas são inúteis. Códigos eficazes (1) são reguladores, (2) protegem o interesse público e os interesses da profissão atendida por ele, (3) são específicos de comportamento e (4) são *obrigatórios*. Um estudo que avaliou os efeitos dos valores pessoais e profissionais no comportamento ético de consultoria concluiu:

> Os resultados estudo levantaram algumas dúvidas sobre a eficácia dos códigos de ética profissional e políticas corporativas que tentam lidar com problemas éticos enfrentados por consultores empresariais. Uma mera codificação de valores éticos da profissão ou da empresa não pode neutralizar a ambivalência ética criada e mantida por sistemas de recompensa. Os resultados sugerem que, a menos que os códigos e as políticas de ética sejam consistentemente obrigatórios, com recompensa significativa e estrutura de punição, e totalmente integrados à cultura empresarial, tais mecanismos teriam valor limitado para regular de fato a conduta antiética.[14]

Os governos federal, estadual e local também têm leis, políticas e procedimentos para regulamentar a pesquisa com pessoas. O governo dos Estados Unidos iniciou um processo que abrange todas as pesquisas com apoio federal. Implementados inicialmente em 1966, os Institutional Review Boards (IRBs) fazem uma revisão da avaliação de riscos e da análise de benefícios da pesquisa proposta. O Department of Health and Human Services (HHS) transforma as regulamentações federais em políticas. A maioria das outras agências federais e estaduais segue as diretrizes desenvolvidas pelo HHS. A Figura 2-4 descreve algumas características do processo dos IRBs.

O requisito de revisão atual foi diminuído para que pesquisas rotineiras não precisem mais passar pelo processo completo.[15] Cada instituição que recebe financiamento do HHS ou faz pesquisas para ele precisa ter seu próprio IRB para analisar as propostas de pesquisa. Muitas instituições exigem que todas as pesquisas, sejam financiadas pelo governo ou não, passem por uma revisão feita pelo IRB local. Os IRBs concentram-se em duas áreas. A primeira é a garantia de obtenção de consentimento completo e informado dos participantes. Isso pode ser remontado aos 10 primeiros pontos do Código de Nuremberg.[16] O consentimento informado completo tem quatro características:

1. O participante deve ser capaz de dar o consentimento.
2. O consentimento deve ser voluntário.
3. Os participantes devem ser informados adequadamente para tomar uma decisão.
4. Os participantes devem saber os possíveis riscos ou desfechos associados à pesquisa.

Etapa	Processo	Exemplos
Objetivo	Criação de um comitê para revisar e aprovar pesquisas envolvendo seres humanos.	A revisão minimiza potenciais riscos relacionados à pesquisa e exige divulgação total, de forma que os participantes possam tomar decisões informadas sobre participar ou não.
Aplicações	Determinar o nível de envolvimento dos participantes em seu estudo e selecionar formulários apropriados.	• Envolve seres humanos. • Não envolve seres humanos. • Analisa dados codificados (secundários). • Analisa espécimes biológicos.
Revisão Inicial	Revisão em nível central (pesquisa previamente isenta).	• Pesquisa envolvendo a observação de comportamento público de crianças, na qual o pesquisador não participa das atividades, pode ser revisada em nível central. • Pesquisa conduzida em contextos educacionais estabelecidos ou comumente aceitos, envolvendo práticas normais de educação, como (1) pesquisa sobre estratégias educativas para educação normal e especial, ou (2) pesquisa sobre a eficácia ou comparação entre técnicas educativas, currículos ou métodos de supervisão em sala de aula. (Levantamentos ou entrevistas não podem ser revisadas em nível central.)
	Revisão expressa.	Pesquisa sobre características de comportamento individual ou de grupo (como estudos de percepção, motivação, comunicação, crenças ou práticas culturais e comportamento social) ou pesquisa que utiliza levantamento, entrevista, história oral, grupo focal, avaliação de programa, avaliação de fatores humanos ou metodologias de garantia de qualidade quando a pesquisa não se qualifica para revisão em nível central.
	Revisão completa.	Pesquisa envolvendo procedimentos fisicamente invasivos; quando experiências anteriores mostraram que há risco potencial aos participantes; que pode resultar em nível significativo de estresse psicológico ou físico.
Preparação de Materiais da IRB	Formulário de envio e protocolo de pesquisa da IRB.	As submissões são sempre acompanhadas de: • Formulários de consentimento informado. • *Checklists* para o formulário de consentimento informado preenchido. • Evidência de aprovação por IRBs cooperativas em outros locais. • Instrumentos de coleta de dados. • Certificação de tradução dos consentimentos ou instrumentos a serem usados com participantes não falantes de inglês. • Materiais de divulgação/recrutamento.
Revisão Contínua	Pesquisa aprovada por um período de tempo limitado (ex.: 1 ano).	A pesquisa não pode proceder além do período de tempo sem aprovação da IRB: envia-se uma solicitação de continuação.
Revisão	O autor principal envia à IRB por escrito as mudanças que pretende fazer no estudo.	Revisão do protocolo de pesquisa (por exemplo, mudanças no formulário de consentimento informado, instrumentos de levantamento utilizados ou número e natureza dos participantes).
Ações da IRB	Aprovar Pendência	Aprovar conforme enviado. Pendência: (1) O pesquisador esclarece algum aspecto do estudo, fornece informações adicionais ou discute os potenciais riscos e benefícios do estudo, ou (2) faz pequenas alterações no(s) documento(s) de consentimento informado ou no protocolo de pesquisa.
	Desaprovar	Desaprovar: A pesquisa proposta põe os participantes em riscos que superam os benefícios ou valor do conhecimento adquirido; o estudo levanta questões éticas inaceitáveis.

Figura 2-4 Características do processo do Institutional Review Board (IRB).

*Baseado na informação sobre revisão da Nova Southeastern University: http://www.nova.edu/irb/process.html#init_review.

O segundo item de interesse do IRB é a revisão de avaliação de riscos e análise de benefícios. Nessa revisão, os riscos são levados em consideração quando superam os riscos normais da vida cotidiana. É importante ressaltar que o único benefício considerado é a importância imediata do conhecimento a ser adquirido. Possíveis benefícios em longo prazo advindos da aplicação do conhecimento que pode ser obtido na pesquisa não são considerados.[17]

Outras legislações federais norte-americanas que regulamentam ou influenciam o modo de fazer pesquisa são as leis de direito à privacidade. A Public Law 95-38 é o Privacy Act de 1974. Essa foi a primeira lei que garantiu aos norte-americanos o direito à privacidade. A Public Law 96-440, o Privacy Protection Act de 1980, estende ainda mais o direito à privacidade. Essas duas leis são as bases para proteger a privacidade e a confidencialidade dos participantes e dos dados.

Recursos para a consciência ética

Existe otimismo para melhorar a consciência ética. De acordo com o Center for Business Ethics do Bentley College, mais de um terço das empresas listadas na *Fortune 500* tem profissionais de ética, um aumento substancial em relação a outros momentos da história. Quase 90% das faculdades de administração têm programas de ética, de algumas poucas há vários anos.[18] Uma lista de recursos recomendados para alunos de administração, pesquisadores e gestores é fornecida na Figura 2-5. O Center for Ethics and Business da Universidade Loyola Marymount fornece um ambiente online para discutir questões relacionadas a necessidades, dificuldades, custos e recompensas de conduzir empresas de forma ética. Uma lista abrangente de links de ética em administração e pesquisa é apresentada em seu site.[19]

Periódicos e revistas
Alert!; http://alert.marketingresearch.org/.
Business Ethics; www.business-ethics.com/.
Business Ethics Quarterly; https://secure.pdcnet.org/pdc/bvdb.nsf/journal?openform&journal=pdc_beq.
Business and Professional Ethics Journal, DePaul University; http://commerce.depaul.edu/ethics/research-teaching/publications/business-professional-ethics-j.asp.
Business and Society; (IASB Journal); http://bas.sagepub.com/.
Business and Society Review; http://www.wiley.com/bw/journal.asp?ref=0045-3609.
Business and Society Review, Center for Business Ethics at Bentley College; http://www.bentley.edu/cbe/.
Electronic Journal of Business Ethics and Organizational Studies (EJBO); http://ejbo.jyu.fi /.
Ethics Newsline; www.globalethics.org/newsline/.
Ethikos; www.ethikos.com/.
Journal of Business Ethics; www.springerlink.com/content/100281/.
Journal of Business Ethics; http://www.ingentaconnect.com/content/klu/busi.
Marketing Research; http://www.marketingpower.com/AboutAMA/Pages/AMA Publications/AMA Magazines/Marketing Research/MarketingResearch.aspx.
Pesquisa, treinamento e conferências
Advanced Research Techniques Forum, American Marketing Association Chicago, IL (800 AMA-1150; www.marketingpower.com).
Applied Research Ethics National Association (ARENA) Boston, MA (617-423-4412; www.primr.org/).
Business ethics conferences, The Conference Board, New York, NY (212-759-0900; www.conference-board.org).
Center for Business Ethics, Bentley College, Waltham, MA (781-891-2981; www.bentley.edu/cbe/).
Center for Ethical Business Culture, University of St. Thomas, Minneapolis, MN (800-328 6819 Ext. 2-4120; www.cebcglobal.org/).

Figura 2-5 Recursos para a consciência ética.

(continua)

Center for Ethics and Business, Loyola Marymount University, Los Angeles, CA (310-338-2700; www.ethicsandbusiness.org).

Center for Professional and Applied Ethics, University of North Carolina at Charlotte, Charlotte, NC (704-687-2850; 3542; http://ethics.uncc.edu/).

Center for the Study of Ethics in the Professions, Illinois Institute of Technology, Chicago, IL (312-567-3017; www.iit.edu/).

Council of American Survey Research Organization (CASRO), Port Jefferson, NY (631-928-6954; www.casro.org).

Dartmouth College Ethics Institute, Hanover, NH (603-646-1263; www.dartmouth.edu/~ethics/).

Edmond J. Safra Foundation Center for Ethics, Harvard University, Cambridge, MA (617-495-1336; www.ethics.harvard.edu/).

Electronic Privacy Information Center, Washington, DC (202-483-1140; www.epic.org).

Ethics Corps Training for Business Leaders, Josephson Institute of Ethics, Marina del Rey, CA (310-306-1868; www.josephsoninstitute.org).

Ethics Resource Center, Arlington, VA 703-647-2185 www.ethics.org).

European Business Ethics Network Pamplona, Spain (34-948-425-600 ext. 2489; www.eben-net.org).

Graduate Research Ethics Education Workshop, Association of Practical and Professional Ethics, Indiana University, Bloomington, IN (812-855-6450; http://www.indiana.edu/~appe/).

Institute for Business and Professional Ethics, DePaul University, Chicago, IL (312-362-6624; http://commerce.depaul.edu/ethics/).

International Association for Business and Society (www.iabs.net/).

Marketing Research Association, Rocky Hill, CT (860-257-4008; www.marketingresearch.org).

Markkula Center for Applied Ethics, Santa Clara University, Santa Clara, CA (408-554-5319; http://www.scu.edu/ethics/).

The Beard Institute, Palumbo-Donahue School of Business Administration, Duquesne University, Pittsburgh. PA (412-396-5259; http://www.duq.edu/business/about/business-and-technology-centers/the-beard-institute.html).

The Carol and Lawrence Ziklin Center for Business Ethics Research, The Wharton School, University of Pennsylvania, Philadelphia, A (215-898-1166; www.zicklincenter.org/).

The Poynter Center for the study of Ethics and American Institutions Indiana University, Bloomington, IN (812-855-0621; http://poynter.indiana.edu/).

World Association of Public Opinion Research (WAPOR), Lincoln, NE (402-472-7720; http://wapor.unl.edu/).

World Association of Research Professionals (ESOMAR), Amsterdam, The Netherlands (31 20 664 2141; www.esomar.org/).

World Association of Research Professionals (ESOMAR), Amsterdam, Holanda (31 20 589 78 00; www.esomar.org/).

Figura 2-5 Recursos para a consciência ética (*continuação*).

Resumo

1 Ética são normas ou padrões de comportamento que guiam as escolhas morais sobre nosso comportamento e nosso relacionamento com as outras pessoas. A ética difere das restrições legais, nas quais padrões geralmente aceitos têm penalidades definidas que são universalmente impostas. O objetivo da ética na pesquisa é assegurar que ninguém seja prejudicado ou sofra consequências adversas oriundas das atividades de pesquisa.

À medida que a pesquisa é projetada, diversas considerações éticas precisam ser contrabalançadas:

- Proteger os direitos do *participante* ou sujeito.
- Garantir que o *patrocinador* receba pesquisas conduzidas e relatadas de forma ética.
- Seguir normas éticas ao *projetar a pesquisa*.
- Proteger a *segurança* do pesquisador e da equipe.
- Garantir que a *equipe de pesquisa* siga o projeto.

2 Em geral, a pesquisa precisa ser projetada de forma que o participante não sofra dano físico, desconforto, dor, embaraço ou perda de privacidade. Comece a coleta de dados explicando aos participantes os benefícios esperados da pesquisa. Explique que seus direitos e bem-estar estarão adequadamente protegidos e informe como isso será feito. Certifique-se de que os entrevistadores obtenham o consentimento informado do participante.

O uso do logro é questionável; quando for utilizado, esclareça qualquer participante que tenha sido logrado.

3 Muitos *patrocinadores* desejam empreender pesquisas sem revelar-se. Os patrocinadores têm o direito a exigir e receber confidencialidade entre eles e os pesquisadores. Pesquisadores éticos fornecem a seus patrocinadores o projeto de pesquisa necessário para solucionar a questão gerencial. O pesquisador ético apresenta os dados de forma objetiva, apesar dos desfechos preferidos pelo patrocinador.

A segurança da equipe de pesquisa é responsabilidade do pesquisador. Os pesquisadores devem exigir conformidade ética dos membros da equipe no acompanhamento do projeto de pesquisa, assim como os patrocinadores esperam comportamento ético do pesquisador.

4 Muitas corporações e empresas de pesquisa adotaram um código de ética. Diversas associações profissionais têm cláusulas de pesquisa detalhadas. São dignas de interesse a American Association for Public Opinion Research, a American Marketing Association, a American Political Science Association, a American Psychological Association e a American Sociological Association. Os governos federal, estadual e local também têm leis, políticas e procedimentos para regulamentar a pesquisa com seres humanos.

Termos-**chave**

código de ética 41
confidencialidade 34
consentimento informado 31
direito à privacidade 35
direito à qualidade 39
direito à segurança 41
esclarecimento 32
ética 27
logro 30
sigilo
objetivos 37
patrocinador 37
resultados 38

Questões para **discussão**

Tomada de decisão em pesquisa

1 **Jogada competitiva na revista de bordo.** Quando a gerente de inteligência de mercado da AutoCorp, uma grande fabricante de automóveis, embarcou no avião em Chicago, seus pensamentos estavam voltados para a redução na participação de mercado e para lançamentos tardios de produtos. Enquanto se recostava para aproveitar o restante de um dia agitado, procurou a revista de bordo. Estava no bolso do assento à sua frente.

Espremido naquele espaço apertado havia um relatório com o símbolo do concorrente, escrito "Confidencial – Circulação Restrita". Ele continha uma descrição de lançamentos de novos produtos pelos próximos dois anos. O relatório não apenas era destinado a um pequeno círculo de executivos seniores, como também respondia a questões que ela havia proposto recentemente a uma empresa de pesquisa externa.

A proposta para a pesquisa solicitada poderia ser cancelada. Seu orçamento de pesquisa, já pequeno, poderia ser economizado. Ela estava com a missão cumprida, legalmente e com relação a sua carreira.

Ela previa apenas um problema. Nos últimos meses, o recém-contratado gerente de ética da AutoCorp revisara as Diretrizes de Conduta Empresarial da empresa. Agora os funcionários que tivessem uma informação sobre o concorrente deveriam devolvê-la ou seriam demitidos. Mas isso era apenas um rascunho e não estava formalmente aprovado. Ela tinha o resto do voo para decidir se devolvia o documento à companhia aérea ou se o colocava em sua pasta.

a Quais são as decisões mais prudentes que ela pode tomar quanto a suas responsabilidades para consigo mesma e com os outros?

b Quais são as implicações dessas decisões mesmo se não houver violação da lei ou de regulamentações?

2 **As águas de Miro Beach: Boaters Inc. versus governo municipal.**[20] Os comissários da cidade de Miro Beach propuseram limites para os donos de barcos que ancoram em áreas de beira-mar de St. Lucinda River adjacentes à cidade. Os moradores reclamavam da poluição das pessoas que residiam em seus barcos. O estacionamento de barcos prejudicava a vista da cidade.

A cidade baseou o regulamento proposto em uma pesquisa feita pelos funcionários. Eles não eram formados em administração pública nem em administração de empresas, e não se sabia se tinham competência para realizar uma pesquisa. Os funcionários solicitaram uma proposta de uma equipe de professores da universidade local que já havia conduzido um trabalho semelhante no passado. O custo da pesquisa era de US$ 10.000. Depois de receber a proposta, os funcionários decidiram fazer a pesquisa eles mesmos e não gastar recursos com o projeto. Por meio de uma fonte não identificada, os professores acabaram descobrindo que sua proposta continha informações suficientes para orientar os funcionários da prefeitura e sugeria áreas para coleta de dados que poderiam fornecer informações que justificariam as reclamações dos donos de barcos.

Com base no levantamento feito pelos funcionários sobre o lixo na margem do rio, em amostras casuais, e em uma contagem semanal de barcos, foi delineado um decreto e realizou-se um seminário público. Logo depois, um grupo de donos de barcos preocupados formou a Boaters Inc., uma associação para promover o uso de barcos, levantar fundos e fazer lobby contra a comissão. As alegações do grupo eram as de que os donos de barcos (1) gastavam milhares de dólares em produtos e serviços da comunidade, (2) não produziam o lixo e (3) estavam sendo injustamente penalizados porque havia falhas nos fatos detectados pela comissão.

Com essa última alegação em mente, os donos de barcos inundaram a cidade com solicitações de registros públicos. Os funcionários públicos disseram que, em algumas semanas, era feita uma solicitação por dia. Sob pressão contínua, o procurador municipal contratou um detetive particular para se infiltrar na Boaters Inc. e coletar informações. Seu raciocínio baseava-se no fato de que os donos de barco tinham desafiado a aplicação do decreto municipal a fim de "chantagear a cidade para desistir dos planos de regulamentação dos donos de barcos".

O detetive disfarçou-se de estudante universitário e trabalhou por um tempo na casa do patrocinador da organização dos donos de barcos, ajudando na correspondência. Apesar de o detetive particular não ter podido corroborar a teoria do procurador municipal, recomendou que se conduzisse uma investigação de antecedentes do diretor da organização, funcionário de um tabloide. (O FBI, sob solicitação de organizações municipais ou da polícia local, geralmente realiza investigações de antecedentes.)

O detetive não era fã de barcos e logo levantou suspeitas. Simultaneamente, a organização intensificou ao máximo a ação contra a cidade ao solicitar o que chegava a 5 mil páginas de informações – "estudos e todos os documentos relacionados contendo a palavra 'barco'". Não obtendo uma resposta de Miro Beach, os donos de barcos entraram com uma ação com base no Decreto de Registros Públicos da Flórida. Até aquele momento, a cidade já havia gasto US$ 20.000.

O caso foi protelado, foi para a apelação e a decisão foi favorável aos donos de barcos. Um ano depois, o diretor da organização entrou com uma ação de invasão de privacidade e outra de calúnia contra o procurador municipal, o detetive e sua empresa. Depois de seis meses, a ação foi corrigida para incluir a prefeitura e pedia US$ 1 milhão em danos punitivos.

a Quais são as decisões mais prudentes que a cidade pode tomar quanto a suas responsabilidades para consigo mesma e com os outros?

b Quais são as implicações dessas decisões mesmo se não houver violação da lei ou de regulamentações?

3 **Alto custo da mudança organizacional.** Era seu primeiro ano como professor universitário e não havia cursos de verão para os recém-contratados. Todavia, a universidade fez a gentileza de indicá-lo para uma empresa de aviação, a Avionics Inc., que precisava de ajuda para elaborar um levantamento de avaliação organizacional. A tarefa deveria durar cinco semanas, mas pagava o mesmo que um curso de verão. O trabalho não poderia ser mais adequado para um especialista em comportamento organizacional. O vice-presidente da Avionics Inc., que ele conhecera no primeiro dia, era cordial e polido. O pesquisador se reportaria a um gerente sênior que estava coordenando o projeto com os departamentos de recursos humanos e jurídico.

Logo ficou evidente que, nos 25 anos de história da Avionics Inc., nunca havia sido feita uma pesquisa com os funcionários. Isso era compreensível, considerando a indiferença da administração às reclamações dos funcionários. As condições de trabalho tinham se deteriorado sem que a gerência agisse, e os inspetores do governo contavam o número de cabeças baixas nas mesas como um indicador de desempenho. Para piorar as coisas, os engenheiros estavam tão desgostosos que a pregação do sindicato estava se espalhado como fogo. Um sério esforço de organização foi planejado antes que o vice-presidente aprovasse o levantamento.

A alta administração despachou assistentes nervosos para monitorar a situação e, no geral, envolver-se pessoalmente com todos os aspectos do questionário. Observado de perto, o jovem pesquisador começou a sentir a apreensão transformar-se em paranoia. No entanto, consolava-se com a boa vontade dos 500 funcionários entusiasmados e cooperativos que depositavam suas esperanças de um ambiente de trabalho melhor nos resultados desse projeto.

A coleta de dados foi perfeita. Ninguém quis ver os resultados antecipadamente nem demonstrou qualquer interesse em especial. Na quinta semana, ele embarcou no avião da empresa junto com o vice-presidente e o gerente sênior para fazer uma apresentação na matriz. Os participantes do escritório central foram convidados a comparecer. A diretoria pretendia eliminar a ofensiva do sindicato ao mostrar confiança na natureza isolada das "reclamações de uns poucos engenheiros". Eles também haviam prometido que os participantes seriam incluídos no planejamento de ações nos próximos dias.

Depois de uma hora de voo, o vice-presidente da Avionics Inc. interrompeu sua leitura e falou ao jovem pesquisador: "Vimos seus resultados. E gostaríamos que você alterasse dois dos principais. Eles não são tão críticos para esta rodada de arrumação do 'cemitério', e você mexerá neles de novo como consultor de verdade no outono".

"Mas isso significaria trair a confiança de seus funcionários... Pessoas que confiaram em mim para apresentar os resultados de forma objetiva. Eu achava que você queria isso..."

"Sim, bem, veja desta forma", respondeu o vice-presidente. "Podemos aceitar todos os seus resultados, exceto esses dois. Eles são uma vergonha para a direção. Vou ser claro. Temos contratos com o governo no futuro próximo. Você pode se aposentar cedo com o que vai ganhar fazendo consultoria para nós. Alguém vai nos encontrar na entrada com novas transparências. O que você me diz?"

a Quais são as decisões mais prudentes que a Avionics Inc. pode tomar quanto às responsabilidades para consigo mesma e com os outros?

b Quais são as implicações dessas decisões mesmo se não houver violação da lei ou de regulamentações?

4 **Ética na mineração de dados e combate ao crescimento da empresa.** A SupplyCo é fornecedora de inúmeras empresas de um setor. Esse setor tem uma estrutura que inclui fornecedores, fabricantes, distribuidores e consumidores. Diversas empresas estão envolvidas no processo de fabrica-

ção – desde peças processadas até a criação do produto final – e cada uma adiciona algum valor ao produto.

Minerando cuidadosamente seu banco de dados de clientes, a SupplyCo descobre um novo modelo plausível para a fabricação e distribuição de produtos do setor que aumentaria a eficiência geral do sistema, reduziria os custos de produção (levando a maiores lucros e mais vendas para a SupplyCo) e resultariam em maiores vendas e lucros para alguns fabricantes do setor (clientes da SupplyCo).

Entretanto, a implementação do modelo prejudicaria as vendas e os lucros de outras empresas que também são clientes da SupplyCo, mas não conseguem (devido a mão de obra, instalações ou equipamentos) de beneficiar-se do novo modelo de fabricação/distribuição. Essas empresas perderiam vendas, lucros e participação de mercado e potencialmente encerrariam suas atividades.

A SupplyCo tem a obrigação de proteger os interesses de *todos* os seus clientes e não adotar qualquer ação que prejudicasse algum deles, visto que só tem acesso aos dados por causa do relacionamento com seus clientes? (Ela trairia alguns de seus clientes se fosse usar os dados de forma que causasse prejuízo a eles.) Ou ela tem uma obrigação mais forte com acionistas e funcionários de seguir agressivamente o novo modelo que a pesquisa revela que aumentaria substancialmente suas vendas, seus lucros e sua participação de mercado em comparação com os concorrentes?

a Quais são as decisões mais prudentes que a SupplyCo pode tomar quanto às responsabilidades para consigo mesma e com os outros?

b Quais são as implicações dessas decisões mesmo se não houver violação da lei ou de regulamentações?

Direto das manchetes

5 A Hearsay Social é uma empresa desenvolvida para monitorar como os trabalhadores de empresas de grande porte interagem com os clientes no Facebook, no LinkedIn e em outros sites de mídia social. As empresas pagam US$ 100.000 ou mais por um painel digital que alerta os gestores de supervisão se os funcionários estiverem violando políticas de privacidade, regras de conformidade regulatórias e outras políticas da empresa. Se você fosse um grande cliente, como a Farmers Insurance, o que gostaria de ter integrado no painel?

Casos (em inglês) no site do Grupo A

Proofpoint: capitalização da paixão de um repórter por estatística

Você encontrará uma descrição de cada caso na seção Índice de Casos deste livro. Verifique no Índice de Casos quais fornecem dados, o instrumento de pesquisa ou outro material complementar. Para acessar os casos (em inglês), entre no site do Grupo A (www.grupoa.com.br) e procure pelo livro.

Capítulo 3
Pensando como um Pesquisador

> " Líderes de pensamento, acadêmicos, autores de livros de áreas cada vez mais próximas como psicologia, filosofia, economia, tendências e semiótica são forças poderosas que têm a capacidade de captar a imaginação e a atenção no mais alto nível da administração. A pesquisa precisa definir-se de forma mais ampla, englobar os pensadores mais destacados em nosso meio. Precisamos infundir nosso pensamento com o de áreas afins. "
>
> *Edward Appleton, gerente sênior de ideias para consumidores europeus, Avery Dennison*

Objetivos de **aprendizagem**

Após ler este capítulo, você compreenderá...

1 A terminologia utilizada por pesquisadores profissionais que usam o pensamento científico.

2 O que é necessário para formular uma hipótese sólida de pesquisa.

3 A necessidade de raciocínio lógico para melhorar os resultados da pesquisa em administração.

Dando vida **à** pesquisa

É mais provável haver pesquisa verdadeiramente eficaz quando um fornecedor de pesquisa trabalha em colaboração com seu cliente ao longo do processo de pesquisa. Entretanto, nem todos os clientes têm formação em metodologia de pesquisa, e alguns são oriundos de áreas diferentes da de marketing. O fornecedor precisa entender a formação do cliente para desenvolver uma colaboração eficiente. Voltamos ao caso da Henry & Associates, quando Jason Henry esforça-se para traçar o perfil do conhecimento de pesquisa, se houver algum, da representante de seu cliente – Myra Wines –, a pessoa com quem trabalhará no projeto de avaliação do serviço de manutenção de laptops CompleteCare da MindWriter.

"Myra, você tem alguma experiência com fornecedores de pesquisa?", pergunta Jason.

"Alguma. Na verdade, trabalhei para um de seus concorrentes por algum tempo depois da faculdade, em um projeto com o exército norte-americano. Esse projeto me ajudou a decidir que pesquisa não era o trabalho da minha vida – não que não seja uma área importante e uma parte relevante das minhas novas responsabilidades."

"Não precisa se desculpar. Alguns levam jeito para a pesquisa, e outros não."

"Na verdade, não faltava nada na minha capacidade de observar dados, criar empatia com os participantes do estudo ou encontrar ideias", diz Myra. "O projeto saiu em todos os jornais, você provavelmente leu algo a respeito."

"Refresque minha memória."

"O índice de mortalidade próximo a uma área de teste de munição do exército era inexplicavelmente alto. Ativistas locais estavam tentando fechar essa área, temendo que fosse um perigo ambiental. O exército tinha um interesse velado em mantê-la aberta. Além disso, não acreditava que as mortes de civis tinham algo a ver com o campo de tiro. O senador Sly forçou o exército a abrir uma investigação. Como o exército pensava que tinha um trabalho de relações públicas em suas mãos, minha empresa foi uma escolha lógica, as campanhas de RP eram nossa especialidade.

"O campo de tiro era uma mina abandonada, mais esburacada que a superfície da lua. A área havia sido uma próspera região de mineração, onde as pessoas eram conhecidas por produzir sem medo e com orgulho. A cidade mais próxima estava em uma situação econômica tão devastadora que, pelos míseros empregos que o exército oferecia, os cidadãos recebiam os militares com boas-vindas para bombardearem seus quintais até virarem cinzas.

"O canhão que o exército estava testando era impressionante. Tropas armadas com bombas de 8 centímetros colocavam protetores auriculares e óculos especiais e descarregavam toda a munição no campo de tiro. Havia um tremendo clarão e estrondo, e as bombas passavam zunindo a perder de vista. Logo ouvíamos um estrondo ensurdecedor de volta e víamos poeira e cinzas se levantando por centenas de metros. Ficávamos muito felizes por não estar no local de lançamento. Depois, quando fomos ao local, encontramos uma enorme cratera e pedaços de ferro retorcido, mas nada além de rochas derretidas.

"Havia só um problema. A cada 20 bombas, uma não detonava. Ela voava e aterrissava, e podia levantar alguma poeira, mas não explodia.

"Em teoria, isso não deveria ser um problema. O exército enviou um solícito segundo-tenente para nos esclarecer. Ele nos mostrou relatórios de que o exército havia lançado essas bombas de plataformas de 30 metros, de helicópteros, tinha até ateado fogo a elas, e detectara que estavam completamente inertes. A única coisa que detonaria uma dessas bombas seria jogar outra sobre ela.

"Lamentavelmente, esse não era o caso. Minha equipe mal havia concluído seu relato inicial quando, no meio da noite, ouvimos uma dessas bombas supostamente inertes explodir. Saímos correndo para a rua e, como era de esperar, encontramos uma nova cratera, ferro retorcido, rocha derretida, e assim por diante. Era um mistério.

"Nossa equipe se revezou para fazer um estudo observacional durante toda a noite. Durante meu turno de duas horas, meu parceiro e eu vimos pessoas com lanternas andando por lá.

"Não sabíamos se as pessoas eram militares ou civis. Mais tarde, descobrimos que moradores locais vinham à noite com a intenção de abrir as bombas e procurar fios de cobre ou qualquer coisa que pudesse ser aproveitada. Exceto, é claro, que suas ações ocasionalmente detonavam uma dessas bombas e apagavam qualquer evidência de um crime ter sido cometido ao vaporizar os responsáveis na hora.

Dando vida à pesquisa (cont.)

Parte de nossa pesquisa foi medir o sentimento público quanto ao campo de tiro entre os moradores locais. Durante nossa estada na área, descobrimos que os moradores estavam envolvidos em todo tipo de esportes radicais. Não era incomum ver uma corrida de carros a 80 km/h com quatro ambulâncias a postos para transportar os feridos ao hospital cirúrgico da cidade vizinha. Vi homens entrando em carros com pneus carecas, direções desreguladas, freios em más condições, com fluido de freio ou da transmissão vazando por toda a pista. Eles podiam levar seus carros para a pista com pneus que sabiam ser finos como um tecido e, caso os furassem e os colocassem em um hospital, sua reação era: 'Tem dias que você ganha, em outros vocês perde'. Ninguém via nada demais naquilo. Se perguntávamos, a resposta era: 'Vou quando for minha hora', ou 'Não está em minhas mãos'.

A atitude deles fazia sentido, de uma perspectiva cultural e econômica. Essa atitude permitia que os homens fossem até as minas ano após ano. Nem mesmo o delegado impedia esse comportamento suicida. 'Eles vão morrer de qualquer forma', alguém ouviu-o dizer. 'Todos nós vamos morrer. As pessoas morrem todos os meses, e nunca foram àquela maldita pista.' É claro que, diferentemente de dirigir um carro, mexer em uma bomba potencialmente ativa não tinha muito a ver com habilidade, e sim com sorte.

O exército havia pensado em uma campanha educacional para afastar os catadores, porém, devido a nossas constatações, decidiu que não lidaria com tal raciocínio aplicando a lógica. Em vez disso, mudou seu procedimento. As tropas agora lançavam as bombas de manhã e passavam a tarde procurando as que não explodiram, às quais anexavam lampiões de querosene. Ao anoitecer, um bombardeiro sobrevoava a área e bombardeava os lampiões – e as bombas não detonadas. Era organizado e funcionava. E o índice de mortalidade dos moradores locais caiu drasticamente."

Quando Myra terminou sua história, Jason perguntou: "Soa como um projeto bem-sucedido. Estudando as atitudes e o comportamento dos moradores locais, você conseguiu descartar a alternativa da campanha educacional. Por que você decidiu que a pesquisa não era para você?".

"Meu chefe não gostou da ideia de eu ter desrespeitado a confidencialidade e contado a um repórter local o que os moradores estavam fazendo. Tinha visto o pai ou o irmão de alguém despedaçado e senti que precisava agir. Minha demissão me ensinou uma das regras de uma boa pesquisa – o cliente sempre pode escolher se quer usar ou divulgar os achados de qualquer estudo."

A linguagem da pesquisa

Quando fazemos pesquisa, buscamos saber o que existe para entender, explicar e prever fenômenos. Podemos querer responder à pergunta "Qual será a reação do departamento ao novo horário flexível de trabalho?" ou "Por que o preço do mercado de ações dispara quando todos os indicadores normais sugerem que deveria baixar?". Ao lidar com tais questões, devemos concordar quanto às definições. Quais funcionários do departamento: administrativos ou especialistas? Que tipo de reação? Quais são os indicadores normais? Essas perguntas exigem o uso de conceitos, constructos e definições.

Conceitos

Para entender e comunicar informações sobre objetos e eventos, deve haver um senso comum sobre como fazê-lo. Os conceitos servem a esse propósito. Um **conceito** é um conjunto geralmente aceito de significados ou características associado a certos eventos, objetos, condições, situações e comportamentos. A classificação e a categorização de objetos ou eventos que tenham características comuns, além da simples observação, criam conceitos. Quando você pensa em uma planilha ou um cartão de garantia, o que lhe vem à cabeça não é um único exemplo, mas uma série de lembranças de todas as planilhas e cartões de garantia da qual abstrai um conjunto de características específicas e definíveis.

Abstraímos tais significados de nossas experiências e usamos palavras como rótulos para designá-los. Por exemplo, você vê um homem passando e identifica se ele está correndo,

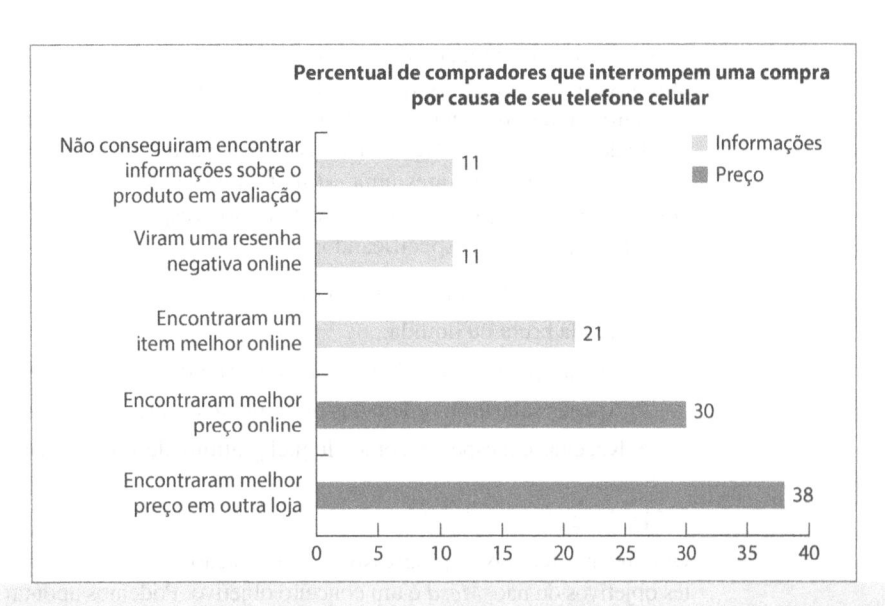

Percentual de compradores que interrompem uma compra por causa de seu telefone celular

Motivo	Percentual
Não conseguiram encontrar informações sobre o produto em avaliação (Informações)	11
Viram uma resenha negativa online (Informações)	11
Encontraram um item melhor online (Informações)	21
Encontraram melhor preço online (Preço)	30
Encontraram melhor preço em outra loja (Preço)	38

Perfil **visual**

Os smartphones afetaram drasticamente a maneira como fazemos compras nas lojas, conforme observado por resultados de um estudo do Interactive Advertising Bureau. Quais são os conceitos e constructos envolvidos nesse estudo? Quais seriam as definições operacionais? Quais são as variáveis? Quais hipóteses você proporia quanto ao uso de smartphones e ao comportamento de compras? **www.iab.net**

caminhando, pulando, rastejando ou saltitando. Todos esses movimentos representam conceitos. Também abstraímos certos elementos visuais pelos quais identificamos que o objeto que se move é um homem adulto, em vez de uma mulher adulta ou um caminhão ou um cavalo. Usamos inúmeros conceitos diariamente em nosso pensamento, nossas conversas e em outras atividades.

Fontes de conceitos

Os conceitos de uso frequente e geral foram desenvolvidos com o tempo por meio do uso compartilhado da linguagem. Nós os adquirimos por meio da experiência pessoal. Os conceitos comuns constituem a maior parte das comunicações até mesmo na pesquisa, mas muitas vezes temos dificuldades ao tentar lidar com um conceito incomum ou com uma nova ideia avançada. Uma forma de lidar com esse problema é tomar termos emprestados de outras línguas (por exemplo, *gestalt*) ou de outros campos (por exemplo, *impressionismo*, da arte). O conceito de gravitação é emprestado da física e usado no marketing na tentativa de explicar por que as pessoas compram onde o fazem. O conceito de distância é usado na mensuração de atitudes para descrever o grau de variabilidade entre as atitudes de duas ou mais pessoas. Limites são usados eficazmente para descrever um conceito em estudos de percepção.

Às vezes precisamos adotar novos significados para as palavras (fazer uma palavra abranger um conceito diferente) ou desenvolver novos rótulos para os conceitos. A recente ampliação do significado de *modelo* é um exemplo do primeiro caso; o desenvolvimento de conceitos como *irmão* ou *estado de estresse* são exemplos do segundo. Quando adotamos novos significados ou desenvolvemos novos rótulos, começamos a criar um jargão ou uma terminologia especializada. O jargão, sem dúvida, contribui para a eficiência da comunicação entre especialistas, mas exclui todos os demais.

Importância para a pesquisa

Em pesquisa, problemas especiais nascem da necessidade de precisão e inventividade do conceito. Criamos hipóteses usando conceitos. Desenvolvemos conceitos de mensuração por meio dos quais testamos essas declarações hipotéticas. Reunimos dados usando esses conceitos de mensuração. O sucesso da pesquisa depende (1) da clareza da conceituação e (2) de quão bem os outros entendem os conceitos que usamos. Por exemplo, quando questionamos as pessoas sobre a fidelidade do cliente, as perguntas que usamos devem referir-se exatamente às atitudes dos participantes, que são abstratas, mas que, ainda assim, tenta-se mensurá-las usando conceitos cuidadosamente selecionados.

O desafio é desenvolver conceitos que os outros entendam claramente. Podemos, por exemplo, pedir aos participantes uma estimativa da renda total de sua família. Parece um conceito simples, sem ambiguidade, mas receberemos respostas variadas e confusas, a não ser que o conceito seja restrito, especificando:

- O período de tempo, como semanal, mensal ou anual.
- Renda bruta ou líquida.
- Apenas para o chefe da família ou para todos os membros da família.
- Apenas salários e ordenados ou também dividendos, juros e ganhos de capital.
- Receitas em espécie, como aluguel gratuito, descontos para funcionários ou vale-refeição.

Constructos

Os conceitos têm níveis progressivos de abstração – ou seja, o grau em que o conceito tem referentes objetivos ou não. *Mesa* é um conceito objetivo. Podemos apontar para uma mesa e temos imagens das características de todas as mesas em nossa mente. Uma abstração como *personalidade* é muito mais difícil de visualizar. Tais conceitos abstratos são muitas vezes chamados de constructos. Um **constructo** é uma imagem ou ideia abstrata inventada especificamente para determinada pesquisa e/ou proposta de construção de teoria. Constructos são construídos pela combinação de conceitos mais simples e concretos, especialmente quando a ideia ou imagem que pretendemos transmitir não estiver sujeita à observação direta. Quando Jason e Myra iniciarem o estudo de pesquisa da MindWriter, lutarão com o constructo de um *serviço satisfatório ao cliente*.

Conceitos e constructos são facilmente confundidos. Considere este exemplo: Heather é analista de recursos humanos da CadSoft, empresa de softwares de arquitetura que emprega especialistas para criar os manuais de seus produtos, e está analisando os atributos de um cargo que precisa ser redefinido. Ela sabe que a descrição de cargo para escritor técnico consiste em três componentes: qualidade de apresentação, habilidade de linguagem e interesse no cargo. Sua análise do cargo revela ainda mais características.

Alguns conceitos e constructos com os quais Heather está lidando são ilustrados na Figura 3-1. Os conceitos na parte inferior da figura (precisão do formato, erros no original e velocidade de digitação) são os mais concretos e facilmente mensuráveis. Podemos observar a velocidade de digitação, por exemplo, e, mesmo com medidas simples, concordar sobre o que constitui um digitador lento ou rápido. A velocidade de digitação é um conceito no grupo que define um constructo que a analista de recursos humanos chama de "qualidade de apresentação". A qualidade de apresentação, na verdade, não é diretamente observável. Ela é uma entidade não existente, um "tipo construído", usado para comunicar a combinação de significados apresentados pelos três conceitos. Heather utiliza-o apenas como um rótulo para os conceitos que descobriu estarem empiricamente relacionados.

Os conceitos no próximo nível da Figura 3-1 são vocabulário, sintaxe e ortografia. Heather também descobre que eles estão relacionados, formando um constructo a que ela chama de "habilidade de linguagem". Ela escolheu esse termo porque os três conceitos juntos definem as exigências de linguagem na descrição do cargo. A habilidade de linguagem é colocada em um nível mais alto de abstração na figura porque dois dos conceitos que a compõem, vocabulário e sintaxe, são mais difíceis de observar e sua mensuração é mais complexa.

Heather ainda não mensurou o último constructo – "interesse no cargo" – o item menos observável e o mais difícil de mensurar. Provavelmente, será composto por inúmeros conceitos – muitos dos quais serão bem abstratos. Algumas vezes, os pesquisadores referem-se a tais entidades como **constructos hipotéticos**, pois são inferidas somente a partir dos dados; assim, presume-se que elas existem, mas precisam de testes adicionais para ver no que realmente consistem. Se a pesquisa mostrar que os conceitos e constructos deste exemplo estão inter-relacionados, e se suas conexões puderem ser sustentadas, então Heather terá o começo de um

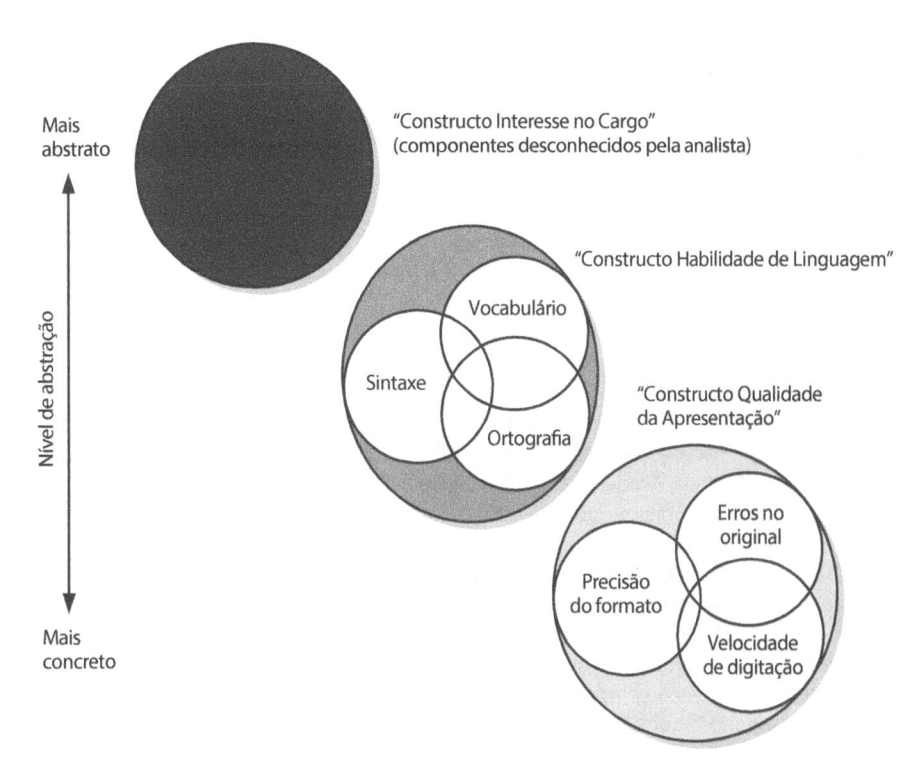

Figura 3-1 Constructos compostos de conceitos em uma redefinição de cargo.

esquema conceitual. De forma gráfica, isso representaria as relações entre as habilidades e o conhecimento necessários para esclarecer o esforço de redefinição do cargo.

Definições

A confusão sobre o significado dos conceitos pode destruir o valor de um estudo de pesquisa sem que o pesquisador ou o cliente percebam. Se as palavras têm diferentes significados para as partes envolvidas, não há uma boa comunicação entre elas. As definições são uma forma de reduzir esse perigo.

Os pesquisadores lutam com dois tipos de definições: as definições de dicionário e as definições operacionais. Na definição mais conhecida do dicionário, um conceito é definido com um sinônimo. Por exemplo, um freguês é definido como um consumidor; consumidor, por sua vez, é definido como um cliente de um estabelecimento; um cliente é definido como alguém que contrata os serviços de qualquer profissional e, de forma vaga, um consumidor de qualquer loja.[1] As definições circulares podem ser adequadas para a comunicação em geral, mas não para a pesquisa. Na pesquisa, devemos mensurar conceitos e constructos, o que exige definições mais rigorosas.

Definições operacionais

Uma **definição operacional** é uma definição enunciada em termos de critérios específicos para teste ou mensuração. Esses termos devem referir-se a padrões empíricos (isto é, capacidade de contar, mensurar ou, de alguma outra forma, reunir as informações pelos nossos sentidos). Não importa se o objeto a ser definido é físico (por exemplo, uma lata de ervilhas) ou altamente abstrato (por exemplo, motivação para resultados), a definição tem de especificar as características e como elas devem ser observadas. Espera-se que as especificações e os procedimentos sejam tão claros que qualquer pessoa competente, ao utilizá-los, possa classificar o objeto da mesma forma.

Durante seu projeto de pesquisa com os militares, Myra observou diversas bombas que, ao serem disparadas, não explodiam com o impacto. Ela sabia que o exército aplicava a definição operacional de "bomba que não explode com o impacto" ao constructo bomba inerte. Porém, se fosse questionada, ela somente aplicaria a definição operacional de *bomba inerte* a "uma bomba

Instantâneo

Uso de definições científicas para modelar o debate político sobre a BioMed

Quando a política sobrepuja a ciência na definição da terminologia essencial de pesquisa, os legisladores, intencional ou involuntariamente, não comunicam informações com exatidão. Isso pode ser crucial na descoberta de produtos para curas revolucionárias, no acompanhamento da progressão de doenças (afetando, dessa forma, decisões sobre a equipe e o seguro hospitalares) e para encontrar melhores maneiras de testar novos medicamentos para descobrir suas diversas aplicações.

Um exemplo é a National Academies, que aconselha o governo federal e o público sobre questões científicas. Ela "criou diretrizes voluntárias para pesquisa com células-tronco embrionárias". Essas diretrizes também "fornecem uma definição abrangente dos termos aceitos por todas as maiores agências de pesquisa nos Estados Unidos". Como a pesquisa com células-tronco e a clonagem humana são questões políticas muito voláteis, o governo federal não propôs diretrizes em nível nacional. Como resultado, alguns estados exploram de modo oportunista a terminologia científica e preenchem a lacuna com definições alteradas que operacionalmente combinam seres humanos com embriões e adicionam definições abrangentes de clonagem humana.

Outro exemplo relaciona-se à Câmara dos Deputados do Kansas, que tinha dois projetos de lei em andamento. Um afirmava "definir os termos relacionados à clonagem humana". O outro projeto pretendia banir financiamento público para *transferência de núcleos celulares somáticos* (TNCS), o termo usado pelo projeto para a criação de células-tronco embrionárias clonadas. Os opositores da pesquisa com células-tronco embrionárias (que afirmam que os embriões são seres humanos e desejam banir esse tipo de pesquisa) acharam a definição aceitável. Citando "68% dos habitantes do Kansas são a favor da *transferência de núcleos celulares somáticos*, também há uma forte oposição à *clonagem reprodutiva*". Logo, combinando as duas técnicas na cabeça do público em uma única definição operacional, os opositores pretendem banir a TNCS.

Paul Terranova, vice-diretor de pesquisa do Centro Médico da Universidade do Kansas, critica as diversas imprecisões científicas nas definições usadas nos dois projetos. Quando a política colide com a ciência, a política deve sair vencedora?

www.kumc.edu; www.kslegislature.org

---

que, uma vez atirada de um canhão, não pudesse explodir de forma alguma, seja por manipulação humana ou mecânica". Com base em sua definição operacional, os residentes daquela cidade raramente encontrariam "bombas inertes" durante suas excursões ao campo de tiro.

Suponha que os alunos de uma universidade sejam classificados por turma. Ninguém tem muita dificuldade em entender os termos *calouro*, *aluno do segundo ano*, e assim por diante. Mas a tarefa pode não ser tão simples se você precisa determinar quais alunos encaixam-se em cada turma. Para isso, você precisa de definições operacionais.

As definições operacionais variam, dependendo do propósito e da forma escolhida para mensurá-las. Eis duas situações diferentes que requerem definições distintas dos mesmos conceitos:

1. Você conduz um levantamento entre alunos e quer classificar as respostas de acordo com o nível da turma. Você simplesmente pede a eles que informem sua turma e registra essa informação. Nesse caso, turma é primeiro, segundo, terceiro ou quarto ano, e você aceita as respostas de cada participante como corretas. Esse é um processo de definição bastante casual, mas, ainda assim, é uma definição operacional. Ele provavelmente é adequado, embora alguns dos relatos dos respondentes possam não ser precisos.

2. Você faz uma tabulação do nível da turma dos alunos pelo relatório anual de matrícula da universidade. A tarefa de mensuração aqui é mais importante, por isso sua definição operacional precisa ser mais precisa. Você decide definir os níveis de turma em termos de horas do semestre ou créditos concluídos até o fim do semestre e registrados no arquivo de cada aluno pela universidade:

Aluno de primeiro ano	Créditos inferiores a 30 horas
Aluno de segundo ano	Créditos de 30 a 59 horas
Aluno de terceiro ano	Créditos de 60 a 89 horas
Aluno de quarto ano	Créditos de 90 horas ou mais

Esses exemplos lidam com conceitos relativamente concretos, mas as definições operacionais são ainda mais importantes para tratar de ideias abstratas. Suponha que alguém tente mensurar um constructo chamado "socialização do consumidor". Podemos entender intuitivamente o que isso significa, mas tentar mensurá-lo entre os consumidores é difícil. Provavelmente, teríamos que desenvolver um questionário sobre habilidades, conhecimento e atitudes, ou poderíamos usar uma escala já desenvolvida e validada por outra pessoa. Essa escala definiria operacionalmente o constructo.

Não importa se você usa uma definição conceitual ou operacional, seu objetivo na pesquisa é basicamente o mesmo – fornecer compreensão e mensuração de conceitos. Talvez seja preciso fornecer definições operacionais apenas para alguns conceitos essenciais, mas elas quase sempre serão as definições usadas para desenvolver as relações encontradas nas hipóteses e teorias.

Variáveis

Na prática, o termo **variável** é usado como um sinônimo para *constructo* ou propriedade em estudo. Nesse contexto, uma variável é um símbolo de evento, ato, característica, traço ou atributo que pode ser mensurado e para o qual atribuímos valores.[2]

Para os propósitos de entrada e análise de dados, atribuímos valor numérico a uma variável com base em suas propriedades. Por exemplo, algumas variáveis, chamadas *dicotômicas*, têm apenas dois valores, refletindo a presença ou ausência de uma propriedade: empregado-desempregado ou masculino-feminino têm dois valores, geralmente 0 e 1. Quando Myra Wines observou as bombas do canhão, elas eram detonadas ou não detonadas. As variáveis também recebem valores para representar categorias agregadas, como as variáveis demográficas de raça ou religião. Todas as variáveis que produzem dados que possam encaixar-se em categorias são chamadas de *discretas*, pois apenas alguns valores são possíveis. Uma variável automotiva, por exemplo, na qual "Chevrolet" tenha valor 5 e "Honda", 6, não deixa opção para um 5,5.

Renda, temperatura, idade ou pontuação em um teste são exemplos de variáveis *contínuas*. Essas variáveis podem ter valores dentro de determinada faixa ou, em alguns casos, um conjunto infinito. Sua pontuação no teste pode ir de 0 a 100, sua idade pode ser 23,5 e sua renda anual pode ser US$ 35.000. O procedimento para atribuir valores a variáveis será descrito em detalhes no Capítulo 11.

Variáveis independentes e dependentes

Os pesquisadores estão mais interessados nas relações entre as variáveis. Por exemplo, um cupom de jornal (variável independente) influencia a compra do produto (variável dependente) ou os padrões éticos do vendedor podem influenciar sua capacidade de manter o relacionamento com o cliente? Como observa um escritor:

> Não há nada muito complicado a respeito da noção de independência e dependência. Mas há algo complicado sobre o fato de a relação de independência e dependência ser uma invenção da imaginação do pesquisador até que seja demonstrada de forma convincente. Os pesquisadores fazem hipóteses de relações de independência e dependência: Eles as inventam e, a seguir, tentam observar por testes reais se as relações realmente funcionam dessa forma.[3]

Muitos livros usam o termo *variável preditora* como sinônimo de **variável independente** (**VI**). Essa variável é manipulada pelo pesquisador, e a manipulação causa um efeito na variável dependente. Reconhecemos que muitas vezes há diversas variáveis independentes e que provavelmente elas estão, pelo menos de algum modo, "correlacionadas" e, portanto, não são independentes entre si. De forma similar, o termo *variável critério* é usado como sinônimo de **variável dependente** (**VD**). Essa variável é medida, prevista ou monitorada de outro modo e espera-se que seja afetada pela manipulação de uma variável independente. Alguns termos que se tornaram sinônimos de *variável independente* e *variável dependente* são listados na Figura 3-2.

Em cada relação, há pelo menos uma variável independente (VI) e uma variável dependente (VD). Normalmente, pensamos que, de alguma forma, uma VI "é a causa" de uma VD. No entanto, deve-se observar que, embora seja fácil estabelecer se uma VI influencia uma VD, é muito mais difícil demonstrar que a relação entre uma VI e uma VD é uma relação causal (*vide*

Variável independente	Variável dependente
Preditora	Critério
Causa presumida	Efeito presumido
Estímulo	Resposta
Prevista a partir de...	Prevista para...
Antecedente	Consequência
Manipulada	Resultado medido

Figura 3-2 Variáveis independentes e dependentes: sinônimos.

também o Capítulo 6). Na Figura 3-3a, essa relação é ilustrada por uma seta apontando da variável independente para a variável dependente. Para relações simples, todas as outras variáveis são consideradas estranhas e são ignoradas.

Variáveis moderadoras ou de interação

Entretanto, em situações de estudos reais, tal relação simples precisa ser condicionada ou revisada para levar em conta outras variáveis. Muitas vezes podemos usar outro tipo de variável explanatória de valor: a **variável moderadora** (**VM**). Uma variável moderadora ou de interação é uma segunda variável independente que é incluída porque pode ter uma contribuição significante ou um efeito contingente na relação original entre VI e VD. A seta saindo da variável moderadora para a seta entre a VI e a VD na Figura 3-3a mostra a diferença entre uma VI com impacto direto em VD e uma VM afetando a relação entre uma VI e a VD. Por exemplo, pode-se levantar essa hipótese em uma situação administrativa:

> A introdução da semana de trabalho de quatro dias (VI) levará a maior produtividade (VD), especialmente entre os trabalhadores mais jovens (VM).

Nesse caso, há um padrão diferencial de relação entre a semana de quatro dias e a produtividade, que resulta da diferença de idade entre os trabalhadores. Logo, após a introdução de semana de trabalho de quatro dias, o ganho de produtividade para trabalhadores mais jovens será maior que o para trabalhadores mais velhos. Deve-se notar que o efeito da variável moderadora ou de interação é o "superávit" da ocorrência combinada da introdução de semana de trabalho de quatro dias e ser um trabalhador jovem. Por exemplo, suponhamos que a produtividade de trabalhadores jovens seja 12 pontos percentuais maior que a dos trabalhadores mais velhos, e que a produtividade dos que têm uma semana de trabalho de quatro dias seja seis pontos percentuais maior que a dos que trabalham cinco dias por semana. Se a produtividade de um trabalhador mais jovem com uma semana de trabalho de quatro dias for apenas 18 pontos percentuais maior que a produtividade de um trabalhador mais velho que trabalha cinco dias por semana, não há efeito de interação, pois os 18 pontos percentuais são a soma dos efeitos principais. Haveria um efeito de interação se a produtividade do trabalhador mais jovem com uma semana de quatro dias fosse, digamos, 25 pontos percentuais maior que a produtividade do trabalhador mais velho com uma semana de cinco dias.

Se determinada variável será tratada como uma variável independente ou moderadora depende da hipótese investigada. Se você estivesse interessado em estudar o impacto do tamanho da semana de trabalho, a extensão da semana seria a VI. Se você estivesse destacando a relação entre idade do trabalhador e produtividade, poderia usar a extensão da semana de trabalho como VM.

Variáveis estranhas

Existe um número quase infinito de **variáveis estranhas** (**VEs**) que podem afetar consideravelmente determinada relação. Algumas podem ser tratadas como VIs ou VMs, mas a maioria deve ser presumida ou excluída do estudo. Felizmente, o número infinito de variáveis tem pouco ou nenhum efeito sobre determinada situação. A maioria pode ser ignorada com segurança, pois seu impacto ocorre de maneira aleatória, resultando em um efeito mínimo. Outras poderiam influenciar a VD, mas seu efeito não está na essência do problema que investigamos. Ainda

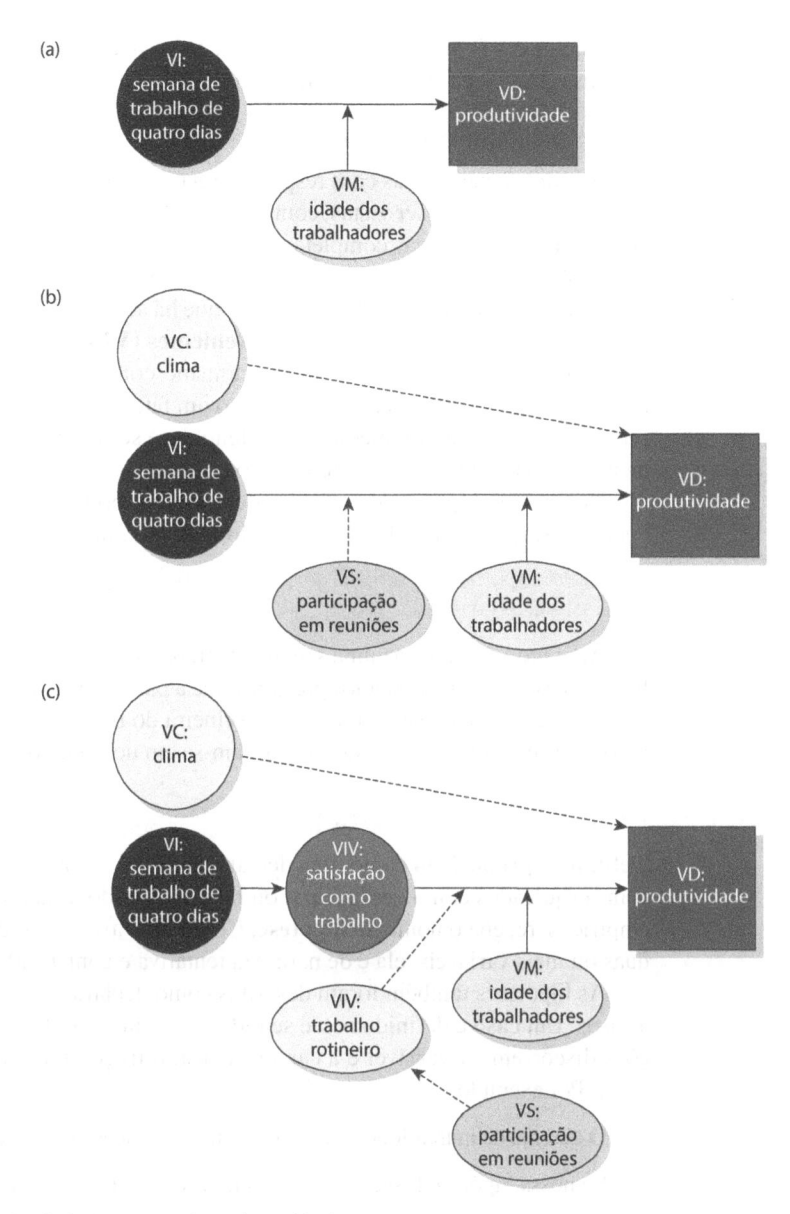

Figura 3-3 Relações entre tipos de variáveis.

assim, queremos verificar se nossos resultados são influenciados por elas. Portanto, elas são incluídas como **variáveis de controle (VCs)** em nossa investigação para assegurar que os resultados não sejam tendenciosos por não incluí-las. Usando o exemplo do efeito da semana de trabalho de quatro dias, normalmente pensaríamos que as condições do tempo, a cobrança de um imposto local sobre as vendas, a eleição de um novo prefeito e milhares de eventos e condições similares teriam pouco efeito sobre a semana de trabalho e a produtividade do escritório.

As variáveis estranhas também podem ser **variáveis espúrias (VSs)** para nossa relação hipotética entre VI e VD, semelhantes às variáveis moderadoras. Pode-se pensar que o tipo de trabalho realizado teria um efeito sobre o impacto do tamanho da semana na produtividade do escritório. Isso poderia levar à introdução do tempo gasto em uma reunião para coordenar o trabalho como uma variável espúria (VS). Em nosso exemplo do escritório, tentaríamos controlar pelo tipo de trabalho ao estudar o efeito da semana de quatro dias dentro de grupos que participam de reuniões com intensidade diferente. Na Figura 3-3b, o clima representa uma variável estranha; a linha tracejada indica que a incluímos em nossa pesquisa porque ela pode influenciar a VD, mas acreditamos que a VC é irrelevante para investigar nosso problema de pesquisa. De forma similar, incluímos o tipo de trabalho como VS.

Variáveis intervenientes

As variáveis mencionadas com respeito a relações causais são concretas e claramente mensuráveis – ou seja, podem ser vistas, contadas ou observadas de alguma forma. No entanto, algumas vezes podemos não ficar completamente satisfeitos com as explicações que elas oferecem. Assim, embora possamos reconhecer que uma semana de trabalho de quatro dias resulta em aumento de produtividade, podemos pensar que há algo além disso – que o tamanho da semana de trabalho afeta algumas **variáveis intervenientes (VIV)**, o que, por sua vez, resulta em produtividade mais alta. Uma VIV é um mecanismo conceitual por meio do qual VI e VM podem afetar VD. A VIV pode ser definida como um fator que teoricamente afeta a VD, mas não pode ser observado ou não foi medido; seu efeito deve ser inferido dos efeitos das variáveis independentes e moderadoras sobre o fenômeno observado.[4]

No caso da hipótese da semana de trabalho, pode-se ver a variável interveniente (VIV) como satisfação no trabalho, formulando-a da seguinte forma:

> A introdução de uma semana de quatro dias (VI) levará a maior produtividade (VD) ao aumentar a satisfação no trabalho (VIV).

Aqui presumimos que uma semana de trabalho de quatro dias aumenta a satisfação no trabalho; da mesma forma, podemos presumir que a participação em reuniões internas é um indicador negativamente relacionado à natureza rotineira do trabalho. Como os constructos teóricos, que não são diretamente observados, encaixam-se em nosso modelo é ilustrado na Figura 3-3c.

Proposições e hipóteses

Definimos **proposição** como uma declaração sobre fenômenos observáveis (conceitos) que podem ser julgados como verdadeiros ou falsos. Quando uma proposição é formulada para testes empíricos, recebe o nome de **hipótese**. Como uma afirmação declaratória sobre a relação entre duas ou mais variáveis, ela é de natureza tentativa e conjetural.

As hipóteses também foram descritas como declarações para as quais atribuímos variáveis a casos. Um **caso** é definido nesse sentido como uma entidade ou coisa sobre a qual as declarações discorrem. A variável é a característica, o traço ou o atributo que, nelas, é imputado ao caso.[5] Por exemplo:

> O gerente de marca Jones (caso) tem uma motivação para resultados acima da média (variável).

Se nossa hipótese fosse baseada em mais de um caso, seria uma generalização. Por exemplo:

> Os gerentes de marca da Companhia Z (casos) têm uma motivação para resultados acima da média (variável).

Hipóteses descritivas

Os dois exemplos citados são **hipóteses descritivas**. Elas declaram a existência, o tamanho, a forma ou a distribuição de alguma variável. Os pesquisadores muitas vezes usam uma questão de pesquisa, em vez de uma hipótese descritiva. Por exemplo:

Formato de hipótese descritiva	*Formato de questão de pesquisa*
Em Detroit (caso), nossa participação de mercado de batatas fritas (variável) está em 13,7%.	Qual é a participação de mercado para nossas batatas fritas em Detroit?
As cidades norte-americanas (casos) estão passando por dificuldades de orçamento (variável).	As cidades norte-americanas estão passando por dificuldades de orçamento?

Oitenta por cento dos acionistas da Companhia Z (casos) são a favor de aumentar os dividendos em dinheiro da empresa.	Os acionistas da Companhia Z são a favor do aumento dos dividendos em dinheiro?
Setenta por cento dos homens com ensino médio (casos) procuram no campo de tiro do exército metais reaproveitáveis (variável).	A maioria dos residentes masculinos com ensino médio procura no campo de tiro do exército metais reaproveitáveis?

Qualquer dos formatos é aceitável, mas o formato de hipótese descritiva tem diversas vantagens:

- Incentiva os pesquisadores a cristalizarem seu pensamento acerca das relações prováveis a serem encontradas.
- Incentiva-os a pensar sobre as implicações de um achado apoiado ou rejeitado.
- É útil para testar a significância estatística.

Hipóteses relacionais

O formato de questão de pesquisa é utilizado com menos frequência em uma situação que exija **hipóteses relacionais**. Elas são declarações que descrevem uma relação entre duas variáveis com respeito a algum caso. Por exemplo, "Carros estrangeiros (variável) são percebidos pelos consumidores norte-americanos (caso) como de melhor qualidade (variável) que os carros domésticos". Nesse exemplo, a natureza da relação entre as duas variáveis ("país de origem" e "qualidade percebida") não é especificada. Existe apenas uma implicação de que as variáveis ocorrem em alguma relação previsível, ou uma variável é de alguma forma responsável pela outra? A primeira interpretação (relação não especificada) indica uma relação correlacional; a segunda (relação previsível) indica uma relação explanatória ou causal.

As **hipóteses correlacionais** afirmam que as variáveis ocorrem juntas de alguma maneira especificada sem implicar que uma cause a outra. Tais declarações fracas muitas vezes são feitas quando acreditamos que haja mais forças causais básicas que afetam ambas as variáveis ou quando não desenvolvemos evidências suficientes para declarar uma vinculação mais forte. Aqui estão três exemplos de hipóteses correlacionais:

Mulheres jovens (com menos de 35 anos de idade) compram menos unidades de nosso produto que mulheres que têm 35 anos de idade ou mais.

O número de ternos vendidos varia diretamente com o nível do ciclo de negócios.

As pessoas de Atlanta dão uma classificação mais favorável ao presidente que as de St. Louis.

Ao rotular esses exemplos como hipóteses correlacionais, não afirmamos que uma variável faz com que a outra mude ou assuma valores diferentes.

Com **hipóteses explanatórias (causais)**, há uma implicação de que a existência de uma variável ou a mudança nessa variável causa ou gera mudança na outra variável. Como observado anteriormente, costuma-se chamar a variável causal de variável independente (VI), e a outra, de variável dependente (VD). Em termos gerais, causar significa "ajudar a fazer acontecer". Dessa forma, a VI não precisa ser a única razão para a existência ou mudança da VD. Aqui estão quatro exemplos de hipóteses explanatórias:

Um aumento na renda familiar (VI) leva a um aumento no percentual de renda poupada (VD).

A exposição às mensagens da empresa relativas aos problemas do segmento (VI) leva os trabalhadores a terem atitudes mais favoráveis (VD) em relação à companhia.

A lealdade a determinado supermercado (VI) aumenta a probabilidade de comprar as marcas próprias (VD) patrocinadas por essa loja.

Um aumento no preço do fio de cobre reaproveitado (VI) leva a um aumento na busca por esse metal (VD) no campo de tiro do exército.

Instantâneo

Chips de rádio *versus* escaneamento de retina: qual teoria oferece a melhor proteção?

Quando o primeiro caso confirmado de encefalopatia espongiforme bovina (EEB, conhecida como doença da "vaca louca") foi descoberto em uma vaca leiteira do estado de Washington em dezembro de 2003, vários países proibiram as importações de carne bovina dos Estados Unidos, levando a indústria de exportação de US$3,2 bilhões a um impasse. Nesse ano, o Departamento de Agricultura dos Estados Unidos (USDA) realizou testes aleatórios em aproximadamente 0,03% de todo o gado abatido, cerca de 20 mil vacas dos quase 40 milhões de cabeças de gado abatidos anualmente. Em comparação, países do leste europeu testaram 10 milhões de vacas, e o Japão testou todo o seu 1,2 milhão de vacas abatidas.

As teorias são essenciais na busca do pesquisador para explicar e prever fenômenos, criando oportunidades de negócios e informando a política pública. Uma teoria do USDA é que a melhor maneira de identificar fontes de doenças bovinas é monitorar a vaca do nascimento ao abate. Logo, o USDA queria um banco de dados nacional de gado. Após avaliar as opções, o USDA propôs outra teoria: Vacas marcadas com dispositivos de identificação por radiofrequência (RFID, do inglês *radio frequency identification devices*) criariam o banco de dados mais preciso.

Com tamanho aproximadamente de uma moeda de 25 centavos, o RFID é grampeado na base da orelha do animal. Ele é programado com um código numérico que é escaneado por um aparelho fixo ou portátil quando uma vaca chega a um novo local no processo de produção. Conforme o gado desloca-se do pasto às áreas de alimentação e ao matadouro, a origem e a localização de cada animal podem ser atualizadas no banco de dados nacional.

Todavia, as etiquetas RFID podem ser danificadas, retiradas ou adulteradas. Os matadouros precisam de proteção adicional para certificar-se de que esses dispositivos não acabem misturados na carne. "Basta um único chip no hambúrguer de alguém e você terá um problema", diz Brian Bolton, vice-presidente de marketing da Optibrand. Essa empresa do Colorado apresenta uma teoria diferente para melhor identificação e monitoramento: Uma câmera que registre os padrões vasculares exclusivos na retina da vaca a cada estágio da cadeia de produção de carne bovina é mais confiável. Com o escaneamento de retina, afirma Bolton, "a tecnologia de monitoramento está contida no leitor manual. Ele tira uma foto minúscula da retina da vaca e a vincula ao registro computadorizado desse animal". A Meatpacker Swift & Co, o terceiro maior frigorífico de carne bovina dos EUA, tem utilizado os dispositivos da Optibrand há vários anos. O leitor de retina também lê etiquetas RFID, acessa receptores de posicionamento global e marca cada escaneamento com um registro de localização. No entanto, o escaneamento de retina nem sempre é prático, pois as leituras precisam ser feitas a uma distância de 2,5 cm do olho do animal.

Além do RFID e do escaneamento de retina, os pecuaristas e os frigoríficos implementam outros sistemas de rastreamento, aplicando suas próprias teorias. Alguns usam chips de computador implantáveis, outros usam sistemas de correspondência de DNA. Embora ainda prefira a tecnologia do RFID, o diretor de identificação animal nacional do USDA, John F. Wiemers, concede: "Acreditamos que haja espaço para todas essas tecnologias".

Qual teoria de monitoramento você prefere? Quais são as variáveis mais importantes que consideraria ao justificar sua decisão?

www.usda.gov; www.optibrand.com;
http://www.jbsswift.com

Ao propor ou interpretar hipóteses causais, o pesquisador deve considerar a direção da influência. Em muitos casos, a direção é óbvia pela natureza das variáveis. Assim, suporíamos que a renda familiar influencia a poupança, e não o contrário. Isso também é verdadeiro para o exemplo do exército. Algumas vezes nossa capacidade de identificar a direção da influência depende do projeto da pesquisa. Na hipótese da atitude dos trabalhadores, se a exposição à mensagem preceder claramente a mensuração da atitude, então a direção da exposição à atitude parece clara. Se as informações sobre exposição e atitude foram coletadas ao mesmo tempo, o pesquisador poderia justificar-se dizendo que diferentes atitudes levam a percepções seletivas de mensagem ou à falta de percepção. Lealdade à loja e compra de marcas próprias parecem ser interdependentes. A lealdade a uma loja pode aumentar a probabilidade de comprar as marcas próprias dela, mas a satisfação com as marcas próprias também pode gerar maior lealdade à loja.

O papel das hipóteses

Em pesquisa, uma hipótese apresenta diversas funções importantes:

- Orientar a direção do estudo.
- Identificar fatos relevantes e irrelevantes.

- Sugerir que formato de projeto de pesquisa tem probabilidade de ser mais apropriado.
- Fornecer uma estrutura para organizar as conclusões resultantes.

A menos que o pesquisador resista ao impulso de incluir elementos adicionais, um estudo pode ser diluído por preocupações triviais que não respondem às perguntas básicas colocadas pelo problema gerencial. A virtude da hipótese é que, se levada a sério, limita o que deve ou não ser estudado. Para considerar especificamente o papel dela na determinação da direção da pesquisa, suponha que usemos o seguinte:

> Maridos e esposas estão de acordo nas percepções de seus respectivos papéis nas decisões de compra.

A hipótese especifica quem ser estudado (casais casados), em que contexto (nas tomadas de decisão de compras) e o que deve ser visto (suas percepções individuais de seus papéis).

A natureza dela e as implicações do enunciado sugerem que o melhor projeto de pesquisa é um estudo baseado na comunicação, provavelmente um levantamento ou uma entrevista. No momento, não temos qualquer outro meio prático para verificar as percepções das pessoas, exceto perguntar a elas de uma forma ou outra. Além disso, estamos interessados apenas nos papéis assumidos nas situações de tomada de decisão de compras.

Portanto, o estudo não se deve envolver na busca de informações sobre outros tipos de papéis que maridos e esposas possam desempenhar. A reflexão sobre essa hipótese também pode revelar que maridos e esposas não concordam em suas percepções de papéis, mas essas diferenças podem ser explicadas em termos de variáveis adicionais, como idade, classe social, formação, personalidade e outros fatores não associados à diferença de sexo.

O que é uma hipótese forte? Ela deve atender a três requisitos:

- Ser adequada a seu propósito.
- Poder ser testada.
- Ser melhor que suas concorrentes.

As condições para desenvolver uma hipótese forte são mostradas em mais detalhes na Figura 3-4.

Critério	Interpretação
Adequação aos propósitos	❏ A hipótese revela a condição do problema original?
	❏ A hipótese identifica claramente os fatos relevantes e os irrelevantes?
	❏ A hipótese informa claramente a condição, o tamanho ou a distribuição de alguma variável em termos de valores significativos para o problema de pesquisa (descritivo)?
	❏ A hipótese explica os fatos que exigem explicação (explanatórios)?
	❏ A hipótese sugere que projeto de pesquisa é provavelmente o mais apropriado?
	❏ A hipótese fornece uma estrutura para organizar as conclusões resultantes?
Testabilidade	❏ A hipótese usa técnicas aceitáveis?
	❏ A hipótese exige uma explicação que seja plausível em vista das leis físicas ou psicológicas?
	❏ A hipótese revela consequências ou derivações que possam ser deduzidas ao testar os propósitos?
	❏ A hipótese é simples, exigindo poucas condições ou pressupostos?
Melhor do que as concorrentes	❏ A hipótese explica mais fatos do que suas concorrentes?
	❏ A hipótese explica uma maior variedade ou escopo de fatos do que suas concorrentes?
	❏ É uma hipótese que seria aceita por avaliadores informados como a mais provável?

Figura 3-4 Lista de verificação para o desenvolvimento de uma hipótese forte.

Teoria

As hipóteses desempenham um papel importante no desenvolvimento da teoria. A distinção entre esta e hipótese pode causar confusão. Fazemos a distinção geral de que a diferença entre elas dá-se em termos de grau de complexidade e abstração. Em geral, as teorias tendem a ser complexas e abstratas e a envolver múltiplas variáveis. As hipóteses, por sua vez, tendem a ser mais simples, enunciados com variáveis limitadas envolvendo ocorrências concretas.

Uma pessoa que não esteja familiarizada com pesquisa usa o termo *teoria* para expressar o oposto de *fato*. Nesse sentido, a teoria é vista como especulativa ou como uma "torre de marfim". Fala-se que os gestores precisam ser menos teóricos ou que determinada ideia não dará certo porque é teórica demais. Essa é uma visão incorreta da relação entre fato e teoria para um pesquisador. Na verdade, fato e teoria precisam um do outro para terem valor. Nossa capacidade de tomar decisões racionais, bem como de desenvolver conhecimento científico, é mensurada pelo grau em que combinamos fato e teoria. Todos nós operamos com base nas teorias que aprendemos. Em determinado sentido, as teorias são generalizações que fazemos sobre as variáveis e as relações entre elas. Usamos essas generalizações para tomar decisões e prever desfechos. Por exemplo, é meio-dia e você percebe que a luminosidade natural está diminuindo, nuvens escuras vindas do oeste estão movendo-se rapidamente, a brisa é fresca e a temperatura do ar está caindo. O seu entendimento da relação entre essas variáveis (sua teoria do clima) o levaria a prever que provavelmente choverá em breve?

Uma **teoria** é um conjunto de conceitos, definições e proposições sistematicamente inter-relacionados que são antecipados para explicar e prever fenômenos (fatos). Nesse sentido, temos muitas teorias e as usamos continuamente para explicar ou prever o que acontece ao nosso redor. Desde que nossas teorias sejam lógicas e adaptem-se à situação, seremos bem-sucedidos em nossas explicações e previsões.

No marketing, o ciclo de vida do produto descreve os estágios pelos quais uma categoria de produto passa no mercado.[6] O ciclo de vida generalizado do produto tem quatro estágios (embora a duração e o formato dos ciclos de vida do produto diferenciem-se): introdução, crescimento, maturidade e declínio (Figura 3-5). Em cada estágio, muitos conceitos, constructos e hipóteses

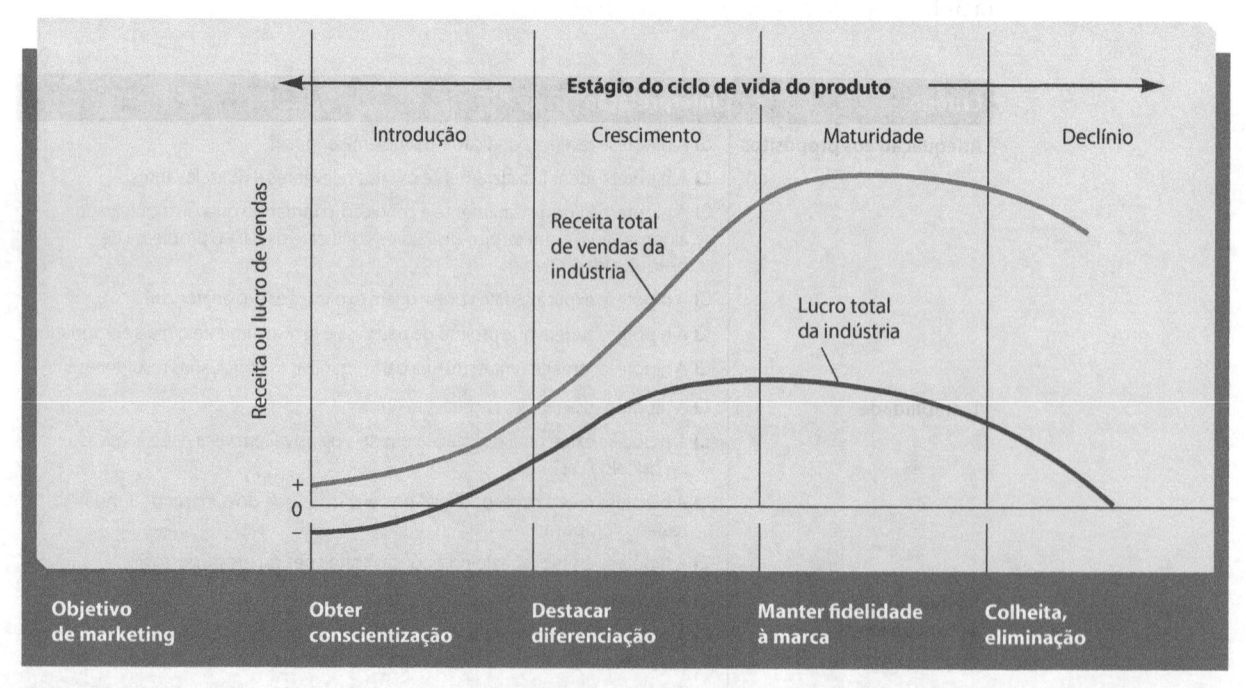

Figura 3-5 Ciclo de vida tradicional do produto.

Fonte: Adaptado de Roger Kerin, Eric Berkowitz, Steven Hartley, and William Rudelius, *Marketing*, 7th. ed. (Burr Ridge, IL: McGraw-Hill, 2003), p. 295.

descrevem as influências que alteram a receita e os lucros. Definições também são necessárias para comunicar as alegações da teoria e sua consistência no teste da realidade.

Por exemplo, no estágio de crescimento, as empresas investem pesado em propaganda e divulgação para criar conscientização do produto. No período inicial desse estágio, esses gastos podem ser feitos para fomentar a *demanda primária* (constructo), melhorando o conhecimento da classe do produto, em vez do conhecimento da marca. Além disso, preços altos podem refletir uma *política de fixação de preços elevados* (conceito) para ajudar a empresa a se recuperar dos custos de desenvolvimento. O gerente de produtos pode, como alternativa, reduzir os preços ou praticar uma *política de penetração de preços* (conceito) para construir unidade de volume. No estágio de crescimento, as vendas aumentam rapidamente porque muitos consumidores estão experimentando o produto ou já o usam; aqueles que experimentaram (estavam satisfeitos) e o compraram novamente – *compras repetidas* (conceito) – estão engrossando as vendas. Se a empresa não consegue atrair compras repetidas, isso geralmente significa a morte do produto (proposição). O estágio de maturidade é um bom momento para a empresa em termos de geração de caixa (proposição). Os custos para desenvolver o produto e estabelecer sua posição no mercado se pagam e ele tende a ser lucrativo. As empresas muitas vezes tentarão usar *estratégias de extensão* (constructos). Trata-se de tentativas de postergar o estágio de declínio do ciclo de vida do produto introduzindo novas versões. No estágio de declínio, "os produtos irão consumir uma porção desproporcional do tempo da gerência e recursos financeiros relativos a seu potencial valor futuro"[7] (hipótese). Para que essa hipótese possa ser inteiramente testada, precisaríamos de definições operacionais para participação, tempo, recursos e valor futuro desproporcionais.

O desafio do pesquisador nesse exemplo é construir teorias mais abrangentes para explicar e prever como a modificação do produto e de outras variáveis beneficiará a empresa.

Modelos

O termo *modelo* é usado na pesquisa em administração e em outros campos de negócios para representar fenômenos pelo uso de analogias. Um **modelo** é definido aqui como a representação de um sistema construído para estudar algum aspecto desse sistema ou o sistema como um todo. Os modelos diferem das teorias porque o papel da teoria é a explicação, ao passo que o papel do modelo é a representação.

Os primeiros modelos (e mesmo os criados recentemente, na década de 1990, para computadores de grande porte) eram incrivelmente caros e muitas vezes incompreensíveis para todos que não fossem seus desenvolvedores. Programas de modelagem, como o Excel, tornaram essa atividade menos onerosa e mais acessível.

Os modelos permitem que pesquisadores e gestores caracterizem condições presentes ou futuras: o efeito da propaganda sobre a consciência ou a intenção de compra do consumidor, um canal de distribuição do produto, comportamento de mudança de marca, um programa de treinamento de funcionários e muitos outros aspectos empresariais. O propósito de um modelo é aumentar nosso entendimento, previsão e controle das complexidades do ambiente.

Um exemplo de um modelo de *fluxo máximo* usado na ciência administrativa é fornecido na Figura 3-6. Nesse exemplo, um fabricante de automóveis europeu precisa de um fluxo maior de transporte para seu centro de distribuição em Los Angeles a fim de atender à demanda. Entretanto, o principal canal de distribuição está saturado, sendo preciso buscar alternativas. Embora esse seja um modelo geométrico, diagramas mais sofisticados de rede, matemáticos e de caminhos são subsequentemente criados para que os pesquisadores possam criar hipóteses sobre a natureza, a relação e a direção de causalidade entre as variáveis.

Modelos descritivos, preditivos e normativos são encontrados na pesquisa em administração.[8] Os *modelos descritivos* são frequentemente usados para sistemas mais complexos, como o da Figura 3-6. Eles permitem a visualização de inúmeras variáveis e relações. Os modelos *preditivos* preveem eventos futuros (por exemplo, o modelo Fourt e Woodlock poderia ser usado para prever tênis de basquete para um segmento de mercado).[9] Os modelos *normativos* são usados principalmente para controle, informando sobre quais ações devem ser adotados.

Os modelos também podem ser estáticos, representando um sistema em determinado ponto no tempo, ou dinâmicos, representando a evolução de um sistema ao longo do tempo.

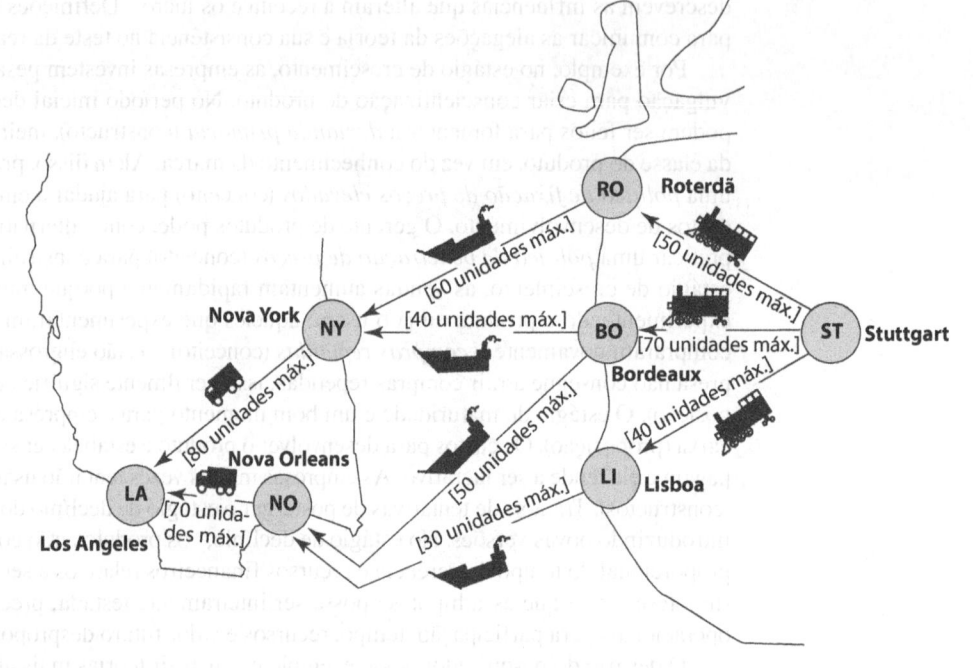

Figura 3-6 Modelo de rede de distribuição.

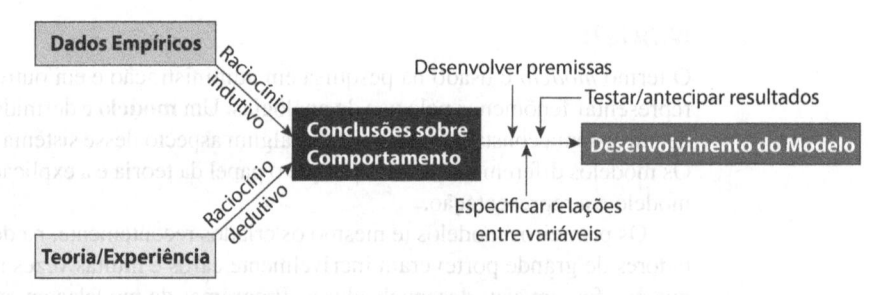

Figura 3-7 O papel do raciocínio no desenvolvimento de modelos.

Os modelos são desenvolvidos com o uso de raciocínio indutivo e dedutivo, que, como sugerimos anteriormente, são intrínsecos a conclusões precisas sobre decisões empresariais. Conforme ilustrado na Figura 3-7, um modelo pode originar-se de observações empíricas sobre comportamento baseadas em fatos pesquisados e relações entre variáveis. O raciocínio indutivo permite que o criador do modelo tire conclusões a partir de fatos ou evidências no planejamento da dinâmica do modelo. O criador do modelo também pode usar teorias existentes, experiência gerencial, julgamento ou fatos deduzidos de leis da natureza conhecidas. Nesse caso, o raciocínio dedutivo serve para criar conclusões específicas derivadas de premissas gerais.

Os modelos são um meio importante de avançar teorias e auxiliar os tomadores de decisão. Como as entradas muitas vezes são desconhecidas, imprecisas ou estimativas temporais de variáveis complexas, a criação e o uso de modelos no processo de tomada de decisão podem ser uma iniciativa que demanda muito tempo.

A pesquisa e o método científico

A boa pesquisa em administração baseia-se em raciocínio lógico. Pesquisadores competentes e gestores astutos praticam hábitos de pensamento que refletem o **raciocínio lógico** – encontrar premissas corretas, testar as conexões entre seus fatos e pressuposições, fazendo afirmações com

Instantâneo

Administração e campo de batalha: evidências científicas apoiam "palpites"

Uma equipe de pesquisadores da Escola de Administração da Universidade de Leeds conduziu estudos sobre como a intuição e os palpites resultam da forma como nossos cérebros armazenam, processam e recuperam informações em nível subconsciente.[a] Sua pesquisa é importante para executivos e gestores, que muitas vezes declaram que os palpites são preferíveis à análise deliberada quando uma decisão rápida é necessária. Gerald Hodgkinson, o pesquisador principal, observou que: "As pessoas geralmente vivenciam a verdadeira intuição quando estão sob grande pressão de tempo ou em uma situação de sobrecarga de informações ou grande perigo, na qual a análise consciente da situação pode ser difícil ou impossível".[b]

Se compararmos um executivo tentando evitar decisões cruciais em um ambiente em rápida transformação e turbulento com um soldado rastreando a paisagem em busca de evidências de explosivos em uma vizinhança perigosa, percebemos a importância das organizações. Esse aspecto da pesquisa sobre tomada de decisão procura entender como canalizar e afinar habilidades intuitivas. Ser capaz de identificar quando gestores e executivos passam do modo intuitivo para a análise deliberada, e por que, pode lançar luz sobre quais decisões têm probabilidade de estarem corretas para seus ambientes.

Em um artigo sobre a importância de palpites na batalha, Benedict Carey descreveu como os palpites são cruciais para a sobrevivência militar em ambientes ameaçadores como o Iraque e o Afeganistão, especialmente ao remover explosivos de estradas. Travando uma guerra dentro de uma guerra, os insurgentes e as equipes antibombas norte-americanas melhoraram suas táticas com explosivos: os insurgentes pela melhor colocação, dissimulação e detonação, e as equipes norte-americanas com melhor reconhecimento e difusão. Detectou-se que a redução de vítimas podia ser atribuída a alguns soldados que conseguiam pressentir o perigo em uma situação de vida ou morte bem antes dos demais.[c]

O psicólogo e pesquisador do exército Steven Burnett conduziu um estudo, envolvendo aproximadamente 800 homens e mulheres militares, que se concentrava em como alguns soldados veem o que outros não percebem. Eles descobriram que dois tipos de pessoas são especialmente boas em detectar anomalias: as com histórico de caça e as oriundas de bairros difíceis, onde saber qual gangue controla um quarteirão é questão de sobrevivência. Essas últimas tropas também pareciam ter capacidade de "avaliação de ameaça" inata.[d]

Martin P. Paulus, psiquiatra da Universidade da Califórnia, San Diego, descobriu que os cérebros de unidades militares de elite pareciam registrar ameaças aparentes diferentemente da média dos que se alistavam.[e] Quando são confrontados com rostos furiosos, os Seals da marinha norte-americana mostram ativação significativamente maior na ínsula (o local do cérebro que recolhe as sensações de todo o corpo e interpreta-as de forma coesa) que os soldados comuns.

Não muito tempo atrás, os acadêmicos de administração consideravam palpites e intuição como uma espécie de folclore, ou apenas sensações. Sensações têm "pouco a ver com a tomada de decisão racional, ou com o que se passou por ela", disse o Dr. Antonio Damasio, diretor do Brain and Creativity Institute.[f] Apesar de os palpites ainda não fazerem parte da ortodoxia científica,[g] são apoiados por fortes evidências na neurociência e na psicologia.

As evidências técnicas são complicadas, mas fascinantes. Eis um vislumbre.

Cada um de nós nasceu com dois cérebros – o cérebro craniano, entre nossas orelhas, e um segundo cérebro com tantos neurônios e neurotransmissores quanto o primeiro, mas localizado nas bainhas dos tecidos que revestem nosso estômago, intestino delgado e cólon. Durante o desenvolvimento fetal inicial, o mesmo amontoado de tecido embrionário constituiu o nosso cérebro principal e o nosso cérebro visceral. No desenvolvimento posterior, os dois cérebros separados ainda permaneceram conectados (e em comunicação) por meio do nervo vago, que se estende a partir do tronco cerebral por meio do sistema nervoso entérico, também conhecido como nosso cérebro visceral.[h]

Os receptores do intestino que processam a serotonina (um neurotransmissor) são idênticos aos encontrados na parte bilateral do cérebro, onde se acredita que o pensamento intuitivo seja originado. O professor Wolfgang Prinz do Instituto Max Planck em Munique revela que nosso cérebro visceral "pode ser a fonte de decisões inconscientes que o cérebro principal posteriormente reivindica como suas próprias decisões conscientes".[i]

Há muitas pesquisas para apoiar a intuição do cérebro visceral; no entanto, poucos exemplos são ilustrativos.[j] No Institute of Noetic Sciences, pesquisadores mostraram como o intestino humano reage a informações emocionalmente alarmantes segundos antes de a mente consciente estar ciente delas. Experimentos anteriores constataram evidências similares nos tempos de reação quatro a sete segundos antes da conscientização de imagens emocionalmente perturbadoras.[k] Em outro estudo conduzido pelo professor Ronald Rensink, da Universidade de British Columbia, um terço dos sujeitos podia sentir alterações nos padrões de uma série de imagens antes de elas terem de fato ocorrido.[l] "É como uma sensação visceral", disse Rensink. "É como usar a força. A questão é que esses tipos de sensações muitas vezes estão corretos."[m]

Stephen Jay Gould, eminente paleontologista, biólogo e historiador da ciência, disse: "A ciência... progride por palpite, visão e intuição".[n] Não nos esqueçamos dos palpites.

base em evidências adequadas. No processo de raciocínio, indução e dedução, observação e teste de hipótese podem ser combinados de forma sistemática. Neste capítulo, ilustramos como isso funciona e por que o raciocínio cuidadoso é essencial para produzir resultados científicos.

Se as ferramentas do pensamento são a mente da ciência, então a **atitude científica** é o espírito. A atitude científica desencadeia o impulso criativo que torna a descoberta possível. Os retratos de cientistas envolvidos em algumas das mais espetaculares descobertas do último século – Crick, Watson e Pauling (que desenvolveram os fundamentos da estrutura do DNA) e outros – são as histórias de imaginação, intuição, curiosidade, suspeita, angústia, paixão pelo saber e dúvida de si mesmo. Um bom pesquisador em administração também deve possuir essas predisposições essenciais. Cada um precisa exercitar a imaginação no processo de descoberta captando o aspecto mais essencial do problema, ou na seleção de uma técnica que revele o fenômeno em seu estado mais natural.

A curiosidade em suas variadas formas caracteriza o esforço persistente para entender as relações. Por exemplo, considere os estudos de Hawthorne na descoberta de uma relação entre as entidades aparentemente não relacionadas de produtividade e níveis de luz no local de trabalho. Exemplos como Weber, Taylor, Fayol, Gulick, Mayo, Maslow, McGregor, Argyris, Simon, Likert, Katz e Kahn (entre outros em estudos organizacionais) tipificaram a curiosidade em fazer perguntas com a paixão de não desistir e um desconforto com as respostas existentes. Desde pesquisadores aplicados atendendo às necessidades práticas de gestores a acadêmicos fascinados com a construção de grandes teorias, a atitude da ciência é o espírito que permite a descoberta.

O **método científico**, conforme praticado na pesquisa em administração, guia nossa abordagem da solução de problemas. Os princípios essenciais do método científico são:

- Observação direta do fenômeno.
- Variáveis, métodos e procedimentos claramente definidos.
- Hipóteses empiricamente verificáveis.
- Capacidade de descartar hipóteses concorrentes.
- Justificativa das conclusões de forma estatística, e não linguística.
- Processo de autocorreção.

Um termo importante nessa lista é *empírico*. Diz-se que o teste empírico ou o **empirismo** "denota observações e proposições baseadas na experiência sensorial e/ou derivada de tais experiências por métodos de lógica indutiva, incluindo a matemática e a estatística".[10] Os pesquisadores que usam essa abordagem tentam descrever, explicar e fazer previsões com base em informações obtidas pela observação. Este livro preocupa-se fundamentalmente com o empirismo – com o projeto de procedimentos para coletar informações factuais sobre relações hipotéticas que possam ser usados para decidir se uma compreensão específica de um problema e sua possível solução estão corretas.

O método científico, e a investigação científica em geral, é descrito como uma atividade de solucionar quebra-cabeças.[11]

Para o pesquisador, os quebra-cabeças são problemas solucionáveis que podem ser esclarecidos ou resolvidos por meio de processos de raciocínio. As etapas a seguir representam uma abordagem para avaliar a validade de conclusões sobre eventos observáveis.[12] Elas são especialmente apropriadas para pesquisadores em administração cujas conclusões resultem de dados empíricos. O pesquisador:

1. Defronta-se com uma curiosidade, dúvida, barreira, suspeita ou um obstáculo.
2. Esforça-se para enunciar o problema – faz perguntas, considera o conhecimento existente, reúne fatos e vai de uma confrontação emocional a uma intelectual com o problema.
3. Propõe uma hipótese, uma explicação plausível, para explicar os fatos que podem estar logicamente relacionados ao problema.
4. Deduz desfechos ou consequências da hipótese – tenta descobrir o que acontece se os resultados estiverem na direção oposta da prevista ou se os resultados apoiarem as expectativas.

A curiosidade pode ter matado o gato, ou ao menos molhado suas patas, mas é uma característica essencial para um bom pesquisador. Pessoas inteligentes que têm necessidade de buscar respostas estão no coração das grandes pesquisas.

5. Formula diversas hipóteses concorrentes.
6. Planeja e conduz um teste empírico crucial com vários desfechos possíveis, cada um dos quais exclui seletivamente uma ou mais hipóteses.
7. Tira uma conclusão (inferência indutiva) baseada na aceitação ou rejeição das hipóteses.
8. Supre o problema original com as informações, modificando-o de acordo com a força das evidências.

Claramente, o raciocínio é essencial a grande parte do sucesso do pesquisador: reunião de fatos consistentes com o problema, proposta e eliminação de hipóteses concorrentes, dedução de desfechos, desenvolvimento de testes empíricos fundamentais e derivação da conclusão.

Raciocínio lógico para respostas úteis

Todos os dias, raciocinamos com níveis diferentes de sucesso e comunicamos nosso significado em linguagem comum ou, em casos especiais, em formato simbólico e lógico. Nossos significados são transmitidos por meio de um ou dois tipos de discurso: exposição ou argumento. A **exposição** consiste em enunciados que descrevem sem tentar explicar. O **argumento** permite-nos explicar, interpretar, defender, desafiar e explorar o significado. Dois tipos de argumentos de grande importância para a pesquisa são a dedução e a indução.

Dedução

A **dedução** é uma forma de argumento que pretende ser conclusiva – a conclusão necessariamente parte das razões dadas. Diz-se que essas razões implicam a conclusão e representam uma prova. Isso é um laço muito mais forte e diferente entre razões e conclusões que aquele encontrado na indução. Para que uma dedução esteja correta, ela deve ser verdadeira e válida:

- As premissas (razões) dadas para a conclusão concordam com o mundo real (verdadeira).
- A conclusão necessariamente parte das premissas (válida).

Uma dedução será válida desde que seja impossível que a conclusão seja falsa se as premissas forem verdadeiras. Os lógicos estabeleceram regras por meio das quais é possível julgar se uma dedução é válida. As conclusões não são logicamente justificadas se uma ou mais premissas forem falsas ou se a forma do argumento for inválida. Uma conclusão ainda pode ser um enunciado verdadeiro, mas por outras razões além daquelas dadas. Por exemplo, considere as seguintes deduções simples:

Pode-se confiar que todos os funcionários do BankChoice
respeitam o código de ética. (Premissa 1)

Sara é funcionária do BankChoice. (Premissa 2)

Pode-se confiar que Sara respeita o código de ética. (Conclusão)

Se podemos confiar em Sara, pensamos que essa é uma dedução lógica. Mas a conclusão não pode ser aceita como uma dedução lógica a não ser que a forma de argumento seja válida e as premissas sejam verdadeiras. Nesse caso, a forma é válida e a premissa 2 pode ser facilmente confirmada. No entanto, mais de US$1 bilhão por ano em roubo confirmado por funcionários irá contestar a premissa "Pode-se confiar que todos os funcionários respeitam o código de ética". E casos de fraude de funcionários tornam qualquer exemplo específico questionável. Se uma premissa não passar pelo teste de aceitação, então a conclusão não é uma dedução lógica. Isso é verdadeiro mesmo que tenhamos grande confiança na honestidade de Sara. A conclusão, nesse caso, deve ser baseada na confiança em Sara como indivíduo, e não em uma premissa geral de que todos os empregados do BankChoice são éticos.

Como pesquisadores, podemos não reconhecer o quanto usamos a dedução para entender as implicações de vários atos e condições. Por exemplo, ao planejar um levantamento, é possível raciocinar da seguinte forma:

Entrevistas com famílias da periferia são especialmente difíceis e caras. (Premissa 1)

Este levantamento envolve um número substancial de entrevistas na periferia. (Premissa 2)

As entrevistas neste levantamento serão especialmente difíceis e caras. (Conclusão)

Após alguma reflexão, deve ser evidente que a conclusão resultante da dedução já está, em certo sentido, "contida" em suas premissas.[13]

Indução

O argumento indutivo é radicalmente diferente. Não há tal força de relacionamento entre razões e conclusões na indução. Na **indução**, tira-se uma conclusão a partir de um ou mais fatos em particular ou de determinadas evidências. A conclusão explica os fatos, e os fatos dão suporte à conclusão. Para exemplificar, suponha que sua empresa gaste US$ 1 milhão em uma campanha promocional regional e as vendas não aumentem. Isso é um fato: as vendas não aumentaram durante ou após a campanha promocional. Sob tais circunstâncias perguntamos, "Por que as vendas não aumentaram?".

Uma resposta provável para essa pergunta é a conclusão de que a campanha promocional foi mal executada. Essa conclusão é uma indução, pois sabemos por experiência que as vendas regionais deveriam aumentar durante um evento promocional. Sabemos também que, se a promoção for mal executada, as vendas não aumentarão. Contudo, a natureza da indução é que a conclusão seja apenas uma hipótese. É uma explicação, mas há outras que também se ajustam ao fato. Por exemplo, cada uma das hipóteses a seguir poderia explicar por que as vendas não aumentaram:

- Os varejistas regionais não tinham estoque suficiente para atender à demanda dos clientes durante o período promocional.
- Uma greve de funcionários da transportadora impediu que as entregas fossem feitas a tempo para que a promoção fosse eficaz.
- A passagem devastadora de um furacão fechou todas as lojas da região por 10 dias durante a promoção.

Os pesquisadores muitas vezes observam o uso de um produto pelo cliente ao avaliá-lo. Aplique o raciocínio dedutivo a esta imagem. Desenvolva suas próprias conclusões com respeito ao que acontecerá a seguir.

Nesse exemplo, vemos a natureza essencial do raciocínio indutivo. A conclusão indutiva é um salto inferencial além da prova apresentada – isto é, embora uma conclusão explique o fato de não ter havido aumento nas vendas, outras conclusões também podem explicá-lo. É possível até que nenhuma das conclusões que apresentamos explique corretamente o não aumento nas vendas.

Para mais um exemplo, consideremos a situação de Tracy Nelson, vendedora da Square Box Company. Tracy tem um dos índices de vendas mais baixos da empresa. Seu desempenho insatisfatório leva-nos a perguntar "Por que seu desempenho é tão ruim?". Conhecendo as práticas de vendas de Tracy, a natureza da venda de caixas e o mercado, poderíamos concluir (hipoteticamente) que o problema é que ela faz poucas ligações por dia para gerar um bom resultado de vendas. Outras hipóteses, com base nas evidências disponíveis, são as seguintes:

- O território de Tracy não tem o potencial de mercado de outros territórios.
- A capacidade de Tracy de gerar vendas é tão mal desenvolvida que ela não é capaz de fechar vendas de forma eficaz.
- Tracy não tem autoridade para reduzir preços, ao contrário do que ocorre com seus concorrente na região, e isso a tem levado a perder muitas vendas.
- Algumas pessoas simplesmente não conseguem vender caixas, e Tracy é uma delas.

Cada uma dessas possibilidades é uma indução baseada nas evidências dos baixos índices de vendas de Tracy, além de alguns pressupostos ou crenças sobre ela e a venda de caixas. Todas têm alguma chance de serem verdadeiras, mas provavelmente confiamos mais em umas do que em outras. Todas exigem confirmações adicionais antes de ganharem nossa confiança. A confirmação vem com mais evidências. A tarefa da pesquisa é em grande parte (1) determinar a natureza das evidências necessárias para confirmar ou rejeitar hipóteses e (2) projetar métodos por meio dos quais se descobre e mensura essa outra evidência.

Combinação de indução e dedução

A indução e a dedução são usadas conjuntamente no raciocínio de pesquisa. Dewey descreve esse processo como o "movimento duplo do pensamento reflexivo".[14] A indução ocorre quando observamos um fato e perguntamos: "Por que isso?". Em resposta a essa pergunta, apresentamos uma tentativa de explicação (hipótese). A hipótese será plausível se explicar o evento ou a condição (fato) que desencadeou a pergunta. A dedução é o processo pelo qual testamos se a hipótese é capaz de explicar o fato. O processo é ilustrado na Figura 3-8:

1. Você promove um produto, mas as vendas não aumentam. (Fato 1)
2. Você faz a pergunta "Por que as vendas não aumentaram?". (Indução)
3. Você infere uma conclusão (hipótese) para responder à pergunta: a promoção foi mal executada. (Hipótese)
4. Você usa essa hipótese para concluir (deduzir) que as vendas não aumentarão durante uma promoção mal executada. Você sabe por experiência que promoções ineficazes não aumentam as vendas. (Dedução 1)

Esse exemplo, um exercício de raciocínio circular, destaca que é preciso ser capaz de deduzir o fato inicial a partir da hipótese apresentada para explicá-lo. Um segundo ponto crucial também é ilustrado na Figura 3-8. Partindo-se de uma conjectura, a pessoa deve deduzir outros fatos que possam ser investigados. É nisso que a pesquisa consiste, dedução de outros fatos ou eventos específicos a partir da hipótese para então reunir informações e verificar se as deduções são verdadeiras. Neste exemplo:

5. Deduzimos que uma promoção bem executada resultará em aumento de vendas. (Dedução 2)
6. Executamos uma promoção eficaz e as vendas aumentam. (Fato 2)

Como o movimento duplo do pensamento reflexivo funcionaria quando aplicado ao problema de Tracy Nelson? O processo é ilustrado na Figura 3-9. A observação inicial (fato 1) leva à hipótese 1 de que Tracy é preguiçosa. Deduzimos vários outros fatos a partir dela. Eles são apresentados como fato 2 e fato 3. Utilizamos a pesquisa para descobrir se eles são verdadeiros. Se o forem, eles confirmarão nossa hipótese; ao contrário, ela não será confirmada e precisaremos procurar outra explicação.

Na maioria das pesquisas, o processo pode ser mais complicado do que esses exemplos sugerem. Por exemplo, muitas vezes desenvolvemos múltiplas hipóteses por meio das quais explicamos o problema em questão. Então, planejamos um estudo para testá-las todas de uma vez. Além de ser mais eficiente, é também uma boa forma de reduzir o apego (e possível parcialidade) do pesquisador a determinada hipótese.

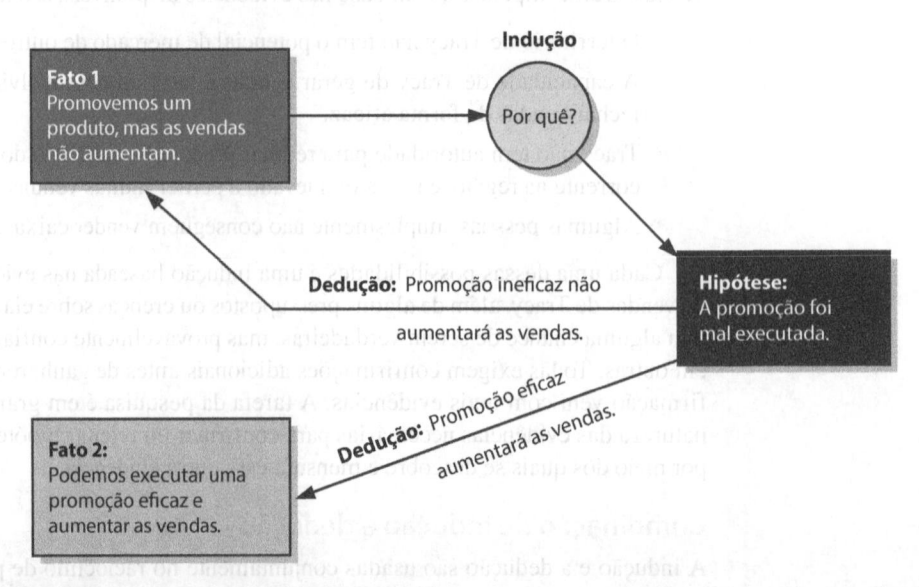

Figura 3-8 Por que as vendas não aumentaram?

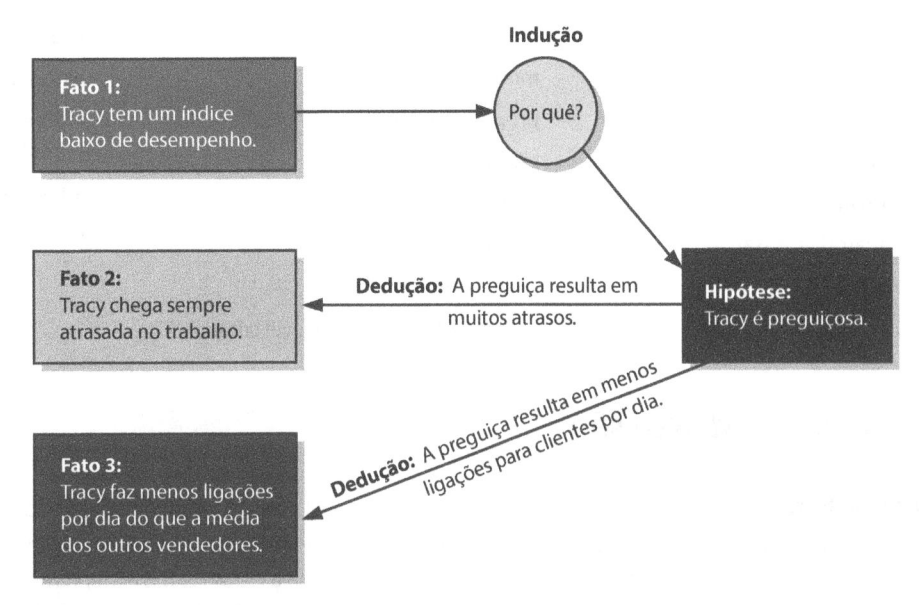

Figura 3-9 Por que o desempenho de Tracy Nelson é tão ruim?

Resumo

1. Métodos e pensamento científicos são baseados em conceitos, os símbolos que associamos a diversos significados que possuímos e compartilhamos com os outros. Inventamos conceitos para pensar sobre abstrações e comunicá-las. Também usamos conceitos de nível mais alto – constructos – para fins explicativos (científicos) que não sejam diretamente observáveis. Conceitos, constructos e variáveis podem ser definidos de forma descritiva ou operacional. As definições operacionais devem especificar adequadamente as informações empíricas necessárias e como elas serão coletadas. Além disso, precisam ter o escopo apropriado ou ajuste para o problema de pesquisa em questão.

   Os conceitos e constructos são usados nos níveis teóricos; as variáveis são usadas no nível empírico, aceitam numerais ou valores para fins de teste e mensuração e são classificadas como explanatórias, independentes, dependentes, moderadoras, estranhas e intervenientes.

2. As proposições são de grande interesse para a pesquisa porque podem ser usadas para avaliar a veracidade ou falsidade das relações entre os fenômenos observáveis. Quando apresentamos uma proposição para teste, estamos criando uma hipótese, que descreve as relações entre variáveis.

   Uma boa hipótese é aquela que consegue explicar o pretendido, pode ser testada e tem maior amplitude, probabilidade e simplicidade que suas concorrentes. Os conjuntos de conceitos, definições e proposições inter-relacionados apresentados para explicar e prever fenômenos são chamados de teorias. Os modelos diferem das teorias no sentido de serem analogias ou representações de algum aspecto de um sistema ou deste como um todo. Os modelos são usados para descrição, previsão e controle.

3. A investigação científica é fundamentada no processo de inferência. Esse processo é usado para desenvolver e testar várias proposições, principalmente com o movimento duplo do pensamento reflexivo, que consiste no sequenciamento de indução e dedução, a fim de explicar indutivamente (por hipótese) uma condição intrigante. Por sua vez, a hipótese é usada na dedução de fatos adicionais que possam ser buscados para lhe confirmar ou negar veracidade.

   Os pesquisadores consideram a prática da ciência um processo ordenado que combina indução, dedução, observação e teste de hipóteses em um conjunto de atividades de pensamento reflexivo. Embora o método científico não consista em estágios sequenciais ou independentes, o processo de solução de problemas que ele revela fornece informações sobre a forma como a pesquisa é conduzida.

Termos-chave

argumento 69
atitude científica 68
caso 60
conceito 52
constructo 54
constructo hipotético 54
dedução 69
definição operacional 55
empirismo 68

esquema conceitual 55
exposição 69
hipótese 60
   correlacional 61
   descritiva 60
   explanatória (causal) 61
   relacional 61
indução 70

método científico 68
modelo 65
proposição 60
raciocínio lógico 66
teoria 64
variável 57
   de controle 59
   dependente (VD) (variável critério) 57

espúria, (VS) 59
estranha (VE) 58
independente (VI) (variável preditora) 57
interveniente (VIV) 60
moderadora (VM) 58

Questões para **discussão**

Revisão de termos

1 Distinga os seguintes conjuntos de itens e sugira a importância de cada um no contexto da pesquisa:
  a Conceito e constructo.
  b Dedução e indução.
  c Definição operacional e definição do dicionário.
  d Conceito e variável.
  e Hipótese e proposição.
  f Teoria e modelo.
  g Método científico e atitude científica.

2 Descreva as características do método científico.

3 Os termos abaixo são comumente encontrados no ambiente gerencial. Eles são conceitos ou constructos? Dê duas definições operacionais diferentes para cada um.
  a Supervisor de linha de frente.
  b Moral dos funcionários.
  c Linha de montagem.
  d Conta vencida.
  e Gerenciamento de linha.
  f Liderança.
  g Democracia do sindicato.
  h Padrões éticos.

4 No programa de desenvolvimento gerencial de sua empresa, houve uma discussão acalorada entre algumas pessoas que alegavam que "a teoria não é prática e, portanto, não é boa" e outras que alegavam que "a boa teoria é a abordagem mais prática para os problemas". Que posição você adotaria e por quê?

5 Um fabricante de automóveis observa o crescimento na demanda por sua marca à medida que a renda *per capita* aumenta. A expansão de vendas também se deve a baixas taxas de juros, que facilitam as condições de crédito. Acredita-se que o comportamento de compra dependa da idade e do sexo. Outros fatores que influenciam as vendas parecem flutuar quase aleatoriamente (propaganda do concorrente, descontos oferecidos pelo concorrente, lançamento de novos modelos competitivos).
  a Se as vendas e a renda *per capita* estão positivamente relacionadas, classifique todas as variáveis como dependente, independente, moderadora, estranha ou interveniente.
  b Comente a utilidade de um modelo baseado na hipótese.

Tomada de decisão em pesquisa

6 Você observa a seguinte condição: "Nossas representantes de vendas do sexo feminino perdem menos clientes que os representantes do sexo masculino".
  a Proponha os conceitos e constructos que você usaria para estudar esse fenômeno.
  b Como esses conceitos e/ou constructos poderiam estar relacionados a hipóteses explanatórias?

7 Você é o gerente do escritório de uma empresa de grande porte. Sua empresa tem orgulho da alta qualidade de seu serviço ao cliente. Recentemente, surgiram reclamações sobre o aumento no número de ligações mal encaminhadas ou interrompidas. Ontem, ao passar pela recepção central, você observou que o recepcionista estava brincando com seu aparelho auditivo. Nesse ínterim, o telefone tocou e não teria sido atendido se não fosse a sua intervenção. Esse recepcionista específico recebera uma avaliação insatisfatória há três meses por impontualidade. Você está inclinado a recomendar que esse funcionário com 20 anos de casa se aposente ou a demiti-lo caso a aposentadoria seja recusada, mas sabe que o sujeito é querido por todos e visto como um patrimônio da empresa.
  a Proponha várias hipóteses que possam explicar as ligações mal encaminhadas ou interrompidas.
  b Usando o movimento duplo do pensamento reflexivo, demonstre como você testaria essas hipóteses.

Dando vida à pesquisa

8 Identifique e classifique todas as variáveis na pesquisa das bombas inertes do exército.

9 Qual foi a hipótese de Myra para a pesquisa de bombas inertes do exército? Qual foi a hipótese do exército?

Do conceito à prática

10 Usando as Figuras 3-1 e 3-9 como guias, represente graficamente as induções e deduções nas seguintes declarações. Se houver lacunas, diga o que é necessário para completar os argumentos.

   a Estudos repetidos indicam que as condições econômicas variam com as mudanças no fornecimento nacional de moeda – e estão de seis a 12 meses atrasadas. Portanto, é possível concluir que o fornecimento de moeda é a variável econômica básica.

   b Estudos de pesquisa mostram que fumantes inveterados têm um índice mais alto de câncer de pulmão que os não fumantes; logo, fumar demais causa câncer de pulmão.

   c Mostre-me uma pessoa que vá à igreja regularmente e eu lhe mostrarei um trabalhador confiável.

Direto das manchetes

11 Para onde quer que olhe, há evidências convincentes de que a busca obstinada pela riqueza é contrária à atitude científica. Uma grande história que tocou a comunidade de investimentos bancários foi a condenação de Raj Rajaratnam em 14 acusações de informações privilegiadas. O esquema guiado pela cobiça de Rajaratnam, de acordo com a *Harvard Business Review*, levará à destruição de reputações e a penas significativas para altos funcionários da IBM, McKinsey e de outras empresas.

Antes disso, a grande história era a demissão e desgraça de David Sokol, da Berkshire Hathaway, que fora considerado o provável sucessor do CEO Warren Buffet. A falta de zelo de Sokol, ao receber investimentos com períodos suspeitos das ações de uma empresa que a Berkshire posteriormente comprou, levou a sua humilhação. Como conciliar a atitude científica e o papel do "gestor como cientista" com a disposição de arriscar tudo para ganhar mais dinheiro do que jamais precisarão?

Casos (em inglês) no site do Grupo A

Campbell-Ewald: R-E-S-P-E-I-T-O significa fidelidade

Portas abertas: ampliação da hospitalidade para viajantes com necessidades especiais

HeroBuilders.com

Você encontrará uma descrição de cada caso na seção Índice de Casos deste livro. Verifique no Índice de Casos quais fornecem dados, o instrumento de pesquisa ou outro material complementar. Para acessar os casos (em inglês), entre no site do Grupo A (www.grupoa.com.br) e procure pelo livro.

Capítulo 4

O Processo de Pesquisa: Um Panorama

> *" Escutar é prioridade na tomada de decisão. É a rota mais garantida e eficiente para embasar os julgamentos que precisamos fazer. "*
>
> *Bernard Ferrari, consultor, Ferrari Consultancy, LLC, e ex-diretor da McKinsey & Company*

Objetivos de **aprendizagem**

Após ler este capítulo, você compreenderá...

1 Que a pesquisa é centrada em decisão e problema.

2 Que a questão esclarecida de pesquisa resulta de exploração e análise cuidadosas e define a direção do projeto de pesquisa.

3 Como as avaliações de valor e o orçamento influenciam o processo de proposta de pesquisa e, no final, o projeto de pesquisa.

4 O que está incluído no projeto de pesquisa, na coleta de dados, na análise de dados e nos relatórios.

5 Quais problemas evitar no processo de pesquisa.

Dando vida à pesquisa

Voltamos ao caso de Jason Henry, da Henry & Associates; ele trabalha no projeto de satisfação do cliente CompleteCare da MindWriter. Neste estágio do processo de pesquisa da MindWriter, a tarefa de Jason é ajudar a diretora de projetos da MindWriter, Myra Wines, a definir as informações corretas a serem coletadas. Jason, sua parceira Sara Arens e Myra passaram o dia nas instalações do CompleteCare em Austin, com outros gestores da MindWriter que têm influência no sucesso do CompleteCare. Eles passaram parte de seu tempo com Gracie Uhura, gerente de marketing da MindWriter.

No voo de volta de Austin, Jason e Myra estão conversando sobre sua viagem. "Tudo correu muito bem", disse ela.

"Teremos alguns problemas", discorda Jason.

"Gracie quer o sol, o céu e a lua. Ela, como a maioria dos gestores, quer saber as características demográficas de seus usuários, as descrições de seus empregos, salários, etnia, sua formação... Quer saber sua percepção da MindWriter, satisfação com o canal de compras e com o serviço CompleteCare também."

"E seu ponto é?", pergunta Myra.

"Você e Gracie precisam manter seu foco no que interessa. Pode apostar que alguém desejará saber como você e Gracie podem justificar todas essas perguntas. Perguntarão: 'O que ganharemos sabendo a etnia dos clientes?' E se você ou Gracie não justificarem a necessidade dessa informação, se uma de vocês não estabelecer que o benefício financeiro de ter a informação pelo menos cobre o custo de obtê-la, a pergunta será riscada da pesquisa."

"Não existe alguma forma de justificar tudo que Gracie quer saber?", pergunta Myra.

"Podemos fazer um estudo-piloto por levantamento de algumas centenas de clientes e ver se a origem étnica, ou o nível salarial, ou qualquer outro item com o qual Gracie se preocupa é um bom indicador de satisfação, disposição para repetir a compra, satisfação com o serviços pós-venda e assim por diante. Se for, talvez possamos justificar um estudo mais amplo."

"Então, você acha que precisamos de um estudo exploratório, para reduzir as informações para itens críticos, seguido de um estudo maior."

"Um estudo-piloto também poderia ser útil de outras formas. Gracie quer saber a percepção que os clientes têm da qualidade geral da MindWriter. Entretanto, temos que nos perguntar: 'Esses clientes são realmente qualificados para formar opiniões independentes ou simplesmente repetirão o que leram em revistas de informática ou o que ouviram do vendedor?'. Um estudo-piloto com algumas centenas de usuários pode ajudar a determinar se realmente vale a pena perguntar a eles sua impressão geral sobre o produto.

Contudo, com o problema de manutenção, é razoavelmente seguro que os clientes do CompleteCare pensam de forma independente quando se trata de avaliar sua experiência própria com o departamento de serviços da MindWriter."

"A visita de hoje às instalações do CompleteCare realmente me ajudaram a entender o contexto da preocupação da administração", comenta Myra. "Você ou Sara viram alguma das cartas de clientes do departamento de serviços?"

Jason procura em sua pasta e retira um pequeno maço de cópias. "Sim, e Sara também analisou as transcrições das conversas telefônicas do centro de serviços. Ela selecionou algumas para nós. Uma pessoa escreve: 'Meu MindWriter estava muito danificado ao chegar. Não pude acreditar em seu estado ao desempacotá-lo'. E aqui: 'Os técnicos pareciam não entender a minha reclamação, mas, quando a entenderam, fizeram o conserto imediatamente'. Você e eu trabalharemos juntos para esmiuçar essas cartas, e possivelmente dezenas de outras como essas, e obter algumas perguntas representativas que possam ser usadas em um teste-piloto para verificar sua clareza, consistência e representatividade. Você não quer que a MindWriter pague por tudo que Gracie diz que quer saber, apenas o que possa gerar algum retorno e que seja pesquisável."

O processo de pesquisa

Os autores geralmente tratam a tarefa de pesquisa como um processo sequencial que envolve etapas claramente definidas. Ninguém alega que ela requer a conclusão de cada etapa antes de passar à próxima. Reciclagem, evasão e omissão ocorrem. Algumas etapas são iniciadas fora de sequência, algumas são realizadas simultaneamente e outras podem ser omitidas. Apesar dessas variações, a ideia de uma sequência é útil para desenvolver um projeto e para mantê-lo organizado à medida que avança.

A sequência do **processo de pesquisa** é modelada na Figura 4-1. Faremos referência a ele conforme discutirmos cada etapa nos capítulos subsequentes. A discussão das questões que guiam o planejamento do projeto e a coleta de dados está incorporada no modelo (*vide* elementos na pirâmide da Figura 4-1). A Figura 4-1 também organiza este capítulo e apresenta o restante do livro.

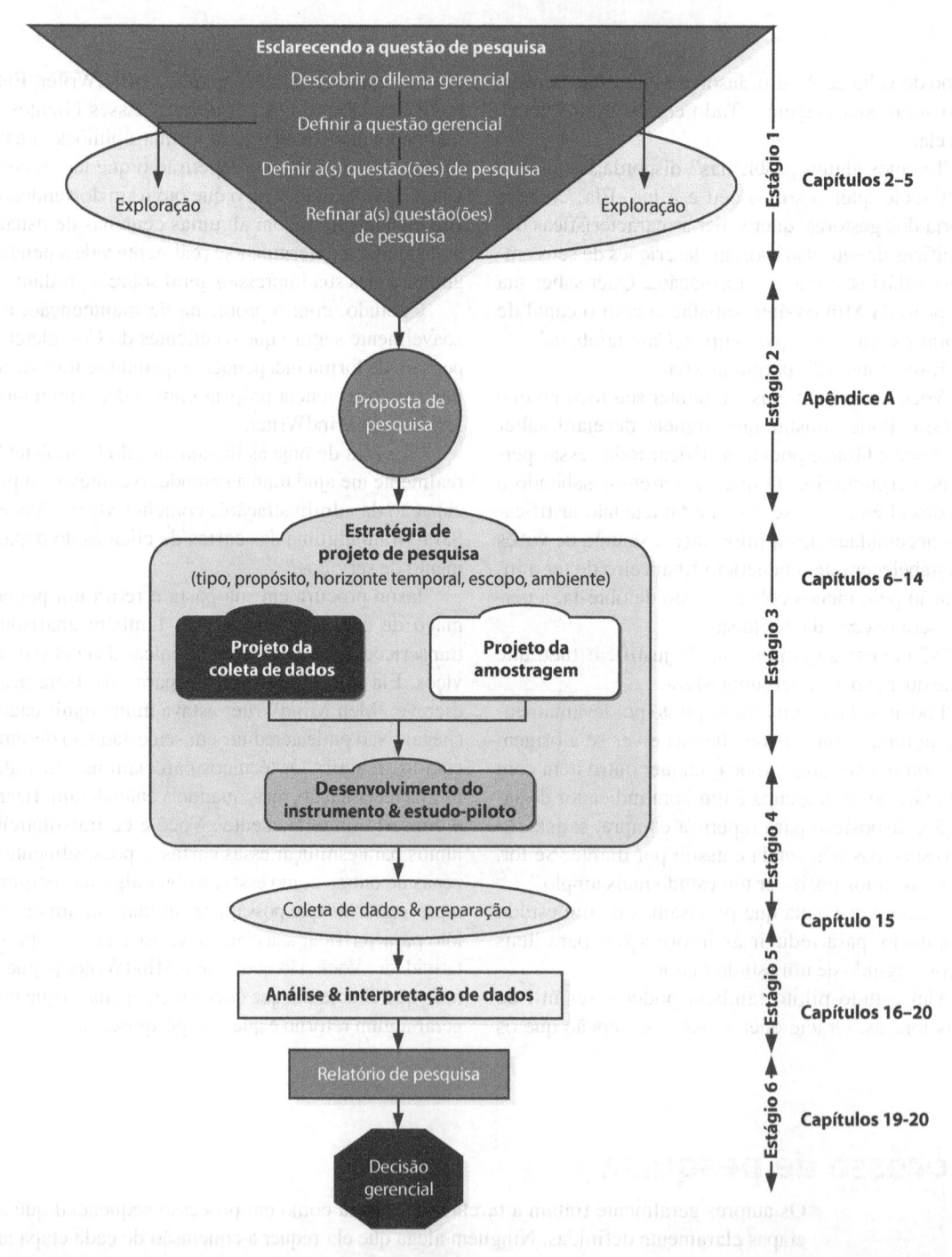

Figura 4-1 O processo de pesquisa.

O processo de pesquisa começa como sugere o texto de abertura. Um problema gerencial desencadeia a necessidade de uma decisão. Para a MindWriter, um número crescente de reclamações sobre o serviço pós-venda deu início ao processo. Em outras situações, surge uma controvérsia: é preciso um grande envolvimento de recursos ou condições no ambiente para sinalizar a necessidade de uma decisão? Para a MindWriter, o evento crítico poderia ter sido a introdução por um concorrente de uma nova tecnologia que revolucionaria a velocidade de processamento dos laptops. Tais eventos fazem os gestores reconsiderarem seus propósitos e objetivos, definirem um problema a ser resolvido ou desenvolverem estratégias para soluções que identificaram.

Em nossa visão do referido processo, a questão gerencial – sua origem, seleção, enunciado, exploração e refinamento – é a atividade principal na sequência. Por todo o capítulo, enfatizamos os passos relacionados ao problema. Uma conhecida citação de Albert Einstein, não menos apta hoje do que quando foi escrita, apoia essa visão:

> A formulação de um problema é muito mais essencial que sua solução, que pode ser simplesmente uma questão de habilidade matemática ou experimental. Para levantar novas questões, novas possibilidades, para considerar velhos problemas a partir de um ângulo novo é necessária imaginação criativa, marcando um avanço real na ciência.[1]

Não importa se o pesquisador está envolvido em pesquisa básica ou aplicada, mas que tenha total compreensão da questão gerencial para o sucesso dela.

Estágio 1: esclarecendo a questão de pesquisa

Uma forma útil de abordar o processo de pesquisa é enunciar o problema básico que a gera e, então, desenvolver outras questões, subdividindo progressivamente a pergunta original em outras mais específicas. Pode-se pensar no desfecho desse processo como a **hierarquia da questão de pesquisa em administração**. A Figura 4-2 segue o exemplo da MindWriter.

O processo começa no nível mais geral com o **problema gerencial**, geralmente um sintoma de um problema real, como:

- Aumento nos custos.
- Descoberta de um componente químico caro que aumentaria a eficácia de um medicamento.
- Aumento no número de inquilinos que se mudam de um condomínio.
- Queda nas vendas.
- Aumento na rotatividade dos empregados de um restaurante.
- Um grande número de defeitos em produtos durante a fabricação de um automóvel.
- Um número crescente de reclamações, por carta e por telefone, sobre o atendimento pós-venda (como na MindWriter; *vide* Figura 4-2).

Ele também pode ser desencadeado por um sinal inicial de uma oportunidade ou por evidências crescentes de que uma novidade possa estar se estabelecendo – como o aumento no interesse em carros híbridos – indicadas pelo número de notícias divulgadas na televisão e em artigos publicados na mídia impressa por um período prolongado.

Identificar o problema gerencial raramente é difícil (a não ser que a empresa não acompanhe seus próprios fatores de desempenho – como vendas, lucro, rotatividade de funcionários, resultados e defeitos na produção, entregas no prazo, satisfação do cliente etc.). No entanto, escolher um problema no qual se concentrar pode ser difícil. Uma escolha incorreta direcionará recursos valiosos (tempo, mão de obra, dinheiro e equipamentos) para um caminho que não trará informações fundamentais para a tomada de decisão (o propósito da boa pesquisa). Como gestor, só a prática o tornará proficiente. Para os novos gestores, ou os já estabelecidos, porém com novas responsabilidades, o desenvolvimento de diversas hierarquias de questão de pesquisa em administração, cada uma começando com um problema diferente, auxiliará na escolha do processo. Em todas as figuras relacionadas ao modelo do processo de pesquisa,

1. Descobrir o dilema gerencial

Um número crescente de reclamações, por carta e por telefone, sobre o atendimento pós-venda.

1a Exploração

Etapa 1: Pré-Austin
1. Revistas de informática: levantamento anual de serviço, conserto & suporte técnico
2. Comparações de satisfação do cliente publicadas

Etapa 2: Reunião em Austin
1. Produção: 5.000/mês.
2. Distribuição em megalojas de computador e pedido independente por correio.
3. Processo CustomCare

Etapa 3: Pós-Austin:
Brainstorming & cartas da empresa
1. Problemas possíveis:
   (a) Falta de funcionários
   (b) Treinamento de atendente da linha de suporte
   (c) Desempenho irregular do serviço de entregas
   (d) Falta de peças
   (e) Serviço de conserto inconstante
   (f) Danos ao produto durante o conserto
   (g) Danos ao produto durante o transporte
   (h) Problemas com embalagem e manejo

2. Definir a questão gerencial

O que deve ser feito para melhorar o programa CompleteCare para os consertos e manutenção do produto MindWriter?

2a Entrevistas exploratórias com
- Gerente de atendimento ao cliente
- Gerente do call center
- Executivo da empresa independente de embalagem

3. Definir a questão de pesquisa

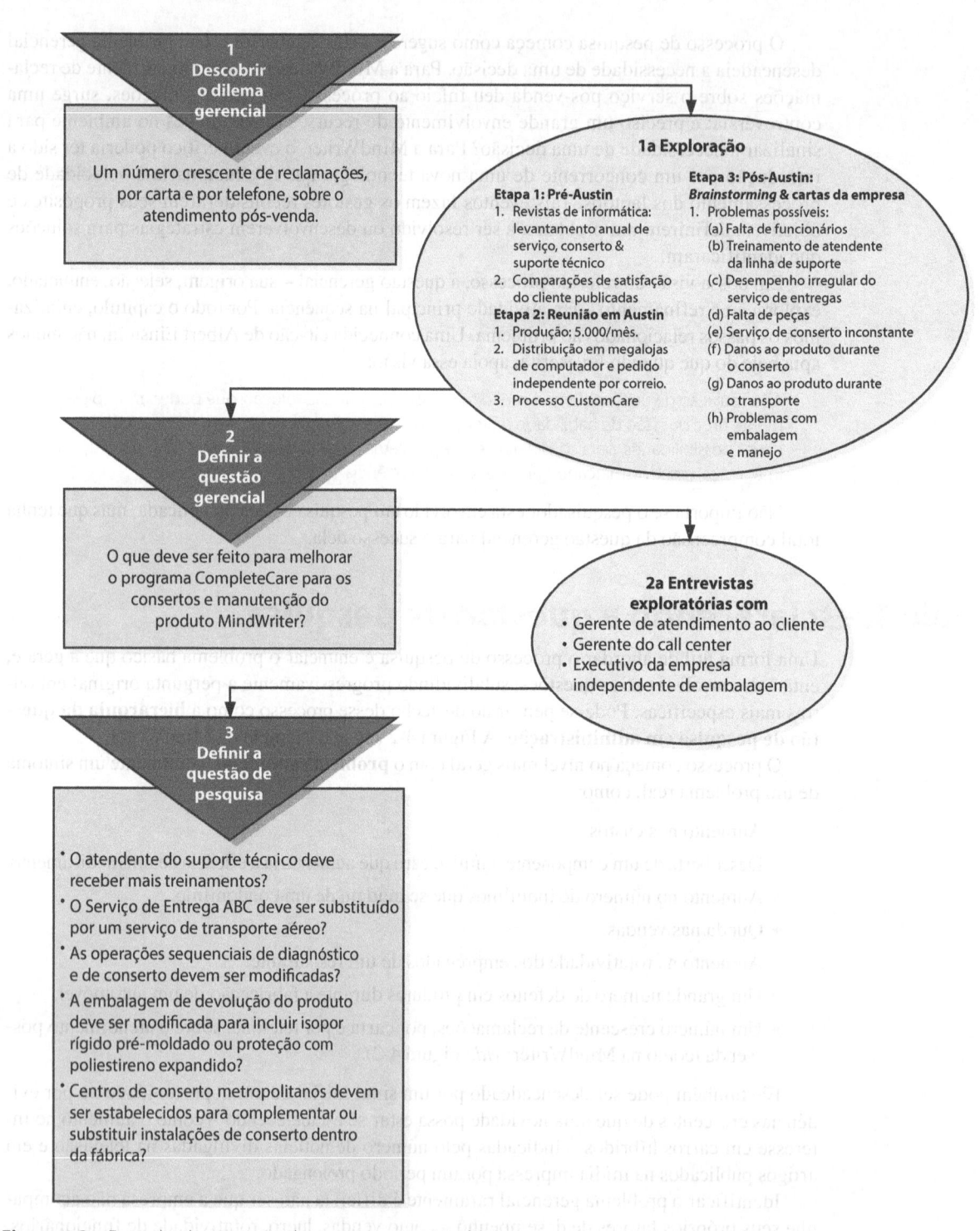

- O atendente do suporte técnico deve receber mais treinamentos?
- O Serviço de Entrega ABC deve ser substituído por um serviço de transporte aéreo?
- As operações sequenciais de diagnóstico e de conserto devem ser modificadas?
- A embalagem de devolução do produto deve ser modificada para incluir isopor rígido pré-moldado ou proteção com poliestireno expandido?
- Centros de conserto metropolitanos devem ser estabelecidos para complementar ou substituir instalações de conserto dentro da fábrica?

Figura 4-2 Formulando a questão de pesquisa para a MindWriter.

Passar do problema para a questão gerencial e subsequentes questões de pesquisa requer pesquisa exploratória. Tal pesquisa pode incluir a análise de estudos anteriores, revisão de artigos publicados e registros organizacionais e entrevistas com especialistas ou detentores de informação.

neste e nos próximos capítulos, usamos uma pirâmide invertida para representar a referida hierarquia.

Estágios subsequentes da hierarquia conduzem o gestor e seu colaborador na pesquisa a vários exercícios de *brainstorming* e pesquisa exploratória para definir:

Instantâneo

Container Store se une à OpinionLab para obter *feedback*

A Container Store é a favorita entre pessoas muito organizadas e aquelas que desejam sê-lo. Além das lojas, seu *site* oferece várias ideias, bem como acesso aos estoques de fabricantes e marcas próprias. O cliente pode inserir dados que permitam que funcionários da Container Store recomendem um projeto de closet elfa® ou assistir a vídeos que o possibilite fazer seus próprios projetos de armazenamento. Lucy Witte, a vice-presidente de marketing direto e mídia da empresa, está encarregada da criação da melhor experiência no *site* para clientes. Quando o *site* for atualizado, ela quer identificar os potenciais problemas técnicos não percebidos durante o pré-teste.

A Container Store fez uma parceria com a OpinionLab para usar sua plataforma de *feedback* a fim de que os clientes se envolvam em tornar o *site* tão poderoso quanto precisa ser. Trata-se de um *feedback* de qualquer PC ou dispositivo móvel de modo que o entrevistado possa compartilhar imediatamente seus comentários sobre uma característica do produto ou do *site*. Cada página do *site* apresenta um [+] link para *feedback* (um sinal de +/− giratório) no canto inferior direito. Quando o cliente clica no link, uma janela de comentário aparece. "A OpinionLab nos permite identificar e resolver questões conforme surgem, tornando-se uma grande ferramenta para melhorar a experiência do cliente pelos canais, questão cada vez mais importante na medida em que nossos clientes passaram a usar tablets, celulares, lojas e desktops para comprar", declarou Lucy. A plataforma da OpinionLab torna a interação com a empresa em tempo real muito mais fácil para os clientes – o novo padrão para a pesquisa do século XXI.

A Container Store ganhou mais do que pretendia inicialmente com seu processo de *feedback*. Além de descobrir, por exemplo, que as fotos não eram claras, os clientes também fizeram perguntas sobre quais produtos se ajustariam melhor às suas necessidades e fizeram comentários positivos e negativos em relação às suas experiências na loja. "Compartilhamos esses comentários com nossos gerentes e a equipe da loja", explicou Lucy, indicando que o *feedback* tinha influenciado o treinamento da equipe da loja.

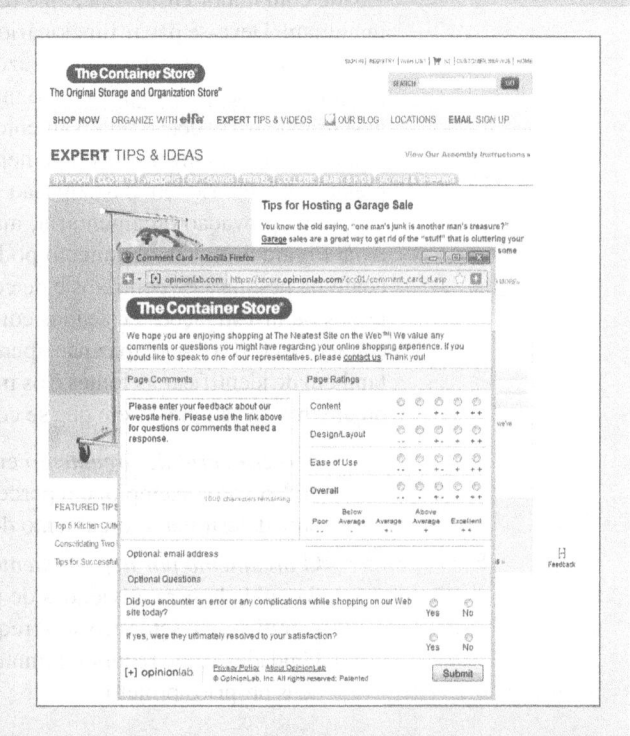

De acordo com Jonathan Levitt, diretor de marketing da OpinionLab, "entendendo as motivações e razões para o abandono [da compra online] dos compradores, a Container Store pôde quantificar [e compreender] os comportamentos de compra multicanais e otimizar a experiência para seus melhores vendedores".

www.containerstore.com; www.opinionlab.com

- **Questão gerencial** – reformulação do problema do gestor em forma de pergunta.
- **Questões da pesquisa** – a hipótese que melhor declara o objetivo da pesquisa; a(s) questão(ões) que capta(m) a atenção do pesquisador.
- **Questões investigativas** – o pesquisador deve respondê-las satisfatoriamente para resolver a questão de pesquisa; o que o gestor acha que deve saber para chegar a uma conclusão sobre o problema gerencial.
- **Questões de mensuração** – o que é perguntado aos participantes da pesquisa ou o que é especificamente observado em um estudo de pesquisa.

A definição da questão gerencial estabelece a tarefa de pesquisa. Uma questão gerencial mal definida conduzirá os esforços de pesquisa para uma direção equivocada. No Capítulo 5, exploraremos esse estágio importante em mais detalhes em nossa busca por esclarecer a questão de pesquisa.

Estágio 2: a proposta de pesquisa

Alocação de recursos e orçamento

As noções gerais sobre orçamento de pesquisa tendem a destacar a coleta de dados como a atividade com maior custo. Ela exige recursos substanciais, mas talvez menos do que os clientes imaginam. Deve-se pagar funcionários, fornecer treinamento e viagens e pagar outras despesas; mas essa fase do projeto muitas vezes não absorve mais que um terço do orçamento total de pesquisa. O escopo geográfico e o número de observações exigidas realmente afetam o custo, mas grande parte dele é relativamente independente do tamanho do esforço de coleta de dados. Assim, é possível dizer que (1) planejamento do projeto, (2) coleta de dados e (3) análise, interpretação e relatório têm participação igual no orçamento.

Sem aprovação orçamentária, muitos esforços de pesquisa são vãos por falta de recursos (*vide* Figura 4-3). Um orçamento pode exigir desenvolvimento e documentação significativos, como na pesquisa de contratos e de concessão, ou menos atenção, como em alguns projetos internos ou investigações custeados com recursos do próprio pesquisador, que busca obter financiamento; ele deve ser capaz não apenas de justificar persuasivamente os custos do projeto, mas também de identificar as fontes e os métodos de financiamento. Um autor identifica três tipos de orçamento nas empresas em que se compra pesquisa, e a contenção de custos é importante:

- A *regra geral de orçamento* envolve assumir um percentual fixo de acordo com algum critério. Por exemplo, um percentual da receita de vendas do ano anterior pode ser a base para determinar o orçamento de pesquisa de marketing para um fabricante.

- O *orçamento por departamento ou área funcional* aloca uma fração das despesas totais da unidade para atividades de pesquisa. Órgãos governamentais, organizações sem fins lucrativos e o setor privado frequentemente as deixam de fora dos orçamentos funcionais. Unidades como recursos humanos, marketing ou engenharia têm autoridade para aprovar seus próprios projetos.

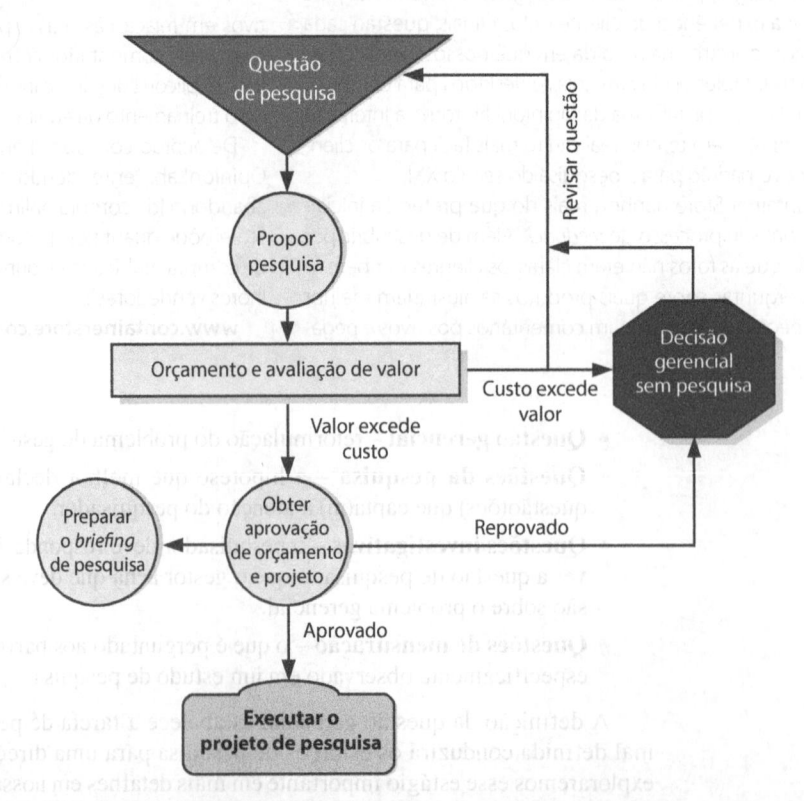

Figura 4-3 Proposta de pesquisa.

- O *orçamento por tarefa* seleciona projetos de pesquisa específicos para apoiar. Esse tipo é o menos proativo, mas permite uma análise definitiva de custo-benefício.[2]

Determinação do valor das informações de pesquisa

Há uma grande interação entre preparo de orçamento e avaliação de valor em qualquer decisão gerencial para conduzir uma pesquisa. Um estudo de pesquisa apropriado deve ajudar os gestores a evitar perdas e aumentar vendas ou lucros; caso contrário, pode ser um desperdício. O tomador de decisão quer uma estimativa de custo firme para um projeto e uma certeza igualmente precisa de que o estudo resultará em informações úteis. Mesmo que o pesquisador possa dar boas estimativas de custo e informações, os gestores ainda devem julgar se os benefícios superam os custos.

Conceitualmente, não é difícil determinar o valor da pesquisa aplicada. Em uma situação de negócios, ela deve produzir receitas agregadas ou reduzir despesas da mesma forma que qualquer outro investimento de recursos. Sugere-se que o valor das informações de pesquisa pode ser julgado em termos da "diferença entre o resultado das decisões tomadas com as informações e o resultado que existiria sem elas".[3] Embora esse critério seja fácil de enunciar, sua aplicação real apresenta problemas de difícil mensuração.

Métodos de avaliação

Avaliação *ex-post facto* Se houver qualquer mensuração do valor da pesquisa, geralmente será posterior ao fato. Twedt, ao relatar um desses esforços, uma avaliação de pesquisa de marketing feita em uma grande corporação,[4] assegurou "uma estimativa objetiva da contribuição de cada projeto para a lucratividade corporativa", relatando que a maioria dos estudos pretendia ajudar a administração a determinar qual das duas (ou mais) alternativas seguintes era preferível. Ele supõe que, em 60% das situações de decisão, a deliberação correta teria sido tomada *sem* o benefício das informações da pesquisa; nos 40% restantes, ela levou à decisão correta. Usando esses dados, ele estimou que o retorno sobre o investimento em pesquisa de marketing nessa empresa foi 3,5 vezes maior para o ano estudado, no entanto reconheceu que esse número de retorno sobre investimento foi inflacionado porque apenas os custos diretos da pesquisa foram incluídos.

O esforço de realizar uma análise custo-benefício é recomendável, mesmo quando os resultados chegam tarde demais para guiar uma decisão de pesquisa atual; ela pode aumentar a capacidade do gestor de fazer julgamentos sobre futuras propostas de pesquisa. Contudo, o problema fundamental permanece: avaliar o projeto *antes* que o estudo seja feito.

Avaliação prévia ou provisória Uma proposta para conduzir uma auditoria de gestão abrangente nas operações de uma empresa pode ser valiosa, mas tanto seus custos quantos seus benefícios não são facilmente estimados com antecedência. Esses projetos são suficientemente singulares, de forma que a experiência de gestão raramente oferece muita ajuda na avaliação de uma proposta dessa natureza. Mas, mesmo nessas situações, os gestores podem fazer alguns julgamentos úteis. Eles podem determinar que uma auditoria de gestão é necessária porque a empresa está em maus lençóis e a administração não entende o escopo de seus problemas. A necessidade de informações de gestão deve ser grande o suficiente para assegurar que a pesquisa seja aprovada. Nesses casos, os gestores podem decidir controlar os riscos de gastos com ela fazendo o estudo em estágios. Assim, eles podem revisar custos e benefícios ao final de cada estágio e autorizar ou não o próximo passo.

Análise de opção Há algum progresso no desenvolvimento de métodos para avaliar o valor da pesquisa quando a administração tem opções bem definidas. Os gestores podem conduzir uma análise formal em que cada alternativa seja julgada em termos de custos estimados e benefícios associados e o julgamento de gestão desempenhe um papel importante.

Se o projeto de pesquisa puder ser enunciado de forma clara, estima-se um custo aproximado. A tarefa principal é quantificar os benefícios dela. Quando muito, as estimativas de benefícios são grosseiras e refletem uma forma ordenada de prever desfechos sob certas condições. Para ilustrar de que forma a contribuição da pesquisa é avaliada em uma situação de decisão como essa, discorreremos brevemente sobre os fundamentos da teoria da decisão.

Teoria da decisão Quando houver alternativas entre as quais escolher, uma forma racional de abordar a decisão é tentar avaliar os desfechos de cada ação. O caso de duas opções será discutido aqui, embora a mesma abordagem possa ser usada com mais opções.

Duas ações possíveis (A_1 e A_2) podem representar duas formas diferentes de organizar uma empresa, fornecer financiamento, produzir um produto e assim por diante. O gestor escolhe a que proporciona o melhor desfecho – atende ou supera quaisquer critérios que sejam estabelecidos para julgar as alternativas. Cada critério é uma combinação de uma **regra de decisão** e de uma **variável de decisão**, que pode ser "poupança monetária direta", "contribuição para despesas gerais e lucros", "tempo exigido para a conclusão do projeto" e assim por diante. Para a MindWriter, a variável de decisão poderia ser o número de reclamações pós-venda ou o nível de satisfação pós-venda. Geralmente, a variável de decisão é expressa em reais, representando vendas, custos, alguma forma de lucros ou contribuição, ou alguma outra medida quantificável. A regra de decisão pode ser "escolher a ação com a menor possibilidade de perda" ou talvez "escolher a alternativa que proporcione o maior lucro líquido anual". Para a MindWriter, a regra de decisão poderia ser "escolher a alternativa que proporcione o maior nível de satisfação pós-venda".

A alternativa selecionada (A_1 versus A_2) depende da variável de decisão escolhida e da regra de decisão usada. A avaliação das alternativas requer que (1) cada alternativa seja explicitamente enunciada, (2) uma variável de decisão seja definida por um desfecho que possa ser mensurado e (3) uma regra de decisão seja determinada por quais desfechos podem ser comparados.

A proposta de pesquisa

A Figura 4-1 mostra a proposta de pesquisa como uma atividade que incorpora as decisões tomadas durante as fases iniciais do planejamento do projeto do estudo, incluindo a hierarquia da questão de pesquisa em administração e a exploração. Ela incorpora assim as escolhas que o investigador faz nas etapas preliminares, conforme mostrado na Figura 4-3.

Muitas vezes é necessária uma proposta por escrito quando o estudo está sendo sugerido. Ainda mais se um fornecedor de pesquisas externo for contratado para conduzi-la. A proposta por escrito garante que as partes concordem com a proposta do projeto, os métodos propostos de investigação, a extensão da análise e o cronograma de cada fase, bem como a entrega dos resultados. Os orçamentos são explicados claramente, assim como outras responsabilidades e obrigações. A proposta pode servir como um contrato legalmente vinculativo.

Uma proposta de pesquisa também pode ser verbal, cujos aspectos são discutidos mas não codificados por escrito. Isso é mais provável quando um gestor orienta sua própria ou as atividades de pesquisa de subordinados. Descreveremos propostas detalhadas no Apêndice A, e você encontrará um exemplo de proposta no site do livro.

Estágio 3: planejamento do projeto de pesquisa

Projeto de pesquisa

O **projeto de pesquisa** é o esquema para cumprir os objetivos e responder às questões. A seleção de um projeto pode ser complicada pela disponibilidade de uma grande variedade de métodos, técnicas, procedimentos, protocolos e planos de amostragem. Por exemplo, você pode se decidir por um estudo de dados secundários, estudo de caso, levantamento, experimento ou uma simulação. Se um levantamento for selecionado, deve ser administrado por correspondência, computador, telefone, internet ou entrevista pessoal? Todos os dados relevantes devem ser coletados de uma vez ou em intervalos regulares? Qual tipo de estrutura o questionário ou o guia de entrevista possuirá? Qual texto das questões deve ser empregado? As respostas devem ser escalonadas ou abertas? Como a confiabilidade e a validade serão alcançadas? As características do entrevistador influenciarão as respostas às questões de mensuração? Que tipo de treinamento os coletores de dados devem receber? Será feita uma amostra ou um censo? Quais tipos de amostragem devem ser considerados? Essas questões representam apenas algumas das decisões que têm de ser tomadas quando apenas um método é escolhido.

Técnicas de pesquisa emergentes

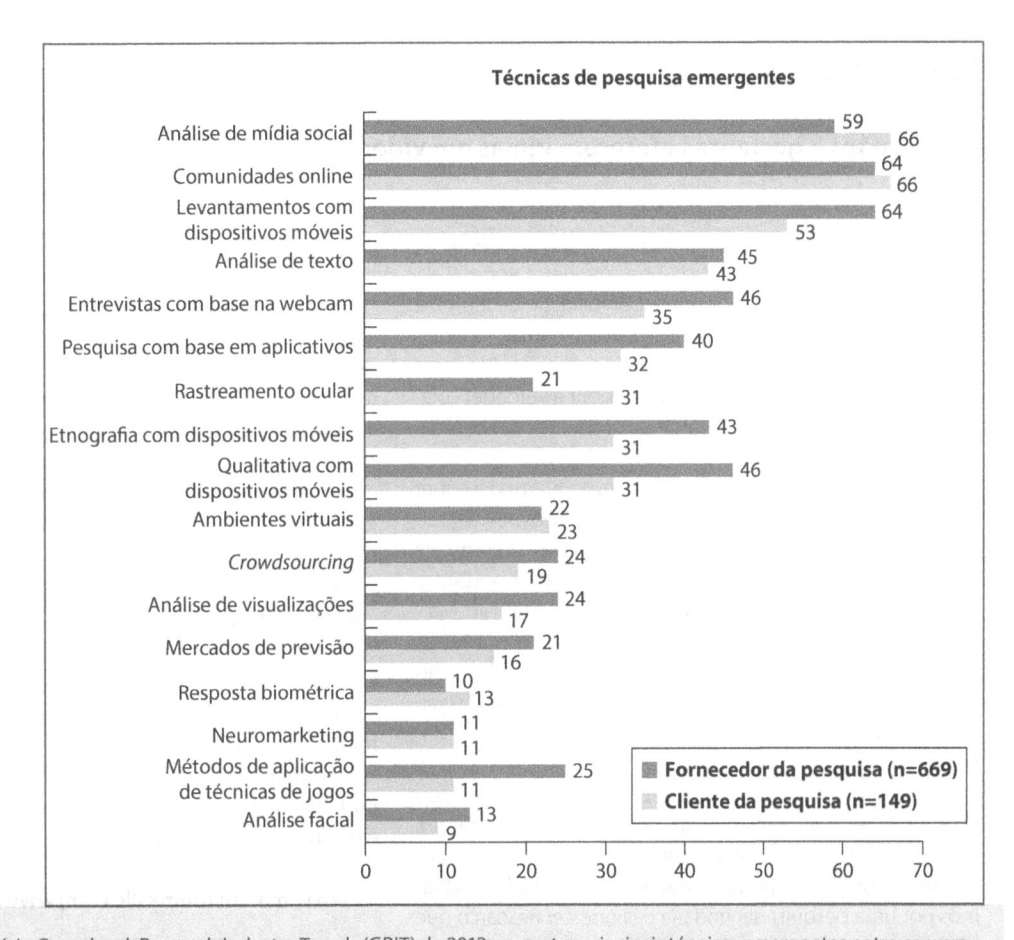

Técnica	Fornecedor da pesquisa (n=669)	Cliente da pesquisa (n=149)
Análise de mídia social	59	66
Comunidades online	64	66
Levantamentos com dispositivos móveis	64	53
Análise de texto	45	43
Entrevistas com base na webcam	46	35
Pesquisa com base em aplicativos	40	32
Rastreamento ocular	21	31
Etnografia com dispositivos móveis	43	31
Qualitativa com dispositivos móveis	46	31
Ambientes virtuais	22	23
Crowdsourcing	24	19
Análise de visualizações	24	17
Mercados de previsão	21	16
Resposta biométrica	10	13
Neuromarketing	11	11
Métodos de aplicação de técnicas de jogos	25	11
Análise facial	13	9

Perfil **visual**

De acordo com o relatório Greenbook Research Industry Trends (GRIT) de 2012, as quatro principais técnicas emergentes entre compradores e prestadores de pesquisas envolvem o uso da internet. "Uma grande ascensão, do atual em 2011 para o esperado em 2012, é dos levantamentos com dispositivos móveis, com salto de clientes/compradores de atuais 17% para esperados 53% e os vendedores esperam que o aumento seja de 24% para 64%." Alguns especulam que o levantamento móvel possa estar se aproximando de seu ponto de inflexão. Outras metodologias, como a qualitativa com dispositivos móveis, etnografia com dispositivos móveis e a gameficação, estão sendo muito elogiadas no setor, mas ainda têm de captar o apoio do comprador/cliente no mesmo grau que ganharam o interesse do pesquisador. Como em estudos prévios, o interesse do pesquisador tende a conduzir a metodologia. **http://www.greenbook.org/PDFs/GRIT-S12-Full.pdf**

Fonte: "Spring 2012 Greenbook Research Trends Report", GreenBook® | Nova Iorque AMA Communication Services Inc., fevereiro de 2012, p. 22. Leonard Murphy, "GRIT Sneak Peek: What Emerging Research Techniques Will Be Used in 2012?" Greenbook, postado em 20 de fevereiro de 2012. Baixado em 18 de abril de 2012, http://www.greenbookblog.org/2012/02/20/grit-sneak-peek-what-emerging-research-techniques-will-be-used-in-2012/.

Apesar de a seleção de um projeto apropriado poder ser complicada por essa gama de opções, o pesquisador criativo na verdade se beneficia dessa variedade confusa de opções. As numerosas combinações geradas pela abundância de ferramentas podem ser usadas para construir perspectivas alternativas do mesmo problema. Ao criar um projeto usando diversas metodologias, os pesquisadores conseguem ter *insights* melhores do que se seguissem o método mais utilizado ou o que está em voga. Embora a pesquisa baseada em um único problema de pesquisa a partir de uma estratégia multimétodos ou multiestudos não seja a norma atual, esse tipo de projeto vem ganhando cada vez mais atenção e conquistando diversos prêmios por eficácia. As vantagens de vários projetos concorrentes devem ser consideradas antes da escolha final.

A preferência de Jason para a MindWriter é coletar tantas informações quanto possível a partir de uma avaliação dos registros da empresa, entrevistas com gestores de vários departamentos e múltiplos levantamentos telefônicos com usuários do programa CompleteCare. No entanto, restrições financeiras podem forçar a MindWriter a substituí-la por uma metodologia

Instantâneo

Novas mães e gestantes oferecem ideias em vídeo

Fazer pesquisas com mães de bebês e crianças pequenas ou gestantes pode ser problemático. Essas mulheres entre 21-40 anos têm muitas atividades, e sua disponibilidade de tempo é muitas vezes em horários estranhos. Marcus Thomas, LLC (eles descrevem-se como uma agência de ideias) e QualVu (uma empresa que ajuda seus clientes a descobrir a verdade) colaboraram para ajudar um fabricante de produtos para bebês a entender as escolhas das mães.

Especificamente, os objetivos do estudo eram "descobrir as percepções da mãe sobre produtos específicos, revelar seu caminho até a compra, [entender] as motivações da compra e [compartilhar suas] experiências com varejistas importantes (Target, Walmart e Babies 'R' Us)", explicou Jennifer Hirt-Marchand, parceira associada, executiva de ideias estratégicas com Marcus Thomas. A pesquisa qualitativa permitiria a Marcus Thomas um entendimento mais profundo de seus sujeitos, então, eles optaram por diários em vídeo e a QualVU ofereceu a plataforma.

As participantes recrutadas precisavam ter um bebê ou estar grávidas e ter acesso a um computador e a internet. Aquelas que ainda não tinham uma câmera de vídeo receberam uma (com a qual podiam ficar ao fim do estudo). "Sabíamos por uma pesquisa secundária da Forrester Research que mulheres nessa faixa etária eram ativas em redes sociais e estavam acostumadas a compartilhar suas histórias pessoais *online*, usando texto e vídeo", comentou Edwige Winans, diretora de pesquisas associada a Marcus Thomas. Como moderadora, Edwige pré-gravou "pontos de discussão" (em vídeo) e postou-os na plataforma da QualVu, onde as participantes os acessavam. "Tentamos estabelecer um certo relacionamento com a participante usando o vídeo." As participantes responderam a várias perguntas carregando diários em vídeo para o *site* a cada quatro dias. Na verdade, as participantes têm "conversas consigo mesmas", explicou Edwige. "Seus diários fornecem respostas realmente sinceras." Elas respondem a diferentes tópicos de discussão a cada dia, graças à metodologia, em seu próprio cronograma. Os vídeos são monitorados enquanto o estudo está em andamento, e o moderador usa *e-mails* de acompanhamento para solicitar ou redirecionar participantes para maiores esclarecimentos, se necessário.

Ao longo da duração do estudo, 21 participantes responderam a oito tópicos com diários carregados sobre cada um deles (um típico estudo de diários em vídeo tem de sete a 10 tópicos). Os pesquisadores da QualVu assistiram aos vídeos identificando tendências nos comentários e forneceram um relatório em vídeo. "O cliente estava especialmente interessado nos comentários sobre elementos de *merchandising* na loja de varejistas", disse Edwige. "Mas nossa tarefa mais importante era manter a mente aberta." Algumas das ideias mais valiosas vieram de pistas secundárias, como o ambiente da casa da participante, adereços que a participante usou em seus diários e as demonstrações de produtos que ela fez em lojas ou em sua casa.

"Uma consideração importante na recomendação desta metodologia para nosso cliente foi garantir que a tecnologia fosse intuitiva e natural para a participante e permitisse compartilhar confortável e confidencialmente seus pensamentos e perspectivas", declarou Jennifer. O cliente obteve exatamente o que precisava.

www.marcusthomasllc.com; www.qualvu.com

mais barata: um estudo autoadministrado usando levantamento online recrutado por e-mail, usando uma amostra retirada dos usuários do programa CompleteCare, seguido de um contato telefônico com aqueles que não participam.

Plano da amostragem

Outro passo no planejamento do projeto de pesquisa é identificar a **população-alvo** (pessoas, eventos ou registros que contenham as informações desejadas e possam responder às questões de mensuração) e, a seguir, determinar se uma amostra ou um censo é desejado. Um **censo** requer que o pesquisador examine ou conte todos os elementos na população-alvo. Uma **amostra** examina uma parte da população-alvo, que deve ser cuidadosamente selecionada para representá-la. Se a amostragem for escolhida, o pesquisador deve determinar quais e quantas pessoas entrevistar, quais e quantos eventos observar ou quais e quantos registros inspecionar. Quando os pesquisadores conduzem estudos por amostragem, estão interessados em estimar um ou mais valores da população (como o percentual de clientes satisfeitos com o serviço que comprariam novos laptops MindWriter quando surgir a necessidade) e/ou em testar uma ou mais hipóteses estatísticas (p. ex., os clientes altamente satisfeitos com o serviço CompleteCare terão probabilidade muito maior de recomprar a marca de laptops MindWriter).

Se o objetivo de um estudo for examinar as atitudes dos montadores de automóveis nos Estados Unidos em relação à melhoria de qualidade, a população pode ser definida como adulta e de montadores de automóveis empregados pela indústria automobilística nos Estados Unidos. As definições dos termos *adulto* e *montador* e as descrições relevantes de cargo inclusas em "montagem" e "indústria automobilística" podem limitar ainda mais a população em estudo. O investigador também pode querer restringir a pesquisa a empresas imediatamente identificáveis no mercado, tipos de veículos ou processos de montagem.

O processo de amostragem deve dar a cada pessoa dentro da população-alvo uma chance diferente de zero para seleção, se a amostragem probabilística for usada. Se não houver alternativa viável, uma abordagem não probabilística poderá ser usada. Jason sabe que sua população-alvo compreende os clientes da MindWriter que tiveram alguma experiência direta com o programa CompleteCare. Dado que uma lista de e-mails dos usuários do programa CompleteCare (uma estrutura de amostra) está prontamente disponível todos os meses, é viável usar uma amostra probabilística.

Teste-piloto

A fase de coleta de dados do processo de pesquisa costuma começar com o teste-piloto, que pode ser suprimido quando o pesquisador tenta reduzir o tempo do projeto.

Um **teste-piloto** é conduzido para detectar pontos fracos no projeto e na instrumentação e para fornecer dados representativos para a seleção de uma amostra probabilística. Portanto, ele deve selecionar alguns indivíduos da população-alvo e simular os procedimentos e protocolos que foram designados para a coleta de dados. Se o estudo for um levantamento a ser feito por correspondência, o questionário-piloto deverá ser enviado. Se o projeto exigir observação por um pesquisador não participante, esse comportamento deverá ser praticado. O tamanho do grupo-piloto pode variar de 25 a 100 sujeitos, dependendo do método a ser testado, mas os entrevistados não precisam ser estatisticamente selecionados. Em populações muito pequenas ou aplicações especiais, os testes-piloto correm o risco de cansá-los e sensibilizá-los em relação ao propósito do estudo. Esse risco geralmente é ofuscado pelas melhorias feitas no projeto em uma execução de teste.

Há inúmeras variações de teste-piloto. Algumas são intencionalmente restritas às atividades de coleta de dados. O *pré-teste*, uma das formas, pode basear-se em colegas, nos representantes dos entrevistados ou nestes para refinar um instrumento de mensuração. Essa atividade importante evitou que inúmeros levantamentos fossem um desastre ao usar as sugestões dos entrevistados para identificar e mudar perguntas e técnicas confusas, embaraçosas ou ofensivas. Um estudo de entrevistas foi desenvolvido por um grupo de professores universitários para a EducTV, um consórcio de televisão educacional. No teste-piloto, descobriram que o texto de quase dois terços das questões era incompreensível para o grupo-alvo, que, conforme se descobriu posteriormente, cursara em média o ensino fundamental completo. O instrumento revisado usou a linguagem dos respondentes e foi bem-sucedido. O pré-teste pode ser repetido diversas vezes para refinar as questões, os instrumentos ou os procedimentos.

Estágio 4: coleta e preparação de dados

A coleta de dados pode variar de uma simples observação em um local até um levantamento grandioso de corporações multinacionais localizadas em diferentes partes do mundo. O método selecionado determina em grande parte como eles serão coletados. Questionários, testes padronizados, formulários de observação, notas de laboratório e calibração de instrumentos estão entre os dispositivos usados para registrar dados brutos.

Mas o que são dados? **Dados** podem ser definidos como os fatos apresentados ao pesquisador a partir do ambiente de estudo. Primeiro, podem ser caracterizados por sua abstração, verificabilidade, seu caráter elusivo e sua proximidade ao fenômeno.[5] Como *abstrações*, os dados são mais metafóricos que reais, por exemplo, o crescimento no PIB não pode ser observado diretamente, apenas seus efeitos podem ser registrados. Segundo, são processados por nossos sentidos – muitas vezes limitados em comparação aos de outros organismos vivos. Quando experiências sensoriais produzem consistentemente o mesmo resultado, diz-se que nossos dados são confiáveis porque podem ser *verificados*. Terceiro, a captação deles é *elusiva*, complicada pela velocidade com que os eventos ocorrem e a natureza restrita ao tempo da observação. Opiniões, preferências e atitudes variam de um ambiente para outro e com a passagem do tempo, por exemplo, as atitudes em relação a gastos durante o final dos anos 1980 são totalmente diferentes uma década mais tarde na mesma população devido à prosperidade sustentada nos quatro últimos anos do milênio. Essas mesmas atitudes hoje diferem amplamente das de apenas alguns anos antes devido à recessão sustentada nos EUA. Por fim, os dados refletem sua veracidade pela *proximidade aos fenômenos*. Os **dados secundários** têm pelo menos um nível de interpretação inserido entre o evento e seu registro. Os **dados primários** são mais próximos da verdade e possuem maior controle sobre erros. Essas precauções lembram-nos de sermos cuidadosos ao projetar procedimentos de coleta de dados e fazer generalizações a partir dos resultados.

Os dados são editados para assegurar consistência entre os respondentes e para localizar omissões. No caso de métodos de levantamento, a edição reduz erros no registro, melhora a legibilidade e esclarece repostas confusas ou inadequadas. A seguir, eles são colocados em um formato que possibilite a análise. Como é impraticável colocar dados brutos em um relatório, códigos alfanuméricos são usados para reduzir as respostas a sistemas mais gerenciáveis para armazenagem e processamento futuro. Eles seguem várias regras de decisão que o pesquisador criou para auxiliar na classificação, tabulação e análise. Os computadores pessoais possibilitam fazer edição, codificação e entrada de dados em menos etapas, mesmo quando a análise final pode ser feita em um sistema maior.

Estágio 5: análise de dados e interpretação

Os gestores precisam de informações, não de dados brutos. Os pesquisadores geram informações ao analisá-los após sua coleta. A **análise de dados** geralmente envolve a sua redução para um tamanho gerenciável, o desenvolvimento de resumos, a busca de padrões e a aplicação de técnicas estatísticas. Respostas escalonadas em questionários e instrumentos experimentais muitas vezes requerem que o analista derive várias funções, bem como explore as relações entre as variáveis. Além disso, os pesquisadores precisam interpretar esses resultados à luz da questão de pesquisa do cliente ou determinar se eles são consistentes com suas hipóteses e teorias. Cada vez mais, os gestores estão pedindo aos especialistas em pesquisa para fazer recomendações com base em sua interpretação dos dados.

Um exemplo modesto envolve uma empresa de pesquisa de mercado que entrevista 2 mil pessoas de sua população-alvo quanto a uma nova geração de telefones celulares. Serão feitas quatro perguntas a cada entrevistado:

1. "Você prefere a conveniência do Pocket-Phone em relação aos celulares existentes?"
2. "Existem problemas de transmissão com o Pocket-Phone?"
3. "O Pocket-Phone é mais adequado à transmissão mundial que seu celular atual?"
4. "Somente o custo o persuadiria a adquirir o Pocket-Phone?"

As respostas produzirão 8 mil partes de dados brutos. A redução dos dados para um tamanho manejável produzirá oito estatísticas: o percentual de respostas "sim" ou "não" para cada pergunta. Quando se acrescenta meia dúzia de questões demográficas sobre os respondentes, a quantidade total de dados facilmente triplica. Se o pesquisador fizesse uma escala com as quatro questões principais, em vez de trabalhar com respostas "sim" ou "não", o estudo exigiria uma análise estatística mais poderosa além da simples contabilização.

Estágio 6: relatório dos resultados

Por fim, é necessário preparar um relatório e transmitir os achados e as recomendações ao gestor para o propósito pretendido na tomada de decisão. O pesquisador ajusta o estilo e a organização do relatório de acordo com o público-alvo, a ocasião e o propósito da pesquisa. Os resultados de pesquisa aplicada podem ser comunicados por teleconferência, carta, relatório escrito, apresentação oral ou uma combinação de alguns ou todos esses métodos. Os relatórios devem ser desenvolvidos a partir da perspectiva do gestor ou do usuário das informações. A sofisticação do projeto e do plano de amostragem ou do software usado para analisar os dados pode ajudar a estabelecer a credibilidade do pesquisador, mas, no fim, a principal preocupação do gestor é resolver o problema gerencial. Assim, o pesquisador deve avaliar com exatidão as necessidades do gestor durante todo o processo de pesquisa e incorporar esse entendimento no produto final, o relatório desta.

O tomador de decisão gerencial ocasionalmente engaveta o referido relatório sem adotar qualquer ação. A má comunicação dos resultados é a razão principal para esse desfecho. Com essa possibilidade em mente, um especialista em pesquisa deve esforçar-se para:

- Realizar uma adaptação pertinente das informações às necessidades do cliente.
- Escolher cuidadosamente as palavras ao elaborar interpretações, conclusões e recomendações.

Ocasionalmente, forças organizacionais e ambientais, além do controle do pesquisador, posicionam-se contra a implementação dos resultados. Esse foi o caso em um estudo conduzido para a Association of American Publishers, que precisava de uma campanha publicitária para incentivar as pessoas a lerem mais livros. O projeto, com custo de US$125 mil, descobriu que apenas 13% dos norte-americanos compram livros de interesse geral em lojas. Quando chegou a hora de comprometer US$14 milhões na campanha para aumentar as vendas de livros, o interesse da associação tinha diminuído e o projeto morreu.[6]

No mínimo, um relatório de pesquisa deve conter:

- Um *sumário executivo* consistindo em resumo do problema, achados e recomendações.
- Uma *visão geral da pesquisa*: histórico do problema, resumo da literatura, métodos e procedimentos, e conclusões.
- Uma seção sobre *estratégias de implementação* para as recomendações.
- Um *anexo técnico* com todo o material necessário para repetir o projeto.

Problemas do processo de pesquisa

Embora seja desejável que a pesquisa baseie-se inteiramente em prioridades de decisão gerencial, alguns estudos podem desviar-se do alvo ou ser menos eficazes do que deveriam.

A síndrome da técnica favorita

Alguns pesquisadores ficam limitados a alguns métodos. Eles reformulam a questão gerencial de forma que se encaixe em sua metodologia favorita – um levantamento, por exemplo. Alguns podem preferir enfatizar o estudo de caso, enquanto outros não considerariam nenhuma dessas abordagens. Nem todos os pesquisadores sentem-se confortáveis com projetos experimentais. Acredita-se que a relutância da maioria dos cientistas sociais em usá-los tenha retardado o desenvolvimento da pesquisa científica nessa área.

A disponibilidade de técnica é um fator importante para determinar como a pesquisa será feita ou se dado estudo pode ser realizado. Pessoas com conhecimento e habilidade em algumas

A Decipher é uma empresa de pesquisa que evita ajustar o problema de pesquisa do cliente a uma técnica específica. Conforme descreve o anúncio, primeiro ela tenta entender o negócio de seu cliente, depois procura formas inovadoras de fornecer dados relevantes a seu cliente para ideias mais significativas. **www.decipher.com**

técnicas, mas não em outras, muitas vezes são cegadas por suas competências especiais. A preocupação com a técnica domina as decisões referentes ao que será estudado (tanto as questões investigativas como as de mensuração) e como (projeto de pesquisa).

Desde o advento do gerenciamento da qualidade total (TQM, *total quality management*), foram desenvolvidos diversos questionários padronizados de satisfação do cliente. Jason pode ter feito estudos para muitos de seus clientes usando esses instrumentos. Myra deve ter cuidado e não deixar Jason convencê-la a usar um instrumento que tenha desenvolvido para outro cliente, mesmo que ele seja muito persuasivo sobre seu sucesso no passado. Tal técnica pode não ser apropriada para a MindWriter buscar a solução do problema da insatisfação com seus serviços pós-venda.

Mineração do banco de dados da empresa

A existência de um conjunto de informações, ou de um banco de dados, pode distrair o gestor, aparentemente reduzindo a necessidade de outra pesquisa. Como evidência da mentalidade de que ela é despesa, e não investimento, mencionada no Capítulo 1, os gestores frequentemente ouvem de seus superiores: "Deveríamos usar as informações que já temos antes de coletar outras". Os sistemas modernos de informações de gestão são capazes de fornecer volumes massivos de dados. Isso não é o mesmo que dizer que os sistemas modernos de informações de gestão fornecem conhecimento substancial.

Cada campo em um banco de dados foi criado originalmente por uma razão específica, que pode ou não ser compatível com a questão gerencial com a qual a empresa está sendo confrontada. O banco de dados do departamento de serviços da MindWriter, por exemplo, provavelmente contém diversos campos sobre o tipo de problema, sua localização, a solução usada para corrigi-lo, e assim por diante. Jason e Sara podem acumular fatos referentes ao serviço e associar cada problema de serviço com determinado modelo e sequência de produção da MindWriter (a partir de um banco de dados da produção) e, usando outro banco de dados (gerado pelos registros de garantia), podem associar cada problema com o nome e endereço do proprietário. Porém, tendo feito tudo isso, é provável que ainda não saibam como cada pessoa usa seu laptop ou o quanto está satisfeita com as políticas e práticas de serviços pós-venda da MindWriter.

Garimpar bancos de dados com informações de gestão está em voga, e todos os tipos de empresas valorizam cada vez mais a capacidade de extrair informações significativas. Embora a mineração seja muitas vezes um ponto de partida na pesquisa baseada em decisão, raramente essa atividade responderá a todas as questões relacionadas a determinado problema gerencial.

Questões não pesquisáveis

Nem todas as questões gerenciais são pesquisáveis e nem todas as questões de pesquisa podem ser respondidas. Para ser pesquisável, a questão precisa ser uma para a qual a observação ou outra coleta de dados possa fornecer-lhe a resposta. Muitas questões não podem ser respondidas com base apenas nas informações.

Questões de valor e política às vezes precisam ser pesadas nas decisões de gestão. No estudo da MetalWorks, a administração pode estar perguntando: "Devemos resistir a uma liberalização das regras de antiguidade em nossas novas negociações trabalhistas?". Embora as informações possam ser aplicadas a essa questão, considerações adicionais como "justiça para os trabalhadores" ou "direito de gerenciar da administração" podem ser importantes para a decisão. É possível que muitas dessas questões de valor sejam transformadas em questões de fato. Em relação à "justiça para os trabalhadores", seria possível primeiro coletar informações a partir das quais estimar a extensão e o grau em que os trabalhadores serão afetados por uma mudança nas regras; depois, reunir a opinião dos trabalhadores sobre a justiça das regras de senioridade. Ainda assim, permanecem elementos substanciais de valor. As perguntas que permanecem sem resposta incluem "Devemos defender uma política que afetará adversamente a segurança e o bem-estar de trabalhadores mais velhos, menos preparados para lidar com essa desvantagem?". Mesmo que uma pergunta possa ser respondida apenas pelos fatos, ela pode não ser pesquisável porque os procedimentos ou as técnicas atualmente aceitos e testados são inadequados.

Problemas gerenciais mal definidos

Algumas categorias de problemas são tão complexas, sobrecarregadas de valor e limitadas por restrições que se mostram intratáveis pelas formas tradicionais de análise. Essas questões têm características praticamente opostas àquelas dos problemas bem definidos. A diferença pode ser descrita desta forma:

> Na medida em que uma situação de um problema evoque um alto nível de concordância em uma comunidade especificada de solucionadores de problemas em relação aos referentes dos atributos em que é dada, às operações que são permitidas e às consequências dessas operações, ela pode ser chamada de não ambígua ou bem definida em relação a essa comunidade. Contudo, na medida em que um problema evoque um conjunto altamente variável de respostas relacionadas a referentes dos atributos, operações permitidas e suas consequências, ele pode ser considerado mal definido ou ambíguo em relação a essa comunidade.[7]

Questões mal definidas de pesquisa são menos suscetíveis ao ataque de métodos de pesquisa quantitativos porque tais problemas têm facetas inter-relacionadas demais para a mensuração lidar com precisão.[8] Sugere-se que existam algumas questões de pesquisa desse tipo para as quais não existem métodos atualmente ou, se fossem inventados, talvez ainda não fornecessem os dados necessários para solucioná-las.[9] Pesquisadores novatos devem evitar problemas mal definidos. Até mesmo pesquisadores experientes desejarão conduzir um estudo exploratório minucioso antes de proceder com as abordagens mais recentes.

Pesquisa com motivação política

É importante lembrar que as motivações de um gestor para buscar a pesquisa nem sempre são óbvias. Os gestores podem expressar uma necessidade genuína de informações específicas nas quais basear uma decisão. Esse é o cenário ideal para a pesquisa de qualidade. No entanto, algumas vezes, um estudo de pesquisa pode não ser realmente desejável, mas mesmo assim ser autorizado, principalmente porque sua presença pode gerar aprovação para a ideia favorita de determinado gestor. Outras vezes, ela pode ser autorizada como medida de proteção pessoal para um tomador de decisão caso ele seja criticado mais tarde. Nesses casos não ideais, o pesquisador pode achar mais difícil obter o apoio do gestor para um projeto de pesquisa apropriado.

Resumo

1 A pesquisa tem origem no processo de decisão. O gestor precisa de informações específicas para estabelecer objetivos, definir tarefas, encontrar a melhor estratégia por meio da qual desempenhá-las ou julgar se a estratégia está sendo bem implementada.

A ênfase centrada no problema – origem, seleção, enunciado, exploração e refinamento do problema – domina a sequência do processo de pesquisa. Um dilema gerencial pode originar-se em qualquer aspecto da empresa. A decisão de fazê-la pode ser inadequadamente orientada pela disponibilidade de ferramentas e bancos de dados cobiçados. Para ser pesquisável, o problema deve estar sujeito à observação ou outras formas de coleta de dados empíricos.

2 A maneira como se estrutura a questão de pesquisa determina a direção do projeto. Um problema gerencial ou uma oportunidade podem ser formulados como uma sequência hierárquica de perguntas. O problema gerencial está no nível mais geral. Ele é traduzido para uma questão gerencial e, a seguir, uma questão de pesquisa – o principal objetivo do estudo. Por sua vez, esta se expande ainda mais em questões

investigativas, que representam as várias facetas do problema a ser resolvido e influenciam o projeto de pesquisa, incluindo a estratégia do projeto, o planejamento da coleta de dados e a amostragem. Em um nível mais específico, estão as questões de mensuração, que são respondidas pelos participantes em um levantamento ou respondidas sobre cada assunto em um estudo observacional.

A exploração do problema é realizada pela familiarização com a literatura disponível, entrevistas com especialistas, grupos de discussão ou alguma combinação dessas alternativas. A revisão das questões gerenciais ou de pesquisa é um desfecho desejável da exploração e melhora o entendimento do pesquisador sobre as opções disponíveis para desenvolver um projeto bem-sucedido.

3 O orçamento e a avaliação de valores determinam se a maioria dos projetos recebe o financiamento necessário. Sua documentação minuciosa é parte integrante da proposta de pesquisa, que é necessária para muitos projetos de pesquisa e devem, no mínimo, descrever a questão de pesquisa e a tarefa específica que o pesquisador assumirá.

4 As decisões com respeito ao tipo de estudo, aos meios de coleta de dados, à mensuração e aos planos de amostragem devem ser tomadas no planejamento do projeto. A maioria dos pesquisadores faz estudos de amostragem devido ao interesse em estimar valores da população ou testar uma hipótese estatística. Delimitações cuidadosamente construídas são essenciais para especificar uma amostra probabilística apropriada. Amostras não probabilísticas também são usadas.

Os testes-piloto são conduzidos para detectar pontos fracos no projeto do estudo, nos instrumentos de coleta de dados e nos procedimentos. Uma vez que o pesquisador esteja convencido de que o plano é sólido, começa a coleta de dados. Os dados são coletados, editados, codificados e preparados para análise.

A análise de dados envolve redução, resumo, exame de padrões e avaliação estatística das hipóteses. Um relatório por escrito descrevendo os achados do estudo é usado para transmitir os resultados e as recomendações para o tomador de decisão pretendido. Quando as conclusões completam o ciclo e retornam ao problema original, uma nova iteração de pesquisa pode começar e os achados podem ser aplicados.

5 Diversos problemas no processo de pesquisa podem diminuir seu valor. Entre eles, usar uma técnica inadequada para as informações necessárias simplesmente porque ela é conhecida ou porque o pesquisador tem experiência com ela; tentar substituir a pesquisa por mineração de dados; concentrar-se em uma questão não pesquisável; não definir corretamente o problema gerencial; e conduzir pesquisa motivada por motivos políticos, em vez de pelo problema gerencial.

Termos-chave

amostra 87
análise de dados 88
censo 86
dados 88
dados primários 88
dados secundários 88
hierarquia da questão de pesquisa em administração 79

população-alvo 86
problema gerencial 79
processo de pesquisa 78
projeto de pesquisa 84
questão gerencial 81
questão(ões) de pesquisa 81
questões de mensuração 81

questões investigativas 81
regra de decisão 84
teste-piloto 87
variável de decisão 84

Questões para discussão

Revisão de termos

1 Algumas questões podem ser respondidas pela pesquisa e outras não. Usando alguns problemas de gestão à sua escolha, distinga entre elas.

2 Discuta os problemas da realização de exploração e teste-piloto sob fortes restrições orçamentárias. Quais são os efeitos imediatos e em longo prazo?

3 Uma empresa está passando por uma situação de má administração de estoque e recebe propostas alternativas de pesquisa. A Proposta 1 é usar uma auditoria das transações do último ano como base para recomendações. A Proposta 2 é estudar e recomendar mudanças nos procedimentos e sistemas usados pelo departamento de materiais. Discuta as questões da avaliação em termos de:

a Avaliação antes ou após o fato.

b Avaliação usando a análise de opções e a teoria da decisão.

Tomada de decisão em pesquisa

4 A criação de um aplicativo (app) para iPad custa milhares de dólares. A simples oferta de um aplicativo não é garantia de sucesso. Os aplicativos mais bem-sucedidos, vendidos como downloads, têm de oferecer valor funcional verdadeiro. A Apple leva semanas para examinar uma proposta de aplicativo, e somente com a sua aprovação o aplicativo pode ser oferecido oficialmente para iPads. Se você fosse a Apple, qual pesquisa gostaria de ver dentro da proposta para aprovar um novo aplicativo para iPad?

5 Com base em uma análise das vendas dos últimos seis meses, seu chefe nota que as vendas de produtos de carne bovina estão diminuindo em sua cadeia de restaurantes. À medida que as vendas de carne bovina declinam, o mesmo acontece com os lucros. Temendo que as vendas de carne bovina tenham diminuído devido a diversas histórias nos jornais relatando contaminação com *E. coli* descoberta em mercados da região, ele sugere um levantamento de restaurantes da região para ver se a situação está difundida.

 a O que você acha dessa sugestão de pesquisa?

 b Como, se possível, você poderia melhorar a formulação da questão de pesquisa de seu chefe?

Dando vida à pesquisa

6 Quais serão os benefícios para a MindWriter se a Henry & Associates implementar um estudo-piloto?

7 Como o banco de dados existente na MindWriter sobre reclamações do serviço pode ser usado para coletar informações de problemas do serviço antes de realizar a pesquisa proposta? Que informações devem ser buscadas?

Do conceito à prática

8 Usando a Figura 4-1 e os exemplos de casos dos sites de algumas empresas de pesquisa, descubra como abordagens técnicas preferidas para o projeto de pesquisa dominam as atividades de muitas empresas.

9 Usando a Figura 4-1, encontre um estudo de caso de um exemplo de pesquisa em que um enunciado claro do problema gerencial leve a uma pesquisa precisa e acionável. (Dica: Visite sites de empresas de pesquisa – consulte o Anexo 1a para ideias de empresas –, ou use um mecanismo de busca para encontrar exemplos.)

Direto das manchetes

10 Segundo uma recente descoberta científica, um ingrediente natural encontrado no leite pode proteger contra a obesidade, até mesmo enquanto os ratos usufruem de dietas ricas em gordura. Os pesquisadores, que relataram seus resultados na *Cell Metabolism*, vincularam esse achado a um novo tipo de vitamina. Parece que ratos que ingerem comparativamente altas doses de ribosídeo de nicotinamida juntamente com suas refeições ricas em gorduras queimam mais gordura e ficam protegidos contra a obesidade. Eles também se tornam corredores melhores por causa dos músculos, que agora se beneficiam de maior resistência. Se você trabalhasse na Federação Nacional de Produtores de Leite, como criaria uma proposta de pesquisa para apoiar uma campanha publicitária nacional para promover as qualidades do leite em uma dieta balanceada usando essa descoberta?

Casos (em inglês) no site do Grupo A

Atendimento de ligações

HeroBuilders.com

Mentes curiosas querem saber – AGORA!

Dominando a liderança de professores

NCRCC: planejamento de um novo rumo estratégico

Ramada demonstra seu Personal Best™

Fazenda estatal: cruzamentos perigosos

Você encontrará uma descrição de cada caso na seção Índice de Casos deste livro. Verifique no Índice de Casos quais fornecem dados, o instrumento de pesquisa ou outro material complementar. Para acessar os casos (em inglês), entre no site do Grupo A (www.grupoa.com.br) e procure pelo livro.

Capítulo 5

Esclarecimento da Questão de Pesquisa por Meio de Dados Secundários e Exploração

> "É essencial saber discernir as informações que serão úteis e utilizáveis quando na gestão de uma empresa. Vimos enormes recursos gastos em 'projetos de dados' que não têm chance realista de se pagarem. Destrinchar de maneira indiscriminada um oceano de dados raramente produz um grande avanço."
>
> *Blaise Heltai, sócio geral,*
> *NewVantage Partners*

Objetivos de **aprendizagem**

Após ler este capítulo você compreenderá...

1. O objetivo e o processo de pesquisa exploratória.
2. Os dois tipos e os três níveis de fontes secundárias relacionadas à decisão gerencial.
3. Os cinco tipos de informações externas e os cinco fatores críticos para avaliar o valor de uma fonte e seu conteúdo.
4. O processo de usar pesquisa exploratória para entender o problema gerencial e o trabalho ao longo dos estágios de análise necessários para formular a questão de pesquisa (e, no fim, as questões investigativas e de mensuração).
5. O que está envolvido na mineração de dados internos e como as técnicas de mineração são diferentes das buscas na literatura.

Dando vida à pesquisa

Jason Henry e Sara Arens, da Henry & Associates, estão trabalhando integralmente na exploração para o projeto CompleteCare da MindWriter. Vejamos sua discussão sobre o processo de definição da questão de pesquisa.

Jason Henry pressiona o botão do intercomunicador. "Sara, você conseguiu resumir as transcrições da central de atendimento do CompleteCare?"

"Elas e também as cartas de reclamações", responde Sara, entrando pela porta do escritório de Jason.

Jason se assusta com a proximidade da voz dela. "É irritante como você prevê o que quero antes que o peça."

"Não seja tão duro", ri Sara, divertindo-se ao ver o imperturbável Jason um pouco abalado. "Você me disse que os queria logo no início da manhã de hoje. E são 8h05."

"E quanto àqueles artigos sobre a mensuração da satisfação dos clientes com produtos tecnológicos?"

"Sou humana, Jason, não um mecanismo de busca robótico. Esse é o próximo item na lista de coisas a fazer do meu iPhone."

"Parece lógico que possa haver questões especiais relacionadas a computadores ou outros produtos técnicos quando se trata de mensurar a satisfação."

"Mas ambos sabemos que a lógica muitas vezes não tem nada a ver com a realidade. Você quer que eu conte o que descobri a partir das reclamações e das transcrições, ou prefere ler o resumo?"

"Não, apenas deixe aqui. Marquei uma entrevista por telefone às 8h30 com Sam Turnbull, o gerente do programa de consertos do CompleteCare. Preciso de mais alguns minutos para rever as questões que esbocei ontem à noite."

"Ótimo. Esta transcrição telefônica foi especialmente interessante", diz Sara, separando-a. "Talvez você queira perguntar sobre este caso específico. Tenho certeza de que ele se lembrará.

Começarei minha pesquisa sobre se os produtos técnicos têm diferentes questões de mensuração para satisfação em relação aos outros setores que estudamos."

"Um, hum.", responde Jason, examinando-a cuidadosamente. Ele olha para cima e para Sara antes que passe pela porta. "Enquanto fizer isso, veja se existe um estudo de todo o setor sobre satisfação com laptops, algo que possamos usar como benchmark, e procure qualquer coisa sobre os problemas especiais associados a construção, operação, padrões de uso ou consertos de laptops."

"Vou tratar disso."

Uma estratégia de busca para exploração

A exploração é particularmente útil quando os pesquisadores não têm uma ideia clara dos problemas que encontrarão durante o estudo. Por meio dela, os pesquisadores desenvolvem conceitos de forma mais clara, estabelecem prioridades, desenvolvem definições operacionais e melhoram o projeto final da pesquisa; ela também pode economizar tempo e dinheiro. Se o problema não for tão importante quanto imaginado inicialmente, estudos mais formais podem ser cancelados.

A exploração também serve a outros objetivos. A área de investigação pode ser tão nova ou vaga que o pesquisador precise realizar uma exploração apenas para aprender algo sobre o problema enfrentado pelo gestor. Variáveis importantes podem não ser conhecidas ou não estar completamente definidas. Podem ser necessárias hipóteses para a pesquisa. Além disso, o pesquisador explorar para se certificar de que é viável fazer um estudo formal na área.

Apesar de seu valor óbvio, pesquisadores e gestores dão menos atenção à exploração do que ela merece. Há fortes pressões por respostas rápidas. Além disso, às vezes está vinculada a preconceitos antigos sobre pesquisa qualitativa: subjetividade, não representatividade e projeto não sistemático. De forma mais realista, a exploração pode economizar tempo e dinheiro e não deve ser desprezada.

A estratégia de busca na fase exploratória geralmente compreende um ou mais dos seguintes pontos:

- Descoberta e análise de fontes secundárias.
  - Estudos publicados (geralmente centrados nos resultados de levantamentos ou em estudos de caso com um ou mais incidentes).
  - Análise de documentos.
  - Recuperação de informações do(s) banco(s) de dados da empresa.
- Entrevistas com pessoas que tenham conhecimento sobre o problema ou suas possíveis soluções (chamadas de **entrevistas com especialistas**).
- Entrevistas com pessoas envolvidas no problema (chamadas de **entrevistas individuais em profundidade**).
- Discussões em grupo com pessoas envolvidas no problema ou em suas possíveis soluções (incluindo grupos informais e técnicas formais, como grupos de discussão ou brainstorming).

Com o processo de exploração modelado como sugere a hierarquia de questões da pesquisa em administração (*vide* Figura 5-1), a exploração de fontes secundárias pode ser útil em qualquer estágio da hierarquia. Entretanto, a maioria dos pesquisadores acha que a revisão de fontes secundárias é fundamental para passar da questão de gestão para a questão de pesquisa. Ao passar de uma para a outra, o pesquisador usa fontes secundárias internas e externas. Embora a maioria dos pesquisadores explore seus arquivos internos antes, trataremos primeiro das fontes externas.

Nesta fase de **pesquisa exploratória** de seu projeto, seu objetivo é conseguir o seguinte:

- Aumentar seu entendimento sobre o problema de gestão buscando saber como pessoas trataram e/ou resolveram questões gerenciais ou problemas semelhantes ao seu.
- Reunir informações anteriores sobre o tópico para refinar a questão de pesquisa.
- Identificar informações que devam ser reunidas para formular as questões investigativas.
- Identificar fontes e questões reais que possam ser usadas como questões de mensuração.
- Identificar fontes e estruturas reais de amostra (listas de potenciais participantes) que possam ser usadas no projeto de amostra.

Na maioria dos casos, a fase de exploração começará com uma **busca na literatura** – uma revisão de livros, artigos de periódicos ou literatura profissional relacionados ao problema gerencial, que deve incluir materiais de alta qualidade publicados na internet. Uma busca na literatura requer o uso do catálogo de uma biblioteca on-line e um ou mais bancos de dados ou índices bibliográficos. Para alguns tópicos, pode ser útil consultar primeiro um manual ou enciclopédia especializada, a fim de estabelecer uma lista de termos-chave, pessoas ou fatos que os influenciaram, e também determinar quais são os principais autores e publicações.

Outros materiais de referência serão incorporados em sua estratégia de busca conforme necessário. Em geral, essa busca na literatura tem cinco etapas:

1. Definir seu problema ou questão gerencial.
2. Consultar enciclopédias, dicionários, manuais e livros para identificar termos-chave, pessoas ou fatos relevantes para o problema ou a questão gerencial.
3. Aplicar esses termos-chave, nomes de pessoas ou eventos em índices de busca, bibliografias e na web para identificar fontes secundárias específicas.
4. Localizar e analisar fontes secundárias específicas por relevância em relação a seu problema gerencial.
5. Avaliar o valor de cada fonte e de seu conteúdo.

O resultado de sua busca na literatura pode ser a solução para o problema gerencial. Nesse caso, não será necessária qualquer pesquisa adicional. No entanto, muitas vezes a questão gerencial permanece sem solução, de forma que a decisão de prosseguir gera uma proposta de

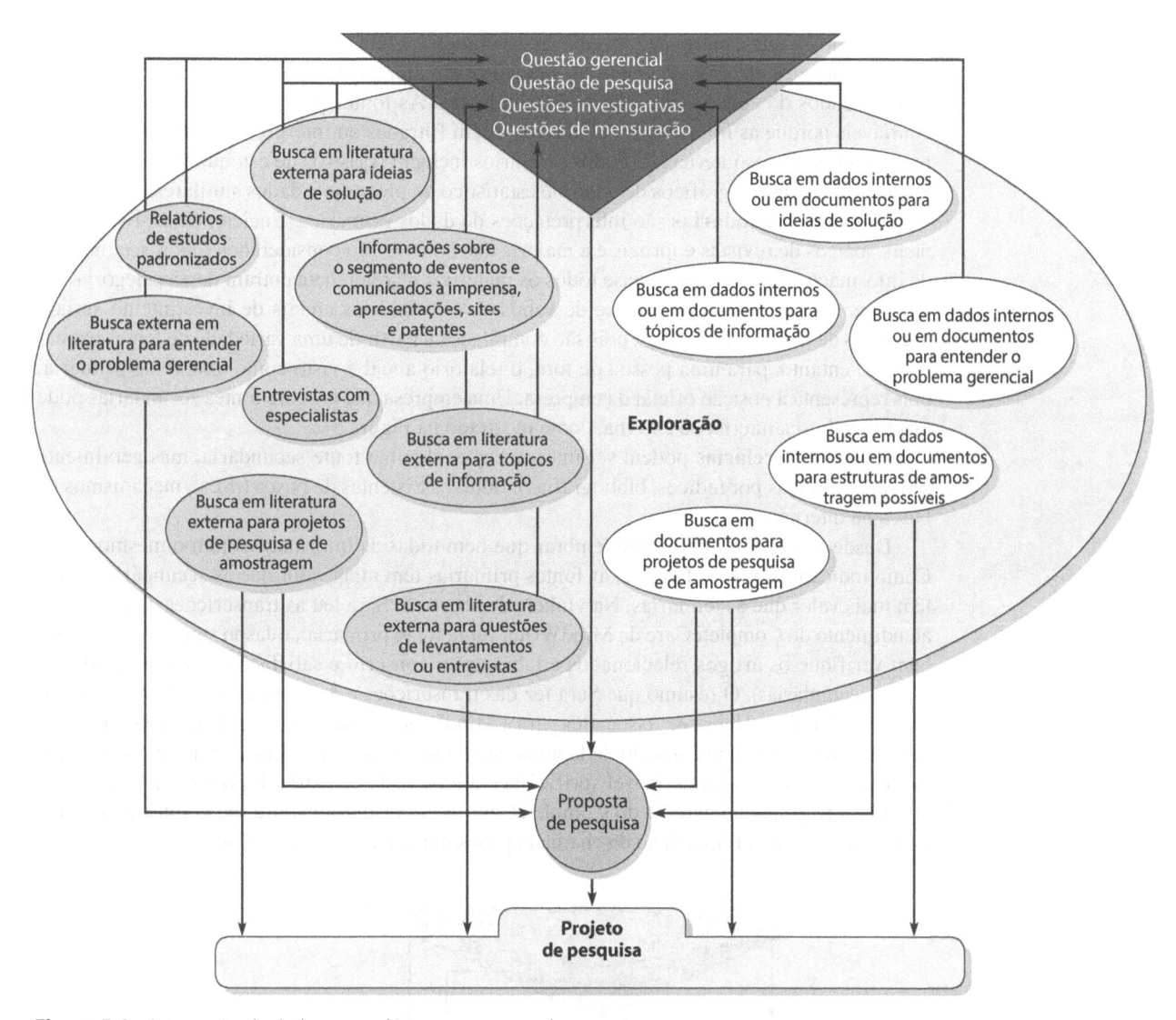

Figura 5-1 Integração de dados secundários no processo de pesquisa.

pesquisa (*vide* Apêndice A). A proposta resultante cobre no mínimo um enunciado da questão de pesquisa e uma breve descrição da metodologia de pesquisa proposta; ela resume os achados da fase exploratória, geralmente com uma bibliografia das fontes secundárias que levaram à decisão de propor um estudo de pesquisa formal.

Neste capítulo, vamos nos concentrar na fase de exploração do projeto e em encontrar, selecionar e avaliar as informações nos formatos impresso e eletrônico. Em alguns casos, os pesquisadores descobrirão a resposta para seu problema gerencial nos resultados de uma busca secundária. Uma exploração bem feita de fontes secundárias paga dividendos – e dos grandes – se um projeto de pesquisa oneroso for considerado desnecessário.

Níveis de informação

À medida que explora seu problema ou tópico, você pode considerar muitos tipos diferentes de fontes de informação, algumas muito mais valiosas que outras. Elas geralmente são classificadas em três níveis: (1) primárias, (2) secundárias e (3) terciárias.

As **fontes primárias** são trabalhos originais de pesquisa ou dados brutos, sem interpretação ou pronunciamentos que representem uma opinião ou posição oficial. Entre elas, estão memorandos, cartas, entrevistas ou discursos completos (em áudio, vídeo ou transcrição), leis, regulamentações, decisões ou padrões judiciais e a maior parte dos dados governamentais, incluindo dados do censo, econômicos e trabalhistas. As fontes primárias são sempre as mais confiáveis porque as informações ainda não foram filtradas ou interpretadas por uma segunda parte. Outras fontes internas de dados primários incluem registros de estoque e de pessoal, requisições de compra, gráficos de controle estatístico de processo e dados similares.

As **fontes secundárias** são interpretações de dados primários. Enciclopédias, livros, manuais, artigos de revistas e jornais e a maioria das notícias são considerados fontes secundárias de informações. Na verdade, quase todos os materiais de referência entram nessa categoria. Internamente, os resumos de análise de vendas e os relatórios anuais de investimento seriam exemplos de fontes secundárias, pois são compilados a partir de uma variedade de fontes primárias. No entanto, para uma pessoa de fora, o relatório anual é visto como uma fonte primária, pois representa a posição oficial da empresa. Uma empresa que procure fontes secundárias pode fazer uma busca interna ou externa, como mostrado na Figura 5-2.

As **fontes terciárias** podem ser interpretações de uma fonte secundária, mas geralmente são representadas por índices, bibliografias e outros assistentes de busca (p. ex., mecanismos de busca na internet).

Desde o início, é importante lembrar que nem todas as informações têm o mesmo valor. Como indicam os níveis da fonte, as fontes primárias têm mais valor que as secundárias, estas têm mais valor que as terciárias. Na vinheta de abertura, Sara leu as transcrições da central de atendimento do CompleteCare da MindWriter (uma fonte primária), e Jason sugere que ela também verifique os artigos relacionados a fabricação, conserto e satisfação com laptops (todos fontes secundárias). O resumo que Sara fez das transcrições e das cartas é uma fonte secundária. O programa da Henry & Associates para a MindWriter dependerá do entendimento de Jason sobre o cenário atual de conserto de laptops. Se a informação for essencial para resolver o problema gerencial, será aconselhável verificá-la em uma fonte primária. É por isso que Sara quer que Jason pergunte ao gerente do CompleteCare (fonte primária) sobre seu conhecimento dos fatos relacionados à transcrição da chamada problemática que ela encontrou.

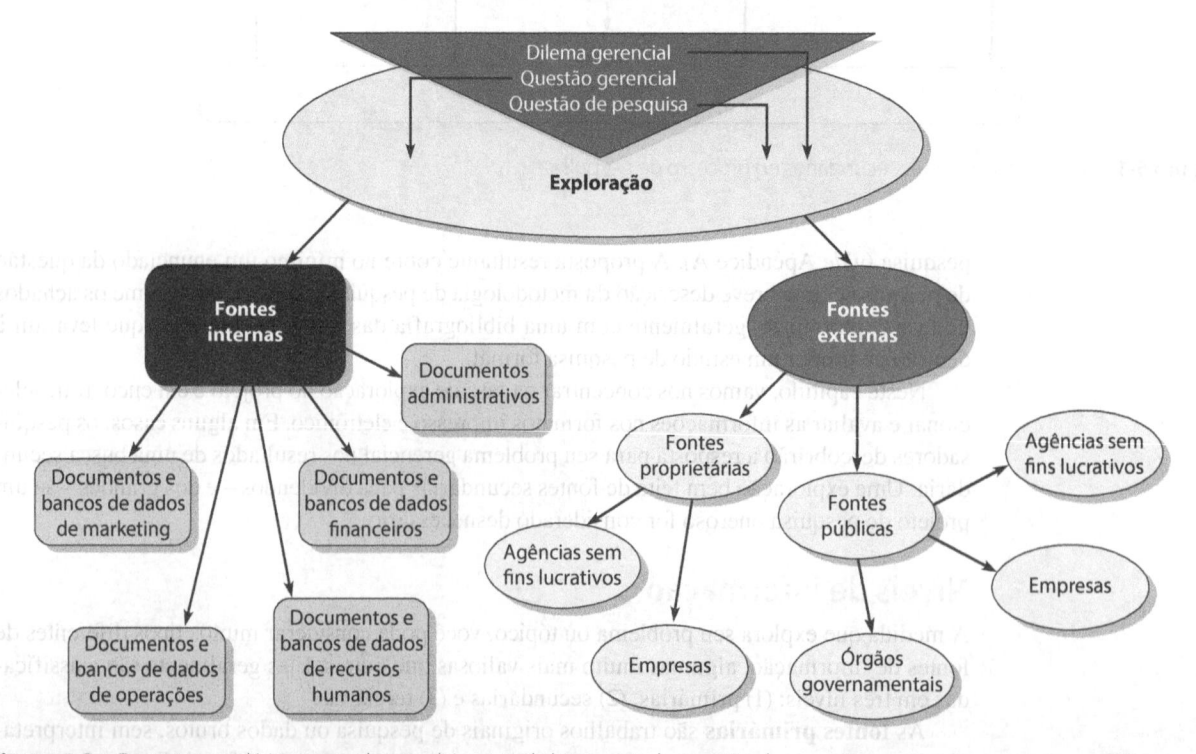

Figura 5-2 Fontes secundárias para o desenvolvimento da hierarquia da questão de pesquisa.

Instantâneo

Blogs: mina de ouro ou campo minado?

Os criadores da internet imaginaram uma coletânea de documentos acessível no mundo inteiro, uma espécie de biblioteca gigantesca. O que não puderam prever foi o desejo reprimido de milhões de fazer o papel de repórter, colunista, âncora ou analista. Muitos blogs, definidos como publicação frequente e cronológica de pensamentos pessoais e links, começaram como diários pessoais online. No entanto, os mais recentes exibem pautas mais influentes. Embora a internet tenha influenciado pesquisas de diversas formas evidentes – como coletamos, processamos e até mesmo relatamos dados –, uma influência inesperada é essa nova e crescente fonte de dados, que não pode ser tratada superficialmente.

Embora possam variar amplamente, e sejam difíceis de encontrar, algumas estimativas colocam o número de blogs em 1 bilhão, e o blogueiro médio tem 847 seguidores (mais, se for profissional). O último State of the Blogosphere Report do Technorati, extraído de um levantamento de mais de 4.100 blogueiros, indica que a maioria (61%) é amadora e de homens (59%), embora as mulheres estejam cada vez mais engrossando as fileiras. Os blogueiros são um grupo próspero, 79% têm ensino superior e a maioria (80%) mantém blogs por dois anos ou mais. Os blogs são uma fonte preferida em relação à mídia tradicional para inspiração, informações sobre produtos e opiniões, porém a mídia tradicional ainda é preferida para notícias. Atualmente é muito mais provável que os blogueiros obtenham inspirações uns dos outros, um salto de 30 para 68% apenas nos últimos dois anos. Enquanto muitos acreditam que o inglês dominará, outros creem que o mandarim e o alemão sempre terão um lugar na blogosfera. Isso pode mudar no futuro, pois já existem sinais de que jovens estão passando para sites como o Twitter. Muitos blogueiros – profissionais (75%) e amadores (50%) – têm contas no Facebook para seus blogs.

Com o auxílio de mecanismos de busca e agregadores de RSS, uma empresa de visão pode monitorar, responder e criticar as ideias desses indivíduos com voz ativa e influentes; as preocupadas com funcionários insatisfeitos ou descuidados que revelem ideias de novos produtos ou estratégias financeiras e jurídicas a concorrentes estão estabelecendo políticas rígidas referentes a blogs; as que se antecipam estão lançando seus próprios blogs, para público interno e externo, a fim de incentivar diálogos abertos e autônomos sobre suas marcas, produtos, políticas de emprego e abordagens de solução de problemas. Os pesquisadores têm o desafio de detectar tendências garimpando esse vasto conjunto de ideias e opiniões que viajam na internet a uma supervelocidade.

Usando o processo de avaliação de fontes, como você avaliaria dados de blogs?

Você pode aprender sobre muitos blogs relacionados a pesquisas em http://www.tomhcanderson.com/next-gen-market-research-top-blogs.

http://technorati.com; www.pewinternet.org

Tipos de fontes de informação

Há dúzias de tipos de fontes de informação, cada um com uma função especial. Nesta seção, descreveremos os cinco tipos mais usados pelos pesquisadores nesta fase do projeto.

Índices e bibliografias

Principal suporte de qualquer biblioteca, os **índices** e **bibliografias** ajudam a identificar e localizar um livro ou artigo de periódico entre milhões de publicações. A bibliografia mais importante em qualquer biblioteca é seu catálogo on-line. Como ocorre com qualquer outro tipo de informação, há muitos índices e bibliografias especializados em assuntos empresariais. Eles podem ser muito úteis em uma busca na literatura para encontrar autores e títulos de trabalhos anteriores sobre o tópico de interesse.

A habilidade de fazer buscas em bancos de dados bibliográficos é essencial para o pesquisador em administração. Para pesquisadores iniciantes ou menos habilidosos, fornecemos dois anexos no fim deste capítulo: o primeiro, "Buscas em bancos de dados bibliográficos", revisa o processo de busca e o segundo, "Buscas avançadas", revela as técnicas mais avançadas de pesquisadores habilidosos.

Dicionários

Os **dicionários** são tão conhecidos que provavelmente não precisam de qualquer explicação. Todos usam dicionários para verificar a ortografia ou o uso gramatical ou definir termos. Na

O governo dos Estados Unidos é a maior fonte de dados e informações do mundo usada por gestores em todos os tipos de empresas. Aprender como navegar nesse portal governamental é uma habilidade fundamental.
www.usa.gov

área empresarial, como em qualquer outra, há muitos dicionários especializados que definem palavras, termos ou jargões específicos. A maioria inclui em suas listas de palavras informações sobre pessoas, eventos ou organizações que moldam a disciplina. Eles também são um ótimo lugar para encontrar acrônimos. Um número crescente de dicionários e *glossários* (termos de um campo, área ou tópico especializado acompanhados de sua definição) está disponível na internet. As informações dos dicionários e glossários podem ser usadas para identificar termos-chave para buscas em bancos de dados on-line ou impressos.

Enciclopédias

Os pesquisadores usam uma **enciclopédia** para encontrar informações anteriores ou históricas sobre um tópico ou para encontrar nomes ou termos que possam melhorar os resultados de busca em outras fontes. Por exemplo, você poderia usar uma enciclopédia para saber quando a Microsoft lançou o Windows, e então usar esses dados para conseguir mais informações de um índice da época. Elas também são úteis para identificar os especialistas de um campo e os principais artigos sobre qualquer tópico. Um exemplo de enciclopédia é a *Online TDM Encyclopedia*, publicada pelo Victoria Transportation Policy Institute.

Trata-se de uma fonte abrangente de informações sobre soluções de gestão inovadoras para problemas de transporte. Ela oferece informações detalhadas sobre dezenas de estratégias de Gerenciamento da Demanda de Transporte (GDT), além de capítulos sobre planejamento, avaliação e implementação destas. Ela pode ajudar a ver problemas de transporte de uma nova perspectiva e expandir a variedade de possíveis soluções a serem aplicadas.[1]

Outro exemplo tirado da área de finanças é a *Encyclopedia of Private Equity and Venture Capital*, publicada por VC Experts Inc., um provedor de conhecimentos e oportunidades em patrimônio privado e capital de risco.[2]

Manuais

Um **manual** é uma coleção de fatos exclusivos para um tópico. Ele muitas vezes inclui estatísticas, informações de diretório, um glossário de termos e outros dados, como leis e regulamentações

Instantâneo

Cruzando o limite do logro?

A maior parte das atividades de inteligência empresarial é elaborada para ajudar as empresas a lidarem com os riscos de operar em ambientes desafiadores. A questão do logro está mais em primeiro plano no noticiário que na área de inteligência empresarial, uma área repleta de ações projetadas para trazer à tona práticas e processos de fornecedores, concorrentes, funcionários e até mesmo diretores.

Um exemplo recente no noticiário envolve as ações de uma empresa de inteligência, a Diligence Inc., que foi contratada pela famosa empresa de lobby Barbour Griffith & Rogers (BGR), de Washington D.C., para descobrir informações competitivas para um de seus clientes, um conglomerado russo, sobre a sua arquirrival, a IPOC International Growth Fund Ltd. A tarefa descrita aqui não é inerentemente enganosa. Em nível mundial, funcionários recebem esse tipo de tarefa todos os dias. Você poderia abordar tal tarefa de diversas maneiras: conduzir uma busca abrangente na literatura, conversar com especialistas no setor, entrevistar ex-funcionários, monitorar publicações da concorrência, ir a apresentações de seus executivos, e assim por diante. A Diligence escolheu um uso dissimulado de logro para realizar sua tarefa.

Em primeiro lugar, descobriu que a IPOC era cliente de uma respeitável empresa de contabilidade, a KPMG. A Diligence pesquisou os funcionários da KPMG, a fim de encontrar uma pessoa que pudesse vazar informações sobre auditoria. A busca revelou a identidade de um contador nascido na Grã-Bretanha. A empresa de inteligência enviou um funcionário, disfarçado de oficial da inteligência britânica precisando de auxílio em uma questão de segurança máxima nacional, para recrutar a ajuda do contador. Após várias semanas de reuniões de almoço, o funcionário da Diligence começou a questionar sobre a auditoria da IPOC. No fim, o funcionário da KPMG divulgou informações privadas para o suposto agente de segurança disfarçado. A KPMG processou a empresa de inteligência, e o caso foi resolvido fora dos tribunais com o pagamento de US$ 1,7 milhão desta à KPMG. A ação da IPOC contra a Diligence e seu cliente ainda está em andamento.

A maioria de nós reconhece a demarcação entre logro e fraude. Mas e se, em uma conversa com um conhecido no almoço, você sem querer revelasse o que algumas empresas querem saber? Alguns pesquisadores dizem que logros nunca são apropriados. Outros alegam que o logro é adequado para esconder a identidade do patrocinador e o objetivo da pesquisa. Qual é a sua opinião sobre a questão do logro ao reunir informações empresariais?

www.businessweek.com

---

essenciais para um campo, além de referências de fonte para os fatos que apresentam (nos melhores manuais). O *Statistical Abstract of the United States* é provavelmente o melhor e mais usado manual disponível. Ele contém uma ampla variedade de fatos, um índice excelente e detalhado e uma porta de entrada para dados ainda mais detalhados para cada tabela incluída. Um conhecido por estudantes e gestores é o *Occupational Outlook Handbook*, publicado pelo Departamento de Estatística do Trabalho dos Estados Unidos. Nele, você pode encontrar detalhes sobre muitos cargos empresariais.[3] Outros são bastante especializados, como o publicado pela Potato Association of America (Associação Americana da Batata), que, além dos padrões de consumo, revela o crescimento da batata e as estatísticas de processamento.[4]

Um dos mais importantes, especialmente no campo interempresarial, é o *North American Industry Classification System, United States (NAICS)*, desenvolvido com o Canadá e o México para fornecer comparabilidade em estatísticas empresariais por toda a América do Norte; especialmente na medida em que novos negócios e setores de negócios se desenvolveram, esse sistema de classificação de todas as empresas substituiu a Standard Industrial Classification em 1997.[5]

Diretórios

Os **diretórios** são usados para localizar nomes e endereços, assim como outros dados. Embora muitos estejam disponíveis e sejam úteis em formato impresso, os digitalizados, que podem ser pesquisados por certas características ou organizados e depois baixados, são muito mais úteis. Muitos destes estão disponíveis gratuitamente na internet, mas os mais abrangentes são particulares (ou seja, precisam ser comprados). Um diretório especialmente útil disponível na maioria das bibliotecas em formato impresso ou eletrônico é a *Encyclopedia of Associations* (chamada

Instantâneo

Navegando na internet profunda

De acordo com o bibliotecário da Universidade Rider Robert Lackie, "Embora muitos mecanismos de busca populares se vangloriem de sua capacidade de indexar informação na internet, algumas informações são invisíveis para seus buscadores". Por que elas são invisíveis? O presidente da Searchwise, Chris Sherman, explica: "A razão mais básica é que não há links apontando para uma página que o mecanismo de busca possa seguir. Ou a página pode ser composta por tipos de dados que os mecanismos de busca não indexam – gráficos, scripts CGI ou Macromedia Flash, por exemplo". Hoje, as páginas não HTML, páginas criadas dinamicamente, e mesmo as páginas com script que eram invisíveis há alguns anos são encontradas com regularidade por mecanismos de busca como Google, Yahoo! e outros. O que esses mecanismos ainda não conseguem "ver" é o conteúdo de bancos de dados especializados pesquisáveis na internet (p. ex., bancos de dados governamentais especializados) e aqueles que os mecanismos de busca *escolhem* excluir porque os veem como pouco úteis para o público que realiza buscas. O BrightPlanet, um compilador de mais de 35 mil bancos de dados pesquisáveis – o maior na internet –, estima que a internet invisível possa ser 500 vezes maior que a pesquisável.

Lackie sugere o acesso a esse conteúdo oculto com apenas algumas ferramentas: diretórios e portais, sites pesquisáveis (alguns dos quais provavelmente estão disponíveis na biblioteca de sua universidade), bancos de dados gratuitos na internet e alguns mecanismos de busca gerais e muitos especializados. Esta é uma pequena amostra:

ipl2 (http://www.ipl.org/) – portal de pesquisa mantido por bibliotecários combina as coleções de recursos dos sites Internet Public Library (IPL) e Librarians' Internet Index (LII).

FreePint (www.freepint.com/) – ferramenta de busca oferece acesso a uma compilação de links para as interfaces de busca de recursos.

InfoMine (infomine.ucr.edu) – diretório oferece uma coleção de recursos acadêmicos que inclui milhares de sites.

About.com (http://www.about.com/) – portal reúne seu conteúdo pela paixão por interesses de 570 guias especializados; mais de 34 milhões de pessoas visitam seu conteúdo bem organizado de milhares de tópicos, incluindo a internet invisível.

CompletePlanet (http://www.completeplanet.com/) – site da BrightPlanet contém mais de 70 mil bancos de dados pesquisáveis e mecanismos de busca especializados.

FindArticles (http://www.findarticles.com/) – banco de dados especializado contém mais de 10 milhões de artigos de "importantes publicações acadêmicas, industriais e de interesse geral".

Super Searchers Web Page (http://www.infotoday.com/supersearchers/) – indexa uma coleção crescente de links para recursos da web de assuntos específicos em negócios globais, pesquisa primária, fusões/aquisições, notícias, investimentos, negócios, pesquisa empresarial e recursos de informações jurídicas.

AOL Video (on.aol.com) – mecanismo de busca de áudio/vídeo indexa formatos multimídia, incluindo Windows Media, Real, QuickTime e MP3.

Nunca pare sua busca por informações até que tenha procurado em bancos de dados especializados que possam estar invisíveis. Essas fontes podem esconder um tesouro de informações perfeitas para determinada questão de pesquisa.

---

de *Associations Unlimited* na internet), que fornece uma lista de organizações públicas e profissionais com localizações e números de telefone.[6] A New York AMA Communications Services Inc. publica o *Green Book, a Guide for Buyers of Marketing Research Services*.[7]

Avaliação das fontes de informação

Um pesquisador que usa fontes secundárias, especialmente se retiradas da internet, deverá fazer uma **avaliação da fonte**. Devem-se avaliar e selecionar fontes de informação com base em cinco fatores que podem ser aplicados a qualquer tipo de fonte, seja impressa ou eletrônica. São eles:

- *Objetivo* – a pauta explícita ou oculta da fonte de informação.
- *Escopo* – a amplitude e profundidade de cobertura do tópico, incluindo período de tempo, limitações geográficas e os critérios para inclusão de informações.

- *Autoridade* – o nível dos dados (primário, secundário, terciário) e as credenciais do(s) autor(es) da fonte.
- *Público-alvo* – as características e os antecedentes das pessoas ou dos grupos para os quais a fonte foi criada.
- *Formato* – como as informações são apresentadas e o grau de facilidade para localizar informações específicas dentro da fonte.

Sara está prestes a iniciar uma busca de vários tipos de informação na internet. A Figura 5-3 resume as perguntas essenciais que ela deve fazer ao aplicar esses fatores de avaliação de fontes à sua avaliação.

O objetivo da exploração inicial é ajudar o pesquisador a entender o problema gerencial e desenvolver a questão gerencial. Estágios posteriores são elaborados para desenvolver a questão de pesquisa e, no fim, as questões investigativas e de mensuração.

Fator de avaliação	Questões a responder
Objetivo	• Por que o site existe? • Qual é a evidência do objetivo que ele tenta transmitir? • Atinge sua finalidade? • Como o objetivo do site afeta o tipo e as tendências das informações apresentadas?
Autoridade	• Quais são as credenciais do autor, instituição ou organização que patrocina o site? • O site proporciona meios de contatar alguém para informações adicionais? • Quem usa links para esse site? • Se são fornecidos fatos, de onde eles vêm?
Escopo	• De quando é a informação? • Com que frequência ela é atualizada? • Quanta informação está disponível? • Ela é seletiva ou abrangente? • Quais são os critérios de inclusão? • Se aplicável, que áreas geográficas, período de tempo ou idioma ele cobre? • Como a informação apresentada se compara aos sites similares? • Trata-se apenas de uma série de links (um meta-site) ou há valor agregado? • Qual é a natureza do valor agregado? • Que informação você esperava encontrar e não encontrou? • O site tem conteúdo próprio ou é ligado a outros sites?
Público-alvo	• A quem o site atende? • Que nível de conhecimento ou experiência é presumido? • Como o público-alvo visado afeta o tipo e os vieses de informação?
Formato	• Com que rapidez você consegue encontrar as informações necessárias? • O site é fácil de usar? É intuitivo? • Carrega rapidamente? • O visual é atraente? • Há botões de navegação? • Há um mapa do site ou botão de busca? • Há um botão de ajuda facilmente identificável? • A ajuda é útil? • Há páginas em formato ASCII ou em formato gráfico? • É possível fazer download de informações em uma planilha ou em um processador de textos, se desejado?

Figura 5-3 Avaliação de sites como fontes de informação.

Mineração de fontes internas

O termo **mineração de dados** descreve o processo de descoberta de informações nos bancos de dados ou armazéns de dados. Seu objetivo é identificar padrões válidos, novos, úteis e, em última análise, compreensíveis nos dados.[8] Similar à mineração tradicional, na qual buscamos abaixo da superfície por minérios valiosos, a de dados busca informações indispensáveis para administrar empresas em grandes bancos de dados. Ambas exigem que peneiremos uma grande quantidade de material para descobrir um veio lucrativo. A mineração de dados é uma ferramenta útil, uma abordagem que combina exploração e descoberta com análise confirmatória.

Os dados internos da empresa muitas vezes são uma fonte de informações subutilizada na fase exploratória. Devido à rotatividade de funcionários, o pesquisador pode não saber da existência desses dados históricos ou, com base nas restrições de tempo ou orçamentárias e na falta de um arquivo organizado, pode decidir ignorá-los. Embora escavar esses arquivos de dados possa ser tão simples quanto organizar um arquivo contendo prontuários médicos de pacientes antigos ou manifestos de expedição, ou reler relatórios da empresa e memorandos gerenciais que juntam poeira com o tempo, vamos concentrar o restante de nossa discussão em estruturas e técnicas mais sofisticadas.

Um **depósito de dados** é um repositório eletrônico para bancos de dados que organiza grandes volumes de dados em categorias para facilitar a recuperação, interpretação e ordenação por usuários finais. Ele fornece um arquivo acessível para dar suporte a aplicações dinâmicas de inteligência organizacional. As palavras-chave aqui são *dinamicamente acessíveis*. Os depósitos de dados que oferecem métodos arcaicos para recuperação de dados raramente são usados. Os dados em um depósito devem ser atualizados continuamente para garantir que os gestores tenham acesso a dados apropriados para decisões em tempo real. Em um depósito de dados, o conteúdo de computadores departamentais é duplicado em um repositório central, em que a arquitetura-padrão e as definições consistentes de dados são aplicadas. Esses dados ficam à disposição de departamentos ou equipes multifuncionais para análise direta, ou por meio de instalações de armazenamento intermediárias ou **mercados de dados** que compilam as informações necessárias localmente. Todo o sistema deve ser construído de forma que haja integração e compatibilidade entre os diferentes mercados de dados.

Quanto mais acessíveis forem os bancos de dados que compõem o depósito de dados, mais provável será que o pesquisador use-os para revelar padrões. Assim, os pesquisadores têm mais probabilidade de minerar bancos de dados eletrônicos que impressos. Seria útil lembrar que os dados em um depósito já foram dados primários, coletados para uma finalidade específica. Quando os pesquisadores exploram o depósito de dados de uma empresa, todos os dados contidos nele tornam-se dados secundários. Os padrões revelados serão usados para fins diferentes daqueles pretendidos originalmente. Por exemplo, em um arquivo de faturas de vendas, há uma riqueza de dados sobre o que foi vendido, em que quantidade, a que preço, para quem e onde, quando e como os produtos foram transportados. Inicialmente, a empresa gerou as faturas de vendas para facilitar o processo de obtenção de pagamento pelos itens despachados. Quando um pesquisador minera esse arquivo, a busca é por padrões de vendas, por produto, categoria, região do país ou do mundo, nível do preço, métodos de envio e assim por diante. Portanto, a mineração de dados faz uma ponte entre os dados primários e secundários.

As buscas tradicionais em bancos de dados são unidimensionais e históricas, por exemplo: "Quanta cerveja foi vendida

Diversas empresas constroem amplos bancos de dados de comportamento de compra do consumidor, coletando dados de transações feitas por programas de crédito das próprias lojas ou cartões de fidelidade por compras frequentes sem relação direta com planos de pagamento. O estudo desses casos pode revelar o provável sucesso da introdução de um novo produto ou o efeito de aumento de vendas resultante de um incentivo de preço.

Instantâneo

Como a computação em nuvem afetará a pesquisa?

A *computação em nuvem* refere-se a "um ambiente de informática em que dados e serviços residem em centros de dados expansíveis acessíveis pela internet". A maioria de nós não está ciente dessa nuvem, mas pode estar utilizando-a se estiver inscrito em um serviço de e-mail baseado na internet, como o Gmail. É claro que a influência da computação em nuvem vai muito além disso. Embora a computação em nuvem seja diferente do SaaS (software como serviço, em que empresas acessam aplicativos pela internet, mas seus dados, documentos, etc. ficam em seus próprios computadores), muitas nuvens em expansão incluem a infraestrutura para armazenamento de dados com aplicativos exclusivos e personalizáveis. Amazon, Dell, Google, IBM, Microsoft, HP, Yahoo e Salesforce.com são alguns dos maiores players, mas a nuvem também está densa de players menores.

A Elastic Compute Cloud da Amazon, conhecida como Amazon EC2, declara mudar "a economia da informática permitindo [que a empresa] pague apenas pela capacidade [do servidor] que [ela] realmente usar". O que isso significa para a pesquisa é que os dados minerados de todas as fontes de pesquisa (transações de clientes, avaliações de funcionários, registros financeiros, levantamentos, etc.) talvez não estejam mais nos servidores de uma única empresa, mas na internet. Já podemos ver isso ocorrendo em sites como o SurveyMonkey.com. Uma empresa pode projetar e reunir múltiplos levantamentos online, e os dados de cada um serão coletados pelo SurveyMonkey e armazenados nele (ou potencialmente subcontratados para outro provedor de nuvem). Ele permite analisar os dados online à medida que o levantamento avança – em tempo real – e compartilhar o acesso a esses dados ou sua análise com qualquer pessoa.

A grande vantagem da computação em nuvem é ser "paga somente quando é ativada e poder ficar tão grande ou pequena quanto desejado no momento em que for necessário". Conforme a Salesforce.com declara a respeito de sua nuvem, a Force.com: "Não há hardware para comprar, escalonar e manter, nenhum sistema operacional, servidor de banco de dados ou servidor de aplicativos a instalar, nenhum consultor e equipe para gerenciar tudo isso e não são necessárias atualizações". Seu segundo ponto forte é a colaboração por meio de acesso amplamente disperso que muitos pensam poder estimular inovações. Por exemplo, com a nuvem da Microsoft, chamada de OneDrive, diz-se que "você nunca ficará sem os documentos, anotações, fotos ou vídeos que importam. Armazene qualquer coisa em seu OneDrive e ela estará automaticamente disponível a partir de seus dispositivos de confiança – sem necessidade de sincronização ou cabos". E você pode compartilhar arquivos com outras pessoas, quer elas usem celular, Mac ou PC.

Embora a maior fraqueza percebida da nuvem tenha sido a segurança e a falta de controle de informações privadas, Adam Selipesky, vice-presidente de marketing de produtos, de vendas e de gestão de produtos da Amazon, afirmou no *Amazon Web Service Summit 2012* que: "As pessoas estão tendo uma visão de um futuro em que a maioria dos empreendimentos não possuirá ou operará centros de dados, e os que o fizerem terão centros de dados pequenos e para fins especiais".

**aws.amazon.com/ec2; www.skydrive.com;
www.SurveyMonkey.com;
www.salesforce.com/platform**

---

durante o mês de dezembro na região de Sacramento?". Já a mineração tenta descobrir padrões e tendências nos dados e inferir regras a partir deles. Por exemplo, uma análise de vendas a varejo pela FastShop de Sacramento identificou produtos que muitas vezes são comprados juntos – como cerveja e fraldas –, embora eles talvez pareçam não estar relacionados. Com as regras descobertas na mineração, o gestor pode dar suporte, rever e/ou examinar cursos de ação alternativos para solucionar um problema gerencial, alternativas que podem ser estudadas posteriormente na coleta de novos dados primários.

Evolução da mineração de dados

Os algoritmos complexos usados na mineração de dados existem há mais de duas décadas. O governo dos Estados Unidos empregou software de mineração de dados personalizado usando redes neurais, lógica difusa e reconhecimento de padrões para identificar fraudes fiscais, escutas em comunicações estrangeiras e processar imagens de satélite.[9] Até recentemente, essas ferramentas estavam disponíveis apenas para empresas ou órgãos muito grandes devido a seus altos custos. No entanto, isso está mudando rapidamente.

Passo evolucionário	Questão investigativa	Tecnologias usadas	Características
Coleta de Dados (anos 60)	"Qual foi minha receita média total nos últimos cinco anos?"	Computadores, fitas, discos	Fornecimento de dados retrospectivos e estáticos
Acesso de Dados (anos 80)	"Qual foi o total de vendas na Califórnia em dezembro?"	Bancos de dados relacionais (RDBMS), linguagem de busca estruturada (SQL), ODBC	Fornecimento de dados retrospectivos e dinâmicos no nível de registro
Navegação de Dados (anos 90)	"Qual foi o total de vendas na Califórnia em dezembro? E em Sacramento?"	Processamento analítico on-line (OLAP), bancos de dados multidimensionais, armazém de dados	Fornecimento de dados retrospectivos e dinâmicos em níveis múltiplos
Garimpagem de Dados (2000)	"O que deve acontecer com as vendas em Sacramento no próximo mês? Por quê?"	Algoritmos avançados, computadores com multiprocessadores, bancos de dados gigantescos	Fornecimento de informações prospectivas e proativas

Figura 5-4 A evolução da mineração de dados.

Na evolução de *dados empresariais* para *informações*, cada nova etapa foi construída sobre as anteriores. Por exemplo, o armazenamento de grandes bancos de dados é essencial para o sucesso da mineração de dados. Os quatro estágios listados na Figura 5-4 foram revolucionários porque cada um permitiu que novas questões gerenciais fossem respondidas com precisão e rapidez.[10]

O processo de extrair informações dos dados vem sendo realizado há anos em alguns setores. As companhias de seguro geralmente competem para localizar pequenos segmentos de mercado nos quais os prêmios pagos superem em muito os riscos. Elas então emitem apólices com preços especiais para um determinado segmento, obtendo resultados lucrativos. No entanto, dois problemas limitaram a eficiência desse processo: a obtenção de dados tem sido difícil e cara, e processá-la em informações leva tempo – tornando-as históricas, e não preditivas. Agora, em vez de incorrer nos altos custos da coleta de dados para resolver questões gerenciais, os dados secundários estão disponíveis para auxiliar a tomada de decisão do gestor. Foi a capacidade da State Farm Insurance de minerar seu extenso banco de dados nacional de localizações e condições de acidentes em cruzamentos que a permitiu identificar cruzamentos de alto risco e planejar um estudo de dados primários para determinar alternativas para modificá-los.

Áreas funcionais de gestão e setores seletos atualmente estão conduzindo projetos de mineração de dados: marketing, serviço aos clientes, análise administrativa/financeira, vendas, distribuição manual, seguros, detecção de fraudes e gerenciamento de redes.[11] A tecnologia da mineração de dados fornece duas possibilidades únicas para o pesquisador ou gestor: descoberta e previsão de padrões.

Descoberta de padrões

As ferramentas de mineração de dados podem ser programadas para varrer bancos de dados regularmente e identificar padrões previamente ocultos. Um exemplo de descoberta de padrões é a detecção de cartões de crédito roubados com base na análise de registros de transações com cartões de crédito. A MasterCard processa 12 milhões de transações diariamente e usa a mineração de dados para detectar fraudes.[12] Outros usos incluem a descoberta de padrões de compra a varejo (usados para gestão de estoque), identificação de flutuações de volume na central de atendimento (usadas para pessoal) e localização de dados anômalos que podem representar erros de entrada de dados (usados para avaliar a necessidade de treinamento, avaliação de funcionários ou segurança).

Previsão de tendências e comportamentos

Um exemplo típico de problema preditivo é o marketing direcionado. Usar dados de malas diretas promocionais anteriores para identificar os alvos mais prováveis de maximizar o retorno sobre investimento pode tornar as futuras mais eficazes. O Bank of America e o Mellon Bank usam softwares de mineração de dados para identificar programas de marketing que atraiam clientes de alta margem e baixo risco. O Bank of America é focado em linhas de crédito e empréstimos no varejo; o Mellon Bank tem utilizado a mineração de dados para otimizar seu marketing de linhas de crédito de patrimônio para clientes existentes.[13] Outros problemas

Instantâneo

Mineração de sentimentos na internet?

A mineração de dados, ou a extração de padrões de grandes quantidades de dados, é ótima para peneirar números, mas ela pode interpretar "sentimentos"?

Alex Wright fez essa pergunta em um artigo recente do *New York Times* sobre a explosão de blogs e redes sociais com a acompanhante chuva de opiniões. Os blogueiros têm um impacto imenso ao influenciarem visões sobre política, negócios, entretenimento e esportes. Como blogs e networking centram-se em expressar e ouvir opiniões, ferramentas para a análise emocional de textos são essenciais. O problema para os analistas é extrair a emoção humana de avaliações e recomendações e traduzi-las em dados utilizáveis.

O campo emergente da *análise de sentimentos e mineração de opiniões* fornece-nos meios de aplicar tratamento computacional a opiniões, sentimentos e subjetividade em forma textual. Sua meta é decodificar a atitude de quem fala ou escreve sobre algum tópico. Pode ser uma avaliação, o estado afetivo do autor ou o efeito emocional que ele cria nos leitores. Uma empresa pode perguntar, por exemplo: "Suas análises preliminares de produtos são positivas ou negativas?". Ou: "As publicações do blog estão a favor de uma posição política específica que afeta os custos ambientais?" "O erro que as pessoas cometem é apenas ouvir as marcas e perder todas as conversas", diz Frank Cotignola, gerente de ideias do consumidor da Kraft Foods.

Como funciona? O software rastreia palavras-chave e categoriza uma declaração como positiva ou negativa usando uma atribuição binária simples ("sucesso" é bom, "falha" é ruim"). Entretanto, conforme explica Frank, a simplificação "não consegue captar as sutilezas que dão vida à linguagem humana: ironia, sarcasmo, gírias e outras expressões idiomáticas". A dificuldade da maioria dos algoritmos de sentimentos é a dependência de palavras-chave simples para expressar sentimentos complexos sobre um produto, filme ou serviço. São os fatores culturais, a obscuridade linguística e os contextos que tornam difícil a transformação do texto escrito em sentimento digitalizado.

Falando no Simpósio de Análise de Sentimentos de 2012, Catherine van Zuylen, vice-presidente de produtos da Attensity, um fornecedor de software de análise social, identificou sete problemas difíceis da análise de comentários: *falsos negativos* – "Chorei tanto, foi um dos melhores filmes de todos os tempos!"; *sentimento relativo* – "Comprei um Honda Civic, não o Corolla da Toyota."; *sentimento composto* – "Adorei a aparência do carro, mas detestei andar nele."; *sentimento condicional* – "Estava prestes a cancelar minha associação, mas então me ofereceram um cupom para aluguel grátis."; *sentimento de pontuação* – "Eu gostei do filme." *versus* "Eu gostei muito do filme." *versus* "Eu amei o filme!"; *interpretação de modificadores de humor (emoticons)* – "Comprei um iPhone hoje:-)" ou "Tem que amar a empresa de TV a cabo;-<"; *interpretação de sentimentos internacionais* –*emoticons* exclusivos por país, linguagem efusiva ou pomposa *versus* linguagem mais reservada devido à cultura.

Bo Pang, um dos primeiros acadêmicos e desenvolvedores de software da área, explica que, para entender a verdadeira intenção de uma declaração, filtros de intensidade e subjetividade devem ser adicionados à polaridade (bom-mau/positivo-negativo). A intensidade refere-se ao nível de emoção sendo expressado e a subjetividade é o grau de imparcialidade da fonte. Escalas multidirecionais também foram usadas para expandir o escalonamento de polaridade, algumas vezes com classificações de 3 a 5 estrelas.

À medida que as empresas recorrem à área da análise de sentimentos para automatizar a filtragem, compreensão e identificação de conteúdo emocional relevante, aventuram-se além dos serviços tradicionais baseados em fatos. Esse tipo de serviço de assinatura respondeu à demanda de encontrar tendências em opiniões sobre produtos, serviços ou tópicos de notícias. Ele permite que clientes monitorem blogs, artigos de notícias, fóruns online e sites de networking. Outros serviços rastreiam tópicos de negócios, editoriais de jornais, lançamentos de filmes e o Twitter.

Quais questões éticas mais amplas envolvendo a privacidade e a vulnerabilidade à manipulação você vê? Como suas respostas são conciliadas com o potencial impacto econômico da análise de sentimentos?
www.attensity.com

preditivos incluem a previsão de falência e inadimplência e a identificação de segmentos da população com respostas similares a determinados estímulos. As ferramentas de mineração também podem ser usadas para construir modelos de risco para um mercado específico, como a descoberta das 10 tendências mais significativas de compras a cada semana.

Processo de mineração de dados

A mineração de dados, conforme representada na Figura 5-5, envolve um processo de cinco etapas:[14]

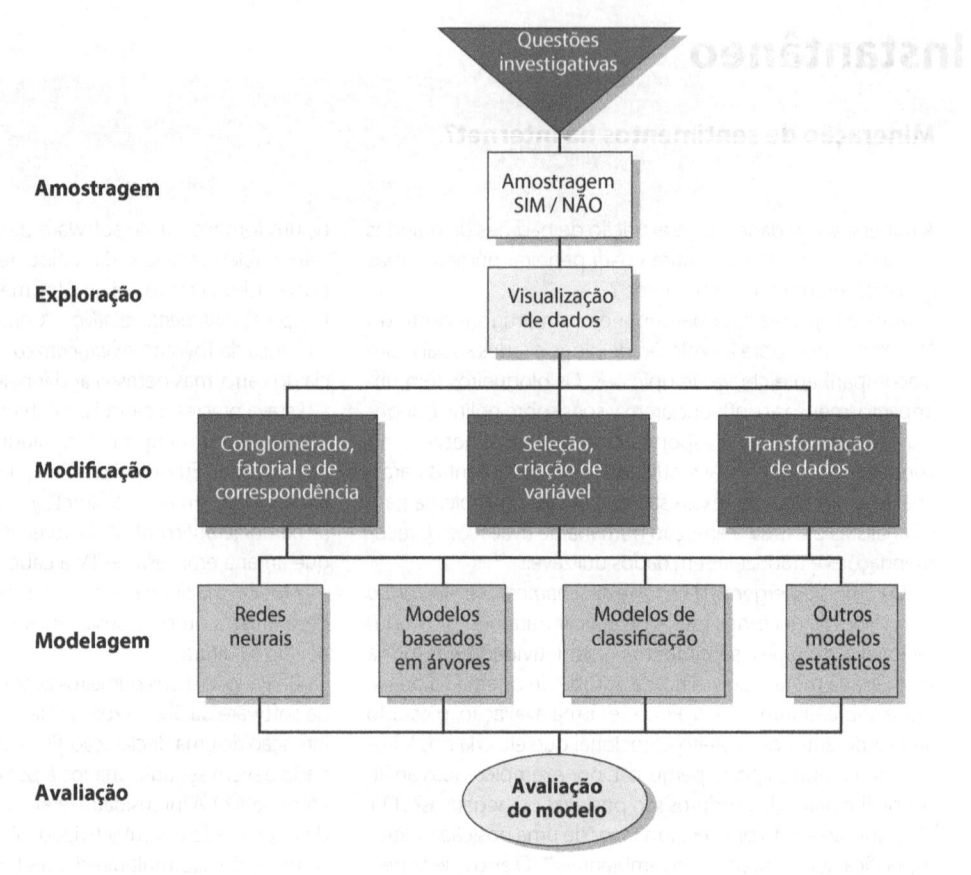

Figura 5-5 Processo de mineração de dados.

- *Amostragem:* Decidir entre censo e amostra de dados.
- *Exploração:* Identificar relações dentro dos dados.
- *Modificação:* Modificar ou transformar os dados.
- *Modelagem:* Desenvolver um modelo que explique as relações dos dados.
- *Avaliação:* Testar a precisão do modelo.

Para visualizar melhor as conexões entre as técnicas descritas acima e as etapas do processo listadas nesta seção, você pode baixar uma versão de demonstração de um software de mineração de dados.

Amostra

A Figura 5-5 sugere que o pesquisador precisa decidir se usa todos os dados ou uma amostra deles.[15] Se o conjunto de dados em questão não for grande, se o poder de processamento for alto, ou se for importante entender os padrões de todos os registros no banco de dados, não deverá ser feita amostragem. No entanto, se o depósito de dados for muito grande (terabytes de dados), o poder de processamento for limitado, ou a velocidade for mais importante que a análise completa, será conveniente extrair uma amostra. Em alguns casos, os pesquisadores podem usar um mercado de dados para sua amostra – com dados locais apropriados para sua geografia. De maneira alternativa, o pesquisador pode selecionar uma técnica de amostragem apropriada, já que a rapidez costuma ser mais importante que a precisão absoluta para as decisões.

Se existirem padrões gerais nos dados como um todo, eles serão encontrados na amostra. Se um nicho for tão pequeno que não esteja representado em uma amostra, mas for tão importante que influencie o todo, será detectado com uso da análise exploratória de dados (AED), a qual exploraremos no Capítulo 16.

Instantâneo

OdinText: análise de texto para o pesquisador do tipo "faça você mesmo"

Com o advento de grandes bancos de dados com dados não estruturados, os pesquisadores têm procurado uma ferramenta que lhes permita fazer análises de texto mais avançadas sozinhos. O novo produto de software como serviço (SaaS) da Anderson Analytics, OdinText, promete fazer isso.

O diretor de pesquisa sênior da IBM James Newswanger define a análise de texto como "o processo de incluir conteúdo [não estruturado], usar softwares para minerá-lo a fim de identificar significados e oferecer uma interface de apresentação que permita aos pesquisadores encontrar ideias. Alguns pesquisadores precisam encontrar temas básicos no texto, [ao passo que] outros precisam identificar sentimentos associados aos temas".

Tom H. C. Anderson, fundador e sócio-gerente da Anderson Analytics e líder de pensamento na área de análise de texto, indica que "meu papel na empresa [tem] evoluído de uma abordagem tipo serviço completo [para pesquisa e análise] para ajudar clientes a adotar uma abordagem prática na análise de dados não estruturados". Os dados não estruturados têm aumentado com a explosão de blogs, sites de mídia social, levantamentos online, uso de e-mail e maior atividade de centrais de atendimento. A análise de texto está evoluindo de uma "abordagem mais linguística – que caiu um pouco em desuso agora – para métodos estatísticos e de aprendizagem automática, que parecem estar provando serem mais eficazes", especialmente para grandes quantidades de dados.

"O OdinText", disse Tom, "ajuda os clientes a monitorar comentários de consumidores levando sua atenção para novas tendências importantes. O software identifica essas questões importantes e também calcula o sentimento. Os usuários sentem que o software é útil para filtrar o ruído tão comum em grandes quantidades de dados textuais. A maioria dos usuários carrega seus próprios dados para uma pasta personalizada do projeto no servidor do OdinText. O software então codifica e hospeda os dados e age como a interface do usuário, permitindo que sejam feitas várias análises, etc. Ele foi especialmente desenvolvido para a pesquisa de mercado, mas também fornece capacidade poderosa de visualização para ajudar os usuários a explorar e entender rapidamente seus dados".

Um usuário do OdinText é a KODAK Gallery, que recorreu a ele para analisar 1.500 a 2.000 respostas abertas semanais de dois estudos de monitoramento de satisfação dos clientes em andamento, sem tempo ou recursos suficientes para a codificação tradicional. "O objetivo era encontrar uma forma de categorizar essas respostas em áreas lógicas de tópicos que pudessem servir como indicador diagnóstico para alterações importantes de tendência métrica e orientar investigações adicionais", declarou a diretora de pesquisa da KODAK Gallery, Lori Tarabek.

Tom, que teme que a mídia social tenha sido supervalorizada, acredita que o monitoramento de mídias sociais é apenas uma fonte de dados textuais. "A maioria das empresas já possui uma riqueza em seus próprios dados não estruturados, que precisam ser compreendidos." O OdinText foi desenvolvido para lidar com esses grandes conjuntos de dados não estruturados, que muitas vezes são pesados para analisar com pacotes estatísticos típicos e impossíveis de codificar à mão.

www.odintext.com

Exploração

Depois de fazer a amostragem dos dados, a próxima etapa é explorá-los visual ou numericamente, buscando tendências ou agrupamentos. Tanto a exploração visual como a estatística (visualização de dados) podem ser usadas para identificar tendências. O pesquisador também procura ocorrências isoladas para ver se os dados precisam ser limpos, casos precisam ser descartados ou uma amostra maior precisa ser extraída.

Modificação

Com base nas descobertas da fase exploratória, os dados podem exigir modificação. Agrupamentos, transformação baseada em fragmentação e aplicação de lógica difusa, são concluídos durante essa fase, conforme apropriado. Pode ser usado um programa de redução de dados, como análise fatorial, análise de correspondência ou agrupamento.

Se forem descobertos construtos importantes, novos fatores poderão ser introduzidos para categorizar os dados nesses grupos. Além disso, variáveis baseadas em combinações de variáveis existentes podem ser acrescentadas, recodificadas, transformadas ou descartadas.

Algumas vezes, a segmentação descritiva dos dados é tudo o que é necessário para responder à questão investigativa. No entanto, se um modelo preditivo complexo for necessário, o pesquisador passará para a próxima etapa do processo.

Modelagem

Uma vez que os dados estejam preparados, começa a construção de um modelo. As técnicas de modelagem na mineração de dados incluem redes neurais, bem como árvores de decisão, análise baseada em sequência, classificação e estimativa e modelos baseados em genética.

Avaliação

A etapa final da mineração de dados é avaliar o modelo para estimar seu desempenho. Um método comum de avaliação envolve a aplicação de uma parte dos dados que não foi usada durante o estágio de amostragem. Se o modelo for válido, funcionará para essa amostragem "externa". Outra forma de testar um modelo é executá-lo a partir de dados conhecidos. Por exemplo, se você sabe quais clientes em um arquivo são mais fiéis e seu modelo prevê fidelidade, poderá verificar se ele seleciona esses clientes de forma precisa.

A hierarquia das questões: como questões ambíguas se tornam pesquisa acionável

O processo que chamamos de hierarquia de questões da pesquisa em administração é elaborado para guiar o pesquisador ao longo de vários níveis de questões, cada qual com uma função específica dentro do processo global de pesquisa em administração. Esse processo em múltiplas etapas é apresentado na Figura 5-6 e no exemplo da Figura 5-7. O papel da exploração nesse processo é representado na Figura 5-8.

A questão gerencial

As **questões gerenciais** são uma redefinição do problema gerencial em forma de pergunta. Elas têm origem no problema gerencial e são muitas para serem listadas, mas podemos dividi-las em categorias (*vide* Figura 5-9). Independentemente de como a questão gerencial for definida, muitas direções de pesquisa podem ser tomadas. Uma questão específica pode levar a muitos estudos. Portanto, é responsabilidade conjunta do pesquisador e do gestor escolher o projeto mais produtivo.

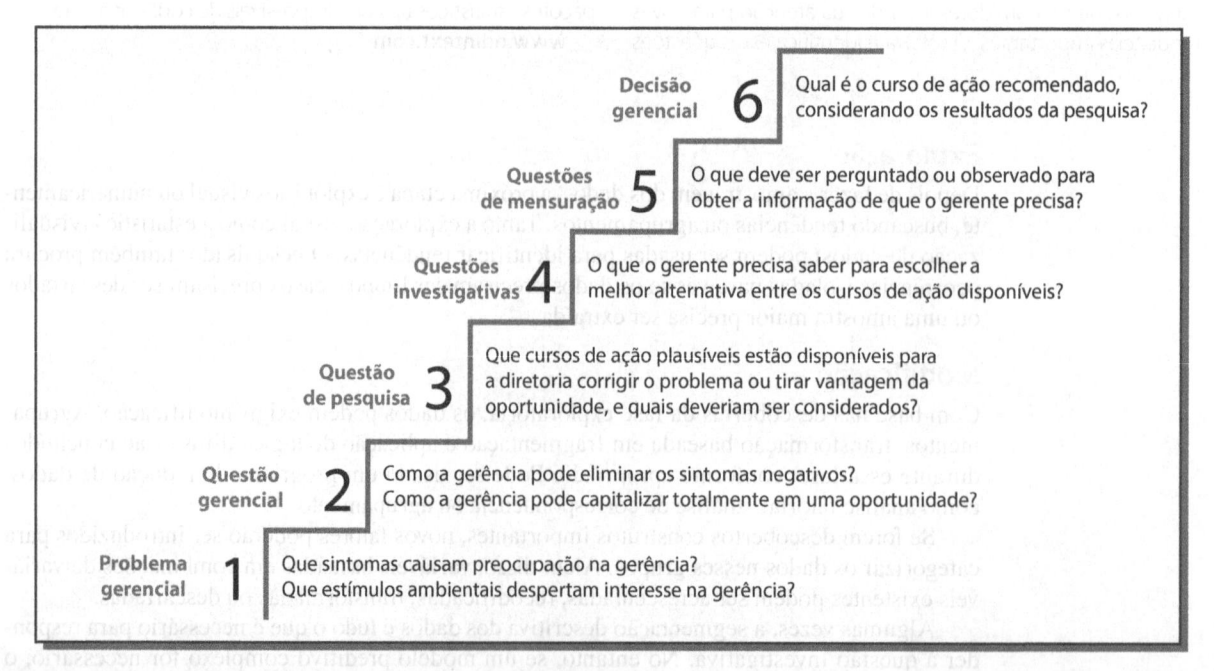

Etapa	Nível	Questão
6	Decisão gerencial	Qual é o curso de ação recomendado, considerando os resultados da pesquisa?
5	Questões de mensuração	O que deve ser perguntado ou observado para obter a informação de que o gerente precisa?
4	Questões investigativas	O que o gerente precisa saber para escolher a melhor alternativa entre os cursos de ação disponíveis?
3	Questão de pesquisa	Que cursos de ação plausíveis estão disponíveis para a diretoria corrigir o problema ou tirar vantagem da oportunidade, e quais deveriam ser considerados?
2	Questão gerencial	Como a gerência pode eliminar os sintomas negativos? Como a gerência pode capitalizar totalmente em uma oportunidade?
1	Problema gerencial	Que sintomas causam preocupação na gerência? Que estímulos ambientais despertam interesse na gerência?

Figura 5-6 Hierarquia de questões da pesquisa em administração.

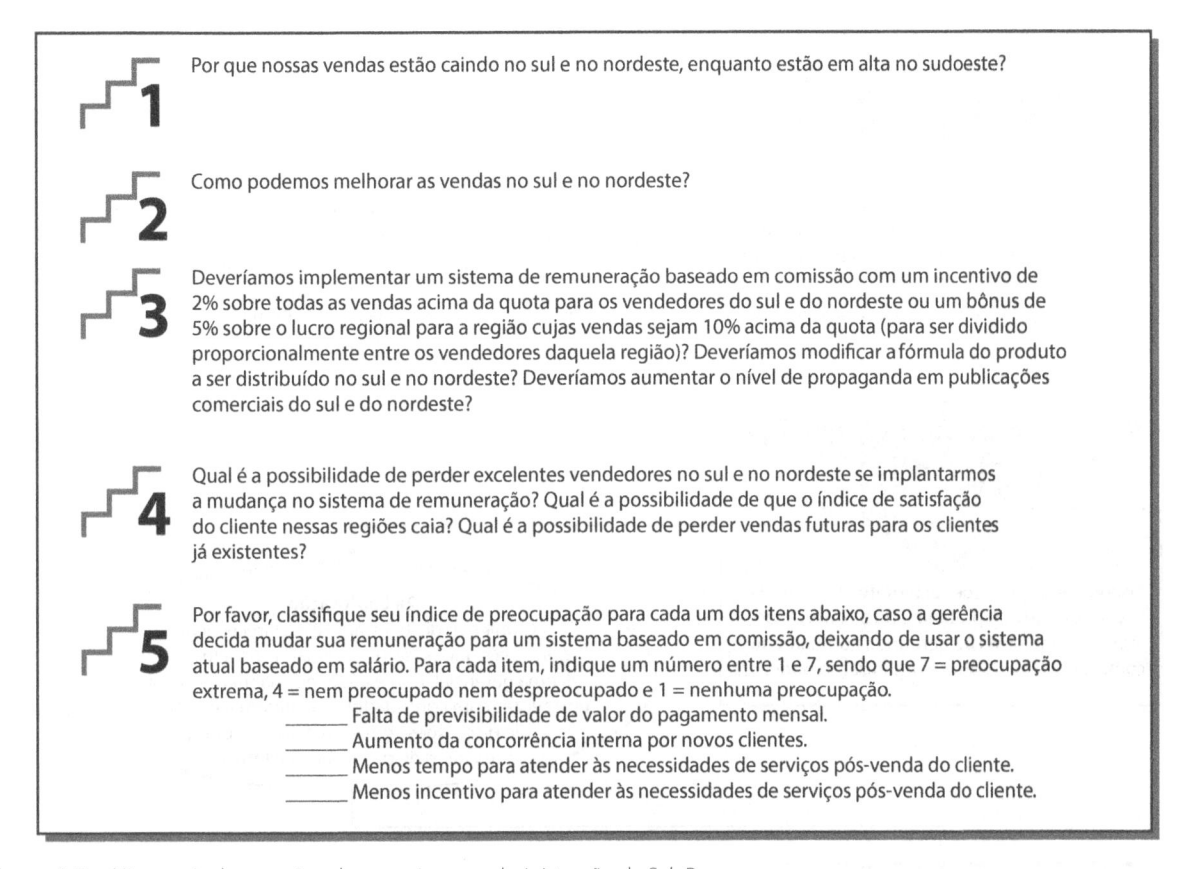

```
┌─1  Por que nossas vendas estão caindo no sul e no nordeste, enquanto estão em alta no sudoeste?

┌─2  Como podemos melhorar as vendas no sul e no nordeste?

┌─3  Deveríamos implementar um sistema de remuneração baseado em comissão com um incentivo de
     2% sobre todas as vendas acima da quota para os vendedores do sul e do nordeste ou um bônus de
     5% sobre o lucro regional para a região cujas vendas sejam 10% acima da quota (para ser dividido
     proporcionalmente entre os vendedores daquela região)? Deveríamos modificar a fórmula do produto
     a ser distribuído no sul e no nordeste? Deveríamos aumentar o nível de propaganda em publicações
     comerciais do sul e do nordeste?

┌─4  Qual é a possibilidade de perder excelentes vendedores no sul e no nordeste se implantarmos
     a mudança no sistema de remuneração? Qual é a possibilidade de que o índice de satisfação
     do cliente nessas regiões caia? Qual é a possibilidade de perder vendas futuras para os clientes
     já existentes?

┌─5  Por favor, classifique seu índice de preocupação para cada um dos itens abaixo, caso a gerência
     decida mudar sua remuneração para um sistema baseado em comissão, deixando de usar o sistema
     atual baseado em salário. Para cada item, indique um número entre 1 e 7, sendo que 7 = preocupação
     extrema, 4 = nem preocupado nem despreocupado e 1 = nenhuma preocupação.
         _____ Falta de previsibilidade de valor do pagamento mensal.
         _____ Aumento da concorrência interna por novos clientes.
         _____ Menos tempo para atender às necessidades de serviços pós-venda do cliente.
         _____ Menos incentivo para atender às necessidades de serviços pós-venda do cliente.
```

Figura 5-7 Hierarquia de questões da pesquisa em administração da SalePro.

Declínio nas vendas é um dos sintomas mais comuns que servem como estímulo para um projeto de pesquisa, principalmente no caso de um padrão constante sem explicação. SalePro, uma grande fabricante de produtos industriais, enfrenta essa situação. A exploração (1) revela que as vendas, na verdade, não deveriam estar caindo no sul e no nordeste. Fatores ambientais nessas regiões são tão favoráveis quanto nas áreas em que há aumento de vendas. Exploração posterior (2, 3) leva a gerência a acreditar que o problema se encontra em uma das seguintes três áreas: remuneração dos vendedores, fórmula dos produtos ou propaganda. Uma exploração mais detalhada (4) faz com que a SalePro concentre o foco de sua pesquisa em maneiras alternativas de alterar o sistema de remuneração de vendas, que (5) leva a um levantamento de todos os vendedores nas regiões afetadas.

Suponha, por exemplo, que um pesquisador em administração seja contratado para ajudar a nova administração de um banco. O presidente está preocupado com a erosão da lucratividade do banco (o problema gerencial) e quer virar esse jogo. O BankChoice é o mais antigo e o maior dos três bancos em uma cidade com cerca de 80 mil habitantes. Os lucros estagnaram nos últimos anos. O presidente e o pesquisador discutem o problema enfrentado pela empresa e concordam com a seguinte questão gerencial: "Como podemos melhorar nossos lucros"?

A questão gerencial não especifica que tipo de pesquisa em administração deve ser feita. Essa pergunta de partida é estritamente gerencial. Ela implica que a administração do banco enfrenta a tarefa de desenvolver uma estratégia para aumentar os lucros. A questão é ampla. Observe que ela não indica se a administração deve aumentar os lucros por meio de aumento nos depósitos, redução de pessoal, terceirização da folha de pagamento ou algum outro meio.

Discussões adicionais entre o presidente do banco e o pesquisador mostram que, na verdade, há duas perguntas a serem respondidas. O problema do baixo crescimento nos depósitos está vinculado a preocupações de natureza competitiva. Embora a queda nos depósitos afete diretamente os lucros, outra parte da redução de lucros está associada a fatores negativos dentro da empresa que estão aumentando as reclamações dos clientes. O pesquisador qualificado sabe que a questão gerencial, da forma como foi originalmente elaborada, é demasiado ampla para guiar um projeto de pesquisa definitivo. Como ponto de partida, ela é suficiente, mas o BankChoice desejará refiná-la nestas subquestões mais específicas:

1 Descobrir o dilema gerencial

Pode ser um problema ou uma oportunidade. Neste estágio, você pode até ter identificado sintomas em vez de problemas ou oportunidades.

1a Exploração

Neste estágio você revê as fontes publicadas e entrevista os controladores de informações para entender o verdadeiro dilema gerencial, e não apenas seus sintomas.

2 Definir a questão gerencial

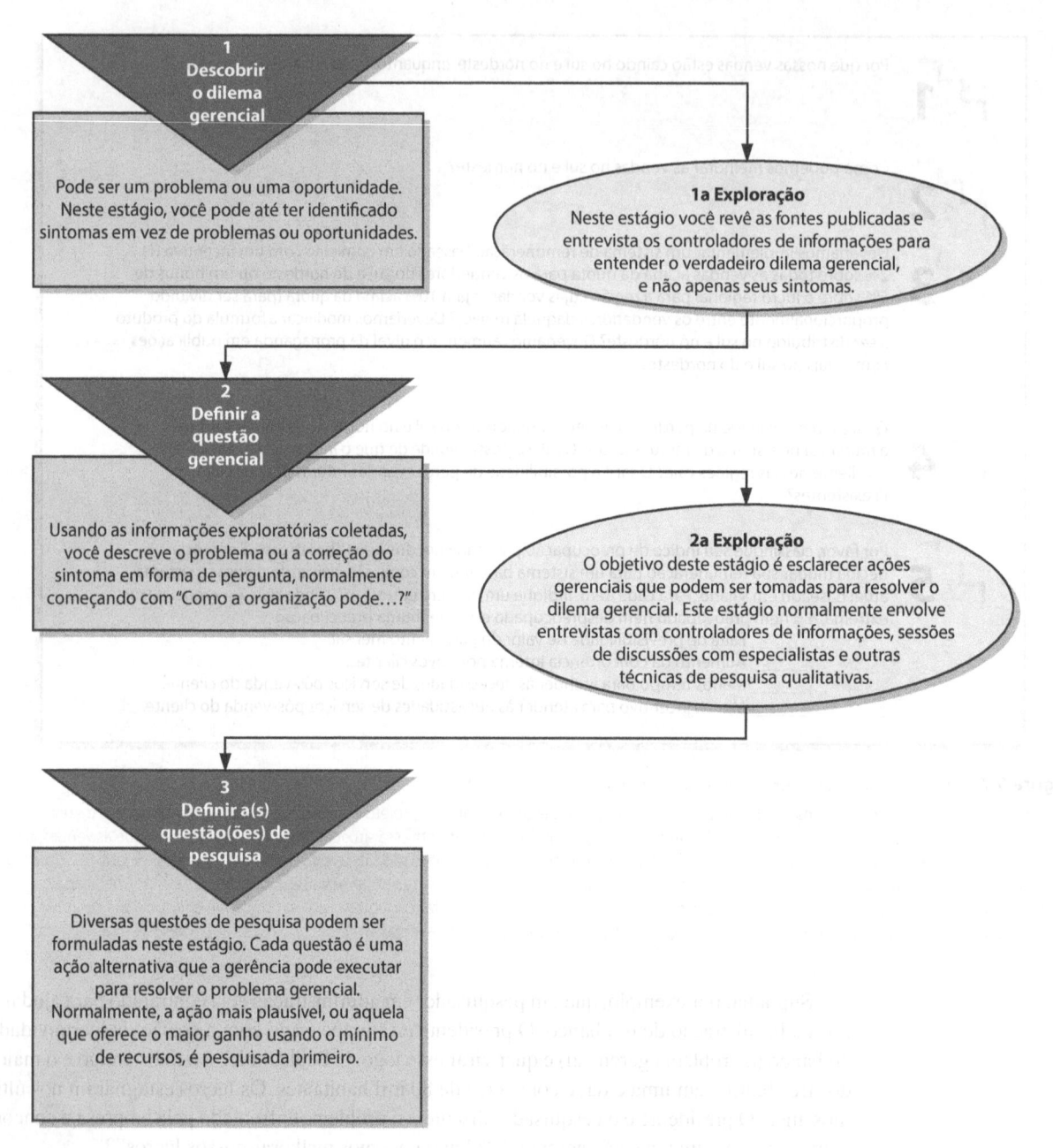

Usando as informações exploratórias coletadas, você descreve o problema ou a correção do sintoma em forma de pergunta, normalmente começando com "Como a organização pode…?"

2a Exploração

O objetivo deste estágio é esclarecer ações gerenciais que podem ser tomadas para resolver o dilema gerencial. Este estágio normalmente envolve entrevistas com controladores de informações, sessões de discussões com especialistas e outras técnicas de pesquisa qualitativas.

3 Definir a(s) questão(ões) de pesquisa

Diversas questões de pesquisa podem ser formuladas neste estágio. Cada questão é uma ação alternativa que a gerência pode executar para resolver o problema gerencial. Normalmente, a ação mais plausível, ou aquela que oferece o maior ganho usando o mínimo de recursos, é pesquisada primeiro.

Figura 5-8 Formulação da questão de pesquisa.

- Como podemos aumentar os depósitos?
- Como podemos melhorar as operações internas que atualmente geram reclamações dos clientes?

Essa separação da questão gerencial em duas subquestões poderia não ter ocorrido sem uma discussão entre o pesquisador e a administração.

Exploração

O BankChoice nunca fez uma pesquisa formal em administração. Ele tem poucas informações específicas sobre concorrentes ou clientes e nunca analisou suas operações internas. Para ir adiante na hierarquia de questões da pesquisa em administração e definir a questão de pesquisa, o cliente precisa coletar algumas informações exploratórias sobre:

Categorias	Questão geral	Exemplos de questões gerenciais
Escolha de propósito ou escolha de objetivos	• O que queremos atingir?	• Devemos reposicionar a marca X como um produto terapêutico, movendo-a de seu posicionamento atual como cosmético? • Que metas a XYZ deveria tentar atingir em sua próxima rodada de negociações com o distribuidor?
Generalização e avaliação de soluções (escolhas entre ações concretas para resolver problemas ou tirar vantagem de oportunidades)	• Como podemos atingir os fins que buscamos?	• Como podemos atingir nossa meta de 5 anos de dobrar as vendas e lucros? • O que deve ser feito para melhorar o programa CompleteCare em relação a consertos e manutenção?
Solução de problemas ou controle (monitorar ou diagnosticar maneiras que impedem a organização de atingir suas metas)	• Até que ponto nosso programa de marketing está atingindo suas metas? • Por que nosso programa de marketing não está atingindo suas metas?	• Qual é a relação entre vendas da linha de produtos e custo de promoção? • Por que nosso departamento tem a menor proporção de vendas por visitas ao site? • Por que nossa linha de produtos tem as menores oportunidades de exposição em prateleiras do setor?

Figura 5-9 Tipos de questões gerenciais.

• Quais fatores estão contribuindo para que o banco não consiga atingir uma taxa de crescimento maior em seus depósitos?
• Como o banco está procedendo em relação à satisfação do cliente e às condições financeiras em comparação com os padrões do setor e dos concorrentes?

Discussões em pequenos grupos são conduzidas entre funcionários e gestores e adquirem-se dados da associação comercial para comparar estatísticas financeiras e operacionais de relatórios anuais da empresa e relatórios de fim do ano fiscal das divisões. A partir dos resultados dessas duas atividades exploratórias, fica evidente que as operações do BankChoice não são tão progressistas como as de seus concorrentes, mas que os custos estão dentro dos padrões. Então a questão gerencial revisada passa a ser: "O que deve ser feito para tornar o banco mais competitivo?". O processo de exploração será essencial para ajudar o banco a identificar suas opções.

Além de solucionar problemas, é provável que os pesquisadores estejam procurando oportunidades no mercado. Vejamos outro caso, a TechByte está interessada em melhorar sua posição em uma dada tecnologia que parece ter potencial para crescimento futuro. Esse interesse ou necessidade pode rapidamente gerar uma série de questões:

• Qual será a rapidez de desenvolvimento dessa tecnologia?
• Quais são as prováveis aplicações dessa tecnologia?
• Que empresas possuem essa tecnologia hoje e quais têm mais possibilidade de se empenhar para obtê-la?
• Quanto a nova tecnologia absorverá em recursos?
• Quais são os prováveis ganhos?

Na exploração de oportunidades vista anteriormente, os pesquisadores provavelmente começariam com livros e publicações específicas. Procurariam certos aspectos nessa literatura, como desenvolvimentos recentes, previsões sobre as possibilidades da tecnologia feitas por especialistas, identificação dos envolvidos na área e relatos de sucessos e fracassos de outras empresas na área. Depois de familiarizar-se com a literatura, os pesquisadores talvez entrevistem cientistas, engenheiros e desenvolvedores de produtos que sejam reconhecidos na área. Eles dariam atenção especial àqueles que representam os dois extremos de opinião com respeito às possibilidades da tecnologia. Se possível, falariam com pessoas que tenham informações sobre problemas especialmente difíceis em desenvolvimento e aplicação. Evidentemente, muitas das informações serão confidenciais e competitivas. No entanto, uma investigação habilidosa pode revelar muitos indicadores úteis. O BankChoice acabou decidindo realizar um levantamento dos residentes locais. Duzentos residentes preenchem questionários, e as informações coletadas são usadas para guiar o reposicionamento do banco.

Instantâneo

A comunidade profissional online como fonte de informações empresariais

Quando se pensa em comunidades ou redes online, geralmente é em comunidades de consumidores, como Facebook, Twitter ou Google+. Mas essas redes também prosperam na comunidade empresarial. De acordo com Matthew Lees, vice-presidente e consultor do Patricia Seybold Group, "comunidades de pares profissionais (também conhecidas como comunidades profissionais) são construídas em torno de um tópico, setor ou disciplina específicos". Muitas oferecem oportunidades de interação online, bem como pessoal. Vanessa DiMauro, uma das diretoras da Leader Networks e desenvolvedora de comunidades virtuais há mais de 15 anos, sustenta que as comunidades profissionais não são todas iguais e identifica três tipos:

- A de disseminação de informações é em grande parte um site de conteúdo patrocinado ao qual os membros da comunidade vão para coletar informações, mas raramente interagem uns com os outros; tende-se a desenvolver a participação esporádica. (No nível de consumidor, a WebMD é um exemplo.)
- A de jargão profissional é interativa e representa uma rede em que os membros podem obter respostas a questões relacionadas a trabalho; usa-se um moderador.
- A de colaboração profissional, em que o compartilhamento de conteúdo confidencial exige um alto nível de confiança entre os membros; esse tipo de rede geralmente é pequeno, muitas vezes admite membros somente por indicação e convite, pode conter concorrentes e frequentemente está integrado na vida profissional dos membros; requer moderação diligente. (Na comunidade de pesquisa, o grupo Next Gen Market Research [NGMR] no LinkedIn é um exemplo.)

"O principal requisito que envolve a formação de qualquer comunidade profissional ou entre empresas é que é necessário haver um forte imperativo – uma forte necessidade – para que as pessoas compartilhem informações", explica Vanessa. "Na criação de qualquer comunidade profissional, essa necessidade deve superar quaisquer questões de confidencialidade que causem a retenção das informações. Ao lidar com executivos, é sempre seguro apostar que tenham um senso profundo do que é apropriado ou inapropriado compartilhar."

www.psgroup.com; www.leadernetworks.com;
www.tomhcanderson.com/category/
next-gen-market-research/.

Na vinheta de abertura da MindWriter, Sara assume a tarefa de descobrir estudos da indústria de PCs sobre manutenção e suporte técnico, bem como comparações entre empresas e produtos técnicos quanto à satisfação do cliente que tenham sido publicadas. Enquanto isso, na MindWriter, Myra Wines está procurando estudos anteriores sobre satisfação do cliente nos arquivos da empresa. Jason percebeu ao examinar o resumo de Sara sobre a correspondência de clientes que a Henry & Associates precisa saber mais sobre o design e o manuseio do produto e as práticas do CompleteCare; assim, Jason planeja um segundo processo exploratório, começando com uma entrevista com o especialista Sam Turnbull, da MindWriter.

Uma exploração não estruturada permite ao pesquisador desenvolver e revisar a questão gerencial e determinar o que é necessário para assegurar respostas às questões propostas.

A questão de pesquisa

Usando seu entendimento dos conceitos teóricos básicos, a tarefa do pesquisador é auxiliar o gestor a formular uma questão de pesquisa que atenda à necessidade de resolver o problema gerencial. A **questão de pesquisa** enuncia melhor o objetivo do estudo de pesquisa em administração; é uma questão gerencial mais específica que deve ser respondida. Pode ser apenas uma ou mais de uma pergunta. Um processo de pesquisa em administração que a responda oferece ao gestor as informações necessárias para tomar a decisão com a qual é confrontado. A definição incorreta da questão de pesquisa é uma fraqueza fundamental no processo de pesquisa em administração. Pode-se desperdiçar tempo e dinheiro estudando uma alternativa que não ajudará o gestor a corrigir o problema original.

Enquanto isso, no banco, o presidente concordou que a pesquisa em administração seja guiada pela seguinte questão de pesquisa: o BankChoice deve posicionar-se como uma instituição moderna e progressista (com mudanças apropriadas em serviços e políticas), ou manter sua imagem de instituição mais antiga e confiável da cidade?

Refinamento da questão de pesquisa

O termo *refinamento* pode parecer estranho na área de pesquisa, mas cria uma imagem que muitos pesquisadores reconhecem. Refinar a questão é precisamente o que um profissional habilidoso deve fazer depois que a exploração for concluída. Nesse ponto, começa a surgir uma imagem mais clara das questões gerenciais e de pesquisa (*vide* Figura 5-10). Após o pesquisador fazer uma revisão preliminar da literatura, um estudo exploratório breve, ou ambos, o projeto começa a se cristalizar em uma destas duas formas:

1. É evidente que a questão foi respondida e o processo é finalizado.
2. Surgiu uma questão diferente da originalmente tratada.

A questão de pesquisa não precisa ser materialmente diferente, mas deve ter se desenvolvido de alguma forma. Isso não é motivo para perder a motivação. A questão refinada de pesquisa terá um foco melhor e levará a pesquisa em administração adiante com mais clareza que a questão formulada inicialmente.

Além de refiná-la, o pesquisador deve tratar de outras atividades relacionadas à questão de pesquisa nessa fase para melhorar a direção do projeto:

1. Examinar as variáveis a serem estudadas. Elas estão satisfatoriamente definidas? As definições operacionais foram usadas quando apropriado?
2. Revisar as questões da pesquisa com a intenção de dividi-las em questões específicas de segundo e terceiro nível.
3. Se foram usadas hipóteses (tentativa de explicação), certificar-se de que correspondam aos testes de qualidade mencionados no Capítulo 3.
4. Determinar quais evidências precisam ser coletadas para responder às várias questões e hipóteses.
5. Definir o escopo do estudo declarando o que não faz parte da questão de pesquisa. Isso estabelecerá uma fronteira para separar problemas adjacentes do objetivo primário.

Questões investigativas

As **questões investigativas** representam as informações que o tomador de decisão precisa saber; são perguntas que o pesquisador deve responder para chegar satisfatoriamente a uma conclusão sobre a questão de pesquisa. Para estudar o mercado, o pesquisador trabalhando no projeto do BankChoice desenvolve duas questões investigativas principais. Cada questão tem diversas subquestões, que fornecem ideias para a falta de crescimento nos depósitos:

1. Qual é a posição do público em relação aos serviços financeiros e sua utilização?
    a. Que serviços financeiros específicos são usados?
    b. Quão atraentes são vários serviços?
    c. Que fatores específicos do banco e ambientais influenciam o uso de determinado serviço por alguém?
2. Qual é a posição competitiva do banco?
    a. Quais são os padrões geográficos de nossos clientes e os dos clientes de nossos concorrentes?
    b. Que diferenças demográficas são reveladas entre nossos clientes e os de nossos concorrentes?
    c. Que palavras ou frases descritivas o público (clientes e não clientes) associa com o BankChoice? E com os concorrentes do banco?
    d. O público está ciente dos esforços promocionais do banco?
    e. Que opinião o público tem do BankChoice e de seus concorrentes?
    f. Como se compara o crescimento de serviços entre as instituições concorrentes?

Close-up

Proposta de pesquisa para a MindWriter e a fase de exploração

Proposta de satisfação com o processo de consertos
Programa CompleteCare da MindWriter Corporation

Declaração do problema

A MindWriter Corporation recentemente criou um programa de manutenção e consertos para seus computadores portáteis/laptops/notebooks, o CompleteCare, que promete proporcionar resposta rápida a problemas de manutenção dos clientes.

Atualmente, a MindWriter está passando por uma falta de operadores técnicos treinados em sua central telefônica. A transportadora, contratada para retirar e entregar as máquinas dos clientes para o CompleteCare, não operou de forma regular. A MindWriter também teve problemas com a disponibilidade de peças para alguns tipos de máquinas.

Os registros telefônicos recentes da central de atendimento mostram reclamações sobre o CompleteCare; não se sabe quão representativas elas são e quais implicações podem ter para a satisfação com os produtos da MindWriter.

A administração deseja informações sobre a eficácia do programa e seu impacto sobre a satisfação dos clientes para determinar o que deve ser feito para melhorar o programa CompleteCare para o conserto e a manutenção de produtos da MindWriter.

Objetivos da pesquisa

O objetivo desta pesquisa é determinar o nível de satisfação com o programa CompleteCare. Especificamente, pretendemos identificar os níveis de satisfação por componente e geral. Os componentes do processo de conserto são alvos importantes para a investigação porque revelam:

(1) Como os níveis de tolerância do cliente para o desempenho do conserto afetam a satisfação geral e

(2) quais componentes do processo devem ser imediatamente melhorados para elevar a satisfação geral desses clientes da MindWriter com falhas nos produtos.

Também descobriremos a importância dos tipos de falha nos produtos sobre os níveis de satisfação dos clientes.

Importância/benefícios

Altos níveis de satisfação do usuário se traduzem em recomendação boca a boca positiva. Essas recomendações influenciam os desfechos de compras de (1) amigos e familiares e (2) colegas de trabalho.

Incidentes críticos, como falhas de produtos, têm o potencial de minar os níveis existentes de satisfação ou conservar e até mesmo aumentar os níveis resultantes de satisfação com o produto. O desfecho do episódio depende da qualidade da resposta do fabricante.

Uma resposta extraordinária do fabricante a tais incidentes preservará e melhorará os níveis de satisfação do usuário até o ponto em que benefícios diretos e indiretos derivados desses programas justificarão seus custos.

Esta pesquisa tem o potencial de conectar programas correntes de satisfação dos clientes da MindWriter e mensurar os efeitos em longo prazo do CompleteCare (e de incidentes de falha dos produtos) sobre a satisfação dos clientes.

Projeto de pesquisa

Exploração: qualitativa. Aumentaremos nosso conhecimento sobre o CompleteCare entrevistando o gerente de serviços, o gerente da central de atendimento e o responsável pela empresa independente de embalagem. Com base em um inventário minucioso dos processos internos e externos do CompleteCare, propomos desenvolver um levantamento online.

Projeto do questionário. Recrutado por e-mail, online e autoadministrado, ele apresenta o método de melhor custo-benefício para garantir o feedback sobre a eficiência do programa. A apresentação sobre o questionário será uma variação da atual campanha publicitária da MindWriter.

Algumas questões para esse instrumento serão baseadas nas questões investigativas apresentadas anteriormente e outras serão retiradas das entrevistas feitas com executivos. Prevemos um máximo de 12 perguntas. Uma nova escala de expectativa de cinco pontos, compatível com suas escalas existentes de satisfação dos clientes, está sendo desenvolvida.

Figura 5-10 Proposta para a MindWriter de pesquisa de satisfação com o CompleteCare.

Da última vez, Sara e Jason estavam preparando uma proposta para Gracie Uhura, gerente de produtos da MindWriter.

Sara decidiu descartar o "sumário executivo" por duas razões: A proposta é curta, e o essencial estará na carta de apresentação. A proposta segue os componentes discutidos neste capítulo, é uma adaptação apropriada para um estudo interno em pequena escala. O módulo "qualificação do pesquisador" não foi necessário porque a funcionária da MindWriter solicitou a proposta; Sara tinha pré-julgado as qualificações do pesquisador.

(continua)

Close-up (cont.)

Entendemos que você e o Sr. Malraison estão interessados em comentários literais. Uma questão para comentários/sugestões será incluída. Além disso, elaboraremos um bloco de código que capte o número de referência da central de atendimento, o modelo e os itens consertados.

Logística. Recomendamos o uso do SurveyMonkey como distribuidor do questionário, por sua facilidade de uso e rapidez na coleta de dados.

Teste-piloto. Testaremos o questionário com uma pequena amostra de clientes. Isso conterá seus custos. Depois, revisaremos as questões e as enviaremos para que nosso designer de gráficos faça o layout. O instrumento será submetido a vocês para aprovação final.

Avaliação de viés sem resposta. Uma amostra aleatória de 100 nomes será garantida da lista de clientes que optarem por não participar no levantamento online. Os registros do CompleteCare serão usados para estabelecer a estrutura da amostragem. Os não entrevistados online serão por telefone e suas respostas estatisticamente comparadas às dos entrevistados.

Análise de dados

Revisaremos e enviaremos a vocês um relatório semanal listando clientes insatisfeitos (com escore "1" ou "2") com qualquer item do questionário ou que enviem um comentário negativo. Isso melhorará sua rapidez em solucionar reclamações de clientes.

A cada mês, forneceremos um relatório consistindo em frequências e percentuais por categoria para cada questão. A apresentação visual dos dados será em forma de gráfico de barras/histograma. Propomos incluir ao menos uma questão que trate da satisfação geral (com o CompleteCare e/ou a MindWriter). Essa questão geral seria regredida nos itens individuais para determinar a importância de cada. Uma grade de desempenho identificará os que precisam de melhoria com uma avaliação de prioridade. Outras análises podem ser preparadas com base em tempo e materiais.

As questões abertas serão resumidas e relatadas por código do modelo. Caso desejem, também podemos fornecer uma análise de conteúdo delas.

Resultados: a serem entregues

1. Desenvolvimento e produção de questionário online.
2. Relatórios semanais de exceções (enviados em formato eletrônico) listando clientes que atendam aos critérios de cliente insatisfeito.
3. Relatórios mensais conforme descrito na seção de análise de dados.
4. Carregamento dos dados de cada mês para um site FTP seguro, no quinto dia útil de cada mês.

Orçamento

Projeto do questionário. Desenvolvimento de uma escala personalizada e de um levantamento online, incorporando o logotipo da MindWriter com uso de uma conta personalizada do SurveyMonkey. O logotipo da MindWriter ou do CompleteCare pode ser posicionado abaixo do material impresso com custo nominal. Os cartões frente e verso medem 11 por 14 cm.

Isso permite-nos imprimir quatro cartões por página. O verso terá o logotipo de resposta comercial, o símbolo de postagem paga e o endereço.

Resumo dos custos

Entrevistas	US$ 1.550,00
Custos com viagens	2.500,00
Desenvolvimento do questionário	1.850,00
Equipamentos/suprimentos	1.325,00
Design de gráficos	800,00
Conta segura do Survey Monkey	US$ 200,00
Site FTP seguro	US$ 300,00
Arquivos de dados mensais (cada)	50,00
Relatórios mensais (cada)	1.850,00
Total de custos iniciais	US$ 10.425,00
Custos de manutenção mensal	US$ 1.030,00

Figura 5-10 Proposta para a MindWriter de pesquisa de satisfação com o CompleteCare (*continuação*).

PROPOSTA DE PESQUISA PARA A MINDWRITER

Dois dias depois de sua viagem a Austin, às 13h em ponto, Sara conduz Myra até uma sala redonda de reuniões da Henry & Associates.

Lá dentro, Jason havia colocado papel nas paredes curvas. Na parte superior da primeira folha, Sara escreveu "Satisfação com o departamento de manutenção". Hoje, eles se focam na tarefa mais fácil, deixando o estudo-piloto do perfil dos clientes para depois. Além disso, Gracie Uhura, gerente de marketing da MindWriter, é pressionada por respostas sobre

Close-up (cont.)

se o programa de consertos CompleteCare melhora a satisfação do cliente e, com isso, a fidelidade à marca. Se ela for receptiva ao projeto menor, a Henry & Associates tem certeza de que terá a aprovação para o mais ambicioso.

Jason e Myra colocam duas cadeiras em frente ao primeiro painel em branco, inicialmente olhando em silêncio para aquele espaço vazio.

Quando Jason começa a falar, Sara resume suas ideias nos painéis. Ele aprendeu muito sobre a MindWriter. Começando com uma consulta à internet e intensa pesquisa nos arquivos da MindWriter antes da viagem a Austin, seguida pelas reuniões lá presenciadas, ele sabe que o produto é vendido em grandes lojas de informática e empresas independentes de pedidos por correio. Ele também ficou sabendo que a MindWriter envia cerca de 5 mil computadores portáteis/laptops por mês. O produto faz sucesso, embora tenha as mesmas limitações de falta de suprimento que o resto do setor. Levantamentos anuais sobre manutenção, conserto e suporte técnico foram consultados em revistas de informática, e comparações gerais de satisfação do cliente foram obtidas de fontes publicadas.

Myra aproxima-se do segundo painel em branco e resume as informações descobertas na viagem a Austin, classificadas de "Processo CompleteCare". Quando ocorre uma falha, os clientes ligam para um número 800. A central de atendimento atendia ligações sobre manutenção, suporte e pedidos. Os representantes técnicos eram treinados para:

- Anotar nome, telefone e endereço do cliente e o número do modelo do computador.
- Ouvir o cliente e fazer perguntas para detectar a natureza do problema.
- Tentar resolver o problema se pudesse guiar o cliente pelas etapas de correção.

Se não puder resolver o problema, o representante fornece um código de autorização de devolução e despacha uma transportadora para coletar a unidade antes das 17h. A unidade é entregue em Austin para manutenção na manhã seguinte. O departamento de consertos do CompleteCare liga para o cliente se as informações de conserto estiverem incompletas. A unidade é consertada até o final do dia e coletada pela transportadora. A central de atendimento então atualiza seu banco de dados com as informações do registro de manutenção. Se tudo correr bem, o cliente recebe a unidade consertada até as 10h da manhã seguinte, 48 horas depois de a MindWriter ter recebido a ligação do problema original.

Enquanto Myra se senta, Jason começa a listar os "problemas" conhecidos em um terceiro painel. Há falta de funcionários na central de atendimento e dificuldades para treinar os novos representantes técnicos. A transportadora é inconstante em seus serviços de coleta e entrega. A MindWriter enfrenta problemas de disponibilidade de peças para alguns modelos e, ocasionalmente, as unidades são devolvidas ao cliente sem terem sido consertadas ou com danos feitos de alguma forma. Jason lança a possibilidade de a área de manutenção não estar fazendo um trabalho adequado. Mas Myra afirma que o problema poderia estar na embalagem original, no manuseio ou até mesmo nas atividades de pôr e tirar as caixas dos paletes.

Desse brainstorming resulta um novo enunciado da questão gerencial: "O que deve ser feito para melhorar o programa CompleteCare (programa para conserto e manutenção de produtos da MindWriter)?" Após mais discussão, Myra, Sara e Jason listam as seguintes questões de pesquisa e investigativas:

QUESTÕES DE PESQUISA

1. O representante técnico deve receber treinamento mais intensivo?
2. A ABC Courier Service deve ser substituída por um serviço de transporte aéreo?
3. As operações de diagnóstico e de conserto devem ser modificadas?
4. A embalagem de retorno deve ser modificada para incluir proteção de espuma pré-moldada rígida ou de espuma expandida ou alguma outra configuração?
5. Centros de conserto metropolitanos devem ser montados para complementar ou substituir as instalações de conserto na fábrica?

QUESTÕES INVESTIGATIVAS

1. Em que medida a central de atendimento está ajudando os clientes? Ela está ajudando-os com instruções? Que percentual de problemas técnicos dos clientes está sendo resolvido na primeira chamada? Quanto tempo o cliente espera ao telefone?
2. A empresa de transporte é boa? Ela coleta e entrega os laptops com responsabilidade? Quanto tempo o cliente espera pela coleta? E pela entrega? Os laptops são danificados devido ao manuseio da embalagem? Que alternativas disponíveis de embalagem têm melhor custo-benefício?
3. A equipe de consertos é boa? Qual é a sequência do programa de conserto, desde o diagnóstico até a finalização? O conserto é completo? Os problemas dos clientes são resolvidos? Estão surgindo novos problemas de conserto? As expectativas do cliente em relação ao tempo de conserto estão sendo atendidas?
4. (Resolva este conjunto de questões individualmente. Veja a questão para discussão nº 8 no fim deste capítulo.)
5. Qual é o índice geral de satisfação com o programa CompleteCare e com o produto da MindWriter?

Myra já tem informações suficientes para retornar a Gracie Uhura na MindWriter. Em especial, Myra quer saber se ela e Jason traduziram a questão gerencial de Gracie de uma forma que atenda adequadamente à sua necessidade de informações.

Embora Jason tenha feito uma entrevista por telefone com Sam Turnbull, o gerente de manutenção da MindWriter, Myra e Jason também gostariam de entrevistar o gerente da central

Close-up (cont.)

de atendimento e um executivo da empresa de embalagens para determinar se estão no caminho certo com suas questões investigativas. Essas pessoas poderão responder a algumas das questões investigativas. As demais devem ser transformadas em questões de mensuração a serem feitas aos clientes. Se Myra e Jason ficarem satisfeitos com as informações adicionais obtidas com as entrevistas (e qualquer outra carta de cliente), a Henry & Associates poderá desenvolver um questionário para os clientes do CompleteCare.

Jason, Sara e Myra encerram sua reunião discutindo planos e cronogramas preliminares. Jason quer fazer um teste-piloto com um número limitado de clientes. Depois, pretende revisar as questões, estabelecer a logística e lançar o programa de pesquisa em administração. A amostragem será uma questão fundamental. Se o orçamento de Gracie for grande, eles poderão usar uma amostra probabilística a partir da lista de clientes gerada semanalmente pela MindWriter. Isso possibilitará entrevistas por telefone. No entanto, se for necessária uma alternativa mais barata, eles poderão propor o envio de um questionário com cada laptop que seja devolvido ao cliente. Eles também fariam uma amostragem aleatória a partir da lista de clientes que não responderem ao questionário. Eles seriam entrevistados por telefone. Dessa forma, Myra e Jason garantiriam um questionário com bom custo-benefício, com correção para o viés dos questionários não respondidos (um erro que ocorre quando um entrevistador não consegue localizar ou incluir o participante-alvo).

Myra, Sara e Jason desenvolvem um cronograma provisório (vide Figura 5-11) antes de ligar para organizar as entrevistas de acompanhamento. Eles querem dar a Gracie datas-limite para concluir a fase exploratória, o instrumento e o teste-piloto, bem como um prazo para os resultados dos primeiros meses.

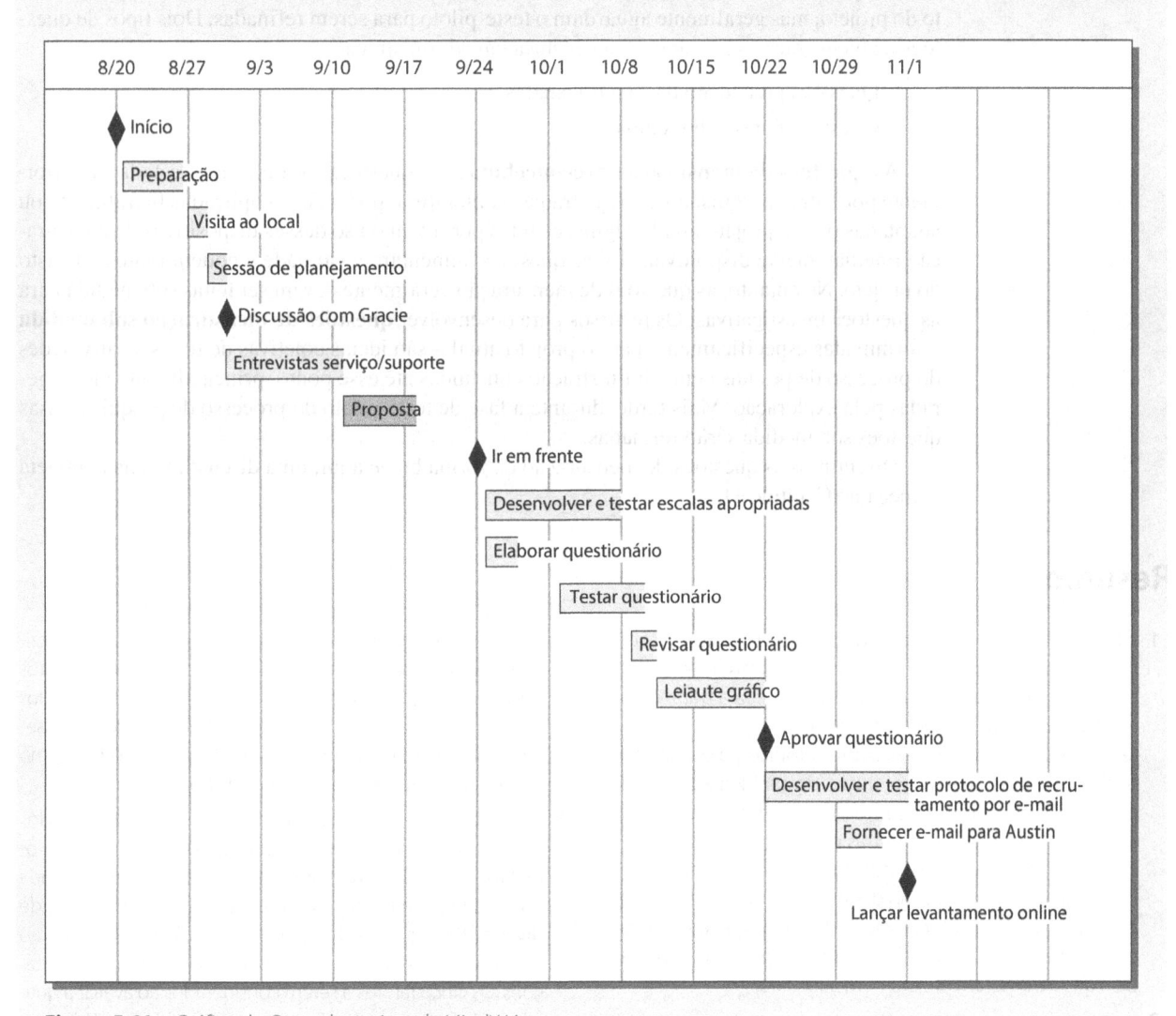

Figura 5-11   Gráfico de Gantt do projeto da MindWriter.

Retornamos mais uma vez à situação da MindWriter. O que a administração precisa saber para escolher entre as diferentes especificações de embalagem? Ao desenvolver suas necessidades de informação, pense amplamente. No desenvolvimento de sua lista de questões investigativas, inclua:

- *Considerações de desempenho* (os custos relativos das opções, a velocidade de embalagem dos laptops consertados e a condição dos laptops de teste embalados com materiais diferentes ao chegar).
- *Questões de atitude* (a qualidade *da manutenção* percebida com base nos materiais de embalagem utilizados).
- *Questões comportamentais* (a facilidade dos funcionários para usar as embalagens com os materiais considerados).

Questões de mensuração

As **questões de mensuração** são as que os pesquisadores de fato usam para coletar dados em um estudo. Elas podem tornar-se questões em um levantamento ou elementos de uma lista de verificação de observação.

As questões de mensuração devem ser esboçadas no término das atividades de planejamento do projeto, mas geralmente aguardam o teste-piloto para serem refinadas. Dois tipos de questões de mensuração são comuns na pesquisa em administração:

- Questões preconcebidas e pré-testadas.
- Questões feitas sob medida.

As **questões de mensuração preconcebidas** são questões formuladas e testadas anteriormente por outros pesquisadores, registradas na literatura, podendo ser aplicadas literalmente ou adaptadas para o projeto atual. Alguns estudos permitem o uso desses dispositivos de mensuração imediatamente disponíveis. Essas questões aumentam a validade e podem reduzir o custo do projeto. No entanto, as questões de mensuração geralmente devem ser feitas sob medida para as questões investigativas. Os recursos para desenvolver **questões de mensuração sob medida** – formuladas especificamente para o projeto atual – são ideias coletivas de todas as atividades do processo de pesquisa em administração concluídas até esse ponto, principalmente ideias geradas pela exploração. Mais tarde, durante a fase de teste-piloto do processo de pesquisa, essas questões sob medida serão refinadas.

Discutimos as questões de mensuração de forma breve aqui; uma discussão mais completa começa no Capítulo 11.

Resumo

1 A fase exploratória do processo de pesquisa usa informações para aumentar o conhecimento sobre o dilema gerencial, busca maneiras que outras pessoas usaram para tratar e/ou resolver problemas semelhantes ao dilema ou questão gerencial e reúne informações sobre o tópico para refinar a questão de pesquisa. A exploração do problema é obtida por meio de familiarização com a literatura disponível, entrevistas com especialistas e outras entrevistas em profundidade, além de grupos de discussão ou alguma combinação dessas alternativas. A revisão das questões gerenciais ou de pesquisa é um resultado desejável da exploração e melhora o entendimento do pesquisador sobre as opções disponíveis para desenvolver um projeto bem-sucedido.

2 Pesquisar fontes secundárias é uma tarefa complexa e desafiadora. Há duas categorias (externa e interna) e três tipos de fontes disponíveis (primária, secundária e terciária). As fontes primárias são trabalhos de pesquisa originais ou dados brutos sem interpretação; as secundárias são interpretações de dados primários; as terciárias podem ser interpretações de fontes secundárias ou, mais comumente, resultados auxiliares, como índices, bibliografias e mecanismos de busca na internet.

3 Geralmente, há cinco tipos de fontes de informação usados na maioria das buscas em literatura, que são índices e bibliografias, dicionários, enciclopédias, manuais e diretórios. Cada um é útil para a fase exploratória da busca na literatura de diversas formas. Uma das tarefas mais difíceis associadas ao uso de fontes secundárias é avaliar a qualidade das informações. Os cinco fatores a serem considerados ao avaliar a qualidade da fonte são objetivo, escopo, autoridade, público-alvo e formato.

4 A maneira como se estabelece a questão de pesquisa determina a direção do projeto. Um problema gerencial ou uma oportunidade podem ser formulados como uma sequência hierárquica de perguntas. O problema de gestão está no nível mais geral, traduzido para uma questão gerencial e, a seguir, a uma questão de pesquisa – o principal objetivo do estudo. A questão de pesquisa, por sua vez, expande-se ao ser subdividida em questões investigativas, que representam as várias facetas do problema a ser resolvido e influenciam o projeto de pesquisa, incluindo estratégia do projeto, planejamento da coleta de dados e amostragem. Em um nível mais específico, estão as questões de mensuração, que são respondidas pelos pesquisados em um levantamento ou respondidas sobre cada assunto em um estudo observacional.

5 Os gestores que precisam tomar decisões imediatas em geral ignoram os dados internos no depósito de dados de suas empresas. A mineração de dados refere-se ao processo de extrair conhecimento dos bancos de dados. A tecnologia de mineração proporciona duas possibilidades únicas para o pesquisador ou gestor: a descoberta de padrões e a previsão de tendências e comportamentos. As ferramentas de mineração de dados fazem análises exploratórias e estatísticas confirmatórias para descobrir e validar relações. A mineração de dados envolve um processo de cinco etapas: amostragem, exploração, modificação, modelagem e avaliação.

Termos-**chave**

avaliação de fontes 102
bibliografia 99
busca na literatura 96
depósito de dados 104
dicionário 99
diretório 101
enciclopédia 100
entrevista de especialistas 96

entrevista individual em profundidade 96
fontes primárias 97
fontes secundárias 98
fontes terciárias 98
índice 99
manual 100
mercados de dados 104

mineração de dados 104
pesquisa exploratória 96
questão gerencial 110
questão(ões) de pesquisa 114
questões de mensuração 120
    preconcebidas, 120
    sob medida, 120
questões investigativas 115

Questões para **discussão**

Revisão de termos

1 Explique como cada um dos cincos fatores de avaliação de uma fonte secundária influencia o valor da tomada de decisão gerencial.
   a Objetivo
   b Escopo
   c Autoridade
   d Público-alvo
   e Formato

2 Defina as distinções entre fontes primárias, secundárias e terciárias em uma busca secundária.

3 Que problemas de qualidade de dados secundários são enfrentados por pesquisadores? Como eles podem lidar com eles?

Tomada de decisões em pesquisa

4 Em maio de 2007, a TJX Co., a empresa controladora da T.J.Maxx e de outras varejistas, anunciou em um comunicado da Comissão de Valores Imobiliários que mais de 45 milhões de números de cartões de crédito e débito haviam sido roubados de seus sistemas de TI. A empresa havia tomado algumas medidas pelo período de alguns anos para proteger dados de clientes por meio de ofuscação e criptografia. Mas a TJX não aplicou essas políticas de forma uniforme em seus sistemas de TI. Como resultado, ainda não tinha ideia da extensão dos danos causados pela violação dos dados. Se você fosse a TJX, qual pesquisa de mineração de dados poderia fazer para avaliar a segurança dos dados pessoais de seus clientes?

5 Confrontado com vendas baixas, o presidente da Oaks International Inc. solicita a uma empresa de pesquisa que estude as atividades de seu departamento de relações com o cliente. Quais são algumas razões importantes pelas quais esse projeto de pesquisa pode não conseguir dar uma contribuição adequada para a solução dos problemas gerenciais?

6 Você foi procurado pelo editor da *Gentlemen's Magazine* para conduzir um estudo de pesquisa. A revista não tem conseguido atrair anúncios de fabricantes de sapatos. Quando a equipe de vendas tentou obter anúncios com os fabricantes de sapatos, eles disseram que as lojas de roupa masculina são um setor pequeno e decadente para seus negócios. Considerando que a *Gentlemen's Magazine* é enviada principalmente para lojas de roupas masculinas, os fabricantes deduziram então que ela não seria um bom veículo de divulgação. O editor acredita que um levantamento (por meio de

questionário enviado por correio) com as lojas de roupas masculinas nos Estados Unidos provavelmente mostrará que elas são pontos de vendas importantes para sapatos masculinos e que não estão perdendo importância. Ele lhe pede para desenvolver e enviar uma proposta para o estudo. Desenvolva a hierarquia de questões da pesquisa em administração que o ajudará a elaborar uma proposta específica.

7 Desenvolva a hierarquia de questões da pesquisa em administração para um problema gerencial que você enfrenta no trabalho ou em alguma organização em que faça trabalho voluntário.

8 Como você poderia usar a mineração de dados se fosse um funcionário de recursos humanos ou um supervisor?

Dando vida à pesquisa

9 Usando a alternativa de embalagem pós-serviço da MindWriter como questão de pesquisa, desenvolva questões investigativas apropriadas dentro da hierarquia de questões da pesquisa em administração preparando uma figura semelhante à Figura 5-8.

10 Usando as Figuras 5-6, 5-8, 5b-1 e 5b-2, enuncie a questão de pesquisa e descreva o plano de pesquisa que Jason deveria ter conduzido antes das sessões de brainstorming com Myra Wines. Que fontes governamentais deveriam ser incluídas na pesquisa de Jason?

11 Usando o problema de "desempenho irregular da transportadora" ou o de "dano ao produto durante o conserto" (*vide* quadro Close-Up na página 118), desenvolva algumas atividades de exploração que permitiriam a Jason ou Myra elaborar uma questão de pesquisa mais refinada para lidar com esse problema.

Do conceito à prática

12 Desenvolva a hierarquia de questões da pesquisa em administração (Figuras 5-6 e 5-8), citando problema gerencial, questão gerencial e questão(ões) de pesquisa para cada um dos solicitantes abaixo:

   a O presidente de uma empresa de atendimento médico domiciliar.

   b O vice-presidente de relações com investidores de uma fábrica de automóveis.

   c O gerente de propaganda de varejo de um grande jornal metropolitano.

   d O chefe de polícia de uma cidade grande.

Direto das manchetes

13 Os biscoitos Oreo fizeram 100 anos em 2012, e foi um grande aniversário. A Nabisco celebrou com um lançamento de um sabor de edição limitada chamado Birthday Cake Oreos, com sabor de bolo Funfetti e granulados coloridos no centro do recheio. De acordo com a *Vanity Fair*, esse Oreo é uma experiência muito doce de aroma e sabor. O Oreo é o biscoito número um, vendendo mais de 70 milhões de biscoitos a cada dia. Há mais de 30 versões de sabor do Oreo, incluindo original, Golden, Double Stuff e Green Tea. Se você estivesse decidindo sobre a introdução de um novo Oreo como parte da celebração, de que forma estruturaria a hierarquia de questões?

Casos (em inglês) no site do Grupo A

Uma joia de estudo	Dominando a liderança de professores
Atendimento de ligações	NCRCC: planejando um novo rumo estratégico
HeroBuilders.com	Ramada demonstra seu *Personal Best*™
Mentes curiosas querem saber – AGORA!	Fazenda estatal: cruzamentos perigosos

Você encontrará uma descrição de cada caso na seção Índice de Casos deste livro. Verifique no Índice de Casos quais fornecem dados, o instrumento de pesquisa ou outro material complementar. Para acessar os casos (em inglês), entre no site do Grupo A (www.grupoa.com.br) e procure pelo livro.

Apêndices (em inglês) no site do Grupo A

Depois de fazer seu cadastro, entre no site do Grupo A (www.grupoa.com.br) e procure por este livro. Clique no ícone de Conteúdo Online para fazer download de dois apêndices (em inglês) que suplementam o conteúdo deste capítulo.

   Apêndice 5a: Bibliographic Database Searches
   Apêndice 5b: Advanced Searches

Parte II

O Projeto da Pesquisa em Administração

Capítulo 6   Projeto de Pesquisa: Visão Geral
Capítulo 7   Pesquisa Qualitativa
Capítulo 8   Estudos de Observação
Capítulo 9   Experimentos
Capítulo 10 Levantamentos

Capítulo 6

Projeto de Pesquisa: Visão Geral

> "Podemos prever os avanços na tecnologia, mas não temos como prever as reações humanas a eles. Talvez os pesquisadores corporativos invistam em grandes análises de dados para descobrir que não estão percebendo uma parte imensamente importante: a história do por quê."
>
> *Ron Sellers, CEO,*
> *GreyMatter Research & Consulting*

Objetivos de **aprendizagem**

Após ler este capítulo, você compreenderá...

1. As etapas básicas do projeto de pesquisa.
2. Os principais descritores do projeto de pesquisa.
3. Os principais tipos de projetos de pesquisa.
4. As relações que existem entre as variáveis em um projeto de pesquisa e as etapas para avaliá-las.

Dando vida à pesquisa

"Então, o que faz você franzir o cenho para o bule de café tão cedo nesta linda manhã?", diz Jason Henry ao encontrar sua sócia Sara Arens olhando fixamente para a cafeteira. "Acredito que os estatísticos tenham confirmado que 'Quem espera desespera'."

"Apenas estou decidindo se preciso de outra xícara antes de me reunir com você para discutir nosso novo projeto", diz Sara. "Minha mente está superacelerada desde ontem." Sara serve uma generosa xícara para si e também enche a de Jason até a borda. "Vamos para a sala de conferências. Tenho muitas informações para compartilhar com você."

"A reunião não saiu bem como esperávamos. Não é apenas mais um projeto de um cliente antigo. O que eu enfrentei ontem foi, bem, uma associação de empresas – representantes da Sun Microsystems, Best Buy, AT&T; até algumas grandes instituições médicas faziam parte do grupo, só para citar algumas. Em poucas palavras, eles querem que projetemos e conduzamos o estudo definitivo sobre a eficiência dos programas para funcionários de equilíbrio entre trabalho e vida pessoal", exclama Sara, sorrindo amplamente.

"Programas de equilíbrio entre trabalho e vida pessoal – eles são os que monitoram o desempenho dos funcionários, mas não seu tempo no trabalho, o que dá aos funcionários muito mais controle sobre quando e onde trabalham, correto?", pergunta Jason. "Você não estava falando de um artigo com a descrição desses programas que você leu na semana passada na..."

"...na *BusinessWeek*", interrompe Sara. "O empolgante sobre o estudo é que eles são bem abertos em termos de metodologia. Eles querem que nós projetemos o estudo final. Teremos acesso a dados das empresas que implementaram esses programas – possivelmente isso vá permitir estudos *ex post facto*. Estavam presentes varejistas, hospitais, fabricantes, empresas de alta tecnologia, quase todos os tipos de empresas de que você gostaria em um estudo inovador.

Várias empresas acreditam realmente em iniciativas de equilíbrio entre trabalho e vida pessoal e estão implementando programas de divisão em divisão, mas em algumas os programas ainda não foram implementados. Essas empresas atravessam fronteiras continentais. Teremos que trabalhar com questões transculturais e de cultura no local de trabalho. Várias outras dessa associação têm interesse em implementar iniciativas de equilíbrio entre trabalho e vida pessoal, mas concordaram em não implementar os programas até que a pesquisa esteja montada para monitorar mudanças em atitudes, percepções e comportamentos."

"Ah, então aquele trabalho que fizemos na Europa e na China no ano passado, no qual as culturas no local de trabalho tiveram um impacto significativamente diferente, pagará dividendos nesse próximo projeto. Você está pensando em estudos controlados?", pergunta Jason.

"Bem, certamente temos a oportunidade de preparar experimentos de campo", responde Sara. "Entretanto, inicialmente estou pensando em um estudo descritivo com múltiplas fases também, talvez combinando pesquisa qualitativa para chegar a sentimentos e motivações mais profundos quanto a mudanças no ambiente de trabalho com levantamentos para gerar medidas estatísticas de atitudes prévias e posteriores, mas também alguns estudos longitudinais de monitoramento – e alguns deles poderiam ser de pesquisa de observação. Temos tantas opções que precisaremos de algum trabalho exploratório para nos ajudar a determinar o foco. Algumas empresas haviam feito alguma pesquisa descritiva pré-implementação sobre o clima organizacional e algumas mensurações longitudinais sobre mudanças no desempenho. Acho que devemos estudar a fundo esses relatórios antes de tomar qualquer decisão sobre o projeto. Eles prometeram entregá-los em 24 horas – talvez alguns cheguem nesta manhã, mas a maioria deve chegar amanhã."

"Já podemos pedir aos estagiários uma busca na literatura", sugere Jason.

"É uma boa ideia", comenta Sara. "Tenho certeza de que os relatórios que receberemos nos direcionarão a alguma pesquisa de base, mas, considerando o que comentamos, também parece que várias iniciativas começaram como troca de ideias entre executivos de nível C, e algumas empresas simplesmente decidiram adotá-las sem fazer qualquer tipo de pesquisa. Agora estão pensando que, para justificar investimentos adicionais, precisam entender melhor por que algumas iniciativas melhoraram significativamente o desempenho, ao passo que outras tiveram menos ou nenhum sucesso – isso dá credibilidade a um estudo causal/explanatório."

"...E se podem esperar que essa mudança incremental seja contínua ou aumente ou diminua com o tempo", analisa Jason. "Eles realmente precisam de um estudo preditivo para saber se a empresa deve

Dando vida à pesquisa (cont.)

esperar mudanças específicas de desempenho com a implementação de iniciativas únicas em diferentes culturas de local de trabalho."

"Então, quando eles querem que apresentemos nossa recomendação de projeto?"

"Marquei uma reunião para essa apresentação daqui a quatro semanas. Você tinha um horário livre na quinta e na sexta dessa semana", disse Sara. "Eles querem nós dois lá, junto com representantes dos fornecedores que pretendamos usar."

O que é um projeto de pesquisa?

Os tópicos abrangidos pelo termo *projeto de pesquisa* têm uma variação ampla, conforme mostrado na Figura 6-1. Este capítulo apresenta uma classificação de projetos de pesquisa e oferece uma visão geral dos tipos mais importantes (exploratório, descritivo e causal). Fazemos referência a capítulos posteriores para uma cobertura mais completa das características únicas de estudos qualitativos, estudos observacionais, levantamentos e experimentos. Nosso objetivo aqui não é que você aprenda os detalhes do projeto de pesquisa em uma só leitura, mas que entenda seu escopo e tenha uma ideia das opções disponíveis para adequar um projeto às necessidades específicas de determinada empresa.

Há muitas definições de projeto de pesquisa, mas nenhuma delas engloba todos os aspectos importantes.

- O projeto de pesquisa constitui o esquema para coleta, mensuração e análise dos dados.
- O projeto de pesquisa auxilia o pesquisador na alocação de recursos limitados ao colocar escolhas cruciais quanto à metodologia.[1]

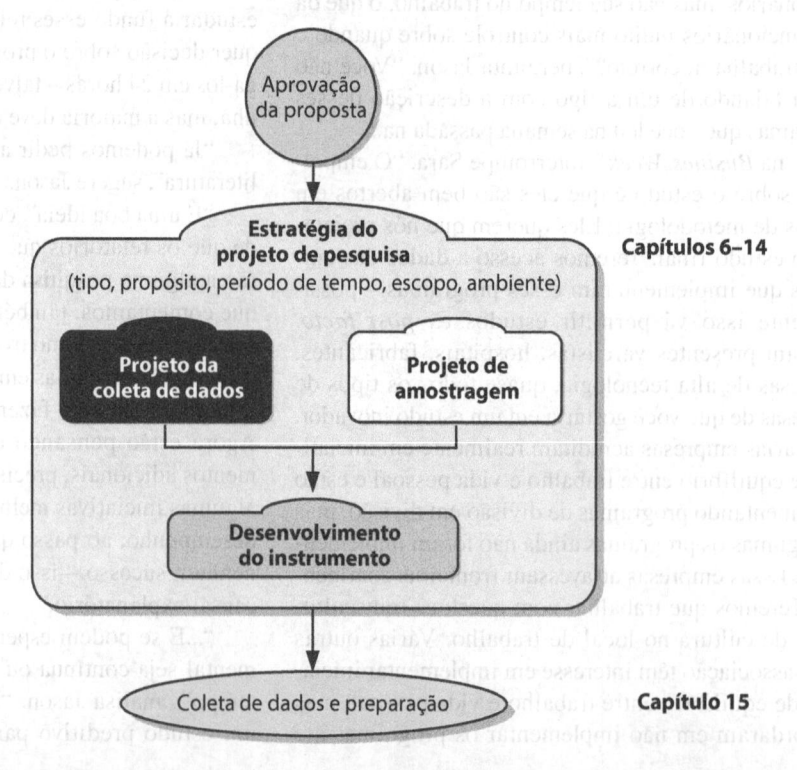

Figura 6-1 O projeto no processo de pesquisa.

- O projeto de pesquisa é o plano e a estrutura de investigação concebido de forma a obter respostas para as questões de pesquisa. O plano é o esquema ou programa geral da pesquisa, ele inclui um esboço do que o investigador fará, desde o levantamento de hipóteses e suas implicações operacionais até a análise final dos dados.[2]
- O projeto de pesquisa expressa tanto a estrutura do problema de pesquisa – o modelo, a organização ou a configuração das relações entre as variáveis do estudo – quanto o plano de investigação usado para obter evidências empíricas sobre essas relações.[3]

Essas definições diferem em alguns detalhes, mas juntas dão os princípios básicos do **projeto de pesquisa**:

- Um plano baseado em atividade e tempo.
- Um plano sempre baseado na questão de pesquisa.
- Um guia para selecionar fontes e tipos de informações.
- Uma estrutura para especificar as relações entre as variáveis do estudo.
- Um esboço dos procedimentos para cada atividade de pesquisa.

Em essência, a pesquisa é um projeto, e ferramentas de gerenciamento de projetos, como o **método do caminho crítico** (CPM, *critical path method*), podem ser usadas para representar etapas sequenciais e simultâneas e estimar a agenda e o cronograma para cada atividade ou fase da pesquisa, conforme feito na Figura 6-2. O caminho que leva o maior tempo do início ao fim para ser completado é chamado de *caminho crítico*. Qualquer atraso em uma atividade nele atrasará o fim do projeto inteiro. Apresentamos uma ferramenta alternativa de programação de prazos, o gráfico de Gantt, no Capítulo 5 (*vide* Figura 5-11,). No entanto, antes de desenvolver um cronograma, você precisa saber exatamente que pesquisa planeja fazer.

Classificação dos projetos

No início de qualquer estudo de pesquisa, é preciso selecionar um projeto específico a ser usado. Existem diversas dimensões de projeto diferentes, mas, infelizmente, nenhum sistema simples de classificação define todas as variações que precisam ser consideradas. A Figura 6-3

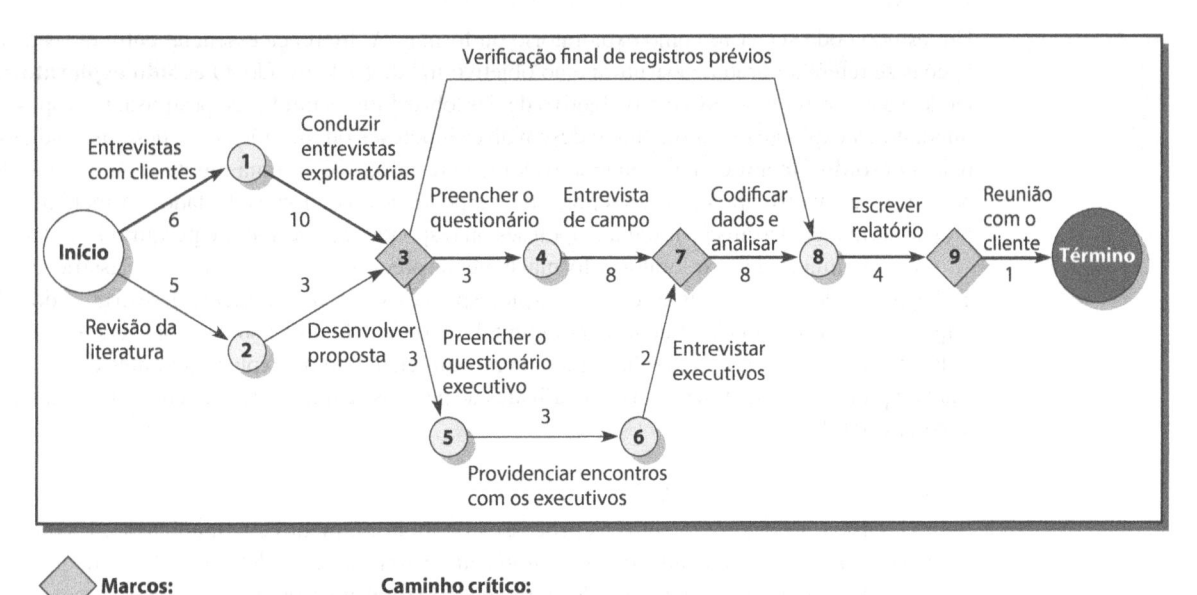

Marcos:
3 Aprovação da proposta
7 Entrevistas terminadas
9 Relatório final terminado

Caminho crítico:
S-1-3-4-7-8-9-E

Tempo de conclusão:
40 dias úteis

Figura 6-2 Cronograma de CPM do projeto de pesquisa.

Categoria	Opções
O grau em que a questão de pesquisa foi cristalizada	• Estudo exploratório • Estudo formal
O método de coleta de dados	• Monitoramento • Estudo de comunicação
O poder do pesquisador de produzir efeitos nas variáveis que estão sendo estudadas	• Experimental • *Ex post facto*

O objetivo do estudo	• Relatório
	• Descritivo
	• Causal
	  • Explanatório
	  • Preditivo

A dimensão de tempo	• Transversal • Longitudinal
O escopo do tópico – amplitude e profundidade – do estudo	• Caso • Estudo estatístico
O ambiente de pesquisa	• Ambiente de campo • Pesquisa de laboratório • Simulação
As percepções dos participantes da atividade de pesquisa	• Rotina real • Rotina modificada

Figura 6-3 Descritores do projeto de pesquisa.

agrupa questões do projeto de pesquisa usando oito descritores diferentes.[4] Uma breve discussão sobre eles ilustra sua natureza e contribuição para a pesquisa.

Grau de cristalização da questão de pesquisa

Um estudo pode ser visto como exploratório ou formal. A diferença essencial entre essas duas opções se refere ao grau de estrutura e ao objetivo imediato do estudo. O **estudo exploratório** tende a ter estruturas soltas com o objetivo de descobrir futuras tarefas de pesquisa. O propósito imediato da exploração geralmente é desenvolver hipóteses ou questões para pesquisas adicionais. O **estudo formal** começa onde a exploração termina – com uma hipótese ou questão de pesquisa – e envolve procedimentos precisos e especificação de fontes de dados. A meta de um projeto formal de pesquisa é testar as hipóteses ou responder às questões de pesquisa levantadas.

A dicotomia estudo exploratório-formal é menos precisa que algumas outras classificações. Todos os estudos têm elementos de exploração, e poucos são completamente desestruturados. A sequência discutida no Capítulo 4 (*vide* Figura 4-1 e o modelo no verso da capa) sugere que estudos mais formalizados contenham pelo menos um elemento de exploração antes da escolha final do projeto. Considerações mais detalhadas de pesquisa exploratória são encontradas adiante neste capítulo.

Método de coleta de dados

Essa classificação distingue entre os processos de monitoramento e comunicação. Usamos o termo *comunicação* para contrastar com *monitoramento* porque a coleta de dados com questionários engloba mais que o método de levantamento. O **monitoramento** inclui estudos nos quais o pesquisador inspeciona as atividades de um sujeito ou a natureza de algum material sem tentar extrair qualquer resposta. Contagem de tráfego em um cruzamento, placas de carro registradas no estacionamento de um restaurante, uma busca no acervo de uma biblioteca, a observação das ações de um grupo de tomadores de decisão, o Estudo de Cruzamentos Perigosos da State Farm

– tudo isso é exemplo de monitoramento. Em todos os casos, o pesquisador observa e registra as informações disponíveis a partir de observações. O monitoramento da MindWriter poderia incluir o "acompanhamento" de um computador durante o processo de conserto, documentando cada atividade ou interação entre o CompleteCare e os funcionários da central de atendimento e o laptop danificado.

No **estudo de comunicação**, o pesquisador faz perguntas aos sujeitos e coleta suas respostas por meios pessoais ou impessoais. Os dados coletados podem resultar de (1) entrevistas ou conversas telefônicas, (2) instrumentos autoadministrados ou autorrelatados enviados por e-mail, deixados em locais convenientes, ou transmitidos eletronicamente ou por outros meios, ou (3) instrumentos apresentados antes e/ou depois de um tratamento ou condição de estímulo em um *experimento*. Sara e Jason propuseram um estudo de comunicação, usando um cartão de resposta inserido na embalagem de entrega dos laptops consertados pelo CompleteCare.

Controle das variáveis pelo pesquisador

Em termos de capacidade do pesquisador de manipular as variáveis, diferenciamos entre projetos experimentais e *ex post facto*. Em um **experimento**, o pesquisador tenta controlar e/ou manipular as variáveis no estudo. É suficiente que possamos fazer as variáveis serem alteradas ou mantidas constantes para acompanhar nossos objetivos de pesquisa. O projeto experimental é apropriado quando desejamos descobrir se certas variáveis produzem efeitos em outras. A experimentação é a ferramenta mais poderosa para hipóteses de causalidade.

Com um **projeto *ex post facto***, os investigadores não têm controle sobre as variáveis no sentido de poderem manipulá-las; eles podem apenas relatar o que aconteceu ou o que está acontecendo. É importante que os pesquisadores que usam esse planejamento não influenciem as variáveis, uma vez que isso gera viés, eles limitam-se a manter os valores constantes pela seleção criteriosa de sujeitos, de acordo com procedimentos estritos de amostragem e por manipulação estatística dos resultados. A MindWriter está planejando um projeto *ex post facto*.

O propósito do estudo

A diferença essencial entre os vários estudos nesse grupo – informativo, descritivo e causal-explanatório ou causal-preditivo – está nos objetivos de cada um. Um **estudo informativo** fornece um resumo de dados, muitas vezes reformulando-os para alcançar um maior entendimento ou para gerar estatísticas para comparação. No estudo de um crime, por exemplo, um estudo informativo poderia calcular o número de roubos por funcionários que acontecem em shoppings *versus* lojas independentes. Se a pesquisa pretende descobrir *quem, o quê, onde, quando* ou *quanto*, então o estudo é **descritivo**. Uma pesquisa descritiva sobre roubo por funcionários mensuraria os tipos de roubo cometidos (vestuário *versus* eletrônicos *versus* utensílios domésticos), com que frequência, quando (época do ano, horário do dia, dia da semana), onde (plataforma de desembarque, almoxarifado, na própria loja) e por quem (gênero, idade, anos de serviço, departamento). Se a preocupação for saber por que – isto é, como uma variável produz mudanças em outra –, será um estudo **causal-explanatório**, no qual tentamos explicar as relações entre as variáveis – por exemplo, por que a taxa de criminalidade é mais alta no shopping A que no shopping B ou por que os funcionários roubam mais que as funcionárias. Um estudo **causal-preditivo** tenta prever um efeito sobre uma variável manipulando outra variável e mantendo todas as demais constantes. Em nosso exemplo de crime, os pesquisadores que optarem pelo estudo causal-preditivo podem estar interessados em saber se a instalação de câmeras de vigilância na plataforma de desembarque e nos almoxarifados reduziria o roubo por funcionários em lojas de shoppings. No início, o projeto da MindWriter é descritivo, embora os estudos subsequentes possam ser causais.

A dimensão de tempo

Os **estudos transversais** são feitos uma vez e representam uma fotografia de determinado momento; já os **estudos longitudinais** são repetidos por um período maior. A vantagem destes é poder acompanhar mudanças ao longo do tempo. A proposta de Jason e Sara descreve um estudo longitudinal, com mensuração de satisfação feita continuamente durante diversos meses por relatórios mensais.

Em estudos longitudinais do tipo *painel*, o pesquisador pode estudar as mesmas pessoas ao longo do tempo. Em marketing, os painéis são formados para relatar dados de consumo sobre uma variedade de produtos, que, coletados de amostras nacionais, formam um grande banco de dados sobre participação relativa de mercado, resposta dos consumidores a novos produtos e novos métodos promocionais. Outros estudos longitudinais, como os estudos de *coorte*, usam sujeitos diferentes para cada mensuração sequencial. O segmento de serviços pode ter verificado as necessidades dos pertencentes à geração do baby boom ao fazer uma amostragem de pessoas com idade entre 40 e 45 anos em 1990 e 50 e 55 anos em 2000. Embora cada amostra seja diferente, a população de sobreviventes da coorte de 1945 a 1950 permaneceria a mesma.

Alguns tipos de informações, uma vez coletados, não podem ser coletados uma segunda vez com a mesma pessoa sem o risco de viés. O estudo da consciência pública sobre uma campanha publicitária em um período de seis meses exigiria diferentes amostras para cada mensuração.

Embora a pesquisa longitudinal seja importante, as restrições de orçamento e tempo impõem a necessidade de análise transversal. Alguns benefícios de um estudo longitudinal podem ser revelados em um estudo transversal pelo questionamento hábil de atitudes passadas, histórico e expectativas futuras. No entanto, as respostas a esse tipo de questão sempre devem ser interpretadas com cuidado.

O escopo do tópico

O estudo estatístico difere do estudo de caso de diversas formas. Os **estudos estatísticos** são voltados para amplitude, e não para profundidade. Eles tentam captar as características de uma população ao fazer inferências a partir das características da amostra. As hipóteses são testadas quantitativamente, e as generalizações sobre resultados são apresentadas com base na representatividade da amostra e na validade do projeto. A MindWriter planeja um estudo estatístico.

Os **estudos de caso** colocam mais ênfase em uma análise contextual completa de menos eventos ou condições e suas inter-relações. Embora as hipóteses frequentemente sejam usadas, basear-se apenas em dados qualitativos torna mais difícil o apoio ou a rejeição. Uma ênfase em detalhes proporciona ideias valiosas para solução de problemas, avaliação e estratégia. Esse detalhe é obtido a partir de múltiplas fontes de informação, permite que as evidências sejam verificadas e evita a perda de dados. Você se lembra do estudo de monitoramento proposto para a MindWriter? Se a MindWriter rastreasse um ou mais laptops, isso poderia servir como um estudo de caso para o programa CompleteCare.

Embora os estudos de caso tenham sido taxados de "cientificamente sem valor" por não atenderem às exigências mínimas do projeto para comparação,[5] eles têm um papel científico significativo. É sabido que "importantes proposições científicas têm a forma de universais, e um universal pode ser refutado por um único contraexemplo".[6] Portanto, um único estudo de caso bem desenvolvido pode oferecer um importante desafio a uma teoria e proporcionar uma fonte de novas hipóteses e constructos simultaneamente. A descoberta de novas hipóteses para corrigir reclamações pós-serviço seria a principal vantagem de acompanhar determinado número de laptops danificados da MindWriter ao longo do projeto de estudo de caso.

O ambiente de pesquisa

Os projetos de pesquisa também diferem quando ocorrem sob condições ambientais reais (**condições de campo**) ou sob condições preparadas ou manipuladas (**condições de laboratório**).

Simular é replicar a essência de um sistema ou processo. As **simulações** são cada vez mais usadas em pesquisa, especialmente na pesquisa de operações, e as principais características das várias condições e relações nas situações reais são frequentemente representadas em modelos matemáticos. A interpretação de papéis e outras atividades comportamentais também podem ser vistas como simulações. Uma simulação para a MindWriter poderia envolver qualquer laptop danificado que fosse monitorado na central de atendimento e no programa CompleteCare, acompanhando os resultados em cada estação de trabalho. Outra simulação popularmente usada é o estudo de serviços de varejo envolvendo "compradores misteriosos".

Percepção dos participantes

A utilidade de um projeto pode ser reduzida devido à **percepção do participante**, ou seja, quando pessoas em um estudo disfarçado percebem que a pesquisa está sendo conduzida. A percepção dos participantes pode influenciar os resultados da pesquisa de forma sutil ou mais acentuada, como vimos nos estudos fundamentais de Hawthorne no fim dos anos 1920. Embora não haja provas abundantes das tentativas dos participantes ou entrevistados de agradar aos pesquisadores adivinhando hipóteses com sucesso ou evidências do predomínio de sabotagem, quando os participantes acreditam que algo fora do comum está acontecendo, podem comportar-se de forma menos natural. Há três níveis de percepção:

1. Os participantes não percebem desvios das rotinas diárias.
2. Os participantes percebem desvios, mas não relacionados ao pesquisador.
3. Os participantes percebem que os desvios são induzidos pelo pesquisador.[7]

O cenário do "comprador misterioso" é o exemplo perfeito do nível final de percepção observada na lista anterior. Se uma vendedora sabe que está sendo observada e avaliada – com consequências em remuneração futura, horário de trabalho ou atribuição de tarefas –, é provável que altere seu desempenho. Em todos os ambientes de pesquisa e situações de controle, os pesquisadores precisam estar atentos aos efeitos que podem alterar suas conclusões. As percepções dos participantes servem como um lembrete para que se classifique o estudo por tipo, examinem os pontos fortes e fracos da validação e fique preparado para qualificar os resultados em conformidade.

Estudos exploratórios

A exploração é particularmente útil quando os pesquisadores não têm uma ideia clara dos problemas que encontrarão durante o estudo. Por meio dela, os pesquisadores desenvolvem conceitos de forma mais clara, estabelecem prioridades, desenvolvem definições operacionais e melhoram o projeto final da pesquisa, além de se poder economizar tempo e dinheiro. Se o problema não for tão importante quanto imaginado inicialmente, estudos mais formais poderão ser cancelados.

A exploração também serve a outros propósitos, por exemplo, a área de investigação ser tão nova ou vaga que o pesquisador precise realizar uma exploração apenas para aprender algo sobre o problema enfrentado pelo gestor. Variáveis importantes podem não ser conhecidas ou não estar completamente definidas, ou mesmo serem necessárias hipóteses para a pesquisa; além disso, o pesquisador pode explorar para se certificar de que é viável fazer um estudo formal na área. O Office of Industry Analysis, um órgão do governo federal dos EUA, propôs uma pesquisa sobre como os executivos de determinado setor tomam decisões relativas à compra de matéria-prima. Foram planejadas perguntas sobre como (e a que preço) uma matéria-prima era substituída por outra em certos produtos manufaturados. Uma exploração para descobrir se os executivos do setor divulgariam adequadamente informações sobre suas tomadas de decisão acerca desse tópico era essencial para o sucesso do estudo.

Apesar de seu valor óbvio, pesquisadores e gestores dão menos atenção à exploração do que ela merece. Há fortes pressões por respostas rápidas. Além do mais, a exploração às vezes está vinculada a preconceitos antigos sobre pesquisa qualitativa: subjetividade, não representatividade e projeto não sistemático. De forma mais realista, a exploração pode poupar tempo e dinheiro e não deve ser menosprezada.

Técnicas qualitativas

Os objetivos da exploração podem ser atingidos com técnicas qualitativas ou quantitativas, embora a exploração baseie-se mais nas **técnicas qualitativas** (*vide* Capítulo 7 também). Um autor criou uma figura de linguagem para diferenciar as duas:

> Qualidade é o caráter ou a natureza essencial de algo; quantidade é a quantia. Qualidade é 'o que'; quantidade é 'quanto'. Qualitativa refere-se a significado, definição ou analogia, ou modelo ou metáfora que caracteriza algo, ao passo que quantitativa assume o significado e refere-se a uma mensuração dele. A diferença está na descrição de Steinbeck [1941] do *Scomberomorus*

sierra, um peixe do Mar de Cortez. Pode-se contar as espinhas na barbatana dorsal de um Sierra em conserva, 17 mais 15 mais 9. "Porém", diz Steinbeck, "se o Sierra puxar forte a linha, de modo que nossas mãos sejam queimadas, se o peixe afundar e quase escapar e finalmente vier para cima da amurada, com suas cores pulsando e sua cauda batendo no ar, toda uma nova exterioridade relacional passou a existir". A pesquisa qualitativa definiria a aparência do peixe, o ambiente de uma cidade, o humor de um cidadão ou a tradição unificadora de um grupo.[8]

Quando consideramos o escopo da pesquisa qualitativa, diversas abordagens são adaptáveis para as investigações exploratórias das questões gerenciais:

- Entrevistas individuais em profundidade (geralmente coloquiais, em vez de estruturadas).
- Observação do participante (para perceber em primeira mão o que os participantes sentem no ambiente).
- Filmes, fotografias e vídeo (para captar a vida do grupo sob estudo).
- Técnicas projetivas e testes psicológicos (como um teste de percepção temática, medidas projetivas, jogos ou interpretação de papéis).
- Estudos de caso (para uma análise contextual profunda de poucos eventos ou condições).
- Etnografia urbana (para descobrir como um subgrupo cultural descreve e estrutura seu mundo no nível da rua).
- Entrevistas com a elite ou especialistas (para informações de pessoas influentes ou bem informadas em uma organização ou comunidade).
- Análise de documentos (para avaliar registros históricos ou contemporâneos, confidenciais ou públicos, relatórios, documentos governamentais e opiniões).
- Proxêmica e cinésia (para estudar o uso do espaço e da comunicação pela movimentação corporal, respectivamente).[9]

Quando essas abordagens são combinadas, surgem quatro técnicas exploratórias com ampla aplicabilidade para o pesquisador gerencial:

1. Análise de dados secundários.
2. Levantamentos de experiência.
3. Grupos de discussão.
4. Projetos em dois estágios.

Análise de dados secundários

O primeiro passo em um estudo exploratório é a busca da literatura secundária. Estudos feitos por terceiros, com seus próprios objetivos, representam **dados secundários**.

É ineficiente descobrir novamente por meio da coleta de **dados primários** ou de pesquisa original o que já foi feito e relatado em um nível suficiente para que a administração tome uma decisão.

Na exploração de dados secundários (consulte o Capítulo 5), o pesquisador deve começar primeiro com os arquivos de dados da própria empresa. Relatórios de estudos de pesquisas anteriores muitas vezes revelam uma grande quantidade de dados históricos ou padrões de tomada de decisão. Ao revê-los, podem-se identificar metodologias que mostraram ter sucesso ou não. Soluções que não receberam atenção no passado devido a circunstâncias ambientais diferentes são reveladas como potenciais assuntos para estudos adicionais. O pesquisador precisa evitar a duplicação nos casos em que os dados previamente coletados puderem fornecer informações suficientes para resolver o problema de tomada de decisão atual. Embora o programa CompleteCare da MindWriter tenha sido instituído recentemente, é provável que um ou mais estudos de práticas e políticas de manutenção anteriores tenham revelado atitudes dos clientes nas quais a MindWriter baseou a estrutura do programa atual.

A segunda fonte de dados secundários são documentos publicados, preparados por autores de fora da empresa patrocinadora. Há milhares de periódicos e de livros sobre todos os aspectos

Instantâneo

McDonald's: ouvir para tratar de obesidade e sustentabilidade

O McDonald's lançou um projeto de pesquisa qualitativa de longo prazo, sua "turnê para ouvir" por todo o país, em parte como uma resposta corporativa ao clamor público de que seus produtos contribuem para a obesidade infantil. Nesse empenho, a liderança e os principais tomadores de decisão do McDonald's estão reunindo informações em primeira mão sobre os produtos da empresa, as mensagens nutricionais e as iniciativas de sustentabilidade. Espera-se que essa turnê continue em nível regional e local, uma vez que o programa corporativo seja concluído.

A iniciativa surgiu a partir da pergunta: "Como fazer para que nossos líderes sejam expostos a algumas das opiniões das pessoas de fora, e como fazer para que essas pessoas tenham esse contato único com nossos líderes?", disse Ashlee Yingling, gerente de relações de mídia dos Estados Unidos e da programação da turnê para ouvir do McDonald's Corp.

"A premissa inteira foi baseada em um diálogo de mão dupla", explicou Ashlee. Com cada sessão específica, o McDonald's tinha um foco especial. Em vez de uma conversa de fluxo livre, cada sessão fixa-se em um tópico específico de sustentabilidade, como nutrição e bem-estar, cadeia de fornecimento sustentável, responsabilidade ambiental, experiência dos funcionários e comunidade. Diferentemente de um grupo focal, cada sessão da turnê para ouvir tem os participantes e executivos na mesma sala. Os participantes falam diretamente com os representantes do McDonald's em um ambiente casual e informal. "Isso permite que o público se conecte com eles e vice-versa, com a possibilidade de passar algum tempo conversando antes e depois", descreveu Ashlee.

Algumas das paradas na turnê incluíram conversas com blogueiras, pais bem informados sobre mídia social, membros da Parents and Teachers Association (Associação de Pais e Mestres) dos EUA e educadores, nutricionistas, bem como grupos com interesses especiais, como a Liga de Cidadãos Latino-Americanos Unidos, de costa a costa. Para tópicos sobre pessoal, o McDonald's usou audiências internas.

A empresa soube que precisa ser mais transparente e fazer um trabalho melhor de comunicação. "Muitas coisas que estamos fazendo como marca estão ecoando nos clientes, mas ainda há muito a melhorar também", disse Ashlee. "Precisamos fazer um trabalho melhor ao contar nossa história."

O Centro de Controle de Doenças dos EUA estima que 17% das crianças e adolescentes correspondam aos padrões de obesidade. Para ser definido como obeso, a criança ou o adolescente precisa ter um índice de massa corporal (IMC) no percentil 95 ou acima dele para crianças da mesma idade e sexo.

www.mcdonalds.com; www.cdc.gov

---

da administração. Dados de fontes secundárias ajudam-nos a decidir o que precisa ser feito e podem ser uma rica fonte de hipóteses. Catálogos especiais, guias por assunto e índices eletrônicos – disponíveis na maioria das bibliotecas – ajudarão nessa busca. Em muitos casos, você pode conduzir uma busca secundária usando seu computador em casa ou no escritório, um serviço on-line ou um portal na internet. Em relação à MindWriter, milhares de artigos foram escritos sobre atendimento ao cliente, e uma pesquisa na internet usando como palavras-chave *atendimento ao cliente* revelará milhares de ocorrências.

Com criatividade, uma busca de fontes secundárias fornecerá excelente base de informações, bem como diversos bons exemplos. Contudo, se confinarmos a investigação a assuntos óbvios nas fontes bibliográficas, frequentemente perderemos as melhores informações. Suponha que a Copper Industry Association esteja interessada em estimar o panorama geral do setor de cobre para os próximos 10 anos. Poderíamos pesquisar na literatura sob os títulos de "produção de cobre" e "consumo de cobre". No entanto, uma busca restrita a esses dois tópicos deixaria muito a desejar. Com uma busca criativa sobre o segmento de cobre, é possível encontrar informações úteis sob os seguintes títulos: minas e minerais; metais não ferrosos; previsões; planejamento; econometria; setores de consumo, como automotivo e de comunicações; países nos quais o cobre é produzido, como o Chile; e empresas de destaque no setor, como Anaconda e Kennecott.

Levantamento de experiência

Embora os dados publicados sejam um recurso valioso, em geral, apenas parte do conhecimento existente em uma área está documentada. Uma parte significativa do que se sabe sobre um tópico, quando existe por escrito, pode ser de propriedade de uma organização e, por isso, não estar disponível para um pesquisador externo. Além disso, arquivos de dados internos raramente são bem organizados, tornando as fontes secundárias, mesmo quando conhecidas, difíceis de localizar. Assim, seria útil buscar informações com pessoas experientes na área de estudo, extraindo essas informações de suas memórias e experiências coletivas.

Quando entrevistamos pessoas em um **levantamento de experiência**, devemos buscar suas ideias sobre questões ou aspectos importantes do assunto e descobrir o que é importante dentro da gama de conhecimentos do sujeito. O formato investigativo que usamos deve ser flexível o bastante para que possamos explorar as várias possibilidades que surgem durante a entrevista.

- O que está sendo feito?
- O que se tentou no passado sem sucesso? E com sucesso?
- Como as coisas mudaram?
- Quais são os elementos que geram mudança na situação?
- Quem está envolvido nas decisões e que papéis cada pessoa desempenha?
- Quais são as áreas problemáticas e as barreiras que podem ser observadas?
- Quais são os custos dos processos sob estudo?
- Com quem contar para ajudar e/ou participar da pesquisa?
- Quais são as áreas prioritárias?

O produto desse questionamento pode ser uma nova hipótese, o descarte de uma antiga ou informações sobre a viabilidade de conduzir o estudo. A investigação deve mostrar se certas instalações estão disponíveis, que fatores precisam ser controlados e de que forma, e quem colaborará com o estudo.

A descoberta é mais facilmente realizada se o pesquisador puder analisar casos que deem ideias especiais. Típico da exploração, estamos menos interessados em obter um corte transversal representativo que informações de fontes que possam ser muito informativas. Suponha que estejamos estudando uma fábrica de montagem de automóveis da StarAuto. Ela tem um histórico de queda na produtividade, aumento nos custos e números crescentes de defeitos de qualidade. As pessoas que podem fornecer informações importantes são:

- *Recém-chegados* – funcionários ou pessoas que possam ter sido transferidos recentemente de outras fábricas semelhantes para essa.
- *Indivíduos de influência marginal ou periférica* – pessoas cujos cargos as coloquem à margem dos grupos que enfrentam o problema. Supervisores de primeira linha e chefes de trabalhadores com frequência não são da administração nem trabalhadores de montagem, mas ficam entre as duas posições.
- *Indivíduos em transição* – funcionários recém-promovidos que tenham sido transferidos para novos departamentos.
- *Exceções e isolados* – aqueles em determinado grupo que têm posição diferente da maioria, bem como trabalhadores que estão satisfeitos com a situação atual, departamentos e trabalhadores altamente produtivos e os solitários de um tipo ou de outro.
- *Casos "puros"* ou que mostrem exemplos extremos das condições estudadas – os departamentos mais improdutivos, os trabalhadores mais antagônicos e assim por diante.

- *Aqueles que se adaptam bem e os que não se adaptam* – os trabalhadores que estão bem estabelecidos em suas empresas *versus* aqueles que não estão, os executivos que refletem totalmente a visão gerencial e os que não o fazem.
- *Aqueles que representam posições diferentes no sistema* – trabalhadores não especializados, montadores, superintendentes e assim por diante.[10]

Jason e Sara planejam entrevistar três gerentes durante a fase inicial de sua pesquisa para a MindWriter: os (1) da unidade de manutenção; os (2) da central de atendimento; e os (3) da empresa de transportes. A ênfase deles não deve estar apenas em saber o que foi feito no passado, mas também em descobrir os parâmetros de mudanças viáveis, bem como expandir suas entrevistas para incluir funcionários mais antigos de vários departamentos, pois as visões deles tendem a ser diferentes das de seus gerentes. Como os problemas do serviço pós-venda podem estar diretamente relacionados ao design do produto, a expansão do levantamento de experiência para indivíduos associados à engenharia e produção também deve ser considerada.

Grupos focais

Os grupos focais tornaram-se amplamente usados em pesquisas durante os anos 1980 e ainda o são para aplicações cada vez mais diversas atualmente.[11] Um **grupo focal** é um grupo de pessoas (tipicamente de 6 a 10 participantes), liderado por um moderador treinado, que se reúne por um período de 90 minutos a 2 horas. O facilitador ou moderador usa os princípios de dinâmica de grupo para focar ou guiar o grupo na troca de ideias, sentimentos e experiências acerca de um tópico específico.

Um objetivo temático de um grupo focal pode ser um novo produto ou seu conceito, um programa de motivação de funcionários ou uma melhora na organização da linha de produção. O resultado básico da sessão é uma lista de ideias e observações comportamentais, com recomendações do moderador. Essas ideias e observações muitas vezes são usadas para testes quantitativos posteriores. Na pesquisa exploratória, os dados qualitativos que os grupos focais produzem podem ser usados para enriquecer todos os níveis de questões de pesquisa e hipóteses e para comparar a eficácia das opções de projeto. A aplicação mais comum de grupos focais em pesquisa continua a ser a área de consumo. No entanto, as empresas estão usando os resultados de grupos de discussão para diversas aplicações exploratórias.

Como você entra na mente de um potencial entrevistado? Empresas especializadas em pesquisa compilam exemplos de estruturas de milhões de pessoas com diversos interesses que estejam dispostas a compartilhar suas opiniões durante grupos de discussão ou por meio de levantamentos. Talvez seja necessário pesquisar pais que trabalhem, joguem golfe e secretamente adorem comédias românticas. Uma grande empresa de painéis pode fornecer esses indivíduos, bem como muitos outros com características exclusivas.

A MindWriter poderia usar grupos focais envolvendo funcionários (dos departamentos de central de atendimento e manutenção) para determinar alterações e fornecer uma análise das ideias de mudança. A empresa poderia querer grupos focais com clientes (insatisfeitos e satisfeitos) para descobrir o que ocorreu em suas diferentes experiências. Em outra aplicação, quando uma grande seguradora estava desenvolvendo um sistema de ajuda computadorizada, foram compostos grupos focais com os administradores de suas filiais para descobrir suas preferências em relação à distribuição de arquivos na **intranet** (uma rede interna da empresa – por trás de um firewall que limita o acesso apenas a usuários autorizados). Em outros casos, uma pequena faculdade usou grupos focais para atrair mais matrículas de calouros, e um banco de sangue usou-os para aumentar as doações de sangue.[12]

Projeto em dois estágios

Uma maneira útil de planejar um estudo de pesquisa é com um **projeto em dois estágios**. Com essa abordagem, a exploração passa a ser um primeiro estágio separado, com objetivos limitados: (1) definir claramente a questão de pesquisa e (2) desenvolver o projeto de pesquisa.

Close-up

Levantamento arriscado: um problema ou uma oportunidade?

Um *levantamento arriscado* é executado quando administradores de empresas ignoram seus departamentos internos de pesquisa e, usando um software de levantamento on-line, lançam seu próprio levantamento. Esse é um fenômeno crescente, de acordo com Ruth Stanat, presidente e CEO da SIS International Research, feito com frequência "para controlar custos e obter feedback imediato".

Entretanto, há desvantagens, como, notadamente, a perda de controle de painéis de amostra internos, a duplicação de contato e fadiga da amostra, e o treinamento insuficiente em desenvolvimento de questões e análise de dados, levando a dados de baixa qualidade e ideias fracas de dados. "Se [os entrevistados da amostra] se sentirem bombardeados por nossos levantamentos", disse Sharon Starr, diretora de pesquisa de mercado da IPC Inc., "na melhor das hipóteses, começarão a ignorar os levantamentos, na pior, se ofenderão por a empresa ter desperdiçado seu tempo. A imagem da empresa será prejudicada se parecer que não é unificada e está fora de controle".

A disponibilidade de soluções aparentemente simples de levantamento oferecidas por empresas como a Zoomerang e a SurveyMonkey aumentou o problema. Jeffrey C. Adler, presidente da Centrac DC Marketing Research, compara-o a tentar consertar um interruptor quebrado em sua caldeira. "Eu poderia ter ido à Leroy Merlin e comprado o interruptor, teoricamente economizando muito dinheiro. No entanto, fui inteligente o suficiente para reconhecer que a troca do interruptor não era minha área de especialidade. Qual seria a economia se eu tivesse feito a tarefa sozinho e causado danos à caldeira ou queimado a casa?" Jeffrey argumenta que, quando usuários finais trabalham por meio de departamentos de pesquisa ou especialistas, estão pagando pela experiência no *uso* das ferramentas. Ele lamenta que gestores reconheçam isso facilmente com um eletricista ou um cirurgião, mas não façam o mesmo quanto a especialistas em pesquisa.

Algumas pessoas no setor acham que os especialistas em pesquisa, em parte, criaram o problema ao não fornecerem conhecimento e ideias ao gestor sobre a prática da pesquisa em si. Sem educar esse gestor sobre como a pesquisa é feita, ele será menos capaz de distinguir entre uma pesquisa de maior ou menor qualidade. Se os compradores ou patrocinadores de pesquisas compreendessem os desafios reais da pesquisa em um projeto específico, argumenta-se, teriam um apreço maior pela arte e ciência da pesquisa.

"Há uma oportunidade para os departamentos de pesquisa oferecerem uma trégua a outras partes da empresa fornecendo boas práticas, modelos e até mesmo recursos para projetos autoexecutados", sugere Josh Mendelsohn, vice-presidente da Chadwick Martin Bailey Inc. "Certamente, gostaria que todos tivessem o tempo/orçamento para fazer projetos de pesquisa completos em todos os casos, mas às vezes a necessidade da empresa não justifica o custo/tempo que se leva para fazer algo da maneira correta. Ao dar assistência, as questões de validade provavelmente acabarão e haverá menos redundâncias. E as [divisões de] pesquisas então se tornam mais uma parceira de negócios a ser consultada que um fornecedor interno a ser combatido."

www.sismarketresearch.com; www.ipc.org; www.centracdc.com; www.cmbinfo.com

---

Um estudo exploratório é concluído quando os pesquisadores já conseguiram o seguinte:

- Estabelecer as principais dimensões da tarefa de pesquisa.
- Definir um conjunto de questões investigativas subsidiárias que possam ser usadas como guias para um projeto de pesquisa detalhado.
- Desenvolver diversas hipóteses sobre as possíveis causas de um problema gerencial.
- Descobrir que outras hipóteses são possibilidades tão remotas que podem ser ignoradas com segurança em qualquer estudo subsequente.
- Concluir que pesquisas adicionais não são necessárias ou viáveis.

Estudos descritivos

Em contraste com os estudos exploratórios, os estudos mais formalizados normalmente são estruturados com hipóteses ou questões investigativas claramente enunciadas, e servem a uma variedade de objetivos de pesquisa:

1. Descrições de fenômenos ou características associadas a uma população-sujeito (o *quem*, *o quê*, *quando*, *onde* e *como* de um tópico).
2. Estimativas das proporções de uma população que tenha essas características.
3. Descoberta de associações entre diferentes variáveis.

O terceiro objetivo do estudo às vezes é chamado de *estudo correlacional*, um subconjunto de estudos descritivos, que podem ser simples ou complexo e feitos em diversos ambientes. Independentemente da forma, um pode exigir tantas habilidades de pesquisa quanto um estudo causal, e devemos insistir nos mesmos altos padrões de projeto e execução.

O estudo descritivo mais simples diz respeito a uma questão ou hipótese univariada na qual perguntamos ou declaramos algo sobre o tamanho, a forma, a distribuição ou a existência de uma variável. Na análise de contas do BankChoice (apresentada nos Capítulos 4 e 5), poderíamos estar interessados em desenvolver um perfil dos poupadores. Podemos querer primeiro localizá-los em relação à agência principal, então, a questão poderia ser: "Que percentual dos poupadores vive em um raio de 3 km da agência?". Usando o formato de hipótese, poderíamos prever que 60% ou mais dos poupadores vivem em um raio de 3 km da agência.

Poderíamos nos interessar em obter informações sobre outras variáveis, como as relativas a tamanho das contas, número de contas para menores de idade, número de contas abertas nos

A Luth Research combina metodologias – levantamentos personalizados com uma tecnologia de rastreamento on-line baseada em permissões, a ZQ Intelligence – para obter ideias mais profundas.
www.luthresearch.com

últimos seis meses e movimentação (número de depósitos e saques por ano) nas contas. Os dados de cada uma dessas variáveis, por si próprios, podem ter valor para as decisões gerenciais. As relações bivariadas entre essas ou outras variáveis podem ser de interesse ainda maior, por exemplo, as tabulações cruzadas entre a distância da residência ou do local de trabalho do titular da conta até a agência e a movimentação dela podem sugerir que diferentes taxas de atividade estão relacionadas à localização do titular; uma tabulação cruzada do tamanho da conta e do gênero do titular também pode mostrar inter-relação. Esses resultados não implicam um relacionamento causal. Na verdade, nossa tarefa é determinar se as variáveis são independentes (ou não relacionadas) e, caso não o sejam, estabelecer a força ou magnitude da relação. Nenhum dos procedimentos diz qual variável é a causa. Por exemplo, poderíamos concluir que o gênero e o tamanho da conta estão relacionados, mas não que o gênero é um fator causal no tamanho da conta.

Os estudos descritivos com frequência são bem mais complexos que esse exemplo. Um estudo de poupadores começou como descrito e tornou-se muito mais profundo. Parte dele incluía observação dos registros de contas que revelaram concentração de poupadores próximos. Suas contas normalmente eram maiores e mais ativas que as das pessoas que moravam mais longe. Um levantamento com uma amostra de poupadores forneceu informações sobre os estágios do ciclo de vida familiar, atitudes em relação à poupança, níveis de renda familiar e outras questões. A correlação entre essas informações e os dados conhecidos sobre poupança mostrou que as mulheres tinham contas maiores, e investigações adicionais sugeriram que as mulheres com contas maiores muitas vezes eram viúvas ou trabalhadoras solteiras mais velhas que a média dos titulares. As informações sobre suas atitudes e seus hábitos de poupança levaram a novas estratégias de negócios no banco.

Algumas evidências coletadas levaram a questões causais. A correlação entre a proximidade da agência e a probabilidade de ter uma conta nela sugeria a pergunta: "Por que as pessoas que moram longe da agência teriam uma conta nela?". Nesse tipo de pergunta, uma hipótese contribui bastante ao apontar as direções que a pesquisa pode seguir. Pode-se supor que:

1. Poupadores distantes (definidos operacionalmente como aqueles com endereços a mais de 3 km da agência) têm contas na agência porque já moraram perto dela; eles estavam "perto" quando a decisão da conta foi tomada.

2. Poupadores distantes na verdade vivem perto da agência, mas o endereço na conta está fora do raio de 3 km; eles estão "perto", mas os registros não mostram isso.

3. Poupadores distantes trabalham perto da agência; eles estão "perto" em virtude de seu local de trabalho.

4. Poupadores distantes normalmente não estão próximos da agência, mas responderam a uma promoção que os incentivava a movimentar a conta via computador; essa é outra forma de "proximidade", na qual esse conceito é transformado em "conveniência".

Quando essas hipóteses foram testadas, soube-se que uma parcela substancial de poupadores distantes poderia ser encaixada nas hipóteses 1 e 3. A conclusão: a localização estava intimamente relacionada à poupança em determinada associação. No entanto, a determinação de causa não é tão simples, e esses resultados ainda se encaixam na definição de estudo descritivo.

A MindWriter poderia beneficiar-se de um estudo descritivo que identificasse clientes satisfeitos e insatisfeitos com a manutenção. As características de clientes de manutenção poderiam então ser associadas a tipos específicos de problemas, o que poderia levar à identificação de mudanças no design do produto ou nas políticas de atendimento ao cliente.

Estudos causais

A correlação entre localização e probabilidade de ter uma conta no BankChoice pode parecer uma forte evidência para muitos, mas um pesquisador com treinamento científico argumentará que a correlação (ocorrência simultânea) não é causalidade. A essência da discordância parece estar no conceito de causa.

O elemento essencial da **causalidade** é que A "produz" B ou A "força" a ocorrência de B. Empiricamente, nunca evidenciamos uma causalidade entre A e B com certeza. O motivo é que não "demonstramos" tal associação causal de forma dedutiva; ao contrário das conclusões dedutivas, as empíricas são inferências – conclusões indutivas. Como tal, são enunciados da probabilidade de que A "produza" B com base no que observamos e mensuramos.

No Capítulo 3, discutimos o exemplo de vendas que não aumentam após uma promoção. Tendo descartado outras causas para as vendas baixas, ficamos com uma inferência que *provavelmente era, mas não certamente*, a causa: uma promoção mal executada.

Encontrar o padrão ideal de causalidade exige que uma variável *sempre* cause a outra e que mais nenhuma tenha o mesmo efeito causal. O *método da concordância*, proposto por John Stuart Mill no século XIX, afirma: "Quando dois ou mais casos de determinado fenômeno têm apenas uma condição em comum, esta pode ser considerada a causa (ou o efeito) do fenômeno".[13] Portanto, se encontrarmos Z e apenas Z em todos os casos em que descobrirmos C, e nada mais (A, B, D ou E) for encontrado com Z, conclui-se que C e Z estão relacionados de forma causal. A Figura 6-4 ilustra esse método.

Exemplo do método da concordância pode ser o problema de elevado absenteísmo ocasional às segundas-feiras em uma fábrica. Um estudo de dois grupos com elevado absenteísmo (Nº 1 e Nº 2 na Figura 6-4) mostra não haver função, departamento, características demográficas ou pessoais em comum (A, B, D e). Contudo, a associação a um clube de campo (C) é comum aos dois grupos. A conclusão é que a associação ao clube está relacionada com o absenteísmo elevado (Z).

O método de concordância ajuda a excluir algumas variáveis irrelevantes. Na Figura 6-3, A, B, D e são causas improváveis de Z. No entanto, há uma pressuposição implícita de que não haja outras variáveis a considerar além de A, B, C, D e. Nunca se pode aceitar essa suposição com certeza, pois o número potencial de variáveis é infinito. Além disso, embora C possa ser a causa, ela pode funcionar apenas na presença de alguma outra variável não incluída.

O *cânone negativo da concordância* declara que onde a ausência de C estiver associada à de Z, haverá evidência de uma relação causal entre C e Z. Com o método da concordância, isso forma a base para o método da diferença: "Se houver dois ou mais casos, e em um deles a observação de Z puder ser feita e não no outro, e se a variável C ocorrer quando Z é observado e não quando Z não é observado, pode-se afirmar que há uma relação causal entre C e Z".[14]

Usando o exemplo da MindWriter, se Jason e Sara descobrissem que determinado problema ocorreu repetidamente somente quando um único funcionário estava envolvido na manutenção dos laptops dos clientes e nunca quando esse funcionário estava ausente, haveria uma pressuposição de causalidade. O método da diferença é ilustrado na Figura 6-5. Embora esses métodos não assegurem a descoberta de todas as variáveis relevantes nem forneçam provas certas de causalidade, eles ajudam a promover nosso entendimento desta ao eliminarem argumentos causais inadequados.[15]

Ainda que ninguém possa ter certeza de que a variável A faz a B ocorrer, é possível reunir algumas evidências que aumentem a crença de que A leva a B. Quando testamos hipóteses causais, buscamos três tipos de evidências:

1. Covariação entre A e B.
   - Acreditamos que A e B ocorrem juntas da forma sugerida na hipótese (relação simétrica)?
   - Quando A não ocorre, B também está ausente?
   - Quando há mais ou menos de A, também encontra-se mais ou menos de B?
2. A ordem temporal dos eventos seguindo na direção hipotética.
   - A ocorre antes de B?
3. Nenhuma outra causa possível de B.
   - Pode-se determinar que C, D e E não se relacionam com B de forma que sugiram possíveis conexões causais?

Além dessas três condições, as inferências bem-sucedidas a partir de projetos experimentais devem atender a duas outras exigências. A primeira é chamada de **controle**: todos os fatores, com

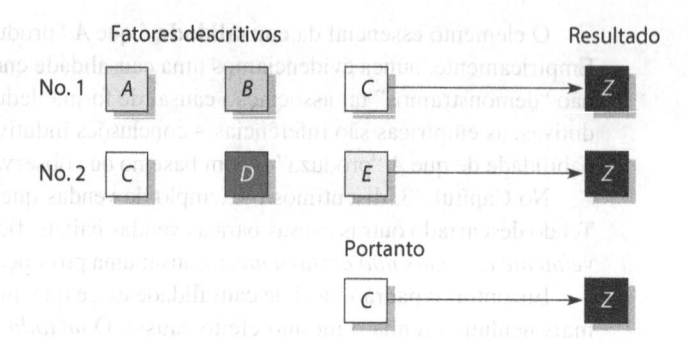

Figura 6-4 Método da concordância de Mill.

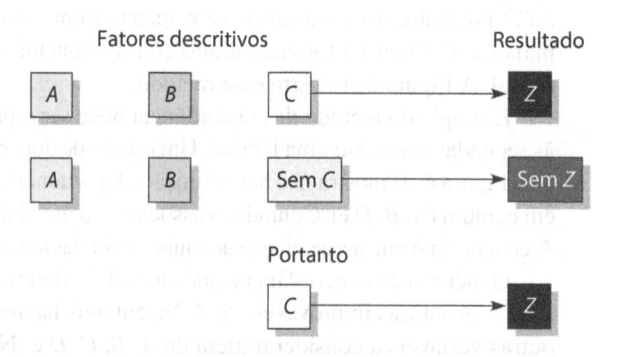

Figura 6-5 Método da diferença de Mill.

exceção da variável independente, devem ser mantidos constantes e não devem ser confundidos com outra variável que não faça parte do estudo; a segunda: todas as pessoas no estudo devem ter a mesma chance de exposição a todos os níveis da variável independente – **atribuição aleatória** de sujeitos a grupos.

Se considerarmos as possíveis relações que podem ocorrer entre duas variáveis, concluímos que há três possibilidades:

- Simétrica
- Recíproca
- Assimétrica[16]

Uma **relação simétrica** é aquela na qual duas variáveis flutuam juntas, mas presumimos que as mudanças em uma das variáveis não se devem a mudanças na outra. As condições simétricas são encontradas com mais frequência quando duas variáveis são indicadores alternados de outra causa ou variável independente. Concluiríamos que a correlação entre o baixo comparecimento ao trabalho e a participação ativa em um clube de campo da empresa é o resultado (dependente) de outro fator, como preferência de estilo de vida.

Uma **relação recíproca** existe quando duas variáveis se influenciam ou reforçam mutuamente. Isso pode ocorrer se a leitura de um anúncio levar ao uso de uma marca ou um produto. A utilização, por sua vez, sensibiliza a pessoa a perceber e ler mais propaganda daquela determinada marca.

A maioria dos analistas de pesquisa busca **relações assimétricas**, com as quais podemos alegar que mudanças em uma variável (a variável independente, ou VI) são responsáveis pelas mudanças em outra (a variável dependente, ou VD). A identificação de VI e VD muitas vezes é óbvia, mas às vezes a escolha não é clara. Nesses casos, avaliamos a independência e a dependência com base:

1. *No grau em que cada variável pode ser alterada.* A variável relativamente inalterável é a VI (p. ex., idade, *status* social, tecnologia de fabricação atual).
2. *Na ordem temporal entre as variáveis.* A VI precede a VD.

Tipo de relação	Natureza da relação	Exemplos
Estímulo-resposta	Um fato ou mudança resulta em uma resposta de algum objeto.	• Uma mudança nas regras do trabalho leva a um índice mais alto de produção dos trabalhadores. • Uma mudança na política econômica do governo restringe as decisões financeiras corporativas. • Um aumento de preço resulta em menos unidades vendidas.
Propriedade-disposição	Uma propriedade existente causa uma disposição.	• Idade e atitudes em relação à poupança. • Gênero e atitudes em relação a questões sociais. • Classe social e opiniões sobre impostos.
Disposição-comportamento	Uma disposição causa um comportamento específico.	• Opiniões sobre uma marca e a compra dessa marca. • Satisfação no trabalho e produção no trabalho. • Valores morais e sonegação de impostos.
Propriedade-comportamento	Uma propriedade existente causa um comportamento específico.	• Estágio do ciclo de vida familiar e compras de móveis. • Classe social e padrões de poupança familiar. • Idade e participação em esportes.

Definições: *Estímulo* é um evento ou força (ex.: queda da temperatura, quebra do mercado de ações, substituição de um produto ou explosão em uma fábrica). *Resposta* é uma decisão ou reação. *Propriedade* é uma característica duradoura de uma pessoa que não depende de circunstâncias para sua ativação (ex.: idade, sexo, posição familiar, afiliação religiosa, grupo étnico ou condição física). *Disposição* é uma tendência a responder de determinada forma sob certas circunstâncias (ex.: atitudes, opiniões, hábitos, valores e impulsos). *Comportamento* é uma ação (ex.: práticas de consumo, desempenho profissional, ações interpessoais e outros tipos de desempenho).

Figura 6-6 Quatro tipos de relações causais assimétricas.

Os quatro tipos de relações assimétricas: estímulo-resposta, propriedade-disposição, disposição-comportamento e propriedade-comportamento são descritos na Figura 6-6. Os experimentos geralmente envolvem relações de estímulo-resposta. As relações propriedade-disposição muitas vezes são estudadas na pesquisa empresarial e de ciências sociais.

Infelizmente, a maioria dos estudos de pesquisas não pode ser realizada de forma experimental pela manipulação das variáveis. Todavia, ainda estamos interessados na questão da causalidade. Em vez de manipularmos e/ou controlarmos a exposição a uma variável experimental, estudamos sujeitos que tenham sido expostos ao fator independente e os que não foram e comparamos os resultados. Em pesquisa, isso é conhecido como projeto *ex post facto*. O Capítulo 9 trará mais informações sobre esse e outros aspectos da experimentação.

Serão feitas inferências causais. Embora possam não ser permanentes nem universais, elas possibilitam a construção de conhecimento de causas presumidas ao longo do tempo. Tais conclusões empíricas oferecem aproximações sucessivas da verdade.

Resumo

1 Se a direção de um projeto de pesquisa não for clara, é importante seguir um procedimento de pesquisa em dois estágios. O primeiro estágio é exploratório, visando a formular hipóteses e desenvolver o projeto específico da pesquisa. O processo geral de pesquisa contém três etapas principais: (1) exploração da situação; (2) coleta de dados; e (3) análise e interpretação de resultados.

2 Um projeto de pesquisa é a estratégia para um estudo e o plano por meio do qual a estratégia deve ser executada. Ele especifica os métodos e procedimentos para coleta, mensuração e análise de dados. Infelizmente, não há classificação simples de projetos de pesquisa que abranja as variações encontradas na prática. Alguns dos principais descritores de projetos são:

- Exploratório *versus* formal.
- Estudo de monitoramento *versus* de comunicação.
- Experimental *versus ex post facto*.
- Descritivo *versus* causal.
- Transversal *versus* longitudinal.
- De caso *versus* estatístico.
- De campo *versus* de laboratório *versus* simulação.
- Os sujeitos não percebem qualquer desvio, percebem alguns desvios ou percebem desvios induzidos pelo pesquisador.

3 A pesquisa exploratória é apropriada para o estudo total nas áreas em que os dados desenvolvidos são limitados. Na maioria dos outros estudos, a exploração é a primeira etapa de um projeto e é usada para orientar o pesquisador e o estudo. O objetivo da exploração é desenvolver hipóteses, e não testá-las.

Os estudos formalizados, inclusive descritivos e causais, são aqueles com estrutura substancial, hipóteses específicas a serem testadas ou questões de pesquisa a serem respondidas. Os estudos descritivos são usados para descrever os fenômenos associados a uma população ou para estimar proporções da população que têm certas características.

Os estudos causais tentam descobrir o efeito que uma variável tem sobre outra (ou outras) ou por que certos resultados são obtidos. O conceito de causalidade é baseado na lógica do teste de hipóteses que, por sua vez, produz conclusões indutivas. Tais conclusões são apenas probabilidades e, portanto, nunca podem ser demonstradas com certeza. As ideias atuais sobre causalidade como processos complexos melhoram nossa compreensão sobre as leis de Mill, embora nunca possamos ter todas as informações relevantes necessárias para provar a associação causal acima de qualquer dúvida.

4 As relações que ocorrem entre duas variáveis podem ser simétricas, recíprocas ou assimétricas. Estas são as de maior interesse para o analista de pesquisa e podem ser classificadas em um dos seguintes tipos:

- Estímulo-resposta
- Propriedade-disposição
- Disposição-comportamento
- Propriedade-comportamento

Testamos hipóteses causais procurando fazer três coisas: (1) medimos a covariação entre as variáveis, (2) determinamos a ordem temporal das relações entre as variáveis e (3) asseguramos que outros fatores não confundam as relações explanatórias.

Os problemas para alcançar essas metas diferem um pouco nos estudos experimentais e *ex post facto*. Sempre que possível, tentamos atingir o ideal de projeto experimental com atribuição aleatória de sujeitos, comparação de características pessoais e manipulação e controle de variáveis. Usando esses métodos e técnicas, mensuramos as relações da forma mais precisa e objetiva possível.

Termos-chave

atribuição aleatória 140
causalidade 139
condições de campo 130
condições de laboratório 130
controle 139
dados primários 132
dados secundários 132
estudo causal-explanatório 129
estudo causal-preditivo 129
estudo de caso 130
estudo de comunicação 129

estudo descritivo 129
estudo estatístico 130
estudo exploratório (exploração) 128
estudo formal 128
estudo informativo 129
estudo longitudinal 129
estudo transversal 129
experimento 129
grupo focal 135
intranet 135
levantamento de experiência 134

método do caminho crítico (CPM, do inglês *critical path method*) 127
monitoramento 128
percepção dos participantes 131
projeto de pesquisa 127
projeto em dois estágios 135
projeto *ex post facto* 129
relação assimétrica 140
relação recíproca 140
relação simétrica 140
simulação 130
técnicas qualitativas 131

Questões para discussão

Revisão de termos

1 Faça a distinção entre:
   a Estudo exploratório e estudo formal.
   b Projetos de pesquisa experimental e *ex post facto*.
   c Estudo descritivo e estudo causal.

2 Estabelecer causalidade é difícil, não importando se as conclusões foram obtidas de forma indutiva ou dedutiva.

   a Explique e detalhe as implicações dessa declaração.
   b Por que a atribuição de causalidade é mais difícil quando as conclusões foram obtidas por meio de indução?
   c Correlação não implica causalidade. Ilustre esse ponto com exemplos empresariais.

3 Usando você mesmo como sujeito, dê um exemplo de cada uma das seguintes relações assimétricas:

a Estímulo-resposta
b Propriedade-disposição
c Disposição-comportamento
d Propriedade-comportamento

4 Por que não usar mais variáveis de controle, em vez de depender da atribuição aleatória como meio de controle das variáveis estranhas?

5 Os pesquisadores buscam relações causais com projetos de pesquisa experimental ou *ex post facto*.
    a De que forma essas duas abordagens são semelhantes?
    b De que forma elas são diferentes?

Tomada de decisão em pesquisa

6 Foi solicitado que você determine como os hospitais preparam e treinam voluntários. Uma vez que você sabe relativamente pouco a respeito, como fará para descobrir mais coisas? Seja o mais específico possível.

7 Você é o assistente administrativo de uma das principais divisões de uma grande empresa proprietária de diversos hotéis e parques temáticos. Você e o chefe da divisão acabaram de chegar da sala do CEO, onde foram informados de que as reclamações dos hóspedes em relação à limpeza e manutenção, bem como a atitudes dos funcionários, estão aumentando. Seus gerentes comentaram sobre alguma tensão entre os trabalhadores, mas não consideraram isso anormal. O CEO e o chefe da divisão o instruíram a investigar. Sugira pelo menos três tipos diferentes de pesquisa que seriam apropriados para essa situação.

8 Proponha uma ou mais hipóteses para cada um dos seguintes pares de variáveis, especificando qual é a VI e qual é a VD. Elabore a hipótese básica para incluir pelo menos uma variável moderadora ou variável interveniente.
    a O Índice de Confiança do Consumidor e o ciclo de negócios.
    b O nível de produção dos trabalhadores e a proximidade do supervisor.
    c O nível de roubo por funcionários e a presença de câmeras de vigilância.

Dando vida à pesquisa

9 Usando os oito descritores de projetos, identifique o estudo de satisfação com o CompleteCare da MindWriter conforme descrito neste e nos capítulos anteriores.

Do conceito à prática

10 Use os oito descritores de projeto da Figura 6-3 para identificar a pesquisa descrita nos Casos reais do capítulo.

Direto das manchetes

11 A Kraft dividirá seu negócio global de guloseimas neste ano, chamando-o de Mondelez International. O nome veio de um programa massivo de sugestão de nomes pelos funcionários da Kraft, que envolveu mais de 1.700 nomes sugeridos por mais de mil funcionários em um processo de cinco meses. O nome brinca com a conotação de "mundo delicioso". Como você estruturaria esse processo para garantir que nomes viáveis fossem produzidos?

12 A P&G recentemente transferiu sua divisão de alimentos para animais IAMS de Vandalia (OH) para Mason (OH). A mudança afetou 240 trabalhadores, que receberam a oferta de posições para se unirem aos 2 mil trabalhadores que já ocupavam a sede da divisão de alimentos para animais em Mason. A declaração da empresa dizia: "Estamos fazendo isso para aumentar a produtividade, a colaboração e o acesso aos recursos/experiência da P&G". Ela também disse aos funcionários que estava começando um estudo separado de vários meses sobre como aumentar a colaboração e a eficiência com os 250 funcionários que ainda trabalhavam em seu complexo de pesquisa e desenvolvimento de alimentos para animais localizado em Lewisburg (OH). Que pesquisa poderia ser incluída no estudo em vários meses para determinar o futuro das instalações de P&G em Lewisburg e de seus funcionários?

Casos (em inglês) no site do Grupo A

Uma joia de estudo	**Proofpoint: capitalização da paixão de um repórter por estatística**
Atendimento de ligações	**Ramada demonstra seu *Personal Best*™**
Mentes curiosas querem saber - AGORA!	**State Farm: cruzamentos perigosos**
Portas abertas: ampliação da hospitalidade para viajantes com necessidades especiais	

Você encontrará uma descrição de cada caso na seção Índice de Casos deste livro. Verifique no Índice de Casos quais fornecem dados, o instrumento de pesquisa ou outro material complementar. Para acessar os casos (em inglês), entre no site do Grupo A (www.grupoa.com.br) e procure pelo livro.

Capítulo 7
Pesquisa Qualitativa

> "Algumas vezes, as pessoas são feitas de camadas. Há alguma coisa totalmente diferente debaixo do que está na superfície... como uma torta."
>
> *Joss Whedon, escritor e roteirista*

Objetivos de **aprendizagem**

Após ler este capítulo, você compreenderá...

1. Qual é a diferença entre métodos qualitativos e quantitativos.
2. A controvérsia em relação à pesquisa qualitativa.
3. Os tipos de decisões que usam métodos qualitativos.
4. A variedade de métodos de pesquisa qualitativa.

Dando vida **à** pesquisa

"Bem-vinda", Jason diz ao parar no escritório de Sara Arens. "Algum problema?"

"Obrigada. Estou contente em estar de volta. Trabalhar como moderadora nos grupos de comida congelada Atlanta HealthPlus foi como caminhar com sapatos confortáveis. Ajudou muito observar a transmissão via Internet dos grupos de São Francisco e Detroit na semana passada. Começarei a preparação do relatório para eles em breve".

"Sara, tenho sorte de poder contar com alguém com tanta experiência em pesquisa qualitativa como você", elogia Jason.

"Obrigada", sorri Sara. "Vejo que as transcrições do grupo de São Francisco chegaram quando eu estava fora, as de Detroit devem chegar hoje à tarde, e as de Atlanta na quarta-feira. Somente agora estou analisando as minhas observações de São Francisco, então posso compará-las com as transcrições."

"Registramos alguns comentários críticos. Tenho certeza de que serão úteis para desenvolver a nova campanha de propaganda da HealthPlus", diz Sara enquanto retira as transcrições desejadas dos arquivos sobre sua mesa. Pelo tamanho da pilha, ela terá bastante leitura a fazer nos próximos dias. "A empresa acertou quando presumiu que os consumidores não acreditam que uma comida pode ser saudável e saborosa ao mesmo tempo. Mas também descobrimos que há alguns gatilhos que podemos usar na campanha para fazer com que os clientes abracem a ideia de alimentação saudável".

"A HealthPlus certamente parece ter uma posição bem definida, considerando a preocupação crescente quanto à obesidade desenfreada, principalmente entre os jovens", observa Jason. "Não vejo a hora de ouvir suas ideias".

"Você sabe se o Sam já começou o N6?", pergunta Sara.

"O novo software que fornece análise preliminar sobre o conteúdo da transcrição do grupo focal?", pergunta Jason. Após Sara confirmar, ele respondeu: "Então, sim, nosso disposto estagiário já está com a transcrição de São Francisco em andamento".

"Que bom saber", diz Sara. "Ele acha a nova versão do NUD*IST impressionante, e ela realmente nos economiza muito tempo".

"Falando nisso, a filial de Atlanta estava equipada com a versão mais recente do VideoMarker da FocusVision para marcar o vídeo do grupo focal. Foi a primeira vez que usei a função de marcação como moderadora. A filial me prometeu o CD marcado no início da semana que vem. Vai nos poupar bastante tempo na preparação da apresentação para o cliente".

Jason sorri. O entusiasmo de Sara por qualquer coisa digital ou eletrônica parece forte. "Bem, parece que você já tem as coisas bem encaminhadas, Sara. Quero que você participe da reunião sobre o projeto preliminar com a LeapFrog às 16h."

"Certo", comenta Sara, desviando o olhar dos arquivos com observações e transcrições, "é o produtor do brinquedo educativo que quer um teste do conceito – estarei lá".

O que é pesquisa qualitativa?

Basicamente, os gestores fazem pesquisa para entender como e por que as coisas acontecem. Se querem saber somente o que aconteceu ou com que frequência, metodologias de pesquisa quantitativa serviriam a seu propósito. Mas entender os diferentes significados que as pessoas atribuem a suas experiências geralmente requer técnicas de pesquisa que se aprofundam nas interpretações, motivações e entendimentos escondidos das pessoas. A pesquisa qualitativa é projetada para dizer ao pesquisador como (processo) e por que (significado) as coisas acontecem de determinada forma. Enquanto a pesquisa qualitativa corresponde a aproximadamente 20% dos gastos que as empresas têm com pesquisa atualmente, com a tecnologia ajudando a expandir rapidamente as ideias retiradas das análises de mídia social (netnografia), a etnografia, o *crowdsourcing* (incumbir um público indefinido de uma tarefa ou questão), as comunidades on-line de pesquisa de mercado (MROC, do inglês *marketing research online communities*) e os grupos virtuais, espera-se que o uso de pesquisa qualitativa pelas empresas aumente consideravelmente.[1]

A **pesquisa qualitativa** inclui um "conjunto de técnicas interpretativas que procuram descrever, decodificar, traduzir e, de outra forma, apreender o significado, e não a frequência, de certos fenômenos que ocorrem de forma mais ou menos natural na sociedade".[2] As técnicas qualitativas são usadas tanto no estágio de levantamento quanto na análise de dados em um projeto de pesquisa. No estágio de coleta de dados, o conjunto de técnicas inclui grupos de discussão, entrevistas individuais em profundidade (EIP), estudos de caso, etnografia, teoria fundamentada em dados, pesquisa-ação e observação. Durante a análise, o pesquisador qualitativo usa análise de conteúdo de material escrito ou gravado, obtido de expressões pessoais de participantes, observações comportamentais e esclarecimento dos observadores, bem como o estudo de artefatos e evidências do ambiente físico. A observação como metodologia merece atenção especial, por isso é analisada em detalhes no Capítulo 8.

A pesquisa qualitativa visa atingir entendimento profundo de uma situação, seja para explicar por que uma pessoa que entra em um supermercado Kroger passa por todos os corredores ou se dirige ao fundo da loja e escolhe apenas corredores aleatórios, ou para explicar por que alguns comerciais nos fazem rir e contribuem para nosso comprometimento com uma marca, enquanto outros geram indignação e boicotes. Judith Langer, uma conhecida pesquisadora qualitativa, revela que a pesquisa qualitativa é ideal se é desejado extrair sentimentos, emoções, motivações, percepções, "linguagem" do consumidor ou comportamento autorrelatado.[3] A Figura 7-1 oferece alguns exemplos de usos adequados de pesquisa qualitativa na área empresarial.

Área de decisão	Questões a responder
Análise de cargo	• A atribuição atual de tarefas gera a maior produtividade?
	• O avanço ao longo de níveis diferentes de cargo incorpora o treinamento necessário para promover o melhor desempenho?
Desenvolvimento de conceito de propaganda	• Que imagens deveríamos usar para nos conectarmos com as motivações de nossos consumidores-alvo?
Melhoria na produtividade	• Que ações poderíamos tomar para impulsionar a produtividade dos trabalhadores sem gerar descontentamento?
Desenvolvimento de novos produtos	• O que nosso mercado atual pensaria de uma ideia proposta para um produto?
	• Precisamos de novos produtos, mas como deveriam ser para tirar vantagem de nossos pontos fortes percebidos pelos clientes?
	• Que produtos irão criar a maior sinergia com nossos produtos existentes em termos de ROI e distribuição de crescimento de parceria?
Gestão de benefícios	• Nosso plano de compensação deve ser mais flexível e customizável?
	• Como os funcionários percebem programas de bem-estar e prevenção comparados com programas de saúde corretiva em termos de valor?
Planejamento do varejo	• Como os consumidores preferem comprar em nossa loja? Eles compram com um propósito definido ou são afetados por outros motivos?
Entendimento do processo	• Que passos estão envolvidos na limpeza de um piso de madeira? Como nosso produto é percebido ou envolvido nesse processo?
Segmentação de mercado	• Por que um grupo demográfico ou de estilo de vida usa nosso produto mais do que outro?
	• Quem são nossos clientes e como eles usam nosso produto para sustentar seu estilo de vida?
	• Qual é a influência da cultura na escolha de produto?
Representação sindical	• Como os vários departamentos percebem o esforço atual para sindicalizar nossa fábrica? Onde e quais são os elementos de descontentamento?
Análise de vendas	• Por que clientes que costumavam ser fiéis pararam de comprar nosso serviço?

Figura 7-1 Alguns usos adequados de pesquisa qualitativa.

A pesquisa qualitativa obtém dados de fontes diversas:[4]

- Pessoas (indivíduos ou grupos)
- Organizações ou instituições
- Textos (publicados, também em meio virtual)
- Cenários e ambientes (material visual/sensorial e virtual)
- Objetos, artefatos, produtos de mídia (material textual/visual/sensorial e virtual)
- Eventos e acontecimentos (material textual/visual/sensorial e virtual)

Neste capítulo, vamos nos concentrar nos métodos qualitativos que extraem dados de pessoas e organizações. O capítulo seguinte se concentra em estudos observacionais, que muitos autores consideram uma contribuição importante para dados qualitativos e que também contribuem para as quatro últimas categorias citadas.

Pesquisa qualitativa *versus* quantitativa

A controvérsia

Metodologias de pesquisa qualitativa têm raízes em uma variedade de disciplinas, inclusive antropologia, sociologia, psicologia, linguística, comunicação, economia e semiótica. Historicamente, estão disponíveis há muito mais tempo – algumas datam do século XIX – do que as ferramentas quantitativas das quais os pesquisadores dependem tão intensamente. Possivelmente devido a suas origens, os métodos qualitativos não são prestigiados pela alta gerência, muitos gerentes seniores acreditam que os dados qualitativos são subjetivos demais e suscetíveis a erro humano e viés na coleta e na interpretação de dados.

Eles acreditam que essas pesquisas fornecem uma base instável para decisões empresariais caras e críticas, o fato de que os resultados de um estudo qualitativo não podem ser generalizados para uma população maior é considerado um ponto fraco fundamental.

Cada vez mais, entretanto, os gestores estão retornando a essas técnicas, uma vez que as quantitativas não conseguem fornecer as ideias necessárias para tomar decisões empresariais que ficam mais caras a cada dia. Eles lidam com a questão de fidedignidade de dados qualitativos com o uso de metodologia rigorosa:[5]

- Uso de buscas na literatura com cuidado para construir questões exploratórias.
- Justificativa completa da metodologia ou da combinação de metodologias escolhidas.
- Execução da metodologia escolhida em seu ambiente natural (estudo de campo), em vez de altamente controlado (laboratório).
- Escolha de participantes em função da relevância para a amplitude da questão, em vez de basear-se no quanto eles representam a população-alvo.
- Desenvolvimento e inclusão de questões que revelam as exceções a uma regra ou teoria.
- Estruturação cuidadosa da análise de dados.
- Comparação dos dados entre múltiplas fontes e contextos diferentes.
- Condução do esclarecimento com pesquisadores na mesma área sobre resultados para obter mais clareza, ideias adicionais e redução de viés.

Distinção

Para entender a distinção entre metodologias qualitativas e quantitativas, vamos definir a última. A **pesquisa quantitativa** tenta fazer uma mensuração precisa de algo. Na pesquisa em administração, metodologias quantitativas normalmente medem comportamento, conhecimento, opiniões ou atitudes do consumidor. Tais metodologias respondem questões relacionadas a quanto, com que frequência, quantos, quando e quem. Embora o levantamento não seja a única metodologia do pesquisador quantitativo, ele é considerado o mais importante.

Instantâneo

O que o ciberespaço oferece para a pesquisa de avaliação de desempenho?

Muitos líderes de sucesso *compreendem* que o feedback do desempenho é importante, eles sabem o valor que esse retorno teve para o seu crescimento em termos pessoais e profissionais. Como resultado, muitas empresas de sucesso têm sistemas formais de avaliação 360°. Tradicionalmente, os funcionários eram avaliados por meio de levantamentos realizados periodicamente com seus subordinados, colegas e supervisores.

Um estudo da Accenture, entretanto, mostrou que muitos gestores médios valorizam feedbacks informais, pois o processo formal tradicional gera feedbacks menos específicos do que o desejado e em momento inoportuno. Portanto, com a geração Y chegando aos cargos de gerência, os recursos humanos (RH) poderiam utilizar o amor dessa geração pela internet como uma forma de engajá-los em uma avaliação de desempenho informal?

Funcionários confortáveis com a Web já a utilizam para divulgar o seu trabalho em sites como glassdoor.com e jobitorial.com; outros criam grupos de discussão no Google ou fóruns on-line para discutirem sobre o que gostam ou não nas empresas ou setor em que trabalham, ou mesmo para falarem sobre o seu chefe. Algumas empresas estão usando essas manifestações anônimas para identificar e abordar questões referentes ao local de trabalho.

As redes sociais estão sendo usadas nos processos de seleção há bastante tempo; de acordo com a Kenexa, empresa de recursos humanos que estuda o comportamento humano em dinâmicas de equipe no local de trabalho, oferece software, processos de negócios e consultoria, "mais de 30% dos funcionários que estão sendo contratados em empresas privadas vêm pela indicação de outros funcionários – a maior de todas as fontes." É uma consequência lógica, então, verificar se o *networking* pode ser alavancado pela avaliação de desempenho? A empresa Rent-a-Car encoraja seus funcionários a adicionarem um *widget* a respeito de vagas na empresa em seus perfis do Facebook e oferece recompensas caso a colocação do *widget* resulte em uma contratação.

A Rypple é uma empresa que está entrando no espaço de redes sociais para avaliações de desempenho, tendo uma página no Facebook e no Twitter para que a pesquisa de avaliação de desempenho seja mais útil. O que é um rypple? Pense nele como um tweet com um propósito. Com um Rypple você pode fazer a pergunta: "O que eu posso fazer pra tornar VOCÊ mais eficaz em sua função?" ou "O que eu posso fazer para que atinjamos os objetivos do departamento de modo mais eficaz?". Usando contatos de fontes já existentes, como Outlook, Yahoo, Hotmail, Gmail ou Facebook, você seleciona possíveis candidatos a receber uma breve mensagem solicitando feedback. A mensagem contém um link para um curto formulário on-line, em que o contato digita a sua resposta (chamada de *rypple*) a uma única pergunta. O feedback é coletivo, com retorno rápido e semianônimo (restrito àqueles contatos para quem você enviou a mensagem). A Ryple indica que 50% dos que pediram feedback irão fornecê-lo.

Daniel Portillo, diretor de recursos humanos sênior na comunidade Mozilla, criador do *browser* Firefox, experimentou o sistema. "É impossível se desenvolver se você não receber críticas construtivas." Ele descobriu que "as pessoas são diretas, mas não maldosas".

www.rypple.com; www.kenexa.com;
www.glassdoor.com; www.jobitorial.com;
www.mozilla.com

O objetivo da pesquisa qualitativa baseia-se na "imersão do pesquisador no fenômeno a ser estudado, reunindo dados que fornecem uma descrição detalhada de fatos, situações e interações entre pessoas e coisas, [portanto] fornecendo profundidade e detalhe".[6] Ela costuma ser usada para teste de teorias (por exemplo, tendo em vista o contexto norte-americano, um cupom de US$ 1 de desconto imediato ou um desconto de US$ 1,50 por correio gera mais vendas para o Special K, da Kellogg's?), exigindo que o pesquisador mantenha distância da pesquisa para evitar viés nos resultados. A pesquisa qualitativa – por vezes chamada de *pesquisa interpretativa* porque busca criar entendimento por meio de descrição detalhada – geralmente constrói teoria, mas raramente a testa.

Além do objetivo da pesquisa, esse processo determina diversas distinções centrais entre pesquisa qualitativa e quantitativa, elaboradas na Figura 7-2, incluindo nível de envolvimento do pesquisador; metodologia de amostragem e tamanho de amostra; processos de coleta de dados, incluindo preparação dos participantes e envolvimento do pesquisador e do patrocinador da pesquisa; tipo e preparação de dados; análise e programação de dados; processos para obter ideias e significado; período de descoberta de ideias; e nível de segurança dos dados.[7]

	Qualitativa	**Quantitativa**
Foco da pesquisa	• Entender e interpretar	• Descrever, explicar e prever
Envolvimento do pesquisador	• Alto – o pesquisador é participante ou catalisador	• Limitado; controlado para evitar viés
Objetivo da pesquisa	• Entendimento em profundidade; construção de teoria	• Descrever ou prever; construir e testar teorias
Tipo de amostragem	• Não probabilística; intencional	• Probabilística
Tamanho da amostra	• Pequeno	• Grande
Projeto de pesquisa	• Pode evoluir ou ser ajustado durante o projeto • Costuma usar múltiplos métodos de forma simultânea ou sequencial • Não se espera consistência • Envolve abordagem longitudinal	• Determinado antes de começar o projeto • Usa método único ou métodos mistos • A consistência é essencial • Envolve uma abordagem transversal ou longitudinal
Preparação dos participantes	• A pré-tarefa é comum	• Nenhuma preparação para evitar viés nos participantes
Tipo e preparação de dados	• Descrições verbais ou pictóricas • Reduzido a códigos verbais (às vezes com auxílio de um computador)	• Descrições verbais • Reduzido a códigos numéricos para análise computadorizada
Análise de dados	• Análise humana seguida de codificação por computador ou humana; basicamente não quantitativa • Força o pesquisador a ver a estrutura contextual do fenômeno sendo medido – distinção entre fatos e julgamentos é menos clara • Sempre em andamento durante o projeto	• Análise computadorizada – métodos estatísticos e matemáticos predominam • A análise pode estar em andamento durante o projeto • Mantém uma distinção clara entre fatos e julgamentos
Ideias e significado	• Nível mais profundo de entendimento é a norma; determinado por tipo e quantidade de questões de resposta livre • Participação do pesquisador na coleta de dados permite que ideias sejam formadas e testadas durante o processo	• Limitado pela oportunidade de investigar os respondentes e a qualidade do instrumento original de coleta de dados • Ideias seguem coleta e entrada de dados, com capacidade limitada de entrevistar novamente os participantes
Envolvimento do patrocinador da pesquisa	• Pode participar observando a pesquisa em tempo real ou por meio de entrevistas gravadas	• Raramente tem contato direto ou indireto com o participante
Tempo de *feedback*	• Tamanhos de amostras menores tornam a coleta de dados mais rápida para *feedback* mais curto possível • Ideias são desenvolvidas conforme a pesquisa progride, reduzindo a análise de dados	• Tamanhos de amostras maiores aumentam a coleta de dados; metodologias da Internet estão reduzindo o tempo de *feedback*, mas são inadequadas para muitos estudos • Criação de ideias segue a coleta e entrada de dados, aumentando o tempo do processo de pesquisa; software de entrevistas permite algum cálculo de respostas conforme a coleta de dados progride
Segurança dos dados	• Mais absoluta, dado o uso de acesso restrito a instalações e tamanhos de amostras menores	• Ato de pesquisa em progresso é geralmente conhecido pela concorrência; ideias podem ser colhidas pela concorrência por alguns estudos visíveis, de campo

Figura 7-2 Pesquisa qualitativa *versus* quantitativa.

Fonte: Esta figura foi desenvolvida a partir do material extraído de Judith Langer, The Mirrored Window: Focus Groups from a Moderator's Point of View (Ithaca, NY: Paramount Market Publishing, 2001); Hy Mariampolski, Qualitative Market Research: A Comprehensive Guide (Thousand Oaks, CA: Sage Publications, 2001); e David Carson, Audrey Gilmore, Chad Perry e Kjell Gronhaug, Qualitative Marketing Research (Thousand Oaks, CA: Sage Publications, 2001).

Diferentemente do caso com dados quantitativos, tanto o pesquisador quanto o patrocinador da pesquisa têm envolvimento mais significativo na coleta e na interpretação de dados qualitativos. O primeiro pode servir como participante ou catalisador, observador de participantes ou moderador de entrevista em grupo; o último pode observar (em alguns casos por transmissão via Internet de entrevistas diretamente ao computador pessoal do patrocinador), influenciar as questões da entrevista e adicionar interpretações e ideias durante o processo. Por contraste, em grandes estudos quantitativos, o pesquisador que interpreta os dados e tira conclusões raramente os coleta e geralmente não tem contato nenhum com o participante.

Uma vez que os pesquisadores estão imersos no mundo do participante, qualquer conhecimento que possam obter deste pode ser usado para ajustar os dados extraídos do próximo. Na pesquisa quantitativa, desejam-se dados idênticos de todos os participantes, portanto a evolução da metodologia não é aceitável.

Dados quantitativos costumam consistir em respostas de participantes que são codificadas, categorizadas e reduzidas a números para que esses dados possam ser manipulados por análise estatística. Um objetivo é a contagem quantitativa de eventos e opiniões, chamada de *frequência de resposta*.

Dados qualitativos são textos, descrições detalhadas de eventos, situações e interações, verbais ou visuais, que os constituem; podem estar presentes em transcrições de entrevistas ou vídeos de grupos de discussão, bem como em observações feitas durante essas interações. Mas por definição eles geram listas de palavras que precisam ser codificadas e analisadas por seres humanos para se apreender seu significado. Embora os softwares sejam cada vez mais usados no processo de codificação em pesquisa qualitativa, no centro do processo qualitativo está o pesquisador – e sua experiência – estruturando e interpretando os dados.[8]

Estudos qualitativos, com seus tamanhos de amostras menores, oferecem uma oportunidade de tempo de resposta mais rápido dos resultados. Embora a velocidade nunca deva ser a razão principal na escolha de uma metodologia, os dados qualitativos podem ser particularmente úteis para apoiar uma decisão de baixo risco que deve ser tomada rapidamente.

Estratégias multimilionárias podem perder sua força se o concorrente reagir rápido demais. A segurança dos dados é, portanto, motivo de preocupação crescente. As entrevistas em grupo e individual, as técnicas de base da pesquisa qualitativa, podem ser conduzidas em ambientes altamente seguros. Em comparação, assim que se inicia uma pesquisa quantitativa ou observação de campo, os concorrentes do patrocinador da pesquisa rapidamente tomam conhecimento disso. Embora os dados possam não ser conhecidos, a área de investigação geralmente pode ser determinada. Por exemplo, em um mercado de teste – um projeto quantitativo experimental – os concorrentes do patrocinador da pesquisa podem observar e extrair ideias com o patrocinador.

O processo de pesquisa qualitativa

O processo de desenvolvimento de um projeto qualitativo é semelhante ao de pesquisa introduzido no Capítulo 1. Entretanto, três distinções centrais sugeridas nas seções anteriores afetam o processo de pesquisa: (1) o nível de desenvolvimento de questão gerencial – a hierarquia da questão de pesquisa antes de iniciar a pesquisa qualitativa; (2) a preparação do participante antes da experiência da pesquisa; e (3) a natureza e o nível dos dados que se originam do esclarecimento aos entrevistadores ou observadores.

O pesquisador qualitativo começa com um entendimento do problema gerencial, mas a hierarquia da questão de pesquisa em administração raramente é desenvolvida antes do projeto da metodologia de pesquisa. Pelo contrário, a pesquisa é guiada por uma questão mais ampla que se assemelha em sua estrutura à questão gerencial. A Figura 7-3 introduz as modificações ao processo de pesquisa.

Grande parte da pesquisa qualitativa envolve a preparação deliberada do participante, chamada de pré-exercício ou **pré-tarefa**. Esta etapa é importante em razão do desejo de extrair detalhes e significados do participante. Uma série de exercícios criativos e mentais traz à tona o entendimento dos participantes de seus próprios processos de pensamento e ideias. Alguns deles são:

- Deixar o produto ou meio para uso em casa (com instruções para usar o produto ou meio – por exemplo, uma revista – repetidamente durante o período de preparação antes da entrevista).

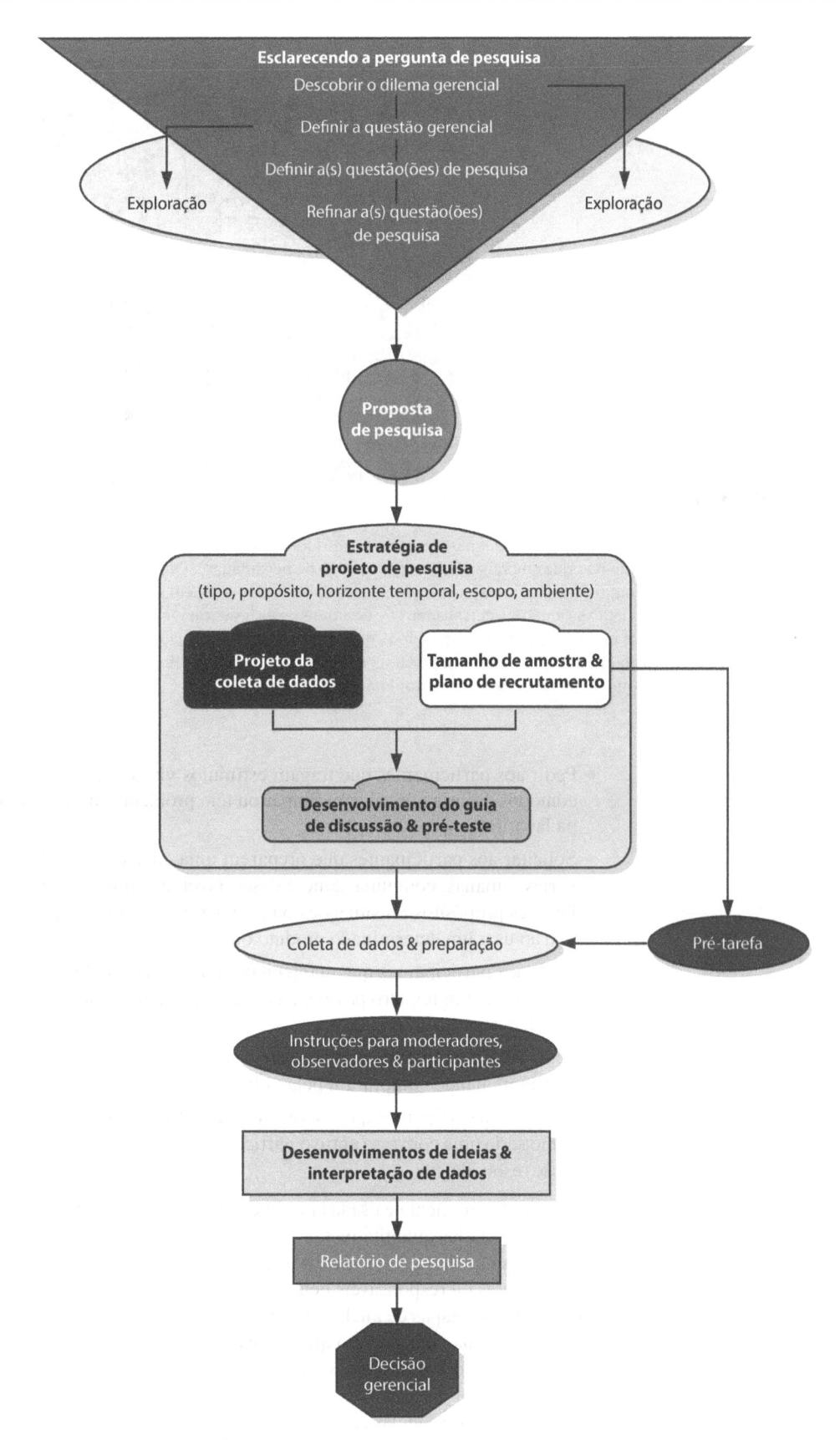

Figura 7-3 Pesquisa qualitativa e o processo de pesquisa.

Perfil **visual**

Quando a Anderson Analytics quer ajudar seus participantes de pesquisa a investigar suas reflexões mais profundas sobre um tópico de pesquisa, usa técnicas projetivas que empregam um elenco variado de personagens. Os participantes escolhem um personagem que melhor os representa ou outra pessoa que estão tentando descrever. Então eles atribuem atitudes, sentimentos, emoções e percepções ao personagem. "A vantagem adicional dos personagens é que alguns deles provocam respostas semelhantes [em diferentes projetos de pesquisa], então temos uma ideia sobre benchmarking", diz Tom Anderson, sócio-gerente da Anderson Analytics. "Por exemplo, o personagem masculino gordinho com a guitarra costuma ser considerado um intruso, um 'impostor' desesperado para se ajustar à sociedade, geralmente não muito querido". **www.andersonanalytics.com**

- Pedir aos participantes que tragam estímulos visuais (p. ex., fotos pessoais em áreas ou cômodos da casa que odeiam limpar ou têm problemas para decorar ou uma peça de roupa favorita).
- Solicitar aos participantes que preparem uma colagem visual (p. ex., tirar fotos durante várias semanas, com uma câmera descartável, dos trajes favoritos de seus filhos para diferentes propósitos ou situações ou cortar figuras de revistas que reflitam como se sentem ao usar um determinado produto ou marca).
- Pedir aos participantes que mantenham diários detalhados de comportamento e percepções (p. ex., um registro passo a passo de sua experiência ao preparar uma refeição usando um determinado produto).
- Pedir aos participantes que desenhem uma figura sobre uma experiência (p. ex., o que sentiram quando compraram pela última vez em determinada loja).
- Pedir aos participantes que escrevam um diálogo de uma experiência hipotética (p. ex., como seria uma conversa entre o participante e um vendedor quando uma reclamação não fosse resolvida).[9]

A pré-tarefa raramente é usada em estudos de observação e é considerada uma fonte principal de erro em estudos quantitativos.

Na pesquisa quantitativa, a menos que o pesquisador esteja coletando seus próprios dados, os entrevistadores ou responsáveis pela coleta de dados raramente se envolvem com a interpretação dos dados ou etapas de análise. Embora os coletores contribuam com a exatidão da preparação dos dados, sua contribuição quase nunca é solicitada no desenvolvimento de interpretações deles. Em estudos qualitativos, devido ao alto nível de envolvimento do patrocinador e do entrevistador/coletor de dados, esses participantes do processo são geralmente interrogados e entrevistados, com suas ideias agregando valor à interpretação dos dados. A Figura 7-4 oferece um exemplo de formação de questão de pesquisa para um projeto qualitativo.

1 Descobrir o dilema gerencial

As vendas em muita de nossas categorias estabelecidas de produtos estão estáveis. Precisamos aumentar a receita.

1a Exploração
Busca na literatura e entrevistas com especialistas
- Que novas categoria de produto mostram provas de força a longo prazo?
- Que categorias de produto combinam com nossa experiência de fabricação? Com o perfil do consumidor? Com a distribuição?
- Em quais categorias nossos concorrentes atuais não têm competência? Têm competência maior?

2 Definir a questão gerencial

- Que novas categorias de produto representam as melhores oportunidades de vendas?
- Como estamos posicionados nas mentes de nossos clientes para tirar vantagem dessas oportunidades?

2a Pesquisa qualitativa

Entrevista convergente
- Analistas do setor
- Futuristas
- Engenheiros

Grupos de discussão com
- Clientes atuais

Usando
- Classificação de componentes
- Universo imaginário

3 Definir a questão de pesquisa

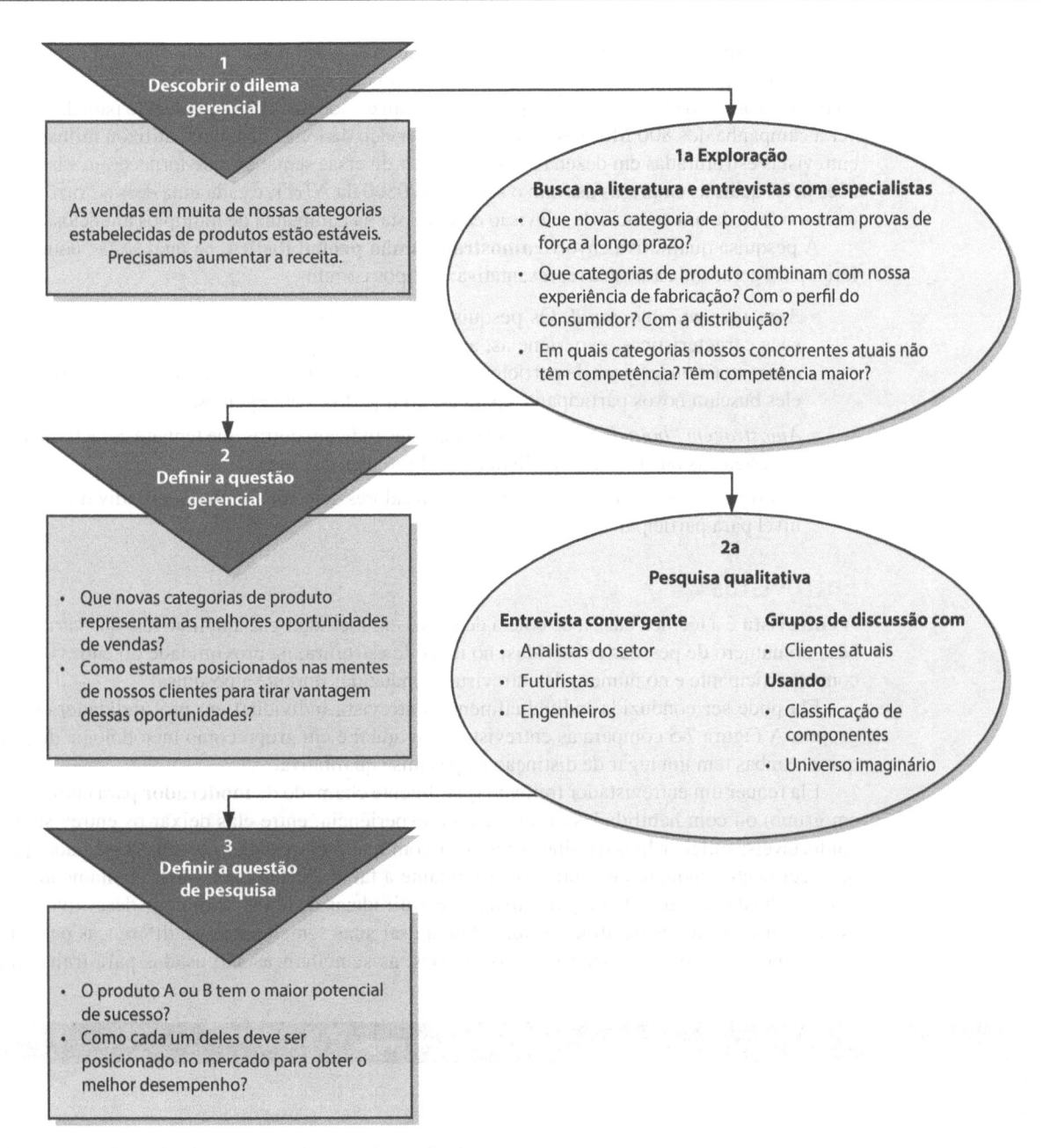

- O produto A ou B tem o maior potencial de sucesso?
- Como cada um deles deve ser posicionado no mercado para obter o melhor desempenho?

Figura 7-4 Formulando a questão de pesquisa qualitativa.

Metodologias de pesquisa qualitativa

O pesquisador escolhe uma metodologia qualitativa com base no objetivo do projeto; no cronograma, incluindo a velocidade com a qual as ideias são necessárias; no orçamento; na questão ou tópico do estudo; nos tipos de participantes necessários; e na habilidade, personalidade e preferências do pesquisador.

Amostragem

Existe uma diretriz geral de amostragem para pesquisa qualitativa: faça a amostragem enquanto a amplitude e a profundidade de conhecimento sobre a questão estudada aumentarem; pare quando não obtiver nenhum conhecimento ou ideia novas. Isso posto, o tamanho das amostras para a pesquisa qualitativa varia de acordo com a técnica, mas, geralmente, é pequeno. Um estudo poderia incluir apenas dois ou três grupos de discussão ou algumas dezenas de entrevistas individuais em profundidade. Ainda que seja incomum, um estudo da AT&T, conduzido para desenvolver a campanha dos 800 Motivos para usar seu serviço de longa distância, utilizou milhares de entrevistas estruturadas em dezenas de cidades por diversas semanas, que forneceram várias razões pelas quais as empresas usavam o serviço de 0800 da AT&T, e cada uma dessas "razões" se tornou o foco de um anúncio de televisão e/ou revista na campanha de múltiplos anúncios.[10]

A pesquisa qualitativa envolve **amostragem não probabilística**, na qual se faz pouco esforço para gerar uma amostra representativa; os tipos comuns:

- *Amostragem intencional.* Os pesquisadores escolhem os participantes de acordo com suas características, experiências, atitudes ou percepções únicas; conforme categorias conceituais ou teóricas de participantes se desenvolvem durante o processo de entrevista, eles buscam novos participantes para desafiar padrões emergentes.
- *Amostragem "bola de neve".* Os participantes indicam outros que tenham características, experiências ou atitudes semelhantes ou diferentes das suas.
- *Amostragem por conveniência.* Os pesquisadores selecionam qualquer indivíduo disponível para participar.

Entrevistas

A **entrevista** é a técnica básica de coleta de dados em metodologias qualitativas, que varia com base no número de pessoas envolvidas, no nível de estrutura, na proximidade do entrevistador com o participante e no número de entrevistas conduzidas durante a pesquisa.

Ela pode ser conduzida individualmente (entrevista individual em profundidade) ou em grupos. A Figura 7-5 compara as entrevistas individual e em grupo como metodologia de pesquisa. Ambas têm um lugar de distinção na pesquisa qualitativa.

Ela requer um entrevistador treinado (geralmente chamado de **moderador** para entrevistas em grupo) ou com habilidades obtidas com a experiência, entre elas deixar os entrevistados confortáveis; solicitar-lhes detalhes sem fazer com que o entrevistado se sinta assediado; permanecer neutro enquanto incentiva o participante a falar abertamente; ouvir atentamente; seguir a linha de pensamento do participante e extrair ideias de horas de diálogo descritivo detalhado. Entrevistadores habilidosos aprendem a usar suas semelhanças *ou* diferenças pessoais com o entrevistado para garimpar informações; as semelhanças são usadas para transmitir

Entrevista individual	Entrevista em grupo
Objetivo da pesquisa	
• Explorar a vida do indivíduo em profundidade • Criar histórias de caso por meio de entrevistas repetidas ao longo do tempo • Testar um levantamento	• Orientar o pesquisador em uma área de investigação e na linguagem da área • Explorar uma variedade de atitudes, opiniões e comportamentos • Observar um processo de consenso e discordância • Adicionar detalhe conceitual a resultados quantitativos
Preocupações centrais	
• Experiências, escolhas e biografias individuais e detalhadas • Questões sensíveis que podem causar ansiedade	• Questões de interesse público ou de preocupação comum • Questões em que se sabe pouco ou de natureza hipotética
Participantes	
• Participantes com restrição de tempo ou difíceis de recrutar (por exemplo, participantes da elite ou de alto *status*) • Participantes com habilidades linguísticas suficientes (por exemplo, maiores de sete anos) • Participantes cujas distinções inibiriam a participação	• Participantes cujos históricos sejam semelhantes ou não tão diferentes a ponto de gerar conflito ou desconforto • Participantes que podem articular suas ideias • Participantes que oferecem uma ampla gama de posições sobre as questões

Figura 7-5 Uma comparação entre entrevistas individuais em profundidade e entrevistas em grupo.

empatia e entendimento, ao passo que as diferenças são usadas para demonstrar vontade de entender e se identificar.

Na pesquisa quantitativa, estamos mais interessados em fazer com que o coletor de dados siga um procedimento prescrito, enquanto na qualitativa o condutor da entrevista precisa ter um entendimento maior do problema e de como as ideias serão usadas. Portanto, um entrevistador habilidoso aprende rápido, capta o entendimento de uma questão sem necessariamente ter experiência prévia com o produto ou serviço nem ser um especialista técnico.

O pesquisador escolhe entre **entrevista não estruturada** (nenhuma questão específica ou ordem de tópicos a serem discutidos, e a entrevista é customizada a cada participante; geralmente começa com uma narrativa do participante) e **entrevista semiestruturada** (geralmente começa com algumas questões específicas e depois segue o curso de pensamento do participante com investigações do entrevistador) ou **entrevista estruturada** (usa um roteiro detalhado de entrevista semelhante a um questionário para guiar a ordem das questões e a maneira específica de fazê-las, mas elas geralmente permanecem abertas). As entrevistas estruturadas permitem comparação mais direta entre as respostas; a variabilidade de questões é eliminada e, portanto, presume-se que a variabilidade de respostas seja real. Além disso, a neutralidade do entrevistador é mantida.

A maior parte da pesquisa qualitativa utiliza entrevista não estruturada ou semiestruturada, que são diferentes da entrevista estruturada em vários aspectos, uma vez que:

- Dependem do desenvolvimento de um diálogo entre o entrevistador e o participante.
- Exigem mais criatividade do entrevistador.
- Usam a habilidade do entrevistador para extrair mais dados.
- Usam a experiência e a habilidade do entrevistador para atingir maior clareza e complexidade das respostas.

Muitas entrevistas são conduzidas pessoalmente, com o benefício óbvio de conseguirem observar e registrar comportamento verbal e não verbal, mas também podem sê-lo por telefone ou on-line. As duas últimas formas oferecem a oportunidade de conduzir mais entrevistas no mesmo período de tempo, atrair participantes de uma área geográfica mais ampla, e economizar nas despesas com viagens de deslocamento dos entrevistadores treinados até o local em que os participantes se encontram, bem como nas taxas de viagem para trazer os participantes a um local neutro. Usar entrevistadores que se sintam mais confortáveis em conduzir uma entrevista – normalmente de suas casas ou escritórios – deve aumentar sua qualidade. Se houver um número insuficiente para conduzir entrevistas em grupo em determinado mercado, força-se o uso de técnicas por telefone ou on-line.

Responsabilidades do entrevistador

O entrevistador precisa ser capaz de extrair informação de um participante disposto, que frequentemente não está consciente de que possui a informação desejada. Quem realiza a entrevista geralmente é responsável por gerar seu roteiro, a lista de tópicos a serem discutidos (entrevista não estruturada) ou as questões a serem respondidas (semiestruturada) e a ordem (estruturada) em que serão feitas. Na construção desse **roteiro de discussão**, muitos entrevistadores empregam uma estrutura de questionamento hierárquica, apresentada na Figura 7-6. Questões mais amplas iniciam a entrevista, projetadas para deixar os participantes confortáveis e dar-lhes a ideia de que têm muito a contribuir, sendo seguidas por questões cada vez mais específicas para entrar em detalhes.

O entrevistador costuma ser responsável por gerar as questões de filtro usadas para recrutar os participantes para a pesquisa qualitativa. Essa pré-entrevista usa um dispositivo semelhante a um questionário, chamado de **filtro de recrutamento**. A Figura 7-7 apresenta os diversos elementos necessários para que ele seja um filtro abrangente. Cada questão é elaborada para garantir ao pesquisador que a pessoa portadora das informações e experiências necessárias, bem como das habilidades linguísticas e sociais para relacionar a informação desejada, seja convidada a participar. Os dados reunidos durante o processo de recrutamento são incorporados na etapa de análise de dados da pesquisa, uma vez que os do recrutamento fornecem contexto adicional para as expressões dos participantes.

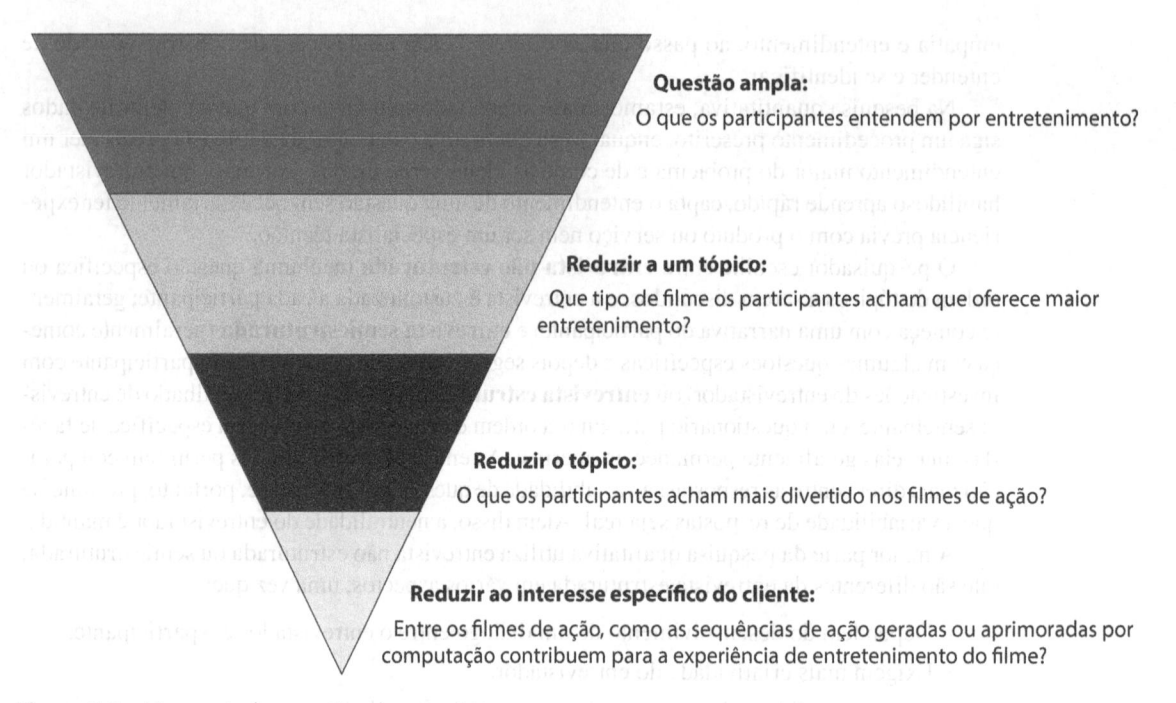

Questão ampla:
O que os participantes entendem por entretenimento?

Reduzir a um tópico:
Que tipo de filme os participantes acham que oferece maior entretenimento?

Reduzir o tópico:
O que os participantes acham mais divertido nos filmes de ação?

Reduzir ao interesse específico do cliente:
Entre os filmes de ação, como as sequências de ação geradas ou aprimoradas por computação contribuem para a experiência de entretenimento do filme?

Figura 7-6 Hierarquia das questões de entrevista.
Fonte: Este gráfico foi adaptado de outro desenvolvido por Judith Langer e publicado em *The Mirrored Window: Focus Group from a Moderator's Point of View* (Ithaca, NY: Paramount Market Publishing, 2001), www.paramountbooks.com.

Tipo de informação	Descrição
Cabeçalho	Incluir nome do projeto, data das entrevistas, identidade do filtro.
Requerimentos de filtro	Especificar condições que devem ser atendidas para estender uma oferta de participação a um candidato; pode incluir cotas para várias questões demográficas, de estilo de vida, atitudinais e de uso.
Informações de identidade	Incluir nome do candidato, endereço, telefone, e-mail.
Introdução	Descrever o objetivo do estudo de maneira motivadora. Estudos completamente "cegos" não motivam a participação.
Questões de segurança	Revelar possível participação excessiva ou conflitos de interesse; informações semelhantes sobre o cônjuge ou familiares imediatos.
Questões demográficas	Determinar comparação por idade, gênero, etnia ou raça, renda, geografia, emprego ou ocupação.
Questões de produto/uso da marca/compra	Estabelecer a frequência de uso, compra, fidelidade, etc.
Questões de estilo de vida	Estabelecer as experiências diárias do participante, bem como as da pessoa com a qual o participante compartilha sua vida.
Questões atitudinais e de conhecimento	Procurar amplitude em percepções, atitudes, opiniões, conhecimento.
Questões de articulação e criatividade	Buscar provas de que o participante pode articular suas ideias e formar e expressar opiniões; cenários podem incluir questões de problema/solução ou solicitar que o participante resolva um desafio incomum. ("O que você poderia fazer com um tijolo?")
Oferta/término	Convidar a participar, discutir compensação e pré-tarefa, agendar entrevista ou indicar que a pessoa não é certa para o estudo atual, mas pode ser adequada para estudos futuros.

Figura 7-7 O que está incluído em um filtro de recrutamento?
Para ter melhor efeito, a pesquisa qualitativa exige pessoas criativas, articuladas e expressivas. Encontrar os participantes adequados é tarefa do pesquisador. Aqui estão alguns elementos comuns abordados nessa etapa da pesquisa.

Em geral, o entrevistador é um consultor com responsabilidades abrangentes:[11]

- Recomendar os tópicos e as questões.
- Controlar a entrevista, mas também planejar – e pode gerenciar – os locais e instalações para o estudo.
- Propor os critérios para recrutar os participantes da amostra.
- Redigir o filtro de recrutamento e poder recrutar os participantes.
- Desenvolver os diversos exercícios na pré-tarefa.
- Preparar qualquer ferramenta de pesquisa (p. ex., figuras ou exercícios escritos) a serem usados durante a entrevista.
- Supervisionar o processo de transcrição.
- Ajudar a analisar os dados e extrair ideias.
- Escrever ou direcionar a redação do relatório ao cliente, incluindo vídeos para o relatório oral.

Técnicas projetivas

Como os pesquisadores estão sempre procurando significados escondidos ou não declarados, as **técnicas projetivas** podem ser usadas nas estruturas da entrevista. Algumas dessas técnicas incluem:[12]

• **Associação de palavras ou figuras**	Os participantes combinam imagens, experiências, emoções, produtos e serviços, até mesmo pessoas e lugares, ao objeto de estudo. *"Diga o que vem à sua mente quando pensa no cereal Special K, da Kellogg's"*.
• **Completar frases**	Os participantes devem completá-las. *"Complete esta frase: As pessoas que compram pela Internet..."*
• **Quadrinhos ou balões vazios**	Os participantes escrevem o diálogo para uma figura, semelhante a uma história em quadrinhos. *"O que a cliente comentará quando perceber o vendedor se aproximando dela no showroom de carros novos"*.
• **Teste de Percepção Temática**	Mostra-se uma figura aos participantes (geralmente, uma fotografia ou um desenho) e se solicita a eles que descrevam como a pessoa na figura se sente e pensa.
• **Ordenação de componentes**	Os participantes recebem cartões com características do componente e devem criar novas combinações.
• **Ordenação sensorial**	Apresenta-se aos participantes odores, texturas e sons, geralmente verbalizados em cartões, e pede-se que os classifiquem segundo um ou mais critérios.
• *Laddering* **ou cadeia de benefícios**	Os participantes ligam características funcionais a seus benefícios físicos e psicológicos, tanto reais quanto ideais.
• **Exercícios de imaginação**	Os participantes relacionam as propriedades de uma coisa/pessoa/marca a outra. *"Se a pasta de dente Crest fosse uma faculdade, que tipo de faculdade ela seria?"*
• **Universo imaginário**	Os participantes presumem que a marca e seus usuários habitam um universo inteiro; a seguir, eles descrevem as características desse novo mundo.
• **Visitante de outro planeta**	Os participantes presumem que são alienígenas e estão se deparando com o produto pela primeira vez; eles devem descrever as reações, questões e atitudes em relação à compra ou reteste.

• **Personificação**	Os participantes imaginam objetos inanimados com os traços, características, atributos e personalidades de seres humanos. *"Se a marca X fosse uma pessoa, que tipo de pessoa ela seria?"*
• **Figura de autoridade**	Os participantes imaginam que a marca ou produto é uma figura de autoridade e descrevem os atributos da figura.
• **Ambiguidades e paradoxos**	Os participantes imaginam uma marca como algo diferente (p. ex., ração para cães Omo ou cereal Marlboro), descrevendo seus atributos e posição.
• **Mapeamento semântico**	Os participantes recebem um mapa com quatro quadrantes no qual diferentes variáveis se encontram nos dois eixos; eles devem organizar espacialmente as opções de seguro de saúde, componentes de produtos ou organizações nos quatro quadrantes.
• **Mapeamento de marca**	Os participantes recebem marcas diferentes e falam sobre suas percepções, geralmente em relação a diversos critérios. Eles também podem posicionar espacialmente cada marca em um ou mais mapas semânticos.
• **Técnica de evocação de metáforas**	Realiza-se uma pré-tarefa com os participantes para coletar imagens que revelam como se sentem sobre um tópico de pesquisa; durante uma entrevista em profundidade, os participantes discutem cada imagem e criam uma colagem de suas imagens, com emoções, pensamentos ou percepções anotados ao lado de cada imagem.

Exercícios com o uso de papel costumam atingir membros menos verbais de um grupo. Técnicas projetivas podem dissipar a tensão causada por tópicos sensíveis ou ser úteis quando uma mudança de foco na entrevista é iminente. É necessário um entrevistador bem treinado se a pesquisa exigir que uma ou mais dessas técnicas sejam incluídas em uma entrevista individual em profundidade ou entrevista em grupo. Elas também consomem muito tempo, aumentando a duração da entrevista nos dois tipos e o tempo de análise de dados.

Entrevista individual em profundidade

Uma **entrevista individual em profundidade** (IDI, do inglês *individual depth interview*) é uma interação entre um entrevistador e um único participante. Ela geralmente leva entre 20 minutos (entrevistas por telefone) e 2 horas (entrevistas pré-agendadas, pessoais), dependendo das questões ou dos tópicos de interesse e do método de contato usado. Algumas técnicas, como *histórias de vida*, podem levar até cinco horas. Os participantes costumam ser pagos para compartilhar suas ideias e percepções; US$ 1 por minuto é o padrão para clientes em geral, mas taxas muito mais altas são pagas a participantes que representam profissionais altamente qualificados.[13]

Os entrevistados normalmente recebem materiais antecipadamente por correio, fax ou Internet. Recentemente, os avanços na tecnologia incentivaram o uso de auxílios visuais e auditivos detalhados durante as entrevistas, criando a metodologia conhecida como **entrevistas pessoais assistidas por computador** (**CAPI**, do inglês *computer-assisted personal interviews*) que usam uma entrevista individual em profundidade estruturada ou semiestruturada.

Diversas entrevistas individuais em profundidade não estruturadas são comuns na pesquisa em administração, incluindo histórias orais, entrevistas culturais, histórias de vida, técnica do incidente crítico e entrevista sequencial (ou cronológica). A Figura 7-8 descreve essas técnicas e oferece exemplos.

Gerenciamento da entrevista individual em profundidade

Os participantes de entrevistas individuais em profundidade geralmente não são escolhidos por suas opiniões representarem a opinião dominante, mas por suas experiências e atitudes refletirem

Tipos	Como a pesquisa é conduzida	Como a pesquisa é utilizada
História oral (narrativa)	Solicitar que os participantes relatem suas experiências e sentimentos pessoais em relação a eventos históricos ou comportamento passado.	Desenvolver produtos, por exemplo, livros. [*September 11, 2001: Stories from 55 Broad Street*, de Eddie T. Deerfield e Thomas T. Noland Jr. (editores); *An Album of Memories: Personal Histories from the Greatest Generation*, de Tom Brokaw.]
Entrevistas culturais	Solicitar que um participante relate suas experiências com uma cultura ou subcultura, incluindo o conhecimento transmitido por gerações anteriores e o conhecimento que os participantes têm ou planejam transmitir para gerações futuras.	Determinar o posicionamento do produto ou criação de propaganda (por exemplo, como as pessoas usam bicarbonato de sódio conduz ao posicionamento do produto não apenas como um ingrediente culinário, mas também como desodorante, substituto de pasta de dente, etc.)
Histórias de vida	Extrair de um único participante memórias e experiências da infância até os dias atuais em relação a um produto ou categoria de serviço, marca ou empresa. Os participantes são incentivados a compartilhar como as pessoas significativas em suas vidas falavam sobre ou estavam envolvidos com a organização, como suas atitudes ou preferências mudaram durante suas vidas em relação à organização e como suas percepções e preferências foram alteradas por diversas experiências de vida.	Determinar o posicionamento para a empresa antes de uma mudança de identidade ou nome (por exemplo, Frosted Flakes e o Tigre Tony – anúncios em que os adultos acham que devem aparecer disfarçados porque comem um "cereal de criança".)
Técnica do incidente crítico	O participante descreve: • O que levou ao incidente. • Exatamente o que ele ou ela fez ou não fez que foi particularmente eficaz ou ineficaz. • O desfecho ou resultado dessa ação e por que essa ação foi eficaz ou que outra ação mais eficaz poderia ter sido esperada.	Avaliar processos de fabricação, vendas pessoais e programas de vendas por telemarketing, programas de compensação ou incentivo ou outros incidentes relacionados à gestão
Entrevista convergente (entrevista convergente e divergente)	Os especialistas servem de participantes em uma série sequencial de entrevistas; o pesquisador define as questões com cada entrevista para convergir nas questões ou temas centrais em uma área.	Desenvolver questões apropriadas para todos os tipos de pesquisa (na pesquisa exploratória).
Entrevista sequencial (entrevista cronológica)	Abordar o participante com questões formadas em torno de uma série antecipada de atividades que aconteceram ou poderiam ter acontecido, a fim de fazer com que participante se lembre dos detalhes de sua própria experiência.	Determinar o projeto da loja, desenvolvimento de propaganda e projeto do produto; é usada para extrair detalhes relacionados a comportamento de compra, comportamento de consumo de propaganda e comportamento de uso de produto.
Etnografia	O entrevistador e o participante colaboram em uma observação participante no contexto de campo e em uma entrevista não estruturada.	Determinar o novo projeto do produto, desenvolvimento da propaganda, posicionamento, seleção de distribuição; descobrir reações e atitudes de funcionários de destaque.
Teoria fundamentada em dados (*grownded theory*)	Usando uma entrevista estruturada, cada entrevista subsequente é ajustada com base nos resultados e interpretações de cada entrevista anterior, com o objetivo de desenvolver conceitos ou teorias gerais para análise de dados.	Determinar o projeto ou novo projeto de produto e o desenvolvimento de propaganda e promoção.

Figura 7-8 Tipos de pesquisa usando entrevistas em profundidade.

Fonte: Esta figura baseia-se em Hy Mariampolski, *Qualitative Market Research: A Comprehensive Guide* (Thousand Oaks, CA: Sage Publications, 2001), p. 53; David Carson, Audrey Gilmore, Chad Perry e Kjell Gronhaug, *Qualitative Marketing Research* (Thousand Oaks, CA: Sage Publications, 2001), pp. 84–89 e 152–157; Anselm Strauss e Julia Corbin, Basics of *Qualitative Research: Techniques and Procedure for Producing Grounded Theory* (Thousand Oaks, CA: Sage Publications, 1998).

Instantâneo

A estratégia de intervenção humana da IBM é orientada por pesquisa

Quando Samuel Palmisano se tornou presidente e chefe-executivo da IBM, os analistas de mercado não esperavam que esse funcionário com 30 anos de casa fosse causar uma revolução. Mas ele deu início a um programa de pesquisa que resultou em uma reorganização muito agressiva. A estratégia da IBM não é tão nova – criar uma conexão forte entre a empresa e seus clientes – quanto a extensa pesquisa por trás dela. Palmisano queria que seus funcionários falassem com os clientes sobre seus problemas gerenciais mais preocupantes. Em vez de enviar a equipe de vendas para fazer esse trabalho, a IBM formou equipes: o executivo de vendas encarregado da conta corporativa, um representante da divisão de serviços, uma pessoa da unidade de software e alguém dos laboratórios de pesquisa da IBM. Essas equipes ficaram conhecidas como "quatro em uma caixa". Mas o que se pediu para cada equipe foi que pensasse fora da caixa: descobrir como a empresa poderia ajudar seus clientes a resolver os problemas mais incômodos. E o que resultou de todas essas entrevistas com clientes? Uma reorganização da empresa de US$ 89 bilhões em 12 grupos setoriais (p. ex., bancário, seguros, automóveis, utilidades, produtos de consumo, telecomunicações, ciências biológicas, etc.), em vez das três divisões prévias (software, serviços e pesquisa). A mudança está a caminho para tornar a IBM uma empresa de consultoria em nível executivo, em vez de uma empresa de serviços de tecnologia. A reorganização fez com que os laboratórios dela, que se concentravam na fabricação de máquinas com cálculos mais rápidos e eficientes, mudassem o foco para padrões de modelagem de comportamento humano para ajudar a resolver problemas empresariais.

http://www.ibm.com

o escopo completo da questão estudada. Os participantes de entrevistas individuais em profundidade também precisam ser verbalmente articulados, a fim de fornecer ao entrevistador a riqueza de detalhes desejada. A Primary Insights Inc. desenvolveu sua metodologia *CUE* para ajudar os pesquisadores a entender as dicas (*cues*) de desempenho que os clientes usam para julgar um produto. Ela usa amostragem intencional para recrutar indivíduos "com um interesse específico e aptidão para o pensamento analítico e para descobrir como as coisas funcionam". O método *CUE* combina o uso do produto em casa com um pré-exercício diário, seguido de entrevistas individuais em profundidade que extraem o que o participante viu, sentiu, ouviu, cheirou e percebeu ao interagir com o produto. O que segue é uma hierarquia de dicas sensoriais que os clientes podem usar ao modificar produtos para melhorar a satisfação do consumidor.[14]

As entrevistas individuais em profundidade geralmente são gravadas (áudio e/ou vídeo) e transcritas para fornecer ao pesquisador a riqueza de detalhes dessa metodologia. Os entrevistadores também são questionados para se obterem suas reações pessoais a atitudes e ideias dos participantes e à qualidade da entrevista. Elas consomem grandes quantidades de tempo do entrevistador, tanto para conduzi-las como para avaliá-las, bem como tempo das instalações quando os escritórios são usados para as entrevistas. Enquanto alguns entrevistados sentem-se mais confortáveis para discutir tópicos sensíveis ou compartilhar suas próprias observações, comportamentos e atitudes com uma única pessoa, outros são mais sociáveis em situações de grupo.

Entrevista em grupo

Uma **entrevista em grupo** é um método de coleta de dados que usa um único entrevistador com mais de um participante da pesquisa e pode ser descrita pelo tamanho do grupo ou por sua composição.

Varia muito em tamanho: *díades* (duas pessoas), *tríades* (três pessoas), *minigrupos* (duas a seis pessoas), *pequenos grupos* (grupos de discussão de 6 a 10 pessoas – indiscutivelmente a técnica de entrevista em grupo mais conhecida) ou *supergrupos* (até 20 pessoas). Os grupos menores geralmente são usados quando a população geral da qual os participantes foram recrutados é pequena, quando a lista de tópicos ou conceitos é extensa ou técnica ou quando a pesquisa exige maior intimidade. As díades também são usadas quando a natureza especial de uma amizade ou outra relação (p. ex., cônjuges, superior e subordinado, irmãos) é necessária para estimular uma discussão aberta sobre um assunto sensível. Díades e tríades também são usadas com frequência com crianças pequenas que têm níveis baixos de articulação ou atenção mais limitada e são, portanto, mais difíceis de controlar em grupos maiores. Um supergrupo é usado quando uma ampla gama de ideias é necessária em um curto período de tempo e quando o pesquisador está disposto a sacrificar uma quantidade significativa de interação do participante em troca de velocidade.

Em termos de composição, os grupos podem ser **heterogêneos** (indivíduos diferentes, variedade de opiniões, históricos, ações) ou **homogêneos** (indivíduos similares, semelhança de opiniões, histórico, ações) e também conter **especialistas** (pessoas com conhecimento excepcional sobre as questões a serem discutidas) ou **não especialistas** (aqueles que têm pelo menos alguma informação desejada, mas em nível desconhecido).

Devido à crença de que os dados extraídos serão mais ricos em razão da interação, as entrevistas em grupo são uma das poucas técnicas de pesquisa nas quais os participantes são incentivados a interagir. Entretanto, dadas as restrições de tempo, as entrevistas em grupo permitem gastar somente um tempo limitado extraindo detalhes de cada participante.[15] Esse problema é intensificado quando elas são estruturadas para cobrir diversas questões ou tópicos.

Outra desvantagem é a maior dificuldade em recrutar, organizar e coordenar discussões em grupo. Mas esse contratempo – que pode ser subcontratado a um fornecedor de pesquisa especializada – é considerado um pequeno preço a pagar pelas ideias que geralmente são reveladas pela interação do grupo.

Os entrevistadores são testados pelo desafio de administrar a conversa do grupo ao mesmo tempo em que evitam interferir no processo deste, bem como controlar personalidades extrovertidas ou dominantes e garantir contribuições significativas de todos os outros, incluindo os mais introvertidos ou reservados. Quando o controle não é mantido, as opiniões de alguns membros podem ser suprimidas e ideias valiosas podem se perder. Por vezes, uma pessoa será mais honesta com um entrevistador neutro do que com um grupo de pares. Um exemplo é um grupo de proprietários de pequenas empresas não dispostos a divulgar forças e fraquezas. Um pesquisador habilidoso pode antecipar quais tópicos têm maior probabilidade de obter bons resultados com uma entrevista individual ou em grupo.

A estrutura e o processo da entrevista em grupo incluem a interação do moderador com o grupo e a investigação deste para esclarecer as respostas. Como resultado, o entrevistador pode criar viés nos resultados, enviando sinais verbais e não verbais de que algumas respostas são mais favoráveis do que outras, e direcionar a discussão por caminhos que têm menos probabilidade de ajudar o cliente. Somente o treinamento e a experiência resultante podem superar essa fraqueza potencial das entrevistas em grupo.

O pesquisador habilidoso ajuda o patrocinador a determinar um número apropriado de entrevistas em grupo a serem conduzidas. O número de grupos é determinado pelo(a):

- *escopo* da questão em estudo: quanto mais ampla a questão, mais grupos são necessários.
- número de *diferentes segmentos de mercado* de interesse: quanto maiores o número e as distinções, mais grupos são necessários.
- *número de novas ideias ou percepções* desejadas: quanto maior o número, mais grupos são necessários.
- *nível de detalhe* das informações: quanto maior o nível de detalhe, mais grupos são necessários.
- *nível de distinções geográficas ou étnicas* em atitudes e comportamento: quanto maior essas influências, mais grupos são necessários.
- *homogeneidade dos grupos:* quanto menor a homogeneidade, mais grupos são necessários.

A regra geral é: manter a condução de entrevistas em grupo até que nenhuma nova reflexão seja obtida. Normalmente um número limitado de grupos será suficiente ou, às vezes, pode crescer até 8 ou mesmo 12.

É preferível, dependendo do assunto, conduzir entrevistas em grupo separadas para diferentes subconjuntos da população-alvo. Por exemplo, um estudo sobre aconselhamento nutricional pode começar com grupos separados de consumidores e de médicos para determinar as melhores maneiras de fornecer conselho. Esse tipo de grupo homogêneo tende a promover discussões mais intensas e interação mais livre.[16]

Os pesquisadores se previnem contra a formação de grupos usando unicamente descritores demográficos, favorecendo grupos "naturais" (como famílias, colegas de trabalho, membros da igreja, etc.) nos quais os participantes compartilham uma base de afinidade.[17] Para grupos de consumidores, porém, consideram-se fatores como gênero, etnia, emprego e escolaridade, pois a cultura é um determinante primário da percepção. Em um estudo exploratório recente de compradores de produtos com desconto, houve uma ampla variação em termos de atitudes sobre economia e finanças pessoais expressas por entrevistados da Costa Leste e da Costa Oeste dos EUA. O patrocinador da pesquisa conseguiu usar as informações de entrevistas em grupo para construir uma estratégia adaptada para cada área geográfica.[18]

Independentemente de sua composição, é o moderador quem dá o tom do grupo. Grupos homogêneos costumam descobrir suas semelhanças de imediato e têm um bom relacionamento, mas com heterogêneos, o moderador deve fornecer as atividades para quebrar o gelo e fazer com que os participantes interajam. Assim como com as entrevistas individuais em profundidade, ele é responsável por desenvolver o filtro de recrutamento e o roteiro da discussão em grupo. A Figura 7-9 resume os facilitadores e inibidores da participação individual em entrevistas em grupo.

Uma análise mais detalhada em uma das mais conhecidas entrevistas em grupo, o grupo focal, pode esclarecer essas distinções.

Positivo/Facilitadores	
Reconhecimento/aumento do ego	Apreciação expressa do moderador pelas contribuições do participante que acrescenta ao entendimento da questão; concordância manifesta do participante com os comentários de outro participante.
Contribuição pessoal	Desejo do participante de ser útil, e percepção de que suas contribuições são úteis.
Validação	Necessidade do participante de ter seus sentimentos, atitudes ou ideais validados.
Catarse/compartilhamento de problemas	Necessidade do participante de compartilhar algo negativo ou que o incomoda.
Crescimento pessoal	Desejo do participante de aumentar seu conhecimento ou entendimento com novas perspectivas; desejo do participante de novas experiências.
Socialização	Desejo do participante de encontrar novas pessoas e fazer novos amigos em uma ambiente "seguro".
Expectativas	Entendimento preciso do participante em relação ao objetivo da discussão em grupo.
Recompensas extrínsecas	Percepção de valor por parte do participante da taxa por participação.
Negativo/Inibidores	
Uso de terminologia abstrata	Uso de terminologia ou jargão desconhecido pelo moderador ou participante.
Ameaças ao ego	Desafio ao conhecimento de outro participante sobre o assunto.
Correção política	Participantes evitam comentários temendo que suas contribuições possam ser percebidas como desrespeitosas em relação a conhecimento ou opiniões de outros participantes.
Defesa do ego	Participantes evitam comentários temendo que o farão parecer pouco inteligente ou que a opinião seja impopular no grupo.
Esquecimento	Falha do participante em lembrar incidentes ou detalhes de incidentes.
Embelezamento	Adições criativas a memórias de comportamentos para participar integralmente ou inflar o *status*.
Falta de articulação/relatos incoerentes	Incapacidade do participante de expressar ideias com rapidez ou precisão.
Confusão	Falta de entendimento da questão sendo discutida.
Reticência	Necessidade do participante em ser convidado a participar (em vez de fazer comentários ativamente).
Tempo	Preocupação do participante com outras obrigações.
Dominação/monopolização	Tentativa do participante em assumir a liderança ou um papel de destaque, bloqueando as contribuições das outras pessoas.

Figura 7-9 Fatores que influenciam a contribuição dos participantes em entrevistas em grupo.

Instantâneo

Problemas com grupos focais

O fundador e principal pesquisador, Robert W. Kahle, da Kahle Research Solutions Inc., em seu livro *Dominators, Cynics, and Wallflowers*, disseca os participantes típicos de grupos focais para destacar maneiras de modificar seus comportamentos problemáticos. Os DOMINADORES sabem tudo, dão respostas rápidas e escolhem o lugar onde sentarão para desafiar o moderador e assumir o controle. Os CÍNICOS demonstram comportamentos negativos e ironizam as ideias dos outros. Os HOSTIS têm sua própria pauta e buscam ações corretivas; costumam ser bravos e combativos. Os INTOXICADOS estão sob influência de algo, são inquietos e incoerentes. Os PROSELITISTAS não podem aceitar que outros tenham opiniões opostas e tentam persuadi-los a aceitar sua opinião. Os TAGARELAS oferecem respostas longas e diferentes do assunto e ignoram as dicas do moderador. Os PIADISTAS acham que todos os comentários são fonte para uma nova piada, história ou expressão facial cômica. Os SEGUIDORES tendem a repetir as opiniões dos outros. Os INIBIDOS se abstêm física e verbalmente. Finalmente, os COMODERADORES em geral envolvem os participantes antes de iniciar uma discussão, fazem perguntas e buscam proteger ou defender outros participantes.

Por que cada um desses comportamentos é um problema e como você lidaria com cada um desses participantes?
www.kahleresearch.com; www.paramountbooks.com

Grupos focais

O termo *grupo focal* foi criado por R. K. Merton em seu livro *The Focused Interview*, de 1956. Um **grupo focal** é um conjunto de pessoas (geralmente 6 a 10 participantes), lideradas por um moderador treinado, que se reúne por um período de 90 minutos a 2 horas. O facilitador ou moderador usa os princípios de dinâmica de grupo para centrá-lo ou guiá-lo na troca de ideias, sentimentos e experiências em um tópico específico. Você encontrará um exemplo de roteiro de grupo focal no Apêndice B.

Os grupos de discussão são normalmente únicos em pesquisa devido ao envolvimento do patrocinador no processo. A maioria das instalações permite que o patrocinador observe o grupo e sua dinâmica em tempo real, retirando suas próprias percepções das conversas e sinais não verbais que observa. Muitas delas também permitem que o cliente forneça ao moderador novos tópicos ou questões que são gerados por aqueles que os observam em tempo real. Essa opção geralmente não está disponível em uma entrevista individual em profundidade, outras entrevistas em grupo ou em levantamentos.

Os grupos de discussão costumam durar duas horas, mas podem levar de 1 a 3 horas. As instalações normalmente fornecem o isolamento do grupo de qualquer distração. Assim, a famosa, ou infame, janela espelhada permite que os interessados observem o grupo e evita a interferência na dinâmica de grupo. Algumas instalações permitem preparar e testar o produto, bem como outros exercícios criativos.

Perfil **visual**

De onde surgem novas e grandes ideias? Se você for a Hallmark, elas vêm de um esforço de pesquisa extremamente centrado no consumidor. Monica Alderson, diretora de gestão de produto voltada para soluções ao consumidor, conta que a empresa procura sempre novas maneiras de cumprir o que é a sua marca: ajudar as pessoas a permanecerem emocionalmente conectadas. As pesquisas qualitativa e quantitativa são projetadas para que os problemas dos relacionamentos sejam revelados. Um deles foi sinalizados pelos avós: "ajudem-me a estar presente mesmo quando eu não puder estar". Como parte de sua nova estrutura organizacional centrada nas ideias dos consumidores, a cada mês, 50 gerentes seniores da Hallmark ouvem ideias de pesquisa e propostas de produtos baseadas nessas ideias. Esse foi o começo para os livros infantis que gravam a voz do leitor, uma coleção de livros não apenas para serem lidos para os netos, mas também pelos pais para os seus filhos e, até mesmo, por crianças cujos pais prestam serviço militar em outro país.

Grupos de discussão menores e mais longos estão se tornando mais comuns. Conforme as sessões ficam mais longas, são necessárias atividades para trazer à tona sentimentos, conhecimentos e motivações mais profundos. Além das sessões de criatividade que empregam técnicas projetivas ou envolvem os participantes em sessões de escrita ou desenho ou na criação de compilações visuais, outras atividades comuns nos grupos de discussão incluem:[19]

- *Livre associação.* "Que palavras ou expressões vêm à sua mente quando você pensa em X?"
- *Classificação de figuras.* Os participantes classificam rótulos de marcas ou imagens cuidadosamente selecionadas relacionadas à personalidade da marca de acordo com critérios selecionados por eles.
- *Classificação de fotografias.* São fornecidas fotografias de pessoas aos membros do grupo, que devem responder: Qual dessas pessoas faria...?" ou "Qual dessas pessoas não faria...?".
- *Representação de papéis.* Dois ou mais membros do grupo respondem a questões do ponto de vista de seu papel pessoal ou atribuído.

Os grupos de discussão normalmente são usados como uma técnica exploratória, mas podem ser a metodologia principal. Eles foram usados em dois casos desse tipo: em uma pequena faculdade, para desenvolver um plano de atração de calouros, e em um banco de sangue, para conseguir mais doadores.[20] São particularmente úteis nos seguintes cenários:[21]

- Obter informações gerais sobre um assunto ou questão.
- Gerar questões de pesquisa a serem exploradas por metodologias quantitativas.
- Interpretar resultados quantitativos obtidos previamente.
- Estimular novas ideias para produtos e programas.

Instantâneo

VideoMarker da FocusVision

Extrair percepções de dados, transmitindo-as a tomadores de decisão e implementando estratégias e táticas baseadas nelas, é um desafio constante para a maioria dos pesquisadores. "O poder de convencer tomadores de decisão está geralmente contido nas cenas gravadas de entrevistas", diz Peter Houlahan, presidente e diretor operacional da FocusVision, empresa que fornece serviços de videoconferência para grupos de discussão e entrevistas individuais em profundidade para mais de 280 escritórios no mundo inteiro, que desenvolveu uma tecnologia nova com essa finalidade: o *VideoMarker*. Os clientes ligam seus notebooks (em uma sala de exibição ou em seus escritórios usando tecnologia de streaming de vídeo). Enquanto assistem ao evento, quando veem cenas que querem marcar, clicam no botão "VideoMark" acima da área de vídeo em seu computador. Uma caixa de texto *pop-up* permite que o cliente insira uma observação.

A observação é automaticamente codificada com uma marcação de tempo e o nome de seu criador. Quando o evento acaba, o vídeo de todo o projeto e todas as observações são arquivados para acesso imediato (com senha) e gravados em um CD-ROM, que é enviado ao cliente. Os pesquisadores podem então criar clipes de vídeo para compartilhá-los com colegas por e-mail, incluir nos documentos ou em apresentações do PowerPoint ou agrupá-los para criar um novo filme com os destaques. "A capacidade de mostrar cenas reais na apresentação de resultados de pesquisa é particularmente relevante quando os clientes não estão presentes para assistirem por trás de uma janela espelhada ou quando eles participam por videoconferência ou *streaming* de vídeo", diz Houlahan. Uma empresa farmacêutica decidiu entrevistar pacientes em mais de sete horas de grupos de discussão. Com o *VideoMarker*, os pesquisadores capturaram os destaques, que depois foram – com o consentimento dos pacientes – incorporados em pesquisa de entrevistas individuais em profundidade com médicos. "Esses destaques da pesquisa foram a principal ferramenta motivacional para persuadir os médicos a alterarem a forma como prescreviam o produto da empresa".

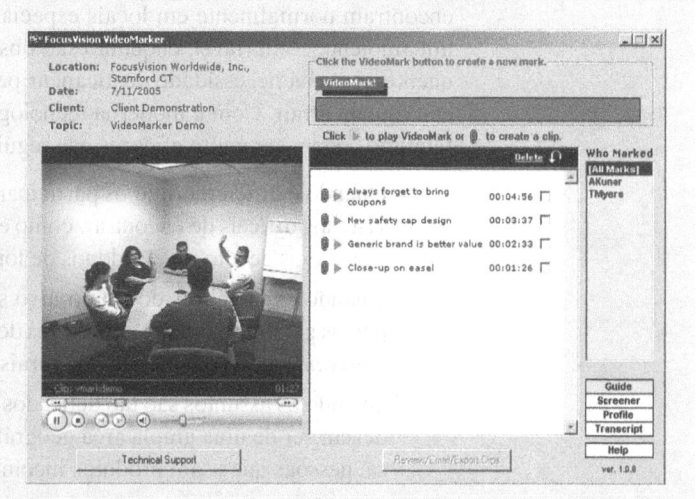

www.focusvision.com

- Destacar áreas de oportunidade para análise gerencial específica.
- Diagnosticar problemas que os gestores precisam enfrentar.
- Gerar impressões e percepções de ideias sobre marcas e produtos.
- Gerar um nível de entendimento sobre influências no mundo do participante.

Os grupos são melhores na exploração de informações surpreendentes e de novas ideias. As pautas podem ser modificadas conforme a equipe de pesquisa passa para o próximo grupo focal. Mesmo em um grupo existente, um facilitador competente pode desenvolver as ideias e percepções de grupos anteriores, atingindo maior profundidade de entendimento. Entretanto, por serem dispositivos qualitativos, com precisão de amostragem limitada, os resultados dos grupos de discussão não devem ser considerados um substituto de análises quantitativas.

Na vinheta de abertura, Sara Arens estava envolvida com a condução e a análise de grupos de discussão para um fabricante de alimentos congelados. O sócio de Sara, Jason, está envolvido com a avaliação do programa de atendimento CompleteCare para a MindWriter. Para o primeiro projeto, Jason e Sara poderiam usar grupos de discussão formados por funcionários (dos departamentos de *call center* e de serviços) para determinar sugestões de melhorias e fornecer uma análise das melhorias propostas. A MindWriter poderia usar grupos de discussão com clientes do CompleteCare (clientes satisfeitos e não satisfeitos, mas restritos a grupos separados) para revelar o escopo das atitudes e experiências não documentadas nas reclamações.

Outras formas para entrevistas de grupos de discussão

Embora as seguintes formas sejam usadas com maior frequência com grupos de discussão, elas podem ser usadas com outros tamanhos e tipos de entrevistas em grupo.

Grupos de discussão por telefone Os participantes dos grupos de discussão tradicionais se encontram normalmente em locais especiais que permitem aos entrevistados interagirem em um ambiente confortável, enquanto são observados pelo cliente patrocinador. No entanto, frequentemente há necessidade de alcançar pessoas que os grupos de discussão tradicionais não conseguem atrair. Com a moderna tecnologia de teleconferência, os **grupos de discussão por telefone** podem ser muito eficazes nas seguintes situações:

- Quando é difícil recrutar os participantes desejados – membros de grupos de elite e entrevistados difíceis de encontrar, como especialistas, profissionais, médicos especializados, executivos de alto nível e donos de loja.
- Quando os membros do grupo-alvo são raros, têm "baixa incidência" ou são muito dispersos geograficamente – diretores de uma clínica médica, celebridades, usuários iniciais (*early adopters*) e profissionais rurais.
- Quando os assuntos são tão delicados que o anonimato é necessário, mas os entrevistados devem ser de uma ampla área geográfica – pessoas que sofrem de uma doença contagiosa, pessoas que usam produtos incomuns, pessoas de alta renda, concorrentes.
- Quando você quer conduzir apenas alguns grupos de discussão, mas necessita de representação nacional.

Os grupos de discussão por telefone costumam durar menos do que os tradicionais, uma hora em média. Os participantes podem estar em seus próprios escritórios ou casas ou levados a um local central com os equipamentos necessários. Eles normalmente são mais baratos – aproximadamente até 40% – do que os grupos presenciais.

Em contraste com os grupos presenciais, os de discussão por telefone heterogêneos podem ser produtivos. As pessoas em funções tradicionais superior e subordinado podem ser misturadas, desde que não sejam da mesma cidade. Um grupo focal por telefone tem menos possibilidade de ser eficaz quando:

- Os participantes precisam manusear um produto.
- Um objeto de discussão não pode ser enviado por correio com antecedência.
- As sessões duram muito tempo.
- Os participantes são crianças.

Grupos de discussão on-line Uma técnica emergente para a pesquisa exploratória é realizar essa dinâmica de grupo usando e-mail, sites, blogs, comunidades on-line ou uma sala de bate-papo na Internet. É possível interagir por voz "ao vivo", reduzindo ou eliminando os custos associados com os grupos de discussão por telefone. Postar questões para um grupo de notícias com interesse no problema de pesquisa pode gerar bastante discussão. Porém, as discussões on-line não são confidenciais, a não ser que ocorram em uma intranet. Embora os fóruns de discussão on-line não reflitam a média dos participantes, podem ser uma boa forma de manter contato com populações que têm interesses especiais (p. ex., membros do clube BMW, treinadores da liga infantil ou "usuários de computadores poderosos"). Os **grupos de discussão on-line** também se mostraram eficazes com adolescentes e adultos jovens, bem como em segmentos de técnicos especializados do mercado, aqueles essencialmente confortáveis com o uso de computadores. Eles são particularmente úteis quando uma aplicação baseada em computador, como um software ou jogo, é o tópico da discussão em grupo. A tecnologia permite o uso de imagens visuais de materiais (p. ex., anúncios ou conceitos de produto), mas retém a barreira entre o grupo e o moderador. Grupos de discussão on-line são uma troca: o que se ganha em velocidade e acesso, perde-se em percepções extraídas da dinâmica de grupo, na flexibilidade de usar

Instantâneo

A técnica *Mystery Shopping* na Office Depot

Você não pode utilizar uma pesquisa para melhorar sua empresa se você estiver fazendo as perguntas erradas, lição aprendida pelo diretor-presidente Kevin Peters quando ele estava comparando o declínio nas vendas aos excelentes relatos feitos por compradores secretos (*mistery shopping*) ao serviço ao consumidor.

Mystery shopping é uma técnica qualitativa que usa a etnografia para avaliar a experiência do consumidor dentro da loja. A experiência de compra é guiada por uma lista que pode conter uma série de questões para serem respondidas, cenários para serem representados, ou ambos. Ao completar a tarefa, o comprador secreto (ele ou ela) escreve um relatório. A técnica vem sendo usada há décadas por varejistas em suas lojas físicas.

Mas não estava funcionado como deveria para a Office Depot, pois não era a técnica que apresentava falhas, e sim as questões/cenários.

Peter decidiu que descobriria o que estava errado tornando-se um comprador secreto em mais de 70 lojas, percorrendo 15 Estados, recriando o mesmo cenário, com um desvio: ele seguia os clientes até o estacionamento e, caso suas mãos estivessem vazias, perguntava por que eles não haviam comprado nada. "A pontuação dos nossos clientes secretos estava correta. Você sabe o que estava falhando? Nosso sistema de pontuação.", descobriu Peters. "Perguntávamos: O chão está limpo? As prateleiras estão cheias com o estoque? As janelas da loja estão limpas? Os banheiros foram limpos a pouco tempo? Mas os clientes não se importam com nada disso. Esses fatores não guiam a compra, e é por isso que nossas vendas estavam caindo".

As descobertas de Peter levaram a numerosas mudanças na Office Depot – tamanho da loja, *layout*, combinação de serviços e treinamento dos funcionários. E não temos dúvida em afirmar que ele também mudou a tarefa do comprador secreto.

www.officedepot.com

linguagem não verbal como fonte de dados e na capacidade do moderador de usar a presença física para influenciar na franqueza e profundidade de resposta.

Grupos de discussão em videoconferência Outro tipo de tecnologia usado com entrevistas em grupo é a **videoconferência**, cujo crescimento é previsto por muitos pesquisadores. Assim como nos grupos de discussão por telefone, a videoconferência permite uma economia significativa, com a redução do tempo de viagem para o moderador e para o cliente, o que significa poder compor mais grupos de discussão em menos tempo. No entanto, ela retém a barreira entre o moderador e os participantes, embora menos do que nos grupos de discussão por telefone. Como grande parte das corporações e universidades costuma ter seus próprios equipamentos de videoconferência, a maioria dos grupos de discussão em videoconferência ocorre nesse ambiente, reduzindo a amplitude dos participantes àqueles que podem acessar esses equipamentos especializados. O advento da tecnologia de vídeo em telefones, *tablets* e *notebooks*, em combinação com os serviços de conferência, como o Skype e a WebEx, estendeu essa metodologia também para empresas menores.

Registro, análise e relatório das entrevistas em grupo

Nos ambientes presenciais, alguns moderadores usam grandes folhas de papel para registrar as tendências nas paredes das salas onde ocorrem os grupos de discussão; outros usam um bloco de anotações pessoal. Os gerentes das instalações fornecem gravações em áudio e vídeo, possibilitando uma análise completa da entrevista. A parte verbal da entrevista em grupo é transcrita com o moderador que coordena as sessões e adicionada às observações dele. Elas são analisadas entre as diversas sessões de grupos de discussão usando a **análise de conteúdo**. Esse processo analítico fornece ao patrocinador da pesquisa uma imagem qualitativa das preocupações, ideias, atitudes e sentimentos dos respondentes. O perfil preliminar do conteúdo de uma entrevista em grupo é geralmente feito com um software na análise de conteúdo (p. ex., N6, mencionado na vinheta de abertura). Esse software busca expressões comuns e palavras, contexto e padrões de expressão em transcrições digitais.

Combinação de metodologias qualitativas

Estudo de caso[22]

O **estudo de caso**, também chamado de *história de caso*, é uma metodologia de pesquisa poderosa que combina entrevistas individuais e (às vezes) em grupo com análise de registros e observação. Os pesquisadores extraem informações de folhetos, relatórios anuais, recibos de vendas e artigos de jornais e revistas, com observação direta (geralmente feita no ambiente "natural" do participante) e as combinam com dados da entrevista com os participantes. O objetivo é obter perspectivas múltiplas de uma única organização, situação, evento ou processo em um ponto no tempo ou por um período. A metodologia de estudo de caso – ou o relatório escrito de um projeto de pesquisa, normalmente chamado de *análise de caso* ou *relato de caso* – pode ser usada para entender processos específicos. Por exemplo, um estudo pode avaliar processos de desenvolvimento de um novo produto em busca de semelhanças, principalmente o uso de consultores externos, técnicas de ideação e simulação por computador; outro poderia examinar em detalhe a resposta do comprador a um estímulo, como uma vitrine. Os resultados da pesquisa podem ser usados para realizar experimentos com modificações do processo de desenvolvimento do novo produto ou com seleção de vitrines e processos de posicionamento para gerar transações de alto valor. O problema de pesquisa é geralmente um problema de como e por que, resultando em um estudo descritivo ou explanatório.

Os pesquisadores selecionam as organizações ou situações específicas para o perfil, pois esses exemplos ou sujeitos oferecem casos críticos, extremos ou incomuns. Eles quase sempre escolhem sujeitos múltiplos, em vez de um único sujeito, para estudo por causa da oportunidade de análise entre casos. Ao estudar sujeitos múltiplos, emerge um maior entendimento do sujeito. Quando unidades múltiplas são escolhidas, é porque oferecem resultados semelhantes para razões previsíveis (replicação literal) ou resultados contrários para razões previsíveis (replicação teórica). Embora a amostragem teórica pareça ser comum, um mínimo de quatro casos e um máximo de 15 demonstram ser favoráveis.

No estudo de caso, os participantes da entrevista são convidados a contar a história de sua experiência, os escolhidos representam diferentes níveis na mesma organização ou diferentes visões da mesma situação ou processo para garantir profundidade de perspectiva. A flexibilidade da abordagem de estudo de caso e a ênfase no entendimento do contexto do sujeito em estudo permitem uma riqueza de entendimento por vezes chamada de *descrição densa*.

Durante a análise, uma única análise de caso é sempre realizada antes de conduzir qualquer análise entre casos. A ênfase está em quais diferenças ocorrem, por que e com que efeito. Inferências prescritivas sobre melhores práticas são concluídas após o término de estudos de caso sobre diversas organizações ou situações e são especulativas por natureza.

Os alunos estão bem familiarizados com o estudo de casos como um meio de aprender princípios empresariais. Em *Vencendo a Crise*, um livro de Tom Peters e Robert Waterman, foi desenvolvido usando a metodologia do estudo de caso,[23] e outros estudos semelhantes presentes em livros escritos sobre a Procter & Gamble e a Disney também usaram essa metodologia. Na área empresarial, tais estudos examinam mudanças no desenvolvimento de novos produtos, processos de venda, práticas de contratação e programas de treinamento.

Pesquisa-ação

Os gerentes conduzem pesquisa para obterem percepções a fim de tomar decisões em cenários específicos. A **pesquisa-ação** serve para lidar com problemas complexos e práticos sobre os quais se tem pouco conhecimento – portanto, não existe nenhuma heurística conhecida. Por isso, o cenário é estudado; uma ação corretiva é determinada, planejada e implementada; os resultados da ação são observados e registrados; e a ação é avaliada como eficiente ou não. O processo é repetido até que um resultado desejado seja atingido, mas no caminho se aprende muito sobre os processos e ações prescritivas estudados. Pesquisadores-ação investigam os efeitos de soluções aplicadas, não importa qual teoria seja desenvolvida, ela é validada por aplicação prática.[24]

Suponha que um restaurante que nunca recebeu uma reclamação tenha seu primeiro desafio de um cliente insatisfeito. Se não há nenhuma regra sobre como tratar um freguês descontente, a organização poderia estudar a situação e desenvolver ações alternativas, entre as quais:

- Ignorar o problema (sua falta de experiência evitaria que soubesse que o boca a boca negativo seria o resultado provável).
- Fazer o que for necessário para substituir a refeição insatisfatória no menor período de tempo possível.
- Aceitar a circunstância atual como incorrigível, desculpar-se com o cliente e remediar a situação recolhendo a conta completa da mesa e oferecer ao cliente uma refeição gratuita para que ele volte ao restaurante em outro dia.

Na pesquisa-ação, uma das alternativas seria escolhida e implementada, e então os resultados seriam registrados. O cliente ficou feliz quando saiu do restaurante? O cliente voltou a jantar em outra noite ou nunca mais retornou? Nos três meses seguintes, qual foi o valor de receita total do cliente? Se o cliente não retornasse, da próxima vez que alguém decepcionado expressasse sua insatisfação, uma ação diferente seria escolhida, implementada e mais tarde avaliada em comparação com os resultados da primeira opção tomada.

Combinação de metodologias qualitativas e quantitativas

Triangulação é o termo usado para descrever a combinação de diversos métodos qualitativos ou a combinação de métodos qualitativos e quantitativos. Devido à controvérsia já descrita, os estudos qualitativos podem ser combinados com os quantitativos para aumentar a qualidade percebida da pesquisa, principalmente quando um estudo quantitativo é feito após um qualitativo e fornece validação dos resultados qualitativos. Há quatro estratégias comuns para combinar metodologias na pesquisa em administração:[25]

1. Estudos qualitativos e quantitativos podem ser conduzidos simultaneamente.
2. Um estudo qualitativo pode estar em andamento enquanto múltiplas ondas de estudos quantitativos são realizadas, medindo alterações em comportamento e atitudes ao longo do tempo.
3. Um estudo qualitativo pode preceder um estudo quantitativo, e um segundo estudo qualitativo pode ser feito após o quantitativo, em busca de mais esclarecimentos.
4. Um estudo quantitativo pode preceder um estudo qualitativo.

Um exemplo da primeira estratégia seria a combinação de uma pesquisa de opinião pública ao mesmo tempo em que grupos de discussão são realizados para descobrir maneiras de influenciar uma determinada opinião pública. Para a segunda estratégia, podemos coletar histórias de vida, enquanto múltiplas ondas de questionários medem a resposta a diferentes táticas promocionais. Para a terceira, realizar um estudo qualitativo para identificar comportamentos e percepções das pessoas em relação a processos de compra de mobília e decoração interior; depois, usar essas informações para desenvolver um estudo quantitativo a fim de medir a frequência real de comportamentos e atitudes. Na quarta, pesquisar o comportamento e as atitudes das pessoas em relação a uma marca e constatar que são necessárias algumas entrevistas em profundidade para explicar os resultados que não ficaram claros.

Muitos pesquisadores reconhecem que a pesquisa qualitativa compensa a fraqueza da pesquisa quantitativa e vice-versa. Esses pensadores avançados acreditam que as metodologias se complementam, em vez de competirem entre si.

Resumo

1 A pesquisa qualitativa inclui um conjunto de técnicas interpretativas que procuram descrever, decodificar, traduzir e, de outra forma, apreender o significado, e não a frequência, de certos fenômenos que ocorrem de forma mais ou menos natural na sociedade. As metodologias de pesquisa qualitativa diferem das quantitativas com base no foco da pesquisa; seu objetivo; envolvimento do pesquisador; planejamento da amostragem; tamanho da amostra; projeto

de pesquisa, incluindo pré-tarefa com os participantes; fonte, tipo e preparação dos dados; métodos de análise de dados; nível de percepções e significados extraídos; envolvimento do patrocinador da pesquisa; velocidade da pesquisa; e segurança dos dados. Uma metodologia qualitativa pode ser usada individualmente para lidar com problemas organizacionais ou em combinação a outras qualitativas ou quantitativas.

2 Embora a pesquisa qualitativa seja cada vez mais usada pela capacidade que as metodologias têm de gerar maior entendimento, ela ainda é percebida por muitos executivos seniores como uma prima pobre da coleta de dados quantitativa. Isso acontece basicamente devido ao uso da amostragem não probabilística na pesquisa qualitativa, aos tamanhos de amostra menores e à impossibilidade de projetar os resultados para uma população-alvo mais ampla.

3 A pesquisa qualitativa pretende dizer ao pesquisador como (processo) e por que (significado) as coisas acontecem. No planejamento empresarial e na tomada de decisão, as metodologias qualitativas são usadas na segmentação de mercado; desenvolvimento de propaganda criativa; desenvolvimento de novos produtos, principalmente teste de conceitos; análise de vendas; desenvolvimento de vendas; projeto de embalagem; desenvolvimento e avaliação de marca, principalmente entendimento do valor da marca; posicionamento; planejamento do varejo; e entendimento de vários processos, incluindo processos de tomada de decisão dos clientes. Na análise de dados, a pesquisa qualitativa usa análise de conteúdo de material escrito ou gravado, obtido de expressões pessoais de participantes, observações comportamentais e esclarecimento dos observadores, bem como o estudo de artefatos e evidências do ambiente físico.

4 As metodologias qualitativas usadas na tomada de decisão evoluíram de técnicas usadas em antropologia, sociologia, psicologia, linguística, comunicação, economia e semiótica. Entre essas estratégias, são comuns a entrevista individual em profundidade e a entrevista em grupo, bem como a observação, etnografia, pesquisa-ação e teoria fundamentada em dados. Entre as entrevistas em grupo, os grupos de discussão são a metodologia mais utilizada.

A pesquisa qualitativa geralmente usa técnicas projetivas, projetadas para incentivar o participante a revelar em detalhe atitudes, opiniões, sentimentos e experiências profundamente suprimidos. Entre essas técnicas, estão a associação de palavras ou figuras, exercícios de completar frases, quadrinhos ou balões em branco, Teste de Percepção Temática, exercícios de imaginação e exercícios de classificação. A preparação do participante e as sessões qualitativas em si costumam incluir várias sessões e exercícios de criatividade.

Termos-chave

amostragem não probabilística 154
análise de conteúdo 167
entrevista 154
   estruturada 155
   não estruturada 155
   semiestruturada 155
entrevista em grupo 160
   grupo de especialistas 161
   grupo heterogêneo 161
   grupo homogêneo 161
   grupo não especialista 161
entrevista individual em profundidade 158
   entrevista convergente 159
   entrevistas culturais 159
   entrevista sequencial (entrevista cronológica) 159
   etnografia 159
   histórias de vida 159

história oral (narrativa) 159
técnica do incidente crítico 159
teoria fundamentada em dados 159
entrevista pessoal assistida por computador (CAPI) 158
estudo de caso (história de caso) 168
filtro de recrutamento 155
grupos de discussão 163
   em videoconferência 167
   on-line 166
   por telefone 166
moderador 154
pesquisa qualitativa 146
pesquisa quantitativa 147
pesquisa-ação 168
pré-tarefa 150
roteiro de entrevista (roteiro de discussão) 155
técnicas projetivas 157

ambiguidades e paradoxos 158
associação de palavras ou figuras 157
completar frases 157
exercícios de imaginação 157
figura de autoridade 158
laddering ou cadeia de benefícios 157
mapeamento semântico 158
mapeamento de marca 158
ordenação de componentes 157
ordenação sensorial 157
personificação 158
quadrinhos ou balões vazios 157
técnica de evocação de metáforas 158
Teste de Percepção Temática 157
universo imaginário 157
visitante de outro planeta 157
triangulação 169

Questões para **discussão**

Revisão de termos

1 Como a pesquisa qualitativa se distingue da quantitativa?
2 Como os dados da pesquisa qualitativa se distinguem dos da quantitativa?
3 Por que executivos seniores se sentem mais confortáveis com dados quantitativos do que com qualitativos? Como uma empresa de pesquisa qualitativa poderia reduzir o ceticismo de um executivo sênior?
4 Faça a distinção entre entrevistas estruturadas, semiestruturadas e não estruturadas.

Tomada de decisão em pesquisa

5 Suponha que você é um fabricante de pequenos utensílios para cozinha, como a Hamilton Beach/Proctor Sílex, e queira determinar se alguns designs inovadores com formas e cores incomuns desenvolvidos para o mercado europeu seriam bem-sucedidos no mercado de seu país. Que pesquisa você recomendaria e por quê?
6 A NCR Corporation, empresa conhecida por ser líder mundial em caixas eletrônicos, scanners ópticos para pontos de venda no varejo e quiosques de aeroportos, anunciou em junho de 2009 que mudaria sua sede mundial de Dayton (Ohio, EUA) para Duluth (Geórgia, EUA), localizada nos arredores de Atlanta, após mais de 125 anos. Empregadora de 1.200 profissionais em Dayton, a maioria com altos salários, foi seduzida pela oferta do Estado da Geórgia, que ofereceu mais de US$ 56,9 milhões em créditos fiscais; pelo rápido crescimento da população com maior grau de escolaridade entre 25 a 34 anos de idade; pelos escritórios internacionais de 10 governos estaduais Europeus; e pelo aeroporto internacional mais concorrido (Atlanta) do mundo.

 a Que pesquisa qualitativa a NCR pode ter feito para tomar essa decisão?
 b A NCR aproveitará o deslocamento para a Geórgia para enxugar a força de trabalho em sua sede mundial. Que pesquisa qualitativa ajudaria a empresa a determinar para quais dos 1.200 funcionários serão oferecidas as vagas em Duluth?

Dando vida à pesquisa

7 Que problema a HealthPlus enfrenta, e por que a empresa voltou seu foco para grupos de discussão em busca de ideias?

Do conceito à prática

8 Use a Figura 7-7 para desenvolver o filtro de recrutamento para a pesquisa que você descreveu em sua resposta à questão 5.
9 Conduza um grupo focal entre alunos em sua turma sobre um dos seguintes tópicos:

 a Os problemas do nosso departamento em oferecer cadeiras obrigatórias e eletivas essenciais para atender às suas expectativas de graduação.
 b Entretenimento patrocinado por sua universidade para trazer a comunidade ao campus.

Direto das manchetes

10 A Pepsi lançou uma nova campanha mundial baseada no conceito de viver o momento chamada "Viva o agora". Ela realizou uma pesquisa extensiva anterior ao lançamento da campanha. Qual o tipo de pesquisa que deve ser feito para determinar se a campanha está de acordo com o público em todo o mundo?

Casos (em inglês) no site do Grupo A

NCRCC: Planejando um novo rumo estratégico

Portas abertas: Ampliação da hospitalidade para viajantes com necessidades especiais

Ramada demonstra seu *Personal Best*™

Você encontrará uma descrição de cada caso na seção Índice de Casos deste livro. Verifique no Índice de Casos quais fornecem dados, o instrumento de pesquisa ou outro material complementar. Para acessar os casos (em inglês), entre no site do Grupo A (www.grupoa.com.br) e procure pelo livro.

Capítulo 8
Estudos de Observação

> ❝❝Atualmente, os dados dos sensores integrados nos carros de Fórmula 1 captam continuamente uma multiplicidade de variáveis – incluindo RPMS, clima, condições da estrada, os ângulos nas curvas em S da pista, gasto dos pneus, fazer o pit stop agora ou na próxima volta – e as processam em modelos de simulação ativa que embasam as decisões instantâneas do piloto. As corridas de Fórmula 1 hoje têm tanto a ver com a derivação da Continuous Intelligence e a tomada de decisão quanto com a velocidade do motor e a experiência de direção.❞❞
>
> *John Chen, CEO, Sybase*

Objetivos de **aprendizagem**

Após ler este capítulo, você compreenderá...

1 Quando os estudos de observação são mais úteis.
2 As diferenças entre monitoramento de atividades não comportamentais e comportamentais.
3 Os pontos fortes da abordagem de observação no projeto de pesquisa.
4 Os pontos fracos da abordagem de observação no projeto de pesquisa.
5 As três perspectivas a partir das quais a relação observador-participante pode ser vista nos estudos de observação.
6 Os vários projetos de estudos de observação.

Dando vida à pesquisa

"Como está o projeto da HomeExtravaganza?", pergunta Jason ao colocar a cabeça no escritório de Sara Arens.

"Terminei de analisar as propostas ontem e selecionei a MarketViews como subcontratada para fazer o estudo de observação", responde Sara. "A MarketViews começará uma semana após a lista de verificação ser finalizada – esse é o próximo passo."

"Você obviamente determinou como o estudo de observação interagirá com o estudo maior de motivação de compradores que estamos fazendo. Me dê mais detalhes."

"Você indicou na semana passada que o feedback inicial do levantamento é que a confusão do cliente relacionada a localização e disponibilidade de produtos pode ser um fator que contribui para diminuir a repetição de visitas e as vendas. O estudo de observação identificará os tipos específicos de confusão do cliente na loja e a resposta dos vendedores a ela."

"Fui à loja em Boca nesta semana pela primeira vez", diz Jason. "A ampla exposição de produtos é impressionante, mas um pouco opressiva – e a loja também é gigantesca. Tive vontade de ter colocado meus tênis para ir lá!

Embora a HomeExtravaganza tenha recepcionistas e sua propaganda prometa muitos vendedores prestativos, o estudo de motivação registra reclamações de que não são tão prestativos quanto necessário", prossegue Jason.

"A MarketViews recomenda a observação de participantes para determinar qual forma a ajuda do vendedor está assumindo."

"Usei a MarketViews antes com bons resultados." "Vou me encontrar com o diretor de projetos da MarketViews hoje à tarde para fazer um esboço da lista de verificação. Então, almoçarei mais cedo e planejo visitar a loja mais uma vez", explica Sara. "Queremos selecionar locais específicos para que as interações aconteçam e comportamentos específicos... Como levar o cliente ao corredor do produto *versus* dar instruções para chegar ao local, encontrar o item no corredor *versus* deixar o cliente na entrada dele. E vim preparada", diz Sara, saindo de trás de sua mesa com seus tênis de corrida.

"Vou deixá-la com seu próprio estudo de observação então", diz Jason.

Os usos da observação

Muito do que sabemos vem da observação: notamos as reações dos colegas a intrigas políticas, os sons da área de montagem, o cheiro de perfume, o gosto do café do escritório, a aparência lisa da mesa de mármore do vice-presidente e uma série de outros estímulos. Embora tais observações possam ser a base para o conhecimento, os processos de coleta muitas vezes são desordenados.

A observação qualifica-se como investigação científica quando é conduzida especificamente para responder a uma questão de pesquisa, sistematicamente planejada e executada, usa controles apropriados e fornece informações confiáveis e válidas sobre o que aconteceu. A versatilidade da observação faz dela uma fonte primária indispensável e um complemento para outros métodos. Muitos acadêmicos têm uma visão limitada dela, relegando-a a uma técnica sem importância no campo da coleta de dados, ignorando o potencial da observação para forjar decisões empresariais e negando sua posição histórica como meio criativo de obter dados primários. A Figura 8-1 mostra o uso da observação no processo de pesquisa.

No Capítulo 6, dissemos que os projetos de pesquisa são classificados pela *abordagem* utilizada para reunir dados primários: *observar* ou *comunicar*. A Figura 8-2 descreve as condições sob as quais a observação é um método apropriado para a coleta de dados e as contrasta com as dos modos de comunicação discutidos no Capítulo 7 – entrevistas – e no Capítulo 10 – levantamentos (*vide* Figura 8-2).

Além de coletar de dados visualmente, a observação envolve ouvir, ler, cheirar e tocar. Os cientistas de comportamento a definem em termos de comportamento animal ou humano, mas

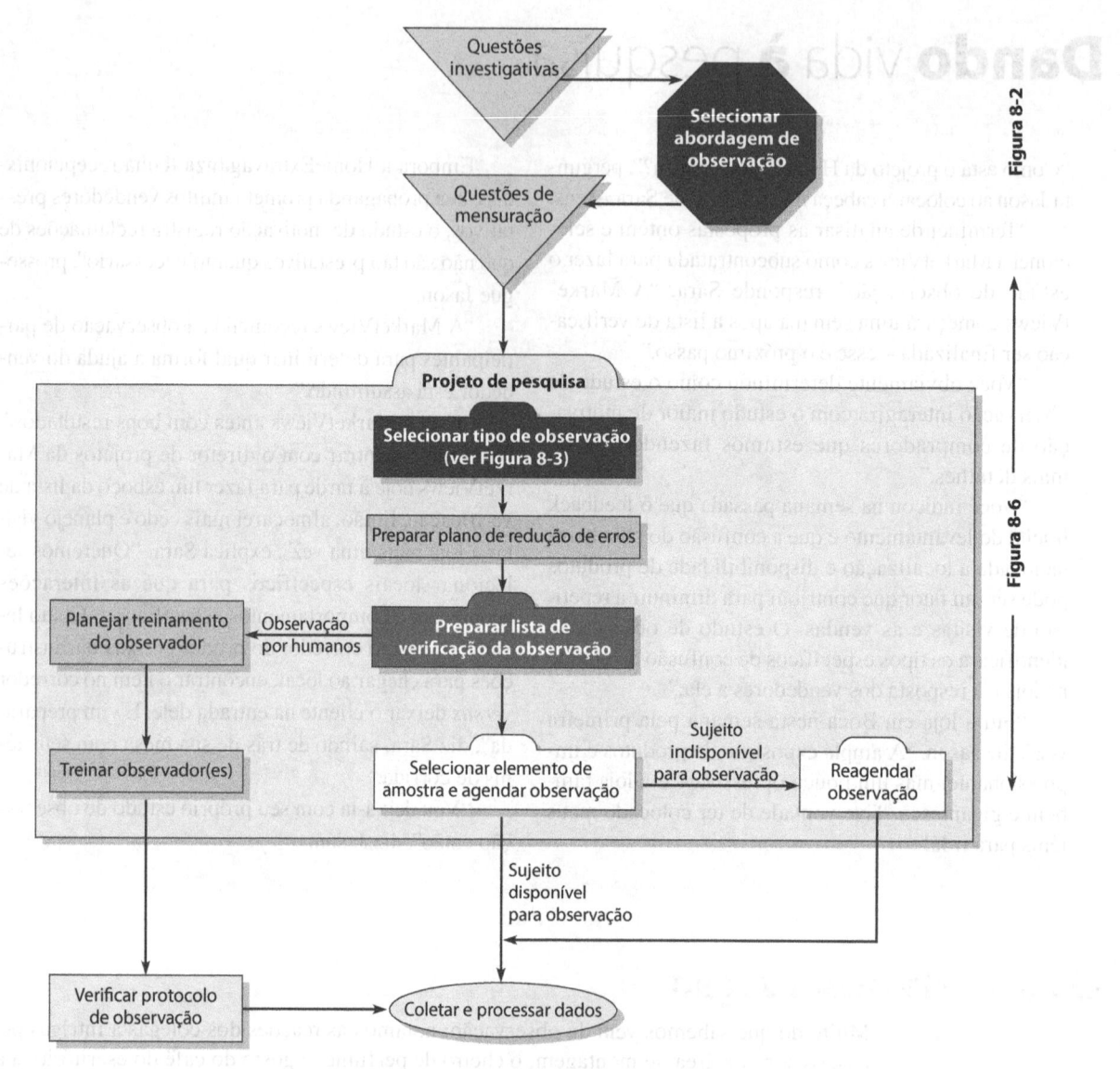

Figura 8-1 Observação e o processo de pesquisa.

isso é muito limitante. Da forma como é usada neste texto, a **observação** inclui a gama completa de atividades e condições de monitoramento comportamental e não comportamental que, conforme mostrado na Figura 8-3, podem ser classificadas assim:

Observação não comportamental:
- Análise de registros
- Análise de condições físicas
- Análise de processos físicos

Observação comportamental:
- Análise não verbal
- Análise linguística
- Análise extralinguística
- Análise espacial

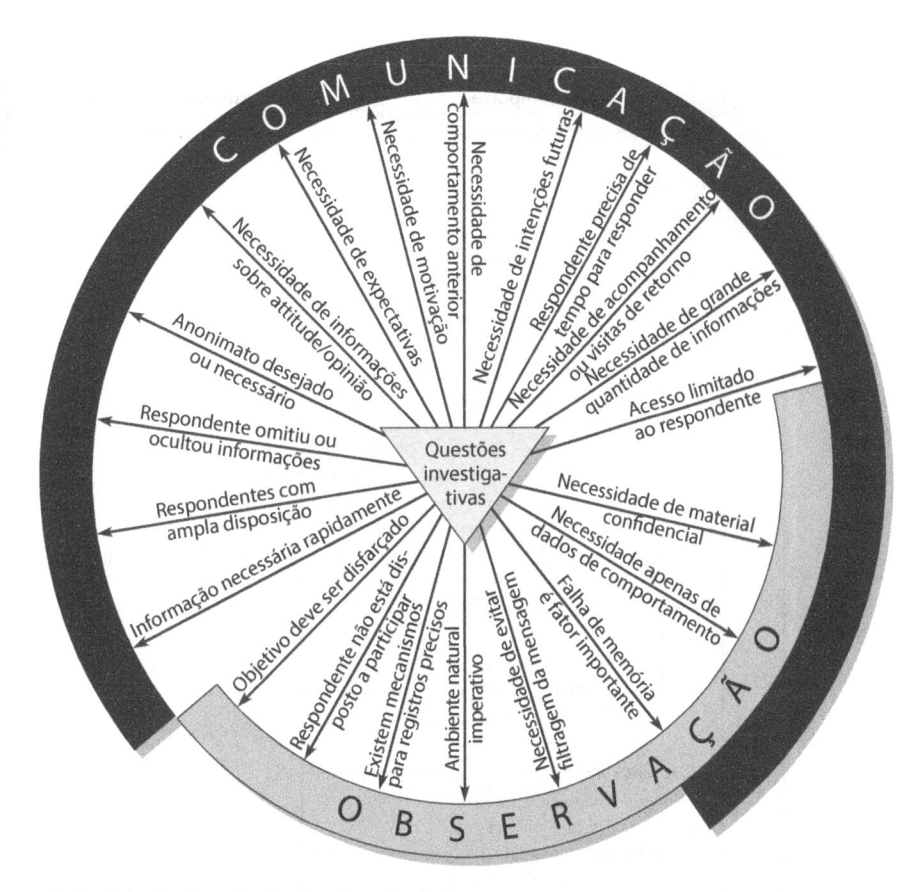

Figura 8-2 Seleção do método de coleta de dados.

Observação não comportamental

Uma forma predominante de pesquisa de observação é a **análise de registros**, que podem ser históricos ou atuais e públicos ou privados; quanto à materialidade são escritos, impressos, gravados em áudio, fotografados ou gravados em vídeo. Os dados estatísticos históricos muitas vezes são as únicas fontes usadas para um estudo. A análise de registros financeiros e dados econômicos atuais também é uma importante fonte de dados para estudos.

Outros exemplos desse tipo de observação são as *análises de conteúdo* (descritas no Capítulo 15) da publicidade da concorrência e a análise de registros de pessoal.

A **análise de condições físicas** é exemplificada por auditorias de disponibilidade de produtos em lojas, estudos de obediência a normas de segurança em fábricas, análise de condições de estoque e análise de declarações financeiras. A **análise de processos** ou **atividades** inclui estudos de tempo/movimentação de processos de fabricação e análise de fluxos de tráfego em um sistema de distribuição, fluxos de documentos em um escritório e fluxos financeiros no sistema bancário.

Observação comportamental

O estudo observacional de pessoas pode ser classificado em quatro categorias principais.[1] O **comportamento não verbal** é o mais predominante deles e inclui movimentos corporais, expressões motoras e até mesmo a troca de olhares. No nível do movimento geral do corpo, pode-se estudar como um vendedor viaja por um território. Em um nível refinado, pode-se estudar os movimentos corporais de um trabalhador montando um produto ou fazer uma amostragem de tempo das atividades dos funcionários de um departamento para descobrir de várias formas quanto tempo cada trabalhador gasta. De forma mais abstrata, pode-se estudar os movimentos corporais como

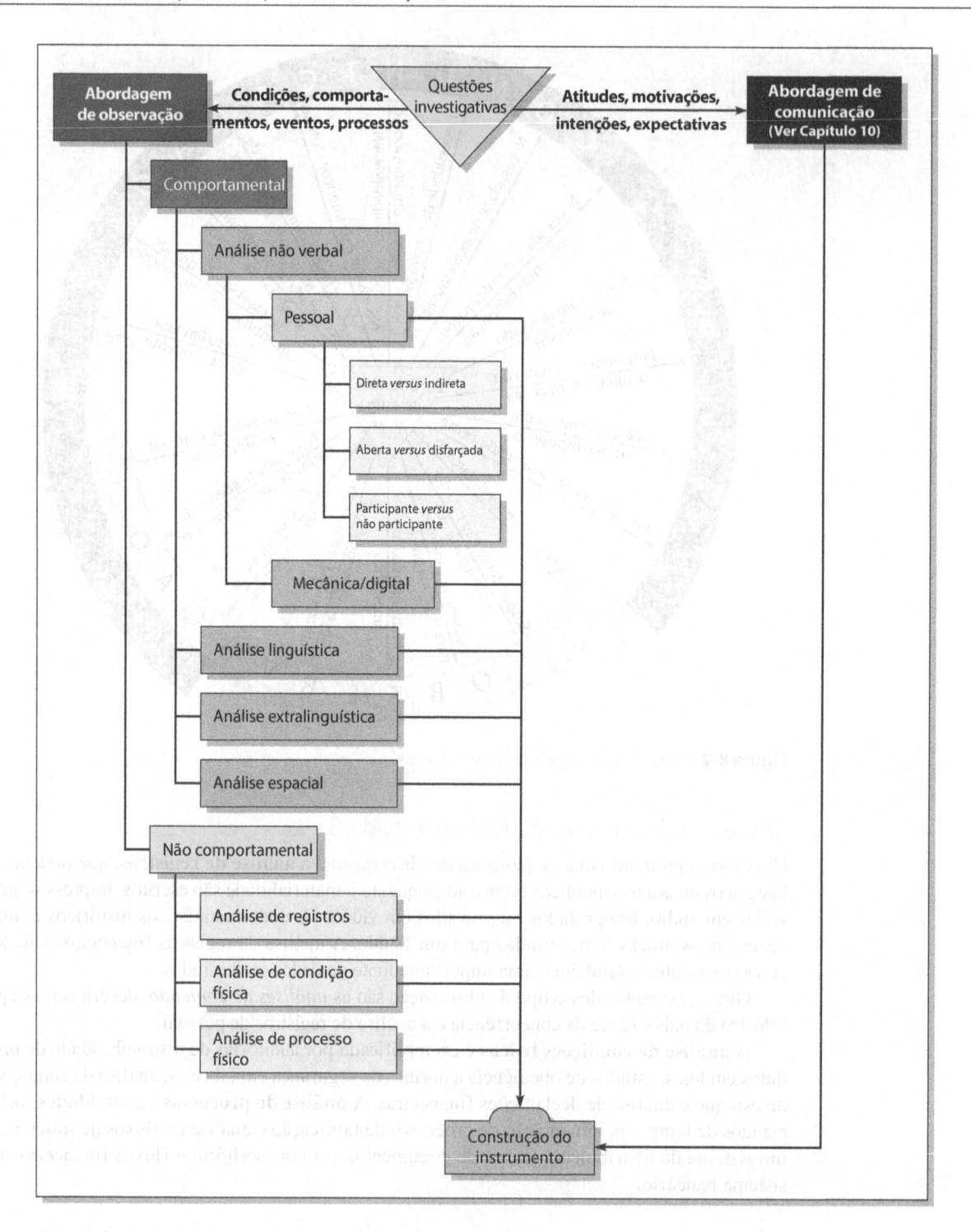

Figura 8-3 Seleção da abordagem de observação.

Diagrama hierárquico:

- **Abordagem de observação** ← Condições, comportamentos, eventos, processos — **Questões investigativas** — Atitudes, motivações, intenções, expectativas → **Abordagem de comunicação (Ver Capítulo 10)**
  - Comportamental
    - Análise não verbal
      - Pessoal
        - Direta *versus* indireta
        - Aberta *versus* disfarçada
        - Participante *versus* não participante
      - Mecânica/digital
    - Análise linguística
    - Análise extralinguística
    - Análise espacial
  - Não comportamental
    - Análise de registros
    - Análise de condição física
    - Análise de processo físico
- → Construção do instrumento

---

indicadores de interesse ou aborrecimento, irritação ou prazer em certo ambiente. As expressões motoras, como os movimentos faciais, podem ser observadas como sinal de estados emocionais. O número de piscadas dos olhos é estudado como indicador de interesse nas mensagens de propaganda. A troca de olhares é de interesse em estudos de comportamento interpessoal.

O **comportamento linguístico** é a segunda forma mais usada de observação de comportamento. Um exemplo simples, conhecido da maioria dos alunos, é o número de "ãhs" ou outros

Perfil **visual**

A observação como técnica de pesquisa algumas vezes pode ser subestimada pelos pesquisadores, mas a Best Buy tem uma abordagem diferente, que desafia seus associados lojistas a identificar formas de aproveitar iniciativas locais. Uma destas aconteceu na cidade portuária de Houston, onde associados notaram um fluxo de trabalhadores de navios do leste europeu que compravam iPods e laptops. Com base nas observações dos associados, a Best Buy realocou espaço na loja de Baytown Houston, movendo os itens desejados para a frente da loja e acessórios dos produtos, como carregadores internacionais, para as proximidades. Os associados combinaram as observações de compras com outras: determinado navio frequentemente atracava por um tempo limitado e a loja deles ficava a apenas 15 minutos de táxi do porto. As vendas aumentaram 67% como resultado da mudança. Trabalhadores de navios agradecidos revelaram ao pessoal da Best Buy que faziam estoque para a família e os amigos quando seu navio estava no porto, pois itens similares eram muito mais caros em seu país. **www.bestbuy.com**

sons ou palavras irritantes que um professor faz durante a aula. Aplicações mais sérias são o estudo do conteúdo de uma apresentação de vendas ou o estudo de qual, como e quanta informação é transmitida em uma situação de treinamento. A terceira forma envolve os processos de interação que ocorrem entre duas pessoas ou em pequenos grupos. Bales propôs um sistema amplamente utilizado para classificar essas interações linguísticas.[2]

O comportamento também pode ser analisado em um nível extralinguístico. Às vezes o **comportamento extralinguístico** é tão importante como meio de comunicação quanto o comportamento linguístico. Um autor sugeriu que existem quatro dimensões de atividade extralinguística:[3] (1) *vocal*, incluindo tom, volume e timbre; (2) *temporal*, incluindo a taxa de fala, a duração do enunciado e o ritmo; (3) *interação*, incluindo as tendências a interromper, dominar ou inibir; e (4) *estilística verbal*, incluindo peculiaridades de vocabulário e pronúncia, dialeto e expressões características. Essas dimensões podem acrescentar ideias substanciais ao conteúdo linguístico das interações entre supervisores e subordinados ou vendedores e clientes.

O quarto tipo de estudo de comportamento envolve as **relações espaciais**, especialmente como uma pessoa relaciona-se fisicamente com as outras. A *proxêmica*, uma das formas desse estudo, diz respeito ao modo como as pessoas organizam o território ao seu redor e à maneira como mantêm distâncias discretas em relação às pessoas. Um estudo de como os vendedores aproximam-se fisicamente dos clientes e outro sobre efeitos do acúmulo de pessoas no ambiente de trabalho são exemplos desse tipo de observação.

Em um estudo, muitas vezes o pesquisador estará interessado em dois ou mais desses tipos de informação e precisará de mais de um observador. Nessas formas de estudo de comportamento, também é importante considerar a relação entre os observadores e os participantes.

Avaliação do método de observação

A observação é o único método disponível para reunir certos tipos de informação. O estudo de registros, processos mecânicos e crianças pequenas, bem como outros sujeitos inarticulados, pertence a essa categoria. Outro valor da observação é coletar dados originais no momento em que ocorrem, sem depender de relatórios de terceiros. Todo entrevistado filtra as informações, não importa o quanto esteja bem-intencionado: esquecimentos acontecem e pode haver razões pelas quais o entrevistado não queira relatar os fatos de forma completa e justa. A observação supera a maioria dessas deficiências do questionamento.

Outro ponto forte é obter informações que a maioria dos participantes ignoraria, seja porque elas são muito comuns e previsíveis, ou não serem vistas como relevantes. Por exemplo, se você está observando a atividade de compra em uma loja, pode haver condições importantes para o estudo de pesquisa que o comprador não perceba ou não considere importante, como: Qual é o clima? Qual é o dia da semana ou o período do dia? Qual é o volume do tráfego de clientes? Qual é o nível de atividade promocional nas lojas concorrentes? Esperam-se apenas algumas respostas a essas perguntas com a maioria dos participantes.

Outra vantagem da observação é poder, por si só, captar o evento completo à medida que ocorre em seu ambiente natural, visto que o de um experimento pode parecer inventado para os participantes, o número e o tipo de perguntas limitam a gama de respostas obtidas dos entrevistados, e a observação é menos restritiva que a maioria dos métodos primários de coleta. Além disso, as limitações na extensão das atividades de coleta de dados imposta por levantamentos ou experimentos são menores na observação. Você pode estar interessado em todas as condições que cercam um debate em uma sessão de negociação entre o sindicato e representantes da administração. Essas sessões podem estender-se com o tempo, e qualquer esforço para estudar o desdobramento da negociação é facilitado pela observação. O questionamento raramente pode fornecer as mesmas ideias que a observação para muitos aspectos do processo de negociação.

Por fim, os participantes parecem aceitar melhor a intromissão observacional que o questionamento. A observação exige menos deles e normalmente exerce menos influência sobre seu comportamento que o questionamento. Além disso, também é possível conduzir estudos de observação disfarçados e não intrusivos com mais facilidade que um questionamento disfarçado.

O método de observação tem algumas limitações de pesquisa, como a necessidade de o observador normalmente estar na cena do evento quando ele ocorre, embora frequentemente seja impossível prever onde e quando ele ocorrerá. Uma forma de evitar perder um evento é observá-lo por períodos prolongados até que ele ocorra, mas essa estratégia traz uma segunda desvantagem: a observação é um processo lento e dispendioso que exige observadores humanos ou equipamentos caros de vigilância.

Outra limitação é que seus resultados mais confiáveis são restritos às informações que podem ser obtidas por ações abertas ou indicadores superficiais. Para ir além da superfície, o observador precisa fazer inferências. Dois observadores provavelmente concordarão sobre a natureza de vários eventos superficiais, mas as inferências que eles extraem desses dados são muito mais variadas.

Outro limitante é que o ambiente de pesquisa tende a ser mais apropriado para a avaliação subjetiva e o registro de dados que para controles e quantificação de eventos. Quando o controle é exercido pela intervenção ativa dos pesquisadores, a participação deles pode ameaçar a validade do que está sendo avaliado. Mesmo quando o tamanho amostral é pequeno, os registros de observação podem ser desproporcionalmente grandes e difíceis de analisar.

A observação é limitada como forma de saber sobre o passado. Ela é similarmente limitada como método por meio do qual saber o que está acontecendo no presente em algum lugar distante. Também é difícil reunir informações sobre tópicos como intenções, atitudes, opiniões ou preferências. Entretanto, qualquer consideração dos méritos da observação confirma seu valor quando usada com cuidado e critério.

A relação observador-participante

As perguntas apresentam uma oportunidade clara para o viés do entrevistador. O problema é menos pronunciado com a observação, mas ainda é real. A relação entre observador e participante pode ser vista a partir de três perspectivas:

- Se a observação é direta ou indireta.
- Se o participante sabe da presença do observador ou não.
- Que papel o observador desempenha.

Instantâneo

A inovação da tecnologia de pesquisa ou uma caixa-preta?

A ressonância magnética tem sido usada em hospitais para identificar doenças e pré-planejar cirurgias, mas o uso do eletroencefalograma (EEG) – que mensura o campo elétrico fora da cabeça via eletrodos no couro cabeludo – e da resposta galvânica da pele (GSR, do inglês *galvanic skin response*) para a pesquisa em administração tem sido restrito a experimentos. Agora, a tomografia por emissão de pósitrons (PET, do inglês *positron emission tomography*) também oferece ao pesquisador um vislumbre do cérebro do entrevistado – colorido e apresentando milhares de pontos de dados. Conhecida como o efeito de árvore de Natal, ela atribui cores únicas a diferentes tipos de atividade cerebral, de forma que o cérebro literalmente ilumina a compreensão do pesquisador.

"As técnicas de neuroimagem podem contribuir para pesquisa fundamental em termos de uma melhor compreensão conceitual de construtos latentes no comportamento", declara Monika Koller, da Universidade de Economia e Administração de Empresas de Viena (Áustria). Porém, Sean Green (psicólogo cognitivo) e Neil Holbert (pesquisador de marketing) advertem: "Há evidências de que a atividade cerebral concorre com o processo psicológico que [o pesquisador] está interessado em uma variedade de condições e em uma variedade de contextos? Existem explicações alternativas para por que a área do seu cérebro pode estar 'se iluminando'?". Além disso, um estudo mostrou que apenas 16% dos respondentes sentiram-se confortáveis permitindo que seu cérebro fosse escaneado para pesquisa.

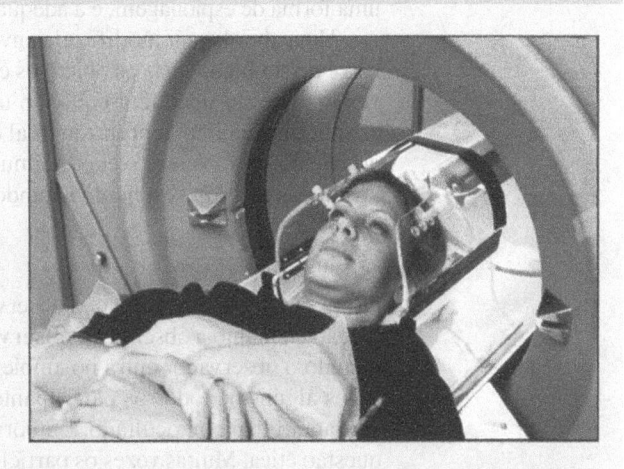

Observação direta e indireta

A **observação direta** ocorre quando o observador está fisicamente presente e monitora pessoalmente o que acontece. Essa abordagem é muito flexível porque lhe permite reagir e relatar aspectos sutis de eventos e comportamentos conforme eles ocorrem, além de lhe dar liberdade para trocar de lugar, mudar o foco da observação ou concentrar-se em eventos inesperados, se eles ocorrerem. Um ponto fraco dessa abordagem é que os circuitos de percepção do observador podem ficar sobrecarregados quando os eventos ocorrem rapidamente, precisando tentar reconstruir posteriormente o que não conseguiram registrar. Além disso, a fadiga, o aborrecimento dele e eventos que o distraiam podem reduzir a exatidão e a abrangência da observação.

A **observação indireta** ocorre quando o registro é feito por meios mecânicos, fotográficos ou eletrônicos, por exemplo uma câmera especial que registre um quadro por segundo instalada em um departamento de uma grande loja para estudar o movimento de clientes e funcionários. Ela é menos flexível que a observação direta, mas também é muito menos tendenciosa e pode ser muito mais exata, além de o registro permanente poder ser reanalisado para incluir muitos aspectos diferentes do evento. Os dispositivos de registro eletrônico, que tiveram melhoria na qualidade e queda no preço, estão sendo usados com mais frequência na pesquisa de observação.

Dissimulação

Fator que afeta a relação observador-participante e se refere ao fato de este último saber ou não da presença do observador. Ao estar ciente da presença deste, há risco de atividade atípica por parte do participante. A entrada inicial de um observador em uma situação muitas vezes perturba os padrões de atividade dos participantes, mas essa influência costuma dissipar-se rapidamente, em especial quando os participantes estão envolvidos em alguma atividade que prenda a atenção ou quando a presença de observadores não oferece ameaça potencial aos interesses dos participantes. No entanto, o viés que pode ser gerado pela consciência da presença do observador é sempre um fator de preocupação.

Os observadores usam a **dissimulação** para esconderem-se de seu objeto de observação, com o uso de meios técnicos, como espelhos falsos, câmeras escondidas ou microfones. Esses métodos reduzem o risco de viés do observador, mas levantam a questão da ética. A observação oculta é uma forma de espionagem, e a adequação dessa ação deve ser examinada cuidadosamente.

Uma abordagem modificada envolve dissimulação parcial, isto é, a presença do observador não é dissimulada, mas os objetivos e participantes de interesse o são. Um estudo de métodos de venda pode ser conduzido quando um observador acompanha um vendedor que faz visitas a clientes; no entanto, o propósito real do observador pode ser ocultado tanto do vendedor quanto do cliente (por exemplo, ele dissimula que está analisando a exposição e as características do layout das lojas que estejam visitando).

Participação

Outra questão sobre a relação observador-participante é se o observador deve participar da situação enquanto a observa. A **observação participante** é um arranjo mais envolvido que existe quando o observador entra no ambiente social e age como observador e participante. Algumas vezes alguns ou todos os participantes têm ciência de que ele é um observador, em outras, seu verdadeiro papel é ocultado. Embora reduza o potencial de viés, isso novamente levanta uma questão ética. Muitas vezes os participantes não terão dado seu consentimento nem terão conhecimento dos resultados ou acesso a eles. Depois de enganados e com sua privacidade invadida, que outros danos eles poderiam ter caso os resultados se tornassem públicos? Essa questão precisa ser abordada quando a dissimulação e a participação disfarçada são usadas.

A observação participante gera um duplo problema para o observador: o registro pode interferir na participação e a participação pode interferir na observação. O papel dele pode influenciar a maneira como os outros agem. Em razão desses problemas, a observação participante é menos utilizada na pesquisa em administração que na antropologia ou sociologia. Ela é tipicamente restrita a casos nos quais a não participação do observador não é prática – por exemplo, um estudo sobre o funcionamento de uma equipe de auditoria itinerante.

Condução de um estudo de observação

Tipo de estudo

A observação é encontrada em quase todos os estudos de pesquisa, pelo menos no estágio exploratório. Essa coleta de dados é conhecida como **observação simples**. Sua prática não é padronizada, como se poderia esperar, por causa da natureza de descoberta da pesquisa exploratória. A decisão de usar a observação como o principal método de coleta de dados pode ser feita logo no momento em que o pesquisador passar das questões de pesquisa para as investigativas, estas que especificam os desfechos do estudo – as questões específicas a que o pesquisador precisa responder com os dados coletados. Se o estudo for diferente do exploratório, a **observação sistemática** empregará procedimentos padronizados, observadores treinados, programação para registro e outros dispositivos para o observador que espelhem os procedimentos científicos de outros métodos primários de dados. Os estudos sistemáticos variam na ênfase colocada no registro e na codificação das informações observacionais:

> Em uma extremidade, estão os métodos não estruturados e abertos. O observador tenta fornecer uma descrição tão completa e não seletiva quanto possível. Na outra extremidade, estão métodos mais estruturados e predefinidos, que separam por itens, contam e categorizam o comportamento. Aqui, o investigador decide de antemão que comportamento será registrado e com que frequência as observações serão feitas. O investigador que usa a observação estruturada discrimina muito mais ao escolher que comportamento será registrado e precisamente como [deve] ser codificado.[4]

Um autor classifica os estudos de observação pelo grau de estrutura no contexto ambiental e pela quantidade de estrutura imposta ao ambiente pelo pesquisador,[5] como mostrado na

Classe de pesquisa	Ambiente	Objetivo	Ferramenta de pesquisa
1. Completamente não estruturada	Ambiente natural	Gerar hipóteses	
2. Não estruturada	Laboratório	↓	
3. Estruturada	Ambiente natural		Lista de verificação de observação
4. Completamente estruturada	Laboratório	Testar hipóteses	Lista de verificação de observação

Figura 8-4 Classificação dos estudos de observação.

Figura 8-4. Este conduz um estudo de classe 1, completamente não estruturado, estaria em um ambiente natural ou de campo, esforçando-se para adaptar-se à cultura. Um exemplo típico seria um estudo etnográfico no qual o pesquisador, como observador participante, passa a fazer parte da cultura e descreve com detalhes tudo que cerca o evento ou a atividade de interesse.

Donald Roy, no caso "Banana Time", amplamente utilizado em comportamento organizacional, trabalhou na prensa de uma fábrica para descrever os rituais com os quais um pequeno grupo de trabalho contava para tornar suportável seu trabalho altamente repetitivo e monótono.[6] Com outros propósitos em mente, os pesquisadores em administração podem usar esse tipo de estudo para a geração de hipóteses.

Os estudos de classe 4 – pesquisas completamente estruturadas – são o oposto das investigações de campo completamente não estruturadas. O propósito de pesquisa nos estudos de classe 4 é testar hipóteses; portanto, o plano definitivo para observação de comportamentos específicos e operacionalizados é conhecido com antecedência, o que exige um instrumento de mensuração chamado **lista de verificação da observação**, análogo a um questionário. A Figura 8-5 mostra os paralelos entre o projeto de um levantamento e o desenvolvimento de uma lista de verificação.

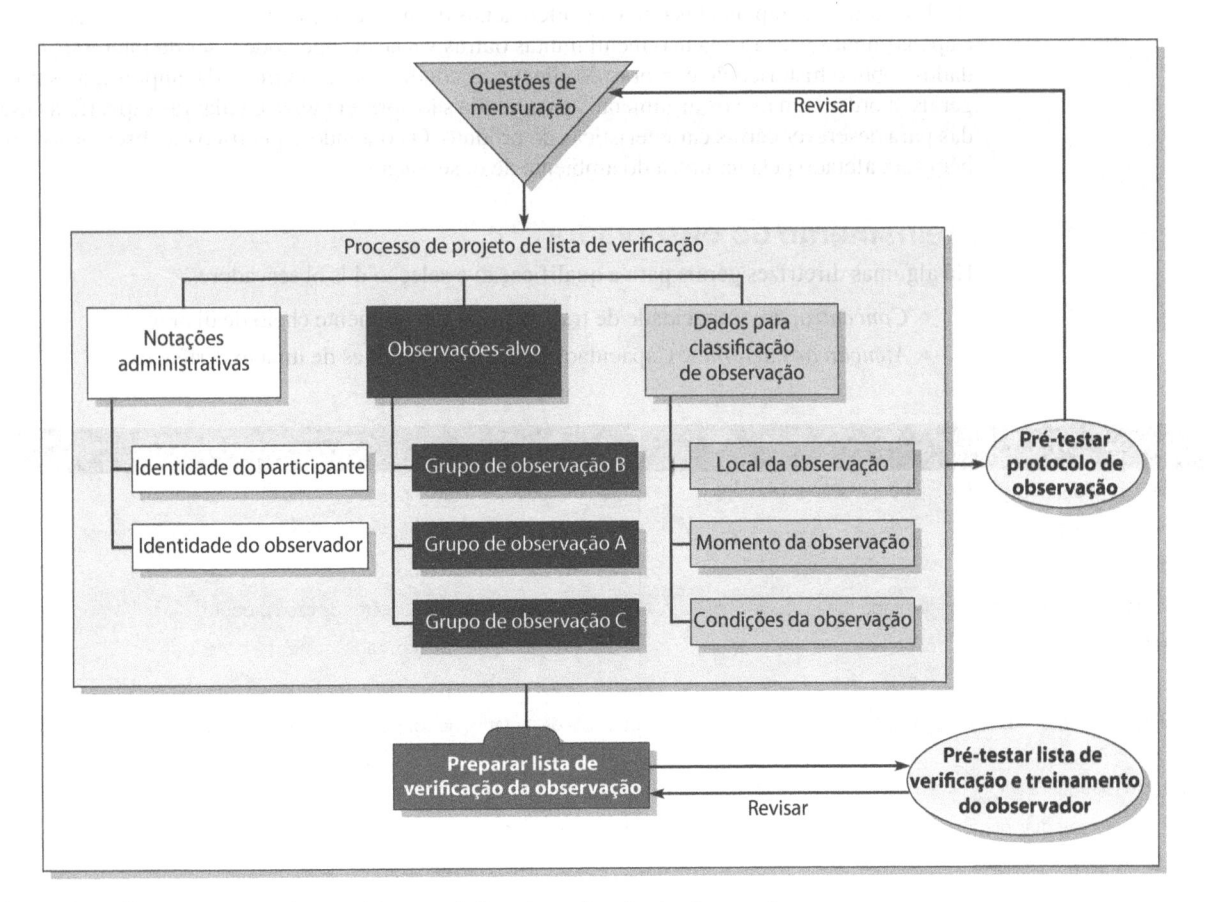

Figura 8-5 Fluxograma para desenvolvimento de lista de verificação da observação.

As listas de verificação devem contar com alto grau de precisão na definição de comportamentos ou atos relevantes e com categorias mutuamente excludentes e exaustivas. A codificação frequentemente é fechada, simplificando assim a análise dos dados. Os grupos de participantes que estão sendo observados devem ser comparáveis, e as condições de laboratório, idênticas. O exemplo clássico de um estudo de classe 4 foi a investigação de Bales sobre a interação de grupos.[7] Muitos estudos de construção de equipes, tomada de decisão e centro de avaliação seguem esse padrão estrutural.

As duas classes intermediárias de estudos de observação enfatizam as melhores características dos controles impostos pelo pesquisador ou do ambiente natural. Na classe 2, o pesquisador usa as instalações de um laboratório – gravação em vídeo, espelhos falsos, suportes e ambiente de palco – para ter mais controle sobre o ambiente, ao mesmo tempo em que reduz o tempo necessário para a observação. Em contraste, um estudo de classe 3 aproveita um instrumento observacional estruturado em um ambiente natural.

Especificação de conteúdo

Condições, eventos ou atividades específicas que queremos observar determinam o sistema de relatório observacional (que corresponde às questões de mensuração). Para especificar o conteúdo da observação, incluímos as principais variáveis de interesse e quaisquer outras que possam afetá-las. A partir dessa catalogação, selecionamos os itens que planejamos observar. Para cada variável escolhida, fornecemos uma definição operacional caso haja qualquer questão de ambiguidade de conceito ou significados especiais; mesmo se o conceito for comum, certificamo-nos de que todos os observadores concordam com os termos de mensuração pelos quais os resultados serão registrados, por exemplo, podemos concordar que a variável W será relatada por contagem, enquanto a variável Y será contada e a eficácia de seu uso julgada qualitativamente.

A observação pode ser em um nível *fatual* ou *inferencial*. A Figura 8-6 mostra como é possível separar os componentes fatuais e inferenciais da apresentação de um vendedor. Essa tabela é apenas uma sugestão, ela não inclui muitas outras variáveis que podem ser de interesse, como dados sobre o histórico de compras do cliente; as condições econômicas da empresa, do setor e gerais; a ordem em que os argumentos para venda são apresentados; e palavras específicas usadas para descrever certas características do produto. O conteúdo específico da observação também será afetado pela natureza do ambiente de observação.

Treinamento do observador

Há algumas diretrizes gerais para a qualificação e seleção dos observadores:

- *Concentração:* Capacidade de trabalhar em um ambiente cheio de distrações.
- *Atenção aos detalhes:* Capacidade de lembrar detalhes de uma experiência.

Fatual	Inferencial
Apresentação/identificação do vendedor e do cliente.	Credibilidade do vendedor. *Status* qualificado do cliente.
Hora e dia da semana.	Conveniência para o cliente. Atitude de boas-vindas para o cliente.
Produto apresentado.	Interesse do cliente no produto.
Apresentação dos aspectos de cada produto.	Aceitação do cliente dos aspectos de cada produto.
Número de objeções do cliente por produto.	Preocupação do cliente com características e benefícios.
Réplica à objeção por parte do vendedor.	Eficácia das tentativas de réplica do vendedor.
Tentativa do vendedor de retomar o controle.	Eficácia da tentativa de controle do vendedor. Consequência para o cliente que prefere interação.
Duração da entrevista.	Grau de entusiasmo do cliente/vendedor com a entrevista.
Fatores ambientais que interferem na entrevista.	Nível de distração do cliente.
Decisão de compra do cliente.	Avaliação geral das habilidades de apresentação de vendas.

Figura 8-6 Conteúdo de observação: fatual *versus* inferencial.

- *Discrição:* Capacidade de misturar-se com o ambiente e não ser diferençável.
- *Nível de experiência:* Capacidade de extrair o máximo de um estudo de observação.

Um observador obviamente atraente pode ser uma distração em alguns ambientes, mas ideal em outros. O mesmo pode ser dito sobre as características de idade ou etnia.

Se a observação for no nível superficial e envolver uma lista de verificação simples ou um sistema de codificação, a experiência será menos importante. A inexperiência pode até ser uma vantagem se houver o risco de observadores experientes apresentarem convicções preestabelecidas a respeito do tópico. Independentemente disso, a maioria dos observadores está sujeita à fadiga, ao efeito halo e à **deriva do observador**, que se refere a uma queda na confiabilidade ou validade ao longo do tempo, afetando a codificação das categorias.[8] Somente o treinamento intensivo com gravação em vídeo ameniza esses problemas.

Os observadores devem estar completamente a par das exigências do estudo específico, dos desfechos buscados e dos elementos precisos de conteúdo a serem estudados. Ensaios com o instrumento e gravações de exemplo devem ser usados até que um alto grau de confiabilidade seja evidente em suas observações. Quando houver diferenças de interpretação entre os observadores, elas devem ser sanadas.

Coleta de dados

O plano de coleta de dados especifica os detalhes da tarefa, qual essência responde às perguntas *quem*, *o quê*, *quando*, *como* e *onde*.

Quem?

O que qualifica um participante para ser observado? Cada participante deve atender a determinado critério – aqueles que iniciam uma ação específica? Quem são os contatos a incluir (em um estudo etnográfico), o intermediário para ajudar com as apresentações, os contatos a serem procurados se as condições mudarem ou se houver problemas? Quem é responsável pelos vários aspectos do estudo? Quem assume as responsabilidades éticas com os participantes?

O quê?

As características da observação devem ser estabelecidas como elementos de amostragem e unidades de análise; consegue-se isso quando a dimensão evento-tempo e os termos do "ato" são definidos. Na **amostragem de eventos**, o pesquisador registra comportamentos selecionados que respondam às questões investigativas. Na **amostragem de tempo**, ele deve escolher entre uma amostra em tempo determinado, mensuração contínua em tempo real ou amostra em intervalos de tempo. Para uma amostra em tempo determinado, os registros ocorrem em pontos fixos com duração determinada. Na mensuração contínua, o comportamento ou o tempo transcorrido de comportamento é registrado. Como na mensuração contínua, a amostragem em intervalos de tempo registra qualquer comportamento em tempo real, mas conta o comportamento apenas uma vez durante o intervalo.[9]

Suponha que o observador seja instruído a observar uma inspeção de controle de qualidade por 10 minutos a cada hora (cinco vezes, com duração de dois minutos cada). Se as amostras forem extraídas aleatoriamente por um período prolongado, a amostragem de tempo poderá dar uma boa estimativa do padrão de atividades. Em uma amostragem de intervalo de tempo de trabalhadores em um departamento, o desfecho pode ser um julgamento para avaliar se o departamento está bem supervisionado. Em um estudo de apresentações de vendas com amostragem contínua em tempo real, o desfecho da pesquisa pode ser uma avaliação da eficácia de determinado vendedor ou da eficácia de diferentes tipos de mensagens persuasivas.

Outras dimensões importantes são definidas por atos, unidades básicas de observação. O que constitui um *ato* é estabelecido pelas necessidades do estudo. Qualquer item da lista a seguir pode ser definido como um ato para um estudo de observação:

- Um único pensamento expressado.
- Um movimento físico.

Instantâneo

Walmart incentiva a tecnologia RFID para observação

Um consórcio de 36 fabricantes de produtos de consumo, empresas de pesquisa e universidades tem trabalhado para alterar a maneira como os consumidores geram e divulgam informações de compra e consumo, e como elas são integradas com informações detalhadas de gestão da cadeia de suprimentos. Se o Auto ID Center for bem-sucedido, todos os futuros produtos de consumo conterão rótulos com identificação por frequência de rádio (RFID, do inglês *radio frequency identification*), que enviarão sinais a bancos de dados na internet e rastrearão uma unidade específica de produto da fabricação até a estocagem, exposição no varejo e armazenamento e potencialmente até o armazenamento e consumo do cliente e o centro de reciclagem. O Walmart recentemente deu um impulso à tecnologia ao indicar que colocaria etiquetas de rádio em suas peças de vestuário em mais de 3.750 lojas nos Estados Unidos. Simplesmente por seu tamanho, esta postura poderia transformar o modo como os estudos observacionais em produtos de consumo são conduzidos. A Goodyear, maior fabricante de pneus do mundo, também anunciou que seus pneus enviados ao Walmart conteriam um microchip com RFID dentro deles, que também transmitiria informações sobre o pneu para os motoristas com relação à calibragem e ao desgaste para melhorar a segurança do veículo.

De uma perspectiva de pesquisa, as oportunidades parecem enormes. As prateleiras de lojas e os locais de exposição podem ser avaliados por eficácia promocional, especialmente quando combinados com informações de cartões dos compradores. Seria possível saber a idade média do estoque em termos de dia ou hora comparando as informações de localização do RFID com documentos de remessa e recepção, e os recalls de produtos poderiam ser tratados com eficiência. Embora os códigos de barra atualmente ofereçam informações semelhantes às prometidas pelas etiquetas RFID, eles precisam ser escaneados, e as etiquetas RIFD não, pois transmitem continuamente até que sejam desativadas. Tecnicamente, se a etiqueta no produto não for desativada no momento da compra, a etiqueta RFID poderia transmitir informações de localização do carro, da casa ou do refrigerador do consumidor. A transmissão desses sinais da casa ou do carro do consumidor exigiria o consentimento, semelhante à maneira como os consumidores oferecem-se para participar do painel *Homescan* da ACNielsen hoje. Porém, de acordo com Katherine Albrecht, fundadora do grupo de ação do consumidor CASPIAN: "Os cartões de supermercado e dispositivos de vigilância do varejo são meramente o primeiro ato da guerra dos pesquisadores contra os clientes. Se os consumidores não conseguirem se opor a essas práticas agora, nossas perspectivas de longo prazo podem parecer com um romance de ficção científica distópica".

O principal propulsor do movimento RFID são as economias com a cadeia de suprimentos. Segundo um analista, o Walmart poderia economizar bilhões aperfeiçoando sua gestão de estoque com as informações fornecidas pelas etiquetas e reduzindo os furtos, que é outra grande economia. Ele chegou ao topo do mundo varejista reduzindo seus custos de operação e usando essa economia para reduzir os preços de varejo para os clientes.

**http://walmartstores.com; www.goodyear.com;
www.nocards.org; www.nielsen.com;
http://trolleyscan.com**

- Uma expressão facial.
- Uma habilidade motora.

Embora os atos possam ser bem definidos, muitas vezes apresentam dificuldades para o observador, por exemplo, uma única declaração em uma apresentação de vendas pode incluir diversas ideias sobre vantagens do produto, uma réplica a uma objeção sobre determinada característica ou alguma observação sobre um concorrente. Ele é pressionado a organizar cada ideia, decidir se ela representa uma unidade separada de observação e registrá-la rápido o suficiente para acompanhar as declarações seguintes.

Quando?

O horário do estudo é importante, ou qualquer momento pode ser usado? Em um estudo das condições de produtos fora de estoque em um supermercado, os momentos exatos da observação podem ser importantes. O estoque é enviado para a loja apenas em certos dias, e os picos de compra ocorrem em outros. A probabilidade de um dado produto estar fora de estoque é uma função das duas atividades relacionadas ao tempo.

Instantâneo

O segredo está nos olhos

Pesquisadores têm usado estudos de rastreamento ocular por mais de 100 anos para entender o que as pessoas veem quando recebem estímulos visuais. Os levantamentos on-line atuais muitas vezes apresentam estímulos visuais, mas eles só obtêm dados sobre o que o participante recorda ou pretende. Existe uma lacuna significativa entre o que as pessoas dizem que viram e o que realmente viram, disse Ephraim (Jeff) Bander, presidente para a América do Norte e gerente-geral da EyeTrackShop. Os estudos de rastreamento ocular revelam onde os olhos repousam (fixam-se); já os estudos de rastreamento tradicional envolviam um ambiente de laboratório com equipamentos caros. Como resultado, até recentemente, esses estudos eram restritos a grupos relativamente de elite de usuários clientes. Para muitos potenciais clientes, o custo era muito alto, a mudança de atitude era muito lenta e as amostras (muito pequenas) estavam geograficamente restritas, devido à necessidade de estarem perto de um laboratório onde o hardware e software de rastreamento estivessem localizados. A empresa sueca EyeTrackShop Inc. está mudando todos esses parâmetros.

Com a webcam do próprio laptop ou *tablet* do participante, calibrando-a por meio de um exercício baseado na web (no qual o participante senta-se em frente à sua *webcam* e segue um ponto azul em movimento em sua tela), a empresa agora pode atingir um público em todo o mundo, em uma fração do tempo e do custo de estudos de rastreamento ocular estabelecidos. "Por exemplo", disse Ephraim, "a P&G concluiu um estudo em quatro países com 400 pessoas; ele foi concluído em menos de uma semana a uma fração do custo somente das passagens aéreas". Também é cerca de um quinto do custo de um estudo tradicional de rastreamento ocular: os custos iniciais dela com o estudo de um único país são de US$ 5.000.

Utiliza-se um provedor de amostras para recrutar participantes, ou o cliente pode desejar usar seu próprio painel.

"Qualquer coisa que possa ser apresentada em uma tela pode ser testada", disse Ephraim. A empresa testou anúncios impressos, designs de embalagem, conjuntos de prateleiras para lojas, bem como TV, vídeos on-line, páginas da web e anúncios on-line. Um projeto típico, como o teste de um anúncio no YouTube, envolve o pedido de permissão do participante para calibrar sua webcam em seu computador, a apresentação dos estímulos a serem monitorados (por exemplo, um anúncio no YouTube), a reunião dos "fatos" – dados da movimentação real ocular – bem como dados de um levantamento on-line (perguntas sobre percepção de marca e mensagem, intenção de compra, ou qualquer outro tópico sobre o qual o cliente possa querer dados), tudo culminando em um relatório final conciso e compreensível. "As questões são elaboradas para revelar a lacuna ver-falar – as pessoas reais que olham para alguma coisa *versus* aquelas que dizem que viram alguma coisa", explicou Ephraim.

Os relatórios contêm algumas características muito interessantes, incluindo um mapa de fixação na web (ordem de elementos da página sobre os quais os olhos do participante repousaram), com tempo médio para a fixação em cada elemento, um de "calor" da atenção visual (que usa cores para mostrar onde o participante estava fixado) e um de opacidade da atenção visual (que escurece tudo o que o participante não viu). Todos os dados do cliente são comparados com dados de benchmark para o meio determinado dos estímulos do teste com base em milhares de estudos conduzidos previamente (veja um exemplo de um relatório para clientes no site: EyeTrackShop.pdf.).

A EyeTrackShop opera em 40 países e, em apenas dois anos, reuniu mais de 250 mil estudos de rastreamento ocular, atendendo a clientes como SnapfFish, AOL, P&G, Google, Reebok, General Mills, H&M, GNC e Clear Channel.

www.eyetrackshop.com

Como?

Os dados serão observados diretamente? Se houver mais de um observador, como as tarefas serão divididas? Como os resultados serão registrados para análise posterior? Como os observadores lidarão com as várias situações que podem ocorrer – quando as ações esperadas não acontecerem ou alguém desafiar o observador no ambiente?

Onde?

Dentro de um espaço confinado, onde a ação acontece? Em um estudo de padrão de tráfego varejista, a proximidade entre um cliente e um expositor ou uma placa de sinalização pode ser registrada. A observação deve ocorrer em determinado espaço dentro de um local maior? O local da observação, como na observação da abordagem de vendas em uma cadeia de lojas de varejo, pode ter influência significativa sobre os atos registrados.

Instantâneo

Quando médicos e seus pacientes são sujeitos da pesquisa

Quando o Hospital Infantil Akron pediu à empresa Marcus Thomas LLC para renovar sua promessa de marca, ela escolheu um estudo de observação para orientar seu trabalho. Para chegar ao núcleo emocional que motiva a seleção de hospitais pelos pais, negociou uma permissão para acompanhar médicos e pais durante o exame, diagnóstico e tratamento de crianças.

Quando médicos e pacientes são os sujeitos da pesquisa, surgem questões éticas, mas o estudo de observação foi "a melhor maneira de revelar as principais experiências e motivações emocionais para as decisões dos pais", de acordo com Jennifer Hirt-Marchand, vice-presidente e diretora de pesquisa da empresa. Assim, pesquisadores da empresa passaram dias no hospital observando as interações entre pacientes, pais, médicos, enfermeiros e outros funcionários. Eles foram cuidadosos para respeitar a sensibilidade do tema e o ambiente sob observação. "Embora os pais fossem incrivelmente cooperativos, os pesquisadores tentaram ser o menos intrusivos possível", disse Robin Segbers, gerente de planejamento da empresa.

Ouvir as conversas de um médico com os pais e com as crianças em tratamento revelou aos pesquisadores uma promessa de marca central que o hospital poderia incorporar e que influenciaria os pais a escolherem-no para cuidados intensivos (ou seja, que exigem mais de três dias consecutivos de hospitalização):

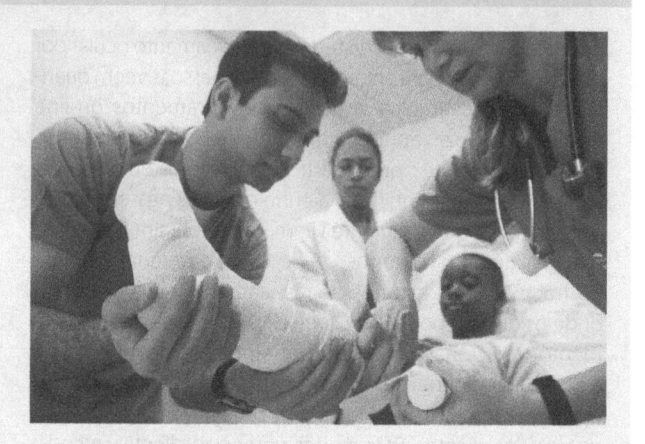

O Hospital Infantil Akron concentra TODOS os recursos do hospital (energia, criatividade, tecnologia de ponta, compaixão, habilidade técnica, competência, etc.) em prol da simples meta de ajudar todas as crianças a atingirem seu potencial completo.

Esse estudo de observação foi a primeira fase da pesquisa que, a seguir, incluiu grupos de discussão e levantamentos por telefone. Uma campanha publicitária construída a partir dos resultados dessa pesquisa obteve sucesso em aumentar a ocupação do hospital em 11%. Para mais informações, leia o caso. "Hospital Infantil Akron: Parte A e Parte B."
www.akronchildrens.org; www.marcusthomasllc.com

Os observadores enfrentam variações ilimitadas nas condições. Felizmente, a maioria dos problemas não ocorre simultaneamente. Quando os planos são cuidadosos e os observadores bem treinados, a pesquisa de observação é muito bem-sucedida.

Medidas não intrusivas

Até aqui, nossa discussão concentrou-se na observação direta como abordagem tradicional para a coleta de dados. Como nos levantamentos e experimentos, alguns estudos de observação – especialmente a observação participante – exigem que o observador esteja fisicamente presente na situação de pesquisa, o que contribui para uma **resposta reativa**, fenômeno em que os participantes alteram seu comportamento em resposta ao pesquisador.

Webb e seus colegas deram-nos uma ideia sobre alguns procedimentos observacionais muito inovadores que podem ser não reativos e aplicados de forma imperceptível, são as chamadas **medidas não intrusivas**, abordagens que encorajam formas criativas e imaginativas de observação indireta, pesquisas em arquivo e variações da observação simples e artificial.[10] De particular interesse são as medidas com a observação indireta baseada em **vestígios físicos** como *desgaste* (medidas de uso) e *acréscimo* (medidas de depósito).

As mensurações de desgaste natural são ilustradas, por exemplo, pela frequência de substituição do piso de vinil em frente às peças de um museu como um indicador da popularidade da

Close-up

Projeto do estudo de observação

O projeto de um estudo de observação comportamental segue o mesmo padrão que outras pesquisas. Uma vez que o pesquisador tenha especificado as questões investigativas, muitas vezes é evidente que a melhor forma de conduzir o estudo é por meio da observação. A orientação para conduzir uma observação comportamental e traduzir as questões investigativas para uma lista de verificação da observação é o assunto deste Close-Up. Primeiro, revisaremos as etapas do procedimento e explicaremos como criar uma lista de verificação.

A maioria dos estudos que usam observação comportamental segue uma sequência geral de etapas equivalente ao processo de pesquisa (vide Figura 8-1). Aqui adaptamos essas etapas à terminologia do método de observação:

- Definir o conteúdo do estudo.
- Desenvolver um plano de coleta de dados que identifique os alvos observacionais, a estratégia de amostragem e os atos (operacionalizados como uma lista de verificação ou um esquema de codificação).
- Contratar e treinar os observadores.
- Coletar os dados.
- Analisar os dados.

Na vinheta "Dando vida à pesquisa" deste capítulo, contamos um incidente no qual Sara Arens está subcontratando um estudo de observação comportamental da MarketViews, uma empresa de pesquisa especializada. A cliente, HomeExtravaganza, está passando por um declínio na repetição de visitas em suas novas megalojas. Os resultados preliminares de um levantamento periódico indicam que a confusão dos clientes na megaloja está desencorajando-os a retornar; então, um estudo de observação é planejado para ver como os funcionários e os elementos físicos da loja aumentam ou solucionam o problema. As questões de pesquisa podem ser:

- O que os funcionários fazem para reduzir ou eliminar a confusão dos clientes?
- O que os funcionários fazem que contribui para a confusão dos clientes?
- Que elementos físicos atenuam a confusão dos clientes?
- Que elementos físicos contribuem para a confusão dos clientes?

Presuma ainda que o levantamento indique que os clientes que se sentem confusos, e mencionaram isso como motivo para não voltar, pois haviam entrado na loja em busca de uma variedade de produtos, que foram dispostos em vários locais por toda a vasta loja; descreveram que seu desespero tinha origem na experiência de não saber onde começar o processo de busca. Esses clientes não apresentaram semelhanças ou diferenças particulares em termos de etnia, idade ou nível de escolaridade. Alguns tiveram o auxílio de recepcionistas ou de vendedores, ao passo que outros não.

Serão dois os alvos da observação: compradores que entram na loja pela entrada principal e funcionários que trabalham como recepcionistas e vendedores. Os clientes que pedem auxílio ao recepcionista da entrada principal ou que consultam as placas de sinalização serão o alvo principal. Se eles abordarem um vendedor, o funcionário também se tornará um alvo.

A pesquisa de levantamento revela alguma inconsistência por horário do dia e tipo de produto buscado, então, a MarketViews planeja fazer a amostragem durante quatro períodos principais do dia – início da manhã, meio-dia, tarde e início da noite –, bem como em todas as três "direções de localização", onde se notam placas descrevendo a loja e a localização atual do cliente ("Você está aqui").

Anotações feitas por Sara durante uma visita à loja ajudam a identificar os atos a serem registrados. Durante sua reunião subsequente, é decidido que a MarketViews registrará a busca de auxílio pelo cliente, seja pessoalmente ou pela sinalização; sua consulta à sinalização e à sua localização; o caminho do cliente até o produto desejado; e se a compra foi efetuada. Os atos de assistência dos vendedores também serão registrados, determinados como assistência *versus* não assistência; apontar mais orientação verbal; apenas orientação verbal; dar ao cliente uma cópia do mapa da loja, no qual o vendedor marca a localização da mercadoria e o caminho para chegar até ela; solicitar a outro funcionário assistência quanto à localização; passar o cliente para outro vendedor; acompanhar o cliente até o corredor correto; acompanhar o cliente até a localização do produto na prateleira; e fornecer assistência verbal na seleção do produto apropriado a partir da variedade disponível.

Determinou-se que uma lista de verificação será criada e testada pela MarketViews, e quaisquer mudanças necessárias ocorrerão após o teste. A lista desenvolvida é mostrada na Figura 8-7. A principal preocupação é que o cliente ou o vendedor descubra que está sendo observado e mude seu comportamento. Observadores humanos serão usados para seguir o caminho dos alvos observacionais. Por meio das câmeras de segurança da loja, os pesquisadores registrarão o fluxo dos clientes que chegam pela entrada principal, passam pelos recepcionistas e param nas placas de sinalização. A contagem dos folhetos com o mapa da loja distribuídos nos locais de sinalização e as cópias de mapas usadas por vendedores também serão usadas como medida da busca dos clientes por auxílio para encontrar algo na loja.

Close-up (cont.)

Horário _____ Dia: S T Q Q S S D   Data _____ No. da loja: _____ Observador: _____

Local de interceptação do cliente-alvo: ❏ Entrada principal   ❏ Sinalização direcional: ❏ #1
                                                                                          ❏ #2
                                                                                          ❏ #3

Características do comprador-alvo: ❏ Homem   ❏ Mulher
                                    ❏ Criança ❏ Criança-adolescente+   ❏ Adulto   ❏ Idoso

Companhia do comprador: ❏ Sozinho ❏ Com outros: ❏ outro adulto No. ____ M   No. ____ F
                                                   ❏ criança/crianças No. ____

Uso do carrinho de compras: ❏ Não   ❏ Sim

Interação verbal entre o recepcionista e o alvo: ❏ Não   ❏ Sim   No. do Recepcionista _____
                                                  Ação   ❏ Apontar a sinalização direcional
                                                         ❏ Direções verbais

Interação com o vendedor: ❏ Não   ❏ Sim   Local da interceptação: No. do corredor _____ No. intersecção _____
    No. do vendedor _____
    Assistência dada: ❏ Não   ❏ Sim   Ação: ❏ Somente direção verbal
                                                ❏ Direção verbal mais apontar
                                                ❏ Cópia do mapa direcional da loja marcado com o local da mercadoria
                                                ❏ Cópia do mapa direcional da loja marcado com local da mercadoria e caminho
                                                ❏ Pedir informações de outro funcionário
                                                ❏ Passar o cliente para outro vendedor
                                                ❏ Acompanhar o cliente até o corredor desejado
                                                ❏ Acompanhar o cliente até a prateleira com a mercadoria
                                                ❏ Assistência oferecida na seleção do produto

Interação com a sinalização direcional: ❏ Não   ❏ Sim   Local da sinalização: ❏ #1
                                                                                ❏ #2
                                                                                ❏ #3

Compra: ❏ Não   ❏ Sim: Assistência na busca pelo item: ❏ Não   ❏ Sim
Caminho do cliente:

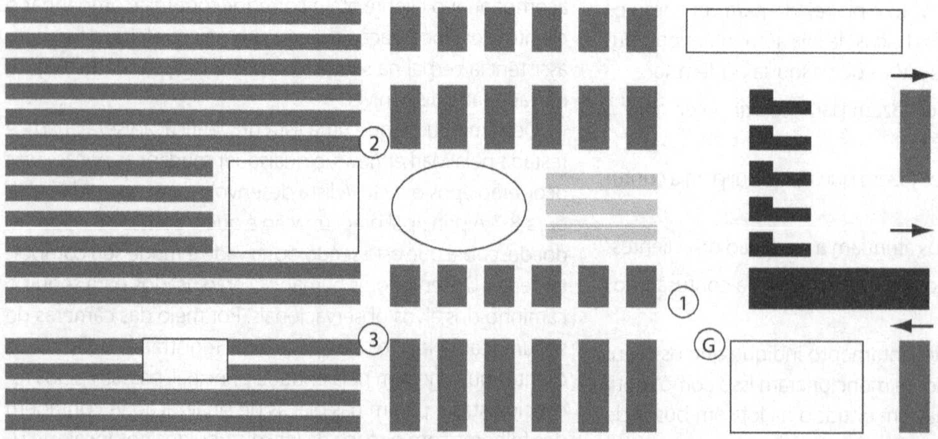

Figura 8-7   Exemplo de lista de verificação para o estudo da HomeExtravaganza.

exposição; o estudo do desgaste e avarias nas páginas de livros é uma medida de sua utilização na biblioteca; a contagem do material promocional restante no expositor de uma concessionária de veículos depois de um artigo favorável em uma revista sugere interesse do consumidor.

É vestígio físico com acréscimo natural a descoberta das estações de rádio ouvidas pela observação da programação do rádio do carro quando os veículos são levados para manutenção. Outro tipo de estudo não intrusivo envolve a estimativa do consumo de bebidas alcoólicas e de revistas pela coleta e análise do lixo da família. Uma aplicação interessante comparou relatórios de consumo de cerveja obtidos por meio de entrevistas com os resultados da amostragem de lixo. Se os dados da entrevista fossem válidos, os números de consumo para a área estariam em 15%. No entanto, a validade foi questionada quando a contagem de latas jogadas no lixo indicou uma taxa de consumo de 77%.[11]

William Rathje é professor de arqueologia na Universidade de Stanford e fundador do Garbage Project em Tucson. Seu estudo sobre entulho, refugo, lixo e aparas resultou em uma subdisciplina que o *Oxford English Dictionary* chamou de *garbology* (o equivalente a *lixologia* em português). Ao escavar aterros, ele obteve informações sobre o comportamento humano e padrões culturais – algumas vezes organizando o conteúdo em até 150 categorias codificadas. Seus estudos anteriores mostraram que "as pessoas descrevem seu comportamento buscando corresponder a expectativas culturais, como as mães em Tucson que afirmaram unanimemente que elas mesmas preparavam a comida de seus bebês, mas seus lixos contaram uma história muito diferente".[12]

Os métodos de vestígios físicos apresentam um argumento forte para uso com base em sua capacidade de fornecer acesso de baixo custo a frequência, comparecimento e incidência de dados, sem contaminação de outros métodos ou reatividade dos participantes. Eles são excelentes dispositivos de "triangulação" para validação cruzada. Portanto, eles funcionam bem como complemento para outros métodos. A elaboração de um estudo não intrusivo pode testar a criatividade do pesquisador, e devemos ser especialmente cuidadosos com as inferências feitas a partir dos resultados. Os resultados de desgaste podem ter ocorrido por causa de fatores de deterioração não considerados, e o material de acréscimo pode ser resultado de depósito seletivo ou sobrevivência.

Resumo

1 A observação é uma das poucas opções disponíveis para estudar registros, processos mecânicos, animais menores, crianças pequenas e processos interativos complexos. Reunimos os dados no momento em que o evento ocorre, o que torna possível nos aproximarmos mais para captar todo o evento que com o questionamento. Entretanto, precisamos estar presentes para captar o evento ou termos algum dispositivo de gravação no local para fazer esse trabalho.

2 A observação inclui uma variedade de situações de monitoramento que abrangem atividades não comportamentais e comportamentais.

3 Os pontos fortes da observação como método de coleta de dados incluem:

- Conseguir informações sobre pessoas ou atividades que não podem ser derivadas de experimentos ou levantamentos.
- Evitar a filtragem e o esquecimento do participante.
- Conseguir informações sobre o contexto ambiental.
- Otimizar a naturalidade do ambiente de pesquisa.
- Reduzir a intromissão.

4 A observação pode ser limitada por:

- Dificuldade de esperar longos períodos para captar os fenômenos relevantes.
- Despesa com os custos do observador e de equipamentos.
- Confiabilidade de inferências originárias de indicadores superficiais.
- Problemas de quantificação e registros desproporcionalmente grandes.
- Limitação nas atividades de apresentação e inferência relativas a processos cognitivos.

5 Podemos classificar a observação em termos da relação observador-participante. Essa relação pode ser vista a partir de três perspectivas: (1) A observação é direta ou indireta? (2) Há consciência da presença do observador ou não? (3) O observador é participante ou não participante?

6 O projeto de um estudo de observação segue o mesmo padrão geral de outras pesquisas. Os estudos de observação encaixam-se em quatro tipos gerais com base no grau de estrutura e na natureza do ambiente observacional. O

pesquisador precisa definir o conteúdo do estudo; desenvolver um plano de coleta de dados que identifique participantes, estratégia de amostragem e "atos" (muitas vezes operacionalizados, como uma lista de verificação ou um esquema de codificação); contratar e treinar observadores; e iniciar o estudo.

As medidas não intrusivas oferecem uma abordagem incomum e criativa para reduzir a reatividade à pesquisa de observação pela observação indireta e outros métodos. As medidas de desgaste e acréscimo atuam como formas de confirmar os resultados de outros métodos ou operam como fontes de dados singulares.

Termos-chave

amostragem de eventos 183
amostragem de tempo 183
análise das condições físicas 174
análise de processo (atividade) 175
análise de registro 175
comportamento extralinguístico 177
comportamento linguístico 176

comportamento não verbal 177
deriva do observador 183
dissimulação 180
lista de verificação da observação 181
medidas não intrusivas 186
observação 174
observação direta 179

observação indireta 179
observação participante 180
observação simples 180
observação sistemática 180
relações espaciais 177
resposta reativa 186
vestígios físicos 186

Questões para discussão

Revisão de termos

1 Compare as vantagens e desvantagens de um levantamento e as de uma observação. Sob que circunstâncias você defenderia o uso da observação?

2 Que riscos éticos estão envolvidos na observação? E no uso de medidas não intrusivas?

3 Com base na experiência presente ou passada, sugira problemas que seriam resolvidos com o uso de dados baseados em observação.

4 Faça a distinção entre:
  a O valor relativo da comunicação e da observação.
  b Análise não verbal, linguística e extralinguística.
  c Observação fatual e inferencial.

Tomada de decisões de pesquisa

5 A relação observador-participante é uma consideração importante no projeto de estudos de observação. Que tipo de relação você recomendaria em cada um dos casos a seguir?
  a Observações de conduta profissional na sala de aula pelo aluno autor de um guia de avaliação do curso.
  b Observação de compradores de varejo por um pesquisador interessado em determinar o tempo de compra do cliente por tipo de produto adquirido.
  c Observação da entrevista de um grupo focal por um cliente.
  d Eficácia dos organizadores de equipes de trabalho em fazendas para ordenar funcionários de viticultores.

6 Suponha que você seja o fabricante de sistemas modulares de escritório e mobília, bem como de elementos de organização de escritórios (organizadores de mesa e parede, sistemas de arquivamento etc.). Foi solicitado que sua empresa proponha um estudo de observação para examinar o uso de espaço no escritório por trabalhadores administrativos e gerenciais para uma grande companhia de seguros. Esse estudo será parte de um projeto para melhorar a eficiência do escritório e o fluxo de documentos. Espera-se que inclua um novo projeto do espaço do escritório e a compra de móveis novos e elementos de organização.
  a Quais são as variedades de informações que podem ser observadas?
  b Selecione um número limitado de áreas de conteúdo para estudo e defina operacionalmente os atos de observação que devem ser mensurados.
  c Desenvolva uma lista de verificação a ser usada pelos observadores no estudo anterior. Determine quantos observadores são necessários e atribua uma tarefa específica de observação a dois ou três deles.
  d Compare os resultados das listas de verificação dos membros do grupo para ver a estabilidade das percepções registradas.

7 O Kindle da Amazon, leitor de livros, revistas e jornais eletrônicos, tem sido muito mais bem-bem-sucedido que seu concorrente da SONY. Isso poderia ser ao menos um pouco influenciado pelo "fator Oprah": o Kindle foi inicialmente apresentado no programa *Oprah* e fortemente recomendado pela megamagnata. Porém, o Kindle original tem alguns problemas físicos – entre eles o posicionamento dos botões e a velocidade de virada de página. A correção desses problemas resultou no Kindle2, lançado em 2009 com críticas elogiosas

e, por fim, no Kindle Fire. Qual pesquisa de observação poderia ter sido usada no novo projeto do Kindle original?

8 Você deseja analisar o tráfego de pedestres que passa por determinada loja em um grande shopping center. Você está interessado em determinar quantos compradores passam pela loja e gostaria de classificá-los em várias dimensões relevantes. Todas as informações devem ser obtidas somente por meio da observação.

   a Quais outras informações pode ser útil observar?

   b Como você decidiria que informações coletar?

   c Crie as definições operacionais que seriam necessárias.

   d O que você diria em suas instruções para os observadores que planeja usar?

   e Como você faria a amostragem desse tráfego de compradores?

Dando vida à pesquisa

9 Desenvolva as questões investigativas que devem guiar Sara no estudo de observação da HomeExtravaganza.

Do conceito à prática

10 Usando a Figura 8-3, identifique o tipo de estudo descrito em cada um dos quadros "Caso real" deste capítulo.

Direto das manchetes

11 O Walmart obteve uma reação bem diversa quando anunciou que, após 30 anos, estava eliminando recepcionistas de seu turno noturno em mais de 3.800 lojas, redefinindo a função de recepcionistas diurnos e passando-os para dentro da loja, longe da porta. Qual pesquisa de observação você teria conduzido para chegar a essas decisões?

Casos (em inglês) no site do Grupo A

Conversões líquidas influenciam a Kelley Blue Book

State Farm: cruzamentos perigosos

Você encontrará uma descrição de cada caso na seção Índice de Casos deste livro. Verifique no Índice de Casos quais fornecem dados, o instrumento de pesquisa ou outro material complementar. Para acessar os casos (em inglês), entre no site do Grupo A (www.grupoa.com.br) e procure pelo livro.

Capítulo 9
Experimentos

> ❝ Este é um momento de experimentação de aplicativos de e-book. Ficaria seriamente desapontada se não enxergássemos tanto o sucesso quanto as falhas. Parece-me que todos estão olhando para isso, cada um à sua maneira. ❞
>
> *Barbara Marcus, consultora e assessora, Open Road Integrated Media*

Objetivos de **aprendizagem**

Após ler este capítulo, você compreenderá...

1. Os usos da experimentação.
2. As vantagens e desvantagens do método experimental.
3. As sete etapas de um experimento bem planejado.
4. Validades interna e externa em projetos de pesquisa experimental.
5. Os três tipos de projetos experimentais e as variações de cada um.

Dando vida à pesquisa

Jason senta-se ao lado de Sara à mesa de almoço da conferência. Sara olha para o lado e acena com a cabeça, mas mantém sua atenção no homem à sua esquerda. Ele está descrevendo alguns detalhes do experimento inovador do Point of Purchase Advertising Institute que compara diretamente materiais de exposição com outras formas de atividades de publicidade auditada e de promoção de vendas. Sara acabou de assistir à sua apresentação durante a sessão matinal da conferência.

Quando ele parou de falar, Sara apresentou Jason: "Doug Adams, gostaria de lhe apresentar meu colega, Jason Henry, vice-presidente e cofundador da Prime Consulting Group, Inc. [Prime]".

Jason estendeu sua mão: "Prazer em conhecê-lo, Doug. A Prime assumiu a liderança naquele experimento para o setor de pontos de venda, não é? Desculpe ter perdido sua apresentação, mas Sara", Jason aponta para Sara com sua cabeça, "sugeriu a estratégia 'dividir e conquistar' para cobrir mais sessões".

Doug retribuiu o sorriso e o aperto de mão de Jason. "Esse parece ser o assunto desta mesa no momento, então talvez você fique inteirado de parte do conteúdo aqui mesmo", disse Doug, dando as boas-vindas. "Eu estava explicando por que precisamos de uma metodologia que possa separar fatores que influenciam as vendas, como preço, propaganda local, cupons presentes em jornais e revistas ou um local secundário para estoque, para medir o aumento delas gerado pelo material no ponto de venda. Por exemplo, se a Frito-Lay oferecesse Doritos a US$ 2,49, reduzindo o valor original de US$ 2,99, e os estocasse em um local secundário próximo ao corredor dos refrigerantes, poderia monitorar o aumento de vendas. Se elas aumentassem ainda mais quando um cartaz do Doritos fosse colocado sobre o local secundário de estoque, então o poder do ponto de venda poderia ser determinado."

"A sua sessão estava gerando o maior burburinho quando entrei na sala de jantar", comenta Jason. "Quantos tipos de pontos de venda foram avaliados?"

"Ao todo, 20 tipos diferentes", disse Doug. "Diversos tipos diferentes de mensagens – por exemplo, marca, foto, preço, descontos, temática, como os produtos derivados de um filme, ou genéricos, como a temporada de churrasco no verão, e diversas localizações".

"Localização regular de estoque na gôndola, ponta de gôndola, corredor frontal...?", perguntou Jason. Após Doug confirmar, Jason lhe fez outra pergunta: "Como você evitou que os fabricantes distorcessem o experimento?"

Para dar a Doug uma chance de comer alguma coisa, Sara interveio: "a Prime usou um procedimento de monitoramento de auditoria duplo-cego usando observação e monitoramento das vendas em mais de 250 supermercados do painel de lojas da IRI e 120 lojas de conveniência de seis varejistas com o programa Market Decisions, da Nielsen. Os fabricantes não sabiam quais lojas estavam participando".

"E o ponto de venda criou o aumento de vendas esperado pelos varejistas?", perguntou Jason.

"Além de conseguirmos calcular o aumento de vendas para cada tipo de promoção", disse Doug, "conseguimos calcular uma estimativa de custo por mil [CPM], incluindo custo de fabricação, entrega e instalação do material no ponto de venda. Anúncios na TV, no rádio e na loja ainda estão determinando o CPM das exposições sem o custo do anúncio".

"Se os supermercados e as lojas de conveniência comprarem grandes quantidades, essa será uma grande possibilidade de negócio para uma ou várias empresas", comentou Sara. "Qual tem sido a reação?"

"Quando um varejista, que vem confiando em seu instinto para aceitar ou rejeitar materiais de ponto de venda para sua loja, vê que o mesmo material pode causar um aumento de 20 a 40% em vendas, ele tende a ser receptivo. Achamos que será uma nova e importante iniciativa de pesquisa", sorriu Doug. "Você tem interesse?"

O que é experimentação?

Por que eventos ocorrem sob algumas condições, e não sob outras? Os métodos de pesquisa que respondem a tais perguntas são chamados de métodos *causais* (lembre-se da discussão sobre causalidade no Capítulo 6). Os projetos de pesquisa *ex post facto*, em que o pesquisador entrevista ou observa o que acontece ou aconteceu, também têm potencial para descobrir a causalidade. A diferença entre esses métodos e a experimentação é que o pesquisador precisa aceitar o mundo como ele é, enquanto um experimento possibilita ao pesquisador alterar sistematicamente as variáveis de interesse e observar as mudanças que seguem.

Neste capítulo, definimos experimentação e discutimos suas vantagens e desvantagens. Um esboço da condução de um experimento é mostrado como um veículo para introduzir conceitos importantes. As questões de validades interna e externa também são examinadas: o tratamento experimental determina a diferença observada ou alguma variável estranha foi responsável? E como podemos generalizar os resultados do estudo para diferentes momentos, ambientes e pessoas? O capítulo encerra com uma revisão dos projetos mais amplamente aceitos, uma seção sobre mercados de teste e um exemplo no quadro Close-up.

Experimentos são estudos que envolvem a intervenção do pesquisador além da intervenção exigida para mensuração. Na intervenção usual, manipula-se uma variável em um ambiente e observa-se como isso afeta os sujeitos do estudo (p. ex.: pessoas ou entidades físicas). O pesquisador manipula a variável independente ou explanatória e então verifica se a variável dependente criada hipoteticamente é afetada pela intervenção.

Um exemplo dessa intervenção é o estudo de espectadores e ladrões.[1] Nesse experimento, pediu-se aos participantes que fossem a um escritório onde eles teriam a oportunidade de ver uma pessoa furtar dinheiro de um balcão de recepção. Evidentemente, o furto era realizado por alguém ligado ao experimento. A principal hipótese era saber se as pessoas que assistiam ao furto teriam mais probabilidade de relatá-lo (1) se observassem o crime sozinhas ou (2) se estivessem na companhia de outra pessoa.

Há pelo menos uma **variável independente (VI)** e uma **variável dependente (VD)** em uma relação causal. Podemos levantar a hipótese de que, de alguma forma, a VI "faz" com que a VD ocorra. Em nosso exemplo, a variável independente ou explanatória era se a pessoa estava sozinha, ao observar o furto, ou em companhia de outra. A variável dependente era se as pessoas relatariam a observação do crime. Os resultados sugeriram que os espectadores do furto tinham mais probabilidade de relatá-lo quando o observaram sozinhos do que em companhia.

Em que os pesquisadores se basearam para concluir que as pessoas sozinhas tinham mais probabilidade de delatar os crimes observados do que as acompanhadas? Três tipos de evidências são a base dessa conclusão. Primeiro, deve haver concordância entre as variáveis independente e dependente. A presença ou a ausência de uma está associada à presença ou à ausência da outra. Assim, mais relatos do furto (VD) originam-se dos observadores sozinhos (VI_1) do que os acompanhados (VI_2).

Segundo, além da correlação entre as variáveis independente e dependente, a ordem de tempo da ocorrência das variáveis deve ser considerada. A variável dependente não deve preceder a variável independente. Elas devem ocorrer quase simultaneamente, ou a variável independente deve ocorrer antes da dependente. Essa exigência não é tão importante, pois é improvável que as pessoas pudessem relatar um furto antes de observá-lo.

Terceiro, a confiança dos pesquisadores de que outras variáveis estranhas não influenciaram a variável dependente. Para assegurar que elas não são a fonte de influência, os pesquisadores controlam a capacidade dessas variáveis de confundir as comparações planejadas. Em laboratório, as condições padronizadas para controle podem ser implementadas. O experimento de observação do crime foi realizado em um laboratório transformado em um escritório. Toda a ação foi montada sem o conhecimento dos observadores: a recepcionista que teria o dinheiro furtado foi instruída a falar e agir de determinada forma, e apenas a recepcionista, os observadores e o "criminoso" estavam no escritório. O mesmo processo foi repetido em todos os ensaios do experimento.

Embora esses controles sejam importantes, são necessárias precauções adicionais para que os resultados atingidos reflitam apenas a influência da variável independente na dependente.

Uma avaliação dos experimentos

Vantagens

Quando elaboramos o conceito de causa no Capítulo 6, dissemos que a causalidade não poderia ser provada com certeza, mas que a probabilidade de uma variável estar associada à outra poderia ser estabelecida de forma convincente. O experimento é o método de coleta de dados primários mais próximo desse objetivo. A principal vantagem é a capacidade do pesquisador de manipular a variável independente. Consequentemente, aumenta a probabilidade de que as mudanças na variável dependente sejam uma função dessa manipulação. Além disso, um grupo-controle atua como comparação para avaliar a existência e a potência da manipulação.

A segunda vantagem do experimento é que a contaminação de variáveis estranhas pode ser controlada de forma mais eficaz do que em outros projetos. Isso ajuda o pesquisador a isolar as variáveis experimentais e a avaliar seu impacto ao longo do tempo. Terceiro, a conveniência e o custo da experimentação são vantajosos em relação a outros métodos. Esses benefícios permitem ao experimentador uma programação oportuna da coleta de dados e a flexibilidade de ajustar variáveis e condições para evocar extremos não observados sob circunstâncias de rotina. Além disso, o experimentador pode montar combinações de variáveis para testar, em vez de esperar seu aparecimento fortuito no ambiente do estudo.

Quarto, a **reprodução** – repetição de um experimento com diferentes grupos de sujeitos e condições – leva à descoberta de um efeito médio da variável independente entre pessoas, situações e períodos de tempo. Quinto, os pesquisadores podem usar eventos que ocorrem naturalmente e, até certo ponto, **experimentos de campo** (um estudo da variável dependente sob condições ambientais reais) para reduzir as percepções dos sujeitos sobre o pesquisador como uma fonte de intervenção ou desvio em sua vida diária.

Desvantagens

Argumenta-se que a artificialidade do laboratório é a principal desvantagem do método experimental. Porém, a percepção que muitas pessoas têm de um ambiente artificial pode ser melhorada investindo-se em instalações. Segundo, a generalização de amostragens não probabilísticas pode representar problema, apesar da atribuição aleatória. O quanto um estudo pode ser generalizado de alunos universitários para gestores ou executivos é algo a ser questionado, e, quando a artificialidade de um experimento não é disfarçada de forma bem-sucedida, os sujeitos voluntários são frequentemente aqueles com mais interesse no tópico. Terceiro, apesar do baixo custo da experimentação, muitas de suas aplicações superam bastante os orçamentos

Os clientes da CfMC são líderes de pesquisa que constantemente buscam recursos de software que controlem erros em relatórios e gráficos em tempo real, entrada de dados, tabulação e teste estatístico em todos os métodos oferecidos de coleta de dados.
www.cfmc.com

Instantâneo

Afirmações da indústria de relacionamentos on-line *versus* Beijando muitos sapos

O estudo da indústria de relacionamentos conduzido pela Marketdata Enterprises em 2012 estimou que o mercado de relacionamentos é um negócio de US$ 2,1 bilhões nos EUA. Os serviços on-line são responsáveis por aproximadamente 53% desse total. Com o mercado norte-americano saturado por mais de 1.500 sites, além da competição dos sites de relacionamento populares (Yahoo e Facebook), a Europa é vista como o próximo mercado a ser explorado.

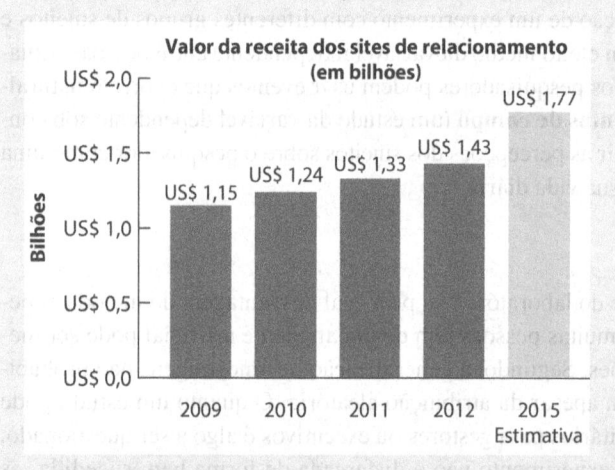

Valor da receita dos sites de relacionamento (em bilhões)

2009	US$ 1,15
2010	US$ 1,24
2011	US$ 1,33
2012	US$ 1,43
2015 Estimativa	US$ 1,77

Desde o site Chemistry.com (que procura um parceiro que tenha "química" com você) até a realização de um teste químico real, as pessoas procuram por combinações compatíveis usando métodos, como longos questionários e mesmo amostras de DNA, para identificar sua alma gêmea genética. Cada um dos inúmeros sites de relacionamento populares afirma que o seu método é mais válido cientificamente do que os da concorrência. A prova de eficácia, entretanto, deveria deixar os estudantes dos métodos de pesquisa constrangidos.

Helen Fisher, do site Chemistry.com, estudou os receptores neuronais das pessoas apaixonadas e relacionou os resultados a seis substâncias químicas que foram representadas em um questionário de 56 itens. Apesar da amostra de 28 mil pessoas retirada de seu site, não houve evidência persuasiva que fosse além do antigo princípio de que aqueles que pensam de forma semelhante (compartilham os mesmos objetivos) têm mais chance de manter um relacionamento duradouro.

Markus Frind, presidente e fundador da Plenty of Fish.com, diz que o site gera 800 mil relacionamentos a cada ano e proporciona aproximadamente 100 mil casamentos no mesmo período – uma estimativa baseada em "um estudo que eu descobri on-line". Ele acrescenta: "Não quero ter de pagar US$ 200.000 a uma empresa de pesquisa para descobrir quantos casamentos ocorrem por ano". O psicólogo do site, James Houran, afirma que aqueles que se conheceram por meio do site estavam mais satisfeitos com o relacionamento do que os que usaram outro sistema para conhecer o parceiro.

O site Match.com fez uma contagem retrospectiva de casamentos relatados pelos usuários. Depois, em comunicado à imprensa, afirmou que "é reconhecido como o site que uniu mais casais do que qualquer outro". A afirmação baseou-se nos resultados de um levantamento feito com 4.743 casais registrados no WeddingChannel.com que tinham o site Match.com como principal conexão. O material divulgado na mídia também afirmava que 12 casamentos por dia têm sua origem no site. Agora a empresa diz que esse número não é preciso.

A eHarmony, conhecida por seu questionário patenteado de 258 questões, escolheu a empresa Harris Interactive para pesquisar algumas das mais interessantes afirmações. A empresa Harris Interactive estimou que 236 pessoas por dia casam como resultado do encontro pelo site. Usando os dados do centro de controle e prevenção de doenças dos EUA e as comparações do censo oficial do país e ajustando para pessoas casadas com idades entre 20 e 54 anos, a eHarmony afirmou ser responsável por 2% dos casamentos no país. Ela também alegou que os casais que se conheceram em seu site eram "mais felizes" do que os que se conheceram por outros meios (grupo-controle). O professor de psicologia Jeffrey Lohr e dois psicólogos formados pela Universidade de Arkansas desafiaram essa descoberta com evidências de que os casais formados pela eHarmony permaneceram casados por apenas seis meses (efeito da lua de mel), enquanto o grupo-controle ficou casado por aproximadamente dois anos.

O conselho: "Você vai ter que beijar muitos sapos antes de encontrar o seu príncipe encantado" pode continuar igualmente válido se a indústria de relacionamentos on-line não começar a usar métodos mais rigorosos para justificar suas afirmações.

www.chemistry.com; www.match.com; www.PlentyofFish.com; www.eharmony.com

de outros métodos de coleta de dados primários. Quarto, a experimentação é mais eficazmente dirigida para problemas atuais ou de um futuro próximo. Os estudos experimentais do passado não são viáveis, e fazer estudos sobre intenções ou previsões é difícil. Finalmente, a pesquisa em administração geralmente está relacionada ao estudo de pessoas; há limites éticos para os tipos de manipulação e controles.

Realização de um experimento[2]

Em um experimento realizado corretamente, os pesquisadores devem completar uma série de atividades para realizar seu trabalho de forma bem-sucedida. Embora o experimento seja uma das principais metodologias científicas para estabelecer causas, são necessários recursos e criatividade do pesquisador para aproveitar o potencial máximo de um experimento. Nesta seção, e a partir da introdução da Figura 9-1, discutiremos sete atividades que o pesquisador deve realizar para tornar a pesquisa bem-sucedida:

1. Selecionar as variáveis relevantes.
2. Especificar os níveis de tratamento.
3. Controlar o ambiente experimental.
4. Escolher o projeto experimental.
5. Selecionar e designar os sujeitos.
6. Realizar teste-piloto, revisar e testar.
7. Analisar os dados.

Seleção das variáveis relevantes

Desde o início do livro, temos discutido a ideia de que um problema de pesquisa pode ser conceitualizado como uma hierarquia de questões que começam com o problema gerencial. A tarefa do pesquisador é transformar um problema amorfo em uma questão ou hipótese que formule melhor os objetivos da pesquisa. Dependendo da complexidade do problema, questões investigativas e hipóteses adicionais podem ser criadas para lidar com facetas específicas do estudo ou dos dados que precisam ser reunidos. Além disso, mencionamos que uma **hipótese** é um enunciado relacional, porque descreve a relação entre duas ou mais variáveis. Ela também deve ser **operacionalizada**, um termo que já usamos ao discutir como conceitos são transformados em variáveis para que se tornem mensuráveis e sujeitos a testes.

Considere a seguinte questão de pesquisa, para que possamos discutir os sete pontos mencionados:

> Uma apresentação de vendas que descreve os benefícios do produto na introdução da mensagem gera melhoria na retenção de conhecimento de produto?

Como uma hipótese é uma tentativa de enunciado – uma especulação – sobre o resultado do estudo, ela deve ter esta forma:

> As apresentações de vendas em que o módulo de benefícios é colocado na introdução de uma mensagem de 12 minutos geram mais retenção de conhecimento de produto do que aquelas nas quais o módulo de benefícios é introduzido na conclusão.

Os desafios dos pesquisadores nessa etapa são:

1. Selecionar variáveis que sejam as melhores representações operacionais dos conceitos originais.
2. Determinar quantas variáveis serão testadas.
3. Selecionar ou projetar medidas apropriadas.

Os pesquisadores precisam selecionar variáveis que operacionalizem melhor os conceitos de *apresentação de vendas, benefícios do produto, retenção e conhecimento de produto*.

A classificação do produto e a natureza do público-alvo também devem ser definidas. Além disso, o termo *melhor* poderia ser operacionalizado estatisticamente por meio de um teste de significância.

O número de variáveis em um experimento é limitado pelo orçamento do projeto, pelo tempo alocado, pela disponibilidade de controles apropriados e pelo número de pessoas que serão testadas. Por razões estatísticas, deve haver mais pessoas do que variáveis.[3]

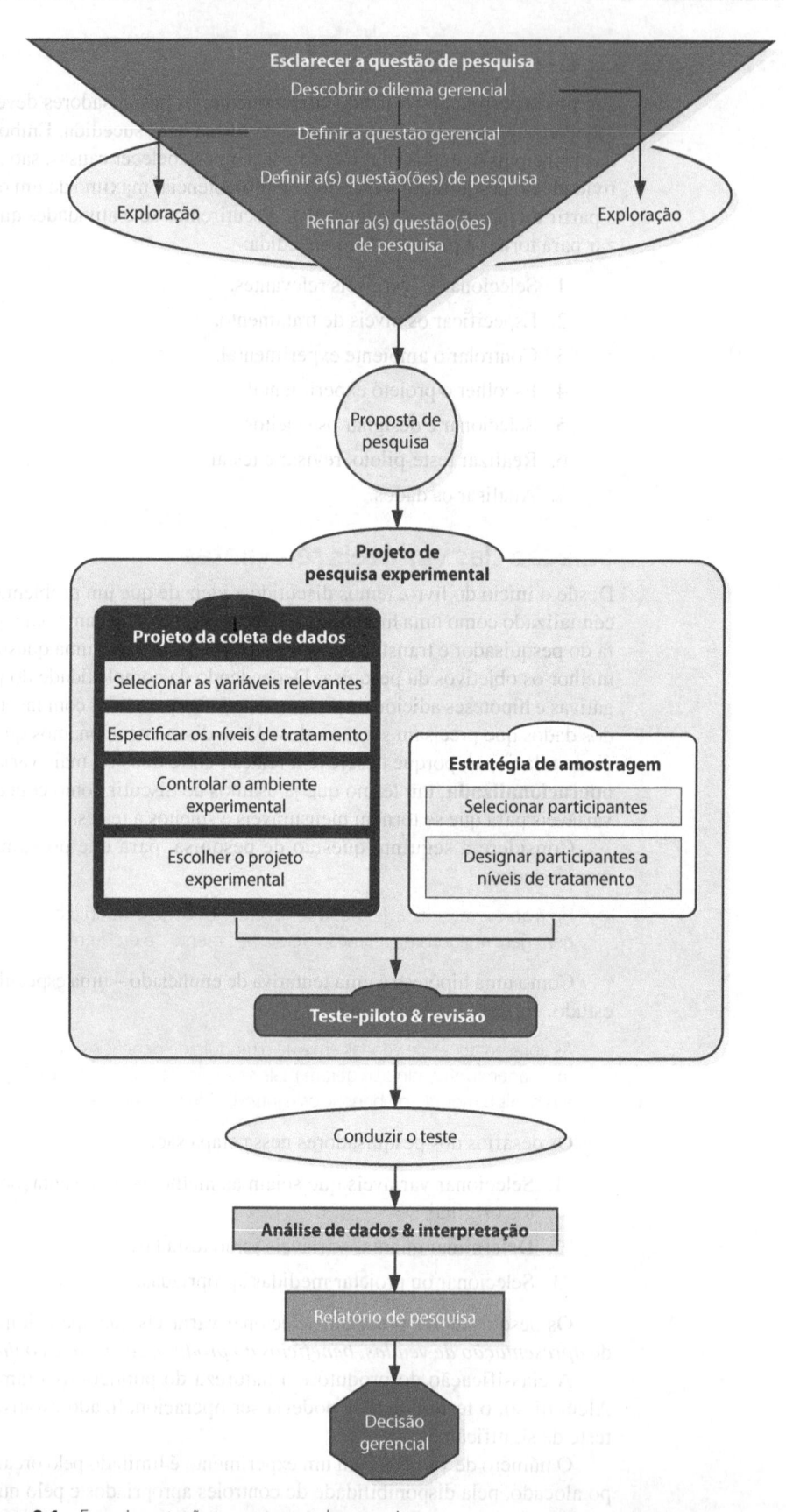

Figura 9-1 Experimentação no processo de pesquisa.

A seleção de medidas para teste exige uma revisão completa da literatura e dos instrumentos disponíveis. Além disso, as medidas devem ser adaptadas às necessidades específicas da situação de pesquisa, sem comprometimento de seu objetivo pretendido ou significado original.

Especificação dos níveis de tratamento

Em um experimento, os participantes sofrem uma manipulação da variável independente, chamada de **tratamento experimental**. Os **níveis de tratamento** da variável independente são os grupos naturais ou arbitrários que os pesquisadores formam na variável independente de um experimento. Por exemplo, se criarmos uma hipótese de que o salário influencia o exercício da opção de compra de ações dos funcionários, ele deve ser dividido em alto, médio e baixo para representar três níveis de variável independente.

Os níveis atribuídos a uma variável independente devem ser baseados na simplicidade e no senso comum. No exemplo da apresentação de vendas, o experimentador não deve selecionar 8 e 10 minutos como pontos iniciais para representar dois níveis de tratamento se a média da mensagem de produto tem 12 minutos. De maneira semelhante, se o módulo de benefícios for colocado no primeiro e no segundo minutos da apresentação, talvez não ocorram diferenças observáveis, pois os níveis estão muito próximos. Assim, na primeira tentativa, o pesquisador provavelmente posicionará o ponto central do módulo de benefícios no mesmo intervalo a partir do fim da introdução e do fim da conclusão (ver Figura 9-2).

Com uma hipótese completamente diferente, diversos níveis da variável independente podem ser necessários para testar os efeitos da ordem de apresentação. Aqui usamos apenas dois. Alternativamente, um **grupo-controle** poderia fornecer uma base de comparação. O grupo-controle é composto de pessoas que não estão expostas à(s) variável(eis) independente(s), em contraste com aquelas que recebem tratamento experimental.

Controle do ambiente experimental

Em nosso experimento da apresentação de vendas, as variáveis estranhas podem aparecer como diferenças em idade, sexo, raça, vestimenta, competência de comunicação e muitas outras características do apresentador, da mensagem ou da situação. Isso tem o potencial de distorcer o efeito do tratamento sobre a variável dependente e deve ser controlado ou eliminado. Porém, nesse ponto, estamos mais preocupados com o **controle ambiental**, mantendo o ambiente físico do experimento constante. A introdução do experimento às pessoas e as instruções devem ser

Hipótese: As apresentações de vendas em que o módulo de benefícios é inserido na introdução de uma mensagem de 12 minutos geram mais retenção de conhecimento de produto pelo cliente do que aquelas nas quais o módulo de benefícios é inserido na conclusão.

$$\text{Efeito} = VD_1 - VD_2$$

VI_1 = Módulo de benefícios

VI_2 = Módulo de benefícios

VD_1 = Conhecimento de produto

VD_2 = Conhecimento de produto

Introdução | Corpo da apresentação de vendas | Conclusão

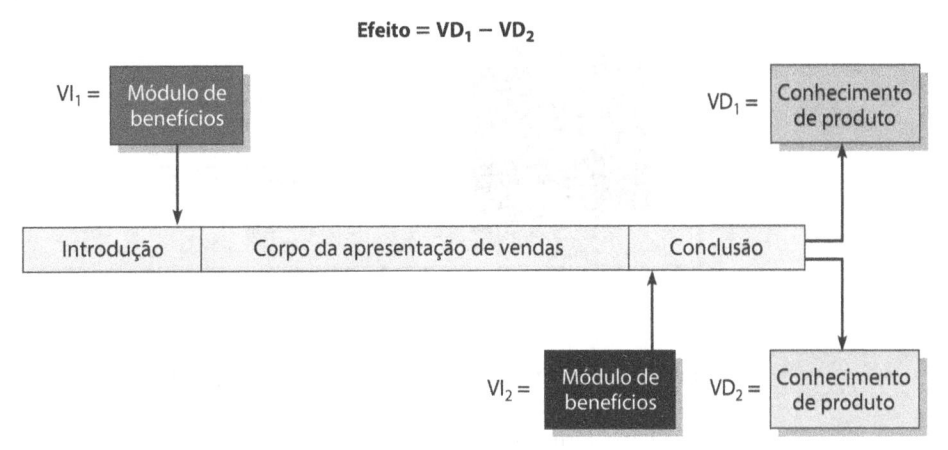

Figura 9-2 Experimento de inserção do módulo de benefícios na apresentação de vendas.

Instantâneo

O assunto da mensagem influencia o índice de abertura de e-mails?

O e-mail se tornou uma maneira popular de comunicação com funcionários, clientes, fornecedores e outros parceiros, portanto, fazer com que esses e-mails sejam abertos é importante. Ben Chestnut, sócio da Rocket Science Group LLC, diz que os índices de abertura têm ampla variação, devido a um grande número de fatores, e que as empresas somente podem monitorar os e-mails escritos em HTML. Quando um e-mail tem uma imagem que é baixada, podemos monitorar o download; se ele contém um link, pode-se verificar se alguém clicou neste. Logo, os índices de abertura para estudos de e-mail podem estar abaixo do índice real pela exclusão dos que realmente leem e-mails somente com texto.

O grupo recentemente conduziu um estudo sobre seu produto de projeto de e-mail, MailChimp, para descobrir se e-mails com altos índices de abertura tinham linhas de assunto significativamente diferentes dos e-mails com baixos índices de abertura. O projeto oferece modelos que podem ser modificados se as informações permitirem. Chestnut começou com campanhas que mandavam e-mails para mais de 100 pessoas (mais de 40 milhões de e-mails), que foram classificadas por índices de abertura para identificar quais se encaixavam em dois grupos de interesse: com altos índices de abertura (60 a 87%) e com baixos índices de abertura (1 a 14%). De cada grupo, ele extraiu uma amostra (20) e comparou os assuntos. "A diferença parecia estar nas expectativas que foram determinadas para cada e-mail", explicou. Ofertas promocionais – cupons de desconto ou descontos percentuais – nos assuntos das mensagens eram um sinal de que o e-mail havia sido criado para vender. Se o destinatário aceitou receber somente e-mails informativos (p. ex.: um boletim informativo), então não espera nem é receptivo a um e-mail de venda forçada. Duas conclusões tiradas do estudo incluíram: (1) que os e-mails deveriam especificar o conteúdo na linha de assunto (surpreendentemente, nem todos fazem isso) e (2) que a pessoa que envia o e-mail deve sempre respeitar os parâmetros de seu relacionamento negociado com o destinatário pretendido. Como você avaliaria esse estudo?

www.rocketsciencegroup.com; www.mailchimp.com

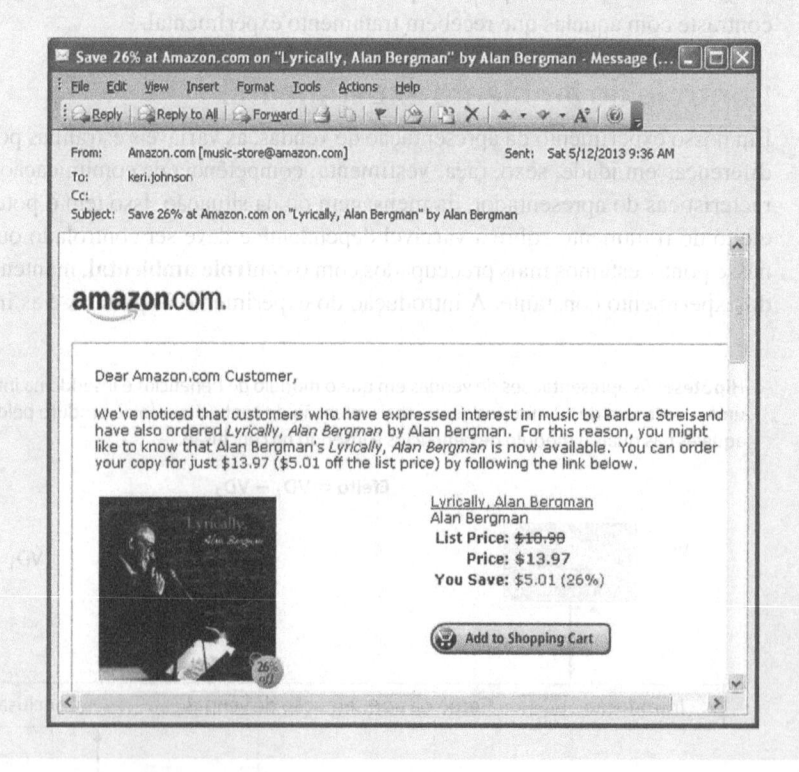

gravadas. A disposição da sala, o horário da aplicação, o contato do experimentador com as pessoas, etc., tudo deve ser consistente em cada aplicação do experimento.

Outras formas de controle envolvem pessoas e experimentadores. Quando as pessoas não sabem que estão recebendo tratamento experimental, dizemos que é um experimento **cego**; contudo, quando os experimentadores não sabem se estão dando o tratamento ao grupo experimental ou ao de controle, o experimento é o **duplo-cego**. As duas abordagens controlam complicações indesejadas, como reações das pessoas às condições esperadas ou influência do experimentador.

Escolha do projeto experimental

Ao contrário dos descritores gerais de projeto de pesquisa discutidos no Capítulo 6, os projetos experimentais são exclusivos do método experimental. Eles atuam como planos posicionais e estatísticos para designar relações entre tratamentos experimentais e as observações ou os pontos de mensuração do experimentador no esquema temporal do estudo. Na condução do experimento, os pesquisadores aplicam seu conhecimento para selecionar o projeto mais adequado aos objetivos da pesquisa. A seleção criteriosa aumenta a probabilidade de que a mudança observada na variável dependente seja causada pela manipulação da variável independente e não por outro fator. Simultaneamente, isso reforça a generalização de resultados para além do ambiente experimental.

Seleção e definição dos sujeitos

Os sujeitos selecionados para o experimento devem representar a população para a qual o pesquisador quer generalizar os resultados do estudo. Isso parece evidente, mas testemunhamos várias décadas de experimentação com estudantes universitários que contradizem esse pressuposto. No exemplo da apresentação de vendas, o pessoal do departamento de compras, os gerentes de compras ou outras pessoas com poder de decisão ofereceriam um melhor poder generalizador do que estudantes universitários se o produto em questão fosse voltado para uso industrial e não para o consumidor final.

O procedimento para amostragem aleatória de sujeitos experimentais é, em princípio, semelhante à seleção dos entrevistados de um levantamento. Primeiro o pesquisador prepara uma estrutura de amostragem e então distribui nos grupos os sujeitos que vão participar do experimento, usando uma técnica de escolha aleatória. A amostragem sistemática pode ser usada se a estrutura de amostragem não tiver qualquer tipo de periodicidade que se equipare ao índice de amostragem. Como a estrutura de amostragem é geralmente pequena, os sujeitos do experimento são recrutados; assim, constituem uma amostra autosselecionada. No entanto, se usamos a escolha aleatória, os escolhidos para os grupos experimentais provavelmente serão similares aos escolhidos para o grupo-controle. A **atribuição aleatória** para os grupos é necessária para torná-los o mais comparáveis possível em relação à variável dependente. A escolha aleatória não garante que, se fosse feito um pré-teste dos grupos antes da condição de tratamento, eles teriam reações idênticas; é certo, entretanto, que as diferenças que restassem seriam aleatoriamente distribuídas. Em nosso exemplo, precisaríamos de três grupos aleatoriamente atribuídos – um para cada um dos dois tratamentos e um para o grupo-controle.

Quando não é possível atribuir as pessoas para os grupos de forma aleatória, podemos usar o **emparelhamento**, que usa a abordagem não probabilística de amostragem por quotas. O objetivo é fazer com que cada pessoa do grupo experimental e do grupo-controle combinem em todas as características usadas na pesquisa, o que se torna mais difícil à medida que o número de variáveis e o de grupos em estudo aumentam. Quando as características que nos interessam são apenas as relacionadas à condição de tratamento ou à variável dependente, elas são mais fáceis de identificar, controlar e comparar.[4] No experimento da apresentação de vendas, se uma grande parte da amostra fosse composta de mulheres de negócios que recentemente fizeram um treinamento de comunicação, não iríamos querer que as características de sexo, experiência profissional e treinamento de comunicação fossem desproporcionalmente atribuídas a um grupo.

Alguns especialistas sugerem uma **matriz de quota** como a forma mais eficiente de visualizar o processo de emparelhamento.[5] Na Figura 9-3, um terço dos sujeitos de cada célula da matriz seria atribuído a cada um dos três grupos. Se o emparelhamento não diminuir o problema de atribuição, podemos usar uma combinação de emparelhamento, aleatorização e aumento do tamanho da amostra.

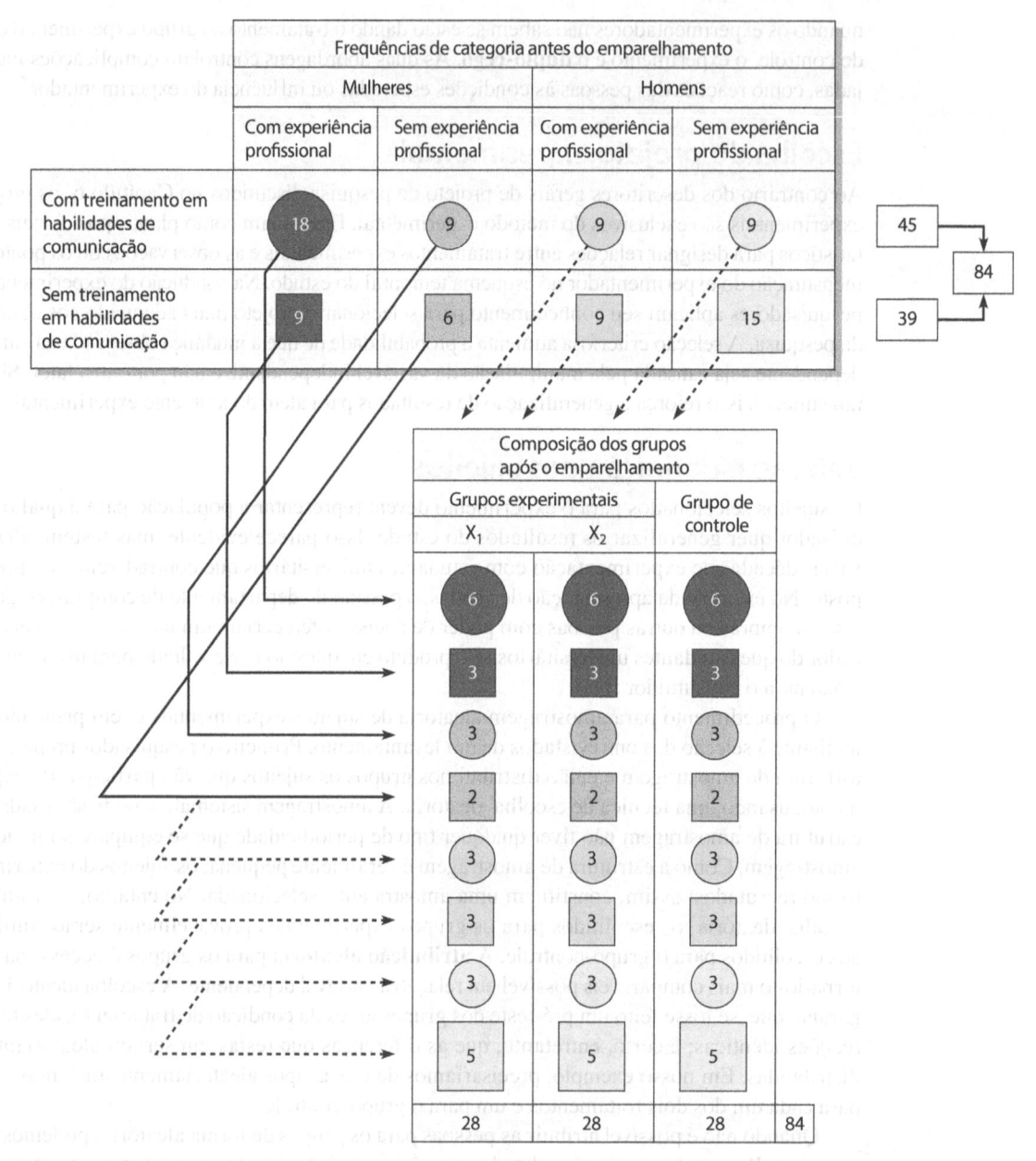

Figura 9-3 Exemplo de matriz de quota

Teste-piloto, revisão e teste

Os procedimentos para esse estágio são semelhantes àqueles usados para outras formas de coleta de dados primários. O teste-piloto objetiva revelar erros no projeto da pesquisa e no controle inadequado de condições estranhas ou ambientais. Fazer um pré-teste dos instrumentos permite o seu refinamento antes do teste final. Essa é a melhor oportunidade do pesquisador para revisar os roteiros, procurar problemas de controle com as condições de laboratório e explorar o ambiente em busca de fatores que possam confundir os resultados. Nos experimentos de campo, os pesquisadores algumas vezes são pegos de surpresa por fatos que têm efeito significativo nos sujeitos: o teste de marketing de um produto concorrente anunciado antes de um experimento, ou a redução na equipe, reorganização ou fusão antes de uma intervenção organizacional fundamental. O experimento deve ter o tempo controlado, de forma que os sujeitos não se sensibilizem em relação à variável independente ocasionada por fatores ambientais.

Análise dos dados

Se houve planejamento adequado e pré-teste, os dados experimentais terão uma ordem e uma estrutura incomuns em levantamentos e estudos observacionais não estruturados. Não que os dados de experimento sejam fáceis de analisar; eles são simplesmente mais convenientemente organizados devido aos níveis da condição de tratamento, de pré e pós-teste e da estrutura de grupo. A escolha de técnicas estatísticas é muito simplificada.

Os pesquisadores têm diversas opções de mensuração e de instrumento com os experimentos, entre as quais:

- Técnicas observacionais e esquemas de codificação.
- Testes de papel e lápis.
- Instrumentos de autorrelatório com perguntas abertas ou fechadas.
- Técnicas de escalonamento (p. ex.: escalas de Likert, diferencial semântico, ordenação Q).
- Mensurações fisiológicas (p. ex.: resposta galvânica da pele, ECG, análise de tom de voz, dilatação de pupila).

Validade na experimentação

Mesmo quando o experimento é o projeto de pesquisa ideal, ele não ocorre sem problemas. Sempre há dúvidas sobre a veracidade dos resultados. Já definimos validade como o fato de saber se uma medida atinge seu objetivo. Embora haja diversos tipos diferentes de validade, consideramos aqui apenas as duas principais variedades: **validade interna** – as conclusões que tiramos sobre uma relação experimental demonstrada realmente implicam causa? – e **validade externa** – uma relação causal observada pode ser generalizada para outras pessoas, ambientes e momentos?[6] Cada tipo de validade tem ameaças específicas contra as quais precisamos nos proteger.

Validade interna

Entre as diversas ameaças à validade interna, constam as sete categorias a seguir:

- Histórico
- Maturação
- Efeitos de teste
- Instrumentação
- Seleção
- Regressão estatística
- Mortalidade experimental

Histórico

Durante o tempo em que ocorre um experimento, pode haver alguns eventos que confundem as relações em estudo. Em muitos projetos experimentais, realizamos uma medida de controle (O_1) da variável dependente antes de fazer a manipulação (X). Depois da manipulação, medimos novamente (O_2) a variável dependente. Então, a diferença entre O_1 e O_2 é a mudança causada pela manipulação.

A diretoria de uma empresa pode querer encontrar a melhor forma de informar seus trabalhadores sobre as condições financeiras da companhia antes das negociações trabalhistas deste ano. Para avaliar o valor de tal esforço, os gerentes dão aos funcionários um teste para avaliar o conhecimento deles sobre as finanças da empresa (O_1). Depois fazem uma campanha educacional (X) para esses funcionários, e então medem novamente o nível de conhecimento (O_2). Esse projeto, conhecido como pré-experimento por não ter um projeto muito robusto, pode ser diagramado como segue:

$$O_1 \quad\quad X \quad\quad O_2$$
$$\text{Pré-teste} \quad \text{Manipulação} \quad \text{Pós-teste}$$

Porém, entre O_1 e O_2 podem ocorrer muitos eventos que confundem os efeitos do esforço educacional, como um artigo de jornal sobre empresas com problemas financeiros, ou uma reunião sindical na qual esse tópico seja discutido, ou outra ocorrência que distorcesse os efeitos do teste educacional da empresa.

Maturação

As pessoas também podem passar por mudanças internas devidas à passagem do tempo, e não a um determinado fato, o que é bastante preocupante quando o estudo cobre um longo período de tempo; contudo, esses fatores podem estar presentes em testes mais curtos, como aqueles realizados em uma hora ou duas. A pessoa pode ficar com fome, entediada ou cansada em um curto período, e essas condições podem afetar os resultados.

Teste

O processo de fazer um teste pode afetar a pontuação de um segundo teste, ou seja, a simples experiência de fazer o primeiro pode ter um efeito de aprendizado que influencia os resultados do segundo teste.

Instrumentação

Essa ameaça à validade interna resulta de mudanças entre as observações, tanto no instrumento de mensuração como no observador. O uso de perguntas diferentes a cada mensuração é uma fonte óbvia de potenciais problemas, mas o uso de diferentes observadores ou entrevistadores também ameaça a validade. Pode até haver um problema de instrumentação se o mesmo observador participar de todas as mensurações, pois a experiência, o tédio e o cansaço do observador, além da previsão de resultados, podem distorcer os resultados de observações separadas.

Seleção

Uma ameaça importante à validade interna é a seleção diferenciada de pessoas para os grupos experimental e controle. As considerações de validade exigem que os grupos sejam equivalentes em todos os aspectos. Se as pessoas forem aleatoriamente atribuídas aos grupos controle e experimental, esse problema de seleção pode ser, em grande parte, superado. Adicionalmente, o emparelhamento dos membros dos grupos nos principais fatores pode aumentar a equivalência dos grupos.

Regressão estatística

Esse fator opera especialmente quando os grupos foram selecionados por suas pontuações extremas. Suponha que mensuramos os resultados de todos os trabalhadores em um departamento por alguns dias antes de um experimento e, depois, conduzimos um experimento apenas com os trabalhadores cuja produtividade esteja nas faixas 25% mais alta e 25% mais baixa. Não importa o que foi feito entre O_1 e O_2, há uma forte tendência de que a média de pontuação mais alta em O_1 caia para O_2 e de que as mais baixas em O_1 aumentem. Essa tendência resulta de mensuração imperfeita que, de fato, registra algumas pessoas com pontuação extraordinariamente alta e extraordinariamente baixa em O_1. Na segunda mensuração, os membros de ambos os grupos têm pontuação mais próxima à sua média a longo prazo.

Mortalidade experimental

Esse fator ocorre quando a composição dos grupos de estudo muda durante o teste. A redução tem mais chance de ocorrer no grupo experimental e, a cada pessoa que abandona o estudo, o grupo muda. Como os membros do grupo-controle não são afetados pela situação de teste, eles têm menos chances de desistir. Em um estudo em que os participantes recebem uma compensação financeira como incentivo, alguns funcionários podem não gostar da mudança no método de compensação e sair do grupo de teste; essa ação pode distorcer a comparação com o grupo-controle, que continua trabalhando sob o sistema estabelecido, talvez até sem saber que está sendo feito um teste.

Todas as ameaças mencionadas até agora geralmente, mas nem sempre, são superadas de maneira adequada nos experimentos por meio da atribuição aleatória. No entanto, outras cinco ameaças à validade interna são independentes do fato de haver ou não escolha aleatória.[7] As três primeiras têm o efeito de equalizar os grupos experimental e controle.

1. *Difusão ou imitação do tratamento*: se as pessoas nos grupos experimental e controle conversarem, então o grupo-controle pode saber sobre o tratamento, agindo de modo a eliminar a diferença entre os grupos.
2. *Equalização compensatória*: quando o tratamento experimental é muito mais desejável, pode haver relutância em privar os membros do grupo-controle, e as ações compensatórias para o grupo-controle podem confundir o experimento.
3. *Rivalidade compensatória*: pode ocorrer quando os membros do grupo-controle sabem que aí estão, o que pode gerar pressões competitivas, fazendo com que os membros desse grupo se dediquem com mais afinco.
4. *Desmoralização ressentida dos que estão em desvantagem*: quando o tratamento é desejável e o experimento é inoportuno, os membros do grupo-controle podem se ressentir com sua privação e baixar sua cooperação e os resultados.
5. *Histórico local*: o efeito do histórico regular já mencionado impacta da mesma forma os grupos experimental e controle. Porém, quando atribuímos todas as pessoas experimentais a uma sessão do grupo-controle e todas as pessoas deste à outra, é possível que algum fato idiossincrásico confunda os resultados. Esse problema pode ser resolvido administrando tratamento a pessoas ou pequenos grupos atribuídos aleatoriamente às sessões experimental e controle.

Validade externa

Os fatores de validade interna causam confusão sobre se o tratamento experimental (X) ou os fatores estranhos são a fonte das diferenças de observação. A validade externa, por sua vez, diz respeito à interação do tratamento experimental com outros fatores e o impacto resultante na capacidade de generalizar para (e entre) momentos, ambientes ou pessoas. Entre as principais ameaças à validade externa, estão as seguintes possibilidades interativas:

- A reatividade de testar o X.
- Interação da seleção e do X.
- Outros fatores reativos.

A reatividade de testar o X

O efeito reativo se refere à sensibilização de sujeitos pelo pré-teste para que respondam aos estímulos experimentais (X) de forma diferente. Uma pré-mensuração do conhecimento das pessoas sobre os programas ecológicos de uma empresa sempre vai sensibilizar as pessoas em relação aos vários esforços experimentais de comunicação que podem ser feitos sobre a empresa. Esse efeito de pré-mensuração pode ser particularmente importante em experimentos nos quais a VI é uma mudança de atitude.

Interação da seleção e do X

O processo pelo qual as pessoas são selecionadas para um experimento pode ser uma ameaça para a validade externa, por exemplo: a população da qual selecionamos as pessoas pode não ser a mesma para a qual queremos generalizar os resultados. Suponha que você use um grupo selecionado de trabalhadores em um departamento para testar um sistema de incentivo por tarefa. Pode permanecer a dúvida se os resultados obtidos podem ser extrapolados para todos os

Instantâneo

Wendy's escolhe a cidade de Columbus para testar o seu novo hambúrguer

Quando uma empresa escolhe um local para pesquisar o lançamento de um novo produto, deseja obter uma amostra representativa. Algumas pessoas podem pensar que isso significa um lugar "padrão". Mas, de acordo com Alex Fischer, da Columbus Partnership, as empresas escolhem a cidade de Columbus, Ohio, não pelo fato de haver um padrão, mas justamente o contrário. Com muitas universidades (incluindo a Ohio State University), "você tem a interessante mistura de uma cultura musical, de criatividade e diversidade, junto a uma cultura corporativa que combina tudo isso".

É por isso que Columbus foi uma ótima escolha para a empresa Wendy's International, sendo o lugar perfeito para experimentar seu novo e exclusivo produto, o hambúrguer Black Label, seu mais novo sanduíche, que faz parte da estratégia da empresa para atrair negócios de outros restaurantes de *fast food*, como o Five Guys. A Wendy's já ultrapassou a Burger King e é a segunda maior rede de *fast food*, logo atrás do McDonald's.

A pesquisa que está lançando o Black Label no mercado inclui testadores voluntários que, em um ambiente de laboratório, pontuam o hambúrguer preparado por técnicos para inúmeros atributos, como o sabor da cebola e a falta de precisão dos sabores. A isso se segue uma mudança de receitas e então uma testagem dentro da loja onde clientes reais provam o sanduíche e fornecem um conjunto de pontuações de desempenho. "Ainda estamos aguardando as pontuações dos nossos clientes, mas eu estou prevendo que elas serão ótimas", compartilha a vice-presidente sênior Lori Estrada.
www.wendys.com

trabalhadores da produção. Ou considere um estudo no qual você pede a uma coorte transversal da população para participar de um experimento, mas um número substancial se recusa. Se você conduzir o experimento apenas com aqueles que concordaram em participar (autosseleção), os resultados podem ser generalizados para a população total?

Outros fatores reativos

Os ambientes experimentais podem ter um efeito de viés sobre a resposta de um sujeito a *X*. Um ambiente artificial pode obviamente gerar resultados que não são representativos de populações maiores. Suponha que os trabalhadores que recebem o pagamento de incentivo sejam transferidos para uma área de trabalho diferente, para separá-los do grupo-controle. Essas novas condições podem criar uma forte condição reativa.

Se os sujeitos sabem que estão participando de um experimento, podem tender a representar um papel, de forma a distorcer os efeitos de *X*. Outro efeito reativo é a possível interação entre *X* e as características do sujeito. Uma proposta de pagamento de incentivo pode ser mais eficaz com pessoas que desempenham um tipo de trabalho, com certo nível de habilidade ou com certas características de personalidade.

Os problemas de validade interna podem ser resolvidos com um projeto cuidadoso do experimento, mas isso é menos verdadeiro para problemas de validade externa, que é muito mais uma questão de generalização do que, em um sentido lógico, um processo indutivo de extrapolação para além dos dados coletados. Ao generalizar, estimamos os fatores que podem ser ignorados e os que interagirão com a variável experimental. Suponha que, quanto mais próximos dois fatos estiverem em relação a tempo, espaço e mensuração, maior a probabilidade de que sigam as mesmas leis; como regra geral, procure primeiro a validade interna e tente assegurar o máximo possível a compatibilidade da validade externa com as exigências da validade interna, tornando as condições experimentais o mais semelhantes possível às condições sob as quais os resultados serão aplicados.

Projetos de pesquisa experimental

Os diversos projetos experimentais variam muito em seu poder de controlar a contaminação da relação entre as variáveis independente e dependente. Os mais amplamente aceitos são baseados

X	Um *X* representa a apresentação de um estímulo experimental para um grupo. Os efeitos dessa variável independente são de grande interesse.
O	Um *O* identifica uma atividade de mensuração ou de observação.
R	Um *R* indica que os membros do grupo foram aleatoriamente atribuídos a um grupo.
E	Um *E* representa o efeito do experimento e é apresentado como uma equação.

As letras *X* e *O* no diagrama são lidas da esquerda para a direita em ordem temporal.

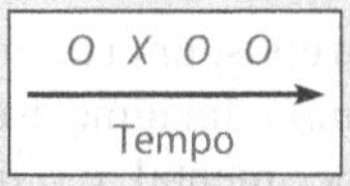

$$O \; X \; O \; O \longrightarrow$$
Tempo

*X*s e *O*s verticais indicam que o estímulo e/ou a observação ocorrem simultaneamente.

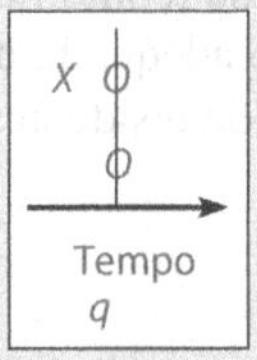

$$\begin{array}{c} X \; O \\ O \end{array} \longrightarrow$$
Tempo
q

Fileiras paralelas que não estão separadas por linhas tracejadas indicam que os grupos de comparação foram equalizados pelo processo de aleatorização.

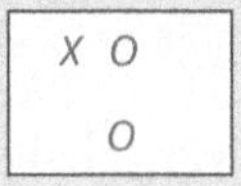

$$\begin{array}{c} X \; O \\ O \end{array}$$

Fileiras separadas por linhas tracejadas não foram equalizadas.

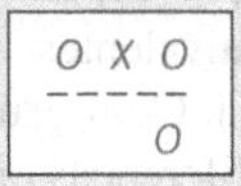

$$\begin{array}{c} O \; X \; O \\ \text{-----} \\ O \end{array}$$

Figura 9-4 Legenda para símbolos de projeto.

nestas características de controle: (1) pré-experimentos, (2) experimentos verdadeiros e (3) experimentos de campo (ver Figura 9-4).

Projetos pré-experimentais

Os três projetos pré-experimentais são fracos em relação a seu poder de mensuração científica – ou seja, não conseguem controlar adequadamente as diversas ameaças à validade interna. Isso é especialmente verdadeiro para o estudo de caso *one-shot*.

Estudo de caso *one-shot*

Pode ser diagramado como segue:

$$\underset{\substack{\text{Tratamento ou manipulação} \\ \text{da variável independente}}}{X} \qquad \underset{\substack{\text{Observação ou mensuração} \\ \text{da variável dependente}}}{O} \tag{1}$$

Um exemplo seria uma campanha informativa para os funcionários sobre a situação financeira da empresa sem uma mensuração prévia de conhecimento dos funcionários. Os resultados revelariam apenas o quanto os funcionários sabem depois da campanha informativa, mas não há maneira de julgar a eficácia da campanha. Como você acha que esse projeto lidaria com as várias ameaças à validade interna? A falta de um pré-teste e do grupo-controle torna-o inadequado para estabelecer causalidade.

Projeto de um grupo com pré e pós-teste

Esse foi o projeto usado no exemplo educacional. Ele lida melhor com as várias ameaças à validade interna do que o estudo de caso *one-shot*, mas ainda é um projeto fraco. Como ele controla o histórico, a maturação, o efeito de teste e os outros fatores?

$$O \quad\quad X \quad\quad O$$
$$\text{Pré-teste} \quad \text{Manipulação} \quad \text{Pós-teste} \tag{2}$$

Comparação de grupo estático

Esse projeto trabalha com dois grupos, um recebe o estímulo experimental e outro atua como controle. Em um ambiente de campo, imagine este cenário: um incêndio florestal ou outro desastre natural é o tratamento experimental, e o trauma psicológico (ou perda de propriedade) sofrido pelos residentes é o resultado mensurado. Um pré-teste antes do incêndio na floresta seria possível, mas não em larga escala (como nos incêndios da Califórnia). Além disso, teria sido problemático definir o momento adequado de realizar o pré-teste. O grupo-controle, que receberia o pós-teste, seria composto de residentes cujas propriedades foram poupadas.

$$X \quad\quad O_1$$
$$ \quad\quad O_2 \tag{3}$$

A adição de um grupo de comparação torna-o substancialmente mais eficaz em relação aos outros dois projetos, mas o principal ponto fraco é que não há como ter certeza da equivalência entre os dois grupos.

Projetos experimentais verdadeiros

A principal deficiência dos projetos pré-experimentais é que eles não conseguem comparar grupos que sejam verdadeiramente equivalentes. A forma de atingir equivalência é por meio de emparelhamento e atribuição aleatória. Com grupos formados aleatoriamente, podemos usar testes de significância estatística das diferenças observadas.

É comum mostrar um X para o teste de estímulo e um espaço em branco para a existência de uma situação controle. Isso é uma simplificação do que realmente ocorre; mais precisamente, há um X_1 e um X_2 e, algumas vezes, mais que isso. O X_1 identifica uma variável independente específica, ao passo que o X_2 é outra variável independente que foi escolhida, geralmente de forma arbitrária, como o caso controle. Diferentes níveis da mesma variável independente também podem ser usados, com um nível atuando como controle.

Projeto de grupo-controle com pré e pós-teste

Esse projeto consiste em adicionar um grupo-controle ao grupo com pré e pós-teste e atribuir os sujeitos a qualquer um dos grupos por procedimento aleatório *(R)*. O diagrama é:

$$R \quad O_1 \quad X \quad O_2$$
$$R \quad O_3 \quad\quad O_4 \tag{4}$$

O efeito da variável experimental é

$$E = (O_2 - O_1) - (O_4 - O_3)$$

Nesse projeto, os sete maiores problemas de validade interna são resolvidos de forma relativamente eficiente, embora ainda haja algumas dificuldades. O histórico local pode ocorrer em

Instantâneo

O poder da mensagem para modificar o consumo de bebidas

Novas exigências de rotulagem entraram em vigor em 2012, exigindo que mais informações nutricionais sejam acrescentadas aos rótulos, e, assim, as pessoas possam escolher melhor o que consumir. Contudo, a empresa de pesquisas Nielsen Global Survey of Food, que rotula mais de 25 mil produtos em 56 países, revelou que 59% das pessoas têm problemas para entendê-los.

Um pesquisador da Universidade John Hopkins, notando a forte relação entre o consumo de bebidas açucaradas e a obesidade em adolescentes negros, planejou um experimento para verificar se uma mensagem com uma abordagem diferente encorajaria os adolescentes a evitarem-nas.

Usando quatro pequenos mercados da cidade de Baltimore, EUA, todos situados em bairros com no mínimo 70% da população formada por negros e localizados a menos de cinco quarteirões de uma escola de ensino médio – a fim de alcançar sujeitos entre 12 e 18 anos –, o pesquisador testou três mensagens diferentes escritas em cartazes de 24,59 cm × 27,94 cm, colocados no nível dos olhos nas portas dos refrigeradores de bebidas. Um cartaz continha apenas o número de calorias, outro continha o número de calorias como uma percentagem do número de calorias consumido diariamente, e o terceiro trazia a atividade física necessária para queimar as calorias consumidas com a bebida.

"Você sabia que uma garrafa de refrigerante ou suco:"

- Contém cerca de 250 calorias (tratamento nº 1);
- Contém 10% das calorias que você precisa consumir diariamente (tratamento nº 2);
- Faz com que precise de 50 minutos de corrida para queimar suas calorias (tratamento nº 3);

Um pesquisador, posicionado em uma local discreto, selecionou uma amostra aleatória de sujeitos à medida que eles entravam no mercado e os observou se aproximarem do refrigerador de bebidas e escolherem uma delas. Ele anotou se o sujeito comprava uma bebida com açúcar ou uma bebida alternativa, sem açúcar. Para controlar o viés do pesquisador, houve apenas um nos quatro mercados.

O experimento foi realizado de maio a outubro, ocorrendo em dois mercados em maio e junho, dois mercados em setembro e outubro e nos quatro mercados nos meses de julho e agosto, para que qualquer diferença no padrão de consumo devido às estações do ano fosse considerada.

A porcentagem de bebidas açucaradas era computada usando todas as compras de bebidas como o denominador e comparada aos locais onde a bebida era vendida sem a presença das mensagens. As mensagens "Calorias totais" e "Percentual consumido diariamente" reduziram a probabilidade de compra de bebidas com açúcar em 40%, se comparado aos locais não sinalizados, e a mensagem "Atividade física equivalente" reduziu a probabilidade de compra em 50%.

As bebidas açucaradas corresponderam a 93,3% de todas as compras de bebidas, dado comparado a 87,5% durante o tratamento nº 1, a 86,5% durante o tratamento nº 2 e a 86%, durante o tratamento nº 3. As compras de chá gelado e energéticos caíram após a colocação das mensagens, enquanto a compra de água aumentou.

Faça um gráfico deste experimento utilizando os símbolos do projeto experimental.

---

um grupo, e não em outro. Além disso, se houver comunicação entre as pessoas dos grupos de teste e controle, pode haver rivalidade e outros problemas de validade interna.

Maturação, teste e regressão são bem conduzidos, pois se espera que sejam sentidos da mesma forma nos grupos experimental e controle. Entretanto, a mortalidade pode ser um problema se houver diferentes taxas de desistência nos grupos de estudo. Lidamos com a seleção de forma adequada usando a atribuição aleatória.

Porém, esse projeto não é tão bom em validade externa, uma vez que há chance de efeito reativo no teste, o que pode levar a uma influência substancial em estudos de mudança de atitude nos quais o pré-teste introduz tópicos e conteúdos incomuns. Ele também não garante que não haja reações entre seleção e variável experimental. Mesmo a seleção aleatória pode ser derrotada por uma alta taxa de recusa dos sujeitos, o que resultaria no uso de uma parcela desproporcional de pessoas que são essencialmente voluntárias e que podem não ser típicas da população. Caso isso ocorra, é necessário repetir o experimento várias vezes com outros grupos, sob outras condições, antes de estarmos confiantes em relação à validade externa.

Projeto com grupo-controle de pós-teste apenas

Nesse projeto, as medidas de pré-teste são omitidas; e os pré-testes estão bem estabelecidos no projeto clássico de pesquisa, mas não são realmente necessários quando é possível aleatorizar. O projeto é:

$$R \quad X \quad O_1$$
$$R \quad \quad O_2 \quad \quad (5)$$

O efeito experimental é medido pela diferença entre O_1 e O_2:

$$E = (O_2 - O_1)$$

A simplicidade desse projeto torna-o mais atraente do que o projeto com grupo-controle de pré e pós-teste. As ameaças à validade interna feitas por histórico, maturação, seleção e regressão estatística são adequadamente controladas por meio de atribuição aleatória. Como as pessoas são mensuradas apenas uma vez, as ameaças de efeitos de teste e instrumentação são reduzidas, mas diferentes índices de mortalidade entre os grupos experimental e controle continuam a ser um problema potencial. O projeto reduz o problema de validade externa do efeito de interação de teste.

Experimentos de campo: quase ou semiexperimentos[10]

Em condições de campo, normalmente não temos controle suficiente das variáveis estranhas ou do tratamento experimental para usar um projeto experimental verdadeiro. Como a condição de estímulo ocorre em um ambiente natural, é necessário um experimento de campo.

Uma versão moderna do experimento de campo de espectador é a do furto, mencionada no início do capítulo, que envolve o uso de instrumentos eletrônicos de vigilância para evitar a redução do número de participantes. Em um estudo confidencial, um cliente dirigia-se ao balcão de uma ótica localizada em um shopping de alto nível e pedia ao vendedor para ver armações especiais. A vendedora, uma pessoa ligada ao experimento, dizia que pegaria as armações em outra sala e desaparecia. O "ladrão" selecionava dois óculos escuros de uma vitrine aberta, desativava a etiqueta de segurança no balcão e saía da loja.

Relataram o furto, depois do retorno da vendedora, 35% das pessoas (clientes da loja). Deram a informação, quando o vendedor perguntou sobre o outro cliente, 63%. Ao contrário de estudos anteriores, a presença de um segundo cliente não reduziu a disposição de reportar um furto.

Esse estudo não foi possível com um grupo-controle, um pré-teste ou uma escolha aleatória de clientes, mas a informação gerada foi essencial e justificou um compromisso de projetos experimentais verdadeiros. Usamos os projetos pré-experimentais previamente discutidos ou os quase-experimentos para lidar com tais condições. Em um quase-experimento, normalmente não sabemos quando ou para quem expor o tratamento experimental. No entanto, geralmente podemos decidir quando e quem mensurar. Um quase-experimento é inferior a um projeto de experimento real, mas costuma ser superior aos pré-experimentais. Nesta seção, consideramos alguns quase-experimentos comuns.

Projeto com grupo-controle não equivalente

Esse é um projeto de quase-experimento forte e amplamente usado. É diferente do projeto de grupo-controle com pré e pós-teste, porque o teste e os grupos-controle não são aleatoriamente atribuídos. O projeto é diagramado da seguinte forma:

Close-up

Um quase-experimento para enriquecimento profissional[8]

Uma teoria sobre atitudes no trabalho diz que fatores de "higiene", que incluem condições de trabalho, pagamento, segurança, *status*, relacionamento interpessoal e política empresarial, podem ser uma das principais fontes de insatisfação entre os trabalhadores, mas têm pouco poder motivacional positivo. Essa teoria diz que os fatores motivadores positivos são intrínsecos ao trabalho; eles incluem realizações, reconhecimento pelas realizações, o trabalho em si, responsabilidade e crescimento ou avanço.[9]

Um estudo sobre o valor do enriquecimento profissional como gerador de satisfação no trabalho foi feito com técnicas de laboratório, ou "funcionários experimentais" (FEs) na British Chemical. O projeto foi um quase-experimento de séries temporais múltiplas. Na parte final desta seção, há um diagrama do projeto.

Duas seções do departamento atuaram como grupos experimentais, e duas como grupos-controle. Não fica claro como esses grupos foram selecionados, mas não há qualquer menção à atribuição aleatória. Um dos grupos experimentais e um dos grupos-controle trabalhavam bem próximos, enquanto os outros dois trabalhavam geograficamente separados e estavam envolvidos em pesquisas diferentes. Os fatores de higiene permaneceram constantes durante a pesquisa, e os estudos mantiveram-se confidenciais, para evitar a tendência dos participantes de agirem de maneira artificial.

Fez-se uma mensuração prévia, usando um instrumento de levantamento de reação ao trabalho que indicava que os FEs normalmente tinham o moral baixo, e muitos descreveram suas frustrações. Foi solicitado a todos os FEs que preparassem relatórios mensais de progresso, que eram usados para avaliar a qualidade do trabalho. A avaliação foi feita a partir de oito critérios especificamente definidos por um grupo de três gerentes que não faziam parte do departamento. Esses avaliadores nunca foram informados sobre quais técnicos do laboratório estavam no grupo experimental e quais estavam no grupo-controle.

O estudo durou mais de um ano, com os tratamentos introduzidos nos grupos experimentais no começo do período de estudo de 12 meses. Foram feitas mudanças para dar aos FEs do grupo experimental chances importantes de realização; essas mudanças também tornaram o trabalho mais desafiador. As realizações foram reconhecidas; a autoridade sobre certos aspectos foi aumentada; foram atribuídas novas responsabilidades gerenciais aos FEs; outros receberam melhorias adicionais e foi possível aos funcionários desenvolverem trabalhos de iniciativa própria. Depois de aproximadamente seis meses, as mesmas mudanças foram instituídas com um dos grupos-controle, enquanto o grupo remanescente continuou por todo o período como controle. Diversos meses de relatórios de progresso dos FEs ficaram disponíveis como uma base prévia para avaliação. Os resultados desse projeto são mostrados na Figura 9-5.

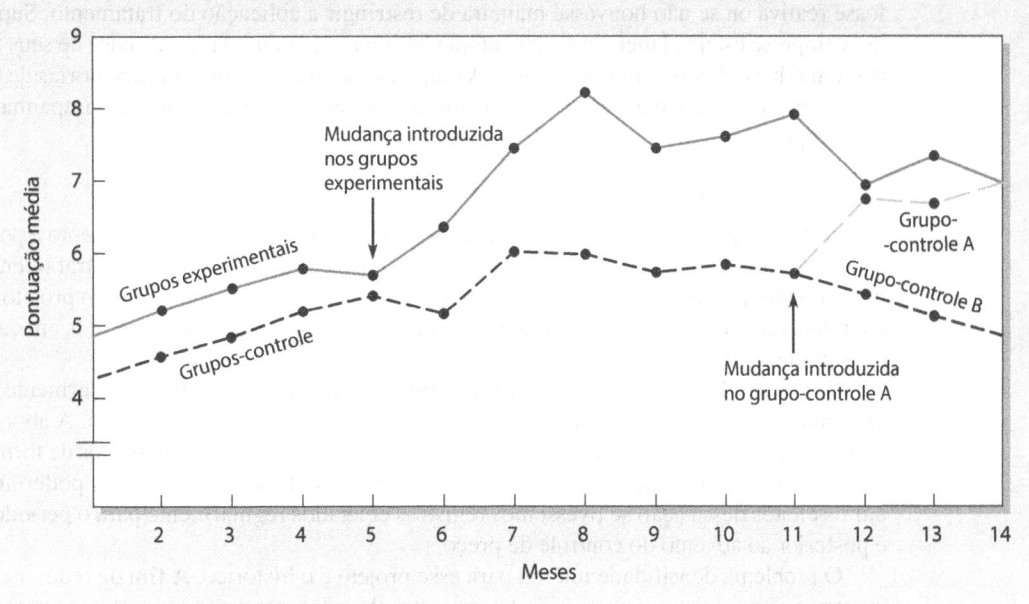

```
O O O X O O O O O O O O O O O
-----------------------------------------
O O O O O O O O X O O O O O O
-----------------------------------------
O O O O O O O O O O O O O O O
```

Figura 9-5 Avaliação de relatórios mensais dos FEs.

$$\begin{array}{ccc} O_1 & X & O_2 \\ \hline O_3 & & O_4 \end{array} \qquad (6)$$

Há duas variedades. Uma é o *projeto equivalente intacto*, no qual os membros dos grupos experimental e controle são naturalmente reunidos. Por exemplo, podemos usar diferentes turmas de uma escola, membros de clubes semelhantes ou clientes de lojas similares. Idealmente os dois grupos devem ser o mais parecido possível. Esse tipo de projeto é especialmente útil quando qualquer tipo de processo de seleção individual seria reativo.

A segunda variação, o *projeto com grupo experimental autosselecionado*, é mais fraca porque os voluntários são recrutados para formar o grupo experimental, ao passo que não voluntários são usados para o grupo-controle. Tal projeto é mais provável quando as pessoas acreditam que seria interessante para elas participar de um experimento – digamos, um programa de treinamento experimental.

A comparação de resultados do pré-teste ($O_1 - O_3$) é um indicador do grau de equivalência entre os grupos de teste e controle. Se os resultados do pré-teste são significativamente diferentes, há uma verdadeira questão sobre a comparabilidade dos grupos; as observações do pré-teste, por sua vez, são semelhantes entre os grupos, logo, há mais razão para acreditar que a validade interna do experimento é boa.

Projeto de amostra separada com pré e pós-teste

Esse projeto é mais aplicável quando não sabemos quando e para quem apresentar o tratamento, mas podemos decidir quando e quem mensurar. O projeto básico é:

$$\begin{array}{cccc} R & O_1 & (X) & \\ R & & X & O_2 \end{array} \qquad (7)$$

O tratamento entre parênteses (X) é irrelevante para o propósito do estudo, mas é mostrado para sugerir que o experimentador não pode controlar o tratamento.

Esse não é um projeto forte, pois as diversas ameaças à validade interna não são trabalhadas adequadamente. O histórico pode confundir os resultados, mas pode ser superado ao se repetir o estudo outras vezes em outros contextos. Contudo, é considerado superior aos experimentos verdadeiros em relação à validade externa. Sua força resulta do fato de ser um experimento de campo no qual as amostras são comumente recrutadas de uma população para a qual queremos generalizar nossos resultados.

Esse projeto seria mais apropriado se a população fosse grande, se a mensuração prévia fosse reativa ou se não houvesse maneira de restringir a aplicação do tratamento. Suponha que uma empresa esteja planejando uma campanha intensa para mudar as atitudes de seus funcionários em relação à economia de energia. A empresa recruta duas amostras aleatórias de funcionários, uma das quais é entrevistada sobre atitudes de uso de energia antes da campanha informativa. Depois desta, o outro grupo é entrevistado.

Projeto de grupo de séries temporais

Uma série temporal apresenta observações repetidas antes e depois do tratamento e permite aos sujeitos agirem como seus próprios controles. O projeto de grupo único de tratamento tem as mensurações prévias e posteriores como seus únicos controles. Também há um projeto múltiplo, com dois ou mais grupos de comparação, bem como as mensurações repetidas em cada grupo de tratamento.

O formato de séries temporais é especialmente útil quando registros regularmente mantidos são uma parte natural do ambiente e não têm probabilidade de serem reativos. A abordagem de séries temporais também é uma boa maneira de estudar eventos não planejados de forma *ex post facto*. Se o governo federal começasse subitamente a controlar preços, ainda poderíamos estudar os efeitos dessa ação se tivéssemos registros coletados regularmente para o período anterior e posterior ao advento do controle de preço.

O problema de validade interna para esse projeto é o histórico. A fim de reduzir esse risco, mantemos um registro de possíveis fatores estranhos durante o experimento e tentamos ajustar os resultados para que reflitam sua influência.

Resumo

1 Experimentos são estudos que envolvem a intervenção por parte do pesquisador além da requerida para mensuração. A intervenção usual consiste em manipular uma variável (a variável independente) e observar como ela afeta as pessoas que estão sendo estudadas (a variável dependente).

Uma avaliação do método experimental revela diversas vantagens: (1) capacidade de descobrir relações causais, (2) recursos para controlar variáveis estranhas e ambientais, (3) conveniência e baixo custo na criação de situações de teste, em vez de buscá-las em situações empresariais, (4) possibilidade de repetir resultados, excluindo resultados idiossincrásicos ou isolados e (5) habilidade para explorar fatos que ocorrem naturalmente.

2 Algumas vantagens de outros métodos que representam problemas para o experimento incluem: (1) ambiente artificial de laboratório, (2) generalização de amostras não probabilística, (3) custos desproporcionais na seleção de situações empresariais, (4) foco restrito ao presente e ao futuro imediato e (5) questões éticas relacionadas à manipulação e controle de sujeitos humanos.

3 Para a execução de um experimento bem planejado, é essencial que sejam consideradas as seguintes atividades:

   a Selecionar as variáveis relevantes para teste.
   b Especificar os níveis de tratamento.
   c Controlar os fatores ambientais e estranhos.
   d Escolher um projeto experimental adequado para a hipótese.
   e Selecionar e atribuir sujeitos para os grupos.
   f Fazer teste-piloto, revisar e conduzir o teste final.
   g Analisar os dados.

4 Julgamos vários tipos de projeto de pesquisa experimental pela forma como eles atendem aos testes de validades interna e externa. Um experimento tem alta validade interna se tivermos confiança de que o tratamento experimental foi a fonte de mudança na variável dependente. Mais especificamente, a validade interna de um projeto é julgada pela forma como ele lida com sete ameaças: histórico, maturação, efeitos de teste, instrumentação, seleção, regressão estatística e mortalidade do experimento.

A validade externa é alta quando os resultados de um experimento podem ser aplicados em uma população maior. Dizemos que tal experimento tem alta validade externa para aquela população. Três ameaças em potencial à validade externa são reatividade ao teste, interação na seleção e outros fatores reativos.

5 Os projetos de pesquisa experimental incluem (1) pré-experimentos, (2) experimentos verdadeiros e (3) quase-experimentos. A principal diferença entre os três tipos é o grau de controle que o pesquisador pode exercer sobre os problemas de validade. Foram apresentados três projetos pré-experimentais neste capítulo. Esses projetos representam a forma mais crua de experimentação e só são escolhidos quando não temos uma alternativa mais forte disponível. Seu ponto fraco é a falta de um grupo de comparação equivalente; consequentemente, eles deixam de atender a muitos critérios de validade interna. São eles: (1) estudo de controle *one-shot*, (2) projeto com grupo único com pré e pós-teste e (3) estudo com grupo estático.

Também foram apresentadas duas formas de experimento verdadeiro. Sua característica central é fornecer um meio pelo qual podemos assegurar equivalência entre os grupos experimental e controle com a atribuição aleatória aos grupos. Esses projetos são (1) grupo-controle com pré e pós-teste e (2) grupo-controle com pós-teste apenas.

O experimento clássico com dois grupos pode ser estendido para projetos multigrupos, nos quais diferentes níveis da variável de teste são usados como controles em vez do clássico controle sem teste.

Entre os extremos dos pré-experimentos, com pouco ou nenhum controle, e os experimentos verdadeiros, com atribuição aleatória, há uma área cinzenta na qual encontramos os quase-experimentos.

Estes são projetos úteis quando algumas variáveis podem ser controladas, mas geralmente não é possível estabelecer grupos experimentais e de controle equivalentes com a atribuição aleatória. Há muitos projetos de quase-experimento, mas apenas três foram abordados neste capítulo: (1) projeto com grupo-controle não equivalente, (2) projeto com amostra separada com pré e pós-teste e (3) projeto de grupo de séries temporais.

Termos-chave

atribuição aleatória 201	experimento duplo-cego 201	reprodução 195
controle ambiental 199	grupo-controle 199	tratamento experimental 199
emparelhamento 201	hipótese 197	validade externa 203
experimento 194	matriz de quota 201	validade interna 203
experimento cego 200	níveis de tratamento 199	variável dependente (VD) 194
experimento de campo 195	operacionalizado 197	variável independente (VI) 194

Questões para **discussão**

Revisão de termos

1 Faça a distinção entre:

   a Validade interna e validade externa.

   b Projeto pré-experimental e projeto quase-experimental.

   c Histórico e maturação.

   d Amostragem aleatória, atribuição aleatória e emparelhamento.

   e Variáveis ambientais e variáveis estranhas.

2 Compare as vantagens dos experimentos com as vantagens dos métodos de levantamento e de observação.

3 Por que um pesquisador empresarial famoso diria: "É essencial manter sempre em mente o modelo de experimento controlado, mesmo quando, na prática, temos que nos desviar de um modelo ideal"?

4 Que problemas éticos você vê na realização de experimentos com seres humanos?

5 Que características essenciais diferenciam um experimento verdadeiro de outros projetos de pesquisa?

Tomada de decisão em pesquisa

6 Uma empresa de iluminação deseja estudar o percentual de lâmpadas com defeito em sua produção. Teoricamente, o percentual de defeitos depende da temperatura, da umidade e do nível de experiência do operário. Dados registrados diariamente pelo período de um ano estão disponíveis para as seguintes variáveis:

   a Temperatura (alta, normal, baixa).

   b Umidade (alta, normal, baixa).

   c Nível de experiência do operário (alto, médio, baixo).

   Alguns especialistas acham que os defeitos dependem também dos supervisores de produção. No entanto, os dados dos supervisores encarregados estão disponíveis para apenas 242 dos 365 dias. Como esse estudo deve ser conduzido?

7 Muitos anúncios na Internet são precificados com base em quantos cliques recebem. Um sujeito realiza uma busca em ferramentas de busca como Google ou Bing; consequentemente, um site hospedeiro, baseando-se nas palavras digitadas, mostra ao sujeito um anúncio. Se o sujeito clicar diretamente no anúncio, os profissionais do site hospedeiro verão que o site do anúncio foi visitado. O anúncio é considerado efetivo e o anunciante deverá pagar ao site hospedeiro pelo anúncio. Mas a pesquisa revela que muitos que não clicam no anúncio do site de hospedagem visitam o site do anunciante por outros meios. Eles simplesmente digitam o URL do anunciante diretamente no navegador ou na ferramenta de busca. Como você planejaria um experimento para determinar se anúncios exibidos em seu site hospedeiro, e que não receberam o clique, conseguiram que futuros clientes acessassem o site do anúncio por outros meios?

8 Uma indústria farmacêutica está testando um remédio para tratamento de câncer. Durante os estágios finais de desenvolvimento, a eficácia da droga está sendo testada em pessoas com diferentes (1) condições de dosagem e (2) faixas etárias. Um dos problemas é a mortalidade dos pacientes durante o experimento. Justifique suas recomendações de projeto usando uma comparação de alternativas e em termos de validades externa e interna.

   a Indique o projeto apropriado para o experimento.

   b Explique o uso de grupos-controle, experimento cego e duplo-cego, se você os recomendar.

9 Foi solicitado que você desenvolvesse um experimento para estudar o efeito da compensação financeira nos índices de resposta obtidas em entrevistas pessoais. Esse estudo vai envolver 300 pessoas que serão escolhidas com base em uma das seguintes condições: (1) nenhuma compensação, (2) compensação de US$ 1 e (3) compensação de US$ 3. Serão exploradas diversas questões delicadas envolvendo problemas sociais, e as 300 pessoas serão recrutadas de uma população adulta. Descreva seu projeto. O Apêndice 9a pode ser útil para essa questão.

10 Que tipo de projeto experimental você recomendaria em cada um dos casos a seguir? Sugira, com detalhes, como você planejaria cada estudo:

   a Um teste de três métodos de compensação financeira para trabalhadores. Os métodos são salário por hora, pagamento de incentivo e salário semanal. A variável dependente é o custo direto da mão de obra por unidade de resultado.

   b Um estudo dos efeitos dos vários níveis de iniciativas de propaganda e de redução de preços nas vendas de produtos com marca própria de uma cadeia de supermercados.

   c Um estudo para determinar se é verdadeiro o fato de que uma música com ritmo rápido tocada em uma loja acelera a velocidade de compra dos clientes sem efeito adverso na quantia gasta por cliente.

Dando vida à pesquisa

11 Projete um experimento para a vinheta de abertura.

Do conceito à prática

12 Usando a Figura 9-4, faça o diagrama de um experimento descrito em um dos quadros Caso real deste capítulo, usando os símbolos do projeto de pesquisa.

Direto das manchetes

13 Um dos aspectos mais difíceis de uma fusão é a comunicação entre os sistemas de TI das empresas que realizaram a fusão. O problema aumenta quando se fala de fusões entre companhias aéreas, como a Continental e a United Airlines. Embora a conversão das passagens aéreas tenha funcionado bem, a falta de clareza do sistema de monitoramento do tráfego aéreo tornou a conversão problemática. Portanto, quando a companhia decidiu que o sistema da United era o mais adequado, foi preciso testá-lo. Como você planejaria um experimento para verificar se o seu sistema de monitoramento saberia onde estão os voos, quais os horários de chegada e partida, os números dos voos e se eles se desviaram do plano de voo?

Casos (em inglês) no site do Grupo A

McDonald's testa o sanduíche de peixe

NetConversions influencia a Kelley Blue Book

Você encontrará uma descrição de cada caso na seção Índice de Casos deste livro. Verifique no Índice de Casos quais fornecem dados, o instrumento de pesquisa ou outro material complementar. Para acessar os casos (em inglês), entre no site do Grupo A (www.grupoa.com.br) e procure pelo livro.

Apêndices (em inglês) no site do Grupo A

Depois de fazer seu cadastro, entre no site do Grupo A (www.grupoa.com.br) e procure por este livro. Clique no ícone de Conteúdo Online para fazer download de dois apêndices (em inglês) que suplementam o conteúdo deste capítulo.

Apêndice 9a: Complex Experimental Design
Apêndice 9b: Test Markets

Capítulo 10

Levantamentos

> **"Se as mídias sociais verificam a temperatura, os levantamentos são o teste de sabor para validar uma refeição adequadamente preparada. Um bom levantamento permite: (1) retirar o ruído e focar nas opiniões e nos comentários diretamente aplicáveis às questões mais prementes e (2) validar tendências e mudanças na preferência das quais suspeitamos, mas não temos certeza."**
>
> *Reggie Aggarwal, CEO, Cvent*

Objetivos de **aprendizagem**

Após ler este capítulo, você compreenderá...

1. O processo para seleção da abordagem de comunicação apropriada e ideal.
2. Quais fatores afetam a participação em estudos de comunicação.
3. As principais fontes de erro nos estudos de comunicação e como minimizá-los.
4. As principais vantagens e desvantagens das três abordagens de comunicação.
5. Por que uma empresa pode terceirizar um estudo de comunicação.

Dando vida à pesquisa

A Albany Outpatient Laser Clinic Inc. solicitou que a Henry & Associates desenvolvesse um levantamento para avaliar a satisfação dos pacientes. Como parte da fase exploratória, Sara tem examinado a documentação fornecida pela clínica, incluindo cartas de reclamação.

"Jason, você vai gostar desta", comenta Sara ao chegar para sua reunião com ele para discutirem o projeto de satisfação dos pacientes da empresa solicitante. Ela pega a carta e sorri largamente.

Jason então perguntou: "Essa é a carta que o administrador da clínica, George Bowlus, prometeu enviar nesta manhã?" Sara assente ao lhe entregá-la.

Edna Koogan, P. A., advogada
P. O. Box 8219-2767
Albany, Nova York 12212-2767

Drª. Edith Coblenz, M.D.
3456 Barshoot Building Albany,
Nova York 12212

Prezada Edith,

Gostaria que você conhecesse a minha versão do incidente ocorrido nesta manhã na Albany Outpatient Laser Clinic Inc. Tenho certeza de que, a esta altura, você já falou com o gerente comercial, com o diretor de admissões e, possivelmente, com o anestesista. Sei que você é acionista da clínica e, como sua ex-advogada e atual paciente, achei que lhe devia um aviso e uma explicação.

Você me disse para estar no local às 7h para fazer uma série de exames preliminares para minha cirurgia nos olhos amanhã. Peguei um táxi e cheguei lá pontualmente às 6h55. Identifiquei-me como sua paciente, e a recepcionista prontamente chamou alguém da sala de trás e disse: "A médica da Sra. Koogan é a Dra. Coblenz", o que, obviamente, não é verdade, visto que você é minha oftalmologista. Porém, estava com muito frio para discutir, já que tinham nos deixado esperando na neve até as 7h10.

Um rapaz insistiu em levar meus óculos e medicamentos consigo "para um check-up". Assim que ele desapareceu com meus óculos, uma segunda funcionária de admissões apareceu e entregou-me um "questionário" para preencher; parecia ser uma cópia de outras cópias e estava muito mal impressa, com letras cinzas pequenas em um papel cinza claro. Quando mencionei que estava para ser internada para tratamento de glaucoma, uma das principais causas de cegueira, ela disse: "Faça o melhor que puder". Quando protestei enfaticamente, ela pareceu surpreendida. Suponho que a maioria dos pacientes de 80 anos a que ela atende são mais complacentes, mas sou uma velha advogada intratável.

Será que estava errada em reclamar que o questionário estava muito apagado e as letras eram muito pequenas? Será que sou a primeira paciente de glaucoma a ser tratada na Laser Center? Qualquer um entenderia que não se pede a alguém cego de um olho para preencher um questionário como aquele, principalmente sem os óculos. Com má vontade, ela pediu que me sentasse ao seu lado para que pudesse me ajudar.

Havia diversas perguntas sobre meu nome, endereço, idade e profissão. Então, ela queria saber o nome do médico que faria a cirurgia e o número do telefone (mas não o nome) do médico que estava mais familiarizado com minha saúde. Disse-lhe que o médico de minha cirurgia era um oftalmologista e que o médico mais familiarizado com minha saúde era um clínico geral, e perguntei-lhe se queria o telefone do oftalmologista ou do clínico geral. Ela me advertiu para tentar "me comportar melhor". Depois, mandou-me preencher o formulário do jeito que desse.

Uma paciente muito gentil (com hemorroidas, mas nenhum problema de visão) se ofereceu para me ajudar. Ela começou a ler o questionário e chegou ao item "Histórico médico: Sim ou Não". Ela achou que isso não fazia sentido, e concordei, pois todos temos um histórico médico, e ninguém responderia não; mas, depois de um tempo, decidimos que aquilo significava que devesse responder "sim" ou "não" a todas as perguntas que vinham a seguir, como: "Você tem diabetes?"; "Você tem doenças cardíacas?".

Dando vida à pesquisa (cont.)

Dra. Edith Coblenz, M.D.   Página 2

Quando chegamos a "Você já teve ou foi tratada para gripe?", não conseguimos decifrar o que significava: se já tive gripe, ou se a tive recentemente (tive gripe há seis meses, mas isso é "recente"?). Então, perguntamos à recepcionista. Ela ficou quase muda e disse que pediria a alguém para me ajudar.

Depois de um tempo, a "ajuda" apareceu – uma enfermeira que queria medir minha pressão e me convencer a tomar uma pílula azul, que dizia ser boa para os "nervos". Recusei e aleguei secamente que aquilo não era um campo de concentração, mas uma recepção, uma empresa, pelo amor de Deus, e que eles deveriam ser capazes de lidar com uma pequena crítica feita por alguém acostumado a obter informações precisas.

Nesse ponto, diversas pessoas gentis haviam se aproximado para me ajudar com o questionário. Mas isso tornou ainda difícil decidir sobre as respostas, pois cada um entendia as perguntas de uma forma diferente e não conseguíamos chegar a um consenso. Quando chegamos à pergunta "Todos os seus dentes estão intactos?", um homem a interpretou como: "Você tem dentes postiços?"; outro, que queria dizer: "Você tem algum dente quebrado?"; mas uma mulher cujo filho é dentista disse que significava: "Você tem dentes soltos?". Não conseguíamos decidir como resolver essa questão.

Então, chegamos a "Você tem movimento limitado do pescoço?", e todos já estavam se divertindo com a incongruência das perguntas. É claro que tenho movimento limitado do pescoço. Existe alguém que não o tenha? Decidimos deixar aquela pergunta para esclarecimento posterior.

Depois de todas as perguntas cuja resposta era "sim/não", vieram várias outras questões confusas, como "Liste seus medicamentos atuais". O problema, evidentemente, é que tenho um colírio roxo e um colírio amarelo, mas o rapaz havia levado ambos "para um check-up", então não tinha como responder às perguntas com exatidão. Tinha quase certeza de que um deles era glucagon, então me arrisquei e escrevi, mas depois pensei de novo e risquei-o. (Quando cheguei em casa, verifiquei que era betagan, e não glucagon.)

Estávamos os quatro respondendo ao questionário, rindo e nos divertindo para aliviarmos nossa ansiedade, o que deixou a encarregada pelas admissões ainda mais irritada. Então ela chamou o anestesista, um jovem convencido que nos disse ter ele mesmo escrito o questionário e nunca ter havido qualquer problema. Então, disse-lhe que, se ele não teve qualquer problema com o questionário, isso provava que era melhor ser sortudo que inteligente.

Ele me disse que ignoraria minha "atitude", porque sabia que eu era velha e estava ansiosa em função de minha cirurgia. Disse-lhe que ia levar meu problema para outro lugar por causa da questão da bilateralidade. "O que é isso?", perguntou-me. Disse a ele que tenho dois olhos e que, se alguém tão burro como ele viesse atrás de mim com um laser, provavelmente cortaria o olho errado.

Peguei um táxi e pedi à minha vizinha para ir buscar meus óculos. Como advogada, aconselho você a não se envolver com esse tipo de gente.

Edna

"Parece que a Albany Clinic precisa de ajuda no desenvolvimento de questionários", comenta Jason. "Você acha?", respondeu-lhe Sara sarcasticamente.

Características da abordagem de comunicação

Os projetos de pesquisa podem ser classificados pela abordagem usada para reunir dados primários. Há duas alternativas: pode-se observar condições, comportamentos, eventos, pessoas ou processos; ou se *comunicar* com as pessoas sobre vários assuntos, incluindo atitudes, motivações, intenções e expectativas dos participantes. O pesquisador determina a abordagem da coleta de dados apropriada em grande parte identificando os tipos de informação necessários – questões investigativas a que o pesquisador precisa responder. Como pesquisadores, aprendemos muito sobre opiniões e atitudes pela pesquisa baseada em comunicação; as técnicas de observação não são capazes de revelar esses elementos críticos. Isso também é verdadeiro para intenções,

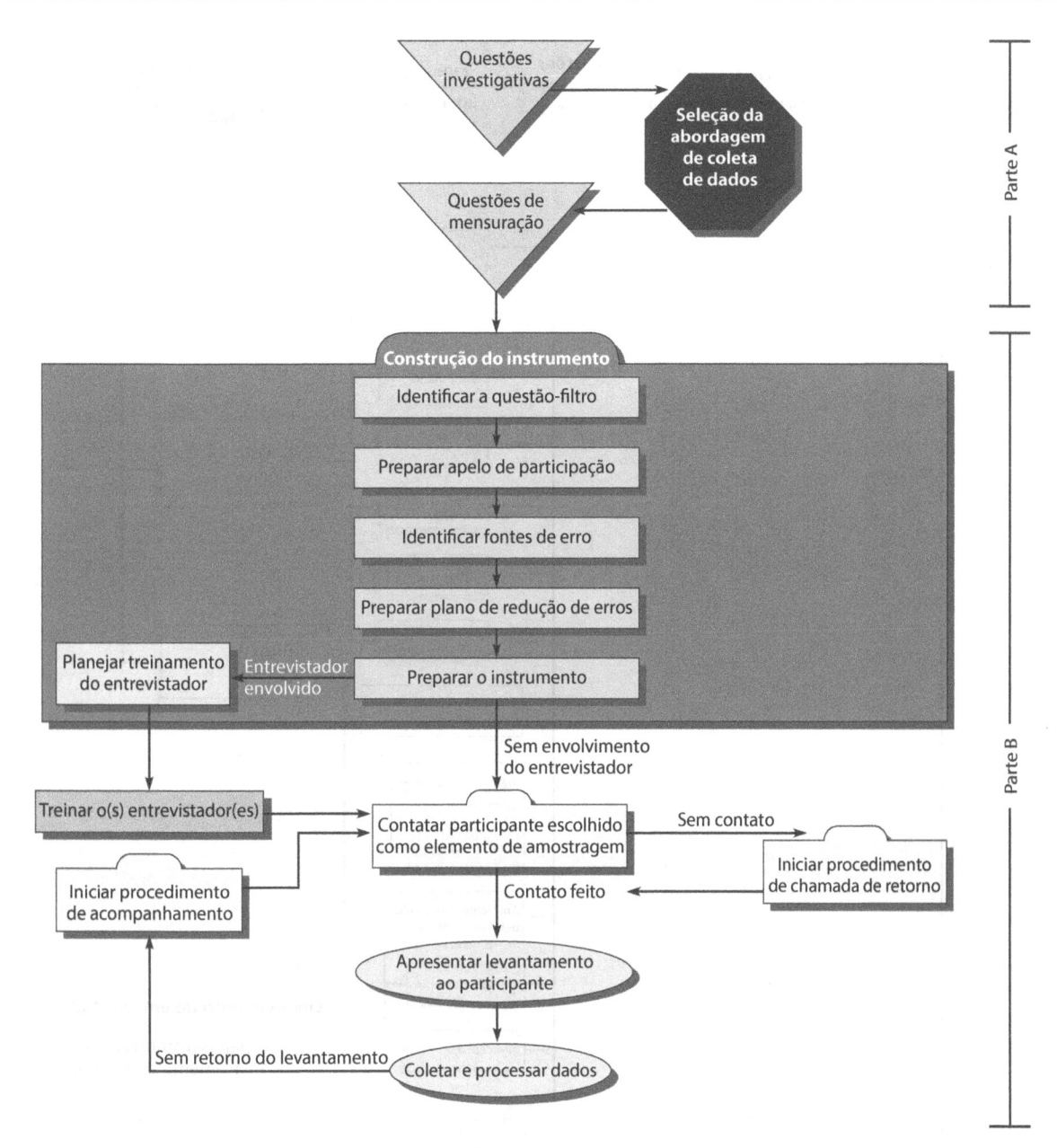

Figura 10-1 Abordagem da coleta de dados: impacto sobre o processo de pesquisa.

expectativas, motivações e conhecimento. Informações sobre eventos passados costumam estar disponíveis somente por meio de levantamentos ou entrevistas com pessoas que se lembram dos eventos. Portanto, a escolha da abordagem de comunicação *versus* a de observação pode parecer óbvia, graças às direções a que as questões investigativas podem conduzir. As características da unidade amostral – especificamente se um participante pode articular suas ideias, pensamentos e experiências – também desempenham um papel importante na decisão. A Parte A da Figura 10-1 mostra a relação dessas decisões com o processo de pesquisa detalhado no Capítulo 4, e a Parte B indica como a escolha de uma abordagem de comunicação pelo pesquisador afeta o seguinte:

- A criação e a seleção das questões de mensuração (a serem exploradas nos Capítulos 11 e 12).
- O projeto do instrumento (a ser discutido no Capítulo 13), que incorpora tentativas de reduzir os erros e de criar procedimentos de triagem de participantes.

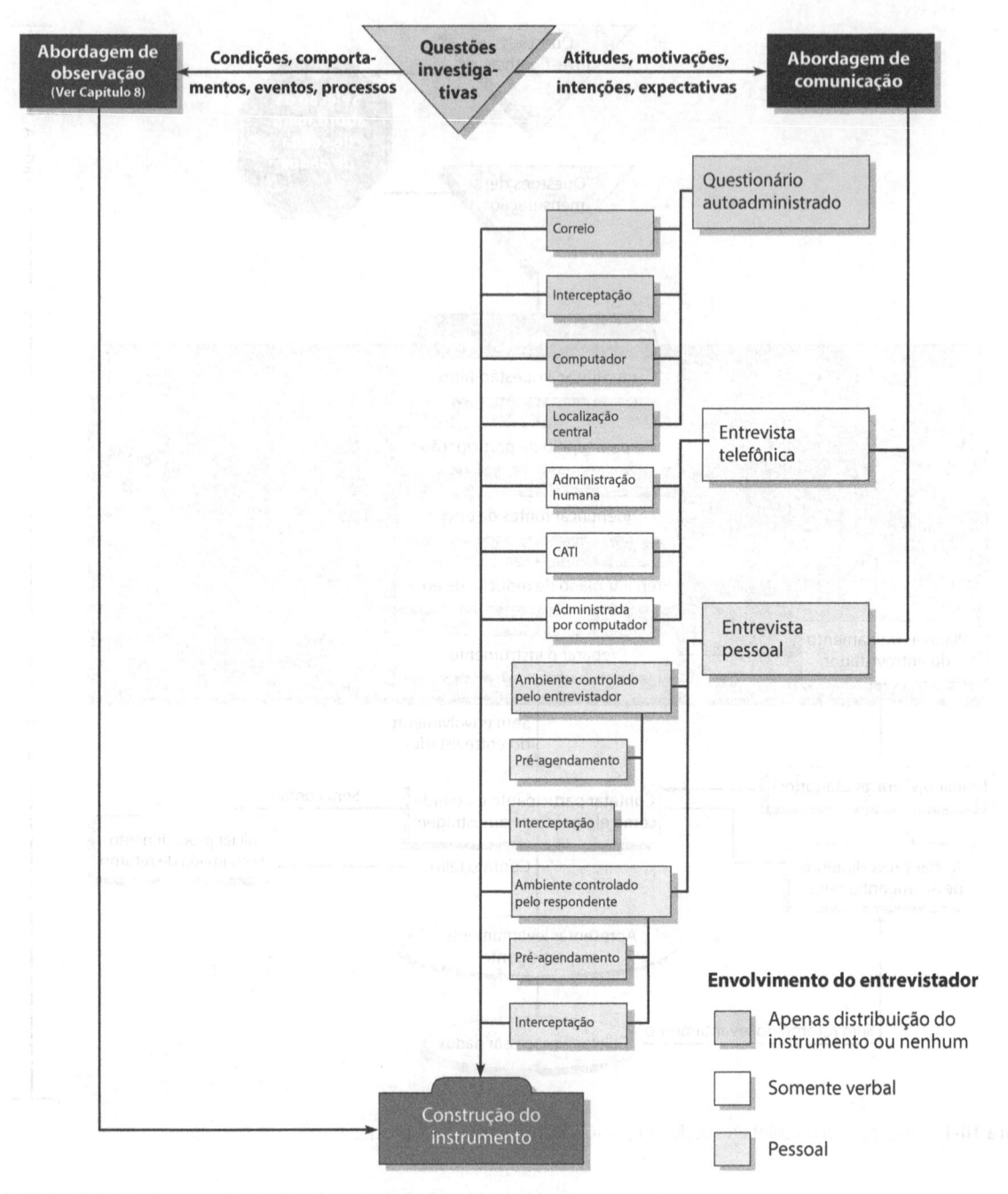

Figura 10-2 Seleção de um método de coleta de dados por comunicação.

- Questões de amostragem (exploradas no Capítulo 14), que levam a procedimentos de contato e retorno.
- Processos de coleta de dados, que criam a necessidade de procedimentos de acompanhamento (quando são usados instrumentos autoadministrados) e possível treinamento do entrevistador (quando são usados métodos de levantamento pessoal ou por telefone).

Neste capítulo, concentramo-nos nas escolhas que o pesquisador precisa fazer, uma vez que a abordagem de comunicação foi selecionada (Figura 10-2). Discutiremos as características e aplicações das várias abordagens de comunicação, bem como seus pontos fortes e fracos (resumidos na Figura 10-5).

A **abordagem de comunicação** envolve o levantamento ou a entrevista de pessoas e o registro de suas respostas para análise. Um **levantamento** é um processo de mensuração usado para coletar informações durante uma entrevista altamente estruturada – às vezes, com um entrevistador, outras vezes, sem. As questões são cuidadosamente escolhidas ou elaboradas, sequenciadas e feitas com precisão a cada participante. A meta do levantamento é derivar dados comparáveis entre subconjuntos da amostra escolhida a fim de que semelhanças e diferenças possam ser encontradas. Quando combinado com a amostragem probabilística estatística para selecionar os participantes, os resultados e conclusões do levantamento são projetáveis para populações grandes e diversas.

O maior ponto forte do levantamento como abordagem de coleta de dados primários é sua versatilidade. Informações abstratas de todos os tipos podem ser reunidas ao questionar as pessoas, além disso algumas poucas perguntas bem escolhidas podem gerar informações que exigiriam muito mais tempo e esforço se estas fossem coletadas por meio de observação. Um levantamento que usa telefone, correio, computador, e-mail ou internet como meio de comunicação pode expandir sua cobertura geográfica a uma fração do custo e do tempo exigidos pela observação.

A má notícia é que toda pesquisa de comunicação tem algum erro. Entender as várias fontes de erros ajuda os pesquisadores a evitá-los ou diminuí-los.

Erro na pesquisa de comunicação

Conforme mostrado na Figura 10-3, existem três principais fontes de erro na pesquisa de comunicação: questões de mensuração e de instrumentos de levantamento, entrevistadores e participantes. Os pesquisadores não podem ajudar um tomador de decisão de negócios a responder a uma questão de pesquisa se (1) selecionarem ou elaborarem questões inadequadas, (2) perguntarem-nas em uma ordem inadequada ou (3) usarem transições e instruções inadequadas para obter informações. Daremos devida atenção às maneiras de evitar essas fontes de erro nos Capítulos 11, 12 e 13.

Erro do entrevistador

Desde a apresentação até a conclusão da entrevista, há muitos pontos nos quais o controle do processo pelo entrevistador pode afetar a qualidade dos dados. O **erro do entrevistador**, uma grande fonte de erro de amostragem e viés de resposta, é causado por diversas ações:

- *Falha em obter total cooperação do participante (erro de amostragem).* A amostra provavelmente será tendenciosa se os entrevistadores não fizerem um bom trabalho para contar com a cooperação do participante. Embora o erro do instrumento fosse evidente no estudo da Albany Clinic, há também a questão de o distribuidor do questionário (a recepcionista) ter contribuído para a falta de qualidade nos dados coletados de Edna. Perto do fim da comunicação, existem algumas dúvidas sobre a seriedade com que as questões foram respondidas. Enfatizar a importância das informações para a cirurgia a ser feita e ter uma recepcionista treinada para servir como intérprete/confirmadora das questões poderiam reduzir esse tipo de erro.

- *Falha em registrar as respostas de forma precisa e completa (erro na entrada dos dados).* O erro pode resultar de um procedimento de registro da entrevista que force o entrevistador a resumir ou a interpretar as respostas, ou de não fornecer espaço suficiente para registro literal das respostas dadas pelo participante.

- *Falha em executar consistentemente os procedimentos de entrevista.* A precisão das estimativas do levantamento será reduzida e haverá mais erros nas estimativas à medida que os entrevistadores forem inconsistentes de uma forma que influencie os dados. No estudo da clínica médica, dar diferentes definições (de doenças) para diferentes pacientes da clínica, ao se preencher o histórico médico, geraria viés.

- *Falha em estabelecer um ambiente apropriado para a entrevista.* As respostas podem ser sistematicamente imprecisas ou tendenciosas quando os entrevistadores não conseguem instruir e motivar os participantes de forma apropriada ou não conseguem estabelecer um ambiente interpessoal adequado.[1] Como o estudo da clínica solicitava dados fatuais, e não de atitude, a influência do entrevistador seria limitada. Se a clínica também solicitasse à

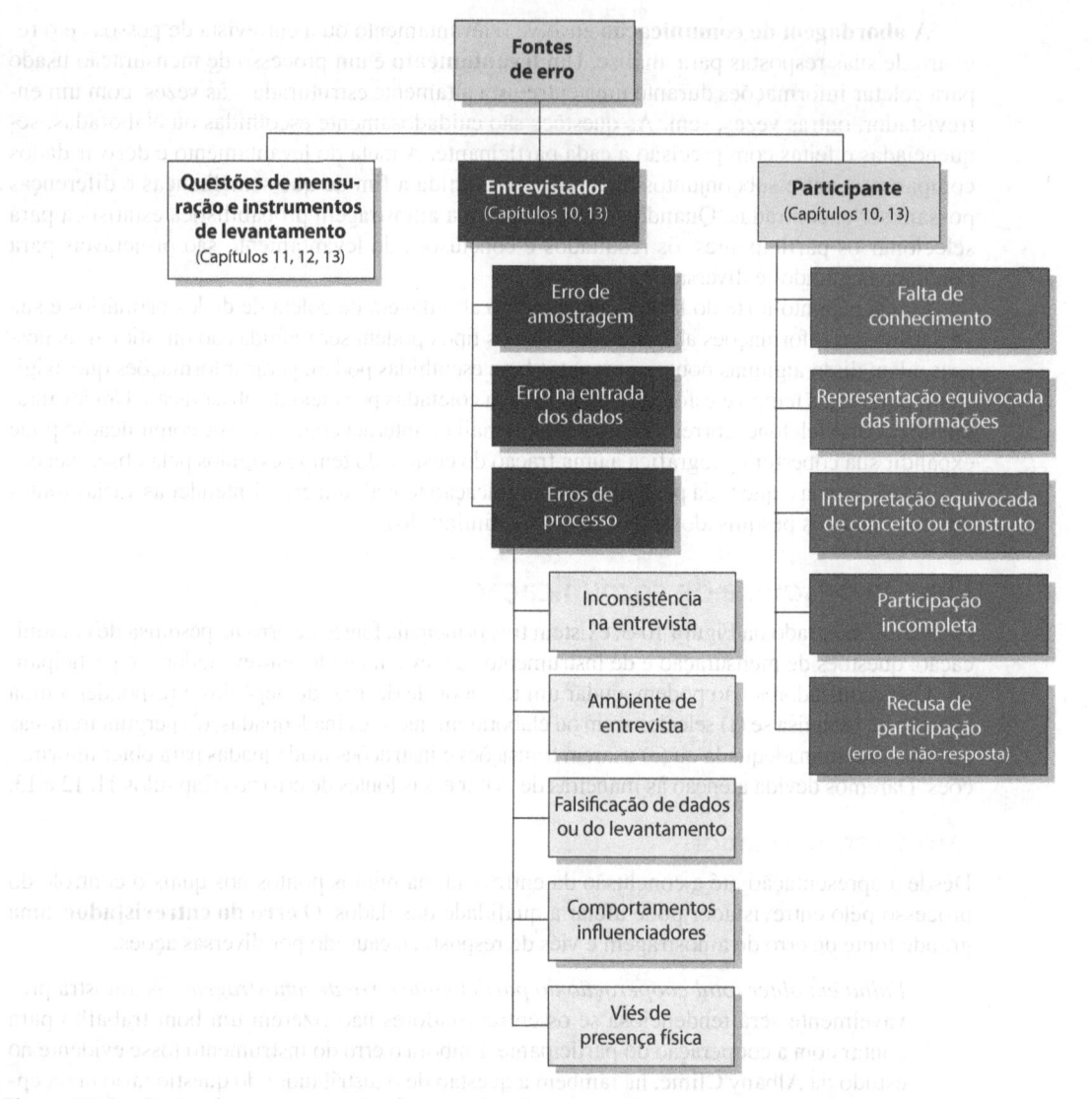

Figura 10-3 Fontes de erro na pesquisa de comunicação.

Fontes de erro
- Questões de mensuração e instrumentos de levantamento (Capítulos 11, 12, 13)
- Entrevistador (Capítulos 10, 13)
  - Erro de amostragem
  - Erro na entrada dos dados
  - Erros de processo
    - Inconsistência na entrevista
    - Ambiente de entrevista
    - Falsificação de dados ou do levantamento
    - Comportamentos influenciadores
    - Viés de presença física
- Participante (Capítulos 10, 13)
  - Falta de conhecimento
  - Representação equivocada das informações
  - Interpretação equivocada de conceito ou construto
  - Participação incompleta
  - Recusa de participação (erro de não-resposta)

funcionária de admissão (que insultou Edna ao referir-se à atitude negativa dela) que conduzisse uma entrevista sobre a satisfação dos pacientes pós-cirurgia, os resultados desse estudo poderiam ser influenciados pelo viés do entrevistador.

- *Falsificação de respostas individuais ou de toda a entrevista.* Talvez a forma mais insidiosa de erro do entrevistador seja a fraude. Fazer um levantamento é um trabalho difícil, muitas vezes realizado por funcionários contratados por meio período, em geral com treinamento limitado e pouca supervisão direta. Algumas vezes, a falsificação de uma resposta para uma questão que foi negligenciada é vista como uma solução fácil para contrabalançar dados incompletos. Esse primeiro passo fácil, aparentemente inofensivo, pode ser seguido por uma falsificação mais acentuada. Não se sabe com que frequência isso ocorre, mas deve ser uma preocupação constante de diretores de pesquisa conforme o desenvolvimento do projeto de coleta de dados e das empresas que terceirizam seus projetos de levantamento.

- *Comportamento influenciador impróprio.* Também é óbvio que o entrevistador pode distorcer os resultados de qualquer levantamento com sugestões, orientações ou questionamentos verbais inapropriados; com ênfase em palavras e reformulação de questões; com o tom da voz; ou com linguagem corporal, reação facial a uma resposta ou outros sinais não verbais. Essas atividades, sejam intencionais ou por falta de cuidado, são muito frequentes. Esse problema foi investigado usando um questionário simples e participantes que depois falaram sobre os entrevistadores. A conclusão foi a de que "a alta frequência de desvios do comportamento instruído é alarmante".[2]

- *Viés de presença física*. Os entrevistadores podem influenciar os participantes de maneira sutil e imperceptível; os mais velhos, por exemplo, muitas vezes são vistos como figuras de autoridade por participantes jovens, que modificam suas respostas de acordo com essa percepção. Algumas pesquisas indicam que a distância social percebida entre o entrevistador e o participante tem um efeito de distorção, embora os estudos não cheguem a um consenso sobre que relação é essa.[3]

Em vista dos numerosos estudos sobre os vários aspectos do viés de entrevistas, o caminho mais seguro para os pesquisadores é reconhecer o potencial constante de erro de resposta.

Erro do participante

Três condições amplas devem ser atendidas pelos participantes para ter um levantamento bem-sucedido:

- Possuir a informação almejada pelas questões investigativas.
- Entender seu papel na entrevista como o provedor de informações precisas.
- Ter a motivação adequada para cooperar.

Portanto, os participantes provocam erros de duas formas: se respondem ou não (disposição) e como respondem.

Erros baseados na participação Três fatores influenciam a participação:[4]

- O participante precisa acreditar que a experiência será agradável e satisfatória.
- O participante precisa acreditar que responder ao levantamento representa um uso importante e valioso de seu tempo.
- O participante precisa descartar qualquer reserva mental que possa ter sobre a participação.

Se a experiência realmente será agradável e satisfatória depende muito do entrevistador nos levantamentos pessoais e telefônicos. Normalmente os participantes cooperarão com um entrevistador cujo comportamento revele confiança e conquiste o entrevistado em um nível pessoal. Os entrevistadores eficazes diferenciam-se não por suas características demográficas, mas por suas habilidades interpessoais. Por confiança queremos dizer que a maioria dos participantes imediatamente aceita participar do estudo e cooperar totalmente com o entrevistador. Um estilo persuasivo é aquele em que o entrevistador instantaneamente estabelece credibilidade, adaptando-se às necessidades individuais do participante. Para que o levantamento não use influência interpessoal, convencer o participante de que a experiência será agradável é tarefa de um dispositivo de notificação prévia ou apresentação por escrito do estudo.

Para convencê-lo de que responder o levantamento é importante e vale a pena, algumas explicações sobre o propósito do estudo são necessárias, embora a quantidade de informações varie com base nos objetivos do patrocinador. Em levantamentos pessoais ou telefônicos, o pesquisador dará ao entrevistador instruções para descobrir que explicação é necessária e a ele fornecê-la. Geralmente, declara o propósito do estudo, diz como as informações serão usadas e sugere o que se espera do participante, que deve sentir que sua cooperação será importante para si mesmo e para os resultados do levantamento. Quando se consegue isso, a maioria dos participantes expressará suas opiniões de boa vontade.

Conforme mostrado na Figura 10-4, a qualidade e a quantidade de informações obtidas dependem muito da capacidade e da disposição dos participantes de cooperar. Potenciais participantes costumam ter reservas sobre serem entrevistados que precisam ser superadas, por exemplo, acreditarem que o entrevistador não tenha um propósito legítimo, acharem o assunto muito delicado e que, portanto, a entrevista é potencialmente embaraçosa ou invasiva, sentirem-se inadequados ou que serão depreciados pelo questionamento. Encontros prévios com empresas que tentaram disfarçar seu argumento de venda ou atividades de arrecadação de fundos como um levantamento também podem reduzir a disposição dos participantes de cooperar. Em entrevistas

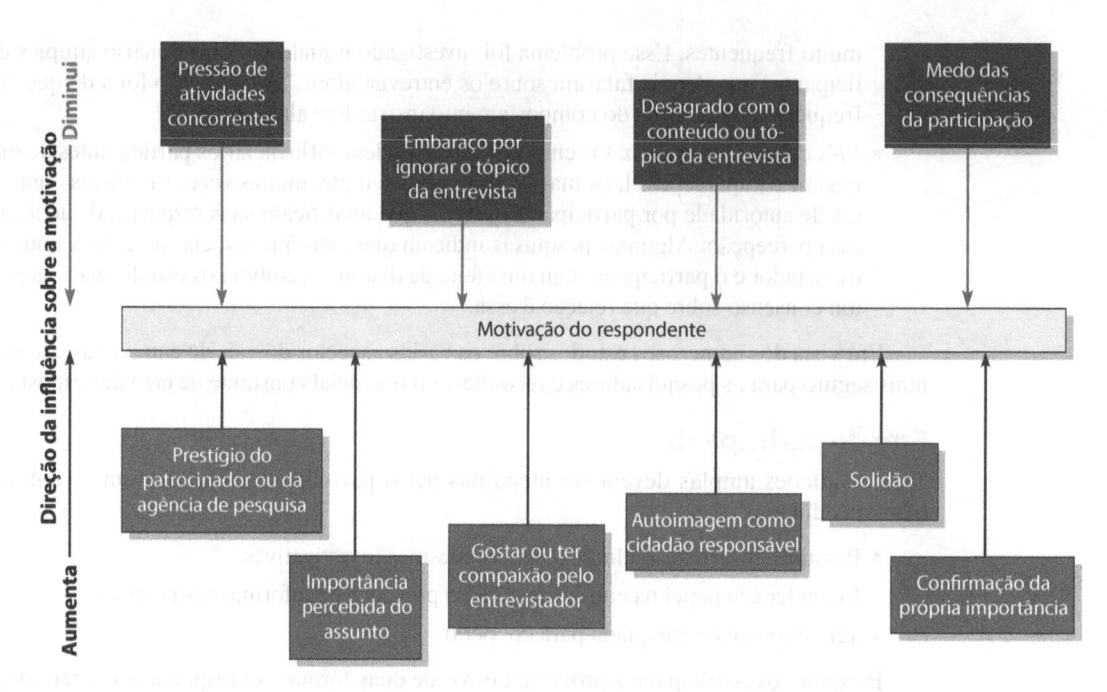

Figura 10-4 Fatores que influenciam a motivação do participante

Fonte: Influenciado por Robert L. Kahn and Charles F. Cannell, "Interviewing," em David L. Sills, ed., *International Encyclopedia of the Social Sciences*, vol. 8, p. 153. Copyright © 1968 por Crowell Collier and Macmillan, Inc.

pessoais e telefônicas, os participantes muitas vezes reagem mais a seus sentimentos em relação ao entrevistador do que ao conteúdo das questões.

No centro de um levantamento ou entrevista, está uma interação entre duas pessoas ou entre uma pessoa e um questionário, na interação, por sua vez, solicita-se que o participante forneça informações. Embora tenha esperança de alguma recompensa pessoal mínima – na forma de remuneração pela participação ou melhora no *status* ou conhecimento –, tem pouca esperança de receber qualquer benefício imediato ou direto dos dados extraídos.

Portanto, a motivação do participante é uma responsabilidade do pesquisador e do entrevistador. Os estudos de reações a muitos levantamentos mostram que os participantes podem ser motivados a participar de entrevistas pessoais e telefônicas e, de fato, podem até gostar da experiência; por exemplo, em um desses estudos, mais de 90% dos participantes disseram que a experiência foi interessante, e três quartos relataram estar dispostos a serem entrevistados novamente.[5] Nos estudos de abordagem/autoadministrados, o principal papel do entrevistador é encorajar a participação para que o entrevistado preencha o questionário sozinho. O fato de terem levado os óculos de Edna, somado à ansiedade natural causada por uma cirurgia nos olhos, não encorajou a participação dela; no entanto, a natureza "obrigatória" das informações (supomos que a cirurgia não seria feita sem que o questionário fosse preenchido) garantiu a participação dela, mesmo de má vontade.

Ao não responder ou recusar-se, os participantes criam uma amostra não representativa para um determinado item ou questão ou para o estudo como um todo. Em levantamentos, o **erro de não resposta** se dá quando as respostas dos participantes diferem em alguma forma sistemática das respostas dos não participantes; isso ocorre quando o pesquisador (1) não consegue localizar a pessoa (o elemento amostral pré-designado) a ser estudada ou (2) não consegue encorajá-la a participar. Esse é um problema especialmente difícil quando se utiliza uma amostra probabilística de sujeitos. Muitos estudos mostraram que indivíduos com nível educacional mais alto e os mais interessados no assunto participam de levantamentos. Um alto percentual daqueles que respondem a um determinado levantamento geralmente respondem a outros, mas há uma grande parcela que não responde, composta por habituais não participantes.[6]

Existem alternativas para evitar ou diminuir o erro discutido. Essas opções serão exploradas detalhadamente nos Capítulos 11 a 14. Apesar de seus desafios, a comunicação com os participantes da pesquisa – e o uso do levantamento – é o principal método da pesquisa de marketing.

Instantâneo

Gamificação em pesquisa

De acordo com o Gartner Group, 50% de todas as inovações e 70% de todas as empresas Global 2000 estarão usando processos de *gamificação* em 2015. Além disso, a M2 Research, empresa de pesquisa em mídia e entretenimento, estima que os gastos com projetos de *gamificação* aumentarão para até US$2,8 bilhões em 2016. Para quem pertence à Geração G, para a qual os jogos eletrônicos têm sido a principal forma de entretenimento, isso pode não ser surpreendente, no entanto a recente *gamificação* começa a ser reconhecida como uma força poderosa fora do setor de entretenimento.

De acordo com Gabe Zichermann, autor do blog Gamification e de *Gamification in Marketing and Gamification by Design*, *gamificação* é o processo de "usar o raciocínio e os mecanismos de jogos para conquistar audiências e solucionar problemas". O analista do Gartner Group Brian Burke indica que a *gamificação* é destinada ao uso em "ambientes não relacionados a jogos, como os de inovação, marketing, treinamento, desempenho de funcionários, saúde e mudança social".

Muitos participantes de levantamentos consideram seu processo entediante. Segundo Betty Adamou, CEO e fundadora da Research Through Gaming Ltd (RTG) e também editora-chefe do Game Access, blog dedicado à *gamificação*, alguns dos princípios fundamentais desta estratégia são engajamento e recompensas. A RTG criou um termo para seus entrevistados de pesquisas *gamificadas*: *playspondents*. "À medida que nossos levantamentos se tornam jogos, as pessoas que participam não são exatamente participantes, mas também não são exatamente jogadores." O ambiente de pesquisa fundamental da empresa é o Playspondent Playhouse. Aqui, um cliente pode "alugar uma sala para executar [seu] projeto, de forma que, quando os avatares são feitos, podem ser colocados em uma sala com as questões [do cliente], imagens de produtos e cotas, prontos para começar!".

O Departamento de Trabalho e Pensões do Reino Unido criou um jogo de inovação chamado Idea Street para gerar ideias partindo de seus 120 mil funcionários. Nos primeiros 18 meses, o Idea Street tinha aproximadamente 4.500 usuários, que geraram 1.400 ideias. O elemento de colaboração do jogo gerou 63 ideias que foram implementadas.

A pesquisa neurológica apoia o uso de jogos como técnica de pesquisa, pois a dopamina é liberada no cérebro ao jogar, e essa sensação prazerosa serve como uma recompensa pela participação. O mundo dos jogos condicionou os jogadores a buscarem suas recompensas claramente articuladas. Muitos pensam que a pesquisa precisa estar envolvida nessa tendência.
www.researchthroughgaming.com;
www.gartner.com; www.m2research.com

Erros de resposta são gerados de duas formas: quando o participante não dá a resposta correta ou quando ela é incompleta. O entrevistador não pode fazer muito em relação nível de informação do participante. Questões de triagem qualificam os participantes quando há dúvida sobre sua capacidade de responder. As aplicações mais adequadas para a pesquisa de comunicação são aquelas em que os participantes são singularmente qualificados para fornecer as informações desejadas. As questões podem ser usadas para investigar características de um participante, como sua renda familiar, idade, preferência sexual, etnia ou estágio no ciclo de vida familiar, ou para extrair dele informações exclusivamente subjetivas, como estilo de vida, atitudes, opiniões, expectativas, conhecimento, motivações e suas intenções.

Se se pedir aos participantes para relatarem fatos que não vivenciaram pessoalmente, é preciso avaliar as respostas com cuidado. Se o propósito for saber o que ele entende sobre o assunto, será legítimo aceitar as respostas dadas, mas, se a intenção for saber realmente o que o evento ou a situação foi, é necessário reconhecer que ele relatará dados de segunda mão e que a exatidão das informações será reduzida.

No estudo do programa CompleteCare, da MindWriter, somente as pessoas que tiveram problemas com seus laptops e passaram pelo programa têm conhecimento direto do processo de manutenção, pois, embora alguns associados e parentes possam ter algum conhecimento indireto da experiência, é improvável que alguém, além dos proprietários dos produtos, possa dar uma ideia clara do que funciona ou não no CompleteCare. Já a paciente Edna teve uma experiência totalmente diferente quando foi fazer a cirurgia a laser para corrigir seu problema de visão. As respostas a muitas das perguntas no questionário do paciente poderiam ter sido dadas por alguém que cuidasse de Edna, especialmente por ela ter problemas de visão suficientemente sérios para demandar uma cirurgia, e o departamento de admissões da clínica teria certeza de que tais informações seriam tão precisas como se tivessem sido dadas pela própria paciente. Uma vez que a imprecisão é uma fonte de erro corrigível, um parente ou membro do grupo não deve ser questionado sobre as experiências de outro membro, a menos que não exista outra maneira de obter a informação diretamente. Não devemos depender de fontes indiretas se uma fonte mais direta puder ser encontrada.

Os participantes também provocam erro quando respondem representando equivocadamente, seja de maneira consciente ou inconsciente, seu comportamento, suas atitudes, preferências, motivações ou intenções reais (*viés de resposta*); eles o fazem para serem socialmente aceitáveis ou manterem a reputação frente ao entrevistador (*viés de aceitação social*), e às vezes até mesmo em uma tentativa de parecerem racionais e lógicos.

Uma das causas principais de viés de resposta é a *aquiescência* – a tendência do participante de ser agradável, o que pode ser resultado de menores habilidades cognitivas relacionadas a um conceito ou construto, dificuldades de linguagem ou nível percebido de anonimato. Contudo, os pesquisadores também podem contribuir para a aquiescência pela velocidade com que fazem as perguntas (quanto mais rapidamente elas são feitas, maior a aquiescência) e a posição da questão na entrevista (quanto mais para o fim, maior a aquiescência).[7]

Algumas vezes, os participantes não têm uma opinião sobre o assunto de interesse. Nesse caso, a resposta apropriada deve ser "não sei" ou "não tenho uma opinião formada". Pesquisas sugerem que a maioria dos participantes que escolhem a opção "não sei", na verdade, possuem o conhecimento ou a opinião que o pesquisador procura.[8] Entre os motivos da escolha, podem estar o desejo de encurtar o tempo gasto no processo de participação, a ambivalência das questões ou o fato de possuir opiniões conflitantes sobre o assunto, e achar que têm informações insuficientes para formar uma opinião – embora a tenham, de fato, não acreditam que as opções de resposta equivalem à sua opinião ou não possuem as habilidades cognitivas para entender as opções de resposta. Se escolherem a opção "não sei", por qualquer um desses motivos, os estudos sugerem que perguntar sua verdadeira posição aumentará a confiabilidade e a validade dos dados. No entanto, forçar um participante a expressar uma opinião que ele não tem, excluindo a opção "não sei", dificulta aos pesquisadores saberem a confiabilidade das respostas.

Os participantes também podem interpretar uma questão ou um conceito de forma diferente da que foi pretendida pelo pesquisador, por exemplo, quando o pesquisador usa palavras desconhecidas pelo participante; dessa forma, a pessoa responde a uma questão diferente da que o pesquisador pretendia perguntar, como refletido na carta de Edna referente ao questionário da clínica.

Independentemente das razões, cada fonte de erro iniciado pelo participante diminui o valor dos dados coletados, e é difícil para um pesquisador identificar tais desvios. Portanto, respostas comunicadas devem ser aceitas pelo que são – declarações de pessoas que refletem diversos graus de verdade e exatidão.

Escolha de um método de comunicação

Assim que o patrocinador ou pesquisador determinar que o levantamento ou a entrevista é a abordagem de coleta de dados apropriada, vários meios podem ser usados para obter informações das pessoas. Pode-se conduzir uma entrevista semiestruturada ou um levantamento por entrevista pessoal ou telefônica ou distribuir um levantamento autoadministrado por correio, fax, computador, e-mail, internet ou alguma combinação deles. Conforme observado na Figura 10-5, embora existam semelhanças entre essas abordagens, diversas considerações são singulares de cada uma.

Nas duas últimas décadas do século XX e na primeira do XXI, uma revolução – embora silenciosa – acontecia na pesquisa de levantamento. Impulsionado por uma tecnologia em transformação e pela necessidade de fazer pesquisa mais responsável para os objetivos de resultado final e de ROI, o padrão de levantamento com lápis e papel dos anos 1960 foi substituído pelo padrão computadorizado. Não importa se a tendência é chamada de "coleta de dados assistida por computador", "coleta de informações assistida por computador" ou "entrevista assistida por computador", ela está crescendo. Embora menos óbvia no setor público (o governo norte-americano é o maior pesquisador de levantamento do mundo, e as abordagens com lápis e papel ainda são prevalentes por lá), no setor privado de pesquisa de levantamento com famílias e organizações, a influência do computador nessa metodologia é de longo alcance, em todas as diversas práticas de coleta de dados.

	Questionários autoadministrados	Entrevista telefônica	Entrevista pessoal
Descrição	Os questionários são: a Enviados por correio, por fax ou por *courier* para serem autoadministrados – com mecanismo de retorno geralmente incluso. b Enviados por computador via intranet, Internet e serviços on-line – o computador armazena/envia instrumentos completos automaticamente. c Pessoas interceptadas/estudadas via papel ou instrumento computadorizado em um local central – sem assistência do entrevistador. Por exemplo: cartões de comentários em restaurantes e hotéis.	As pessoas selecionadas para fazer parte da amostra são entrevistadas por telefone por um entrevistador treinado.	As pessoas selecionadas para fazer parte de uma amostra são entrevistadas pessoalmente por um entrevistador treinado.
Vantagens	• Permite contato com respondentes inacessíveis de outra forma (p. ex.: presidentes de empresas). • Podem ser usados incentivos para aumentar o índice de respostas. • Normalmente, a opção de custo mais baixo. • Maior cobertura geográfica sem aumento nos custos (a). • Exige poucos funcionários (a). • Percebida como mais anônima (a). • O respondente tem tempo para pensar sobre a pergunta (a). • Podem ser usados instrumentos mais complexos (b). • Acesso rápido às pessoas que sabem lidar com computador (b). • Coleta de dados rápida (b, c). • Os respondentes que não podem ser alcançados por telefone (voz) podem tornar-se acessíveis (b, c). • A estrutura de amostra lista locais viáveis, e não respondentes potenciais (b, c). • Podem ser usados auxílios visuais (b, c).	• Custos mais baixos do que a entrevista pessoal. • Cobertura geográfica ampliada sem aumentos significativos nos custos. • Usa menos entrevistadores, porém mais capacitados. • Reduz as influências do entrevistador. • Tempo de finalização mais rápido. • Melhor acesso a respondentes difíceis de encontrar por meio de visitas repetidas. • Pode usar discagem aleatória de dígitos. • CATI – entrevista telefônica assistida por computador: as respostas podem ser digitadas diretamente em um arquivo de computador para reduzir erros e custo.	• Boa cooperação dos respondentes. • O entrevistador pode responder perguntas sobre a pesquisa, solicitar respostas, usar questões de acompanhamento e reunir informações por meio de observação. • Auxílios visuais especiais e mecanismos de pontuação podem ser usados. • Pode-se alcançar respondentes analfabetos ou semianalfabetos. • O entrevistador pode pré-filtrar o respondente para assegurar-se de que ele se encaixa no perfil da população. • CAPI – entrevista pessoal assistida por computador: as respostas podem ser digitadas em um microcomputador portátil para reduzir erros e custos.
Desvantagens	• Baixo índice de resposta em alguns modos. • Não é possível a intervenção do entrevistador para aprofundamento ou explicação (a). • Não pode ser longo ou complexo (a). • São necessárias listas de endereçamento precisas (a). • Normalmente os respondentes que devolvem o questionário representam os extremos da população – respostas distorcidas (a). • Ansiedade entre alguns respondentes (b). • Instruções no software para prosseguir ao longo do instrumento (b). • Segurança computadorizada (b). • Necessidade de ambiente com pouca distração para responder ao questionário (c).	• Índice de respostas é mais baixo do que na entrevista pessoal. • Custo mais alto se for entrevistar amostra geograficamente dispersa. • Duração da entrevista deve ser limitada. • Muitos números de telefone não estão na lista ou não funcionam, tornando as listas telefônicas não confiáveis. • Alguns grupos visados não estão disponíveis por telefone. • As respostas podem ser menos completas. • Não podem ser usadas ilustrações.	• Alto custo. • Necessidade de entrevistadores altamente treinados. • Períodos maiores gastos na coleta de dados de campo. • Pode ter ampla dispersão geográfica. • Trabalho de acompanhamento intensivo. • Nem todos os respondentes estão disponíveis ou acessíveis. • Alguns respondentes não admitem falar com estranhos em suas casas. • Alguns bairros são difíceis de visitar. • As perguntas podem ser alteradas ou o respondente pode ser influenciado pelo entrevistador.

Figura 10-5 Comparação de abordagens de comunicação.

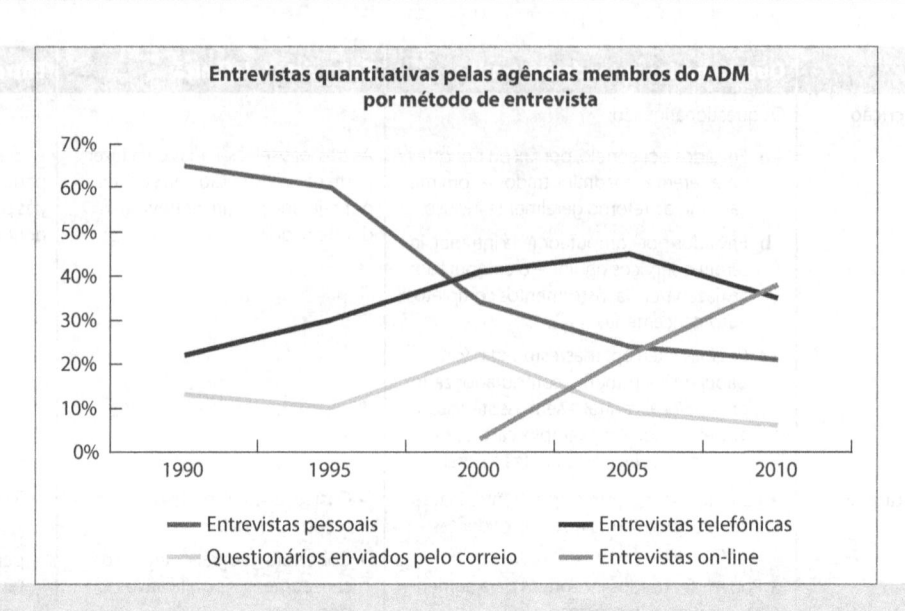

Perfil **visual**

Entrevistas quantitativas pelas agências membros do ADM por método de entrevista

— Entrevistas pessoais
— Entrevistas telefônicas
— Questionários enviados pelo correio
— Entrevistas on-line

A internet teve uma grande influência sobre o método de coleta de dados na última década. A ADM Arbeitskreis Deutscher Marktund Sozialforschungsinstitute e.V. é uma associação de empresas que representa os interesses do mercado do setor privado e de agências de pesquisa social na Alemanha. A mudança de metodologia de seus membros é espelhada pelos pesquisadores em outros países ao redor do mundo. Como entrevistas e levantamentos on-line continuam a espelhar a população contatada via outros meios, e tendo em vista seus pontos fortes de velocidade, custo, interatividade e estimulação visual e auditiva, espera-se que essa metodologia continue a crescer rapidamente. **www.adm-ev.de**

Levantamentos autoadministrados

O **questionário autoadministrado** tornou-se onipresente na vida moderna. Você já deve ter tido alguma experiência com avaliações de hotéis, restaurantes, concessionárias de veículos e serviços de transporte. Frequentemente, um questionário curto é deixado em um local conveniente ou com a embalagem de um produto para ser preenchido pelo participante. Ainda são exemplos de levantamentos autoadministrados os registros de usuários, a solicitação de informações de produtos em revistas, os cartões de garantia, os levantamentos on-line sobre a motivação de funcionários, os estudos sobre o CompleteCare, o da MindWriter e o da Albany Clinic. **Levantamentos por correspondência** autoadministrados são entregues não apenas pelo serviço de correio, no caso dos Estados Unidos, mas também via fax e mensageiro. Outras modalidades de entrega incluem estudos *enviados por computador* e por *abordagem*.

Avaliação do levantamento autoadministrado

Em nenhum outro lugar, a revolução do computador teve tanto impacto como na área de levantamentos autoadministrados. Questionários autoadministrados são entregues por computador (também chamados de **autoentrevistas assistidas por computador**, ou **CASI**, do inglês *computer-assisted selfinterviews*), intranets organizacionais, internet ou serviços on-line via *tablet* e dispositivos móveis aos participantes, que podem ser escolhidos (p. ex.: o BizRate, serviço on-line de classificação de empresas, envia um e-mail a um comprador on-line registrado para participar de um levantamento após a conclusão de seu pedido) ou autosselecionados (p. ex.: uma janela aparece na tela do computador apresentando um levantamento para alguém que clica em determinado site ou quando um potencial participante responde a um postal ou consulta por e-mail procurando participantes). O questionário e seu software de gestão podem estar no computador, na rede, na nuvem, ou mesmo serem enviados ao participante pelo correio – **levantamento com CD via correio** (**DBM**, do inglês *disk-by-mail*). Para se ter um exemplo, dados da National Telecomunications and Information Administration, do Departamento de Comércio dos Estados Unidos, mostram que 78,38%[9] dos lares norte-americanos estão ativamente on-line, ao passo que esse número cai para menos de 50%[10] para famílias pobres. Quase um terço dos norte-americanos ainda não acessam serviços de banda larga em casa.[11] Então, seria alguma surpresa que os pesquisadores, ao adotarem levantamentos on-line, reconheçam que, embora essa metodologia tenha inúmeras vantagens, a amostra extraída por ela pode não ser representativa da população? Veja a Figura 10-6.

Levantamentos por abordagem – em shoppings, convenções, feiras estaduais, destinos de férias, até mesmo em esquinas movimentadas – podem usar o questionário tradicional com lápis e papel ou entregue via iPad, netbook ou em um quiosque. O entrevistado participa sem o auxílio do entrevistador, geralmente em um ambiente predeterminado, como uma sala de um

Vantagens da internet	Exemplo
Recuperação rápida de resultados, contados conforme os participantes respondem aos levantamentos.	Um fabricante de refrigerantes obteve resultados de um levantamento na internet em apenas cinco dias.
Capacidade de usar estímulos visuais.	• A secretaria de turismo da Flórida usou o rastreamento de movimento ocular para aprimorar seu site e melhorar seus anúncios em outdoors e impressos. • Uma grande agência de propaganda está conduzindo pesquisas na internet usando corredores virtuais de supermercado pelos quais os participantes passeiam, reagindo a produtos e promoções. • A LiveWorld desenvolveu um estudo de embalagem mostrando mais de 75 imagens de rótulos e modelos de garrafas.
Capacidade de realizar diversos levantamentos ao longo do tempo.	Um fabricante de impressoras realizou sete levantamentos em seis meses durante o desenvolvimento de um de seus mais recentes produtos.
Capacidade de atrair participantes que não participariam de outro projeto de pesquisa, inclusive participantes internacionais.	Um fabricante de equipamentos agrícolas fez um estudo usando *pagers* que enviam e recebem dados fornecidos sem custo a fazendeiros para questionar os usuários sobre seus equipamentos – geralmente estavam indisponíveis por telefone ou computador.
Os participantes sentem-se anônimos.	O anonimato foi o ingrediente necessário para um estudo sobre impotência conduzido por um fabricante de medicamentos.
Tempo menor entre esboço do questionário e execução do levantamento.	Um levantamento feito pela Hewlett-Packard usando o QuickTake da Greenfield Online levou duas semanas para ser escrito, lançado e respondido – e não o padrão de três meses ao não usar a internet.
Desvantagens da internet (e das soluções emergentes)	**Exemplo**
O recrutamento da amostra certa é caro e demanda tempo; diferentemente das estruturas amostrais por telefone e correspondência, não existe uma lista e ela precisa ser criada. (Empresas como a Toluna e a Survey Samples Inc. agora fornecem amostras construídas a partir de painéis de usuários da internet que indicaram interesse em participar de levantamentos on-line.)	A TalkCity, trabalhando para a Whitton Associates e a Fusion5, montou um painel de 3.700 adolescentes para um levantamento para testar uma nova embalagem de refrigerante usando ligações telefônicas, indicações, listas de e-mail, anúncios na internet e visitas a sites. Foi obtida uma amostra de 600 pessoas para a pesquisa. O custo foi de mais de US$ 50 mil para elaborar a lista.
A conversão de levantamentos para a internet pode custar caro. (Empresas como a Qualtric Labs com seu software SurveyPro e a Apian com o Perseus para levantamentos sem fio e pela intranet facilitaram em muito o processo de passar do papel para a internet.)	O estudo sobre adolescentes feito pela LiveWorld custou de US$ 50 mil a US$ 100 mil para ser criado, além de taxas adicionais com cada grupo focal ou levantamento. O preço total foi de centenas de milhares de dólares.
É preciso ter habilidade técnica e de pesquisa para desenvolver um levantamento na internet. (Várias empresas agora oferecem serviços de hospedagem de levantamentos, p. ex.: SurveyMonkey.com.)	Um questionário de 10 a 15 minutos pode levar até cinco dias de conhecimento técnico para ser desenvolvido e testado.
Embora a pesquisa seja mais compatível com diversos navegadores, a tecnologia não é perfeita. (Alguns serviços de hospedagem de levantamentos usam questões iniciais na tela que identificam o navegador e as especificações do sistema e entregam o levantamento no formato mais compatível com o sistema do participante.)	Uma conhecida revista de negócios realizou um estudo com uma amostra recrutada para fazer com que o levantamento fosse interrompido na questão 20 de um estudo mais longo.

Figura 10-6 A internet como local de pesquisa de levantamento.

Fonte: Esses exemplos foram extraídos da experiência pessoal dos autores, bem como de Noah Shachtman, "Why the Web Works as a Market Research Tool", *AdAge.com*, verão de 2001 (hemisfério norte) (http://adage.com/tools2001).

shopping. Todos os modos têm problemas específicos e vantagens únicas (conforme mostrado na Figura 10-5).

Como os levantamentos entregues por computador, principalmente via internet, estão apenas engatinhando, muito do que os pesquisadores sabem sobre levantamentos autoadministrados tem origem nos experimentos conduzidos com levantamentos por correspondência e na experiência pessoal. Por isso, para explorar os pontos fortes e os fracos dos diversos métodos, começaremos considerando-o.

Custos

Levantamentos autoadministrados de todos os tipos normalmente custam menos que os realizados por entrevista pessoal, ou seja, isso vale para levantamentos por correspondência, bem como para aqueles entregues por computador e abordagem. Custos telefônicos e de correio estão na mesma faixa, embora em casos específicos ambos possam ser mais baixos. Quanto mais geograficamente dispersa for a amostra, maior a probabilidade de que os levantamentos autoadministrados por computador ou correspondência sejam o método de menor custo. Um estudo entregue por correspondência ou por computador pode custar menos porque costuma ser trabalho de uma pessoa só, e os estudos entregues por computador (incluindo os que empregam interação entre entrevistador e participante) eliminam o custo de impressão dos levantamentos, significativo em estudos por correspondência e na entrevista pessoal empregando levantamentos impressos. As reduções de custo mais substanciais com levantamentos entregues por computador envolvem o custo muito mais baixo de pré e pós-notificação (muitas vezes, realizado por correio ou telefone quando outros levantamentos autoadministrados estão envolvidos), bem como de entrega de levantamento por participante em estudos muito extensos.[12]

Acessibilidade da amostra

Uma vantagem de usar levantamentos autoadministrados por correio é que os pesquisadores podem entrar em contato com participantes que, de outra forma, poderiam ser inacessíveis. É difícil ter acesso a alguns grupos, pessoalmente ou por telefone, como executivos de grandes corporações e médicos, pois os controladores da informação (secretárias, gerentes de escritório e assistentes) limitam o acesso, o que não ocorre, porém, por correio ou computador. Quando o pesquisador não tem uma pessoa específica para contatar – digamos, em um estudo de corporações –, o levantamento entregue por correio ou computador pode ser encaminhado ao participante adequado, além disso, este último encaminhamento pode, muitas vezes, atingir amostras que são identificadas unicamente por seu uso e de internet, como usuários de um determinado jogo on-line ou pessoas que compraram de um vendedor on-line específico.

Restrições de tempo

Embora os estudos de abordagem ainda pressionem os participantes para uma resposta relativamente rápida, em um levantamento por correio, o participante pode dispor de mais tempo para coletar fatos, conversar com outras pessoas ou considerar respostas mais longas do que é possível em um levantamento por telefone ou em uma entrevista pessoal. Estudos entregues por computador, especialmente os acessados por links de e-mail para a internet, costumam ter limitações de tempo de acesso e conclusão assim que iniciados e não podem ser interrompidos pelo participante para buscar informações que não saiba. Entretanto, um estudo recente entregue por computador, patrocinado pela Procter & Gamble, solicitou aos participantes (que usassem creme hidratante) o tempo real necessário para aplicar o produto em diversas áreas da pele após o banho. Essas perguntas apareciam no meio de um levantamento relativamente longo. O participante precisava interromper o levantamento, cronometrar seu tempo de aplicação do hidratante após o banho, e retornar ao levantamento por meio de um link e de um código pessoal com respostas detalhadas.[13]

Anonimato

Os levantamentos por correspondência normalmente são vistos como mais impessoais, oferecendo mais anonimato do que os outros modos de comunicação, incluindo outros métodos para distribuição de questionários autoadministrados. Os levantamentos entregues por computador

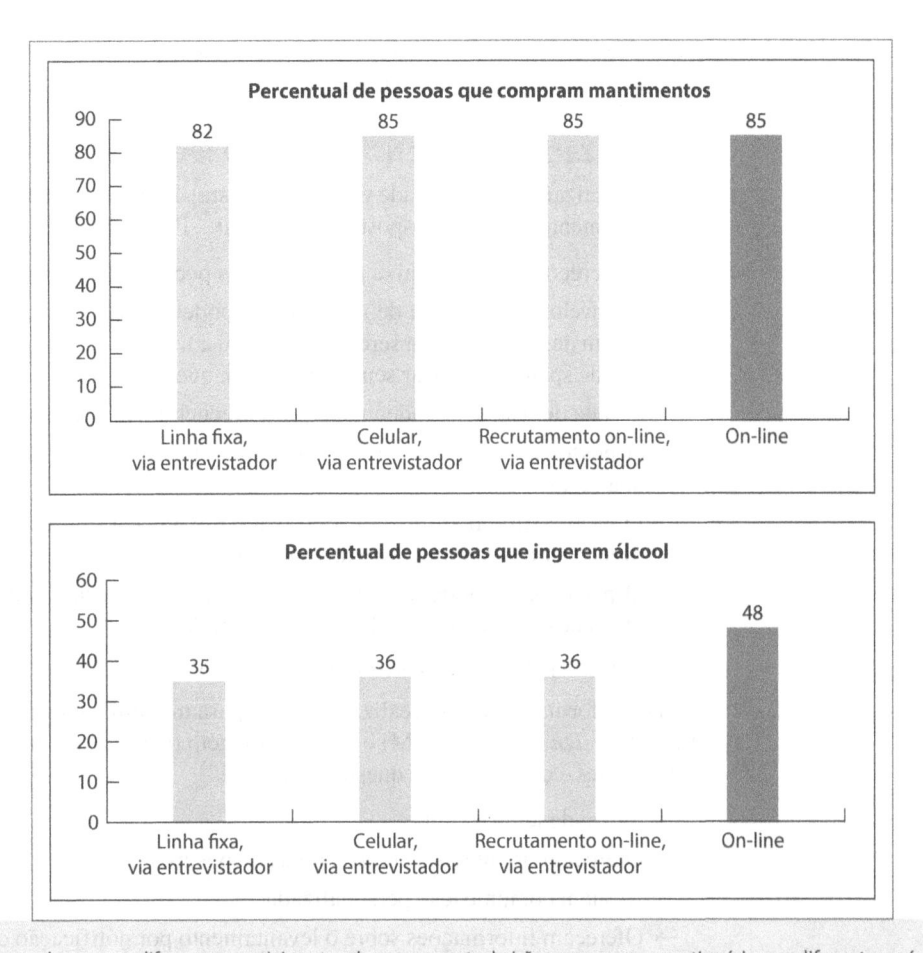

Percentual de pessoas que compram mantimentos

- Linha fixa, via entrevistador: 82
- Celular, via entrevistador: 85
- Recrutamento on-line, via entrevistador: 85
- On-line: 85

Percentual de pessoas que ingerem álcool

- Linha fixa, via entrevistador: 35
- Celular, via entrevistador: 36
- Recrutamento on-line, via entrevistador: 36
- On-line: 48

Perfil **visual**

A pesquisa de modo misto é aquela em que diferentes participantes do mesmo estudo irão acessar um questionário por diferentes métodos (p. ex.: entrevista telefônica, on-line via computador ou dispositivo móvel, entrevista pessoal, etc.). Em um recente estudo da Survey Sampling Inc., a líder de longa data em amostragem dispôs-se a determinar se o modo cria diferenças relevantes. Ao fazer perguntas comportamentais neutras (como se faziam compras de mantimentos), houve pouca diferença nos modos diferentes, quando avaliados comportamentos em que erros de aceitação social tendessem a estar presentes, como se ingeriam álcool, as pessoas que participaram pelo modo de autopreenchimento (p. ex.: on-line) mostraram menos erros de aceitação social do que aqueles que contavam com um entrevistador. A redução dos erros de aceitabilidade social e não cobertura é vista como o ponto forte dos modos de autopreenchimento como o levantamento on-line. **www.surveysampling.com**

ainda desfrutam dessa percepção de anonimato, embora a preocupação crescente com a privacidade possa prejudicá-la no futuro.[14]

Cobertura do tópico

Uma grande limitação dos levantamentos autoadministrados é o tipo e a quantidade de informações que podem ser obtidos. Os pesquisadores normalmente não esperam obter grandes quantidades de informações e não podem investigar mais a fundo o assunto desejado. Os participantes geralmente recusam-se a cooperar com uma correspondência, um questionário entregue por computador ou de abordagem longa e/ou complexa, a menos que percebam um benefício pessoal, conforme se vê em questionários por correspondência que retornam com muitas questões em branco, comprovando esse problema, mas há exceções. Uma regra geral é que o participante deve conseguir respondê-lo em não mais de 10 minutos – semelhante às diretrizes propostas para estudos por telefone. Contudo, um estudo da população em geral resultou em mais de 70% respondido para um questionário com 158 respostas.[15] Diversos estudos iniciais sobre levantamentos entregues por computador mostram que os participantes indicam algum nível de satisfação com o processo, descrevendo os levantamentos como interessantes e divertidos.[16] No entanto, espera-se que a novidade do processo decline com a experiência, e reduções recentes em taxas de resposta de levantamentos por e-mail e internet parecem apoiar essa expectativa.

Maximização da participação no levantamento autoadministrado

Para maximizar a probabilidade geral de resposta, deve-se dar atenção a cada ponto do processo do levantamento em que a resposta possa falhar.[17] Por exemplo:

- Endereço, e-mail ou caixa postal errados podem resultar em não entrega ou não retorno.
- O envelope ou a folha de rosto de fax podem se parecer com propaganda indesejada e serem descartados sem serem abertos, ou a linha de assunto no e-mail pode dar a impressão de spam e provocar seu descarte sem que seja lido.
- A falta de instruções adequadas para preenchimento pode levar à não resposta.
- A pessoa errada pode abrir o envelope ou receber o fax ou e-mail e não avisar à pessoa certa.
- O participante pode não encontrar uma explicação ou um incentivo convincente para preencher o levantamento e descartá-lo.
- O participante pode deixar o questionário temporariamente de lado ou esquecê-lo na caixa de entrada de e-mail e não preenchê-los.
- Pode-se perder o endereço de devolução, de modo que o questionário não será devolvido.

Dessa forma, devem-se realizar esforços para maximizar a probabilidade geral de resposta. O *Total Design Method* (TDM) é uma abordagem que sugere a minimização do peso sobre os participantes, com projeto de questionários que:[18]

- Sejam de leitura fácil.
- Ofereçam orientações claras para as respostas.
- Incluam comunicação personalizada.
- Ofereçam informações sobre o levantamento por notificação com antecedência.
- Incentivem a resposta dos participantes.[19]

Mais de 200 artigos metodológicos já foram publicados sobre esforços para melhorar as taxas de resposta, mas poucas abordagens mostraram consistentemente taxas positivas de resposta.[20] Diversas sugestões práticas podem surgir das seguintes conclusões:[21]

- A notificação preliminar ou com antecedência da entrega de um questionário autoadministrado aumenta as taxas de resposta.
- Acompanhamentos ou lembretes após a entrega de um questionário autoadministrado aumentam as taxas de resposta.
- Instruções de retorno e dispositivos (p. ex.: envelopes-resposta, especialmente os pré-pagos) claramente especificados melhoram as taxas de resposta.
- Incentivos monetários para a participação aumentam as taxas de resposta.
- Datas-limite não aumentam as taxas de resposta, mas incentivam os participantes a responderem com maior rapidez.
- A promessa de anonimato, embora importante para os que respondem, não aumenta as taxas de resposta.
- O apelo para a participação é essencial.

Tendências do levantamento autoadministrado

O levantamento por computador está presente em eventos de vendas, nos quais os participantes preenchem os questionários enquanto fazem uma visita ao estande da empresa. A tabulação contínua de resultados oferece um estímulo para os participantes visitarem determinada exposição, bem como dá ao expositor informações detalhadas para avaliar sua produtividade. Essa mesma tecnologia pode ser facilmente transferida a outras situações em que se reúnam grandes grupos de pessoas.

As empresas agora usam a capacidade da intranet para avaliar as políticas e o comportamento dos funcionários. A facilidade de acesso a sistemas de correio eletrônico possibilita que empresas grandes e pequenas usem levantamentos por computador com grupos de participantes internos e externos. Muitas técnicas de levantamentos tradicionais por correspondência podem ser facilmente adaptadas a questionários entregues por computador (p. ex.: acompanhamentos de não participantes são mais facilmente executados e custam menos).

Não é incomum encontrar procedimentos de registro e levantamentos em larga escala sendo feitos em websites. Sites de universidades estão perguntando a potenciais estudantes sobre seus interesses, e departamentos de universidades estão avaliando o uso de materiais on-line de seus alunos. Um rápido passeio pela internet revela empresas usando seus sites para avaliar processos de atendimento ao cliente, construir listas de campeões de venda, avaliar promoções planejadas e mudanças de produtos, determinar necessidades de fornecedores e clientes, descobrir interesse por novas vagas de emprego, avaliar atitudes dos funcionários, e mais. Softwares avançados e mais fáceis de usar para criação de questionários na internet não são mais uma promessa para o futuro, e sim realidade.

O **questionário baseado na internet**, um instrumento de mensuração entregue e coletado pela internet, tem eficiência de sistemas de entrevista telefônica assistidas por computador, mas sem as despesas com administradores de rede, software especializado ou hardware adicional. Como solução para sites da internet ou intranet, somente é preciso ter um computador e acesso à internet. A maioria dos produtos de software contém um assistente de instalação com funções que permitem a criação e modificação de levantamentos personalizados.

As opções principais são soluções exclusivas oferecidas por empresas de pesquisa e software de prateleira projetadas para pesquisadores que tenham o conhecimento e as habilidades descritas aqui e nos Capítulos 11, 12 e 13. Com serviços sem taxa, você é guiado (muitas vezes on-line) ao longo da formulação do problema, da criação do questionário, do conteúdo das questões, da estratégia de resposta e da redação e sequência das questões. A equipe do fornecedor gera o código HTML do questionário, hospeda o levantamento em seu servidor e fornece consolidação de dados e relatórios. O software de prateleira é uma alternativa de peso.[22] As vantagens desses programas são:

- Criação do questionário em um ambiente de processador de textos.
- Capacidade de importar formulários do questionário a partir de arquivos de texto.
- Um dispositivo para auxiliar a formatação de questões e respostas.
- Bibliotecas de questões e escalas.
- Publicação automatizada em um servidor da internet.
- Visualização em tempo real da entrada de dados.
- Capacidade de editar dados em um ambiente do tipo planilha.
- Transmissão rápida de resultados.
- Análise flexível e mecanismos para a criação de relatórios.

A facilidade de uso não é a única influência que motiva a popularidade de instrumentos baseados na internet, o custo é um fator importante, por exemplo, um levantamento na internet custa muito menos que uma pesquisa convencional de levantamento. Embora as taxas sejam baseadas no número de preenchimentos, o custo de uma amostra de 100 entrevistados pode ser um sexto do valor de uma entrevista telefônica convencional; mala direta e coleta de dados por e-mail também são boas opções, com melhor custo-benefício porque qualquer instrumento pode ser configurado como um questionário por e-mail.

O levantamento entregue por computador possibilitou usar muitas das sugestões para aumentar a participação. Depois que o questionário entregue por computador está pronto, o custo de uma nova entrega é muito baixo. A notificação preliminar por e-mail é mais oportuna e menos dispendiosa que a notificação para levantamentos feitos por telefone ou correspondência. O clique de um mouse ou o aperto de uma única tecla devolvem um estudo entregue por

Instantâneo

Os celulares e smartphones estão prontos para a pesquisa?

De acordo com um National Health Interview Survey, 31,6% dos adultos norte-americanos vivem em casas somente com telefones sem fio, número três vezes menor que o de 2006. Com a cobertura de telefonia fixa em declínio em muitos países desenvolvidos, os pesquisadores estão usando técnicas de amostragem e projetos de levantamento para lidar com os problemas e aproveitar as oportunidades que os telefones sem fio oferecem.

De acordo com Andy Peytchev, PhD, metodologista de pesquisa junto ao Research Triangle Institute (RTI International) na Carolina do Norte, estudos telefônicos com vários métodos, em que alguns participantes são contatados por linhas fixas e outros por celulares, estão tornando-se a norma, e não a exceção, para chegar a uma amostra probabilística nacional. Os dados de linhas fixas podem ser ponderados de acordo com os parâmetros do censo da população; porém, nem todos os problemas podem ser resolvidos assim. "Respostas de jovens em linhas fixas e com os celulares, por exemplo, são diferentes. Não sabemos exatamente o porquê, apenas que são diferentes. Você teria potencial para erros de subcobertura se usasse apenas celulares ou linhas fixas."

Os levantamentos por celular apresentam desafios singulares, por exemplo, muitos participantes querem saber por que estão sendo contatados em seu celular, o que levou a RTI International a alterar sua apresentação padrão ao telefone. Os entrevistadores informam aos participantes por celular a razão do contato por esse meio e o porquê deste. Ela também oferece aos entrevistados por celular um incentivo para continuar o levantamento suficiente para demonstrar seu apreço e reconhecer o custo das cobranças de celular por minuto. Os levantamentos por celular também exigem questões adicionais, como as feitas pela empresa de pesquisa por seus entrevistadores treinados: "Você está dirigindo?". Se o participante estiver dirigindo, o entrevistador pede uma hora alternativa para contatá-lo e encerra a ligação. Os entrevistadores também podem perguntar aos participantes por celular se estão em um local seguro.

Há poucas pesquisas sobre os levantamentos autoadministrados por smartphone, mas Peytchev está interessado nas oportunidades. Eles podem incluir imagens – tanto as que os participantes fizerem quanto as compartilhadas pelo pesquisador; todavia, Peytchev adverte: "As imagens podem distorcer o significado da questão. Tudo que for apresentado ao participante será visto como informação". Ainda, as imagens coletadas dos participantes têm de ser analisadas e interpretadas. Alguns experimentos da RTI revelaram que os participantes ficam relutantes a preencher respostas em caixas de texto e que, se esse dispositivo de resposta for incluído, é mais provável que os participantes por celular escolham respostas sem sentido para evitar o envio de texto. Isso oferece uma nova visão à pesquisa de levantamento sobre a velha questão de quais perguntas devem ser feitas.

www.rti.org; www.cdc.gov/nchs

computador. Muitos levantamentos entregues por computador usam cores, e até mesmo fotografias coloridas, na sua estrutura – essa não é uma opção de bom custo-benefício com questionários impressos –, além de ser possível usar videoclipes com levantamentos entregues por computador – nunca uma opção por correspondência. Além disso, formas de pagamento eletrônicas simplificaram a entrega de incentivos monetários, entre outros. No entanto, o uso de todos os incentivos para participação não consegue superar o caos tecnológico. É provável que essas falhas continuem a prejudicar a participação enquanto pesquisadores e participantes usarem diferentes plataformas computacionais, sistemas operacionais e softwares.

Embora os levantamentos autoadministrados baseados em internet e e-mail certamente tenham obtido sua porção de atenção empresarial nos últimos anos, os métodos consagrados de entrevistas telefônicas e pessoais ainda têm força – e defensores na comunidade de pesquisa.

Levantamento por entrevista telefônica

O **levantamento telefônico** ainda é o burro de carga da pesquisa de levantamento. Com o alto nível de penetração de serviços telefônicos nos Estados Unidos e na União Europeia, o acesso a participantes por meios eficientes e de baixo custo transformou a entrevista telefônica em uma alternativa bem atraente para pesquisadores. A Nielsen Media Research usa milhares de ligações a cada semana para determinar hábitos de audiência televisiva, e a Arbitron faz o mesmo

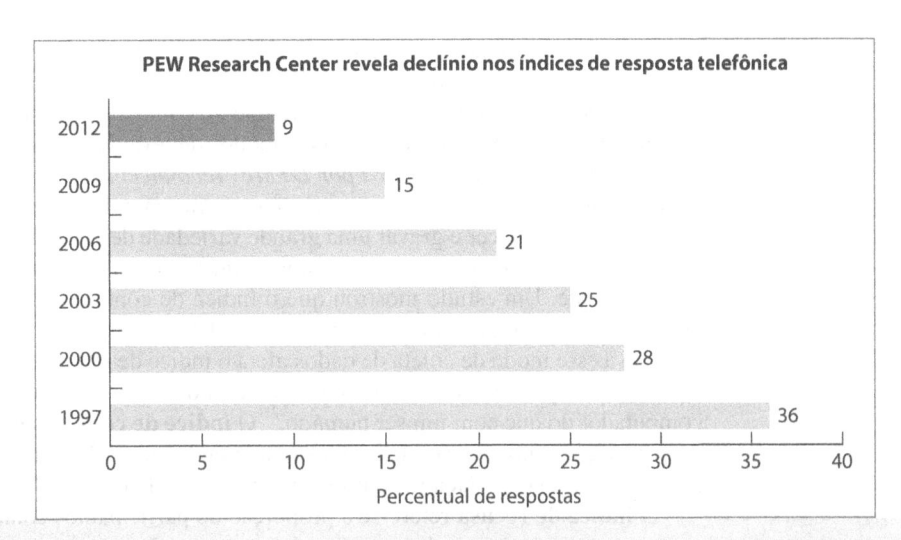

Perfil **visual**

PEW Research Center revela declínio nos índices de resposta telefônica

Ano	Percentual de respostas
2012	9
2009	15
2006	21
2003	25
2000	28
1997	36

Dados fornecidos pelo PEW Research Center. Índices calculados de acordo com a definição padrão da Association for Public Opinion Research para um levantamento telefônico concluído em que um adulto tenha sido contatado e tenha concordado em participar; os índices são típicos para levantamentos conduzidos a cada ano.

para a de rádio. Pesquisadores de opinião pública que trabalham com candidatos usam levantamentos telefônicos para avaliar o poder de um discurso ou de um debate durante uma campanha acirrada. Diversas empresas conduzem estudos generalizados telefônicos a cada semana. Questões individuais nesses estudos são usadas para captar tudo, desde o sentimento das pessoas sobre o aumento nos preços da gasolina até o poder do porta-voz de uma celebridade em uma campanha de propaganda ou a última moda entre os adolescentes.

Avaliação da entrevista telefônica

Entre as vantagens oferecidas pela entrevista telefônica, talvez nenhuma seja mais importante do que a do custo reduzido. Um estudo relata que os custos de amostragem e coleta de dados para levantamentos telefônicos podem ser de 45 a 64% mais baixos que os das entrevistas pessoais comparáveis.[23] A maior parte da economia vem de cortes nos custos de viagem e da economia administrativa em treinamento e supervisão. Quando as ligações são feitas de um único local, o pesquisador pode usar um número menor de entrevistadores, embora mais capacitados. Os telefones são especialmente econômicos quando chamadas de retorno para manter requisitos precisos de amostragem são necessárias e os participantes estão muito dispersos. Opções de serviço de longa distância possibilitam entrevistas em nível nacional a um custo razoável.

As entrevistas telefônicas podem ser combinadas com entrada imediata das respostas em um arquivo de dados por meio de terminais, computadores ou entrada de dados por voz, o que gera economia adicional de tempo e dinheiro. A **entrevista telefônica assistida por computador (CATI)** é usada em empresas de pesquisa do mundo todo. A CATI consiste em cabines de entrevista isoladas acusticamente e organizadas ao redor das estações de supervisão. O entrevistador por telefone em cada cabine tem um computador ou terminal ligado ao sistema telefônico e à unidade central de processamento de dados. A entrevista é conduzida por um software que mostra ao entrevistador as declarações de apresentação, as questões de qualificação e o questionário pré-codificado. Esse material aparece na tela dos entrevistadores. A CATI trabalha com um sistema de gerenciamento de número telefônico para selecionar os números, discar a amostra e digitar as respostas. Uma instalação do Survey Research Center, na University of Michigan, consiste em 55 cabines, com 100 entrevistadores trabalhando em turnos que vão das 8h às 24h para fazer ligações para todo o país. Quando todas as vagas estão preenchidas, eles produzem mais de 10 mil horas de entrevistas por mês.[24]

Outra forma de assegurar dados imediatos de resposta são **levantamentos telefônicos administrados por computador,** para os quais, ao contrário da CATI, não há entrevistador humano. Um computador liga para um telefone, conduz a entrevista, dispõe os dados em um arquivo para tabulação posterior e termina o contato. As questões são em voz sintetizada, e as respostas do participante e o sensor de tempo do computador desencadeiam a continuação ou o término da entrevista. Existem diversos modos de levantamentos administrados por computador, incluindo *entrada de dados por DTMF*; *reconhecimento de voz (RV)*, que reconhece um vocabulário limitado – geralmente respostas sim/não; e *reconhecimento automático de voz (RAV)* para reconhecer e gravar uma grande variedade de respostas verbais. A CATI frequentemente é comparada ao questionário autoadministrado e oferece a vantagem de privacidade para o participante. Um estudo mostrou que o índice de contatos não realizados no levantamento eletrônico é semelhante a outras entrevistas telefônicas quando se usa uma lista aleatória, e a rejeição a esse modo de coleta de dados afeta o índice de recusa (e, assim, o erro de não resposta) porque as pessoas desligam com mais facilidade se souberem que estão falando com um computador do que com um ser humano.[25] O **índice de contatos não realizados** é a proporção de potenciais contatos não alcançados (não atende, ocupado, secretária eletrônica e desligado, mas não recusa) em relação a todos os potenciais contatos.

O **índice de recusa** refere-se à proporção de participantes contatados que não quer ser entrevistada em relação a todos os potenciais contatos. Espera-se que novas tecnologias, em especial sistemas de filtragem de ligações nos quais se pode decidir se uma ligação será atendida com base na identidade de quem liga, aumentem o índice de contatos não realizados associado a levantamentos telefônicos.

De acordo com um estudo de 2005, os índices de recusa a levantamentos têm aumentado de forma estável, em aproximadamente 1,5 % a cada ano, e espera-se que essa tendência continue.[26] Outro estudo observou que "atitudes positivas [quanto à participação em levantamentos] estão em declínio, ao passo que as percepções negativas estão aumentando".[27]

Se comparado a entrevistas pessoais ou levantamentos autoadministrados por correspondência, o uso do telefone faz com que o estudo seja concluído de forma mais rápida, algumas vezes precisando apenas de um dia ou dois para o trabalho de campo. Em comparação à entrevista pessoal, também é provável que o viés do entrevistador, causado sobretudo por aparência pessoal, linguagem corporal e ações do entrevistador, seja reduzido com o uso do telefone.

Por fim, as normas comportamentais trabalham a favor da entrevista telefônica: se houver alguém presente, o telefone tocando geralmente será atendido, e quem liga decide o propósito, a duração e o término da ligação.[28]

Também há desvantagens no uso do telefone para a pesquisa, e um pesquisador habilidoso avaliará o uso de um levantamento telefônico para minimizar o efeito destas desvantagens:

- Domicílios inacessíveis (sem serviço telefônico ou índice de contato baixo/inexistente).
- Números incorretos ou com defeito.
- Limitação na duração da entrevista (menos questões de mensuração).
- Limitações no uso de questões visuais ou complexas.
- Facilidade para terminar a entrevista.
- Menos envolvimento do participante.
- Ambiente físico que cause distração.

Domicílios inacessíveis

Aproximadamente 94% dos domicílios norte-americanos têm acesso a serviços telefônicos.[29] Superficialmente, isso deveria tornar as pesquisas telefônicas a principal metodologia para estudos de comunicação. No entanto, diversos fatores reduzem a adoção entusiasta dessa metodologia, como famílias rurais e as de renda abaixo da linha da pobreza permanecerem sub-representadas em estudos telefônicos, com acesso telefônico abaixo de 75%.[30] Mais famílias estão usando filtros e serviços para restringir o acesso, incluindo identificador de chamadas, gerenciador de privacidade, Tele-Zapper e números não listados (estimados entre 22 e 30% de todos os telefones residenciais).[31] Enquanto isso, o número de pessoas inacessíveis continua a aumentar proporcionalmente ao aumento do uso de telefones celulares/sem fio. De 1985 a 2011, o número de assinantes de telecomunicações sem fio nos Estados Unidos subiu de 203,6 mil[32] para 327,6 milhões.[33] Muitos desses números não estão listados ou têm serviços de triagem ou filtragem; além disso, o uso de modems telefônicos para acessar a internet deixa as linhas ocupadas por longos períodos de tempo. Registros recentes da Federal Communications Commission indicam que menos de 15% dos domicílios norte-americanos têm uma segunda linha telefônica, necessária para acesso simultâneo à internet.[34] Efetivada em maio de 2004, a legislação federal norte-americana de portabilidade sem fio para números locais possibilitou aos assinantes transferirem seu número de telefone com fio para o serviço sem fio (ou o contrário) ou mudar seu serviço sem fio entre operadoras sem perder o número. Dessa forma, as diretrizes para identificar a localização física de um telefone por seu número – e, por sua vez, a localização de seu proprietário – não se aplicam mais.[35]

Essas causas de variações na disponibilidade dos participantes por telefone podem ser uma fonte de viés. Um procedimento aleatório de discagem é elaborado para reduzir parte desse viés. A **discagem aleatória** normalmente requer a escolha de telefones intercambiáveis ou blocos intercambiáveis, gerando depois números aleatórios dentro desses blocos.[36] É claro que apenas o fato de ter acesso a uma família não garante sua participação.

Números incorretos ou com defeito

Outra fonte diz que a maior incidência de números fora da lista é no oeste dos EUA, em grandes áreas metropolitanas, entre os não brancos e pessoas com idade entre 18 e 34 anos.[37] Diversos métodos foram desenvolvidos para superar as deficiências das listas telefônicas; entre eles, estão técnicas para escolher números telefônicos usando discagem aleatória ou combinações de listas telefônicas e discagem aleatória.[38] Contudo, o aumento na demanda de linhas telefônicas múltiplas por famílias e indivíduos gerou novos códigos de área e trocas locais, aumentando-se o índice de imprecisão.

Limitação na duração da entrevista

O limite na duração da entrevista é outra desvantagem do levantamento telefônico, mas o grau dessa limitação depende do interesse do participante no assunto. Dez minutos geralmente são considerados o ideal, mas entrevistas de 20 minutos ou mais não são incomuns. Um levantamento telefônico patrocinado pela Kraft durou aproximadamente 30 minutos. Ele foi elaborado para avaliar a disposição de pessoas que receberam uma amostra para assinar uma revista protótipo, a *food&family*. O levantamento também mediu a eficácia da edição de amostra da revista para transmitir a intenção de compra de produtos da Kraft apresentados nas receitas contidas nela.[39] Em outro estudo, as entrevistas duraram uma 1h30 em um levantamento de serviços de longa distância.[40]

Limitações no uso de questões visuais ou complexas

O levantamento telefônico limita a complexidade e o uso de escalas complexas ou técnicas de mensuração possíveis em entrevistas pessoais, CASI ou levantamentos pela internet. Por exemplo, nas entrevistas pessoais, por vezes pede-se que os participantes ordenem ou classifiquem um conjunto de cartas contendo respostas diferentes para uma questão. Para os participantes que não conseguem visualizar uma escala ou outro dispositivo de medição que a entrevista está tentando descrever, uma solução é empregar uma abordagem de escalonamento de nove pontos e pedir ao participante para visualizá-la usando o teclado do telefone.[41]

Na entrevista telefônica, é difícil usar mapas, ilustrações e outros auxílios visuais, mas, em alguns casos, os entrevistadores fornecem esses auxílios antes de uma entrevista pré-agendada por fax, e-mail ou internet.

Facilidade para terminar a entrevista

Alguns estudos sugerem que o índice de respostas nos estudos telefônicos é mais baixo que nas entrevistas pessoais comparáveis, e uma razão é os participantes acharem mais fácil encerrar uma entrevista telefônica; contudo, as práticas de telemarketing também podem contribuir. A reação pública aos relatórios investigativos de erro e comportamento antiético nas atividades de telemarketing representa um ônus adicional para o pesquisador, que deve tentar convencer o participante de que a entrevista telefônica não é um pretexto para solicitar contribuições ou para vender produtos.

Em várias pesquisas de opinião relacionadas ao entendimento do público do cadastro Do Not Call, a Harris Interactive descobriu que, embora o registro estivesse funcionando para reduzir ligações de telemarketing indesejadas (91% relataram menos ou nenhuma ligação), ainda havia confusão sobre a restrição de levantamentos telefônicos. Em um estudo, a Harris constatou que 42% dos adultos norte-americanos erroneamente pensavam que o cadastro no Do Not Call também excluiria ligações referentes a levantamentos. Cinco anos depois, a Harris verificou que 63% dos que de fato registraram-se não sabiam se os pesquisadores de levantamentos tinham permissão de ligar, enquanto apenas 24% sabiam que o cadastro não bloquearia levantamentos telefônicos. Desde que o cadastro Do Not Call foi estabelecido, 70% dos que estão registrados participaram de levantamentos telefônicos. Porém, muitos (29%) ainda não sabem que o cadastro tem prazo de validade e precisa ser renovado. Qual é a verdadeira medida do sucesso desse programa? Que um total de 96% renovou ou renovará seu cadastro.
www.harrisinteractive.com

Menos envolvimento do participante

Os levantamentos telefônicos podem resultar em respostas menos completas, e as pessoas entrevistadas por telefone acham a experiência menos recompensadora que uma entrevista pessoal; os participantes relatam menor envolvimento com entrevistadores por telefone do que pessoalmente. Devido aos custos e às dificuldades crescentes das entrevistas pessoais, é provável que um índice ainda mais alto de levantamentos seja feito por telefone no futuro. Assim, cabe aos pesquisadores usar os levantamentos telefônicos para tentar melhorar o aproveitamento da entrevista. Uma autoridade sugere:

> Precisamos experimentar técnicas que melhorem o aproveitamento da entrevista para o participante, maximizem a taxa de conclusão geral e minimizem os erros nas respostas de mensurações específicas. Esse trabalho poderia começar de forma bem-sucedida com esforços para traduzir em mensagens verbais as informações visuais que estão presentes na interação da entrevista pessoal: sorrir, franzir o cenho, levantar as sobrancelhas, fazer contato visual etc. Tudo isso tem um conteúdo informacional e é parte importante do contexto da entrevista pessoal. Talvez possamos escolher propositalmente as informações mais importantes para a qualidade dos dados e nas quais os participantes confiem e descartar outras que sejam estranhas à interação do levantamento.[42]

Mudanças no ambiente físico

A substituição de telefones fixos em casa e no escritório por celulares e telefones sem fio também causa preocupação. Em relação a levantamentos telefônicos, os pesquisadores estão preocupados com a mudança no ambiente em que eles podem ser conduzidos, a qualidade resultante dos dados coletados sob circunstâncias que possam causar distração – em uma rua movimentada, no meio das compras semanais em um corredor lotado do supermercado, no campeonato de basquete da escola local – e o possível aumento do índice de recusa.

Tendências do levantamento telefônico

As tendências futuras dos levantamentos telefônicos merecem atenção. Secretárias eletrônicas ou serviços de correio de voz levantam problemas potencialmente complexos de índice de resposta, pois estima-se que tenham penetração substancial nos lares norte-americanos. Pesquisas anteriores revelaram que a maioria dessas famílias está acessível: o índice de contato subsequente foi mais alto nos domicílios com secretária eletrônica do que nos sem e mais ou menos o mesmo naqueles com sinal de ocupado. Outros resultados sugerem que (1) pessoas com secretárias eletrônicas têm mais tendência a participar, (2) o uso de secretária eletrônica é mais comum nos finais de semana que nos dias de semana à noite e (3) o equipamento é mais usado nas áreas urbanas do que nas rurais.

As opções de correio de voz oferecidas pelas prestadoras de serviços telefônicos têm menos penetração de mercado, mas estão ganhando uma aceitação crescente. Perguntas sobre dados sociodemográficos dos usuários e não usuários e a relação da secretária eletrônica/tecnologia de correio de voz com as rápidas mudanças no mercado sem fio ainda permanecem sem resposta.[43] Espera-se também que a tecnologia de identificação de chamadas, a atribuição de máquinas de fax ou modems de computador para linhas telefônicas dedicadas e a tecnologia que identifica ligações automatizadas por computador e envia de volta um sinal de desligado impactem no índice de contatos não realizados nas entrevistas telefônicas.

Também é provável que as variações entre as 60 empresas de serviço telefônico e o grau de cooperação que será estendido aos pesquisadores afetem os índices de contatos não realizados. Existe ainda preocupação quanto às formas como a discagem aleatória pode ser feita para lidar com os números com defeito ou inelegíveis.[44] Pode-se argumentar razoavelmente que nenhuma ameaça representa maior perigo que o cadastro Do Not Call facilitado pelo governo dos EUA e iniciado em 2003 pela Federal Trade Commission[45] e alterado pelo Decreto de Melhoria do Not Call de 2007.[45] Mais de 209 milhões de números fixos e de celulares norte-americanos já estão cadastrados.[46] Embora atualmente os pesquisadores que empregam levantamentos estejam isentos de suas restrições, é provável que a confusão do cliente entre pesquisa e telemarketing cause um aumento do índice de não resposta. O telemarketing pode ser o catalisador, mas a pesquisa legítima sofrerá as consequências.

Levantamento por entrevista pessoal

Um **levantamento por entrevista pessoal** é uma conversação bidirecional entre um entrevistador treinado e um participante. Com os problemas de visão de Edna e com a falta de clareza das perguntas da Albany Outpatient Laser Clinic, uma entrevista pessoal, em vez da abordagem/questionário autoadministrado, poderia ser um método de comunicação preferível.

Avaliação do levantamento por entrevista pessoal

Há vantagens reais e limitações evidentes no levantamento por entrevista pessoal. O maior valor está na profundidade das informações e nos detalhes que podem ser obtidos: superam em muito as informações obtidas por telefone ou estudos autoadministrados por correspondência ou computador (intranet e internet). O entrevistador também tem mais recursos para melhorar a qualidade das informações recebidas do que seria possível com outro método.

Instantâneo

A voz acrescenta profundidade à pesquisa

Os levantamentos e entrevistas por telefone encaixam-se no cenário dominante de pesquisa na internet? A Anderson Analytics, empresa de inteligência empresarial e pesquisa em marketing de Stamford (Connecticut), recentemente associou-se à BigEars, empresa sediada na Nova Zelândia especializada em levantamentos e entrevistas por telefone completamente automatizados, para conduzir um levantamento com universitários sobre celulares, por meio de estudo híbrido, que empregou um levantamento on-line e o método de levantamento telefônico automatizado.

A BigEars opera de forma muito semelhante a uma ferramenta de levantamento pela internet, com a diferença de que o participante responde pelo telefone, geralmente com o uso de um número de 0800. "Eliminar o entrevistador humano da ligação possibilita que quem ligue participe quando julgar adequado, em vez de quando for adequado para nós", disse Tom Anderson, sócio-gerente da Anderson Analytics.

Os resultados do levantamento indicaram que a principal vantagem de usar levantamentos telefônicos é sua capacidade de incentivar respostas mais longas e consistentes a questões abertas. De acordo com Mark Forsyth, diretor-gerente da BigEars, "Falar não é trabalho". As respostas dadas a questões abertas pelo telefone foram 15% mais longas do que as digitadas no levantamento on-line paralelo, e a gravação de voz ofereceu oportunidades de análise qualitativa em profundidade; a emoção e a inflexão em clipes individuais de voz foram usadas para examinar casos atípicos do estudo. "Ser capaz de ouvir as vozes reais dos estudantes, em vez de simplesmente codificar ou ler suas respostas, permite toda uma nova dimensão de análise e confiança nos resultados", disse Tom Anderson.

"Com essa nova metodologia híbrida, se você quiser reação a um evento ou transação, como uma visita a uma loja, pode captar os dados imediatamente, enquanto ainda estão frescos na mente da pessoa", disse Jesse Chen, consultor sênior e desenvolvedor da Anderson Analytics. "Algumas pessoas se sentem mais à vontade na internet, e outras se sentem mais à vontade ao telefone – levar em conta essas diferenças permite ampliar a participação."

Então, como os universitários sentem-se a respeito de seus celulares? Você pode ler o relatório de pontos-chave em http://www.andersonanalytics.com/reports/.

www.andersonanalytics.com; www.yourbigears.com

A falta de assistência na interpretação das questões no estudo da clínica foi um ponto fraco evidente, que teria sido resolvido com a presença de um entrevistador, que pode anotar as condições da entrevista, fazer perguntas adicionais e reunir informações complementares pela observação. Edna obviamente estava de bom humor e muito relaxada depois que ela e outros pacientes criticaram o questionário; atitude que teria sido observada e anotada por um entrevistador. Obviamente, esperamos que o entrevistador pudesse interpretar corretamente o riso como um sinal de bom humor, e não como uma atitude negativa, como fez a funcionária de admissões.

Os entrevistadores também têm mais controle que outros tipos de estudos de comunicação: podem fazer uma pré-triagem para garantir que o participante correto esteja respondendo, estabelecer e controlar as condições da entrevista, usar dispositivos especiais de pontuação e materiais visuais, como é feito com uma **entrevista pessoal assistida por computador (CAPI)**, e ajustar a linguagem da entrevista à medida que observem os problemas e os efeitos causados no participante.

Com tais vantagens, por que alguém usaria outro método de levantamento? Provavelmente, a maior razão é que a entrevista pessoal custa caro, tanto em termos financeiros como de tempo: um levantamento por entrevista pessoal pode custar desde alguns poucos reais até várias centenas, no caso de entrevista com uma pessoa de difícil acesso. Os custos serão particularmente altos se o estudo cobrir uma área geográfica ampla ou tiver exigências rígidas de amostragem; uma exceção, entretanto, é o levantamento por **entrevista de abordagem**, que busca participantes em locais centralizados, como shopping centers, ou, como no caso da Edna, no consultório de um médico. Elas reduzem os custos associados à necessidade de vários entrevistadores, treinamento e viagem, e até mesmo demonstrações de produtos e serviços também podem ser coordenadas, reduzindo ainda mais os custos. No entanto, a relação custo-benefício é anulada quando uma amostragem representativa é crucial para o desfecho do estudo, por exemplo: o levantamento por abordagem teria sido uma possibilidade no estudo da Albany Clinic, embora talvez fossem necessários mais atendentes na admissão, se não houvesse voluntários disponíveis para essa tarefa. Você encontrará dicas de levantamentos por abordagem no site do livro.

Os custos aumentaram rapidamente nos últimos anos para a maioria dos métodos de comunicação porque as mudanças no ambiente social tornaram as entrevistas pessoais mais difíceis: hoje, muitas pessoas relutam em falar com estranhos ou em permitir que eles visitem suas casas; os entrevistadores, por sua vez, hesitam em visitar bairros desconhecidos sozinhos, especialmente para entrevistas à noite. Ainda, os resultados de levantamentos por entrevistas pessoais podem ser afetados adversamente por entrevistadores que alterem as perguntas feitas ou influenciem os resultados de outras formas; à medida que Edna e seus amigos discutiam o levantamento da Albany Clinic, cada um deles aplicava suas próprias definições operacionais aos conceitos e construtos que estavam sendo solicitados. Essa confusão criou um viés que poderia ter sido eliminado por um entrevistador bem treinado. O viés do entrevistador, identificado como uma das três principais fontes de erro na Figura 10-3, foi discutido neste capítulo. Se quisermos superar essas deficiências, precisamos avaliar as condições necessárias para o sucesso da entrevista.

Seleção do método ideal de levantamento

A escolha de um método de comunicação não é tão complicada como pode parecer à primeira vista. Comparando seus objetivos de pesquisa com os pontos fortes e os fracos de cada método, você escolherá aquele que seja mais apropriado para suas necessidades. O resumo das vantagens e das desvantagens de entrevistas pessoais, entrevistas telefônicas e dos questionários autoadministrados, apresentado na Figura 10-5, deve lhe ser útil para tal.

Quando suas questões investigativas pedem informações de participantes de difícil contato ou inacessíveis, a entrevista telefônica, o levantamento por correspondência ou o levantamento entregue por computador devem ser considerados; no entanto, se os dados precisarem ser coletados rapidamente, o levantamento por correspondência provavelmente será descartado, devido à falta de controle sobre os retornos. De forma alternativa, você pode decidir que seu objetivo requer questionamento minucioso e comprovação, logo o levantamento por entrevista pessoal deve ser considerado.

Se nenhuma das escolhas parecer ser suficientemente adequada, é possível combinar as melhores características de duas ou mais alternativas em um levantamento *misto*. Embora essa decisão incorra custos dos modos combinados, a flexibilidade do ajuste de um método a suas necessidades específicas muitas vezes é uma troca aceitável.

No estudo da MindWriter, Jason Henry propôs um levantamento on-line autoadministrado pós-serviço, recrutado por e-mail, usando uma amostra dos proprietários de laptops que tinham usado o serviço de manutenção do CompleteCare. Apesar de esse projeto de pesquisa oferecer velocidade na coleta de dados, na entrada de dados e custos menores que um com entrada de dados significativa, ele não deixa de ter problemas. Nem todos os clientes participarão ao serem convidados, gerando viés de não resposta. Embora teoricamente o formato on-line ofereça espaço ilimitado para as questões, somente um levantamento curto tenderá a encorajar a participação e sua conclusão completa. Alertar os clientes sobre a importância de participar no levantamento por telefone pode melhorar o projeto de pesquisa, mas aumentaria significativamente os custos de cada estudo mensal, até mesmo com a inclusão de um cartão impresso em cada laptop devolvido solicitando a participação. Se os usuários do serviço CompleteCare receberem um laptop danificado, não estarão no melhor estado de espírito ao serem convidados para participar do levantamento, e a insatisfação poderia levar a uma diminuição no índice de respostas em um momento no qual a MindWriter precisa de informações dos usuários. A proposta de Jason contém um procedimento de acompanhamento – um levantamento telefônico com participantes convidados que não preencham o levantamento on-line –, o que provavelmente diminuirá o erro de não resposta à medida que aumenta o custo do projeto. Se a maioria dos participantes do estudo estiver respondendo às questões de mensuração sem assistência, a entrevista telefônica criará a possibilidade de viés do entrevistador em um nível desconhecido, pelo menos para uma parte dos dados.

No estudo da Albany Clinic, o pesquisador poderia ter tomado diversas medidas para melhorar a qualidade dos dados, por exemplo: a distribuição do questionário para o oftalmologista do paciente ou para o paciente (por carta) antes de sua chegada à clínica teria aumentado a precisão da identificação de medicamentos, diagnósticos, internações e assim por diante; o oftalmologista da paciente estava em melhor posição para encorajar a conformidade com o processo de coleta, mas não foi consultado. Se o paciente trouxesse o questionário preenchido para o procedimento de admissão, ocasião em que a funcionária poderia verificá-lo, para constatar sua precisão, teria dado ao pesquisador a oportunidade de esclarecer qualquer confusão com as perguntas, os conceitos e os construtos. Finalmente, o pré-teste do instrumento com uma amostra de pacientes revelaria as dificuldades com o processo e as definições operacionais, o que eliminaria as preocupações de Edna antes de surgirem.

Por último, todos os pesquisadores enfrentam a realidade prática de custos e prazos. Como é sugerido na Figura 10-5, na média, levantamentos por entrevistas pessoais são o método de comunicação mais caro e gastam mais tempo de campo, a não ser que se utilize uma grande equipe. Os levantamentos telefônicos têm custo moderado e oferecem a opção mais rápida, especialmente se usada a CATI; os questionários administrados por e-mail ou pela internet são os mais baratos. Quando a amostra desejada estiver disponível na internet, o levantamento por este meio pode ser o método de comunicação mais barato, com a disponibilidade de dados mais rápida (simultânea). O uso do computador para selecionar participantes e reduzir o tempo de codificação e processamento continuará a melhorar os perfis de custo-desempenho desse método no futuro.

Na maioria das vezes, o método ideal será evidente; as necessidades de informação dos gestores, contudo, muitas vezes excedem seus recursos internos. Fatores como especialização, uma grande equipe de campo, instalações especiais ou mudanças rápidas levam os gestores a buscar assistência de empresas de serviços de pesquisa relacionados a levantamentos.

Terceirização dos serviços de levantamento

Os fornecedores comerciais de serviços de pesquisa variam desde operações de serviço completo até consultores especializados. Quando a confidencialidade tende a afetar a vantagem competitiva, o gestor ou seus funcionários algumas vezes preferirão contratar apenas uma fase do projeto. De forma alternativa, os membros da equipe da empresa podem possuir conhecimentos tão exclusivos sobre um produto ou serviço que precisem eles próprios completar uma parte do estudo. Independentemente disso, trabalho exploratório, projeto, amostragem, coleta de dados ou processamento e análise podem ser contratados de forma separada ou como um todo. A maioria das empresas usa um *briefing* para descrever suas exigências e buscar propostas competitivas (ver a amostra de *briefing* no Apêndice A).

As empresas de pesquisa também oferecem vantagens especiais que seus clientes normalmente não possuem em suas próprias empresas, como entrevistas em locais centralizados ou instalações para pesquisa telefônica assistida por computador, que podem ser particularmente desejáveis para certas necessidades de pesquisa, além de haver equipe treinada profissionalmente, com experiência considerável em problemas de gestão similares. As habilidades de processamento de dados e análise estatística são especialmente importantes para alguns projetos. Outros fornecedores têm um software especialmente projetado para entrevistas e tabulação de dados.[47]

Os fornecedores de painéis prestam outro tipo de serviço de pesquisa, com ênfase no trabalho de levantamento longitudinal.[48] Usando os mesmos participantes por um período de tempo, um **painel** pode acompanhar tendências de atitudes em relação a assuntos ou produtos, adoção de produtos ou comportamento de consumo e diversos outros interesses de pesquisa. Os fornecedores de dados de painel podem conseguir informações com técnicas de entrevista pessoal ou telefônica, bem como com levantamentos por correspondência, pela internet ou modos mistos. As agendas são um meio comum que os membros do painel têm para anotar os eventos de interesse da pesquisa. Elas são enviadas de volta à organização de pesquisa. Terminais e leitores nos pontos de venda auxiliam a coleta eletrônica de dados para os grupos de participantes do tipo painel; os dispositivos mecânicos, por sua vez, colocados na casa dos membros desse tipo de grupo podem ser usados para avaliar a utilização da mídia. ACNielsen, Yankelovich Partners, The Gallup Organization e Harris Interactive gerenciam amplos painéis.

Resumo

1 A abordagem de comunicação envolve o levantamento ou a entrevista com pessoas e o registro de suas respostas para análise. A comunicação é realizada por meio de entrevistas pessoais, entrevistas telefônicas ou levantamentos autoadministrados, e cada método tem seus pontos fortes e fracos específicos. O método de comunicação ideal é aquele eficaz para responder à sua questão de pesquisa e que lide com as restrições impostas por tempo, orçamento e recursos humanos. A oportunidade de combinar diversas metodologias de levantamento torna desejável o uso do modo misto em muitos projetos.

2 A comunicação bem-sucedida exige que busquemos informações que o participante possa fornecer e que ele entenda seu papel e esteja motivado para desempenhá-lo. A motivação, em especial, é uma tarefa do entrevistador. Um bom relacionamento com o participante deve ser estabelecido rapidamente e, a seguir, deve começar o processo técnico de coleta de informações, que muitas vezes exige investigação habilidosa para complementar as respostas dadas pelo participante. A simplicidade das instruções e a aparência do instrumento são fatores adicionais a serem considerados para encorajar a resposta nos estudos de comunicação autoadministrados.

3 Dois fatores podem gerar viés em uma entrevista: um é a não resposta, preocupação em todos os levantamentos: alguns estudos mostram que o primeiro contato muitas vezes atinge menos de 20% dos participantes designados – vários métodos são úteis para aumentar essa representação, e o mais eficaz é fazer chamadas de retorno até que se consiga um número adequado de entrevistas; o outro fator é o erro de resposta, que ocorre quando o participante não dá uma resposta correta ou completa – o entrevistador também pode tanto contribuir para o erro na resposta, como fornecer a principal solução para esses dois tipos de erros.

4 O questionário autoadministrado pode ser entregue por correio, fax, serviço de mensageiro, computador ou abordagem; já os entregues por computador usam intranets organizacionais, a internet ou serviços on-line para chegar a seus participantes. Estes podem ser escolhidos ou autosselecionados. Os estudos de abordagem podem usar um questionário tradicional ou um instrumento computadorizado em ambientes nos quais a assistência do entrevistador seja mínima.

A entrevista telefônica permanece popular por causa da difusão do serviço telefônico nos lares norte-americanos e do baixo custo desse método comparado com a entrevista pessoal. As entrevistas telefônicas de longa distância aumentaram. Também há desvantagens nesse método. Muitos números de telefone não são listados, e as listas telefônicas tornam-se rapidamente obsoletas. Existe também um limite na duração e na profundidade das entrevistas conduzidas por telefone.

As principais vantagens da entrevista pessoal são a capacidade de explorar tópicos em grande profundidade, de alcançar um alto grau de controle por parte do entrevistador e de fornecer o máximo de flexibilidade ao entrevistador para adaptar-se a situações específicas. No entanto, esse método é caro, demanda tempo e sua flexibilidade pode resultar em viés excessivo do entrevistador.

5 Os serviços de pesquisa terceirizados oferecem vantagens especiais aos gestores, entre elas estão equipes de pesquisa treinadas profissionalmente, entrevistas em locais centralizados, instalações para grupos de discussão e instalações assistidas por computador. Empresas especializadas oferecem software e assistência baseada em computador para entrevistas telefônicas e pessoais, bem como para modos por correspondência e mistos. Os fornecedores de painéis produzem dados para estudos longitudinais de todos os tipos.

Termos-chave

abordagem de comunicação 221
autoentrevista assistida por computador (CASI) 228
discagem aleatória 237
entrevista por abordagem 240
entrevista pessoal assistida por computador (CAPI) 240
entrevista telefônica assistida por computador (CATI) 235
erro de não resposta 224
erro de resposta 225
erro do entrevistador 221
índice de contatos não realizados 236
índice de recusa 236
levantamento 221
levantamento com CD via correio (DBM) 228
levantamento por correspondência 228
levantamento por entrevista pessoal 239
levantamento telefônico 234
levantamento telefônico administrado por computador 235
painel 242
questionário autoadministrado 228
questionário baseado na internet 233

Questões para discussão

Revisão de termos

1 Distinga entre erro de resposta, erro do entrevistador e erro de não resposta.

2 Como os fatores ambientais afetam os índices de resposta nas entrevistas pessoais? Como podemos superar esses problemas ambientais?

Tomada de decisão em pesquisa

3 Suponha que você planeje entrevistar compradores em um shopping center para saber o que eles pensam sobre o aumento no preço dos alimentos e o que o governo federal deveria fazer sobre isso. De que formas diferentes você poderia tentar motivar os compradores a cooperar com seu levantamento?

4 Nos últimos anos, as entrevistas pessoais nas residências tornaram-se mais caras e mais difíceis de fazer. Porém, suponha que você tenha um projeto no qual precisa falar com as pessoas na casa delas. O que você poderia fazer para reduzir os custos e aumentar o índice de respostas?

5 Nas situações a seguir, decida se você usaria entrevista pessoal, levantamento telefônico ou questionário autoadministrado. Dê suas razões.

   a Um levantamento dos residentes de uma nova subdivisão para saber a razão pela qual escolheram a área onde moram. Você também deseja conseguir informações sobre o que eles gostam ou não a respeito da vida nessa subdivisão.

   b Uma enquete com os alunos da Metro University sobre suas preferências em relação a três candidatos que estão concorrendo à presidência do diretório acadêmico.

   c Um levantamento com 58 atacadistas de mercearia, espalhados pelo leste dos Estados Unidos, sobre suas políticas de gestão de pessoal para os funcionários de depósitos.

   d Um levantamento com os executivos financeiros das empresas listadas na *Fortune 500* para saber suas previsões para a economia em seus segmentos no próximo ano.

   e Um estudo de requisitos do candidato, tarefas do emprego e expectativas de desempenho como parte de uma análise de emprego sobre bolsistas de uma universidade com 2 mil alunos, na qual 1.500 estão envolvidos no programa de bolsas.

6 Você decide fazer um levantamento telefônico com 40 famílias em uma área. Você quer uma excelente representação de todos os assinantes nessa área. Explique como executará esse estudo.

7 Você planeja conduzir um levantamento por correspondência com os gerentes de tráfego das mil principais empresas industriais no país. O estudo refere-se às políticas da empresa no que diz respeito ao pagamento de despesas de mudança dos funcionários que são transferidos. O que você poderia fazer para melhorar o índice de resposta desse levantamento?

8 Uma grande empresa concorda em patrocinar um estudo interno sobre assédio sexual no local de trabalho. Isso é feito em resposta à preocupação expressada por suas funcionárias. Como você lidaria com as seguintes questões:

   a A abordagem de comunicação (questionário autoadministrado, entrevista telefônica, entrevista pessoal e/ou abordagem mista).

   b O propósito: descoberta de fatos, consciência, construção de relacionamento e/ou mudança.

   c Motivação dos participantes.

   d Minimização dos erros de resposta e de não resposta.

Dando vida à pesquisa

9 Defina o estudo de comunicação apropriado para a Albany Outpatient Laser Clinic.

Do conceito à prática

10 Usando a Figura 10-1 como guia, faça um gráfico do estudo de comunicação que você criou na questão 9.

Direto das manchetes

11 Conforme a concorrência por dólares cada vez mais escassos aumenta, um número crescente de empresas está adotando medidas, promovendo culturas centradas no cliente que melhoram a satisfação e orientam a verdadeira rentabilidade. Pesquisas revelam que 96% das empresas estão alavancando dados de voz do consumidor (VoC) de alguma forma para melhorar o desempenho empresarial. Elas esperam agora alcançar melhorias substanciais na retenção de clientes e crescimento de primeira linha a partir desses programas de clientes-alvo. Se você quisesses saber quais tipos de programas VoC estão sendo usados e quais são eficazes ou ineficazes, qual tipo de levantamento elaboraria e por quê?

Casos (em inglês) no site do Grupo A

A pesquisa pode resgatar a Cruz Vermelha?	Dominando a liderança de professores
Mentes curiosas querem saber – AGORA!	NCRCC: planejando um novo rumo estratégico
Hipóteses de testes da Marcus Thomas LLC para o desenvolvimento criativo da Troy-Bilt	Proofpoint: capitalização da paixão de um repórter por estatística

Você encontrará uma descrição de cada caso na seção Índice de Casos deste livro. Verifique no Índice de Casos quais fornecem dados, o instrumento de pesquisa ou outro material complementar. Para acessar os casos (em inglês), entre no site do Grupo A (www.grupoa.com.br) e procure pelo livro.

Parte III

As Fontes e a Coleta de Dados

Capítulo 11   Mensuração

Capítulo 12   Escalas de Mensuração

Capítulo 13   Questionários e Instrumentos

Capítulo 14   Amostragem

Capítulo 11

Mensuração

> *"Você está se esforçando demais para encontrar uma correlação aqui. Você não conhece essas pessoas, você não sabe qual é a intenção delas. Você tenta compilar estatísticas e correlacioná-las com um resultado que não passa de especulação."*
>
> **Marc Racicot, ex-governador do estado de Montana, Estados Unidos, e presidente do Partido Republicano**

Objetivos de **aprendizagem**

Após ler este capítulo, você compreenderá...

1 A diferença entre mensurar objetos, propriedades e indicadores de propriedades.

2 As semelhanças e as diferenças entre os quatro tipos de escala usados na mensuração e quando cada um é usado.

3 As quatro principais fontes de erro na mensuração.

4 Os critérios para avaliar a legitimidade de uma abordagem de mensuração.

Dando vida **à** pesquisa

A diretora-executiva fez um gesto largo em direção às Canadian Rockies ainda cobertas de neve: "Passei três anos muito felizes aqui, embora não tenha sido fácil para mim desde que deixei aquela empresa norte-americana se intrometer em nossa existência idílica".

"Você quer dizer as pessoas da MindWriter?", perguntou Jason Henry. "As pessoas que me enviaram para cá? Meus clientes e seu benfeitor?"

"Por favor, não me entenda mal", disse-lhe a diretora executiva enquanto conduzia Jason por um gramado aparado rumo à barraca de lanches. "Quando aluguei para eles uma parte de nossas instalações para uso em educação empresarial, eles generosamente insistiram que eu fizesse alguns dos cursos de treinamento para gerência de nível médio."

"Eles disseram que você estava tendo problemas de presença?", arrisca Jason. "Diga-me o que você faz aqui".

"Oferecemos um dos mais espetaculares festivais de música no verão do país – talvez do continente. Apresentamos diversos concertos por semana, por todo o verão, com apresentações à noite, na sexta e no sábado. Durante a semana, os ensaios são abertos a patronos de música e alunos, e, é claro, nossos músicos talentosos aprimoram suas habilidades com a interação.

Durante o inverno, meus diretores artísticos preparam o programa do verão seguinte e contratam os músicos, coordenando comigo a questão do orçamento. Isso é muito complicado, porque a maioria dos artistas fica apenas duas semanas conosco. Aproximadamente 600 artistas de diversas partes do continente participam dessa orquestra durante o festival de verão.

A Universidade de Bristish Columbia me envia seus bolsistas do curso de música, que vão ocupar as vagas de verão de lavadores de pratos, garçons, faxineiros, etc. É uma oportunidade especial para eles, pois podem viver perto de seus ídolos e aprender a aprimorar suas habilidades musicais no processo."

"Então o seu problema é...?", insiste Jason novamente. "Meu problema é falta de apoio, principalmente a falta de comprometimento dos moradores locais em apoiar continuamente seu Festival de Sinfonia de Glacier. Você percebe como é raro para uma cidade desse tamanho ter mais de 600 músicos se apresentando no verão? Você esperaria que os moradores ficassem tão empolgados quanto nossos lavadores de prato!"

"Você sabe por que eles não dão apoio?", pergunta Jason, contente por terem finalmente chegado à razão pela qual a MindWriter havia pedido para ele desviar seu voo de volta de São Francisco para British Columbia.

"Bem, alguns dos moradores falaram conosco informalmente", comenta a diretora, um tanto hesitante.

"E eles disseram que...?", insiste Jason, mais do que um pouco impaciente, lembrando por que ele valoriza tanto sua sócia por geralmente lidar com essa fase da pesquisa exploratória.

"Um deles comentou: 'Nunca ouvi essa música antes – por que os músicos não tocam algo que eu conheça?'. Outro perguntou: 'Onde estavam os telões? E os efeitos especiais?' E outro: 'Por que eu passaria mais de uma hora assistindo um palco cheio de pessoas sentadas?'"

"Espere um pouco", disse Jason, anotando algo em seu smartphone. "Posso ver que sua orquestra está tocando uma nota desafinada." Jason sorri, divertindo-se com seu próprio senso de humor, enquanto a diretora permanece impassível. "A MindWriter usa um programa abrangente para mensuração de satisfação do cliente, e..."

"Ah, sim, medir a satisfação do cliente", interrompeu-o a diretora, "só perde para o fluxo de caixa para o pessoal da MindWriter.

O cuidado e a frequência com que medem a satisfação do cliente nos seminários da MindWriter aqui me espantam. Durante os seminários, manhã, tarde e noite, sempre havia um intervalo para o café e todos deviam preencher um formulário de avaliação sobre o palestrante. Os resultados eram tabulados assim que a última xícara de café era retirada, e o palestrante recebia um retorno sobre sua apresentação. O material estava sendo apresentado de forma muito rápida ou muito lenta? Havia piadas de mais ou de menos? Os exemplos concretos estavam sendo usados com frequência? Os participantes queriam uma cópia da apresentação? Eles mediam dados de atitude seis vezes por dia e nos perguntavam até mesmo sobre as refeições, questionando sabor, aparência, limpeza e velocidade, atendimento e precisão do serviço".

"É compreensível", observa Jason. "Seus bolsistas têm contato frequente com os moradores, aqui e na cidade, não é mesmo? Podemos usá-los para coletar alguns dados mais formais", diz Jason, pensando em voz alta.

Dando vida à pesquisa (cont.)

"Jason", interrompeu-o a diretora, "você já foi músico?"

"Não", explica Jason, "meus interesses estavam mais para estatística do que para Schubert".

"Então você não perceberia que, enquanto músicos podem falar sobre música – e a complexidade de tocar música – por horas a fio entre si, uma vez que um morador demonstra pouco ou nenhum interesse, nossos bolsistas provavelmente os ignorariam".

"É assim mesmo", comenta Jason, agora resignado a se envolver mais no problema da Sinfônica de Glacier do que havia presumido ser necessário. "Entrevistadores e observadores não treinados podem ser pouco confiáveis e muito imprecisos para avaliar e relatar comportamento", diz Jason. "Você já tentou uma caixa de sugestões?"

"Não, mas eu mando cartões de lembrete para cada concerto".

"Não é a mesma coisa", murmura Jason e entrega seu cartão à diretora. "Como seguidora do método MindWriter, tenho certeza de que você tem um levantamento atual de satisfação para frequentadores de concertos em seus arquivos". Após a confirmação da diretora, Jason continua: "Mande-o para mim. Sob solicitação da MindWriter e às suas custas, vou revisá-lo para você. Vou analisar os detalhes de coleta e análise no meu voo de volta e entrarei em contato semana que vem".

A diretora, sorrindo e apertando a mão de Jason, responde: "Pedirei a um de nossos bolsistas para levar você ao aeroporto. Com certeza vocês têm muitas coisas em comum".

A natureza da mensuração

Na utilização diária, a mensuração ocorre quando verificados altura, peso ou outra característica de um objeto físico com uma medida-padrão. Também é possível mensurar o quanto gostamos de uma música, de um quadro ou da personalidade de um amigo. Mensurar é descobrir a extensão, dimensão, quantidade ou capacidade de alguma coisa, principalmente em comparação com um padrão. Fazemos mensuração circunstancialmente em nossa vida diária, mas na área de pesquisa as exigências para mensuração são rigorosas.

Mensuração em pesquisa consiste em atribuir números para fatos empíricos, objetos, propriedades ou atividades de acordo com um conjunto de regras, o que implica que mensuração é um processo divido em três partes:

1. Seleção de fatos empíricos observáveis.
2. Desenvolvimento de um conjunto de **regras de mapeamento:** um esquema para atribuir números ou símbolos para representar aspectos do fato que será mensurado.
3. Aplicação da(s) regra(s) de mapeamento para cada observação daquele fato.[1]

Você deve se lembrar do termo *empírico*. Os pesquisadores usam a abordagem empírica para descrever, explicar e fazer previsões com base em informações obtidas por meio de observação.

Suponha que você esteja estudando pessoas que vão a uma feira de automóveis na qual todos os novos modelos do ano estão em exposição. Você está interessado em saber a proporção de homens e mulheres entre os participantes e, então, observa as pessoas que entram na área da feira. Se a pessoa for do sexo feminino, você marca um F; se for do sexo masculino, um M. Outros símbolos podem ser usados, como 0 e 1 ou # e %, desde que você saiba que grupo o símbolo identifica. A Figura 11-1 usa esse exemplo para ilustrar os três componentes citados.

Os pesquisadores também podem querer medir a opinião dos participantes sobre o estilo de um novo carro-conceito nessa feira. Eles entrevistam alguns visitantes e marcam, com uma regra diferente de mapeamento, a opinião dos visitantes na escala abaixo:

Qual é sua opinião sobre o estilo do conceito CS?

Muito desejável   5   4   3   2   1   Muito indesejável

Todos os teóricos de mensuração diriam que a escala de classificação da Figura 11-1 é uma forma de mensuração, mas alguns discordariam da classificação masculino-feminino. O argumento deles é que mensuração deve envolver quantificação – ou seja, "a atribuição de números a objetos para representar quantidades ou graus de uma propriedade possuída por todos os objetos".[2] Essa condição foi atendida ao medir opiniões sobre estilos de carro. Nossa abordagem endossa a visão mais geral de que "números como símbolos dentro de uma regra de mapeamento" podem refletir conceitos qualitativos ou quantitativos.

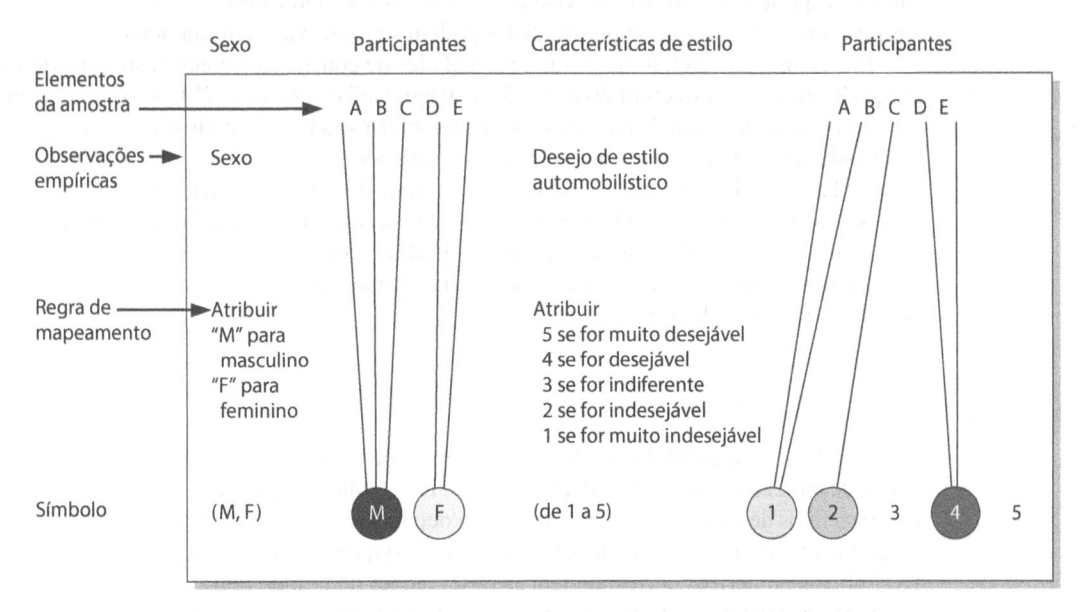

	Sexo	Participantes	Características de estilo	Participantes
Elementos da amostra		A B C D E		A B C D E
Observações empíricas	Sexo		Desejo de estilo automobilístico	
Regra de mapeamento	Atribuir "M" para masculino "F" para feminino		Atribuir 5 se for muito desejável 4 se for desejável 3 se for indiferente 2 se for indesejável 1 se for muito indesejável	
Símbolo	(M, F)	M F	(de 1 a 5)	1 2 3 4 5

Os participantes A, B e C são homens e acham o estilo do automóvel indesejável.
Os participantes D e E são mulheres e acham o estilo do automóvel desejável.

Figura 11-1 Características da mensuração.

O objetivo da mensuração – na verdade, o objetivo de "atribuir números a fatos empíricos de acordo com uma série de regras" – é fornecer dados da melhor qualidade e com o menor índice de erro para testar hipóteses, estimativa, previsão ou descrição. Os pesquisadores deduzem, a partir de uma hipótese, que certas condições deveriam existir, então procuram-nas no mundo real. Se encontradas, os dados dão suporte à hipótese; se não, os pesquisadores concluem que a hipótese é falsa. Uma questão importante neste ponto é: "O que exatamente alguém mensura?".

O objeto da mensuração é um *conceito*, ou seja, os símbolos que associamos a diversos significados que conhecemos e compartilhamos com os outros. Inventamos conceitos de nível mais alto – *constructos* – para explicações científicas especializadas que não são diretamente observáveis e para pensar sobre e comunicar abstrações. Os conceitos e os constructos são usados em níveis teóricos; já as *variáveis* são usadas em nível empírico e aceitam numerais ou valores para fins de teste e mensuração. Conceitos, constructos e variáveis podem ser definidos de forma descritiva ou operacional. Uma *definição operacional* define uma variável em termos de critérios específicos de teste e de mensuração, especificando adequadamente as informações empíricas necessárias e como elas serão coletadas. Além disso, deve ter o escopo apropriado para o problema de pesquisa em questão. Revisamos esses termos com exemplos na Figura 11-2.

O que é mensurável?

As variáveis em estudo em uma pesquisa podem ser classificadas como objetos ou propriedades. Os **objetos** incluem conceitos da experiência comum, como itens tangíveis (mobília, sabão em pó, pessoas ou automóveis), e coisas que não são concretas, como genes, atitudes e pressões de grupos. As **propriedades** são as características dos objetos: as *propriedades físicas* de uma pessoa podem ser declaradas em termos de peso, altura e postura, entre outros; as *propriedades psicológicas* incluem atitudes e inteligência; as *propriedades sociais* incluem capacidade de liderança, afiliação de classe ou posição social. Essas e muitas outras propriedades de uma pessoa podem ser mensuradas em uma pesquisa.

No sentido literal, os pesquisadores não medem objetos ou propriedades, e sim indicadores de propriedades ou indicadores das propriedades de objetos. É fácil observar que A é mais alto que B e que C participa mais do que D em atividades de grupo; ou suponha que você esteja analisando membros de uma equipe de vendas composta de centenas de pessoas para descobrir que propriedades pessoais contribuem para o sucesso na área de vendas. As propriedades são idade, anos de experiência e número de visitas por semana, e os indicadores nesses casos são tão aceitos que consideramos que as propriedades podem ser observadas diretamente.

Entretanto, não é fácil mensurar propriedades de constructos como "estilo de vida", "liderança de opinião", "estrutura do canal de distribuição" e "persuasão". Como cada propriedade não pode ser mensurada diretamente, devemos inferir sua presença ou ausência ao observar algum indicador ou apontador de mensuração. Quando você começa a fazer essas inferências, sempre há discordância sobre como desenvolver uma definição operacional para cada indicador.

Não apenas é um desafio mensurar esses constructos, mas a qualidade do estudo depende de que medidas são selecionadas ou desenvolvidas e como elas se adaptam às circunstâncias. Em seguida, abordaremos a natureza das escalas de mensuração, fontes de erro e características de uma mensuração legítima.

Escalas de mensuração

Ao fazer mensuração, planejamos algumas regras de mapeamento e então traduzimos a observação de indicadores de propriedade com elas. Para cada conceito ou constructo, é possível usar diversos tipos de dados; a escolha apropriada depende do que você pressupõe sobre as regras de mapeamento. Cada tipo de dado tem seu próprio conjunto de suposições implícitas sobre como os símbolos numéricos correspondem às observações do mundo real.

As regras de mapeamento têm quatro características:

1. São usados números para classificar, agrupar ou ordenar as respostas; não existe uma ordem.

> *Conceito:* **conjunto de significados ou características associados a certos fatos, objetos, condições, situações ou comportamentos.**
>
> A classificação e a categorização de objetos ou fatos que tenham características comuns, além da simples observação, criam conceitos. Quando pensa em uma planilha ou em um cartão de garantia, o que lhe vem à cabeça não é um único exemplo, mas uma série de lembranças de todas as planilhas e cartões de garantia abstraídos para gerar um conjunto de características específicas e que podem ser definidas.
>
> *Constructo:* **imagem ou ideia abstrata inventada especificamente para uma determinada pesquisa e/ou construção de teoria.**
>
> Constructos são construídos ao combinar os conceitos mais simples e concretos, principalmente quando a ideia ou imagem que pretendemos transmitir não está diretamente sujeita à observação. Quando Jason e Sara prepararam o instrumento de mensuração para o estudo de pesquisa da MindWriter, eles vão lutar com o constructo "serviço ao cliente satisfatório" e seu significado.
>
> *Variável:* **um fato, ato, característica, traço ou atributo que pode ser mensurado e para o qual atribuímos numerais ou valores; um sinônimo para o constructo ou a propriedade em estudo.**
>
> O valor numérico atribuído a uma variável é baseado em suas propriedades. Por exemplo, algumas variáveis, chamadas *dicotômicas*, têm apenas dois valores, refletindo a presença ou ausência de uma propriedade: empregado-desempregado ou masculino-feminino têm dois valores, normalmente 0 e 1. As variáveis também recebem valores para representar categorias agregadas, como as variáveis demográficas de raça ou religião. Todas as variáveis que produzem dados que possam se encaixar nas categorias são chamadas de *discretas*, pois apenas alguns valores são possíveis. Uma variável automotiva, por exemplo, na qual "Chevrolet" tenha valor 5 e "Honda", 6, não deixa opção para um 5,5. Renda, temperatura, idade ou pontuação em um teste são exemplos de variáveis *contínuas*. Essas variáveis podem ter valores dentro de uma determinada faixa ou, em alguns casos, um conjunto infinito. Sua pontuação no teste pode ir de 0 a 100, sua idade pode ser 23,5 e sua renda anual pode ser US$ 35.000.
>
> *Definição operacional:* **definição de um constructo enunciada em termos de critérios específicos de teste e de mensuração; refere-se a um padrão empírico (devemos ser capazes de contar, mensurar ou reunir as informações sobre o padrão por meio de nossos sentidos).**
>
> Os pesquisadores devem lidar com dois tipos de definições: as definições de dicionário e as definições operacionais. Na definição mais conhecida do dicionário, um conceito é definido com um sinônimo. Por exemplo, um cliente é definido como um consumidor; consumidor, por sua vez, é definido como um cliente de um estabelecimento. Quando mensuramos conceitos e constructos, demandamos a definição mais rigorosa oferecida por uma definição operacional. Não importa se o objeto a ser definido é físico (por exemplo, uma lata de ervilhas) ou altamente abstrato (por exemplo, atitude em relação à embalagem), a definição operacional deve especificar as características e como elas devem ser observadas ou mensuradas. As especificações e os procedimentos devem ser tão claros que qualquer pessoa competente que os utilize possa classificar os objetos da mesma forma. Por exemplo: *Para nosso estudo, uma lata de pêssegos será qualquer recipiente – metal, vidro, plástico ou uma combinação – que pesa pelo menos 340 g e é adquirido em um mercado, loja de conveniência ou revendedor de massa na área de Detroit, Michigan, Consolidated Metropolitan Statistical Area (CMSA).*

Figura 11-2 Revisão de termos-chave.

2. Os números são ordenados; um número é maior, menor ou igual a outro.
3. As diferenças entre os números são ordenadas: a diferença entre qualquer par de números é maior que, menor que ou igual à diferença entre qualquer outro par de números.
4. A série de números tem uma origem única indicada pelo número zero, que é um ponto zero significativo e absoluto.

As combinações dessas características de classificação, ordem, distância e origem fornecem quatro classificações de escalas de mensuração amplamente utilizadas:[3] (1) nominal, (2) ordinal, (3) intervalar e (4) de razão, apresentadas antes de discutir seus detalhes técnicos. Suponha que seu professor peça a um aluno voluntário que experimente seis barras de chocolate; o aluno começa avaliando cada uma em uma escala chocolate/não chocolate – essa é uma mensuração nominal. A seguir, classifica as barras da melhor para a pior – essa é uma mensuração ordinal. Depois, o aluno usa uma escala de 7 pontos que tenha a mesma distância entre os pontos para classificá-las com relação a algum critério de sabor (ser crocante ou não, por exemplo) – essa é uma mensuração intervalar. Finalmente, o aluno considera outra dimensão de sabor e atribui 100 pontos entre as seis barras de chocolate – essa é uma mensuração de razão.

As características dessas escalas de mensuração estão resumidas na Figura 11-3. Decidir qual tipo de escala é adequado para suas necessidades de pesquisa deve ser visto como parte do processo de pesquisa, conforme mostrado na Figura 11-4.

Escalas nominais

Na pesquisa empresarial, os dados nominais são amplamente usados. Com as **escalas nominais**, coletamos informações sobre uma variável que, naturalmente ou por planejamento, pode ser

Tipo de escala	Características dos dados	Operação básica empírica	Exemplo
Nominal	Classificação (categorias mutuamente excludentes e coletivamente exaustivas), mas sem ordem, distância nem origem natural	Determinação de igualdade	Sexo (masculino, feminino)
Ordinal	Classificação e ordem, mas sem distância ou origem natural	Determinação de maior ou menor valor	Preparo de carnes (bem passada, ao ponto, mal passada)
Intervalar	Classificação, ordem e distância, mas sem origem natural	Determinação de igualdade ou diferenças de intervalos	Temperatura em graus
Razão	Classificação, ordem, distância e origem natural	Determinação de igualdade de razões	Idade em anos

Figura 11-3 Escalas de mensuração.

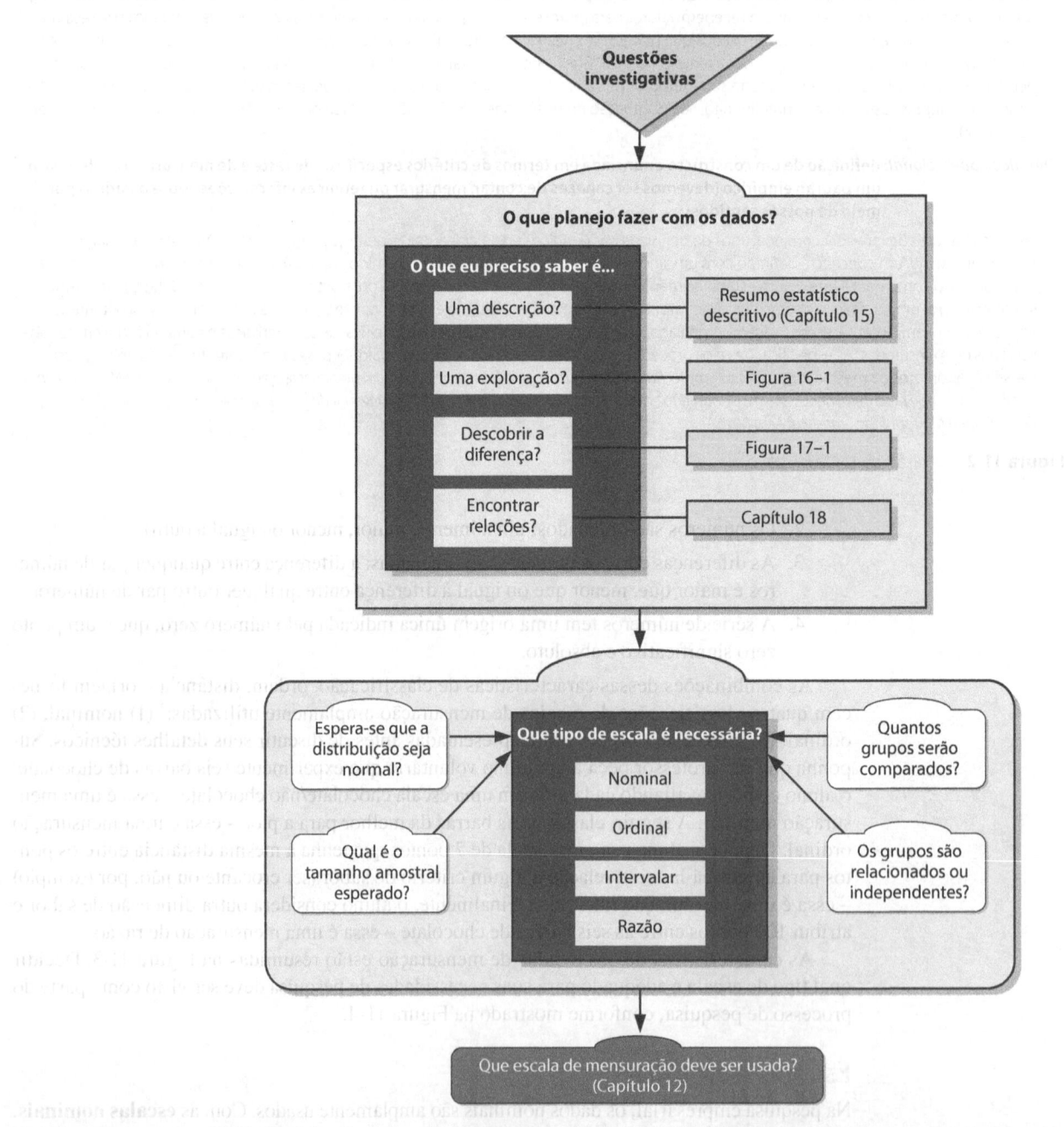

Figura 11-4 Passagem de questões investigativas para questões de mensuração.

agrupada em duas ou mais categorias mutuamente excludentes e coletivamente exaustivas. Se fossem coletados dados sobre o público da sinfônica no Glacier Compound, as pessoas poderiam ser classificadas entre as que já assistiram a apresentações da sinfônica e as foram pela primeira vez. Cada pessoa se encaixaria em um dos dois grupos dentro da variável *participação*.

A contagem de membros em cada grupo é a única operação aritmética possível quando usamos uma escala nominal. Se usamos símbolos numéricos em nossa regra de mapeamento para identificar categorias, esses números são reconhecidos apenas como rótulos e não têm valor quantitativo, por exemplo, o número 13 em uma placa de carro não representa o número de multas de trânsito que o proprietário do automóvel recebeu, nem o número de acidentes em que o veículo esteve envolvido ou o número de estados que cruzou, nem o nível de habilidade do proprietário ao volante, mas apenas um meio de identificação atribuído a determinado veículo.

As classificações nominais podem consistir de qualquer número de grupos separados, se os grupos forem mutuamente exclusivos e coletivamente exaustivos, então podemos, por exemplo, classificar os alunos de um curso segundo suas preferências religiosas. A regra A de mapeamento apresentada na tabela que se segue não é uma escala nominal legítima porque suas categorias não são mutuamente excludentes nem coletivamente exaustivas. A regra B de mapeamento atende às exigências mínimas, cobrindo todas as principais religiões e oferecendo uma opção de "outras". As escalas nominais são a forma menos poderosa dos quatro tipos de dados. Elas não sugerem qualquer ordem ou relação de distância e não têm origem aritmética. A escala desperdiça qualquer informação que um elemento da amostra possa compartilhar sobre graus de variação da propriedade que está sendo mensurada.

Preferências religiosas	
Regra A de mapeamento	**Regra B de mapeamento**
1 = Batista	1 = Cristã
2 = Católica	2 = Muçulmana
3 = Protestante	3 = Hindu
4 = Cientologia	4 = Budista
5 = Unitário-Universalismo	5 = Judaica
6 = Judaica	6 = Outras
7 = Secular/não religioso/agnóstico/ateu	

Já que a única quantificação é o número de casos em cada categoria (a distribuição de frequência), o pesquisador fica restrito ao uso da moda como medida de tendência central.[4] A *moda* é o valor com ocorrência mais frequente. Você pode concluir que categoria tem mais membros, mas isso é tudo. Não há uma medida de *dispersão* a ser usada em escalas nominais. A dispersão descreve como as pontuações se agrupam ou se dispersam em uma distribuição. Ao fazer tabulação cruzada entre variáveis nominais e outras variáveis, você pode começar a discernir padrões nos dados.

Embora os dados nominais sejam estatisticamente fracos, eles ainda são úteis. Se nenhuma outra escala puder ser usada, sempre é possível classificar um conjunto de propriedades em um grupo de classes equivalentes. As medidas nominais são especialmente úteis no trabalho exploratório, quando o objetivo é descobrir relações, e não assegurar mensurações precisas. Esse tipo de escala também é muito usado em levantamentos e em outras pesquisas, nas quais os dados são classificados de acordo com os principais subgrupos da população. Classificações do entrevistado, como estado civil, sexo, orientação política e exposição a certas experiências fornecem informações sobre importantes padrões de dados demográficos.

Jason visitou a Glacier em razão de seu conhecimento da ampla pesquisa sobre satisfação do cliente da MindWriter, revelando-se que ela necessitava de alguns dados nominais exploratórios sobre o público da orquestra sinfônica. Os participantes poderiam ser divididos em grupos com base em sua opinião sobre o maestro (favorável, desfavorável), em suas atitudes em relação às instalações (apropriadas, não apropriadas), em sua percepção do programa (clichê, virtuoso), em seu nível de apoio à orquestra (apoio financeiro, sem apoio financeiro) e, posteriormente, analisados.

Escalas ordinais

As **escalas ordinais** incluem características da escala nominal, mais um indicador de ordem. Os dados ordinais exigem conformidade com o seguinte postulado lógico: se a é maior que b e b é maior que c, então a é maior que c.[5] O uso de uma escala ordinal implica uma declaração de "maior que" ou "menor que" (uma declaração de igualdade também é aceitável) sem dizer o quanto é maior ou menor. Embora a mensuração ordinal fale sobre medidas "maior que" e "menor que", outros descritores podem ser usados – "superior a", "mais feliz que", "mais pobre que" ou "mais importante que". Da mesma maneira que um fita métrica, a escala ordinal pode estender-se em variadas quantias em diferentes pontos de seu comprimento, logo, a diferença real entre a categoria 1 e 2 em uma escala de satisfação pode ser mais ou menos do que a diferença entre a categoria 2 e 3. Um conceito ordinal pode ser generalizado para além dos três casos usados no exemplo simples de $a > b > c$. Qualquer número de casos pode ser classificado.

Uma terceira extensão do conceito ordinal ocorre quando mais de uma propriedade nos interessa, por exemplo, podemos pedir a um degustador para classificar diversos refrigerantes carbonatados por sabor, cor, nível de carbono ou uma combinação dessas características. Pode-se assegurar a classificação combinada pedindo ao entrevistado para basear sua classificação na combinação de propriedades ou fazer uma classificação combinada das classificações individuais de cada propriedade.

Exemplos de dados ordinais incluem escalas de atitude e de preferência (no capítulo seguinte, fornecemos exemplos detalhados de escalas de atitude). Como o número de tais escalas tem apenas um significado de classificação, a medida de tendência central mais apropriada é a mediana. A *mediana* é o ponto médio de uma distribuição. Uma medida percentual ou quartil revela a dispersão.

A análise correlacional de dados ordinais é restrita às várias técnicas de ordenação. As medidas de significância estatística estão tecnicamente limitadas aos métodos conhecidos como *métodos não paramétricos*, sinônimo de *estatística de distribuição* livre.[6]

Os pesquisadores discordam sobre o fato de testes mais poderosos serem apropriados para análise de medidas ordinais. Como os testes não paramétricos são numerosos, simples de calcular, têm bom poder estatístico[7], e não forçam o pesquisador a aceitar suposições de testes paramétricos, aconselhamos o seu uso com dados nominais e ordinais. No entanto, é compreensível que, sendo os testes paramétricos (como o teste t ou a análise de variância) muito versáteis, aceitos e entendidos, eles sejam usados com dados ordinais quando os pesquisadores conseguem demonstrar que esses dados apresentam características necessárias à análise de dados intervalares.

Escalas intervalares

As **escalas intervalares** têm os benefícios dos dados nominais e ordinais, além de um ponto forte adicional: elas incorporam o conceito de equidade de intervalo (a distância entre 1 e 2 é igual à distância entre 2 e 3). O tempo é uma escala desse tipo: o tempo decorrido entre 3h e 6h é o mesmo que o decorrido entre 4h e 7h, porém ninguém pode dizer que 6h é duas vezes mais tarde que 3h porque a "hora zero" é um ponto zero arbitrário. As escalas de temperatura Celsius e Fahrenheit também são exemplos de escalas intervalares clássicas, pois ambas têm um ponto zero arbitrariamente determinado, e não uma origem única.

Os pesquisadores tratam muitas escalas de atitude como intervalos, conforme ilustrado no próximo capítulo. Quando uma escala é de intervalo e os dados são relativamente simétricos com uma moda, usamos a média aritmética como medida de tendência central. Pode-se computar o tempo médio de uma mensagem promocional na televisão ou o valor médio de atitude para diferentes faixas etárias em um estudo de benefícios de seguro. Nesse caso, o desvio-padrão é a medida de dispersão. A correlação produto-momento, testes *t*, e outros testes paramétricos são procedimentos estatísticos de escolha para dados intervalares.[8] Quando a distribuição de pontuações computadas de dados intervalares pende para uma ou outra direção (inclinado para a direita ou para a esquerda), geralmente usamos a mediana como medida da tendência central e a amplitude interquartílica como medida da dispersão. As razões para isso são discutidas no Capítulo 15, Apêndice 15a.

Escalas de razão

As **escalas de razão** incorporam todas as propriedades dos tipos anteriores de escalas, mais a provisão para zero ou origem absolutos. Os dados de razão representam as quantidades reais de uma variável, por exemplo medidas de dimensões físicas, como peso, altura, distância e área. Nas ciências comportamentais, poucas situações satisfazem às exigências de escala de razão – a área da psicofísica oferece algumas exceções. Na pesquisa empresarial, encontramos escalas de razão em muitas áreas: valores em dinheiro, contagem de população, distâncias, índice de devoluções, índice de produtividade e quantidade de tempo (p. ex.: tempo discorrido em segundos antes que um representante do atendimento ao cliente responda a uma questão por telefone).

O *BeatTime* da Swatch's – um tempo-padrão global introduzido na Olimpíada de 2000, que pode ficar mais conhecido à medida que mais pessoas participarem de bate-papo (na internet ou de outra forma) em fusos horários cruzados – é uma escala de razão. Ele oferece um tempo-padrão com origem em 0 batidas (meia-noite em Biel, Suíça, na nova linha de tempo do Meridiano de Biel). Um dia é composto de 1.000 batidas, e uma "batida" é equivalente a 1 minuto e 26,4 segundos.[9]

Com o projeto Glacier, Jason poderia medir a idade do cliente, o número de anos que ele ou ela participa do festival, e o número de vezes que uma seleção musical foi executada nele. Cada um desses exemplos representa um dado de razão. Porém, por questão de praticidade, o analista poderia escolher a mesma técnica estatística que utilizaria com os dados intervalares.

Todas as técnicas estatísticas mencionadas até este ponto podem ser usadas com escalas de razão. Outras manipulações feitas com números reais podem ser feitas com valores de escala de razão.

Assim, a multiplicação e a divisão podem ser usadas com essa escala, mas não com as outras mencionadas. As médias geométricas e harmônicas são medidas de tendência central, e os coeficientes de variação também podem ser calculados para descrever variabilidade.

Os pesquisadores seguidamente encontram problemas para avaliar as variáveis que foram mensuradas em diferentes escalas, por exemplo, a escolha de comprar um produto feita por um consumidor é uma variável nominal, enquanto o custo é uma variável de razão. Certas técnicas estatísticas exigem que os níveis de mensuração sejam os mesmos. Já que a variável nominal não tem as características de ordem, distância ou ponto de origem, não podemos criá-las artificialmente depois do fato. Entretanto, a variável

Ao realizar uma mensuração, o pesquisador precisa saber exatamente o que está sendo mensurado. Como este anúncio do SAS demonstra, é inaceitável que a figura grande não possa ser visualizada com clareza. **www.sas.com**

Instantâneo

Mensuração de domicílios com TiVo: propagandas puladas *versus* mais assistidas

Não parece estranho que alguns dos programas mais populares da TV tenham as propagandas menos assistidas? Uma pesquisa com usuários de TiVo mostrou que, "os telespectadores de quase todos os programas de televisão que ganharam o Emmy, o Oscar da televisão nos Estados Unidos, em 2009 tinham maior tendência a pular propagandas do que a média dos telespectadores dos seus respectivos gêneros".[a] Observou-se que 66% das pessoas que assistiam a *sitcoms* pulavam as propagandas, contra 88% no caso dos espectadores de "MadMen" e 73% no de dramas de TV.[b] De acordo com Todd Juenger, vice-presidente do setor de pesquisa e mensuração de audiência da TiVo, pessoas que assistem a programas de sucesso têm maior probabilidade de pular as propagandas porque estão mais envolvidas do que os espectadores de outros programas.[c]

Planejadores de mídia da Madison Avenue vinham aconselhando há bastante tempo as empresas a não comprar propagandas no último quarto do Super Bowl, o jogo que decide o campeonato de futebol americano nos EUA, mesmo sabendo que os comerciais são um dos atrativos do Super Bowl. No entanto, esse conselho está agora sendo reavaliado depois que o campeonato foi decidido nos últimos momentos da partida por dois anos seguidos.[d] Os comerciais apresentados pela rede de televisão NBC durante o último quarto do Super Bowl XLIII, realizado em 2008, tiveram um grande número de espectadores. Duas das propagandas mais assistidas em gravadores TiVo foram as propagandas finais dessa partida: a da cerveja Bud Light Lime e da empresa de registro de domínios GoDaddy.com. Essas propagandas foram transmitidas depois que a equipe Arizona Cardinals fez um *touchdown* e antes que a equipe Pittsburgh Steelers retomasse a liderança no placar e vencesse a partida. "Há dois motivos para que um comercial obtenha um alto índice de visualizações [em um domicílio com TiVo]", explica o Sr. Juenger: "Ou [o programa] é rebobinado muitas vezes e assistido repetidamente ou [a propaganda] está inserido em [uma programação envolvente que é assistida várias vezes]".[e]

Os espectadores que se sentaram em seus sofás para assistir ao Super Bowl XLIII fizeram com que esse Super Bowl fosse o segundo mais assistido da história. Sugira algumas hipóteses que possam explicar o fato de alguns espectadores que estão assistindo novamente ao final do último quarto da partida pularem as propagandas. Que medidas você utilizaria para testar suas hipóteses?

www.tivo.com

---

salário, que é baseada em uma escala de razão, pode ser reduzida. Reescalonar o custo do produto em categorias (p. ex.: alto, médio e baixo) simplifica a comparação. Esse exemplo pode ser generalizado para outras situações de mensuração – ou seja, converter ou reescalonar uma variável envolve a redução da medida de um nível mais poderoso e robusto para um menos poderoso e robusto.[10] A perda do poder de mensuração que acompanha essa decisão significa que estatísticas com poder mais fraco são usadas na análise de dados, mas são necessárias menos pressuposições para seu uso adequado.

Em resumo, altos níveis de mensuração normalmente geram mais informações. Devido à precisão da mensuração em altos níveis, procedimentos estatísticos mais poderosos e sensíveis podem ser usados. Como vimos no exemplo da barra de chocolate, quando passamos de um nível de mensuração mais alto para outro mais baixo, sempre há uma perda de informação; quando coletamos informações em altos níveis, sempre podemos converter, reescalonar ou reduzir os dados para chegar a um nível mais baixo.

Fontes de diferenças de mensuração

O estudo ideal deveria ser projetado e controlado para obter uma mensuração precisa e não ambígua das variáveis. Já que é impossível obter controle absoluto, o erro ocorre. Muitos erros são sistemáticos (resultantes de um viés), enquanto o restante é aleatório (ocorre de forma errática). Uma autoridade destacou diversas fontes das quais podem se originar as diferenças na mensuração.[11]

Suponha que você esteja fazendo um estudo *ex post facto* da cidadania corporativa de uma indústria multinacional, que fabrica produtos familiares, pessoais e de cuidados domésticos, e

Instantâneo

Análise de talentos: a fronteira da pesquisa em RH

O maior investimento para a maioria das empresas é o seu pessoal. Essas empresas adorariam saber se estão atraindo, recrutando e desenvolvendo o melhor pessoal para o seu tipo de negócio e os talentos existentes para determinada função. De acordo com uma pesquisa realizada pela Bersin & Associates, "Inicialmente, muitas avaliações [de RH] foram utilizadas principalmente para uma seleção pré-contratação; atualmente, os avaliadores oferecem recursos estratégicos para organizações globais que desejam construir o conhecimento geral dos seus funcionários após a contratação – para fins de desenvolvimento, promoção, mobilidade interna e planejamento de sucessão".

A inteligência de pessoal, conforme definição da empresa, é "o conjunto de informações coletadas sobre um indivíduo durante o tempo em que esteve vinculado à organização – desde antes de sua candidatura à vaga até sua aposentadoria como funcionário emérito. Essa inteligência é composta por dados que, quando analisados, são úteis tanto para o indivíduo quanto para a organização como um todo na tomada de decisões de negócios, sobre talentos estratégicos, e também para a melhoria de desempenho". Além disso, tem despertado cada vez mais interesse de todos, na medida em que a tecnologia torna possível conectar os resultados de negócio com as pessoas que os produzem.

Com essa finalidade, a SHL oferece um processo de pesquisa chamado análise de talento. Em um trabalho intitulado *Business Outcomes Study Report*, publicado em 2012, que analisou mais de 66 estudos de resultados empresariais, ela demonstrou que excelentes ferramentas de avaliação e um benchmarking competitivo podem atrair melhores talentos (pessoas com habilidades e atributos necessários para se adaptar a uma organização e produzir resultados lucrativos), reter talentos, aumentar a produtividade, e reduzir o efeito negativo de uma não contratação. Os clientes – como a Time Warner, a GlaxoSmithKline, a Kellogg's e a rede de hotéis Hilton – podem escolher entre mais de 1.000 pacotes de soluções de prateleira para a avaliação de talentos entregues por uma plataforma on-line segura e amigável.

A implementação dessas ferramentas de mensuração gerou resultados impressionantes: uma loja varejista de autopeças descobriu que os vendedores que obtiveram maior pontuação em uma avaliação destinada a prever seu potencial de vendas venderam 21% a mais durante os seus três primeiros meses de trabalho; uma corretora de seguros utilizou a análise de talentos para reduzir a rotatividade de funcionários em 40%; donos de restaurante que obtiveram maior pontuação nos indicadores de análise de talentos relacionados a solução de problemas e adaptação à empresa tinham uma probabilidade duas vezes maior de terem um ótimo desempenho.

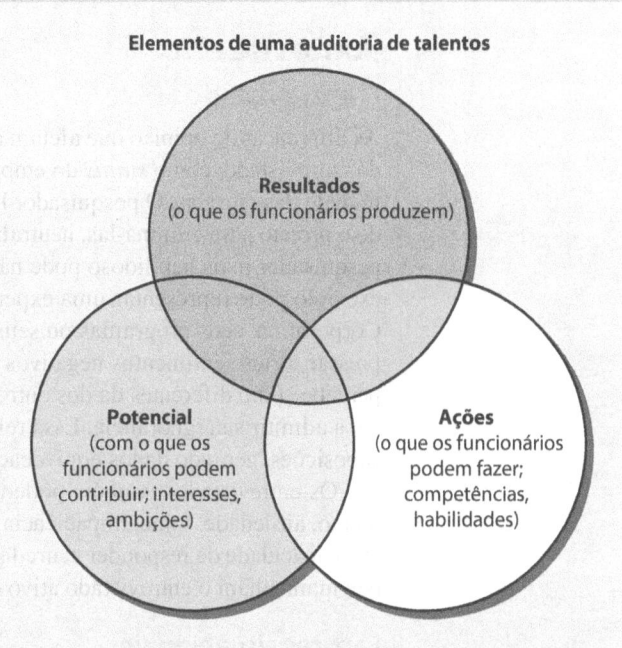

Um fabricante de automóveis que utilizou a análise de talentos para mensurar confiabilidade e segurança demonstrou que funcionários com alta pontuação tinham uma probabilidade duas vezes maior de serem classificados por seus superiores como funcionários com alto potencial de avanço.

A Bersin & Associates é uma empresa que presta consultoria para firmas que desejam melhorar sua formação empresarial e suas estratégias, processos e sistemas de gestão de talentos. A SHL é o resultado da fusão entre SHL e a PreVisor, duas empresas pioneiras na área da avaliação de talentos. Como maior empresa de avaliação de talentos do mundo, a SHL realiza mais de 25 milhões de avaliações cientificamente comprovadas de seleção e desenvolvimento a cada ano em mais de 30 idiomas. Para saber mais sobre análise de talentos, visite o site da empresa.
www.shl.com; www.bersin.com

Elementos de uma auditoria de talentos

- **Resultados** (o que os funcionários produzem)
- **Potencial** (com o que os funcionários podem contribuir; interesses, ambições)
- **Ações** (o que os funcionários podem fazer; competências, habilidades)

os participantes moram em uma cidade importante. O estudo é de interesse da Prince Corporation, uma grande indústria com escritório central e diversas fábricas localizadas na cidade, com o objetivo de descobrir a opinião pública a respeito da visão da empresa sobre questões de saúde, bem-estar social e meio ambiente. Você também quer saber a origem de qualquer opinião adversa em geral.

Idealmente, qualquer variação de pontuação entre os entrevistados refletiria diferenças reais em suas opiniões sobre a empresa. As atitudes em relação à empresa como empregadora, organização preocupada com a ecologia ou empresa cidadã progressista seriam expressas com exatidão, entretanto quatro principais fontes de erro podem contaminar os resultados: (1) o entrevistado, (2) a situação, (3) o entrevistador e (4) o instrumento de coleta de dados.

Fontes de erro

O entrevistado

As diferenças de opinião que afetam a mensuração vêm de características relativamente estáveis do entrevistado, como *status* do empregado, associação a grupos étnicos, classe social e proximidade das fábricas. O pesquisador habilidoso vai antecipar muitas dessas dimensões, ajustando o projeto para eliminá-las, neutralizá-las ou pelo menos lidar com elas. No entanto, mesmo o pesquisador mais habilidoso pode não estar consciente das dimensões menos óbvias. O último exemplo pode representar uma experiência traumática que um entrevistado teve com a Prince Corporation, seus programas ou seus funcionários. O entrevistado pode ficar relutante em expressar fortes sentimentos negativos (ou positivos), propositalmente expressar uma atitude que percebe como diferentes da dos outros ou ter pouco conhecimento sobre a Prince, mas recusar-se a admitir sua ignorância. Essa relutância pode levar a uma entrevista de "adivinhações" ou suposições, gerando dados equivocados.

Os entrevistados também podem sofrer por fatores temporários, como cansaço, aborrecimento, ansiedade, fome, impaciência, variações gerais de humor ou outras distrações; isso limita a capacidade de responder acurada e completamente. A elaboração de escalas de mensuração que mantenham o entrevistado ativo durante a entrevista é essencial.

Fatores situacionais

Qualquer condição que cause tensão em uma entrevista ou sessão de mensuração pode ter sérios efeitos na relação entre o entrevistador e o entrevistado. Se houver mais uma pessoa presente, esta pode distorcer as respostas, ao participar, ou simplesmente distrair por estar presente. Se os entrevistados acreditam que o anonimato não é garantido, podem ficar relutantes em expressar certas opiniões. Entrevistas nas ruas ou de intercepção têm pouca probabilidade de gerar respostas elaboradas, ao contrário do que ocorre normalmente com entrevistas feitas em casa.

O entrevistador

O entrevistador pode distorcer as respostas ao mudar a redação, parafrasear ou reordenar as questões. Os estereótipos na aparência e na ação geram viés. Inflexões de voz e atos conscientes ou inconscientes, como sorriso, inclinação de cabeça, etc., podem encorajar ou desencorajar certas respostas. O processamento mecânico descuidado – verificação da resposta errada ou falha em registrar a resposta completa –obviamente distorcerá os resultados. No estágio da análise de dados, codificação incorreta, tabulação descuidada e cálculos estatísticos incorretos podem levar a erros adicionais.

O instrumento

Um instrumento mal construído pode causar distorção de duas formas: ele pode ser muito confuso e ambíguo ou a escolha do universo de itens do conteúdo pode ser malsucedida. O uso de palavras e sintaxe complexas, que vão além da compreensão dos entrevistados, é típico, além de questões indutivas, significados ambíguos, defeitos mecânicos (espaço inadequado para resposta, omissão de opção de resposta e impressão de má qualidade) e questões múltiplas. Muitos desses problemas resultam diretamente de definições operacionais insuficientes, resultando na escolha ou no desenvolvimento de uma escala inadequada.

Um tipo de deficiência de instrumento mais difícil de entender é a má seleção do universo de itens de conteúdo. Raramente, o instrumento explora todas as questões potencialmente importantes, por exemplo, o estudo da Prince Corporation pode tratar a imagem da empresa em áreas de emprego e ecologia, mas omitir a liderança cívica da diretoria da empresa, seu apoio aos programas educacionais locais, sua filantropia ou sua posição em questões minoritárias; mesmo se os assuntos gerais são estudados, as questões podem não cobrir aspectos suficientes de cada área de preocupação. Embora possamos estudar a imagem da Prince Corporation como empregadora, em termos de salários e ordenados, oportunidades de promoção e estabilidade no trabalho, talvez tópicos como condições de trabalho, relações da diretoria com a mão de obra organizada, programas de aposentadoria e outros também devessem ser incluídos.

As características de uma mensuração legítima

Quais são as características de uma boa ferramenta de mensuração? Uma resposta intuitiva a essa pergunta é que a ferramenta deve ser um contador ou indicador preciso do que estamos interessados em medir; além disso, deve ser fácil de usar e eficiente. Há três critérios principais para avaliar uma ferramenta de mensuração: validade, confiabilidade e praticidade.

- *Validade* refere-se ao quanto um teste mede o que de fato se deseja medir.
- *Confiabilidade* está relacionada à acurácia e precisão do procedimento de mensuração.
- *Praticidade* está relacionada a um vasto leque de fatores de economia, conveniência e interpretação.[12]

Nas seções que se seguem, discutiremos a natureza dessas qualidades e como os pesquisadores podem consegui-las em seus procedimentos de mensuração.

Validade

Muitas formas de **validade** são mencionadas na literatura de pesquisa, e o número cresce à medida que aumentam as preocupações com mensurações mais científicas. Este texto mostra as duas principais formas: validade externa e interna.[13] A *validade externa* dos resultados de pesquisa refere-se à capacidade dos dados de serem generalizados entre pessoas, ambientes e épocas; discutimos isso em relação à experimentação no Capítulo 9 e falaremos mais a respeito no Capítulo 14, sobre amostragem.[14] Neste capítulo, discutimos apenas a **validade interna**, que é limitada à capacidade de um instrumento de pesquisa de medir o que deve ser medido. O instrumento realmente mede o que seu criador alega que ele mede?

Uma classificação amplamente aceita consiste em três principais formas de validação: (1) validade de conteúdo; (2) validade relacionada ao critério; e (3) validade de constructo (ver Figura 11-5).[15]

Validade de conteúdo

A **validade de conteúdo** de um instrumento de mensuração representa o quanto esse instrumento fornece cobertura adequada das questões investigativas que orientam o estudo. Se o instrumento contém uma amostra representativa do universo do assunto de interesse, então a validade de conteúdo é boa. Para avaliar a validade de conteúdo de um instrumento, devemos primeiro entrar em acordo sobre os elementos que constituem uma cobertura adequada.

No estudo da Prince Corporation, podemos decidir que tipo de conhecimento e atitudes são importantes para a mensuração da imagem pública corporativa e, depois, quais dessas opiniões são posições relevantes sobre esses tópicos. No estudo da Glacier, Jason deve determinar primeiro quais fatores estão influenciando a satisfação dos clientes, antes de determinar se os índices publicados podem ser úteis. Se o instrumento de coleta de dados cobrir adequadamente os tópicos definidos como dimensões relevantes, concluímos que o instrumento tem uma boa validade de conteúdo.

A determinação da validade de conteúdo depende de julgamento. Primeiro, o planejador pode determiná-la com uma definição cuidadosa do tópico, dos itens a serem mensurados e das escalas a serem usadas. Esse processo lógico é frequentemente intuitivo e único para cada planejador de pesquisa.

Tipos	O que é mensurado?	Métodos
Conteúdo	Grau em que o conteúdo dos itens representa adequadamente o universo de todos os itens relevantes sob estudo.	• Julgamento • Avaliação de painel com índice de validade de conteúdo
Critério	Grau em que o preditor é adequado para captar os aspectos relevantes do critério.	• Correlação
Concorrente	Descrição do presente; os dados do critério estão disponíveis ao mesmo tempo em que a classificação do preditor.	• Correlação
Preditiva	Previsão do futuro; os dados do critério são mensurados depois da passagem do tempo.	• Correlação
Constructo	Responde à pergunta: "O que responde pela variância na mensuração?". Tenta identificar os constructos implícitos do teste proposto que são mensurados e determinar como o teste representa esses constructos.	• Julgamento • Correlação do teste proposto com o teste estabelecido • Técnicas convergente-discriminante • Análise fatorial • Análise multitraço-multimétodo

Figura 11-5 Resumo das estimativas de validade.

Uma segunda forma de determinar a validade de conteúdo é usar um painel de pessoas para julgar como o instrumento atende aos padrões. Ele avalia independentemente os itens do teste para um instrumento como essenciais, úteis mas não essenciais, ou desnecessários. As respostas "essenciais" em cada item de cada "painelista" são avaliadas por um índice de validade de conteúdo, e aquelas que atingirem um valor estatístico importante são mantidas. Tanto nos julgamentos informais como nesse processo sistemático, "a validade de conteúdo está primariamente relacionada às inferências sobre construção de testes, e não às inferências sobre resultados de testes".[16]

É importante não definir conteúdo de forma muito restrita. Se você deseja assegurar apenas expressões superficiais na pesquisa de opinião pública da Prince Corporation, ela provavelmente não terá cobertura de conteúdo adequada. A pesquisa deve se aprofundar nos processos pelos quais essas atitudes surgem. Como os entrevistados passaram a se sentir da maneira como se sentem e qual é a intensidade do sentimento? O mesmo seria verdadeiro para a avaliação da qualidade de serviço e satisfação da MindWriter. Não é suficiente saber que um cliente está insatisfeito, o gerente encarregado de melhorar ou corrigir o programa precisa saber que processos, funcionários, partes e sequências de tempo, dentro do programa CompleteCare, levam a essa insatisfação.

Validade de critério

A **validade de critério** reflete o sucesso das medidas usadas para previsão ou estimativa. Você pode querer prever um resultado ou estimar a existência de um comportamento ou condição atual. Uma escala de atitude que prevê corretamente o resultado de uma decisão de compra tem validade preditiva. Um método de observação que categoriza corretamente as famílias pela renda atual tem validade concorrente. Embora esses exemplos pareçam ter critérios de validade simples e não ambíguos, há dificuldades para estimar a validade. Considere o problema de estimar a renda familiar. Evidentemente há uma renda real para cada família, mas pode ser difícil obter esse número. Assim, embora o critério seja conceitualmente claro, ele pode não estar disponível.

Um pesquisador pode querer desenvolver um teste pré-contratação que preveja o sucesso de vendas: podem existir diversos critérios possíveis, nenhum dos quais é completo individualmente; o total de vendas por vendedor pode não refletir adequadamente o potencial de mercado, as condições de concorrência ou os diferentes índices de lucratividade dos vários produtos; podemos nos basear na avaliação geral do gerente de vendas, mas o quanto essas impressões são precisas e não tendenciosas? O pesquisador deve garantir que o critério de validade usado seja "válido". Qualquer medida de critério deve ser julgada em termos de quatro qualidades: (1) relevância; (2) isenção de viés; (3) confiabilidade; e (4) disponibilidade.[17]

Um critério é *relevante* se for definido e classificado em termos do que julgamos serem medidas apropriadas de sucesso para um vendedor. Se você acredita que o sucesso de vendas é adequadamente medido pelo volume de vendas em dólar por ano, então esse é o critério relevante; se acredita que o sucesso deveria incluir um alto nível de penetração em grandes contas, então apenas o volume de vendas não é totalmente relevante. Ao tomar essa decisão, deve basear-se em seu julgamento para decidir que critérios parciais são indicadores apropriados do sucesso de um vendedor.

A *isenção de viés* é obtida quando o critério dá a cada vendedor igual oportunidade de obter boa classificação. O critério de vendas seria tendencioso se não permitisse ajustes devido às diferenças de potencial de territórios e às condições competitivas.

Um critério *confiável* é estável ou reproduzível, já um critério errático (uso de vendas mensais, altamente variáveis de um mês para outro) dificilmente pode ser considerado um padrão confiável pelo qual possamos julgar o desempenho em um teste para uma vaga na área de vendas. Finalmente, a informação especificada pelo critério deve estar *disponível*. Se não estiver, quanto vai custar e qual a dificuldade para consegui-la? A quantidade de dinheiro e esforço a ser gasta no desenvolvimento do critério depende da importância do problema para o qual o teste está sendo usado.

Uma vez que haja classificação de teste e critério, eles podem ser comparados de alguma forma. A abordagem usual é correlacioná-los, por exemplo, você pode correlacionar classificações de testes de 40 novos vendedores com suas conquistas em um ano, ajustadas para refletir as diferenças nas condições territoriais de vendas.

Validade de constructo

Em uma tentativa de avaliar a **validade de constructo**, consideramos tanto a teoria como o instrumento de mensuração utilizados. Se estivermos interessados em mensurar o efeito da confiança em equipes transfuncionais, a forma com que definimos operacionalmente "confiança" teria que corresponder a uma teoria empiricamente baseada. Se houver uma medida de confiança disponível, podemos correlacionar os resultados obtidos usando essa medida com aqueles derivados de nosso novo instrumento. Essa abordagem nos daria as indicações preliminares de validade *convergente* (o grau ao qual os resultados de uma escala se correlacionam com os resultados de outras escalas para avaliar o mesmo constructo). Se Jason quisesse desenvolver um índice de satisfação do cliente para a Glacier e, quando comparados, os resultados revelassem as mesmas indicações de um índice estabelecido, pré-desenvolvido, o instrumento de Jason teria validade convergente. Da mesma forma, se Jason desenvolvesse um instrumento para medir satisfação com o programa CompleteCare e a medida derivada pudesse ser confirmada com uma medida padronizada de satisfação do cliente, haveria validade convergente.

Voltando ao exemplo anterior, outro método de validação do constructo confiança seria separá-la de outros constructos na teoria ou em teorias relacionadas. Dependendo do quanto pudéssemos separar confiança de intimidade, reciprocidade e empatia, teríamos completado os primeiros passos em direção à validade *discriminante* (o grau pelo qual os resultados de uma escala *não* se correlacionam com os resultados das escalas projetadas para medir constructos diferentes).

As três formas de validade foram discutidas separadamente, mas elas são inter-relacionadas, teórica e operacionalmente. A validade preditiva é importante para um teste planejado para prever o sucesso de funcionários; ao desenvolver tal teste, você provavelmente postularia primeiro os fatores (constructos) que fornecem a base para uma predição útil, por exemplo, anteciparia uma teoria sobre as variáveis no sucesso dos produtos – uma área para validade do constructo; finalmente, ao desenvolver os itens específicos para inclusão no teste de previsão de sucesso, verificaria o quanto os itens específicos representam o conjunto completo de cada constructo (uma questão de validade de conteúdo). Com a Figura 11-6, é possível entender melhor os conceitos de validade e confiabilidade usando uma analogia com o arco e flecha.

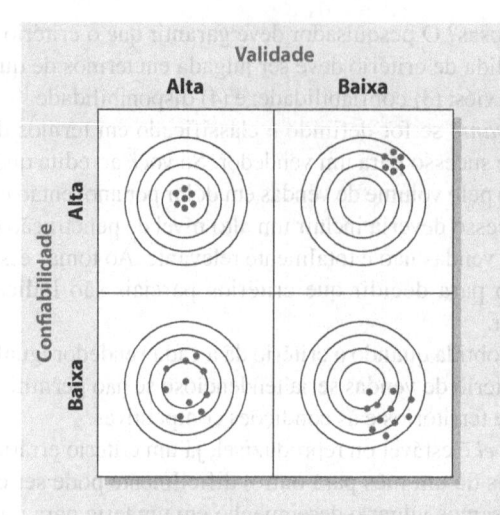

Figura 11-6 Entendendo validade e confiabilidade.

Confiabilidade

Uma medida é confiável de acordo com o grau de resultados consistentes fornecidos. A **confiabilidade** é um contribuinte necessário, mas não é condição suficiente para a validade. A relação entre confiabilidade e validade pode ser ilustrada de forma simples com o uso de uma balança de banheiro. Se a balança mede o peso corretamente (usando um critério concorrente, como uma escala conhecida por ser exata), então ela é tanto confiável como válida; se ela constantemente marca 3 quilos a mais em seu peso, então a balança é confiável, mas não é válida; se mede errado uma vez ou outra, então ela não é confiável e, portanto, não pode ser válida. Logo, se uma mensuração não for válida, dificilmente importaria se fosse confiável – porque ela não mede o que seu criador precisa medir para solucionar o problema de pesquisa. Nesse contexto, confiabilidade não é tão relevante como validade, mas é muito mais fácil de avaliar.

A confiabilidade está relacionada à estimativa do grau em que uma mensuração é livre de erro aleatório ou instável. Instrumentos confiáveis podem ser usados com a segurança de que fatores transitórios e situacionais não estão interferindo, além de serem fortes e trabalharem bem em diferentes épocas, sob diferentes condições. Essa diferenciação de tempo e condições é a base para as perspectivas comumente usadas em confiabilidade – estabilidade, equivalência e consistência interna (ver Figura 11-7).

Estabilidade

Dizemos que uma medida tem **estabilidade** se pudermos assegurar resultados consistentes, com mensurações repetidas da mesma pessoa usando o mesmo instrumento. Um procedimento de observação é estável se gerar a mesma leitura em determinada pessoa quando repetido uma ou mais vezes. Geralmente é possível repetir as observações com uma pessoa e comparar sua consistência. Quando há muito tempo entre as mensurações, há chance de mudança nos fatores situacionais, afetando, assim, as observações. A mudança apareceria incorretamente como queda na confiabilidade do processo de mensuração.

A mensuração de estabilidade nas situações de levantamento é mais difícil de ser executada do que nos estudos observacionais. Embora possa observar determinada ação repetidamente, você normalmente pode reestudá-la apenas uma vez, o que leva às providências de teste-reteste.

Tipo	Coeficiente	O que é mensurado?	Métodos
Teste-reteste	Estabilidade	Confiabilidade de um teste ou instrumento inferida a partir da pontuação dos entrevistados; o mesmo teste é administrado duas vezes para os mesmos sujeitos em um intervalo menor do que seis meses.	Correlação
Formas paralelas	Equivalência	Grau em que as formas alternativas da mesma medida produzem resultados iguais ou semelhantes; administradas simultaneamente ou com intervalo. Estimativas interclassificadoras de similaridade de observações ou pontuações dos juízes.	Correlação
Dividir ao meio, KR20, Alfa de Cronbach	Consistência interna	Grau em que os itens do instrumento são homogêneos e refletem o mesmo constructo implícito.	Fórmulas de correlação especializadas

Figura 11-7 Resumo das estimativas de confiabilidade.

– com comparações entre dois testes para saber o quanto eles são confiáveis. Algumas das dificuldades que podem ocorrer na metodologia de teste-reteste e causar um viés descendente na estabilidade incluem:

- Demora entre as mensurações – leva a mudanças nos fatores situacionais (também um problema nos estudos observacionais).
- Tempo insuficiente entre as mensurações – permite que o entrevistado lembre as respostas anteriores e as repita, resultando em indicadores distorcidos de confiabilidades.
- Discernimento do entrevistado sobre um propósito disfarçado – pode gerar viés se o entrevistado tiver opiniões em relação ao propósito, mas não associadas com as questões de mensuração atuais.
- Sensibilidade do tópico – ocorre quando o entrevistado procura saber mais sobre o tópico ou forma opiniões novas e diferentes antes do reteste.
- Uma solução sugerida é estender o intervalo entre o teste e o reteste (de duas semanas a um mês). Embora isso possa ajudar, o pesquisador deve ficar alerta para a chance de que um fator externo contamine a mensuração e distorça a estabilidade do resultado. Consequentemente, a mensuração de estabilidade por meio da abordagem de teste-reteste tem aplicações limitadas. Devemos dedicar mais interesse à equivalência.

Equivalência

Uma segunda perspectiva sobre confiabilidade considera quanto erro pode ser introduzido por diferentes investigadores (na observação) ou por diferentes amostras de itens sendo estudados (no questionamento ou em escalas). Assim, embora a estabilidade esteja relacionada a flutuações pessoais e situacionais de um período a outro, a **equivalência** se refere às variações em um ponto do tempo entre os observadores e as amostras de itens. Uma boa forma de testar a equivalência de mensurações por diferentes observadores é comparar sua pontuação do mesmo fato, como são as notas dadas aos esquiadores olímpicos por um painel de juízes.

Em estudos nos quais é necessário um consenso entre especialistas ou observadores, a semelhança das percepções dos juízes algumas vezes é questionada. Como um painel de supervisores faz um julgamento de mérito, da embalagem de um novo produto ou de tendências empresariais futuras? A *confiabilidade entre os juízes* pode ser usada nesses casos para correlacionar as observações ou pontuações dos juízes e gerar um índice de consistência entre as notas. No julgamento do esquiador olímpico, o posicionamento relativo de um juiz em relação aos esquiadores (ao estabelecer uma ordem de notas para cada juiz e comparar as notas de cada um deles para todos os esquiadores) é uma forma de mensurar a equivalência.

O principal interesse com a equivalência normalmente não é saber como os entrevistados diferem item por item, mas como determinado conjunto de itens representa bem as pessoas. Pode haver muitas diferenças nas respostas entre duas amostras de itens, mas se uma pessoa é classificada da mesma maneira em todos os testes, então estes têm boa equivalência.

Fazemos testes de equivalência da amostra usando *formas alternativas* ou *paralelas* do mesmo teste administrado às mesmas pessoas simultaneamente. Os resultados dos dois testes são então correlacionados. Sob essa condição, a duração do processo de teste pode afetar as respostas das pessoas com a fadiga, e a confiabilidade inferida da forma paralela será reduzida proporcionalmente. Alguns teóricos de mensuração recomendam um intervalo entre os dois testes para compensar esse problema. Essa abordagem, chamada *forma equivalente postergada*, é um composto de teste-reteste e método de equivalência. Em um teste-reteste, administraríamos o formulário X seguido do formulário Y para a metade dos pesquisados e o formulário Y seguido do formulário X para a outra metade, a fim de evitar efeitos de "ordem de apresentação".[18]

O pesquisador pode incluir apenas um número limitado de questões de mensuração em um instrumento. Essa limitação implica que uma amostra de questões de mensuração de um domínio de conteúdo foi escolhida, e outra amostra, produzindo um número similar, terá que ser retirada para um segundo instrumento. Normalmente é difícil criar esse segundo conjunto. Ainda que a pesquisa seja inicialmente grande o suficiente, os itens podem ser selecionados aleatoriamente para cada instrumento. Mesmo com os procedimentos mais sofisticados, usados por editores de testes padronizados, é raro encontrar questões totalmente equivalentes e intercambiáveis.[19]

Consistência interna

A terceira abordagem para a confiabilidade usa a administração de apenas um instrumento ou teste para avaliar a **consistência interna** ou homogeneidade entre os itens. A técnica de *dividir ao meio* pode ser usada quando a ferramenta de mensuração tiver muitas questões ou declarações semelhantes que possam ser respondidas pelas pessoas. O instrumento é administrado, e os resultados são separados por item em números pares e ímpares ou em metades selecionadas aleatoriamente. Quando as duas metades são correlacionadas, se os resultados da correlação são altos, dizemos que os instrumentos têm alta confiabilidade no sentido da consistência interna. A correlação alta nos diz que há semelhança (ou homogeneidade) entre os itens. Há potencial para inferências incorretas sobre a alta consistência interna quando o teste contém muitos itens – o que inflaciona o índice de correlação.

A fórmula de correção Spearman-Brown é usada para ajustar para o efeito do tamanho do teste e para estimar a confiabilidade do teste completo.[20]

Praticidade

As exigências científicas de um projeto exigem que o processo de mensuração seja confiável e válido, enquanto as exigências operacionais exigem que ele seja prático. A **praticidade** foi definida como *economia, conveniência e interpretabilidade*.[21] Embora essa definição se refira ao desenvolvimento de testes educacionais e psicológicos, ela também é importante para mensurações empresariais.

Economia

Algum *trade-off* ocorre normalmente entre o projeto ideal de pesquisa e o orçamento. Os dados não são gratuitos, e o tamanho do instrumento é uma área em que a pressão econômica domina. Mais itens dão mais confiabilidade, mas com o intuito de limitar o tempo de entrevista ou de observação (e assim os custos), reduzimos o número de questões de mensuração. A escolha do método de coleta de dados também é ditada por fatores econômicos. O custo crescente de entrevistas pessoais levou, em primeiro lugar, a um aumento do uso de levantamentos telefônicos e, subsequentemente, ao aumento atual de levantamentos pela internet. Nos testes padronizados, somente o custo dos materiais de teste pode representar uma despesa tão alta que encoraja a reutilização múltipla. Acrescente-se a isso a necessidade de pontuação rápida e econômica, e veremos por que a classificação e a leitura por computador são tão atraentes.

Conveniência

Um dispositivo de mensuração passa pelo teste de conveniência se for facilmente administrável. Um questionário com um conjunto de instruções detalhadas e claras, com exemplos, é mais fácil de preencher corretamente do que aquele que não apresenta essas características. Em um estudo bem preparado, não é incomum que as instruções para o entrevistador sejam muito mais longas do que as questões de entrevista. Naturalmente, quanto mais complexos os conceitos, maior a necessidade de instruções claras e completas. Também podemos tornar o instrumento mais fácil de administrar prestando atenção em seu desenho e formato. Embora confiabilidade e validade dominem nossas escolhas no projeto de escalas aqui e, posteriormente, no Capítulo 12, dificuldades administrativas também desempenham um papel relevante. Muito tempo para preenchimento, instruções complexas, dificuldade percebida pelo entrevistado e seu prazer na realização do processo também influenciam o projeto. Questões de leiaute incluem material em excesso, reprodução de ilustrações de baixa qualidade e a passagem de itens de uma página à outra ou a necessidade de rolar a tela ao responder a um levantamento pela internet, e, se desfavoráveis, dificultam o preenchimento do instrumento.

Interpretabilidade

Esse aspecto da praticidade é relevante quando outras pessoas, além do planejador do teste, devem interpretar os resultados. Em geral, mas não de modo exclusivo, isso ocorre com testes padronizados, nos quais o criador do instrumento de coleta de dados fornece diversas peças de informação que possibilitam a interpretação:

- Uma declaração de funções que o teste deve mensurar e os procedimentos pelos quais ele foi desenvolvido
- Instruções detalhadas para a administração
- Chaves de pontuação e instruções
- Normas apropriadas para referências de grupo
- Evidências de confiabilidade
- Evidências referentes à intercorrelação de subpontuação
- Evidências a respeito da relação do teste com outras medidas
- Guia para uso do teste

Resumo

1 Embora as pessoas meçam as coisas ocasionalmente em sua vida diária, a mensuração de pesquisa é mais controlada e precisa. Nesta, estabelecemos propriedades de mensuração dos objetos, e não os objetos em si. Um fato é mensurado em termos de sua duração: o que aconteceu durante o fato, quem estava envolvido, onde ocorreu, etc., são todas propriedades suas. Para ser mais preciso, o que é mensurado são indicadores de propriedades. Assim, para duração medimos o número de horas e minutos registrado; para saber o que aconteceu, usamos algum sistema para classificar os tipos de atividade desempenhadas. A mensuração normalmente usa algum tipo de escala para classificar ou quantificar os dados coletados.

2 Há quatro tipos de escala: em ordem crescente de importância, as escalas são nominal, ordinal, intervalar e de razão. A escala nominal classifica sem indicar ordem, distância ou origem única; os dados ordinais mostram as relações de magnitude para "mais que" e "menos que", mas não têm distância ou origem única; as escalas intervalares têm ordem e distância, mas não têm origem única; e as escalas de razão possuem todas essas características.

3 Os instrumentos podem gerar leituras incorretas de um indicador por diversas razões, que podem ser classificadas de acordo com as fontes de erro: (a) o entrevistado ou a pessoa, (b) os fatores situacionais, (c) o entrevistador e (d) o instrumento.

4 A mensuração legítima deve passar pelos testes de validade, confiabilidade e praticidade. A validade é mais crítica e revela o grau em que um instrumento mede o que deveria medir para auxiliar o pesquisador na solução do problema de pesquisa. Três formas de validade são usadas para avaliar as escalas de mensuração: a validade de conteúdo existe no grau em que uma medida fornece um reflexo adequado do tópico em estudo, sua determinação é primariamente baseada em julgamento e intuição; a validade de critério refere-se à nossa capacidade de prever algum resultado ou estimar a existência de alguma condição atual; a validade do constructo é a mais complexa e abstrata. Uma medida tem validade de constructo no grau em que estiver de acordo com as correlações previstas em outras proposições teóricas.

Uma medida é confiável se fornecer resultados consistentes. A confiabilidade é uma contribuição parcial à validade, mas uma ferramenta de mensuração pode ser confiável sem ser válida. As três formas de confiabilidade são estabilidade, equivalência e consistência interna. Uma medida atende ao critério de praticidade se for econômica, conveniente e interpretável.

Termos-chave

confiabilidade 262
   consistência interna 264
   equivalência 263
   estabilidade 262
escala de razão 255
escala intervalar 254
escala nominal 251
escala ordinal 254
mensuração 248
objetos 250
praticidade 264
propriedades 250
regras de mapeamento 248
validade 259
   de constructo 261
   de conteúdo 259
   de critério 260
   interno 259

Questões para discussão

Revisão de termos

1. O que podemos medir nos quatro objetos listados a seguir? Seja o mais específico possível.
   a. Sabão em pó
   b. Funcionários
   c. Produção na fábrica
   d. Satisfação no trabalho

2. Quais são as diferenças entre escala nominal, ordinal, intervalar ou de razão? Como essas diferenças afetam as técnicas de análise estatística que podemos usar?

3. Quais são as quatro principais fontes de erros de mensuração? Exemplifique como cada uma delas pode afetar os resultados da mensuração em uma situação de entrevista pessoal.

4. Você concorda ou discorda das seguintes declarações? Explique.
   a. A validade é mais crítica para a mensuração do que a confiabilidade.
   b. A validade de conteúdo é o tipo mais difícil de validade a ser determinada.
   c. Uma mensuração válida é confiável, mas uma mensuração confiável pode não ser válida.
   d. Estabilidade e equivalência são essencialmente a mesma coisa.

Tomada de decisão em pesquisa

5. Você tem dados sobre o salário anual de cada um dos 200 funcionários de uma corporação.
   a. Exemplifique de que forma esses dados podem ser apresentados como dados de razão, intervalares, ordinais e nominais.
   b. Descreva as sucessivas perdas de informação à medida que a apresentação passa de razão para nominal.

6. A seguir, estão listados alguns objetos com graus variados de abstração. Sugira propriedades desses objetos que não possam ser mensuradas por cada um dos quatro tipos básicos de escala.
   a. Clientes de uma loja.
   b. Atitudes do eleitor.
   c. Resistência da liga de aço.
   d. Preferência por determinada ação ordinária.
   e. Lucratividade de várias divisões de uma empresa.

7. O diretor de marketing pediu que você criasse um instrumento por meio do qual a sua escola particular possa avaliar a qualidade e o valor dos seus vários cursos. Como você tenta assegurar que seu instrumento tenha:
   a. Estabilidade?
   b. Equivalência?
   c. Consistência interna?
   d. Validade de conteúdo?
   e. Validade preditiva?
   f. Validade de constructo?

8. Como parte da sua reestruturação após a falência, a General Motors (GM) lançou uma campanha publicitária que revelou lampejos de uma GM racionalizada: menos marcas (Cadillac, Buick, Chevrolet, GMC) e menos modelos de cada marca.
   a. Que pesquisa você faria para determinar quais modelos de veículo a GM deveria manter e quais deveria deixar de fabricar?
   b. O que você mediria e com que tipo de escala de mensuração?

9. Foi solicitado a você desenvolver um índice do moral dos alunos em uma escola.
   a. Que constructos ou conceitos você deve usar?
   b. Escolha diversos dos principais conceitos e especifique suas dimensões.
   c. Selecione indicadores observáveis que você usar para mensurar essas dimensões.

d Como você compilaria essas várias dimensões em um único índice?

e Como você julgaria a confiabilidade e/ou validade dessas mensurações?

Dando vida à pesquisa

10 Uma vez que a Sinfônica de Glacier já mediu a satisfação do cliente por meio de um levantamento, como Jason poderia avaliar a validade interna do questionário de Glacier?

Do conceito à prática

11 Usando a Figura 11-3 e um dos questionários de casos disponíveis para download no site do Grupo A, associe cada questão ao tipo de dado apropriado. Para cada tipo de dado não representado, desenvolva uma questão de mensuração que geraria aquele tipo de dado.

Direto das manchetes

12 Após mais de 75 anos no ramo, os líderes da Walsworth Publishing tinham plena consciência dos esforços necessários para conciliar as tarefas escolares e a produção de um anuário escolar de alta qualidade. Eles examinaram seus processos de produção e comunicação e decidiram implementar o portal Information Builders, um painel on-line baseado na plataforma WebFOCUS. Cada uma das mais de 4.000 escolas tinha seu próprio painel, e uma equipe voluntária de estudantes e o conselheiro universitário podem acessar o painel em tempo real. Ele continha notícias, progresso dos trabalhos em relação ao prazo de entrega, alertas sobre conteúdo perdido ou corrompido, entre outros. Quais deveriam ser as medidas de pesquisa para determinar a eficácia do novo processo de painel on-line em melhorar a eficiência e a qualidade dos anuários escolares?

Casos (em inglês) no site do Grupo A

Campbell-Ewald: R-E-S-P-E-I-T-O soletra fidelidade

NCRCC: planejando um novo rumo estratégico

NetConversions influencia a Kelley Blue Book

Pebble Beach Co.

Ramada demonstra seu *Personal Best*™

Yahoo!: *Consumer Direct* alia métricas de compra e anúncios na internet

Você encontrará uma descrição de cada caso na seção Índice de Casos deste livro. Verifique no Índice de Casos quais fornecem dados, o instrumento de pesquisa ou outro material complementar. Para acessar os casos (em inglês), entre no site do Grupo A (www.grupoa.com.br) e procure pelo livro.

Capítulo 12
Escalas de mensuração

> **"** Nenhum homem aprende a conhecer sua mais íntima natureza pela introspecção, pois classifica-se algumas vezes muito abaixo, e muitas vezes muito acima, pela sua própria mensuração. O homem só conhece a si mesmo comparando-se com outros homens; é a vida que toca seu valor genuíno. **"**
>
> *Johann Wolfgang von Goethe,*
> *escritor, artista e político alemão*
> *(1749-1832)*

Objetivos de **aprendizagem**

Após ler este capítulo, você compreenderá...

1 A natureza das atitudes e sua relação com o comportamento.
2 As decisões críticas envolvidas na seleção de uma escala de mensuração apropriada.
3 As características e uso de escalas preferenciais de classificação, graduação, ordenação e outras.

Dando vida à pesquisa

Eles embarcam no elegante jato da empresa em Palm Beach e são levados até o gerente geral da MindWriter, que está sentado junto a uma mesa de conferência austera, com apenas uma pilha de papéis e um telefone branco.

"Sou Jean-Claude Malraison", disse o gerente geral. "Myra, por favor, sente-se aqui... e você deve ser Jason Henry. No voo de volta de Caracas, li sua proposta para o projeto CompleteCare. Pretendo assinar seu contrato se você responder satisfatoriamente a uma pergunta sobre o cronograma.

Fiz métodos de pesquisa na faculdade e não gostei, então, fale rápido, direto e claramente, a não ser que nós dois decidamos que precisamos entrar em detalhes técnicos. Se o telefone tocar, ignore-o e continue falando. Depois que responder à minha pergunta, os deixarei na primeira cidade da Flórida que tenha um voo de volta para... para..."

"Estamos em Palm Beach, Jean-Claude", disse o comissário.

"O que eu não gosto é que você vai controlar tudo, a fim de desenvolver uma escala para o questionário. O escalonamento foi do que eu não gostei em pesquisa. É complicado e leva muito tempo. Por que você não pode usar uma das escalas que nosso pessoal de marketing vem usando? Por que você tem que reinventar a roda?" O gerente olhava para Myra.

"Nosso pessoal de pesquisa concorda conosco que não seria apropriado adaptar levantamentos desenvolvidos para uso em nossa linha de produtos de consumo", diz Myra calmamente.

"OK. Computadores não são iguais a torradeiras e videocassetes. Entendi. Jason, o que será diferente nas escalas que você pretende desenvolver?"

"Quando fizemos os grupos de discussão com seus clientes, eles se referiam continuamente à necessidade de que sua área de assistência técnica 'atendesse às expectativas' ou 'superasse as expectativas'. Na centésima vez que ouvimos isso, percebemos..."

"É a norma de nossa empresa: 'Prometa menos e supere as expectativas'."

"Bom, literalmente nenhuma das escalas desenvolvidas para satisfação de cliente lida com expectativas. Queremos uma escala que tenha cinco passos, desde 'Atendeu pouco às expectativas' até 'Superou as expectativas', mas não sabemos que nome dar aos outros intervalos para que o espaçamento psicológico seja igual entre os incrementos. Pensamos que 'Atendeu muito às expectativas'; 'Atendeu à maioria das expectativas'; e 'Atendeu totalmente às expectativas' seriam apropriados, mas queremos ter certeza."

"Você não está sendo exagerado, não é, Jason?"

"Não. Pela forma como você conduz as operações de manutenção, queremos grande precisão e confiabilidade."

"Explique isso, por favor, Myra." "Bem, Jean-Claude, além de estabelecer nossa própria equipe de consertos, contratamos uma empresa externa que faz consertos em determinadas áreas com a intenção de, depois de seis meses, comparar o desempenho das equipes de conserto interna e externa e dar os trabalhos futuros a quem tiver melhor desempenho. Achamos que uma decisão tão importante, que envolve segurança no trabalho para os funcionários da MindWriter, deve ter toda credibilidade."

"Compreendo. Está bem." O gerente rabisca sua assinatura no contrato. "Você receberá este contrato em três dias, depois que ele passar pelos trâmites necessários. Enquanto isso, estamos acordados com um aperto de mão. Bom trabalho até aqui, Myra. Parece que você teve um bom começo com a MindWriter. Parabéns, Jason.

Vamos voltar e deixar esse pessoal onde eles embarcaram. Eles podem começar a trabalhar nesta tarde... Meu Deus, ali é a praia? Parece ótima. Preciso pegar um pouco de sol qualquer dia desses."

"Você realmente parece pálido", diz Myra compreensivamente.

"*Fais gaffe, tu m'fais mal!*", murmura ele.

Este capítulo aborda os procedimentos que o ajudarão a entender as escalas de mensuração, de forma que você possa selecionar ou desenvolver medidas apropriadas para sua pesquisa. Vamos nos concentrar nos problemas de mensuração de constructos mais complexos, como atitudes. Conceitualmente, começamos revisitando o processo de pesquisa (*vide* Figura 12-1) para entender onde o ato de escalonamento encaixa-se nele.

As escalas em pesquisa em administração geralmente são construídas para mensurar comportamento, conhecimento e atitudes. Estas estão entre as de construção mais difícil, portanto, usaremos atitudes para desenvolver sua compreensão acerca do escalonamento.

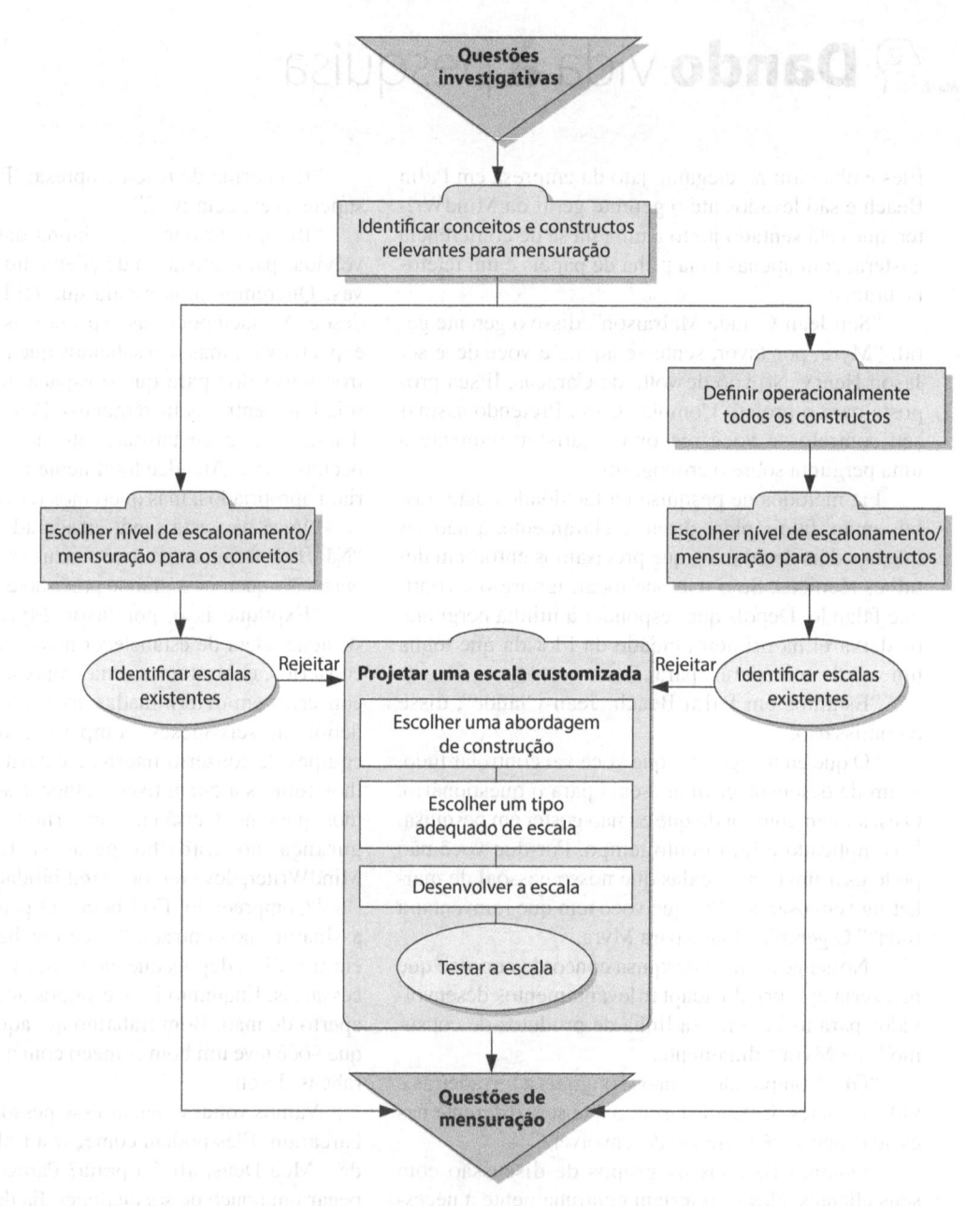

Figura 12-1 O processo de escalonamento.

A natureza das atitudes

Jason está corretamente preocupado com a mensuração de atitudes para o estudo da MindWriter. Mas o que é uma atitude? Existem inúmeras definições, porém uma parece capturar a essência: **atitude** é uma predisposição aprendida e estável a responder a si mesmo, outras pessoas, objetos ou questões de maneira consistentemente favorável ou desfavorável.[1]

Aspectos importantes dessa definição incluem a natureza aprendida das atitudes, sua permanência relativa e sua associação com eventos e objetos socialmente significativos. Como a atitude é uma *predisposição*, pode-se dizer que, quanto mais favorável a atitude de alguém em relação a um produto ou serviço, maior a probabilidade de que o produto ou serviço seja comprado. Porém, como veremos, isso nem sempre acontece.

Perfil **visual**

Grupos de discussão são especialmente úteis quando você quer os pensamentos sinceros dos entrevistados, principalmente agora que a tecnologia para grupos de discussão on-line está mais avançada. A condução de um grupo desse tipo muitas vezes é a primeira etapa no desenvolvimento de uma escala de mensuração que irá revelar atitudes dentro de um projeto quantitativo maior. Conforme a iThink observa, um participante em um grupo focal on-line precisa do tipo certo de moderador para encorajar a participação completa. Seus 14 anos de experiência são uma credencial que a torna uma provável escolha. **www.ithink.com**

Usaremos Myra como exemplo para ilustrar a natureza das atitudes:

1. Ela está convencida de que a MindWriter tem um grande talento, ótimos produtos e oportunidades superiores de crescimento.
2. Ela adora trabalhar na MindWriter.
3. Ela espera permanecer na empresa e trabalhar duro para conseguir promoções rápidas para obter maior visibilidade e influência.

O primeiro enunciado é um exemplo de atitude de base *cognitiva*, que representa as memórias, avaliações e crenças de Myra sobre as propriedades do objeto. *Crença* é uma estimativa (probabilidade) da verdade de algo; nesse caso, é a probabilidade de que as características que ela atribui a seu ambiente de trabalho sejam verdadeiras. O enunciado "Acho que o mercado de celulares se expandirá rapidamente para incorporar rádio e vídeo" também deriva de cognição e crença. O segundo enunciado é uma atitude de base *afetiva*, que representa os sentimentos, intuição, valores e emoções de Myra em relação ao objeto. "Adoro os Yankees" e "Odeio cereais" são outros exemplos de atitudes emocionalmente orientadas. Por fim, os pesquisadores reconhecem um terceiro componente, atitudes de base *conativa* ou *comportamental*, que reflete as expectativas e intenções comportamentais de Myra em relação a sua empresa e os comportamentos instrumentais necessários para atingir seus objetivos.

A relação entre atitudes e comportamento

A relação entre atitude e comportamento não é direta, ainda que existam ligações íntimas. Atitudes e intenções comportamentais nem sempre levam a comportamentos reais – e embora espere-se que atitudes e comportamentos sejam consistentes entre si, isso nem sempre acontece. Além disso, comportamentos podem influenciar atitudes, por exemplo, comerciantes sabem que uma experiência positiva com um produto ou serviço reforça uma atitude positiva ou faz com que o cliente questione uma atitude negativa. Esse é um dos motivos pelos quais os restaurantes em que se tem uma experiência negativa podem dar um cupom para uma refeição gratuita na próxima visita: eles sabem que uma experiência negativa contribui fortemente para a formação de atitudes negativas.

Pesquisadores em administração tratam as atitudes como *constructos hipotéticos* devido à sua complexidade e ao fato de serem inferidas a partir dos dados de mensuração, e não observadas de fato. Essas qualificações fazem com que eles tenham cuidado em relação às maneiras com que certos aspectos de atitudes mensuradas preveem o comportamento. Diversos fatores têm efeito sobre a aplicabilidade da pesquisa atitudinal:

- Atitudes específicas são melhores preditoras de comportamento que as gerais.
- Atitudes fortes (a força é afetada pela *acessibilidade* ou por como o objeto é lembrado e trazido à mente, pelo grau de extremismo da atitude ou pelo grau de confiança nela) são melhores preditoras de comportamento que atitudes fracas compostas por baixa intensidade ou interesse corrente.
- Experiências diretas com o objeto de atitude (quando a atitude é formada, durante exposição repetida ou por meio de lembretes) produzem comportamento de maneira mais confiável.
- Atitudes de base cognitiva influenciam comportamentos de modo mais eficiente do que atitudes de base afetiva.
- Atitudes de base afetiva muitas vezes são melhores preditoras de comportamentos de consumo.
- O uso de mensurações múltiplas de atitude ou diversas avaliações comportamentais em períodos e ambientes diferentes melhora a previsão.
- A influência de grupos de referência (apoio interpessoal, ímpeto de aquiescência, pressão dos pares) e a inclinação individual a se conformar com essas influências melhoram a ligação entre atitude e comportamento.[2]

Os pesquisadores mensuram e analisam atitudes porque elas oferecem ideias sobre o comportamento. Muitas das escalas de mensuração de atitude usadas foram testadas quanto à confiabilidade e à validade, mas muitas vezes criamos escalas únicas que não compartilham esses padrões, por exemplo um instrumento que mensure atitudes sobre uma determinada atração turística, um produto ou candidato, bem como a intenção da pessoa de visitar, comprar ou votar. Nem o instrumento de atitude, tampouco o de intenção comportamental, sozinhos ou em conjunto, são eficazes para prever o comportamento real da pessoa se forem cuidadosamente elaborados. Todavia, os gestores sabem que a mensuração de atitudes é importante porque elas refletem experiências passadas e modelam o comportamento futuro.

Escalonamento de atitudes

O escalonamento de atitudes é o processo de avaliar uma disposição atitudinal usando um número que representa a pontuação de uma pessoa em um contínuo atitudinal que varia de uma disposição extremamente favorável a uma extremamente desfavorável. **Escalonamento** é um "procedimento que atribui números (ou outros símbolos) a uma propriedade dos objetos a fim de conferir algumas das características dos números às propriedades em questão".[3] Em termos de procedimento, atribuímos números como indicadores das propriedades de objetos, assim, atribuímos uma escala numérica aos vários níveis de calor e frio e chamamos isso de termômetro. Para medir a temperatura do ar, sabe-se que uma propriedade da temperatura é sua variação levar a uma expansão ou contração do mercúrio. Um tubo de vidro com mercúrio fornece um indicador de mudança de temperatura pela subida ou descida do mercúrio no tubo. De modo similar, sua atitude em relação à sua universidade pode ser mensurada em inúmeras escalas que captam indicadores de dimensões diferentes de sua consciência, seus sentimentos ou suas intenções comportamentais em relação à faculdade.

Seleção de uma escala de mensuração

A seleção e a construção de uma escala de mensuração exigem a consideração de diversos fatores que influenciam a confiabilidade, a validade e a praticabilidade da escala:

- Objetivos de pesquisa.
- Tipos de resposta.
- Propriedades dos dados.
- Número de dimensões.
- Ser balanceada ou não balanceada.
- Escolhas forçadas ou não forçadas.
- Número de pontos na escala.
- Erros do avaliador.

Objetivos da pesquisa

Os objetivos dos pesquisadores são por demais numerosos para serem listados (incluindo, mas não limitado a estes, estudos de atitude, mudança de atitude, persuasão, consciência, intenção de compra, cognição e ação, compra real e repetida); no entanto, eles lidam com dois tipos gerais de objetivos de escalonamento:

- Mensurar características dos participantes do estudo.
- Usar os participantes como juízes de objetos ou indicadores a eles apresentados.

Suponha que você esteja conduzindo um estudo de clientes com respeito a suas atitudes em relação a uma mudança de identidade corporativa (um logotipo da empresa e periféricos). Com o primeiro objetivo do estudo, sua escala mediria a orientação dos clientes como favorável ou desfavorável. Você pode combinar as respostas de cada pessoa para formar um indicador da orientação geral. A ênfase nesse primeiro estudo está na mensuração das diferenças atitudinais entre as pessoas. Com o segundo objetivo, você poderia usar os mesmos dados, mas estaria interessado em saber quão satisfeitas as pessoas estão com as diferentes opções de design. Solicita-se que cada participante escolha o objeto favorito ou a solução preferida, julgando qual objeto tem mais de alguma característica ou que solução de design está mais próxima dos objetivos declarados pela empresa.

Tipos de resposta

As escalas de mensuração dividem-se em quatro tipos gerais: de classificação, graduação, categorização e ordenação. Uma **escala de classificação** é usada quando os participantes classificam um objeto ou indicador sem fazer uma comparação direta com outro objeto ou atitude, por exemplo, solicitar que avaliem o estilo de um novo automóvel com uma escala de sete pontos. As **escalas de graduação** obrigam o participante do estudo a fazer comparações e determinar a ordem entre duas ou mais propriedades (ou seus indicadores) ou objetos, por exemplo, solicitar aos participantes para escolher entre dois carros aquele que tenha um estilo mais atraente. Uma escala de *escolhas* exige que os participantes optem por uma alternativa em detrimento de outra. Também poderia ser solicitado que ordenassem a importância de conforto, ergonomia, desempenho e preço para o veículo em questão. A **categorização** pede aos participantes que coloquem a si próprios ou aos indicadores de propriedades em grupos ou categorias, por exemplo, pedir aos visitantes de uma feira que identifiquem seu sexo ou etnia ou que indiquem se determinado protótipo de carro atrairia um cliente jovem ou maduro exige uma estratégia de categorização de respostas. A **ordenação** exige que os participantes ordenem cartões (representando conceitos ou constructos) em pilhas usando critérios estabelecidos pelo pesquisador. Os cartões podem conter fotos, imagens ou enunciados verbais das características de um produto, como vários descritores de desempenho do carro.

Propriedades dos dados

As decisões acerca da escolha de escalas de mensuração muitas vezes são feitas com respeito às propriedades dos dados gerados por cada escala. No Capítulo 11, dissemos que classificamos as escalas em ordem crescente de potência, sendo nominais, ordinais, intervalares ou de razão: as escalas nominais classificam os dados em categorias sem indicar ordem, distância ou origem única; os dados ordinais mostram as relações de *mais que* e *menos que*, mas não têm distância ou origem única; as escalas intervalares têm ordem e distância, mas não têm origem única; e as escalas de razão possuem todas as quatro características. As suposições subjacentes em cada nível de escala determinam como os dados de determinada escala de mensuração serão analisados estatisticamente.

Número de dimensões

As escalas de mensuração são *unidimensionais* ou *multidimensionais*. Com uma **escala unidimensional**, busca-se mensurar apenas um atributo do participante ou do objeto, por exemplo, uma medida do potencial de um ator é sua capacidade de "levar" um filme – uma única dimensão. Diversos itens podem ser usados para mensurá-la, e, ao combiná-los em uma única medida, o agente pode colocar os clientes em uma linha contínua de potencial. Uma **escala multidimensional** reconhece que um objeto pode ser mais bem descrito com diversas dimensões que em uma linha unidimensional, no exemplo do ator, a variável de *potencial* dele pode ser mais bem expressa por três dimensões distintas: venda de ingressos para os últimos três filmes, velocidade de captação de recursos financeiros e burburinho da mídia (cobertura da mídia, Tweets e vídeos no YouTube) sobre os últimos três filmes.

Balanceada ou não balanceada

Uma **escala de classificação balanceada** tem número igual de categorias acima e abaixo do ponto médio. Geralmente, as escalas de classificação devem ser balanceadas, com um número igual de alternativas de resposta favoráveis e desfavoráveis. No entanto, as escalas podem ser balanceadas com ou sem uma opção de indiferença ou ponto médio, por exemplo, uma escala balanceada pode assumir a forma de "muito bom – bom – médio – ruim – muito ruim". Uma **escala de classificação não balanceada** tem número desigual de alternativas de resposta favoráveis e desfavoráveis, por exemplo, uma escala que tenha somente um termo descritivo desfavorável e quatro termos favoráveis: "ruim – satisfatório – bom – muito bom – excelente". O criador da escala espera que as classificações médias sejam próximas de "bom" e que haja uma distribuição simétrica de respostas em torno desse ponto, mas a escala não permite que participantes desfavoráveis expressem a intensidade de sua atitude.

O uso de uma escala de classificação não balanceada pode ser justificado em estudos nos quais os pesquisadores sabem com antecedência que as pontuações de quase todos os participantes tenderão para uma direção ou outra. Os avaliadores estão inclinados a pontuar objetos de atitude com valores mais altos se os objetos forem bem conhecidos e se houver envolvimento do ego.[4] Espera-se também que clientes fiéis a determinada marca respondam favoravelmente. Quando os pesquisadores sabem que um lado da escala tem pouca probabilidade de ser usado, tentam atingir precisão no lado que receberá com maior frequência a atenção do participante. As escalas não balanceadas também são consideradas quando se sabe que os participantes são avaliadores "bonzinhos" ou "exigentes". Uma escala não balanceada pode ajudar a compensar o erro de *indulgência* criado por esses avaliadores.

Perfil **visual**

Levantamentos on-line são cada vez mais comuns, em grande parte devido à velocidade na coleta de dados e a oferecerem versatilidade para uso com vários tipos de escalas de mensuração; flexibilidade por conter elementos verbais, gráficos, fotográficos, de vídeo e digitais; acesso a participantes de difícil contato ou inacessíveis; e custo mais baixo para incluir grandes amostras. A aparência visual da escala de mensuração é muito importante para fazer com que o participante continue clicando até a finalização. Esse convite do pesquisador e a tela de abertura do questionário foram desenvolvidos para encorajar a participação; note a menção do tempo e o estímulo de um incentivo. A primeira tela do questionário indica duas estratégias: uma de múltipla escolha, com resposta múltipla, e uma grade de classificação com múltiplos itens. Se olhar atentamente, também notará uma barra de rolagem na primeira tela. Alguns desenvolvedores costumam inserir apenas uma questão por tela em questionários on-line, acreditando que os participantes que precisam rolar a janela podem não preencher por completo o levantamento. Esse levantamento foi desenvolvido e levado a campo pelo SurveyMonkey. **www.surveymonkey.com**

Escolhas forçadas ou não forçadas

A **escala de classificação de escolha não forçada** dá aos participantes a oportunidade de não expressar opinião quando são incapazes de escolher entre as alternativas oferecidas. Uma **escala de classificação de escolha forçada** exige que os participantes selecionem uma das alternativas oferecidas. Os pesquisadores muitas vezes excluem opções de resposta como "sem opinião", "indeciso", "não sei", "incerto" ou "neutro" quando sabem que a maioria dos participantes tem uma atitude sobre o assunto. É razoável, nessas circunstâncias, forçar os participantes para que se concentrem cuidadosamente nas alternativas e não escolham a posição central de forma preguiçosa.

No entanto, quando muitos participantes estão claramente indecisos, e a escala não lhes permite que expressem sua incerteza, esta criará viés nos resultados. Os pesquisadores descobrem-no quando um percentual maior de participantes expressa uma atitude do que previamente relatado em outros estudos sobre o mesmo tema. Parte desse viés é atribuída aos participantes que dão respostas sem sentido ou reagem a questões sobre as quais não têm qualquer atitude (*vide* Capítulo 13), afetando as medidas estatísticas da média e mediana, que se deslocam em direção ao ponto médio da escala, e dificultando a identificação de diferenças atitudinais no instrumento.[5] A compreensão de respostas neutras é um desafio para os pesquisadores. Em um estudo de satisfação de clientes que se concentrava na questão de satisfação geral com uma empresa no setor de eletrônicos, foi usada uma escala não forçada; os resultados obtidos, entretanto, revelaram que 75% dos entrevistados que estavam no grupo de participantes "neutros" poderiam ser convertidos em fiéis à marca se a empresa tivesse destaque (recebesse avaliações altamente favoráveis) em apenas 2 das outras 26 questões na escala do estudo.[6] Assim, os participantes do grupo neutro não eram verdadeiramente neutros, e uma escala de escolha forçada teria revelado as informações desejadas.

Característica	Dicotômica	Múltipla escolha	Lista de verificação	Classificação	Graduação	Resposta livre
Tipo de escala	Nominal	Nominal, ordinal ou de razão	Nominal	Ordinal ou intervalar	Ordinal	Nominal ou de razão
Número habitual de alternativas de resposta	2	3 a 10	10 ou menos	3 a 7	10 ou menos	Nenhuma
Número desejado de respostas do participante	1	1	10 ou menos	1 por item	7 ou menos	1
Usada para fornecer...	Classificação	Classificação, ordem ou estimativa numérica específica	Classificação	Ordem ou distância	Ordem	Classificação, (de ideia), ordem ou estimativa numérica específica

Figura 12-2 Características dos tipos de escala.

Número de pontos na escala

Qual é o número ideal de pontos para uma escala de classificação? Acadêmicos e profissionais muitas vezes têm reações dogmáticas a essa pergunta, mas a resposta é mais prática: uma escala deve ser adequada a seus propósitos. Para que uma escala seja útil, ela deve ser equivalente ao estímulo apresentado e extrair informações proporcionais à complexidade do objeto, conceito ou constructo de atitude. Um produto que exige pouco esforço ou pensamento para compra, habitualmente é comprado ou tem um benefício que se desvanece rapidamente (produtos de baixo envolvimento), em geral mensurados com uma escala simples, por exemplo, uma escala de três pontos (melhor que a média – média – pior que a média) provavelmente seja suficiente para um desodorante, um hambúrguer de lanchonete, papel de presente ou um lanche. Há pouco fundamento para escolher uma escala de cinco ou mais pontos nesse caso. Porém, quando o produto é complexo, desempenha um papel importante na vida do consumidor e tem alto custo (p. ex.: serviços financeiros, produtos de luxo, automóveis e outros produtos de alto envolvimento), deve-se considerar uma escala com 5 a 11 pontos.

Conforme observamos no Capítulo 11, as características de confiabilidade e validade são fatores importantes que afetam as decisões de mensuração. Primeiro, à medida que o número de pontos da escala aumenta, a *confiabilidade* da mensuração cresce.[7] Segundo, em alguns estudos, escalas de 11 pontos podem produzir resultados mais *válidos* que escalas de três, cinco ou sete pontos.[8] Terceiro, alguns constructos exigem sensibilidade maior de mensuração e oportunidade de extrair mais variância, o que é oferecido por pontos adicionais na escala. Quarto, é necessário um número maior de pontos na escala para produzir exatidão ao usar escalas de dimensão simples, e não de dimensão múltipla.[9] Por fim, em mensurações transculturais, as práticas culturais podem condicionar os participantes a uma métrica-padrão – uma escala de 10 pontos na Itália, por exemplo. A Figura 12-2 lista as escalas discutidas neste capítulo, com as características dos tipos de escala descritos no Capítulo 11.

Erros de classificação

O valor das escalas de classificação depende da suposição de que a pessoa pode e fará bons julgamentos. Antes de aceitar as classificações dos participantes, devemos considerar suas tendências a cometer erros de tendência central e efeito de halo.[10] Alguns avaliadores relutam em fazer julgamentos extremos, e esse fato responde pelo **erro de tendência central**; os participantes também podem ser avaliadores "bonzinhos" ou "exigentes", causando o que se chama de **erro de indulgência**. Esses erros ocorrem com mais frequência quando o avaliador não conhece o objeto ou a propriedade que está julgando. Para lidar com essas tendências, os pesquisadores podem:

- Ajustar a intensidade dos adjetivos descritivos.
- Separar bem as frases descritivas intermediárias.

- Dar diferenças menores de significado para os passos próximos às extremidades da escala que para aqueles próximos ao centro.
- Usar mais pontos na escala.

O **efeito de halo** é o viés sistemático que o avaliador introduz ao trazer uma impressão generalizada sobre o sujeito de uma classificação para outra, por exemplo: o instrutor espera que o aluno que respondeu certo à primeira pergunta de um exame responda corretamente à segunda; você conclui que um relatório é bom porque gosta de sua formatação; ou acredita que uma pessoa é inteligente porque concorda com ela. O halo é especialmente difícil de evitar quando a propriedade em estudo não é claramente definida, observada, nem frequentemente discutida, envolve reações com terceiros ou é uma questão de alta importância moral.[11] As forma de combater o efeito de halo incluem: fazer com que o participante avalie uma característica de cada vez, revelar uma característica por página (como no levantamento on-line, no qual o participante não pode voltar para alterar sua resposta) ou reverter periodicamente os termos que se encontram nas posições extremas da escala, para que atributos positivos não estejam sempre no mesmo lado.

Escalas de classificação

No Capítulo 11, dissemos que o questionamento é um estímulo amplamente utilizado para mensurar conceitos e constructos, por exemplo, o pesquisador faz perguntas sobre as atitudes dos participantes em relação ao gosto de um refrigerante; as respostas são "mata a sede", "amargo", "muito gasoso", "gosto de laranja" e "muito doce". Individualmente, elas não fornecem um meio de discernir o grau de favorabilidade e, portanto, seriam de valor limitado para o pesquisador. No entanto, com uma escala adequadamente construída, o pesquisador poderia desenvolver um perfil de gosto para a marca sob estudo. Usamos escalas de classificação para julgar propriedades de objetos sem referência a outros objetos semelhantes. Essas classificações podem ser expressadas como "gosto – não gosto", "aprovo – indiferente – desaprovo" ou de outras formas, usando ainda mais categorias.

Exemplos de escalas de classificação que discutimos nesta seção são mostrados na Figura 12-2. Uma vez que essa figura amplia a visão geral apresentada, faremos referências frequentes a ela.[12]

Escalas de atitude simples

A **escala categórica simples** (também chamada de *escala dicotômica*) oferece duas escolhas de resposta mutuamente excludentes. Na Figura 12-3, elas são "sim" e "não", mas também poderiam ser "importante" e "sem importância", "concordo" e "discordo", ou outro conjunto de categorias discretas se a pergunta fosse diferente.

Essa estratégia de resposta é particularmente útil para questões demográficas ou quando uma resposta dicotômica for adequada.

Quando houver opções múltiplas para o avaliador, mas apenas uma resposta for buscada, a **escala de múltipla escolha com resposta única** será apropriada. Nosso exemplo tem cinco opções. As alternativas principais devem englobar 90% das possibilidades, com a categoria "outros" complementando a lista do participante. Quando não houver possibilidade de uma resposta "outros" ou a exaustão da categoria não for fundamental, ela poderá ser omitida. Tanto as escalas de múltipla escolha com resposta única como as de categoria simples produzem dados nominais.

Uma variação, a **escala de múltipla escolha com resposta múltipla** (também chamada de *lista de verificação*), permite ao avaliador selecionar uma ou várias alternativas. No exemplo da Figura 12-3, mensuramos sete itens com uma questão, e é possível que todas as sete fontes para projeto de casa tenham sido consultadas. A característica cumulativa dessa escala pode ser benéfica quando desejamos um quadro completo das escolhas do participante, mas também representa um problema para fazer o relatório quando os patrocinadores da pesquisa esperam que as respostas somem 100%. Essa escala gera dados nominais.

As escalas de atitude simples são de fácil desenvolvimento, baixo custo e podem ser projetadas para serem altamente específicas, fornecendo informações úteis, e adequadas se desenvolvidas com habilidade. Também há pontos fracos, como a abordagem do projeto é subjetiva e as

Escala categórica simples
(dicotômica)
dados: nominais

"Planejo comprar um *laptop* MindWriter nos próximos 12 meses."
☐ Sim
☐ Não

Escala de múltipla escolha, resposta única
dados: nominais

"Que jornal você lê com mais frequência para obter informações financeiras?"
☐ East City Gazette
☐ West City Tribune
☐ Jornal regional
☐ Jornal nacional
☐ Outros (especificar: _____)

Escala de múltipla escolha, respostas múltiplas
(lista de verificação)
dados: nominais

"Marque *todas* as fontes que você consultou durante o projeto de sua casa nova."
☐ Serviços de planejamento *on-line*
☐ Revistas
☐ Construtores independentes
☐ Criadores de modelos/planos
☐ Projetista
☐ Arquiteto
☐ Outros (especificar: _____)

Escala de Likert de classificação somatória
dados: intervalares

"A Internet é superior às bibliotecas tradicionais para pesquisas abrangentes."

CONCORDO TOTALMENTE	CONCORDO	NÃO CONCORDO NEM DISCORDO	DISCORDO	DISCORDO TOTALMENTE
(5)	(4)	(3)	(2)	(1)

Escala diferencial semântico
dados: intervalares

Catálogo Lands' End
RÁPIDO ___:___:___:___:___:___:___: LENTO
ALTA QUALIDADE ___:___:___:___:___:___:___: BAIXA QUALIDADE

Escala numérica
dados: ordinais ou* intervalares

EXTREMAMENTE FAVORÁVEL   5   4   3   2   1   EXTREMAMENTE DESFAVORÁVEL

Cooperação do funcionário em equipes ___
Conhecimento das tarefas pelo funcionário ___
Eficácia do planejamento do funcionário ___

Escala de lista de classificação múltipla
dados: intervalares

"Por favor, indicar a importância de cada característica de serviço:"

	IMPORTANTE						SEM IMPORTÂNCIA
Conserto rápido e confiável	7	6	5	4	3	2	1
Atendimento a domicílio	7	6	5	4	3	2	1
Manutenção pelo fabricante	7	6	5	4	3	2	1
Técnicos experientes	7	6	5	4	3	2	1
Notificação de *upgrades*	7	6	5	4	3	2	1
Contrato de serviços após a garantia	7	6	5	4	3	2	1

Figura 12-3 Exemplo de escalas de classificação.

(continua)

Escala de soma constante
dados: de razão

"Considerando todas as características de fornecedores que acabamos de discutir e agora considerando *custo*, qual é a importância relativa para você de (dividindo 100 unidades entre):"

Ser um dos fornecedores com custo mais baixo

Todos os outros aspectos de desempenho do fornecedor

Total 100

Escala de Stapel
dados: ordinais ou* intervalares

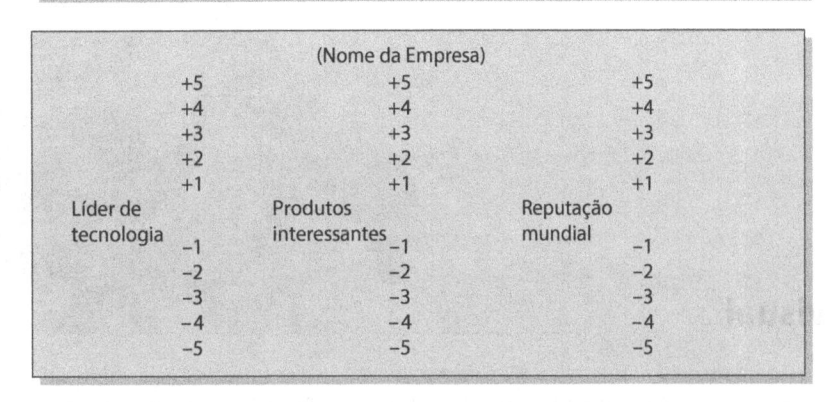

(Nome da Empresa)

+5	+5	+5
+4	+4	+4
+3	+3	+3
+2	+2	+2
+1	+1	+1
Líder de tecnologia	Produtos interessantes	Reputação mundial
−1	−1	−1
−2	−2	−2
−3	−3	−3
−4	−4	−4
−5	−5	−5

Escala de classificação gráfica
dados: ordinais*, intervalares ou de razão

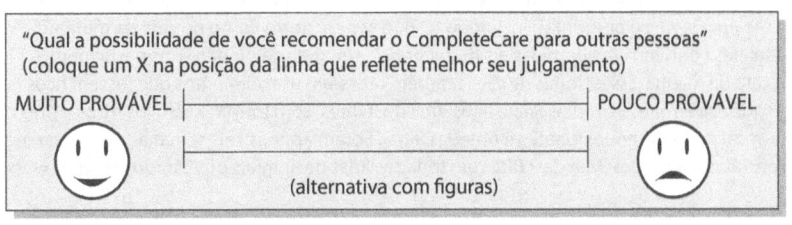

"Qual a possibilidade de você recomendar o CompleteCare para outras pessoas" (coloque um X na posição da linha que reflete melhor seu julgamento)

MUITO PROVÁVEL |————————————————| POUCO PROVÁVEL

(alternativa com figuras)

* No Capítulo 11 observamos que os pesquisadores diferem nas maneiras como tratam os dados de determinadas escalas. Se você não conseguir estabelecer a linearidade das variáveis medidas ou se não pode ter certeza de que tem intervalos iguais, é adequado tratar os dados desses escalas como sendo ordinais.

Figura 12-3 Exemplo de escalas de classificação (*continuação*).

ideias e a capacidade do pesquisador são as únicas garantias de que os itens escolhidos são uma amostra representativa do universo de atitudes do objeto de atitude. Não temos evidências de que cada pessoa verá todos os itens com a mesma estrutura de referência que outras pessoas os verão. Tais escalas são usadas com frequência e grandes esforços vêm sendo realizados para desenvolver técnicas de construção que superem algumas de suas deficiências.

Escalas de Likert

A **escala de Likert**, desenvolvida por Rensis Likert (pronuncia-se "Líquert"), é a variação mais frequentemente usada da escala de classificação somatória. As **escalas de classificação somatórias** consistem em afirmações que expressam atitudes favoráveis ou desfavoráveis em relação ao objeto de interesse. Pede-se ao participante que concorde ou discorde de cada afirmação. Cada resposta recebe uma classificação numérica para refletir seu grau de favorecimento de atitude, e esses números podem ser somados para mensurar a atitude global do participante. O somatório *não* é necessário e, em alguns casos, pode até levar a conclusões equivocadas, como mostra claramente o aviso a seguir.

Na Figura 12-3, o participante escolhe um entre cinco níveis de concordância – escala de Likert tradicional, pois obedece às regras de Likert para construção e teste. Os números indicam o valor a ser atribuído a cada resposta possível, sendo 1 a impressão menos favorável de superioridade da internet e 5 a mais favorável. As escalas de Likert também usam de sete a nove pontos. Tecnicamente, isso é conhecido como escala do tipo Likert, visto que sua construção

Perfil **visual**

Você pode usar a pesquisa em mídias sociais para descobrir novos alimentos para animais? A Del Monte, produtora de Snausages, certamente acha que sim. Usando mídias sociais como uma plataforma para lançar discussões, ela convidou mais de 300 amantes de cães para seu site e fez uma série de perguntas, incluindo "O que seu cachorro como no café da manhã?". "Você compraria mais agrados para seu cachorro se eles contivessem vitaminas e sais minerais?" Um grande número dos participantes indicou que seus cães preferiam ovos e bacon no café da manhã. Esses donos de cães também tentaram usar alimentos que fossem ricos em ômega 3, antioxidantes e vitaminas. Com a pesquisa, a empresa criou os Snausages Breakfast Bites, com formato de ovos fritos e tiras de bacon, e reforçados para serem nutritivos com cálcio extra, antioxidantes e ômegas 3 e 6. Foram apenas seis semanas para levar esse novo salgadinho ao mercado. Hoje você encontra os Snausages Breakfast Bites em todas as lojas de animais dos Estados Unidos. **www.snausages.com**

muitas vezes é menos rigorosa. Contudo, as vantagens das escalas de sete e nove pontos são uma melhor aproximação de uma curva de resposta normal e extração de maior variabilidade entre os entrevistados. Os valores para cada escolha normalmente não são impressos no instrumento, mas são mostrados na Figura 12-4 para ilustrar o sistema de pontuação.

A escala de Likert tem muitas vantagens que justificam sua popularidade, como construção fácil e rápida.[13] Pesquisadores conscientes tomam cuidado para que cada item seja adequado a um teste empírico para discriminar a capacidade entre atitudes favoráveis e desfavoráveis. As escalas de Likert provavelmente são mais confiáveis e fornecem um volume maior de dados que muitas outras escalas. A escala produz dados intervalares.

Originalmente, criar uma escala de Likert envolvia um procedimento chamado *análise de itens*. Na primeira etapa, um grande número de enunciados era coletado e deveria atender a dois critérios: (1) cada enunciado era relevante para a atitude em estudo; (2) acreditava-se que cada um refletisse uma posição favorável ou desfavorável sobre aquela atitude. Foi solicitado a pessoas semelhantes às que seriam estudadas que lessem cada enunciado e declarassem o nível de concordância com ele usando uma escala de cinco pontos. Um valor da escala de 1 indicava uma atitude fortemente desfavorável (discordo totalmente); as outras intensidades eram 2 (discordo), 3 (nem concordo nem discordo), 4 (concordo) e 5 (concordo totalmente), uma atitude fortemente favorável (*vide* Figura 12-3). Para assegurar resultados consistentes, os valores numéricos atribuídos são revertidos se o enunciado for expresso negativamente (1 é sempre fortemente desfavorável e 5 é sempre fortemente favorável). As respostas de cada pessoa são somadas para obter uma pontuação total. O próximo passo é ordenar essas pontuações e selecionar as que representem as pontuações totais mais altas e mais baixas (geralmente definidas como as 10% a 25% maiores e menores da distribuição); o grupo intermediário (50 a 80% dos participantes) é excluído da análise subsequente.

Esses dois grupos extremos representam pessoas com as atitudes mais favoráveis e menos favoráveis em relação à atitude em estudo, os dois grupos de critério pelos quais avaliamos os itens individuais. A **análise de itens** avalia cada item com base em como ele discrimina entre as

Categorias de resposta	Grupo com pontuação total baixa				Grupo com pontuação total alta			
	X	f	fX	X(fX)	X	f	fX	X(fX)
① {Concordo totalmente	5	3	15	75	5	22	110	550
Concordo	4	4	16	64	4	30	120	480
Indeciso	3	29	87	261	3	15	45	135
Discordo	2	22	44	88	2	4	8	16
Discordo totalmente}	1	15	15	15	1	2	2	2
Total		73	177	503		73	285	1.183
		n_L	ΣX_L	$\Sigma X(fX)_L$		n_H	ΣX_H	$\Sigma X(fX)_H$

$$\bar{X}_L = \frac{177}{73} = 2{,}42 \quad \longleftarrow ③ \longrightarrow \quad \bar{X}_H = \frac{285}{73} = 3{,}90$$

$$\Sigma(X_L - \bar{X}_L)^2 = 503 - \frac{(177)^2}{73} \quad \longleftarrow ④ \longrightarrow \quad \Sigma(X_H - \bar{X}_H)^2 = 1.183 - \frac{(285)^2}{73}$$

$$= 73{,}84 \qquad\qquad\qquad\qquad\qquad = 70{,}33$$

$$t = \frac{\bar{X}_H - \bar{X}_L}{\sqrt{\dfrac{\Sigma(X_H - \bar{X}_H)^2 + \Sigma(X_L - \bar{X}_L)^2}{n(n-1)}}} \longleftarrow ⑤$$

$$= \frac{3{,}90 - 2{,}42}{\sqrt{\dfrac{70{,}33 + 73{,}84}{73(73-1)}}}$$

$$= 8{,}92 \longleftarrow ⑥$$

Passos:

① Para cada uma das categorias de resposta, o valor da escala (X) é multiplicado pela frequência ou pelo número de respondentes (f) que escolheram aquele valor. Esses valores produzem o produto (fX). Esse número é então multiplicado por X. Por exemplo, há três respondentes no grupo com pontuação mais baixa que marcaram 5 (concordo totalmente com a declaração): (fX) = 15; (X)(fX) = (5) (15) = 75.

② Somamos frequências e produtos.

③ Computa-se uma pontuação média para cada grupo.

④ Os desvios de pontuação são computados, elevados ao quadrado e somados, conforme exigido pela fórmula.

⑤ Os dados são testados em um teste t modificado que compara os grupos de pontuação alta e baixa por item. Observe a nota média no numerador da fórmula.

⑥ O valor calculado é comparado com um critério, 1,75. Se o valor calculado (nesse caso, 8,92) for igual ou superior ao critério, dizemos que o enunciado é um bom discriminador da atitude mensurada (se for menor do que o critério, poderíamos considerá-lo um mau discriminador da atitude em questão e apagá-lo do instrumento de mensuração). Então, selecionamos o próximo item e repetimos o processo.

Figura 12-4 Avaliação de um enunciado de escala pela análise de itens.

Para o enunciado "as características da minha câmera digital são empolgantes", selecionamos os dados dos 25% inferiores da distribuição (grupo com pontuação total baixa) e os 25% superiores (grupo com pontuação total alta). Há 73 pessoas em cada grupo. Os 50% restantes no meio da distribuição não são considerados para esta análise.

pessoas cuja pontuação total é alta e as que têm pontuação total baixa. Ela envolve o cálculo das pontuações médias para cada item da escala entre os com pontuações mais baixas e os com as mais altas. As pontuações médias para os grupos de pontuação alta e os de baixa são testadas quanto à significância estatística calculando os valores de *t* (ao avaliar padrões de resposta dos grupos de pontuação alta e de baixa quanto ao enunciado "As características da minha câmera digital são empolgantes", obtemos os resultados mostrados na Figura 12-4). Após encontrar o valor de *t* para cada enunciado, colocamos as declarações em ordem e selecionamos aquelas com os valores de *t* mais altos. Os 20 a 25 itens com os maiores valores de *t* (diferenças

Instantâneo

Maritz descobre forma melhor de mensurar satisfação do cliente

A satisfação do cliente nos setores de serviços há muito vem sendo mensurada com uma classificação sobre a satisfação geral, seguida de classificações de satisfação com vários atributos de influência. Essas classificações geralmente são fornecidas com uma escala de cinco ou sete pontos. Os pesquisadores da Maritz Research, líder em metodologia de pesquisa inovadora, acreditam ter descoberto uma abordagem melhor, chamada de abordagem de "Fazer ou Quebrar" a satisfação do cliente.

O novo questionário passa para um modelo não compensatório ao fazer as questões. Pede-se primeiro aos participantes, em um hotel por exemplo, que classifiquem sua satisfação geral; a seguir, em vez de pedir aos clientes satisfeitos para avaliar uma série de atributos individualmente usando essa mesma escala, pede-se que eles identifiquem, a partir de uma série de atributos, se UM tornou sua experiência tão maravilhosa a ponto de ignorarem qualquer deficiência em outros. Os clientes insatisfeitos são tratados de forma similar: os mesmos atributos são apresentados a eles, porém pede-se que identifiquem se UM tornou sua experiência tão horrenda que nada positivo nos outros atributos poderia evitar que a experiência geral fosse terrível. Somente após essa questão inicial de lista de verificação, pede-se que avaliem os atributos restantes com a escala fornecida.

1. Indique quão satisfeito você ficou com sua (experiência em branco) usando a escala abaixo: [1] Completamente satisfeito, [2] Relativamente satisfeito, [3] Nem satisfeito, nem insatisfeito, [4] Relativamente insatisfeito, [5] Insatisfeito.
2a. Se 1 a 3, perguntar: O desempenho de algum destes aspectos foi tão **bom** a ponto de, por si só, tornar sua (experiência em branco) geral satisfatória?
2b. Se 4 ou 5, perguntar: O desempenho de algum destes aspectos foi tão **ruim** a ponto de, por si só, tornar sua (experiência em branco) geral insatisfatória?

Segue a lista de aspectos.

Somente após essa questão inicial de lista de verificação em grade, pede-se que os entrevistados avaliem quaisquer atributos não mencionados em 2a ou 2b com a escala fornecida.

A Maritz conduziu diversos testes de amostra dividida, em diversos setores, que demonstram que a nova abordagem de levantamento consegue prever melhor o comportamento de retorno dos clientes; ela também fornece aos gestores evidências da importância, seja negativa ou positiva, de atributos fundamentais de serviços aos clientes.
www.maritzresearch.com

---

estatisticamente significativas entre as pontuações médias) são selecionados para inclusão na escala final.[14] Pesquisadores descobriram que um número maior de itens para cada objeto de atitude melhora a confiabilidade da escala. Como um indicador aproximado do poder de discriminação de um enunciado, uma autoridade sugere o uso apenas daqueles cujo valor de t seja 1,75 ou maior, desde que haja 25 ou mais sujeitos em cada grupo.[15]

Embora a análise de itens seja útil para eliminar enunciados atitudinais que não discriminem bem, o procedimento de soma causa problemas para os pesquisadores. O exemplo a seguir sobre anúncios em banners de sites mostra que a mesma pontuação de somatório pode significar coisas diferentes:

1. Esse banner fornece as informações relevantes que eu espero.
2. Eu adicionaria esse site nos meus favoritos para uso no futuro.
3. Esse banner é irritante.
4. Eu clicaria em outros links para saber mais detalhes.

Se uma escala de cinco pontos for usada, a pontuação máxima favorável seria 20 (presumindo que 5 seja atribuído à resposta "concordo totalmente" e que a questão 3, uma negação, tenha sua pontuação invertida). Aproximadamente metade dos enunciados é construída favoravelmente, e a outra metade é desfavorável para prevenir-se contra o efeito de halo. O problema do somatório surge porque padrões diferentes são ocultados pela mesma pontuação total, por exemplo, um participante poderia achar o anúncio banner relevante, para o qual vale a pena retornar e, de certa forma, agradável, mas não desejar informações adicionais, ao passo que outro poderia achá-lo irritante, mas ter atitudes favoráveis sobre as outras três questões, produzindo, assim, a mesma pontuação total.

Escala de diferencial semântico

A **escala de diferencial semântico (DS)** mensura os significados psicológicos de um objeto de atitude usando adjetivos bipolares. Os pesquisadores usam essa escala para estudos de imagem de marca e imagem institucional. O método consiste em um conjunto de escalas de classificação bipolar geralmente com sete pontos, pelo qual um ou mais participantes classificam um ou mais conceitos em cada item da escala, baseada na proposição de que um objeto pode ter diversas dimensões de significado conotativo. Os significados estão localizados em um espaço de propriedade multidimensional, chamado *espaço semântico*. Significados conotativos são significados sugeridos ou implícitos, que vão além do significado explícito de um objeto, por exemplo, um fogo vibrante em uma lareira pode conotar *romântico*, e seu significado mais explícito é *material inflamável em combustão dentro de um forno de tijolos*; um restaurante que tenta atrair clientes em noites paradas de terça-feira ofereceu um cardápio especial às terças e chamou-o de "cozinha bem caseira": carne assada, ensopado e empadão de frango, embora não fizessem parte de sua culinária habitual, carregavam o significado conotativo de *comidas reconfortantes* e trouxeram clientes ao restaurante, tornando a terça-feira uma das noites mais movimentadas da semana. Publicitários, vendedores e designers de produto e embalagem já sabem há muito tempo que precisam usar palavras, formas, associações e imagens para ativar os significados conotativos das pessoas.

Osgood e seus associados desenvolveram o método de diferencial semântico para mensurar os significados psicológicos de um objeto para um indivíduo.[16] Eles produziram uma lista de 289 pares de adjetivos bipolares, que foram reduzidos a 76 pares e transformados em escalas de classificação para pesquisa de atitude. Sua análise permitiu que concluíssem que o espaço semântico é multidimensional, e não unidimensional. Três fatores contribuíram mais para julgamentos significativos pelos participantes: (1) avaliação, (2) potência e (3) atividade. Esses conceitos do histórico estudo de sinônimos (Figura 12-5) ilustram a ampla aplicabilidade da técnica a pessoas, conceitos abstratos, eventos, instituições e objetos físicos.[17]

Os pesquisadores seguiram uma abordagem um tanto diferente das escalas de DS usadas pelos defensores do estudo original. Eles desenvolveram seus próprios adjetivos ou frases e

Avaliação (E)	Potência (P)	Atividade (A)
Bom-mau	Duro-macio	Ativo-passivo
Positivo-negativo	Forte-fraco	Rápido-lento
Otimista-pessimista	Pesado-leve	Quente-frio
Completo-incompleto	Masculino-feminino	Empolgado-calmo
Pontual-atrasado	Severo-indulgente	
	Obstinado-complacente	

Subcategorias de avaliação			
Virtude dócil	**Virtude dinâmica**	**Virtude confiável**	**Virtude hedonista**
Limpo–sujo	Bem-sucedido–fracassado	Verdadeiro–falso	Prazeroso–doloroso
Gentil–cruel	Alto–baixo	Respeitável–desacreditado	Bonito–feio
Sociável–insociável	Significativo–sem sentido	Crédulo–cético	Sociável–insociável
Claro–escuro	Importante–sem importância	Sábio–tolo	Significativo–sem sentido
Altruísta–egoísta	Progressista–retrógrado	Saudável–doente	
Agradecido–ingrato	Limpo–sujo		
Bonito–feio			
Harmônico–dissonante			

Figura 12-5 Resultados do estudo de sinônimos.

Fonte: Adaptado de Charles E. Osgood, G. J. Suci e P. H. Tannenbaum, *The Measurement of Meaning* (Urbana: University of Illinois Press, 1957), tabela 5, pp. 52–61.

concentraram-se na dimensão avaliativa com maior frequência (o que pode ajudar a explicar a popularidade da escala de Likert). O benefício positivo é que as escalas criadas foram adaptadas a questões gerenciais específicas. Um estudo investigou a imagem de uma loja de varejo, usando 35 pares de palavras ou frases classificadas em oito grupos, criados especialmente para o estudo. Excertos dessa escala são apresentados na Figura 12-6. Outras categorias de itens de escala foram "características gerais da empresa", "características físicas da loja", "preços cobrados pela loja", "funcionários da loja", "propaganda feita pela loja" e "seus amigos e a loja". Como os pares da escala estão estreitamente associados às características da loja e seu uso, poderíamos desenvolver perfis de imagem de várias lojas.

A escala de diferencial semântico tem diversas vantagens, entre elas é uma forma eficiente e fácil de garantir atitudes de uma amostra grande, que podem ser mensuradas em direção e em intensidade. O conjunto total de respostas fornece uma imagem abrangente do significado de um objeto e uma medida da pessoa que faz a classificação. É uma técnica padronizada, facilmente repetida e não possui muitos problemas de distorção de resposta encontrados em métodos mais diretos, além de produzir dados intervalares. As instruções básicas para construir uma escala de DS são encontradas na Figura 12-7.

Na Figura 12-8, vemos a escala sendo usada por um painel de líderes corporativos para avaliar candidatos a uma posição de liderança na associação de lobby do setor. A seleção dos conceitos é conduzida pelas características que eles acreditam que o candidato deve possuir para ser bem-sucedido para levar seu projeto à frente. Há três candidatos.

Com base nos requisitos do painel, escolhemos 10 escalas para classificar os candidatos. As letras do lado esquerdo, que mostram a dimensão de atitude relevante, seriam omitidas da escala real, assim como os valores numéricos mostrados. Note que as escalas de avaliação, potência e atividade estão misturadas. Para analisar os resultados, é feita uma média do conjunto de valores de avaliação (E), das dimensões de potência (P) e atividade (A).

Os dados estão representados em um gráfico de linhas na Figura 12-9. Aqui os pares de adjetivos são reordenados de forma que os descritores de avaliação, potência e atividade estejam agrupados, com o fator ideal refletido pelo lado esquerdo da escala.

Conveniência para chegar à loja a partir de sua residência		
Próximo	___:___:___:___:___:___:___:	Distante
Pouco tempo necessário para chegar à loja	___:___:___:___:___:___:___:	Muito tempo necessário para chegar à loja
Difícil acesso	___:___:___:___:___:___:___:	Fácil acesso
Difícil de estacionar	___:___:___:___:___:___:___:	Fácil de estacionar
Conveniente em relação a outras lojas onde compro	___:___:___:___:___:___:___:	Inconveniente em relação a outras lojas onde compro
Produtos oferecidos		
Ampla seleção de diferentes tipos de produto	___:___:___:___:___:___:___:	Seleção limitada de diferentes tipos de produto
Estoque completo	___:___:___:___:___:___:___:	Pouco estoque
Produtos não confiáveis	___:___:___:___:___:___:___:	Produtos confiáveis
Alta qualidade	___:___:___:___:___:___:___:	Baixa qualidade
Muitas marcas	___:___:___:___:___:___:___:	Poucas marcas
Marcas desconhecidas	___:___:___:___:___:___:___:	Marcas famosas

Figura 12-6 Adaptação de escalas de DS para estudo de imagem de loja varejista.

Fonte: Robert F. Kelly e Ronald Stephenson, "The Semantic Differential: An Information Source for Designing Retail Patronage Appeals," *Journal of Marketing* 31 (Outubro 1967), p. 45.

1. Selecione os conceitos: substantivos, frases substantivas ou estímulos não verbais, como esboços visuais. Os conceitos são escolhidos por julgamento e refletem a natureza da questão investigativa. No estudo da MindWriter, um conceito poderia ser "acessibilidade do *call center*".
2. Selecione os pares de palavras ou de frases bipolares adequados às suas necessidades. Se os adjetivos tradicionais de Osgood forem usados, diversos critérios orientam sua seleção:
   - São necessários três pares bipolares ao usar avaliação, potência e atividade. Deve-se fazer uma média das pontuações nesses itens individuais, por fator, para melhorar sua confiabilidade.
   - A escala deve ser relevante para os conceitos que estão sendo julgados. Escolha adjetivos que possam expressar percepções conotativas. Pares de conceitos irrelevantes geram pontos centrais com valores neutros, que transmitem poucas informações.
   - As escalas devem ser estáveis entre sujeitos e conceitos. Um par como "grande-pequeno" pode ser interpretado por alguns como denotativo ao julgar um objeto físico como um "automóvel", mas pode ser usado de forma conotativa ao julgar conceitos abstratos, como "qualidade do produto".
   - As escalas devem ser lineares entre opostos polares e passar pela origem. Um par que não passa por esse teste é "resistente-delicado", que não é linear na dimensão de avaliação. Se usados separadamente, os dois adjetivos têm significados favoráveis.*
3. Crie o sistema de pontuação e atribua um peso a cada ponto da escala. Descobriu-se que os sinais negativos no procedimento original de classificação (–3, –2, –1, 0, +1, +2, +3) produziam erros de codificação, e o ponto zero é arbitrário. A maioria das escalas de DS tem sete pontos: 7, 6, 5, 4, 3, 2 e 1.
4. Como é feito com as escalas de Likert, cerca da metade dos pares de adjetivos foram aleatoriamente invertidos para minimizar o efeito de halo.

Figura 12-7   Etapas da construção de uma escala de DS.
*Charles E. Osgood, G. J. Suci e P. H. Tannenbaum, *The Measurement of Meaning* (Urbana: University of Illinois Press, 1957).

Analisar (candidato) para a vaga atual:

(E)	Sociável	(7): __:__:__:__:__:__:__	(1)	Insociável
(P)	Fraco	(1): __:__:__:__:__:__:__	(7)	Forte
(A)	Ativo	(7): __:__:__:__:__:__:__	(1)	Passivo
(E)	Progressista	(7): __:__:__:__:__:__:__	(1)	Retrógrado
(P)	Complacente	(1): __:__:__:__:__:__:__	(7)	Obstinado
(A)	Lento	(1): __:__:__:__:__:__:__	(7)	Rápido
(E)	Verdadeiro	(7): __:__:__:__:__:__:__	(1)	Falso
(P)	Consistente	(7): __:__:__:__:__:__:__	(1)	Inconsistente
(A)	Caloroso	(7): __:__:__:__:__:__:__	(1)	Frio
(E)	Fracassado	(1): __:__:__:__:__:__:__	(7)	Bem-sucedido

Figura 12-8   Escala de DS para analisar candidatos à associação do setor.

Escalas de lista de classificação numérica/múltipla

As **escalas numéricas** têm intervalos iguais que separam seus pontos da escala numérica, conforme mostrado na Figura 12-3. As âncoras verbais atuam como rótulos nos pontos extremos. As escalas numéricas muitas vezes são de 5 pontos, mas podem ter 7 ou 10 pontos. Os participantes escrevem um número da escala ao lado de cada item. Se inúmeras perguntas sobre o desempenho de um produto fossem incluídas no exemplo, a escala forneceria tanto uma medida absoluta de importância como uma medida relativa (graduação) dos vários itens avaliados. A linearidade, a simplicidade e a produção de dados intervalares da escala fazem dela um instrumento popular para gestores e pesquisadores. Ao avaliar um novo conceito de produto, a intenção de compra costuma ser medida com uma escala numérica de cinco a sete pontos, as âncoras sendo "certamente compraria" e "certamente não compraria".

A **escala de lista de classificação múltipla** (Figura 12-3) é semelhante à escala numérica, mas tem duas diferenças: (1) aceita uma resposta circulada do classificador e (2) a disposição permite visualização dos resultados. A vantagem é que um mapa mental das avaliações do

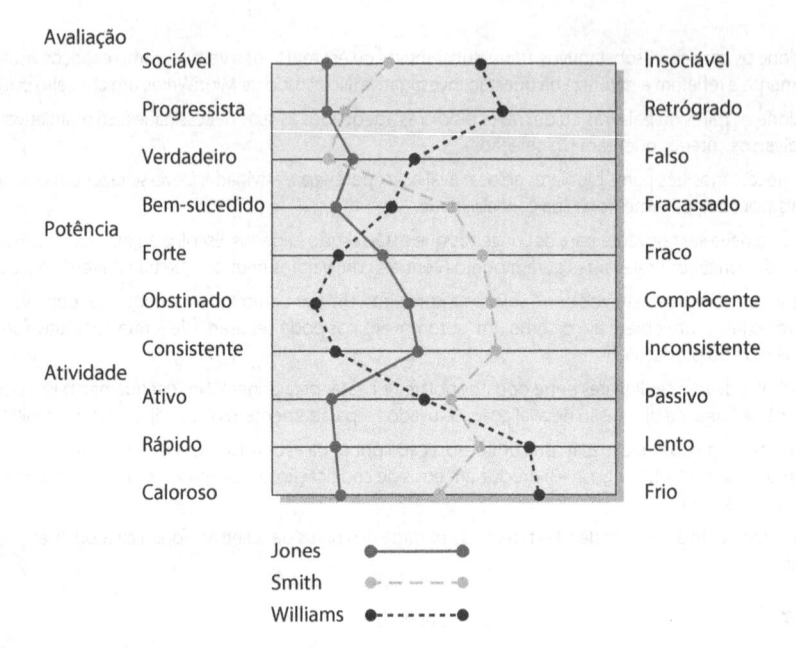

Figura 12-9 Representação gráfica da análise de DS.

participante ficaria evidente tanto para o avaliador quanto para o pesquisador. Essa escala produz dados intervalares.

Escalas de Stapel

A **escala de Stapel** é usada como uma alternativa para o diferencial semântico, especialmente quando for difícil encontrar adjetivos bipolares que correspondam à questão investigativa. No exemplo da Figura 12-3, há três atributos de imagem corporativa. A escala é composta pela palavra (ou frase) que identifica a dimensão da imagem e um conjunto de 10 categorias de resposta para cada um dos três atributos.

Algumas vezes são usadas menos categorias de resposta. Os participantes selecionam um número adicional para a característica que descreve o objeto de atitude. Quanto mais precisa a descrição, maior é o número positivo; contrariamente, quanto menos precisa, maior é o número negativo escolhido. A pontuação vai de +5 a –5, sendo que os participantes selecionam um número que descreve a loja de forma muito precisa até nada precisa. Assim como as escalas de Likert, de DS e numéricas, as escalas de Stapel produzem dados intervalares.

Escalas de soma constante

Uma escala que ajuda o pesquisador a descobrir proporções é a **escala de soma constante**; nela, o participante aloca pontos para mais de um atributo ou indicador de propriedade, de forma que o total é uma soma constante, geralmente 100 ou 10. No exemplo da Figura 12-3, são apresentadas duas categorias que devem totalizar 100; no exemplo do restaurante, o participante distribui 100 pontos entre quatro categorias:

Você tem 100 pontos para distribuir entre as seguintes características do restaurante Dallas Steakhouse. Indique a importância relativa de cada atributo:

_____ Qualidade da comida
_____ Atmosfera
_____ Atendimento
_____ Preço
100 TOTAL

Podem ser usadas até 10 categorias, mas a precisão e a paciência do participante sofrem quando demasiados estímulos são proporcionados e somados. A capacidade de somar do participante também é considerada em algumas situações; assim, não é uma estratégia de resposta que possa ser usada de forma eficaz com crianças ou iletrados. As vantagens da escala são sua compatibilidade com a porcentagem (100%) e o fato de que as alternativas percebidas como iguais também podem ser pontuadas – diferentemente da maioria das escalas de graduação. A escala é usada para registrar atitudes, comportamento e intenção comportamental. A escala de soma constante produz dados intervalares.

Escalas de classificação gráfica

A **escala de classificação gráfica** foi originalmente criada para permitir que os pesquisadores percebessem diferenças sutis. Teoricamente, é possível ter um número infinito de classificações se os participantes forem sofisticados o suficiente para diferenciá-las e registrá-las. Eles são instruídos a marcar sua resposta em qualquer ponto de uma linha contínua. Geralmente, a pontuação é uma medida de comprimento (milímetros) a partir de uma extremidade. Os resultados são tratados como dados intervalares. A dificuldade está na codificação e na análise. Essa escala exige mais tempo do que as escalas com categorias predeterminadas.

Nunca _____ X _____ Sempre

Outras escalas de classificação gráfica (*vide* Figura 12-3) usam fotos, ícones ou outros símbolos visuais para comunicar-se com o avaliador e representar uma variedade de tipos de dados. As escalas gráficas costumam ser usadas com crianças, cujo vocabulário mais limitado não permite o uso de escalas ancoradas em palavras.

Escalas de graduação

Nas escalas de graduação, o participante compara diretamente dois ou mais objetos e faz escolhas entre eles. Frequentemente, solicita-se ao participante que selecione um como o "melhor" ou o "preferido". Quando há apenas duas opções, essa abordagem é satisfatória, porém ela muitas vezes resulta em empates quando mais de duas opções são encontradas. Por exemplo, solicitou-se para os participantes selecionarem seu preferido entre três ou mais modelos de um produto. Em resposta, 40% escolhem o modelo A, 30% escolhem o modelo B e 30% escolhem o modelo C. Qual é o modelo preferido? O analista correria um risco ao sugerir que A é o preferido, pois, ainda que essa interpretação esteja correta, 60% dos participantes escolheram algum modelo diferente de A. Talvez todos os que votaram em B e C colocariam A em último lugar, preferindo B ou C a. Essa ambiguidade pode ser evitada com o uso de uma das técnicas descritas nesta seção.

Usando a **escala de comparações por pares**, o participante pode expressar atitudes não ambíguas ao escolher entre dois objetos – exemplo típico seriam os carros esportivos na Figura 12-10. O número de julgamentos exigido em uma comparação por pares é $[(n)(n-1)/2]$, em que n é o número de estímulos ou objetos a serem julgados. Quando quatro carros são avaliados, o participante avalia seis comparações por pares $[(4)(3)/2 = 6]$.

Em outro exemplo, poderíamos comparar propostas de embalagem avaliadas por um gerente de marcas (*vide* Figura 12-11). Geralmente, há mais de dois estímulos a julgar, resultando em uma tarefa potencialmente tediosa para os participantes. Se houver 15 sugestões de propostas, serão feitas 105 comparações por pares.

Reduzir o número de comparações por participante sem reduzir o número de objetos pode diminuir esse fardo, por exemplo, você pode dar a cada participante apenas uma amostra dos estímulos; dessa forma, cada par de objetos precisa ser comparado um número igual de vezes. Outro procedimento é escolher poucos objetos que possam cobrir as variações de atratividade

Suponha que a Galaxy Department Stores solicite a você um estudo dos hábitos de compra e preferências de meninas adolescentes. A empresa está em busca de uma maneira de competir com lojas especializadas que têm muito mais sucesso no atendimento a esse segmento de mercado e considera a construção de uma butique dentro da loja para atender a essas adolescentes. Que questões de mensuração determinariam a construção das escalas de mensuração?

Escala de comparação por pares
dados: ordinais

"Para cada par de carros esportivos de dois lugares listados, marque o seu preferido se tivesse que escolher entre os dois."

___ BMW Z4 M Coupe   ___ Chevrolet Corvette Z06
___ Porsche Cayman S   ___ Porsche Cayman S

___ Chevrolet Corvette Z06   ___ Porsche Cayman S
___ BMW Z4 M Coupe   ___ Dodge Viper SRT10

___ Chevrolet Corvette Z06   ___ Dodge Viper SRT10
___ Dodge Viper SRT10   ___ BMW Z4 M Coupe

Escala de graduação forçada
dados: ordinais

"Classifique as características do detector de radar em ordem de preferência. Coloque o número 1 para a mais importante, 2 para a segunda escolha, e assim por diante."

___ Programação pelo usuário
___ Funcionamento sem fio
___ Tamanho pequeno
___ Aviso à longa distância
___ Pouco alarme falso

Escala comparativa
dados: ordinais

"Comparado com o desempenho de seu secador de cabelo anterior, o atual é:"

SUPERIOR		IGUAL		INFERIOR
___	___	___	___	___
1	2	3	4	5

Figura 12-10 Escalas de graduação.

	Embalagens				
	A	B	C	D	E
A	—	164*	138	50	70
B	36	—	54	14	30
C	62	146	—	32	50
D	150	186	168	—	118
E	130	170	150	82	—
Total	378	**666**	510	178	268
Ordem de graduação	3	1	2	5	4

Figura 12-11 Padrões de resposta da comparação por pares de 200 usuários frequentes referente a cinco designs de embalagem alternativos.

Os dados de comparação por pares podem ser tratados de várias formas. Se houver consistência substancial, descobriremos que A é preferido a B, e B a C, então A será consistentemente preferido a C. Essa condição de transitoriedade não precisa ser sempre verdadeira, mas deve ocorrer na maioria das vezes. Quando ocorrer, considere o número total de preferências entre as comparações como a pontuação para aquele estímulo. Suponha que uma gerente esteja considerando as cinco propostas de embalagem. Ela gostaria de saber como os usuários frequentes avaliam essas embalagens. Uma opção seria pedir uma amostra de usuários frequentes para fazer uma comparação por pares das embalagens. Em uma comparação bruta das preferências totais de cada opção, parece que B é mais popular.

*Interprete esta célula como: 164 de um total de 200 clientes preferem a embalagem B (coluna) a A (linha).

Instantâneo

Comparação por pares aumenta hospitalidade

A Northwest Airlines, a Marriott ou a Alaskan Airlines deveria tentar atrair o segmento de norte-americanos portadores de necessidades especiais? Em caso afirmativo, o que seria necessário para captar esse segmento? Eric Lipp, diretor-executivo da Open Doors Organization (ODO), uma organização de apoio a pessoas portadoras de necessidades especiais, patrocinou um estudo para descobrir a resposta. Um dos pontos centrais de seu programa era fornecer um incentivo para o setor de viagens para criar adaptações que atraiam os 22 milhões de adultos portadores de necessidades especiais que viajaram nos últimos dois anos em 63 milhões de viagens – e que podem querer viajar mais. "Estimamos que os norte-americanos portadores de necessidades especiais atualmente gastem US$ 13,2 bilhões em despesas com viagem, e que essa quantia seria no mínimo dobrada [para US$ 27,2 bilhões] se a indústria de viagens estivesse mais sintonizada com as necessidades deles."

A ODO contratou a Harris Interactive, empresa de consultoria e pesquisa de mercado mundial, mais conhecida pela Harris Poll e por seu uso pioneiro da internet para conduzir pesquisa de mercado cientificamente precisa. A empresa de pesquisa conduziu um estudo híbrido via levantamento on-line e telefônico para determinar a magnitude do segmento de viajantes portadores de necessidades especiais, seu poder de compra e as acomodações de que o segmento precisava para aumentar o número de viagens. "Não se pode atingir as pessoas portadoras de necessidades especiais com apenas um método", explicou Laura Light, diretora de projetos da Harris Interactive. "A natureza de sua limitação física poderia excluir um ou outro método." E como a empresa avaliou todas as adaptações possíveis – desde cartões de segurança em Braile nos aviões até uma pessoa específica para lidar com problemas nos hotéis? Ela usou sua metodologia exclusiva *COMPASS*™, que se vale de comparações por pares como ferramenta de mensuração. Ela poupa tempo e esforço do participante", explicou Light. "Mesmo com uma longa lista, o *COMPASS*™ pode ser feito rapidamente." No estudo ODO, ele foi usado duas vezes: uma para mensurar 17 adaptações possíveis nas companhias aéreas e outra para mensurar 23 adaptações possíveis em hotéis. Isso fez com que cada participante avaliasse apenas uma parte do grande número de pares de adaptações, em vez de avaliar a lista completa (136 para adaptações em companhias aéreas e 253 para adaptações em hotéis), cada questão era respondida em menos de quatro minutos. Com o uso desse processo com todos os membros da amostra, a Harris Interactive foi capaz de graduar os itens e mensurar a magnitude da diferença entre eles. Isso facilita às companhias aéreas Delta, Marriott e Alaskan Airlines fazerem as escolhas corretas sobre adaptações para pessoas portadoras de necessidades especiais.

www.opendoorsnfp.org; www.harrisinteractive.com

Para saber mais sobre essa pesquisa, leia o caso "Open Doors: Extending Hospitality to Travelers with Disabilities" disponível em inglês no site do Grupo A

---

em intervalos iguais; todos os outros estímulos são então comparados a esses poucos objetos-padrão. Se houver 36 automóveis para serem julgados, quatro podem ser selecionados como padrão e os outros divididos em quatro grupos de oito cada um – dentro de cada grupo, os oito são comparados entre si. Então, os 32 são comparados individualmente com cada um dos quatro automóveis-padrão, o que reduz o número de comparações de 630 para 240.

As comparações por pares correm o risco de cansar os participantes a tal ponto que faça com que deem respostas incorretas ou recusem-se a continuar. As opiniões sobre esse limite diferem, mas cinco ou seis estímulos são razoáveis se o participante tiver outras perguntas para responder. Se a coleta de dados consiste apenas em comparações por pares, é razoável usar até 10 estímulos. A comparação por pares fornece dados ordinais.

A **escala de graduação forçada**, mostrada na Figura 12-10, lista atributos classificados em relação aos outros. Esse método é mais rápido que a comparação por pares e geralmente é mais fácil e mais motivador para o participante. Com cinco itens, haverá 10 comparações por pares para concluir a tarefa, e a graduação forçada simples de cinco é mais fácil. Essa escala também não tem o problema de transitividade em que A é preferido a B, B a C, mas C é preferido a A, embora também force uma falsa unidimensionalidade.

Uma desvantagem da graduação forçada é o número de estímulos que pode ser tratado por esse método. Cinco objetos podem ser facilmente graduados, mas os participantes podem tornar-se descuidados ao graduar 10 ou mais itens; além disso, a ordenação da graduação gera dados ordinais, pois a distância entre as preferências é desconhecida.

MindWriter Close-up

Escalonamento da MindWriter

Jason tem trabalhado no escalonamento do projeto CompleteCare há uma semana quando veio uma solicitação para que Myra Wines relate seu progresso ao gerente geral da MindWriter. Ele reduziu a escolha às três escalas da Figura 12-12: uma escala de Likert, uma escala de classificação numérica com duas âncoras verbais e uma escala de expectativa híbrida; todas são escalas de cinco pontos que presumivelmente mensuram no nível intervalar.

Ele precisa de um enunciado que possa acompanhar a escala para uma avaliação preliminar. Retornando à sua lista de questões investigativas, encontra uma pergunta que parece captar a essência do processo de conserto: Os problemas dos clientes são resolvidos? Traduzida para uma afirmação para a escala, o enunciado torna-se "A resolução do problema gerador o serviço/conserto". Ele continua a trabalhar na redação das âncoras verbais, e as versões apropriadas das questões investigativas são construídas e, a seguir, as escalas são acrescentadas.

Depois de consultar os funcionários da área de pesquisa da MindWriter, Myra e Jason discutem as vantagens das escalas. Myra sugere que é pouco provável que o CompleteCare não atenda a qualquer das expectativas dos clientes, e, com erros da indulgência, o termo "nenhuma" deveria ser substituído por "poucas", de forma que a extremidade inferior da escala fosse mais relevante; Jason leu um artigo na *Marketing News* que dizia que as escalas de Likert e escalas semelhantes à escala numérica da MindWriter frequentemente produziam uma alta concentração de notas 4 e 5 – um problema comum em pesquisa de satisfação do cliente.

Outros sugerem uma escala de sete pontos para remediar isso, mas Jason acha que o termo "superou" na escala de expectativa poderia compensar as pontuações agrupadas no lado positivo.

Pronto para um teste-piloto, Jason decide comparar a escala de expectativa com a escala de classificação numérica da MindWriter (a escala de Likert típica requer que eles criem mais itens potenciais do que queriam usar no levantamento on-line). Usando o banco de dados do CompleteCare, foram selecionados nomes, e-mails e números de telefone, e 30 clientes foram escolhidos aleatoriamente entre aqueles que haviam sido atendidos recentemente. Jason escolheu o método de formas equivalentes postergadas para o teste de confiabilidade (*vide* Capítulo 11) e administrou a escala de expectativa seguida pela escala numérica para metade dos participantes e a escala numérica seguida pela escala de expectativa para a outra. À cada metade de amostra foi dado um tempo e não foi detectado qualquer efeito de "ordem de apresentação". Na

---

Escala de Likert

O problema que gerou o serviço/conserto foi resolvido.

Discordo totalmente	Discordo	Não concordo nem discordo	Concordo	Concordo totalmente
1	2	3	4	5

Escala numérica (favorita da MindWriter)

Em que medida você ficou satisfeito com a solução dada ao problema que gerou o serviço/conserto?

Muito insatisfeito				Muito satisfeito
1	2	3	4	5

Escala de expectativa híbrida

Solução do problema que gerou o serviço/conserto.

Atendeu a poucas expectativas	Atendeu a algumas expectativas	Atendeu à maioria das expectativas	Atendeu a todas as expectativas	Excedeu às expectativas
1	2	3	4	5

Figura 12-12 Escalas alternativas consideradas para a MindWriter.

Close-up (cont.)

sequência, Jason correlacionou as pontuações de satisfação com as de expectativa e colocou os resultados em um gráfico, mostrado na Figura 12-13.

Na questão de solução de problemas, as pontuações dos participantes da escala de satisfação e expectativa estavam positivamente correlacionadas.

O índice de correlação é de 0,90 (1,00 é uma correlação positiva perfeita), o que revela a equivalência das duas escalas. Em relação a outra questão de confiabilidade, a estabilidade, uma avaliação de confiabilidade de teste-reteste no intervalo de uma semana produz um índice de correlação de 0,93 para a escala de expectativa, porém a escala de satisfação da MindWriter tinha um índice menor ($r = 0,75$), o que implica que a escala de expectativa tem maior probabilidade de produzir resultados estáveis e consistentes. Por fim, conforme mostrado no gráfico, os dados para a questão de solução mensurada nas duas escalas são lineares (agrupam-se em torno de uma linha reta). Logo, a escala de expectativa, que originalmente parecia ter vantagens, tem bom desempenho em testes iniciais e é uma boa substituta para a escala existente da MindWriter.

A decisão foi tomada. Eles usarão a nova escala híbrida de expectativa para a pesquisa da MindWriter sobre o programa CompleteCare.

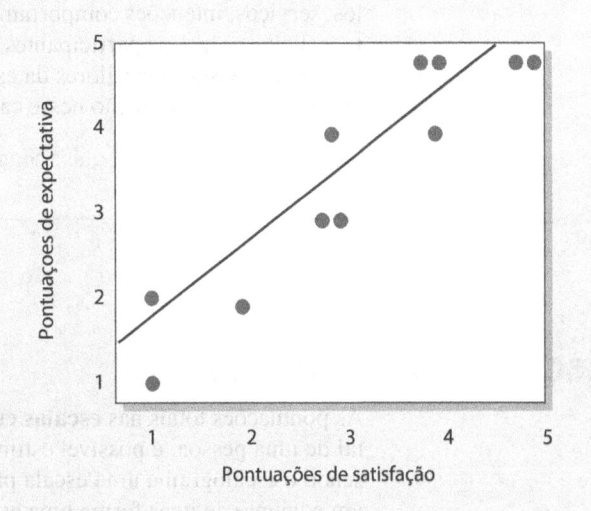

Figura 12-13 Gráfico da escala de avaliação da MindWriter.

Frequentemente, o gestor está interessado em benchmarks, o que exige um padrão pelo qual outros programas, processos, marcas, promoções de pontos de venda ou pessoas possam ser comparados. A **escala comparativa** será ideal para essas comparações se os participantes estiverem familiarizados com o padrão. No exemplo da Figura 12-10, o padrão é o secador de cabelo anterior do participante e o novo secador está sendo avaliado em relação a ele.

A provisão para comparar outros secadores ao padrão não é mostrada no exemplo, mas está disponível para o pesquisador.

Alguns pesquisadores tratam os dados produzidos pelas escalas comparativas como dados intervalares, pois a pontuação reflete um intervalo entre o padrão e o que está sendo comparado. Consideraríamos a graduação ou a posição do item como dado ordinal, a menos que a linearidade das variáveis em questão pudesse ser apoiada.

Ordenação

O método de **ordenação Q** exige a organização de um baralho de cartas em pilhas que representam pontos ao longo de um contínuo. O participante – ou juiz – agrupa as cartas com base em sua resposta ao conceito escrito nelas. Pesquisadores que usam ordenação Q resolvem três problemas especiais: seleção de itens, escolhas estruturadas e não estruturadas na ordenação e análise de dados. O procedimento básico de ordenação Q envolve a seleção de um conjunto de enunciados verbais, frases, palavras soltas ou fotos relacionados ao conceito em estudo. Para estabilidade estatística, o número de cartas não deve ser menor que 60 e, por conveniência, não deve ser maior que 120. Depois da criação das cartas, elas são embaralhadas, e o participante é instruído a ordenar as cartas em um conjunto de pilhas (geralmente de 7 a 11), sendo que cada pilha representa um ponto no contínuo do julgamento. A pilha mais à esquerda representa os enunciados dos conceitos, que são "mais valioso", "favorável", "agradável", e assim por diante; a pilha mais à direita contém as cartas menos favoráveis. O pesquisador pede ao participante para completar a pilha central, ou neutra, com as cartas que o deixaram indeciso. No caso de uma ordenação *estruturada*, a distribuição de cartas permitida em cada pilha é predeterminada; no de uma ordenação *não estruturada*, somente o número de pilhas será determinado. Embora a distribuição de cartas na maioria das ordenações estruturadas assemelhe-se a uma distribuição normal, há alguma controvérsia sobre a análise de dados como graduação (dados ordinais) *versus* dados intervalares.

O objetivo da ordenação é obter uma representação conceitual da atitude do participante em relação ao objeto de atitude e comparar as relações entre as pessoas. A ordenação relativa de conceitos permite que os pesquisadores derivem grupos de pessoas com preferências semelhantes. Se os pesquisadores variarem as instruções, a técnica pode ser usada para descrever produtos, serviços, intenções comportamentais e uma série de outras aplicações. No exemplo seguinte, solicita-se que os participantes completem uma ordenação estruturada de cartas contendo nomes de revistas. Os valores da escala e o número de cartas em cada pilha são predeterminados, embora a distribuição nesse caso represente uma distribuição estatística normal.

Quais revistas você quer que a Singapore Airlines disponibilize em suas aeronaves?

Mais preferida   Menos preferida

10	9	8	7	6	5	4	3	2	1	0	(valor da escala)
3	4	7	10	13	16	13	10	7	4	3	(número de cartas por pilha)

Escalas cumulativas

As pontuações totais nas **escalas cumulativas** têm o mesmo significado. Dada a pontuação total de uma pessoa, é possível estimar quais itens foram respondidos positiva e negativamente, sendo o escalograma uma escala pioneira desse tipo. A **análise de escalograma** determina se um conjunto de itens forma uma escala unidimensional.[18] Nesta, as respostas devem ser incluídas em um padrão no qual o endosso do item que reflete a posição extrema resulte também no endosso de todos os itens menos extremos.

Suponha que estejamos fazendo um levantamento de opiniões sobre um novo estilo de tênis de corrida. Desenvolvemos uma escala de preferência com quatro itens:

1. O Airsole é bonito.
2. Vou insistir no Airsole na próxima vez porque é bonito.
3. A aparência do Airsole é aceitável para mim.
4. Prefiro o estilo Airsole a outros estilos.

Os participantes indicam se concordam ou discordam, e, se esses itens formarem uma escala unidimensional, os modelos de resposta aproximar-se-ão da configuração ideal mostrada na Figura 12-14. O item 2 é a posição mais extrema dos quatro enunciados de atitude; um participante que concorde com o item 2 concordará com os quatro itens. Os itens são ordenados no escalograma da esquerda para a direita, do mais ao menos extremo. Se cada concordância vale 1 ponto, uma pontuação de 4 indicará concordância com todos os enunciados e representar a atitude mais favorável. Pessoas com pontuação 3 devem discordar do item 2, mas concordar com todos os outros, e assim por diante. Segundo a teoria do escalograma, esse padrão confirma que o universo de conteúdo (atitude em relação à aparência desse tênis de corrida) é escalonável.

Item				Pontuação do participante
2	4	1	3	
X	X	X	X	4
—	X	X	X	3
—	—	X	X	2
—	—	—	X	1
—	—	—	—	0

*X = concordo; — = discordo

Figura 12-14 Padrão de respostas ideal para o escalograma*.

O escalograma e procedimentos semelhantes para descobrir a estrutura subjacente são úteis para avaliar atitudes e comportamentos altamente estruturados, como distância social, hierarquias organizacionais e estágios evolucionários de produtos.[19] Embora o escalograma seja usado com menos frequência atualmente, ainda tem potencial para aplicações específicas.

Resumo

1 Os gestores sabem que a mensuração de atitudes é um aspecto importante da estratégia e muitas vezes é a melhor ferramenta disponível, pois as atitudes refletem experiências passadas e modelam o comportamento futuro. Elas são predisposições aprendidas e estáveis para responder a si mesmo, a outras pessoas, objetos ou questões de maneira consistentemente favorável ou desfavorável. Acredita-se que elas sejam normalmente compostas de três componentes: afetivo, cognitivo e intenções comportamentais.

2 A seleção e a construção de uma escala de mensuração exigem a consideração de diversos fatores que influenciam a confiabilidade, a validade e a praticabilidade da escala. Dois amplos objetivos de pesquisa são mensurar as características dos indivíduos que participam dos estudos e usar os participantes como juízes dos objetos ou indicadores a eles apresentados. As escalas de mensuração dividem-se em quatro tipos gerais de respostas: classificação, graduação, categorização e ordenação. As propriedades dos dados são classificadas em ordem crescente de poder – nominal, ordinal, intervalar ou de razão –, o que determina como os dados de determinada escala de mensuração serão analisados estatisticamente. As escalas de mensuração são unidimensionais ou multidimensionais. A escala de classificação balanceada tem número igual de categorias acima e abaixo do ponto médio, ao passo que a escala de classificação não balanceada tem número desigual de alternativas de resposta favoráveis e desfavoráveis. A escala de classificação de escolha não forçada dá aos participantes a oportunidade de não expressar opiniões quando não conseguirem escolher entre as alternativas oferecidas; já uma escala de escolha forçada exige que eles selecionem uma das alternativas oferecidas. O número ideal de pontos de uma escala de classificação deve corresponder ao estímulo apresentado e extrair informações proporcionais à complexidade do objeto de atitude. O valor das escalas de classificação depende da suposição de que o avaliador pode e fará bons julgamentos. Erros de tendência central, efeito de halo e indulgência afetam adversamente o entendimento preciso da mensuração.

3 As escalas de classificação têm diversos usos, características de projeto e requisitos. A escala de categoria simples apresenta duas escolhas de resposta mutuamente excludentes; a escala de múltipla escolha com resposta única oferece diversas opções ao avaliador, inclusive "outras"; e a escala de múltipla escolha com resposta múltipla (também chamada de lista de verificação) permite ao avaliador selecionar uma ou várias alternativas, fornecendo assim uma função cumulativa.

A escala de Likert consiste em uma série de enunciados, e pede-se ao participante que concorde ou discorde de cada um. O somatório é possível com essa escala, embora não seja necessário e, em alguns casos, seja indesejável.

A escala de diferencial semântico (DS) mensura os significados psicológicos de um objeto de atitude. Os pesquisadores usam essa escala para estudos de imagem de marca e imagem institucional. O método consiste em um conjunto de escalas de classificação bipolar, geralmente com sete pontos, pelas quais um ou mais participantes classificam um ou mais conceitos em cada item da escala. A escala de Stapel é usada como uma alternativa para a de diferencial semântico, especialmente quando for difícil encontrar adjetivos bipolares que se ajustem à questão investigativa. Os participantes selecionam um número adicional para a característica que descreve o objeto de atitude. A pontuação vai de +5 a –5, e os participantes selecionam um número que descreve o objeto como muito preciso até nada preciso.

As escalas numéricas têm intervalos iguais que separam seus pontos. As âncoras verbais atuam como rótulos dos pontos extremos. As escalas numéricas muitas vezes são de 5 pontos, mas podem ter 7 ou 10 pontos. A escala de lista de classificação múltipla é semelhante à escala numérica, mas aceita uma resposta circulada do avaliador, e o layout permite a visualização dos resultados.

Uma escala que ajuda o pesquisador a descobrir proporções é a escala de soma constante. O participante distribui 100 pontos entre no máximo 10 categorias. A escala de classificação gráfica foi originalmente criada para permitir aos pesquisadores perceberem diferenças sutis; os avaliadores marcam sua resposta em qualquer ponto de uma linha contínua. Outras escalas de classificação gráfica usam figuras, ícones ou outros símbolos visuais para serem entendidas por crianças ou outras pessoas cujo vocabulário limitado impeça o uso de escalas ancoradas em palavras.

As escalas de graduação permitem que o participante compare dois ou mais objetos e faça escolhas entre eles. Frequentemente, solicita-se a ele que selecione um como o "melhor" ou o "preferido". Quando houver somente duas escolhas, como na escala de comparações por pares, o participante pode expressar atitudes não ambíguas ao escolher entre dois objetos. A escala de graduação forçada lista atributos que são classificados em relação aos outros. Esse método é mais rápido que a comparação por pares e de mais fácil utilização. Muitas vezes o pesquisador está interessado em benchmarks, o que exige um padrão pelo qual programas de treinamento, processos, marcas, promoções de pontos de venda ou pessoas possam ser comparados. A escala comparativa será ideal para essas comparações se os participantes estiverem familiarizados com o padrão.

O método de ordenação Q é uma forma de escalonamento que exige a organização de um baralho de cartas em pilhas que representam pontos ao longo de um contínuo. O objetivo da ordenação é obter uma representação conceitual da atitude do participante em relação ao objeto de atitude e comparar as relações entre as pessoas. Dada a pontuação total de uma pessoa, é possível estimar quais itens foram respondidos positiva e negativamente nas escalas cumulativas. O escalograma foi uma escala cumulativa pioneira, sendo um procedimento para determinar se um conjunto de itens forma uma escala unidimensional.

Termos-**chave**

análise de escalograma 292
análise de itens 280
atitude 270
categorização 273
(erro de) efeito de halo 277
erro de indulgência 276
erro de tendência central 276
escala comparativa 291
escala cumulativa 292
escala de categoria simples 277
escala de classificação 273
escala de classificação balanceada 274

escala de classificação de escolha forçada 275
escala de classificação de escolha não forçada 275
escala de classificação gráfica 287
escala de classificação não balanceada 274
escala de classificação somatória 279
escala de comparação por pares 287
escala de diferencial semântico (DS) 283
escala de graduação 273
escala de graduação forçada 289
escala de Likert 279

escala de lista de classificação múltipla 285
escala de múltipla escolha com resposta múltipla 277
escala de múltipla escolha com resposta única 277
escala de soma constante 286
escala de Stapel 286
escala multidimensional 274
escala numérica 285
escala unidimensional 274
escalonamento 272
ordenação 274
ordenação Q 291

Questões para **discussão**

Revisão de termos

1 Discuta os méritos relativos e os problemas de:
 a Escalas de classificação e de graduação.
 b Escalas de Likert e de diferencial.
 c Escalas unidimensional e multidimensional.

Tomada de decisão em pesquisa

2 Suponha que você fosse a Menu Foods e tivesse planejado um grande estudo de pesquisa exatamente antes do maior recall de comida para animais de estimação da história. Você planeja proceder com o estudo e sente que deve adicionar uma ou mais questões para mensurar a confiança do consumidor de que sua empresa será capaz de recuperar-se. Projete uma escala para cada um dos seguintes tipos que mensurarão a confiança.
 a Escala de soma constante.
 b Escala somada do tipo Likert.
 c Escala de diferencial semântico.
 d Escala de Stapel.
 e Escala de graduação forçada.

3 Uma questão investigativa em seu estudo de satisfação dos funcionários procura avaliar o "envolvimento no trabalho" do funcionário. Crie uma questão de mensuração que use as seguintes escalas:
 a Uma escala de classificação gráfica.
 b Uma lista de classificação múltipla.
Que escala você recomenda e por quê?

4 Você recebe os resultados de um teste de preferência de comparação por pares de quatro refrigerantes de uma amostra de 200 pessoas. Os resultados são:

	Koak	Zip	Pabze	Mr.Peepers
Koak	—	50*	115	35
Zip	150	—	160	70
Pabze	85	40	—	45
Mr. Peepers	165	130	155	—

* Lê-se que 50 pessoas preferiram Zip a Koak.

 a Como essas marcas classificam-se na preferência geral dessa amostra?
 b Desenvolva uma escala intervalar para essas quatro marcas.

5 Um dos problemas no desenvolvimento de escalas de classificação é a escolha dos termos de resposta a serem utilizados. Abaixo estão algumas amostras de códigos de escalonamento amplamente utilizados. Você vê algum problema neles?
   a Sim – Depende – Não
   b Excelente – Bom – Regular – Fraco
   c Excelente – Bom – Médio – Regular – Fraco
   d Aprovo totalmente – Aprovo – Não tenho certeza – Desaprovo – Desaprovo totalmente

6 Você está trabalhando em um estudo de percepção do consumidor de quatro marcas de bicicletas e precisará desenvolver questões de mensuração e escalas para cumprir as tarefas abaixo. Assegure-se também de explicar que níveis de dados (nominal, ordinal, intervalar, de razão) são apropriados e que técnicas quantitativas você usará.
   a Prepare uma avaliação geral de todas as marcas.
   b Faça uma comparação das marcas para cada uma das dimensões a seguir:
      (1) Estilo
      (2) Durabilidade
      (3) Qualidade do câmbio
      (4) Imagem de marca

7 Segue uma escala do tipo Likert que pode ser usada para avaliar sua opinião sobre o programa educacional de sua escola. Há cinco categorias de resposta: concordo totalmente (CT), concordo (C), não concordo nem discordo (N), discordo (D) e discordo totalmente (DT). Se "concordo totalmente" representa a atitude mais positiva, como você avaliaria os itens abaixo? Registre suas respostas para os itens.
   a Esse programa não é muito desafiador. CT C N D DT
   b O nível geral dos professores é bom. CT C N D DT
   c Acho que estou aprendendo muito com esse programa. CT C N D DT
   d As sugestões dos alunos recebem pouca atenção aqui. CT C N D DT
   e Esse programa faz um bom trabalho de preparação para a carreira. CT C N D DT
   f Esse programa está abaixo das minhas expectativas. CT C N D DT

   Quais seriam as duas formas diferentes em que tais respostas poderiam ser usadas? Qual seria o propósito de cada uma?

Dando vida à pesquisa

8 Qual é a base do argumento de Jason e Myra para a necessidade de uma escala arbitrária para atender às expectativas dos clientes?

Do conceito à prática

9 Usando as estratégias de resposta nas Figuras 12-1 ou 12-10, qual seria a mais apropriada e acrescentaria informações ao entendimento dos vários indicadores de demanda de alunos para o programa acadêmico no qual estão inscritos?

Direto das manchetes

10 A terceira geração de iPads desapontou muitos que tinham esperado não apenas uma maior resolução de tela (cumprido), mas Siri, o muito alardeado aplicativo da Apple que responde quando o dono fala, desenvolvido para o iPhone 4S (não cumprido). A Apple indicou que ele não foi incluído porque o Siri para o iPad não estava pronto. Elabore as questões que poderiam ter revelado as expectativas dos devotos do iPad3.

Casos (em inglês) no site do Grupo A

Atendimento de ligações

Campbell-Ewald: R-E-S-P-E-I-T-O significa fidelidade

Mentes curiosas querem saber – AGORA!

Hipóteses de testes da Marcus Thomas LLC para o desenvolvimento criativo da Troy-Bilt

Dominando a liderança de professores

NCRCC: planejando um novo rumo estratégico

Ramada demonstra seu *Personal Best*™

Yahoo!: *Consumer Direct* alia métricas de compra e anúncios na internet

Você encontrará uma descrição de cada caso na seção Índice de Casos deste livro. Verifique no Índice de Casos quais fornecem dados, o instrumento de pesquisa ou outro material complementar. Para acessar os casos (em inglês), entre no site do Grupo A (www.grupoa.com.br) e procure pelo livro.

Capítulo 13

Questionários e Instrumentos

> ❝❝Os levantamentos WAP (baseados em navegadores de celulares) oferecem funcionalidade completa (incluindo multimídia) e podem ser acessados de qualquer telefone com um navegador (aproximadamente 90% de todos os dispositivos móveis). Como setor, precisamos ficar confortáveis com os formatos de levantamento móvel, pois existem diferenças fundamentais no projeto de levantamento, e concentrados na construção de nossa capacidade móvel como parte de nossa prática de amostragem.❞❞
>
> *Kristin Luck, presidente, Decipher*

Objetivos de **aprendizagem**

Após ler este capítulo, você compreenderá...

1 A ligação formada pela hierarquia da questão de pesquisa gerencial entre o problema gerencial e o instrumento de comunicação.

2 A influência do método de comunicação sobre o projeto do instrumento.

3 As três classes gerais de informação e como cada uma contribui para o instrumento.

4 A influência do conteúdo e da redação da questão, da estratégia de resposta e do planejamento da análise preliminar na elaboração da questão.

5 Cada um dos diversos pontos da elaboração da questão que influenciam a qualidade, a confiabilidade e a validade do instrumento.

6 As fontes para questões de mensuração.

7 A importância de fazer um pré-teste de questões e instrumentos.

Dando vida à pesquisa

O questionário é o instrumento mais comum de coleta de dados na pesquisa em administração. Sua criação é metade ciência, metade arte. Para começar, o pesquisador precisa de uma ideia sólida do tipo de análise que será feita para o projeto e, com base nesse plano desejado de análise, o pesquisador identifica o tipo de escala necessário. No Capítulo 10, a Henry & Associates havia captado um novo projeto para a Albany Outpatient Laser Clinic. Voltamos a Jason Henry e Sara Arens no momento em que desenvolvem o processo de criação do questionário para esse novo projeto.

"Como está o questionário da Albany?", pergunta Jason ao entrar no escritório de Sara.

"O cliente aprovou as questões investigativas hoje de manhã e, assim, estamos prontos para escolher as questões de mensuração e redigir o questionário", diz Sara, olhando por cima do monitor do computador. "Estava verificando agora nosso banco de questões pré-testadas; procuro questões relacionadas à satisfação do cliente na área médica."

"Se você já está procurando questões apropriadas, deve ter um rascunho do plano de análise. Posso ver os formatos de tabelas que você desenvolveu?", pede Jason. "Vou dar uma olhada nelas enquanto você faz a análise."

Sara lhe entrega uma pilha de páginas; cada uma tem uma ou mais tabelas que fazem referência às variáveis de informação desejadas, e cada tabela indica o diagnóstico estatístico que seria necessário para gerá-la.

Enquanto o computador termina o processamento, Sara analisa as questões reveladas em busca de correspondentes adequados para as necessidades de informação da clínica. "À primeira vista, parece que há várias escalas de múltipla escolha e questões de graduação que podemos usar. Mas não estou vendo uma escala de classificação para satisfação geral. Pode ser necessário personalizar uma questão especificamente para a Albany."

"A personalização de questões é cara. Antes de fazer essa escolha, faça outra busca usando *CardioQuest* como palavra-chave. Há Alguns anos, fiz um estudo para essa grande clínica especializada em cardiologia em Orlando. Tenho certeza de que ele incluía uma escala de satisfação geral. Acho que vale a pena dar uma olhada" diz Jason.

Sara digita *CardioQuest* e *satisfação*, e então espera que o computador processe seu pedido. "Claro, ele mais uma vez está certo", murmura Sara. "Como você se lembra de todos os detalhes de estudos anteriores feitos há séculos?", lançando-lhe essa pergunta puramente hipotética. Porém, Sara volta a olhar Jason, com todos os sentidos alertas, quando ouve seu suspiro abafado.

Jason franze as sobrancelhas ao comentar: "Você tem bem mais diagnósticos analíticos planejados do que seria padrão para um projeto desse tipo e tamanho, Sara. Por exemplo, as Tabelas 2, 7 e 10 são realmente necessárias?" Jason faz uma pausa, mas não dá tempo para Sara responder. "Para ficar dentro do orçamento, teremos que reduzir a fase de análise do projeto ao que é essencial. Veremos se podemos reduzir o plano de análise a algo com que ambos fiquemos satisfeitos. Diga-me o que você acha que revelará com a tabulação cruzada tripla dessas duas variáveis atitudinais com a variável educação."

Pesquisadores iniciantes frequentemente querem elaborar as questões imediatamente, e seu entusiasmo os faz relutar em passar pelas fases preliminares necessárias para terem levantamentos bem-sucedidos. A Figura 13-1 é um fluxograma sugerido para o projeto do instrumento. Os procedimentos seguidos no desenvolvimento de um instrumento variam de estudo para estudo, mas o fluxograma sugere três fases. Cada uma delas é discutida neste capítulo, começando com uma revisão da hierarquia da questão de pesquisa.

Fase 1: a hierarquia da questão de pesquisa revisitada

A hierarquia da questão de pesquisa em administração é a base do processo de pesquisa e também do desenvolvimento de um instrumento bem-sucedido (*vide* Figura 13-2). Nesse estágio do

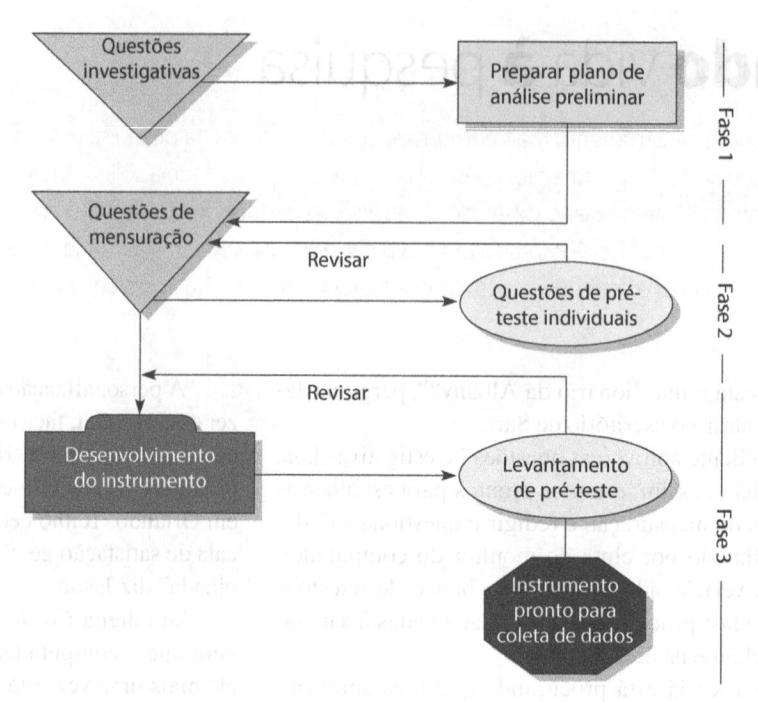

Figura 13-1 Fluxograma geral para o projeto do instrumento.

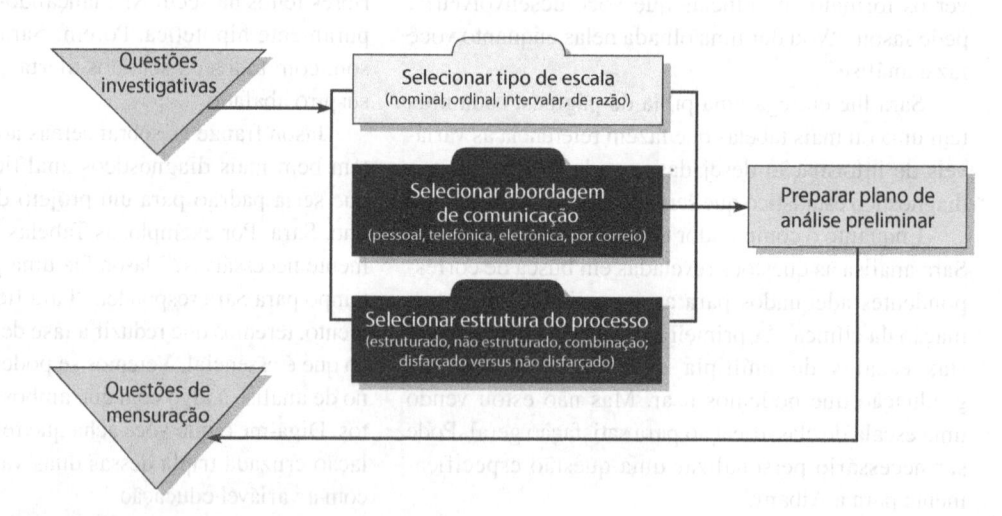

Figura 13-2 Fluxograma para projeto do instrumento: Fase 1.

projeto de pesquisa, o processo de passar do problema gerencial geral para questões de mensuração específicas já venceu os primeiros três níveis de questão:

1. *Questão gerencial* – o problema, enunciado em forma de pergunta, que o gestor precisa resolver.
2. *Questão(ões) de pesquisa* – a tradução da pergunta baseada em fatos que o pesquisador precisa responder para contribuir para a solução da questão gerencial.
3. *Questões investigativas* – questões específicas a que o pesquisador precisa responder para fornecer detalhes e cobertura suficientes da questão de pesquisa. Nesse nível, pode haver diversas questões à medida que o pesquisador passa do geral para o específico.
4. *Questões de mensuração* – perguntas a que os participantes precisam responder se o pesquisador tiver de reunir as informações necessárias e resolver a questão gerencial.

No estudo da Albany Outpatient Laser Clinic, os cirurgiões oftalmológicos saberiam por experiência os tipos de complicações médicas que poderiam resultar em uma má recuperação; contudo, eles podem ter um conhecimento muito menor acerca de quais ações e atitudes da equipe médica afetam a recuperação do paciente e sua percepção de bem-estar. Criar um conjunto apropriado de necessidades de informação nesse estudo exigirá o conhecimento especializado do pesquisador; provavelmente, uma exploração significativa teria precedido o desenvolvimento das questões investigativas. No projeto da MindWriter, a exploração foi limitada a diversas entrevistas e mineração de dados dos registros de atendimento da empresa, pois os conceitos não eram complicados e os pesquisadores tinham experiência no setor.

Normalmente, uma vez que o pesquisador entenda a conexão entre as questões investigativas e as potenciais questões de mensuração, o próximo passo lógico é uma estratégia para o levantamento. Avança-se detalhando o projeto do instrumento. Seguem algumas das preocupações estratégicas mais importantes:

1. Que tipo de escala é necessário para realizar a análise desejada para responder à questão gerencial?
2. Que abordagem de comunicação será usada?
3. As questões devem ser estruturadas, não estruturadas ou uma combinação das duas?
4. O questionamento deve ou não ser disfarçado? Em caso positivo, até que ponto?

A tecnologia também afetou o processo de desenvolvimento de levantamentos, e não apenas seu método de entrega. As infraestruturas atuais de software, hardware, internet e intranet permitem que os pesquisadores (1) escrevam questionários mais rapidamente recorrendo a bancos de questões em busca de questões apropriadas e testadas, (2) criem instrumentos com orientação visual que aprimorem o processo para o participante, (3) usem softwares de questionários que eliminem a entrada separada de dados manual e (4) elaborem questionários que economizem tempo na análise de dados.[1]

Tipo de escala para análise desejada

Os procedimentos analíticos disponíveis para o pesquisador são determinados pelos tipos de escala usados no levantamento. Como mostra claramente a Figura 13-2, é importante planejar a análise antes de desenvolver as questões de mensuração. O Capítulo 12 discutiu escalas nominais, ordinais, intervalares e de razão e explicou como as características de cada tipo influenciam a análise (escolhas estatísticas e teste de hipóteses). Demonstraremos como codificar e extrair os dados do instrumento, selecionar as mensurações descritivas ou testes apropriados e analisar os resultados nos Capítulos 15 a 18. Neste, estamos mais interessados em fazer cada questão da maneira e na ordem corretas para coletar os dados apropriados para a análise desejada.

Abordagem de comunicação

Como discutido no Capítulo 10, a pesquisa baseada em comunicação pode ser conduzida por entrevista pessoal, telefônica, por correspondência, por computador (intranet ou internet) ou alguma combinação desses meios (chamada de *estudos híbridos*). As decisões relativas ao método a ser utilizado, bem como onde interagir com o participante (em casa, em um ambiente neutro, no escritório do patrocinador, etc.), afetarão o projeto do instrumento. Na entrevista pessoal e no levantamento por computador, é possível usar imagens e outras ferramentas de questionamento com mais facilidade que por correspondência ou telefone. Os diferentes mecanismos de distribuição resultam em distintas apresentações, instruções, leiautes de instrumentos e conclusões, por exemplo, os pesquisadores podem usar estudos de interceptação, conduzindo entrevistas pessoais com os participantes em locais centrais, como shopping centers, lojas, estádios, parques de diversão ou feiras. O estudo de interceptação tem diversos desafios referentes ao instrumento. Você encontrará dicas para o projeto de questionário de interceptação no site do livro.

No exemplo da MindWriter, essas decisões foram fáceis. A dispersão dos participantes, a necessidade de experiência em serviço e as limitações orçamentárias exigiram um levantamento

Atualmente, a reunião de informações atinge muitas dimensões: e-mail, chat, levantamentos, conversas telefônicas, postagens em blogs e mais. O que você faz com essas informações muitas vezes determina a diferença entre o sucesso e o fracasso. Conforme a Verint descreve: "[sistemas] que não tenham a capacidade de analisar os dados captados de uma maneira holística tornam informações valiosas inúteis, porque estão ocultas e inacessíveis, resultando em tomada de decisão isolada e complicada". A Verint apresenta uma abordagem empresarial de gestão de feedback, combinando desenvolvimento, implantação e análise de levantamentos, bem como análise de texto e discurso, que reduz os silos de informações e compartilha os dados com acionistas críticos, mostrando resultados acionáveis com uso de painéis personalizáveis e interativos, como o mostrado aqui. **verint.com**

por correspondência, em que os participantes receberam o instrumento em casa ou no trabalho; no entanto, o uso de um levantamento telefônico, que nesse exemplo é a única forma de acompanhamento para não participantes, poderia ser problemático, graças à perda de memória causada pela passagem do tempo entre a devolução do laptop e o contato com o participante por telefone.

Jason e Sara têm várias opções para o estudo da Albany; um estudo autoadministrado, por exemplo, claramente é possível, pois todos os participantes encontram-se em um local centralizado para uma cirurgia marcada. No entanto, dada a importância de algumas informações para a recuperação médica, um levantamento conduzido por entrevista pessoal poderia ser uma escolha igualmente válida. Precisamos saber a metodologia antes da elaboração do questionário, pois algumas escalas de mensuração são de difícil resposta sem o auxílio visual.

Disfarce de objetivos e patrocinadores

Outra consideração no projeto do instrumento de comunicação é decidir se o propósito do estudo deve ser disfarçado. Uma **questão disfarçada** é desenvolvida para esconder seu verdadeiro propósito. Muitas vezes, existe algum grau de disfarce nas questões de levantamento, especialmente para proteger o patrocinador do estudo, se o pesquisador acreditar que os participantes responderão de forma diferente do que se um deles ou ambos fossem conhecidos.

A regra geral entre pesquisadores é que é preciso disfarçar o objetivo ou o patrocinador do estudo a fim de obter dados sem viés. A decisão sobre quando usar questões disfarçadas dentro de levantamentos pode ser facilitada pela identificação de quatro situações nas quais o disfarce do objetivo do estudo é ou não é importante:

- Informações em nível consciente compartilhadas de boa vontade.
- Informações em nível consciente compartilhadas de forma relutante.
- Informações em nível limitadamente consciente reconhecíveis.
- Informações em nível subconsciente.

Em levantamentos que exigem informações em nível consciente compartilhadas de boa vontade, podem ser usadas questões disfarçadas ou não disfarçadas, mas a situação raramente requer técnicas disfarçadas.

Exemplo: Você assistiu a algum filme de língua estrangeira nos últimos seis meses?

No estudo da MindWriter, as questões reveladas na Figura 13-13 pedem informações que o participante deve saber e estar disposto a fornecer.

Por vezes, o participante sabe a informação que buscamos, mas está relutante em compartilhá-la por uma série de motivos. A Figura 13-3 oferece ideias adicionais quanto às razões de os participantes não serem totalmente honestos, por exemplo, quando a opinião deles sobre algum tópico não é socialmente aceitável: muitas vezes, nesses casos, utilizamos técnicas projetivas (*vide* Capítulo 7). Nesse tipo de questão disfarçada, o elaborador do levantamento redige as perguntas de forma hipotética ou perguntando como outras pessoas responderiam à pergunta na experiência do participante. As técnicas projetivas são utilizadas para que os participantes expressem seus verdadeiros sentimentos e evitem dar respostas estereotipadas. A suposição é que as respostas a essas perguntas revelarão indiretamente a opinião dos participantes.

Exemplo: Você já baixou músicas protegidas por direitos autorais da internet sem pagar por elas? (não projetiva)

Exemplo: Você conhece pessoas que já baixaram músicas protegidas por direitos autorais da internet sem pagar por elas? (projetiva)

Nem todas as informações estão no nível consciente do participante. Com um pouco de tempo – e motivação –, o participante pode expressá-las. Perguntar sobre atitudes individuais quando os participantes sabem que as têm, mas não exploraram a razão por que as têm, pode

Síndrome	Descrição	Exemplo
Pavão	Deseja ser percebido como mais inteligente, mais rico, mais feliz ou melhor que os outros.	Afirma comprar na Harrods em Londres (duas vezes mais que aqueles que o fazem).
Agradador	Deseja ajudar dando respostas que acham que os pesquisadores querem ouvir, para agradar ou evitar ofender ou ser socialmente estigmatizado.	Dá uma resposta política ou supostamente correta sobre o grau em que respeita os mais velhos, seu cônjuge, etc.
Jogador	Adapta as respostas para jogar no sistema.	Finge: associar-se a um grupo demográfico específico para participar em um estudo com alta remuneração; dirigir um carro caro quando não o faz costumeiramente; ter câncer quando não o tem.
Distanciador	Não quer pensar profundamente sobre um assunto.	Mente sobre lembrar de anúncio ou comportamento de compra (não se lembra ou não comprou), quando na verdade não o fez.
Autoiludido	Mente para si mesmo.	Falsifica comportamento, como o nível em que faz reciclagem.
Tomador de decisões inconscientes	É dominado por tomadas de decisão irracional.	Não consegue prever com qualquer certeza seu comportamento futuro.
Ignorante	Nunca soube ou não lembra de uma resposta e inventa uma mentira.	Não consegue identificar em um mapa onde mora ou lembrar o que comeu no jantar da noite anterior.

Figura 13-3 Fatores que afetam a honestidade do entrevistado.

Fonte: Desenvolvida a partir do artigo de Jon Puleston, "Honesty of Responses: The 7 Factors at Play", *GreenBook*, 4 de março de 2012, acessado em 5 de março de 2012 (http://www.greenbookblog.org/2012/03/04/honesty-of-responses-the-7-factors-at-play/)

incentivar o uso de questões disfarçadas, por exemplo, em um estudo clássico sobre a compra de títulos do governo durante a Segunda Guerra Mundial.[2] Um levantamento buscava as razões por que, entre pessoas com a mesma capacidade de compra, algumas compravam mais títulos que outras. Os compradores frequentes tinham recebido solicitação pessoal para comprar os títulos, ao passo que os compradores menos frequentes não a tinham recebido. Nenhuma pergunta direta de *por que* feita aos participantes poderia ter dado resposta a essa questão, pois eles não sabiam que estavam recebendo diferentes abordagens de solicitação.

Exemplo: O que o atrai nas viagens aéreas realizadas durante tempestades?

Na avaliação de comportamento de compra, aceitamos que algumas motivações sejam subconscientes, o que também é verdadeiro para informações sobre atitude. A busca de informações sobre as motivações básicas implícitas nas atitudes ou práticas de consumo pode ou não exigir técnicas disfarçadas; entre estas, as projetivas (como testes para completar frases, quadrinhos ou balões e testes de associação de palavras) disfarçam cuidadosamente o objetivo do estudo, mas são sempre difíceis de interpretar.

Exemplo: Você diria, então, que o comentário que acabou de fazer indica que você teria probabilidade ou não de comprar na Galaxy Stores? (investigação durante a entrevista pessoal)

No estudo da MindWriter, as perguntas eram diretas e não estavam disfarçadas, pois as informações específicas buscadas estavam em nível consciente. O questionário desta empresa é a Figura 13-13, na página 322. Os clientes sabiam que avaliavam sua experiência com o programa de manutenção e consertos da MindWriter; portanto, o propósito do estudo e seu patrocínio também não estavam disfarçados. Embora o patrocinador do estudo da Albany Clinic fosse óbvio, qualquer tentativa por um levantamento de revelar fatores psicológicos que pudessem afetar a recuperação e satisfação talvez exigisse o uso de questões disfarçadas. Não seria desejável aborrecer um paciente desnecessariamente antes ou imediatamente após a cirurgia, pois isso, por si só, poderia afetar a atitude e a recuperação.

Plano de análise preliminar

Os pesquisadores estão preocupados com uma cobertura adequada do assunto e em obter as informações em sua forma mais útil. Uma boa maneira de testar o quanto o plano de estudo atende a essas necessidades é desenvolver tabelas "modelos de" mostrando os dados esperados. Cada **modelo de tabela** é uma tabulação cruzada entre duas ou mais variáveis; no estudo bianual sobre o que os norte-americanos comem, feito pela revista *Parade*,[3] por exemplo, poderíamos estar interessados em saber se a idade influencia o uso de alimentos congelados.

O modelo de tabela mostrado na Figura 13-4 combinaria as faixas etárias dos participantes com o grau em que usam alimentos congelados. O plano de análise preliminar serve para verificar se as questões de mensuração planejadas (p. ex.: as escalas de classificação sobre uso de

	Uso de comida de conveniência				
Idade	Sempre usa	Usa com frequência	Usa às vezes	Raramente usa	Nunca usa
18–24					
25–34					
35–44					
45–54					
55–64					
65+					

Figura 13-4 Modelo de tabela para hábitos alimentares norte-americanos.

alimentos congelados e sobre idade) atendem às necessidades de dados da questão de pesquisa, o que também ajuda o pesquisador a determinar o tipo de escala necessária para cada questão (p. ex.: dados ordinais sobre frequência de uso e sobre idade) – uma etapa preliminar para desenvolver questões de mensuração para as questões investigativas.

Na vinheta de abertura, Jason e Sara usam o desenvolvimento de um plano de análise preliminar para determinar se o projeto poderia manter-se dentro do orçamento. O número de horas gasto na análise de dados é um grande custo de qualquer levantamento. Um plano de análise extenso demais pode revelar questões desnecessárias. *O princípio norteador do projeto de levantamento é sempre perguntar apenas o que é necessário.*

Fase 2: construção e refinamento das questões de mensuração

A elaboração ou seleção das questões começa no momento em que você desenvolve uma lista completa de questões investigativas e decide o processo de coleta a ser usado. A criação de uma questão de levantamento não é um processo aleatório ou arbitrário, e sim exato e requer muita atenção a detalhes, além de lidar simultaneamente com diversas questões. Não importa se você cria, pega emprestado ou autoriza uma questão, na Fase 2 (*vide* Figura 13-5), você gera questões de mensuração específicas considerando o conteúdo do assunto, a redação de cada pergunta (influenciada pelo grau de disfarce e pela necessidade de fornecer definições operacionais para constructos e conceitos) e a estratégia de resposta (cada uma gerando um nível diferente de dados, conforme a necessidade de seu plano de análise preliminar). Na Fase 3, você precisa cuidar da sequência de assuntos e perguntas. Discutiremos esses tópicos sequencialmente, embora o processo não seja linear na prática. Para essa discussão, presumimos que as questões são estruturadas.

A ordem, o tipo, a redação das questões de mensuração, a apresentação, as instruções, as transições e o encerramento em um questionário de qualidade devem obter o seguinte:

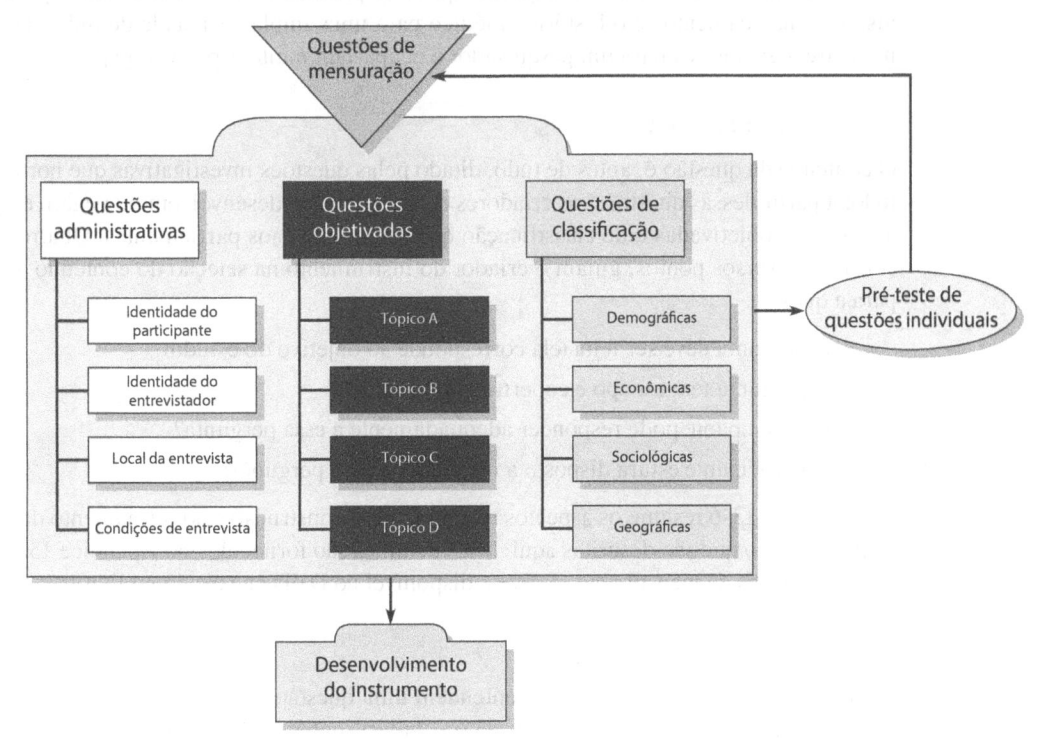

Figura 13-5 Fluxograma para o projeto do instrumento: Fase 2.

- Encorajar cada participante a fornecer respostas precisas.
- Encorajar cada participante a fornecer uma quantidade adequada de informações.
- Desencorajar a recusa de cada participante a responder a perguntas específicas.
- Desencorajar cada participante a encerrar antecipadamente sua participação.
- Deixar o participante com uma atitude positiva quanto à participação no levantamento.

Categorias e estrutura das questões

Questionários e **planos de entrevista** (um termo alternativo para os questionários usados em entrevistas pessoais) podem variar dos que têm uma estrutura bem sólida aos que são essencialmente não estruturados. Os questionários contêm três categorias de questões de mensuração:

- Questões administrativas.
- Questões de classificação.
- Questões objetivadas (estruturadas ou não estruturadas).

As **questões administrativas** identificam o participante, o entrevistador, o local e as condições da entrevista; questões raramente feitas ao participante, mas necessárias para o estudo de padrões nos dados e a identificação de possíveis fontes de erro. As **questões de categorização** geralmente abrangem variáveis sociodemográficas que permitem que as respostas dos participantes sejam agrupadas, de forma que padrões sejam revelados e possam ser estudados, e costumam aparecer no fim do levantamento (exceto aquelas usadas como *filtros* ou *triagens*, que determinam se um participante tem o nível exigido de conhecimento para participar). As **questões objetivadas** abordam as questões investigativas de um determinado estudo e são agrupadas por tópico no levantamento; podem ser **estruturadas** (apresentam um conjunto fixo de escolhas ao participante, muitas vezes chamadas de *questões fechadas*) ou **não estruturadas** (não limitam as respostas, mas fornecem uma estrutura referencial para as respostas dos participantes, às vezes chamadas de *questões abertas*).

No estudo da Albany Clinic, algumas questões precisam ser não estruturadas porque a previsão de medicamentos e o histórico médico para uma ampla variedade de indivíduos seriam uma tarefa gigantesca para um pesquisador e ocupariam muito espaço no papel.

Conteúdo das questões

O conteúdo da questão é, antes de tudo, ditado pelas questões investigativas que norteiam o estudo; a partir dessas questões, os criadores do questionário desenvolvem ou pegam emprestado as questões objetivadas e de classificação que serão feitas aos participantes. Quatro questões, cobrindo diversos pontos, guiam o criador do instrumento na seleção do conteúdo apropriado para a questão:

- A pergunta deve ser feita (ela corresponde ao objetivo do estudo)?
- A pergunta tem escopo e cobertura apropriados?
- O participante pode responder adequadamente a essa pergunta?
- O participante estará disposto a responder a essa pergunta?

A Figura 13-6 resume os aspectos relacionados à construção e ao refinamento das questões de mensuração que são descritas aqui. Mais detalhes são fornecidos no Apêndice 13a: Elaboração de questões de mensuração eficazes, disponível no DVD encartado no livro.

Redação das questões

É frustrante quando as pessoas não entendem uma questão que foi cuidadosamente redigida. Esse problema deve-se em parte à falta de vocabulário comum, e a dificuldade de entender frases longas e complexas ou a fraseologia envolvida agravam ainda mais o problema. Nosso dilema

Aspecto	Questão fundamental
Conteúdo das questões	
1. Pertinente versus interessante	A questão solicita dados que serão meramente interessantes ou verdadeiramente úteis na tomada de decisão?
2. Incompleta ou sem foco	A questão irá revelar o que o tomador de decisão precisa saber?
3. Questões múltiplas	A questão solicita informações demais dos respondentes? A resposta única desejada seria exata para todas as partes da questão?
4. Precisão	A questão solicita exatamente o que o tomador de decisão precisa saber?
5. Tempo para pensar	É razoável presumir que o respondente consegue formular uma resposta para a questão?
6. Participação à custa de acurácia	A questão pressiona o respondente para obter uma resposta, independentemente de conhecimento ou experiência?
7. Conhecimento presumido	A questão supõe que o respondente tem conhecimento que ele pode não ter?
8. Recordação e falha de memória	A questão solicita ao respondente informações que se relacionam a pensamentos ou atividades que ocorreram há muito tempo no passado para serem lembrados?
9. Equilíbrio (geral versus específico)	A questão pede que o respondente generalize ou resuma comportamento que pode não ter padrão discernível?
10. Objetividade	A questão omite ou inclui informações que irão causar viés na resposta do respondente?
11. Informações delicadas	A questão pede que o respondente revele informações constrangedoras, vergonhosas ou relacionadas ao ego?
Redação das questões	
12. Vocabulário comum	A questão usa palavras que não têm significado ou que tenham significado diferente para o respondente?
13. Suposições não comprovadas	A questão supõe uma experiência anterior, uma pré-condição ou conhecimento prévio que o respondente não tem ou pode não ter?
14. Estrutura de referência	A questão é redigida da perspectiva do respondente, e não da do pesquisador?
15. Redação enviesada	A questão contém uma redação que implica o desejo do pesquisador para que o participante responda de uma forma, e não de outra?
16. Personalização versus projeção	É necessário que o respondente revele atitudes e comportamento pessoais ou ele pode projetar essas atitudes e comportamento em alguém como ele?
17. Alternativas adequadas	A questão fornece uma lista mutuamente exaustiva de alternativas para englobar atitudes e comportamentos realistas ou prováveis do respondente?
Escolha da estratégia de resposta	
18. Objetivo do estudo	A questão é criada para classificar ou rotular atitudes, condições e comportamentos ou para revelá-los?
19. Nível de informação	O respondente possui o nível de informação adequado para participação no estudo?
20. Profundidade do conhecimento anterior	O respondente desenvolveu uma atitude sobre a questão sendo feita?
21. Habilidade de comunicação	O respondente tem comando suficiente da língua para responder a questão?
22. Motivação do respondente	O nível de motivação é suficiente para incentivar o respondente a dar respostas ponderadas e reveladoras?

Figura 13-6 Resumo dos principais aspectos relacionados às questões de mensuração.

surge das exigências da elaboração da pergunta: a necessidade de ser explícita, de apresentar alternativas e de explicar significados; tudo contribui para criar frases longas e mais complicadas.[4]

As dificuldades causadas pela redação da questão superam a maioria das outras fontes de distorção em levantamentos e levaram um cientista social a concluir:

> Para muitos que trabalharam no Research Branch, logo se tornou evidente que erro ou viés atribuíveis à amostragem e aos métodos de aplicação do questionário eram relativamente

Instantâneo

Os desafios e as soluções para o projeto de questionários móveis

"Como pesquisadores, precisamos estar sensíveis aos desafios singulares que os entrevistados enfrentam ao preencherem levantamentos em dispositivos móveis", disse Kristin Luck, CEO da Decipher. "Telas pequenas, métodos inflexíveis de entrada do usuário específicos por dispositivo e velocidades de transferência de dados potencialmente lentas combinam-se para tornar o processo de preenchimento do levantamento mais difícil que em um computador comum. Una esses obstáculos com capacidade de concentração reduzida e limiar mais baixo de frustração e é evidente que, como pesquisadores, precisamos ser proativos no projeto do questionário e da interface de usuário a fim de conciliar entrevistados móveis e proporcionar-lhes uma excelente experiência com o levantamento."

Os pesquisadores da Decipher seguem diretrizes-chave ao projetar levantamentos para dispositivos móveis como smartphones e tablets.

- **Fazer 10 ou menos perguntas**
  - Minimizar as atualizações de página – tempos de espera mais longos reduzem a participação.
  - Fazer poucas perguntas por página – muitos dispositivos móveis têm memória limitada.
- **Usar modos simples de questão – para minimizar a rolagem**
  - Manter o texto da pergunta e da resposta curto – devido a telas menores.
  - Se for inevitável, limitar a rolagem a uma dimensão (vertical é melhor que horizontal).
  - Usar questões de única resposta ou de múltipla resposta com botão de opção ou caixa de seleção em vez de questões de grade multidimensional.
  - Limitar as questões abertas – para minimizar a digitação.
  - Limitar as opções de resposta a uma lista curta.
  - Para opções de lista de respostas mais longas necessárias, usar menus suspensos (mas limitá-los, pois podem exigir mais cliques para responder).
- **Minimizar todo o conteúdo não essencial**
  - Se forem usados, limitar os logotipos à primeira ou à última página do levantamento.
  - Limitar a política de privacidade à primeira ou à última página do levantamento.
  - Debater o uso da barra de progresso – ela pode encorajar o preenchimento, mas também pode exigir rolagem.
- **Minimizar distrações**
  - Usar esquemas de cor simples e de alto contraste – telefones têm paletas de cores limitadas.
  - Minimizar o uso de JavaScript devido a problemas de largura de banda.
  - Eliminar o uso de Flash em levantamentos – devido à incompatibilidade com iPhones.

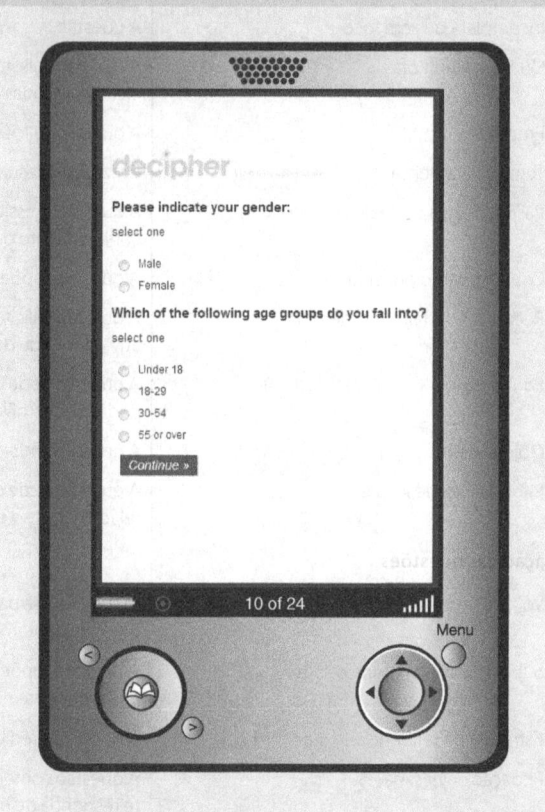

Kristin tem paixão por certificar-se de que os pesquisadores reconheçam os requisitos especiais de projetos para celulares à medida que os levantamentos para eles crescem em uso e em uso projetado; ela compartilha sua experiência em conferências por todo o mundo.
www.decipherinc.com

---

pequenos, se comparados a outros tipos de variações – especialmente variações atribuíveis às diferentes formas de redigir as questões.[5]

Embora seja impossível dizer qual enunciação é melhor para uma questão, podemos destacar várias áreas que geram confusão para o participante e erro de mensuração. O elaborador de questões diligente revisará a questão várias vezes para que atenda aos seguintes critérios:[6]

- A questão está enunciada com vocabulário comum?
- A questão contém vocabulário com significado único?
- A questão contém suposições não comprovadas ou enganosas?
- A questão contém redação tendenciosa?
- A questão está corretamente personalizada?
- São apresentadas alternativas adequadas?

Na vinheta, o estudo da Sara do levantamento anterior usado pela Albany Laser Clinic ilustrou vários desses problemas, por exemplo: uma questão pedia para identificar o "médico de referência" e "o médico que sabia mais sobre a saúde do participante", seguida pela solicitação de um único número de telefone, o que fez com que os participantes não soubessem de qual dos médicos era pedido o telefone – com espaço para um único número, o instrumento de coleta de dados deixava implícito que as duas partes da pergunta poderiam referir-se ao mesmo médico; as perguntas sobre histórico médico anterior não tinham instruções claras; perguntou-se se o participante "havia tido gripe recentemente", mas não se fez qualquer tentativa de definir se *recentemente* referia-se aos últimos 10 dias ou ao ano passado; perguntou-se: "Todos os seus dentes estão intactos?", os participantes entenderam se tratar de dentes postiços, soltos ou quebrados ou lascados – somente uma delas era de interesse do médico que realizaria a cirurgia; à pergunta "Você tem movimento limitado do pescoço?" todos responderam que sim. Sara concluiu que um pesquisador talentoso não teria desenvolvido o questionário anteriormente usado pela clínica. Embora o levantamento da Albany Outpatient Laser Clinic não revelasse **questões direcionadoras**, elas podiam injetar erro significativo ao implicar que uma resposta deve ser favorecida em relação a outra. Um estudo clássico de cuidados com o cabelo perguntou: "O que você achou da Marca X quando fez uma espuma tão agradável?". Obviamente, o participante deveria basear-se na riqueza da espuma na avaliação do xampu.

O questionário da MindWriter (*vide* Figura 13-13) simplificou o processo usando a mesma estratégia de resposta para cada fator que o participante deveria avaliar. O estudo basicamente pergunta: "Como o programa CompleteCare funcionou para você ao considerar cada um dos seguintes fatores?". Ele atinge seu objetivo porque inicia o questionário com "Dedique alguns minutos para dizer-nos como foi nosso atendimento". Como a amostra inclui apenas usuários do CompleteCare, a suposição implícita de que os participantes usaram o serviço é aceitável. A linguagem é apropriada para o provável nível educacional do participante, e as questões abertas usadas para "comentários" acrescentam flexibilidade para captar quaisquer circunstâncias incomuns não cobertas pela lista estruturada.

Questões objetivadas não precisam ser construídas unicamente por palavras; como se vê em levantamentos assistidos por computador, administrados por computador e on-line, planos de entrevista e, de forma menos acentuada, levantamentos impressos, muitas vezes, incorporam-se imagens como parte do processo de questionamento.

Estratégia de resposta

A terceira área de decisão importante na elaboração das perguntas é o grau e a forma de estrutura imposta ao participante. As várias estratégias de resposta oferecem opções que incluem **respostas não estruturadas** (ou *respostas abertas*, com livre-escolha de palavras) e **respostas estruturadas** (ou *respostas fechadas*, que fornecem alternativas especificadas). As respostas livres, por sua vez, variam daquelas nas quais os participantes expressam-se consideravelmente até aquelas nas quais a latitude deles é restrita por espaço, leiaute ou instruções para escolher uma palavra ou frase, como nas questões de "completar". As respostas fechadas normalmente são categorizadas como estratégias de resposta dicotômicas, de múltipla escolha, lista de verificação, classificação ou graduação.

Diversos fatores situacionais afetam a decisão de usar perguntas abertas ou fechadas.[7] A decisão também é afetada pelo grau em que esses fatores são conhecidos pelo entrevistador. Os fatores são:

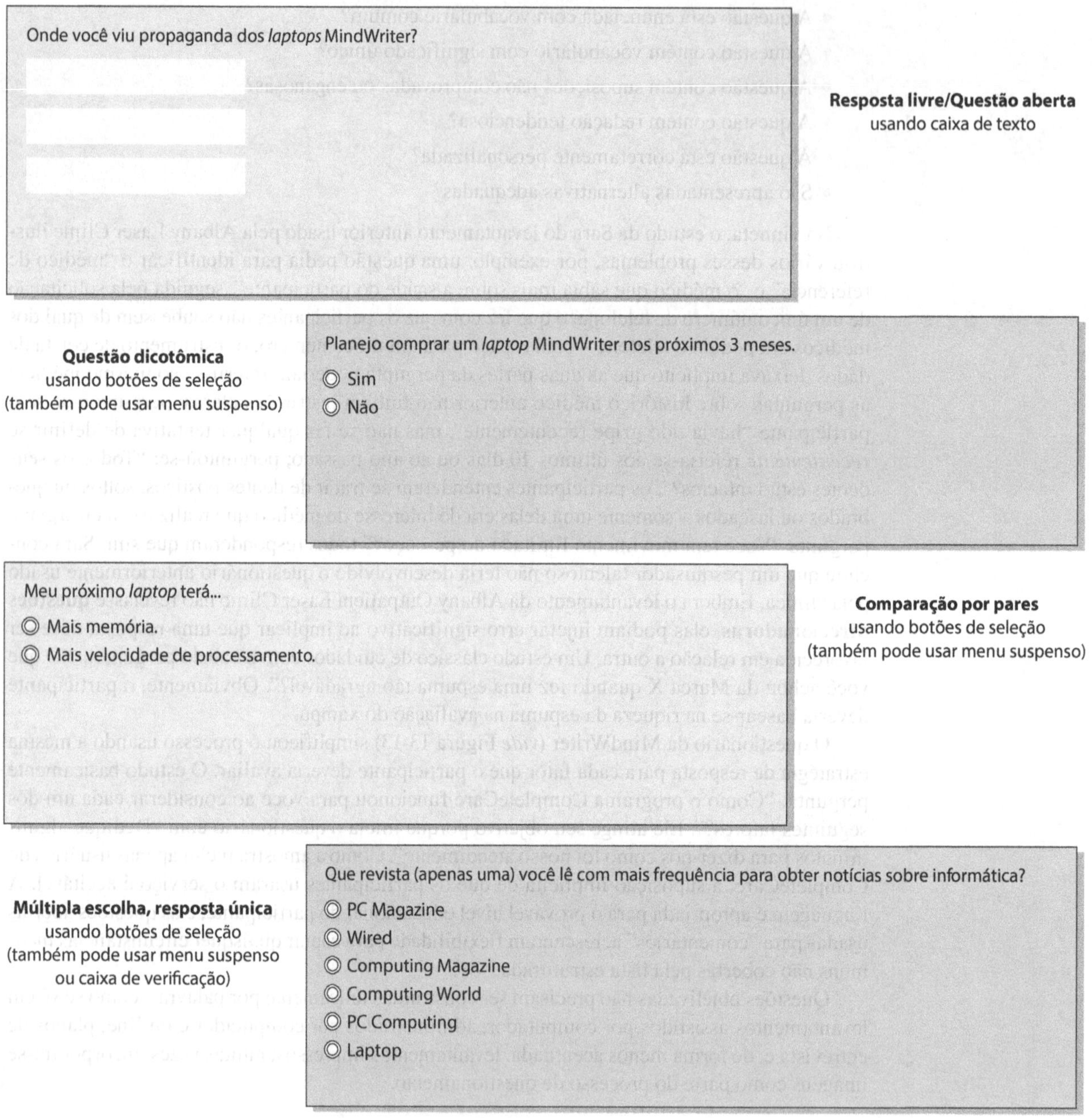

Onde você viu propaganda dos *laptops* **MindWriter?**

Resposta livre/Questão aberta
usando caixa de texto

Questão dicotômica
usando botões de seleção
(também pode usar menu suspenso)

Planejo comprar um *laptop* **MindWriter nos próximos 3 meses.**
◎ Sim
◎ Não

Meu próximo *laptop* **terá...**
◎ Mais memória.
◎ Mais velocidade de processamento.

Comparação por pares
usando botões de seleção
(também pode usar menu suspenso)

Múltipla escolha, resposta única
usando botões de seleção
(também pode usar menu suspenso
ou caixa de verificação)

Que revista (apenas uma) você lê com mais frequência para obter notícias sobre informática?
◎ PC Magazine
◎ Wired
◎ Computing Magazine
◎ Computing World
◎ PC Computing
◎ Laptop

Figura 13-7 Opções de resposta em levantamento na internet

(continua)

- Objetivos do estudo.
- Nível de informação do participante sobre o assunto.
- Nível de reflexão do participante sobre o assunto.
- Facilidade de comunicação do participante.
- Nível de motivação do participação para compartilhar informações.

Todas as estratégias descritas nesta seção estão disponíveis para uso em questionários na internet. No entanto, com o levantamento na internet, você depara-se com opções de leiaute para resposta levemente diferentes, conforme observado na Figura 13-7. Para as estratégias de resposta de múltipla escolha ou dicotômicas, o criador do questionário escolhe entre botões

Que revista (apenas uma) você lê com mais frequência para obter notícias sobre informática?

Por favor, selecione sua resposta ▼
- PC Magazine
- Wired
- Computing Magazine
- **Computing World**
- PC Computing
- Laptop

Múltipla escolha, resposta única
Usando menu suspenso.

Quais das seguintes revistas de informática você leu nos últimos 30 dias?
☐ PC Magazine
☑ Wired
☐ Computing Magazine
☐ Computing World
☐ PC Computing
☐ Laptop

Lista de verificação
usando caixa de verificação (também pode usar botões de seleção)

Por favor, indique a importância de cada uma das características na escolha de seu próximo *laptop*.
[Selecione uma resposta em cada linha. Role a janela para ver a lista completa de opções.]

	Muito importante		Nem importante nem desimportante		Nada importante
Conserto rápido e confiável	●	○	○	○	○
Atendimento a domicílio	○	○	●	○	○
Manutenção pelo fabricante	●	○	○	○	○
Técnicos experientes	●	○	○	○	○
Notificação de *upgrades*	○	○	○	○	●

Grade de classificação
(também pode usar caixas de verificação)
Requer uma resposta única por linha.
Quanto maior a lista, maior a probabilidade de o respondente ter de rolar a janela.

A partir da lista abaixo, por favor escolha as três opções de serviço mais importantes na escolha de seu próximo *laptop*.

Conserto rápido e confiável	— ▼
Atendimento a domicílio	—
Manutenção pelo fabricante	1
Técnicos experientes	2
Notificação de *upgrades*	3
	— ▼

Questão de graduação
usando menu suspenso (também pode usar caixas de verificação, nas quais a graduação é inserida) [Essa questão solicita uma graduação limitada de apenas três dos elementos listados.]

Figura 13-7 (continuação).

de opção e menus suspensos; para lista de verificação ou de múltipla resposta, deve-se usar a caixa de seleção; para escalas de classificação, pode-se usar janelas pop-up que contenham a escala e as instruções, mas a opção de resposta geralmente é o botão de opção; para questões de graduação, usam-se botões de opção, menus suspensos e caixas de texto; por fim, para a questão de resposta livre, o projetista escolhe entre a caixa de texto em linha e a com rolagem. Levantamentos pela internet e outros baseados por computador podem retornar os participantes a determinada questão ou exigir que concluam uma resposta ao clicar no botão de "enviar"; isso é especialmente relevante para listas de verificação, escalas de classificação e questões de graduação. Uma revisão das Figuras 12-3 e 12-10 pode ser útil, e elas oferecem outras questões de exemplo.

Questão de resposta livre

Nas **questões de resposta livre**, também conhecidas como *questões abertas*, o entrevistador faz uma pergunta ao entrevistado e faz uma pausa para a resposta (que não é estimulada), ou o participante registra suas ideias com suas próprias palavras no espaço que consta no questionário. Os pesquisadores normalmente tentam reduzir o número dessas questões porque elas apresentam problemas significativos na interpretação e têm alto custo em termos de análise de dados.

Questão dicotômica

Um assunto pode apresentar claramente escolhas dicotômicas: alguma coisa é um fato ou não o é; o participante pode recordar-se ou não de uma informação; ele foi ou não foi a um evento. As **questões dicotômicas** sugerem respostas opostas, mas esse nem sempre é o caso. Uma resposta pode ser tão improvável que seria melhor adotar uma alternativa de meio-termo para uma das duas escolhas, por exemplo: se perguntarmos aos participantes se um produto tem preço muito baixo ou muito alto, será improvável obter muitas seleções da opção anterior. As melhores alternativas para apresentar ao participante seriam "preço adequado" ou "preço excessivo".

Em muitas questões de duas respostas, existem potenciais alternativas além das duas declaradas. Se o participante não pode aceitar nenhuma das duas alternativas em uma questão dicotômica, ele pode converter a questão para múltipla escolha ou classificação anotando a alternativa desejada, por exemplo: o participante pode preferir a alternativa "não sei" em uma pergunta com respostas sim ou não, ou "sem opinião formada" frente as opções de favorável ou contra. Em outros casos, quando há duas escolhas opostas ou complementares, o participante pode preferir uma escolha qualificada ("sim, se X não ocorrer", ou "algumas vezes sim e algumas vezes não", ou "quase igual"). Assim, perguntas com duas respostas podem tornar-se perguntas de múltipla escolha ou de classificação, e essas respostas adicionais devem ser refletidas em seu plano de análise revisado. As questões dicotômicas geram dados nominais.

Questão de múltipla escolha

As **questões de múltipla escolha** serão apropriadas quando houver mais de duas alternativas ou quando buscarmos graduações de preferência, interesse ou concordância; a última situação também requer questões de classificação. Embora elas ofereçam mais de uma alternativa de resposta, exigem que o participante faça uma única escolha. As questões de múltipla escolha podem ser eficientes, mas também têm problemas singulares de projeto e de análise.

Ocorre um problema quando uma ou mais respostas não foram previstas. Suponha que perguntemos se as regras de segurança dos shoppings devem ser determinadas por (1) gerentes de lojas, (2) vendedores que trabalham no shopping, (3) governo federal ou (4) governo estadual. O sindicato não foi mencionado entre as alternativas; muitos participantes poderiam combinar essa alternativa com "vendedores", e outros poderiam vê-la como uma alternativa separada. A exploração antes de elaborar as questões de mensuração tenta identificar as escolhas mais prováveis.

Há outro problema quando a lista de opções não é completa. Os participantes podem querer dar uma resposta que não está entre as alternativas, o que pode ocorrer quando a resposta desejada combina duas ou mais das alternativas listadas individualmente. Muitos participantes podem acreditar que o gerente da loja *e* os vendedores, agindo conjuntamente, deveriam estabelecer as regras de segurança, mas a pergunta não inclui essa resposta. Quando o pesquisador tenta fornecer todas as opções possíveis, pode tornar-se exaustivo escolher a partir da lista de alternativas. Evitamos isso descobrindo as principais opções por meio de exploração e pré-teste (discutido em detalhes no Apêndice 13b). Também podemos acrescentar a categoria "Outros (por favor, especifique)" como uma garantia, dando ao participante uma alternativa aceitável para todas as outras opções. Em nossa análise das respostas a um questionário pré-testado e autoadministrado, podemos criar uma alternativa de combinação.

Ocorre ainda outro problema quando o participante divide a pergunta de segurança das lojas em diversas questões, cada uma com diferentes alternativas. Alguns participantes podem acreditar que as regras que lidam com a qualidade do ar nas lojas devem ser estabelecidas por

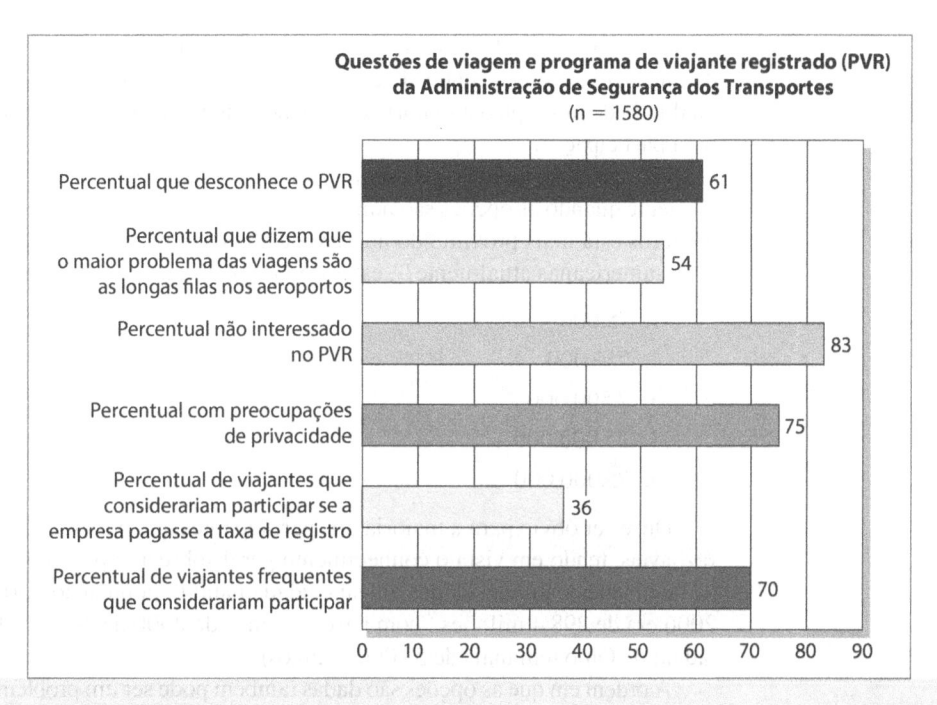

Questões de viagem e programa de viajante registrado (PVR) da Administração de Segurança dos Transportes
(n = 1580)

Categoria	%
Percentual que desconhece o PVR	61
Percentual que dizem que o maior problema das viagens são as longas filas nos aeroportos	54
Percentual não interessado no PVR	83
Percentual com preocupações de privacidade	75
Percentual de viajantes que considerariam participar se a empresa pagasse a taxa de registro	36
Percentual de viajantes frequentes que considerariam participar	70

Perfil **visual**

Empresas usam questionários para mensurar todos os tipos de atividades e atitudes: a Kraft usou um questionário na revista *Food and Family* para mensurar se os leitores gostariam de adesivos para marcar suas páginas de receitas favoritas; a Kroger Company, os restaurantes Applebee's e a loja de departamentos Kohl's usam levantamentos telefônicos automatizados para mensurar a satisfação dos clientes; a Deloitte & Touche USA LLP usou um questionário on-line para mensurar a compreensão do Programa de Viajante Registrado para a Administração de Segurança dos Transportes. Esse programa promete que os viajantes registrados não precisarão aguentar longas filas nos terminais. Alguns achados desse levantamento são apontados no gráfico acima. www.tsa.gov; www.deloitte.com

um órgão federal, enquanto as que lidam com as obstruções nos corredores ou mostruários devem ser estabelecidas pela gerência da loja e pelos representantes dos sindicatos; outros ainda podem querer comitês formados pela gerência da loja e vendedores para fazerem as regras. Para tratar desse problema, o criador do instrumento precisaria dividir a questão. O pré-teste teria revelado se uma questão de múltipla escolha seria na verdade uma **questão de duplo conceito**.

Outro desafio na seleção de alternativas ocorre quando as opções não são mutuamente excludentes (o participante acha que duas ou mais respostas sobrepõem-se). Em uma questão de múltipla escolha que pergunte aos alunos "Qual dos seguintes fatores teve mais influência em sua decisão de cursar a Metro U?", é possível listar as seguintes alternativas de resposta:

1. Boa reputação acadêmica.
2. Programa de estudo específico conveniente.
3. Vida agradável no *campus*.
4. Muitos amigos cursam.
5. Alta qualidade do corpo docente.
6. Oportunidade de praticar esportes em nível universitário.

Alguns participantes podem achar que os itens 1 e 5 sobrepõem-se, e outros podem considerar os itens 3 e 4 da mesma forma.

Também é importante buscar um bom equilíbrio entre as opções quando a posição do participante sobre determinado tópico for desconhecida, como em um estudo que mostrou que uma apresentação não balanceada das alternativas influencia os resultados em favor do lado com maior peso.[8] Se houver quatro gradações de alternativas em um lado de uma questão e duas do outro, as respostas tenderão a ser influenciadas em direção ao lado mais bem representado. No entanto, os pesquisadores podem ter um motivo válido para usar um conjunto não balanceado de alternativas, como tentar determinar o grau de resposta positiva (ou negativa), já sabendo qual lado de um tópico a maioria dos participantes escolherá com base nos critérios de seleção para participação.

Nas questões de múltipla escolha, é necessário apresentar alternativas razoáveis – particularmente quando as opções são números ou identificações. Se perguntamos "Qual dos seguintes números está mais próximo do número de alunos matriculados nas faculdades e universidades norte-americanas atualmente?", estas opções poderiam ser apresentadas:

1. 75.000
2. 750.000
3. 7.500.000
4. 25.000.000
5. 75.000.000

Deve ser óbvio para a maioria dos participantes que pelo menos três dessas opções não são razoáveis, tendo em vista o conhecimento geral sobre a população dos Estados Unidos e sobre as faculdades e universidades em sua cidade natal (a população norte-americana estimada em 2006 era de 298,4 milhões,[9] com base no censo de 2000 de 281,4 milhões. A Universidade Estadual de Ohio tem mais de 59.000[10] alunos).

A ordem em que as opções são dadas também pode ser um problema, por exemplo, as alternativas numéricas normalmente são apresentadas em ordem de grandeza, o que gera um viés. O participante acredita que, se há uma lista de cinco números, a resposta correta estará entre os valores do meio do grupo e os pesquisadores acrescentam alguns números incorretos de cada lado do correto. Para contrabalançar essa tendência de escolher a posição central, ponha o número correto em uma posição extrema com mais frequência ao criar uma questão de múltipla escolha.

O viés de ordem com categorias de resposta não numéricas muitas vezes leva o participante a escolher a primeira (**efeito de primazia**) ou a última alternativa (**efeito de recência**) em detrimento das do meio.

O efeito de primazia é predominante em levantamentos visuais – autoadministrados pela internet ou por correspondência –, ao passo que o efeito de recência é prevalente em levantamentos orais – por entrevistas telefônicas e pessoais.[11] O uso da *técnica de rodízio* pode contrapor-se a essa tendência, nela as alternativas são apresentadas em ordens diferentes para segmentos distintos da amostra. Para implementar essa estratégia em entrevistas pessoais, o pesquisador lista as alternativas em um cartão, que será entregue ao participante quando a pergunta for feita. Cartões com diferentes ordens de opções podem ser alternados para assegurar um equilíbrio posicional; o pesquisador deixa as alternativas sem número no cartão, de forma que o participante responda dando a categoria de resposta por si mesmo, e não pelo número de identificação. É uma boa prática usar cartões como esse sempre que houver quatro ou mais alternativas, pois isso economiza tempo de leitura do entrevistador e garante uma resposta mais válida ao manter todas as possibilidades de respostas em frente do participante. No levantamento assistido por computador, o software pode ser programado para alterar a ordem das alternativas, de forma que cada participante receba as alternativas em ordem aleatória (para escalas não ordenadas) ou em ordem contrária (para escalas ordenadas).

Na maioria das questões de múltipla escolha, também há o problema de assegurar que as opções representem uma escala unidimensional – ou seja, as alternativas de uma determinada pergunta representam diferentes aspectos da mesma dimensão conceitual. No exemplo da seleção da faculdade, a lista incluía características associadas a uma faculdade que deveriam ser atraentes para o aluno. Embora não fosse completa, a lista mostrava os aspectos do conceito de "fatores de atratividade da faculdade sob controle da instituição", sem mencionar outros fatores que pudessem afetar a decisão. Conselho dos pais e amigos, esforços de ex-alunos e o conselheiro do ensino médio podem influenciar na decisão, mas isso representa uma dimensão conceitual diferente de "fatores de atratividade da faculdade" – aqueles que não estão sob controle da instituição.

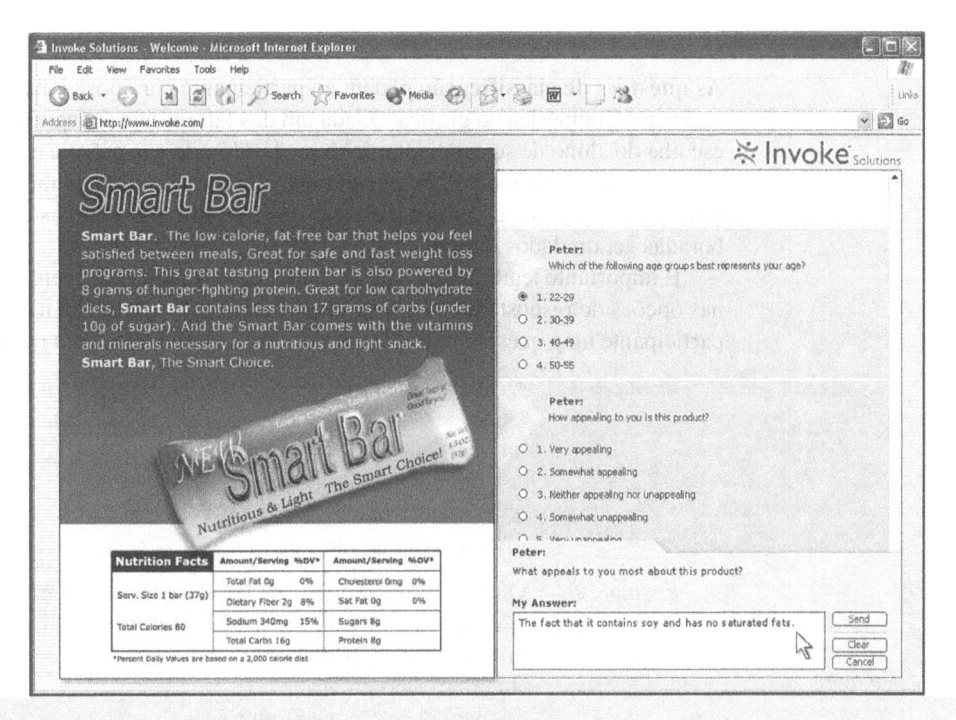

Perfil **visual**

Uma opção que permite combinar o melhor da metodologia da entrevista em grupo com o poder da metodologia de levantamento com população representativa é a *Invoke Engage*, da Invoke Solutions. Com a *Invoke Engage*, um moderador coordena as respostas de até 200 participantes em uma única sessão ao vivo que dura entre 60 e 90 minutos. Os moderadores fazem perguntas fechadas a participantes pré-selecionados, que podem incluir estímulos textuais (p. ex.: nova política de segurança), visuais (p. ex.: opções de design na web) e vídeo de animação (p. ex.: segmento de treinamento). Eles respondem de modo semelhante a um questionário on-line. Misturadas com essas mensurações quantitativas estão oportunidades de aprofundar ainda mais com uso de questões abertas, projetadas para revelar o raciocínio e as motivações dos participantes. Estes digitam suas respostas, que são eletronicamente organizadas em categorias. Na instrução do moderador, os participantes podem ver uma pequena amostra gerada aleatoriamente das respostas de outros participantes e serem questionados se concordam ou discordam dessas respostas. Patrocinadores de monitoramento obtêm registro de frequência em tempo real e retorno textual, bem como transcrições no final da sessão; em poucos dias, eles recebem respostas textuais com análise de conteúdo e análise estatística detalhada de dados de questões fechadas, com recomendações da Invoke Solutions sobre a hipótese que motivou a pesquisa. **www.invoke.com**

As questões de múltipla escolha normalmente geram dados nominais; quando as escolhas são alternativas numéricas, essa estrutura de resposta pode produzir pelo menos dados intervalares e, algumas vezes, de razão; quando as escolhas representam variações numéricas ordenadas, mas desiguais (p. ex.: uma questão sobre a renda familiar: < US$ 20.000; US$ 20.000 – US$ 100.000; > US$ 100.000) ou uma escala de classificação verbal (p. ex.: uma pergunta sobre como você prefere que seu bife seja preparado: bem passado, ao ponto ou malpassado), a questão de múltipla escolha gera dados ordinais.

Lista de verificação

Quando quiser que o participante dê respostas múltiplas a uma única questão, você deve fazer a pergunta de uma das três formas: estratégia de **lista de verificação**, classificação ou graduação. Se a ordem relativa não for importante, a lista de verificação será a escolha lógica. Questões como "Quais dos seguintes fatores incentivaram-no a candidatar-se a uma vaga na Metro U? (Marque todas as alternativas aplicáveis)" forçam o participante a exercitar uma resposta dicotômica (sim, incentivou; não, não incentivou) para cada fator apresentado. Evidentemente, você poderia ter pedido a mesma informação em uma série de perguntas dicotômicas, uma para cada fator, mas isso gastaria mais tempo e mais espaço. As listas de verificação são mais eficientes. Elas geram dados nominais.

Questão de classificação

As **questões de classificação** pedem ao participante para posicionar cada fator em uma escala, seja verbal, numérica ou gráfica. "Cada um dos fatores que se seguem teve alguma influência na escolha do aluno de se candidatar à Metro U. Usando sua própria experiência, assinale cada fator como 'muito influente', 'mais ou menos influente' ou 'nada influente'." Geralmente, as estruturas de escala de classificação geram dados ordinais; algumas escalas cuidadosamente elaboradas geram dados intervalares.

É importante lembrar que o pesquisador deve representar apenas uma dimensão de resposta nas opções de resposta da escala de classificação. Do contrário, na verdade, você apresenta ao participante uma questão múltipla com opções insuficientes para responder aos dois aspectos.

Exemplo A: Qual é a probabilidade de você matricular-se na Metro University?
(Respostas com mais de uma dimensão, escala ordinal)
(a) extremamente provável
(b) um pouco provável
(c) improvável
(d) não farei a matrícula

Exemplo B: Qual é a probabilidade de você matricular-se na Metro University?
(Respostas com uma dimensão, escala intervalar)
(a) extremamente provável
(b) um pouco provável
(c) nem provável, nem improvável
(d) um pouco improvável
(e) extremamente improvável

Questão de graduação

Quando a ordem relativa das alternativas é importante, a **questão de graduação** é ideal. "Por favor, ordene os três principais fatores da lista a seguir com base na influência desse fator na sua escolha da Metro U. Use 1 para indicar o fator mais estimulante, 2 para o próximo fator, etc." A estratégia da lista de verificação forneceria os três fatores de influência, mas não haveria como saber a importância que o participante dá a cada fator, e, mesmo na entrevista pessoal, a ordem em que os fatores são mencionados não garante sua influência; a graduação como estratégia de resposta resolve esse problema.

Surge uma preocupação relativa às atividades de graduação: quantos fatores apresentados devem ser ordenados? Se você listar 15 marcas de batata frita vendidas em dado mercado, você pediria ao participante para classificar todas as 15 em ordem de preferência? Na maioria dos casos, é importante lembrar que, embora os participantes possam ter sido selecionados para um estudo devido à sua experiência ou à probabilidade de terem a informação desejada, isso não significa que conheçam todos os aspectos de um assunto. É sempre melhor fazer com que os participantes ordenem apenas aqueles elementos com os quais estejam familiarizados. Por essa razão, as questões de graduação podem seguir apropriadamente uma questão de lista de verificação que identifique os objetos conhecidos. Se quiser que a motivação permaneça forte, evite pedir a um participante para classificar mais de sete itens, mesmo que sua lista seja mais longa. A graduação gera dados ordinais.

Todos os tipos de estratégia de resposta têm suas vantagens e desvantagens. Frequentemente, várias estratégias diferentes encontradas no mesmo questionário, e os fatores situacionais mencionados anteriormente, são os principais orientadores nessa questão. No entanto, há uma tendência a usar perguntas fechadas, em vez de abertas mais flexíveis. A Figura 13-8 resume algumas considerações importantes na escolha entre as várias estratégias de resposta.

Fontes de perguntas existentes

As ferramentas de coleta de dados devem ser adaptadas ao problema, e não o contrário. Assim, o foco deste capítulo tem sido a criação de um instrumento que responda a questões

Tipo	Restrições	Itens da escala	Tipo de dados
Escalas de classificação			
Escala categórica simples	Precisa de escolhas mutuamente excludentes.	Um ou mais	Nominal
Escala de múltipla escolha, resposta única	Precisa de escolhas mutuamente excludentes; pode usar lista exaustiva ou "outros".	Muitos	Nominal
Escala de múltipla escolha – escala de resposta múltipla (lista de verificação)	Precisa de escolhas mutuamente excludentes; precisa de lista exaustiva ou "outros".	Muitos	Nominal
Escala de Likert	Precisa de enunciados positivos ou negativos com os quais concordar/discordar.	Um ou mais	Ordinal
Escala do tipo Likert	Precisa de enunciados positivos ou negativos com os quais concordar/discordar.	Um ou mais	Ordinal
Escala de diferencial semântico	Precisa de antônimos para ancorar o espaço gráfico.	Um ou mais	Ordinal
Escala numérica	Precisa de conceitos com significados padronizados ou definidos; precisa de números para ancorar os pontos nas extremidades ou os pontos ao longo da escala; a pontuação é uma mensuração do espaço geográfico de uma âncora.	Um ou mais	Ordinal ou intervalar
Escala de lista de classificação múltipla	Precisa de antônimos para ancorar os pontos das extremidades na escala verbal.	Até 10	Ordinal
Escala de soma constante	O respondente precisa ter capacidade de calcular o total a algum número fixo, geralmente 100.	Dois ou mais	Intervalar ou de razão
Escala de Stapel	Precisa de rótulos verbais que sejam definidos operacionalmente ou padronizados.	Um ou mais	Ordinal ou intervalar
Escala de classificação gráfica	Precisa de imagens visuais que possam ser interpretadas como âncoras positivas ou negativas; a pontuação é uma mensuração do espaço geográfico de uma âncora.	Um ou mais	Ordinal, intervalar ou de razão
Escalas de graduação			
Escala de comparação por pares	O número é controlado pela resistência e interesse do respondente.	Até 10	Ordinal
Escala de graduação forçada	Precisa de escolhas mutuamente excludentes.	Até 10	Ordinal
Escala comparativa	Pode usar escala verbal ou gráfica.	Até 10	Ordinal

Figura 13-8 Resumo dos tipos de escala

investigativas específicas. Mas a criação, o refinamento e pré-teste de questões demandam tempo e esforços consideráveis. Para alguns tópicos, uma revisão cuidadosa da literatura relacionada e um exame das fontes de instrumentos já existentes podem abreviar esse processo. Cada vez mais as empresas que se especializam em pesquisa de levantamento mantêm um banco de questões pré-testadas. Na vinheta de abertura, Sara estava acessando o banco de questões da Henry & Associates.

Uma revisão de literatura revelará instrumentos usados em estudos semelhantes, os quais podem ser obtidos escrevendo-se para os pesquisadores; se tiverem direitos autorais, podem ser adquiridos por meio de um agente; e muitos instrumentos também estão disponíveis em compilações e livros. Embora eles tendam a ser orientados para aplicações de ciências sociais, são uma rica fonte de ideias para elaboração de questões sob medida para atender às necessidades de gestores. Diversas compilações são recomendadas, e nossas sugestões estão na Figura 13-9.[12]

Tomar emprestados itens de fontes existentes implica alguns riscos, pois é muito difícil generalizar a confiabilidade e a validade de itens selecionados ou de partes de um questionário

Fontes impressas		
Autor(es)	Título	Fonte
William Bearden, R. Netemeyer e Kelly L. Haws	Handbook of Marketing Scales: Multi-Item Measures for Marketing and Consumer Behavior Research	London: Sage Publications, Inc., 2010
Alec Gallup e Frank Newport, eds.	The Gallup Poll Cumulative Index: Public Opinion, 1998-2007	Lanham, Maryland: Rowman & Littlefield Publishers, Inc., 2008
John P. Robinson, Philip R. Shaver, e Lawrence S. Wrightsman	Measures of Personality and Social-Psychological Attitudes	San Diego, CA: Academic Press, 1990, 1999
John Robinson, Phillip R. Shaver e L. Wrightsman	Measures of Political Attitudes	San Diego, CA: Academic Press, 1990, 1999
Alec M. Gallup	The Gallup Poll: Public Opinion 2010	Lanham, Maryland: Rowman & Littlefield Publishers, Inc., 2011
Gordon Bruner, Paul Hensel e Karen E. James	Marketing Scales Handbook, Volume IV: Consumer Behavior	South-Western Educational Pub, 2005
Elizabeth H. Hastings e Philip K. Hastings, eds.	Index to International Public Opinion, 1996-1997	Westport, CT: Greenwood Publishing Group, 1998
Elizabeth Martin, Diana McDuffee e Stanley Presser	Sourcebook of Harris National Surveys: Repeated Questions 1963-1976	Chapel Hill, NC: Institute for Research in Social Science, 1981
Philip E. Converse, Jean D. Dotson, Wendy J. Hoag e William H. McGee III, eds.	American Social Attitudes Data Sourcebook, 1947-1978	Cambridge, MA: Harvard University Press, 1980
Philip K. Hastings e Jessie C. Southwick, eds.	Survey Data for Trend Analysis: An Index to Repeated Questions in the U.S. National Surveys Held by the Roper Public Opinion Research Center	Williamsburg, MA: Roper Public Opinion Center, 1975
National Opinion Research Center	General Social Surveys 1972-2000: Cumulative Code Book	Ann Arbor, MI: ICPSR, 2000
John P. Robinson	Measures of Occupational Attitudes and Occupational Characteristics	Ann Arbor, MI: Institute for Social Research, University of Michigan, 1971.
Fontes na Internet		
Interuniversity Consortium for Political and Social Research (pesquisa social geral)	www.icpsr.umich.edu	
iPoll (contém mais de 500.000 questões em sua base de dados pesquisável)	www.ropercenter.uconn.edu	
Survey Research Laboratory, Florida State University	http://survey.coss.fsu.edu/index.htm	
The Odum Institute (hospeda a Louis Harris Opinion Polls)	http://www.irss.unc.edu/odum/home2.jsp	
Kaiser Family Foundation Health Poll Search	www.kff.org/kaiserpolls/healthpoll.cfm	
Polling the Nations (mais de 14.000 pesquisas)	www.orspub.com	

Figura 13-9 Fontes de questões

tiradas de seu contexto original. Muitos pesquisadores dos quais você faz empréstimo de questões ou instrumentos podem não ter registrado a amostragem e os procedimentos de teste necessários para julgar a qualidade da escala de mensuração. Só porque Jason tem uma escala de satisfação no banco de questões usado para a pesquisa da CardioQuest não significa que a questão será apropriada para a Albany Outpatient Laser Clinic.

Sara precisaria saber o objetivo pretendido do estudo CardioQuest e quando ele foi desenvolvido, bem como os resultados do pré-teste para determinar a confiabilidade e validade de uso no estudo Albany; ainda assim, ela deveria pré-testar a questão no contexto de seu levantamento desta última empresa.

Linguagem, redação e expressões idiomáticas também podem representar problemas. As questões tendem a envelhecer e podem não parecer (ou soar) tão relevantes para o participante como perguntas redigidas recentemente, ou seja, integrar perguntas já existentes com as recentemente elaboradas é problemático. Muitas vezes, questões adjacentes são confiáveis para contextualizar um questionário. Se você selecionar uma questão de uma série contextual, a questão emprestada fica sem o significado necessário.[13] Não importa se um instrumento é construído com questões novas ou adaptado de ideias de outro, espera-se que haja um pré-teste.

Fase 3: elaboração e refinamento do instrumento

Como mostrado na Figura 13-10, a Fase 3 do projeto do instrumento – elaboração e refinamento – é um processo com várias etapas:

1. Desenvolver o processo de triagem dos participantes (feito especialmente com levantamento pessoal ou telefônico, mas também com procedimentos de notificação anterior por e-mail e levantamentos na internet) juntamente com a apresentação.
2. Organizar a sequência da questão de mensuração:
   a. Identificar os grupos de questões objetivadas por tópicos.
   b. Estabelecer uma sequência lógica para os grupos de questões e para as questões dentro de cada grupo.
   c. Desenvolver transições entre os grupos.

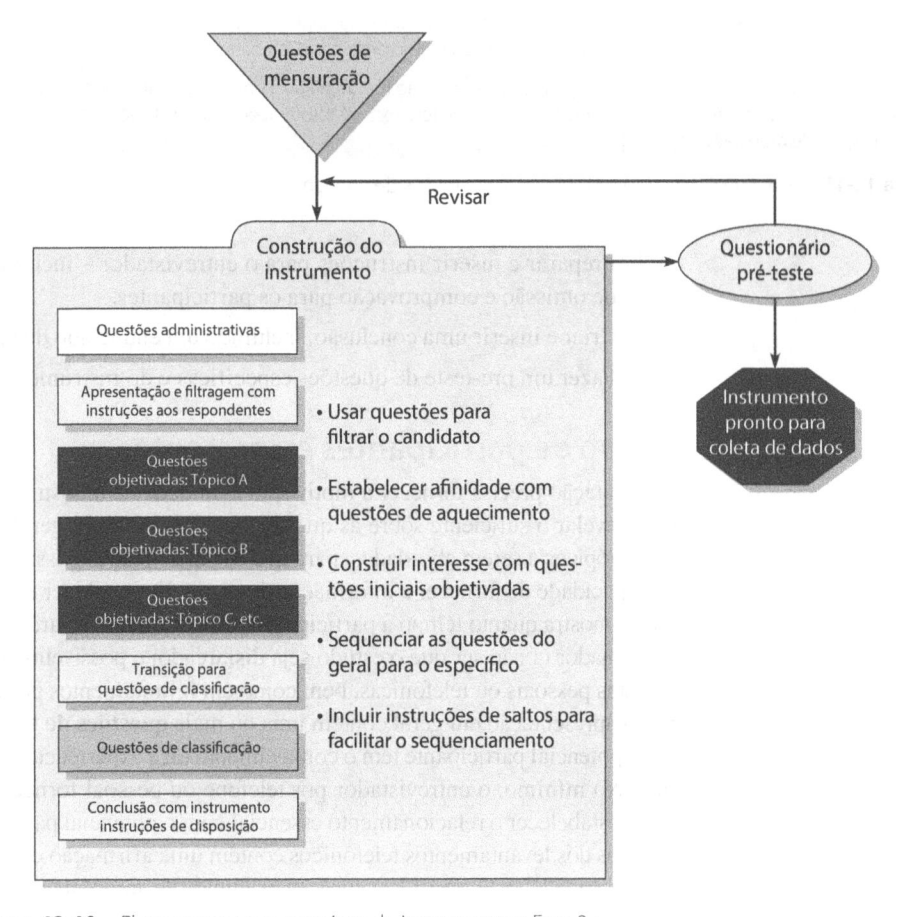

Figura 13-10 Fluxograma para o projeto de instrumentos: Fase 3.

Componente	Exemplo
Apresentação	
a. Entrevista telefônica/pessoal	Boa noite. Por favor, posso falar com (nome do respondente)? Sr. (sobrenome do respondente), meu nome é (seu nome), e estou ligando em nome da MindWriter Corporation. Recentemente o seu *laptop* foi consertado em nosso centro CompleteCare. O senhor disporia de cinco minutos para dizer o que achou do serviço prestado pelo centro?
b. On-line (muitas vezes entregue via e-mail).	Recentemente o seu *laptop* foi consertado em nosso centro CompleteCare. O senhor disporia de cinco minutos para dizer o que achou do serviço prestado pelo centro? Basta clicar no *link* abaixo.
Transição	O próximo grupo de perguntas é sobre sua família e como o senhor usa seu tempo de lazer.
Instruções para...	
a. Encerramento (depois das perguntas-filtro ou questões de triagem)	*Telefone:* Desculpe-me, mas hoje estamos entrevistando apenas pessoas que comem cereal pelo menos três dias por semana. De qualquer forma, obrigado por sua atenção. (Pausa para a resposta). Até logo. *On-line:* Você não tem os requisitos para este estudo específico. Clique abaixo para ver outros estudos para os quais possa cumprir os requisitos.
b. Encerramento pelo respondente	Eu poderia ligar outra hora para completar a entrevista? (pausa; anotar a data). Nós ligaremos de volta então em (repetir dia e hora). Obrigado pela atenção. Ou: Agradeço muito sua atenção. Obrigado.
c. Instruções de saltos (entre perguntas ou grupo de perguntas)	3. Você comprou cereal em caixa nos últimos 7 dias? ❏ Sim ❏ Não (vá para a pergunta 7)
d. Instruções de preparativos	*Levantamento em papel:* Um envelope com porte pago foi incluído em sua pesquisa. Por favor, dobre a pesquisa respondida e remeta-a para nós usando o envelope com porte pago. *On-line:* Por favor, clique em CONCLUÍDO para enviar seu levantamento e entrar no concurso.
Conclusão	
a. Entrevista telefônica ou pessoal	Esta é minha última pergunta. Suas informações e as ideias de outros clientes importantes vão nos ajudar a melhorar ainda mais o programa CompleteCare.
b. Autoadministrado (normalmente precede as instruções de preparativos)	Obrigado por sua atenção (pausa para resposta). Boa noite. Obrigado por compartilhar suas ideias sobre o programa CompleteCare. Suas informações nos ajudarão a atendê-lo melhor.

Figura 13-11 Amostra de componentes de instrumentos de comunicação.

3. Preparar e inserir instruções para o entrevistador – incluindo instruções de término e de omissão e comprovação para os participantes.
4. Criar e inserir uma conclusão, incluindo um enunciado de preparativo de levantamento.
5. Fazer um pré-teste de questões específicas e do instrumento como um todo.

Triagem de participantes e apresentação

A apresentação precisa fornecer a motivação à unidade de amostra para participar do estudo; ela precisa revelar o suficiente sobre as questões que serão feitas, geralmente desvelando alguns ou todos os tópicos a serem abordados, para que os participantes possam julgar seu nível de interesse e sua capacidade de fornecer a informação desejada. Em qualquer estudo de comunicação, a apresentação mostra quanto tempo a participação provavelmente levará, a organização de pesquisa ou o patrocinador (a não ser que o estudo seja disfarçado) e possivelmente o objetivo do estudo. Em entrevistas pessoais ou telefônicas, bem como em levantamentos por correspondência ou pela internet, a apresentação em geral contém uma ou mais **questões de triagem** ou filtro para determinar se o potencial participante tem o conhecimento ou a experiência necessários para participar do estudo. No mínimo, o entrevistador por telefone ou pessoal fornecerá seu primeiro nome para ajudar a estabelecer o relacionamento essencial com o potencial participante. Além disso, mais de dois terços dos levantamentos telefônicos contêm uma afirmação de que o entrevistador "não está vendendo nada".[14] A Figura 13-11 fornece exemplos de apresentação e outros componentes de um estudo telefônico de não participantes de um levantamento autoadministrado por correspondência.

> **2.** Quais dos seguintes atributos você gosta no automóvel que acabou de ver? (Selecione todos que forem válidos.)
> - ☑ Atratividade geral
> - ☑ Altura interna
> - ☐ *Design*
> - ☐ Cor
> - ☑ Altura do nível do solo
> - ☐ Outros _____
> - ☐ Nenhuma das alternativas acima
>
> [Próxima questão]

> **3.** Qual é a importância de cada um dos itens que você selecionou? (Dê uma resposta para cada atributo.)
>
> | | Extremamente importante | | Nem importante nem desimportante | | Nada importante | Não sei |
> |---|---|---|---|---|---|---|
> | a) Atratividade geral | ○ | ○ | ○ | ○ | ○ | ○ |
> | b) Altura do nível do solo | ○ | ○ | ○ | ○ | ○ | ○ |
> | c) Altura interna | ○ | ○ | ○ | ○ | ○ | ○ |

Perfil **visual**

Uma das atrações de usar um levantamento pela internet é a facilidade com a qual os participantes seguem questões de ramificação imediatamente personalizadas para seus padrões de resposta. Neste levantamento, os participantes receberam diversas figuras de um protótipo de veículo. Os que responderam à questão 2 selecionando um ou mais dos atributos na questão de lista de verificação foram sequenciados a uma versão da questão 3 que se relacionava apenas com suas respostas específicas à questão 2. Observe também que, na questão 3, o pesquisador preferiu não forçar uma resposta, permitindo que o participante indicasse que não tinha opinião ("Não sei") sobre o assunto do nível de importância.

Sequência da questão de mensuração

A criação de questões para um questionário é influenciada pela necessidade de relacionar cada uma delas com as outras no instrumento. Muitas vezes, o conteúdo de uma questão (chamada **questão de ramificação**) pressupõe que outras perguntas tenham sido feitas e respondidas. A ordem psicológica das delas também é importante; a sequência das perguntas pode incentivar ou não o comprometimento e promover ou minar o bom relacionamento entre pesquisador e participante.

O princípio básico usado para guiar as decisões de sequência é: a natureza e as necessidades do participante precisam determinar a sequência e a organização do programa de entrevista. Quatro diretrizes são sugeridas para implementar esse princípio:

1. O processo de questionamento precisa despertar rapidamente o interesse e motivar o participante a participar da entrevista. Ponha as perguntas mais interessantes primeiro e deixe as questões de classificação (p. ex.: idade, tamanho familiar, renda) não usadas como filtros ou triagens para o fim do levantamento.

2. O participante não deve ser confrontado de início com solicitações de informações que possam ser consideradas pessoais ou ameaçadoras ao ego; insira-as próximas do fim, pois podem influenciá-lo a descontinuar ou terminar o processo de questionamento.

3. O processo de questionamento deve começar com itens simples e gerais e seguir com itens mais complexos e mais específicos; introduza as questões exigentes e desafiadoras mais para o fim do processo de questionamento.

4. Mudanças na estrutura de referência devem ser pequenas e claramente destacadas; use enunciados de transição entre os diferentes tópicos do conjunto de perguntas.

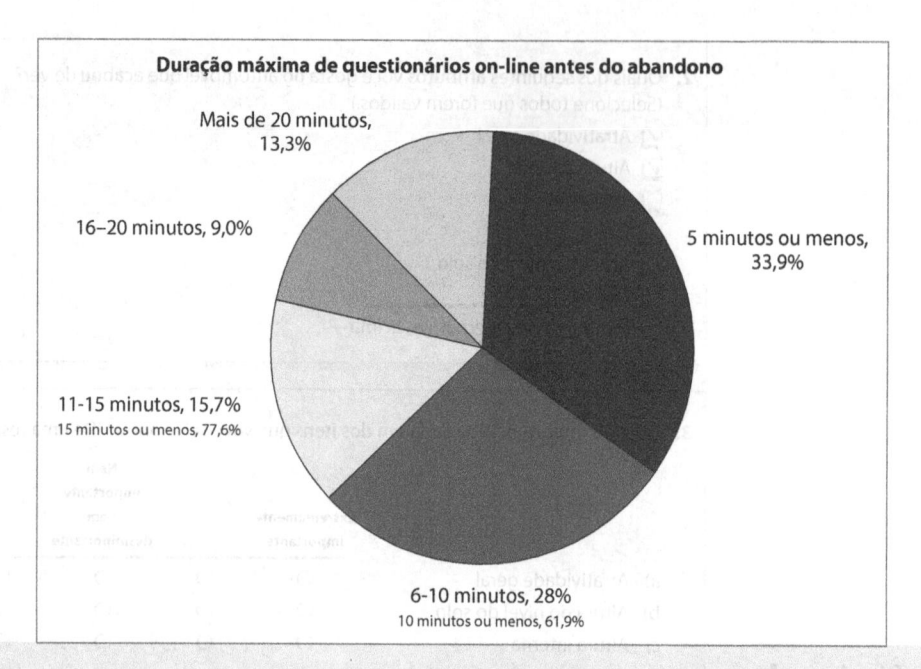

Duração máxima de questionários on-line antes do abandono

- Mais de 20 minutos, 13,3%
- 16–20 minutos, 9,0%
- 11-15 minutos, 15,7% (15 minutos ou menos, 77,6%)
- 6-10 minutos, 28% (10 minutos ou menos, 61,9%)
- 5 minutos ou menos, 33,9%

Perfil **visual**

À medida que aumenta a resistência ao marketing e diminui a cooperação com os levantamentos, a duração do levantamento torna-se uma preocupação crescente. A InsightExpress estudou o processo de levantamento pela internet e revelou que as pessoas que o fazem preferem levantamentos mais curtos, consistentes com o que sabemos sobre os participantes de levantamentos telefônicos e por interceptação. Embora 77% tendessem a concluir um levantamento que levasse 15 minutos ou menos, quase um em cada três participantes precisava que ele levasse 5 minutos ou menos para ser totalmente preenchido. Conforme a participação de levantamentos on-line perde seu grau de novidade, participantes potenciais têm probabilidade de tornarem-se ainda mais relutantes em dedicar tempo significativo ao processo. Portanto, é essencial que os pesquisadores perguntem apenas o necessário. **www.insightexpress.com**

Despertar interesse e motivação

Despertamos interesse e estimulamos a motivação para participar escolhendo ou elaborando questões que prendam a atenção e não sejam polêmicas. Se elas tiverem valor de interesse humano, melhor ainda. É possível que as questões iniciais gerem mais dados valiosos para o principal objetivo do estudo, mas sua tarefa principal é superar a barreira motivacional.

Informações delicadas e que envolvam o ego

Com respeito à apresentação de informações confidenciais cedo demais no processo, deve-se tomar cuidado. A maioria dos estudos precisa solicitar informações pessoais de classificação sobre os participantes, que normalmente fornecem esses dados, mas apenas no fim do levantamento. Se feita no começo, os participantes podem se sentir ameaçados, diminuindo seu interesse e motivação para continuar. Por exemplo, perguntou-se aos participantes de um levantamento se sofriam de insônia. Quando a pergunta foi feita imediatamente após a apresentação do pesquisador, cerca de 12% dos entrevistados admitiram ter insônia; entretanto, quando a mesma pergunta foi feita depois de duas **questões de aquecimento** (questões neutras criadas principalmente para estabelecer um bom relacionamento com o participante), 23% admitiram sofrer de insônia.[15]

Do simples para o complexo

Adiar questões complexas ou simples que exijam muito raciocínio pode ajudar a reduzir o número de respostas "não sei" que tanto aparecem no início das entrevistas.

Do geral para o específico

O procedimento de passar de perguntas gerais para mais específicas algumas vezes é chamado de *abordagem tipo funil*. Os objetivos desse procedimento são conhecer a estrutura de referência

Instantâneo

O cupido merece um lugar no cubículo dos escritórios?

Como gerente, você deveria incentivar ou não o romance no escritório? A Spherion Inc., empresa líder de recrutamento e seleção, patrocinou recentemente seu mais novo levantamento Spherion® Workplace Snapshot. "Os resultados desse levantamento confirmam o que sabemos intuitivamente – que muitos trabalhadores encontram oportunidades de romance no local de trabalho", disse John Heins, vice-presidente sênior e diretor de recursos humanos da empresa.

Os achados sobre romance no local de trabalho foram coletados com uso da compilação on-line Harris Interactive QuickQuery, um levantamento on-line realizado de duas a três vezes por semana. Uma amostra norte-americana de 1.588 adultos empregados, com 18 anos ou mais, foi pesquisada por um período de três dias em janeiro. Os resultados foram ponderados para alinhá-los com a população real dos Estados Unidos.

De acordo com o levantamento, aproximadamente 40% dos trabalhadores (30% de mulheres, 47% de homens) namorariam um colega de trabalho ou já o fizeram. Cerca de 25% (27% de homens, 23% de mulheres) desses romances resultam em casamento. Embora 41% dos trabalhadores (47% de mulheres, 36% de homens) pensem que um romance no trabalho prejudicaria sua segurança ou promoções no emprego, 42% conduzem seus romances abertamente. "O novo problema é a explosão de locais de encontro on-line, como blogs, YouTube e sites de relacionamento, que oferecem meios bem públicos para compartilhamento de notícias pessoais", comentou Heins. "Tornar-se alvo de fofocas na internet tem o potencial de afetar o progresso na carreira e a segurança do emprego."

Apenas 16% dos empregadores têm uma política referente a romance no local de trabalho. Embora a maioria de nós passe um terço de cada dia no trabalho, o psicanalista fundador do Boswell Group, Kerry Sulkowicz, lembra que "se há alguma relação de subordinação entre as duas [pessoas envolvidas], será solicitado que aquela com menos poder mude de emprego ou peça demissão".

www.spherion.com; harrisinteractive.com; www.boswellgroup.com

do participante e extrair todas as informações desejadas, ao mesmo tempo em que se limita o efeito de distorção das perguntas iniciais sobre as seguintes. Esse processo pode ser ilustrado com a seguinte série de perguntas:

1. Como você acha que os Estados Unidos estão se saindo em suas relações com outros países?
2. Como você vê o relacionamento dos EUA com o Irã?
3. Você acha que os EUA deveriam lidar com o Irã de uma forma diferente da atual?
4. (Se sim) O que deveria estar sendo feito de forma diferente?
5. Algumas pessoas acham que os EUA deveriam ser mais duros com o Irã, e outras acham que já são duros o suficiente; qual é sua opinião?[16]

A primeira pergunta introduz o assunto geral e fornece algumas informações sobre a estrutura de referência do participante. A segunda pergunta concentra a preocupação em um único país, ao passo que a terceira e a quarta buscam opiniões sobre a maneira como os Estados

	Percentual de respostas sim	
Questão	A. Perguntada primeiro	B. Perguntada primeiro
A. Os Estados Unidos devem permitir que seus cidadãos ingressem nos exércitos da França e da Inglaterra?	45%	40%
B. Os Estados Unidos devem permitir que seus cidadãos ingressem no exército da Alemanha?	31	22

Figura 13-12 Sequência de questões.

Unidos deveriam lidar com o Irã. A quinta pergunta ilustra uma área de opinião específica e deve ser feita apenas se ainda não tiver sido abordada nas respostas anteriores. A pergunta 4 é um exemplo de questão de ramificação; a resposta à pergunta anterior determina se a pergunta 4 deve ou não ser feita ao participante. Pode ser útil referir-se à Figura 7-6, "Hierarquia das questões de entrevista", na página 156.

Também há risco de interação sempre que duas ou mais perguntas estiverem relacionadas. A influência da ordem das perguntas é especialmente problemática em questionários autoadministrados, pois o participante tem liberdade de retornar às perguntas previamente respondidas. Em uma tentativa de "alinhar corretamente" duas respostas, opiniões e atitudes exatas podem ser sacrificadas. Levantamentos assistidos por computador e pela internet eliminaram em grande parte esse problema.

As duas questões mostradas na Figura 13-12 foram feitas em um levantamento nacional (nos EUA) no início da Segunda Guerra Mundial.[17] Aparentemente, alguns participantes que primeiro concordaram com o alistamento nos exércitos aliados sentiram-se obrigados a estender esse privilégio ao alistamento no exército alemão. Quando a decisão era tomada primeiro contra o alistamento no exército alemão, um percentual dos participantes sentiu-se obrigado a não aprovar a opção de unir-se aos aliados.

Grupos de questões e transições

A última diretriz na sequência de questões sugere a organização das perguntas de forma a minimizar a mudança de assunto e de estrutura de referência. Os participantes muitas vezes interpretam as perguntas à luz das anteriores e não percebem a mudança de perspectiva ou de assunto, a não ser ela que seja declarada. Eles não ouvem cuidadosamente e costumam tirar conclusões sobre a importância de determinada questão antes que ela seja feita por completo, e suas respostas são fortemente influenciadas por sua estrutura de referência. A maioria dos questionários que aborda assuntos diversos é dividida em seções, com transições claramente definidas entre estas para alertar o participante sobre a mudança na estrutura de referência. A Figura 13-11 fornece um exemplo de transição em um estudo quando as questões de mensuração mudavam para questões pessoais e relacionadas à família.

Instruções

As instruções para o entrevistador ou participante tentam assegurar que todos os participantes sejam tratados da mesma forma, evitando gerar erro nos resultados. Dois princípios formam a base para boas instruções: clareza e cortesia, de modo que a linguagem das instruções precisa ser infalivelmente simples e educada.

Os tópicos de instruções incluem:

- *Encerramento com um participante não qualificado* – define para o entrevistador como terminar uma entrevista quando o participante não responde corretamente às perguntas-filtro.
- *Encerramento de uma entrevista descontinuada* – define para o entrevistador como concluir uma entrevista quando o participante decide não continuar.

MindWriter Close-up

Projeto do instrumento para a MindWriter

Substituir uma questão gerencial imprecisa por questões de mensuração específicas é um exercício de raciocínio analítico. Descrevemos esse processo progressivamente nas seções sobre a MindWriter nos Capítulos 3, 4 e 13. No Capítulo 3, a descoberta de fatos de Jason na MindWriter capacitou-o a formular o problema gerencial em termos de questões gerenciais, de pesquisa e investigativas. A adição de contexto às perguntas permitiu a Jason e Sara elaborar a proposta descrita no Apêndice A, Figura A-8. No Capítulo 12, eles voltaram à lista de questões investigativas e selecionaram uma para usar no teste da abordagem de escalonamento. Fazemos aqui uma breve revisão dos passos que Jason e Sara seguiram até agora e das questões de mensuração resultantes.

SINOPSE DO PROBLEMA

O novo programa de manutenção e consertos de laptops da MindWriter, o CompleteCare, foi projetado para fornecer uma resposta rápida aos problemas de manutenção enfrentados pelos clientes. No entanto, a administração recebeu diversas reclamações e precisa de informações sobre a eficiência do programa e seu impacto sobre a satisfação dos clientes. Também há falta de operadores técnicos treinados na central de atendimento da empresa, a empresa de transporte é inconstante na coleta e entrega de computadores e alguns tipos de máquinas têm problema de disponibilidade de peças. Ocasionalmente, os clientes recebem unidades que não foram consertadas ou que estão danificadas de alguma forma.

Questão gerencial: O que deve ser feito para melhorar o programa CompleteCare de consertos e manutenção dos laptops MindWriter para aumentar a satisfação dos clientes?

QUESTÕES DE PESQUISA

1. Os representantes técnicos devem receber treinamento mais intensivo?
2. A ABC Courier Service deve ser substituída por um serviço de transporte aéreo?
3. As operações sequenciais de diagnóstico e de conserto devem ser modificadas?
4. A embalagem de retorno deve ser modificada para incluir proteção de espuma pré-moldada rígida ou de espuma expandida, ou alguma outra configuração?
5. Devem ser montados centros de conserto metropolitanos para complementar ou substituir as instalações de conserto da fábrica?

QUESTÕES INVESTIGATIVAS

a. As expectativas dos clientes estão sendo atendidas, em termos de tempo de conserto? Qual é o nível geral de satisfação dos clientes com o programa CompleteCare e com o produto da MindWriter?
b. Em que medida a central de atendimento ajuda os clientes? Os atendentes dão instruções aos clientes? Que percentual de problemas técnicos dos clientes é resolvido sem chamadas de retorno ou consertos subsequentes? Por quanto tempo o cliente deve esperar ao telefone?
c. Qual é a eficácia da empresa de transporte? Ela coleta e entrega os laptops prontamente? Quanto tempo o cliente espera pela coleta e entrega? Os laptops são danificados devido ao manuseio da embalagem?
d. A equipe de consertos é boa? Quais são os problemas mais comuns? Que processos de conserto estão envolvidos na solução desses problemas? Que percentual de laptops é consertado dentro do prazo prometido? Os problemas dos clientes são totalmente resolvidos? Há novos problemas com os modelos mais novos? Com que rapidez esses problemas são diagnosticados?
e. Como os laptops consertados são embalados para devolução ao cliente? Qual é o custo de inserção de espuma rígida ou de espuma expansível na embalagem? Se alterarmos a embalagem, precisaremos de novos equipamentos? Algumas reclamações relacionadas ao embarque seriam eliminadas com os novos materiais de embalagem?

O amplo escopo das questões de pesquisa e das questões de mensuração resultantes forçaram a MindWriter a reavaliar o escopo do estudo de pesquisa desejado inicialmente para determinar onde concentrar seus esforços de melhoria. A administração escolheu um escopo descritivo em vez de prescritivo.

QUESTÕES DE MENSURAÇÃO

As questões de mensuração usadas para o levantamento on-line autoadministrado são mostradas na Figura 13-13.[18] A primeira questão investigativa em (a), anterior, é tratada nos itens 3, 5 e 8a do levantamento, ao passo que a segunda questão é tratada nos itens 6 e 8a. Das questões investigativas em (b), as duas primeiras são consideradas "rapidez na resposta" e "competência técnica" com assistência telefônica no questionário. As duas questões investigativas que se seguem em (b) podem ser respondidas ao acessar o banco de dados de manutenção da empresa. A questão em três partes sobre a empresa de transporte equipara-se à questão investigativa (c). As deficiências específicas de manutenção serão registradas na seção de "Comentários/Sugestões". As questões investigativas das letras (d) e (e) são abordadas pelos itens 3, 4 e 5 do questionário. Como as deficiências refletidas no item 5 podem ser atribuídas tanto às instalações de conserto como à empresa de transporte, as razões (itens 1, 2, 3, 4 e comentários) serão

Close-up (cont.)

verificadas durante a análise. O item 6 do questionário usa a mesma linguagem que a última questão investigativa de (a). O item 7 do questionário é uma extensão do item 6, mas tenta garantir uma impressão da intenção comportamental de usar o programa CompleteCare novamente. Por fim, o último item revelará o grau de mudança necessária no CompleteCare ao demonstrar a intenção de recompra associada ao produto e à experiência de manutenção.

Os computadores pessoais **MindWriter** oferecem-lhe facilidade de uso e de manutenção. Quando precisar de nossos serviços, queremos que você confie no **CompleteCare** onde quer que você esteja. Essa é a razão pela qual pedimos que você dedique alguns momentos para dizer-nos como foi nosso atendimento.

MindWriter

Por favor, responda ao primeiro grupo de questões usando a seguinte escala:

Atendeu a **poucas** expectativas	Atendeu a **algumas** expectativas	Atendeu à **maioria** das expectativas	Atendeu a **todas** as expectativas	**Superou** as expectativas
1	2	3	4	5

	1	2	3	4	5
1. Assistência telefônica para o seu problema:					
a. Rapidez na resposta	○	○	○	○	○
b. Competência técnica	○	○	○	○	○
2. Eficácia do serviço de transporte:					
a. Providências	○	○	○	○	○
b. Velocidade de coleta	○	○	○	○	○
c. Velocidade de entrega	○	○	○	○	○
3. Velocidade do processo geral de conserto	○	○	○	○	○
4. Solução do problema que gerou o serviço/conserto	○	○	○	○	○
5. Condições de seu MindWriter na chegada	○	○	○	○	○
6. Impressão geral da eficácia do CompleteCare	○	○	○	○	○

Qual a probabilidade de você...

	Muito improvável	Um pouco improvável	Nem improvável, nem provável	Um pouco provável	Muito provável
7. Usar o CompleteCare em outra ocasião	○	○	○	○	○
8. Voltar a comprar outro MindWriter com base em:					
a. Experiência com serviço/conserto	○	○	○	○	○
b. Desempenho do produto	○	○	○	○	○

Por favor, compartilhe quaisquer comentários ou sugestões adicionais

[   ]

Como podemos contatá-lo para fazer um acompanhamento dos problemas que teve?

Sobrenome [   ] Nome [   ] E-mail [   ]

Cidade [   ] Estado [   ] CEP [   ] Telefone [   ]

Código de serviço [   ]

Obrigado por sua participação.

ENVIAR

Figura 13-13 Questões de mensuração para o estudo da MindWriter

- *Movimentação entre as perguntas de um instrumento* – define para o entrevistador ou participante como passar entre as perguntas ou seções de um instrumento (*instruções de saltos*) quando o movimento depende de uma resposta específica a uma questão ou quando questões de ramificação são usadas.
- *Preparativos para um questionário preenchido* – definem para o entrevistador ou participante que preenche um instrumento autoadministrado como enviar o questionário preenchido.

Em um questionário autoadministrado, as instruções devem estar no instrumento do levantamento e podem ser bem simples, como "Clique no botão para enviar suas respostas". As instruções pessoais para o entrevistador algumas vezes estão em um documento separado do questionário (um documento amplamente discutido durante o treinamento do entrevistador) ou são bem definidas e marcadas claramente (destacadas, impressas em tinta colorida ou colocadas em uma caixa de texto na tela do computador ou em uma janela pop-up) no próprio instrumento de coleta de dados. Exemplos de instruções são apresentados na Figura 13-13.

Conclusão

O papel da conclusão é deixar o participante com a impressão de que seu envolvimento foi valioso. Os pesquisadores subsequentes podem precisar dessa pessoa para participar de novos estudos. Se cada entrevistador ou instrumento expressar reconhecimento pela participação, é mais provável que haja cooperação em futuros estudos. Um exemplo de conclusão é mostrado na Figura 13-13.

Superação de problemas do instrumento

Não há substituto para um entendimento completo da redação da pergunta, do conteúdo da pergunta e da sequência de assuntos. No entanto, o pesquisador pode fazer várias coisas para ajudar a melhorar os resultados do levantamento, entre as quais:

- Construir um bom relacionamento com o participante.
- Elaborar novamente o processo de questionamento.
- Explorar estratégias alternativas de resposta.
- Usar outros métodos além do levantamento para obter dados.
- Fazer um pré-teste com todos os elementos do levantamento (*vide* Apêndice 13b disponível no site do livro).

Construção de um bom relacionamento com o participante

A maioria das informações pode ser obtida por meio de um questionamento direto, não disfarçado, se for desenvolvido um bom relacionamento, que é particularmente útil para despertar o interesse do participante no projeto e consequentemente maior a cooperação. Também é possível superar a relutância do participante fornecendo alguma compensação material pela cooperação, abordagem especialmente bem-sucedida em levantamentos por correspondência e cada vez mais usada em levantamentos pela internet.

A certeza de confidencialidade também pode aumentar a motivação dos participantes. Uma abordagem é dar garantias discretas, com a redação das questões e também dos comentários e ações do entrevistador, de que todos os tipos de comportamento, atitudes e posições sobre assuntos controversos ou delicados serão aceitáveis e normais. Quando for possível dizê-lo de forma verdadeira, garanta que todas as respostas serão usadas apenas em estatísticas combinadas totais (dados agregados), e não associadas a um participante específico. Se os participantes estiverem convencidos de que suas respostas contribuem para um propósito importante, há mais possibilidade de serem sinceros, mesmo sobre tópicos considerados tabus. Se a organização de um pesquisador usa um Comitê de Ética em Pesquisa para revisar os levantamentos antes do uso, este pode exigir uma instrução indicando que qualquer resposta – na verdade, a participação – seja voluntária. Isso tem importância especial quando os levantamentos são usados com o público interno (funcionários).

Reelaboração do processo de questionamento

Você pode reelaborar o processo de questionamento para melhorar a qualidade das respostas ao modificar o processo de aplicação e a estratégia de resposta. A maioria dos levantamentos on-line, embora não sejam realmente anônimos, pois cada entrevistado está conectado a um endereço IP, número de celular ou e-mail, deixa esta percepção. Para levantamentos em papel, podemos mostrar que confidencialidade é indispensável para a administração deles usando um grupo de administração de questionários, acompanhado por um procedimento de coleta em forma de urna eleitoral. Mesmo nas entrevistas pessoais, o participante pode preencher a parte do questionário que contém informações confidenciais e então selar o instrumento inteiro em um envelope. Embora isso não garanta, sugere confidencialidade. Além disso, para levantamentos on-line, podemos fazer com que os entrevistados insiram um número de código fornecido para fins de identificação, em vez de informações pessoais.

Também podemos desenvolver sequências apropriadas de questionamento que gradualmente levam o participante de tópicos "seguros" até os mais delicados. Como já observado em nossa discussão sobre perguntas disfarçadas, o questionamento indireto (usando técnicas projetivas) é uma abordagem muito usada para conseguir opiniões sobre assuntos delicados. Perguntamos aos participantes como "outras pessoas" ou "pessoas que você conhece" se sentiriam em relação a um assunto. Presume-se que eles irão responder com base em suas próprias atitudes e experiências, porém esse resultado não é certo. O questionamento indireto pode dar uma boa ideia da opinião da maioria sobre um assunto, mas não refletir a visão do participante ou de segmentos minoritários.

Com certos tópicos, é possível conseguir respostas usando um código de aproximação. Quando buscamos grupos de renda familiar, em um levantamento por interceptação, podemos entregar ao participante um cartão com faixas de renda como estas:

A. Menos de US$ 25.000 por ano.
B. US$ 25.000 a US$ 49.999 por ano.
C. US$ 50.000 a US$ 74.999 por ano.
D. US$ 75.000 ou mais por ano.

O participante deve indicar a faixa apropriada com A, B, C ou D. Por alguma razão, os participantes parecem mais dispostos a fornecer a informação dessa forma que a verbalizar valores reais em dólares.

Como explorar estratégias alternativas de respostas

Ao elaborar as questões originais, tente desenvolver versões positivas, negativas e neutras de cada tipo de questão. Essa prática enfatiza os problemas de viés, ajudando-o a selecionar uma redação para a pergunta que minimize-os. Algumas vezes usamos uma versão extrema de uma pergunta, em vez da versão esperada.

Minimize a falta de resposta a determinadas perguntas, reconhecendo a suscetibilidade de alguns tópicos. Em um instrumento autoadministrado, por exemplo, é melhor fazer uma pergunta de múltipla escolha sobre renda ou idade, na qual faixas de renda e etárias sejam oferecidas que fazer uma pergunta de resposta livre (como "Qual é sua idade, por favor? _____").

O valor do pré-teste

O passo final para melhorar o resultado do levantamento é o **pré-teste**, a avaliação das questões e dos instrumentos antes do começo de um estudo (*vide* Figuras 13-1, 13-2 e 13-10). Há diversas razões para fazer um pré-teste de cada pergunta, questionário e programação de entrevista: (1) descobrir maneiras de aumentar o interesse do participante, (2) aumentar a probabilidade de que os participantes permaneçam ativos até o término do levantamento, (3) descobrir problemas de conteúdo, redação e sequenciamento de questões, (4) descobrir grupos de questões objetivadas em que é necessário treinar o pesquisador e (5) explorar maneiras de melhorar a qualidade geral dos dados do levantamento.

> A maior parte do que sabemos sobre pré-testes é prescritiva. Segundo os autores contemporâneos, não há princípios gerais de um bom pré-teste, nenhuma sistematização de práticas, nenhum consenso sobre expectativas, e raramente deixamos registros para outras pessoas. Como um pré-teste foi conduzido, o que os investigadores descobriram com ele, como eles reelaboraram seus questionários com base nisso – essas questões são mencionadas apenas em forma de esboço nos relatórios de pesquisa, quando o são.[19]

Todavia, o pré-teste não é apenas uma prática estabelecida para descobrir erros, mas também é útil para treinar a equipe de pesquisa. Ironicamente, os profissionais que já participaram de muitos estudos têm mais tendência a fazer o pré-teste de um instrumento que um pesquisador iniciante com pressa de concluir um projeto. Revisar as perguntas cinco vezes ou mais não é incomum. Ainda assim, os pesquisadores inexperientes muitas vezes subestimam a necessidade de seguir um processo de elaboração, teste e revisão. Dedicamos o Apêndice 13b ao pré-teste; disponível no site do livro.

Resumo

1 O processo de elaboração do instrumento começa com uma lista abrangente de questões investigativas retiradas da hierarquia da questão de pesquisa em administração. O projeto do instrumento é um processo de três fases, com diversos itens em cada fase: (a) desenvolvimento da estratégia de projeto do instrumento, (b) construção e refinamento das questões de mensuração e (c) elaboração e refinamento do instrumento.

2 Diversas escolhas devem ser feitas ao elaborar um instrumento para um estudo de comunicação. A pesquisa pode ser feita por entrevista pessoal, ou pode ser bem menos pessoal, usando meios indiretos e questionários autoadministrados. O processo de questionamento pode ser não estruturado, como nas entrevistas em profundidade, ou as questões podem ser claramente estruturadas. As respostas podem ser não estruturadas (abertas) ou estruturadas (fechadas), com escolha do participante a partir de uma lista de possibilidades. Também é preciso decidir o grau em que os objetivos e a intenção das perguntas devem ser disfarçados.

3 Os instrumentos obtêm três classes gerais de informação. As questões objetivadas lidam com as questões investigativas e são as mais importantes. As questões de classificação dizem respeito às características dos participantes e permitem que suas respostas sejam agrupadas para análise. As questões administrativas identificam o participante, o entrevistador, o local e as condições da entrevista.

4 A elaboração das questões envolve três áreas fundamentais de decisão: (a) conteúdo da questão, (b) redação da questão e (c) estratégia de resposta. O conteúdo da questão deve passar pelos seguintes testes: A pergunta deve ser feita? O escopo é adequado? O participante pode e irá responder adequadamente?

As dificuldades de redação das questões excedem a maioria das outras fontes de distorção nos levantamentos. A manutenção de uma questão deve ser confirmada ao responder: A pergunta é formulada com vocabulário comum? O vocabulário tem um significado preciso? A pergunta contém suposições enganosas? A redação é tendenciosa? A pergunta está corretamente personalizada? São apresentadas alternativas adequadas?

O objetivo do estudo e os fatores dos participantes afetam a decisão de usar questões abertas ou fechadas. Cada estratégia de resposta gera um nível específico de dados, e os procedimentos estatísticos disponíveis para cada tipo de escala influenciam a estratégia de resposta desejada. Os fatores do participante incluem nível de informação sobre o tópico, grau em que o tópico foi analisado, facilidade de comunicação e motivação para compartilhar informações. A decisão também é afetada pela percepção que o entrevistador tem dos fatores do participante.

Tanto as respostas dicotômicas como as questões de múltipla escolha são importantes, porém, fazendo um balanço, a última opção é preferida ainda que seja porque poucas perguntas têm apenas duas respostas possíveis. As estratégias de lista de verificação, classificação e graduação também são comuns.

5 A sequência das questões pode afetar drasticamente a disposição de cooperar do participante e a qualidade das respostas. Geralmente, a sequência deve começar com esforços para despertar o interesse do participante na continuação da entrevista. As questões iniciais devem ser simples, e não complexas, mais fáceis, e não mais difíceis, não ameaçadoras e, obviamente, adequadas ao objetivo declarado do estudo. As mudanças na estrutura de referência devem ser mínimas, e as questões devem ter uma ordenação que permita que perguntas iniciais não distorçam as respostas das posteriores.

6 As fontes de questões para elaboração de questionários incluem literatura sobre pesquisa relacionada e livros de escalas e questionários. O empréstimo de itens tem algum risco, como problemas específicos de época e de situação, ou de confiabilidade e validade. A incompatibilidade de linguagem e as expressões idiomáticas também devem ser consideradas.

Termos-**chave**

efeito de primazia 312
efeito de recência 312
lista de verificação 313
modelo de tabela 302
plano de entrevista 304
pré-teste 326
questão de aquecimento 320
questão de categorização 304

questão de duplo conceito 311
questão de graduação 314
questão de múltipla escolha 310
questão de ramificação 317
questão de resposta livre 310
questão dicotômica 310
questão disfarçada 300
questões administrativas 304

questões de classificação 314
questões de triagem (perguntas-filtro) 318
questões direcionadoras 307
questões objetivadas 302
  estruturada 304
  não estruturada 304
resposta estruturada 307
resposta não estruturada 307

Questões para **discussão**

Revisão de termos

1 Distinga entre:
  a Questões diretas e indiretas.
  b Questões abertas e fechadas.
  c Questões de pesquisa, investigativas e de mensuração.
  d Estratégias alternativas de resposta.

2 Por que a técnica de levantamento é tão popular? Quando ela não é apropriada?

3 Que problemas especiais temos com as questões abertas? Como eles podem ser minimizados? Em que situações as questões abertas são mais úteis?

4 Por que um pesquisador desejaria disfarçar o objetivo de um estudo?

5 Uma das principais razões por que uma pesquisa de levantamento pode não ser eficaz é seus instrumentos serem menos úteis do que deveriam ser. Para você, quais seriam as quatro principais falhas na elaboração de um instrumento de levantamento?

6 Por que é desejável fazer um pré-teste com os instrumentos de levantamento? Que informações podemos garantir com esse pré-teste? Como podemos encontrar a melhor redação para uma questão em um questionário?

7 Um problema de construção no desenvolvimento de instrumentos de levantamento diz respeito à sequência das questões. Que sugestões você daria aos pesquisadores que estão criando seu primeiro questionário?

8 Um dos principais problemas enfrentados pelo criador de um instrumento de levantamento diz respeito às suposições feitas. Quais são as principais "suposições que causam problema"?

Tomada de decisão em pesquisa

9 Seguem seis questões que podem ser encontradas em questionários. Comente cada uma dizendo se é ou não uma boa questão. Se não for, explique o porquê. (Suponha que não sejam requeridas questões direcionadoras nem de triagem. Julgue cada questão por seus próprios méritos.)
  a Você lê a revista *National Geographic* regularmente?
  b Que percentual de seu tempo é gasto solicitando informações de outras pessoas em sua empresa?
  c Quando você começou a mascar chicletes?
  d Quanto poder de compra discricionário você tem a cada ano?
  e Por que você decidiu cursar a Big State University?
  f Você acha que o presidente está fazendo um bom trabalho atualmente?

10 Em um projeto de classe, os alunos desenvolveram um breve questionário autoadministrado por meio do qual poderiam avaliar rapidamente um professor, e um aluno apresentou o seguinte instrumento. Avalie as questões feitas e o formato do instrumento.

Formulário de avaliação de professor

  1. Em geral, como você classifica esse professor?
    ❏ Bom   ❏ Regular   ❏ Ruim
  2. Esse professor:
    a. Tem bom relacionamento com a turma? _____
    b. Sabe a matéria? _____

    c. Tem uma atitude positiva em relação à matéria? _____
    d. Dá notas justas? _____
    e. Tem senso de humor? _____
    f. Usa material audiovisual, exemplos de casos ou outros materiais de apoio? _____
    g. Devolve as provas logo? _____
3. Qual é o ponto forte do professor? _____
4. Qual é o ponto fraco do professor? _____
5. Que tipo de aula o professor dá? _____
6. A disciplina é obrigatória? _____
7. Você faria outra disciplina com esse professor? _____

11 Suponha que a American Society of Training Directors esteja estudando seus membros para melhorar os benefícios e atrair novos membros. Abaixo está uma cópia da carta de cobertura e do questionário por e-mail recebido por um membro da sociedade. Por favor, avalie a utilidade e o tom da carta, as questões e o formato do instrumento.

Prezado membro da ASTD:

A ASTD está avaliando a percepção do valor da condição de sócio entre seus membros. Em anexo, há um pequeno questionário e um envelope de retorno. Espero que você possa ceder alguns minutos e responder ao questionário o mais breve possível, pois, quanto antes as informações chegarem a mim, melhor.

Atenciosamente,

Diretor de Associação

Questionário

Instruções: Por favor, responda o mais resumidamente possível.

1. Em que empresa você começou a trabalhar na área de treinamento? _____
2. Há quanto tempo você está na área de treinamento? _____
3. Há quanto tempo você está no departamento de treinamento da empresa em que trabalha atualmente? _____
4. Há quanto tempo existe o departamento de treinamento em sua empresa? _____
5. O departamento de treinamento é uma subdivisão de outro departamento? Caso afirmativo, de qual departamento? _____
6. Por quais funções (além de treinamento) seu departamento é responsável? _____
7. Quantas pessoas, incluindo você, trabalham no departamento de treinamento de sua empresa (fábrica ou estabelecimento local)? _____
8. Que diplomas você possui e de que instituições? _____

Especialização

9. Por que você foi escolhido para treinamento? Que qualificações específicas o levaram a entrar na área de treinamento? _____

10. Que experiência você consideraria necessária para uma pessoa entrar na área de treinamento de sua empresa?

Inclua as exigências educacionais e a experiência profissional. _____

Dando vida à pesquisa

12 Elabore a apresentação do levantamento da Albany Outpatient Laser Clinic, presumindo que ele continuará a ser um questionário autoadministrado.

13 Para avaliar se as atitudes dos pacientes antes da cirurgia afetam a recuperação e a satisfação do cliente com a Albany Outpatient Laser Clinic, elabore uma questão para o levantamento autoadministrado (uma revisão das vinhetas de abertura deste capítulo e do Capítulo 9 pode ser útil).

Do conceito à prática

14 Usando as Figuras 13-1, 13-4 e 13-10, desenvolva um fluxograma para o estudo da Albany Outpatient Laser Clinic na vinheta de abertura.

Direto das manchetes

15 Dados econômicos do governo dos EUA revelam que jovens adultos, pessoas de meia-idade e idosos estão tendo mais dificuldades na economia atual. Embora o mercado de trabalho do país mostre um declínio na taxa de desemprego, o percentual de jovens adultos, com idade de 18 a 24 anos, atualmente empregados (54%) é o nível mais baixo desde que a coleta de dados governamentais começou, em 1948. Se você estivesse trabalhando para uma organização de levantamento nacional que fizesse um levantamento de público em geral de jovens adultos e idosos, quais assuntos e questões criaria em seu levantamento sobre esse achado?

Casos (em inglês) no site do Grupo A

Atendimento de ligações

Campbell-Ewald: R-E-S-P-E-I-T-O
soletra fidelidade

A pesquisa pode resgatar a Cruz Vermelha?

Mentes curiosas querem saber – AGORA!

Hipóteses de testes da Marcus Thomas LLC para o desenvolvimento criativo da Troy-Bilt

Dominando a liderança de professores

NCRCC: planejando um novo rumo estratégico

Proofpoint: capitalização da paixão de um repórter por estatística

Você encontrará uma descrição de cada caso na seção Índice de Casos deste livro. Verifique no Índice de Casos quais fornecem dados, o instrumento de pesquisa ou outro material complementar. Para acessar os casos (em inglês), entre no site do Grupo A (www.grupoa.com.br) e procure pelo livro.

Apêndice (em inglês) no site do Grupo A

Depois de fazer seu cadastro, entre no site do Grupo A (www.grupoa.com.br) e procure por este livro. Clique no ícone de Conteúdo Online para fazer download de dois apêndices (em inglês) que suplementam o conteúdo deste capítulo.

Apêndice 13b: Pretesting Options and Discoveries

Apêndice 13a

Criação de Questões Eficazes de Mensuração

Se as perguntas que fazemos nos questionários geram os dados de tomada de decisão de que os gestores realmente precisam, é algo influenciado por diversas questões. Cada uma das questões resumidas na Figura 13-5 é desenvolvida em maior profundidade aqui.

Conteúdo das questões

Essa pergunta deve ser feita?

Pertinente *versus* interessante As questões que produzem meramente "informações interessantes" não podem ser justificadas em bases econômicas ou de pesquisa, logo, questione a função de cada pergunta: ela contribui com informações significativas para responder à questão de pesquisa? Sua omissão limita ou impede a análise completa de outros dados? Podemos inferir a resposta a partir de outra pergunta? Um bom formulador de questões sabe o valor de descobrir mais com menos perguntas.

A questão tem escopo e cobertura adequados?

Incompleta ou sem foco Podemos testar esse item questionando: essa pergunta revela tudo que precisamos saber? Algumas vezes pedimos aos participantes para revelarem suas motivações para determinados comportamentos ou atitudes perguntando-lhes "Por quê?". Essa pergunta simples é inadequada para comprovar a extensão da maioria das relações causais. Por exemplo, ao estudar comportamento de uso de produto, aprende-se mais fazendo duas ou três perguntas sobre sua utilização para aqueles que o consomem muito e apenas uma pergunta para os que o consomem pouco.

As perguntas inadequadas não fornecem a informação necessária para interpretar totalmente as respostas. Se você pergunta sobre a imagem da Albany Clinic quanto à qualidade dos cuidados ao paciente, diferentes grupos de pacientes ou aqueles que a visitam pela primeira ou terceira vez têm atitudes diferentes? É necessário fazer as mesmas perguntas sobre outras empresas de forma a avaliar as atitudes relativas? No levantamento original da clínica, perguntaram aos participantes: "Você já teve ou foi tratado recentemente de um resfriado ou de uma gripe?". Se a resposta fosse afirmativa, o que exatamente eles teriam dito ao pesquisador que pudesse ser útil para o cirurgião oftalmológico? Não seria mais provável que o cirurgião estivesse interessado nos medicamentos tomados para tratar gripes ou resfriados nos últimos 10 dias antes da cirurgia? Essa questão também aponta dois outros problemas de escopo e cobertura: a questão de duplo conceito e a questão imprecisa.

Questões de duplo conceito A questão requer tanto conteúdo que poderia ser dividida em duas ou mais questões? Para reduzir o número geral de perguntas em um estudo, não tente fazer questões de duplo conceito. A questão da clínica sobre gripe ("Você já teve ou foi tratado recentemente de um resfriado ou de uma gripe?") é um exemplo de pergunta de duplo conceito, ela faz quatro perguntas em uma (Já teve resfriado? Já teve gripe? Já foi tratado de resfriado? Já foi tratado de gripe?).

Outro exemplo de pergunta comumente feita aos varejistas de roupas masculinas: As vendas de calçados e o lucro bruto deste ano são maiores que no ano passado? As vendas não poderiam estar mais altas com o lucro estagnado, ou o lucro mais alto com um nível de vendas mais alto ou mais baixo? Esse segundo exemplo é mais típico no problema das questões de duplo conceito.

Uma questão de duplo conceito menos óbvia é a que fazemos para identificar o canal de TV preferido por uma família ou por um grupo. A pergunta mais adequada questionaria o canal preferido de cada membro da família separadamente ou, de forma alternativa, buscaria aquele que controla com mais frequência a seleção de canais nas noites de segunda-feira no horário nobre. Além disso, é muito provável que nenhum canal possa ser classificado como preferido por uma pessoa se cobrirmos um grande período de tempo (das 20h às 23h), o que revela outro problema, a questão imprecisa.

Precisão Para testar a precisão de uma questão, pergunte-se se a questão pergunta precisamente o que queremos e precisamos saber, por exemplo, algumas vezes pergunta-se a um participante sua renda quando, na verdade, o que quer saber é a renda total anual da família antes dos impostos no último ano. Pergunta-se o que o participante comprou na "semana passada" quando o que se quer realmente saber é o que ele comprou em um "período típico de 7 dias durante os últimos 90 dias". Os pacientes da clínica foram questionados sobre seu histórico de gripes e resfriados em um período "infinito". É difícil tanto imaginar um adulto que nunca tenha tido gripe ou resfriado quanto supor que um adulto nunca tenha sido tratado de gripe ou resfriado em algum momento de sua vida.

Uma segunda questão relacionada à precisão lida com o vocabulário comum entre o pesquisador e o participante. Para testar sua pergunta em relação a esse aspecto, pergunte-se se é preciso dar definições operacionais de conceitos e constructos usados na questão.

O participante consegue responder adequadamente?

Tempo para pensar Embora a pergunta possa abordar o tópico, ela é feita de tal forma que o participante esteja apto a estruturar uma resposta, ou é razoável supor que ele possa determinar a resposta? Isso também é uma questão que orienta o projeto de amostra, mas, uma vez que a unidade de amostra ideal seja determinada, os pesquisadores geralmente supõem que os participantes que se encaixam no perfil da amostra têm todas as respostas, preferencialmente na ponta da língua. Estruturar uma resposta para algumas perguntas exige tempo e raciocínio; é melhor deixá-las para questionários autoadministrados.

Participação às custas da precisão Os participantes normalmente querem cooperar nas entrevistas; assim, eles acham que dar qualquer resposta é melhor que afirmar que não conhecem um assunto. O desejo de impressionar o entrevistador pode incentivá-los a dar respostas sem base informativa, conforme o seguinte exemplo:[1] Qual das seguintes declarações coincide mais proximamente com sua opinião sobre o Decreto de Metais Metálicos? O padrão de resposta mostrou que 70% dos entrevistados tinham uma opinião clara sobre o Decreto dos Metais Metálicos, no entanto esse decreto não existia. Os participantes aparentemente presumiram que, se uma pergunta fosse feita, eles deveriam dar uma resposta. Entre as respostas que pareciam razoáveis, eles selecionaram uma, embora não soubessem nada sobre o assunto.

Para contrabalançar essa tendência de responder a qualquer custo, são usadas *questões de filtro* ou *triagem* para qualificar o conhecimento do participante. Se o questionário de serviços da MindWriter fosse distribuído por correio a todos os compradores recentes de seus produtos, poderíamos perguntar: Você já precisou de manutenção para seu laptop desde a data da compra? Apenas aqueles que já tivessem usado o serviço poderiam fornecer os detalhes e o escopo das respostas indicadas na lista de questões investigativas. Se tal pergunta fosse feita em uma entrevista telefônica, poderíamos qualificar a questão como *triagem*, pois seria usada para determinar se a pessoa do outro lado da linha é uma unidade de amostra qualificada. Essa mesma questão feita em um questionário administrado por computador provavelmente faria o participante *ramificar* ou *omitir* uma série de questões de classificação.

Presumir que os participantes tenham conhecimento ou entendimento prévio pode ser arriscado. O risco é obter muitas respostas com pouca base em fatos. O exemplo do Decreto dos Metais Metálicos pode ser qualificado de incomum, mas, em outro caso, um relatório da Gallup revelou que 45% das pessoas pesquisadas não sabiam o que era um "lobista em Washington" e 88% não conseguiram dar uma descrição correta de "greve jurisdicional"[2], o que nos leva à necessidade de definições operacionais relativas à redação das perguntas.

Conhecimento presumido Quem elabora a pergunta deve considerar o nível de informação dos participantes ao determinar o conteúdo e a adequação da questão. Em alguns estudos, o grau de experiência do participante pode ser substancial, e explicações simplificadas são inadequadas e desencorajam a participação. Ao perguntar ao público sobre margens brutas em lojas de roupas masculinas, queremos ter certeza de que o "público geral" participante entende o significado de "margem bruta". Se nossa unidade de amostra fosse um comerciante, as explicações poderiam não ser necessárias; no entanto, um alto nível de conhecimento entre nossas unidades de amostra pode não eliminar a necessidade de definições operacionais. Entre comerciantes, margem bruta por unidade em dólares é comumente aceita como a diferença entre custo e preço de venda; mas, quando mencionada como um percentual, e não como um valor monetário, pode ser calculada como um percentual do preço unitário de venda ou como um percentual do custo unitário. Uma pessoa que respondesse a partir da estrutura de referência de "custo" calcularia a margem bruta em 100%; outro participante, usando o mesmo valor e a estrutura de referência de "preço de venda", calcularia a margem bruta em 50%. Se um constructo estiver envolvido e forem viáveis diferentes interpretações de um conceito, as definições operacionais podem ser necessárias.

Recordação e falha de memória O problema de adequação também ocorre quando fazemos perguntas que vão além da capacidade de recordação dos participantes. As pessoas não se lembram de muitas coisas que ocorreram no passado, a não ser que tenham sido importantes, por exemplo, sua mãe pode lembrar-se de tudo sobre seu nascimento se você foi o primeiro filho (o tempo, o período do dia, o que ela comeu antes de você nascer); se tiver muitos irmãos, a memória dela para os nascimentos subsequentes pode ser menos completa. Se os fatos pesquisados não são de grande interesse para os participantes, eles provavelmente não serão capazes de se lembrar corretamente deles, mesmo depois de um curto período de tempo. Uma questão de recordação não estimulada, como "Que programas de rádio você ouviu na noite passada?", pode identificar apenas 10% das pessoas que, de fato, ouviram um programa.[3]

Equilíbrio (geral *versus* específico) A adequação da resposta também depende do equilíbrio apropriado entre

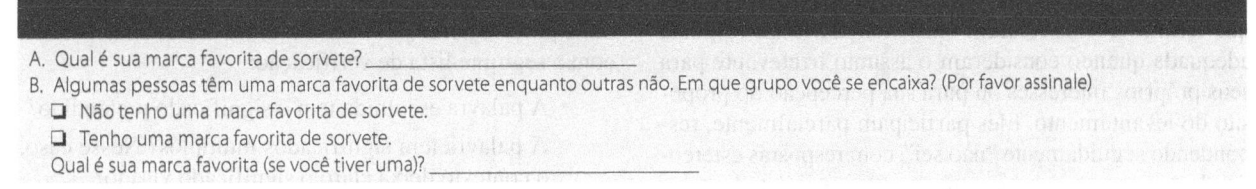

A. Qual é sua marca favorita de sorvete? _____
B. Algumas pessoas têm uma marca favorita de sorvete enquanto outras não. Em que grupo você se encaixa? (Por favor assinale)
   ❏ Não tenho uma marca favorita de sorvete.
   ❏ Tenho uma marca favorita de sorvete.
   Qual é sua marca favorita (se você tiver uma)? _____

Figura 13a-1 Teste de estratégias alternativas de resposta.

Resposta	Versão A	Versão B
Informaram sua marca favorita	77%*	39%*
Informaram seu sabor favorito e não a marca	19	18
Não têm marca favorita	4	43
Total	100%	100%
	$n = 57$	$n = 56$

Figura 13a-2 Resultados do teste de estratégias alternativas de resposta.
*Diferença significativa ao nível 0,001.

generalidade e especificidade. Muitas vezes, fazemos perguntas em termos muito gerais, que não pertencem às experiências dos participantes. Perguntar sobre o consumo médio anual de um produto pode gerar uma demanda irrealista de generalização por parte de pessoas que não pensam nesses termos. Por que não perguntar com que frequência o produto foi usado na última semana ou no último mês? Muito frequentemente solicita-se que participantes recordem experiências individuais de uso em um período amplo de tempo e que façam uma média delas para nós. Isso é pedir aos participantes que façam o trabalho do pesquisador e incentiva erros substanciais na resposta, além de poder contribuir para uma taxa mais alta de recusa e de descontinuação.

É arriscado estreitar muito o período de tempo aplicado para questões de comportamento. Podemos perguntar sobre os filmes vistos no cinema nos últimos sete dias, embora esse seja um período muito curto no qual basear as estimativas. Pode ser melhor perguntar sobre os últimos 30 dias, por exemplo.

Não há regras fixas sobre esse problema de generalidade *versus* especificidade. O desenvolvimento do nível correto de generalidade depende do assunto, do setor, do ambiente e da experiência de quem elabora a questão.

Objetividade A capacidade dos participantes para responder adequadamente também é frequentemente distorcida por questões cujo conteúdo seja influenciado por aquilo que é incluído ou omitido. A pergunta pode mencionar explicitamente apenas os aspectos positivos ou negativos do assunto ou fazer suposições incertas sobre a posição do participante. Considere a Figura 13a-1, um experimento no qual foram feitas duas formas de uma pergunta. Cinquenta e sete alunos de graduação em administração, escolhidos aleatoriamente, responderam à versão A, e 56 responderam à versão B. Suas respostas são mostradas na Figura 13a-2. A causa provável da diferença na preferência de marca é que A é a questão dominante. Ela presume e sugere que todos têm uma marca favorita de sorvete e a informarão. A versão B indica que o participante não precisa ter uma favorita.

Uma deficiência nas duas versões é que um em cada cinco participantes interpretou mal o significado da palavra *marca*. Esse erro de interpretação não pode ser atribuído a baixo nível educacional, pouca inteligência, falta de exposição ao assunto ou leitura rápida ou desatenta da questão. Os sujeitos eram alunos que já tinham cursado pelo menos uma disciplina de marketing em aulas que abordaram a questão de marcas.[*]

Os participantes responderão de bom grado?

Informações delicadas Mesmo que tenham as informações, os participantes podem não estar dispostos a dá-las, pois alguns tópicos são considerados muito delicados para serem discutidos com estranhos. Essa suscetibilidade varia de uma pessoa para outra, mas um estudo sugere que os assuntos mais delicados estão relacionados a questões de dinheiro e vida familiar.[4] Mais de um quarto dos entrevistados mencionaram esses assuntos como aqueles sobre os quais eles "estariam menos dispostos a responder". Os participantes com posição socioeconômica mais baixa também incluíram questões políticas nessa lista de assuntos "menos desejáveis".

Os participantes também podem não estar dispostos a dar respostas corretas por razões de ego; muitos exageram sua renda, o número de carros que possuem, sua posição social, a quantidade de autores de prestígio que leram, e

---
*Dificuldades com palavras são discutidas posteriormente neste apêndice.

diminuem a idade e a quantidade de livros de baixo nível que leram. Outros relutam em tentar dar uma resposta adequada quando consideram o assunto irrelevante para seus próprios interesses ou para sua percepção do propósito do levantamento. Eles participam parcialmente, respondendo seguidamente "não sei", com respostas estereotipadas, ou mesmo se recusam a serem entrevistados.

Para saber mais sobre a criação de questões que tratam de informações delicadas, leia "Mensuração de Atitudes sobre Assuntos Delicados" no site do livro.

Redação das questões

Vocabulário comum Como a pesquisa é uma troca de ideias entre entrevistador e participante, cada um deve entender o que o outro fala, e isso só é possível se o vocabulário usado for comum para as duas partes.[5]

Surgem dois problemas: primeiro, as palavras devem ser suficientemente simples para permitir comunicação adequada com pessoas de educação limitada – resolve-se reduzindo o nível de dificuldade do texto pelo uso de palavras e frases simples (falaremos mais sobre isso na seção sobre clareza das palavras); a linguagem técnica é o segundo ponto: mesmo participantes com alto nível educacional não conseguem responder a questões feitas em termos técnicos desconhecidos.

A linguagem técnica também apresenta dificuldades para os entrevistadores. Em um estudo para saber como os executivos lidavam com diversos problemas financeiros, os entrevistadores tinham que usar termos técnicos dessa área, o que apresentou ao pesquisador duas alternativas: contratar pessoas que entendam de finanças e ensinar a elas as habilidades de pesquisa ou ensinar conceitos financeiros a entrevistadores experientes.[6] Esse problema de vocabulário também existe quando estudos semelhantes ou idênticos são conduzidos em diferentes países e em diversos idiomas.

Um grande obstáculo para a redação eficaz de perguntas é a escolha das palavras. As perguntas a serem feitas ao público devem se restringir às 2 mil palavras mais comuns do idioma.[7] Até mesmo o uso de palavras simples não é suficiente, pois muitas palavras têm referências ou significados vagos, que devem ser extraídos do contexto. Em um estudo sobre conserto, perguntava-se aos técnicos: Quantos aparelhos de rádio você consertou no mês passado? Essa pergunta pode não parecer ambígua, mas os participantes interpretaram-na de duas formas: alguns achavam que ela se referia a cada um individualmente; outros interpretaram que ela se referia a toda a equipe de técnicos da loja. Também existe a possibilidade de interpretar mal a expressão "no mês passado", dependendo do momento em que seja feito o estudo; o uso da expressão "durante os últimos 30 dias" torna o sentido mais preciso e não gera ambiguidade. Entre as palavras que causam muitos problemas, estão os verbos auxiliares e as palavras *algum, justo, próximo, frequentemente, média* e *regular*.

Um autor recomenda que, depois de redigir uma questão o mais precisamente possível, devemos testar cada palavra com a seguinte lista de verificação:

- A palavra escolhida tem o significado pretendido?
- A palavra tem significados múltiplos? Nesse caso, o contexto deixa claro o significado visado?
- A palavra escolhida tem mais de uma pronúncia? Há qualquer palavra com pronúncia semelhante à palavra escolhida que poderia causar confusão?
- Há possibilidade de usar uma palavra ou frase mais simples?[8]

Surgem outros problemas quando usamos conceitos abstratos que têm insinuações ou qualificações emocionais.[9] Sem referentes concretos, os significados são muito vagos para as necessidades do pesquisador. Exemplos desse tipo de palavras são *empresa, governo* e *sociedade*.

Podemos lidar com as questões de vocabulário compartilhado usando:

- Palavras simples, em vez de complexas.
- Palavras comumente conhecidas e não ambíguas.
- Palavras precisas.
- Entrevistadores que conheçam o conteúdo.

Suposições não comprovadas As suposições não comprovadas geram muitos problemas de redação de questões. Um jornal metropolitano, o *Midwest Daily*, fez um estudo para tentar descobrir o que os leitores gostariam de ver na nova seção de estilo de vida. Uma pergunta notável indagava às leitoras: Quem escolhe suas roupas? Você ou o homem em sua vida? Nessa época de mulheres instruídas, trabalhadoras e independentes, a pergunta ofendeu grande parte das leitoras; além disso, o jornal descobriu que muitas de suas leitoras eram mais jovens do que os pesquisadores haviam pensado, e o único homem na vida delas era o pai, e não o marido ou o par romântico mencionado nas perguntas que se seguiam. Quando os homens leram essa pergunta, acharam que o jornal estava preocupado apenas com o interesse das leitoras. As suposições não comprovadas em que se baseou o questionário geraram um índice de resposta muito menor que o esperado e fizeram com que muitas respostas não pudessem ser interpretadas.

Estrutura de referência A questão de estrutura de referência também é inerente aos problemas de significado das palavras. Cada um de nós entende conceitos, palavras e expressões à luz de nossas próprias experiências. O U.S. Bureau of the Census queria saber quantas pessoas estavam no mercado de trabalho e, para isso, o órgão perguntou às pessoas: Você fez qualquer trabalho remunerado ou para obter lucro na última semana? Os pesquisadores erroneamente presumiram que haveria uma estrutura de referência comum entre o entrevistador e os participantes sobre o significado da palavra *trabalho*. Infelizmente, muitas pessoas viam-se principalmente ou em primeiro lugar como donos de casa ou estudantes, deixando de informar que também tinham trabalhado em um emprego durante a semana. A diferença na estrutura de referência fez o número de pessoas que trabalha nos Estados Unidos ser subestimado.

Em uma versão subsequente do estudo, essa pergunta foi substituída por duas outras, a primeira delas buscava uma declaração sobre a principal atividade do participante durante a semana. Se o participante desse uma classificação que não fosse de trabalho, a segunda pergunta era feita para determinar se a pessoa havia desempenhado algum trabalho remunerado, além dessa atividade principal. Essa revisão aumentou a estimativa do total de pessoas empregadas em mais de 1 milhão, das quais metade trabalhavam 35 horas ou mais por semana.[10]

A estrutura de referência pode ser controlada de duas formas. Primeiro, o entrevistador pode tentar descobrir a estrutura de referência usada pelo participante, por exemplo, ao pedir aos participantes que avaliem suas razões para classificar uma loja como não atraente, o entrevistador deve descobrir as estruturas de referência usadas: a loja está sendo avaliada em termos de suas características e leiaute específicos, de falha da diretoria em responder a uma reclamação feita pelo participante, da preferência por outra loja ou da dificuldade recente para devolver um item não desejado?

Segundo, é útil especificar a estrutura de referência para o participante: ao pedir uma opinião sobre a nova aparência da loja, o entrevistador precisa especificar que a pergunta deve ser respondida com base na opinião do participante sobre leiaute, claridade, colocação da sinalização, facilidade de encontrar os produtos ou outra estrutura de referência.

Redação tendenciosa O viés é a distorção das respostas em uma direção ou em outra, podendo resultar de muitos problemas já discutidos, mas a escolha das palavras é sempre a principal fonte. Obviamente, palavras ou expressões como *politicamente correto* ou *fundamentalista* devem ser usadas com muito cuidado; adjetivos fortes podem causar muita distorção. Um suposto levantamento de opinião centrado na questão de preparação para a morte incluía a seguinte pergunta: Você acha que funerais decentes, de baixo custo, são sensatos? Quem poderia ser contra qualquer coisa *decente* ou *sensata*? Há dúvidas em relação ao fato de isso ter sido uma pesquisa verdadeira ou uma campanha de vendas de uma funerária, mas a pergunta mostra o quanto um adjetivo pode ser sugestivo.

Os congressistas são conhecidos por usar pesquisas como uma forma de comunicarem-se com seus constituintes, no entanto as perguntas são redigidas de forma a destacar a postura defendida pelo congressista. Você saberia dizer a postura do congressista na questão abaixo?

Exemplo: Você gostaria que eu votasse a favor de um orçamento equilibrado se isso significasse custos mais altos para complementar os benefícios de seguro social que você já recebeu?

Também podemos influenciar muito o participante usando nomes de prestígio em uma pergunta, por exemplo, em um levantamento histórico para saber se o departamento de guerra e a marinha deveriam ser reunidos em um único departamento de defesa afirmou: "O general Eisenhower declara que o exército e a marinha devem ser reunidos", enquanto outra versão omitia seu nome. Na primeira versão (nome incluído), 49% dos participantes aprovaram a criação do departamento único; na segunda, apenas 29% foram favoráveis ao departamento único.[11] Simplesmente imagine usar o nome de Kobe Bryant ou Dirk Nowitzki em uma pergunta feita a adolescentes interessados em basquete. O poder de grupos de referência para mudar opiniões e atitudes está bem estabelecido na propaganda e não deve ser subestimado na criação de levantamentos.

Também podemos influenciar as respostas com o uso de superlativos, gírias e palavras da moda; é melhor excluí-las, a não ser que sejam fundamentais para o objetivo da questão. Referências étnicas também devem ser feitas com cuidado.

Personalização Em que grau uma pergunta deve ser personalizada? Devemos perguntar "O que você faria em relação...?", ou "O que as pessoas com as quais você trabalha fariam em relação...?". O efeito da personalização é mostrado em um exemplo clássico relatado por Cantril.[12] Foi feito um teste separado – no qual parte da amostra recebeu uma questão, e a outra recebeu uma diferente – de uma pergunta em relação às atitudes sobre a expansão das forças armadas dos Estados Unidos em 1940, conforme mostra a Figura 13a-3.

Esses e outros exemplos mostram que a personalização das perguntas muda as respostas, mas não fica claro se a mudança é para melhor ou para pior. Não podemos dizer qual método é superior; talvez o melhor que possamos dizer é que quando as duas formas são aceitáveis, devemos escolher aquela que parece apresentar a questão de forma mais realista. Se houver dúvidas, podemos usar versões separadas da pesquisa (uma parte da amostra deve receber uma versão da questão, enquanto outra deve receber a versão alternativa).

Alternativas adequadas Expressamos adequadamente as alternativas em relação ao propósito da questão? Em geral, é interessante expressar cada alternativa explicitamente para evitar viés; exemplifica-se bem com duas perguntas feitas para uma amostra semelhante de participantes.[13] As formas de perguntas usadas são mostradas na Figura 13a-4.

Muitas vezes, as questões anteriores apresentam-se simultaneamente em uma única pergunta. A Figura 13a-5 revela diversas perguntas retiradas de levantamentos reais por correspondência. Identificamos as questões problemáticas e sugerimos uma solução para melhorá-las.

Os Estados Unidos deveriam tomar uma dessas atitudes neste momento?
A. Aumentar nossas forças armadas, mesmo que isso signifique mais impostos.

Os Estados Unidos deveriam tomar uma dessas atitudes neste momento?
B. Aumentar nossas forças armadas, mesmo que você tenha que pagar um imposto especial.

188% dos que responderam a questão A achavam que as forças armadas deveriam ser aumentadas, ao passo que apenas 79% dos que responderam a questão B eram favoráveis ao aumento das forças armadas.

Figura 13a-3 Teste separado de redação alternativa da questão.
Fonte: Hadley Cantril, ed., *Gauging Public Opinion* (Princeton, NJ: Princeton University Press, 1944), p. 48.

A maneira como uma pergunta é feita pode influenciar os resultados. Considere estas duas perguntas alternativas que julgam a imagem das empresas na comunidade em razão de demissões:

A. Você acha que a maioria das empresas que dispensa os trabalhadores durante os períodos de queda nas vendas poderia se organizar para evitar as dispensas e manter um ritmo de trabalho constante durante o ano?

B. Você acha que a maioria das empresas que dispensa os trabalhadores nos períodos de queda nas vendas poderia evitar as dispensas e manter um ritmo de trabalho constante durante o ano, ou você acha que as dispensas são inevitáveis?

Os resultados

Quando perguntados se...	A	B
As empresas poderiam evitar as dispensas	63%	35%
As empresas não poderiam evitar as dispensas	22%	41%
Não opinaram	15%	24%

Figura 13a-4 Alternativas de expressão.
Fonte: Hadley Cantril, ed., *Gauging Public Opinion* (Princeton, NJ: Princeton University Press, 1944), p. 48.

Embora a sugestão possa não ser a única solução, ela corrige os problemas identificados. Que outras soluções poderiam aplicar-se à correção dos problemas identificados?

Estratégia de resposta

Os objetivos do estudo; as características dos participantes, especialmente nível de informação, nível de motivação para participar e facilidade de comunicação; a natureza do tópico em estudo; o tipo de escala necessária; e seu plano de análise ditam a estratégia de resposta. Os exemplos das estratégias descritas no Capítulo 13 e discutidas em detalhe nos Capítulos 11 e 12 são encontrados na Figura 13-6.

Objetivo do estudo Se o objetivo da questão for apenas classificar o participante quanto a algum ponto de vista declarado, então a questão fechada funcionará bem, por exemplo, suponha que você esteja interessado apenas em saber se o participante aprova ou desaprova certa política corporativa; uma questão fechada fornecerá essa resposta. Essa estratégia de resposta ignora o escopo completo da opinião do participante e os eventos que inicialmente ajudaram a moldar sua atitude. Se o objetivo for explorar um território mais amplo, será preferível uma questão aberta (estratégia de resposta livre).

As questões abertas são apropriadas quando o objetivo é descobrir opiniões e graus de conhecimento; o entrevistador busca fontes de informações, datas de eventos e sugestões; são feitas tentativas para obter mais informações. Se o tópico de uma pergunta está fora da experiência do participante, a questão aberta pode ser a melhor forma de saber seu nível de informação.

As questões fechadas são melhores quando houver uma estrutura de referência clara, o nível de informação do participante for previsível e o pesquisador acreditar que o participante entende o assunto.

As questões abertas também ajudam a confirmar sentimentos e expressões de intensidade, embora questões fechadas bem planejadas possam fazer o mesmo.

Profundidade do pensamento anterior Se o participante tiver uma opinião clara sobre o assunto, uma questão fechada funcionará bem; se não tiver pensando em uma resposta, uma questão aberta pode dar-lhe a chance de ponderá-la, elaborando-a e revisando-a.

Habilidade de comunicação As questões abertas exigem um maior domínio do vocabulário e uma maior habilidade de estruturar respostas que as fechadas.

Motivação do participante A experiência tem mostrado que as questões fechadas normalmente exigem menos motivação e respondê-las é menos ameaçador para os participantes. Mas as alternativas de resposta algumas vezes sugerem qual é a apropriada; por essa razão, as questões fechadas podem ser tendenciosas.

Embora as questões abertas ofereçam muitas vantagens, as fechadas geralmente são preferidas em grandes levantamentos, pois reduzem a variabilidade de respostas, exigem menos habilidades do entrevistador, custam menos para administrar e são muito mais fáceis de codificar e analisar. Depois de exploração e teste adequados, geralmente podemos desenvolver questões fechadas que atuem tão bem quanto as abertas em muitas situações. Os estudos experimentais sugerem que as questões fechadas são iguais ou superiores às abertas em muito mais aplicações do que comumente se acredita.[14]

Problema/solução	Questão de mensuração fraca	Questão de mensuração melhorada
Problemas: A lista de verificação oferece opções que não são nem exaustivas nem mutuamente excludentes. Além disso, ela não lida completamente com as necessidades de conteúdo de entender por que as pessoas escolhem um hotel quando elas viajam por lazer versus por negócio. **Solução:** Organizar as alternativas. Criar subconjuntos dentro das escolhas; usar cor ou sombreamento para destacar subconjuntos. Para facilidade de codificação, expandir as alternativas para que o respondente não use "outro" com muita frequência.	Se o seu objetivo para estadia NESTE hotel incluiu prazer pessoal, para QUAL objetivo especificamente? ❏ Visitar amigo/parente ❏ Passeio de fim de semana ❏ Evento esportivo ❏ Visita às atrações turísticas ❏ Evento familiar ❏ Férias ❏ Outro: _____	Que motivo explica MELHOR seu objetivo para estadia NESTE hotel por prazer pessoal? ❏ Refeições ❏ Compras ❏ Entretenimento 　...isso foi para um... ❏ Evento relacionado a esporte? 　　　　　　　　　❏ Teatro, musical ou outra apresentação? 　　　　　　　　　❏ Museu ou exposição? ❏ Visitar amigo/parente 　... isso foi para um evento especial? ❏ SIM ❏ NÃO ❏ Férias 　... basicamente isso foi para... ❏ Visitar as atrações turísticas 　　　　　　　　　❏ Fazer um passeio de fim de semana? ❏ Outro: _____
Problemas: Questão múltipla; sem período de tempo para o comportamento; "frequentemente" é um constructo indefinido para o comportamento alimentar; dependendo do objetivo do estudo, "pedir" não é um conceito tão poderoso para mensurar quanto os outros (por exemplo: compra, consumo ou alimentar). **Solução:** Separar as perguntas; expandir as alternativas de resposta; definir claramente o constructo que você quer medir.	Quando você sai para jantar, você frequentemente pede aperitivos e sobremesa? ❏ SIM　　　❏ NÃO	Considerando suas experiências pessoais de alimentação fora de casa nos últimos 30 dias, você comprou algum aperitivo ou sobremesa mais da metade das vezes? 　　　　　　Mais da　　Menos da 　　　　　　Metade das Vezes　Metade das Vezes Comprou 　um aperitivo　　❏　　　❏ 　uma sobremesa　❏　　　❏ ❏ Não comprou nem aperitivos nem sobremesas.
Problema: Período de tempo não específico; probabilidade de haver falha de memória; filtro não especificado (não pergunta o que você realmente precisa saber para qualificar um respondente). **Solução:** Substituir "já" por um período de tempo mais adequado; filtrar o comportamento desejado.	Você já assistiu a um jogo de basquete universitário? ❏ SIM　　　❏ NÃO	Nos últimos seis meses, você assistiu a um jogo de basquete disputado por equipes universitárias em um *campus*? ❏ SIM　　　❏ NÃO
Problema: A pergunta enfrenta um séria falha de memória, pois um casaco não precisa ser comprado a cada ano; não está perguntando se o casaco era uma compra pessoal ou para outra pessoa; não se sabe o tipo de casaco comprado; nem se sabe se o casaco foi comprado pelo seu preço integral ou com desconto. **Solução:** Limitar o período de tempo; especificar o tipo de casaco.	Quanto você pagou pelo último casaco comprado?	Você comprou um casaco de couro para uso pessoal nos últimos 60 dias? ❏ SIM　　　❏ NÃO 　Quanto você pagou neste casaco de couro? (valor aproximado) US$ _____,00 　Esse casaco foi comprado a um preço com desconto? ❏ SIM　　　❏ NÃO

Figura 13a-5 Reconstrução das questões

Capítulo 14
Amostragem

> ❝Nós temos que ouvir o que está sendo dito em um ambiente natural, e as mídias sociais são um lugar óbvio para isso, mas também precisamos descobrir as opiniões que não estão sendo compartilhadas abertamente. Somente então poderemos entender a dicotomia entre a persona pública e a persona privada.❞
>
> *Ben Leet, diretor de vendas uSamp*

Objetivos de **aprendizagem**

Após ler este capítulo, você compreenderá...

1. As duas premissas em que se baseia a teoria da amostragem.
2. As características de acurácia e precisão para mensuração da validade da amostra.
3. As cinco questões que devem ser respondidas ao desenvolver um plano de amostragem.
4. As duas categorias de técnicas de amostragem e a variedade de técnicas de amostragem dentro de cada categoria.
5. As várias técnicas de amostragem e quando cada uma é usada.

Dando vida à pesquisa

Os pesquisadores representam uma comunidade profissional relativamente pequena. Em determinada empresa não especializada em pesquisa, encontram-se poucos destes profissionais treinados, tornando a colaboração necessária. Pesquisadores de diferentes empresas geralmente compartilham sua experiência em conferências profissionais como tentativa de fazer a indústria progredir como um todo. Como resultado, costumam compartilhar o segredo dos sucessos e fracassos uns dos outros para melhorar seus próprios projetos. Voltamos a Jason e Sara enquanto eles discutem a amostragem para um novo projeto com a Sinfônica de Glacier.

"O participante ideal é atencioso, articulado, racional e, acima de tudo, cooperativo; no entanto, as pessoas reais são mal-humoradas, teimosas, mal informadas, até mesmo perversas. Apesar de tudo, é com elas que a gente precisa trabalhar", diz Jason, pensando em voz alta, enquanto ele e Sara acertam os detalhes do plano de amostragem da Sinfônica de Glacier.

"Sam Champion, diretor de marketing da CityBus", diz Sara, "certamente tinha problemas de amostragem. Ele deixou que um pesquisador inexperiente – Eric Burbidge – fizesse a amostragem para determinar onde a empresa poderia promover suas novas linhas e horários com maior eficiência. Seu maior problema era um pequeno orçamento e passageiros de duas cidades diferentes, onde há dois jornais de grande circulação – e tarifas de propaganda expressivas. A CityBus esperava anunciar em apenas um jornal. Mas os jornais não tinham dados sobre sua circulação em bancas de jornais específicas. Champion contou a história no último almoço da Marketing Research Association.

Parece que Burbidge não tinha experiência suficiente para tentar responder à questão da CityBus sobre qual jornal usar para os anúncios, feita em uma pesquisa em um ônibus que vai de uma cidade à outra na hora do *rush* do fim da tarde. Burbidge subiu no ônibus da linha 99 e disse ao motorista que era do escritório central e estava lá para fazer um levantamento oficial durante aquele percurso". Sara faz uma pausa teatral e baixa o tom de voz para imitar um sapo. "Preciso testar minha hipótese de que a leitura de jornais na linha 99 está igualmente dividida entre o *East City Gazette* e o *West City Tribune*."

Jason, agora interessado, interrompe: "Ele disse isso em um ônibus lotado de passageiros?"

"Bem, não. Os passageiros ainda não tinham embarcado. Champion contou que Burbidge forçou sua passagem até o início da fila e bateu com sua prancheta na porta para poder entrar antes dos passageiros, quando, então, disse aquilo para o motorista.

De qualquer forma, Burbidge distribuiu seus questionários, e os passageiros diligentemente os preencheram e o passaram adiante até onde Burbidge estava sentado, na frente do ônibus. E então eles começaram a jogar hóquei com uma bola de papel no corredor do ônibus."

"Hóquei com bola de papel?", pergunta Jason. "Evidentemente eles fizeram uma bola que é jogada pelas pernas de goleiros em cada ponta do corredor do ônibus com os jornais que estavam lendo, enquanto esperavam pelo ônibus. Enfim, o motorista disse a Burbidge que, uma vez que o East City Club jogaria hóquei naquela noite, quando ele limpasse o ônibus a maioria dos jornais seria o *East City Gazette*. Os passageiros naturalmente gostam de estudar o jogo da noite, então as bancas no terminal vendem muito, mas apenas o jornal que fizesse a melhor cobertura do esporte do dia. É claro que na noite seguinte os passageiros comprariam o *West City Tribune*, porque ele faz um trabalho de cobertura melhor de basquete profissional.

Burbidge, chateado, resmungou algo sobre o levantamento perguntando qual jornal foi comprado recentemente. O motorista disse a ele que não perdesse seu tempo. 'Eles compram o *Gazette* antes do hóquei e o *Trib* antes dos jogos de basquete... Mas é claro que pela manhã eles trazem os jornais que os entregadores jogam nos seus gramados.'

Burbidge resmungou que, ao escolher a linha 99 e a noite do hóquei, distorceu completamente os resultados.

O motorista, oponente favorito de Champion no jogo de dardos, adorou o desconforto de Burbidge porque ele agiu como um cretino no início e disse a Burbidge: 'Por ler o jornalzinho da empresa, eu sei que, no momento que você anunciar as novas linhas e horários, teremos terminado a temporada de hóquei e de basquete e entraremos na temporada da beisebol, e, é claro, a maioria dos passageiros no ônibus das 5h15 é de East City, e a maioria no ônibus das 5h45 é de West City, então seus resultados dependem naturalmente do

Dando vida à pesquisa (cont.)

fato de você decidir pesquisar o ônibus das 5h15 ou o das 5h45.'

Burbidge, completamente exasperado, perguntou ao motorista: 'Há alguma coisa mais que você gostaria de compartilhar comigo?'

O motorista não conseguiu esconder seu sorrisinho irônico ao lhe dizer: 'Os passageiros das 5h45 não leem muito jornal; ficam assistindo a um programa de esportes na TV do bar enquanto esperam o ônibus. A maioria não tem nenhum problema – se é que você entende o que quero dizer –; não conseguem ler as letrinhas pequenas porque eu não acendo as luzes internas'."

Sara faz uma pausa, permitindo que Jason pergunte: "Pode-se tirar alguma lição dessa história, Sara?"

"Bem, falamos em fazer com que os alunos de música distribuam e coletem questionários em todas as apresentações de sexta à noite. Fico imaginando se a Sinfônica de Glacier tem dados demográficos de pesquisas anteriores que possam lançar alguma luz sobre o público de concertos. Eu odiaria causar um viés sistemático em nossa amostra, como fez Burbidge. Já que não estaremos presentes para coletar os dados – como ele estava – pode ser que nunca saibamos."

A natureza da amostragem

A maioria das pessoas entende intuitivamente a ideia de amostra: um gole de um drinque nos diz se ele é doce ou amargo; se selecionarmos alguns anúncios de uma revista, normalmente supomos que nossa seleção reflete as características do conjunto completo; se alguns funcionários são favoráveis a uma estratégia de promoção, inferimos que os outros também o são. Esses exemplos variam em sua representatividade, mas todos são amostras.

A ideia básica de **amostragem** é que, ao selecionarmos alguns elementos em uma população, podemos tirar conclusões sobre toda a população. Um **elemento da população** é a pessoa considerada para mensuração, a unidade de estudo. Embora um elemento possa ser uma pessoa, pode facilmente ser qualquer outra coisa, por exemplo, cada trabalhador do escritório questionado sobre uma estratégia otimizada de promoção é um elemento da população, cada conta de propaganda analisada é um elemento da população de contas, e cada anúncio é um elemento da população de anúncios. Uma **população** é o conjunto completo de elementos sobre os quais desejamos fazer algumas inferências. Todos os trabalhadores de um escritório compõem uma população de interesse; todos os 4 mil arquivos definem uma população de interesse. Um **censo** é a contagem de todos os elementos em uma população. Se 4 mil arquivos definem a população, um censo obteria informações sobre cada um deles. **Estrutura de amostragem** é a lista de todos os elementos da população da qual a amostra foi extraída.

Para a CityBus, a população de interesse são todos os passageiros das linhas afetadas na futura reestruturação das linhas. Ao se estudar a satisfação do cliente com as operações de serviço da MindWriter, a população de interesse são todas as pessoas que tiveram um *laptop* consertado durante a validade do programa CompleteCare. O elemento da população é qualquer pessoa que interaja com o programa de serviços.

Por que amostra?

Há diversas razões para a amostragem, como: (1) custo mais baixo; (2) maior acurácia dos resultados; (3) maior velocidade na coleta de dados; e (4) disponibilidade de elementos da população.

Custo mais baixo

As vantagens econômicas de fazer uma amostragem, em vez de um censo, são muitas, como o custo de fazê-lo. Em 2000, devido a uma medida da Suprema Corte que exigia um censo, e não técnicas de amostragem estatística, o Bureau of the Census dos Estados Unidos aumentou seu orçamento para o censo decenal 2000 em US$ 1,723 bilhão, totalizando US$ 4,512 bilhões.[1] Não é muito difícil imaginar o motivo de os pesquisadores em todos os tipos de organização se perguntarem: Por que deveríamos gastar milhares de dólares entrevistando 4 mil funcionários em nossa empresa se podemos saber o que queremos perguntando a algumas centenas deles?

Maior acurácia de resultados

Deming argumenta que a qualidade do estudo é sempre melhor com uma amostragem do que com um censo, sugerindo: "A amostragem apresenta a possibilidade de entrevistar melhor (testar), fazer uma investigação mais profunda de informações faltantes, erradas ou suspeitas, ter uma melhor supervisão e um melhor processamento do que se tem com uma cobertura completa".[2] Os resultados das pesquisas confirmam essa opinião: mais de 90% dos erros em um estudo eram de fontes não amostrais, e apenas 10% ou menos eram erros de amostragem aleatória.[3] O Bureau of the Census dos Estados Unidos, embora solicitado a fazer um censo da população a cada 10 anos, mostra sua confiança na amostragem ao fazer levantamentos de amostragem para verificar a acurácia do censo. Sabemos que, em um censo, determinados segmentos da população são seriamente subestimados. Somente quando a população é pequena, acessível e altamente variável é que a acurácia tem probabilidade de ser maior com um censo do que com uma amostra.

Maior velocidade na coleta de dados

A velocidade de execução da amostragem reduz o tempo entre o reconhecimento da necessidade de informações e a disponibilidade destas. Para cada cliente insatisfeito com o programa CompleteCare da MindWriter, há diversos clientes potenciais que vão procurar um *laptop* de um concorrente da empresa. Assim, corrigir o problema no programa, além de trazer de volta os clientes descontentes, também incentivará potenciais clientes a não procurar marcas concorrentes motivados anteriormente pela propaganda boca a boca negativa.

Disponibilidade de elementos da população

Algumas situações exigem amostragem, por exemplo, segurança é um apelo de marketing forte para a maioria dos veículos; ainda assim, precisamos ter evidências para fazer essa alegação. Por isso, destruímos carros para testarmos a força do para-choques ou a eficiência dos *air bags* para prevenir lesões. Um censo significaria a destruição completa de todos os carros fabricados. A amostragem também é o único processo possível quando a população é infinita.

Amostra *versus* censo

As vantagens da amostragem em relação ao censo são menos aparentes quando a população é pequena e a sua variabilidade é alta. Duas condições são apropriadas para um censo: (1) *viabilidade*, quando a população é pequena; (2) *necessidade*, quando os elementos são muito diferentes entre si[4]. Quando a população é pequena e variável, qualquer amostra pode não representar a população da qual ela é extraída; os valores resultantes que calculamos para amostragem estão incorretos como estimativas de valores da população, por exemplo, considere os fabricantes norte-americanos de componentes estéreos: menos de 50 empresas projetam, desenvolvem e fabricam amplificadores e alto-falantes no ponto mais alto da variação de preço. O tamanho dessa população sugere que um censo é viável, pois a diversidade de produtos oferecidos dificulta a obtenção de uma amostra acurada desse grupo. Algumas empresas são especializadas em alto-falantes, outras em tecnologia de amplificação, e outras ainda em transporte de CDs; logo, o censo é apropriado nessa situação.

O que é uma boa amostra?

O teste final de uma definição de amostra é estabelecer o quanto ela retrata bem as características da população que representa. Em termos de mensuração, a amostra deve ser válida, e sua validade depende de duas considerações: acurácia e precisão.

Acurácia

Acurácia é o grau em que os vieses ficam de fora da amostra: se extraída de forma apropriada, a mensuração de comportamento, atitudes ou conhecimento (as variáveis de mensuração) de *alguns*

Instantâneo

Ford renova as energias mudando a estratégia de amostragem

Em meio à crise financeira na indústria automobilística, James Farley, da Ford, decidiu que sua pesquisa estava excluindo uma unidade de amostra muito importante: o revendedor. Com os revendedores controlando 75% das despesas com publicidade na gigante automobilística, o executivo pensou que excluí-los como sujeitos de pesquisa era suicídio. Recrutou, então, 30 revendedores influentes e os convidou a voar para Detroit a fim de fornecerem informações e críticas a respeito das propostas criativas da agência de propaganda da Ford, a Team Detroit.

A Morpace, uma empresa de pesquisa de serviço completo localizada em Farmington Hills, Estados Unidos, submeteu os revendedores a uma experiência intensiva de grupos focais. Eles foram logo desafiados a responder perguntas como: "Quais incentivos funcionam e quais não?"; "O que a marca Ford significa para você?"; "O que há de errado com as propagandas da Ford?". Nas sessões seguintes, solicitou-se a eles que fizessem uma crítica sobre os slogans das propagandas e sobre as estratégias de marca, recomendando aquelas que melhor capturassem a experiência da Ford. Os revendedores deixaram a maratona de 72 horas de sessões entusiasmados com a direção tomada pela Ford e com a significativa adesão à próxima campanha publicitária. As ações de James deram voz a eles com a alteração na estratégia de amostragem da empresa.

www.ford.com; www.morpace.com;
www.teamdetroit.com

elementos da amostra será *menor do que* a de algumas variáveis obtidas da população (subestimando-a). Além disso, a mensuração do comportamento, atitudes ou conhecimento de *outros* elementos da amostra será *maior do que* os valores da população (superestimando-os). Variações nesses valores da amostra se anulam, resultando em um valor amostral próximo ao valor da população; no entanto, para que esse efeito anulador ocorra, deve haver elementos suficientes na amostra, que deve ser extraída de forma a não favorecer superestimativas nem subestimativas.

Por exemplo, suponha que tenham lhe pedido para testar o nível de lembrança da marca da abordagem criativa de "contar carneirinhos" para a empresa de colchões Serta. Hipoteticamente, poderia fazer a mensuração por meio de amostra ou censo. Você quer mensurar a lembrança da marca em conjunto com a clareza da mensagem: "Os colchões Serta são *tão confortáveis* que você sentirá a diferença assim que deitar". No censo, 52% dos entrevistados que assistem à TV lembraram corretamente da marca e da mensagem. Em uma amostra, 70% lembraram da marca e interpretaram a mensagem corretamente. Ao comparar os dois resultados, você saberia que houve viés em sua amostra, pois ela superestimou significativamente o valor da população de 52%. Infelizmente, na maioria dos estudos o censo não é viável, então precisamos de uma estimativa da quantidade de erro.[5]

Uma amostra acurada (sem viés) é aquela em que os fatores de superestimativa e subestimativa são balanceados. **Variância sistemática** foi definida como "a variação nas medidas devido a alguma influência conhecida ou desconhecida que 'leva' a pontuação a inclinar-se mais para um lado do que para o outro".[6]

Exemplo dos colchões Serta

Por exemplo, casas situadas em esquinas normalmente são maiores e valem mais do que as no meio do quarteirão. Assim, uma amostra que selecione apenas casas de esquina superestimará o valor das casas na área. Burbidge descobriu que, ao selecionar a linha 99 para sua amostra de leitores de jornal, o período do dia, o dia da semana e a estação do ano em que a pesquisa fosse feita reduziam muito a acurácia e a validade da sua amostra.

Aumentar o tamanho amostral pode reduzir a variância sistemática como causa de erro, porém mesmo as amostras maiores não podem reduzir o erro se a lista da qual você obtém seus participantes contém viés. O exemplo clássico de amostra com variância sistemática foi a pesquisa sobre eleição presidencial feita pela *Literary Digest* em 1936, da qual participaram mais de dois milhões de pessoas. A pesquisa previa que Alfred Landon venceria Franklin Roosevelt na disputa pela presidência dos Estados Unidos, mas nunca houve um presidente chamado Alfred Landon. Descobriu-se depois que a pesquisa baseou sua amostra em donos de linhas telefônicas pertencentes às classes média ou alta – naquela época, o *bunker* do Partido Republicano –, enquanto Roosevelt apelava para a classe trabalhadora, muito maior, que não possuía telefone e normalmente votava nos candidatos do Partido Democrata.

Precisão

O segundo critério de uma boa amostragem é a precisão da estimativa. Os pesquisadores aceitam que nenhuma amostra representará totalmente sua população em todos os aspectos, mas, para interpretar os resultados da pesquisa, precisamos medir a precisão com que a amostra representa a população. Espera-se que os descritores numéricos que descrevem as amostras sejam diferentes daqueles que descrevem a população, devido às flutuações aleatórias inerentes ao processo de amostragem, o chamado **erro de amostragem** (ou *erro de amostragem aleatória*), que reflete as influências do acaso na escolha dos membros da amostra.

O erro de amostragem é o que fica depois que todas as fontes conhecidas de variância sistemática já foram identificadas. Na teoria, o erro de amostragem consiste apenas de flutuações aleatórias, embora algumas variâncias sistemáticas desconhecidas possam ser incluídas quando muitos ou pouquíssimos elementos da amostra possuem determinada característica. Vamos dizer que Jason obtenha uma amostra de uma lista alfabética de proprietários de computador MindWriter cujos *laptops* estejam atualmente sendo consertados pelo programa CompleteCare. Suponha que 80% dos pesquisados tiveram seu *laptop* consertado por Max Jensen e, com o uso do estudo exploratório, que ele tenha mais cartas de reclamação sobre seu trabalho do que os outros técnicos. Falhamos ao não pegar uma amostra realmente *aleatória* com nossa lista alfabética de possíveis elementos de amostra e, assim, aumentamos nosso erro de amostragem. Se Jason obtivesse a amostra dessa lista, ele teria aumentado o erro de amostragem.

A precisão é mensurada pelo erro-padrão de estimativa, um tipo de medida de desvio-padrão; quanto menor o primeiro, maior a precisão da amostra. A definição de amostra ideal produz um pequeno erro-padrão de estimativa. Entretanto, nem todos os tipos de amostragem fornecem estimativas de precisão, e amostras do mesmo tamanho podem produzir diferentes quantidades de variância de erro.

Tipos de amostragem

O pesquisador toma diversas decisões ao projetar uma amostra, representadas na Figura 14-1. Elas têm origem em duas decisões tomadas na formação da hierarquia da questão de pesquisa em administração: a natureza da questão gerencial e as questões investigativas específicas que evoluem da questão de pesquisa. Essas decisões são influenciadas por fatores como: requisitos do projeto e seus objetivos, nível de risco que o pesquisador pode tolerar, orçamento, tempo, recursos disponíveis e cultura.

Na discussão que segue, usamos três exemplos:

- O estudo da CityBus mostrado na vinheta de abertura deste capítulo.
- A continuação do estudo de satisfação com o serviço CompleteCare da MindWriter.
- O estudo de viabilidade para abrir um clube de refeições próximo ao *campus* da Metro University.

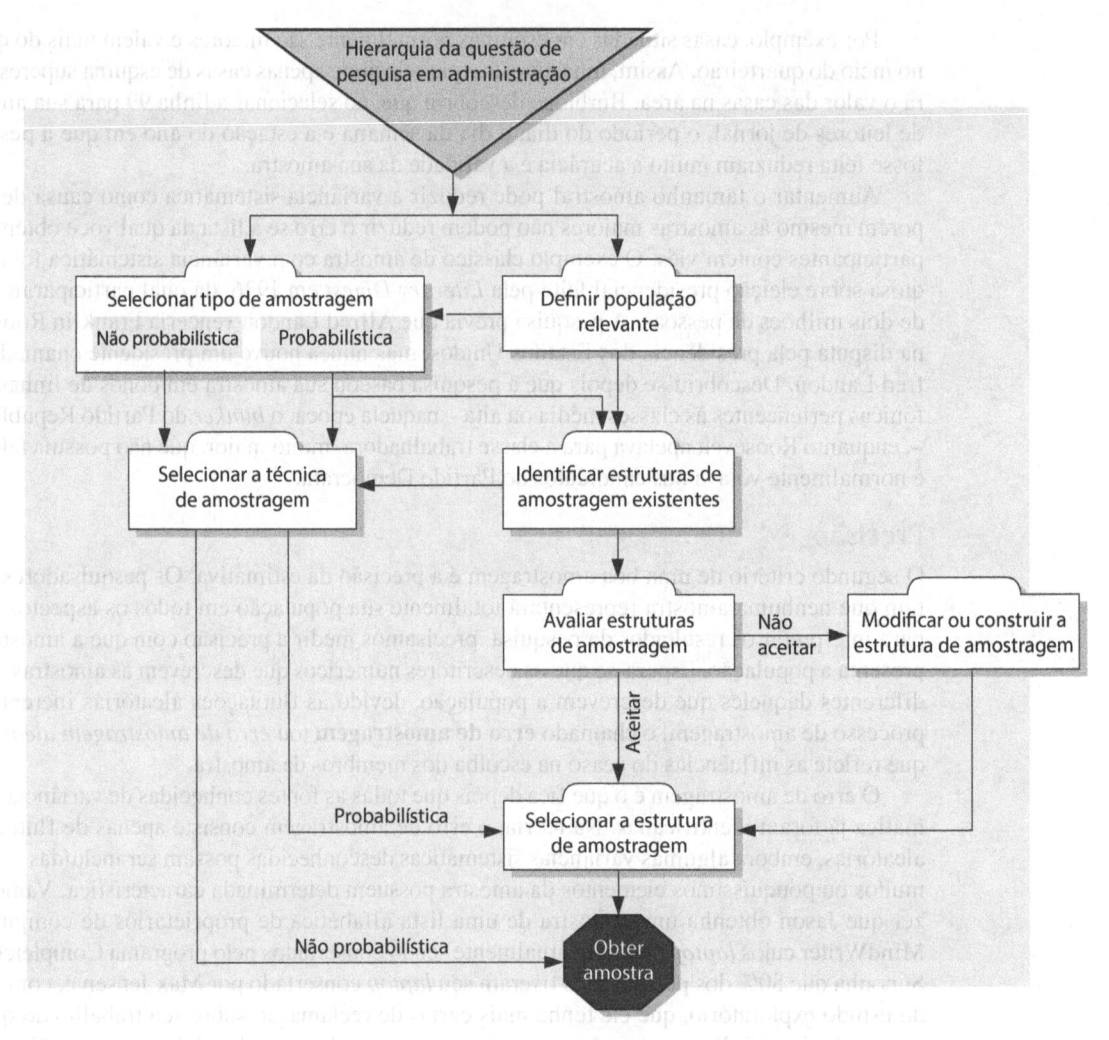

Figura 14-1 Projeto de amostragem dentro do processo de pesquisa.

[Fluxograma: Hierarquia da questão de pesquisa em administração → Selecionar tipo de amostragem (Não probabilística / Probabilística) e Definir população relevante → Selecionar a técnica de amostragem / Identificar estruturas de amostragem existentes → Avaliar estruturas de amostragem → (Não aceitar) Modificar ou construir a estrutura de amostragem / (Aceitar) Selecionar a estrutura de amostragem → Obter amostra. Caminho Não probabilística leva direto a Obter amostra.]

Os pesquisadores da Metro U estão explorando a viabilidade de criar um clube de refeições cujas instalações sejam disponibilizadas para quem se associar. Para lançar esse empreendimento, eles terão que fazer um investimento substancial.

Uma pesquisa permitirá a redução de muitos riscos. Assim, a questão de pesquisa é: um clube de refeições seria um empreendimento viável? Algumas questões investigativas surgem a partir da questão de pesquisa:

1. Quem patrocinaria o clube e em que bases?
2. Quantas pessoas se associariam, considerando os diversos tipos de associação e preço?
3. Quanto os membros gastariam em média por mês?
4. Quais seriam os dias mais populares?
5. Que tipos de cardápio e de serviços seriam os mais desejáveis?
6. Que horário de almoço seria mais popular?
7. Considerando o nível de preço proposto, quantas vezes por mês cada membro viria almoçar ou jantar?
8. Que percentual de pessoas na população afirma que se associaria, com base nos preços e nos serviços projetados?

Seleção de elemento	Base de representação	
	Probabilística	Não probabilística
Irrestrita	Aleatória simples	Por conveniência
Restrita	Aleatória complexa 　Sistemática 　Por conglomerado 　Estratificada 　Dupla	Intencional 　Por julgamento 　Por quota 　Bola de neve

Figura 14-2 Tipos de amostragem.

Usamos as últimas três questões investigativas como exemplo e nos concentramos especificamente nas questões 7 e 8 para avaliar os riscos do projeto. Primeiro, analisaremos outras informações e exemplos de definição de amostra e, depois, retornaremos à Metro U na próxima seção.

Nas decisões sobre a definição de amostra, as bases de representação e as técnicas de seleção de elementos, conforme mostrado na Figura 14-2, classificam os diferentes enfoques.

Representação

Os membros de uma amostra são selecionados com base em probabilidade ou não probabilidade.

A **amostragem não probabilística** é arbitrária (não aleatória) e subjetiva; quando escolhemos de forma subjetiva, geralmente o fazemos com um padrão ou esquema em mente (p. ex.: falar somente com jovens ou com mulheres). Os membros da população não têm uma chance conhecida de serem incluídos. Permitir que os entrevistadores escolham elementos de amostra "aleatoriamente" (significando "como desejarem" ou "onde os encontrarem") durante um estudo de abordagem feito no shopping não é amostragem aleatória. Embora não tenhamos informação de como Burbidge selecionou os passageiros da linha 99 para sua amostra, é evidente que ele não usou técnicas de amostragem probabilísticas. Amostras iniciais da internet tinham todas as desvantagens da amostragem não probabilística; os indivíduos que a frequentavam não eram representativos da maioria dos mercados ou públicos almejados porque muito mais homens jovens e com conhecimento técnico a usavam do que qualquer outro grupo demográfico. Conforme o uso da ferramenta de navegação aumenta e as discrepâncias de gênero diminuem, muitas dessas amostras agora se aproximam das amostras que não foram obtidas pela internet. No entanto, é uma preocupação crescente o que o Bureau of the Census classifica de "grande divisão digital" – a sub-representação de subgrupos étnicos e de baixa renda no uso da rede mundial de computadores em comparação com a população geral. Além disso, muitas amostras de internet eram, e ainda são, retiradas substancialmente de painéis, compostas de pessoas que selecionaram a si próprias para participar de um grupo de indivíduos interessados em responder pesquisas on-line. Existe muita discussão entre pesquisadores profissionais sobre se as amostras da internet deveriam ser tratadas como amostragem probabilística ou não probabilística. Alguns admitem que qualquer amostra obtida de um painel deva ser tratada mais apropriadamente como amostragem não probabilística; outros discordam completamente, citando o sucesso de painéis conhecidos, como o People Meter da NielsenMedia para avaliar a audiência televisiva e o BehaviorScal da IRI para monitorar pacotes de produtos oferecidos ao consumidor. Conforme você estuda as diferenças, deve tirar suas próprias conclusões.

O termo *aleatório* é essencial para entender a diferença entre amostragens probabilísticas e não probabilísticas. No dicionário, aleatório é definido como "sem padrão" ou "que sucede por acaso". Em amostragem, aleatório significa algo inteiramente diferente. A **amostragem probabilística** é baseada no conceito de seleção aleatória – um procedimento controlado, que assegura que todos os elementos da população tenham uma chance de seleção conhecida diferente de zero e nunca sucede por acaso. Somente amostragens probabilísticas fornecem estimativas de precisão. Quando um pesquisador está tomando uma decisão que influenciará o gasto de milhares, se não milhões, de dólares, é crucial haver uma estimativa precisa. Apenas as amostragens probabilísticas oferecem a probabilidade de generalizar os resultados da população da amostra

Instantâneo

Pesquisa para o bem: o uso da caridade como incentivo

Se você pudesse alimentar uma criança faminta ou impedir a eutanásia de um cachorro participando de um levantamento, você o faria?

Durante a última década, os pesquisadores têm utilizado painéis on-line para obterem amostras para pesquisas móveis, na internet ou por e-mail. A maioria desses painéis é desenvolvida utilizando três fontes: redes de publicidade (os provedores da amostra colocam anúncios na internet, por e-mail ou outras mídias, para atrair indivíduos dispostos a participar do levantamento), programas de fidelidade (empresas patrocinadoras utilizam sua própria lista de indivíduos, que são parte dos seus esforços para manter a fidelidade do cliente, e os recrutam para participar de pesquisas) e mídias sociais (os provedores da amostra utilizam o Facebook, o Twitter e inúmeras outras mídias sociais para recrutar os participantes). As empresas de amostragem que adotam o atual modelo com essas fontes frequentemente incentivam os participantes dos levantamentos com dinheiro, moeda da internet, pontos, ou prêmios. Infelizmente, uma das desvantagens desse modelo é o conjunto pequeno de indivíduos – mesmo que sejam milhares – a partir do qual centenas de empresas estão selecionando seus participantes.

Os sócios fundadores da *Research for Good* (RFG) estavam preocupados com o fato de que pessoas que recebem incentivo pessoal para dar sua opinião tendem a representar apenas determinado segmento da população. Além disso, havia uma preocupação constante na indústria sobre o desenvolvimento de participantes profissionais – quando voluntários são recrutados por centenas de empresas de amostragem mais ou menos das três formas para atender à demanda crescente por participantes. A RFG também estava preocupada com a responsabilidade social. Por isso, desenvolveu um modelo de amostragem que utiliza doações de caridade para participantes singularmente diferentes. O seu painel *SaySo for Good* se baseia nos 90% de adultos norte-americanos e canadenses que apoiam pelo menos um projeto de caridade. Quando se associa ao painel, cada participante escolhe um projeto de caridade para receber seu incentivo. O banco de dados da empresa de pesquisa inclui todos os projetos de caridade registrados pelo governo tanto nos Estados Unidos quanto no Canadá.

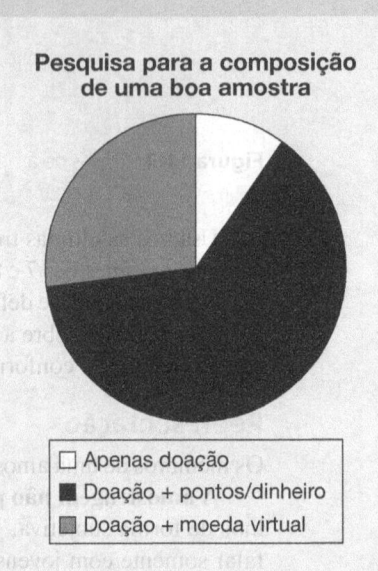

Pesquisa para a composição de uma boa amostra

- ☐ Apenas doação
- ■ Doação + pontos/dinheiro
- ▨ Doação + moeda virtual

Ela entrega ao projeto especificado US$ 1,00 ou 25% do custo planejado de um levantamento preenchido para cada participante (isto é, se um levantamento preenchido está orçado em US$ 8,00 por participante, o projeto recebe US$ 2,00).

A empresa descobriu que participantes atraídos por incentivos de caridade são diferentes – tanto no comportamento quanto na atitude – daqueles atraídos para um painel de pesquisa por meio de outros meios. Os primeiros tendem a ser voltados para uma causa, apoiam financeiramente ou são voluntários em projetos de caridade, e não costumam ser motivados por incentivos típicos em dinheiro ou prêmios. Seus índices de resposta são maiores, assim como seus índices de preenchimento. Além disso, eles eram participantes ocasionais de pesquisas, o que reduz a preocupação com os "participantes profissionais". A RFG agora conta com milhares de membros em seu painel que foram incentivados por projetos de caridade. "Ao atrair novos participantes, geramos dados de melhor qualidade ao mesmo tempo em que servimos a um bem maior", enfatiza Sean Case, cofundador da empresa. Como resultado, a empresa compõe suas amostras incluindo esse modelo de incentivo para caridade.

www.researchforgood.com; www.saysoforgood.com

para a população de interesse. Embora a pesquisa exploratória não necessariamente exija isso, os estudos causais, descritivos e explanatórios o exigem.

Seleção de elemento

Saber se os elementos são selecionados individual e diretamente da população – vista como um grupo único – ou se controles adicionais são colocados na seleção de elementos também ajuda a classificar a amostra. Se cada elemento da amostra é escolhido individualmente da população como um todo, trata-se de uma amostra irrestrita; a amostragem restrita, por sua vez, engloba todas as outras formas de amostragem.

Passos para o projeto de amostragem

Há diversas decisões a serem tomadas ao fazer uma amostra, as quais exigem informações únicas. Embora as questões apresentadas aqui sejam sequenciais, a resposta a uma questão sempre leva à revisão da questão anterior.

1. Qual é a população-alvo?
2. Quais são os parâmetros de interesse?
3. Qual é a estrutura da amostragem?
4. Qual é o método de amostragem apropriado?
5. Que tamanho de amostra é necessário?

Qual é a população-alvo?

A definição de população pode ser evidente a partir do problema gerencial ou da questão de pesquisa, mas normalmente não o é. A população da Metro University para o estudo de viabilidade do clube pode ser definida como estudantes de período integral no *campus* principal da Metro U? Ou a população deve incluir todas as pessoas que trabalham na Metro U? Ou, ainda, devemos incluir as pessoas que moram nas redondezas? Sem conhecer o mercado-alvo escolhido para o novo empreendimento, é difícil saber qual seria a amostragem adequada para a população.

Também pode haver confusão para estabelecer se a população consiste em pessoas, lares ou famílias, ou em uma combinação dessas possibilidades, por exemplo, se um estudo de comunicação precisa medir renda, então a definição do elemento da população como sendo uma pessoa ou uma família faz uma grande diferença. Em um estudo de observação, uma amostra da população pode não ser pessoal: mostruários em uma loja ou qualquer caixa eletrônico de banco ou todas as propriedades de uma família em uma comunidade; boas definições operacionais são fundamentais para escolher a população relevante.

Suponha que o Clube de Refeições da Metro University seja exclusivamente para alunos e funcionários do *campus* principal. Os pesquisadores podem definir a população como "todos os alunos atualmente matriculados e funcionários do *campus* principal da Metro U". Eles podem querer revisar a definição para "alunos, funcionários da Metro U, do *campus* central e suas famílias".

Na amostra não probabilística, Burbidge parece ter definido sua população relevante como qualquer passageiro no sistema da CityBus e presumiu que tinha uma necessidade igual de determinar o hábito de leitura de jornal dos passageiros regulares e dos ocasionais da CityBus, de forma que pudesse alcançá-los com informações sobre a nova estrutura de linhas, mapas e horários. Porém, ele pode facilmente alcançar os passageiros regulares ao distribuir informações sobre as novas linhas por meio de mostruários nos ônibus por um período, antes que as novas linhas sejam implementadas. Dessa forma, os passageiros ocasionais são a verdadeira população de interesse para seu estudo de leitura de jornal.

Quais são os parâmetros de interesse?

Os **parâmetros da população** são descritores resumidos (p. ex.: proporção de incidência, média, variância) de variáveis de interesse na população. As **estatísticas de amostra** são descritores das mesmas variáveis relevantes computadas a partir de dados de amostra; são usadas como estimativas para os parâmetros de população e são a base para nossas inferências sobre a população. Dependendo de como as questões de mensuração são redigidas, cada uma pode coletar um nível diferente de dados. Cada nível também gera estatísticas diferentes de amostra. Logo, a escolha dos parâmetros de interesse na verdade ditará o tipo e o tamanho da amostra.

Perfil **visual**

Percentual de domicílios norte-americanos acessíveis para convite para amostragem por telefone

Telefone fixo + telefone celular	Apenas telefone celular
55	32
Apenas telefone fixo	**Nem celular nem telefone fixo**
11	2

O termo amostragem de acesso misto significa usar muitos métodos para convidar participantes para um estudo de pesquisa – telefone, e-mail, celular/wireless, baseado em endereço/correspondência, etc. Aproximadamente 98% dos possíveis participantes são acessíveis por telefone, enquanto apenas 80% deles são acessíveis on-line. A referida amostragem reduz os erros de não cobertura e de não resposta. Uma vez recrutado um participante, não importando o meio pelo qual isso ocorreu, ele deve concluir o estudo por um modo diferente (p. ex.: ser recrutado por telefone mas participar do levantamento on-line). O recrutamento de amostra cada vez mais é realizado pelo acesso misto. **www.surveysampling.com**

Perguntar aos matriculados da Metro University sobre a frequência com que comem no *campus* ou próximo dele (menos de cinco vezes por semana; mais de cinco, mas menos de dez vezes por semana; ou mais de dez vezes por semana) forneceria uma estimativa de dados ordinais. Naturalmente, poderíamos fazer a pergunta de forma diferente e obteríamos uma contagem absoluta das experiências de alimentação, o que geraria dados de razão: na MindWriter, o índice de serviço do CompleteCare em uma escala de cinco pontos seria um exemplo de uma estimativa de dados intervalares; perguntar aos passageiros da CityBus o número de dias que viajaram de ônibus nos últimos sete dias resultaria em dados de razão. A Figura 14-3 indica os parâmetros de interesse da população para nossos três exemplos.

Quando as variáveis de interesse são medidas em escalas intervalar ou de razão, usamos a média da amostra para estimar a média da população e o desvio-padrão da amostra para estimar a variância-padrão da população. Quando as variáveis de interesse são medidas em escalas nominal ou ordinal, usamos a proporção de amostra de incidência para estimar a proporção da população e *pq* para estimar a variância da população. A **proporção de incidência da população** "é igual ao número de elementos na população que pertencem à categoria de interesse, dividido pelo número total de elementos na população"[7]. As medidas de proporção são necessárias para dados nominais e também são muito usadas para outras medidas. A medida de proporção mais frequente é a porcentagem. No estudo da Metro U, os exemplos de dados nominais são a proporção da população que expressa interesse em se associar ao clube (p. ex.: 30%; dessa forma, *p* é igual a 0,3 e *q*, os que não teriam interesse, igual a 0,7) ou a proporção de estudantes

Estudo	Parâmetros de interesse da população	Nível de dado & escala de mensuração
CityBus	Frequência de viagens em um período de 7 dias	Ordinal (mais de 10 vezes, de 6 a 10 vezes, 5 vezes ou menos)
		De razão (número absoluto de viagens)
MindWriter	Qualidade percebida dos serviços	Intervalar (escala de 1 a 5, 5 sendo "expectativas superadas")
	Proporção de sexo dos clientes com problemas no *Laptop* 9000	Nominal (percentual de homens e mulheres)
Metro U	Frequência de refeições dentro ou próximo do *campus* nos últimos 30 dias	De razão (experiências reais de alimentação)
	Proporção de alunos/funcionários que expressaram interesse no clube de alimentação	Nominal (interessados, não interessados)

Figura 14-3 Exemplo de parâmetros de população.

casados que informaram que hoje comem em restaurante pelo menos cinco vezes por mês. O estudo da CityBus busca determinar se a East City ou a West City tem mais passageiros na linha 99; a MindWriter pode querer saber quem teve mais problemas com o *laptop* modelo 9000 – se os homens ou as mulheres. Essas medidas das empresas resultariam em dados nominais.

Também pode haver subgrupos importantes na população sobre os quais queremos fazer estimativas, por exemplo, podemos querer tirar conclusões sobre quem jantaria mais no clube, se os estudantes casados ou os solteiros, os estudantes residentes ou os não residentes e assim por diante. Tais questões têm um forte impacto na natureza da estrutura de amostragem que aceitamos (queremos a lista organizada por esses subgrupos ou cada característica de cada elemento dentro da lista precisaria ser observada?), na definição da amostra e em seu tamanho. O pesquisador poderia estar mais interessado em atingir passageiros ocasionais da CityBus do que passageiros regulares com o anúncio de jornal que ele planeja; para atingir passageiros frequentes, a empresa poderia usar cartazes nos ônibus ou distribuir horários impressos, em vez de usar anúncios em jornais, que custariam mais. No estudo da MindWriter, Jason poderia estar interessado em comparar as respostas daqueles que receberam um serviço ruim e dos que receberam um serviço excelente por parte do programa CompleteCare.

O que é a estrutura da amostragem?

A estrutura da amostragem está muito relacionada à população; ela é a lista de elementos da qual a amostra é de fato retirada. Idealmente, é uma lista completa e correta apenas dos membros da população: Jason não teria muitos problemas para obter uma estrutura de amostragem dos usuários do programa CompleteCare, pois a MindWriter mantém um banco de dados de chamadas recebidas no *call center* e o número de série de todos os *laptops* consertados.

Na prática, porém, a estrutura de amostragem sempre é diferente da população teórica. Para o estudo do clube de refeições, o cadastro de alunos da Metro U seria a primeira escolha lógica como estrutura de amostragem. Os cadastros normalmente são acurados quando publicados no início do ano, mas suponha que o estudo esteja sendo feito no fim: o cadastro conterá erros e omissões porque algumas pessoas saíram ou trancaram a matrícula, enquanto outras se matricularam ou foram contratadas. Normalmente, os cadastros das universidades não mencionam a família dos alunos ou os funcionários. O grau de imprecisão que podemos aceitar ao escolher uma estrutura de amostragem é uma questão de julgamento. Você pode decidir usar o cadastro de qualquer forma, ignorando o fato de que não se trata de uma lista totalmente acurada. No entanto, se ele for do ano anterior, a quantidade de erros pode ser inaceitável. Uma forma de tornar a estrutura para o estudo da Metro U mais representativa da população seria assegurar uma lista complementar de novos alunos e funcionários, bem como uma lista das desistências ou demissões nos bancos de dados de matrícula e recursos humanos da Metro U. Você poderia então acrescentar e apagar informações no cadastro original ou, se a política de privacidade permitir, solicitar um cadastro atualizado a cada um desses departamentos e usar essas listas como estrutura de amostragem.

Haveria uma grande distorção se a população da filial de um *campus* fosse incluída no cadastro da Metro U. Esse seria um exemplo de uma estrutura muito inclusiva – ou seja, uma estrutura que inclui muitos elementos além dos que realmente interessam. O cadastro de uma universidade que inclua professores e funcionários aposentados é outro exemplo de estrutura de amostragem muito inclusiva.

Comumente temos que aceitar uma estrutura de amostragem que inclua pessoas ou casos além daqueles em que estamos interessados, por exemplo, pode-se ter que usar uma lista telefônica para fazer uma amostra de números de telefone comerciais. Felizmente, isso é resolvido de forma fácil: com uma amostra da população maior, usa-se um procedimento de filtragem para eliminar aqueles que não são membros do grupo que você quer estudar.

O levantamento para o clube de refeições da Metro U é um exemplo de problema de estrutura que é facilmente resolvido; normalmente essa tarefa é muito mais desafiadora. Suponha que você precise de uma amostra dos membros de um grupo étnico, por exemplo, asiáticos residentes em Little Rock, Arkansas. Provavelmente não há uma lista dessa população. Embora você possa

Há uma década, famílias chinesas que tinham telefone em casa eram invejadas. Até fevereiro de 2012, o número de usuários de telefone celular na China excedeu 1 bilhão em uma população de 1,3 bilhão. Durante um período de crescimento tão acelerado, listas telefônicas empresariais ou pessoais são inadequadas como estruturas da amostragem.

usar a lista telefônica da cidade, uma amostragem dessa estrutura muito inclusiva seria cara e ineficiente, pois os asiáticos representam apenas uma pequena fração da população de Little Rock; a tarefa de filtragem seria imensa. Já que os grupos étnicos normalmente se concentram em determinados bairros, você poderia identificar essas áreas de concentração e então usar uma lista telefônica organizada por endereços para fazer a amostragem. Burbidge defrontava-se com um problema, pois não existia uma estrutura de amostragem dos passageiros da CityBus. Embora alguns passageiros regulares usassem passes mensais, os passageiros ocasionais normalmente pagavam a passagem em dinheiro. O pesquisador poderia ter previsto esse fato e ter desenvolvido uma lista de clientes ao longo do tempo. Os motoristas de ônibus poderiam ter coletado informações importantes durante um mês, mas o custo de contatar os clientes por telefone ou correio teria sido muito maior do que a abordagem autoadministrada que Burbidge usou para coletar dados. Uma estrutura de amostragem disponível para o pesquisador era a lista das linhas de ônibus, que teria permitido que ele fizesse uma amostra probabilística usando uma técnica de amostragem por agrupamento. Discutiremos técnicas de amostragem mais complexas posteriormente neste capítulo.

As questões de amostragem que discutimos até então são relativamente universais. É somente quando começamos a falar sobre estruturas e métodos de amostragem que a pesquisa internacional se destaca. Pesquisadores internacionais geralmente têm muito mais dificuldades em localizar ou construir estruturas de amostragem, pois os países diferem em como cada um define sua população, o que afeta o censo e contagens relevantes da população[8]; por exemplo, alguns países propositadamente usam amostras maiores para facilitar a análise das questões de particular interesse nacional, o que significa que precisamos ter cuidado na interpretação de números nacionais agregados.[9] Essas distinções e dificuldades podem levar o pesquisador a escolher técnicas não probabilísticas ou técnicas probabilísticas diferentes das que escolheria se estivesse fazendo pesquisa nos Estados Unidos ou em outros países desenvolvidos. Em um estudo conduzido em diversos países ao mesmo tempo, os pesquisadores podem usar metodologias diferentes de amostragem, resultando em estudos híbridos que precisarão de cuidado para serem combinados. É uma prática comum pesar dados amostrais em estudos transnacionais para desenvolver dados representativos[10]. A escolha de métodos de amostragem é muitas vezes ditada pela cultura, assim como pela infraestrutura de comunicação e tecnologia. Assim como todas as campanhas de propaganda não seriam apropriadas em todas as partes do mundo, todas as técnicas de amostragem também não o seriam em todas as subculturas. Nossa discussão neste texto se concentra mais na pesquisa doméstica do que na internacional. Acreditamos ser mais fácil aprender os princípios da pesquisa em um ambiente que conhecemos do que em um no qual muitos alunos podem apenas especular. No entanto, acreditamos que a sensibilidade étnica e cultural deve influenciar todas as decisões dos pesquisadores, quer façam pesquisa doméstica ou internacional.

Qual é o método de amostragem apropriado?

O pesquisador tem que fazer uma escolha básica: uma amostra probabilística ou não probabilística. Com a primeira o pesquisador pode fazer estimativas confiáveis, baseadas em probabilidades dos vários parâmetros, o que não pode ser feito com a segunda. A escolha de uma técnica de amostra probabilística tem muitas consequências. Um pesquisador deve seguir procedimentos adequados, de forma que:

- Os entrevistadores ou outras pessoas não possam modificar as seleções feitas.
- Apenas os elementos selecionados da estrutura de amostragem original sejam incluídos.
- As substituições sejam excluídas, exceto se especificadas claramente e controladas de acordo com regras de decisão predeterminadas.

Apesar de todos os cuidados, a amostra real atingida nunca será perfeitamente compatível com a amostra originalmente escolhida. Algumas pessoas vão se recusar a participar, outras serão difíceis, se não impossíveis, de encontrar; logo, não importa se tomamos cuidado ao substituir os que se recusam ou nunca são localizados, o erro de amostragem provavelmente ocorrerá.

Com os registros pessoais disponíveis na universidade e uma população geograficamente concentrada, é possível usar um método de amostragem probabilística no estudo do clube de refeições. Os cadastros das universidades normalmente estão disponíveis, e os custos de usar uma amostra aleatória simples não seriam muito altos. Então, como os pesquisadores estão pensando em um grande investimento no clube de refeições, eles querem ter certeza de que têm uma amostra representativa. A mesma análise é verdadeira para a MindWriter. Uma estrutura de amostragem está disponível imediatamente, tornando uma amostra probabilística possível e provável.

Embora a técnica de amostragem probabilística por conglomerado estivesse disponível para ele, é óbvio que Burbidge decidiu pela amostragem não probabilística, escolhendo arbitrariamente a linha 99 como amostra por julgamento e tentando pesquisar todos os passageiros do ônibus durante períodos arbitrários nos quais ele escolheu estar no ônibus. O que o motivou a tomar essa decisão é provavelmente o que faz com que os pesquisadores usem amostragens não probabilísticas em outras situações: facilidade, velocidade e custo.

Que tamanho de amostra é necessário?

Há muito folclore em relação a essa questão. Os mitos mais difundidos são: (1) uma amostra deve ser grande, ou não será representativa e (2) uma amostra deve ter alguma relação proporcional com o tamanho da população na qual ela é baseada. Com amostras não probabilísticas, os pesquisadores confirmam esses mitos usando o número de subgrupos, regras gerais e questões de orçamento para decidir sobre um tamanho amostral. Na amostragem probabilística, o tamanho de uma amostra deve ser uma função da variação nos parâmetros da população estudada e a precisão estimada exigida pelo pesquisador. Alguns princípios que influenciam o tamanho amostral incluem:

- Quanto maior a dispersão ou variância dentro da população, maior deve ser a amostra para propiciar precisão estimativa.
- Quanto maior a precisão estimativa desejada, maior deve ser a amostra.
- Quanto menor a amplitude do intervalo de erro, maior deve ser a amostra.
- Quanto mais alto o nível de confiança na estimativa, maior deve ser a amostra.
- Quanto maior o número de subgrupos de interesse dentro de uma amostra, maior ela deve ser, pois cada subgrupo deve atender às exigências mínimas de amostra.

As considerações de custo influenciam as decisões sobre tamanho e tipo de amostra e também os métodos de coleta de dados. Quase todos os estudos têm alguma restrição orçamentária, e isso pode incentivar o pesquisador a usar uma amostra não probabilística. Os levantamentos com amostras probabilísticas significam custos para estruturas de amostra, custos de visitas de retorno, e uma variedade de outros custos que não são necessários quando são usadas amostras não probabilísticas. Mas, quando o método de coleta de dados é alterado, a quantidade e os tipos de dados que podem ser obtidos também mudam. Observe o efeito nas considerações de amostragem com um orçamento de US$ 2.000:

- Amostragem aleatória simples: US$ 25 por entrevista; 80 entrevistas feitas.
- Amostragem por conglomerado geográfico: US$ 20 por entrevista; 100 entrevistas feitas.
- Questionário autoadministrado: US$ 12 por entrevistado; 167 instrumentos completados.
- Entrevistas telefônicas: US$ 10 por entrevistado; 200 entrevistas feitas.[11]

Para a CityBus, o custo de amostragem das preferências de jornal dos passageiros para descobrir em qual anunciar a reconfiguração das linhas deve ser muito menor do que o custo de veicular anúncios nos dois jornais, de East City e de West City. Assim, o procedimento de amostragem não probabilística por julgamento que Burbidge usou era lógico do ponto de vista orçamentário. O investimento exigido para abrir o clube de refeições na Metro U também justifica a abordagem probabilística mais cuidadosa feita pelos alunos. Para a MindWriter, já foi feito um investimento no CompleteCare; Jason precisa estar altamente confiante de que suas recomendações para mudar os procedimentos e as políticas no CompleteCare estão precisamente corretas e são totalmente suportadas pelos dados coletados. Essas considerações justificam a abordagem de amostragem probabilística da MindWriter.

Amostragem probabilística

Amostragem aleatória simples

A amostra aleatória simples irrestrita é a forma mais simples de amostragem probabilística. Como todas as amostragens probabilísticas devem fornecer uma chance conhecida diferente de zero para a seleção de um elemento da população, a **amostra aleatória simples** é considerada um caso especial, no qual cada elemento da população tem uma chance conhecida e igual de seleção.

$$\text{Probabilidade de seleção} = \frac{\text{tamanho da amostra}}{\text{tamanho da população}}$$

O estudo do clube de alimentação da Metro U tem uma população de 20.000. Se o tamanho da amostra é de 300, a probabilidade de seleção é de 1,5% (300/20.000 = 0,015). Nesta seção, usamos a amostra aleatória simples para fundamentar o entendimento dos procedimentos de amostragem e a escolha de amostragem probabilística. A amostra aleatória simples é fácil de implementar com discagem automática (discagem de dígito aleatório) e com sistemas computadorizados de resposta de voz, mas ela exige uma lista dos elementos da população, leva mais tempo para ser implementada, é cara e usa amostras maiores do que outros métodos probabilísticos. A Figura 14-4 mostra um panorama dos passos envolvidos na escolha de uma amostra aleatória.

A seleção de uma *amostra aleatória* é feita com o auxílio de um *software*, de uma tabela de números aleatórios ou de uma calculadora com gerador de números aleatórios. Tirar papeizinhos dobrados de um chapéu ou bolinhas de pingue-pongue de um barril podem ser alternativas *se todos os elementos da estrutura de amostragem tiverem a mesma chance de seleção*. Misturar os papeizinhos (ou as bolas) e devolvê-los antes de cada seleção garante que todos os elementos têm a mesma possibilidade de ser selecionados.

Uma tabela de números aleatórios (como mostrado no Apêndice D, Figura D-10) é uma solução prática quando não há um software disponível. As tabelas de números aleatórios contêm dígitos que não possuem uma organização sistemática. Quando você olha as linhas, colunas ou diagonais, não encontra qualquer sequência ou ordem. A Figura C-10 no Apêndice C tem 10 colunas com uma série de números de cinco dígitos, mas isso é apenas para facilitar a leitura.

Suponha que os pesquisadores queiram uma amostra de 10 de uma população de 95 elementos. Por onde começariam?

1. *Atribua a cada elemento dentro da estrutura de amostragem um número único de 01 a 95.*
2. *Identifique um início aleatório da tabela de números aleatórios.* Solte um lápis com a ponta para baixo na tabela, com os olhos fechados. Digamos que a ponta do lápis pare na oitava coluna da esquerda e dez números a partir do topo da Figura C-10, marcando o número 05067.
3. *Determine como os dígitos na tabela de números aleatórios vão ser atribuídos à estrutura de amostragem* para escolher o tamanho de amostra especificado (os pesquisadores concordam em ler os dois primeiros dígitos desta coluna para baixo até que dez membros sejam selecionados).
4. Selecione os elementos de amostra da estrutura de amostragem (05, 27, 69, 94, 18, 61, 36, 85, 71 e 83 usando o processo acima. O dígito 94 aparece duas vezes – na segunda foi omitido; 00 foi omitido porque a estrutura de amostragem começa com 01).

As abordagens para selecionar dígitos são infinitas: horizontalmente da direita para a esquerda, de baixo para cima, diagonalmente entre as colunas e assim por diante. A seleção computadorizada de uma amostra aleatória simples seria mais eficiente para projetos maiores.

Figura 14-4 Como escolher uma amostra aleatória.

Amostragem probabilística complexa

A amostragem aleatória simples normalmente é impraticável. As razões incluem (1) a exigência de uma lista da população (estrutura de amostragem) que normalmente não está disponível; (2) a falha em usar todas as informações sobre a população, resultando assim em uma definição que pode ser um desperdício; e (3) pode custar muito caro e exigir muito tempo. Esses problemas levaram ao desenvolvimento de modelos alternativos superiores ao aleatório simples em termos de eficiência estatística e econômica.

Uma amostra mais eficiente em um sentido estatístico é aquela que fornece determinada precisão (erro-padrão da média ou proporção) com uma amostra menor; uma amostra economicamente mais eficiente é aquela que fornece a precisão desejada a um custo mais baixo. Atingimos isso com modelos que nos permitem reduzir o custo da coleta de dados, normalmente com redução de despesas de viagem e de tempo do entrevistador.

Na discussão que segue, quatro alternativas de amostragem de probabilidade são consideradas: (1) amostragem sistemática; (2) amostragem estratificada; (3) amostragem por conglomerados; e (4) amostragem dupla.

Amostragem sistemática

Uma forma versátil de amostragem probabilística é a **amostragem sistemática**, em que cada elemento k-ésimo da população é amostrado, começando com um início aleatório de um elemento no limite de 1 a k. O elemento k-ésimo, ou **índice de amostragem**, é determinado ao dividir o tamanho da amostra pelo tamanho da população, obtendo o padrão de omissão aplicado à estrutura de amostragem, o que presume que a estrutura da amostra é uma lista precisa da população; se não, o número de elementos na estrutura da amostra é substituído pelo tamanho da população.

$$k = \text{índice de amostragem} = \frac{\text{tamanho da população}}{\text{tamanho da amostra}}$$

A principal vantagem da amostragem sistemática é sua simplicidade e flexibilidade. É mais fácil instruir trabalhadores de campo a escolher a unidade de residência listada em cada linha k-ésima de uma listagem do que usar uma tabela de números aleatórios. Com a amostragem sistemática, não há necessidade de numerar as entradas em um grande arquivo pessoal antes de escolher a amostragem. Para fazer uma amostragem sistemática, faça o seguinte:

- Identifique o número total de elementos da população.
- Identifique o índice de amostragem (k).
- Identifique o início aleatório.
- Monte a amostragem escolhendo todas as entradas k-ésimo.

Faturas ou contas de clientes podem ser amostradas usando o último dígito ou uma combinação de dígitos da fatura ou do número da conta de cliente. O tempo de amostragem também é facilmente atingido. A amostragem sistemática poderia ser uma técnica apropriada para a avaliação do programa CompleteCare da MindWriter.

A amostragem sistemática pode introduzir vieses sutis: um problema com a amostragem sistemática é a possível *periodicidade* na população, que se iguala ao índice de amostragem. Na amostragem de vendas de sobremesa em restaurantes por dias do ano, um índice de amostragem de 7 causaria viés nos resultados, não importa qual dia seja estabelecido como o início aleatório. Um caso menos óbvio pode envolver uma pesquisa em uma área de apartamentos na qual o padrão é oito apartamentos por prédio. Um índice de amostragem de 8 poderia facilmente fazer uma amostra superestimada em alguns apartamentos e subestimada em outros.

Outra dificuldade pode surgir quando há uma *tendência monotônica* nos elementos da população, ou seja, a lista da população varia desde o menor até o maior elemento ou vice-versa; mesmo uma lista cronológica pode ter esse efeito, se uma medida tender em uma direção com o correr do tempo. Uma amostragem sistemática feita sob essas condições pode fornecer uma estimativa enviesada da média ou da proporção da população, dependendo da escolha aleatória inicial. Suponha que seja criada uma lista de 2 mil bancos comerciais, ordenada do maior para o menor, da qual deve ser tirada uma amostra de 50 para análise. Um índice de amostragem de 40, iniciado aleatoriamente em 16, excluiria os 15 maiores bancos e provocaria um pequeno viés nos resultados.

A única proteção contra esses vieses sutis é a vigilância constante por parte do pesquisador. As formas de lidar com esse problema incluem:

- Distribua a população de forma aleatória antes da amostragem (p. ex.: ordene os bancos por nome, em vez de tamanho).
- Mude o início aleatório diversas vezes no processo de amostragem.
- Copie uma seleção de amostras diferentes.

Embora a amostragem sistemática tenha alguns problemas teóricos, do ponto de vista prático ela é normalmente tratada como uma amostra aleatória simples. Quando elementos de populações semelhantes são agrupados na estrutura de amostragem, uma amostragem sistemática é estatisticamente mais eficiente do que uma amostra aleatória simples; isso pode ocorrer se os elementos listados estiverem ordenados cronologicamente, por tamanho, classe, etc. Sob essas condições, trata-se de uma amostra estratificada proporcional. O efeito dessa ordenação é mais pronunciado nos resultados de amostras por conglomerado do que na amostra de elementos e pode exigir uma fórmula de amostragem estratificada proporcional.[12]

Amostragem estratificada

A maior parte das populações pode ser segregada em diversas subpopulações mutuamente excludentes, ou estratos. O processo pelo qual a amostra é restrita para incluir elementos de cada segmento é chamado **amostragem aleatória estratificada**, por exemplo, os estudantes universitários podem ser divididos por classe, escola, curso, sexo, etc.; depois que uma população é dividida em estratos apropriados, podemos fazer uma amostra aleatória simples em cada estrato. Os resultados da amostragem podem então ser ponderados (com base na proporção dos estratos da população) e combinados em estimativas apropriadas da população.

Há três razões pelas quais um pesquisador decide fazer uma amostragem aleatória estratificada: (1) aumentar a eficiência estatística de uma amostragem, (2) fornecer dados adequados para análise das várias subpopulações ou estratos, e (3) permitir que diferentes métodos e procedimentos de pesquisa sejam usados em diferentes estratos.[13]

Estatisticamente, a estratificação é mais eficiente do que a amostragem aleatória simples ou, no mínimo, é igual a ela. Com a estratificação ideal, cada estrato é homogêneo internamente e heterogêneo em relação a outros estratos, por exemplo, em uma amostra que inclui membros de grupos étnicos diferentes. Nessa situação, a estratificação gera uma melhoria pronunciada na eficiência estatística.

Essa técnica também é útil quando o pesquisador quer estudar as características de certos subgrupos da população. Assim, se alguém deseja tirar conclusões sobre atividades em diferentes classes de um corpo estudantil, deve utilizar a amostragem estratificada; se um restaurante estivesse interessado em testar alterações no cardápio para atrair clientes mais jovens e ao mesmo tempo manter seus clientes mais antigos e fiéis, a amostragem estratificada usando idade e clientela anterior como descritores seria adequada. A estratificação também é usada quando métodos diferentes de coleta de dados são aplicados em diferentes partes da população, um planejamento de pesquisa que está se tornando cada vez mais comum; por exemplo, quando fazemos um levantamento dos funcionários de uma empresa que trabalham em casa com um método, mas usamos uma abordagem diferente com os diversos funcionários espalhados pelo país.

Se existem dados disponíveis nos quais basear uma decisão de estratificação, como devemos proceder?[14] A estratificação ideal seria baseada na variável principal em estudo. Se o principal interesse é saber com que frequência mensal as pessoas usariam o clube de refeições da Metro U, então devemos estratificar esse número esperado de ocasiões de uso. A única dificuldade com essa ideia é que, se temos essa informação, não precisaríamos conduzir o estudo. Portanto, devemos escolher uma variável para estratificação em que acreditamos ter uma correlação com a frequência mensal de uso do clube, alguma coisa como dias de trabalho ou horário de aulas, indicando quando um elemento da amostra deve estar próximo ao *campus* no horário das refeições.

Close-up

Keynote Systems testa o poder da busca

Duas vezes ao ano a Keynote Systems avalia o desempenho de cinco ferramentas de busca, incluindo os líderes de mercado Google, AOL Search, Yahoo! Search, Ask.com e MSN Search. A empresa é "líder mundial em serviços que melhoram o desempenho do comércio on-line e as tecnologias de comunicação" e usa um painel on-line para realizar "testes interativos em sites da internet para avaliar a experiência do usuário", traçando o perfil de como as pessoas usam as ferramentas de busca, além de por que elas buscam de determinada forma. Ela aloca participantes e tratamentos experimentais, conforme mostrado na Figura 14-5: 2 mil pessoas são aleatoriamente selecionadas a partir de um painel com mais de 160 mil membros e convidadas a participar via e-mail. Elas são distribuídas aleatoriamente em cinco grupos de 400; determina-se uma ferramenta de busca para cada grupo. O fato de os participantes terem alguma experiência ou não com a ferramenta de busca não é um critério que influencia a distribuição. Cada grupo recebe uma série de tarefas de busca, começando com uma tarefa geral – pense em qualquer coisa sobre a qual você queira fazer uma busca e a faça – e terminando com tarefas mais específicas – encontre um estabelecimento local, um produto, uma imagem e uma notícia. Cada grupo basicamente desempenha a mesma série de tarefas. A partir de suas atividades, a Keynote gera 250 mil medidas (incluindo tempo gasto na pesquisa, se a busca foi bem-sucedida, etc.). Ela compara essas medidas com dados de pesquisa usados para mensurar satisfação, dificuldade percebida, e frustrações específicas. Com base nesses dados combinados, a empresa desenvolve diversos índices.

"Uma das coisas que observamos a partir de uma série de testes foi que o Google recebeu opiniões entusiasmadas por várias vezes, mesmo em casos em que as medidas de desempenho contavam uma história diferente", diz Lance Jones, consultor sênior de pesquisa. Com quase 60% de participação de mercado, o Google tem forte reconhecimento e tende a definir o padrão dos sites de busca. Sua marca é tão poderosa que pode influenciar atitudes até mesmo no caso de experiência conflitante de desempenho? Se a marca não é um fator, qual ferramenta de busca produziria os resultados mais satisfatórios e úteis, os melhores resultados patrocinados, e a melhor apresentação e leiaute? A Keynote queria projetar um experimento que mostrasse o poder da marca da ferramenta de busca. Para isso, eles precisavam remover a identidade de marca dos resultados da busca. Sua solução foi projetar um site com uma ferramenta de busca e uma página de resultados de aparência genérica, alimentando resultados reais de busca em seu formato genérico.

Para o teste de poder da marca (Figura 14-6), 2 mil entrevistados foram novamente divididos em cinco grupos e alocados para uma ferramenta de busca. Desta vez, no entanto, metade dos participantes foi alocada para um grupo com marca ($n = 200$) e veria os resultados com uma linha de texto "Resultados trazidos a você por Yahoo/Google/Ask, etc."; a outra metade ($n = 200$) veria os mesmos resultados, porém sem a linha de identificação da marca ($n = 200$). Todas as cinco ferramentas de busca foram testadas usando as tarefas realizadas no teste-padrão duas vezes ao ano, mas todos os resultados vistos pelos entrevistados foram, na verdade, gerados com o uso da ferramenta de busca determinada, e depois alimentados na apresentação dos resultados genéricos. "As páginas de resultados foram mostradas, e os entrevista-

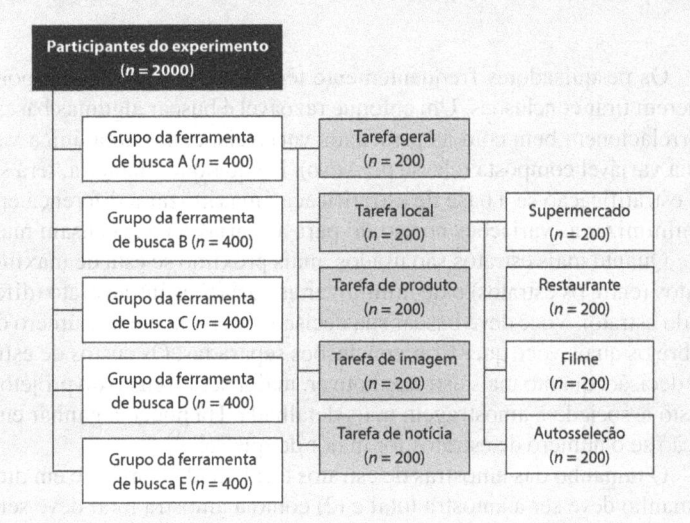

Figura 14-5 Alocação dos entrevistados no teste da ferramenta da busca.

Close-up (cont.)

dos não perceberiam nenhuma diferença no tempo transcorrido, pois os resultados apareceram milissegundos depois do que a ferramenta-padrão teria mostrado", explicou Jones. O teste produziu 1.600 perguntas que geraram 12 medidas distintas.

Uma marca é poderosa? Aqui estão alguns exemplos de resultados do Google; não esqueça que os grupos com marca e sem marca viram as mesmas páginas de resultados. No grupo sem marca, a pontuação de satisfação calculada para os resultados do Google foi de 732 (em uma escala de 1.000 pontos), enquanto o grupo com marca teve um resultado de 800; a satisfação com os resultados patrocinados do Google foi de 763 (sem marca), comparado com 809 (com marca); a satisfação com o leiaute geral foi de 753 (sem marca), comparado com 806 (com marca). Avalie o projeto dessa amostra.

www.keynote.com

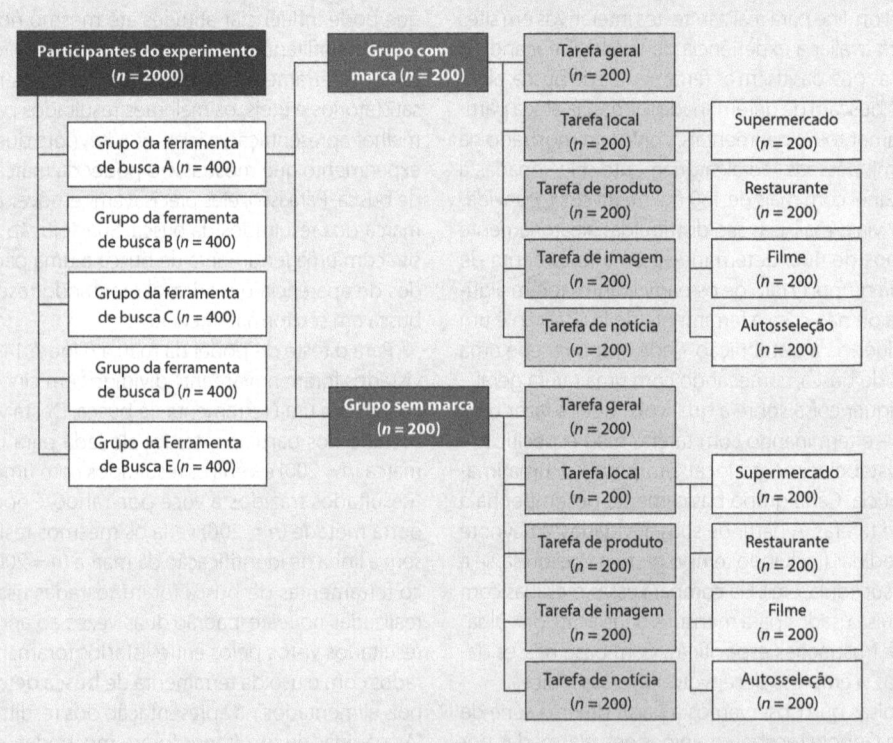

Figura 14-6 Alocação dos entrevistados no teste de poder da marca.

Os pesquisadores frequentemente têm diversas variáveis importantes sobre as quais eles querem tirar conclusões. Um enfoque razoável é buscar algumas bases para estratificação que se correlacionem bem com as principais variáveis, como uma única variável (nível de classe) ou uma variável composta (classe por sexo). De qualquer maneira, terá sido feito um bom trabalho de estratificação se a base de estratificação maximizar a diferença entre as médias dos estratos e minimizar as variações no estrato para as variáveis que causam mais preocupação.

Quanto mais estratos são usados, mais próximo se está de maximizar as diferenças interestratos (entre os estratos) e de minimizar as variações intraestrato (diferenças dentro de determinado estrato). Você deve basear sua decisão parcialmente no número de grupos de subpopulação sobre os quais você quer tirar conclusões separadas. Os custos de estratificação também pesam na decisão: quanto mais estratos houver, maior será o custo do projeto de pesquisa em função do custo associado à amostragem mais detalhada. Há pouco a ganhar em estimar valores da população se o número de estratos for maior do que seis.[15]

O tamanho das amostras de estratos é calculado com base em duas informações: (1) de que tamanho deve ser a amostra total e (2) como a amostra total deve ser alocada entre os estratos. Na decisão de como alocar uma amostra total entre os vários estratos, há amostragens proporcionais e desproporcionais.

Amostragem proporcional *versus* amostragem desproporcional Em uma **amostragem estratificada proporcional**, cada estrato é apropriadamente representado, de forma que a amostra tirada desse estrato seja proporcional à parcela que o estrato representa na população total. Essa abordagem é mais comum do que qualquer outro procedimento de amostragem estratificada, e algumas razões para isso incluem:

- Tem eficiência estatística mais alta do que uma amostra aleatória simples.
- É mais fácil de fazer do que os outros métodos de estratificação.
- Fornece uma amostra com autopeso; a média ou proporção da população pode ser estimada simplesmente ao calcular a média ou proporção de todas as amostras, eliminando o peso das respostas.

Entretanto, normalmente tem pouca eficiência estatística se a mensuração dos estratos e de suas variâncias for semelhante para as principais variáveis em estudo.

Qualquer estratificação que seja diferente da relação proporcional é uma **amostragem estratificada desproporcional**. Há diversos esquemas de alocação desproporcional, entre eles a desproporção determinada pelo julgamento, com base na ideia de que cada estrato é grande o suficiente para assegurar níveis de confiança adequados e estimativas de amplitude do intervalo de erro para estratos individuais. A tabela a seguir mostra a relação entre amostragem estratificada proporcional e desproporcional.

Estrato	População (%)	Amostra proporcional (%)	Amostra desproporcional (%)
Homens	45	45	35
Mulheres	55	55	65

Porém, o pesquisador toma decisões referentes à amostragem desproporcional ao considerar como uma amostragem será alocada entre os estratos. Um autor declara:

> Em determinado estrato, pegue uma amostra maior se o estrato for maior do que os outros, se for mais variável internamente e se a amostragem for mais barata no estrato.[16]

Se usarmos essas sugestões como um guia, é possível desenvolver um esquema de estratificação ideal: quando não há diferença nas variâncias intraestrato e quando os custos de amostragem entre os estratos são iguais, a escolha ideal é a amostra proporcional.

Embora a amostragem desproporcional seja teoricamente superior, há algumas dúvidas, como saber se ela tem aplicação ampla no sentido prático; se as diferenças em custos ou variações de amostragem entre os estratos forem grandes, então a amostragem desproporcional é desejável. Foi sugerido que "diferenças de vários tipos são necessárias para justificar a amostragem desproporcional".[17]

O processo para fazer uma amostra estratificada é:

- Determinar as variáveis a serem usadas para estratificação.
- Determinar as proporções de variáveis de estratificação na população.
- Selecionar estratificação proporcional ou desproporcional com base nas necessidades de informação e riscos do projeto.
- Dividir a estrutura de amostragem em estruturas separadas para cada estrato.
- Escolher os elementos aleatoriamente dentro de cada estrutura de amostragem de estrato.
- Seguir procedimentos aleatórios ou sistemáticos para obter as amostras de cada estrato.

Amostragem por conglomerado

Em uma amostragem aleatória simples, cada elemento da população é selecionado individualmente; a população também pode ser dividida em grupos de elementos, com alguns grupos selecionados aleatoriamente para estudo. Trata-se da **amostragem por conglomerado**, que é diferente da amostragem estratificada em vários sentidos, conforme indicado na Figura 14-7.

Amostragem estratificada	Amostragem por conglomerado
1. Dividimos a população em alguns subgrupos. • Cada subgrupo tem *muitos* elementos. • Os subgrupos são selecionados de acordo com alguns critérios relacionados às variáveis em estudo. 2. Tentamos assegurar *homogeneidade* dentro dos subgrupos. 3. Tentamos assegurar *heterogeneidade* entre os subgrupos. 4. Selecionamos aleatoriamente os *elementos* dentro de cada subgrupo.	1. Dividimos a população em *muitos* subgrupos. • Cada subgrupo tem *poucos* elementos. • Os subgrupos são selecionados de acordo com alguns critérios de facilidade ou disponibilidade na coleta de dados. 2. Tentamos assegurar *heterogeneidade* dentro dos subgrupos. 3. Tentamos assegurar *homogeneidade* entre os subgrupos. 4. Selecionamos aleatoriamente alguns *subgrupos*, que, então, são estudados em profundidade.

Figura 14-7 Comparação entre amostragem estratificada e amostragem por conglomerado.

Duas condições incentivam o uso da amostragem por conglomerado: (1) a necessidade de mais eficiência econômica do que pode ser fornecida pela amostragem aleatória simples e (2) a indisponibilidade frequente de uma estrutura de amostragem prática para elementos individuais.

A eficiência estatística da amostragem por conglomerado é normalmente mais baixa do que a da amostragem aleatória simples, principalmente porque os conglomerados são em geral homogêneos, por exemplo, famílias no mesmo quarteirão (um conglomerado típico) são sempre semelhantes em termos de classe social, nível de renda, origem étnica, e assim por diante. Embora a eficiência estatística na maioria das amostragens por conglomerado possa ser baixa, a eficiência econômica costuma ser suficientemente grande para superar esse ponto fraco. Assim, o critério é a eficiência relativa líquida, resultante do intercâmbio entre fatores econômicos e estatísticos. Podem ser necessárias 690 entrevistas no modelo de conglomerado para dar a mesma precisão que teríamos com 424 entrevistas aleatórias simples, mas, se o custo for de apenas US$ 5 por entrevista na situação de conglomerado e US$ 10 no caso aleatório simples, a amostra por conglomerado é mais atraente (US$ 3.450 *versus* US$ 4.240).

Amostragem por área Muitas pesquisas envolvem populações que podem ser relacionadas a algumas áreas geográficas. Quando isso ocorre, é possível usar a **amostragem por área**, a forma mais importante de amostragem por conglomerado. Esse método supera os problemas

A amostragem por área, um método de baixo custo utilizado com frequência, pode analisar unidades de amostra geográficas (p. ex.: quarteirões de uma cidade).

associados com o alto custo de amostragem e com a indisponibilidade de uma estrutura de amostragem prática para elementos individuais. Os métodos de amostragem por área foram aplicados a populações nacionais, municipais e mesmo em áreas menores onde há fronteiras políticas ou naturais bem definidas.

Suponha que você queira pesquisar os adultos residentes em uma cidade. Dificilmente, você conseguiria uma lista aleatória de tais pessoas, no entanto seria simples conseguir um mapa detalhado, que mostrasse os quarteirões da cidade. Se você coletar uma amostra desses quarteirões, fará também uma amostragem dos adultos residentes na cidade.

Definição Ao definir amostras por conglomerado, incluindo amostras por área, devemos responder a diversas perguntas:

1. Os conglomerados são homogêneos?
2. Devemos procurar conglomerados iguais ou desiguais?
3. Que tamanho de conglomerado devemos escolher?
4. Devemos usar conglomerados de um estágio ou de vários estágios?
5. Que tamanho de amostra é necessário?

1. Quando os conglomerados são homogêneos, isso contribui para uma baixa eficiência estatística; algumas vezes podemos aumentá-la ao compor agrupamentos que aumentem a variância intragrupos. No estudo no clube de refeições, os pesquisadores poderiam escolher um curso como conglomerado, preferindo criar uma amostra de todos os alunos nesse curso caso o conglomerado incluísse alunos de todos os quatro anos, ou talvez um departamento que tivesse professores, funcionários e posições administrativas, bem como alunos empregados. Na amostragem por área, para aumentar a variância intragrupos, eles poderiam combinar blocos vizinhos que contivessem diferentes grupos de renda ou classe social.

2. Uma amostra por conglomerado pode ser composta de grupos de tamanho igual ou desigual. A teoria do agrupamento em conglomerados defende que as médias das amostras por conglomerado são estimativas sem viés da média da população. Isso ocorre com mais frequência quando os conglomerados são iguais, como em domicílios em quarteirões da cidade. Embora possamos lidar com conglomerados de tamanhos diferentes, pode ser desejável reduzir ou neutralizar os efeitos do tamanho desigual. Há várias formas de fazer isso:

- Combinar pequenos conglomerados e dividir os grandes até que todos tenham aproximadamente o mesmo tamanho.
- Estratificar os conglomerados por tamanho e escolher conglomerados de cada estrato.
- Estratificar os conglomerados por tamanho e então fazer subamostras usando frações de amostragem variadas para assegurar um índice de amostragem geral.[18]

3. Não existe uma resposta *a priori* para o tamanho ideal do conglomerado. Para comparar a eficiência dos diferentes tamanhos de conglomerado, é necessário saber a diferença de custos para cada tamanho e estimar as diferentes variâncias das médias dos conglomerados. Mesmo com conglomerados de um estágio (em que os pesquisadores entrevistam ou observam todos os elementos de um conglomerado), não fica claro qual tamanho é melhor (digamos, 5, 20 ou 50). Alguns pesquisadores concluíram que, em estudos usando conglomerados de um estágio, o grupo ideal não é maior do que um quarteirão típico de uma cidade.[19]

4. Em relação aos conglomerados de um estágio ou de vários estágios, para a maioria das amostragens por área, a tendência é usar métodos de estágios múltiplos. Várias situações justificam a subamostragem, em vez da criação direta de conglomerados menores, selecionando-os em amostragem por conglomerado de um estágio.[20]

- Podem existir conglomerados naturais, como unidades de amostragem convenientes, embora eles possam ser maiores do que o tamanho econômico desejado.
- Podemos evitar o custo de criar conglomerados menores em toda a população e limitar as subamostras a apenas grandes conglomerados naturais.

- A amostragem de conglomerados naturalmente compactos pode apresentar dificuldades práticas, por exmplo, entrevistas independentes com todos os membros de uma família pode ser algo impraticável.

5. A resposta ao tamanho da amostra depende muito do tipo específico de conglomerado, e esses detalhes podem ser complicados. Conglomerados desiguais e amostras de estágios múltiplos podem ser os principais complicadores, e seu tratamento estatístico vai além do escopo deste livro. Aqui vamos tratar apenas da amostragem de um estágio, com conglomerados de igual tamanho (chamada de *amostragem por conglomerado simples*). Ela é análoga à amostragem aleatória simples; podemos pensar em uma população que consiste em 20 mil grupos de um aluno cada, ou 2 mil grupos de 10 alunos cada, e assim por diante. Presumindo as mesmas especificações para precisão e confiança, podemos esperar que o cálculo de tamanho da amostra probabilística seja o mesmo para os dois tipos.

Amostragem dupla

Pode ser mais conveniente ou econômico coletar algumas informações por amostra e então as usar como base para selecionar uma subamostra para estudos adicionais, procedimento chamado de **amostragem dupla, amostragem sequencial** ou **amostragem multifásica**. Ele é normalmente encontrado em modelos estratificados e/ou por conglomerado. Os procedimentos de cálculo são descritos em textos mais avançados.

A amostragem dupla pode ser ilustrada pelo exemplo do clube de refeições. Você pode usar uma pesquisa telefônica ou outro método barato para descobrir quem estaria interessado em se associar ao clube e o grau de interesse de cada um; então estratificar os participantes interessados por grau de interesse e escolher subamostras entre eles para fazer entrevistas intensivas sobre padrão esperado de consumo, reações aos vários serviços, etc. Decidir se é melhor obter tais informações com uso de amostragem em um ou em dois estágios depende muito dos custos relativos dos dois métodos.

Devido à grande amplitude das definições de amostragem disponível, quase sempre é difícil selecionar uma abordagem que atenda às necessidades da questão de pesquisa e ajude a segurar os custos do projeto. Para ajudar nessas escolhas, a Figura 14-8 pode ser usada para comparar as diversas vantagens e desvantagens da amostragem probabilística.

As técnicas de amostragem não probabilísticas são assunto da próxima seção; elas são usadas frequentemente e oferecem ao pesquisador o benefício de baixo custo, entretanto não são baseadas em estruturas teóricas e não operam a partir da teoria estatística; consequentemente, produzem viés de seleção e amostras não representativas. Apesar desses pontos fracos, seu uso bastante generalizado exige que sejam mencionadas aqui.

Amostragem não probabilística

Qualquer discussão de méritos relativos de amostragem probabilística e amostragem não probabilística mostra claramente a superioridade técnica da primeira. Na amostragem probabilística, os pesquisadores usam uma seleção aleatória de elementos para reduzir ou eliminar os vieses na amostragem. Sob tais condições, podemos ter grande confiança de que a amostra é representativa da população da qual foi extraída. Além disso, com amostras probabilísticas, podemos estimar uma amplitude de intervalo de erro no qual deve estar o parâmetro da população; assim, podemos não apenas reduzir a chance de erro na amostragem, mas também estimar a amplitude da provável presença de erros nela.

Com uma abordagem subjetiva, como a amostragem não probabilística, a probabilidade de selecionar elementos da população é desconhecida. Há diversas formas de escolher pessoas ou casos para fazer parte de uma amostra; normalmente deixamos que a escolha de pessoas seja feita pelos trabalhadores de campo envolvidos. Quando isso ocorre, há uma chance maior de haver viés no procedimento de seleção da amostra e de distorção nos resultados do estudo; não podemos, ainda, estimar a amplitude na qual esperaríamos encontrar o parâmetro da população. Considerando as vantagens técnicas da amostragem probabilística em relação à amostragem

Tipo	Descrição	Vantagens	Desvantagens
Aleatória simples *Custo: alto* Uso: moderado	Cada elemento da população tem a mesma chance de ser selecionado na amostra. A escolha para a amostra usa uma tabela/gerador de número aleatório.	Fácil de implementar com discagem automática (discagem de dígito aleatório) e com sistemas computadorizados de resposta de voz.	Exige uma lista dos elementos da população. Leva mais tempo para implementar. Usa amostras maiores. Gera erros maiores.
Sistemática *Custo: moderado* Uso: moderado	Seleciona um elemento da população e começa com um início aleatório e seguindo o intervalo de salto da amostragem seleciona cada elemento k-ésimo.	Simples de projetar. Mais fácil de usar do que a aleatória simples. Fácil de determinar a distribuição da amostragem da média ou proporção.	A periodicidade dentro da população pode distorcer a amostragem e os resultados. Se a lista de população tiver uma tendência monotônica, vai gerar uma estimativa enviesada com base no ponto de início.
Estratificada *Custo: alto* Uso: moderado	Divide a população em subpopulações ou estratos e usa a aleatória simples em cada estrato. Os resultados podem ser ponderados e combinados.	O pesquisador controla o tamanho da amostra no estrato. Maior eficiência estatística. Fornece dados para representar e analisar subgrupos. Permite o uso de diferentes métodos nos estratos.	Haverá aumento de erros se os subgrupos forem selecionados em índices diferentes. É especialmente cara se os estratos da população tiverem que ser criados.
Por conglomerado *Custo: moderado* Uso: alto	A população é dividida em subgrupos internamente heterogêneos. Alguns são selecionados aleatoriamente para estudos adicionais.	Fornece uma estimativa sem viés dos parâmetros da população, se for feita corretamente. É economicamente mais eficiente do que a aleatória simples. Menor custo por amostra, especialmente com conglomerados geográficos. Fácil de fazer sem uma lista da população.	Frequentemente menor eficiência estatística (mais erros) devido ao fato de os subgrupos serem homogêneos e não heterogêneos.
Dupla (sequencial ou multifásica) *Custo: moderado* Uso: moderado	O processo inclui a coleta de dados de uma amostra usando uma técnica previamente definida. Com base nas informações encontradas, selecionamos uma subamostra para estudos adicionais.	Pode reduzir custos se o primeiro estágio resultar em dados suficientes para estratificar ou agrupar a população.	Aumenta os custos se for usada indiscriminadamente.

Figura 14-8 Comparação entre tipos de amostragem probabilística.

não probabilística, por que alguém escolheria usar essa última? Há algumas razões práticas para usar esses métodos menos precisos.

Considerações práticas

Podemos usar os procedimentos de amostragem não probabilística porque eles atendem satisfatoriamente aos objetivos de amostragem. Embora uma amostragem aleatória nos dê um verdadeiro corte transversal da população, esse pode não ser o objetivo da pesquisa. Se não há desejo ou necessidade de generalizar um parâmetro da população, então há muito menos preocupação em saber se a amostra a reflete totalmente. Os pesquisadores costumam ter objetivos mais limitados, como buscar apenas a amplitude das condições ou exemplos de variações importantes, especialmente verdadeiro na pesquisa exploratória, em que queremos fazer contato apenas com certas pessoas ou casos claramente atípicos. Burbidge poderia fazer uma amostra probabilística se a decisão baseada nos dados fosse a definição real das novas linhas e horários da CityBus; no entanto, comparativamente, a decisão de onde e quando anunciar as mudanças é relativamente barata.

Outras razões para se escolher a amostragem não probabilística são custo e tempo. A probabilística claramente exige mais planejamento e repetidas visitas assegurando que cada membro selecionado para amostra seja contatado; essas atividades são caras. Uma não probabilística cuidadosamente controlada frequentemente produz resultados aceitáveis, de forma que o investigador nem mesmo considera a amostragem probabilística. Os resultados que Burbidge obteve na linha 99 gerarão dados questionáveis, mas parece que ele percebeu o erro de muitas de suas suposições depois que conversou com o motorista da linha 99 – algo que ele deveria ter feito durante a exploração, antes de definir o plano de amostragem.

Embora a amostragem probabilística possa ser superior na teoria, há alguns problemas em sua aplicação; mesmo os procedimentos de amostragem aleatória cuidadosamente estabelecidos podem estar sujeitos a aplicações descuidadas pelas pessoas envolvidas. Assim, a amostragem probabilística ideal pode ser apenas parcialmente atingida devido ao elemento humano.

Também é possível que a amostragem não probabilística seja a única alternativa viável, por exemplo, a população total pode não estar disponível para estudo em certos casos; no contexto de um grande evento, pode ser inviável até mesmo tentar construir uma amostra probabilística. Um estudo de correspondência entre duas empresas pode usar uma amostra arbitrária, pois o conjunto completo de correspondências normalmente não está disponível.

Em outras palavras, aqueles incluídos em uma amostra podem selecionar a si próprios. Nos levantamentos por correio, quem responde pode não representar um verdadeiro corte transversal daqueles que recebem o questionário. Os recebedores do questionário decidem por si mesmos se participarão ou não. Nos levantamentos por internet, os voluntários nem sempre representam o corte transversal adequado – é por isso que questões-filtro são usadas antes de incluir um participante na amostra. Há um pouco dessa autosseleção na maioria das pesquisas, pois cada participante decide se quer ou não ser entrevistado.

Métodos

Conveniência

As amostragens não probabilísticas irrestritas são chamadas de **amostras por conveniência**, modelo menos confiável, mas geralmente o mais barato e mais fácil de conduzir; nele, os pesquisadores ou entrevistadores de campo têm liberdade para escolher quem eles quiserem, por isso o nome "conveniência". Os exemplos incluem pesquisas informais com amigos e vizinhos, pessoas que respondem ao convite de um jornal para dar sua opinião sobre alguma questão pública, as entrevistas de abordagem feitas por um repórter de TV na rua, a consulta a funcionários para avaliar o gosto de um novo salgadinho.

Embora uma amostra por conveniência não tenha qualquer controle para garantir sua precisão, ainda assim pode ser um procedimento útil. Normalmente a usamos para testarmos ideias, ou mesmo para tê-las, sobre um assunto de interesse; nos estágios iniciais da pesquisa exploratória, quando buscamos orientação, pode-se usar essa abordagem. Os resultados podem apresentar evidências tão esmagadoras que um procedimento de amostragem mais sofisticado se torna desnecessário; em uma entrevista com alunos, referente a alguma questão do *campus*, você pode falar com 25 alunos selecionados sequencialmente e descobrir que as respostas são tão parecidas que não há incentivo para fazer entrevistas adicionais.

Amostragem intencional

Uma amostragem não probabilística que atenda a certos critérios é chamada de *amostragem intencional*. Há dois tipos principais – amostragem por julgamento e amostragem por quota.

A **amostragem por julgamento** ocorre quando um pesquisador seleciona membros da amostra para atender a alguns critérios: em um estudo de problemas trabalhistas, pode-se falar apenas com aqueles que tiveram problemas de discriminação no trabalho; ou quando os resultados das eleições são previstos apenas para algumas zonas eleitorais selecionadas, escolhidas devido ao seu registro de prognóstico em eleições anteriores. Burbidge escolheu a linha 99 porque a rota atual entre East City e West City levou-o a acreditar que ele poderia obter uma representação tanto dos passageiros de uma e de outra cidade.

Quando usado nos estágios iniciais de um estudo exploratório, ou quando desejado selecionar um grupo diferenciado para fins de filtragem, esse método de amostragem também é uma boa escolha. As empresas frequentemente testam ideias de novos produtos com seus funcionários, pois os funcionários da empresa terão reações mais favoráveis em relação ao novo produto do que o público; por isso, se o produto não passar por esse grupo, ele não tem perspectiva de sucesso no mercado em geral.

A **amostragem por quota** é o segundo tipo de amostragem intencional, usada para melhorar a representatividade. A lógica que sustenta a amostragem por quota é que certas características relevantes descrevem as dimensões da população; se uma amostra tem a mesma distribuição dessas características, então é provável que seja representativa da população em relação a outras variáveis sobre as quais não temos controle. Suponha que a população de alunos da Metro U seja composta por 55% de mulheres e 45% de homens. A amostragem por quota exigiria uma amostragem dos alunos a um índice de 55 a 45%. Isso eliminaria distorções devido à não representatividade do índice de sexo. Burbidge poderia ter melhorado sua amostragem não probabilística ao considerar as variações do período do dia e do dia da semana e ao decidir entregar as pesquisas aos passageiros da linha 99 em vários horários, criando assim uma amostra por quota.

Na maioria das amostras por quota, os pesquisadores especificam mais de uma dimensão de controle; cada uma deve passar por dois testes: (1) ter uma distribuição na população que possamos estimar e (2) ser pertinente com o tópico estudado. Por exemplo, podemos acreditar que as respostas a uma pergunta podem variar, dependendo do sexo do entrevistado – se for assim, devemos buscar respostas proporcionais de homens e mulheres, ou que os alunos de graduação são diferentes dos alunos de pós-graduação, então isso seria uma dimensão; outras dimensões, como disciplina acadêmica do aluno, grupo étnico, afiliação religiosa e posição social também podem ser escolhidas. Apenas alguns desses controles podem ser usados. Para ilustrar, suponha que estejamos considerando o seguinte:

Sexo: duas categorias – masculino e feminino.

Nível de escolaridade: duas categorias – alunos de graduação e de pós-graduação.

Faculdade seis categorias – Artes e Ciências, Agricultura, Arquitetura, Administração, Engenharia e outras.

Religião: quatro categorias – protestante, católico, judeu e outras.

Afiliação a uma fraternidade: duas categorias – membro e não membro.

Classe social e econômica da família: três categorias – alta, média e baixa.

Em um caso extremo, podemos pedir ao entrevistador para encontrar um aluno de graduação em administração, católico, membro de uma fraternidade e de uma família de classe alta. Todas as combinações desses seis fatores gerariam 288 células para análise. Esse tipo de controle é conhecido como *controle de precisão*, que nos dá mais certeza de que uma amostra será representativa da população. No entanto, é caro e muito difícil de fazer com mais de três variáveis.

Quando queremos usar mais de três dimensões de controle, dependeremos do controle da *frequência*. Com essa forma de controle, o percentual geral daqueles que têm cada característica na amostra deve estar de acordo com o percentual dos que têm as mesmas características na população. Não é feita nenhuma tentativa de encontrar uma combinação de características específicas em uma única pessoa. No controle de frequência, provavelmente descobriríamos que a série de amostra que se segue é um reflexo adequado da população:

	População (%)	Amostra (%)
Sexo masculino	65	67
Casado	15	14
Aluno de graduação	70	72
Residente no *campus*	30	28
Independente	75	73
Protestante	39	42

A amostragem por quota tem diversos pontos fracos: a ideia de que quotas em algumas variáveis supõem uma representatividade em outras é um argumento por analogia – não há certeza de que a amostragem é representativa das variáveis em estudo, os dados usados para fornecer controle podem também estar desatualizados ou ser imprecisos; há um limite prático no número de controles simultâneos que podem ser aplicados para garantir precisão; finalmente, a escolha dos sujeitos é deixada aos entrevistadores de campo para ser feita com base em julgamento, e eles podem escolher pessoas que pareçam amigáveis, convenientes para eles, etc.

Apesar dos problemas com a amostragem por quota, ela é muito usada em pesquisas de opinião e por pesquisadores de marketing e outras áreas. A amostragem probabilística é normalmente muito mais cara e consome mais tempo. Os defensores da amostragem por quota alegam que, embora haja algum perigo de viés sistemático, os riscos normalmente não são tão grandes. Sempre que a validade de prognóstico foi verificada (p. ex.: em pesquisas eleitorais), a amostragem por quota tem sido geralmente satisfatória.

Bola de neve

Recentemente, este modelo encontrou um nicho em aplicações nas quais os entrevistados são difíceis de identificar e são mais bem localizados com o uso de redes de referência e é particularmente apropriado para alguns estudos qualitativos. No estágio inicial da **amostragem bola de neve**, as pessoas são descobertas e podem ser ou não selecionadas por meio de métodos probabilísticos; esse grupo então é usado para localizar outras pessoas que possuam características semelhantes e que, por sua vez, identificam outras pessoas. Similar a uma pesquisa reversa de fontes bibliográficas, a "bola de neve" reúne sujeitos à medida que avança. Várias técnicas estão disponíveis para selecionar uma bola de neve não probabilística, com provisões para identificação de erro e teste estatístico. Vamos considerar um breve exemplo.

O mercado final de áudio nos Estados Unidos é composto de várias pequenas empresas que produzem componentes muito caros, usados em gravação e reprodução de apresentações ao vivo, e uma nova tecnologia para melhorar o processamento do sinal digital está sendo analisada por uma delas. Por meio de contatos com um grupo selecionado de engenheiros e projetistas eletrônicos, pode-se identificar o primeiro estágio da amostra para entrevistas. Os entrevistados subsequentes devem revelar informações importantes para desenvolvimento e marketing do produto.

Variações da amostragem bola de neve são usadas para estudar culturas de drogas, atividades de gangues de adolescentes, elites poderosas, relações de comunidade, transações com informações privilegiadas e outras aplicações nas quais os entrevistados são difíceis de identificar e de contatar.

Resumo

1 A amostragem é baseada em duas premissas: uma é que haja semelhança suficiente entre os elementos de uma população, de forma que uns poucos elementos representem adequadamente as características da população total; a outra é que, embora alguns elementos na amostragem subestimem um valor da população, outros superestimam esse valor. O resultado dessas tendências é que uma estatística de amostragem, como a média aritmética, é geralmente uma boa estimativa da média da população.

2 Uma boa amostra é acurada e precisa: uma amostra acurada é aquela em que há pouco ou nenhum viés ou variância sistemática, e uma amostra com precisão adequada é aquela que tem um erro de amostragem nos limites aceitáveis para os objetivos do estudo.

3 Ao desenvolver uma amostra, devemos responder cinco questões de procedimento:

   a Qual é a população-alvo?
   b Quais são os parâmetros de interesse?
   c Qual é a estrutura da amostragem?
   d Qual é o método apropriado de amostragem?
   e Qual é o tamanho necessário da amostra?

4 Existem diversas técnicas de amostragem, que podem ser classificadas por sua base de representação e por suas técnicas de seleção de elementos.

Seleção de elemento	Base de representação	
	Probabilística	Não probabilística
Irrestrita	Aleatória simples	Por conveniência
Restrita	Aleatória complexa • Sistemática • Por conglomerado • Estratificada • Dupla	Intencional • Julgamento • Por quota Bola de neve

A amostragem probabilística é baseada na seleção aleatória – um procedimento controlado que assegura que todos os elementos da população tenham uma chance de seleção conhecida diferente de zero. O tipo mais simples de abordagem probabilística é a amostragem aleatória simples; nesse modelo, cada membro da população tem a mesma chance de ser incluído em uma amostra. A seleção não probabilística, por sua vez, "não é aleatória". Se cada elemento é extraído individualmente da população como um todo, trata-se de uma amostragem irrestrita; já a amostragem restrita cobre as formas de amostragem nas quais o processo de seleção segue regras mais complexas.

5 A amostragem complexa é usada quando as condições tornam a amostra aleatória simples impraticável ou não econômica. Os quatro principais tipos de amostragem aleatória complexa discutidos neste capítulo são: sistemática, estratificada, por conglomerado e dupla. A amostragem sistemática envolve a seleção de cada elemento *k*-ésimo da população, com um início aleatório entre os elementos de 1 a *k*. Sua simplicidade, em alguns casos, é seu valor mais alto.

A amostragem estratificada é baseada na divisão da população em subpopulações e depois na amostragem aleatória de cada um desses estratos, normalmente, resultando em amostra total menor do que resultaria em um projeto aleatório simples. As amostragens estratificadas podem ser proporcionais ou desproporcionais.

Na amostragem por conglomerado, dividimos a população em grupos convenientes e depois escolhemos aleatoriamente os grupos a serem estudados; normalmente, é menos eficiente do ponto de vista estatístico do que a aleatória simples, devido ao alto grau de homogeneidade dentro dos grupos. Sua grande vantagem é a economia de custos – se a população for dispersa geograficamente – ou de tempo. A forma mais usada de conglomerado é a amostragem por área, na qual áreas geográficas são os elementos de seleção.

Algumas vezes, pode ser mais conveniente ou econômico coletar algumas informações por amostra e usá-las como base para selecionar uma subamostra para estudos adicionais. Esse procedimento é chamado de amostragem dupla.

A amostragem não probabilística também tem algumas vantagens práticas que respondem por sua ampla utilização. Muitas vezes, a amostragem probabilística não é viável porque a população não está disponível; assim, os problemas frequentes na aplicação da amostragem probabilística não compensam suas vantagens técnicas. Uma verdadeira abordagem transversal nem sempre é a verdadeira meta do pesquisador: o objetivo pode ser a descoberta da amplitude ou da extensão das condições. Finalmente, a amostragem não probabilística é geralmente mais barata de realizar do que a amostragem probabilística.

Amostras por conveniência são a forma mais simples e menos confiável de amostragem não probabilística. Sua principal virtude é o baixo custo. Uma amostragem intencional é a amostragem por julgamento na qual há o interesse em estudar apenas os tipos de sujeitos selecionados. A outra amostra intencional é a amostra por quota, em que os sujeitos são selecionados para atender a certas medidas de controle predeterminadas, que asseguram um corte transversal representativo da população. A amostragem bola de neve usa uma abordagem de referência para alcançar entrevistados particularmente difíceis de encontrar.

Termos-**chave**

amostragem 340
amostragem aleatória estratificada 354
amostragem aleatória simples 352
amostragem bola de neve 364
amostragem dupla 360
amostragem estratificada desproporcional 357
amostragem estratificada proporcional 357
amostragem multifásica 360
amostragem não probabilística 345
amostragem por área 358
amostragem por conglomerado 357
amostragem por julgamento 362
amostragem por quota 362
amostragem probabilística 345
amostragem sequencial 360
amostragem sistemática 353
amostras por conveniência 362
censo 340
elemento da população 340
erro de amostragem 343
estatística de amostra 347
estrutura de amostragem 340
índice de amostragem 353
parâmetros da população 347
população 340
proporção de incidência da população 348
variância sistemática 342

Questões para **discussão**

Revisão de termos

1 Faça a distinção entre:
   a Estatística e parâmetro.
   b Estrutura de amostra e população.
   c Amostragem restrita e irrestrita.
   d Amostragem aleatória simples e amostragem aleatória complexa.
   e Amostragem por conveniência e amostragem intencional.
   f Precisão da amostra e acurácia da amostra.
   g Variância sistemática e variância de erro.

h Variáveis e parâmetros de atributo.
  i Amostra proporcional e amostra desproporcional.
2 Em que circunstâncias você recomendaria:
  a Uma amostra probabilística? Uma amostra não probabilística?
  b Uma amostra aleatória simples? Uma amostra por conglomerado? Uma amostra estratificada?
  c Uma amostra probabilística estratificada desproporcional?
3 Você planeja realizar um levantamento usando amostragem irrestrita. Que decisões subjetivas você deve tomar?
4 Descreva as diferenças entre uma amostra probabilística e uma amostra não probabilística.
5 Por que um pesquisador usaria uma amostra intencional por quota?

Tomada de decisão em pesquisa

6 Sua tarefa é entrevistar uma amostra representativa de frequentadores de um grande local para concertos onde você trabalha. A programação para a nova temporada inclui 200 concertos ao vivo apresentando todos os tipos de músicos e grupos musicais. Uma vez que nem o número de frequentadores nem suas características descritivas são conhecidos com antecedência, você opta por uma amostragem não probabilística. Com base nas configurações anteriores de número de lugares, você pode calcular a quantidade de ingressos que estará disponível para cada um dos 200 concertos. Assim, coletivamente, saberá o número possível de frequentadores para cada tipo de música. A partir da pesquisa de participação conduzida nos concertos oferecidos pela Sinfônica de Glacier nos últimos dois anos, você pode obter dados sobre os frequentadores por tipo de música. Como conduziria uma amostragem não probabilística razoavelmente confiável?

7 Sua empresa está prestes a alternar para uma estrutura organizacional centrada no cliente, na qual os funcionários que quase nunca têm contato com o cliente passarão a ter influência significativa na satisfação e retenção de clientes. Como parte do processo de transição, seu superior quer uma avaliação acurada do estado de espírito do grande número de técnicos de informática que trabalham na empresa. Que tipo de amostra você obteria se fosse usar uma amostragem irrestrita?

Dando vida à pesquisa

8 Projete uma amostra não probabilística alternativa mais representativa dos passageiros ocasionais e potenciais para o projeto da CityBus.
9 Como você faria uma amostra por conglomerado para o projeto da CityBus?

Do conceito à prática

10 Usando a Figura 14-8 como guia, para cada técnica de amostragem descreva a estrutura de amostragem para fazer um estudo das habilidades necessárias nos funcionários a serem contratados, usando o setor no qual você trabalha atualmente ou gostaria de trabalhar.

Direto das manchetes

11 Quando a Nike apresentou os tênis Foamposite One Galaxy, que brilham no escuro, os fanáticos fizeram fila na frente dos distribuidores em todo o país. À medida que a multidão foi ficando impaciente, competindo por lugares na frente das filas cada vez maiores para comprar os tênis de edição limitada, a Footlocker cancelou alguns eventos. Sugeriu-se que a Nike deveria vender os lançamentos de edição limitada on-line em vez de em lojas para evitar colocar a segurança dos seus clientes em risco. Que grupo de amostra você sugeriria que a Nike utilizasse para avaliar essa sugestão?

Casos (em inglês) no site do Grupo A

Atendimento de ligações

Campbell-Ewald: R-E-S-P-E-I-T-O soletra fidelidade

A pesquisa pode resgatar a Cruz Vermelha?

Mentes curiosas querem saber – AGORA!

Hipóteses de testes da Marcus Thomas LLC para o desenvolvimento criativo da Troy-Bilt

State Farm: intersecções perigosas

Catalyst para mulheres no setor de serviços financeiros

Você encontrará uma descrição de cada caso na seção Índice de Casos deste livro. Verifique no Índice de Casos quais fornecem dados, o instrumento de pesquisa ou outro material complementar. Para acessar os casos (em inglês), entre no site do Grupo A (www.grupoa.com.br) e procure pelo livro.

Apêndice 14a

Determinando o Tamanho da Amostra

Conceitos básicos para amostragem

No estudo do clube de refeições da Metro University, exploramos a amostragem probabilística e os vários conceitos usados para projetar o processo de amostragem.

A Figura 14a-1 mostra o estudo de população ($N = 20.000$) para o clube de refeições da Metro U, consistindo em cinco subgrupos baseados nas suas preferências de horário de almoço. Os valores de 1 a 5 representam os horários preferidos para almoço: 11h, 11h30, 12h, 12h30 e 13h. A frequência de resposta (f) na distribuição da população, mostrada ao lado do subgrupo da população, é o que seria encontrado se fosse feito um censo dos elementos. Normalmente, os dados da população não estão disponíveis ou custam muito caro. Estamos agindo com onisciência para facilitar o exemplo.

Ponto estimado

Agora suponha que tenhamos coletado uma amostra com dez elementos dessa população sem saber as suas características e usamos um procedimento de amostragem de um software estatístico, um gerador de números aleatórios ou uma tabela de números aleatórios. Nossa primeira amostra ($n_1 = 10$) nos fornece as frequências mostradas sob a amostra n_1 na Figura 14a-1. Também calculamos uma

População de horários de almoço preferidos

Y	= Horário	f
1	11h	2.000
2	11h30	4.000
3	12h	7.000
4	12h30	4.000
5	13h	3.000
		$N = 20.000$

$\mu = 3,1$ ou 12h03
$\sigma = 0,74$ ou 22,2 minutos

Amostras

n_1

Y	f
1	1
2	2
3	4
4	2
5	1
$n_1 = 10$	

$\overline{X}_1 = 3,0$
$s = 1,15$

n_2

Y	f
1	1
2	2
3	5
4	2
5	0
$n_2 = 10$	

$\overline{X}_2 = 2,8$
$s = 0,92$

n_3

Y	f
1	0
2	1
3	5
4	1
5	3
$n_3 = 10$	

$\overline{X}_3 = 3,6$
$s = 1,07$

n_4

Y	f
1	1
2	1
3	3
4	4
5	1
$n_4 = 10$	

$\overline{X}_4 = 3,3$
$s = 1,16$

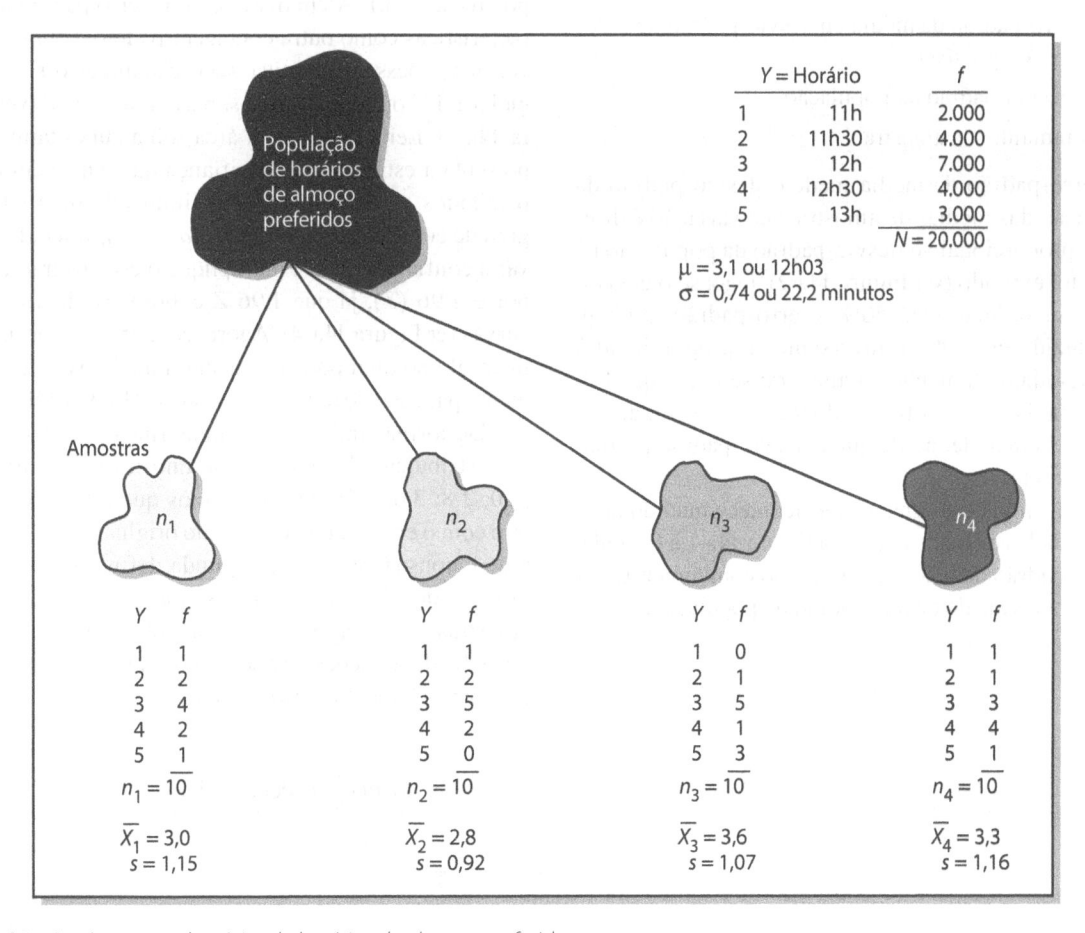

Figura 14a-1 Amostras aleatórias de horários de almoço preferidos.

média, $X_1 = 3,0$, para essa amostra, que indicaria o horário de almoço preferido – 12h; a média é um *ponto estimado* e nossa melhor previsão da média desconhecida da população, μ (a média aritmética da população). Suponha também que devolvamos a primeira amostra para a população e tenhamos coletado uma segunda, terceira e quarta amostras pelo mesmo procedimento. As frequências, as médias e os desvios-padrão são mostrados na figura. Como sugerem os dados, cada amostra tem algumas semelhanças com a população, mas nenhuma é uma cópia perfeita porque nenhuma amostra reproduz perfeitamente sua população.

Estimativas de intervalo

Não podemos julgar qual estimativa é a média verdadeira (que reflete precisamente a média da população), mas podemos estimar o intervalo no qual a verdadeira μ usará qualquer uma das amostras. Fazemos isso com uma fórmula que computa o *erro-padrão da média*.

$$\sigma_{\bar{X}} = \frac{\sigma}{\sqrt{n}}$$

onde

σ_x = erro-padrão da média ou desvio-padrão de todos os $\bar{X}$ s possíveis

σ = desvio-padrão da população

n = tamanho da amostra

O erro-padrão da média mede o desvio-padrão da distribuição das médias de amostra, sua variação é diretamente proporcional ao desvio-padrão da população na qual ele foi extraído (ver Figura 14a-2), logo: se o desvio-padrão for reduzido em 50%, o erro-padrão também será reduzido em 50%, e inversamente proporcional à raiz quadrada do tamanho da amostra: se a raiz quadrada do tamanho da amostra for dobrada, o erro-padrão é cortado pela metade, desde que o desvio-padrão permaneça constante.

Agora vamos examinar o que acontece quando aplicamos os dados de amostra (n_1) da Figura 14a-1 à fórmula. O desvio-padrão da amostra será usado com uma estimativa não enviesada do desvio-padrão da população.

$$\sigma_{\bar{X}} = \frac{s}{\sqrt{n}}$$

onde

s = desvio padrão da amostra, n_1

$n_1 = 10$

$\bar{X}_1 = 3,0$

$s_1 = 1,15$

Substituindo na equação:

$$\sigma_{\bar{X}} = \frac{s}{\sqrt{n}} = \frac{1,15}{\sqrt{10}} = 0,36$$

Estimativa da média da população

Como isso melhora nossa previsão de μ a partir de X? O erro-padrão cria o intervalo que equipara o ponto estimado. Nesse exemplo, μ deve ser 3,0 ou 12h (o significado de n_1) ± 0,36. Esses limites podem ser visualizados em uma linha contínua (ver diagrama no fim da página).

Poderíamos pensar que encontraríamos a verdadeira μ entre 2,64 e 3,36 – entre 11h49 e 12h11 (se 2 = 11h30 e 0,64 (30 minutos) = 19,2 minutos, então 2,64 = 11h30 + 19,2 minutos, ou 11h49). Já que estamos usando a onisciência para esse exemplo, sabemos que o valor médio da população é 3,1. Além disso, como o erro padrão tem características como outra contagem-padrão, temos 68% de confiança nessa estimativa – ou seja, um erro-padrão engloba ± 1 Z ou 68% da área sob a curva normal (ver Figura 14a-3). Lembre-se que a área sob a curva também representa a estimativa de confiança que temos em nossos resultados. A combinação dos limites do intervalo e do grau de confiança cria o *intervalo de confiança*. Para elevar a confiança a 95%, multiplique o erro-padrão de 0,36 por ± 1,96 (Z), já que 1,96 Z cobre 95% da área sob a curva (ver Figura 14a-4). Agora, com 95% de confiança, o intervalo no qual podemos achar a média verdadeira aumenta para ± 0,70 (de 2,3 a 3,7 ou de 11h39 a 12h21).

De forma similar, se computarmos o desvio-padrão da distribuição das médias da amostra na Figura 14a-1 [3,0; 2,8; 3,6; 3,3], descobriremos que é 0,35. Compare isso com o erro-padrão do cálculo original (0,36). O resultado é consistente com a segunda definição de erro-padrão: o desvio-padrão da distribuição das médias de amostras (n_1, n_2, n_3 e n_4). Agora, voltaremos ao exemplo do clube de refeições e aplicaremos alguns desses conceitos ao problema dos pesquisadores.

		Média verdadeira = 3,1	
2,64	3,00	↓	3,36
11h49	$\bar{X}$		12h11

	Redução do desvio padrão em 50%	Quadruplicando a amostra
$\sigma_{\bar{x}} = \dfrac{s}{\sqrt{n}}$	$\sigma_{\bar{x}} = \dfrac{0{,}74}{\sqrt{10}} = 0{,}234$	$\sigma_{\bar{x}} = \dfrac{0{,}8}{\sqrt{25}} = 0{,}16$
	$\sigma_{\bar{x}} = \dfrac{0{,}37}{\sqrt{10}} = 0{,}117$	$\sigma_{\bar{x}} = \dfrac{0{,}8}{\sqrt{100}} = 0{,}08$

onde
$\sigma_{\bar{x}}$ = erro padrão da média
$\sigma_{\bar{x}}$ = desvio padrão da amostra
n = tamanho da amostra

Obs.: Um aumento de 400% no tamanho da amostra (de 25 para 100) resultaria somente em um aumento de 200% em precisão (de 0,16 para 0,08). Frequentemente pede-se aos pesquisadores para aumentar a precisão, mas a questão deveria ser "A que custo?". Cada um desses elementos de amostra adicionais acrescenta tempo e custo ao estudo.

Figura 14a-2 Efeitos da média de precisão crescente sobre o erro padrão.

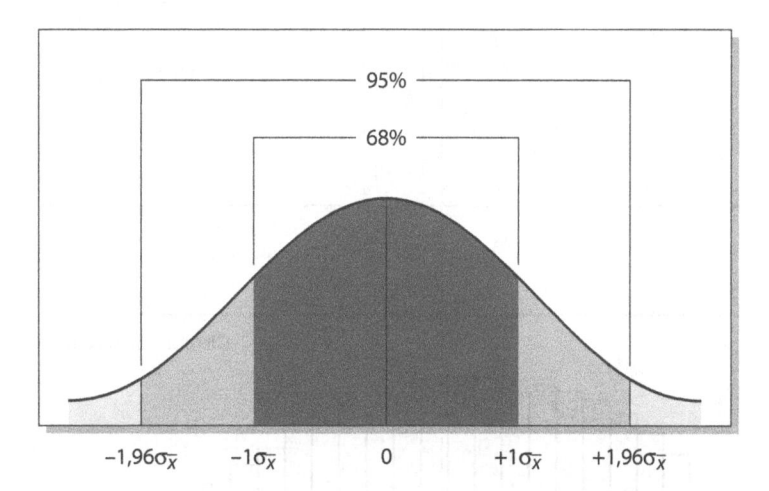

Figura 14a-3 Níveis de confiança e a curva normal.

Erro-padrão (Z)	Percentual de área*	Grau aproximado de confiança
1,00	68,27	68%
1,65	90,10	90%
1,96	95,00	95%
3,00	99,73	99%

Figura 14a-4 Erros-padrão associados com áreas sob a curva normal.
*Inclui as duas extremidades em uma distribuição normal.

Se os pesquisadores entrevistassem todos os alunos e funcionários na população definida, perguntando-lhes: "Quantas vezes por mês você comeria no clube?", eles obteriam uma distribuição parecida com aquela mostrada na Parte A da Figura 14a-5. As respostas variariam de 0 a até 30 almoços por mês com μ e σ.

Porém, eles não podem fazer um censo, então μ e σ permanecem desconhecidos. Por amostragem, os pesquisadores verificam que a média seria 10,0 e o desvio-padrão, 4,1 (com que frequência eles comeriam no clube a cada mês). Passando para a Parte C da Figura 14a-5, três observações sobre distribuição de amostras são consistentes com nosso exemplo anterior. Primeira, ele é mostrado como um histograma; representa a distribuição de frequência de dados empíricos, enquanto a curva suave da Parte A é a distribuição teórica.

Segunda, a distribuição da amostra (Parte C) é semelhante na aparência, mas não é uma cópia perfeita da distribuição da população (Parte A). Terceira, a média da amostra é diferente da média da população.

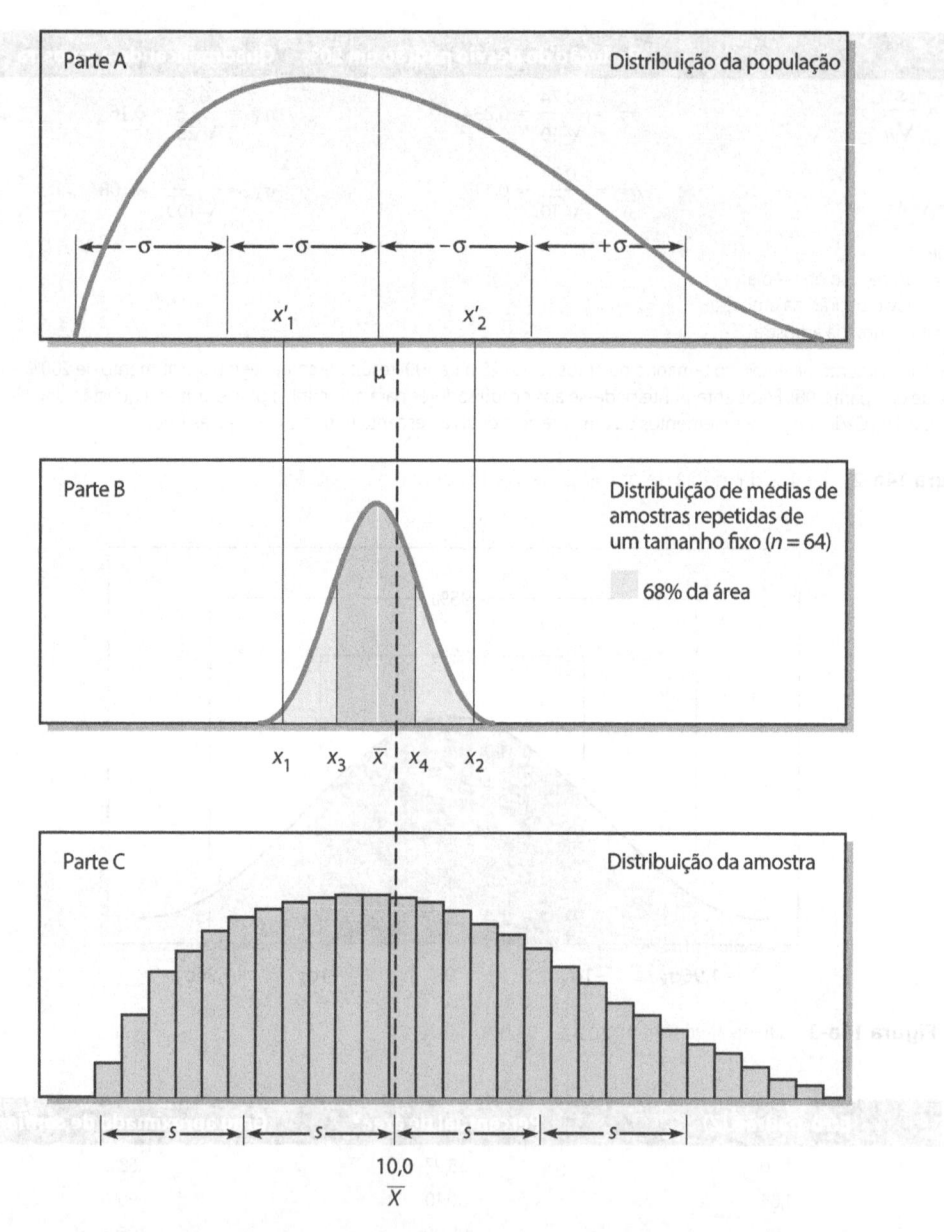

Figura 14a-5 Uma comparação de distribuição de população, distribuição de amostra e distribuição de média de amostra do estudo para o clube de refeições da Metro U.

Obs.: As distribuições nessas figuras não são para uso em escala, mas esse fato não é importante para nosso entendimento da relação de dispersão representada.

Se os pesquisadores pudessem obter amostras repetidas da forma como fizemos, eles poderiam planejar a média de cada amostra para assegurar a linha de distribuição sólida encontrada na Parte B. Conforme o *teorema central de limite*, para amostras suficientemente grandes ($n = 30$), as médias de amostras seriam distribuídas pela média da população aproximadamente em uma distribuição normal.

Mesmo se a população não apresentar uma distribuição normal, a distribuição das médias de amostras será normal se houver um conjunto de amostras suficientemente grande.

Estimativa de intervalo para a amostra do clube de refeições da Metro U

Qualquer média de amostra ficará nos limites de distribuição mostrados na parte B da Figura 14a-5, e também sabemos que cerca de 68% das médias de amostra nessa distribuição ficarão entre x_3 e x_4, e 95% entre x_1 e x_2.

Se projetarmos os pontos x_1 e x_2 na distribuição da população (Parte A da Figura 14a-5) nos pontos x'_1 e x'_2, veremos o intervalo no qual qualquer média de uma amostra aleatória de 64 tem possibilidade de significar

95% do tempo. Já que não sabemos a média da população da qual medimos o erro-padrão, inferimos que também há uma chance de 95% de que a média da população esteja dentro de dois erros-padrão da média de amostragem (10,0). Essa inferência nos permite encontrar a média da amostra, estabelecer uma amplitude de intervalo ao redor dela e declarar uma possibilidade de confiança de que a média da população está nesse intervalo.

Como os pesquisadores estão considerando um investimento neste projeto, eles desejarão algumas garantias de que a média da população está próxima do número reportado em qualquer amostra que façam. Para descobrir o quanto a média da população está próxima da média da amostra, eles devem calcular o erro-padrão da média e estimar uma amplitude de intervalo dentro da qual a média da população pode estar.

Dada uma amostra de 64, eles ainda precisam de um valor para o erro-padrão. Quase nunca teremos o valor para o desvio-padrão da população (σ), então devemos usar um número aproximado. A melhor aproximação para σ é o desvio-padrão da amostra (s). Aqui o desvio-padrão ($s = 4,1$) foi obtido de uma amostra-piloto:

$$\sigma_{\bar{X}} = \frac{s}{\sqrt{n}} = \frac{4,1}{\sqrt{64}} = 0,51$$

Se o erro-padrão da média for igual a 0,51 visitas, então 1,96 erro-padrão (95%) é igual a 1,0 visita. Os alunos podem estimar com 95% de confiança que a média esperada de visitas da população está dentro de 10,0 ± 1,0 visitas, ou de 9,0 a 11,0 refeições por mês. Discutimos o teste-piloto como parte da fase de pré-teste no Capítulo 13.

Mudança nos intervalos de confiança

A estimativa anterior pode não ser satisfatória: ela pode não representar o grau de confiança que os pesquisadores querem na estimativa do intervalo, considerando seu risco financeiro. Eles podem querer um grau mais alto de confiança do que o nível de 95% usado aqui. Ao se referirem a uma tabela de área sob a curva normal, eles podem encontrar várias outras combinações de probabilidade. A Figura 14a-6 resume algumas das mais comumente usadas. Assim, se os alunos querem uma confiança maior na probabilidade de incluir a média da população na amplitude do intervalo, eles podem passar para um erro-padrão mais alto, digamos $X \pm 3\sigma_{\bar{X}}$. Agora a média da população fica entre $10,0 \pm 3 (0,51)$ ou de 8,47 a 11,53. Com 99,73% de confiança, podemos dizer que esse intervalo vai incluir a média da população.

Podemos fazer uma estimativa que tenha um limite muito menor, por exemplo, 10,0 ± 0,2. Para assegurar esse limite menor de intervalo, devemos (1) aceitar um nível mais baixo de confiança nos resultados ou (2) fazer uma amostra grande o suficiente para gerar esse intervalo menor com o nível de confiança mais alto desejado.

Se o erro-padrão é igual a 0,51 visita, então 0,2 visita seriam iguais a 0,39 erro-padrão (0,2/0,51 = 0,39). Referindo-nos à tabela de áreas sob a curva normal (Apêndice D, Figura D-1), descobrimos que há 30,3% de chance de que a média real da população fique em ± 0,39 erro-padrão de 10,0. Com uma amostra de 64, a média da amostra estaria sujeita a tanta variação de erro que em apenas 30% do tempo os pesquisadores poderiam esperar encontrar a média da população entre 9,8 e 10,2. Esse é um nível de confiança tão baixo que os pesquisadores normalmente passariam para uma segunda alternativa; eles aumentariam o tamanho da amostra até que pudessem assegurar o intervalo e o grau de confiança desejados.

Cálculo do tamanho da amostra para questões que envolvem médias

Antes de calcularmos o tamanho da amostra desejado para o estudo do clube de refeições da Metro U, vamos revisar as informações de que precisamos:

1. A *precisão* desejada e como quantificá-la:
   a. O *nível de confiança* que queremos com nossa estimativa.
   b. O *tamanho de estimativa do intervalo*.
2. A esperada *dispersão na população* para a questão investigativa usada.
3. Se será necessária uma correção para população finita.

Os pesquisadores selecionaram duas questões investigativas como fundamentais – "frequência de patrocínio"

Grau aproximado de confiança	Amplitude do intervalo do número de refeições por mês
68%	µ está entre 9,48 e 10,52 visitas
90	µ está entre 9,14 e 10,86 visitas
95	µ está entre 8,98 e 11,02 visitas
99	µ está entre 8,44 e 11,56 visitas

Figura 14a-6 Estimativas associadas com vários níveis de confiança no estudo do clube de refeições da Metro U.

Questões de amostragem	Decisões da Metro U	
	"Frequência de refeição" (dados intervalares e de razão)	"Associação" (dados nominais e ordinais)
1. A precisão desejada e como quantificá-la:		
• A confiança que o pesquisador quer na estimativa (seleção baseada no risco)	95% de confiança ($Z = 1{,}96$)	95% de confiança ($Z = 1{,}96$)
• O tamanho da estimativa de intervalo que o pesquisador vai aceitar (seleção baseada no risco)	± 0,5 refeições por mês	± 0,10 (10%)
2. A dispersão esperada na população para a questão usada para mensurar precisão:	0 a 30 refeições	0 a 100%
Mensuração de tendência central		
• Média da amostra	10	
• Proporção da amostra da população com o atributo mensurado		30%
Mensuração de dispersão		
• Desvio padrão	4,1	
• Mensuração de dispersão da amostra		$pq = 0{,}30(0{,}70) = 0{,}051$
3. Será usada uma correção para população finita	Não	Não
4. Estimativa do desvio padrão da população:		
• Erro padrão da média	$0{,}5/1{,}96 = 0{,}255$	
• Erro padrão da proporção		$0{,}10/1{,}96 = 0{,}051$
5. Cálculo do tamanho da amostra	Fórmula na página 373	Fórmula na página 373
6. Tamanho da amostra	$n = 259$*	$n = 81$

Figura 14a-7 Decisões na definição de amostragem da Metro U sobre constructos de "frequência de refeições" e "associação".

*Visto que ambas as questões investigativas eram interessantes, o pesquisador usaria para o estudo o maior dos dois tamanhos de amostras calculados, $n = 259$.

e "interesse em associar-se" – porque acreditam que ambas são cruciais para tomar a decisão correta em relação à oportunidade do clube de refeições da Metro U. A primeira exige um ponto estimado, a segunda, uma proporção. Como revisão, as decisões necessárias e as decisões tomadas pelos pesquisadores da Metro U estão resumidas na Figura 14a-7.

Precisão

Com relação à precisão, o índice de 95% de confiança é frequentemente usado, mas pode ser necessário mais ou menos confiança devido aos riscos de determinado projeto. De forma semelhante, deve-se decidir o tamanho do intervalo estimado para prever os parâmetros de população a partir dos dados da amostra. Quando seleciona um intervalo menor, o pesquisador diz que a precisão é vital, principalmente porque os riscos inerentes são altos, por exemplo, em uma escala de mensuração de cinco pontos, um décimo de um ponto é um grau muito alto de precisão em comparação com um intervalo de um ponto. Considerando que um sócio pode fazer até 30 refeições por mês no clube (30 dias, uma refeição por dia), qualquer coisa menos do que uma refeição por dia pediria um grau mais alto de precisão no estudo da Metro U. O alto risco do estudo da Metro U garante a precisão selecionada de 0,5 refeição.

Dispersão da população

O próximo fator que afeta o tamanho da amostra para determinado nível de precisão é a dispersão da população: quanto menor a possibilidade de dispersão, menor será a amostra necessária para dar uma ideia representativa dos membros da população. Se o número de refeições da população variar de 18 a 25, uma amostra menor nos dará uma estimativa precisa da média de consumo de refeições da população. Porém, com a dispersão da população variando entre 0 e 30 refeições consumidas, precisamos de uma amostra maior para o mesmo grau de confiança nas estimativas. Já que a dispersão da população real em relação às refeições estimadas por mês no clube da Metro U é desconhecida, o desvio-padrão da amostra é usado como um número aproximado. Normalmente, esse número é baseado em uma das seguintes premissas:

- Pesquisa prévia sobre o assunto.
- Um teste-piloto ou pré-teste do instrumento de dados entre uma amostra extraída da população.

- Uma regra geral (um sexto dos limites baseados em seis desvios-padrão com 99,73% de confiança).

Se a amplitude for de 0 a 30 refeições, o método de regras gerais produz um desvio-padrão de cinco refeições. Os pesquisadores querem mais precisão do que a fornecida pelo método de regras gerais, de forma que fazem uma amostra-piloto de 25 e descobrem que o desvio-padrão é de 4,1 refeições.

Tamanho da população

O fator final que afeta o tamanho de uma amostra aleatória é o tamanho da população: se o tamanho da amostra excede 5% da população, os limites finitos da população restringem o tamanho da amostra necessária. Um fator de correção está disponível nesse caso.

O tamanho da amostra é computado para o primeiro constructo, frequência de refeições, como segue:

$$\sigma_{\bar{X}} = \frac{s}{\sqrt{n}}$$

$$\sqrt{n} = \frac{s}{\sigma_{\bar{X}}}$$

$$n = \frac{s^2}{\sigma_{\bar{X}}}$$

$$n = \frac{(4,1)^2}{(0,255)^2}$$

$$n = 258,5 \text{ ou } 259$$

onde

$\sigma_{\bar{x}} = 0,255$ (0,51/1,96)

Se os pesquisadores quiserem aceitar uma amplitude de intervalo maior (± 1 refeição), e, assim, um risco maior, eles podem reduzir o tamanho da amostra para $n = 65$.

Cálculo do tamanho da amostra para questões que envolvem proporções

Outra questão-chave relativa ao clube de refeições do estudo era: "Que percentual da população diz que se associaria ao clube com base nos preços e serviços projetados?". Na área empresarial, lidamos com dados de proporção. Um exemplo é a pesquisa da CNN que projeta o percentual de pessoas que votará contra ou a favor de uma proposta ou de um candidato, isso normalmente tem uma margem de erro de ± 5%.

No estudo da Metro U, um pré-teste responde a essa pergunta usando o mesmo procedimento geral. Mas, em vez da média aritmética, com proporções, temos p (proporção da população que possui determinado atributo)[1] – nesse caso, o número de interessados em se associar ao clube de refeições; e, em vez do desvio-padrão, a dispersão é medida em termos de $p \times q$, em que q é a proporção da população que não tem o atributo e $q = (1 - p)$. A medida de dispersão da estatística de amostra também muda de erro-padrão da média para erro-padrão da proporção σ_p.

Calculamos o tamanho de uma amostra com base nesses dados tomando as mesmas duas decisões subjetivas – decidindo sobre estimativa de intervalo e grau de confiança aceitáveis. Suponha que, em um teste-piloto, 30% dos alunos e funcionários disseram que se associariam ao clube de refeições. Decidimos estimar a proporção real da população dentro de 10 pontos percentuais desse número ($p = 0,30 \pm 0,10$). Suponha também que queiramos ter 95% de confiança em que o parâmetro da população é ± 0,10 da proporção da amostragem. O cálculo de tamanho da amostra é feito como antes:

± 0,10 = intervalo desejado dentro do qual deve estar a proporção da população (decisão subjetiva)

1,96 σ_p = índice de confiança de 95% para estimar o intervalo dentro do qual se espera encontrar a proporção da população (decisão subjetiva)

$\sigma_p = 0,051$ = erro-padrão de proporção (0,10/1,96)

pq = medida de dispersão da amostra (usada aqui como uma estimativa para a dispersão da população)

n = tamanho da amostra

$$\sigma_p = \sqrt{\frac{pq}{n}}$$

$$n = \frac{pq}{\sigma_p^2}$$

$$n = \frac{0,3 \times 0,7}{(0,051)^2}$$

$$n = 81$$

Uma amostra de 81 pessoas é baseada na pressuposição de uma população infinita. Se a amostragem for menor do que 5% da população, há pouco a ganhar se usarmos uma correção para população finita. Os alunos interpretaram os dados encontrados em uma amostra de 81 pessoas, escolhidas aleatoriamente da população, como: "Podemos ter 95% de certeza que 30% dos participantes dirão que se associariam ao clube, com uma margem de erro de ± 10%".

Anteriormente, os pesquisadores usavam teste-piloto para gerar a estimativa de variância para o cálculo. Suponha que essa opção não esteja disponível. Os dados de proporções têm uma característica relativa à variância que não é encontrada com dados intervalares ou de razão. O índice pq nunca pode exceder 0,25. Por exemplo, se $p = 0,5$, então $q = 0,5$ e o resultado é 0,25. Se p ou q forem maiores do que 0,5, então o resultado é menor do que 0,25 (0,4 x 0,6 = 0,24, e assim por diante). Quando não temos informações referentes ao provável valor de p, podemos assumir que $p = 0,5$ e decidir o tamanho da amostra.

$$n = \frac{pq}{\sigma_p^2}$$

$$n = \frac{(0,50)(0,50)}{(0,51)^2}$$

$$n = \frac{0,25}{(0,051)^2}$$

$$n = 96$$

onde

pq = medida de dispersão

n = tamanho da amostra

σ_p = erro-padrão da proporção

Se usarmos essa estimativa de variância máxima no exemplo do clube de refeições, descobriremos que o tamanho da amostra precisa ser de 96 pessoas para ter uma amostra adequada para a questão sobre participação no clube.

Quando há diversas questões investigativas de forte interesse, os pesquisadores calculam o tamanho da amostra para cada variável – como fizemos no estudo da Metro U para "frequência de refeições" e "associação". O pesquisador depois escolhe o cálculo que gera a maior amostra, o que garante que todos os dados serão coletados com o nível necessário de precisão.

Parte IV

Análise e Apresentação de Dados

Capítulo 15   Preparação e Descrição de Dados

Capítulo 16   Exploração, Exibição e Exame de Dados

Capítulo 17   Teste de Hipóteses

Capítulo 18   Medidas de Associação

Capítulo 19   Apresentação de Ideias e Achados: Relatórios por Escrito

Capítulo 20   Apresentação de Ideias e Achados: Apresentações Orais

Capítulo 15
Preparação e Descrição de Dados

> "O padrão de pensamento, no qual você analisa o que está funcionando para outra pessoa e o aplica à sua própria situação, é uma das melhores formas de fazer com que grandes coisas aconteçam para você e sua equipe."
>
> *David Novak, presidente e CEO, Yum! Brands Inc.*

Objetivos de **aprendizagem**

Após ler este capítulo, você compreenderá...

1. A importância de editar os dados brutos coletados para detectar erros e omissões.
2. Como a codificação é usada para atribuir números e outros símbolos a respostas e para categorizá-las.
3. O uso da análise de conteúdo para interpretar e resumir questões abertas.
4. Problemas e soluções para as respostas "não sei" e dados faltantes.
5. As opções para entrada e manipulação de dados.

Dando vida à pesquisa

Os leigos costumam achar que os dados precisam apenas ser computados para serem apresentados, mas um pesquisador treinado entende que os dados raramente estão prontos para serem computados após a coleta. A entrada de dados, se não acontecer simultaneamente com o processo de levantamento, adiciona dias ao processo, assim como a verificação da precisão deles. Myra Wines, o principal contato da MindWriter com a Henry & Associates, chega cedo para uma reunião com Jason e interrompe uma sessão de dados sobre outro projeto dele. Ela tem um interesse especial no que Jason está trabalhando e está prestes a oferecer um novo projeto à Henry & Associates.

"Cheguei cedo para a nossa reunião, algum problema?", pergunta Myra ao passar por folhas impressas de computador empilhadas precariamente perto da porta do escritório de Jason. "Será que a equipe diligente no seu escritório externo está estudando os dados do meu Projeto 2 da MindWriter?"

"Ainda não", comenta Jason e faz um gesto para que Myra sente. "Me dê apenas um segundo." Ele rapidamente escreve duas observações em post-its e gruda um deles em um rascunho a lápis de um gráfico e o outro em um histograma. "Sammye, você pode vir buscar isto?", Jason chama um membro de sua equipe no escritório externo.

Enquanto isso, Myra escolhe uma cadeira e espera. Ela está lá para convencer Jason a assumir mais um projeto da MindWriter, este de curta duração. Voltando sua atenção para Myra, Jason pega uma pasta que está na prateleira atrás dele. "Na verdade, aquelas abelhas trabalhadoras são novos membros da minha equipe, estudantes de pós-graduação. Eles estão trabalhando no projeto do Centro Municipal de Artes (CMA)", diz Jason. "Foi por causa de sua recomendação que conseguimos esse trabalho. Pensei que soubesse."

"É claro que sei. Faço parte da diretoria do CMA há dois anos. Você apresentará a análise preliminar na próxima reunião que teremos nesta sexta?"

"Sexta depois de amanhã?", pergunta Jason. "Só se for em sonho! A análise preliminar em que eles estão trabalhando é estritamente para nós. Embora possamos desenvolver gráficos para apresentar à diretoria do CMA, é bem provável que nenhum material que você vê empilhado aqui entre no relatório do jeito que está. Não estamos nem perto de escrever o relatório para o cliente. Acabamos de limpar o arquivo de dados ontem.

Hoje de manhã, fiz um conjunto completo de frequências. Jill, David e Sammye começaram a análise preliminar... hã, 90 minutos atrás."

"Então imagino que terei de esperar até que você tenha algo mais sólido para saber mais sobre o que vocês descobriram até aqui?", pergunta Myra, sorrindo.

"Ah", diz Jason, devolvendo o sorriso, "você já captou bem o processo da H&A". Myra sorri e modifica sua posição na cadeira, inclinando-se levemente em direção a Jason. Pouco antes de ela falar, Jason observa: "Ah, não! Você está mudando para sua postura 'é hora de falar de negócios'. Então, qual é o novo projeto que você quer discutir... e o prazo impossível que você quer que eu cumpra?"

"Apenas me escute, Jason. O grupo de produtos LT3000 da MindWriter decidiu que precisa usar 'superioridade em sistemas sob medida', como alega em uma nova campanha publicitária, mas o departamento jurídico diz que não temos dados suficientes para sustentar essa alegação. A agência de propaganda que escolhemos tem uma janela curta de oportunidade. Precisamos de dados de suporte em até 10 dias." Myra levanta a mão para impedir a objeção que prevê de Jason. "Sabemos que você não tem tempo para coletar novos dados primários e analisá-los em 10 dias... Então, eu trouxe a segunda melhor opção. Tenho três caixas de registros variados no meu porta-malas..."

"Vamos ver o que você me trouxe", Jason diz com um suspiro afável ao levantar. "Depois, veremos se esse projeto sequer é viável." Quando passa pelo escritório externo, Jason sinaliza para que um dos alunos o siga; então diz à parte para Myra: "Myra, conheça David Chesley. Você tem sorte que os meus novos estagiários estejam tão empolgados que adorarão lidar com dois projetos ao mesmo tempo".

Introdução

Uma vez que os dados comecem a fluir, a atenção do pesquisador volta-se para a análise de dados. Este capítulo se concentra nas duas primeiras fases desse processo, a preparação e a descrição de dados. A **preparação de dados** inclui edição, codificação e entrada de dados e é a atividade que assegura a precisão dos dados e sua conversão da forma bruta para formas reduzidas e classificadas, mais apropriadas para análise. A preparação de um resumo estatístico descritivo é outro passo preliminar que leva ao entendimento dos dados coletados; durante essa etapa, os erros na entrada de dados podem ser revelados e corrigidos. A Figura 15-1 reflete as etapas nessa fase do processo de pesquisa.

Edição

Geralmente, a primeira etapa em uma análise é a **edição** dos dados brutos, em que se detectam erros e omissões, corrigindo-os quando possível e certifica-se de que sejam atingidos padrões máximos de qualidade dos dados. O propósito do editor é garantir que os dados sejam:

- Precisos.
- Consistentes com a intenção da pergunta e outras informações no levantamento.
- Inseridos de maneira uniforme.

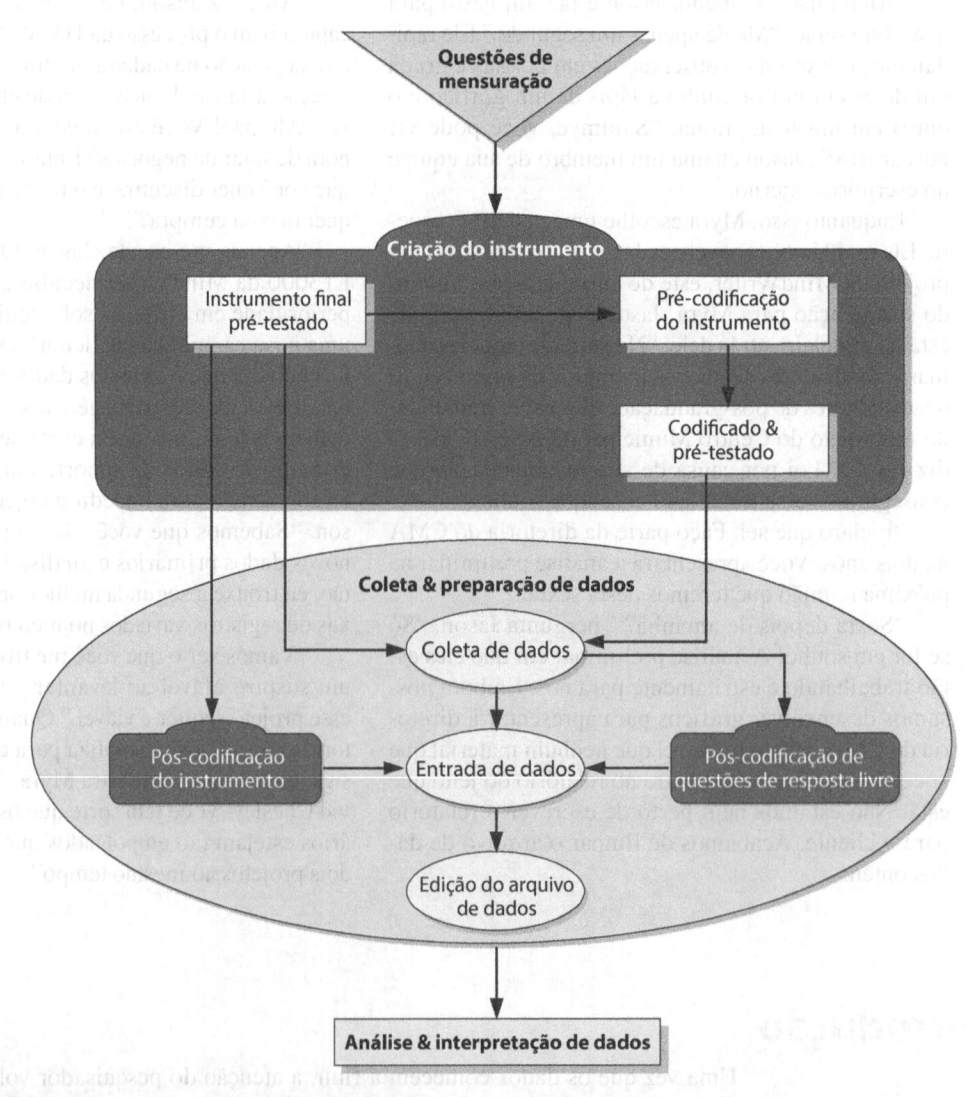

Figura 15-1 Preparação de dados no processo de pesquisa.

- Completos.
- Organizados para simplificar a codificação e a tabulação.

Na questão a seguir, feita a adultos com 18 anos ou mais, um participante marcou duas alternativas, indicando que estava na reserva e em atividade militar.

Por favor, indique seu *status* militar atual:

☒ Oficial em atividade   ☐ Oficial da reserva   ☒ Oficial aposentado
☐ Oficial da Guarda Nacional ☐ Oficial destacado   ☐ Nunca serviu como militar

É responsabilidade do editor decidir qual das respostas é consistente com a intenção da questão ou outras informações no levantamento e mais precisa para esse participante.

Edição de campo

Em projetos grandes, a revisão da edição de campo é responsabilidade do supervisor de campo e deve ser executada logo depois de os dados terem sido reunidos. Na pressa da coleta de dados em uma entrevista pessoal com registro em lápis e papel de uma observação, o pesquisador muitas vezes usa abreviações *ad hoc* e símbolos especiais. Logo depois da entrevista, do experimento ou da observação, o investigador deve rever as formas de relatório. É difícil completar o que está abreviado ou escrito em código ou anotado de forma ilegível se a entrada não foi obtida naquele dia; quando há lacunas na entrada de dados das entrevistas, deve-se ligar para o entrevistado, e não tentar adivinhar o que ele "provavelmente teria dito": a autoentrevista não tem lugar na pesquisa de qualidade.

A segunda função de controle importante do supervisor de campo é validar os resultados de campo, o que normalmente significa que entrevistará novamente um percentual dos entrevistados, pelo menos em relação a algumas questões, verificando que eles participaram e que o entrevistador teve desempenho adequado. Muitas empresas de pesquisa contatam novamente cerca de 10% dos entrevistados nesse processo de validação dos dados.

Edição central

Embora os levantamentos on-line e sua subsequente entrada de dados tenham eliminado alguns problemas de edição, independentemente do modo de coleta, todos os dados devem receber uma edição minuciosa. Para estudos pequenos, o uso de um único editor produz consistência máxima; em grandes, as tarefas de edição devem ser alocadas de modo que cada editor lide com uma seção inteira. Embora a última abordagem não identifique inconsistências entre respostas de diferentes seções, pode-se lidar com o problema identificando as questões em diferentes seções que possam apontar para possíveis inconsistências e fazer com que um editor verifique os dados gerados por elas.

Algumas vezes é óbvio que uma entrada está incorreta – por exemplo, quando o participante claramente especifica o tempo em dias (p. ex.: 13), sendo que foi solicitado em semanas (você espera um número de quatro ou menos) – ou foi colocada no lugar errado. Quando as respostas são impróprias (fora do intervalo de valores esperados ou não relacionadas à questão feita) ou estão faltando, o editor algumas vezes pode detectar a resposta apropriada revendo outras informações no conjunto de dados. No entanto, essa prática deve ser limitada aos poucos casos em que a resposta correta seja óbvia; pode ser melhor contatar o participante para obter a informação correta, se o tempo e o orçamento permitirem. Outra alternativa é o editor desconsiderar a resposta se for inapropriada. Nesse caso, é necessário colocar "sem resposta" ou "desconhecido" no campo em questão.

A qualidade dos dados não pode ser deixada ao acaso; eles não valem nada se não forem de boa qualidade, portanto, sua limpeza é fundamental. Se a pesquisa fornecer as pessoas certas no momento certo para gerar os dados certos para uma decisão, então o pesquisador não está jogando com as ideias.

Close-up

Quão ruim é o problema de dados sujos?

Os *dados sujos*, dados que são "enganadores, incorretos, sem formatação generalizada, contêm erros de ortografia ou pontuação, são incorretamente inseridos ou são falsificados pelo entrevistados"[a], são um grande problema empresarial. Nesta era de coleta de dados on-line, os dados ficam sujos quando dados duplicados são criados, como quando um entrevistado "acidentalmente clica duas vezes no botão 'enviar' em formulários [ou levantamentos], ou [em um estudo de cliques na internet] revisita uma página que tenha 'expirado' e a atualiza"[b]. Os dados tornam-se sujos quando estão desatualizados, como quando um potencial cliente muda-se ou troca de número de telefone ou endereço de e-mail, ou quando houver uma "desconexão entre os dados em sistemas computadorizados e os dados incorporados em papel ou em documentos eletrônicos não legíveis para máquinas"[c].

Quando os dados sujos podem ser um problema? Exemplos: quando sua médica tenta diagnosticar sua doença ou condição; seu restaurante favorito decide qual item retirar de seu cardápio; um fabricante tenta identificar práticas de manutenção de máquinas que estejam criando peças com defeito; um gestor de relações humanas tenta distinguir qual regime de treinamento está tendo o impacto mais positivo sobre o resultado final da empresa. Craig Focardi, que escreve para a *Mortgage Banking*, descreve que os credores subsistem de uma "dieta de elementos de dados faltantes, incompletos e imprecisos para a origem de empréstimos". Ele compara-o com uma "brigada de combate a incêndios com baldes, em que a água é perdida à medida que os baldes passam de mão em mão"[d].

Acredita que dados de baixa qualidade sejam uma causa, contribuindo para a atual crise de liquidez de hipotecas nos Estados Unidos. "Durante o verão de 2007, a liquidez de financiamento de hipotecas subprime desapareceu, em parte porque os credores subprime e os investidores em hipotecas não tinham os dados para reavaliar e repactuar com precisão o crédito, as garantias e os riscos de pagamento antecipado."

Para enfrentar a questão da qualidade de dados, ajuda categorizar os problemas de dados sujos em quatro categorias: dados inválidos, dados incompletos, dados inconsistentes e dados incorretos[e]: os *dados inválidos* são os que contêm erros de entrada, como um código postal não existente; os *dados incompletos* são os faltantes que são necessários para tomar uma decisão, por exemplo, a exclusão de dados de um banco de dados, devido a uma falha de disco, ou a perda da ligação entre os bancos de dados em um depósito de dados podem criar dados incompletos, assim como fazer com que os dados tornem-se um campo de batalha em uma guerra de território interna – "cada um agarrando-se a [seu] próprio pedacinho do armazenamento de dados, e ninguém querendo compartilhá-los"[f]; os *dados inconsistentes* muitas vezes são observados somente a partir da grande perspectiva – dados de um banco de dados podem fazer pouco ou nenhum sentido quando observados da perspectiva dos dados em um banco de dados separado, mas conectado, o que pode se dever aos protocolos de dados, como a denominação de uma empresa: IBM poderia ser inserida como IBM, I.B.M. ou Internacional Business Machines no campo "fornecedor" de vários bancos de dados, impedindo que se faça uma fusão correta deles ou que o pesquisador detecte padrões relacionados a cada fornecedor; os *dados incorretos* são simplesmente errados, ocorrem com mais frequência quando os dados são perdidos, ou falsificados, ou quando os dados, como um pedido de cliente, nem mesmo são inseridos.

Os passos básicos para lidar com dados ruins são os mesmos: detectá-los e removê-los ou corrigi-los. Todavia, alguns especialistas sugerem um terceiro passo: a determinação de quanto tolerar de erro[g]. Se existirem dados ruins em áreas essenciais, como resultados de exame de sangue de pacientes ou as contas a receber de uma empresa, provavelmente vale a pena o tempo e o esforço da empresa para corrigi-los; se os dados sujos estiverem na seção de observações do arquivo de gerenciamento de contatos de um vendedor, talvez não justifiquem o tempo e esforço. O problema tornou-se tão grave que algumas empresas contrataram administradores de dados, responsáveis por manter os dados da empresa limpos[h].

De acordo com a empresa de pesquisa e consultoria Gartner Inc., 25% dos dados críticos das mil maiores empresas do mundo estão e continuarão com falhas[i]; outras estimativas sugerem que o número pode chegar a 30%[j]. A Dun & Bradstreet Corp., que auxilia empresas a limpar seus arquivos de fornecedores, estima que a maioria das empresas apresentam 20% de registros de fornecedores duplicados[k]. Um estudo da PricewaterhouseCoopers indicou que a má administração de dados custa "mais de US$1,4 bilhão por ano em faturamento, contabilidade e confusão de estoque" às empresas de todo o mundo[l]. O distinto professor Wenfei Fan, ganhador do Prêmio Roger Needham da British Computer Society, estima que "os dados sujos custem às empresas norte-americanas até US$ 611 milhões – e aos clientes norte-americanos até US$ 2,5 bilhões por ano"[m].

A maioria dos especialistas concorda que a primeira etapa é estabelecer protocolos de dados, regras simples de como os dados são inseridos, como quais itens são chamados (bergamota, mexerica ou tangerina) ou como as datas são inseridas (20 de março de 2010 ou 20/03/10); outras sugestões incluem fazer backups dos dados regularmente, controlar o acesso aos dados via mecanismos de segurança, desenvolver interfaces

Close-up (cont.)

de usuário que impeçam a inserção de dados inválidos e usar softwares de detecção e correção de erros ao transmitir dados[n]. O presidente da Tigris Consulting acrescenta: "é preciso ser muito cuidadoso ao combinar dados de sistemas diferentes e certificar-se de que seja o nome de campo certo, o formato certo e que [os dados] signifiquem semanticamente o que você deseja"[o]. Porém, a maioria dos especialistas em dados acreditam que a situação não melhorará até que a alta administração torne os dados limpos uma prioridade.

www.tigris.com; www.gartner.com; www.dnb.com; www.pwc.com; www.bcs.org; www.mortgagebankingmagazine.com

Outro problema que a edição pode detectar ao usar entrevistas pessoais ou telefônicas refere-se à simulação de uma entrevista que nunca ocorreu, essa "entrevista teórica" é difícil de identificar, mas o editor está na melhor posição para fazê-lo. Uma abordagem é verificar as respostas às questões abertas, mais difíceis de simular. Padrões distintivos de resposta em outras questões muitas vezes surgirão se ocorrer falsificação dos dados; então, para descobri-la, o editor precisa analisar os instrumentos usados por cada entrevistador como um todo.

Aqui estão algumas regras úteis para guiar os editores em seu trabalho:

- Esteja familiarizado com as instruções dadas aos entrevistadores e codificadores.
- Não destrua, apague nem torne ilegível a entrada original feita pelo entrevistador ou entrevistado, as entradas originais devem permanecer legíveis.
- Faça todas as entradas editadas em um instrumento ou em um conjunto de dados com uma cor diferente e em formato padronizado.
- Coloque suas iniciais em todas as respostas alteradas ou acrescentadas.
- Coloque suas iniciais e a data de edição em cada instrumento concluído ou em um campo separado dentro do conjunto de dados.

Codificação

A **codificação** envolve a atribuição de números ou outros símbolos às respostas, de forma que possam ser agrupadas em um número limitado de categorias. Na codificação, as *categorias* são partições de um conjunto de dados de dada variável (p. ex.: se a variável for *sexo*, as partições serão *masculino* e *feminino*). A *categorização* é o processo de usar regras para particionar um conjunto de dados, como questões de resposta aberta e fechada, que precisam ser codificadas. Algumas questões de levantamentos em papel e on-line contêm códigos numéricos ou textuais, e eles estão visíveis para o entrevistado; outras, por exemplo as de resposta aberta, são codificadas após os dados serem coletados. O registro das variáveis, uma vez que os dados sejam inicialmente analisados, é possível quando se tenta entender os padrões nos dados.

A categorização dos dados sacrifica alguns detalhes, mas é necessária para uma análise eficiente. A maioria dos programas estatísticos e de banner/tabela funciona com maior eficiência no modo *numérico*. Em vez de inserir a palavra *masculino* ou *feminino* na resposta a uma pergunta que peça a identificação do sexo da pessoa, poderíamos usar códigos numéricos (p. ex.: 0 para masculino e 1 para feminino). A codificação numérica simplifica a tarefa do pesquisador na conversão de uma variável nominal, como sexo, em uma "variável do tipo dummy", um tópico que discutiremos no suplemento "Análise multivariada: uma visão geral", disponível no site do Grupo A. O software estatístico também pode usar códigos alfanuméricos, como quando usamos M ou F, ou outras letras, em combinação com números e símbolos para sexo.

Construção do registro de códigos

O **registro de códigos**, ou *esquema de codificação*, contém cada variável do estudo e especifica a aplicação das regras de codificação para a variável. Ele é usado pelo pesquisador ou pela equipe de pesquisa para promover uma entrada de dados ou análise de dados mais precisa e

Instantâneo

CBS: alguns laboratórios são extraordinários

Os visitantes de Las Vegas têm uma oportunidade de determinar a direção da programação da CBS visitando o CBS Television City Research Center no Grand Hotel e Cassino da MGM. O que torna Las Vegas um local ideal para um laboratório de pesquisa é a transversalidade da população norte-americana e o grande número de cidadãos internacionais entre seus 39 milhões de visitantes por ano; em uma triagem típica com 250 pessoas, os indivíduos representam mais de 40 estados e todos os estilos de vida concebíveis. Os participantes assistem a um trecho de 30 a 45 minutos de um programa novo ou proposto, sem interrupções comerciais, seguido de um processo de levantamento com duração de 15 minutos. Cada assento é equipado com um monitor touch screen conectado ao site Nielsen ReelResearch de propriedade da Nielsen Entertainment. Os participantes compartilham informações sobre o programa e dados demográficos pessoais em tempo real, enquanto executivos da rede televisiva observam os participantes e suas informações de escritórios remotos em todo o país. A instalação, projetada pela GES, também fornece capacidade para grupos de discussão, usadas para entrevistas de acompanhamento com outras iniciativas de pesquisa. Os participantes são recompensados com uma oportunidade de ganhar um sistema de home theater e um cupom de US$ 10 que podem trocar por camisetas, bonés, bótons, chaveiros com o logotipo do programa, e até mesmo softwares na loja do CBS Television City Research Center. Oriunda de um teste temporário conduzido em 1991, a instalação de pesquisa hoje opera 12 horas por dia durante o ano todo. Então, em sua próxima visita à Cidade das Luzes, quando as máquinas caça-níqueis e os artistas famosos perderem o encanto, divirta-se com a pesquisa.

Quais são algumas das vantagens de ter entrada de dados por touch screen?
www.nielsen.com; www.viad.com

---

eficiente, além de ser a fonte definitiva para localizar as posições das variáveis nos arquivos de dados durante a análise. Em muitos programas estatísticos, o esquema de codificação é integrado ao arquivo de dados. A maioria dos registros de códigos – computadorizados ou não – contém o número da questão, o nome da variável, a localização do código da variável no meio de entrada (p. ex.: planilha ou arquivo de dados do SPSS), os descritores das opções de resposta e se a variável é alfabética ou numérica. Um exemplo de um registro de códigos baseado em papel é mostrado na Figura 15-2. O teste-piloto do instrumento fornece informações suficientes sobre as variáveis para preparar um registro de códigos preliminar, usado com os dados-piloto, que

O pesquisador solicitou aqui uma listagem de frequência de todas as variáveis quando 83 casos foram inseridos. O IBM® SPSS® Statistics apresenta-os sequencialmente em um documento. O quadro da esquerda indica todas as variáveis incluídas nesse arquivo específico de saída. As variáveis Qual2 e Qual3 indicam três casos faltantes. Isso seria um alerta para um bom pesquisador. Durante a edição, o pesquisador gostaria de verificar se esses são casos verdadeiros em que os participantes não classificaram a qualidade dos dois objetos, em vez de erros de entrada de dados. A SPSS Inc. foi adquirida pela IBM em outubro de 2009.
www.ibm.com/software/analytics/spss

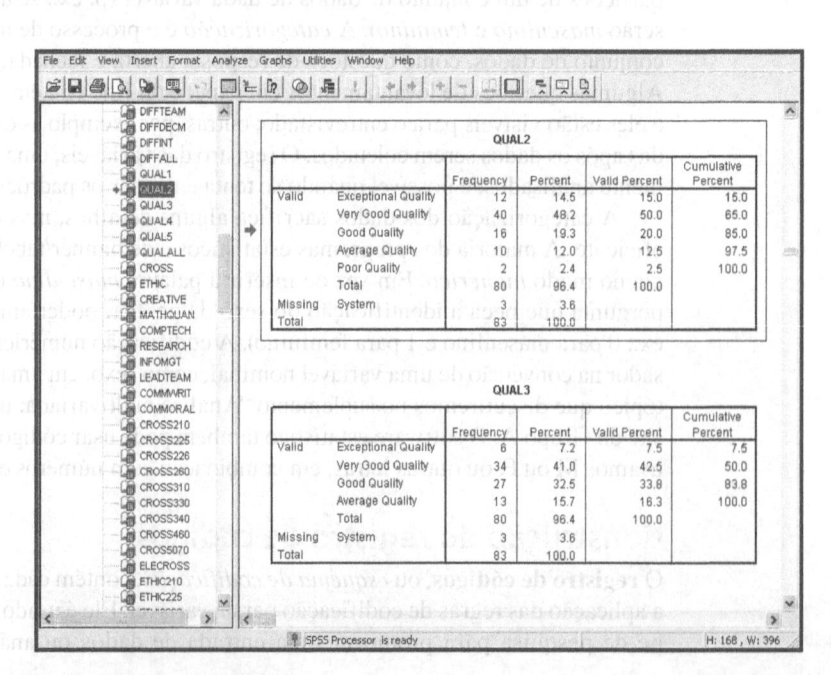

QUAL2

		Frequency	Percent	Valid Percent	Cumulative Percent
Valid	Exceptional Quality	12	14.5	15.0	15.0
	Very Good Quality	40	48.2	50.0	65.0
	Good Quality	16	19.3	20.0	85.0
	Average Quality	10	12.0	12.5	97.5
	Poor Quality	2	2.4	2.5	100.0
	Total	80	96.4	100.0	
Missing	System	3	3.6		
Total		83	100.0		

QUAL3

		Frequency	Percent	Valid Percent	Cumulative Percent
Valid	Exceptional Quality	6	7.2	7.5	7.5
	Very Good Quality	34	41.0	42.5	50.0
	Good Quality	27	32.5	33.8	83.8
	Average Quality	13	15.7	16.3	100.0
	Total	80	96.4	100.0	
Missing	System	3	3.6		
Total		83	100.0		

Pergunta	Número da variável	Descrição do código	Nome da variável
_____	1	Número de registro	NUMREG
_____	2	Número do respondente	IDRESP
1	3	CEP com cinco dígitos 99999 = faltante	CEP
2	4	Ano de nascimento com dois dígitos 99 = faltante	NASC
3	5	Sexo 1 = Masculino 2 = Feminino 9 = Faltante	SEXO
4	6	Estado civil 1 = Casado(a) 2 = Viúvo(a) 3 = Divorciado(a) 4 = Separado(a) 5 = Solteiro(a) 9 = Faltante	ESTCIVIL
5	7	Residência 1 = Própria 2 = Alugada 3 = De terceiros 9 = Faltante	CASA
6		Razão para compra 1 = Mencionada 0 = Não mencionada	
	8	Comprou casa	CASA
	9	Nascimento de filho	NASCFILHO
	10	Morte de parente ou amigo	MORTE
	11	Promoção	PROMO
	12	Mudança de emprego/carreira	MUDEMPR
	13	Pagamento de despesas com universidade	DESPUNIV
	14	Aquisição de bens	BENS
	15	Aposentado	APOSENT
	16	Mudança de estado civil	MUDESTCIV
	17	Negócio próprio	NEGPROP
	18	Expansão de empresa	EXPEMPR
	19	Influência dos pais	PAIS
	20	Contatado por agente	AGENTE
	21	Outros	OUTROS

Figura 15-2 Amostra de registro de códigos de itens de questionário.

pode revelar problemas de codificação que precisarão ser corrigidos antes que os dados para o estudo final sejam coletados e processados.

Codificação de questões fechadas

As respostas às questões fechadas incluem itens escalonados para os quais pode-se prever as respostas. Os pesquisadores preferem questões fechadas a questões abertas por sua eficiência e especificidade: elas são mais fáceis de codificar, registrar e analisar. Quando os códigos são estabelecidos na fase de projeto do instrumento do processo de pesquisa, é possível pré-codificar o questionário durante a fase de projeto. Com o projeto computadorizado de levantamento e com a coleta de dados assistida por computador, administrada por computador ou on-line, a

1. Qual é o CEP de sua residência atual? _ _ _ _ _

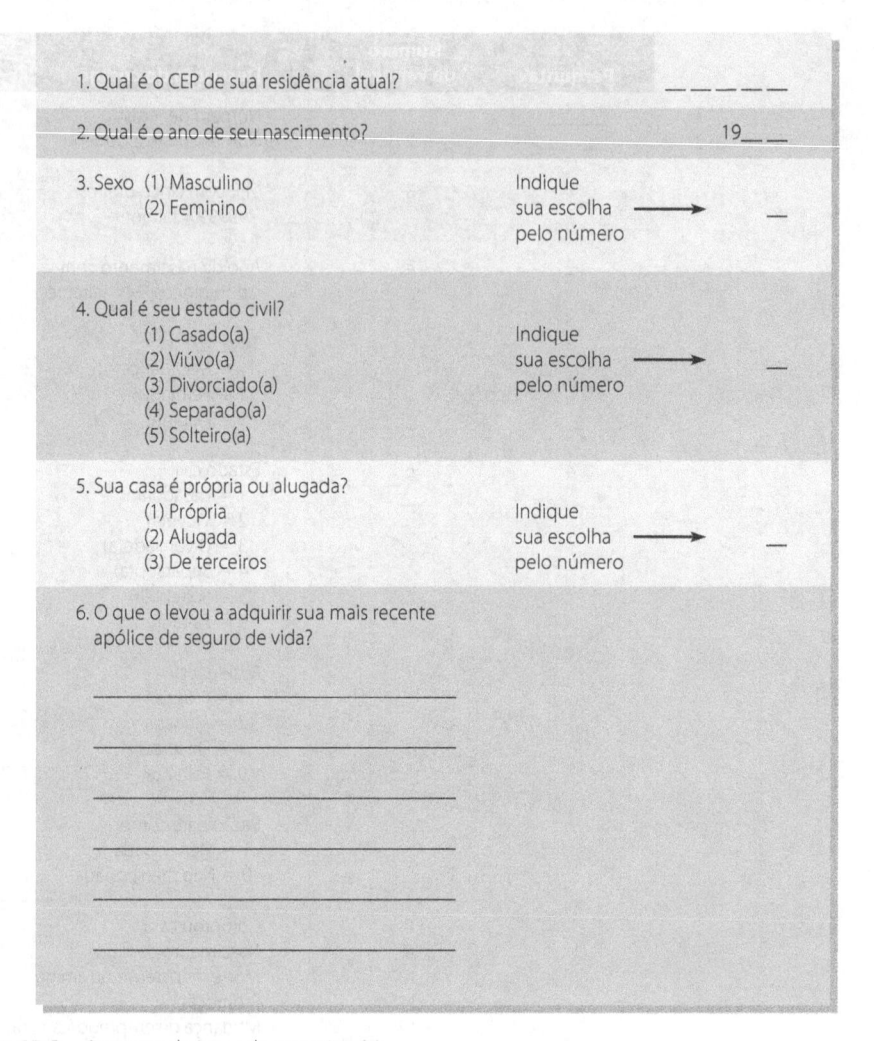

2. Qual é o ano de seu nascimento? 19_ _

3. Sexo (1) Masculino
        (2) Feminino
   Indique sua escolha pelo número ⟶ _

4. Qual é seu estado civil?
   (1) Casado(a)
   (2) Viúvo(a)
   (3) Divorciado(a)
   (4) Separado(a)
   (5) Solteiro(a)
   Indique sua escolha pelo número ⟶ _

5. Sua casa é própria ou alugada?
   (1) Própria
   (2) Alugada
   (3) De terceiros
   Indique sua escolha pelo número ⟶ _

6. O que o levou a adquirir sua mais recente apólice de seguro de vida?
   _____
   _____
   _____
   _____
   _____
   _____

Figura 15-3 Amostra de itens de questionário.

pré-codificação é necessária, uma vez que o software computa os dados conforme são coletados. A **pré-codificação** é especialmente útil para a entrada de dados manual (p. ex.: em levantamentos por correspondência ou autoadministrados) porque torna desnecessário o passo intermediário de preencher uma *folha de codificação da entrada de dados*; com um instrumento pré-codificado, os códigos para as categorias das variáveis estão acessíveis diretamente do questionário. O participante, entrevistador, supervisor de campo ou pesquisador (dependendo do método de coleta de dados) estão aptos a atribuir um código apropriado no instrumento ao assinalá-lo, circulá-lo ou imprimi-lo na localização de codificação apropriada.

A Figura 15-3 mostra questões do exemplo de registro de códigos. Quando a pré-codificação é usada, a edição precede o processamento de dados. Observe a questão 4, na qual o participante pode escolher entre cinco características de estado civil e inserir o número do item que melhor represente seu estado atual na parte de codificação do questionário. Esse código depois é transferido a um meio de entrada para análise.

Codificação de questões abertas

Uma das principais razões para o uso de questões abertas é que informações insuficientes ou a falta de uma hipótese podem impedir a preparação antecipada das categorias de resposta, os pesquisadores são forçados a categorizar as respostas depois da coleta dos dados; outras razões para usar respostas abertas incluem a necessidade de mensurar comportamento confidencial ou não aprovado, descobrir saliências ou importância, ou incentivar modos naturais de expressão.[1] Além disso, pode ser mais fácil e mais eficiente para o participante escrever uma resposta curta conhecida do que ler uma lista longa de opções. Qualquer que seja o motivo para seu uso, a análise de volumes enormes de questões abertas deixa o processo de análise mais lento e aumenta a oportunidade de erro. A variedade de respostas para uma única questão pode ser assombrosa, atrasando a categorização pós-coleta. Mesmo quando as categorias são previstas e pré-codificadas para questões abertas, uma vez que os dados são coletados, os pesquisadores podem achar útil uma reavaliação das categorias predeterminadas, por exemplo, uma escala de sete pontos na qual o pesquisador oferece ao participante três níveis de concordância, três níveis de discordância e uma posição neutra. Assim que os dados são coletados, se essas nuances menores de concordância não se materializarem, o editor pode escolher reclassificar os dados em três níveis: um nível de concordância, um nível de discordância e uma posição neutra.

Na Figura 15-3, a questão 6 ilustra o uso de uma questão aberta para a qual não era possível prever as opções de resposta. A resposta à pergunta "O que o levou a adquirir sua apólice de seguro de vida mais recente?" deve ser preenchida pelo participante como uma pequena redação. Depois da avaliação preliminar, foram criadas categorias de respostas (mostradas no registro de código, Figura 15-2) para esse item.

Regras de codificação

Quatro regras guiam a pré e a pós-codificação e a categorização de um conjunto de dados. As categorias em uma única variável devem ser:

- Apropriadas para o problema e o propósito da pesquisa.
- Detalhadas.
- Mutuamente excludentes.
- Derivadas de uma dimensão de classificação.

Os pesquisadores lidam com essas questões ao desenvolver ou escolher cada questão específica de mensuração. Um dos propósitos do teste-piloto de qualquer instrumento de mensuração é identificar e prever problemas de categorização.

Adequação

A adequação é determinada em dois níveis: (1) a melhor divisão de dados para testar hipóteses e mostrar relações; e (2) a disponibilidade de dados de comparação. Por exemplo, quando a idade real é obtida (escala de razão), o editor pode decidir agrupar os dados por faixa etária para simplificar a descoberta de padrões neles. O número de faixas etárias e a amplitude de cada faixa, bem como as posições extremas de cada faixa, devem ser determinados por dados de comparação – por exemplo, faixas etárias do censo norte-americano, uma base de dados de clientes que inclui faixas etárias ou os dados de idade disponíveis da Fox TV usados para estabelecer venda de comerciais.

Exaustividade

Os pesquisadores muitas vezes adicionam uma opção "outros" a uma questão de mensuração porque sabem que não podem prever todas as respostas possíveis. No entanto, um grande número de respostas "outros" sugere que a escala de mensuração projetada pelo pesquisador não previu a gama completa de informações. O editor precisa determinar se as respostas "outros" encaixam-se adequadamente nas categorias estabelecidas, se novas categorias precisam ser adicionadas, se os dados "outros" serão ignorados ou se alguma combinação dessas ações será aplicada.

Embora a exigência de exaustividade para uma única variável possa ser óbvia, um segundo aspecto é menos evidente. Um conjunto de categorias – muitas vezes determinado antes de os dados serem coletados – capta todas as informações nos dados? Por exemplo, as respostas a uma questão aberta sobre projeções econômicas da família para o próximo ano podem originalmente ser classificadas apenas em termos de serem "otimistas" ou "pessimistas". Também pode ser esclarecedor classificar as respostas em termos de outros conceitos, como o foco

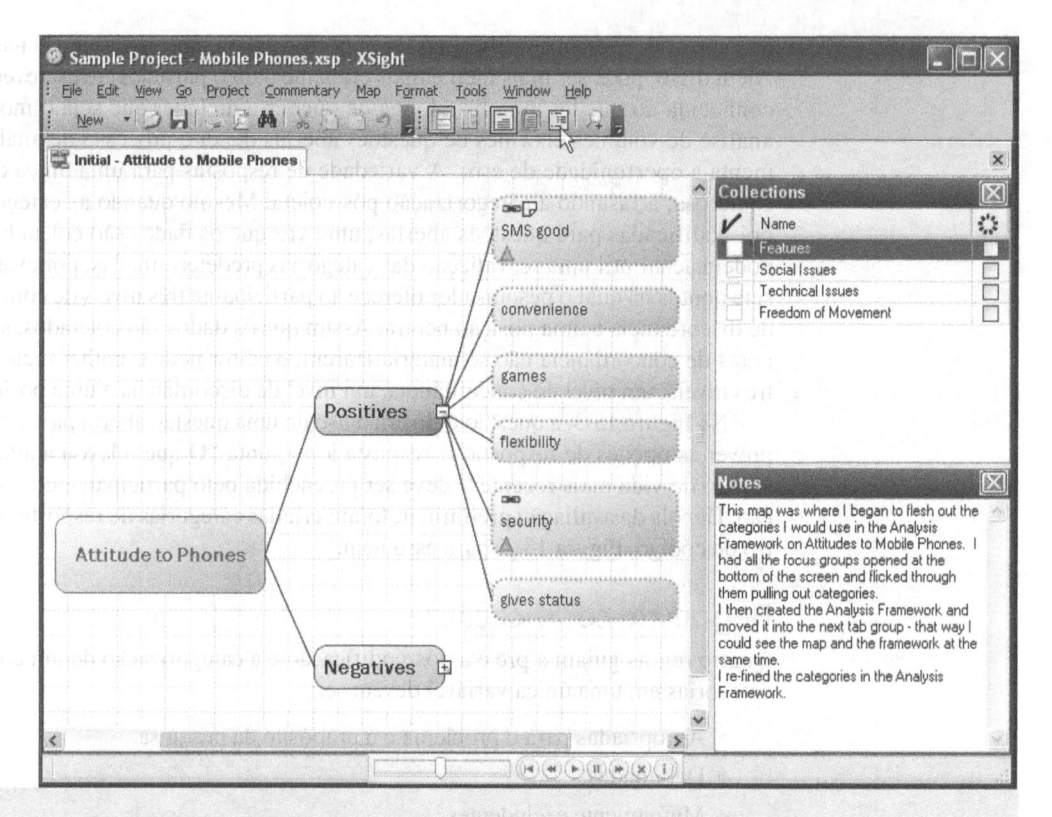

Perfil **visual**

A QSR International lançou a versão dois de seu programa de pesquisa qualitativa, o XSight. Com ferramentas para testar teorias, mapear sua análise e relatar achados, o XSight é usado em uma variedade de outros setores que lidam com informações não estruturadas, incluindo RH, direito, marketing e turismo. Esta tela demonstra a nova função de "mapas" do XSight; assim como um flip chart ou quadro branco, a função "mapas" fornece o espaço para organizar seus pensamentos e representar visualmente as conexões entre eles. O que torna essa função única é que ela pode ser marcada com links para informações de apoio, como citações do participante; você também podem importar mapas para resumos e apresentações de seu cliente. www.qsrinternational.com

preciso dessas expectativas (renda ou trabalho) e as variações nas respostas entre os chefes de família e outros membros.

Mútua exclusão

Outra regra importante ao adicionar categorias ou realinhá-las é que seus componentes devem ser mutuamente excludentes; padrão atendido quando uma resposta específica pode ser colocada em apenas uma célula no conjunto da categoria, por exemplo: em um levantamento, suponha que você tenha perguntado a ocupação dos participantes; o esquema de categorização de um editor poderia incluir (1) profissional, (2) gerencial, (3) vendas, (4) assistente, (5) artesão, (6) operário e (7) desempregado. No papel de editor, como você codificaria a resposta de um participante que especificou "vendedor da Gap e aluno em tempo integral" ou talvez "professor do ensino fundamental e contador"? De acordo com os dados do censo, não é incomum que os adultos de nossa sociedade tenham mais de um trabalho. As definições operacionais das ocupações categorizadas como "profissional", "gerencial" e "vendas" deveriam esclarecer a situação; o editor que se deparasse com essa situação também precisaria determinar como os dados sobre a segunda ocupação seriam tratados; uma opção seria adicionar um campo para a segunda ocupação para o conjunto de dados; outra, desenvolver códigos distintos para cada combinação única de múltiplas ocupações.

Dimensão única

O problema de como lidar com uma entrada de ocupação como "vendedor desempregado" traz a quarta regra do projeto de categoria. A necessidade de que um conjunto de categorias siga um único princípio classificatório significa que todas as opções no conjunto de categorias são definidas em termos de um conceito ou constructo. Retornando ao exemplo ocupacional, a pessoa no estudo pode ser um vendedor e estar desempregada. O rótulo "vendedor" expressa o conceito *tipo de ocupação*; a resposta "desempregado" é outra dimensão relacionada à *situação de emprego atual*, independentemente da ocupação normal do entrevistado. Quando um conjunto de categorias abrange mais de uma dimensão, o editor pode escolher separar as dimensões e desenvolver um campo adicional de dados; "ocupação" transforma-se agora em duas variáveis: "tipo de ocupação" e "situação de emprego atual".

Uso da análise de conteúdo para questões abertas

Cada vez mais as respostas por escrito a questões abertas de mensuração são analisadas com software de **análise de conteúdo**, mensura o conteúdo semântico ou o aspecto *o que* da mensagem. Sua amplitude torna-a uma ferramenta flexível e vasta, que pode ser usada como uma metodologia autônoma ou como uma técnica para um problema específico. Empresas de observação de tendências, como BrainReserve, Naisbitt Group, SRI International e Inferential Focus, usam variações da análise de conteúdo para projetos selecionados, identificando muitas vezes as mudanças em artigos de jornais ou revistas antes que elas possam ser confirmadas estatisticamente. A análise de conteúdo do Naisbitt Group, feita com 2 milhões de artigos de jornais locais, compilados em um período de 12 anos, resultou na publicação de *Megatrends*.

Tipos de conteúdo

A análise de conteúdo já foi descrita como "uma técnica de pesquisa para descrição objetiva, sistemática e quantitativa do conteúdo manifesto de uma comunicação".[2] Como essa definição algumas vezes é confundida com simplesmente contar aspectos óbvios da mensagem, como palavras ou atributos, interpretações mais recentes ampliaram a definição para incluir conteúdo latente e manifesto, o significado simbólico das mensagens e a análise qualitativa. Um autor declara:

> Em qualquer mensagem escrita, podemos contar letras, palavras ou frases. Podemos categorizar frases, descrever a estrutura lógica de expressões, verificar associações, conotações, denotações, aspectos persuasivos e podemos também oferecer interpretações psiquiátricas, sociológicas ou políticas. Tudo isso pode ser simultaneamente válido. Em resumo, uma mensagem pode transmitir uma infinidade de conteúdos, mesmo para um único receptor.[3]

A análise de conteúdo segue um processo sistemático para codificar e extrair inferências de textos, determinando quais unidades de dados serão analisadas. Em textos escritos ou verbais, há quatro tipos de unidades de dados: sintáticas, referenciais, proposicionais ou temáticas. Cada tipo é a base para a codificação de textos em categorias mutuamente excludentes em nossa busca por significado.

- As unidades *sintáticas* podem ser palavras, expressões, frases ou parágrafos; as palavras são as menores e mais confiáveis unidades de análise. Embora certamente possamos contar essas unidades, estamos mais interessados no significado que seu uso revela. Na análise de conteúdo, podemos determinar as palavras mais comumente usadas para descrever o produto A em comparação com seu concorrente, o produto B. Perguntamos: "Essas descrições para o produto A têm maior probabilidade de levar a opiniões favoráveis e, assim, à preferência e, por fim, à seleção, em comparação com as descrições usadas para o produto B?".
- As unidades *referenciais* são *descritas* por palavras, expressões e frases; podem ser objetos, eventos, pessoas, e assim por diante, a que uma expressão verbal ou textual refere-se. Os participantes podem referir-se a um produto como um "clássico", um "executor poderoso" ou "o número um em segurança" – cada palavra ou expressão pode ser usada para descrever objetos diferentes, e é o objeto que o pesquisador codifica e analisa em relação à expressão.
- As unidades *proposicionais* são *afirmações* sobre um objeto, evento, pessoa, e assim por diante; por exemplo, um pesquisador que avalia anúncios para assinaturas de revistas

pode concluir: "Os assinantes que responderem à oferta A irão economizar US$ 15 em relação ao preço de capa". É a afirmação de economia que está anexa ao texto desse anúncio em particular.

- As unidades *temáticas* são *tópicos* contidos nos (e entre) textos; elas representam abstrações de nível mais alto, inferidas do texto e de seu contexto. As respostas a perguntas abertas sobre comportamento de compra podem refletir um tema temporal: o passado ("nunca comprei uma marca alternativa antes de vocês terem trocado a embalagem"), o presente ("gosto muito da nova embalagem") ou o futuro ("eu compraria o produto mais vezes se ele tivesse outros sabores"). Também poderíamos analisar os comentários como relacionados a temas ou tópicos de "embalagem" *versus* uma característica do produto, "sabores".

Como acontece com todas as outras metodologias de pesquisa, o uso analítico da análise de conteúdo é influenciado por decisões tomadas antes da coleta de dados. A análise de conteúdo protege contra a percepção seletiva do conteúdo, garante a aplicação rigorosa de critérios de confiabilidade e validade e é ajustável à informatização.

Que conteúdo é analisado?

A análise de conteúdo pode ser usada para analisar dados escritos, em áudio ou vídeo de experimentos, observações, levantamentos e estudos de dados secundários. Os dados óbvios a serem analisados quanto ao conteúdo incluem transcrições de grupos de discussão, transcrições de entrevistas e respostas de levantamentos abertos. Os pesquisadores também usam a análise de conteúdo em propagandas, folhetos promocionais, comunicados à imprensa, discursos, páginas da internet, documentos históricos e atas de conferências, bem como em artigos de revistas e jornais. Na inteligência competitiva e no marketing de candidatos políticos, a análise de conteúdo é uma metodologia básica.

Exemplo

Examinemos uma aplicação informal da análise de conteúdo a uma questão aberta problemática. Neste exemplo, que estamos processando sem a tecnologia de um software de análise de conteúdo, suponha que perguntemos aos funcionários do departamento de vendas de uma fábrica: "Como as relações entre empresa e clientes podem ser melhoradas?". Uma amostra das respostas inclui as seguintes:

- Deveríamos tratar os clientes com mais respeito.
- Deveríamos parar de tentar acelerar o processo de vendas quando o cliente manifestou objeções ou preocupações.
- Deveríamos ter um software que permitisse o monitoramento em tempo real dos pedidos dos clientes.
- Nossos laptops estão desatualizados. Não conseguimos trabalhar com o software mais recente nem acessar informações rapidamente quando estamos em trabalho de campo.
- Meu gerente [do departamento de vendas] é rude com os clientes quando recebe ligações enquanto estou no campo. Ele deveria ser transferido ou demitido.
- A gerência deveria parar de pressionar-nos para atingir as cotas de vendas quando nossos clientes estão abertos para compra.

O primeiro passo da análise exige que as unidades selecionadas ou desenvolvidas ajudem a responder à questão de pesquisa, que, em nosso exemplo, quer saber quem ou o que a equipe de vendas pensa que seria a fonte para melhorar as relações entre empresa e clientes. A primeira olhada nos dados produz algumas poucas categorias gerais em uma dimensão conceitual: fonte de responsabilidade, conforme mostrado na Figura 15-4. Essas categorias são mutuamente excludentes. O uso de "outros" torna o conjunto da categoria completo, contudo, se muitos dos participantes da amostra sugerissem a necessidade de ação por parte de terceiros – por exemplo, do governo ou de uma associação de comércio –, a inclusão de todos eles no item "outros" ignoraria grande parte da riqueza dos dados. Assim como nos esquemas de codificação para respostas numéricas, as escolhas de categoria são muito importantes.

Responsabilidade	Mencionado	Não mencionado
A. Empresa	_____	_____
B. Cliente	_____	_____
C. Empresa e Cliente Juntos	_____	_____
F. Outros	_____	_____

Figura 15-4 Exemplo de codificação de questão aberta (antes da revisão)
Questão: "Como as relações entre empresa e clientes podem ser melhoradas?"

Como as respostas a esse tipo de pergunta com frequência sugerem ações específicas, a segunda avaliação dos dados usa unidades proposicionais. Se usássemos apenas o conjunto de categorias da Figura 15-4, a análise omitiria uma quantidade considerável de informações. A segunda análise produz categorias para planejamento de ação:

- Relações humanas.
- Tecnologia.
- Treinamento.
- Planejamento estratégico.
- Outras áreas de ação.
- Nenhuma área de ação identificada.

Como podemos categorizar uma resposta sugerindo um processo combinado de tecnologia e treinamento? A Figura 15-5 ilustra uma combinação de alternativas. Tomando as categorias da primeira linha das áreas de ação, é possível conseguir uma contagem precisa de frequência das possibilidades de classificação conjunta para essa questão.

O pesquisador pode gastar muito menos tempo codificando respostas abertas e captando categorias usando o software disponível, que elimina o alto custo do envio de respostas a empresas de codificação externas: o que levava dias para uma equipe de codificação fazer agora pode ser feito em poucas horas.

Responsabilidade	Frequência (n = 100)
A. Gerência	
1. Gerente de vendas	10
2. Processo de vendas	20
3. Outros	7
5. Nenhuma área de ação identificada	3
B. Vendedor	
1. Treinamento	15
C. Cliente	
1. Processos de compra	12
2. Outros	8
3. Nenhuma área de ação identificada	5
D. Condições ambientais	
E. Tecnologia	20
F. Outros	

Figura 15-5 Codificação de questão aberta (após a revisão).
Questão: "Como as relações entre empresa e clientes podem ser melhoradas?"

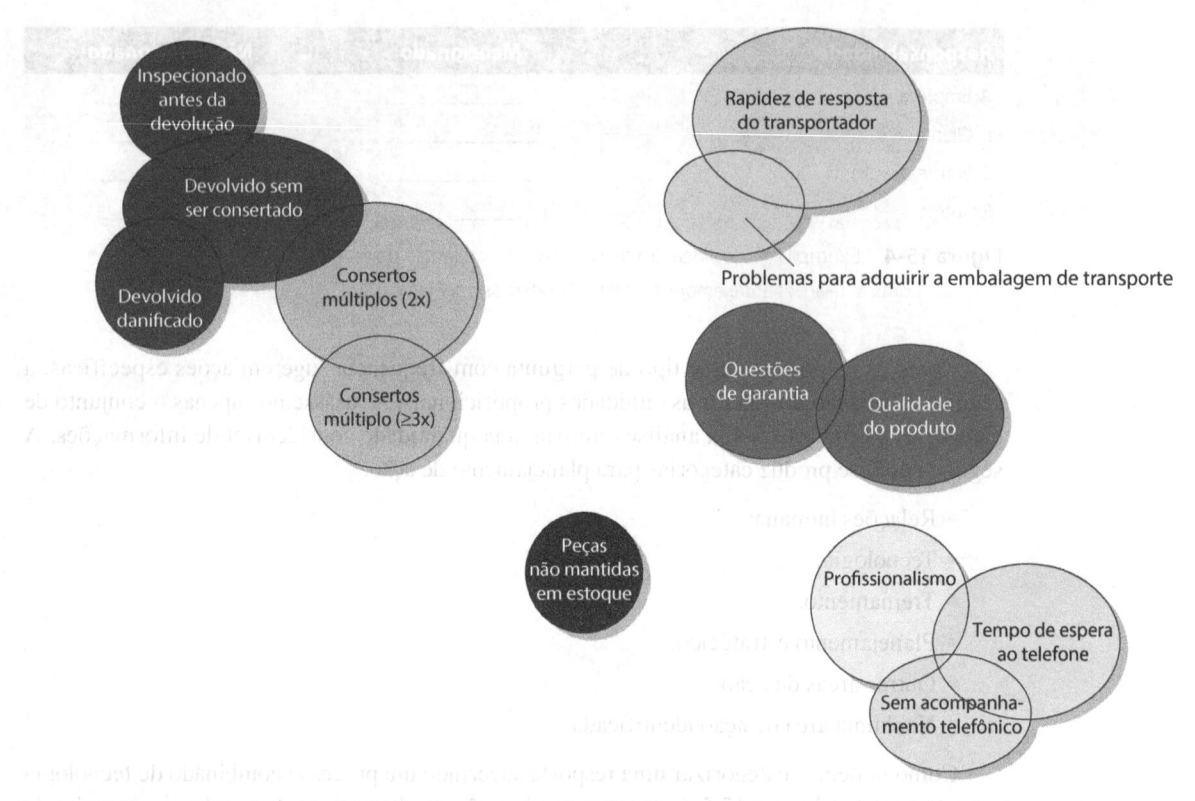

Figura 15-6 Gráfico de proximidade das reclamações de clientes da MindWriter.

O software de análise de conteúdo aplica algoritmos estatísticos a respostas de questões abertas. o que permite processos de detecção, identificação e exclusão. A *detecção* usa derivações de palavras com raízes comuns para criar identificação de radicais (p. ex.: ao usar *pesquisando*, *pesquisas*, *pesquisou* para *pesquisa*). A *identificação* busca sinônimos (*astuto* ou *sagaz* para *inteligente*). A *exclusão* filtra palavras comuns (*ser, é, o, a, de*) na busca de significado.[4]

Ao usar programas guiados por menu, uma opção de autocategorização cria categorias administráveis por agrupamentos de termos que ocorrem juntos em todo o conjunto de dados textuais; é possível modificar parâmetros de categorização e refinar os resultados. Uma vez que as categorias forem consistentes com as questões de pesquisa e investigativas, selecione o que você quer exportar para um arquivo de dados ou em formato delimitado por tabulação. O resultado, na forma de tabelas e gráficos, serve como módulo para seu relatório final. A Figura 15-6 mostra um gráfico produzido por uma análise de conteúdo dos dados de reclamações da MindWriter. As distâncias entre os pares de termos revelam qual a probabilidade de os termos ocorrerem juntos, e as cores representam as categorias.

Respostas "não sei"

A **resposta "não sei" (NS)** apresenta problemas especiais para a preparação de dados. Quando o grupo de respostas NS é pequeno, não é tão problemático; porém, há momentos em que é uma preocupação importante e pode até ser a resposta mais recebida. Isso significa que a questão que gerou essa resposta é inútil? A resposta é: tudo depende. A maioria das respostas NS divide-se em duas categorias:[5] a primeira é a resposta NS legítima, quando o participante não sabe a resposta. Essa resposta atende a nossos objetivos de pesquisa; esperamos por respostas NS e as consideramos úteis.

Na segunda, uma resposta NS ilustra a falha do pesquisador em conseguir a informação apropriada. Considere as seguintes questões ilustrativas:

1. Quem desenvolveu o conceito de Grade Gerencial?
2. Você acha que a política fiscal do novo presidente é sólida?
3. Você gosta de seu trabalho atual?
4. Qual das diversas marcas de goma de mascar você acha que tem melhor qualidade?
5. Com que frequência você vai ao cinema anualmente?

É razoável esperar que algumas respostas NS legítimas sejam dadas a cada uma dessas perguntas. Na primeira pergunta, está sendo solicitado dos entrevistados um nível de informação que eles muitas vezes não terão. Não há razão para deixar de dar a resposta correta se ela for conhecida. Assim, a maioria das respostas NS a essa pergunta deve ser considerada legítima. A resposta NS para a segunda apresenta um problema diferente: não fica imediatamente claro se o entrevistado desconhece a política fiscal do presidente ou conhece-a, mas não tem uma opinião sobre ela. Os pesquisadores deveriam ter feito duas perguntas: na primeira, teriam determinado o nível de conhecimento do entrevistado em relação à política fiscal e, se o entrevistado passasse pelo teste de conhecimento, então uma segunda pergunta obteria seu julgamento sobre a política fiscal.

Nas três perguntas restantes, as respostas NS têm mais probabilidade de ser uma falha do processo de questionamento, embora algumas certamente sejam legítimas. O entrevistado pode estar relutante em dar a informação. Uma resposta NS para a pergunta 3 pode ser uma forma de dizer: "Não quero responder a essa pergunta". A pergunta 4 também pode gerar uma resposta NS, que poderia ser traduzida como: "Isso é muito sem importância para ser discutido". Na questão 5, os participantes são solicitados a fazer alguns cálculos sobre um assunto ao qual eles podem dar pouca importância; nela, a resposta NS pode significar: "Não quero ter tanto trabalho por algo de tão pouca importância".

Como lidar com respostas NS indesejáveis

A melhor forma de lidar com respostas NS indesejáveis é projetar melhores questões de mensuração: os pesquisadores devem identificar as questões para as quais uma resposta NS seria insatisfatória e contorná-las. No entanto, os entrevistadores muitas vezes herdam esse problema e precisam lidar com ele em campo. Diversas ações são possíveis: um bom relacionamento entre entrevistador e entrevistado motivará os participantes a darem respostas mais úteis. Quando os entrevistadores reconhecem uma resposta NS evasiva, podem repetir a questão ou buscar uma resposta mais definitiva; ele também pode registrar literalmente qualquer elaboração feita pelo participante e passar o problema para o editor.

Se o editor encontrar muitas respostas indesejáveis, pouco pode ser feito, a não ser que os comentários literais possam ser interpretados. O entendimento do significado real baseia-se em pistas obtidas das respostas do entrevistado a outras perguntas. Uma forma de fazer isso é estimar a alocação de respostas NS a partir de outros dados no questionário. O padrão de respostas pode comparar níveis de renda, educação ou experiência. Suponha que uma questão relacionada ao fato de os clientes gostarem ou não de seu vendedor atual gere as respostas mostradas na Figura 15-7. A correlação entre os anos de compra e as respostas "não sei" e "não" sugere que a maioria das respostas "não sei" é um "não" disfarçado.

Anos de compra	Sim	Não	Não sei
Menos de 1 ano	10%	40%	38%
1-3 anos	30%	30%	32%
4 anos ou mais	60%	30%	30%
Total	100%	100%	100%
	$n = 650$	$n = 150$	$n = 200$

Figura 15-7 Como lidar com respostas "não sei".
Questão: Você tem uma relação produtiva com seu vendedor atual?

Há várias formas de lidar com as respostas "não sei" nas tabulações. Se houver apenas algumas, não fará muita diferença a forma como são tratadas, mas elas provavelmente serão mantidas como uma categoria separada. Se a reposta NS for legítima, deve permanecer como uma categoria de resposta separada. Quando não temos certeza de como lidar com ela, devemos mantê-la em uma categoria separada e deixar o patrocinador da pesquisa tomar a decisão.

Dados faltantes

Os **dados faltantes** são informações de um participante ou caso que não estão disponíveis para uma ou mais variáveis de interesse; em estudos de levantamento, geralmente ocorrem quando os participantes acidentalmente pulam uma pergunta, recusam-se a responder ou não sabem a resposta para um item do questionário; em estudos longitudinais, podem resultar do abandono do estudo por parte dos participantes ou quando estão ausentes por um ou mais períodos de coleta de dados. Os dados faltantes também ocorrem em razão de erro do pesquisador, arquivos de dados corrompidos e alterações no projeto de pesquisa ou do instrumento depois da coleta de dados de alguns participantes, como quando variáveis são excluídas ou adicionadas. A estratégia para lidar com dados faltantes consiste no seguinte processo: o pesquisador explora o padrão dos dados faltantes para determinar o mecanismo da *omissão* (a probabilidade de que um valor esteja faltando, em vez de ser observado) e, depois, seleciona uma técnica de dados faltantes.

Examine a distribuição amostral de variáveis do conjunto de dados da MindWriter mostrada na Figura 15-8, que foram coletados em uma escala intervalar de cinco pontos. Não há dados faltantes na variável 1A, embora seja evidente que um intervalo de 6 e um valor máximo de 7 invalidam a média calculada ou a pontuação média. As variáveis 1B e 2B têm um

Caso	1A	1B	2A	2B	2C
1	5,0	5,0	5,0	5,0	9,0
2	7,0	3,0		4,0	9,0
3	5,0	5,0	5,0	5,0	5,0
4	5,0		4,0		
5	1,0			2,0	
6	5,0	5,0	5,0	5,0	9,0
7	5,0		5,0	5,0	5,0
8	4,0	3,0	3,0	3,0	3,0
9		4,0		5,0	5,0
10	4,0	5,0		4,0	5,0
11	2,0	5,0	4,0	4,0	5,0
12	6,0	4,0	3,0	3,0	4,0
13	5,0	5,0		3,0	5,0
14	5,0	5,0	5,0	5,0	5,0
15	5,0	4,0	5,0	5,0	4,0
Válidos	15	14	11	14	13
Faltantes	0	1	4	1	2
Média	4,53	4,50	4,45	4,14	5,61
Intervalo	6	2	2	3	6
Mínimo	1	3	3	2	3
Máximo	7	5	5	5	9

Figura 15-8 Conjunto de dados da MindWriter: dados faltantes e fora de intervalo.

caso faltante, mas seus valores estão dentro do intervalo. Na variável 2A, faltam quatro casos, ou 27% dos pontos de dados. A última variável, 2C, tem um intervalo de 6, dois valores faltantes e três valores codificados como "9". Um "9" muitas vezes é usado como um código de valor faltante quando a escala tem um intervalo inferior a nove pontos. Nesse caso, tanto espaços em branco como os "9" estão presentes – uma preocupação de codificação. Observe que o quinto entrevistado respondeu apenas a duas das cinco questões, e o segundo teve duas respostas mal codificadas e um valor faltante. Por fim, usando índices descritivos de forma, discutidos no Apêndice 15a, podemos encontrar três variáveis que se desviam da simetria da distribuição normal, são desviadas (ou separadas) para a esquerda por um número desproporcionalmente pequeno de 1s e 2s; a distribuição de uma variável é elevada para além das dimensões normais. Usamos apenas os valores mínimos e máximos, o intervalo e a média e já descobrimos erros na codificação, problemas com os padrões de resposta de participantes e casos faltantes.

Mecanismos para lidar com dados faltantes

Sabendo o que causou a omissão de dados, o pesquisador pode selecionar a técnica apropriada de dados faltantes e assim evitar a introdução de viés na análise subsequente. Há três tipos básicos de dados faltantes:

- Dados faltantes completamente aleatórios (DFCA) – a probabilidade de que uma variável específica esteja faltando NÃO depende da própria variável e NÃO depende de outra variável no conjunto dos dados (p. ex.: um participante pula uma pergunta sem querer).

- Dados faltantes aleatórios (DFA) – a probabilidade de que uma variável específica esteja faltando NÃO depende da própria variável, mas depende de outra variável no conjunto dos dados (p. ex.: a resposta à primeira pergunta de um conjunto de questões de ramificação pode causar omissão de dados na segunda pergunta do conjunto).

- Dados faltantes sem aleatoriedade (DFSA) – quando os dados faltantes não são previsíveis a partir de outras variáveis no conjunto de dados.

Três técnicas são usadas para recuperar conjuntos com dados faltantes:

- *Supressão por lista* – casos com dados faltantes sobre uma variável são excluídos da amostra para todas as análises dessa variável.

- *Supressão por pares* – os dados faltantes são estimados usando todos os casos que tenham dados para cada variável ou par de variáveis; a estimativa substitui os dados faltantes.

- *Substituição preditiva* – os dados faltantes são previstos a partir de valores observados em outra variável; o valor observado é usado para substituir os dados faltantes.

A supressão por lista é a opção padrão para DFCA, sendo usada pela maioria dos pacotes estatísticos, como SPSS e SAS. Não há viés porque apenas casos completos são usados como amostra para a variável; no entanto, se os dados forem DFA, e não DFCA, então pode haver viés, especialmente se um grande número de casos for omitido da amostra, por exemplo, em um levantamento, se os homens tivessem maior probabilidade que as mulheres de serem responsáveis por dados faltantes na variável relacionada à preferência de treinamento, então a exclusão dos homens da amostra causaria um viés em qualquer análise de preferências de treinamento em relação à preferência das mulheres.

A supressão por pares presume que os dados sejam DFCA; essa técnica, embora seja usada historicamente por modelos lineares, tem o potencial de causar viés.

A substituição preditiva supõe que os dados sejam DFA. Uma opção comum disponível na maioria dos pacotes estatísticos é o uso de uma média ou outra pontuação de tendência central para substituir os dados faltante; essa prática reduz a variabilidade dos dados, o que pode causar viés.

Quando os dados são DFSA, os dados faltantes são fatorados na análise como uma categoria separada de dados naquela variável.

Entrada de dados

A **entrada de dados** converte as informações reunidas por métodos secundários ou primários em um meio para visualização e manipulação. A digitação ainda é o principal método para os pesquisadores que precisam criar um arquivo de dados imediatamente e armazená-lo em um espaço mínimo em diversos meios. Entretanto, os pesquisadores já se beneficiaram de maneiras mais eficientes de acelerar o processo de pesquisa, especialmente o uso de códigos de barras e reconhecimento óptico de caracteres e marcações.

Formatos alternativos de entrada de dados

Digitação

Um editor de tela cheia, no qual um arquivo de dados completo pode ser editado ou pesquisado, é uma forma viável de entrada de dados para pacotes estatísticos como SPSS ou SAS. O primeiro oferece diversos produtos de entrada de dados, incluindo o Data Entry Builder™, que permite o desenvolvimento de formulários e levantamentos, e o Data Entry Station™, que dá à equipe de entrada centralizada, como entrevistadores por telefone ou participantes on-line, acesso ao levantamento. Tanto o SAS quanto o SPSS fornecem softwares que acessam com facilidade dados de bancos de dados, planilhas, depósitos de dados ou mercados de dados.

Desenvolvimento de banco de dados Para projetos grandes, os programas de banco de dados servem como dispositivos de entrada de dados valiosos. Um **banco de dados** é uma coleção de dados organizados para recuperação informatizada. O programa permite que os usuários definam os campos de dados e vinculem os arquivos, de forma que o armazenamento, a recuperação e a atualização sejam simplificados. A relação entre os *campos de dados*, *registros de dados*, *arquivos* e *bancos de dados* é ilustrada na Figura 15-9. As ordens de pedido de uma empresa servem como exemplo de um banco de dados. As informações sobre os pedidos podem ser mantidas em diversos arquivos: arquivos do cliente do vendedor, registros financeiros do cliente, registros de produção de pedidos e documentação de remessa de pedidos. Os dados estão separados, de forma que pessoas autorizadas possam ver apenas as partes pertinentes às suas necessidades. No entanto, os arquivos podem ser vinculados para que quando, digamos, um cliente mudar seu endereço de entrega, a mudança seja imediatamente inserida e todos os arquivos relevantes sejam atualizados. Outra opção de entrada em banco de dados é a captação de dados por e-mail. Ela tornou-se popular com aqueles que usam levantamentos distribuídos

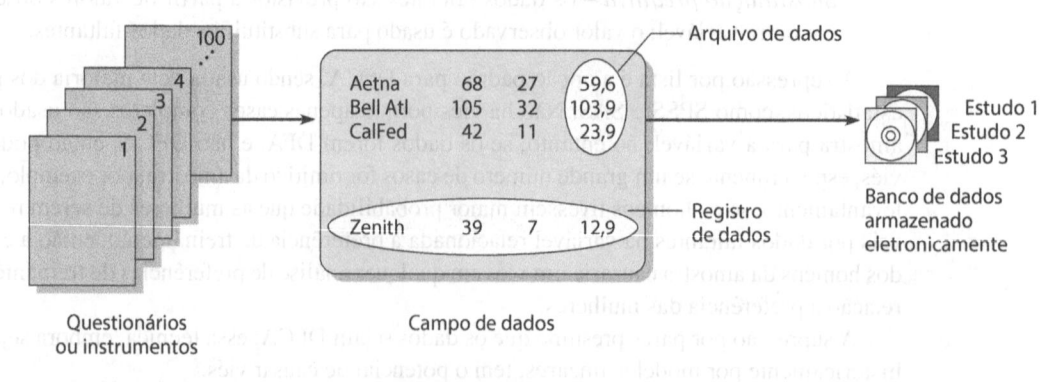

Figura 15-9 Campos de dados, registros, arquivos e bancos de dados.

Os **campos de dados** representam elementos únicos de informação (por exemplo: a resposta a uma determinada pergunta) de todos os respondentes de um estudo. Os campos de dados podem conter informações numéricas, alfabéticas ou simbólicas. Um **registro de dados** é um conjunto de campos de dados relacionados a um caso ou respondente (por exemplo: as respostas a um questionário). Os registros são as linhas de um arquivo de dados ou de um programa de planilhas. Os **arquivos de dados** são conjuntos de registros (por exemplo: respostas de todos os respondentes em um único estudo) agrupados para armazenagem em disquetes, discos, fitas, CD-ROM ou discos ópticos. Os *bancos de dados* são formados por um ou mais campos de dados inter-relacionados. Um banco de dados pode conter todas as informações sobre os clientes coletadas trimestralmente nos últimos 10 anos.

por e-mail; estes podem ser entregues a um entrevistado específico cujo endereço de e-mail seja conhecido. As questões são preenchidas na tela, devolvidas por e-mail e incorporadas no banco de dados.[6] Uma intranet também pode captar dados. Quando os participantes conectados por uma rede fazem um levantamento on-line preenchendo um formulário de banco de dados, os dados são captados em um banco de dados em um servidor da rede para análise posterior ou em tempo real.[7] Requisitos de identidade e senha podem impedir que participantes indesejados vejam os resultados de um levantamento on-line.

Os pesquisadores consideram as entradas em bancos de dados quando têm grandes quantidades de dados potencialmente associados que serão recuperados e tabulados de formas diferentes com o decorrer do tempo. Outra aplicação de um programa de banco de dados é um mecanismo de entrada "front-end". Um entrevistador por telefone pergunta: "Quantas crianças vivem em sua casa?", e o software está programado para aceitar qualquer resposta entre 0 e 20. Se um "P" for pressionado acidentalmente, o programa não aceitará a resposta e retornará à questão. Com um instrumento pré-codificado on-line, parte do trabalho de edição já discutido é feita pelo programa, que pode ser ajustado para ramificação condicional automática. No exemplo, uma resposta de 1 ou mais faz com que o programa pergunte a idade das crianças. Um 0 faz com que a pergunta sobre idade seja automaticamente pulada. Embora essa opção esteja disponível em qualquer sistema de computação interativo, o processamento front-end normalmente é feito dentro do projeto de banco de dados. O banco de dados armazenará os dados em um conjunto de arquivos vinculados, permitindo que os dados sejam facilmente organizados. Estatísticas descritivas e tabelas – os primeiros passos na exploração dos dados – são geradas imediatamente a partir do banco de dados.

Planilhas As planilhas são um tipo especializado de banco de dados para dados que precisam ser organizados, tabulados e dispostos em forma de estatística simples, além de oferecerem algum gerenciamento de banco de dados, gráficos e possibilidades de apresentação. As entradas de dados são inseridas em uma **planilha** com linhas numeradas e colunas identificadas por letras, com uma matriz de milhares de células. As planilhas permitem que você digite números, fórmulas e texto nas células apropriadas. Muitos programas estatísticos para computadores pessoais e aplicativos de gráficos têm editores de dados semelhantes ao formato de planilha do Excel mostrado na Figura 15-10. Essa é uma forma conveniente e flexível para inserir e visualizar os dados.

Reconhecimento óptico

Se você usa um scanner de imagens, provavelmente conhece programas de **reconhecimento óptico de caracteres (OCR, do inglês *optical character recognition*)** que transferem texto impresso para arquivos a fim de editar e usar esses textos sem ter que digitá-los novamente. Há outras aplicações relacionadas, por exemplo, a **leitura óptica** de instrumentos – a escolha de serviços de teste – é eficiente para os pesquisadores. Os entrevistados preenchem pequenos círculos, elipses ou espaços entre conjuntos de linhas paralelas para indicar suas respostas. Um formato mais flexível, o **reconhecimento de marcação óptica (RMO)**, usa uma interface no estilo de planilha para ler e processar formulários criados pelos usuários. Os leitores ópticos processam os questionários respondidos e armazenam as respostas em um arquivo. Esse método, mais frequentemente associado a formulários padronizados e pré-impressos, foi adotado por pesquisadores para entrada e pré-processamento de dados em função de sua velocidade (10 vezes mais rápido que a digitação manual), economia de custo na entrada de dados, conveniência nos gráficos e relatórios de dados e melhoria na precisão. Ele reduz o número de vezes em que os dados são manipulados, diminuindo assim o número de erros que são introduzidos.

Outras técnicas incluem a entrada direta de resposta, cujo exemplo mais comum são os procedimentos de votação usados em muitos estados dos EUA: com um cartão perfurado especialmente preparado, as pessoas votam pressionando um instrumento em forma de caneta contra o cartão junto ao nome de seu candidato preferido. Isso abre um pequeno buraco em uma coluna e em uma linha específicas do cartão, que é coletado e colocado diretamente em um

Cada linha é um registro (respostas de um único respondente). Cada coluna é uma variável medida na pesquisa. Nesse levantamento, as questões 1, 3 e 5 são variáveis nominais que têm duas categorias de resposta. A pergunta 6 usa colunas múltiplas porque é uma pergunta de classificação em múltiplas partes usando uma escala de um a cinco. Essa é uma maneira típica de codificar variáveis em uma planilha antes que sejam importadas pelo SPSS (presumindo que você esteja usando uma planilha, em vez do Data Editor do SPSS para iniciar seu estudo). Observe que cada respondente recebe um número de identificação (identidade de caso). Depois de rodar frequências preliminares, ter um campo de dados de identidade de caso permite que você rapidamente encontre e corrija dados suspeitos como códigos de valores estranhos ou casos faltantes.

Case ID	Q1	Q2	Q3	Q4	Q5	Q6a	Q6b	Q6c	Q6d	Q6e	Q6f
0001	1	2	1	10	2	1	2	1	1	4	4
0002	2	5	2	7	1	2	2	3	2	4	5
0003	1	2	1	6	2	2	4	3	4	4	4
0004	1	2	1	1	1	3	4	4	4	5	4
0005	2	6	2	8	2	3	5	4	2	5	1
0006	2	1	2	8	2	3	5	2	2	3	1
0007	1	3	1	8	1	2	3	3	5	3	3
0008	2	4	2	5	2	3	3	4	5	1	3
0009	1	2	1	9	1	3	2	4	5	2	5
0010	2	2	2	9	2	4	2	5	5	3	5
0011	2	5	2	9	1	4	1	1	3	1	5
0012	1	2	1	9	1	2	2	2	3	2	2
0013	2	1	2	3	2	5	3	3	4	2	1
0014	1	6	1	2	2	3	4	4	5	5	2
0015	2	4	2	3	1	1	4	3	1	5	3
0016	2	3	2	4	2	5	5	5	2	5	4
0017	1	3	1	6	1	5	5	2	1	1	4
0018	2	3	2	5	2	5	5	2	2	2	3

Figura 15-10 Entrada de dados com uso de planilhas.

leitor de cartões. Esse método também elimina os passos de codificação e entrada. Outra aplicação governamental é o formulário 1040EZ, usado pelo Internal Revenue Service (órgão equivalente à Receita Federal dos EUA).

Ele é projetado para reconhecimento computadorizado de números e caracteres. Técnicas similares de reconhecimento de caracteres são empregadas para muitas formas de coleta de dados. Novamente, as duas abordagens passam a resposta da questão para a análise de dados com pouca manipulação.

Reconhecimento de voz

O aumento na discagem aleatória por computador incentivou outras inovações na coleta de dados. O **reconhecimento de voz** e os sistemas de resposta, embora ainda sejam novos, têm fornecido algumas alternativas interessantes para o entrevistador por telefone. Ao obter uma resposta de voz a um número discado aleatoriamente, o computador segue uma rotina de questionamento. Esses sistemas estão progredindo rapidamente, e em breve poderão transformar respostas de voz gravadas em arquivos de dados.

Digital

A resposta digitada no telefone, frequentemente usada por restaurantes e locais de entretenimento para avaliar o atendimento ao cliente, é outra capacidade possibilitada por computadores conectados a linhas telefônicas. Usando o teclado do telefone (em *touch tone*), o participante convidado responde às questões pressionando o número apropriado. O computador captura os dados ao decodificar o sinal elétrico do tom e armazena a resposta numérica ou alfabética em um arquivo de dados. Embora não tenha sido originalmente desenvolvido para coletar dados de levantamento, os componentes de software do Microsoft Windows 7 têm funcionalidade

Instantâneo

Em busca de dados limpos de netnografia

Na análise de conteúdo, os pesquisadores analisam informações baseadas em relatos pessoais para determinar os principais temas dos comentários e cada vez mais usam dados de retorno postados na internet ou internamente em salas de bate-papo de intranet para captar esse conteúdo. As postagens vêm na forma de resenhas de produtos, avaliações de empresas, experiências dos funcionários, postagens em quadros de mensagens e grupos de notícias, bem como em conversas nas salas de bate-papo e em fóruns de discussão.

A seleção desses dados para análise exige uma triagem cuidadosa. Ao usar postagens na rede, Chrysanthos Dellarocas, do Instituto de Tecnologia de Massachusetts, recomenda que o pesquisador extraia informações de sites que possam autenticar a identidade dos participantes; isso reduz ou impede classificações injustas e comportamento discriminatório. Alguns sites de opinião usam incentivos financeiros para encorajar as postagens, o que pode levar à postagem de diversos comentários de um único indivíduo, produzindo viés. Dina Mayzlin, da Faculdade de Administração de Yale, sugere a seleção de comentários de um grande número de sites, em vez de selecionar grandes números de comentários de um único site; essa dispersão reduz o viés. Ao limpar esses dados, Zhilin Yang, da City University de Hong Kong, e Robin Peterson, da Universidade Estadual do Novo México, sugerem que os pesquisadores façam uma triagem das mensagens para detectar relatos irrelevantes, duplicação, solicitações para postagem de mensagens e spams, pois, se mantidos entre os dados, gerariam viés.

Se você quiser tentar coletar e fazer a triagem desses dados, alguns sites úteis são ZDnet.com, Bizrate.com, Amazon.com, eBay.com, Elance.com, Complaints.com, reviewcentre.com e Epinion.com.

---

avançada de reconhecimento de voz, permitindo às pessoas inserir e editar dados falando em um microfone.[8]

Entrevistadores de campo podem usar computadores portáteis ou notebooks, em vez de pranchetas e lápis. Com um modem interno de comunicação, rede sem fio ou uma conexão no celular, os arquivos podem ser enviados diretamente para outro computador no campo ou para um local remoto (nuvem), o que permite que os supervisores inspecionem os dados imediatamente e simplifica o processamento em uma instalação central. Essa é a tecnologia que a Nielsen Media está usando com seu PeopleMeter portátil.

Códigos de barras Desde a adoção do Código Universal de Produto (UPC, do inglês Universal Product Code) em 1973, o código de barras evoluiu de uma curiosidade tecnológica para um grande marco comercial. Depois de um estudo feito pela McKinsey & Company, a cadeia de supermercados Kroger fez um teste-piloto em um sistema de produção e os códigos de barras tornaram-se onipresentes nesse setor[9].

A tecnologia de código de barras é usada para simplificar o papel do entrevistador no registro de dados. Quando um entrevistador passa um leitor de código de barras sobre os códigos apropriados, os dados são registrados em uma unidade pequena e leve para leitura posterior. No processamento de larga escala do projeto Census 2000, o Census Data Capture Center usou código de barras para identificar os residentes. Pesquisadores estudando a leitura de revistas podem escanear códigos de barras para denotar uma capa de revista que seja reconhecida por um participante da entrevista.

O **código de barras** é usado em diversas aplicações: terminais nos pontos de venda, pulseiras de identificação de pacientes hospitalares, controle de estoque, rastreamento de produtos e marcas, avaliação de técnicas promocionais, rastreamento de remessas, corredores de maratona, locadoras de automóvel (para acelerar a devolução de veículos e gerar faturas) e rastreamento dos hábitos de acasalamento de insetos. O exército usa códigos de barras de 60 centímetros para identificar barcos no estaleiro. Os códigos aparecem em documentos comerciais, peças de caminhão e madeiras em madeireiras. As etiquetas de remessa da Federal Express usam um código chamado *Codabar*. Outros códigos, contendo letras e números, têm potencial para os pesquisadores.

No horizonte

Mesmo com essas reduções de tempo entre a coleta e a análise dos dados, as inovações são significativamente promissoras. A capacidade de integrar imagens visuais, vídeo, áudio e dados substituiu os equipamentos de vídeo como o método preferido para registrar um experimento, uma entrevista ou um grupo focal. Os dados de resposta podem ser extraídos para análise de dados, enquanto o áudio e as imagens permanecem intactos para avaliação posterior. Embora a tecnologia jamais substitua o julgamento do pesquisador, ela pode reduzir erros na manipulação dos dados, diminuir o tempo entre a coleta e a análise de dados e fornecer informações mais utilizáveis.

Resumo

1 O primeiro passo da preparação de dados é editar os dados brutos coletados para detectar erros e omissões que comprometeriam os padrões de qualidade. O editor é responsável por garantir que os dados sejam precisos, consistentes com outros dados, inseridos de maneira uniforme e estejam prontos para codificação. No trabalho de levantamento, é comum usar edição de campo e central.

2 A codificação é o processo de atribuir números e outros símbolos a respostas de forma que possamos classificá-las em categorias, que devem ser apropriadas para o problema de pesquisa, exaustivas em relação aos dados, mutuamente excludentes e unidimensionais. A redução de informações pela codificação exige que o pesquisador elabore cuidadosamente os conjuntos de categorias, usando o máximo de dados possível. Os registros de códigos são guias para reduzir os erros na entrada de dados e servem como um compêndio das localizações das variáveis e de outras informações para o estágio de análise. Desenvolvimentos em software na construção e elaboração de levantamentos incluem regras de codificação integradas que fazem a triagem dos dados no momento em que são inseridos, identificando os que não forem inseridos corretamente.

3 As questões fechadas incluem itens escalonados e outros cujas respostas são previstas. A pré-codificação de itens fechados evita o preenchimento tedioso de folhas de codificação para cada resposta. As perguntas abertas são mais difíceis de codificar, pois as respostas não são preparadas antecipadamente, porém encorajam a revelação de informações completas. A análise de conteúdo é um método sistemático para avaliar questões abertas que usa unidades de amostragem pré-selecionadas para produzir contagens de frequência e outras ideias sobre os padrões de dados.

4 As respostas "não sei" são avaliadas de acordo com a natureza da questão e com o entrevistado. Embora muitas respostas NS sejam legítimas, algumas resultam de questões ambíguas ou de situações de entrevistas não motivadoras. É melhor registrar as respostas NS como uma categoria separada, a não ser que haja razões convincentes para tratá-las de outra forma. Os dados faltantes ocorrem quando os participantes pulam uma pergunta, recusam-se a respondê-la ou não sabem a resposta para um item do questionário, abandonam o estudo ou estão ausentes por um ou mais períodos de coleta de dados. Erro do pesquisador, arquivos de dados corrompidos e alterações no instrumento durante a administração também produzem dados faltantes. Os pesquisadores lidam com dados faltantes primeiramente explorando-os para descobrir a natureza do padrão e selecionando uma técnica adequada para substituir os valores por meio de exclusão de casos (ou variáveis) ou estimativa de valores.

5 A entrada de dados é realizada com a digitação a partir de instrumentos pré-codificados, leitura óptica, digitação em tempo real, entrada de dados em teclado telefônico, códigos de barras, reconhecimento de voz, OCR, RMO e transferência de dados de notebooks e laptops. Os programas de banco de dados, as planilhas e os editores em softwares estatísticos oferecem flexibilidade para inserir, manipular e transferir dados para análise, armazenamento e mineração.

Termos-chave

análise de conteúdo 387
arquivo de dados 394
banco de dados 394
campo de dados 394
codificação 381
código de barras 397
dados faltantes 392
edição 378
entrada de dados 394
leitura óptica 395
planilha 395
pré-codificação 384
preparação de dados 378
reconhecimento de marcação óptica (RMO) 395
reconhecimento de voz 396
reconhecimento óptico de caracteres (OCR) 395
registro de códigos 381
registro de dados 394
resposta "não sei" (NS) 390

Questões para **discussão**

Revisão de termos

1 Defina ou explique:

   a Regras de codificação.

   b Inserção de dados em planilhas.

   c Códigos de barras.

   d Instrumentos pré-codificados.

   e Análise de conteúdo.

   f Dados faltantes.

   g Reconhecimento de marcação óptica.

2 Como o pesquisador deve lidar com as respostas "não sei"?

Tomada de decisão em pesquisa

3 Um problema enfrentado por gerentes de lojas de calçados é que muitos sapatos são vendidos por preços mais baixos, o que nos leva a conduzir um levantamento por correspondência com esses gerentes em que perguntamos: "Que métodos você acha que são mais bem-sucedidos para reduzir o problema de descontos excessivos?". Estamos interessados em extrair o máximo de informações possível dessas respostas para entender melhor a gama completa de estratégias usadas pelos gerentes. Estabeleça o que você acredita serem os conjuntos de categorias para codificar 500 respostas semelhantes às 14 dadas aqui. Tente desenvolver um conjunto integrado de categorias que reflita sua teoria de gerenciamento de descontos. Depois de desenvolvê-lo, use-o para codificar as 14 respostas.

   a Não encontramos a resposta. Sempre que compramos sapatos da moda, temos que reduzir preços. Usamos BE para produtos difíceis de vender, mas isso não elimina os descontos. (*BE* significa "bônus especial", que é usado para vender um estilo de calçado específico.)

   b Usamos BE antes que seja tarde demais. Também reduzimos o preço durante a estação. Fazemos reuniões com os vendedores indicando que calçados eles devem tentar vender.

   c Oferecemos BE para qualquer item que não esteja vendendo bem e o promovemos. Tomamos mais cuidado com os calçados comprados.

   d Mantemos um controle cuidadoso do estoque e reduzimos os preços quando temos que fazê-lo – ou seja, em vez de esperar, fazemos uma pequena redução de preço para os sapatos que não estão vendendo bem.

   e Usamos o método de BE.

   f Menos compras antecipadas – maior dependência dos calçados em estoque.

   g Vendas – dispensamos os maus vendedores antes que seja tarde demais.

   h Compramos o máximo possível de boa mercadoria a preços especiais para ajudar a criar alguns descontos.

   i Reduzimos as compras iniciais e confiamos no serviço de reposição. Oferecemos BE para os vendedores.

   j Compramos com mais frequência e melhor e oferecemos BE para as mercadorias que não estão vendendo bem.

   k Compramos cuidadosamente a preços mais baixos. Pagamos à vista na linha de compras. Compramos saldos, produtos descontinuados, sobras de estoques e "cancelamentos".

   l Compramos calçados para qualquer ocasião. Compra-se apenas o necessário, verificando os tamanhos, não fazendo muito estoque de moda passageira.

   m Compramos mais mercadorias básicas. Comprar mais de poucas linhas. Mantendo-se fiel aos melhores produtos anunciados nacionalmente.

   n Nenhum método é bem-sucedido nas circunstâncias da moda atual. Os fabricantes estão experimentando, os varejistas reduzem os preços – cortando o lucro bruto em cerca de 3% – mantendo seu estoque no nível mais baixo possível sem perder vendas.

4 Defina uma pequena amostra de membros de sua turma, colegas de trabalho ou amigos e peça a eles para responder à seguinte pergunta em um ou dois parágrafos: Quais são suas aspirações profissionais para os próximos cinco anos? Use uma das quatro unidades básicas da análise de conteúdo para analisar as respostas. Descreva seus achados como frequências para a unidade de análise selecionada.

Dando vida à pesquisa

5 Que processo de preparação de dados Jason estava usando durante a entrada de dados?

6 A entrada de dados seguiu a coleta de dados na pesquisa apresentada na vinheta de abertura. O que preocupou Jason em relação a esse processo?

Do conceito à prática

7 Escolha um dos casos do site do livro que tenha um instrumento (verifique na seção de Resumos de Casos a lista de todos os casos e o resumo de cada um deles). Codifique o instrumento para entrada de dados.

Direto das manchetes

8 A Simplement, Inc., que fornece soluções de terceirização de dados para clientes da Systems Applications and Products (SAP), anunciou a obtenção de tempos de resposta em subsegundos para descoberta e exploração em bilhões de conjuntos de dados brutos envolvendo vendas coletados nas vendas e no módulo de distribuição da SAP. Usuários

empresariais que empregam tecnologias como Microsoft Excel e Tableau podem explorar e visualizar imediatamente conjuntos de dados com grande volume, levando a maior produtividade e ideias mais significativas. Que outros aplicativos você recomendaria à sua empresa, especialmente para as equipes de marketing e TI?

Casos (em inglês) no site do Grupo A

Mentes curiosas querem saber – AGORA!

NCRCC: planejando um novo rumo estratégico

Dominando a liderança de professores

NetConversions influencia a Kelley Blue Book

Você encontrará uma descrição de cada caso na seção Índice de Casos deste livro. Verifique no Índice de Casos quais fornecem dados, o instrumento de pesquisa ou outro material complementar. Para acessar os casos (em inglês), entre no site do Grupo A (www.grupoa.com.br) e procure pelo livro.

Apêndice 15a

Descrição Estatística de Dados

Na primeira parte do Capítulo 15, discutimos como as respostas dos participantes são editadas, codificadas e inseridas. A criação de resumos numéricos desse processo assegura informações valiosas para analistas sobre sua eficiência. Neste apêndice, revisamos conceitos de seu curso de introdução à estatística que oferecem ferramentas descritivas para limpar dados, descobrir problemas e resumir distribuições. Uma distribuição (de dados) é um conjunto de contagens de valores de uma variável em ordem crescente, resultante da tabulação de incidência. As medidas de estatística descritiva são usadas para caracterizar o centro, a dispersão e a forma das distribuições e são úteis como ferramentas preliminares para a descrição de dados. Iremos definir essas medidas e descrever seu uso como *estatística descritiva* após a introdução de um conjunto de dados de amostra e de uma visão geral dos conceitos básicos.

Revisão de conceitos estatísticos

O mercado das televisões de LCD (cristal líquido) é interessante devido às mudanças em tecnologia e marketing. Atualmente, as maiores empresas nesse mercado são Sharp, LG Electronics/Zenith, Samsung, Sony, Dell e Panasonic. Apenas algumas outras marcas diferentes conquistam uma participação de mercado visível. Os produtos da Sharp atualmente representam a maior porcentagem de vendas de unidades. Vamos presumir que estamos interessados em avaliar o aumento nas vendas anuais de diversos fabricantes. Fazemos um levantamento com nove fabricantes e descobrimos uma *distribuição de frequência* (um conjunto ordenado de todos os valores para uma variável) da porcentagem anual do aumento de vendas: 5, 6, 6, 7, 7, 7, 8, 8, 9. A partir desses valores de vendas de unidades, construímos uma tabela para disposição dos dados, que apresenta códigos de valores crescentes, com colunas para contagem, percentual, percentual de valores faltantes e percentual cumulativo, conforme exemplo apresentado na Figura 15a-1.

A tabela dispõe os dados atribuindo valores numéricos; neste caso, a porcentagem real do aumento de vendas de unidades registrado (coluna mais à esquerda). Para descobrir quantos fabricantes estão em cada categoria de aumento de vendas de unidades, basta ler a coluna de frequência. Por exemplo, na intersecção da coluna de frequência com a segunda linha, há duas empresas que tiveram um aumento anual de vendas de 6%. Na coluna de porcentagem, você vê que porcentagem de fabricantes de TV no levantamento deu uma resposta para cada nível de aumento de vendas. Os três fabricantes que tiveram aumentos de vendas de 7% representam 33,3% do número total de fabricantes do levantamento (3/9 ´ 100). A porcentagem cumulativa revela o número de fabricantes que deram uma resposta e *todos os outros que o precederam* na tabela. Para esse exemplo, os aumentos de porcentagem de vendas de televisões de LCD entre 5% e 7% representam 66,7%. A coluna de porcentagem cumulativa é útil principalmente quando os dados têm uma ordem subjacente. Se, na parte B, criarmos um código para a fonte de origem (importado = 1, nacional = 2) para cada um dos nove fabricantes de televisão de LCD, a coluna de porcentagem cumulativa mostraria a proporção. A *proporção* é a porcentagem de elementos na distribuição que atendem a um critério, neste caso, o critério é a origem de fabricação.

Na Figura 15a-2, a curva em formato de sino que está superposta na distribuição de aumento de vendas anuais (percentual) para fabricantes de televisões de LCD é chamada de *distribuição normal*. A distribuição de valores para qualquer variável que tenha distribuição normal é governada por uma equação matemática. Essa distribuição é uma curva simétrica e reflete uma distribuição de frequência de muitos fenômenos naturais, como a altura de pessoas de certo sexo e idade.

Muitas variáveis de interesse medidas pelos pesquisadores terão distribuições que se aproximam de uma *distribuição normal padrão*, caso especial da distribuição normal no qual todos os valores recebem valores-padrão. Essa distribuição tem média de 0 e desvio-padrão de 1, por exemplo, um fabricante que teve aumento de vendas de 7% receberia um valor-padrão de zero, uma vez que 7 é a média da distribuição das televisões de LCD. Um *valor-padrão* (ou *valor Z*) diz quantas unidades um caso (o fabricante, neste exemplo) está acima ou abaixo da média. O escore Z, sendo padronizado, permite comparar os resultados de diferentes distribuições normais, algo que fazemos com frequência em pesquisa. Suponha que a Zenith tenha um aumento anual de vendas de 9%, então,

A

Aumento de vendas (%)	Frequência	Porcentagem	Porcentagem cumulativa
5	1	11,1	11,1
6	2	22,2	33,3
7	3	33,3	66,7
8	2	22,2	88,9
9	1	11,1	100,0
Total	9	100,0	

B

Origem da empresa	Aumento de vendas (%)	Frequência	Porcentagem	Porcentagem cumulativa
Origem, estrangeira (1)	6	1	11,1	11,1
	7	2	22,2	33,3
	8	2	22,2	55,5
Origem, nacional (2)	5	1	11,1	66,6
	6	1	11,1	77,7
	7	1	11,1	88,8
	9	1	11,1	100,0
	Total	9	100,0	

Figura 15a-1 Aumentos de porcentagem de vendas anuais de televisões de LCD.

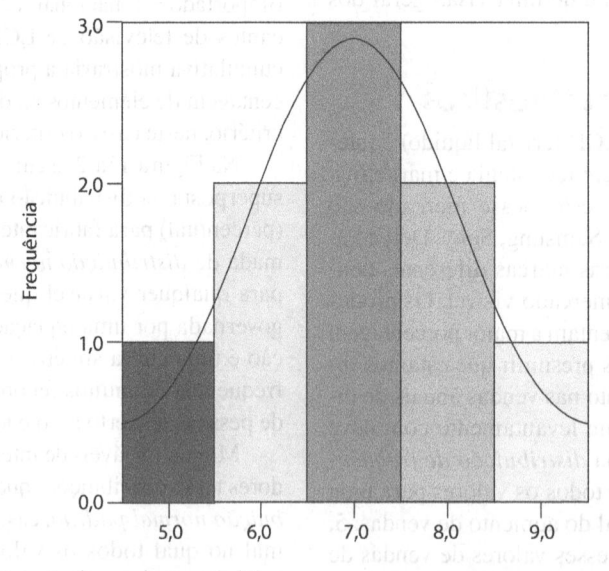

Figura 15a-2 Histograma do aumento de vendas anuais (%).

para calcular o valor-padrão para esse fabricante, deve-se encontrar a diferença entre o valor e a média e dividir pelo desvio-padrão da distribuição mostrada na Figura 15a-1.

$$\text{valor-padrão da Zenith} = \frac{\text{valor} - \text{média}}{\text{desvio-padrão}} = \frac{9 - 7}{1,22}$$
$$= 1,64$$

A distribuição normal padrão, mostrada na parte A da Figura 15a-3, é um padrão de comparação para descrever distribuições de dados da amostra; ela é usada com estatística inferencial que pressuponha variáveis distribuídas normalmente.

Voltaremos a essa figura em breve. Agora, revisaremos algumas ferramentas descritivas que revelam as

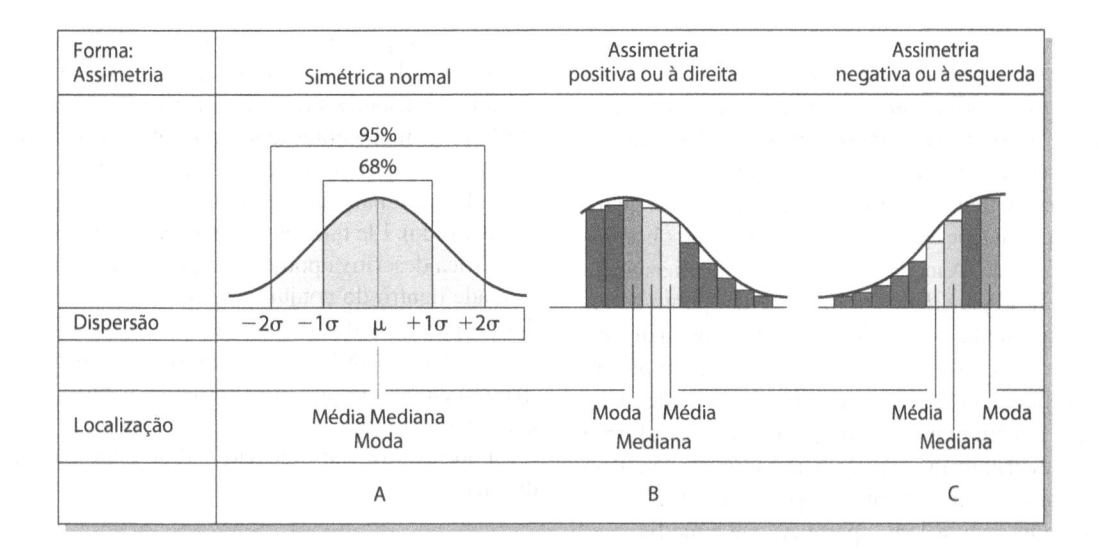

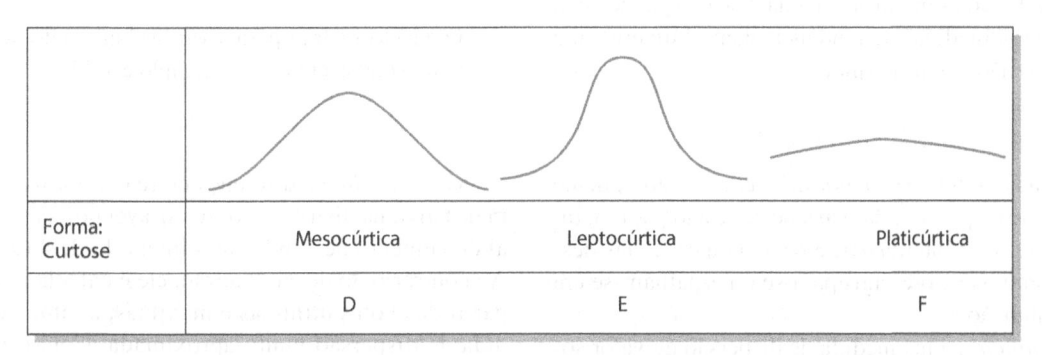

Forma: Assimetria	Simétrica normal	Assimetria positiva ou à direita	Assimetria negativa ou à esquerda
Dispersão	-2σ -1σ μ $+1\sigma$ $+2\sigma$ (95%, 68%)		
Localização	Média Mediana Moda	Moda | Média Mediana	Média | Moda Mediana
	A	B	C

Forma: Curtose	Mesocúrtica	Leptocúrtica	Platicúrtica
	D	E	F

Figura 15a-3 Características das distribuições.

características importantes das distribuições. As características de tendência central, variabilidade e forma são ferramentas úteis para resumir distribuições. Suas definições, aplicações e fórmulas fazem parte da *estatística descritiva*. As definições devem ser conhecidas para a maioria dos leitores.

Medidas de tendência central

O resumo de informações como as coletadas dos fabricantes de televisões de LCD muitas vezes exige a descrição de valores "típicos". Suponha que queiramos saber o aumento percentual de vendas típico para essas empresas. Podemos definir *típico* como a resposta média (média); o valor do meio, quando a distribuição é organizada do menor para o maior (mediana); ou o valor que ocorre com mais frequência (moda). As medidas comuns de *tendência central* (ou centro) incluem a média, a mediana e a moda.

A *média* é calculada com a seguinte fórmula:

$$\bar{X} = \frac{\sum_{i=1}^{n} X_i}{n}$$

Para a variável aumento de vendas, a distribuição de respostas é 5, 6, 6, 7, 7, 7, 8, 8, 9. A média aritmética, ou média (soma dos nove valores dividida por 9), é:

$$\frac{5+6+6+7+7+8+8+8+9}{9}$$

= 7 (um aumento médio de 7% no volume de vendas)

A *mediana* é o ponto central da distribuição: metade das observações na distribuição está acima, e a outra, abaixo da mediana. Quando a distribuição tem um número par de observações, a mediana é a média dos dois valores centrais. A mediana é o localizador de centro mais apropriado para dados ordinais e tem resistência a pontuações extremas, tornando-se assim a medida preferida para dados de intervalo e de razão quando suas distribuições não são normais. A mediana é algumas vezes simbolizada por *M* ou *mdn*.

A partir da distribuição da amostra para a variável porcentagem de aumento de vendas, a mediana dos nove valores é 7:

5 6 6 7 **7** 7 8 8 9

Se a distribuição tivesse 10 valores, a mediana seria a média dos valores para o quinto e sexto caso.

A *moda* é o valor com ocorrência mais frequente. Pode haver *mais de uma* moda em uma distribuição: quando há mais de um valor que tem frequência mais alta, mas igual, a distribuição é bimodal ou multimodal; quando todas as pontuações têm o mesmo número de observações, *não* há moda. A moda é a medida de localização de tendência central para dados nominais e um ponto de referência com a mediana e a média para examinar a dispersão e a forma das distribuições. Em nosso exemplo do aumento de porcentagem de vendas de televisões de LCD, o valor que ocorre com mais frequência é 7. Conforme revelado na distribuição de frequência na Figura 15a-3, há três empresas que têm aumentos de vendas de 7%.

Observe na Figura 15a-3, parte A, que a média, mediana e moda são as mesmas em uma distribuição normal. Quando essas medidas de tendência central divergem, a distribuição não é mais normal.

Medidas de variabilidade

As medidas comuns de *variabilidade*, alternativamente chamadas de *dispersão*, são variância, desvio padrão, intervalo, intervalo interquartil e desvio quartil; elas descrevem como os valores agrupam-se ou espalham-se em uma distribuição.

A *variância* é uma medida de dispersão de valor sobre a média. Se todas as pontuações forem idênticas, a variância será 0. Quanto maior a dispersão de valores, maior a variância. Tanto a variância como o desvio-padrão são usados com dados de intervalo e de razão. O símbolo para a variância de amostra é s^2, e para variância de população é a letra grega sigma ao quadrado $(\sigma)^2$. A variância é calculada ao somar a distância ao quadrado da média para todos os casos e dividir a soma pelo número total de casos menos 1:

$$\text{Variância} = s^2 = \frac{\text{soma das distâncias ao quadrado da média para todos os casos}}{(\text{número de casos} - 1)}$$

$$s^2 = \frac{\sum_{i=1}^{n}(X_i - \bar{X})^2}{n-1}$$

Para a variável porcentagem de aumento de vendas, calcularíamos as variações como:

$$s^2 = \frac{\begin{array}{c}(5-7)^2 + (6-7)^2 + (6-7)^2 +\\(7-7)^2 + (7-7)^2 + (7-7)^2 +\\(8-7)^2 + (8-7)^2 + (9-7)^2\end{array}}{8} = 1{,}5$$

O *desvio-padrão* resume a que distância da média os valores dos dados estão normalmente. Essa talvez seja a medida de dispersão mais frequentemente usada porque melhora a interpretabilidade ao remover a elevação ao quadrado da variância e ao expressar os desvios em suas unidades originais (p. ex.: vendas em reais, não em reais ao quadrado). Ele também é um conceito importante para estatística descritiva porque revela a quantidade de variabilidade dentro do conjunto de dados. Como a média, o desvio-padrão é afetado por valores extremos. O símbolo para o desvio-padrão de uma amostra é *s* e para o desvio-padrão da população é σ. Alternativamente, DP também é utilizado.

Pode-se calcular o desvio-padrão pela raiz quadrada da variância:

$$s = \sqrt{s^2}$$

O desvio-padrão para a variável aumento de porcentagem de vendas em nosso exemplo é 1,22:

$$1{,}22 = \sqrt{1{,}5}$$

O *intervalo* é a diferença entre o valor mais alto e o mais baixo na distribuição. A variável porcentagem anual de aumento de vendas tem intervalo de 4 (9 − 5 = 4). Ao contrário do desvio-padrão, ele é calculado apenas a partir das notas mínimas e máximas; assim, é uma medida de dispersão muito aproximada. Com o intervalo como ponto de comparação, é possível ter uma ideia da homogeneidade (desvio-padrão pequeno) ou heterogeneidade (desvio-padrão grande) da distribuição. Para distribuição homogênea, o índice do intervalo para o desvio-padrão deve estar entre 2 e 6. Um número acima de 6 indicaria um alto grau de heterogeneidade. No exemplo do aumento de porcentagem de vendas, o índice é 4/1,22 = 3,28. O intervalo fornece informações úteis, mas limitadas, para todos os dados. Ele é obrigatório para dados ordinais.

O *intervalo interquartil (IIQ)*, também chamado de *dispersão média*, é a diferença entre o primeiro e o terceiro quartil da distribuição. Os dados ordinais ou classificados usam essa medida em conjunto com a mediana. Ela também é usada com dados de intervalo e de razão quando se suspeita da existência de distribuições assimétricas, ou em análises exploratórias. Lembre-se das seguintes relações: o valor mínimo da distribuição é o percentil 0; o máximo, o 100º percentil. O primeiro quartil (Q_1) é o 25º percentil; a mediana, ou Q_2, é o 50º percentil. O terceiro quartil (Q_3) é o 75º percentil. Para a variável porcentagem de aumento de vendas, os quartis são:

5	6	6	7	7	7	8	8	9
	Q_1		Q_2		Q_3		Q_4	

O desvio quartil, ou intervalo semi-interquartil, é representado como

$$Q = \frac{Q_1 - Q_3}{2}$$

O *desvio quartil* sempre é usado com a mediana para dados ordinais e é útil também para dados de intervalo e de razão quando a distribuição é expandida (ou distorcida) por valores extremos. Em uma distribuição normal, a mediana mais um desvio de quartil (Q) em cada lado englobam 50% das observações. Aproximadamente oito Qs cobrem o intervalo. A relação de Q com o desvio-padrão é constante ($Q = 0{,}6745s$) quando os valores são distribuídos normalmente. Em nosso exemplo do aumento de vendas, o desvio quartil é 1 [$(6 - 8)/2 = 1$].

Medidas de forma

As medidas de forma, assimetria e curtose descrevem as saídas de simetria de uma distribuição e sua relativa uniformidade (ou destaque), respectivamente; elas usam os valores de desvio ($X - \overline{X}$). Os *valores de desvio* mostram-nos a que distância qualquer observação está da média. A empresa que apresentou uma porcentagem de aumento de vendas de 9% tem valor de desvio de 2 ($9 - 7$). As medidas de forma com frequência são difíceis de interpretar quando existem valores extremos na distribuição. Geralmente, a forma é mais bem comunicada pela exibição visual. (Consulte os gráficos da Figura 15a-3, partes B a F.) De uma perspectiva prática, o cálculo de assimetria e curtose é mais fácil com planilhas ou software estatístico.

A *distorção* é uma medida de desvio de simetria da distribuição. Em uma distribuição simétrica, a média, a mediana e a moda estão no mesmo local. Uma distribuição que tem casos tendendo a um extremo ou outro é chamada de *distorção*. Como mostrado na Figura 15a-3, parte B, quando há tendência para a direita, para valores maiores, ela é uma assimetria positiva. Na parte C, com os valores tendendo para o lado esquerdo, em direção aos valores menores, a distribuição é negativamente assimétrica. Observe a relação entre média, mediana e moda nas distribuições assimétricas. O símbolo para distorção é *dt*.

$$dt = \frac{n}{(n-1)(n-2)} \sum \left(\frac{x_i - \overline{x}}{s}\right)^3$$

em que s é o desvio-padrão da amostra (a estimativa sem viés de sigma).

Quando uma distribuição aproxima-se da simetria, *dt* é aproximadamente 0. Com um desvio positivo, *dt* será um número positivo; com um desvio negativo, *dt* será um número negativo. O cálculo de distorção para nossos dados sobre aumento de vendas anuais produz um índice de 0 e não revela assimetria.

Como mostrado na parte inferior da Figura 15a-3, a *curtose* é uma medida do pico (ou do achatamento) da distribuição. Distribuições em que os valores agrupam-se muito ou juntam-se no centro (juntamente com mais observações do que seria normal nos extremos das caudas) são agudas ou *leptocúrticas*. As distribuições achatadas, com valores distribuídos de forma mais uniforme e com caudas mais achatadas do que uma distribuição normal, são chamadas de *platicúrticas*. As distribuições intermediárias ou *mesocúrticas* aproximam-se do normal – nem tão agudas, nem tão achatadas. O símbolo para a curtose é *ku*.

$$ku = \left[\frac{n(n+1)}{(n-1)(n-2)(n-3)} \sum \left(\frac{x_i - \overline{x}}{s}\right)^4\right] - \frac{3(n-1)^2}{(n-2)(n-3)}$$

em que s é o desvio-padrão da amostra (a estimativa sem viés de sigma).

O valor de *ku* para uma distribuição normal ou mesocúrtica é próximo a 0. Uma distribuição leptocúrtica terá um valor positivo e uma distribuição platicúrtica, negativo. Como no caso da distorção, quanto maior o valor absoluto do índice, mais extrema será a característica. No exemplo de aumento de vendas, a curtose é calculada como –0,29, o que sugere um pequeno desvio da forma normal da curva com alguns achatamentos gerados pelas frequências menor que o esperado do valor 7 na distribuição.

Capítulo 16

Exploração, Exibição e Exame de Dados

> " No dia a dia, procure por inspiração e ideias fora da indústria da pesquisa para influenciar seu raciocínio. Por exemplo, a visualização de dados poderia ser inspirada por um infográfico que você viu em sua revista favorita, ou até mesmo em uma obra de arte que você viu em um museu. "
>
> *Amanda Durkee, sócia*
> *Zanthus*

Objetivos de **aprendizagem**

Após ler este capítulo, você compreenderá...

1 Que as técnicas de análise exploratória de dados fornecem informações e diagnósticos de dados ao enfatizar sua representação visual.

2 Como a tabulação cruzada é usada para avaliar relações envolvendo variáveis categóricas, atua como uma estrutura para teste estatístico posterior e faz análise baseada em tabelas usando uma ou mais variáveis de controle como uma ferramenta eficiente para visualização de dados e tomada de decisão.

🧠 **Dando** vida **à** pesquisa

Myra e Jason estão finalizando os detalhes da revisão do material entregue para a mais recente parceria entre a MindWriter e a Henry e Associados. Jason, sabendo que Myra não vê a hora de ouvir as boas notícias sobre o projeto do Centro Municipal de Artes, a acompanha até o escritório externo. Sammye, a nova estagiária da Henry e Associados, está ocupada lendo as tabelas cruzadas com atenção. Ele decide que é a melhor hora para testar Sammye sobre as regras de confidencialidade dos dados discutidas com os estagiários na semana anterior.

"Sammye Grayson, esta é Myra Wines, da MindWriter. Trabalharemos com ela em um projeto de curta duração durante a próxima semana." Sammye levanta-se para apertar a mão de Myra, e Jason diz, inocentemente:

"Algo interessante nessas primeiras tabulações cruzadas?"

Myra sorri e levanta as sobrancelhas de forma expressiva, esperando uma resposta de Sammye.

Sammye hesita e depois, olhando para Jason em busca de algum sinal que explicasse por que ele havia feito essa pergunta na presença de um cliente diferente, responde: "Três das tabulações cruzadas iniciais pareciam dar suporte às suposições da diretoria sobre a questão do álcool – se os patrocinadores atuais apoiam a venda de cerveja e vinho durante os intervalos. Mas não nos aprofundamos o suficiente nos dados para dizer qual das suposições da diretoria está totalmente correta e qual poderia ser modificada com base nos padrões que surgem dentro dos subgrupos da amostra".

Jason levanta a mão para impedir uma resposta mais detalhada para essa pergunta. Sammye sabe, pelo olhar de Jason, que ela fez alguma coisa errada.

"Não deveria ter respondido sua pergunta", diz Sammye. "Caí direto na sua armadilha sem pestanejar".

Myra se antecipa à resposta de Jason. "Já vi Jason fazer isso antes com um estagiário, então você deveria se sentir parte da equipe; e não, você não deveria ter respondido – confidencialidade é a regra número um –, e eu, como cliente, gosto disso. Desta vez, porém, não houve mal algum. O que Jason não disse a você é que faço parte da comissão do CMA e estou na equipe do projeto. Antes de Jason a interromper, as coisas estavam ficando interessantes. Por favor, continue".

Sammye, contando com um gesto de apoio de Jason, diz: "Provavelmente teremos que fazer alguma recodificação das variáveis de idade e raça para que os padrões surjam claramente. A equipe também está interessada nas diferenças entre grupos étnicos e nas preferências de desempenhos futuros. Também terminamos a codificação do endereço de cada patrocinador com seu código de Sistema de Informações Geográficas (GPS, do inglês *Geographic Positioning System*). O mapeamento preliminar começa amanhã; Jason contratou um mestrando em geografia para fazer o mapeamento. Programei uma conferência telefônica para... (Sammye folheia as páginas de sua agenda até a semana seguinte) sexta-feira da próxima semana para falar com Jackson Murray e outros membros da equipe de projeto do CMA".

"Quando a diretoria aprovou seu plano de análise", informou Myra, "não me lembro de ter visto qualquer referência àqueles diagramas bonitinhos em forma de retângulos com rabinhos, que vi no gráfico que você acabou de entregar a Jason".

"A maior parte de nosso trabalho nos próximos três dias", intervém Jason, "envolve mais apresentações gráficas do que estatísticas. Agora estamos obtendo um sentido do que os dados nos dizem. Vamos decidir que outras análises devem ser acrescentadas ao plano proposto, se é que devemos acrescentar alguma, até sexta-feira. É esse trabalho inicial que lança as bases para as análises mais sofisticadas que seguem. Não há *glamour* nisso, mas se não o fizermos podemos perder alguns resultados importantes".

Jason faz uma pausa de efeito e então diz: "A propósito, aquele 'diagrama bonitinho' chama-se gráfico de *boxplot*. Fiz vários desses durante a fase de análise preliminar do estudo do CompleteCare da MindWriter. Não passei para você por que teria que explicar como interpretá-los e..."

"...e qualquer coisa que você tem que explicar não é clara o suficiente", concluiu Myra.

Análise exploratória de dados

A conveniência da entrada de dados em planilhas, programas de reconhecimento óptico de marcas (OMR, do inglês *optimal mark recognition*) ou com o editor de dados de um programa estatístico nos tenta a passar diretamente para a análise estatística. Essa tentação é ainda mais forte quando os dados podem ser inseridos e visualizados em tempo real. Por que perder tempo para descobrir se os dados confirmam a hipótese que motivou o estudo? Por que não obter resumos estatísticos descritivos (com base em nossa discussão no Apêndice 15a) e então testar as hipóteses?

A análise exploratória de dados é uma perspectiva de análise de dados e também um conjunto de técnicas. Neste capítulo, apresentaremos técnicas únicas e convencionais, incluindo métodos gráficos e tabulares para visualização dos dados. A Figura 16-1 nos lembra a importância da visualização de dados como um elemento integral no processo de análise de dados e como um passo necessário antes de testar a hipótese. No Capítulo 3, dissemos que a pesquisa conduzida cientificamente é um quebra-cabeça, e que uma atitude de curiosidade, dúvida e imaginação era essencial à descoberta. Então, é natural que a exploração e o exame dos dados sejam parte integrante de nossa perspectiva da análise de dados.

Na **análise exploratória de dados (AED)**, o pesquisador tem flexibilidade para responder aos modelos revelados na análise preliminar dos dados. Assim, padrões na coleta de dados guiam a análise de dados ou sugerem revisões do seu plano preliminar. Essa flexibilidade é um atributo importante dessa abordagem, no entanto, quando o pesquisador está tentando provar uma relação de causalidade, a análise confirmatória de dados é exigida. A **análise confirmatória de dados** é um processo analítico guiado por inferência estatística clássica em seu uso de testes de significância e confiança.[1]

Um especialista comparou a análise exploratória de dados ao papel dos detetives policiais e outros investigadores, e a análise confirmatória ao papel de juízes e do sistema judicial. Os primeiros estão envolvidos na busca de pistas e provas; os últimos estão preocupados em avaliar a força das evidências encontradas. A análise exploratória de dados é o primeiro passo na busca

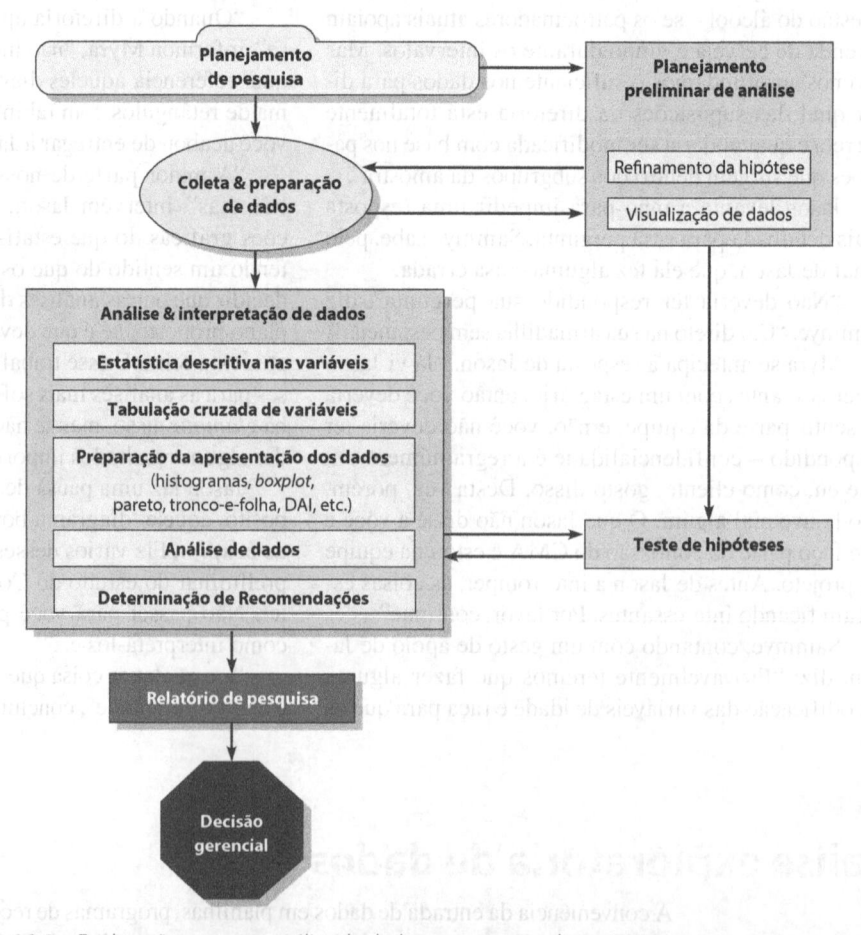

Figura 16-1 Exploração, exame e análise de dados no processo de pesquisa.

de provas, sem as quais a análise confirmatória não tem nada para avaliar.[2] Consistente com essa analogia, a AED tem alguma coisa em comum com projetos exploratórios não formalizados; como não segue uma estrutura rígida, ela é livre para seguir muitos caminhos na descoberta dos mistérios dos dados – para separar o imprevisível do previsível.

Uma grande contribuição da abordagem exploratória é a ênfase nas representações visuais e técnicas gráficas sobre os resumos estatísticos. Os resumos estatísticos, como veremos em breve, podem obscurecer, ocultar ou até deturpar a estrutura implícita dos dados: quando usamos exclusivamente resumos numéricos e os aceitamos sem inspeção visual, a seleção de modelos confirmatórios pode ser baseada em suposições falsas.[3] Por essas razões, a análise de dados deve começar com a inspeção visual; depois disso, não apenas é possível, mas também desejável, fazer um ciclo entre abordagens exploratórias e confirmatórias.

Tabelas de frequência, gráficos de barras e gráficos de pizza[4]

Diversas técnicas úteis para apresentação de dados não são novidade para a AED, uma vez que são essenciais para qualquer exame deles, por exemplo, a **tabela de frequência** é um mecanismo simples para ordená-los, conforme mostrado na Figura 16-2, atribuindo valores numéricos, com colunas para percentual, percentual válido (ajustado para valores faltantes) e percentuais cumulativos. Essa variável nominal descreve a idade mínima desejável para se permitir que uma pessoa tenha uma conta em redes sociais. Os mesmos dados são apresentados na Figura 16-3 usando um gráfico de barras e um gráfico de pizza. Os valores e percentuais são entendidos mais prontamente nesse formato gráfico

Quando a variável de interesse é mensurada em uma escala intervalar e de razão e tem muitos valores em potencial, essas técnicas não são particularmente informativas. A Figura 16-4 (página 405) é uma tabela de frequência condensada da média das compras anuais dos 50 principais clientes da PrimeSell. Apenas dois valores, 59,9 e 66, têm frequência maior do que 1. Assim, a contribuição principal dessa tabela é apresentar uma lista ordenada de valores. Se a tabela fosse convertida para um gráfico de barras, o gráfico teria 48 barras do mesmo tamanho e duas barras com duas ocorrências, além de não reservar espaço para valores nos quais não ocorre nenhuma observação nos intervalos; logo, um gráfico de pizza para essa variável também seria inútil.

Histogramas

Os **histogramas** são, poissão usados sempre que possível para agrupar os valores das variáveis em intervalos; eles são construídos com barras (ou asteriscos) que representam valores de

Rótulo da variável	Valor	Frequência	Percentual	Percentual válido	Percentual cumulativo
Programa de TV A	1	10	10,0	10,0	10,0
Programa de TV B	2	8	8,0	8,0	18,0
Programa de TV C	3	7	7,0	7,0	25,0
Programa de TV D	4	13	13,0	13,0	38,0
Programa de rádio A	5	24	24,0	24,0	62,0
Programa de rádio B	6	4	4,0	4,0	66,0
Programa de rádio C	7	11	11,0	11,0	77,0
Revista A	8	6	6,0	6,0	83,0
Revista B	9	7	7,0	7,0	90,0
Outdoor	10	10	10,0	10,0	100,0
Total		100	100,0	100,0	

Casos válidos 100   Casos faltantes 0

Figura 16-2 Tabela de frequência (idade mínima para acessar redes sociais).

Idade mínima para acessar redes sociais

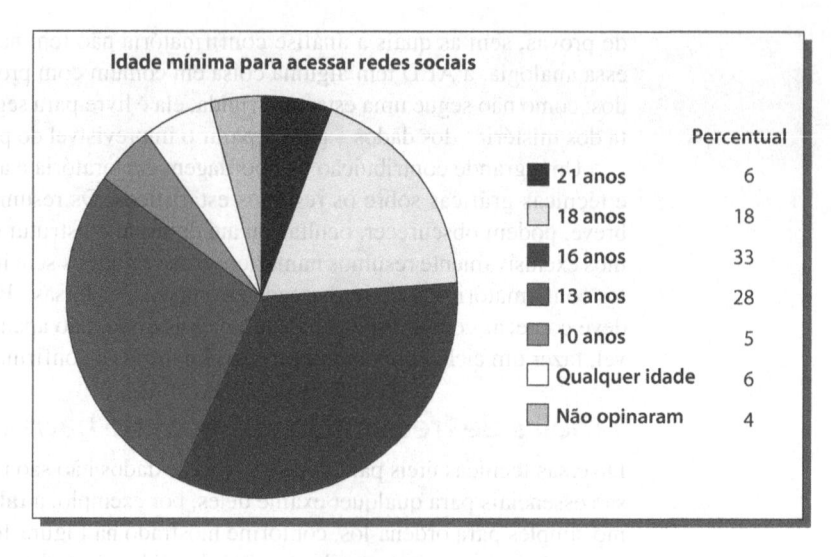

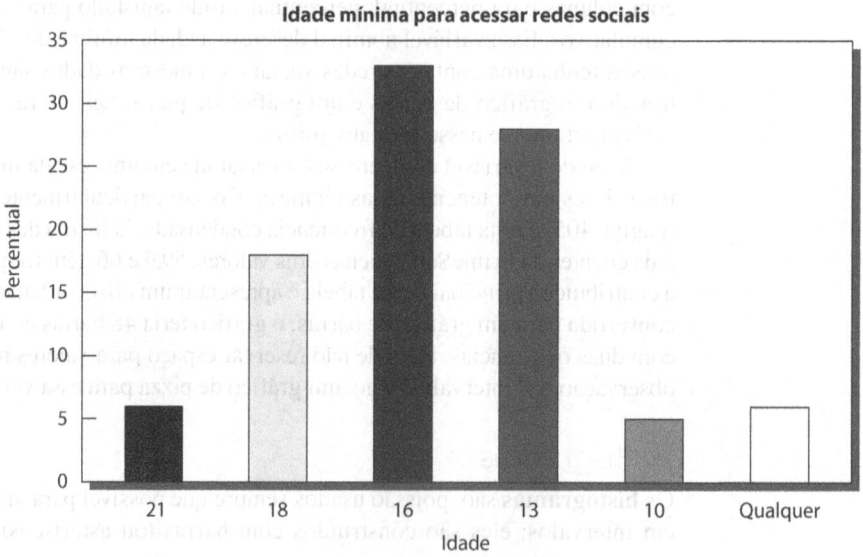

	Percentual
■ 21 anos	6
□ 18 anos	18
■ 16 anos	33
■ 13 anos	28
■ 10 anos	5
□ Qualquer idade	6
■ Não opinaram	4

Figura 16-3 Apresentação de variável nominal (idade mínima para acessar redes sociais).

dados, nas quais cada valor ocupa a mesma área na área inclusa. Os analistas de dados consideram o histograma útil para (1) mostrar todos os intervalos em uma distribuição, mesmo aqueles sem valores observados e (2) examinar a forma de distribuição para assimetria, curtose e padrão modal. Ao olhar para um histograma, podemos perguntar: há algum destaque (uma moda)? Os subgrupos são identificáveis quando existem modas múltiplas? Os valores de dados dispersos estão separados da concentração central[5]?

Os valores da variável média de compras anuais apresentados na Figura 16-4 foram mensurados em uma escala de razão e são facilmente agrupados; outras variáveis que possuam uma ordem implícita também são apropriadas. Um histograma não poderia ser usado com uma variável nominal como idade mínima para acessar redes sociais (Figura 16-3), que não possui ordem para suas categorias.

A Figura 16-5 mostra um histograma da variável média anual de compras; o ponto central para cada intervalo da variável de interesse, média anual de compras, é mostrado no eixo horizontal, e a frequência ou o número de observações em cada intervalo, no eixo vertical.

Erguemos uma barra vertical sobre o ponto central de cada intervalo na escala horizontal, e a altura da barra corresponde à frequência de observações no intervalo sobre o qual ela é erguida. Esse histograma foi construído com intervalos de 20 incrementos e o último intervalo

Valor	Frequência	Percentual	Percentual cumulativo	Valor	Frequência	Percentual	Percentual cumulativo
54,9	1	2	2	75,6	1	2	54
55,4	1	2	4	76,4	1	2	56
55,6	1	2	6	77,5	1	2	58
56,4	1	2	8	78,9	1	2	60
56,8	1	2	10	80,9	1	2	62
56,9	1	2	12	82,2	1	2	64
57,8	1	2	14	82,5	1	2	66
58,1	1	2	16	86,4	1	2	68
58,2	1	2	18	88,3	1	2	70
58,3	1	2	20	102,5	1	2	72
58,5	1	2	22	104,1	1	2	74
59,9	2	4	26	110,4	1	2	76
61,5	1	2	28	111,9	1	2	78
62,6	1	2	30	118,6	1	2	80
64,8	1	2	32	123,8	1	2	82
66,0	2	4	36	131,2	1	2	84
66,3	1	2	38	140,9	1	2	86
67,6	1	2	40	146,2	1	2	88
69,1	1	2	42	153,2	1	2	90
69,2	1	2	44	163,2	1	2	92
70,5	1	2	46	166,7	1	2	94
72,7	1	2	48	183,2	1	2	96
72,9	1	2	50	206,9	1	2	98
73,5	1	2	52	218,2	1	2	100
				Total	50	100	

Figura 16-4 Média de compras anuais para os 50 principais clientes da PrimeSell.

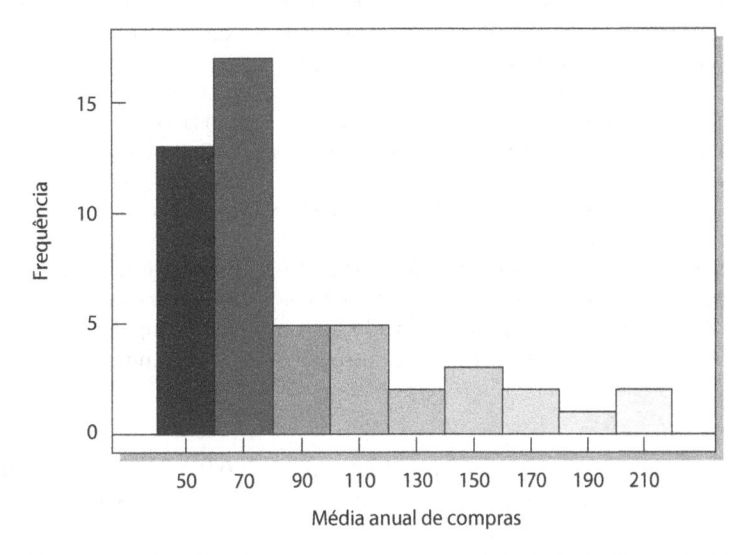

Figura 16-5 Histograma da média de compras anuais para os 50 principais clientes da PrimeSell.

Instantâneo

A visualização de dados da Novation usa uma abordagem diferenciada

Fundada em 1998, a Novation é uma das principais empresas contratantes com experiência no ramo da cadeia de suprimentos para a área da saúde, contando com mais de 65.000 membros e afiliados. As organizações atendidas pela Novation sofrem uma pressão cada vez maior para obter retorno sobre seus investimentos em meio a aumento dos custos, à crescente oferta de serviços de saúde sem fins lucrativos, à escassez de profissionais de enfermagem e a uma crise econômica nacional.

Melinda Gardner, vice-presidente do setor de informações estratégicas da Novation, fornece liderança, direção e foco estratégico para as atividades relacionadas à inteligência empresarial. Sua equipe é essencial para o lançamento bem-sucedido do novo produto da empresa para a visualização de dados. "A indústria da saúde não tem um padrão quanto à forma de numerar e nomear produtos", observou Melinda em uma apresentação sobre a descoberta de dados visuais e painéis de autoatendimento para negócios. Isso torna problemático compartilhar informações, especialmente com sistemas de saúde referentes a fornecedores e comportamento de compra. Com suas ferramentas de visualização de dados, a empresa desejou "trazer avanços na forma como a organização pensa sobre os dados", disse Melinda. A Novation reuniu dados dos pedidos de compra e faturas do hospital-membro, além dos dados de vendas e distribuição, contratos de gestão de preços e com fornecedores, e disponibilizou-os para membros não apenas em seus *desktops*, mas também em seus iPhones ou iPads. O novo sistema precisa atender a vários tipos de usuários empresariais, dos executivos que tomam as decisões às equipes de venda e de finanças. A empresa não queria que os usuários ficassem limitados à abordagem típica, que geralmente consistia em um relatório desenvolvido pelo setor de TI com dados inseridos no modelo de forma forçada. Em vez disso, queria que seus usuários pudessem "brincar com os dados" e experimentar visões adicionais ou alternativas.

Para tanto, fez uma parceria com a MicroStrategy para implementar essa tecnologia inovadora. O resultado é um produto que permite aos usuários empresariais criar análises *ad hod* com uma visualização sofisticada dos dados de uma forma muito rápida. O produto para a visualização de dados já está no mercado, e os usuários estão compartilhando relatórios de boas práticas – e contando com pouco suporte técnico para isso. "O treinamento foi essencial, mas a adoção não foi difícil", disse Melinda. Com a ajuda da Microstrategy, alavancou cubos inteligentes para esse produto, de forma a garantir que uma grande quantidade de dados e um grande número de medidas pudessem ser acessados em um ambiente de alto desempenho. Análises e visualizações complexas podem ser obtidas em questão de minutos com o uso do servidor inteligente. O envolvimento dos usuários empresariais durante os estágios de planejamento assegurou a adoção precoce do produto. Durante o treinamento, foi realizada uma análise dos dados pré-preenchidos e de casos de uso, e foi demonstrado aos usuários como adicionar ou deletar campos de dados e manipular os gráficos para fazer com que os padrões de dados – e os pontos extremos (*outliers*) – ganhassem vida. Ao utilizar essas ferramentas de visualização de dados, a Novation continuará a encontrar formas de auxiliar os hospitais na maximização do valor dos contratos e na redução do custo da cadeia de suprimentos.

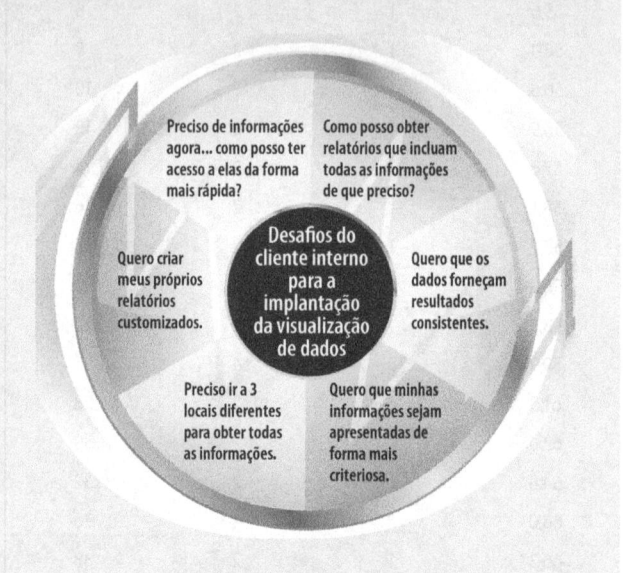

Ela atende aos membros e afiliados da VHA Inc. (uma rede nacional de sistemas de saúde comunitários), da UHC (uma aliança nacional que representa aproximadamente 90% dos centros médicos acadêmicos sem fins lucrativos do país), da Children's Hospital Association (uma aliança dos principais hospitais infantis do país), e da Provista, LLC (uma organização de compras em grupo que fornece serviços de gestão da cadeia de suprimentos e de encomenda).

www.novationco.com; www.microstrategy.com

contém apenas duas observações, 206,9 e 218,2. Esses valores são encontrados na tabela de frequência de média anual de compras da PrimeSell (Figura 16-4). Os intervalos com contagem 0 mostram lacunas nos dados e alertam o analista para procurar problemas com dispersão. Quando a parte superior da distribuição é comparada com a tabela de frequência, encontramos três valores extremos (183,2; 206,9; e 218,2). Com o ponto central destacado e o número reduzido de observações na parte superior, há indícios de irregularidades nos dados.

Gráfico tronco-e-folha[6]

O **gráfico tronco-e-folha** é uma técnica muito relacionada ao histograma, com algumas características deste, mas também com diversas vantagens exclusivas, como facilidade de construí-lo à mão para pequenas amostras ou poder ser feito por programas de computador. Em contraste aos histogramas, que perdem informações com o agrupamento de valores dos dados em intervalos, apresenta valores reais de dados, que podem ser inspecionados diretamente, sem o uso de barras ou asteriscos como meio de representação, característica que revela a distribuição de valores no intervalo e preserva sua ordem de classificação para encontrar a mediana, os quartis e outros resumos estatísticos, além de facilitar a associação de uma observação específica de volta ao arquivo de dados e ao sujeito que a produziu.

A visualização é a segunda vantagem do gráfico tronco-e-folha: o intervalo de valores é evidente em uma simples olhada, e tanto a forma como as impressões de dispersão são imediatas; os padrões nos dados – como lacunas onde não há valores, áreas com valores agrupados ou valores distantes que se diferenciam do corpo principal de dados – são facilmente observados.

Para desenvolver um gráfico tronco-e-folha para os dados da Figura 16-4, os primeiros dígitos de cada item são dispostos à esquerda de uma linha vertical; depois, vamos para os percentuais de vendas anuais na ordem em que foram registrados e colocamos o último dígito de cada item (a posição unitária 1,0) à direita da mesma linha. Observe que o dígito à direita do ponto decimal é ignorado. O último dígito para cada item é colocado na linha horizontal correspondente ao seu(s) primeiro(s) dígito(s). Agora é uma simples questão de ordenar os dígitos em cada linha por ordem, criando o gráfico tronco-e-folha mostrado na Figura 16-6.

Cada linha ou sequência nessa figura é chamada de *tronco*, e cada informação no tronco é chamada de *folha*. A primeira linha ou sequência é:

5 | 4 5 5 6 6 6 7 8 8 8 8 9

Essa linha significa que há 12 itens no conjunto de dados cujo primeiro dígito é cinco: 54, 55, 55, 56, 56, 56, 57, 58, 58, 58, 58 e 59. A segunda linha,

6 | 1 2 4 6 6 7 9 9

mostra que há oito valores de média anual de compras cujo primeiro dígito é seis: 61, 62, 64, 66, 66, 67, 69 e 69.

Quando o gráfico tronco-e-folha mostrado na Figura 16-6 é virado para a direita (em uma rotação de 90 graus à esquerda), a forma é a mesma do histograma mostrado na Figura 16-5.

```
 5 | 4 5 5 6 6 6 7 8 8 8 8 9
 6 | 1 2 4 6 6 7 9 9
 7 | 0 2 2 3 5 6 7 8
 8 | 0 2 2 6 8
 9 |
10 | 2 4
11 | 0 1 8
12 | 3
13 | 1
14 | 0 6
15 | 3
16 | 3 6
17 |
18 | 3
19 |
20 | 6
21 | 8
```

Figura 16-6 Um gráfico tronco-e-folha com os dados da média de compras anuais da PrimeSell.

Close-up

Uso de tabelas para entender dados

Como o trabalho básico do pesquisador é descobrir a mensagem revelada pelos dados, ele precisa de todas as ferramentas para descobri-la. As autoras Sally Bigwood e Melissa Spore, em seu livro *Presenting Numbers, Tables, and Charts* [Apresentando números, tabelas e gráficos], sugerem que a tabela é a ferramenta definitiva para extrair conhecimento de dados.

A presença de qualquer número em uma tabela serve de comparação com um número semelhante – do ano passado, de outro candidato, de outra máquina, em relação a um objetivo e assim por diante. Usando as regras das autoras para criação de tabelas, um pesquisador que esteja explorando dados por meio de tabelas deve:

- *Arredondar os números.*
  - Números arredondados podem ser comparados com mais facilidade, permitindo determinar mais facilmente a razão ou proporção entre um número e outro.
  - Se a precisão for essencial ao número (p. ex.: você está pesquisando impostos ou especificações de desenho ou interações medicamentosas), não o arredonde.

- *Dispor os números para revelar padrões.*
  - Classifique os números em ordem decrescente.
    - Em uma tabela disposta verticalmente, classifique o número maior na parte superior.
    - Em uma disposição horizontal, classifique os números maiores à esquerda.
  - Quando estiver buscando mudanças ao longo do tempo, classifique os números por ano, do mais distante (esquerda ou topo) ao mais recente.

- *Usar médias, totais ou porcentagens para ter foco.*
  - Uma média fornece um ponto para comparação.
    - Não use médias se os dados brutos revelarem uma distribuição bimodal.
  - Os totais enfatizam a visão geral.
  - As porcentagens mostram relações proporcionais mais facilmente do que os dados brutos.

- *Comparar escalas semelhantes em uma única tabela.*
  - Converta números para uma escala comum quando eles refletirem escalas diferentes (p. ex.: gramas *versus* onças de consumo de cereais; salário mensal *versus* salário por hora).

- *Escolher simplicidade, em vez de complexidade.*
  - Diversas tabelas menores revelam melhor padrões do que uma tabela grande e complexa.
  - Tabelas complexas são usadas como uma fonte de referência conveniente para múltiplos elementos de dados.

- *Usar espaços em branco e o leiaute para guiar os olhos a números que devem ser comparados e para destacar padrões e exceções.*
  - Projete uma tabela com um número menor de colunas do que linhas.
  - Use espaço simples em números que devem ser comparados.
  - Use linhas de grade para agrupar números em uma tabela; evite linhas de grade entre números que devem ser comparados.
  - Use espaços em branco para criar um fluxo entre os números em tabelas simples.
  - Alinhe os cabeçalhos das colunas e os números da tabela à direita.

- *Resumir cada apresentação dos dados.*
  - Escreva uma expressão ou frase que resuma a sua interpretação dos dados apresentados; não deixe a interpretação ao acaso.
    - Afirmações resumidas podem ser usadas como o título de uma tabela ou gráfico no relatório final de pesquisa.
    - O resumo não precisa mencionar nenhum número.

- *Rotular e dar títulos às tabelas para esclarecer a mensagem.*
  - Os títulos devem ser abrangentes: inclua o quê (sujeito do título ou da mensagem), onde (se os dados têm uma base geográfica), quando (data ou período de tempo coberto) e unidade de medida.
  - Inclua informações comuns no título: elas aumentam o título, mas reduzem os cabeçalhos das colunas da tabela.
  - Evite abreviaturas nos cabeçalhos das colunas, a menos que sejam bem conhecidas de seu público.
  - Evite notas de rodapé; se forem necessárias, use símbolos – como o asterisco – em vez de números (números usados como notas podem ser confundidos com os números do conteúdo da tabela).
  - Para referência posterior, forneça uma linha de fonte abaixo da tabela.

Close-up (cont.)

UM EXEMPLO

Suponha que você esteja determinando se deve expandir os centros de distribuição para a Europa Ocidental para atender às compras on-line da sua empresa de produtos especializados.

Tabela 1 Gastos de usuários de internet em países selecionados da Europa Ocidental, 2010 (em bilhões de euros)

	Gasto anual	Compras anuais
França	Euros 664,5	16
Alemanha	Euros 658,0	20
Itália	Euros 345,5	14
Espanha	Euros 560,1	10
Reino Unido	Euros 2284,9	36

Começamos com a tabela anterior, que apresenta dados de vários estudos de compras *on-line* e comportamento de compra em países selecionados da Europa Ocidental. Os dados estão classificados alfabeticamente por país. Embora uma lista em ordem alfabética possa ser ideal para randomização ou redução de viés, não é uma escolha lógica para se obter uma apresentação clara dos dados.

Quais dados poderiam ajudá-lo a tomar sua decisão sobre os centros de distribuição? Você precisa saber o tamanho médio de transações? Se você não sabe a taxa de câmbio do euro para o dólar, é possível interpretar a tabela? Você deveria investir no Reino Unido ou em outro lugar?

Tabela 2 Gastos *on-line per capita* no grupo dos E5 em um período de ano (2010)

	Gasto anual (euros)	Média anual de compras	Gasto anual (dólares)
Reino Unido	2284,9	36	1736,2
Alemanha	658,0	20	500,0
França	664,5	16	505,0
Itália	345,5	14	262,6
Espanha	560,1	10	425,6

Taxa de câmbio: 1 dólar = 1,316 euro

A Tabela 2 reordena os dados usando as sugestões de Bigwood e Spore. Em primeiro lugar, o título da tabela foi alterado; agora o período de um ano, que serviu de base para os dados sobre gastos SAP, é mais evidente, além do fato de que estamos analisando os gastos dos cinco países da União Europeia com melhor desempenho, conhecidos como E5. Também mudamos os cabeçalhos das colunas para refletir a moeda, além de justificar à direita os cabeçalhos e os números. A tabela está disposta por Média de Gastos (euros) em ordem decrescente e a coluna de euros foi interpretada adicionando uma coluna de conversão para dólares. Talvez não seja preciso usar a coluna mais à direita se nossa moeda é o euro, mas se não estivermos familiarizados com outra moeda, a adição dessa coluna ajuda a interpretar os dados. Com essa disposição, a Alemanha parece atraente? Embora não pareça uma candidata tão forte quanto o Reino Unido, sabemos que ela é fiscalmente forte, além de estar localizada em uma posição mais central do que os outros países analisados.

A Tabela 3 traz uma adição simples: a média das colunas; ela agora está ordenada pelo Média Anual de Compras no período estudado de um ano. Essa apresentação permite que a pessoa, ao interpretar os dados, determine quais países estão comprando acima da média da Europa Ocidental e quais estão comprando abaixo dessa média. A Alemanha está muito bem, certo?

Close-up (cont.)

Tabela 3 Gastos on-line per capita no grupo dos E5 em um período de ano (2010)

	Gasto anual (euro)	Média anual de compras	Gasto anual (dólares)	
Reino Unido	2284,9	36	1736,24	Compradores com frequência acima da média
Alemanha	658,0	20	500,00	Compradores com frequência acima da média
França	664,5	16	504,97	Compradores com frequência abaixo da média
Itália	345,5	14	262,57	Compradores com frequência abaixo da média
Espanha	560,1	10	425,61	Compradores com frequência abaixo da média
Média	902,6	19,2	685,88	

Taxa de câmbio: 1 dólar = 1,316 euro

Tabela 4 Gastos on-line per capita no grupo dos E5 em um período de ano (2010)

	Gasto anual (euros)	Gasto anual (dólares)	Média anual de compras	Transação média (euros)	Transação média (dólares)
Reino Unido	2284,9	1736,24	36	63,5	48,23
Espanha	560,1	425,61	10	56,0	42,56
França	664,5	504,97	16	41,5	31,56
Alemanha	658,0	500,00	20	32,9	25,00
Itália	345,5	262,57	14	24,7	18,75
Média	902,6	685,88	19,2	47,0	35,72

Taxa de câmbio: 1 dólar = 1,316 euro

Tabela 5 Gastos on-line per capita no grupo dos E5 em um período de ano (2010 versus 2015)

	Percentual estimado de usuários de internet para 2015	Número estimado de usuários de internet para 2015 (milhões)	Transação média esperada para 2015 (euros)	Transação média esperada para 2015 (dólares)
Alemanha	89,9	72,2	51,5	37,06
Itália	78,3	45,3	58,6	42,14
França	87,3	56,9	63,8	45,92
Reino Unido	94,9	58,2	95,2	68,48
Espanha	77,7	34,5	106,4	76,55
Média	78,3	45,3	58,6	42,14

A Tabela 4 traz uma remodelação dos dados baseada em uma coluna recentemente calculada, Transação Média (euros). A Alemanha agora não parece tão atraente, isso é especialmente verdadeiro se formos vendedores de produtos especializados de valor elevado.

Diferente das tabelas anteriores, a tabela 5 está classificada do menor para o maior, com base na Transação Média para 2015, usando projeções de dados de compra para 2015. Se você estivesse com os olhos cansados de estudar diversas tabelas, poderia olhar rapidamente para a tabela, e pensar na Alemanha como um centro de distribuição seria a escolha óbvia. Embora seja uma candidata (devido à sua forte posição financeira na União Europeia), seu pequeno tamanho de transações projetado não faz dela um bom distribuidor de produtos especializados. Portanto, uma observação muito importante sobre tabelas: como pesquisador, você deve se esforçar

Close-up (cont.)

para ter consistência. Se você está classificando do maior para o menor, escolha essa disposição para *todas* as tabelas.

Depois de reordenar os dados em várias tabelas, onde você colocaria seu centro de distribuição?

Fontes: "Europe," NewMedia TrendWatch, acessado em 1º de agosto de 2012 (http://www.newmediatrendwatch.com/regional-overview/103-europe?showall=1). EURO to Dollar exchange rates, X-Rates, acessado em 28 de julho de 2012 (http://www.x-rates.com/table/?from=EUR). "Historical Exchange Rates: EURO to Dollar," Oanda, acessado em 28 de julho de 2012 (http://www.oanda.com/currency/historical-rates/). Matt Creamer and Rupal Parekh, "Why the Euro Crisis Is Your Business Problem, Too," *Advertising Age*, 23 de julho de 2012, acessado em 28 de julho de 2012 (http://adage.com/article/news/euro-crisis-business-problem/236235/?utm_source=daily_email&utm_medium=newsletter&utm_campaign=adage).

Diagrama de Pareto

Os diagramas de Pareto têm seu nome derivado de um economista italiano do século XIX. No gerenciamento de qualidade, J. M. Juran aplicou pela primeira vez esse conceito observando que apenas uns poucos defeitos vitais respondiam pela maioria dos problemas avaliados pela qualidade, e que os muitos problemas triviais explicavam o resto. Historicamente, isso passou a ser conhecido como regra 80/20 – ou seja, pode-se esperar uma melhoria de 80% na qualidade ou no desempenho ao eliminar 20% das causas de qualidade ou desempenho inaceitáveis.

O **diagrama de Pareto** é um gráfico de barras cujos percentuais somam 100%. Os dados são derivados de uma escala de múltipla escolha com resposta única; de uma escala de múltipla escolha com múltiplas respostas; ou de contagens de frequência de palavras (ou temas) da análise de conteúdo. As respostas dos participantes são classificadas em importância decrescente, com a altura da barra descendo da esquerda para a direita. A série ilustrada resultante revela a concentração mais alta de potencial de melhoria de qualidade com o menor número de soluções. Uma análise das reclamações de clientes da MindWriter é mostrada como um diagrama de Pareto na Figura 16-7. A linha de frequência cumulativa nessa figura mostra que os dois principais problemas (o conserto não resolveu o problema do cliente e o produto foi devolvido diversas vezes) respondem por 80% das percepções de serviço de conserto inadequado.

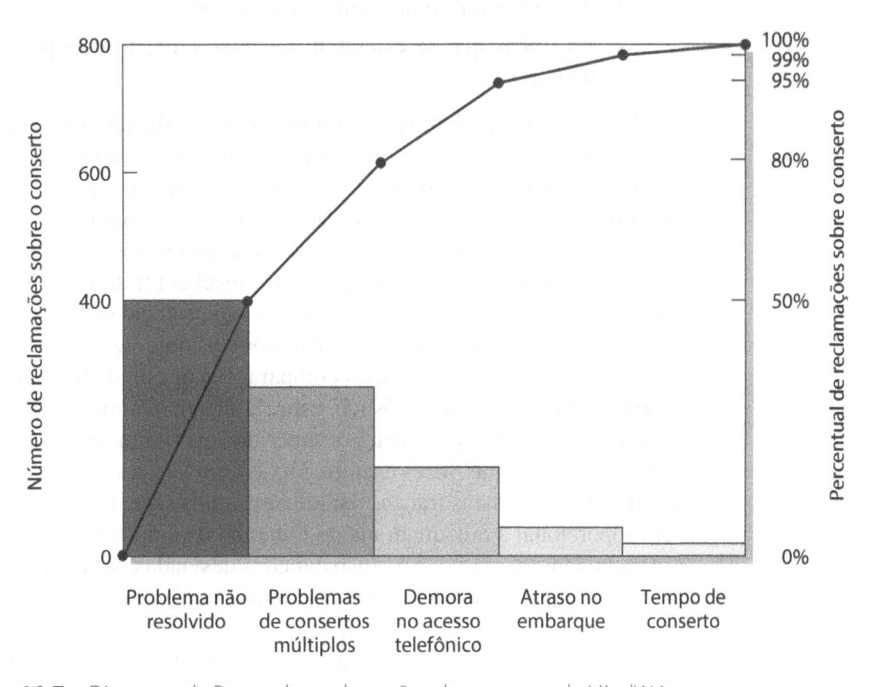

Figura 16-7 Diagrama de Pareto das reclamações de consertos da MindWriter.

Boxplot[7]

O **boxplot**, ou *gráfico de caixas de linhas*, é outra técnica frequentemente usada na análise de dados exploratórios,[8] que reduz os detalhes do gráfico tronco-e-folha e fornece uma imagem visual diferente da distribuição em termos de localização, dispersão, forma, comprimento da cauda, e pontos extremos (*outliers*). Os *boxplots* são extensões do **resumo de cinco números** de uma distribuição. Esse resumo consiste na mediana, nos quartis superior e inferior, e na maior e menor observação. A mediana e os quartis são usados porque são particularmente **resistentes à estatística**. Resistência é uma característica que "gera insensibilidade ao mau comportamento localizado nos dados".[9] A resistência à estatística não é afetada pelos pontos extremos e muda muito pouco em resposta à reposição de pequenas partes do conjunto de dados.

Lembremo-nos da discussão anterior sobre média e desvio-padrão no Apêndice 15a e suponhamos que pegamos o conjunto de dados [5, 6, 6, 7, 7, 7, 8, 8, 9] e calculamos sua média. A média do conjunto é 7, e o desvio padrão é 1,22. Se o 9 for substituído por 90, a média passa a ser 16 e o desvio-padrão aumenta para 27,78. A média é agora duas vezes maior do que a maioria dos números na distribuição, e o desvio-padrão tem mais do que 22 vezes o seu tamanho original. A mudança de apenas um dos nove valores mexeu com a localização e dispersou os resumos a ponto de eles não mais representarem os outros oito valores. Tanto a média como o desvio-padrão são considerados **não resistentes à estatística**; são suscetíveis aos efeitos de valores extremos nas pontas da distribuição e não representam bem os valores típicos sob condições de assimetria. O desvio-padrão é particularmente problemático porque é computado a partir dos desvios quadráticos da média.[10] Em contraste, a mediana e os quartis são altamente resistentes à mudança. Quando mudamos de 9 para 90, a mediana permanece como 7, e os quartis inferior e superior permanecem 6 e 8, respectivamente. Devido à natureza dos quartis, até 25% dos dados podem se tornar extremos sem perturbar a mediana, a composição retangular do gráfico ou os próprios quartis, características de resistência incorporadas na construção dos *boxplots*.

Os *boxplots* podem ser facilmente construídos à mão ou por programas de computador. Os elementos básicos para o *boxplot* são:

1. O espaço retangular que compreende 50% dos valores dos dados.
2. Uma linha central (ou outra notação) marcando a mediana e passando por toda a largura da caixa.
3. As bordas da caixa, chamadas de *eixos*.
4. As linhas que se estendem dos eixos direito e esquerdo para os valores maiores e menores[11].

Esses valores podem ser encontrados dentro de 1,5 vez o **intervalo interquartil (IIQ)** de cada canto da caixa. Esses componentes e suas relações são mostrados na Figura 16-8.

Quando estamos examinando dados, é importante separar pontos extremos (*outliers*) legítimos dos erros de mensuração, edição, codificação e entrada de dados. Os **outliers** são pontos de dados que excedem +1,5 IIQs, refletem casos incomuns e são uma fonte importante de informações para o estudo; eles são apresentados, recebem tratamento estatístico especial e outras partes dos conjuntos de dados algumas vezes são protegidas de seus efeitos. Os *outliers* provenientes de erros devem ser corrigidos ou removidos durante a edição.

A Figura 16-9 resume várias comparações que ajudam o analista. Os *boxplots* são uma excelente ferramenta de diagnóstico, especialmente quando são postos em forma gráfica na mesma escala. As duas representações superiores na figura são simétricas, mas uma é maior do que a outra, pois algumas vezes usamos caixas com larguras maiores quando a segunda variável, da mesma escala de mensuração, vem de uma amostra de tamanho maior. A largura da caixa deve ser proporcional à raiz quadrada do tamanho da amostra, mas nem todos os programas de plotagem podem fazer isso.[12] As distribuições desviadas para a direita e para a esquerda e aquelas com amplitude reduzida também são apresentadas claramente na comparação plotada. Finalmente, os grupos podem ser comparados por meio de múltiplos gráficos. Uma variação, na qual um corte na mediana marca um intervalo de confiança para testar a equidade das medianas do grupo, nos aproxima um pouco mais do teste de hipóteses.[13]

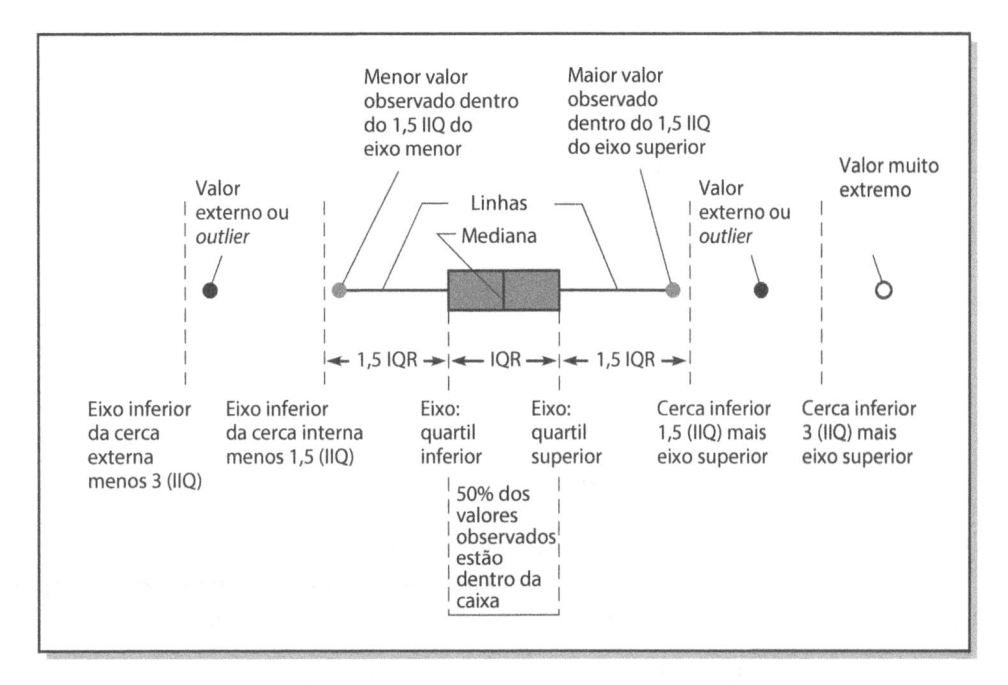

Figura 16-8 Componentes de *boxplots*.

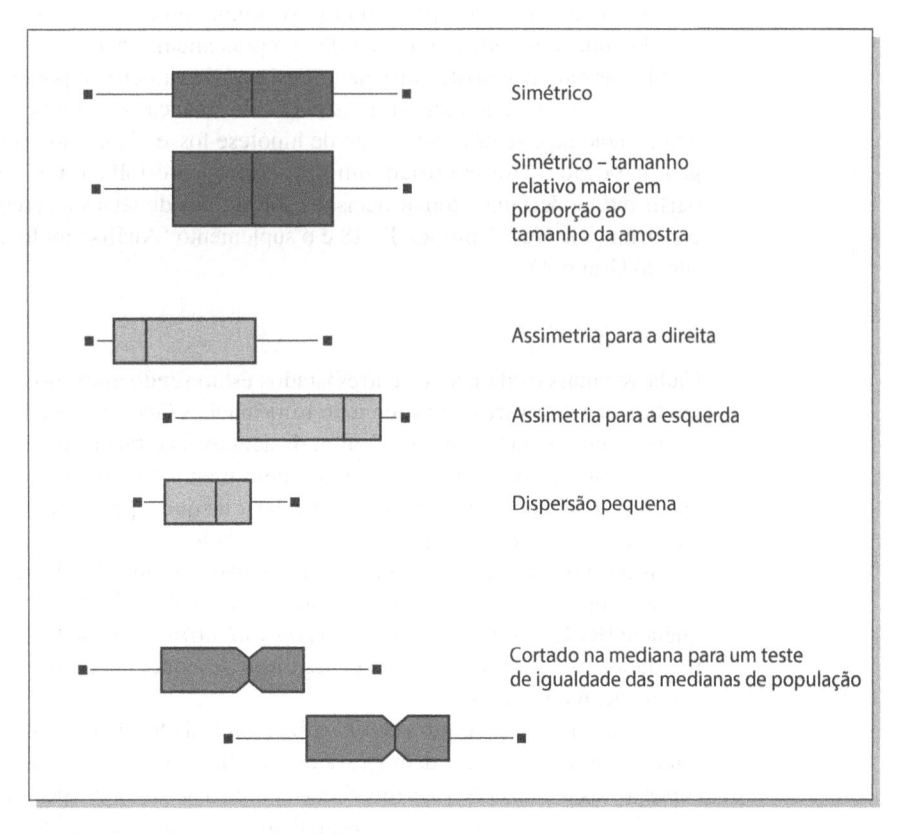

Figura 16-9 Diagnóstico com *boxplots*.

Aqui, os lados da caixa voltam ao tamanho total nos intervalos de confiança superior e inferior; quando os intervalos não se sobrepõem, podemos ter certeza, com determinado nível de confiança, de que as medianas das duas populações são diferentes.

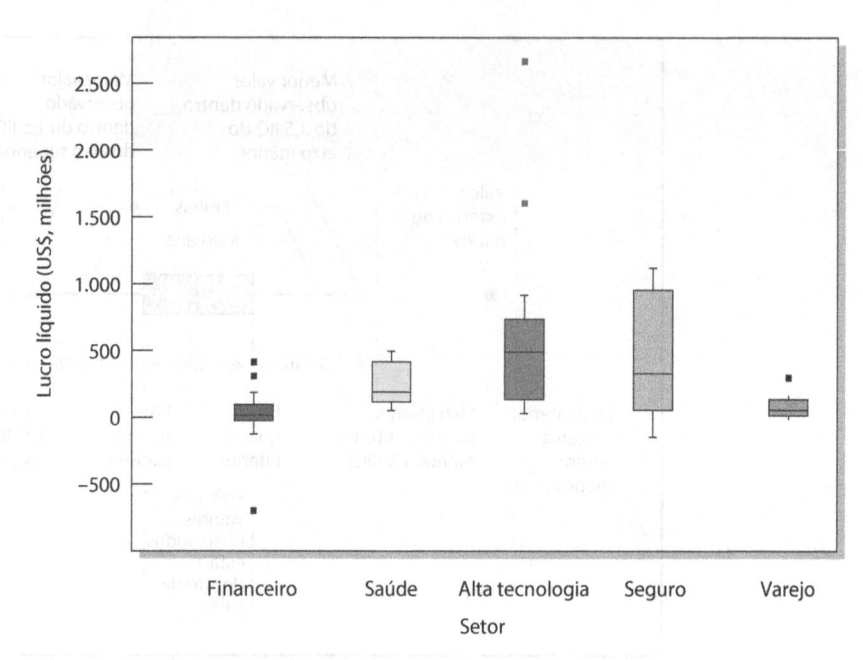

Figura 16-10 *Boxplot* para comparação de setores.

Na Figura 16-10, *boxplots* múltiplos comparam cinco setores dos clientes da PrimeSell de acordo com seus dados de média de compras anuais. A impressão geral é um dos potenciais problemas para o analista: variâncias desiguais, assimetria e pontos extremos.

Observe a semelhança entre os perfis de finanças e varejo em comparação aos setores de alta tecnologia e seguro. Se o teste de hipótese fosse planejado, os exames adicionais da plotagem para cada setor exigiriam um gráfico tronco-e-folha e um resumo de cinco números. A partir daí, poderíamos tomar decisões sobre tipos de testes a serem selecionados para análise confirmatória (ver Capítulos 17, 18 e o suplemento "Análise multivariada: uma visão geral" no site do Grupo A).

Mapeamento

Cada vez mais os dados dos entrevistados estão sendo anexados à sua dimensão geográfica à medida que softwares de Sistema de Informações Geográficas (SIG) e aparelhos para mensuração de coordenadas se tornaram mais acessíveis e fáceis de usar. Basicamente, um SIG associa conjuntos de dados que tenham pelo menos um campo de dado em comum (p. ex.: o endereço residencial de uma família) e permite que o pesquisador conecte variáveis-alvo e de classificação de uma pesquisa a bancos de dados específicos com base geográfica, como os dados do censo norte-americano, para desenvolver um entendimento mais profundo das atitudes e comportamento da amostra. Quando os dados obtidos por identificação por radiofrequência (RFID, do inglês *radio frequency identification*) se tornarem mais prevalentes, muitos dados de comportamento conseguirão se conectar com esses novos bancos de dados geograficamente ricos.

A maneira mais comum de visualizar esses dados é com um mapa: cores e padrões denotando conjuntos de dados demográficos ou sobre conhecimento, atitude, ou comportamento são superpostos a mapas de ruas (nível mais preciso do SIG), grupos de quarteirões, cidade, estado ou país para ajudar a identificar os melhores locais para lojas baseado em dados demográficos, psicográficos e de segmentação por estágios de vida. Os floristas dispõem informações de respostas a promoções geograficamente e usam o mapa para planejar promoções direcionadas; já pesquisadores nas áreas de produtos de consumo e de empresa usam o mapeamento de dados sobre propriedade, nível de uso e sensibilidade a preços para plotar lançamentos de novos produtos. Embora esta seja uma opção atraente para análise exploratória, ela exige software e

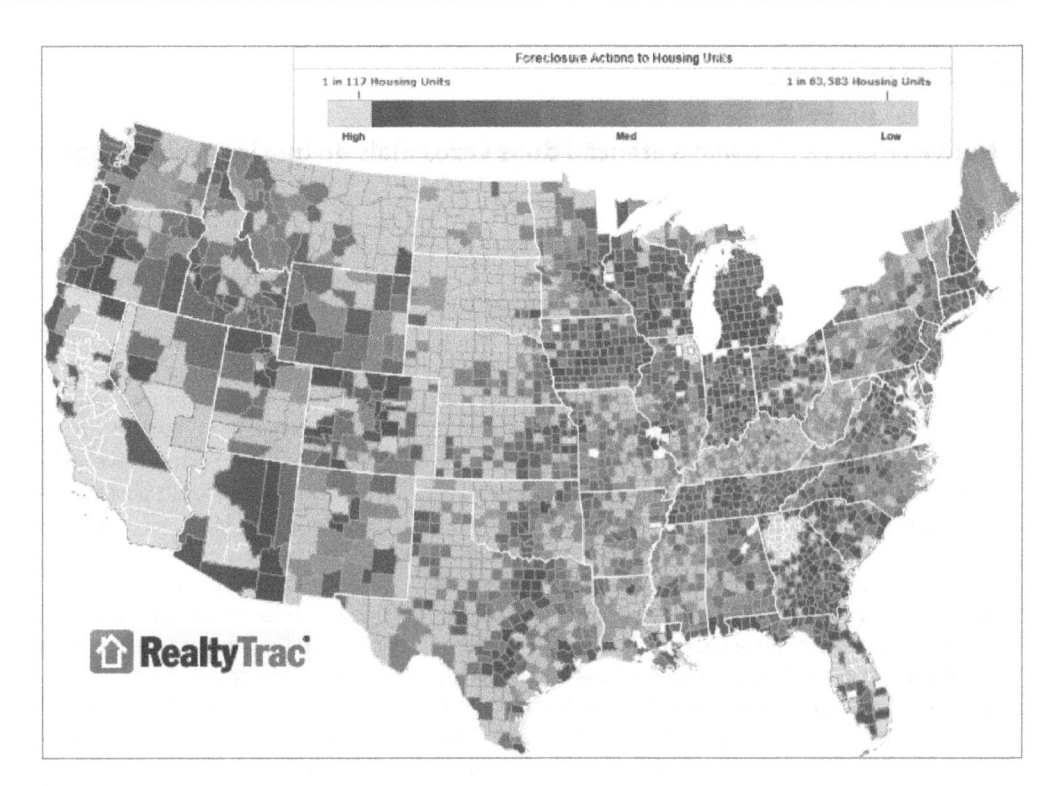

Às vezes, a melhor maneira de visualizar dados é por meio de um mapa. Enquanto, em 2009, a execução de hipotecas nos Estados Unidos atingiu índices mais altos do que nunca, em 2012 alguns mercados estavam começando a se recuperar. Com uma olhada rápida, ao se mapearem os dados geoespaciais, é possível dizer quais estados estavam apresentando sinais de recuperação. Esse mapa de RealtyTrac mostra a lista de execuções de hipoteca por estado em maio de 2012. www.realtytrac.com/trendcenter

hardware especializados, bem como o conhecimento para operá-los. Aconselha-se que os alunos façam cursos especializados sobre SIG para expandir seu conjunto de habilidades nessa área em crescimento.

Nesta seção, exploramos as técnicas visuais da análise exploratória de dados para ver além dos resumos numéricos e adquirir informações sobre padrões dos dados. Poucas abordagens enfatizaram a necessidade de matemática avançada, e todas têm um apelo intuitivo para o analista. Quando os modos mais comuns de resumir localização, dispersão e forma demonstraram uma imagem inadequada dos dados, usamos estatística mais resistente para nos proteger dos efeitos de valores extremos e erros ocasionais. Também enfatizamos o valor de transformar a escala original dos dados durante a análise preliminar, em vez de durante o teste de hipóteses.

Tabulação cruzada

Dependendo da questão gerencial, podemos obter informações valiosas examinando os dados por meio de **tabulação cruzada**, técnica que compara dados de duas ou mais variáveis categóricas, por exemplo sexo e seleção de alguém por uma empresa para uma missão no exterior. Ela é usada com variáveis demográficas e com as variáveis-alvo do estudo (questões de mensuração operacionalizadas) e vale-se de tabelas com linhas e colunas, que correspondem aos níveis ou valores de código de cada categoria de variável. A Figura 16-11 é um exemplo de tabulação cruzada gerada por computador. Essa tabela tem duas linhas para sexo e duas colunas para seleção, e a combinação das variáveis com seus valores produz quatro células, cada uma contém um número de casos de classificação conjunta e também a linha, a coluna e os percentuais totais. O número de células na linha e nas colunas é frequentemente usado para designar o tamanho da

Instantâneo

Nativos digitais desviam a atenção duas vezes mais do que imigrantes digitais

Uma pesquisa encomendada pela Time Inc., pertencente à Time Warner, e realizada pela Innerscope Research, de Boston, dá um respaldo adicional à teoria de que somos diferentes das gerações anteriores, especialmente se tratando do consumo de mídia – o tempo que a usamos, a atenção dada às mensagens da mídia e entre as suas plataformas, além das consequências emocionais desses padrões de comportamento.

Trinta indivíduos, metade dos quais eram nativos digitais (que cresceram com a mídia digital) e metade imigrantes digitais (que se tornaram digitais na idade adulta e cresceram com a mídia tradicional), foram monitorados enquanto interagiam com mídias durante um dia comum – obtendo-se um total de 300 horas de dados em tempo real. Cada pessoa usou óculos com uma câmera embutida para monitorar qual plataforma de mídia (TV, computador, tablet, *smartphone*) estava utilizando e o conteúdo que estava acessando naquele momento. O sistema de monitoramento biométrico da Innerscope monitorou as respostas autonômicas do sistema nervoso com um cinto não invasivo colocado ao redor da costela inferior de cada participante durante seu tempo de lazer e forneceu medidas quantificáveis de envolvimento emocional. O estudo tinha o objetivo de entender o papel exercido pela mídia em vidas reais e de formas reais. Os nativos digitais tinham níveis de atenção muito menores, desviando seu foco 27 vezes por hora, em média, enquanto os imigrantes digitais desviaram sua atenção apenas 17 vezes por hora.

"Os achados do estudo revelam que os publicitários devem elevar os padrões [criativos]", disse o CEO da Innerscope Research, Dr. Carl Marci. "Eu ficaria mais alarmado com o desafio de capturar a atenção e obter uma resposta emocional do meu público-alvo, porque é quase como ir de capturar peixes grandes em um barril para [capturar] peixinhos. O alvo tornou-se mais rápido, e a janela de oportunidade para capturá-lo tornou-se menor".

Que tipo de estudo foi realizado? Que questões de projeto são abordadas nesse estudo? Que conceitos e constructos podem ser mensurados?
www.timewarner.com; www.innerscope.com

---

tabela, como nessa tabela 2 × 2. As **células** são individualmente identificadas pelos números de suas linhas e colunas, conforme mostrado. Os totais de linha e colunas, chamados de **marginais,** aparecem na parte de baixo das "margens" direitas da tabela mostrando a contagem e os percentuais de linhas e colunas separadamente.

A tabulação cruzada é o primeiro passo para identificar relações entre variáveis. Quando as tabelas são construídas para testes estatísticos, são chamadas de **tabelas de contingência**, e os testes determinam se as variáveis de classificação são independentes (ver qui-quadrado no Capítulo 17). Evidentemente, as tabelas podem ser maiores do que 2 × 2.

Uso de porcentagens

A porcentagem tem duas finalidades na apresentação de dados: a primeira é simplificá-los ao reduzir todos os números a um limite de 0 a 100; segunda é dispô-los em um formato-padrão, com uma base de 100, para comparações relativas. Em uma situação de amostragem, o número de casos em determinada categoria não tem sentido a não ser que esteja relacionado a alguma base, por exemplo, um número de 28 pessoas escolhidas para ir ao exterior nada significa a não ser que saibamos que ele vem de uma amostragem de 100. Usando esse caso como base, concluímos que 28% da amostra do estudo foi escolhida para uma missão no exterior.

A utilidade da porcentagem aumenta quando o problema de pesquisa exige a comparação de diversas distribuições de dados. Suponha que os dados previamente apresentados tenham sido coletados cinco anos atrás e que o estudo atual tem uma amostra de 1.500, da qual foram selecionadas 360 pessoas para uma missão no exterior. Ao usar porcentagem, podemos ver a relativa relação e as mudanças nos dados (ver Figura 16-12).

Com tabelas bidimensionais, a seleção de uma linha ou coluna destaca determinada distribuição ou comparação, o que levanta a questão da direção em que a porcentagem deve ser calculada. A maioria dos softwares oferece opções para apresentação de porcentagem nas duas direções e fazem um intercâmbio com as linhas e colunas da tabela, mas nas situações em que

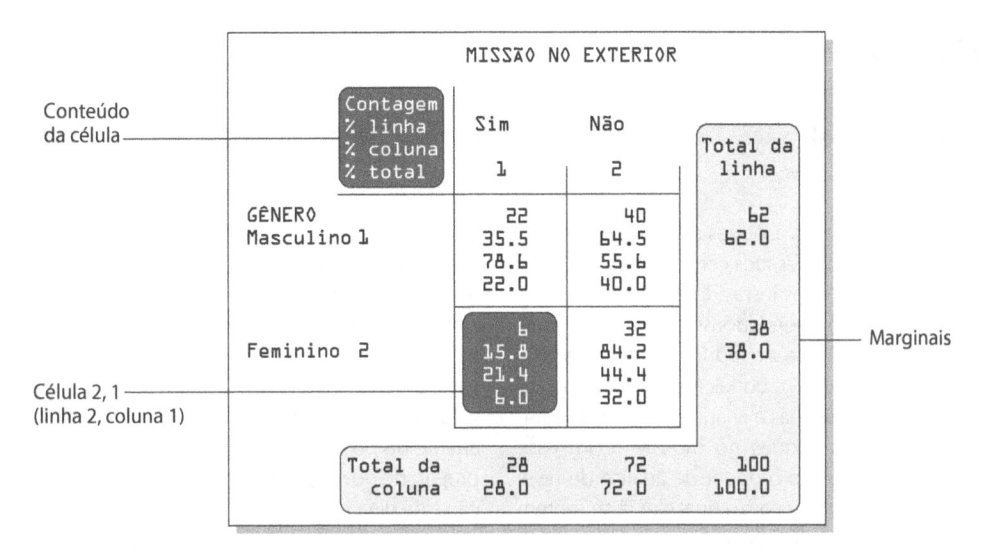

Figura 16-11 Tabela cruzada gerada pelo SPSS entre gênero e oportunidade de missão no exterior.

Figura 16-12 Comparação de percentuais nos estudos de tabulação cruzada para missão no exterior.

uma variável é hipoteticamente considerada como causa, ou acredita-se que afeta ou prevê uma resposta, ou é simplesmente anterior à outra variável, é denominada independente. A porcentagem deve então ser computada na direção dessa variável. Assim, se a variável independente está na linha, selecione percentual de linha; se está em uma coluna, selecione o respectivo percentual. Em que direção a porcentagem deve ser feita no exemplo anterior? Se apenas as porcentagens de coluna forem reportadas, isso implicaria que ser escolhido ou não para a missão tem algum efeito no sexo, o que não é plausível. Se a porcentagem for reportada por linha, implica que o sexo influencia a escolha para a missão no exterior.

Devemos tomar cuidado ao interpretar percentuais nas tabelas. Considere novamente os dados na Figura 16-12. Do primeiro para o segundo estudo, é evidente que o percentual de mulheres selecionadas para missões no exterior subiu de 15,8 para 22,5% em sua respectiva amostra, o que não deve ser confundido com o percentual de mulheres que podem ser escolhidas, um número que subiu de 6% (Estudo 1) para 9% (Estudo 2). Entre todos os selecionados no primeiro estudo, havia 21,4% de mulheres, enquanto, no segundo estudo, 37,5%. Comparações semelhantes podem ser feitas para todas as outras categorias. As tabelas verificam um aumento no número de mulheres com missões no exterior, mas não podemos concluir que o gênero teve algo a ver com o aumento.

Instantâneo

Dando poder ao Excel

Ao apresentar os dados, alguns analistas de pesquisa não recorrem a pacotes estatísticos pesados como o SPSS ou o SAS, e sim ao programa de planilhas instalado em seu computador. Dois professores de empreendedorismo da Pennsylvania State University, Gary L. Lilien e Arvind Rangaswamy, juntaram-se para desenvolver *plug-ins* do Microsoft Excel que capacitem o programa de planilhas a criar algumas apresentações com apenas alguns cliques no mouse. "Com esse software, os usuários utilizarão o poder de análise de nível mundial do Excel, uma interface com a qual eles já se sentem confortáveis", diz o site dos professores.

Cada *plug-in* fornece um modelo único de entrada de dados no qual as instruções para o desenvolvimento de gráficos estão embutidas. Uma vez inseridos os dados, uma série de janelas guia o usuário ao longo do processo de criação da apresentação, tais como o GE Matrix, apresentado aqui. O usuário pode praticar as técnicas em dados amostrais de empresas reais ou inserir seus próprios dados.

Atualmente, os *plug-ins* facilitam apresentações para previsões, análise conjunta, análise da escolha do cliente, análise do valor do cliente ao longo do tempo, plotagem na matriz GE, análise de posicionamento, análise da alocação de recursos, projeto de novos produtos e serviços, e análise de segmentação e de direcionamento – todos exercícios analíticos comuns a gestores envolvidos em engenharia de marketing. Graças a Lilien e Rangaswamy, algumas técnicas de apresentação sofisticadas foram consideravelmente simplificadas.

decisionpro.biz

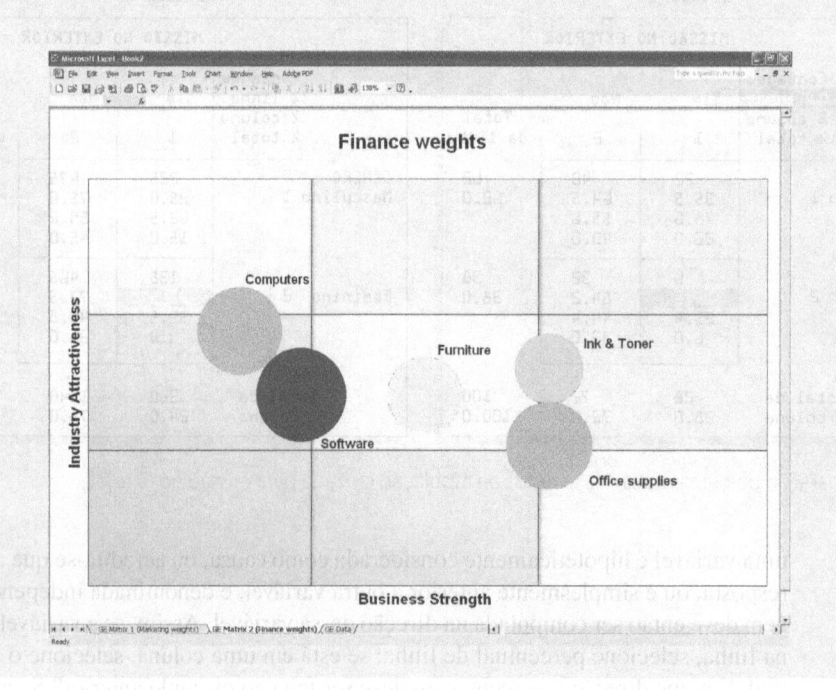

A porcentagem é usada por qualquer pessoa que trabalhe com números – e muitas vezes de forma errada. As diretrizes a seguir, se usadas durante a análise, ajudarão a evitar erros no relatório.[14]

- *Cálculo da média percentual.* Não podemos calcular média de percentuais a não ser que cada um seja ponderado pelo tamanho do grupo do qual é derivado; assim, uma média simples não será suficiente, pois é necessário usar uma média com atribuição de peso.
- *Uso de percentuais muito altos.* Normalmente vai contra o objetivo da porcentagem – que é simplificar: um percentual alto é difícil de entender e é confuso; se há um aumento de 1.000%, é melhor descrevê-lo como um aumento em dez vezes.
- *Uso de uma base muito pequena.* As porcentagens escondem a base a partir da qual foram computadas: se compararmos 60% com 30% parece que temos uma diferença

Instantâneo

Pesquisadores na era da internet: construindo habilidades transferíveis fundamentais

De acordo com Steve Lohr, colunista do *New York Times*, na era digital, os estatísticos "estão mudando a imagem de que essa é uma profissão para nerds preguiçosos obcecados por números e são cada vez mais requisitados – considerados até mesmo legais". Steve afirma que a rápida ascensão dos estatísticos, que podem ganhar US$ 125.000 em seu primeiro ano após concluir o curso de doutorado, é resultado da recente explosão de dados digitais. Com a rápida expansão da presença de dados baseados na internet, que quintuplicou até 2012, há uma miríade de oportunidades para a exploração e a resolução de problemas.

Hal Varian, o economista-chefe da Google, explica da seguinte forma a importância da gratuidade e ubiquidade dos dados na internet: "A capacidade de pegar dados – poder entendê-los, processá-los, extrair seu valor, visualizá-los, comunicá-los – essa será uma habilidade extremamente importante nas próximas décadas...".

Embora haja uma alta demanda por estatísticos, Hal enfatiza a necessidade de que os gestores entendam os dados por eles mesmos. Em organizações antigas, havia um "exército de pessoas digerindo os dados e repassando-os aos tomadores de decisão do alto escalão". Atualmente, é essencial que as pessoas tenham acesso, entendam e comuniquem ideias baseadas na análise de dados e que afetem as decisões diárias. Com o uso de modelos estatísticos, análise multivariada e mineração de dados, os estatísticos da era da internet atuam como "cientistas construtores de pontes" envolvidos na busca de padrões significativos nas informações ao mesmo tempo em que promovem oportunidades de negócios e identificam riscos.

Então, para onde vão esses agora modernos "nerds viciados em números"? Mesmo em uma economia ruim, a Wall Street, os setores financeiros, farmacêutico e de seguros, laboratórios de pesquisa e o governo continuam contratando. Muitos dos contratados fazem parte de aquisições que somam vários bilhões de dólares. Acompanhando o mercado em expansão para softwares de "inteligência empresarial", a SPPS oferece softwares e ferramentas de dados destinados a auxiliar inúmeras empresas a entender seus clientes. A SPSS foi adquirida pela IBM por US$ 1,2 bilhão, que também ofereceu cerca de US$ 5 bilhões pela compra do software Cognos. Além disso, a Oracle comprou a Hyperion Solutions por aproximadamente US$ 3,3 bilhões, enquanto a SAP comprou a Business Objects por US$ 4,8 bilhões e a Microsoft comprou a Farecast.com por US$ 115 milhões para apoiar seu novo empreendimento, a Bing Travel, um serviço que revela se você deve comprar sua passagem de avião agora ou esperar até que o horário de partida do voo desejado esteja mais próximo.

Então, mergulhe na análise de dados e aprenda o máximo que puder. É uma habilidade muito requisitada.

www.google.com; www.SAP.com; www.spss.com

considerável, mas se houvesse apenas três casos em uma categoria e seis em outra, as diferenças não seriam tão significativas como parecem ser com as porcentagens.

- *A queda de percentual nunca pode exceder 100%.* É óbvio, mas esse tipo de erro ocorre frequentemente. O número mais alto deve ser sempre usado como base ou denominador: por exemplo, se um preço foi reduzido de US$ 1,00 para US$ 0,25, a queda foi de 75% (75/100).

Outras análises baseadas em tabela

O reconhecimento de uma relação significativa entre as variáveis geralmente sinaliza a necessidade de outras investigações. Mesmo se encontrarmos uma relação estatisticamente significativa, as perguntas "por quê?" e "sob que condições?" permanecem. A introdução de uma **variável de controle** é frequentemente necessária para interpretar a relação. As tabelas de tabulação cruzada atuam como a estrutura.

Os pacotes estatísticos, como Minitab, SAS e SPSS, têm entre seus módulos muitas opções para a construção de tabelas de formato *n* com provisão para diversas variáveis de controle. Suponha que você esteja interessado em criar uma tabulação cruzada com duas variáveis e uma de controle. Qualquer que seja o número de valores nas variáveis principais, a variável de controle com cinco valores determina o número de tabelas. Para algumas aplicações, é apropriado ter cinco tabelas separadas; para outras, pode ser preferível ter tabelas conjuntas ou ter os valores de todas as variáveis em uma única tabela. Relatórios gerenciais se encaixam na última

	Variável de controle					
	Categoria 1			Categoria 2		
	Variável embutida			Variável embutida		
	cat 1	cat 2	cat 3	cat 1	cat 2	cat 3
Itens...	Células...					

	SEXO DO FUNCIONÁRIO			
	MASCULINO		FEMININO	
	CLASSIFICAÇÃO DA MINORIA		CLASSIFICAÇÃO DA MINORIA	
	BRANCOS	NÃO BRANCOS	BRANCOS	NÃO BRANCOS
CATEGORIA DE TRABALHO				
AUXILIAR DE ESCRITÓRIO	16%	7%	18%	7%
ESTAGIÁRIO DE SEGUNDO GRAU	7%	3%	17%	2%
ENCARREGADO DE SEGURANÇA	3%	3%		
ESTAGIÁRIO UNIVERSITÁRIO	7%	0%	1%	
FUNCIONÁRIO ISENTO	6%	0%	0%	
TRAINEE DE MBA	1%	0%	0%	
TÉCNICO	1%			

Figura 16-13 Tabulação cruzada de SPSS com variáveis de controle e embutidas.

variedade. A Figura 16-13 apresenta um exemplo no qual as três variáveis são manipuladas sob o mesmo título. Programas como esse podem lidar com tabelas e informações estatísticas bem mais complexas.[15]

Uma variação avançada das tabelas de formato *n* é a **detecção automática de interação (DAI)**, um processo estatístico computadorizado que exige que o pesquisador identifique uma variável dependente e um conjunto de preditores ou variáveis independentes. O procedimento faz uma busca entre mais de 300 variáveis para encontrar a melhor divisão única de acordo com cada variável preditora, escolhe uma e divide a amostra usando testes estatísticos para verificar a adequação dessa escolha.

A Figura 16-14 mostra o diagrama em forma de organograma que resulta de um estudo DAI do programa de consertos CompleteCare da MindWriter. A variável dependente inicial é a impressão geral sobre o serviço de consertos mensurada em uma escala intervalar de um a cinco. As variáveis que contribuem para as percepções da eficácia do conserto também foram mensuradas na mesma escala, mas foram reescalonadas em dados nominais para esse exemplo (1-2 = fraca, 3 = média e 4-5 = excelente). O quadro que representa as categorias superiores no alto da figura mostra que 62% dos participantes classificaram o serviço de consertos como excelente (41% + 21%). O melhor preditor de eficácia é "solução do problema".

No lado esquerdo da árvore, os clientes que classificaram a "solução do problema" como fraca tiveram menos expectativas atendidas ou excedidas do que a média (6% *versus* 62%). Uma classificação baixa em "condição na chegada" agrava isso, reduzindo o total do grupo satisfeito a 2%. Esse exemplo mostra que o pesquisador estudou (aplicou DAI) separadamente em cada subgrupo para encontrar a variável que, quando dividida novamente, contribui mais ao entendimento do processo de avaliação dos clientes – e à redução da variação não explicada em cada subamostra. Essa análise alerta os tomadores de decisão na MindWriter quanto aos melhores e piores cenários para o serviço CompleteCare, como se recuperar durante um mês problemático, e quais "principais motivadores", ou variáveis independentes que influenciam o processo, devem receber recursos corretivos.

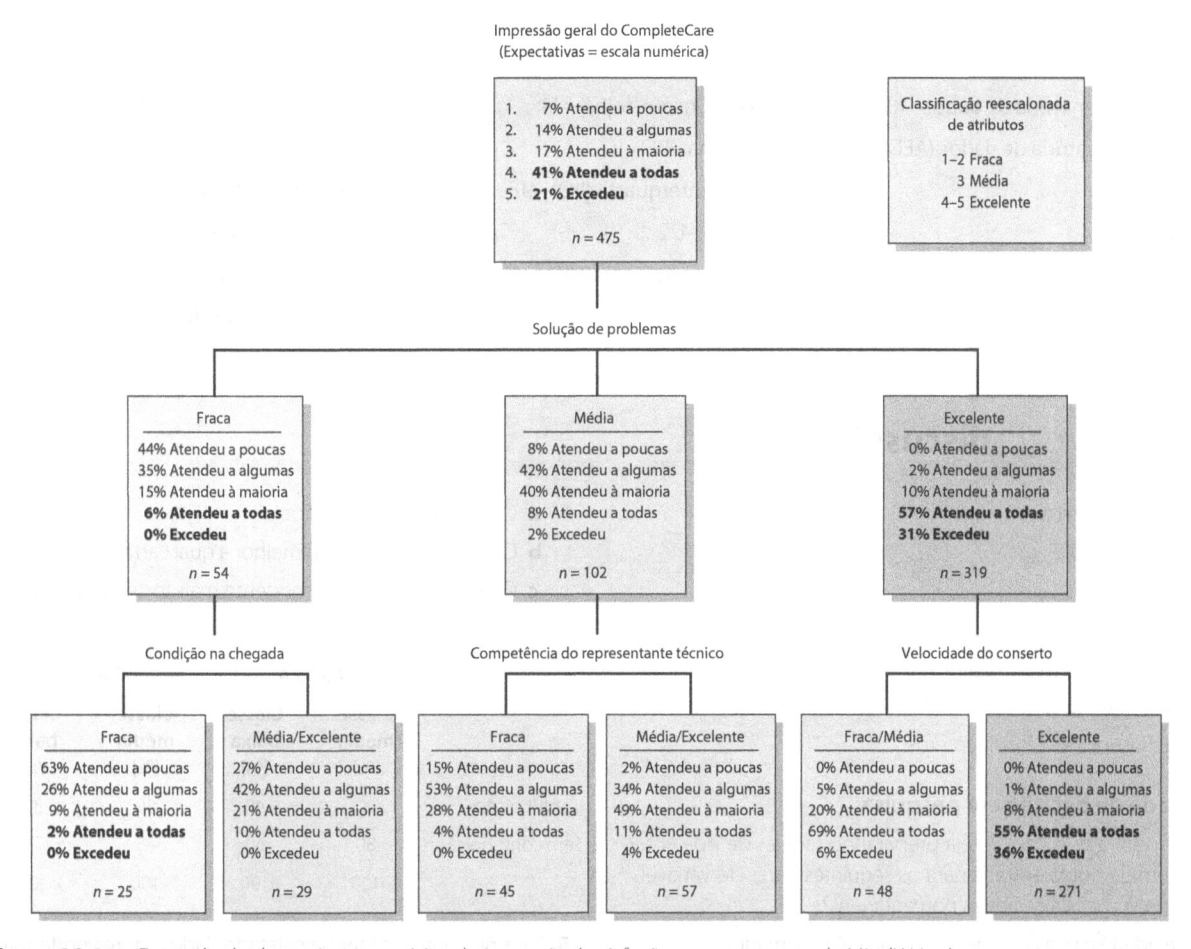

Capítulo 16 Exploração, Exibição e Exame de Dados 427

```
                    Impressão geral do CompleteCare
                    (Expectativas = escala numérica)

                    ┌─────────────────────────────┐        ┌─────────────────────────────┐
                    │ 1.  7% Atendeu a poucas     │        │ Classificação reescalonada  │
                    │ 2. 14% Atendeu a algumas    │        │     de atributos            │
                    │ 3. 17% Atendeu à maioria    │        │                             │
                    │ 4. 41% Atendeu a todas      │        │  1–2 Fraca                  │
                    │ 5. 21% Excedeu              │        │   3  Média                  │
                    │                             │        │  4–5 Excelente              │
                    │         n = 475             │        │                             │
                    └─────────────────────────────┘        └─────────────────────────────┘

                                 Solução de problemas

      ┌────────────────────┬───────────────────────┬────────────────────┐
      │       Fraca        │        Média          │      Excelente     │
      │ 44% Atendeu a poucas│  8% Atendeu a poucas │ 0% Atendeu a poucas│
      │ 35% Atendeu a algumas│ 42% Atendeu a algumas│ 2% Atendeu a algumas│
      │ 15% Atendeu à maioria│ 40% Atendeu à maioria│10% Atendeu à maioria│
      │  6% Atendeu a todas │  8% Atendeu a todas  │57% Atendeu a todas │
      │  0% Excedeu        │  2% Excedeu          │31% Excedeu         │
      │      n = 54        │      n = 102         │     n = 319        │
      └────────────────────┴───────────────────────┴────────────────────┘

       Condição na chegada      Competência do representante técnico    Velocidade do conserto

   ┌──────────┬──────────┐   ┌──────────┬──────────┐   ┌──────────┬──────────┐
   │  Fraca   │Média/Exc.│   │  Fraca   │Média/Exc.│   │Fraca/Méd.│Excelente │
```

Figura 16-14 Exemplo de detecção automática de interação (satisfação com consertos da MindWriter).

Resumo

1 A análise exploratória de dados (AED) fornece uma perspectiva e um conjunto de ferramentas de busca de indícios e padrões nos dados. Os argumentos AED superam muito a estatística tradicional, e, além de resumos numéricos de localização, dispersão e forma, a AED usa apresentações visuais para fornecer uma impressão completa e precisa de distribuições e relações entre variáveis.

As tabelas de frequência organizam os dados dos valores mais altos para os mais baixos, com contagens e percentuais; elas são muito úteis para inspecionar o intervalo de respostas e sua ocorrência repetida. Os gráficos de barra e de pizza são apropriados para comparações relativas de dados nominais. Os histogramas são idealmente utilizados com variáveis contínuas que têm respostas agrupadas em intervalos. O diagrama de Pareto é um gráfico de barras cujos percentuais somam 100%. As causas do problema investigado são classificadas em importância decrescente, com a altura da barra descendo da esquerda para a direita. Os gráficos de tronco-e-folha e os *boxplots* são técnicas de AED que fornecem representações visuais das distribuições; os primeiros apresentam valores reais de dados usando um mecanismo do tipo histograma, que permite a inspeção de dispersão e forma; os segundos usam resumos de cinco números para transmitir um quadro detalhado do corpo principal, das extremidades e dos pontos extremos (*outliers*) de uma distribuição. Ambos os tipos se baseiam na resistência à estatística para superar as limitações de mensurações descritivas que estão sujeitas a escores extremos.

2 A avaliação das relações com variáveis categóricas emprega tabulação cruzada. As tabelas usadas para esse fim consistem de células e marginais; as células contêm uma combinação de contagem, linhas, colunas e percentuais totais; já estrutura tabular é a estrutura para teste estatístico posterior, por exemplo, um software para análise de classificação cruzada faz da análise baseada em tabelas com uma ou mais variáveis de controle uma ferramenta eficiente para tomada de decisão. Uma variação avançada das tabelas de formato *n* é a detecção automática de interação (DAI).

Termos-chave

análise confirmatória de dados 408
análise exploratória de dados (AED) 408
boxplot 418
célula 422
detecção automática de interação (DAI) 426
diagrama de Pareto 417
gráfico tronco-e-folha 413
histograma 409
intervalo interquartil (IIQ) 418
marginais 422
não resistência à estatística 418
pontos extremos (outliers) 418
resistência à estatística 418
resumo de cinco números 418
tabela de contingência 409
tabela de frequência 422
tabulação cruzada 421
variável de controle 425

Questões para **discussão**

Revisão de termos

1 Defina ou explique:
   a Marginais.
   b Diagrama de Pareto.
   c Não resistência à estatística.
   d Limite de controle inferior.
   e Resumo de cinco números.

Tomada de decisão em pesquisa

2 Suponha que você esteja preparando tabelas de porcentagem de dupla entrada para os seguintes pares de variáveis. Como você calcularia as porcentagens?
   a Idade e consumo de cereais no café-da-manhã.
   b Renda familiar e confiança no futuro da família.
   c Estado civil e participação em esportes.
   d Índice de criminalidade e taxa de desemprego.

3 Você estuda a evasão de estudantes universitários do primeiro ano (alunos que entram na faculdade mas não se formam). Você descobre as seguintes relações entre evasão, auxílio financeiro e distância entre residência e universidade. Qual é a sua interpretação? Considere todas as variáveis e relações.

	Auxílio		Próximo à residência Recebe auxílio de casa		Longe da residência Recebe auxílio de casa	
	Sim (%)	Não (%)	Sim (%)	Não (%)	Sim (%)	Não (%)
Abandonam	25	20	5	15	30	40
Permanecem	75	80	95	85	70	60

4 Uma agência local de saúde está fazendo um experimento com duas cartas de apelo, A e B, com as quais pretendem arrecadar fundos. Ela envia 400 cartas A e 400 cartas B (cada subamostra é igualmente dividida entre bairros de classe baixa e média). A agência obtém os resultados mostrados na tabela a seguir.

   a Qual carta tem maior apelo?
   b Qual classe respondeu melhor a qual carta?
   c Qual é a variável independente mais forte, apelo ou classe social?

	Carta A		Carta B	
	Classe média (%)	Classe baixa (%)	Classe média (%)	Classe baixa (%)
Contribuição	20	40	15	30
Sem contribuição	80	60	85	70
	100	100	100	100

5 Suponha que você tenha coletado dados sobre vendedores de um grande varejista em uma importante área metropolitana. Você analisa os dados segundo tipo de classificação de trabalho, nível de escolaridade e se os trabalhadores foram criados em ambiente urbano ou rural. Os resultados são mostrados em seguida. Como você os interpretaria?

Rotatividade anual no varejo por 100 funcionários

	Alta escolaridade		Baixa escolaridade			
	Assalariado	Remuneração por hora	Assalariado	Remuneração por hora	Assalariado	Remuneração por hora
Rural	8	16	6	14	18	18
Urbano	12	16	10	12	19	20

6 A Asustek, a fabricante tailandesa que basicamente inventou a categoria dos *netbooks*, tem pesquisado ideias de projetos mais radicais, incluindo o elegante computador de pulso Waveface Ultra, feito de um *display* dobrável que pode se conectar à internet, fazer chamadas telefônicas e processar dados. Trata-se essencialmente de um bracelete que funciona como um *smartphone*.
   a Como você usaria um aparelho assim para apresentar estímulos para os entrevistados?

b Qual é o potencial de intercâmbio de dados para os pesquisadores?

Dando vida à pesquisa

7 Identifique as variáveis estudadas com tabulação cruzada por Sammye e alguns motivos plausíveis para que essa técnica de exploração seja uma boa ideia.

Do conceito à prática

8 Use os dados da Figura 16-5 para construir um gráfico tronco-e-folha.

   a Onde você encontra o corpo principal da distribuição?

   b Quantos valores estão fora da(s) cerca(s) interna(s)?

Direto das manchetes

9 Um artigo postado pelo *AdAge Media News* em 18 de junho de 2012 revelou que "um estudo encomendado pela Online Publishers Association descobriu que 54% dos usuários de tablet preferem aplicativos gratuitos com anúncios publicitários em vez de aplicativos pagos, percentual que era de 40% um ano atrás. Ao mesmo tempo, apenas 19% dos usuários dizem preferir pagar mais por aplicativos sem anúncios, percentual que era de 30% no ano passado.

   a Que métodos de criação de gráficos fornecem um reflexo preciso dos dados?

   b Quais fornecem resultados mais significativos? Por quê?

Casos (em inglês) no site do Grupo A

AgriComp	**NCRCC: planejando um novo rumo estratégico**
Dominando a liderança de professores	**Proofpoint: capitalização da paixão de um repórter por estatística**

Você encontrará uma descrição de cada caso na seção Índice de Casos deste livro. Verifique no Índice de Casos quais fornecem dados, o instrumento de pesquisa ou outro material complementar. Para acessar os casos (em inglês), entre no site do Grupo A (www.grupoa.com.br) e procure pelo livro.

Capítulo 17
Teste de Hipóteses

> "Um fato é uma afirmação simples na qual todos acreditam. É inocente, a não ser que se prove o contrário. Uma hipótese é uma nova sugestão na qual ninguém quer acreditar. É culpada, até que se descubra que é eficaz."
>
> *Edward Teller, físico teórico, popularmente conhecido como "o pai da bomba de hidrogênio" (1908-2003)*

Objetivos de **aprendizagem**

Após ler este capítulo, você compreenderá...

1. A natureza e a lógica dos testes de hipóteses.
2. O que é uma diferença estatisticamente significativa.
3. O procedimento em seis etapas para testar hipóteses.
4. As diferenças entre testes paramétricos e não paramétricos e quando usar cada um.
5. Os fatores que influenciam a seleção de um teste apropriado de significância estatística.
6. Como interpretar os vários testes estatísticos.

Dando vida à pesquisa

"Sara, gostaria de me reunir com você para verificar as diferenças de sexo e idade no caso do álcool para o Centro Municipal de Artes." Jason atravessa o escritório externo em completa desordem, cuidando para não pisar em pilhas de páginas impressas, cobertas de rascunhos de gráficos ou tabelas detalhadas de tabulação cruzada com notas escritas à mão.

Minutos mais tarde, Sara entra, trazendo os dados de tabulação cruzada mencionados por Jason.

Jason sorri, esperando que ela se acomode. "Então, o que você tem aí?"

"Com certeza há uma diferença de atitude quanto a servir álcool durante os intervalos dos shows. Mas não parece ser exatamente o que a diretoria do CMA esperava".

"Como assim?" "Bem, o público mais jovem parece um tanto dividido, enquanto os que estão na faixa etária entre 35 e 54 são contra, os que têm 55 ou mais são a favor".

"Qual era sua hipótese original?" "Segundo suas notas da reunião sobre o projeto com a diretoria do CMA, formulei a hipótese de que haveria uma diferença quanto à questão do álcool de acordo com a idade", diz Sara. "Mas presumi que quanto mais jovens os frequentadores, mais seriam a favor do álcool. Os números não estão sustentando essa hipótese e não tenho tanta certeza de que a idade seja a variável certa a ser analisada".

Jason estende sua mão sobre a mesa. "Deixe-me ver as estatísticas sobre idade".

"Também tenho os dados sobre sexo", oferece Sara. "Eles estão alinhados com a sua hipótese?" "Na verdade, não", diz Sara. "Homens e mulheres estão por todo o lugar. Minha hipótese era de que os homens seriam a favor, e as mulheres, contra; mas isso não está acontecendo".

Jason olha o material, satisfeito de ver que sua interpretação dos dados estatísticos está correta. "Parece que você ainda tem trabalho a fazer: determinar os bolsões de resistência. Já que a amostra se dividiu – não foi 57% a favor e 43% contra? – não podemos recomendar que o CMA siga *sem* conseguir dizer à diretoria a provável direção de problemas em potencial.

Às vezes, nosso plano de análise preliminar só pode nos levar até esse ponto", comenta Jason. "Conversemos sobre os testes que você planeja executar agora".

Introdução

Nos capítulos 15 e 16, discutimos os procedimentos para preparo dos dados e análises preliminares; o próximo passo para muitos estudos é o teste de hipóteses.

Assim como seu entendimento sobre raciocínio científico foi uma base importante nos últimos dois capítulos, recordar as diferenças específicas entre indução e dedução é fundamental para o teste de hipóteses. O raciocínio indutivo vai de fatos específicos para os gerais, mas suas conclusões não são definitivas – nunca podemos ter certeza absoluta de que as conclusões indutivas são perfeitas. Com a ajuda de estimativas de probabilidade, podemos qualificar nossos resultados e declarar o grau de confiança que temos neles. A inferência estatística é uma aplicação do raciocínio indutivo que nos permite raciocinar a partir de provas encontradas na amostra para chegarmos às conclusões de que necessitamos sobre a população.

A estatística inferencial é a segunda das duas categorias principais de procedimentos estatísticos – a outra é a estatística descritiva, usada no Capítulo 14 quando descrevemos distribuições. Sob o título **estatística inferencial**, discutimos dois tópicos neste livro: o primeiro, estimativa de valores da população, foi usado com amostragem no Capítulo 14, mas voltemos a ele de forma resumida; o segundo, teste de hipóteses estatísticas, é o principal assunto deste capítulo. Aqui, há mais exemplos de testes de hipóteses do que a maioria dos alunos precisará para um trabalho de conclusão ou tarefas iniciais em suas carreiras de pesquisa. Uma seção sobre técnicas não paramétricas no Apêndice C mostra estudos adicionais para os leitores que têm interesse especial em variáveis nominais e ordinais.

Tendo detalhado suas hipóteses no planejamento preliminar de análise, o objetivo do teste de hipóteses é determinar a acurácia delas devido ao fato de se ter coletado uma amostra de

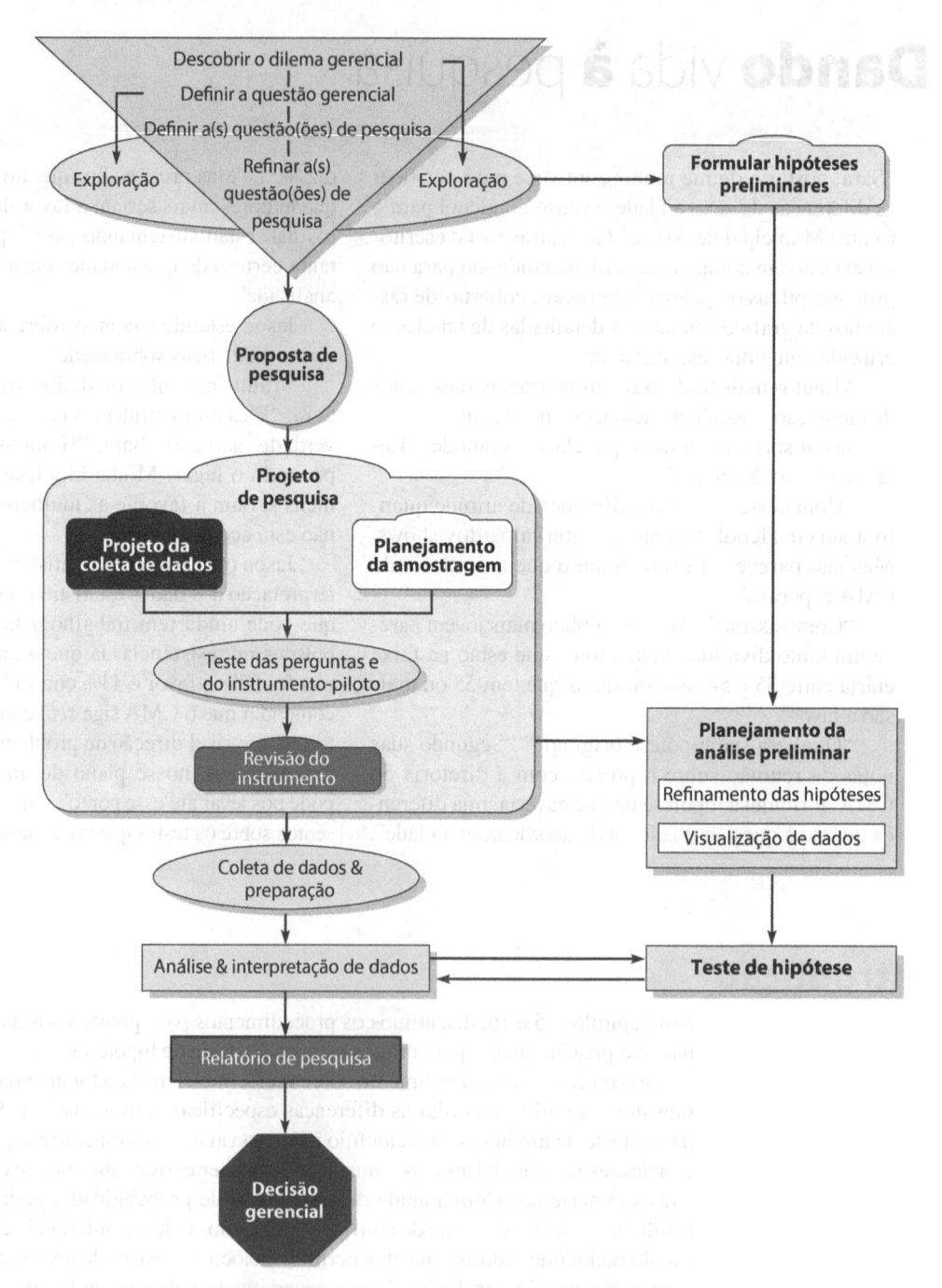

Figura 17-1 Teste de hipóteses e processo de pesquisa.

dados, não um censo. A Figura 17-1 deve recordá-lo das relações entre estratégia de projeto, atividades de coleta de dados, análise preliminar e teste de hipóteses.

Avaliamos a acurácia das hipóteses determinando a probabilidade estatística de que os dados revelem diferenças reais – não erros de amostragem aleatória –, bem como a importância de uma diferença estatisticamente significativa pesando o significado prático de qualquer mudança que mensuramos.

Embora haja duas abordagens ao teste de hipóteses, a mais conhecida é a clássica (ou teoria de amostragem). A **estatística clássica** é encontrada em todos os principais livros de estatística e é amplamente utilizada nas aplicações de pesquisa, representando uma visão objetiva de probabilidade na qual se baseia a tomada de decisão em uma análise de dados das amostragens disponíveis. Uma hipótese é estabelecida; ela é rejeitada ou aceita, com base na amostra dos dados coletados.

A segunda abordagem é conhecida por **estatística bayesiana**, uma extensão do método clássico, usando dados de amostragem para tomada de decisões, mas vai além ao considerar todas as outras informações disponíveis. Essas informações adicionais consistem em estimativas de probabilidade subjetivas, declaradas em termos de grau de crença, que são subjetivas e baseadas em experiência geral, e não em dados específicos coletados. Várias regras de decisão são estabelecidas, pode-se introduzir custos e outras estimativas, e os resultados esperados das combinações desses elementos são usados para julgar alternativas de decisão.

Significância estatística

Seguindo o método da estatística clássica, aceitamos ou rejeitamos uma hipótese com base apenas nas informações de amostragem. Como quase toda amostra vai certamente diferir de alguma forma de sua população, devemos julgar se essas diferenças são estatisticamente significativas ou não. Uma diferença tem **significância estatística** se houver uma boa razão para acreditar que ela não representa apenas flutuações aleatórias de amostragem. Por exemplo, Honda, Toyota, Chrysler, Nissan, Ford e outras fabricantes de automóveis produzem veículos híbridos usando uma tecnologia avançada que combina um pequeno motor a gás com um motor elétrico. Os veículos usam o motor elétrico para baixas velocidades, mas trocam para uma combinação do motor a gasolina com o elétrico na cidade e em rodovias de maior velocidade. Suas estratégias de propaganda enfatizam a economia de combustível. Digamos que o Toyota híbrido manteve uma média de aproximadamente 60 milhas por galão (mpg) com desvio-padrão de 10 mpg. Suponha que os pesquisadores descubram, por meio da análise de todos os veículos produzidos, que o mpg agora é de 61. Essa diferença é estatisticamente significativa em relação a 60? Sim, pois a diferença é baseada em um censo dos veículos e não há amostragem envolvida. Demonstrou-se conclusivamente que a média da população passou de 60 para 61 mpg. Embora tenha significância estatística, saber se tem **significância prática** é outra questão. Se o tomador de decisão julgar que essa variação não tem importância real, então ela terá pouca significância prática.

Como seria muito caro analisar com frequência todos os veículos de um fabricante, recorre-se a uma amostragem. Suponha que selecionemos aleatoriamente uma amostra de 25 carros e que a média de mpg seja calculada em 64. Isso é estatisticamente significativo? A resposta não é óbvia. É significativo se houver uma boa razão para acreditar que a média de mpg do grupo total passou dos 60. Como a evidência consiste apenas em uma amostra, considere a segunda possibilidade: isso é apenas um erro de amostragem aleatória e, assim, não é significativo. A tarefa é julgar se o resultado da amostra é ou não é estatisticamente significativo. Para responder a essa pergunta, precisamos analisar melhor a lógica do teste de hipótese.

A lógica dos testes de hipóteses

Em testes clássicos de significância, usamos dois tipos de hipóteses. A primeira é a **hipótese nula (H_0)**, usada para teste. Trata-se de uma declaração de que não existe diferença entre o parâmetro (uma medida determinada por um censo da população ou uma mensuração prévia de uma amostra da população) e a estatística com a qual ele está sendo comparado (a medida de uma amostra tirada recentemente da população). Os analistas geralmente testam para determinar se não houve mudança na população de interesse ou se existe uma diferença real. Por que não enunciar a hipótese de uma forma positiva? Por que não afirmar que qualquer diferença entre a estatística da amostra e o parâmetro da população se deve a alguma razão? Infelizmente, esse tipo de hipótese não pode ser testado definitivamente. As provas consistentes com uma hipótese formulada de forma positiva quase nunca podem ser consideradas bases conclusivas para aceitá-la. Um resultado consistente com esse tipo de hipótese também pode sê-lo com outras hipóteses e, assim, não demonstrar a verdade de determinada hipótese.

Por exemplo, suponha que uma moeda é suspeita de ser viciada em favor de cara. A moeda é jogada 100 vezes, e 52 vezes temos cara. Não seria correto concluir que a moeda é viciada simplesmente porque tivemos um número de cara maior que o esperado. A razão é que 52 caras é consistente com a hipótese de que a moeda é justa. Entretanto, ter 85 ou 90 caras em 100 poderia contradizer a hipótese de uma moeda justa, havendo fortes indícios de uma moeda viciada.

No exemplo dos veículos híbridos, a hipótese nula enuncia que o parâmetro da população de 60 mpg não mudou. A segunda hipótese, a **hipótese alternativa (H_A)**, afirma que houve uma mudança na média de mpg (ou seja, a estatística da amostra de 64 indica que o valor da população provavelmente não é mais 60). A hipótese alternativa é o oposto lógico da hipótese nula.

O exemplo do carro híbrido pode ser explorado adicionalmente para mostrar como esses conceitos são usados para testar significância:

- A hipótese nula (H_0): Não houve mudança na média de 60 mpg.

A hipótese alternativa (H_A) pode ter várias formas, dependendo do objetivo dos pesquisadores, como "não a mesma" ou "maior que" ou "menor que":

- A média de mpg deixou de ser 60.
- A média de mpg passou a ser maior (menor) que 60.

Esses tipos de hipóteses alternativas correspondem aos seguintes testes: o **teste bicaudal**, ou *teste bilateral*, considera duas possibilidades: a média pode ser maior ou menor que 60 mpg. Para testar essa hipótese, as regiões de rejeição são divididas em duas caudas de distribuição. O **teste unicaudal**, ou *teste unilateral*, coloca toda a probabilidade de um resultado improvável na extremidade especificada pela hipótese alternativa. Na Figura 17-2, o primeiro diagrama representa uma hipótese bilateral, e o segundo, uma hipótese unilateral do tipo "maior que".

As hipóteses para a Figura 17-2 podem ser expressas da seguinte forma:

Nula $\quad H_0: \mu = 60$ mpg

Alternativa $\quad H_A: \mu \neq 60$ mpg (não sendo o mesmo caso)

Ou

Nula $\quad H_0: \mu \leq 60$ mpg

Alternativa $\quad H_A: \mu > 60$ mpg (caso maior que)

Ou

Nula $\quad H_0: \mu \geq 60$ mpg

Alternativa $\quad H_A: \mu < 60$ mpg (caso menor que)

Ao testar essas hipóteses, adote essa regra de decisão: não tome nenhuma ação corretiva se a análise mostrar que não se pode rejeitar a hipótese nula. Observe que dissemos "não se pode rejeitar", em vez de "aceitar" a hipótese nula. Argumenta-se que uma hipótese nula não pode

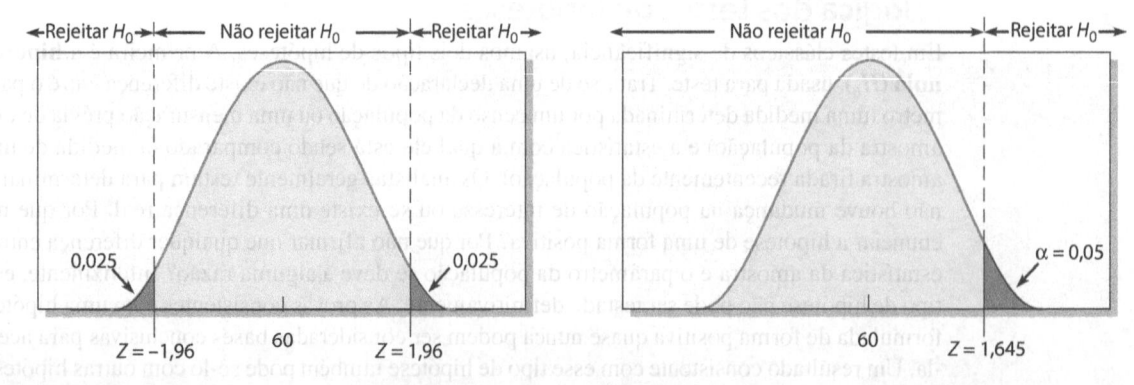

Figura 17-2 Testes unicaudal e bicaudal com nível de significância de 5%.

Um dos candidatos a Carro do Ano em 2012 e o vencedor de 2010, o Toyota Prius 2013 virou notícia ao oferecer uma gama de modelos, incluindo o modelo V, com o espaço interno de um utilitário. O Toyota Prius é o proeminente carro híbrido com motores a gás e elétrico que inspira uma devoção que se assemelha a um culto traduzida em taxas de satisfação nunca vistas em estudos com usuários. Seu modelo mais econômico apresenta uma economia de combustível, segundo a Agência de Proteção Ambiental dos Estados Unidos, de 51 mpg na cidade e 60 mpg na estrada. Sua versão 2013 chamou mais atenção ainda por oferecer a conveniência de poder ter sua bateria carregada em qualquer tomada-padrão. **www.prius.com**

nunca ser provada e, assim, não pode ser "aceita". Aqui, novamente, vemos a influência do raciocínio indutivo. Ao contrário da dedução, na qual as conexões entre premissas e conclusões geram uma alegação legítima de "prova conclusiva", as conclusões indutivas não possuem essa vantagem. O teste estatístico dá apenas uma oportunidade para (1) provar o contrário (rejeitar) ou (2) não rejeitar a hipótese. Apesar dessa terminologia, é comum ouvir "aceitar a hipótese nula", em vez do estranho "não rejeitar a hipótese nula". Nessa discussão, o *aceitar*, menos formal, significa "deixar de rejeitar" a hipótese nula.

Se rejeitamos uma hipótese nula (encontrando uma diferença estatisticamente significativa), então estamos aceitando a hipótese alternativa. Aceitando ou rejeitando uma hipótese nula, podemos tomar decisões incorretas. Uma hipótese nula pode ser aceita quando deveria ter sido rejeitada, ou rejeitada quando deveria ter sido aceita.

Esses problemas são ilustrados com uma analogia ao sistema jurídico norte-americano,[1] em que se presume a inocência de uma pessoa indiciada até que se estabeleça prova em contrário. No teste de hipótese, essa é a hipótese nula; não deve haver diferença entre a suposição de inocência e o resultado, a não ser que seja fornecida prova em contrário. Uma prova estabelece, além da dúvida razoável, que a inocência não pode mais ser mantida e uma condenação justa é exigida, o que equivale a rejeitar a hipótese nula e aceitar a hipótese alternativa. As decisões incorretas ou os erros são outros dois resultados possíveis. Podemos condenar uma pessoa inocente injustamente ou podemos absolver uma pessoa culpada.

A Figura 17-3 compara a situação estatística com a situação jurídica: uma das duas condições existe – ou a hipótese nula é verdadeira ou a hipótese alternativa é verdadeira, e uma pessoa indiciada é inocente ou culpada; duas decisões podem ser tomadas nessas condições: aceitar a hipótese nula ou rejeitá-la (acatando assim a alternativa). Duas dessas situações resultam em decisões corretas; as outras duas levam a erros de decisão.

Quando um **erro tipo I** (α) é cometido, uma hipótese nula verdadeira é rejeitada; a pessoa inocente é injustamente condenada. O valor é chamado de *nível de significância* e é a probabilidade de rejeitar a hipótese nula verdadeira. Com um **erro tipo II** (β), deixamos de rejeitar uma hipótese nula falsa; o resultado é uma absolvição injusta, fazendo com que uma pessoa culpada fique livre. No sistema de justiça norte-americano, é mais importante reduzir a probabilidade de condenar um inocente do que a de absolver um culpado. Da mesma forma, o teste de hipóteses dá mais ênfase aos erros do tipo I do que aos do II. A seguir, examinemos cada um desses erros mais detalhadamente.

Instantâneo

Teste de hipótese para a Troy-Bilt®

A Marcus Thomas LLC realizou recentemente uma pesquisa on-line para ajudar a Troy-Bilt®, um grande fabricante de equipamentos para jardinagem, a entender quais elementos de comerciais de televisão auxiliam a fazer com que a marca seja lembrada e considerada, especificamente no setor de jardinagem.

Ela formulou a hipótese de que "os consumidores que querem comprar um produto processam os comerciais de televisão de maneira diferente daqueles que não têm interesse em comprar equipamentos de jardinagem", de acordo com Edwinge Winans, diretor associado da empresa de pesquisa. Participantes cuidadosamente escolhidos foram segmentados em grupos do mesmo tamanho de acordo com o fato de estarem ou não planejando comprar equipamentos de jardinagem (grupo no mercado *versus* grupo fora do mercado). Para controlar as reações específicas da categoria jardinagem, também recrutou um grupo-controle formado por pessoas que estavam interessadas em comprar tintas e pessoas não interessadas em comprá-las.

Solicitou-se que mil participantes assistissem a um segmento de oito minutos de um programa de televisão sobre reformas e construção em seus computadores (para simular a situação de assistir televisão). Quatro comerciais de 30 segundos foram apresentados após os primeiros quatro minutos do programa (dois comerciais de equipamentos de jardinagem e dois de tinta), seguidos por mais quatro minutos do programa. O estudo foi cego, já que os participantes não estavam cientes do objetivo do estudo. A ordem dos comerciais foi randomizada para cada um a fim de eliminar o viés de ordem. Em uma pesquisa on-line posterior, os participantes forneceram a mensuração de lembrança com e sem auxílio de comerciais de televisão (para acessar quais elementos dos comerciais foram mais memorizados), assim como informações sobre como os comerciais afetaram as percepções sobre cada marca mostrada e o conhecimento da marca. Várias questões falsas foram apresentadas para se certificar de que os participantes não seriam influenciados pela percepção do objetivo do estudo ou pela categoria dos produtos.

O teste demonstrou diferenças singulares na maneira como os consumidores processam a publicidade na televisão com base no fato de estarem dispostos ou não a comprar produtos de jardinagem.

www.marcusthomasllc.com; www.troybilt.com

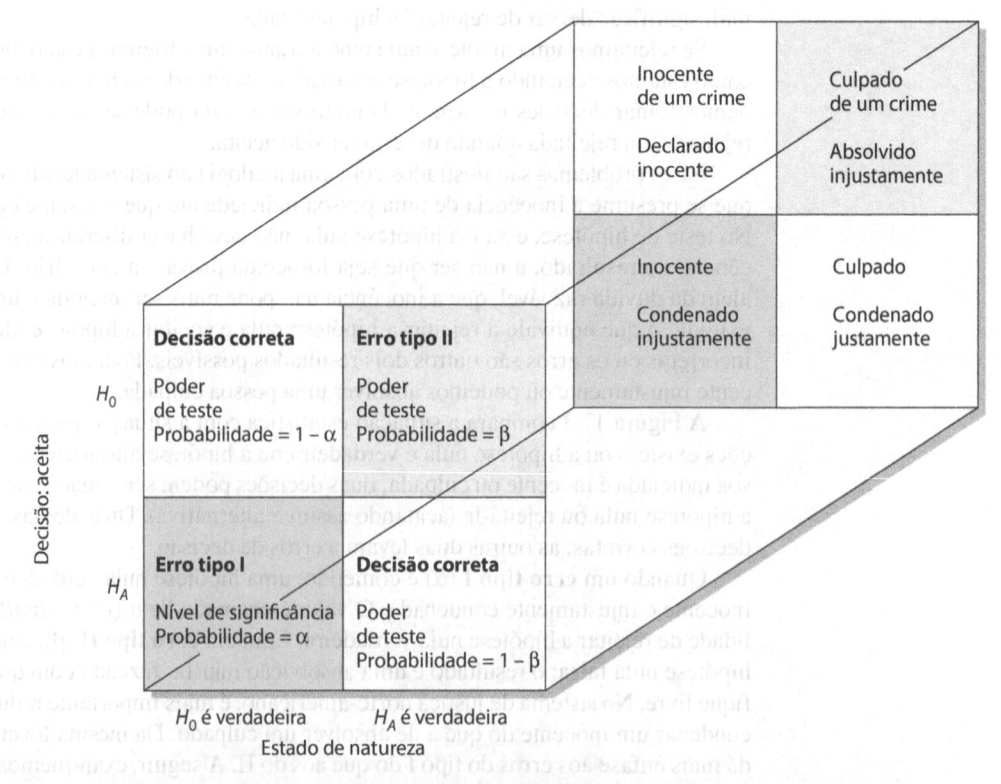

Figura 17-3 Comparação de decisões estatísticas com analogia jurídica

Erro tipo I

Suponha que o problema do fabricante do carro híbrido seja complicado por uma declaração de um órgão de teste de produtos ao consumidor, afirmando que a mpg na cidade mudou, e que a média da população seja de 50 mpg, o desvio-padrão da população de 10 mpg, e o tamanho da amostra de 25 veículos. Com essas informações, podemos calcular o erro-padrão da média ($\sigma_{\bar{X}}$) (o desvio-padrão da distribuição das médias amostrais). Essa distribuição hipotética é mostrada na Figura 17-4. O erro-padrão da média é calculado como 2 mpg:

$$\sigma_{\bar{X}} = \frac{\sigma}{\sqrt{n}} = \frac{10}{\sqrt{25}} = 2$$

Se a decisão é rejeitar H_0 com um intervalo de confiança de 95% ($\alpha = 0,05$), um erro tipo I de 0,025 em cada cauda é aceito (isso supõe um teste bicaudal). Na parte A da Figura 17-4, veja as **regiões de rejeição** indicadas pelas áreas sombreadas. A área entre essas duas regiões é conhecida como **região de aceitação**, e os pontos divisores entre as áreas de rejeição e aceitação são chamados de **valores críticos**. Já que a distribuição das médias amostrais é normal, os valores críticos podem ser computados em termos de variáveis aleatórias padronizadas[2], onde

$Z = 1,96$ (nível de significância = 0,05)

$\bar{X}_c$ = o valor crítico da média amostral

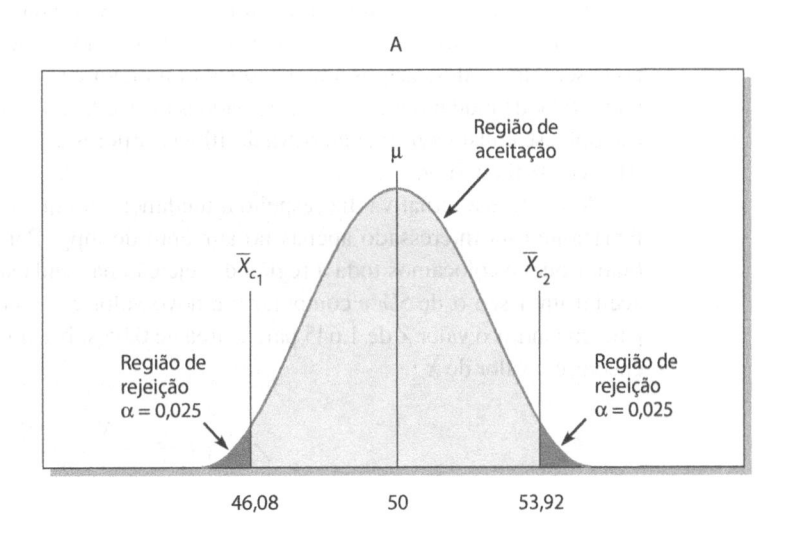

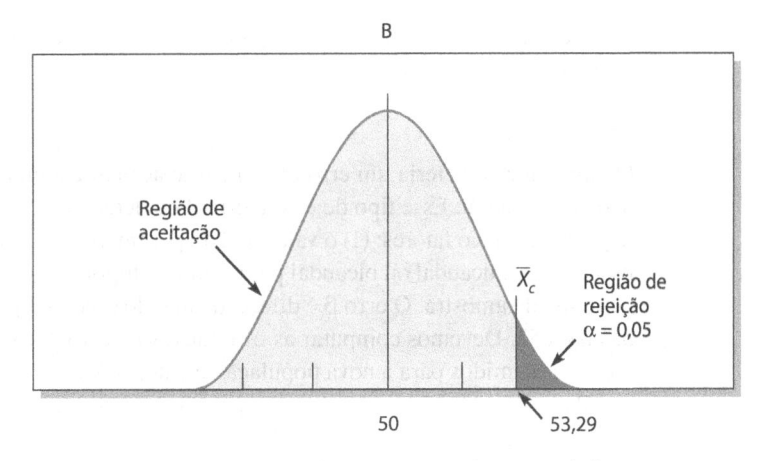

Figura 17-4 Probabilidade de cometer um erro tipo I quando H_0 é verdadeira.

μ = o valor da população formulado em $H_0 = 50$

$\sigma_{\bar{X}}$ = o erro-padrão de uma distribuição de médias amostrais de 25

Logo, os valores críticos para o teste da hipótese nula (de que a mpg não mudou) são calculados da seguinte forma:

$$Z = \frac{\bar{X} - \mu}{\sigma_{\bar{X}}}$$

$$-1{,}96 = \frac{\bar{X}_c - 50}{2}$$

$$\bar{X}_c = 46{,}08$$

$$1{,}96 = \frac{\bar{X}_c - 50}{2}$$

$$\bar{X}_c = 53{,}92$$

Se a probabilidade de um erro tipo I é de 5% ($\alpha = 0{,}05$), a probabilidade de uma decisão correta se a hipótese nula for verdadeira é de 95%. Ao mudar a probabilidade de um erro tipo I, movemos os valores críticos para mais perto ou mais longe do parâmetro assumido de 50, o que pode ser feito se desejarmos um erro menor ou maior e se os movermos para refletir isso. Você também pode mudar o erro tipo I e as regiões de aceitação mudando o tamanho da amostra, por exemplo, se considerar uma amostra de 100, os valores críticos que fornecem um erro tipo I de 0,05 são 48,04 e 51,96.

A hipótese alternativa diz respeito a mudanças em qualquer direção a partir de 50, mas o fabricante está interessado apenas no aumento de mpg. Por isso, usamos uma H_A unicaudal (maior que) e colocamos toda a região de rejeição na cauda superior da distribuição. Podemos aceitar um risco α de 5% e computar um novo valor crítico (X_c) (ver Apêndice D, Tabela D-1 para encontrar o valor Z de 1,645 para a área de 0,05 sob a curva). Substitua isso na equação Z e encontre o valor de $\bar{X}_c$:

$$Z = 1{,}645 = \frac{\bar{X}_c - 50}{2}$$

$$\bar{X}_c = 53{,}29$$

Esse novo valor crítico, a fronteira entre as regiões de aceitação e rejeição, é mostrado na parte B da Figura 17-4.

Erro tipo II

O fabricante cometeria um erro tipo II (β) se aceitasse a hipótese nula ($\mu = 50$), quando na verdade isso mudou. Esse tipo de erro é difícil de detectar. A probabilidade de cometer um erro β depende de cinco fatores: (1) o valor real do parâmetro, (2) o nível α que selecionamos, (3) se foi usado teste unicaudal ou bicaudal para avaliar a hipótese, (4) o desvio-padrão da amostra e (5) o tamanho da amostra. O erro β é diferente quando o novo β passa de 50 para 54, em vez de apenas para 52. Devemos computar as estimativas de erro β separadas para cada número de parâmetros assumidos para a nova população e valores $\bar{X}_c$.

Para exemplificar, suponhamos que μ realmente tenha mudado de 50 para 54. Sob essas condições, qual é a probabilidade de cometermos um erro tipo II, se o valor crítico for estabelecido como 53,29? (ver Figura 17-5). Isso pode ser expresso da seguinte forma:

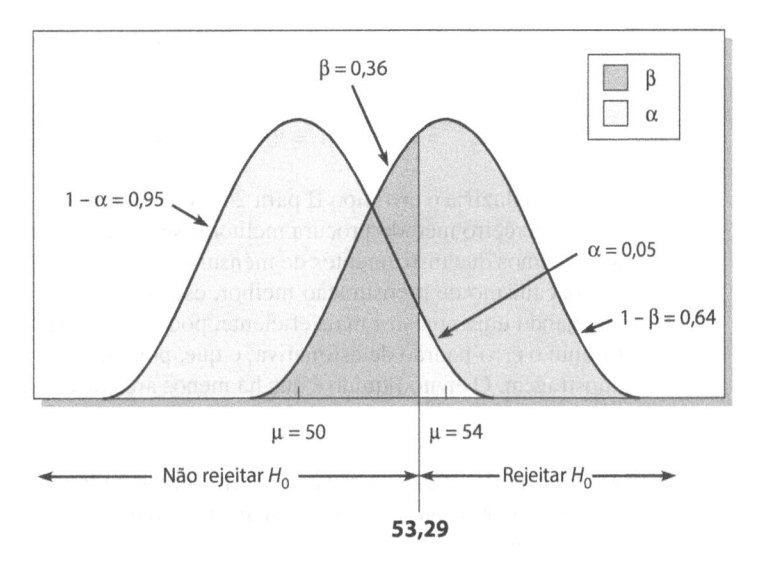

Figura 17-5 Figura 17-5 Probabilidade de cometer um erro tipo II.

$P(A_2)S_1 = \alpha = 0,05$ (suponha uma hipótese alternativa unicaudal)

$P(A_1)S_2 = \beta = ?$

$$\sigma_{\bar{X}} = \frac{\sigma}{\sqrt{n}} = \frac{10}{\sqrt{25}} = 2$$

$$Z = \frac{\bar{X} - \mu}{\sigma_{\bar{X}}} = \frac{53,29 - 54}{2} = -0,355$$

Usando a Tabela D-1 do Apêndice D, interpolamos entre os valores Z 0,35 e 0,36 para encontrar o valor Z 0,355. A área entre a média e Z é 0,1387. β é a área da cauda, ou a área abaixo de Z, e é calculada como

$$\beta = 0,50 - 0,1387 = 0,36$$

Essa condição é mostrada na Figura 17-5. É o percentual da área onde *não* rejeitaríamos a hipótese nula (H_0:μ = 50) quando, na verdade, era falsa porque a média verdadeira era 54. Com um α de 0,05 e uma amostra de 25, há 36% de probabilidade de um erro tipo II (β) se μ for 54. Também falamos do **poder de teste** – ou seja (1 – β). Para esse exemplo, o poder de teste é igual a 64% (1 – 0,36) – ou seja, rejeitemos corretamente a falsa hipótese nula com uma probabilidade de 64%. Um poder de 64% é menos que o percentual mínimo de 80%, normalmente recomendado pelos estatísticos.

Há diversas formas de reduzir um erro tipo II; podemos deslocar o valor crítico para mais perto do μ original de 50 – mas, para fazer isso, precisamos aceitar um α maior. Tomar ou não essa atitude depende da avaliação dos riscos relativos de α e β. Pode ser desejável aumentar o risco aceitável de α porque se piorasse a quilometragem, isso provavelmente exigiria mais esforço para estimar a eficiência. Cometer um erro tipo I significaria apenas que mais esforços foram feitos para estimar a eficiência quando a situação não piorou. Esse ato provavelmente não teria efeitos adversos mesmo se a mpg não tivesse aumentado.

Uma segunda forma de reduzir o erro tipo II é aumentar o tamanho da amostra, por exemplo, se a amostra aumentar para 100, o poder do teste seria muito mais forte.

$$\sigma_{\bar{X}} = \frac{\sigma}{\sqrt{n}} = \frac{10}{\sqrt{100}} = 1$$

$$Z = \frac{\bar{X} - \mu}{\sigma_{\bar{X}}} = \frac{53{,}29 - 54}{1} = -0{,}71$$

$$\beta = 0{,}50 - 0{,}2612 = 0{,}24$$

Isso reduziria o erro tipo II para 24% e aumentaria o poder de teste para 76%.

Um terceiro método procura melhorar simultaneamente os erros α e β e é difícil de executar. Sabemos que instrumentos de mensuração, observações e registros produzem erro. Usando um mecanismo de mensuração melhor, estreitando os processos de observação e registro ou planejando uma amostra mais eficiente, podemos reduzir a variabilidade de observações. Isso diminui o erro-padrão de estimativa, o que, por sua vez, reduz a dispersão das distribuições de amostragem. O efeito líquido é que há menos área de cauda nas regiões de erro.

Procedimentos de teste estatístico

Os testes de significância estatística seguem um padrão relativamente bem definido, embora os autores variem no número e na sequência de etapas. Uma sequência de seis estágios se desenvolve como segue:

1. *Formule a hipótese nula.* Embora o pesquisador esteja normalmente interessado em testar uma hipótese de mudança ou diferenças, a hipótese nula é sempre usada para fins de teste estatístico.

2. *Escolha o teste estatístico.* Para testar uma hipótese, devemos escolher um teste estatístico apropriado. Há muitos testes disponíveis e há pelo menos quatro critérios que podem ser usados na escolha de um teste. Um é o poder de eficiência do teste. Um teste mais poderoso fornece o mesmo nível de significância com uma amostra menor que um menos poderoso. Além disso, ao escolher um teste, devemos considerar como a amostra é escolhida, a natureza da população e, muito importante, o tipo de escala de mensuração usado, por exemplo, alguns testes são úteis apenas quando a sequência de valores é conhecida ou quando as observações são pareadas. Já outros são apropriados apenas se a população tiver certas características, ou se as escalas de mensuração forem de intervalo ou de razão. Dedicaremos mais atenção à seleção de teste mais adiante neste capítulo.

3. *Selecione o nível de significância desejado.* A escolha do **nível de significância** deve ser feita antes da coleta dos dados. O nível mais comum é 0,05, embora 0,01 também seja muito utilizado; outros níveis, como 0,10, 0,025 ou 0,001, são escolhidos algumas vezes. O nível exato a escolher é bastante influenciado pelo nível de risco que a pessoa deseja aceitar e pelo efeito que essa escolha tem no risco. Quanto maior for α, menor será β.

4. *Compute o valor da diferença calculada.* Depois de coletar os dados, use a fórmula do teste de significância apropriado para obter o valor calculado. Embora o cálculo geralmente resulte de um software, ilustramos os procedimentos neste capítulo para ajudá-lo a visualizar o que está sendo feito.

5. *Obtenha o valor crítico de teste.* Depois de computarmos o t calculado, χ^2, ou outra medida, devemos procurar o valor crítico na tabela apropriada para aquela distribuição (ou ele é fornecido pelo cálculo do software). O valor crítico é o critério que separa a região de rejeição da região de aceitação na hipótese nula.

6. *Interprete o teste.* Para a maioria dos testes, se o valor calculado for maior que o valor crítico, rejeitamos a hipótese nula e concluímos que a hipótese alternativa é a correta (embora não haja meios de provar isso). Se o valor crítico for maior, concluímos que deixamos de rejeitar a hipótese nula.[3]

Valores de probabilidade (valores *p*)

De acordo com o item 6 do procedimento de teste estatístico, a conclusão é formulada em termos de rejeição ou não rejeição da hipótese nula com base na região de rejeição selecionada antes do início do teste. Um segundo método de prever os resultados de um teste estatístico reporta o quanto o teste estatístico discorda da hipótese nula. Esse método se tornou popular

Conforme mostra este anúncio da Lieberman Research Worldwide, a responsabilidade de um pesquisador vai além de calcular dados e rodar os testes analíticos corretos. Ele deve fornecer as conclusões corretas a partir dos dados. De acordo com o anúncio, um pesquisador exigente obterá "as respostas certas para os tomadores de opiniões corretos" para impulsionar seu sucesso.
www.irwonline.com

porque os analistas querem saber que percentual da distribuição de amostragem fica além da estatística de amostra na curva, e a maioria dos softwares estatísticos reporta os resultados de testes estatísticos como valores de probabilidade (valores p). O **valor p** é a probabilidade de observar um valor de amostra tão extremo quanto, ou mais extremo que, o valor realmente observado, considerando que a hipótese nula é verdadeira. Essa área representa a probabilidade de um erro tipo I que deve ser presumido se a hipótese nula for rejeitada. O valor p é comparado ao nível de significância (α) e, com base nisso, a hipótese nula é rejeitada ou não rejeitada.

Se o valor p for menor que o nível de significância, a hipótese nula é rejeitada (se o valor $p < \alpha$, rejeite a hipótese nula). Se o valor p for maior que o nível de significância ou igual a ele, a hipótese nula não é rejeitada (se o valor $p > \alpha$, não rejeite a hipótese nula).

Os softwares de análise de dados estatísticos comumente computam o valor p durante a execução de um teste de hipótese. O exemplo que se segue ajuda a ilustrar a forma correta de interpretar este valor.

Na parte B da Figura 17-4, o valor crítico foi mostrado para a situação em que o fabricante está interessado em determinar se a média de mpg aumentou. O valor crítico de 53,29 foi computado com base no desvio-padrão de 10, em uma amostra de 25 e na disposição do fabricante de aceitar um risco α de 5%. Suponha que a média da amostra seja igual a 55. Há provas suficientes para rejeitar a hipótese nula? Se o valor p for menor que 0,05, a hipótese nula será rejeitada. O valor p é computado como segue.

O desvio-padrão da distribuição das médias da amostra é 2. O valor Z apropriado é

$$Z = \frac{\bar{X} - \mu}{\sigma_{\bar{X}}}$$

$$Z = \frac{55 - 50}{2}$$

$$Z = 2,5$$

O valor p é determinado usando uma tabela normal padrão, e a área entre a média e o valor Z de 2,5 é 0,4938. Para esse teste unicaudal, o valor p é a área sobre o valor Z; a probabilidade de observar um valor Z que seja pelo menos tão grande como 2,5 é de apenas 0,0062 (0,5000 − 0,4938 = 0,0062) se a hipótese nula for verdadeira.

Esse valor p baixo representa o risco de rejeitar a hipótese nula; é a probabilidade de um erro tipo I se a hipótese nula for rejeitada. Como o valor p ($p = 0,0062$) é menor que α = 0,05, a hipótese nula é rejeitada. O fabricante pode concluir que a média de mpg aumentou. A probabilidade de que essa conclusão esteja errada é de 0,0062.

Teste de significância

Esta seção dá uma visão geral dos testes estatísticos mais representativos entre o vasto leque disponível ao pesquisador. Depois de uma revisão nos tipos gerais e suas suposições, discutiremos os procedimentos para selecionar o teste apropriado. O restante desta seção contém exemplos de testes paramétricos e não paramétricos para casos de amostra única, duas amostras e k amostras. Os leitores que precisarem de mais informações sobre testes de significância devem procurar as leituras recomendadas no final deste capítulo.

Tipos de testes

Há duas classes genéricas de testes de significância: paramétricos e não paramétricos. Os **testes paramétricos** são mais poderosos porque seus dados derivam de mensurações de intervalo e de razão; os **testes não paramétricos** são usados para testar hipóteses com dados nominais e ordinais. As técnicas paramétricas são escolhidas para teste se suas suposições forem atendidas. As suposições para testes paramétricos incluem o seguinte:

- As observações devem ser independentes – ou seja, a seleção de um caso não deve afetar as chances de que outro caso seja incluído na amostra.
- As observações devem ser retiradas de populações normalmente distribuídas.
- Essas populações devem ter variâncias iguais.
- As escalas de mensuração devem estar no menor intervalo para que possamos usar operações aritméticas com elas.

O pesquisador é responsável por rever as suposições pertinentes ao teste escolhido; fazer diagnósticos de verificação nos dados permite ao pesquisador selecionar a técnica mais apropriada. A normalidade de uma distribuição pode ser verificada de várias maneiras: discutimos as medidas de localização, forma e dispersão para análise preliminar e consideramos técnicas gráficas para explorar padrões de dados e examinar distribuições. Outra ferramenta de diagnóstico é o **gráfico de probabilidade normal**. Esse gráfico compara os valores observados com os esperados em uma distribuição normal.[4] Se os dados apresentam características de normalidade, os pontos estarão posicionados em uma faixa estreita ao longo de uma linha reta, conforme exemplo mostrado na parte superior esquerda da Figura 17-6.

Uma forma alternativa de ver isso é representar em gráfico os desvios da linha reta, mostrado em um gráfico "não tendencioso" na parte superior direita da figura. Aqui podemos esperar que os pontos se aglomerem sem um padrão em torno de uma linha reta que passa horizontalmente em 0. Nos dois painéis inferiores da Figura 17-6, não há uma linha reta no gráfico de probabilidade normal nem uma distribuição aleatória de pontos perto de 0 no gráfico não tendencioso. Visualmente, os dois gráficos inferiores nos dizem que a variável não está normalmente distribuída; além disso, dois testes separados da hipótese de que os dados vêm de distribuições normais são rejeitados a um nível de significância inferior a 0,01.[5]

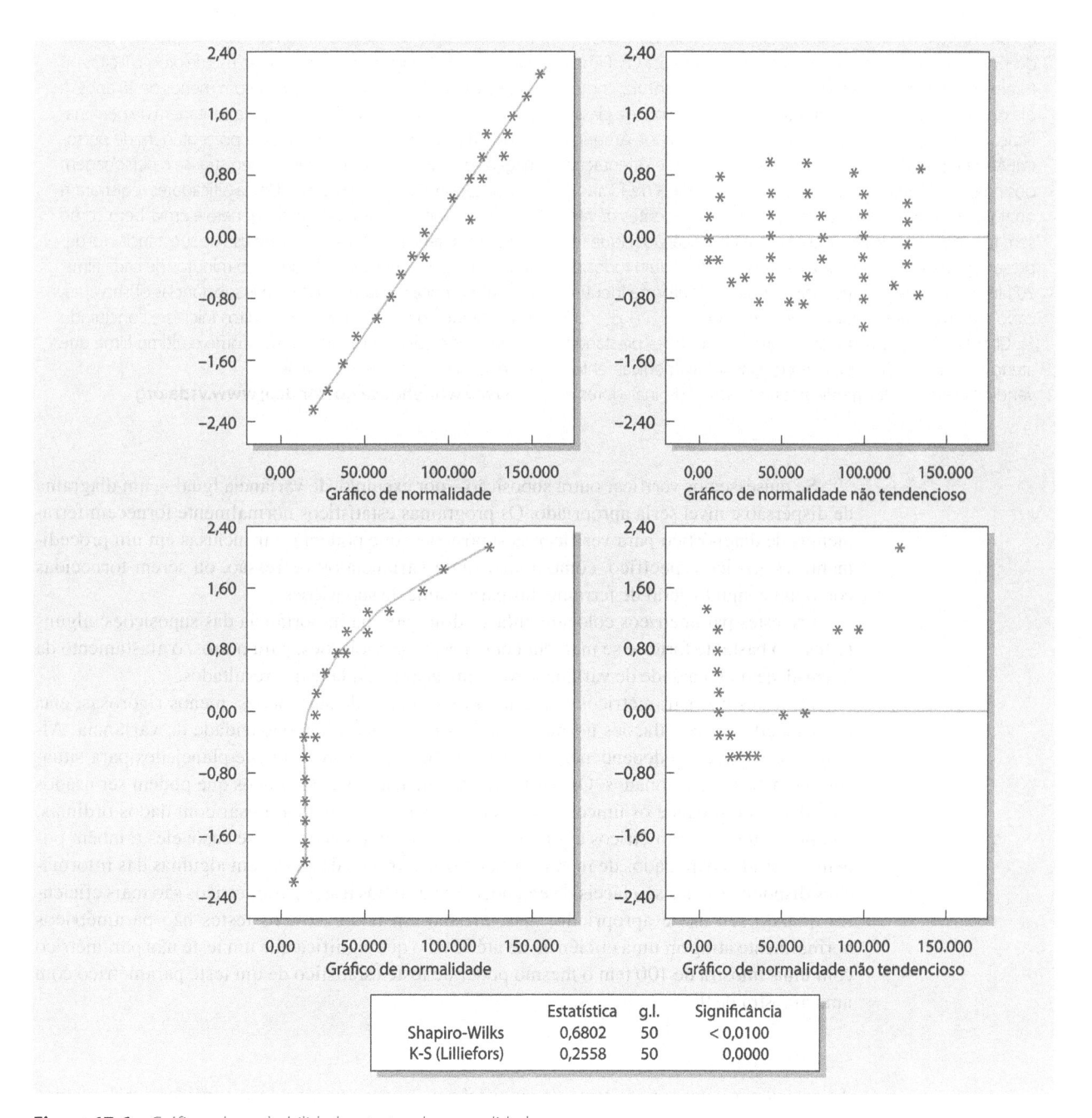

	Estatística	g.l.	Significância
Shapiro-Wilks	0,6802	50	< 0,0100
K-S (Lilliefors)	0,2558	50	0,0000

Figura 17-6 Gráficos de probabilidade e testes de normalidade.

Instantâneo

Testando uma hipótese de uso não realístico de drogas em filmes

Os adolescentes norte-americanos são expostos a uso não realístico de drogas ou a consequências irreais decorrentes desse uso? O Escritório Nacional de Política de Controle de Drogas realizou uma análise de conteúdo dos 200 filmes mais alugados para determinar sua representação de uso de substâncias. Os pesquisadores usaram os 100 títulos mais populares da Entertainment Merchants Association com base na renda por aluguel durante dois anos consecutivos. Os filmes foram classificados da seguinte forma: ação e aventura, comédia ou drama. Também foram coletados dados sobre a classificação dada pela Motion Picture Association of America (MPAA): G (público em geral), PG (recomenda-se orientação dos pais), PG-13 (não recomendado para menores de 13 anos) ou R (restrito). Embora tecnicamente os adolescentes devessem ter sido excluídos dos títulos com classificação R (que representavam 48% da amostra total), o estudo incluiu todos os 20 filmes de adolescentes mais populares conforme identificado em um estudo independente anterior.

Classificadores treinados assistiram aos 200 filmes, prestando atenção especial a álcool, tabaco, drogas ilícitas, medicamentos vendidos sem receita, medicamentos prescritos, inaladores e comprimidos não identificados. Eles ignoraram substâncias administradas por equipe médica em ambiente hospitalar ou relacionado à saúde. O uso de substâncias incluiu cenas explícitas de consumo, e a aparência da substância foi observada quando eram notados materiais ou equipamentos sem nenhuma indicação de uso. Os classificadores identificaram mensagens dominantes sobre uso de substâncias e as consequências do uso. Também observaram cenas mostrando uso de drogas ilícitas ou as que exibiam uso por personagens com menos de 18 anos. A prevalência de uso foi determinada pela contagem de personagens em cada filme e determinando a porcentagem de personagens que usavam drogas, além de registrar se o personagem era protagonista ou coadjuvante. Os classificadores registraram o perfil dos personagens por idade, gênero e etnia, bem como outras características. A frequência de uso de substâncias foi determinada para cada intervalo de cinco minutos de cada filme, com a presença ou ausência de várias substâncias observadas, começando com o término dos créditos iniciais e concluindo quando os créditos finais apareciam. Como o último filme que você assistiu se sairia nessa análise?

www.whitehouse.gov/ondcp; www.vsda.org

Se quiséssemos verificar outra suposição – por exemplo, de variância igual –, um diagrama de dispersão e nível seria apropriado. Os programas estatísticos normalmente fornecem ferramentas de diagnóstico para verificar as suposições, que podem estar inclusas em um procedimento estatístico específico, como a análise de variância ou regressão, ou serem fornecidas como um conjunto geral de ferramentas para exame de suposições.

Os testes paramétricos colocam ênfases diferentes na importância das suposições: alguns testes são bastante fortes e se mantêm bem apesar das violações; para outros, o afastamento da linearidade ou igualdade de variância pode ameaçar a validade dos resultados.

Os testes não paramétricos têm um número menor de suposições, menos rigorosas; elas não especificam populações normalmente distribuídas ou homogeneidade de variância. Alguns testes exigem independência de casos; outros são expressamente planejados para situações com casos relacionados. Os testes não paramétricos são os únicos que podem ser usados com dados nominais e os únicos testes tecnicamente corretos para usar com dados ordinais, embora os testes paramétricos algumas vezes sejam empregados nesse caso; eles também podem ser usados para dados de intervalo e de razão, embora desperdicem algumas das informações disponíveis, mas são fáceis de entender e de usar. Os testes paramétricos são mais eficientes quando seu uso é apropriado, mas, mesmo em tais casos, os testes não paramétricos normalmente atingem uma eficiência de até 95%, o que significa que um teste não paramétrico com uma amostra de 100 tem o mesmo poder de teste estatístico de um teste paramétrico com uma amostra de 95.

Como selecionar um teste

Ao selecionar determinado teste de significância, o pesquisador deve considerar pelo menos três questões:

- O teste envolve uma amostra, duas amostras ou k (mais de duas) amostras?
- Se estiverem envolvidas duas amostras ou k amostras, os casos individuais são independentes ou relacionados?
- A escala de mensuração é nominal, ordinal, intervalar ou de razão?

Outras questões podem surgir depois que tivermos as respostas para essas questões: Qual é o tamanho da amostra? Se houver diversas amostras, elas têm o mesmo tamanho? Os dados foram ponderados? Os dados foram transformados? Essas perguntas são muitas vezes específicas para a técnica selecionada. As respostas podem complicar a seleção, mas, uma vez que a escolha está feita, a maioria dos livros de estatística dará detalhes adicionais.

As árvores de decisão fornecem um meio mais sistemático de selecionar técnicas. Um guia amplamente utilizado do Institute for Social Research começa com perguntas sobre o número de variáveis, natureza das variáveis (contínuas, discretas, dicotômicas, independentes, dependentes, etc.) e nível de mensuração e passa por uma estrutura de árvore, fazendo perguntas detalhadas sobre a natureza da relação que está sendo buscada, comparada ou testada. Mais de 130 soluções para problemas de análise de dados são pareadas com as perguntas mais comuns.[6]

Um sistema especializado oferece outra abordagem para escolher estatísticas apropriadas: com base no poder e na conveniência dos computadores pessoais, os programas especializados fornecem uma ampla busca de terreno estatístico, exatamente como em uma busca computadorizada de fontes secundárias. A maioria dos programas pergunta seus objetivos de pesquisa, a natureza de seus dados e o público-alvo de seu relatório final. Quando você não está 100% confiante em suas respostas, pode colocá-las entre parênteses com uma estimativa do seu grau de certeza. Um desses programas, o Statistical Navigator™, cobre diversas categorias de estatísticas, desde análise exploratória de dados até testes de confiabilidade e análises multivariadas de dados. Com base nas suas respostas, é impresso um relatório com recomendações, razões para seleção, referências e o pacote estatístico que oferece o procedimento sugerido.[7] O SPSS e o SAS incluem módulos de treinamento e de ajuda em seus softwares.

Seleção de testes usando critérios de escolha

Nesta seção, usamos as três questões discutidas na seção anterior para desenvolver uma classificação dos principais testes e medidas paramétricos e não paramétricos. Como os testes paramétricos são preferidos por seu poder quando as pressuposições são atendidas, eles serão discutidos em primeiro lugar em cada uma das subseções: testes de uma amostra, de duas amostras ou de k (mais de duas) amostras, conforme mostrado na Figura 17-7.[8] Para exemplificar a aplicação dos critérios de seleção de teste, considere que a sua situação de teste envolve duas

Escala de mensuração	Caso de uma amostra	Testes de duas amostras		Testes de k amostras	
		Amostras relacionadas	Amostras independentes	Amostras relacionadas	Amostras independentes
Nominal	• Binomial • Teste de uma amostra χ^2	• McNemar	• Teste exato de Fisher • Testes de duas amostras χ^2	• Q de Cochran	• χ^2 para k amostras
Ordinal	• Teste de uma amostra de Kolmogorov-Smirnov • Teste Runs	• Teste com sinais • Teste de Wilcoxon com pares semelhantes	• Teste da mediana • Teste U de Mann-Whitney • Kolmogorov-Smirnov • Wald-Wolfowitz	• ANOVA de fator duplo de Friedman	• Extensão da mediana • de Kruskal-Wallis ANOVA de um fator
Intervalo e razão	• Teste t • Teste Z	• Teste t para amostras pareadas	• Teste t • Teste Z	• ANOVA com mensurações repetidas	• ANOVA de um fator • ANOVA de formato n

Figura 17-7 Técnicas estatísticas recomendadas por nível de mensuração e situação de teste.

amostras, as amostras são independentes e os dados são intervalares. A figura sugere o teste *t* de diferenças como a escolha apropriada. Dos testes listados na Figura 17-7, discutimos os usados com maior frequência; para exemplos adicionais, ver Apêndice C.

Testes de uma amostra

Os **testes de uma amostra** são usados quando temos apenas uma amostra e queremos testar a hipótese de que ela vem de uma população específica. Nesse caso, encontramos questões como estas:

- Há uma diferença entre as frequências observadas e as frequências que esperamos, com base em alguma teoria?
- Há uma diferença entre as proporções observadas e as esperadas?
- É razoável concluir que a amostra é retirada de uma população com alguma distribuição específica (normal, Poisson, etc.)?
- Há uma diferença significativa entre algumas medidas de tendência central ($\bar{X}$) e seu parâmetro de população (μ)?

Diversos testes podem ser apropriados nesta situação. Discutimos primeiro os testes paramétricos.

Testes paramétricos

O **teste *t*** ou ***Z*** é usado para determinar a significância estatística entre uma média de distribuição amostral e um parâmetro.

A **distribuição *Z*** e a **distribuição *t*** são diferentes: a distribuição *t* tem mais área de cauda do que aquela encontrada em uma distribuição normal; isso é uma compensação para a falta de informações sobre o desvio-padrão da população. Embora o mesmo desvio-padrão amostral seja usado como uma figura aproximada, a imprecisão faz com que seja necessário ir além do 0 para incluir na distribuição *t* o percentual de valores necessariamente encontrado no padrão normal.

Quando o tamanho da amostra se aproxima de 120, o desvio-padrão amostral passa a ser uma estimativa muito boa do desvio-padrão da população (σ); além de 120, as distribuições *t* e *Z* são literalmente idênticas.

Algumas aplicações típicas do mundo real para os testes de uma amostra são:

- Encontrar o saldo médio mensal dos portadores de cartão de crédito comparado ao saldo médio mensal há cinco anos.
- Comparar o índice de falhas nos computadores em um teste de especificações de qualidade com 20 horas de duração.
- Descobrir a proporção de pessoas que fariam compras em um novo bairro comparada à proporção presumida de população.
- Comparar a média de vendas de um produto este ano com as vendas do ano anterior.

Exemplo Para ilustrar a aplicação do teste *t* em um caso de uma amostra, considere novamente o problema do veículo híbrido mencionado. Com uma amostra de 100 veículos, os pesquisadores descobrem que a média de milhas por galão é de 52,5 mpg, com um desvio-padrão de 14. Esses resultados indicam que a média da população ainda pode ser de 50?

Nesse problema, temos apenas o desvio-padrão amostral (*s*), que deve ser usado no lugar do desvio-padrão da população (σ). Quando substituímos *s* por σ, usamos a distribuição *t*, especialmente se o tamanho da amostra for inferior a 30. Definimos *t* como

$$t = \frac{\bar{X} - \mu}{s/\sqrt{n}}$$

Para conduzir esse teste de significância, devemos seguir o procedimento de seis etapas recomendado:

1. *Hipótese nula.*

    H_0: = 50 milhas por galão (mpg)

    H_A: > 50 mpg (teste unicaudal)

2. *Teste estatístico.* Escolha o teste *t* porque os dados são mensurações de razão. Suponha que a população estudada seja normal e que selecionamos aleatoriamente a amostra da população de veículos.

3. *Nível de significância.* Deixe $\alpha = 0{,}05$, com $n = 100$.

4. *Valor calculado.*

$$t = \frac{52{,}5 - 50}{14\sqrt{100}} - \frac{2{,}5}{1{,}4} = 1{,}786 \qquad \text{g.l.} = n - 1 = 99$$

5. *Valor crítico de teste.* Obtemos esse item ao colocarmos os valores críticos de *t* na tabela (ver Apêndice D, Tabela D-2 no final do livro), com 99 graus de liberdade (g.l.) e um nível de significância no valor de 0,05. Asseguramos um valor crítico de cerca de 1,66 (interpolado entre g.l. = 60 e g.l. = 120 na Tabela D-2).

6. *Interpretação.* Nesse caso, o valor calculado é maior que o valor crítico (1,786 > 1,66), então rejeitamos a hipótese nula e concluímos que a média de mpg aumentou.

Testes não paramétricos

Diversos testes não paramétricos podem ser usados na situação de amostra única, dependendo da escala de mensuração usada e de outras condições. Se a escala de mensuração for nominal (apenas classificatória), é possível usar o teste binomial ou o teste qui-quadrado (χ^2) de amostra única. O teste binomial é apropriado quando a população tem apenas duas classes, como masculino e feminino, comprador e não comprador, bem-sucedido e mal sucedido, e todas as observações se encaixam em uma dessas categorias, e é particularmente útil quando o tamanho da amostra é tão pequeno que χ^2 não pode ser usado.

Teste qui-quadrado

Provavelmente o teste de significância não paramétrico mais amplamente usado seja o **teste qui-quadrado (χ^2)**. Ele é particularmente útil em testes que envolvam dados nominais, mas pode ser usado para escalas mais altas; casos típicos são agrupamentos de pessoas, fatos ou objetos em uma ou mais categorias nominais, como "sim-não", "favorável-indeciso-contra", ou classes "A, B, C ou D".

Usando essa técnica, testamos diferenças significativas entre a distribuição *observada* dos dados entre as categorias e a distribuição *esperada* com base na hipótese nula. O qui-quadrado é útil em casos de análise de uma amostra, duas amostras independentes ou *k* amostras independentes e deve ser calculado com contagens reais, e não com percentagens.

No caso de uma amostra, estabelecemos uma hipótese nula baseada na frequência esperada de objetos em cada categoria; depois comparamos os desvios da frequência real em cada categoria com as frequências hipotéticas. Quanto maior a diferença, menor a probabilidade de que essas diferenças possam ser atribuídas ao acaso. O valor do χ^2 é a medida que expressa o tamanho dessa diferença. Quanto maior a divergência, maior o valor de χ^2.

A fórmula usada para calcular o teste χ^2 é

$$\chi^2 = \sum_{i=1}^{k} \frac{(O_i - E_i)^2}{E_i}$$

onde

O_i = número observado de casos classificados na categoria *i*

E_i = número esperado de casos na categoria *i* sob H_0

k = número de categorias.

Há uma distribuição diferente de χ^2 para cada número de graus de liberdade (g.l.), definido como $(k - 1)$ ou outro número de categorias na classificação menos 1:

$$g.l. = k - 1$$

Com as tabelas de contingência do qui-quadrado de duas amostras ou de k amostras, temos tanto as linhas como as colunas na tabela de classificação cruzada. Nesse caso, g.l. é definido como linhas menos 1 $(l - 1)$ *vezes* colunas menos 1 $(c - 1)$:

$$g.l. = (l - 1)(c - 1)$$

Em uma tabela 2×2, há 1 g.l. e, em uma tabela 3×2, há 2 g.l. Dependendo do número de graus de liberdade, devemos ter certeza de que os números em cada célula são grandes o suficiente para fazer o teste χ^2 apropriado. Quando g.l. = 1, cada frequência esperada deveria ser de pelo menos 5. Se g.l. > 1, o teste χ^2 não deve ser usado se mais de 20% das frequências esperadas forem menores que 5, ou quando qualquer frequência esperada for menor que 1. As frequências esperadas geralmente podem ser aumentadas combinando categorias adjacentes, por exemplo, quatro categorias, incluindo calouros, segundanistas, terceiranistas e quartanistas poderiam ser classificadas em classe superior e classe inferior. Se houver apenas duas categorias e ainda assim houver muito poucos em determinada classe, é melhor usar o teste binomial.

Suponha que seja feito um levantamento de interesse entre os alunos em relação ao clube de refeições discutido no Capítulo 15. Entrevistamos 200 alunos e descobrimos suas intenções de se associar a esse clube. Gostaríamos de analisar os resultados por tipo de moradia (tipo de local onde o estudante mora e come). As 200 respostas são classificadas em quatro categorias, mostradas na tabela que segue.

Tipo de moradia	O = Pretende se associar	Número de entrevistados	% (n° de entrevistados/200)	E = Frequências esperadas (% × 60)
Dormitório/república	16	90	45	27
Apartamento/pensão próximos	13	40	20	12
Apartamento/pensão distantes	16	40	20	12
Mora em casa	15	30	15	9
Total	60	200	100	60

Essas variações indicam uma diferença significativa entre os alunos ou são apenas variações de amostragem? Siga os procedimentos a seguir:

1. *Hipótese nula.* H_0: $O_i = E_i$. A proporção da população que pretende se associar ao clube é independente do tipo de moradia. Em H_A: $O_i \neq E_i$, a proporção da população que pretende se associar ao clube é dependente do tipo de moradia.
2. *Teste estatístico.* Use χ^2 de uma amostra para comparar a distribuição observada com uma distribuição hipotética. O teste χ^2 é usado porque as respostas são classificadas em categorias nominais e há observações suficientes.
3. *Nível de significância.* Deixe $\alpha = 0,05$.
4. *Valor calculado.*

$$\chi^2 = \sum_{i=1}^{k} \frac{(O_i - E_i)^2}{E_i}$$

Calcule a distribuição esperada, determinando que proporção dos 200 estudantes entrevistados estava em cada grupo e, então, aplique essas proporções ao número que pretende se associar ao clube; depois calcule o seguinte:

Instantâneo

A maioridade dos testes A/B

Os testes de separação de anúncios em mala direta vêm sendo usados por mais de 100 anos. Em anúncios na forma de mala direta, o envelope é alterado para ver se mais pessoas o abrem, ou a oferta (2 pelo custo de um *versus* 50%) é alterada para parte da amostra para testar se mais pessoas compram. A cor do papel, o tipo de saudação, o endereço do envelope de devolução – qualquer combinação pode ser o foco de um teste. Porém, o teste de separação nunca foi mais interessante que com o design atual de sites.

A Google iniciou o processo por volta do ano 2000 com seus testes A/B. Como o software *Optimizely* é usado para traçar o perfil no processo, quando as pessoas visitam um site, algumas delas são direcionadas para uma versão levemente diferente da página inicial, por exemplo, o botão "comprar" pode ser azul em vez de vermelho, e assim os visitantes da página normal e os da página alterada são rastreados. A página alterada obtém mais cliques? Ela faz com que as pessoas passem mais tempo no site ou – o Santo Graal – façam mais compras? Se isso ocorrer, então a nova página substituirá a página antiga.

Há muitos aspectos de uma página que podem ser alterados: a localização do texto, seu tamanho e cor; quais títulos podem ser usados; uso de imagens fixas ou vídeos; esquema de cores da página; número de links na página; ou onde os anúncios são colocados no site. A lista de alterações possíveis de serem testadas é infinita.

Como as pesquisas são sempre realizadas em uma página da Web, precisamos pensar sobre o que estamos vendo quando visitamos uma página. Estamos vendo uma página de teste ou uma página-padrão vista pelas massas? A tela de finalização de compra da Amazon que eu vejo pode ser diferente daquela que você está vendo.

Então, é possível usar o teste A/B em uma página da Web? Há alguns poucos anos, a resposta seria não. Contudo, um ex-funcionário da Google criou o *Optimizely*, um software que permite que os programadores arrastem, digitem novamente, mudem de lugar, insiram e apaguem o que quiserem para criar versões alternativas de uma página-teste.

Os testes A/B podem virtualmente eliminar um erro terrível no processo de tomada de decisão: deixar que a pessoa mais bem paga tome uma decisão de design em uma reunião baseada simplesmente em sua opinião. Os testes A/B possibilitam que todas as decisões sejam tomadas com base em dados, porém, como alterações adicionais pequenas estão sendo testadas, há um aspecto perigoso: quando há a necessidade de grandes alterações, a natureza dos testes A/B pode atar as mãos do webmaster da empresa. Conforme Brian Christian, autor do livro *The Most Human: What Artificial Intelligence Teaches Us about Being Alive*, "A aplicação de testes permite que você reaja constantemente às preferências do usuário, mas isso não o torna necessariamente ágil; 10.000 ajustes não contribuem para que uma alteração fundamente a direção [estratégica] quando esta for necessária".

www.optimizely.com; www.wired.com; www.google.com; brchristian.com

$$\chi^2 = \frac{(16-27)^2}{27} + \frac{(13-12)^2}{12} + \frac{(16-12)^2}{12} + \frac{(15-9)^2}{9}$$

$$= 4{,}48 + 0{,}08 + 1{,}33 + 4{,}0$$

$$= 9{,}89$$

$$\text{g.l.} = (4-1)(2-1) = 3$$

5. *Valor crítico de teste.* Coloque na tabela os valores críticos de χ^2 (ver Tabela D-3), com 3 g.l. e assegure um valor de 7,82 para $\alpha = 0{,}05$.

6. *Interpretação.* O valor calculado (9,89) é maior que o valor crítico (7,82), então a hipótese nula é rejeitada e concluímos que a pretensão de se associar depende do tipo de moradia.

Testes com duas amostras independentes

A necessidade de usar **testes com duas amostras independentes** frequentemente é encontrada na pesquisa em administração, por exemplo, podemos comparar as predisposições de compra de uma amostra de assinantes de duas revistas para descobrir se eles são da mesma população; similarmente, podemos comparar um teste de métodos de distribuição de dois canais ou os movimentos do mercado de ações de dois produtos concorrentes.

Testes paramétricos

Os testes Z e t são testes paramétricos frequentemente usados para amostras independentes, embora o teste F possa ser usado.

O teste Z é usado com amostras de tamanho grande (acima de 30 para as duas amostras independentes) ou com amostras menores quando os dados são distribuídos normalmente e as variâncias da população são conhecidas. A fórmula para o teste Z é

$$Z = \frac{(\bar{X}_1 - \bar{X}_2) - (\mu_1 - \mu_2)0}{\sqrt{\dfrac{S_1^2}{n_1} + \dfrac{S_2^2}{n_2}}}$$

Com amostras de tamanho pequeno, populações normalmente distribuídas e supondo variâncias iguais de população, o teste t é apropriado:

$$t = \frac{(\bar{X}_1 - \bar{X}_2) - (\mu_1 - \mu_2)0}{\sqrt{S_p^2\left(\dfrac{1}{n_1} + \dfrac{1}{n_2}\right)}}$$

onde

$(\mu_1 - \mu_2)$ é a diferença entre as duas médias da população.

S_p^2 está associado à estimativa de variância agrupada:

$$S_p^2 = \frac{(n_1 - 1)S_1^2 + (n_2 - 1)S_2^2}{n_1 + n_2 - 2}$$

Para exemplificar essa aplicação, considere um problema que poderia ser enfrentado por um gerente da KDL, uma empresa de mídia que está avaliando trainees para executivos de contas. O gerente deseja testar a eficácia de dois métodos de treinamentos de novos executivos de contas. A empresa seleciona 22 trainees, aleatoriamente divididos em dois grupos experimentais: um recebe o treinamento tipo A, e o outro, o tipo B. Os trainees então assumem suas funções e são gerenciados, independentemente do treinamento recebido. No final do ano, o gerente avalia o desempenho dos funcionários nesses grupos e encontra os seguintes resultados:

	Grupo A	Grupo B
Média de vendas por hora	X_1 = US$ 1.500	X_2 = US$ 1.300
Desvio padrão	s_1 = 225	s_2 = 251

Seguindo o procedimento-padrão de teste, determinemos se um método de treinamento é superior ao outro:

1. *Hipótese nula.*

    H_0: Não há diferença nos resultados de vendas produzidos pelos dois métodos de treinamento.

    H_A: O método de treinamento A produz resultados de vendas superiores aos do método B.

2. *Teste estatístico.* O teste t é escolhido porque os dados são intervalares e as amostras são independentes.
3. *Nível de significância.* $\alpha = 0{,}05$ (teste unicaudal).
4. *Valor calculado.*

$$t = \frac{(1.500 - 1.300) - 0}{\sqrt{\frac{(10)(225)^2 + (10)(251)^2}{20}\left(\frac{1}{11} + \frac{1}{11}\right)}}$$

$$= \frac{200}{101{,}63} = 1{,}97$$

Há $n - 1$ graus de liberdade em cada amostra, então o g.l. total é

$$\text{g.l.} = (11 - 1) + (11 - 1) = 20$$

5. *Valor crítico de teste.* Coloque g.l. 20 na Tabela D-2 do Apêndice D, teste unicaudal, $\alpha = 0{,}05$. O valor crítico é 1,725.
6. *Interpretação.* Como o valor calculado é maior que o valor crítico (1,97 > 1,725), rejeite a hipótese nula e conclua que o método de treinamento A é superior.

Testes não paramétricos

O teste qui-quadrado (χ^2) é apropriado para situações nas quais se exige um teste de diferenças entre amostras e é especialmente útil para dados nominais, mas também pode ser usado com mensurações ordinais. Quando os dados paramétricos são reduzidos a categorias, eles são frequentemente tratados com χ^2, embora isso resulte em perda de informações. O modo de resolver esse problema é o mesmo apresentado, embora a fórmula seja ligeiramente diferente:

$$\chi^2 = \sum_i \sum_j \frac{(O_{ij} - E_{ij})^2}{E_{ij}}$$

onde

O_{ij} = número observado de casos categorizados na célula *ij*

E_{ij} = número esperado de casos sob H_0 a serem categorizados na célula *ij*.

Suponhamos que a MindWriter esteja implementando uma política de não fumar no local de trabalho e esteja interessada em saber se o hábito de fumar afeta os acidentes com os trabalhadores. Como a empresa tem relatórios completos sobre acidentes de trabalho, foi retirada uma amostra de nomes de trabalhadores que se envolveram em acidentes no ano anterior; é feita uma amostra similar entre os trabalhadores que não se envolveram em acidentes no último ano. Os membros dos dois grupos são entrevistados para determinar se são fumantes ou não e, em caso de ser fumante, se a pessoa se classifica como fumante moderada ou compulsiva. Os resultados são apresentados na tabela a seguir, com o cálculo dos valores esperados.

		Acidentes de trabalho		
	Contagem valores esperados	Sim	Não	Total
Fumante		1,1	1,2	
	Fumante compulsivo	127	4	16
		8,24	7,75	
		2.1	2.2	
	Moderado	9	6	15
		7,73	7,27	
		3.1	3.2	
	Não fumante	13	22	35
		18,03	16,97	
	Total da coluna	34	32	66

O procedimento de teste é:

1. *Hipótese nula.*

   H_0: Não há diferença nas ocorrências de acidentes de trabalho entre fumantes e não fumantes.

   H_A: Há diferenças nas ocorrências de acidentes de trabalho entre fumantes e não fumantes.

2. *Teste estatístico.* χ^2 é apropriado, mas pode desperdiçar alguns dados porque as mensurações parecem ser ordinais.
3. *Nível de significância.* $\alpha = 0{,}05$, com g.l. $= (3-1)(2-1) = 2$
4. *Valor calculado.* A distribuição esperada é fornecida pelos totais marginais da tabela. Se não houver relação entre acidentes e o hábito de fumar, haverá a mesma proporção de fumantes nos grupos com e nos sem acidentes. Os números de observações esperadas em cada célula são calculados multiplicando os dois totais marginais comuns a determinada célula, e dividindo esse produto por *n*. Por exemplo,

$$\frac{34 \times 16}{66} = 8{,}24, \text{ o valor esperado na célula } (1,1)$$

$$\chi^2 = \frac{(12 - 8{,}24)^2}{8{,}24} + \frac{(4 - 7{,}75)^2}{7{,}75} + \frac{(9 - 7{,}73)^2}{7{,}73} + \frac{(6 - 7{,}72)^2}{7{,}72}$$

$$+ \frac{(13 - 18{,}03)^2}{18{,}03} + \frac{(22 - 16{,}97)^2}{16{,}97}$$

$$= 7{,}01$$

5. *Valor crítico de teste.* Consulte a Tabela D-3 do Apêndice D e encontre o valor crítico 7,01 com $\alpha = 0{,}05$ e g.l. $= 2$.
6. *Interpretação.* Como o valor calculado é maior que o valor crítico, a hipótese nula é rejeitada.

Para que o teste qui-quadrado seja executado corretamente, os dados devem vir de amostras aleatórias de distribuições multinomiais e as frequências esperadas não devem ser muito pequenas. Já chamamos a atenção para a cautela tradicional de que as frequências esperadas (E_i) inferiores a 5 não devem compor mais de 20% das células, e nenhuma célula deve ter E_i menor do que 1; contudo, alguns pesquisadores argumentam que essas restrições são muito rigorosas.[9]

Em outro tipo de χ^2, a tabela 2 × 2, uma correção conhecida como *correção de Yates para continuidade*, é frequentemente aplicada quando a amostra é maior que 40 ou quando está entre 20 e 40, e os valores de E_i são 5 ou mais (usamos essa correção porque uma distribuição contínua se aproxima de uma distribuição discreta nessa tabela; quando os valores de E_i são pequenos, a aproximação não é necessariamente boa). A fórmula para essa correção é

$$\chi^2 = \frac{n\left(|AD - BC| - \frac{n}{2}\right)^2}{(A+B)(C+D)(A+C)(B+D)}$$

onde as letras representam as células designadas como

A	B
C	D

```
                RENDA DE ACORDO COM A POSSE DE DIPLOMA DE MBA

                         MBA
              Contagem
                         Sim      Não
                                             Total
                          1        2        da linha
      RENDA
              Alta  1     30       30          60
                                                60,0

              Baixa 2     10       30          40
                                                40,0

              Total da    40       60         100
              coluna     40,0     60,0       100,0

Qui-quadrado                      Valor       G.L.      Significância
Pearson                          6,25000        1         0,01242
Correção de continuidade         5,25174        1         0,02192
Índice de probabilidade          6,43786        1         0,01117
Mantel-Haenszel                  6,18750        1         0,01287
Frequência mínima esperada: 16,000
```

Figura 17-8 Comparação de resultados qui-quadrados corrigidos e não corrigidos usando procedimento de tabulação cruzada do SPSS.

Quando a correção de continuidade é aplicada aos dados mostrados na Figura 17-8, obtemos um valor de 5,25 para χ^2. O nível de significância observado para esse valor é de 0,02192. Se o nível de significância foi estabelecido em 0,01, aceitamos a hipótese nula, porém, se tivéssemos calculado χ^2 sem correção, o valor seria 6,25, com um nível de significância observado de 0,01242. Alguns pesquisadores podem ficar tentados a rejeitar a hipótese nula nesse nível (mas o valor crítico de χ^2 em 0,01 com 1 g.l. é 6,64. Veja a Tabela D-3 no Apêndice D). Há conflito na literatura em relação aos méritos da correção de Yates, mas esse exemplo sugere que devemos ter cuidado ao interpretar tabelas 2×2.[10] Errar para o lado conservador seria manter-se em linha com nossa discussão sobre erros tipo I.

O teste de Mantel-Haenszel e o índice de probabilidade também aparecem na Figura 17-8. O primeiro é usado com dados ordinais; o segundo, baseado na teoria de probabilidade máxima, produz resultados semelhantes ao qui-quadrado de Pearson.

Testes com duas amostras relacionadas

Os **testes com duas amostras relacionadas** dizem respeito às situações nas quais pessoas, objetos ou fatos são fortemente pareados ou os fenômenos são mensurados duas vezes, por exemplo, podemos comparar o consumo de cônjuges, o resultado de trabalhadores antes e depois das férias ou os efeitos de um estímulo de marketing quando pessoas são aleatoriamente atribuídas a grupos e recebem pré e pós-testes. Tanto os testes paramétricos como os não paramétricos são aplicáveis sob essas condições.

Testes paramétricos

O teste t para amostras independentes seria normalmente impróprio para essa situação porque uma de suas suposições é que as observações sejam independentes. Esse problema é resolvido com uma fórmula na qual a diferença é encontrada entre cada par de observações, reduzindo as duas amostras ao equivalente a um caso de amostra única – ou seja, agora há várias diferenças, uma independente da outra, e para cada uma podemos computar várias estatísticas.

Na fórmula que segue, a diferença média, $\overline{D}$, corresponde à distribuição normal quando a diferença é conhecida e o tamanho da amostra é suficiente. A estatística t com $(n-1)$ graus de liberdade é definida como

$$t = \frac{\overline{D}}{S_D/\sqrt{n}}$$

onde

$$\overline{D} = \frac{\Sigma D}{n}$$

$$S_D = \sqrt{\frac{\Sigma D^2 - \frac{(\Sigma D)^2}{n}}{n-1}}$$

Para ilustrar essa aplicação, usamos dados de vendas de dois anos obtidos da Forbes (em milhões de dólares) de dez empresas listadas na Figura 17-9.

1. *Hipótese nula.*

    H_0: $\mu = 0$; não há diferença entre os registros de vendas dos dois anos.

    H_A: $\mu \neq 0$; há diferença entre as vendas do Ano 1 e do Ano 2.

2. *Teste estatístico.* O teste t para amostras pareadas é escolhido porque há medidas repetidas em cada empresa, os dados não são independentes e a mensuração é de razão.
3. *Nível de significância.* Deixe $\alpha = 0{,}01$ com $n = 10$ e g.l. $= n - 1$.
4. *Valor calculado.*

$$t = \frac{\overline{D}}{S_D/\sqrt{n}} = \frac{3582{,}10}{570{,}98} = 6{,}27 \qquad \text{g.l.} = 9$$

5. *Valor crítico de teste.* Coloque g.l. = 9, teste bicaudal, $\alpha = 0{,}01$ no Apêndice D, Tabela D-2. O valor crítico é 3,25.
6. *Interpretação.* Como o valor calculado é maior que o valor crítico (6,27 > 3,25), rejeite a hipótese nula e conclua que há diferença estatisticamente significativa entre os dois anos de vendas.

Empresa	Vendas ano 2	Vendas ano 1	Diferença D	D^2
GM	126932	123505	3427	11744329
GE	54574	49662	4912	24127744
Exxon	86656	78944	7712	59474944
IBM	62710	59512	3198	10227204
Ford	96146	92300	3846	14791716
AT&T	36112	35173	939	881721
Mobil	50220	48111	2109	4447881
DuPont	35099	32427	2672	7139584
Sears	53794	49975	3819	14584761
Amoco	23966	20779	3187	10156969
			$\Sigma D = 35821$	$\Sigma D^2 = 157576853$

Figura 17-9 Dados de vendas para teste t de amostras pareadas (em milhões de dólares).

```
            ---testes t para amostras pareadas---

                  Número                Desvio-        Erro-
   Variável     de casos     Média      -padrão       -Padrão

   Vendas Ano 2    10       62620,9    31777,649     10048,975
   Vendas Ano 1    10       59038,8    31072,871      9836,104


   (Média de   Desvio-    Erro-              Bicaudal  Valor  Graus de   Bicaudal
   diferença)  -padrão   -padrão   Corr.      Prob.      t    liberdade   Prob.

    3582,1000  1803,159  570,209   0,999     0,000    6,28       9       0,000
```

Figura 17-10 Saída de SPSS para Teste *t* de amostras pareadas (em milhões de dólares).

A Figura 17-10 mostra uma solução computadorizada para o problema. Observe que um **nível de significância observado** é impresso para o valor *t* calculado (em destaque); com o SPSS, esse número é normalmente arredondado e seria interpretado como significativo no nível de 0,0005. O coeficiente de correlação, à esquerda do valor *t*, é uma medida da relação entre os dois pares de valores. Nas situações em que ocorreu pareamento (como nos valores de maridos e esposas), ele revela o grau em que o pareamento foi eficaz para reduzir a variação da diferença média.

Testes não paramétricos

O teste *McNemar* pode ser usado com dados nominais e ordinais e é especialmente útil com mensurações prévias e posteriores das mesmas pessoas. Teste a significância de qualquer mudança observada estabelecendo uma tabela de quatro níveis de frequência para representar o primeiro e o segundo conjuntos de respostas:

	Depois	
Antes	Desfavorável	Favorável
Favorável	A	B
Desfavorável	C	D

Já que *A* + *D* representa o número total de pessoas que mudaram (*B* e *C* são respostas sem alteração), a expectativa sob a hipótese nula é de que 1/2 (*A* + *D*) dos casos mude em uma direção e a mesma proporção mude na outra direção. O teste McNemar usa a seguinte transformação do teste χ^2:

$$\chi^2 = \frac{(|A - D| - 1)^2}{A + D} \text{ com g.l.} = 1$$

O "menos 1" na equação é uma correção para continuidade, já que χ^2 é uma distribuição contínua e as frequências observadas representam uma distribuição discreta.

Para ilustrar a aplicação desse teste, usamos dados de um estudo da SteelShelf Corporation, cujos pesquisadores decidiram testar um novo conceito de disposição das mesas no escritório com os funcionários na matriz da empresa. Os gerentes pegaram uma amostra aleatória de seus funcionários antes do teste e pediram que eles respondessem a um questionário sobre suas atitudes em relação ao conceito. Com base em suas respostas, os trabalhadores foram divididos em grupos iguais, de acordo com suas visões favoráveis ou desfavoráveis sobre a nova disposição. Depois da campanha, solicitou-se aos mesmos 200 funcionários que respondessem a outro questionário, e novamente eles foram classificados por suas atitudes favoráveis ou desfavoráveis. O processo de teste é:

1. *Hipótese nula.*

    $H_0: P(A) = P(D)$

    $H_A: P(A) \neq P(D)$

2. *Teste estatístico.* O teste McNemar é escolhido porque são usados dados nominais e o estudo envolve mensurações prévias e posteriores de duas amostras relacionadas.

3. *Nível de significância.* Deixe $\alpha = 0,05$, com $n = 200$.

4. *Valor calculado.*

$$\chi^2 = \frac{(|10 - 40| - 1)^2}{10 + 40} = \frac{29^2}{50} = 16,82 \qquad \text{g.l.} = 1$$

Antes	Depois	
	Desfavorável	Favorável
Favorável	$A = 10$	$B = 90$
Desfavorável	$C = 60$	$D = 40$

5. *Valor crítico de teste.* Consulte a Tabela D-3 do Apêndice D e encontre o valor crítico, que deve ser 3,84 com $\alpha = 0,05$ e g.l. = 1.

6. *Interpretação.* O valor calculado é maior que o valor crítico (16,82 > 3,84) indicando que devemos rejeitar a hipótese nula e concluir que o novo conceito teve um efeito positivo significativo nas atitudes dos funcionários. Na verdade, χ^2 é tão grande que ultrapassaria um α de 0,001.

Testes com *k* amostras independentes

Em pesquisa, frequentemente usamos **testes com *k* amostras independentes** quando estão envolvidas três ou mais amostras. Nessas condições, estamos interessados em saber se as amostras vieram da mesma população ou de populações idênticas. Quando os dados são mensurados em uma escala intervalar de razão e podemos atender às suposições necessárias, usamos análise de variância e teste *F*, mas, se a análise preliminar mostrar que as suposições não podem ser atendidas ou se os dados forem mensurados em escala ordinal ou nominal, devemos escolher um teste não paramétrico.

Como no caso de duas amostras, as amostras devem ser independentes. Isso é a condição para um experimento completamente aleatório, quando os sujeitos são aleatoriamente atribuídos a vários grupos de tratamento. Também é comum para um estudo *ex post facto* exigir comparações de mais de duas médias de amostras independentes.

Testes paramétricos

O método estatístico para testar a hipótese nula de que as médias de diversas populações são iguais é a **análise de variância (ANOVA**, do inglês *analysis of variance*). Nesta seção, descrevemos a *análise de variância de um fator*, que usa um modelo de um fator e efeitos fixos para comparar os efeitos de um *tratamento* ou *fator* (marcas de café, variedades de tipos de moradia, tipos de lojas de varejo) em uma variável dependente contínua (consumo de café, horas em frente à TV, gastos com compras). Em um modelo de efeitos fixos, os níveis do fator são estabelecidos antecipadamente e os resultados não são generalizáveis para outros níveis de tratamento, por exemplo, se a análise de café se referia a grãos jamaicanos, colombianos e hondurenhos, não podemos estender nossas inferências ao café da Guatemala ou do México.

Para usar a ANOVA, devemos atender a certas condições: as amostras devem ser aleatoriamente selecionadas de populações normais, e as populações devem ter variâncias iguais; além disso, a distância de um valor para a média de seu grupo deve ser independente das distâncias dos outros valores para aquela média (independência de erro). A ANOVA é razoavelmente forte, e variações mínimas da normalidade e variância igual são toleráveis, entretanto o analista pode verificar as suposições com as técnicas de diagnóstico descritas.

A análise de variância, como o nome sugere, quebra ou divide a variabilidade total em suas partes componentes. Ao contrário do teste *t*, que usa desvio-padrão de amostra, a ANOVA usa desvios quadráticos de variância, de forma que o cálculo de distâncias dos pontos de dados individuais a partir de sua própria média ou da média geral possa ser somado (lembre-se de que a soma dos desvios-padrão é zero).

Em um modelo ANOVA, cada grupo tem sua própria média e valores que desviam da média. De forma semelhante, todos os pontos de dados de todos os grupos produzem uma *média geral*; o desvio total é a soma das diferenças, elevadas ao quadrado, entre cada ponto de dados e a média geral.

O desvio total de qualquer ponto de dados pode ser dividido *em variância entre grupos* e *variância dentro dos grupos*. As variâncias entre grupos representam o efeito do tratamento ou fator; já as diferenças das médias entre grupos implicam que cada grupo foi tratado de forma diferente, e o tratamento aparecerá como desvio das médias de amostra a partir da média geral. Mesmo que não fosse o caso, ainda haveria alguma variabilidade natural entre os sujeitos e alguma variabilidade atribuível à amostragem. A variância dentro dos grupos descreve os desvios dos pontos de dados dentro de cada grupo a partir da média da amostra. Isso resulta da variabilidade entre os sujeitos e da variação aleatória e é sempre chamado de *erro*.

Intuitivamente, podemos concluir que, quando a variabilidade atribuível ao tratamento excede a variabilidade que surge do erro e das flutuações aleatórias, a viabilidade da hipótese nula começa a diminuir, e é exatamente assim que o teste estatístico para análise de variância funciona.

O teste estatístico ANOVA é o **índice F**, que compara a variância das duas últimas fontes:

$$F = \frac{\text{variância entre grupos}}{\text{variância dentro de grupos}} = \frac{\text{média ao quadrado}_{entre}}{\text{média ao quadrado}_{dentro}}$$

onde

$$\text{Média ao quadrado}_{entre} = \frac{\text{soma dos quadrados}_{entre}}{\text{graus de liberdade}_{entre}}$$

$$\text{Média ao quadrado}_{dentro} = \frac{\text{soma dos quadrados}_{dentro}}{\text{graus de liberdade}_{dentro}}$$

Para computar o índice F, a soma dos desvios quadráticos para o numerador e o denominador é dividida por seus respectivos graus de liberdade. Ao dividir, estamos computando a variância como uma média, por isso o termo **média ao quadrado**. Os graus de liberdade para o numerador, a média ao quadrado entre grupos, é um a menos do que o número de grupos ($k - 1$). Os graus de liberdade para o denominador, a média ao quadrado dentro dos grupos, é o número total de observações menos o número de grupos ($n - k$).

Se a hipótese nula for verdadeira, não deve haver diferença entre as médias de populações, e o índice deve ficar próximo de 1; se as médias da população não são iguais, o numerador deve manifestar essa diferença e o índice F deve ser maior que 1. A distribuição F determina o tamanho do índice necessário para rejeitar a hipótese nula para determinado tamanho de amostra e nível de significância.

Para ilustrar uma ANOVA de um fator, consideremos os relatórios da revista *Travel Industry Magazine*, feitos com passageiros internacionais, sobre a qualidade do serviço de bordo das diversas companhias aéreas que fazem a rota Estados Unidos-Ásia. Antes de escrever uma matéria especial que coincidisse com o período de pico nas viagens, a revista decidiu contratar um pesquisador para assegurar uma perspectiva mais equilibrada das reações dos passageiros. O pesquisador selecionou passageiros que tinham impressões atualizadas sobre serviços de refeição, conforto e cortesia de uma companhia aérea. Foram escolhidas três companhias aéreas e, para cada uma, foram selecionados aleatoriamente 20 passageiros. Os dados, mostrados na Figura 17-11,[11] são usados para este e para os próximos dois exemplos. Para a análise de variância de um fator, estamos preocupados apenas com as colunas "Nota 1 do Serviço de Bordo" e "Companhia Aérea". O fator companhia aérea é a variável de grupo para as três companhias aéreas.

	Serviço de bordo					Serviço de bordo			
	Nota 1	Nota 2	Cia. Aérea[†]	Escolha assento[‡]		Nota 1	Nota 2	Cia. Aérea[†]	Escolha assento[‡]
1	40	36	1	1	31	52	65	2	1
2	28	28	1	1	32	70	80	2	1
3	36	30	1	1	33	73	79	2	1
4	32	28	1	1	34	72	88	2	1
5	60	40	1	1	35	73	89	2	1
6	12	14	1	1	36	71	72	2	1
7	32	26	1	1	37	55	58	2	1
8	36	30	1	1	38	68	67	2	1
9	44	38	1	1	39	81	85	2	1
10	36	35	1	1	40	78	80	2	2
11	40	42	1	2	41	92	95	3	1
12	68	49	1	2	42	56	60	3	1
13	20	24	1	2	43	64	70	3	1
14	33	35	1	2	44	72	78	3	1
15	65	40	1	2	45	48	65	3	1
16	40	36	1	2	46	52	70	3	1
17	51	29	1	2	47	64	79	3	1
18	25	24	1	2	48	68	81	3	1
19	37	23	1	2	49	76	69	3	1
20	44	41	1	2	50	56	78	3	1
21	56	67	2	1	51	88	92	3	2
22	48	58	2	1	52	79	85	3	2
23	64	78	2	1	53	92	94	3	2
24	56	68	2	1	54	88	93	3	2
25	28	69	2	1	55	73	90	3	2
26	32	74	2	1	56	68	67	3	2
27	42	55	2	1	57	81	85	3	2
28	40	55	2	1	58	95	95	3	2
29	61	80	2	1	59	68	67	3	2
30	58	78	2	1	60	78	83	3	2

Figura 17-11 Tabela de dados: Exemplos de análise de variância*.
[†] Companhia aérea: 1 = Lufthansa; 2 = Malaysia Airlines; 3 = Cathay Pacific.
[‡] Escolha de assento: 1 = econômica; 2 = executiva.
* Todos os dados são hipotéticos.

Novamente, seguimos o procedimento:

1. *Hipótese nula.*

    H_0: $\mu_{A1} = \mu_{A2} = \mu_{A3}$

    H_A: $\mu_{A1} \neq \mu_{A2} \neq \mu_{A3}$ (as médias não são iguais)

2. *Teste estatístico.* O teste F é escolhido porque temos k amostras independentes, aceitamos as suposições da análise de variância e temos dados intervalares.

3. *Nível de significância.* Deixe $\alpha = 0,05$ e g.l. = [numerador $(k - 1) = (3 - 1) = 2$], [denominador $(n - k) = (60 - 3) = 57$] = (2, 57).

4. *Valor calculado.*

$$F = \frac{\text{MQ}_{entre}}{\text{MQ}_{dentro}} = \frac{5822,017}{205,695} = 28,304 \qquad \text{g.l. (2, 57)}$$

    Ver resumo na Figura 17-12.

5. *Valor crítico de teste.* Coloque g.l. (2, 57), $\alpha = 0,05$ na Tabela D-8 do Apêndice D. O valor crítico é 3,16.

6. *Interpretação.* Como o valor calculado é maior que o valor crítico (28,3 > 3,16), rejeitamos a hipótese nula e concluímos que há diferenças estatisticamente significativas entre dois ou mais pares de médias. Observe na Figura 17-12 que o valor p é igual a 0,0001. Como o valor p (0,0001) é mais baixo que o nível de significância (0,05), temos um segundo método para rejeitar a hipótese nula.

O resumo do modelo ANOVA na Figura 17-12 é uma forma-padrão de resumir os resultados de análises de variância. Essa tabela contém as fontes de variação, os graus de liberdade, a soma

Modelo resumido[†]					
Fonte	g.l.	Soma dos quadrados	Média ao quadrado	Valor F	Valor p
Modelo (cia. aérea)	2	11644,033	5822,017	28,304	0,0001
Residual (erro)	57	11724,550	205,694		
Total	59	23368,583			

Tabela de médias				
	No. casos	Média	Desvio padrão	Erro padrão
Lufthansa	20	38,950	14,006	3,132
Malaysia Airline	20	58,900	15,089	3,374
Cathey Pacific	20	72,900	13,902	3,108

Procedimento de comparação múltipla de Scheffé[‡]				
	Vs.	Dif.	Crit. Dif.	Valor p
Lufthansa	Malaysia	19,950	11,400	0,0002 S
	Cathay	33,950	11,400	0,0001 S
Malaysia	Cathay	14,000	11,400	0,0122 S

Figura 17-12 Tabelas resumidas de exemplo de ANOVA de um fator*

[†] Fator: companhia aérea; dependente: nota 1 serviço de bordo.
[‡] S 5 diferença significativa ao nível 0,05; nível de significância: 0,05.
* Todos os dados são hipotéticos.

dos quadrados, os quadrados das médias e o valor *F* calculado. A probabilidade de rejeitar a hipótese nula é computada até 100% α – ou seja, a coluna de valor probabilístico reporta a significância exata para que o índice *F* seja testado.

Contrastes *a priori*

Quando computamos um teste *t*, não é difícil descobrir as razões pelas quais a hipótese nula é rejeitada. Mas com uma ANOVA de um fator, como podemos determinar os pares que não são iguais? Podemos calcular uma série de testes *t*, mas eles não seriam independentes uns dos outros, e o erro tipo I resultante aumentaria substancialmente. Obviamente, isso não é recomendado. Se decidimos antecipadamente que uma comparação de populações específicas era importante, uma classe especial de testes, conhecida como **contrastes *a priori***, pode ser usada depois que a hipótese nula for rejeitada com o teste *F* (*a priori* porque a decisão foi tomada antes do teste).[12]

Uma modificação no teste *F* resulta em uma abordagem para calcular contrastes:

$$F = \frac{MQ_{CON}}{MQ_{dentro}}$$

O denominador, a média ao quadrado de dentro dos grupos, é o mesmo do termo de erro do índice *F* de um fator (registrado na tabela de resumo, Figura 17-12). Já nos referimos ao denominador do índice *F* como a estimativa de variância do erro; o numerador do teste de contraste é definido como

$$MQ_{CON} = SQ_{CON} = \frac{\left(\sum_j C_j \overline{X}_j\right)^2}{\sum_j \frac{C_j^2}{n}}$$

onde

C_j = é o coeficiente de contraste para o grupo *j*

n_j = é o número de observações registrado para o grupo *j*

Um contraste é útil para projetos experimentais e quase-experimentais quando o pesquisador está interessado em responder a perguntas específicas sobre um subconjunto do fator, por exemplo, na comparação de grãos de café, temos um fator com seis níveis, e os níveis, misturas de café, estão ordenados em ordem de importância. Suponha que estejamos particularmente interessados em duas misturas da América Central e uma da Colômbia. Em vez de procurar todas as combinações possíveis, canalizamos o poder com maior eficiência ao formular as comparações de interesse, pois isso aumenta nossa possibilidade de detectar diferenças se elas realmente existirem.

Testes de comparação múltipla

Para que as probabilidades associadas ao teste de contraste sejam corretamente usadas para reportar nossos resultados, é importante que a estratégia de contraste seja desenvolvida antes do teste. No estudo das companhias aéreas, não temos qualquer razão teórica para um contraste *a priori*, mas, examinando a tabela de médias (Figura 17-12), descobrimos que as médias das companhias aéreas são muito diferentes. As comparações depois de os resultados serem comparados exigem testes *post hoc* ou um par idêntico de **testes de comparação múltipla** (ou *testes de ordenação de médias*) para determinar quais médias são diferentes. Esses testes encontram subconjuntos homogêneos de médias que não diferem entre si. As comparações múltiplas testam a diferença entre cada par de média e indicam médias significativamente diferentes em um nível α de 0,05 ou outro nível que você especifique. Os testes de comparação múltipla usam médias de grupo e incorporam o termo MQ_{erro} do índice *F*. Juntos, eles produzem intervalos de

Teste	Comparações de pares idênticos	Comparações complexas	Apenas tamanhos iguais	Tamanhos desiguais	Variâncias iguais presumidas	Variâncias desiguais não presumidas
Fisher LSD	X			X	X	
Bonferroni	X		X	X		
Tukey HSD	X		X		X	
Tukey-Kramer	X			X	X	
Games-Howell	X			X		X
Tamhane T2	X			X		X
Scheffé S		X		X	X	
Brown-Forsythe		X		X		X
Newman-Keuls	X		X		X	
Duncan	X		X		X	
Dunnett's T3						X
Dunnett's C						X

Figura 17-13 Seleção de procedimentos de comparação múltipla.

confiança para as médias da população e um critério de valor, e as diferenças entre os valores das médias podem ser comparadas.

Há mais de uma dezena desses testes com diferentes objetivos de otimização: número máximo de comparações, compensação de tamanho desigual de célula, homogeneidade de célula, redução de erro tipo I ou tipo II e assim por diante Os méritos dos vários testes têm gerado debates consideráveis entre os estatísticos, deixando o pesquisador sem muita orientação para a escolha de um teste. Na Figura 17-13, fornecemos um guia geral. Para o exemplo da Figura 17-12, escolhemos o teste Scheffé, conservador e forte para violação de suposições.[13] O computador calculou o critério de diferença crítica como 11,4; todas as diferenças entre os pares de médias excedem esse número. A hipótese nula para Scheffé foi testada no nível 0,05. Dessa forma, podemos concluir que todas as combinações de pontuações médias de serviço de bordo diferem umas das outras.

Enquanto a Figura 17-12 traz informações para entender a rejeição da hipótese nula de mão única e a hipótese nula Scheffé, na Figura 17-14 são usados gráficos para comparações. O gráfico das médias mostra diferenças relativas entre os três níveis do fator; as médias pelo gráfico de desvios-padrão revelam variabilidade mais baixa nas opiniões registradas pelos passageiros

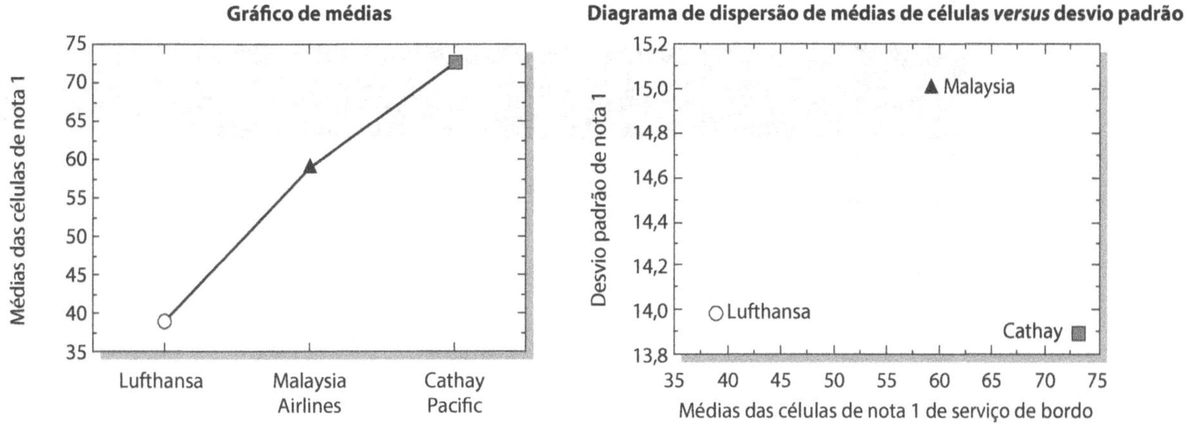

Figura 17-14 Gráficos de análise de variância de um fator.

hipotéticos da Lufthansa e da Cathay Pacific, entretanto esses dois grupos são igualmente divididos em relação à qualidade do serviço de bordo, e isso é evidente na parte superior do gráfico.

Explorando resultados com ANOVA de dois fatores

A empresa aérea na qual o passageiro viajou é o único fator que influencia suas percepções de serviço de bordo? Estendendo a ANOVA de um fator, podemos descobrir mais sobre a classificação de serviços. Há muitas explicações possíveis. Decidimos olhar para a escolha de assento dos passageiros para sermos breves.

Lembre-se de que, na Figura 17-11, colocamos dados para a variável de escolha do assento: passageiros de classe econômica e classe executiva. Adicionando esse fator ao modelo, temos uma análise de variância de dois fatores, e agora três perguntas devem ser consideradas com um modelo:

- Há diferenças nas notas de serviço de bordo atribuíveis às companhias aéreas?
- Há diferenças nas notas de serviço de bordo atribuíveis à escolha do assento?
- A companhia aérea e a escolha de assento interagem em relação às notas de serviço de bordo?

A terceira questão revela uma vantagem distinta do modelo de dois fatores, um modelo separado de um fator nas companhias aéreas destaca os efeitos de escolha de assento. Similarmente, um teste de um fator de escolha de assento destaca os efeitos da escolha da companhia aérea, mas um teste de interação de companhias aéreas por escolha de assento considera tudo *conjuntamente*.

A Figura 17-15 reporta um teste de hipóteses para essas três questões. O nível de significância foi estabelecido em 0,01. Primeiro inspecionamos o efeito de interação, companhia aérea por escolha de assento, já que os *principais efeitos* individuais não podem ser considerados separadamente se os fatores operam conjuntamente. A interação não era significativa no nível 0,01 e a hipótese nula é aceita; agora podemos verificar os principais efeitos separados, companhia aérea e escolha de assento. Assim como na ANOVA de um fator, a hipótese nula para o fator

		Modelo resumido[†]			
Fonte	g.l.	Soma dos quadrados	Média ao quadrado	Valor F	Valor p
Cia. aérea	2	11644,033	5822,017	39,178	0,0001
Escolha de assento	1	3182,817	3182,817	21,418	0,0001
Cia. aérea por escolha de assento	2	517,033	258,517	1,740	0,1853
Resíduo	54	8024,700	148,606		

Efeito da tabela de médias: Companhia aérea por escolha de assento				
	N° casos	Média	Desvio padrão	Erro padrão
Lufthansa econômica	10	35,600	12,140	3,839
Lufthansa executiva	10	42,300	15,550	4,917
Malaysia econômica	10	48,500	12,501	3,953
Malaysia executiva	10	69,300	9,166	2,898
Cathay econômica	10	64,800	13,037	4,123
Cathay executiva	10	81,000	9,603	3,037

Figura 17-15 Resumo das tabelas de exemplo ANOVA de dois fatores*.
[†] Dependente Nota 1 serviço de bordo.
* Todos os dados são hipotéticos.

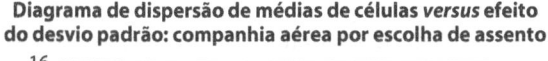

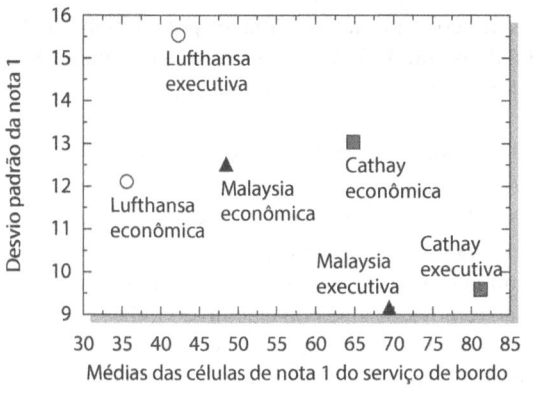

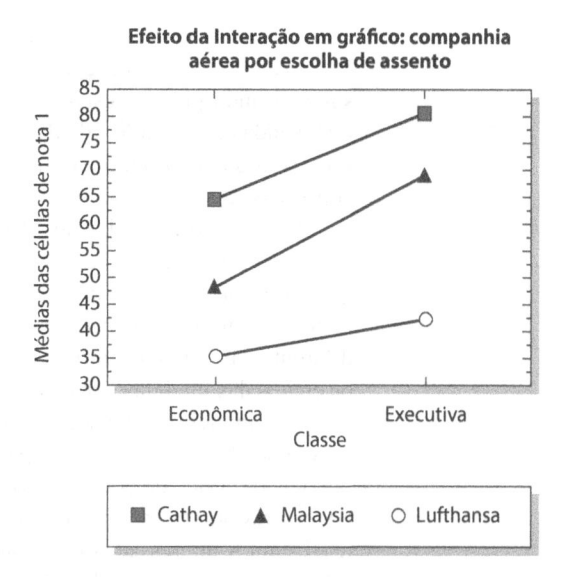

Figura 17-16 Gráficos de análise de variância de dois fatores.

companhia aérea foi rejeitada, e a escolha de assento também foi rejeitada (estatisticamente significativa em 0,001).

As médias e os desvios-padrão listados na tabela estão demonstrados na Figura 17-16. Observamos uma faixa de desvios semelhantes para passageiros de classe econômica e uma faixa de menor variabilidade para classe executiva – com exceção de uma empresa. O gráfico das médias confirma visualmente o que já tínhamos visto na tabela resumida: não há interação entre a companhia aérea e a escolha de assento ($p = 0,185$); se ela existisse, as linhas que conectam as médias das células teriam se cruzado, em lugar de demonstrar um padrão paralelo.

A análise de variância é um método extremamente versátil e poderoso, que pode ser adaptado a um amplo leque de aplicações de teste.

Testes não paramétricos

Quando há k amostras independentes para as quais foram coletados dados nominais, o teste qui-quadrado é apropriado; ele também pode ser usado para classificar dados nos níveis mais altos de mensuração, mas as informações métricas são perdidas quando reduzidas. O teste χ^2 de k amostras é uma extensão dos dois casos de amostras independentes já mencionados, calculado e interpretado da mesma forma.

O teste de Kruskal-Wallis é apropriado para dados coletados em escala ordinal ou para dados intervalares que não atendam às suposições do teste F, que não podem ser transformados ou que por outra razão sejam inadequados para um teste paramétrico. Ele é uma análise de variância de um fator por ordem, e supõe seleção aleatória, independência de amostras e uma distribuição contínua implícita.

Os dados são preparados convertendo notas ou pontuações para classificar cada observação que está sendo avaliada. A ordenação varia da mais alta à mais baixa para todos os pontos de dados nas amostras agregadas, e a classificação é então testada para decidir se são amostras da mesma população. O Apêndice C mostra uma aplicação dessa técnica.

Testes de k amostras relacionadas

Testes paramétricos

Um **teste de k amostras relacionadas** é necessário para situações nas quais (1) o fator de agrupamento tem mais de dois níveis, (2) as observações ou os sujeitos são semelhantes ou o mesmo fato é medido mais de uma vez e (3) os dados são pelo menos intervalares. Nos projetos experimentais ou *ex post facto* com *k* amostras, é sempre necessário mensurar os sujeitos diversas vezes; essas mensurações repetidas são chamadas **tentativas**. Por exemplo, são feitas mensurações múltiplas nos estudos de preços de ações, produtos avaliados por confiabilidade, estoque, vendas e avaliações de desempenho do produto. As hipóteses para essas situações podem ser testadas com um modelo linear geral univariado ou multivariado. O último vai além do escopo dessa discussão.

As medidas repetidas de ANOVA são um tipo especial de análise de variância de formato *n*. Nesse projeto, as medidas repetidas de cada sujeito são relatadas exatamente como no teste *t*, quando existem apenas duas mensurações. Nesse sentido, cada pessoa atua como seu próprio controle, sendo necessário que um efeito de variância entre as pessoas seja avaliado de forma diferente da variância entre grupos em um fator como companhia aérea ou escolha de assento; os efeitos das medidas correlacionadas são removidos antes do cálculo do índice *F*.

Esse modelo é uma solução apropriada para os dados apresentados na Figura 17-11. Você deve se lembrar de que os exemplos de um fator e de dois fatores consideravam apenas a primeira nota no serviço de bordo. Suponha que uma segunda nota fosse obtida depois de uma semana, ao reentrevistar os mesmos participantes. Agora temos duas tentativas para a variável dependente e estamos interessados na mesma questão geral da ANOVA de um fator, além de querermos saber como a passagem do tempo afeta as percepções do serviço de bordo.

Seguindo o procedimento de teste, temos:

1. *Hipótese nula*.

   (1) Companhia aérea: H_0: $\mu_{A1} = \mu_{A2} = \mu_{A3}$

   (2) Notas: H_0: $\mu_{R1} = \mu_{R2}$

   (3) Notas × companhias aéreas: H_0: $(\mu_{R2A1} - \mu_{R2A2} - \mu_{R2A3}) = (\mu_{R1A1} - \mu_{R1A2} - \mu_{R1A3})$

   Para as hipóteses alternativas, generalizemos o enunciado de que nem todos os grupos têm médias iguais para cada uma das três hipóteses.

2. *Teste estatístico*. O teste *F* para medidas repetidas é escolhido porque temos tentativas relacionadas na variável dependente para *k* amostras, aceitamos as suposições da análise de variância e temos dados intervalares.

3. *Nível de significância*. Deixe $\alpha = 0{,}05$ e g.l. = [companhia aérea (2,57), notas (1,57), notas por companhia aérea (2,57)].

4. *Valor calculado*. Ver resumo na Figura 17-17.

5. *Valor crítico de teste*. Coloque g.l. (2,57), $\alpha = 0{,}05$ e (1,57), $\alpha = 0{,}05$ na Tabela D-8 do Apêndice D. Os valores críticos são 3,16 (2,57) e 4,01 (1,57).

6. *Interpretação*. Os resultados estatísticos levam à rejeição das três hipóteses nulas e à conclusão de que há diferenças estatisticamente significativas entre as médias nos três casos. Concluímos que as percepções dos serviços de bordo são significativamente afetadas pelas diferentes companhias aéreas, o intervalo entre as duas medidas teve um efeito significativo nas avaliações e o tempo de intervalo das mensurações e as companhias aéreas interagiram em um grau importante.

A tabela ANOVA na Figura 17-17 registra os resultados dos testes; uma tabela de médias fornece as médias e os desvios-padrão para todas as combinações de notas por companhia aérea e uma segunda tabela de médias relata as diferenças entre as notas 1 e 2 de serviços de bordo. Na Figura 17-18, há um gráfico de interação para esses dados. Observe que a segunda nota de serviço de bordo foi melhorada em dois dos três grupos depois de uma semana, e para a terceira empresa houve uma queda na resposta favorável. As linhas de interseção no gráfico de interação refletem esse resultado.

Testes não paramétricos

Quando as *k* amostras relacionadas são mensuradas em uma escala nominal, o teste *Q* Cochran é uma boa escolha.[14] Ele estende o teste McNemar, já discutido, para estudos que têm mais de

Modelo resumido†					
Fonte	g.l.	Soma dos quadrados	Média ao quadrado	Valor F	Valor p
Cia. aérea	2	35527,550	17763,775	67,199	0,0001
Sujeito (grupo)	57	15067,650	264,345		
Notas	1	625,633	625,633	14,318	0,0004
Notas por cia. aérea	2	2061,717	1030,858	23,592	0,0001
Notas por sujeito	57	2490,650	43,696		

Tabela de média de notas por Companhia aérea				
	Nr. casos	Média	Desvio padrão	Erro padrão
Nota 1, Lufthansa	20	38,950	14,006	3,132
Nota 1, Malaysia	20	58,900	15,089	3,374
Nota 1, Cathay	20	72,900	13,902	3,108
Nota 2, Lufthansa	20	32,400	8,268	1,849
Nota 2, Malaysia	20	72,250	10,572	2,364
Nota 2, Cathay	20	79,800	11,265	2,519

Efeito da tabela de médias: Notas				
	Nr. casos	Média	Desvio padrão	Erro padrão
Nota 1	60	56,917	19,902	2,569
Nota 2	60	61,483	23,208	2,996

Figura 17-17 Tabelas resumidas para medidas repetidas ANOVA*.
† Dependente: serviço de bordo notas 1 e 2.
* Todos os dados são hipotéticos.

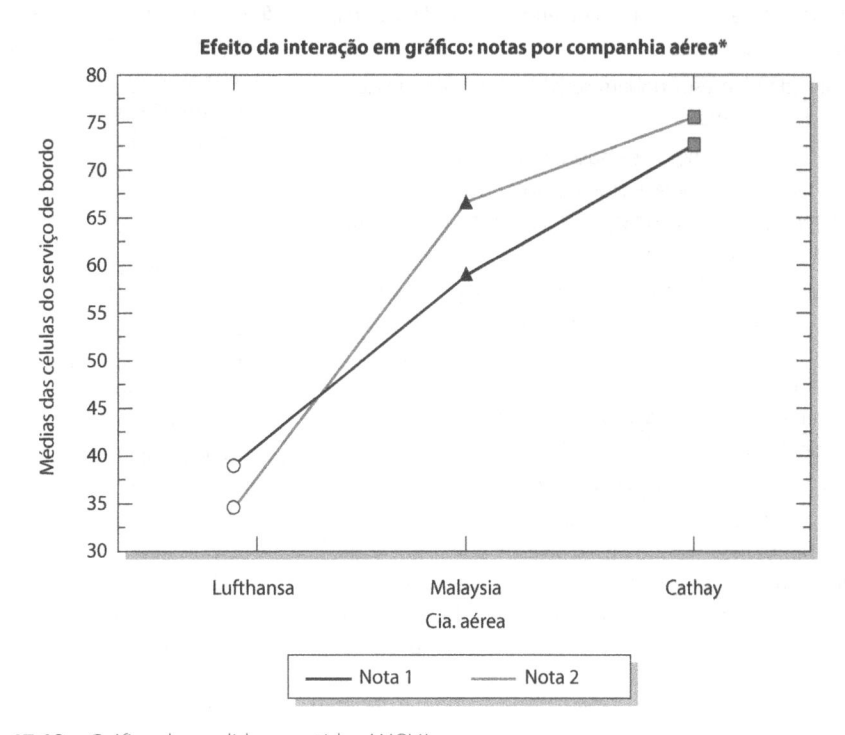

Figura 17-18 Gráfico de medidas repetidas ANOVA.

duas amostras e testa a hipótese de que a proporção de casos em uma categoria é igual para diversas categorias relacionadas.

Quando os dados são pelo menos ordinais, a análise de Friedman de variação de dois fatores é apropriada; ela testa amostras emparelhadas, classificando cada caso e calculando a graduação média para cada variável em todos os casos. Essa análise usa essas classificações para computar um teste estatístico, e o produto é uma tabela de dois fatores, na qual as linhas representam os sujeitos e as colunas representam as condições de tratamento.[15] Ver o Apêndice C para exemplos de outros testes não paramétricos.

Resumo

1 Na estatística clássica, fazemos inferências sobre uma população com base em evidências reunidas a partir de uma amostra. Embora não possamos declarar inequivocamente o que é verdadeiro sobre toda uma população, amostras representativas nos permitem fazer afirmações sobre o que é provavelmente verdadeiro e quanto erro pode ser encontrado ao chegar a uma decisão. O método bayesiano também usa estatísticas de amostragem, mas tem um elemento adicional de informação prévia para melhorar o julgamento do tomador de decisão.

2 Uma diferença entre dois ou mais conjuntos de dados é estatisticamente significativa se ela realmente ocorrer em uma população. Para ter um resultado estatisticamente significativo baseado em evidências da amostragem, devemos ser capazes de calcular a probabilidade de que alguma diferença observada seja grande o suficiente para ter uma pequena chance de que resulte de amostragem aleatória. A probabilidade é a base para decidir sobre a aceitação da hipótese nula, e as estatísticas de amostragem facilitam a aquisição de estimativas.

3 Os testes de hipóteses podem ser visto como um procedimento de seis etapas:

   a Estabeleça uma hipótese nula e também uma hipótese alternativa: se a hipótese alternativa enunciar a direção da diferença, é um teste de significância unicaudal; se não, é um teste bicaudal.

   b Escolha o teste estatístico com base na suposição sobre distribuição de população e nível de mensuração. A forma dos dados também pode ser um fator. À luz dessas considerações, normalmente escolhemos o teste mais eficiente ou o que tem mais capacidade de reduzir os erros de decisão.

   c Selecione o nível de confiança desejado. Embora α = 0,05 seja o nível usado com mais frequência, muitos outros também são usados. β é o nível de significância que desejamos, normalmente estabelecido antes do estudo. Erro ou erro tipo I é o risco de rejeitar uma hipótese nula verdadeira e representa um erro de decisão. β ou erro tipo II é o erro de decisão que resulta de aceitar uma hipótese nula falsa. Normalmente, determinamos um nível de erro aceitável e então procuramos reduzir o erro, aumentando o tamanho da amostra, passando de um teste bicaudal de significância para um unicaudal ou usando ambos.

   d Calcule o valor real de teste dos dados.

   e Obtenha o valor crítico de teste, normalmente usando uma tabela para o tipo apropriado de distribuição.

   f Interprete os resultados comparando o valor real do teste com o valor crítico do teste.

4 Os testes paramétricos e não paramétricos são aplicáveis sob várias condições descritas neste capítulo; são resumidos na Figura 17-6. Os testes paramétricos operam com dados intervalares e de razão e são preferidos quando suas suposições podem ser atendidas. As ferramentas de diagnóstico examinam os dados em busca de violações dessas suposições. Os testes não paramétricos não exigem suposições rigorosas sobre as distribuições de população e são úteis com mensurações nominais e ordinais menos poderosas.

5 Ao selecionar um teste de significância, é preciso saber, no mínimo, o número de amostras, sua independência ou relação e o nível de mensuração dos dados. Os testes estatísticos enfatizados neste capítulo foram testes Z e t, análise de variância e qui-quadrado. Os testes Z e t podem ser usados para testar as diferenças entre duas médias. O teste t é escolhido quando a amostra é pequena. As variações no teste t são usadas tanto para amostras independentes como para amostras relacionadas.

A análise de variância de um fator compara as médias de diversos grupos e tem uma única variável de agrupamento, chamada fator, e uma variável dependente contínua. A análise de variância (ANOVA) divide as variações totais entre os valores em variação entre grupos (tratamento) e dentro dos grupos (erro). O índice F, a estatística de teste, determina se as diferenças são grandes o suficiente para rejeitar a hipótese nula. A ANOVA pode ser estendida para aplicações de dois fatores, de formato n, de mensurações repetidas e multivariadas.

O qui-quadrado é uma estatística não paramétrica, usada frequentemente para tabulação cruzada ou tabelas de contingência. Suas aplicações incluem o teste de diferença entre proporções nas populações e o teste de independência. Também discutimos correções para qui-quadrado.

Termos-chave

análise de variância (ANOVA) 456
contrastes *a priori* 460
distribuição *t* 446
distribuição *Z* 446
erro tipo I (α) 435
erro tipo II (β) 435
estatística bayesiana 433
estatística clássica 432
estatística inferencial 431
gráfico de probabilidade normal 442
hipótese alternativa (H_A) 434
hipótese nula (H_0) 433
índice *F* 457
média ao quadrado 457

nível de significância 440
nível de significância observado 455
poder do teste 439
região de aceitação 437
região de rejeição 437
significância estatística 433
significância prática 433
tentativas 464
teste bicaudal 434
teste de χ^2 447
teste *t* 446
teste unicaudal 434
teste *Z* 446

testes com duas amostras independentes 449
testes com duas amostras relacionadas 453
testes com *k* amostras independentes 456
testes com *k* amostras relacionadas 463
testes de comparação múltipla (testes de ordenação) 460
testes de uma amostra 446
testes não paramétricos 442
testes paramétricos 442
valor crítico 437
valor *p* 441

Questões para discussão

Revisão de termos

1 Faça a distinção entre:

   a Testes paramétricos e testes não paramétricos.

   b Erro tipo I e erro tipo II.

   c Hipótese nula e hipótese alternativa.

   d Região de aceitação e região de rejeição.

   e Teste unicaudal e teste bicaudal.

   f Erro tipo II e poder de teste.

2 Resuma as etapas do teste de hipótese. Qual é a virtude desse procedimento?

3 Na análise de variância, qual é o objetivo da média ao quadrado entre e dentro dos grupos? Se a hipótese nula for aceita, como serão esses números?

4 Descreva as suposições para ANOVA e explique como elas podem ser diagnosticadas.

Tomada de decisão em pesquisa

5 Sugira situações nas quais o pesquisador deveria se preocupar mais com erros tipo II do que com erros tipo I.

   a Como podemos reduzir a probabilidade de erro tipo I? E de erro tipo II?

   b Como a significância prática difere da significância estatística?

   c Suponha que você entreviste todos os membros das classes de calouros e quartanistas e descubra que 65% dos calouros e 62% dos quartanistas são favoráveis a enviar Centros de Apoio para o exterior. Essa diferença é significativa?

6 Que procedimentos de teste de hipótese você usaria nas seguintes situações?

   a Um teste classifica os candidatos como aceitos ou rejeitados. Com base nos dados de 200 candidatos, testamos a hipótese de que o sucesso não está relacionado ao sexo.

   b Uma empresa produz automóveis em dois locais diferentes. Queremos saber se a quilometragem por litro é a mesma para os veículos produzidos nos dois locais. Há amostras de 45 unidades de cada fábrica.

   c Uma empresa tem três categorias de analistas de marketing: (1) com qualificações profissionais, mas sem experiência de trabalho, (2) com qualificações profissionais e com experiência de trabalho e (3) sem qualificações profissionais, mas com experiência de trabalho. Existe um estudo para mensurar o nível de motivação de cada analista (classificado como alto, normal e baixo). Devemos testar uma hipótese de não relação entre categoria de analista e motivação.

   d Uma empresa tem 24 vendedores. O teste deve avaliar se o desempenho de cada um ficou inalterado ou melhorou após um programa de treinamento.

   e Uma empresa precisa avaliar se deve atribuir o aumento de vendas à qualidade do produto, à propaganda ou a uma interação entre qualidade de produto e propaganda.

7 Você conduz um levantamento com uma amostra de 25 membros entre os formandos deste ano e descobre que o GPA médio é 3,2. O desvio-padrão da amostra é 0,4. Por mais de dez anos, o GPA médio foi de 3,0. O GPA da turma deste ano é significativamente diferente da média de longo prazo? Em que nível alfa ele seria significante?

8 Você está curioso para saber se os professores e os alunos de sua escola têm posições políticas diferentes e então pega uma amostra de 20 professores e 20 alunos, escolhidos aleatoriamente de cada população. Descobre-se que 10 professores dizem ser conservadores e seis alunos dizem ser conservadores. Essa é uma diferença estatisticamente significativa?

9 Você contata uma amostra aleatória de 36 graduados pela Western University e descobre que o salário inicial médio deles foi de US$ 28.000 no ano anterior. Depois contata uma amostra aleatória de 40 graduados pela Eastern University e descobre que o salário médio inicial deles foi de US$ 28.800. Nos dois casos, o desvio-padrão da amostra foi de US$ 1.000.

  a Teste a hipótese nula de que não há diferença entre os salários médios recebidos pelos graduados das duas universidades.

  b Que suposições são necessárias para esse teste?

10 Uma amostra aleatória de alunos é entrevistada para determinar se há uma associação entre a classe e as atitudes em relação às corporações. Com os resultados que se seguem, teste a hipótese de que não há diferenças entre os alunos em relação a essa atitude.

	A favor	Neutros	Contra
Calouros	100	50	70
Segundanistas	80	60	70
Terceiranistas	50	50	80
Quartanistas	40	60	90

11 Você faz um levantamento com alunos de Marketing e com alunos de uma escola de Artes para descobrir quantas vezes por semana eles leem jornal. Nos dois casos, você entrevista 100 alunos e encontra os seguintes resultados:

$\bar{X}_m = 4{,}5$ vezes por semana

$S_m = 1{,}5$

$\bar{X}_a = 5{,}6$ vezes por semana

$S_a = 2{,}0$

Teste a hipótese de que não há diferenças significativas entre as duas amostras.

12 A One-Koat Paint Company desenvolveu um novo tipo de tinta para exteriores que a empresa espera que seja a mais durável do mercado. O grupo de R&D testa o novo produto em comparação aos dois principais produtos concorrentes, usando uma máquina que esfrega até mostrar o revestimento. A One-Koat faz cinco tentativas com cada produto e consegue os seguintes resultados (em milhares de esfregadas):

Tentativa	One-Koat	Concorrente A	Concorrente B
1	37	34	24
2	30	19	25
3	34	22	23
4	28	31	20
5	29	27	20

Teste a hipótese de que não há diferenças entre as médias desses produtos ($\alpha = 0{,}05$).

13 Um fabricante de computador está lançando um novo produto dirigido especialmente ao mercado doméstico e espera comparar a eficácia de três estratégias de vendas: lojas de computador, lojas de eletrônicos domésticos e lojas de departamento. Os números de vendas de 15 vendedores estão registrados a seguir:

Lojas de eletrônicos: 5, 4, 3, 3, 3

Lojas de departamentos: 9, 7, 8, 6, 5

Lojas de computadores: 7, 4, 8, 4, 3

  a Teste a hipótese de que não há diferenças entre as médias dos varejistas ($\alpha = 0{,}05$).

  b Selecione um teste de comparações múltiplas, se necessário, para determinar que grupos diferem na média de vendas ($\alpha = 0{,}05$).

Direto das manchetes

14 Empregadores, militares e universidades usam os testes de aptidão para prever o desempenho das pessoas. Recentemente, os críticos declararam que não há muita diferença no desempenho acima de um certo nível – que todas as pessoas têm desempenhos muito parecidos. Em uma edição atual da revista *Psychological Science*, os autores de um novo estudo descobriram que isso não é verdade. Em vez disso, quanto mais alta a sua pontuação, melhor o seu desempenho. A investigação considerou quatro grandes estudos com pessoas que fizeram testes de aptidão: as pontuações no exame de admissão para universidades norte-americanas de 150.000 estudantes que estavam ingressando em 110 universidades e seu GPA no primeiro ano de faculdade. O Exército coletou 5.000 pontuações para a Bateria de Aptidão Vocacional das Forças Armadas e depois avaliou o desempenho dos candidatos em suas funções. Dois conjuntos de dados adicionais incluíram o desempenho de estudantes em testes no ensino médio e suas notas na faculdade. Quanto mais altas as pontuações nos testes, melhor o desempenho posterior. Sugiram hipóteses alternativas que poderiam explicar esse achado igualmente.

Casos (em inglês) no site do Grupo A

NCRCC: Planejamento de um novo rumo estratégico

Proofpoint: Geração de capital por meio da estatística

Yahoo!: *Consumer Direct* alia métricas de compra a anúncios na internet

Mentes curiosas querem saber – AGORA!

Hipóteses de testes da Marcus Thomas LLC para o desenvolvimento criativo da Troy-Bilt

Domínio da liderança de professores

Você encontrará uma descrição de cada caso na seção Índice de Casos deste livro. Verifique no Índice de Casos quais fornecem dados, o instrumento de pesquisa ou outro material complementar. Para acessar os casos (em inglês), entre no site do Grupo A (www.grupoa.com.br) e procure pelo livro.

Capítulo 18
Medidas de Associação

> " O comportamento dos consumidores de edições digitais de revistas é muito parecido com seu comportamento em relação às edições impressas, mas muito diferente de seu comportamento em websites. Os leitores normalmente folheiam as edições para tablets de frente para trás, por exemplo, da mesma forma que o fazem com edições impressas. Eles folheiam – notando os anúncios no caminho – em vez de pular diretamente para artigos específicos, como os que navegam na internet fazem. "
>
> *Scott McDonald, vice-presidente sênior de pesquisa e insights, Conde Nast*

Objetivos de **aprendizagem**

Após ler este capítulo, você compreenderá...

1. Como a análise de correlação pode ser aplicada no estudo das relações entre duas ou mais variáveis.

2. Os usos, as exigências e a interpretação do coeficiente de correlação momento – produto.

3. Como fazer as predições com análise de regressão usando o método de mínimos quadrados para reduzir erros ao traçar a reta de melhor ajuste.

4. Como testar os modelos de regressão para linearidade para saber se a equação é eficaz no ajuste dos dados.

5. As medidas de associação não paramétricas e as alternativas que elas oferecem quando as principais suposições e exigências para as técnicas paramétricas não podem ser atendidas.

Dando vida à pesquisa

Sara chegou para uma reunião de análise com Jason e encontrou um homem gordo, calvo e baixinho sentado em sua cadeira, estudando a tela de um laptop, coçando sua barba grisalha e sorrindo largamente.

"Sara", diz Jason, "este é Jack Adams, consultor político em ascensão".

Jack, que parecia acariciar seu laptop, sorri ainda mais. "Olá, Sara", diz Jack. "Eu queria que Jason soubesse que este pequeno computador me tornou o chefe político de Boca Beach."

"Jack vendeu sua loja de tintas em Long Island para seus três filhos e se mudou para Boca Beach depois que sua esposa faleceu", explica Jason.

"Por três meses, joguei golfe pela manhã e passei as tardes na piscina ou jogando cartas... Durante três meses, sete dias por semana, eu fiz isso. Estava ficando louco. Então, meu vizinho Marty morreu e sua esposa me deu o MindWriter dele."

"Jason estava de passagem por Boca Beach e me fez uma visita. Ele baixou um programa estatístico gratuito da internet. Devo dizer que estatística na faculdade nunca produziu tanta empolgação como recentemente", sorriu Jack. "Tínhamos um cara esperto, Sandy Plover, que tinha sido empreiteiro na área elétrica em Jersey, e começava a se envolver na política local. Sendo um criador de problemas nato, ele esperou sua chance de agir. Bem, o delegado liberou dados para o jornal mostrando que a incidência de prisões resultantes de ligações para a polícia em Oceanside – o mais rico dos dois bairros, onde casualmente o delegado mora – é maior que em Gladeside."

Jack digitou o seguinte:

Hipótese de pesquisa: Os habitantes de Oceanside recebem tratamento especial no que se refere à solução de crimes e, assim, vivem em um ambiente mais seguro devido à renda mais alta e ao maior poder político.

Hipótese nula: Gladeside e Oceanside recebem a mesma atenção da polícia.

	Gladeside	Oceanside
Ligações à polícia sem prisão	46	40
Ligações à polícia com prisão	4	10
Total	50	50

"Duvido que Sandy prestaria atenção, exceto pelo fato de que, nos dois bairros, o número total de ligações à polícia foi 50, o que facilitou sua percepção de que o índice de prisões em Oceanside era duas vezes mais alto que em Gladeside."

"Na verdade", disse Sara, "estou surpresa de que haja ligações à polícia em um bairro tão luxuoso".

"Somos velhos", disse Jack, "mas não estamos mortos". "De qualquer forma, os instintos políticos finamente afiados de Sandy o fizeram ver que ele não ganharia nada tentando colocar o bairro contra o delegado. Ele viu que seria muito, muito melhor tentar colocar os eleitores de Oceanside contra os de Gladeside, então, reclamou sobre a discrepância do impacto das prisões. Embora os dois bairros tenham aproximadamente o mesmo tamanho, em Oceanside, a maioria das pessoas é do Brooklyn, e, em Gladeside, a maioria vem do Bronx."

"Mas a ética..." "...não significava nada para Sandy. Ele me disse, 'Acho que vou chutar alguns traseiros e tornar meu nome conhecido por aqui'."

"O problema com as pesquisas da polícia é que hoje os escritórios dos delegados possuem pessoas capacitadas, com analistas estatisticamente treinados, que sabem muito bem como refutar alegações sem fundamento", interrompe Jason.

"Embora eu sinta saudades dos velhos tempos, inseri os números neste MindWriter aqui para verificar novamente as estatísticas. Primeiro fiz o óbvio, aquilo que eu achei que um analista da polícia faria: uma tabulação cruzada e um teste qui-quadrado da hipótese de que as prisões em Oceanside eram desproporcionais às feitas em Gladeside."

"Para um observador destreinado, parece que são mesmo desproporcionais", contribuiu Sara, olhando por cima do ombro de Jack. "Mas eu não sou tão facilmente enganada."

"Que bom para você, Sara!", exclamou Jack. "O que você tem aqui é a falácia do 'globo ocular', como dizia meu estimado velho professor há quase 50 anos. Como expliquei para Sandy, cem visitas da polícia resultando em poucas prisões não é nada, não representa uma amostra suficiente para acreditar com uma olhadela e chegar a uma conclusão. Você processa tudo no computador e, com certeza, embora os índices pareçam estar fora de ordem, a diferença não é estatisticamente significativa. Você não pode confirmar o 'impacto de discrepância'. Sem chance."

"Considerando que 10 prisões por 50 é maior que 4 por 50", observou Jason, "Jack achou que um estatístico diria que isso não era desproporcional o suficiente

Dando vida à pesquisa (cont.)

para convencer um cientista de que a polícia estava agindo de forma diferente nos dois bairros. Um estatístico diria: 'Espere e veja, deixe a história se desdobrar, colete uma amostra maior'."

"Como Sandy aceitou sua explicação, Jack?" "Ele estava pronto para atirar no mensageiro, muito chateado, no começo, porque eu não apoiaria sua estratégia política. Mas eu tinha certeza de que o delegado retornaria com uma análise estatística para jogar um balde de água fria em Sandy."

"Você conseguiu que ele recuperasse a razão?" "Aquele tolo, recuperar a razão? Nunca. Ele correu para os jornais e despejou seus números e acusações em uma carta ao editor que foi impressa na segunda-feira, e, na terça, o delegado voltou com seus especialistas e fez Sandy parecer um tolo – na primeira página, se é que vocês conseguem acreditar nisso. Então Sandy foi derrotado, mas ele mencionou ao repórter que eu havia dado a mesma interpretação antes de ele ir ao jornal, por isso, agora tenho uma nova carreira: gênio político residente. O que eu faço é olhar os resultados das pesquisas dos oponentes e negar sua validade para jornais e TV. Se o partido oposicionista estiver à frente por uns poucos pontos, eu zombo da fraqueza da margem. Se a vantagem for grande, eu subestimo o tamanho da amostra e insinuo que qualquer estatístico poderia ver isso."

"Jack é original, divertido e leva jeito para desmascarar as pesquisas de seus oponentes, e os repórteres de jornais nunca o desafiaram a comprovar suas alegações ou interpretações", acrescentou Jason. "O que ele aprendeu comigo é que estatística é tão complicada, e assusta tanta gente, que você pode afirmar ou negar qualquer coisa. E ele geralmente está certo em desmascarar as pesquisas, pois, para que uma pesquisa política pré-eleitoral seja levada a sério, tem de haver uma amostra grande o suficiente para produzir resultados significativos. E tem de haver uma diferença suficiente entre vencedores e perdedores para evitar uma mudança de última hora na opinião do eleitor. Nas zonas eleitorais pequenas e muito disputadas dos condomínios, dificilmente alguma pesquisa poderia atender a esses dois critérios tão rigorosos."

"Assim, agora eu sento no clube e as pessoas vêm e querem saber a minha opinião sobre o Oriente Médio, a reforma da campanha, tudo." Jack, levantando-se, estendeu sua mão a Sara, "Posso ver que vocês têm coisas para fazer, então seguirei meu caminho. Foi um prazer conhecê-la, Sara".

Sara observa Jack Adams dar um abraço de urso em Jason e ir embora.

"E então, Sara, o que você achou do conhecimento de Jack sobre estatística?"

Introdução

No capítulo anterior, enfatizamos o teste de hipóteses de diferenças, no entanto as questões gerenciais frequentemente se centram no estudo das relações entre duas ou mais variáveis; então, precisamos de uma *hipótese relacional*. Na questão de pesquisa "Os consumidores norte-americanos acham que os utensílios de cozinha produzidos nos Estados Unidos têm melhor qualidade que os importados?", a natureza da relação entre as duas variáveis ("país de origem" e "qualidade percebida") não é especificada, entretanto a implicação é de que uma variável seja responsável pela outra. Uma hipótese relacional correta para essa questão declararia que as variáveis ocorrem juntas de alguma maneira específica, sem implicar que uma cause a outra.

Vários objetivos são atendidos com a análise de correlação: pode-se descobrir força, direção, forma e outras características da relação, ou as questões táticas e estratégicas podem ser respondidas ao preverem os valores de uma variável a partir dos de outra. Vejamos algumas questões gerenciais típicas:

- Nas empresas de pedidos por correio, os custos excessivos de catálogo rapidamente engolem as margens, e muitas correspondências não atingem compradores receptivos ou ativos. Qual é a relação entre as várias categorias de correspondência que suprimem clientes inativos e o aumento nas margens de lucro?

- As empresas de tamanho médio muitas vezes têm dificuldades para atrair a elite das turmas de MBA e, quando conseguem, têm problemas para mantê-la. Qual é a relação entre a classificação de candidatos com base em entrevistas executivas e a obtida por teste ou avaliação gerencial?

- As alocações de marketing de empresas tabagistas mudaram há alguns anos como resultado de resoluções em diversos estados dos EUA eliminando a propaganda em outdoors e no trânsito. Mais recentemente, a propaganda em revistas com um grande público-alvo jovem sofreu uma forte censura. Durante determinado período, qual é a relação entre gastos com ponto de venda e lucro líquido?
- As dinâmicas empresas de alta tecnologia nos Estados Unidos anunciaram pesadamente no mercado europeu de chips, e suas vendas cresceram 20% mais que a das três maiores empresas europeias. Podemos prever as vendas do próximo ano com base na propaganda atual?

Todas essas questões podem ser avaliadas por meio de medidas de associação e exigem diferentes técnicas baseadas no nível em que as variáveis foram mensuradas ou na intenção da questão. As três primeiras usam dados nominais, ordinais e intervalares, respectivamente, e a última é respondida por meio de regressão linear simples.

Com a correlação, calcula-se um índice para mensurar a natureza da relação entre as variáveis, e com a regressão desenvolve-se uma equação para prever os valores de uma variável dependente. Ambas são afetadas pelas suposições do nível de mensuração e das distribuições subjacentes nos dados.

A Figura 18-1 lista algumas medidas comuns e seus usos, e o capítulo segue a progressão da figura, abordando primeiro a correlação linear bivariada, examinando a regressão simples e concluindo com medidas de associação não paramétricas. A exploração de dados pela inspeção visual e avaliação diagnóstica de suposições continua a ser enfatizada.

Análise de correlação bivariada

A **análise de correlação bivariada** difere das medidas de associação não paramétricas e da análise de regressão de duas formas importantes: primeira, a correlação paramétrica exige duas variáveis contínuas, mensuradas em uma escala intervalar ou de razão; segunda, o coeficiente não distingue entre variáveis independentes e dependentes, e sim trata as variáveis simetricamente, já que o coeficiente r_{xy} tem a mesma interpretação que r_{yx}.

Coeficiente r de Pearson de momento-produto

O **coeficiente de correlação de Pearson** (momento-produto) varia de +1, passando por 0, até −1; a designação r simboliza a estimativa do coeficiente de associação linear baseada nos dados da amostragem, e o coeficiente r representa a correlação da população.

Os coeficientes de correlação revelam a magnitude e a direção das relações, e a *magnitude* é o grau em que as variáveis movem-se em uníssono ou em oposição. O tamanho de uma correlação de +0,40 é o mesmo que uma de −0,40, e o sinal não diz nada sobre tamanho. O grau de correlação é modesto, e o sinal do coeficiente significa a *direção* da relação. A direção nos diz se valores grandes em uma variável estão associados a valores grandes em outra (e valores pequenos a valores pequenos); quando os valores correspondem dessa forma, as duas variáveis têm uma relação positiva: à medida que uma aumenta, a outra também aumenta. A renda familiar, por exemplo, está positivamente relacionada aos gastos da família com alimentação: à medida que aumenta a renda, aumentam os gastos com alimentação. Outras variáveis são inversamente relacionadas, logo valores grandes na primeira variável estão associados a valores pequenos na segunda (e vice-versa): os preços de produtos e serviços são inversamente relacionados à sua escassez. Em geral, quando diminui a quantidade de um produto disponível, aumenta o preço; a falta de relação é expressa por um coeficiente de aproximadamente zero.

Diagrama de dispersão para explorar relações

Os **diagramas de dispersão** são essenciais para entender as relações entre as variáveis, pois eles proporcionam um meio para inspeção visual dos dados que uma lista de valores para duas variáveis não pode fornecer; tanto a direção como a forma de uma relação são transmitidas em um diagrama, e com um pouco de prática, pode-se ver a magnitude dela.

Mensuração	Coeficiente	Comentários e usos
Intervalar e razão	Coeficiente de correlação de Pearson (momento-produto)	Para variáveis contínuas linearmente relacionadas.
	Índice de correlação (ETA)	Para dados não lineares ou relacionando o principal efeito a uma variável dependente contínua.
	Bisserial	Uma variável contínua e uma dicotômica com uma distribuição normal implícita.
	Correlação parcial	Três variáveis; relacionando duas com o efeito da terceira.
	Correlação múltipla	Três variáveis; relacionando uma variável com as outras duas.
	Regressão linear bivariada	Prevê uma variável a partir dos valores de outra.
Ordinal	Gama	Baseia-se nos pares concordantes-discordantes $(P - Q)$; interpretação de redução proporcional de erro (RPE).
	Tau b de Kendall	Baseia-se em $P - Q$; ajuste para classificação amarrada.
	Tau c de Kendall	Baseia-se em $P - Q$; ajuste para dimensões da tabela.
	d de Somers	Baseia-se em $P - Q$; extensão assimétrica de gama.
	Rô de Spearman	Correlação momento – produto para dados classificados.
Nominal	Fi	Baseia-se em qui-quadrado (QQ) para tabelas 2 × 2.
	V de Cramer	Baseia-se em QQ; ajuste quando a dimensão de uma tabela é > 2.
	Coeficiente de contingência C	Baseia-se em QQ; dados flexíveis e suposições de distribuição.
	Lambda	Interpretação baseada em RPE.
	Tau de Goodman & Kruskal	Baseia-se em RPE com ênfase em tabelas marginais.
	Coeficiente de incerteza	Útil para tabelas multidimensionais.
	Kappa	Medida de concordância.

Figura 18-1 Medidas de associação comumente usadas.

A Figura 18-2 contém uma série de diagramas de dispersão que representam algumas relações pelo intervalo *r*. Os três diagramas do lado esquerdo da figura têm seus pontos partindo do lado superior esquerdo para o lado inferior direito de cada diagrama x-y[1], representando diferentes magnitudes de relações negativas; no lado direito da figura, os três diagramas têm padrões opostos e mostram relações positivas.

Quando relações mais fortes são evidentes (p. ex.: as correlações ±0,90), os pontos agrupam-se perto de uma linha reta imaginária que passa pelos dados; as relações mais fracas (±0,40) representam uma nuvem de dados mais difusa, com pontos mais distantes da linha.

A forma das relações lineares é caracterizada por uma linha reta, ao passo que as relações não lineares têm curvas curvilíneas, parabólicas e compostas representando suas formas. O *r* de Pearson mede as relações em variáveis que estão linearmente relacionadas e não consegue distinguir dados lineares de não lineares. Os resumos estatísticos sozinhos não revelam a adequação dos dados para o modelo, e é por isso que a verificação dos dados é importante.

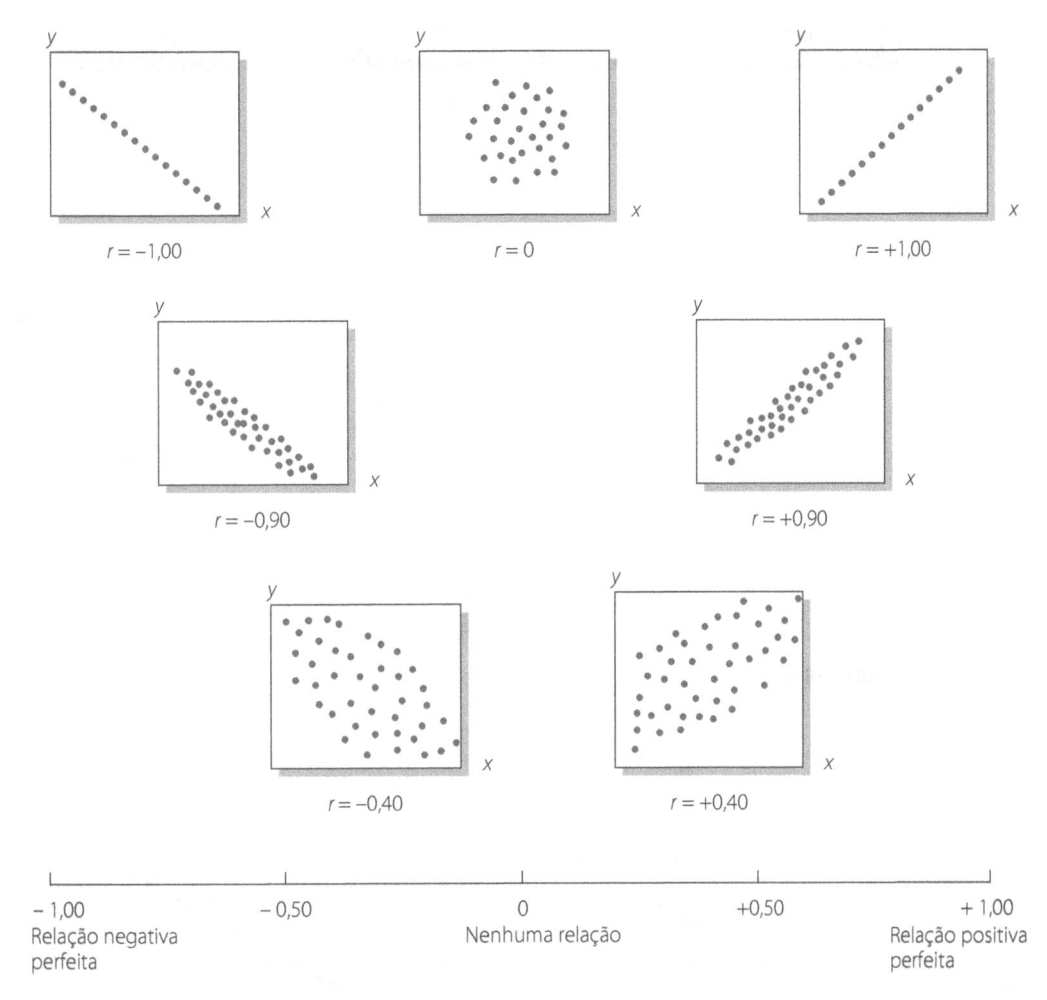

Figura 18-2 Diagramas de dispersão de correlações entre duas variáveis.

A necessidade de visualização dos dados é ilustrada com quatro pequenos conjuntos de dados que possuem resumos estatísticos idênticos, mas apresentam padrões completamente diferentes.[2] A Figura 18-3 contém esses dados e a Figura 18-4 tem seus diagramas de dispersão. No Diagrama 1, as variáveis estão positivamente relacionadas e seus pontos seguem uma linha reta sobreposta aos dados – esse exemplo é bem apropriado para a análise de correlação; no Diagrama 2, os dados são curvilíneos em relação à reta, e r é uma medida inapropriada de sua relação; o Diagrama 3 mostra a presença de um ponto influente que mudou um coeficiente que, de outra forma, teria sido um perfeito +1,0; e o último diagrama expõe valores constantes de x (semelhante ao que você pode encontrar em um experimento animal ou de controle de qualidade). Um ponto de alavancagem estabelece a linha adequada para esses dados.

Retornaremos a esses conceitos e ao processo de traçar a linha quando discutirmos a regressão. Por hora, a comparação dos Diagramas 2 a 4 com o 1 sugere a importância de inspecionar visualmente os dados correlacionais quanto a padrões subjacentes a fim de garantir a linearidade. Analistas cuidadosos fazem dos diagramas de dispersão uma parte integrante da inspeção e exploração de seus dados. Embora amostras pequenas possam ter diagramas feitos à mão, os pacotes de softwares estatísticos poupam tempo e oferecem uma variedade de procedimentos para diagramas.

As suposições de *r*

Como outras técnicas paramétricas, a análise de correlação faz certas suposições sobre os dados, muitas das quais são necessárias para testar as hipóteses sobre o coeficiente.

S_s	X_1	Y_1	X_2	Y_2	X_3	Y_3	X_4	Y_4
1	10	8,04	10	9,14	10	7,46	8	6,58
2	8	6,95	8	8,14	8	6,77	8	5,76
3	13	7,58	13	8,74	13	12,74	8	7,71
4	9	8,81	9	8,77	9	7,11	8	8,84
5	11	8,33	11	9,26	11	7,81	8	8,47
6	14	9,96	14	8,10	14	8,84	8	7,04
7	6	7,24	6	6,13	6	6,08	8	5,25
8	4	4,26	4	3,10	4	5,39	19	12,50
9	12	10,84	12	9,13	12	8,15	8	5,56
10	7	4,82	7	7,26	7	6,42	8	7,91
11	5	5,68	5	4,74	5	5,73	8	6,89
r de Pearson	0,81642		0,81624		0,81629		0,81652	
r^2	0,66654		0,66624		0,66632		0,66671	
r^2 ajustado	0,62949		0,62916		0,62925		0,62967	
Erro padrão	1,2366		1,23721		1,23631		1,2357	

Figura 18-3 Quatro conjuntos de dados com os mesmos resumos estatísticos.

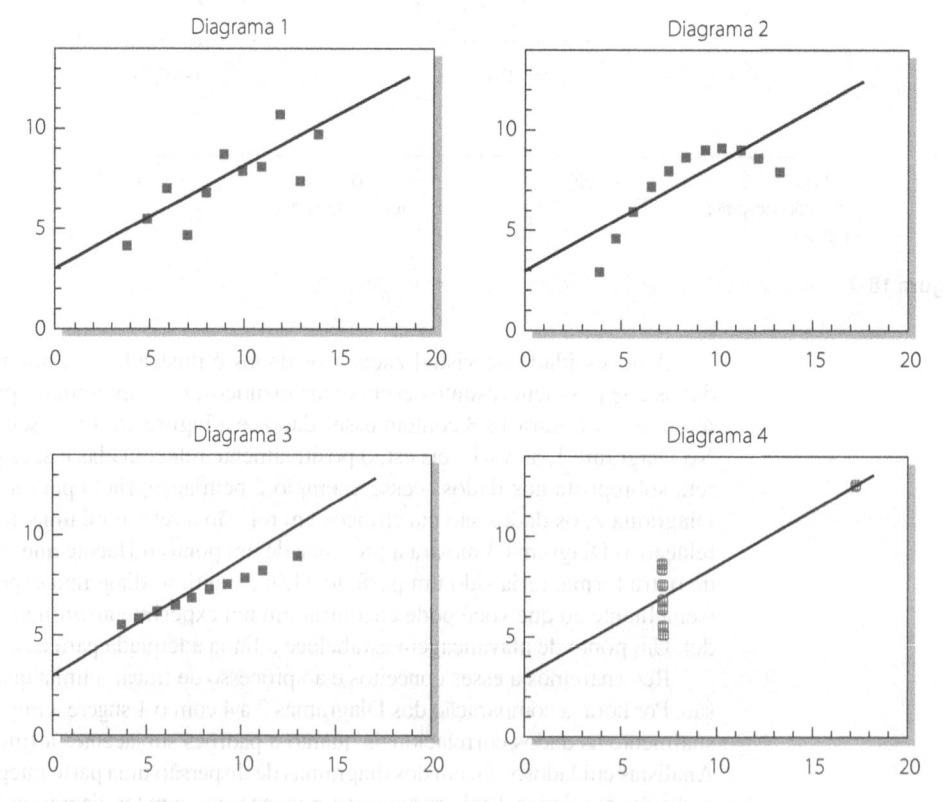

Figura 18-4 Diferentes diagramas de dispersão para o mesmo resumo estatístico.

A primeira exigência de *r* é a **linearidade**: todos os exemplos na Figura 18-2, com exceção de $r = 0$, ilustram uma relação entre as variáveis que pode ser descrita por uma linha reta passando pela nuvem de dados. Quando $r = 0$, não há padrão evidente que possa ser descrito com uma única linha; da mesma forma, também é possível encontrar coeficientes 0 quando as variáveis são altamente relacionadas, mas em forma não linear. Como já vimos, os diagramas tornam esses achados evidentes.

A segunda suposição para correlação é a **distribuição normal bivariada** – ou seja, os dados são de uma amostra aleatória de uma população na qual as duas variáveis normalmente são distribuídas de forma conjunta.

Frequentemente, essas suposições ou o nível de mensuração exigido não podem ser atendidos, e, então, o analista deve selecionar uma medida de associação não linear ou não paramétrica, muitas das quais serão descritas posteriormente neste capítulo.

Cálculo e teste de r

O coeficiente correlacional da população é

$$\rho = \frac{\text{Cov}(X,Y)}{\sigma_X \sigma_Y} \quad (1)$$

Como os parâmetros populacionais geralmente são desconhecidos, estimamos a partir da amostra aleatória de pares de observação (X, Y).

Com o estimador da amostra de Cov(X, Y) sendo $SQ_{XY}/(n-1)$, um estimador de σ_X é

$$\sqrt{SQ_X / (n-1)}$$

e um estimador de σ_Y é

$$\sqrt{SQ_Y / (n-1)}$$

Podemos substituir esses estimadores por seus correspondentes populacionais na equação (2), dando-nos o coeficiente de correlação da amostra designado por r.

$$r = \frac{SQ_{XY}}{\sqrt{SQ_X SQ_Y}} \quad (2)$$

Outra fórmula comum para calcular o r de Pearson é

$$r = \frac{\Sigma(X - \bar{X})(Y - \bar{Y})}{(n-1)S_x S_y} \quad (3)$$

onde

n = número de pares de casos

S_x, S_y = desvios-padrão de X e Y

Uma variação conhecida como correlação reflexiva, usada quando os dados não estão centrados em seus valores médios, é:

$$r = \frac{\Sigma xy}{\sqrt{(\Sigma x^2)(\Sigma y^2)}} \quad (4)$$

visto que

$$S_x = \sqrt{\frac{\Sigma x^2}{N}} \quad S_y = \sqrt{\frac{\Sigma y^2}{N}}$$

Se o numerador da equação (4) for dividido por n, temos a *covariância*, a quantidade de desvio que as distribuições X e Y têm em comum. Com uma covariância positiva, as variáveis movem-se em uníssono; com covariância negativa, elas movem-se em oposição. Quando a covariância é 0, não há relação. O denominador da equação (4) representa o potencial máximo de variação que as duas distribuições compartilham. Assim, a correlação pode ser entendida como uma razão.

(1)	(2)	(3)	(4)	(5)	(6)	(7)	(8)
	Lucro líquido (US$, milhões)	Fluxo de caixa (US$, milhões)	Desvios das médias				
Empresa	X	Y	$(X - \overline{X})x$	$(Y - \overline{Y})y$	xy	x^2	y^2
1	82,6	126,5	−93,84	−178,64	16.763,58	8.805,95	31.912,25
2	89,0	191,2	−87,44	−113,94	9.962,91	7.645,75	12.982,32
3	176,0	267,0	−0,44	−38,14	16,78	0,19	1.454,66
4	82,3	137,1	−94,14	−168,04	15.819,29	8.862,34	28.237,44
5	413,5	806,8	237,06	501,66	118.923,52	56.197,44	251.602,56
6	18,1	35,2	158,34	−269,94	42.742,3	25.071,56	72.867,60
7	337,3	425,5	160,86	120,36	19.361,11	25.875,94	14.486,53
8	145,8	380,0	−30,64	74,86	−2.293,71	938,81	5.604,02
9	172,6	326,6	−3,84	21,36	82,02	14,75	456,25
10	247,2	355,5	70,76	50,36	3.563,47	5.006,98	2.536,13
	$\overline{X} = 176,44$	$\overline{Y} = 305,14$			$\Sigma xy = 224.777,23$		
	$S_x = 216,59$	$S_y = 124,01$				$\Sigma x^2 = 138.419,71$	
							$\Sigma y^2 = 422.139,76$

Figura 18-5 Cálculo da correlação momento-produto de Pearson.

A Figura 18-5 contém uma subamostra aleatória de 10 empresas da amostra da Forbes 500. As variáveis escolhidas para ilustrar o cálculo de r são fluxo de caixa e lucro líquido. Sob cada variável está sua média e seu desvio-padrão. Nas colunas 4 e 5, temos os desvios dos valores de X e Y de suas médias, na 6, o produto, e as colunas 7 e 8 são os valores do desvio ao quadrado.

Substituindo na fórmula, obtemos:

$$r = \frac{224.777,23}{\sqrt{138.419,71} * \sqrt{422.139,76}} = 0,9298$$

Nessa subamostra, lucro líquido e fluxo de caixa estão positivamente relacionados e têm um coeficiente muito alto. À medida que aumenta o lucro líquido, aumenta o fluxo de caixa; o contrário também é verdadeiro. A linearidade das variáveis pode ser examinada com um gráfico de dispersão como o mostrado na Figura 18-6, e os pontos de dados dispõem-se ao longo de uma linha reta.

Variância comum como explicação

A quantidade de variância comum em X (lucro líquido) e Y (fluxo de caixa) pode ser resumida pelo **coeficiente de determinação (r^2)**, e, como mostra a Figura 18-7, a sobreposição entre as duas variáveis é a proporção de sua variância comum ou compartilhada.

A área sobreposta representa o percentual da relação total representada por uma variável ou pela outra. Então, 86% da variância em X é explicada por Y e vice-versa.

Teste da significância de r

O coeficiente representa a relação entre lucro líquido e fluxo de caixa real ou ela ocorre por acaso? Essa pergunta tenta descobrir se nosso r é um desvio ao acaso de uma população p de zero; em outras situações, o pesquisador pode querer saber se existem diferenças significativas entre dois ou mais r. Em ambos os casos, a importância de r deve ser verificada antes que ele seja usado em outros cálculos ou comparações; para esse teste, precisamos ter amostras aleatórias independentes de uma distribuição normal bivariada, então podemos usar o teste Z ou t para a hipótese nula, $p = 0$.

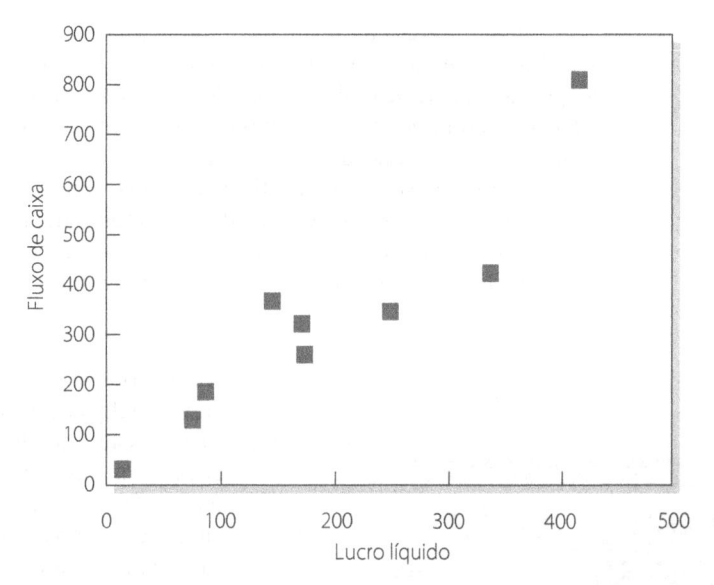

Figura 18-6 Gráfico de lucro líquido e fluxo de caixa para empresas da *Forbes 500*.

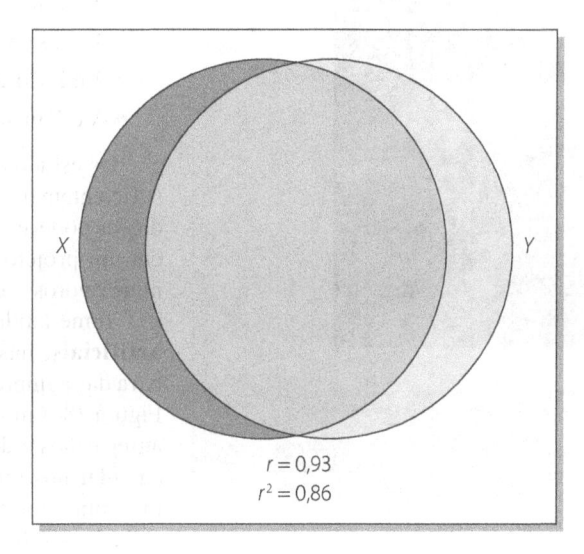

Figura 18-7 Diagrama de variância comum.

A fórmula para amostras pequenas é:

$$t = \frac{r}{\sqrt{\dfrac{1 - r^2}{n - 2}}}$$

onde

$r = 0,93$
$n = 10$

Substituindo na equação, calculamos t:

$$t = \frac{0,93}{\sqrt{\dfrac{1 - 0,86}{8}}} = 7,03$$

Com $n - 2$ graus de liberdade, o programa estatístico calcula o valor de t (7,03) em uma probabilidade inferior a 0,005 para a alternativa unicaudal, em $H_A: p > 0$. Rejeitamos a hipótese de que não haja relação linear entre lucro líquido e fluxo de caixa na população. A estatística anterior é apropriada quando a hipótese nula enuncia uma correlação de 0, que deve ser usada apenas com testes unicaudais.[3] No entanto, muitas vezes é difícil saber antecipadamente se as variáveis estão positiva ou negativamente relacionadas, especialmente quando o computador impossibilita nosso contato com os dados brutos – alguns softwares produzem testes bicaudais para essa eventualidade. O nível de significância observado para um teste unicaudal é metade da versão impressa bicaudal na maioria dos programas.

Interpretação das correlações

Um coeficiente de correlação de qualquer magnitude ou sinal, qualquer que seja sua significância estatística, não implica causalidade; um aumento no lucro líquido pode causar um aumento no valor de mercado, ou um aumento na satisfação pode causar melhor desempenho em certas situações, mas a correlação não fornece evidências de causa e efeito. Diversas explicações alternativas podem ser dadas para os resultados da correlação:

- X causa Y.
- Y causa X.
- X e Y são ativados por uma ou mais variáveis diferentes.
- X e Y influenciam-se reciprocamente.

Os estudos *ex post facto* raramente possuem projetos suficientemente fortes para demonstrar quais dessas condições poderiam ser verdadeiras. Ao controlar as variáveis em um projeto experimental, podemos obter evidências mais rigorosas de causalidade.

Tome cuidado para evitar as chamadas **correlações artificiais**, nas quais grupos distintos são combinados para dar a impressão de serem um só. O painel superior da Figura 18-8 mostra dados de dois setores empresariais; se agregarmos todos os pontos de dados das variáveis X e Y e calcularmos uma correlação para um único grupo, teremos uma correlação positiva. Cálculos separados para cada setor (observe que os pontos para o setor A formam um círculo, assim como os pontos para o setor B) revelam que *não* há relação entre as variáveis X e Y. Um segundo exemplo, mostrado no painel inferior, contém um diagrama de dados de ativos e vendas. Incluímos e destacamos os dados do setor financeiro.

Este anúncio capta a análise de dados com precisão: "Enquanto os dados dão respostas em preto e branco, são as sutilezas das áreas cinzentas que possibilitam uma visão geral". Embora uma resposta dominante para uma variável possa dar informações para a maioria das respostas, o estudo das respostas menos prevalentes provavelmente dará um entendimento maior de sua população relevante. www.burke.com

Isso é mostrado como uma faixa estreita dentro de uma elipse. As empresas desse setor têm valor alto em ativos e baixo em vendas – são bancos: quando os dados dos bancos são removidos e tratados separadamente, a correlação é quase perfeita (0,99); quando os bancos são colocados de volta na amostra e a correlação é recalculada, a relação global cai para cerca de 0,80. Em resumo, dados ocultos ou aninhados dentro de um conjunto agregado podem apresentar um quadro radicalmente diferente.

Outra questão que afeta a interpretação de coeficientes diz respeito à significância prática. Mesmo que um coeficiente seja estatisticamente significativo, precisa sê-lo na prática. Em muitas relações, outros fatores são combinados para induzir o significado do coeficiente ao erro, por exemplo, na natureza, esperamos que o índice pluviométrico e a altura dos reservatórios estejam relacionados positivamente, porém, nos estados em que a administração de água e os mecanismos de controle de enchentes são complexos, uma relação aparentemente simples

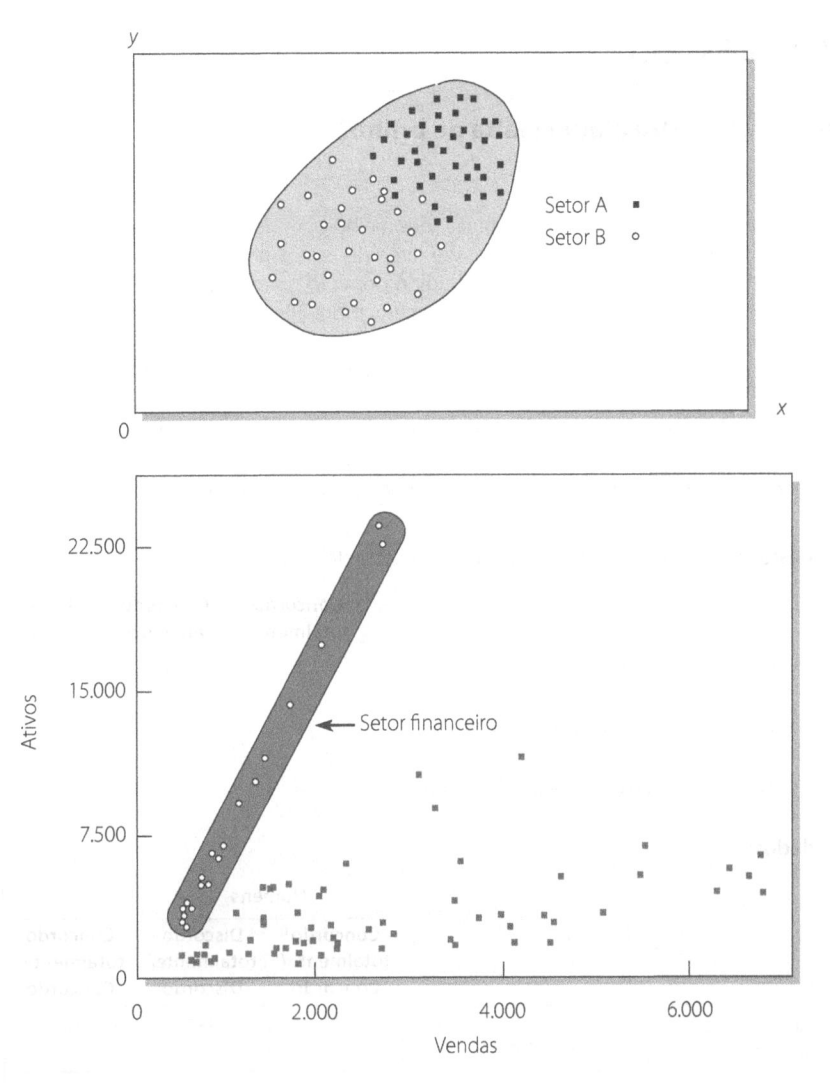

Figura 18-8 Correlações artificiais.

pode não existir. Técnicas como correlação parcial e múltipla ou regressão múltipla são úteis para organizar efeitos confusos.

Com amostras grandes, mesmo coeficientes muito baixos podem ser estatisticamente significativos; essa "significância" apenas reflete a probabilidade de uma relação linear na população. Magnitudes inferiores a 0,30 devem ser relatadas quando forem significativas? Depende. Podemos considerar as correlações entre as variáveis, como fluxo de caixa, vendas, valor de mercado ou lucro líquido, revelações interessantes de um fenômeno específico, sejam elas altas, moderadas ou baixas.

A natureza do estudo, as características da amostra ou outras razões determinarão os fatores. *Um coeficiente não é extraordinário simplesmente por ser estatisticamente significativo.*

Ao investigar as evidências de direção, magnitude, significância estatística e variância comum, com os objetivos e as limitações do estudo, reduzimos as chances de relatar achados superficiais; simultaneamente, podemos melhorar a comunicação de implicações práticas para o leitor.

Regressão linear simples[4]

Na seção anterior, concentramo-nos nas relações entre as variáveis, e detectou-se que a correlação momento-produto representa um índice da magnitude da relação, o sinal que governa a

Instantâneo

O Oscar demonstra alguma falta de brilho?

A cada ano, a indústria cinematográfica coloca seus melhores filmes e seus mais brilhantes atores, roteiristas e diretores em uma competição conhecida como Oscar. Decidido por voto dos membros da Academia de Artes e Ciências Cinematográficas, não é apenas concebido para reconhecer a excelência, mas também, de forma ostensiva, para aumentar o público dos filmes.

A Polaris Marketing Research Inc. e a AMC Theatres propuseram-se a determinar se o evento tinha qualquer efeito mensurável sobre assistir a filmes. Lançando uma oferta de breve levantamento on-line via compilação do Omni Pulse® da Research Now e relacionando questões atitudinais e de comportamento a dados demográficos, a Polaris Marketing Research Inc. indica que, para um filme, estúdio ou ator, toda a promoção pré-evento e o evento do Oscar em si influenciam um percentual relativamente pequeno a assistir a um filme indicado a ele ou premiado nele. Os dados a seguir indicam que mulheres e homens respondem diferentemente ao Oscar? Em qual nível isso é estatisticamente significativo? Como você determinaria isso?

A questão: Você concorda ou discorda das seguintes declarações?

	Concordo totalmente	Concordo um pouco	Discordo um pouco	Discordo totalmente	Não sei
Gosto de seguir o processo de indicação ao Oscar e ao burburinho pré-evento.	4	3	2	1	5
Faço questão de assistir aos filmes que recebem indicações para o Oscar.	4	3	2	1	5
Faço questão de assistir aos filmes que ganham um Oscar.	4	3	2	1	5

Os dados:

		Homens		Mulheres		Total
		Concordo totalmente/ Concordo	Discordo totalmente/ Discordo	Concordo totalmente/ Concordo	Discordo totalmente/ Discordo	
Gosto de seguir o processo de indicação ao Oscar e ao burburinho pré-evento.	Contagem	198	367	316	322	565 homens 638 mulheres
	Percentual	35,0	65,0	49,5	50,5	
	Média					1,93 homem 2,24 mulheres
Faço questão de assistir aos filmes que recebem indicações para o Oscar.	Contagem	199	366	266	372	
	Percentual	35,2	64,8	41,7	58,3	
	Média					1,98 homem 2,13 mulheres
Faço questão de assistir aos filmes que ganham um Oscar.	Contagem	234	331	313	325	
	Percentual	41,4	58,6	49,1	50,9	
	Média					2,10 homens 2,31 mulheres

www.polarismr.com, www.amctheatres.com, www.researchnow.com

direção, e que r^2 explica a variância comum. As relações também servem como base para estimativas e predições: quando pegamos os valores observados de X para estimar ou prever os valores correspondentes de Y, o processo é chamado **predição simples**[5]; quando mais de uma

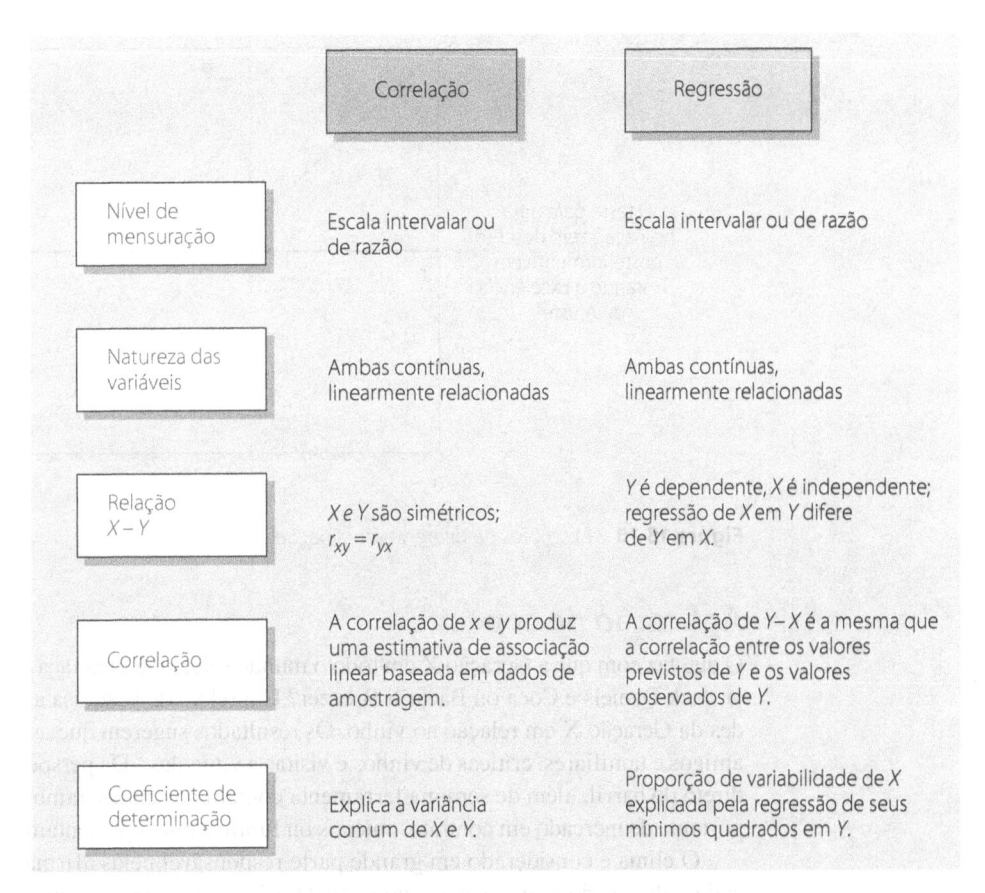

	Correlação	Regressão
Nível de mensuração	Escala intervalar ou de razão	Escala intervalar ou de razão
Natureza das variáveis	Ambas contínuas, linearmente relacionadas	Ambas contínuas, linearmente relacionadas
Relação X–Y	X e Y são simétricos; $r_{xy} = r_{yx}$	Y é dependente, X é independente; regressão de X em Y difere de Y em X.
Correlação	A correlação de x e y produz uma estimativa de associação linear baseada em dados de amostragem.	A correlação de Y–X é a mesma que a correlação entre os valores previstos de Y e os valores observados de Y.
Coeficiente de determinação	Explica a variância comum de X e Y.	Proporção de variabilidade de X explicada pela regressão de seus mínimos quadrados em Y.

Figura 18-9 Comparação de correlação e regressão linear bivariada.

variável X é usada, o resultado é uma função de preditores múltiplos. As predições simples e múltiplas são feitas com uma técnica chamada **análise de regressão**.

As semelhanças e diferenças entre correlação e regressão estão resumidas na Figura 18-9; as relações entre elas sugerem que, sob muitos problemas de correlação, a análise de regressão pode fornecer informações adicionais sobre a relação de Y com X.

O modelo básico

Uma linha reta é fundamentalmente a melhor forma de modelar a relação entre duas variáveis contínuas. A regressão linear bivariada pode ser expressa como

$$Y = \beta_0 + \beta_1 X_i$$

onde o valor da variável dependente Y é uma função linear do valor correspondente da variável independente X_i na i-ésima observação. A inclinação e o intercepto Y são conhecidos como **coeficientes de regressão**. A **inclinação**, β_1, é a mudança em Y para a mudança de uma unidade em X. Algumas vezes, é chamada de "elevação sobre a série" e é definida pela fórmula:

$$\beta_1 = \frac{\Delta Y}{\Delta X}$$

Esse é o índice de mudança (Δ) na elevação da linha relativa à série ou ao curso junto ao eixo X. A Figura 18-10 mostra algumas das muitas possibilidades de inclinação que podemos encontrar.

O **intercepto**, β_0, é o valor da função linear quando ela cruza o eixo Y; é a estimativa de Y quando $X = 0$. A fórmula para o intercepto baseada nas pontuações médias das variáveis X e Y é

$$\beta_0 = \bar{Y} - \beta_1 \bar{X}$$

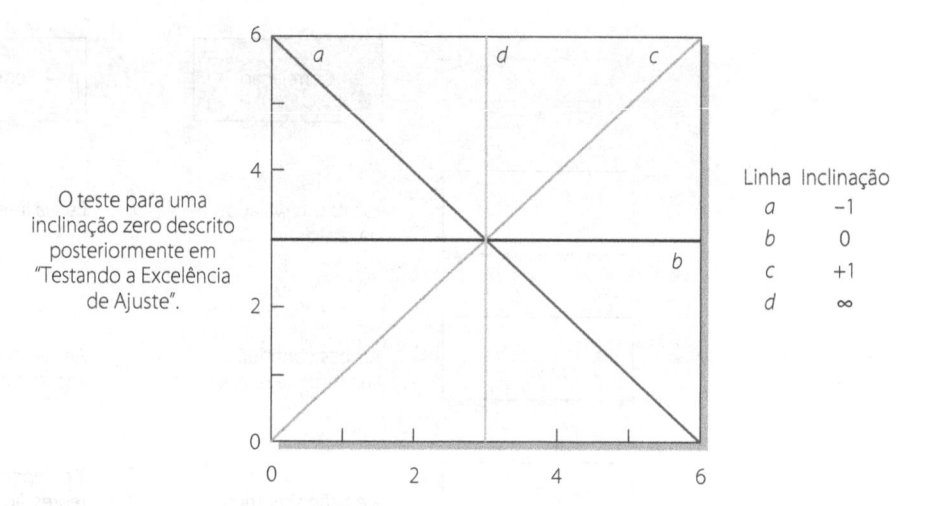

O teste para uma inclinação zero descrito posteriormente em "Testando a Excelência de Ajuste".

Linha	Inclinação
a	−1
b	0
c	+1
d	∞

Figura 18-10 Exemplos de diferentes inclinações.

Aplicação de conceito

O que faz com que a Geração X em todo o mundo selecione uma taça de vinho, em vez de cerveja, Jack Daniels e Coca ou Bacardi Breezer? Um relato de pesquisa australiano destaca as atitudes da Geração X em relação ao vinho. Os resultados sugerem que as principais influências são amigos e familiares, críticas de vinhos e visitas a vinícolas.[6] Da perspectiva da vinícola, degustar direto do barril, além de ser uma ferramenta comum de vendas, também é um determinante importante de mercado em contratos iniciais ou futuros, que representam cerca de 60% da colheita.

O clima é considerado em grande parte responsável pelas afirmações sobre sabor e potencial qualidade do vinho. Um economista de Princeton trabalhou em cima dessa noção e sugeriu que apenas alguns poucos fatos sobre condições climáticas locais podem prever melhor a safra de vinho tinto francês que os paladares e narizes mais refinados.[7] O modelo de regressão desenvolvido prevê um índice de preço de leilão para cerca de 80 vinhos de inverno e a quantidade de chuva e a média de temperatura da estação de cultivo. É interessante notar que os cálculos sugeriram que o Bordeaux 1989 seria um dos melhores desde 1893. Os tradicionalistas franceses reagiram histericamente a esses métodos, embora tenham concordado com a conclusão.

Nosso primeiro exemplo usará um preditor com dados altamente simplificados: consideremos que X represente a temperatura média da estação de cultivo em graus Celsius e Y o preço de uma caixa com 12 garrafas, em euros. Um famoso vinho francês da Borgonha, como o Romanée Conti St. Vivant, é vendido a US$ 340 a garrafa (vezes 12 garrafas por caixa, ou US$ 4.080), aproximadamente € 3.060. Os dados aparecem aqui:

X Temperatura média (Celsius)	Y Preço por caixa (euros)
12	2.000
16	3.000
20	4.000
24	5.000
$\overline{X} = 18$	$\overline{Y} = 3.500$

Os dados do gráfico da Figura 18-11 mostram uma relação linear entre os pares de pontos e uma correlação positiva perfeita, $r_{yx} = 1,0$. A inclinação da reta é calculada:

$$\beta_1 = \frac{Y_i - Y_j}{X_i - X_j} = \frac{4.000 - 3.000}{20 - 16} = \frac{1.000}{4} = 250$$

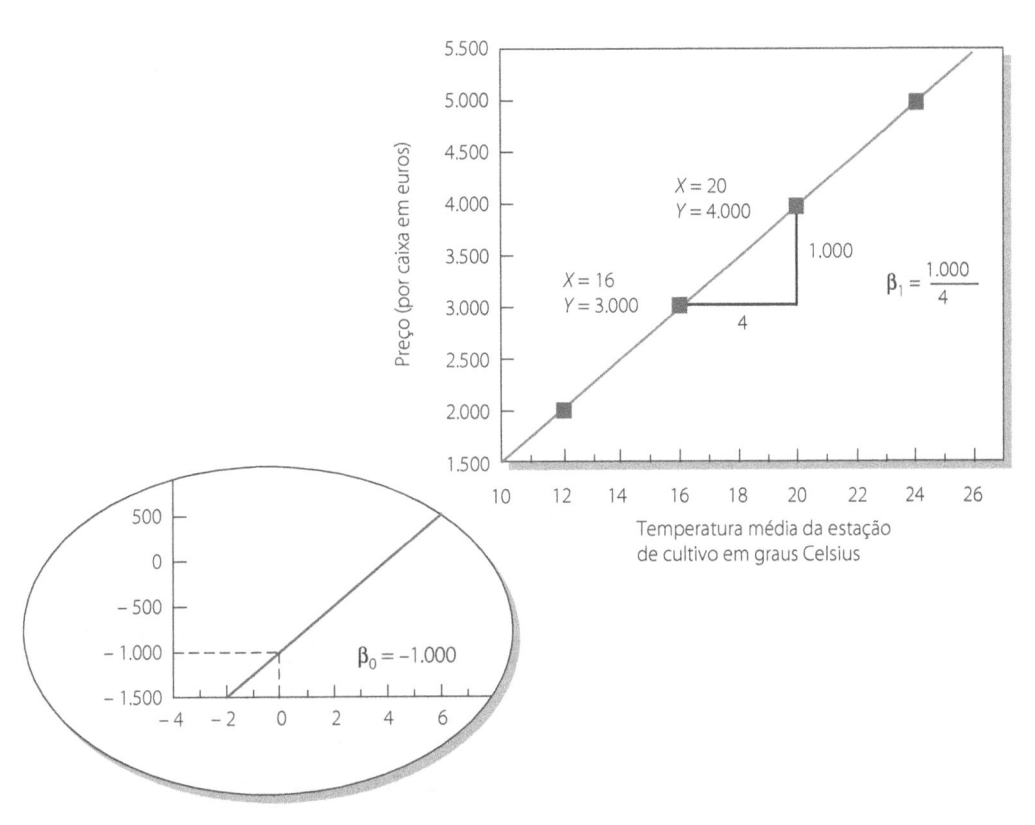

Figura 18-11 Gráfico do preço de vinho por temperatura média da estação de cultivo.

onde os valores de X_iY_i são pontos de dados (20, 4.000) e X_jY_j são pontos (16, 3.000); o intercepto β_0 é –1.000, o ponto no qual $X = 0$ nesse gráfico. Essa área está fora do gráfico e aparece como uma inserção na figura.

$$\beta_0 = \overline{Y} - \beta_1\overline{X} = 3.500 - 250(18) = -1.000$$

Substituindo na fórmula, temos uma equação de regressão simples

$$Y = -1.000 + 250X_i$$

Poderíamos prever que uma estação quente de cultivo, com temperaturas de 25,5°C, elevaria o preço da caixa para 5.375 euros. $\hat{Y}$ (chamado Y-chapéu) é o valor previsto de Y:

$$\hat{Y} = -1.000 + 250\,(25,5) = 5.375$$

Infelizmente, é raro deparar-se com um conjunto de dados composto por quatro pares de valores, uma correlação perfeita e uma linha facilmente traçável. Um modelo baseado em tais dados é *determinante* porque, para qualquer valor de X, há apenas um valor correspondente de Y possível. É mais provável que tenhamos de coletar os dados nos quais os valores de Y variem para cada valor de X. Considerando a Figura 18-12, devemos esperar uma distribuição de valores de preço para temperatura $X = 16$, outra para $X = 20$ e outra para cada valor de X. As médias dessas distribuições de Y também variarão de alguma forma sistemática com X. Essas variabilidades levam-nos a construir um modelo de *probabilidade*, que também usa uma função linear.[8] Essa função é:

$$Y_i = \beta_0 + \beta_1 X_i + \varepsilon_i$$

onde ε simboliza o desvio da i-ésima observação da média, $\beta_0 + \beta_1 X_i$.

Como mostrado na Figura 18-12, os valores reais de Y podem ser encontrados acima ou abaixo da reta de regressão representada pelo valor médio de Y ($\beta_0 + \beta_1 X_i$) para determinado valor de X. Esses desvios são erros no ajuste da reta e muitas vezes são chamados de **termo de erro**.

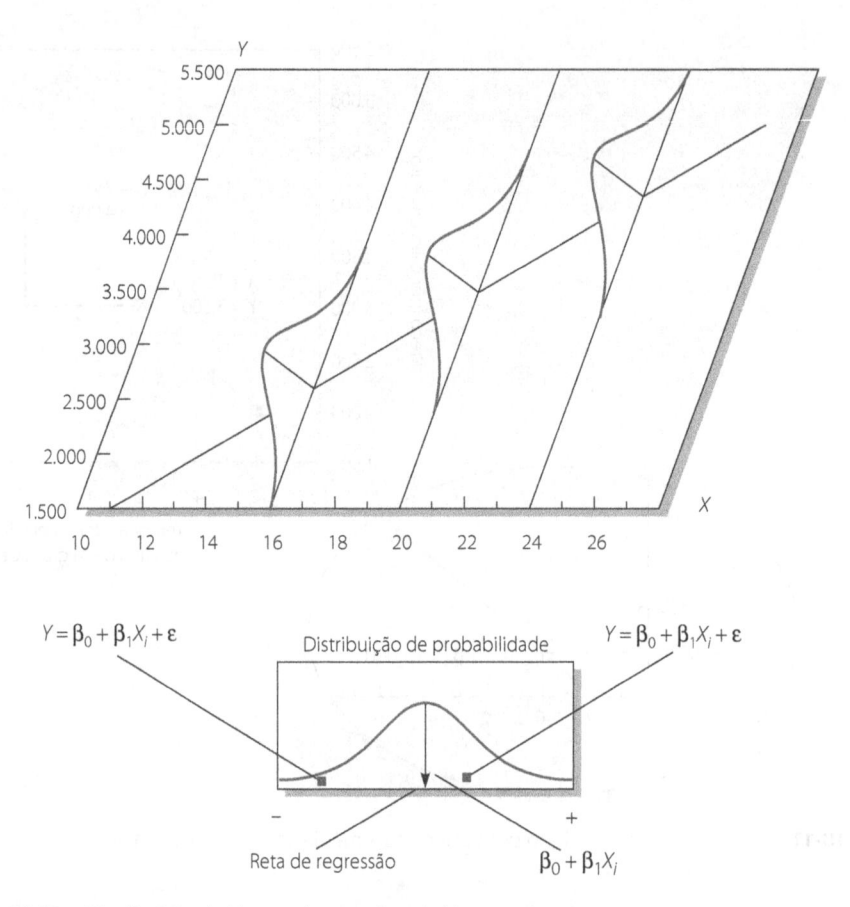

Figura 18-12 Distribuição de Y para observações de X.

Método dos quadrados mínimos

A Figura 18-13 contém um novo conjunto de dados para o exemplo do preço de vinho. Nossa previsão de Y a partir de X agora precisa considerar o fato de que os pares X e Y não ficam ordenadamente ao longo da linha. Na verdade, a relação poderia ser resumida por diversas linhas. A Figura 18-14 sugere duas alternativas baseadas na inspeção visual – ambas das quais se produzem erros ou distâncias verticais a partir dos valores observados até a linha. O **método dos quadrados mínimos** permite-nos encontrar uma reta de regressão, ou reta de melhor ajuste, que manterá esses erros em um patamar mínimo. Ela usa o critério de minimizar o total de erros ao quadrado da estimativa. Quando prevemos valores de Y para cada X_i, a diferença entre o Y_i real e o $\hat{Y}$ previsto é o erro, que é elevado ao quadrado e então somado. A reta de melhor ajuste é aquela que minimiza o total de erros ao quadrado da previsão.[9]

$$\sum_{i=1}^{n} e_i^2 \text{ minimizado}$$

Os coeficientes de regressão β_0 e β_1 são usados para encontrar a solução para os quadrados mínimos, calculados assim:

$$\beta_1 = \frac{\Sigma XY - \frac{(\Sigma X)(\Sigma Y)}{n}}{\Sigma X^2 - \frac{(\Sigma X)^2}{n}}$$

$$\hat{\beta}_0 = \bar{Y} - \hat{\beta}_1 \bar{X}$$

Capítulo 18 Medidas de Associação

	Preço (euros) Y	Temperatura (C) X	XY	Y^2	X^2
1	1.813	11,80	21.393,40	3.286.969,00	139,24
2	2.558	15,70	40.160,60	6.543.364,00	246,49
3	2.628	14,00	36.792,00	6.906.384,00	196,00
4	3.217	22,90	73.669,30	10.349.089,00	524,41
5	3.228	20,00	64.560,00	10.419.984,00	400,00
6	3.629	20,10	72.942,90	13.169.641,00	404,01
7	3.886	17,90	69.559,40	15.100.996,00	320,41
8	4.897	23,40	114.589,80	23.980.609,00	547,56
9	4.933	24,60	121.351,80	24.334.489,00	605,16
10	5.199	25,70	133.614,30	27.029.601,00	660,49
Σ	35.988	196,10	748.633,50	141.121.126,00	4.043,77
Média	3.598,80	19,61			
s	1.135,66	4,69			
Soma dos quadrados (SQ)	11.607.511,59	198,25	42.908,82		

Figura 18-13 Dados para o estudo do preço de vinhos.

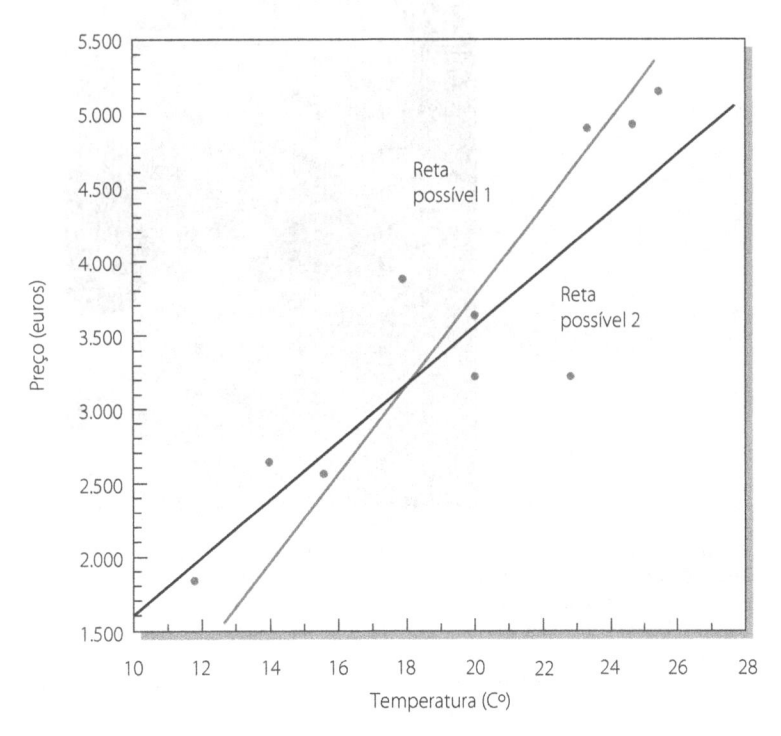

Figura 18-14 Diagrama de dispersão e possíveis retas de regressão baseadas na inspeção visual: estudo de preço do vinho.

Substituindo nas duas fórmulas pelos dados da Figura 18-13, temos

$$\beta_1 = \frac{748.633,5 - \frac{(196,1)(35.988)}{10}}{4.043,77 - \frac{(196,1)^2}{10}} = 216,439$$

$$\hat{\beta}_0 = 3.598,8 - (216,439)(19,61) = -645,569$$

A equação preditiva agora é $\hat{Y} = -645,57 + 216,44 X_i$.

Como traçar a reta de regressão

Antes de traçar a reta de regressão, selecionamos dois valores de X para calcular. Usando os valores 13 e 24 para X_i, os pontos são

$$\hat{Y} = -645,57 + 216,44(13) = 2.168,15$$
$$\hat{Y} = -645,57 + 216,44(24) = 4.548,99$$

Comparando a reta traçada na Figura 18-15 com as tentativas de linha na Figura 18-14, podemos ver imediatamente o sucesso do método dos quadrados mínimos para minimizar os erros de previsão.

Resíduos

Agora, voltamos nossa atenção para o diagrama de resíduos padronizados na Figura 18-16. Um **resíduo** é o que restou depois que a reta é ajustada ou $(Y_i - \hat{Y}_i)$; quando padronizado, é comparável

Perfil **visual**

A Constellation Wines usa pesquisa qualitativa e quantitativa para elaborar sua campanha "Count On It" para sua marca Blackstone. A recessão recente fez com que os compradores de vinhos mudassem seu comportamento, de modo que, em vez de comprar com base na aventura da descoberta, os compradores de hoje fiam-se no risco reduzido associado às marcas estabelecidas. Para aproveitar essa mudança de comportamento, a Constellation Wines lançou um projeto de pesquisa com vários estágios. Primeiro, a pesquisa de posicionamento usou seis grupos de discussão – três em Chicago e três em Los, metade com mulheres e metade com homens – para revelar como estava o vinho Blackstone em comparação e contrastado com seus concorrentes mais próximos. Essas discussões orientadas incluíram ordenação de palavras. "Escolhemos palavras que pensamos poderem ser relevantes, bem como aquelas que pensamos definitivamente não serem relevantes", disse o diretor de marketing da Constellation Wines. Uma palavra inesperada, masculina, continuava a vir à tona entre homens e mulheres, e a verificação do moderador revelou que não era masculina no sentido de machista ou ameaçadora, mas sim no de força. Os grupos de discussão revelaram que diversas outras palavras e expressões eram associadas ao vinho Blackstone: "qualidade despretensiosa", "herói modesto", "envolvente", assim como "artigo que cumprirá o que promete". A Amazon Advertising desenvolveu três diferentes abordagens de anúncio e testou-as para certificar-se de que estavam alinhadas com o posicionamento atualizado da marca. "Dados os achados da pesquisa, queríamos certificar-nos de que nossa nova campanha não pareceria tão feminina quanto a última." Gallup e Robinson testaram então múltiplas execuções de anúncios usando entrevistas interativas na internet de 20 minutos, mostrando o anúncio em comparação com outros em mídias impressas visadas e captando a lembrança, reação e compreensão de potenciais clientes. O anúncio mostrado aqui é um dos dois que a pesquisa ajudou a Constellation Wines a escolher para promover o vinho Blackstone. www.cbrands.com; www.gallup-robinson.com; www.amazonadv.com

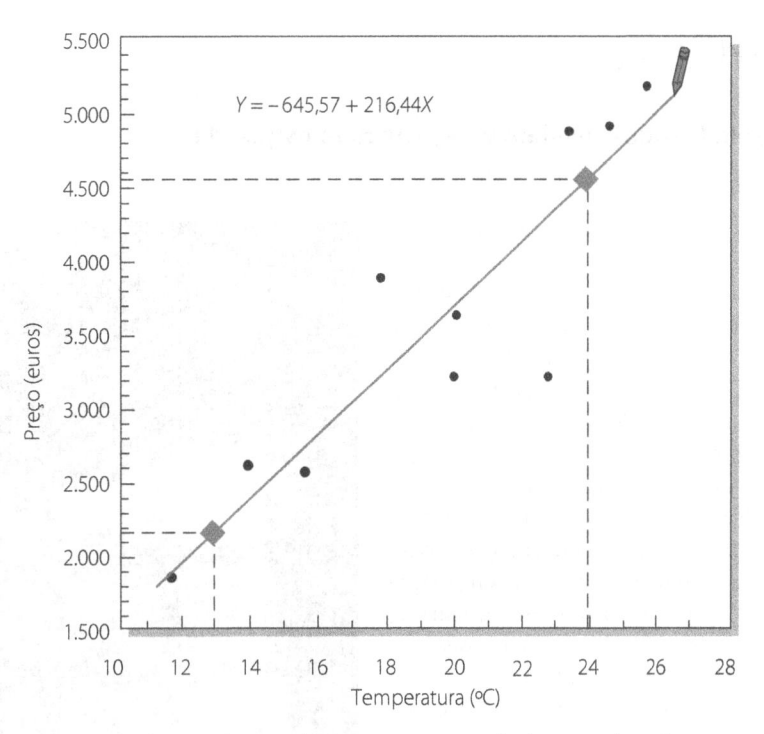

Figura 18-15 Como traçar a reta dos quadrados mínimos: estudo de preço do vinho.

$Y = -645{,}57 + 216{,}44X$

Caixa	Preço Y	Preço previsto	Resíduo
1	1.813	1.908,4112	−95,4112
2	2.558	2.752,5234	−194,5234
3	2.628	2.384,5771	243,4229
4	3.217	4.310,8844	−1.093,8844
5	3.228	3.683,2112	−455,2112
6	3.629	3.704,8551	−75,8551
7	3.886	3.228,6893	657,3107
8	4.897	4.419,1039	477,8961
9	4.933	4.678,8307	254,1693
10	5.199	4.916,9137	282,0863

Figura 18-16 Diagrama de resíduos padronizados: estudo de preço do vinho.

aos valores de Z com uma média de 0 e com desvio-padrão de 1. Nesse diagrama, os resíduos padronizados devem estar entre 2 e −2, ser distribuídos aleatoriamente ao redor de zero e não mostrar padrão identificável. Todas essas condições dizem se o modelo é aplicado corretamente.

Em nosso exemplo, temos um resíduo em −2,2, uma distribuição aleatória próxima de zero e poucas indicações de um padrão sequencial. É importante aplicar outros diagnósticos para verificar se as suposições de regressão (normalidade, linearidade, igualdade de variância e independência de erro) são atendidas. Vários softwares fazem gráficos e outras verificações de suposições de regressão.[10]

Predições

Se quiséssemos prever o preço de uma caixa de vinho tinto de grau de investimento para uma estação de cultivo com temperatura média de 21°C, nossa previsão seria

Instantâneo

Envirosell: Estudos revelam varejo na mão esquerda

Varejistas mundiais coletam e assinam numerosas fontes de dados, mas precisam de conhecimento dos dados para projetar sua propaganda, equipe de trabalho e estratégias de promoção, bem como o leiaute de suas lojas. The Gap, Limited, Starbucks, Radio Shack, McDonald's) contratam o consultor Paco Underhill quando querem saber como os consumidores fazem suas compras e que barreiras evitam ou desencorajam a compra. Ele se descreve como um "pesquisador comercial, o que significa ser um pouco de cientista, artista e empreendedor". Sua empresa, a Envirosell, tem escritórios nos Estados Unidos, em Milão, Sydney e São Paulo. A Envirosell concentra-se no terceiro segmento de informações de varejo, obtido a partir de observação (o segmento 1 são dados de registro, e o segmento 2 são estudos de comunicação). Em um chat ao vivo com a ABC News, Underhill disse: "As principais diferenças em padrões de compras no primeiro mundo são governadas mais por educação e renda que por etnia... Mas os britânicos e os australianos tendem a caminhar da mesma forma que dirigem, o que define alguns padrões de compra no varejo muito peculiares, pois seus padrões de caminhada estabelecem uma dominância da mão esquerda, enquanto, nos Estados Unidos e na maior parte dos outros países, nossos padrões de caminhada têm dominância na mão direita".

Se a Gap precisasse projetar a abertura de uma loja em Londres, como desenvolveria um estudo para verificar as conclusões de Paco Underhill sobre a dominância da mão esquerda?

www.envirosell.com

$$\hat{Y} = -645{,}57 + 216{,}44(21) = 3.899{,}67$$

Isso é uma *predição de ponto* de Y e deve ser corrigida para ter maior precisão. Assim como no caso de outras estimativas de confiança, estabelecemos o grau de confiança desejado e substituímos na fórmula

$$\hat{Y} \pm t_{\alpha/2}\, s\sqrt{1 + \frac{1}{10} + \frac{(X - \bar{X})^2}{SQ_x}}$$

onde

$t_{\alpha/2}$ = o valor crítico bicaudal para t no nível desejado (95% nesse exemplo)

s = o erro-padrão da estimativa (também a raiz quadrada da média do erro ao quadrado da análise de variância do modelo de regressão) (*vide* Figura 18-19).

SQ_x = a soma dos quadrados de X (*vide* Figura 18-13).

$$3.899{,}67 \pm (2{,}306)(538{,}559)\sqrt{1 + \frac{1}{10} + \frac{(21 - 19{,}61)^2}{198{,}25}}$$

$$3.899{,}67 \pm 1.308{,}29$$

Temos 95% de certeza de nossa predição de que uma caixa de vinho tinto francês com qualidade de investimento, cultivado em determinado ano, com temperaturas médias de 21°C, terá preço inicial aproximado de 3.899,67 ± 1.308,29 euros, ou de aproximadamente 2.591 a 5.208 euros. A faixa de preço comparativamente grande resulta da quantidade de erro no modelo (refletida por r^2), algumas peculiaridades nos valores de Y e o uso de um único preditor.

É mais provável que queiramos prever o preço médio de *todas* as caixas cultivadas a 21°C; essa previsão usaria a mesma fórmula básica, porém, omitindo o primeiro dígito (1) sob o radical. O resultado seria uma faixa de *confiança* mais estreita, pois a média de todos os valores de Y está sendo prevista a partir de dado X. Em nosso exemplo, o intervalo de confiança para 95% é 3.899,67 ± 411,42, ou de 3.488 a 4.311 euros.

O preditor que selecionamos, 21°C, estava próximo da média de X (19,61). Como as **faixas de predição e de confiança** são moldadas como uma gravata borboleta, os preditores mais distantes da média têm bandas de frequência mais largas: por exemplo, os valores de X de 15, 20 e 25 produzem faixas de confiança de ±565, ±397 e ±617, respectivamente; ilustra-se na Figura 18-17. O preditor selecionado mais distante vem de X, o mais largo é o intervalo de predição.

Teste da excelência de ajuste

Com a reta de regressão em gráfico e algumas poucas previsões ilustrativas, devemos agora reunir algumas provas da **excelência de ajuste** – como o modelo adapta-se aos dados. O teste mais importante na regressão linear bivariada é saber se a inclinação, β_1, é igual a zero.[11] Já observamos uma inclinação de zero na Figura 18-10, linha *b*. O declive zero resulta de várias condições:

- Y não tem qualquer relação com X e nenhum padrão sistemático é evidenciado.
- Há valores constantes de Y para cada valor de X.
- Os dados são relacionados, mas representados por uma função não linear.

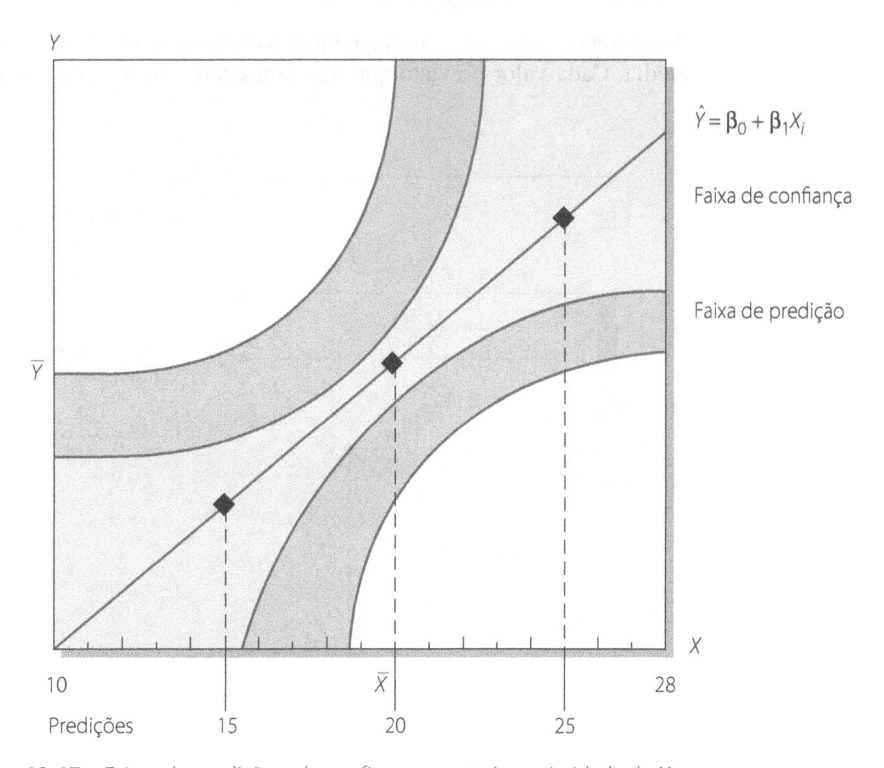

Figura 18-17 Faixas de predição e de confiança quanto à proximidade de X.

O teste t

Para testar se $\beta_1 = 0$, usamos um teste bicaudal (já que a relação real é positiva, negativa ou zero). O teste segue a distribuição t para $n - 2$ graus de liberdade:

$$t = \frac{b_1}{s(b_1)} = \frac{216{,}439}{34{,}249} = 5{,}659$$

onde

b_1 foi previamente definido como a inclinação β_1

$s(b_1)$ é o erro padrão de β_1[12]

Rejeitamos a hipótese nula, $\beta_1 = 0$, porque o valor t calculado é maior que qualquer valor t para 8 graus de liberdade e $\alpha = 0{,}01$; portanto, concluímos que a inclinação não é igual a zero.

O teste F

Os relatórios de computador geralmente contêm uma tabela de análise de variância (ANOVA) com um teste F do modelo de regressão. Na regressão bivariada, os testes t e F geram os mesmos resultados, desde que t^2 seja igual a F; na regressão múltipla, o teste F tem um papel global para o modelo, e cada uma das variáveis independentes é avaliada com um teste t separado. Lembre-se de que, no capítulo anterior, informamos que as divisões ANOVA variam nas partes componentes. Para regressão, ela engloba desvios explicados, $\hat{Y} - \overline{Y}$, e desvios inexplicados, $Y - \hat{Y}$. Juntos eles constituem o desvio total, $Y - \overline{Y}$, mostrado graficamente na Figura 18-18. Essas fontes de desvio são elevadas ao quadrado para todas as observações e somadas através dos pontos de dados.

Na Figura 18-19, desenvolvemos esse conceito sequencialmente, concluindo com o teste F do modelo de regressão para os dados de vinho. Com base nos resultados apresentados nessa tabela, encontramos evidências estatísticas de uma relação linear entre as variáveis. A hipótese nula, $r^2 = 0$, é rejeitada com $F = 32{,}02$, g.l., (1,8), $p < 0{,}005$, e a hipótese alternativa é aceita. A hipótese nula para o teste F tem o mesmo efeito de $\beta_1 = 0$, pois podemos selecionar qualquer um dos testes. Logo, concluímos que X e Y estão correlacionados linearmente.

Coeficiente de determinação

Ao prever os valores de Y sem qualquer conhecimento de X, nossa melhor estimativa seria $\overline{Y}$, sua média. Cada valor previsto que não está dentro de Y contribui para um erro de estimativa,

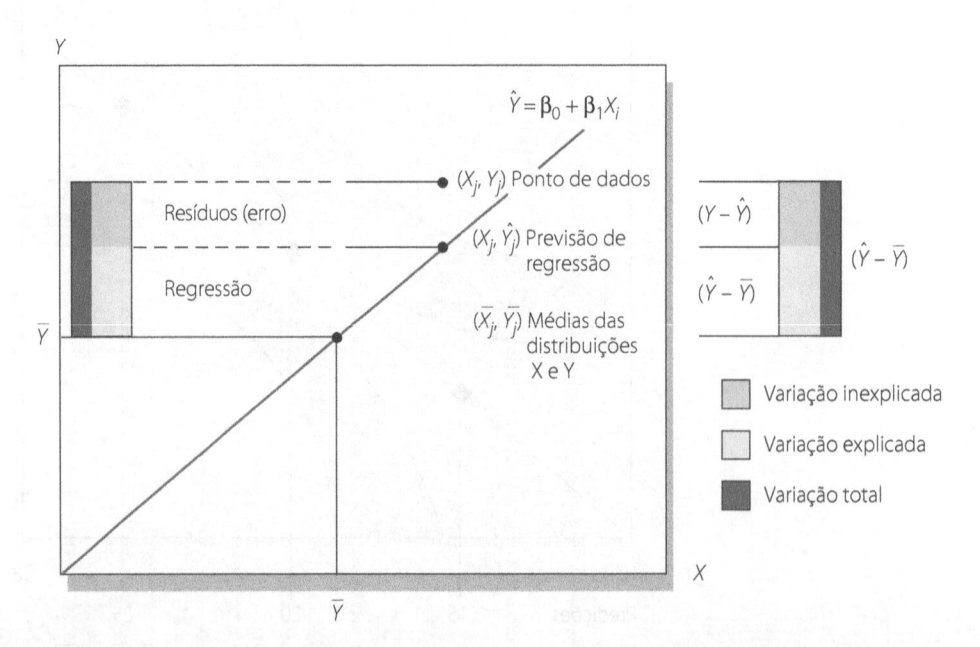

Figura 18-18 Componentes de variação.

Conceito geral
$(\hat{Y} - \overline{Y})$ + $(Y - \hat{Y})$ = $(Y - \overline{Y})$
Variação explicada (a relação de regressão entre X e Y) / Variação não explicada (não pode ser explicada pela relação de regressão) / Variação total

Aplicação ANOVA
$\sum_{i=1}^{n}(\hat{Y}-\overline{Y})^2$ $\sum_{i=1}^{n}(Y-\hat{Y})^2$ $\sum_{i=1}^{n}(Y-\overline{Y})^2$
SQ_r Soma das regressões ao quadrado / SQ_e Soma dos erros ao quadrado / SQ_t Soma dos totais ao quadrado

Conteúdos da tabela resumida

Fonte	Graus de liberdade	Soma dos quadrados	Quadrado da média	Índice F
Regressão	1	SQ_r	$MS_r = \dfrac{SQ_r}{1}$	$\dfrac{MS_r}{MS_e}$
Erro	$n-2$	SQ_e	$MS_e = \dfrac{SQ_e}{n-2}$	
mTotal		SQ_t		

Tabela resumida ANOVA: Modelo de teste de regressão

Fonte	Graus de liberdade	Soma dos quadrados	Quadrado da média	Índice F
Regressão	1	9.287.143,11	9.287.143,11	32,02
Resíduo (erro)	8	2.320.368,49	290.046,06	
mTotal		11.607.511,60		

Significância de $F = 0{,}0005$

Figura 18-19 Aplicação progressiva do conceito de variação dividida.

$Y - \overline{Y}$, e total de erro ao quadrado para diversas previsões seria $\sum(Y_i - \overline{Y})^2$. Ao introduzir valores conhecidos de X em uma equação de regressão, tentamos reduzir ainda mais esse erro. Naturalmente, isso é uma melhoria se comparado ao uso de Y, e o resultado é $(\hat{Y} - \overline{Y})$. A melhoria total, baseada em diversas estimativas, é $\sum(\hat{Y}_i - \overline{Y})^2$, a quantidade de variação explicada pela relação entre X e Y na regressão. Com base na fórmula, o *coeficiente de determinação* é o índice de erro da reta de melhor ajuste sobre aquele em que incorremos com o uso de Y. Assim, um objetivo do teste é descobrir se a equação de regressão é um mecanismo de predição mais eficaz que a média da variável dependente.

Da mesma forma que na correlação, o coeficiente de determinação é simbolizado por r^2 e tem diversos objetivos.[13] Como um índice de ajuste, ele é interpretado como a proporção total de variância em Y explicada por X; como medida de relação linear, diz de que modo a reta de regressão ajusta-se aos dados. Também é um indicador importante da acurácia de predição da equação. Tipicamente, gostaríamos de ter um r^2 que explicasse 80% ou mais da variação; abaixo disso, a acurácia da predição começa a diminuir. O coeficiente de determinação, r^2, é calculado desta forma:

$$r^2 = \frac{\sum_{i=1}^{n}(\hat{Y}-\bar{Y})^2}{\sum_{i=1}^{n}(Y-\bar{Y})^2} = \frac{SQ_r}{SQ_e} = 1 - \frac{SQ_e}{SQ_t}$$

Para o estudo de preço do vinho, encontramos r^2 usando os dados da parte de baixo da Figura 18-19:

$$r^2 = 1 - \frac{2.320.368,49}{11.607.511,60} = 0,80$$

Pode-se explicar 80% da variação no preço pelas temperaturas da estação de cultivo. Com dados reais e preditores múltiplos, nossos resultados melhorariam substancialmente.

Medidas de associação não paramétrica[14]

Medidas para dados nominais

Medidas nominais são usadas para avaliar a força da relação em tabelas de classificação cruzada; muitas vezes são usadas com qui-quadrado, mas podem ser usadas separadamente. Nesta seção, daremos exemplos de três estatísticas baseadas em qui-quadrado e duas que seguem a abordagem da redução proporcional de erro.

Não há uma medida totalmente satisfatória para todos os fins no caso de dados categóricos. Algumas são afetadas adversamente pela forma da tabela e pelo número de células; outras são sensíveis ao tamanho da amostra ou às marginais. É perturbador encontrar estatísticas semelhantes relatando coeficientes diferentes para os mesmos dados. Isso ocorre devido à sensibilidade particular de uma estatística ou à forma como ela foi planejada.

Tecnicamente, gostaríamos de encontrar duas características com medidas nominais:

- Quando não houver qualquer relação, o coeficiente deve ser 0.
- Quando houver dependência completa, o coeficiente deve apresentar unidade ou 1.

Isso nem sempre acontece; além de estarem cientes do problema de sensibilidade, os analistas devem estar alertas para a necessidade da seleção cuidadosa dos testes.

Medidas baseadas em qui-quadrado

A Figura 18-20 apresenta uma tabela 2 × 2 mostrando o teste de uma campanha publicitária envolvendo 66 pessoas. As variáveis são sucesso da campanha e se foi usada mala direta. Nesse exemplo, o nível de significância observado é menor que o nível de teste ($\alpha = 0,05$), e a hipótese nula é rejeitada. Providencia-se uma correção do qui-quadrado, e, agora, voltamo-nos para medidas de associação a fim de detectar a força da relação. Observe que a figura também fornece uma significância aproximada do coeficiente com base na distribuição do qui-quadrado. Esse é um teste da hipótese nula de que não há relação entre as variáveis de mala direta e sucesso da campanha.

A primeira **medida baseada em qui-quadrado** é aplicada à mala direta e ao sucesso da campanha, chamada de **fi (ϕ)**, varia de 0 a +1,0 e tenta corrigir χ^2 proporcionalmente a N. Fi é mais bem empregado com tabelas 2 × 2 como a Figura 18-20, pois seu coeficiente pode exceder +1,0 quando aplicado a tabelas maiores; é calculado assim:

$$\phi = \sqrt{\frac{\chi^2}{N}} = \sqrt{\frac{6,616257}{66}} = 0,3056$$

	Sucesso da campanha de marketing			
	Contagem	Sim	Não	Total da Linha
Mala Direta — Sim		21	10	31
Mala Direta — Não		13	22	35
Total da Coluna		34	32	66

Qui-Quadrado	Valor	g.l.	Significância
Pearson	6,16257	1	0,01305
Correção de continuidade	4,99836	1	0,02537

Frequência mínima esperada 15,030

Estatística	Valor	Significância aproximada
Fi	0,30557	0,01305*
V de Cramer	0,30557	0,01305*
Coeficiente de contingência C	0,29223	0,01305*

*Probabilidade Pearson de qui-quadrado

Figura 18-20 Medidas de associação baseadas em qui-quadrado.

O coeficiente de fi mostra uma relação moderada entre o sucesso da campanha de marketing e a mala direta. Não há sugestão nessa interpretação de que uma variável cause a outra, nem há indicação de direção na relação.

O **V de Cramer** é uma modificação de fi para tabelas maiores, tem uma extensão maior que 1,0 para tabelas de qualquer formato e é calculado da seguinte maneira:

$$V = \sqrt{\frac{\chi^2}{N(k-1)}} = \sqrt{\frac{6{,}616257}{66(1)}} = 0{,}3056$$

onde k = o menor número de linhas ou colunas. Na Figura 18-20, o coeficiente é o mesmo que fi.

O **coeficiente de contingência C** é relatado no fim, não é comparável a outras medidas e tem um limite superior diferente para vários tamanhos de tabela. Os limites superiores são determinados como:

$$\sqrt{\frac{k-1}{k}}$$

onde k = o número de colunas. Para uma tabela 2 × 2, o limite superior é 0,71; para 3 × 3, 0,82; e para 4 × 4, 0,87. Embora essa estatística opere bem com tabelas que tenham o mesmo número de linhas e colunas, sua restrição de limite superior não é consistente com um critério de boa mensuração; calcula-se C assim:

$$C = \sqrt{\frac{\chi^2}{\chi^2 + N}} = \sqrt{\frac{6{,}616257}{6{,}616257 + 66}} = 0{,}2922$$

A principal vantagem de C é sua capacidade de fornecer dados em quase todas as formas: assimétrica ou normal, interrompida ou contínua, nominal ou ordinal.

Redução proporcional de erro

As estatísticas de **redução proporcional de erro (RPE)** são o segundo tipo usado com tabelas de contingência; discutem-se aqui os exemplos lambda e tau. O coeficiente **lambda** (λ) é baseado em como as frequências de uma variável nominal oferecem evidências preditivas sobre as frequências de outra. Lambda é assimétrico – permitindo o cálculo pela direção da predição – e simétrico, prevendo igualmente as variáveis de linhas e colunas.

O cálculo de lambda é simples. Na Figura 18-21, temos resultados de um levantamento de opinião com uma amostra de 400 acionistas de empresas negociadas publicamente, dos quais 180 (45%) são favoráveis à limitação dos salários dos executivos, e 220 (55%) não são favoráveis. Apenas com essa informação, se pedissem que prevíssemos as opiniões de um indivíduo na amostra, conseguiríamos o melhor registro de predição ao escolher sempre a categoria modal – aqui é o "não é favorável". Contudo, ao fazê-lo, estaríamos errados em 180 das 400 vezes. A estimativa de probabilidade para uma classificação incorreta é de 0,45, $P(1) = (1 - 0,55)$.

Suponha que tenhamos informações anteriores sobre a posição ocupacional dos respondentes e que nos solicitem para prever opiniões. Isso melhoraria nossa capacidade de previsão? Sim, faríamos as previsões ao somar as probabilidades de todas as células que não são o valor modal para suas linhas [p. ex.: célula (1, 2) é 20/400, ou 0,05]:

$$P(2) = \text{célula } (1, 2)\ 0,05 + \text{célula } (2, 1)\ 0,15 + \text{célula } (3, 1)\ 0,075 = 0,275$$

Qual é a sua opinião sobre a limitação aos salários dos executivos?

	Designação da célula Contagem % linha	A favor	Contra	Total da Linha
	Gerencial	1.1 90 82,0	1.2 20 18,0	110
Classe ocupacional	Executivo	2.1 60 43,0	2.2 80 57,0	140
	Operário	3.1 30 20,0	3.2 120 80,0	150
	Total da Coluna	180 45,0%	220 55,0%	400 100,0%

Qui-Quadrado	Valor	g.l.	Significância
Pearson	98,38646	2	0,00000
Índice de probabilidade	104,96542	2	0,00000

Frequência mínima esperada 49.500

Estatística	Valor	ASEI	Valor T	Significância Aproximada
Lambda:				
Simétrica	0,30233	0,03955	6,77902	
Com ocupação dependente	0,24000	0,03820	5,69495	
Com opinião dependente	0,38889	0,04555	7,08010	
Tau de Goodman & Kruskal:				
Com ocupação dependente	0,11669	0,02076		0,00000*
Com opinião dependente	0,24597	0,03979		0,00000*

*Baseado em aproximação qui-quadrado.

Figura 18-21 Redução proporcional de erros nas mensurações.

Calcula-se lambda:

$$\lambda = \frac{P(1) - P(2)}{P(1)} = \frac{0{,}45 - 0{,}275}{0{,}45} = \boxed{0{,}3889}$$

Observe que o lambda assimétrico na Figura 18-21, em que a opinião é a variável dependente, reflete esse cálculo. Pelo fato de saber a classificação ocupacional dos respondentes, melhoramos nossas previsões em 39%. Se quiséssemos prever a classificação ocupacional a partir da opinião, e não o contrário, obteríamos um λ de 0,24, o que significa que 24% de erro na predição de classe ocupacional é eliminado com o conhecimento da opinião sobre a questão do salário dos executivos. O lambda varia entre 0 e 1, correspondendo a nenhuma capacidade de eliminar erros e eliminação de todos os erros de predição.

O **tau** de Goodman e Kruskal (τ) usa tabelas marginais para reduzir erros de previsão. Ao prever a opinião sobre os salários dos executivos sem qualquer conhecimento da classe ocupacional, esperaríamos uma classificação correta de 50,5% e uma probabilidade de erro de 49,5%, baseando-se nos percentuais de coluna marginal da Figura 18-21.

Coluna marginal		Coluna percentual		Casos corretos
180	*	45	=	81
220	*	55	=	121
Classificação correta total				202
Classificação correta da variável de opinião = 0,505 =				$\frac{202}{400}$
Probabilidade de erro $P(1) = (1 - 0{,}505) = 0{,}495$				

Quando usamos conhecimento adicional sobre classe ocupacional, as informações para uma classificação correta da variável de opinião melhoram 62,7%, com probabilidade de erro de 37,3%, obtido ao usar as contagens de células e marginais para classe ocupacional (*vide* Figura 18-21), como mostrado a seguir:

Linha 1	$\left(\frac{90}{110}\right)90 + \left(\frac{20}{110}\right)20$ = 73,6364 + 3,6364	=	77,2727
Linha 2	$\left(\frac{60}{140}\right)60 + \left(\frac{80}{140}\right)80$ = 25,7143 + 45,7142	=	71,4286
Linha 3	$\left(\frac{30}{150}\right)30 + \left(\frac{120}{150}\right)120$ = 6,0 + 96,0	=	102,0000
Classificação correta total (com informações adicionais sobre classe ocupacional)			250,7013
Classificação correta da variável de opinião = 0,627 = $\frac{250{,}7}{400}$			
Probabilidade de erro, $P(2) = (1 - 0{,}627) = 0{,}373$			

Tau é calculado da seguinte forma:

$$\tau = \frac{P(1) - P(2)}{P(1)} = \frac{0{,}495 - 0{,}373}{0{,}495} = \boxed{0{,}246}$$

A Figura 18-21 mostra que as informações sobre classe ocupacional reduziram o erro na predição de opinião para aproximadamente 25%. A tabela também contém informações sobre o teste de hipótese nula de que tau = 0 com nível de significância aproximada observado e erro assintótico (para desenvolvimento de intervalos de confiança). Com base no pequeno índice de significância observado, concluiríamos que tau é significativamente diferente de um coeficiente 0 e que há uma associação entre a opinião sobre os salários dos executivos e a classe ocupacional na população da qual a amostra foi selecionada. Podemos também estabelecer o nível de confiança para o coeficiente em um nível de 95%, como aproximadamente 0,25 ± 0,04.

Instantâneo

Estatística avançada melhora satisfação e libera mais fundos por meio de caixas automáticos

A Navy Federal Credit Union (NFCU) é a maior cooperativa de crédito do mundo, com mais de US$ 48 bilhões em ativos, 3,9 milhões de membros, 220 filiais, 461 caixas automáticos próprios e mais de 8.900 funcionários no mundo inteiro. Sua clientela representa todos os militares e civis do Departamento de Defesa dos EUA e suas famílias. De acordo com Alan Payne, gerente de pesquisa e desenvolvimento sobre membros da Navy, ela faz levantamentos regularmente sobre a satisfação dos membros com empréstimos, contas poupança e corrente, e investimentos e programas de seguros usando vários produtos dos módulos estatístico, de modelagem e de análise de texto do SPSS PASW. Por meio de uma combinação de técnicas estatísticas, a NFCU descobriu que os membros que ligavam para a central de atendimento buscando informações sobre contas também queriam saber sobre serviços melhorados e estavam receptivos a promoções de serviços cruzados. Payne acrescentou que, ao descobrir ideias sobre os níveis de satisfação pela voz do cliente, a NFCU realizou retorno de 15,3 vezes sobre o investimento tecnológico ao longo de um período de dois meses, gerando um benefício de quase US$ 1,5 milhão anualmente.

A Boeing Employees' Credit Union (BECU) é outra empresa proativa que usa análise sofisticada. Como cooperativa financeira líder nos Estados Unidos, com mais de 744 mil membros, dois centros de serviço completo e mais de 40 localizações, recentemente lançou um projeto de pesquisa ambicioso em toda a empresa para melhorar a satisfação dos clientes. O projeto focou-se em permitir saques maiores em caixas automáticos e mais crédito provisório para cheques depositados ou não. A BECU supôs que permitir que os membros acessem o dinheiro de forma mais conveniente melhoraria a retenção e geraria receitas. Os objetivos adicionais eram otimizar os índices de respostas nas campanhas de marketing direto, diminuir os custos de aquisição por unidade e identificar novas localizações para filiais.

Calvin Bierley, analista de pesquisa de mercado, ao falar sobre seu uso de SPSS, disse: "Um modelo de pontuação de risco estava incorporado ao sistema de processamento de transações diárias para determinar automaticamente quanto cada membro pode sacar de um caixa automático ou receber ao fazer depósitos". Então, por meio de outras técnicas estatísticas de modelagem, a BECU identificou clientes receptivos para campanhas de marketing (atingindo um índice de respostas de 20% a 30% em mala direta), economizou US$ 1 milhão por ano com pessoal ao automatizar decisões acerca de crédito provisório, aumentou a receita em US$ 600 mil de aquisição e retenção de novos membros e identificou com sucesso novas localizações para filiais.

www.becu.org; www.navyfcu.org; www.spss.com

Mensurações de dados nominais

Quando os dados exigem **medidas ordinais**, há diversas alternativas estatísticas. Nesta seção, mostraremos:

- Gama.
- Tau b e tau c de Kendall.
- d de Somers.
- Rô de Spearman.

Todas as correlações classificatórias, exceto a de Spearman, são baseadas no conceito de pares concordantes e discordantes. Nenhuma dessas estatísticas requer a suposição de uma distribuição normal bivariada, porém, ao incorporar ordem, a maioria produz um intervalo de –1,0 (uma relação negativa perfeita) a +1,0 (uma relação positiva perfeita). Nesse intervalo, um coeficiente com magnitude maior (valor absoluto da medida) é interpretado como tendo uma relação mais forte. Essas características permitem ao analista interpretar tanto a direção como a força da relação.

A Figura 18-22 apresenta dados para 70 funcionários gerenciais da KeyDesign, uma grande empresa de design industrial. Eles foram avaliados em relação a riscos coronários pela assistência médica da empresa. Os níveis gerenciais foram classificados, assim como a avaliação física feita pelos médicos. Se quiséssemos usar uma medida nominal de associação com esses dados (como o V de Cramer), o valor calculado da estatística seria positivo, uma vez que a ordem não está presente nos dados nominais, mas o uso de medidas ordinais de associação revela a verdadeira natureza da relação. Nesse exemplo, todos os coeficientes têm sinais negativos, portanto níveis menores de atividade física estão associados a níveis gerenciais mais altos.

		Nível gerencial			
	Contagem	Baixo	Médio	Alto	
	Alta	14	4	2	20
Atividade física	Moderada	18	6	2	26
	Baixa	2	6	16	24
		34	16	20	70

Estatística	Valor*
Gama	−0,70
Tau b de Kendall	−0,51
Tau c de Kendall	−0,50
d de Somer	
Simétrica	−0,51
Com dependente de atividade física	−0,53
Com dependente de nível gerencial	−0,50

*O valor t para cada coeficiente é −5,86451.

Figura 18-22 Tabela de classificação para nível gerencial e de atividade física na KeyDesign.

As informações na figura foram organizadas de forma que o número de pares concordantes e discordantes de observações individuais possa ser calculado. Quando um sujeito que se classifica melhor em uma variável também se classificar melhor na outra, dizemos que os pares de observação são **concordantes**. Se uma classificação mais alta em uma variável for acompanhada de uma classificação mais baixa na outra, os pares de observação são **discordantes**. Digamos que P represente os pares concordantes e Q os discordantes. Quando os pares concordantes excedem os pares discordantes em uma relação $P - Q$, a estatística relata uma associação positiva entre as variáveis sob estudo; à medida que os pares discordantes aumentam em relação aos pares concordantes, a associação torna-se negativa. Um equilíbrio indica que não há relação entre as variáveis. A Figura 18-23 resume o procedimento para calcular os termos sumários necessários em todas as estatísticas que discutiremos.[15]

O **gama** (γ) de Goodman e Kruskal é uma estatística que compara pares concordantes e discordantes e padroniza o resultado maximizando o valor do denominador. Há uma interpretação de redução proporcional do erro (RPE) que se conecta muito bem com o que já sabemos sobre medidas nominais RPE. Gama é definido como

$$\gamma = \frac{P - Q}{P + Q} = \frac{172 - 992}{172 + 992} = \frac{-820}{1164} = -0,70$$

Para os dados de avaliação física, concluímos que, à medida que aumenta o nível gerencial, o condicionamento físico diminui, o que é evidente a partir do número maior de pares discordantes. Uma explicação mais precisa para gama considera seu valor absoluto (ignorando o sinal) e relaciona-o à RPE. Hipoteticamente, se a pessoa está tentando prever se os pares eram concordantes ou discordantes, podemos jogar uma moeda e classificar o resultado. Uma forma melhor é fazer a previsão com base na preponderância de concordância ou discordância; o valor absoluto de gama é a redução proporcional de erro quando a previsão é feita da segunda forma. Por exemplo, você obteria um índice de 50% usando a moeda; um RPE de 0,70 aumenta seu índice para 85% (0,50 × 0,70) + (0,50) = 0,85.

Com um γ de −0,70, 85% dos pares são discordantes e 15% são concordantes.[16] Há quase seis vezes mais pares discordantes que concordantes. Em situações nas quais os dados exijam uma tabela 2 × 2, a modificação apropriada de gama é o Q de Yule.[17]

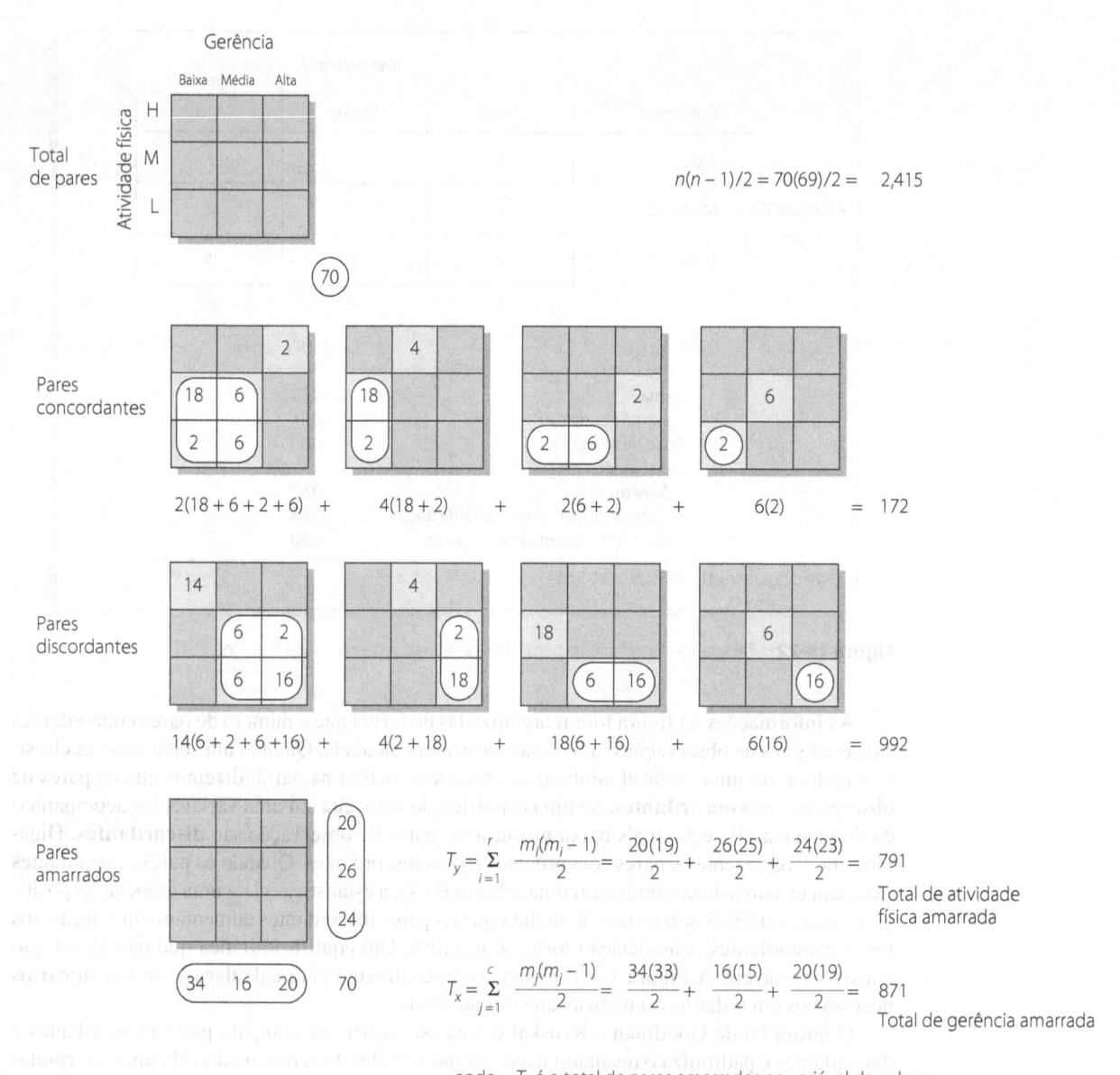

Figura 18-23 Cálculo de observações concordantes (P), discordantes (Q), amarradas (T_x, T_y) e total emparelhado: exemplo da KeyDesign.

Total de pares: $n(n-1)/2 = 70(69)/2 = 2.415$

Pares concordantes: $2(18 + 6 + 2 + 6) + 4(18 + 2) + 2(6 + 2) + 6(2) = 172$

Pares discordantes: $14(6 + 2 + 6 + 16) + 4(2 + 18) + 18(6 + 16) + 6(16) = 992$

Pares amarrados:

$$T_y = \sum_{i=1}^{r} \frac{m_i(m_i - 1)}{2} = \frac{20(19)}{2} + \frac{26(25)}{2} + \frac{24(23)}{2} = 791$$

Total de atividade física amarrada

$$T_x = \sum_{j=1}^{c} \frac{m_j(m_j - 1)}{2} = \frac{34(33)}{2} + \frac{16(15)}{2} + \frac{20(19)}{2} = 871$$

Total de gerência amarrada

onde T_x é o total de pares amarrados na variável da coluna
T_y é o total de pares amarrados na variável da linha
m_{ij} são as marginais

O **tau *b*** (τ_b) de Kendall é um refinamento de gama que considera os pares amarrados, que ocorrem quando os sujeitos têm o mesmo valor na variável *X*, na variável *Y* ou em ambas. Para dado tamanho de amostra, há $n(n-1)/2$ pares de observações.[18] Depois de os pares concordantes e discordantes serem removidos, os remanescentes são amarrados. O tau *b* não tem uma interpretação RPE, mas fornece um intervalo de +1,0 a −1,0 para tabelas quadradas. Sua compensação para amarração usa a informação encontrada na Figura 18-23. Ela pode ser calculada como

$$\tau_b = \frac{P - Q}{\sqrt{\left(\frac{n(n-1)}{2} - T_x\right)\left(\frac{n(n-1)}{2} - T_y\right)}}$$

$$= \frac{172 - 992}{\sqrt{(2.415 - 871)(2.415 - 791)}} = -0,51$$

O **tau c** (τ_c) de Kendall é outro ajuste para a relação básica $P - Q$ de gama. Essa abordagem da associação ordinal é apropriada para tabelas de qualquer tamanho. Embora ilustremos tau c, selecionaríamos tau b, já que a tabela de classificação cruzada para os dados de avaliação física é quadrada. O ajuste para a forma da tabela é visto na fórmula

$$\tau_c = \frac{2m(P - Q)}{N^2(m - 1)} = \frac{2(3)(172 - 992)}{(70)^2(3 - 1)} = -0,50$$

onde m é o menor número de linhas ou colunas.

O **d de Somers** encerra nossa cobertura de estatística empregando o conceito de pares concordantes-discordantes. Essa aplicação da estatística vem de sua capacidade de compensar classificações amarradas e ajustar para a direção da variável dependente. Novamente, consultamos os cálculos preliminares fornecidos na Figura 18-23 para calcular d simétricos e assimétricos. Como antes, o coeficiente simétrico (equação 1) considera da mesma forma as variáveis de linhas e colunas. O segundo e o terceiro cálculo mostram como dependentes o condicionamento físico e o nível gerencial, respectivamente.

$$d_{\text{sym}} = \frac{(P - Q)}{n(n - 1) - T_x T_y / 2} = \frac{-820}{1.584} = -0,51 \qquad (1)$$

$$d_{y-x} = \frac{(P - Q)}{\dfrac{n(n - 1)}{2} - T_x} = \frac{-820}{2.415 - 871} = -0,53 \qquad (2)$$

$$d_{x-y} = \frac{(P - Q)}{\dfrac{n(n - 1)}{2} - T_y} = \frac{-820}{2.415 - 791} = -0,50 \qquad (3)$$

A correlação **rô (ρ) de Spearman** é outra medida ordinal, com o tau de Kendall, frequentemente usada com dados ordinais. O rô correlaciona a classificação entre duas variáveis ordenadas. Ocasionalmente, os pesquisadores encontram variáveis contínuas com anormalidades demais para corrigir; então, os valores podem ser reduzidos para classificações e calculados com o rô de Spearman.

Como uma forma especial da correlação de momento e produto de Pearson, os pontos fortes de rô compensam seus pontos fracos. Quando os dados são transformados por logaritmos ou elevação ao quadrado, o rô continua não sendo afetado. Em segundo lugar, pontos ou valores extremos que eram problemáticos antes da classificação não representam mais uma ameaça, já que o maior número na distribuição é igual ao tamanho da amostra. Terceiro, é uma estatística fácil de calcular. A principal deficiência é sua sensibilidade a classificações amarradas, pois as amarrações distorcem o tamanho do coeficiente. No entanto, raramente há amarrações demais para justificar as fórmulas de correção disponíveis.

Para exemplificar o uso de rô, considere uma situação em que a KDL, uma empresa de propaganda, esteja recrutando estagiários para atuarem como executivos de contas e que restaram 10 candidatos para a avaliação final; eles chegaram ao escritório central da empresa, passaram por uma bateria de testes e foram entrevistados por um painel de três executivos. Os resultados do teste foram avaliados por um psicólogo laboral, que classificou os 10 candidatos. Os executivos produziram uma classificação composta com base nas entrevistas. Sua tarefa é decidir em que medida esses dois conjuntos de dados estão de acordo. A Figura 18-24 contém os dados e os cálculos preliminares. Fazendo a substituição na equação, obtemos

$$r_s = 1 - \frac{6\Sigma d^2}{n^3 - n} = \frac{6(57)}{(10)^3 - 10} = 0,654$$

onde n é o número de sujeitos sendo classificados.

| | Classificado por | | | |
Candidato	Painel x	Psicólogo y	d	d²
1	3,5	6,0	−2,5	6,25
2	10,0	5,0	5,0	25,00
3	6,5	8,0	−1,5	2,25
4	2,0	1,5	0,5	0,25
5	1,0	3,0	−2,0	4,00
6	9,0	7,0	2,0	4,00
7	3,5	1,5	2,0	4,00
8	6,5	9,0	−2,5	6,25
9	8,0	10,0	−2,0	4,00
10	5,0	4,0	1,0	1,00
				57,00

Figura 18-24 Dados da KDL para o rô de Spearman.
Obs.: A média (das classificações) foi atribuída às classificações amarradas, como se não houvesse amarração.

A relação entre a classificação do painel e a do psicólogo é moderadamente alta, sugerindo concordância entre as duas mensurações. O teste da hipótese nula, de que não há relação entre as medidas ($r_s = 0$), é rejeitado no nível 0,05 com $n - 2$ graus de liberdade.

$$t = r_s \sqrt{\frac{n-2}{1-r_s^2}} = \sqrt{\frac{8}{1-0,4277}} = 2,45$$

Resumo

1 As questões gerenciais frequentemente envolvem relações entre duas ou mais variáveis, e a análise de correlação pode ser aplicada para estudá-las. Uma hipótese de correlação correta afirma que as variáveis ocorrem juntas de alguma maneira específica sem implicar que uma cause a outra.

2 A correlação paramétrica exige duas variáveis contínuas mensuradas em uma escala intervalar ou de razão, e o coeficiente de correlação do momento–produto representa um índice de magnitude da relação: seu sinal governa a direção e seu quadrado explica a variância comum. A correlação bivariada trata as variáveis X e Y simetricamente e deve ser usada com variáveis linearmente relacionadas.

Os diagramas de dispersão permitem ao pesquisador inspecionar visualmente os dados da relação para adequação da estatística selecionada. A direção, a magnitude e a forma de uma relação são transmitidas em um diagrama. A forma das relações lineares é caracterizada por uma linha reta, enquanto as relações não lineares são curvilíneas ou parabólicas ou têm outra curvatura. As suposições de linearidade e a distribuição normal bivariada podem ser verificadas com o uso de diagramas e testes diagnósticos.

Um coeficiente de correlação de qualquer magnitude ou sinal, independentemente da significância estatística, não implica causalidade; de forma semelhante, um coeficiente não é notável simplesmente por ser estatisticamente significativo – a significância prática deve ser considerada ao interpretar e relatar achados.

3 A análise de regressão é usada para aumentar nosso conhecimento da relação de Y com X. Quando pegamos os valores observados de X para estimar ou prever os valores correspondentes de Y, o processo é chamado predição simples; quando mais de uma variável X é usada, o resultado é uma função de preditores múltiplos. As predições simples e múltiplas são feitas com análise de regressão.

Uma linha reta é fundamentalmente a melhor forma de modelar a relação entre duas variáveis contínuas, e o método de mínimos quadrados permite encontrar uma reta de regressão, ou reta de melhor ajuste, que minimiza erros ao traçar a linha. Esse método usa o critério de minimizar o total de erros ao quadrado da estimativa. As predições de ponto feitas de dados bem ajustados estão sujeitas a erro; as faixas de predições e de confiança podem ser usadas para encontrar um intervalo de valores prováveis para Y com base no preditor escolhido. As faixas são moldadas de forma que os preditores mais distantes da média tenham as bandas mais largas.

4 Testamos os modelos de regressão para linearidade e para descobrir se a equação é eficaz para ajustar os dados. Um teste importante na regressão linear bivariada é saber se a inclinação é igual a zero (isto é, se a variável preditora X é

uma influência significativa na variável critério Y); em regressão bivariada, os testes de regressão t e F produzem o mesmo resultado desde que t^2 seja igual a F.

5 Frequentemente, as suposições ou o nível de mensuração exigidos para as técnicas paramétricas não podem ser alcançados. As medidas de associação não paramétricas oferecem alternativas; já as medidas de associação nominais são usadas para avaliar a força das relações em tabelas de classificação cruzada. Elas são usadas com frequência em conjunto com qui-quadrado ou podem ser baseadas na abordagem de redução proporcional de erro (RPE).

Fi varia de 0 a +1,0 e tenta corrigir qui-quadrado proporcionalmente a N; é mais bem empregado com tabelas 2 × 2. O V de Cramer é uma modificação de fi para tabelas maiores e tem um intervalo acima de 1,0 para tabelas de qualquer configuração. Lambda, uma estatística RPE, baseia-se em como as frequências de uma variável nominal oferecem evidências previsíveis sobre as frequências de outra. O tau de Goodman e Kruskal usa tabelas marginais para reduzir os erros de previsão.

As medidas para dados ordinais incluem gama, tau b e tau c de Kendall, d de Somers e rô de Spearman. Todas as correlações classificatórias, exceto a de Spearman, são baseadas no conceito de pares concordantes e discordantes. Nenhuma dessas estatísticas exige a suposição de uma distribuição normal bivariada, embora, ao incorporar a ordem, a maioria produza um intervalo de –1 a +1.

Termos-**chave**

análise de correlação bivariada 473
análise de regressão 483
coeficiente de correlação de Pearson 473
coeficiente de determinação (r^2) 478
coeficientes de regressão 483
    inclinação (β_1) 483
    intercepto (β_0) 483
concordante 499
correlações artificiais 480
diagrama de dispersão 473
discordante 499

distribuição normal bivariada 477
excelência de ajuste 491
faixas de predição e de confiança 491
lambda (λ) 496
linearidade 476
medidas baseadas em qui-quadrado 494
    coeficiente de contingência C 495
    fi (ϕ) 494
    V de Cramer 495
medidas ordinais 498
    d de Somers 501

gama (γ) 499
rô de Spearman (ρ) 501
tau (τ) 497
tau b (τ_b) 500
tau c (τ_c) 501
método dos quadrados mínimos 486
predição simples 482
redução proporcional de erro (RPE) 496
resíduo 488
termo de erro 485

Questões para **discussão**

Revisão de termos

1 Faça a distinção entre:
    a Coeficiente de regressão e coeficiente de correlação.
    b $r = 0$ e $\rho = 0$.
    c O teste de inclinação verdadeira, o teste de intercepto e $r^2 = 0$.
    d r^2 e r.
    e Uma inclinação de 0.
    f F e t^2.

2 Descreva a relação entre as duas variáveis nos quatro diagramas.

Tomada de decisão em pesquisa

3 Uma organização de pesquisa coletou dados em uma amostra de 60 eleitores registrados com respeito a um imposto no mercado de ações e transações com títulos como solução para o déficit de orçamento.

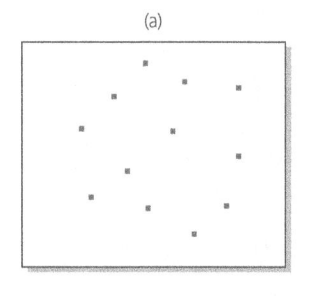

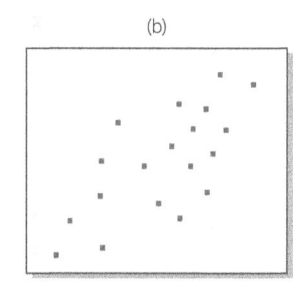

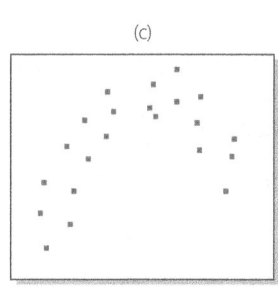

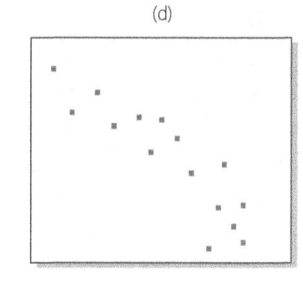

| Opinião sobre | Escolaridade | | |
o imposto	Médio	Superior	Pós-graduação
Favoráveis	15	5	0
Indecisos	10	8	2
Desfavoráveis	0	2	18

   a Calcule gama para a tabela.

   b Calcule tau *b* ou tau *c* para os mesmos dados.

   c O que responde pelas diferenças?

   d Decida qual é mais apropriado para esses dados.

4 Usando os dados da tabela na questão 3, calcule o *d* simétrico de Somers e depois use a opinião como variável dependente. Decida qual abordagem é melhor para relatar a decisão.

5 Uma equipe de pesquisa conduziu um estudo de preferência de refrigerantes entre residentes de um mercado de teste antes de uma campanha publicitária para um novo refrigerante. Dos participantes, 130 são adolescentes e 130 são adultos. Os pesquisadores obtiveram os seguintes resultados:

	Cola	Não cola
Adolescentes	50	80
Adultos	90	40

   Calcule uma medida de associação apropriada e decida de que forma apresentar os resultados. Como essas informações poderiam afetar a estratégia de propaganda?

Dando vida à pesquisa

6 Em que teriam que mudar os números de "ligações à polícia com prisão" para Gladeside e Oceanside a fim de sustentar a conclusão de "impacto disparado"?

Do conceito à prática

7 Usando os dados a seguir,

X	Y
3	6
6	10
9	15
12	24
15	21
18	20

   a Crie um diagrama de dispersão.

   b Encontre a reta de quadrados mínimos.

   c Faça o gráfico da reta no diagrama.

   d Preveja: *Y* se *X* for 10.
              Y se *X* for 17.

8 Um teste caseiro de gravidez alega ter precisão de 97% quando as clientes obtêm resultado positivo. Até que ponto as variáveis de "condição clínica real" e "leituras do teste" estão relacionadas?

   a Calcule fi, *V* de Cramer e o coeficiente de contingência para a tabela a seguir. O que você pode dizer sobre a força da relação entre as duas variáveis?

   b Calcule lambda para esses dados. O que essa estatística quer dizer?

Condição clínica real e leituras do teste de tabulação cruzada diagnóstica *in vitro*

| Contagem Condição Clínica Real | Leituras do teste de diagnóstico *in vitro* | | Total |
	Positivo	Negativo	
Grávida	451 precisos	36 imprecisos	487
Não grávida	15 imprecisos	183 precisos	198
Total	466	219	685

9 Preencha os blocos em branco da tabela resumida ANOVA sobre lucro líquido e valor de mercado usando a análise de regressão.

Tabela resumida ANOVA

	g.l.	Soma dos quadrados	Quadrado da média	F
Regressão	1	11.116.995,47		
Erro			116.104,63	
Total	9	12.045.832,50		

   a O que *F* diz para você (alfa = 0,05)?

   b Qual é o valor de *t*? Explique seu significado.

   (*Vide* tabela na página seguinte para obter os dados.)

10 Faça correlações ordenadas de Spearman para o maior coeficiente de Pearson na matriz da questão 9. Explique a diferença entre os dois achados.

11 Usando os dados da matriz (Forbes 500), selecione um par de variáveis e faça uma regressão simples. A seguir, investigue se o modelo é apropriado para os dados usando ferramentas de diagnóstico para avaliar as suposições.

12 Para os dados a seguir,

X	Y
25	5
19	7
17	12
14	23
12	20
9	25
8	26
7	28
3	20

Capítulo 18 Medidas de Associação

Subamostra Aleatória da Forbes 500 (em milhões de US$)					
Ativos	Vendas	Valor de mercado	Lucro líquido	Fluxo de caixa	Número de funcionários (milhares)
1.034,00	1.510,00	697,00	82,60	126,50	16,60
956,00	785,00	1.271,00	89,00	191,20	5,00
1.890,00	2.533,00	1.783,00	176,00	267,00	44,00
1.133,00	532,00	752,00	82,30	137,10	2,10
11.682,00	3.790,00	4.149,00	413,50	806,80	11,90
6.080.00	635,00	291,00	18,10	35,20	3,70
31.044,00	3.296,00	2.705,00	337,30	425,50	20,10
5.878,00	3.204,00	2.100,00	145,80	380,00	10,80
1.721,00	981,00	1.573,00	172,60	326,60	1,90
2.135,00	2.268,00	2.634,00	247,20	355,50	21,20

a Calcule a correlação entre X e Y.
b Interprete o sinal da correlação.
c Interprete o quadrado da correlação.
d Faça o gráfico da reta de quadrados mínimos.
e Teste a relação linear para:
  (1) $\beta_1 = 0$.
  (2) $r = 0$.
  (3) Um teste F.

Direto das manchetes

13 "Existe uma 'correlação pouco saudável' entre a construção de arranha-céus e as quebras financeiras subsequentes", de acordo com o Barclays Capital. Os exemplos incluem: o primeiro arranha-céu do mundo, o edifício Equitable Life em Nova Iorque (concluído em 1873, coincidiu com uma recessão de cinco anos), o Empire State Building (a Grande Depressão estava a caminho), o Willis Tower de Chicago – anteriormente conhecido como Sears Tower – em 1974 (durante uma crise de petróleo e quando a dependência do dólar norte-americano do ouro foi abandonada) e o Petronas Towers da Malásia em 1997 (correspondente à crise financeira asiática). Atualmente, o arranha-céu mais alto do mundo é o Burj Khalifa (construído exatamente antes dos problemas financeiros de Dubai). A China é a maior construtora de arranha-céus, com 53% de todos os edifícios altos do mundo. A JPMorgan Chase disse que o mercado imobiliário chinês poderia cair até 20% em valor nas principais cidades do país nos próximos 12 a 18 meses. "Muitas vezes, os prédios mais altos do mundo são… [um reflexo de] uma má distribuição generalizada de capital e de uma correção econômica iminente", disseram os analistas do Barclays Capital.

Examine o achado correlacional e forneça alternativas plausíveis para os achados deles.

Casos (em inglês) no site do Grupo A

Dominando a liderança de professores

NCRCC: planejando um novo rumo estratégico

Você encontrará uma descrição de cada caso na seção Índice de Casos deste livro. Verifique no Índice de Casos quais fornecem dados, o instrumento de pesquisa ou outro material complementar. Para acessar os casos (em inglês), entre no site do Grupo A (www.grupoa.com.br) e procure pelo livro.

Capítulo 19

Apresentação de Ideias e Resultados: Relatórios por Escrito

> ❝❝As pessoas são fantásticas para coletar dados, mas muitas vezes são menos habilidosas para criar ideias a partir desses dados e difundi-las em toda a organização. Os dados são ótimos, mas raramente significam alguma coisa a não ser que se descubra exatamente o que eles estão dizendo – e o que você vai fazer sobre isso.❞❞
>
> *Nancy Porte, vice-presidente do setor de experiência do cliente, Verint-Vovici*

Objetivos de **aprendizagem**

Após ler este capítulo, você compreenderá...

1. Que a qualidade da apresentação dos resultados de uma pesquisa pode ter um efeito determinante nas percepções de qualidade do estudo por parte de um leitor ou ouvinte.

2. O conteúdo, os tipos, os tamanhos e as especificações técnicas de relatórios de pesquisa.

3. Que quem redige um relatório de pesquisa deve orientar-se por questões relacionadas a objetivo, facilidade de leitura, circunstâncias/limitações e uso.

4. Que, embora alguns dados estatísticos possam ser incorporados ao texto, a maioria das estatísticas deve ser colocada em tabelas, mapas ou gráficos.

Dando vida à pesquisa

"Você já se deu conta que seu rascunho do relatório para a MindWriter não foi tocado nos últimos dois dias? A pilha de páginas rabiscadas está bem ali na sua mesa e você está trabalhando em volta dela".

Jason franziu as sobrancelhas e olhou rapidamente para as páginas marcadas.

Sara foi em frente com sua reclamação. "Não é nada demais, você sabe. Você prometeu eliminar três páginas de metodologia que não farão falta para ninguém a não ser para seus colegas fanáticos por estatística...", Jason lançou um olhar ofendido para ela, "...E remover suas recomendações, passando-as para uma carta informal separada, de forma que Myra Wines possa distribuí-la em seu nome e ganhar o crédito por seu 'talento'."

"Acho que estou sofrendo de bloqueio de escritor." "Não. Bloqueio de escritor é quando não conseguimos escrever. Você não consegue 'desescrever'; esse é o problema. Você tem bloqueio de 'desescritor'. Algumas pessoas fazem excelentes pesquisas, mas entram em pânico quando têm que decidir o que incluir ou não no relatório; não conseguem juntar todas as boas ideias que lhes passam pela cabeça e expressar suas abstrações em palavras; ou não acreditam que são inteligentes o suficiente para comunicar-se com seus clientes, e então elas travam. Geralmente esse não é o seu problema. Há algum tipo de problema emocional relacionado ao relatório da MindWriter, Jason, e você tem que enfrentá-lo."

"Mas eu adoro o projeto da MindWriter." "Ah, esse é o problema", disse ela. "Jason, já disse que odiava projetos de outros clientes, e que gostava de outros projetos; essa é a primeira vez, entretanto, que diz adorar um projeto. Chega uma hora em que, depois que você criou alguma coisa, tem que deixá-la livre, e então ela não é mais sua. É de outra pessoa."

"Acho que você tem razão", Jason sorri timidamente. "Eu estou um pouco apegado. Esse projeto da MindWriter era o meu bebê – bem, seu e meu. Se eu cortar cinco páginas do relatório, acabou-se; e então ele pertencerá à Myra. Não será mais meu. Não posso implementar minhas recomendações, nem mudar nada, sequer pensar duas vezes."

"Corrija-o, então; mande a conta para a MindWriter; faça uma proposta para um trabalho de acompanhamento; alguma coisa, Jason. Acabe com isso. Vamos, mexa-se." Sara sorri e faz uma pausa antes de sair do escritório de Jason, que havia trazido o relatório para o centro de sua mesa, um ótimo sinal.

"Aliás, a Custom Foods acabou de ligar. Eles nos deram o contrato para o trabalho de concepção de ideias. Odiaria ter que trabalhar nesse projeto sem você, mas..."

Introdução

Como parte da proposta de pesquisa, o patrocinador e o pesquisador concordam em quais tipos de relatórios serão realizados durante e ao término do projeto de pesquisa. Dependendo do orçamento do projeto, uma apresentação oral e formal pode não ser parte do relatório. O patrocinador da pesquisa, no entanto, certamente pedirá um relatório escrito. A Figura 19-1 detalha a fase de relatório do processo de pesquisa.

O relatório de pesquisa escrito

Pode parecer não científico e até injusto, mas um relatório final ou apresentação malfeita pode destruir um estudo. Os técnicos em pesquisa podem entender o brilhantismo de um conteúdo mal-apresentado, mas a maioria dos leitores será influenciada pela qualidade do relatório, fato que deve levar os pesquisadores a fazerem um esforço especial para comunicar-se clara e completamente.

O relatório de pesquisa contém resultados, análises de resultados, interpretações, conclusões e, algumas vezes, recomendações. O pesquisador é o especialista no assunto e conhece os detalhes como ninguém. Como o relatório de pesquisa é uma comunicação decisiva de mão única, ele impõe uma obrigação especial de manter a objetividade. Mesmo que seus resultados apontem para uma ação, você deve demonstrar moderação e precaução ao propor esse curso de ação.

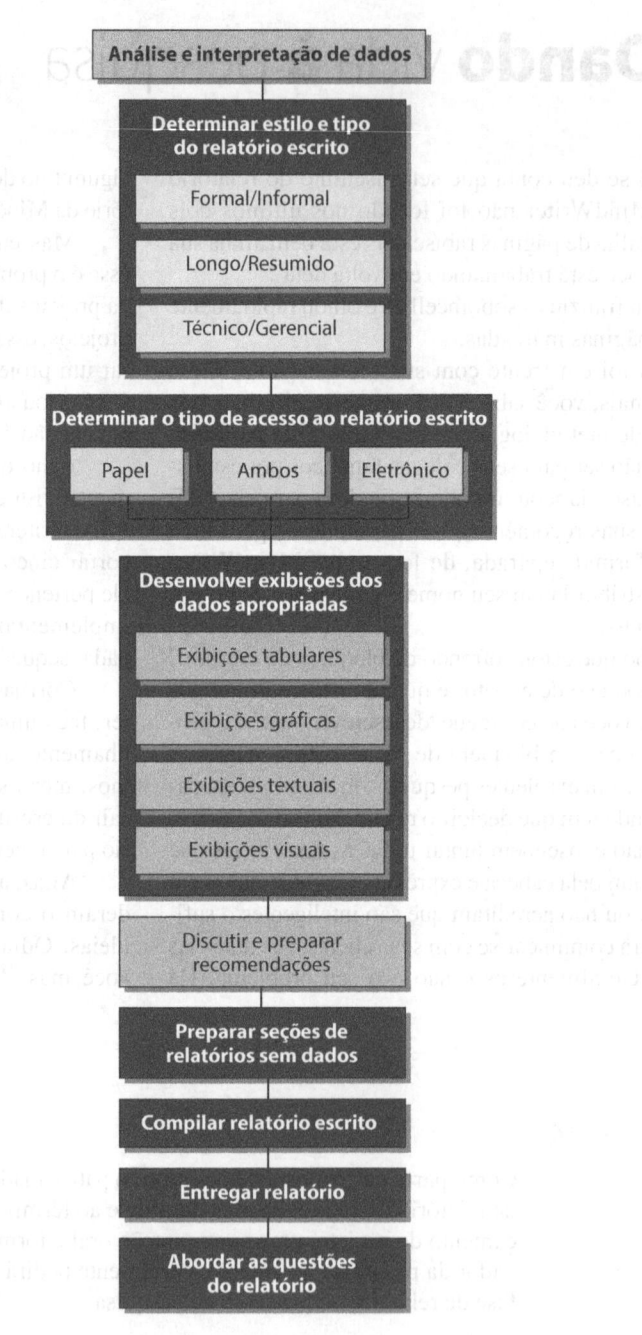

Figura 19-1 Apresentação por escrito e o processo de pesquisa.

Os relatórios podem ser definidos por seu grau de formalidade e planejamento. O relatório formal segue um formato bem delineado e relativamente longo, que contrasta com o relatório informal ou resumido.

Relatório resumido

Relatórios resumidos são apropriados quando o problema está bem definido, ou tem escopo limitado e uma metodologia simples e direta – a maioria dos relatórios informativos, de progressos e interinos é desse tipo: um relatório de mudanças no custo de vida para as próximas negociações salariais ou uma exploração para acusação de prática de *dumping* contra um concorrente estrangeiro.

Eles têm cerca de cinco páginas, mas se forem utilizados em um site, devem ser ainda menores. No início, deve haver uma breve declaração sobre a autorização para o estudo, o problema examinado, e sua amplitude e profundidade; na sequência, vêm as conclusões e recomendações, seguidas pelos resultados que lhes dão suporte. Deve-se usar título nas seções.

Uma carta de apresentação é um veículo para encaminhar relatórios resumidos. Um relatório de cinco páginas pode ser produzido para acompanhar vendas com frequência trimestral; ele deve ser direto, usar muitos gráficos para mostrar tendências e indicar o departamento de pesquisa para o leitor que desejar informações adicionais. Deve-se omitir informações detalhadas sobre o método de pesquisa, embora seja possível colocar uma visão geral em um anexo. O objetivo desse tipo de relatório é fornecer as informações rapidamente em um formato fácil de usar. Relatórios resumidos também são gerados para clientes com projetos pequenos e relativamente baratos.

Uma carta é uma forma de relatório resumido e o tom deve ser informal. O formato segue o padrão de qualquer boa carta comercial e não deve exceder algumas poucas páginas. Um relatório em forma de carta é sempre escrito em estilo pessoal (*nós, você*), embora isso dependa da situação.

Os memorandos são outro tipo de relatório e seguem a forma *Para, De, Assunto*. Estas sugestões podem ser úteis ao redigir relatórios resumidos:

- Informe ao leitor por que você está escrevendo (pode ser em resposta a uma solicitação).
- Se o memorando for em resposta a uma solicitação de informações, notifique ao leitor o ponto exato que foi questionado, responda-o e complemente com os detalhes necessários.
- Escreva em estilo explanatório, com brevidade e objetividade.
- Se o tempo permitir, escreva o relatório em um dia e revise-o no outro, antes de enviá-lo.
- Anexe material detalhado quando necessário.

Relatórios longos

Relatórios longos podem ser de dois tipos, relatórios técnicos ou de base e relatórios gerenciais. A escolha depende do público e dos objetivos do pesquisador.

Muitos projetos exigirão os dois tipos de relatório: um **relatório técnico**, escrito para um público de pesquisadores, e um **relatório gerencial**, escrito para gestores ou clientes sem conhecimento técnico. Embora alguns pesquisadores tentem fazer um único relatório que satisfaça ambas as necessidades, isso complica a tarefa e dificilmente é satisfatório, pois os dois tipos de público têm treinamento técnico, interesses e objetivos diferentes.

O relatório técnico

Esse relatório deve incluir toda a documentação e todos os detalhes. Ele normalmente sobreviverá a todos os documentos de trabalho e arquivos originais de dados, passando a ser a principal fonte de documentação. É o relatório que os outros pesquisadores desejarão ver, pois lá está toda a história do que e como foi feito.

Embora o objetivo seja um documento completo, deve-se evitar a inclusão de material que não seja essencial; um bom conselho é incluir informações sobre procedimento em volume suficiente para permitir que outras pessoas reproduzam o estudo, o que inclui fontes de dados, procedimentos de pesquisa, projeto de amostragem, instrumento de coleta de dados, construção de índice e métodos de análise de dados. A maioria das informações deve ser juntada como anexo.

Um relatório técnico também deve incluir apresentação e análise completa dos dados importantes; as conclusões e recomendações devem ser claramente relacionadas a resultados específicos. O jargão técnico deve ser evitado, mas, se usado, precisa ser definido. Pode haver referências breves a outras pesquisas, teorias e técnicas. Embora se espere que o leitor esteja familiarizado com essas referências, é útil incluir algumas explicações breves, talvez como notas de rodapé ou finais.

O relatório técnico resumido inclui os mesmos itens do relatório técnico longo, mas de forma condensada. A metodologia é incluída como parte da introdução e não deve ter mais que alguns parágrafos; a maior ênfase é colocada nos resultados e nas conclusões. Um memorando ou carta formal inclui apenas o mínimo: qual é o problema e quais são as conclusões da pesquisa.

Instantâneo

E-velocidade ou nenhuma velocidade

A internet transformou para sempre as expectativas dos tomadores de decisão em relação à velocidade dos resultados dos dados. Ela deu aos pesquisadores um gostinho do "e-tempo" – dados tabulados e resumidos em tempo real. "Embora alguns pesquisadores percebam que a e-velocidade pode sacrificar a qualidade na pesquisa", diz Darcy Zwetko, gerente de serviços de pesquisa da Opinion Search, Inc. (Ottawa, Canadá), "saber a velocidade disponível em pesquisas on-line nos incentivou a tornar nossos resultados de levantamentos por ETAC acessíveis em tempo real diretamente do computador de cada cliente". A Opinion Search chama essa indústria de *dataCAP*, acrônimo para *data control and access portal* (controle de dados e portal de acesso). Entre outras oportunidades, o dataCAP oferece:

- Frequências em tempo real.
- Tabulação cruzada em tempo real.
- Respostas textuais abertas em tempo real.
- Situação das cotas em tempo real.
- Situação diária dos projetos.
- Relatórios de distribuição de ligações diárias.

Além de ser rápido, o dataCAP fornece informações criptografadas para proteger a privacidade dos dados. Velocidade sem segurança não conquista clientes e, se sacrifica a qualidade, não faz os clientes retornarem.
www.opinionsearch.com

O relatório gerencial

Em contraste com o relatório técnico, o relatório gerencial é feito para o cliente não técnico. O leitor tem pouco tempo para absorver detalhes e precisa de uma exposição imediata dos resultados mais relevantes; portanto, as seções do relatório estão em ordem invertida. Depois das seções de prefácio e introdução, apresentam-se as conclusões com recomendações anexas. Resultados individuais são apresentados a seguir, apoiando as conclusões já feitas. Os anexos apresentam algum detalhe metodológico necessário. A ordem do relatório gerencial permite que os clientes entendam as conclusões e recomendações rapidamente, sem muita leitura. Posteriormente, se desejarem mais, podem ler os resultados. O relatório gerencial deve fazer uso livre de exibições visuais.

Algumas vezes o cliente não tem formação alguma em pesquisa e está interessado nos resultados, e não na metodologia. O principal meio de comunicação nesse caso é o relatório gerencial. Ainda é útil ter o relatório técnico caso o cliente queira, mais tarde, dispor de uma avaliação técnica do estudo.

O estilo do relatório deve incentivar leitura e compreensão rápidas dos principais resultados e promover o entendimento de implicações e conclusões. O tom do relatório é jornalístico e preciso. Títulos e sublinhados são úteis para dar ênfase; as figuras e os gráficos normalmente substituem as tabelas; e as frases e os parágrafos devem ser curtos e diretos. Considere o uso livre de espaços em branco e margens amplas. Pode ser desejável colocar um único resultado em cada página. Também ajuda ter um tema fixo em todo o relatório e até mesmo gráficos ou caracteres animados para variar a apresentação.

Componentes do relatório de pesquisa

Relatórios de pesquisa, longos ou resumidos, têm um conjunto de componentes identificáveis. Normalmente títulos e subtítulos dividem as seções. Cada relatório é único; seções podem ser retiradas ou acrescentadas, condensadas ou expandidas para atender às necessidades do público-alvo. A Figura 19-2 lista quatro tipos de relatório, as seções normalmente incluídas e a ordem geral de apresentação. Cada um desses formatos pode ser modificado para atender às necessidades do público.

Itens de prefácio

Os materiais de prefácio não têm influência direta na pesquisa em si, apenas ajudam o leitor a usar o relatório de pesquisa.

Módulos do relatório	Relatório resumido		Relatório longo	
	Memorando ou carta	Resumido técnico	Gerencial	Técnico
Informações preliminares		1	1	1
Carta de apresentação		✓	✓	✓
Página de título		✓	✓	✓
Declaração de autorização		✓	✓	✓
Resumo executivo		✓	✓	✓
Índice			✓	✓
Introdução	1	2	2	2
Declaração do problema	✓	✓	✓	✓
Objetivos da pesquisa	✓	✓	✓	✓
Contextualização	✓	✓	✓	✓
Metodologia		✓ resumida	✓ resumida	3
Definição de amostragem				✓
Planejamento da pesquisa				✓
Coleta de dados				✓
Análise de dados				✓
Limitações		✓	✓	✓
Resultados		3	4	4
Conclusões	2	4	3	5
Sumário e conclusões	✓	✓	✓	✓
Recomendações	✓	✓	✓	✓
Apêndices		5	5	6
Bibliografia				7

Figura 19-2 Seções do relatório de pesquisa e sua ordem de inclusão.

Carta de apresentação

Quando a relação entre pesquisador e cliente é formal, deve-se incluir uma **carta de apresentação**, procedimento adequado quando o relatório é para um cliente específico (o presidente da empresa, por exemplo) e quando é gerado para uma organização externa. Deve mencionar a autorização para o projeto e as instruções ou limitações relativas ao estudo e informar o objetivo e o escopo do estudo. Para muitos projetos internos, não é necessário incluir uma carta de apresentação.

Página de título

A página de título deve conter quatro itens: o título do relatório, a data, para quem e por quem ele foi preparado. O título deve ser curto, mas incluir estes três elementos: (1) as variáveis incluídas no estudo, (2) o tipo de relação entre as variáveis e (3) a população para a qual os resultados podem ser aplicados.[1] Redundâncias do tipo "Um relatório de" e "Uma discussão sobre" aumentam o tamanho do título sem lhe acrescentar nada; mas títulos formados por uma única palavra também têm pouco valor. A seguir, mostramos três formas aceitáveis de redação de títulos de relatórios:

Estudo descritivo: Visão geral da demanda de produtos ao consumidor nos Estados Unidos nos próximos cinco anos

Estudo de correlação: A relação entre os índices relativos de inflação nacional e as compras por domicílio da marca X em mercados internacionais

Estudo causal: O efeito dos vários métodos de motivação nas atitudes e desempenho dos vendedores do varejo

Carta de autorização

Quando o relatório é enviado para uma organização pública, é comum incluir uma carta mostrando a autorização para conduzir a pesquisa, especialmente verdadeiro no caso de relatórios para governos federal e estaduais e para organizações sem fins lucrativos. A carta não apenas nomeia quem patrocinou a pesquisa, mas também delineia a solicitação original.

Resumo executivo

Um **resumo executivo** pode ter duas formas: um relatório em miniatura abrangendo todos os aspectos do corpo do relatório, mas de forma abreviada, ou um resumo conciso dos principais resultados e conclusões, incluindo as recomendações. Duas páginas em geral são suficientes. Redija essa seção depois que o resto do relatório já estiver terminado. Ela não deve incluir informações novas, mas pode exigir gráficos para apresentar determinada conclusão. Espera-se que contenha uma grande quantidade de termos importantes, pois repete os principais pontos do relatório.

Sumário

Como uma orientação geral, qualquer relatório com diversas seções, que tenha mais que entre 6 e 10 páginas, deve ter um sumário. Se houver muitas tabelas, gráficos ou outras figuras, eles devem ser listados separadamente em um índice de ilustrações após o sumário.

Introdução

Prepara o leitor para o relatório descrevendo as partes do projeto: a formulação do problema, os objetivos de pesquisa e as informações preliminares.[2] Na maioria dos projetos, pode ser retirada da proposta com poucas alterações.

Declaração do problema

A declaração do problema explicita a razão para o projeto de pesquisa. O problema é normalmente representado por uma questão gerencial, seguida por um conjunto de objetivos mais detalhados.

Objetivos da pesquisa

Falam sobre a finalidade do projeto e podem conter questões de pesquisa e investigativas associadas. Em estudos de correlação ou causais, incluem-se os enunciados de hipóteses. Como discutido no Capítulo 2, as hipóteses são declarações que descrevem a relação entre duas ou mais variáveis e informam claramente as variáveis de interesse, as relações entre elas e o grupo-alvo que está sendo estudado. Devem incluir definições operacionais de variáveis críticas.

Contextualização

Pode ser de dois tipos: resultados preliminares da exploração de um estudo experimental, grupo focal ou outra fonte; ou, alternativamente, dados secundários obtidos na revisão de literatura. Um esquema organizacional tradicional é pensar nos círculos concêntricos de um alvo. Começando com o anel externo, o escritor trabalha em direção ao centro, que contém o material diretamente relacionado ao problema; as fontes e os meios para conseguir essas informações são apresentados no Capítulo 5 e no site do livro.

Pesquisas prévias, aspectos teóricos ou situações que levaram à questão gerencial também são discutidos nesta seção. A literatura deve ser organizada, integrada e apresentada de forma que esteja logicamente conectada ao problema. A contextualização inclui definições, qualificações e pressupostos e deve fornecer ao leitor os dados necessários para entender o restante do relatório de pesquisa.[3]

Ela pode ser colocada antes da declaração do problema ou depois dos objetivos de pesquisa. Se for composta principalmente de revisão de literatura e pesquisa relacionada, deve vir após os objetivos; se contiver informações relacionadas ao problema gerencial ou à situação que levou ao estudo, pode vir antes da formulação do problema (onde aparece na maioria dos estudos).

Instantâneo

Forrester Research: Encontrando a trama dramática

Forrester Research é uma empresa que faz pesquisa voltada a questões específicas em diversos segmentos e vende muitos de seus relatórios mediante uma assinatura. Ela adota uma abordagem modular para a redação dos relatórios, seja um pequeno resumo feito em algumas horas ou um relatório em até 30 horas. Cada relatório tem três seções principais: a seção "Visão Geral do Mercado", que descreve os dados coletados em entrevistas, levantamentos e buscas secundárias, revelando problemas mais simples e prossegue para problemas mais complexos (informações que o público-alvo já sabe não são reprocessadas, apenas dados novos são apresentados); a seção "Análise" interpreta os resultados; e a seção "O Que Significa" especula sobre as implicações dos resultados e da análise.

Em um desses estudos, a "Visão Geral de Mercado" relataria o resultado de que "em 40% das vezes as concessionárias de automóveis têm os carros errados". Na seção "Análise", o relatório diria que, com todos os dados que os fabricantes de carros têm sobre quais veículos – e características destes – estão vendendo, uma concessionária com acesso a essas informações deveria melhorar seu próprio estoque. Mark Bunger, um analista sênior, relata que a seção "O Que Significa" é especulativa. "Desenvolvemos a cadeia OQS – se 'a' foi encontrado, então 'b' não é provável? Ou se 'b', então 'c'; e se 'c', então 'd'. A última seção do relatório inclui muita dedução e conjectura baseada em conhecimento e experiência sólidos no segmento. Se em 40% das vezes as concessionárias têm os carros errados e os fabricantes têm as informações de que as concessionárias precisam, então as concessionárias poderiam melhorar o estoque para reduzir essa taxa para, digamos, 20%. E para os clientes que ainda não conseguiram encontrar o veículo que procuram? Pode ser que eles queiram personalizar seu pedido para atingir satisfação". Essa seção especulativa é a menor do relatório.

Quando se trata de redigir relatórios, os pesquisadores da Forrester não apressam a busca pela palavra certa para divulgar as informações. O título tem importância especial, pois os assinantes costumam escolher os relatórios que acessam com base nos títulos. "Conseguiremos que mais pessoas leiam um relatório se o título for algo intrigante como 'A falta de anúncios decretará o fim da televisão?' do que se o chamarmos de algo mais seco como 'As implicações da tecnologia sobre as atividades de controle de audiência na exposição aos anúncios televisivos'".

www.forrester.com

Metodologia

Em relatórios resumidos e relatórios gerenciais, a metodologia não deve constituir uma seção à parte, mas ser mencionada na introdução – e os detalhes devem constar em um anexo. No entanto, em um relatório técnico, a metodologia é uma seção importante que contém pelo menos cinco partes.

Projeto de amostragem

O pesquisador define explicitamente a população-alvo que está sendo estudada e os métodos de amostragem utilizados, por exemplo, essa foi uma amostra probabilística ou não probabilística? Se for probabilística, é aleatória simples ou aleatória complexa? Como os elementos foram selecionados? Como foi determinado o tamanho? Quanta confiança temos e que nível de erro foi permitido?

Explicações dos métodos de amostragem, exclusividade dos parâmetros escolhidos ou outros pontos que precisem de esclarecimentos devem ser abordados com brevidade. Os cálculos devem ser colocados em um anexo, e não no corpo do relatório.

Projeto da pesquisa

A abordagem do projeto deve ser adaptada ao objetivo: em um estudo experimental, descrevem-se materiais, testes, equipamentos, condições de controle e outros mecanismos; em um estudo descritivo ou *ex post facto*, pode ser suficiente informar a justificativa científica para usar determinado planejamento, e não as alternativas disponíveis. Mesmo em um projeto sofisticado, os pontos fortes e os fracos devem ser identificados, e é necessário discutir a instrumentação e os materiais. Incluem-se cópias dos materiais nos anexos.

Coleta de dados

Essa parte do relatório descreve como os dados foram coletados e seu conteúdo depende do projeto selecionado. O trabalho de levantamento normalmente usa uma equipe com supervisão de campo e central. Quantos estavam envolvidos? Qual foi o treinamento dado a eles? Como eles eram gerenciados? Quando os dados foram coletados? Quanto tempo levou? Quais eram as condições de campo? Como se lidou com as irregularidades? Em um experimento, poderíamos saber, por exemplo, sobre atribuição de pessoas aos grupos, uso de procedimentos e protocolos padronizados, administração de testes ou formatos de observação, manipulação de variáveis, e assim por diante.

Normalmente, incluímos uma discussão sobre a importância dos dados secundários que guiaram essas decisões; materiais detalhados, como instruções de campo, devem ser incluídos em um anexo.

Análise de dados

Esta seção resume os métodos usados para analisar os dados e descreve sua manipulação, as análises preliminares, os testes estatísticos, os programas de computador e outras informações técnicas. A justificativa teórica para a escolha do método de análise deve ficar clara, e deve-se apresentar comentários breves sobre os pressupostos e a adequação do uso.

Limitações

Este tópico geralmente é abordado com ambivalência. Algumas pessoas preferem ignorar questões desse item, achando que mencionar as limitações diminui o impacto do estudo. Essa atitude não é profissional e possivelmente é antiética. Outras parecem adotar uma abordagem exagerada, detalhando tudo. A seção deve fazer uma apresentação completa da metodologia e dos problemas de implementação. Um método imparcial é aquele que inclui os principais pontos de uma investigação honesta e competente. Todas as pesquisas têm suas limitações, e o pesquisador sincero reconhece que os leitores precisam de ajuda para julgar a validade do estudo.

Resultados

Esta geralmente é a seção mais longa do relatório. O objetivo é explicar os dados, e não fazer interpretações ou tirar conclusões. Quando dados quantitativos podem ser apresentados, isso deve ser feito da forma mais simples possível, com diagramas, gráficos e tabelas.

Os dados não precisam incluir tudo o que foi coletado – o critério para inclusão é: "Esse material é importante para que o leitor entenda o problema e os resultados?". Porém, assegure-se de mostrar tanto os resultados desfavoráveis para sua hipótese como aqueles que lhe dão suporte, pois isso reforça a relação de confiança criada entre pesquisador e patrocinador.

É útil apresentar os resultados em parágrafos numerados ou apresentar um resultado por página, com dados quantitativos de apoio aos resultados apresentados em uma pequena tabela ou gráfico na mesma página (ver Figura 19-3). Embora essa disposição aumente o volume do relatório, ela é conveniente para o leitor.

Conclusões

Resumo e conclusões

Formula-se resumidamente os resultados essenciais; podem ser usados em todas as seções se houver muitos resultados específicos, que podem ser combinados em um resumo geral. Em uma pesquisa descritiva simples, um resumo pode completar o relatório, pois conclusões e recomendações podem não ser necessárias.

Os resultados mostram fatos; as conclusões representam inferências feitas a partir dos resultados. Quem redige às vezes reluta em tirar conclusões e deixa a tarefa para o leitor, mas sempre que possível isso deve ser evitado. Como pesquisador, você é a pessoa mais bem-informada sobre os fatores que influenciam fundamentalmente os resultados e as conclusões. Bons pesquisadores não tiram conclusões que vão além dos dados relacionados ao estudo.

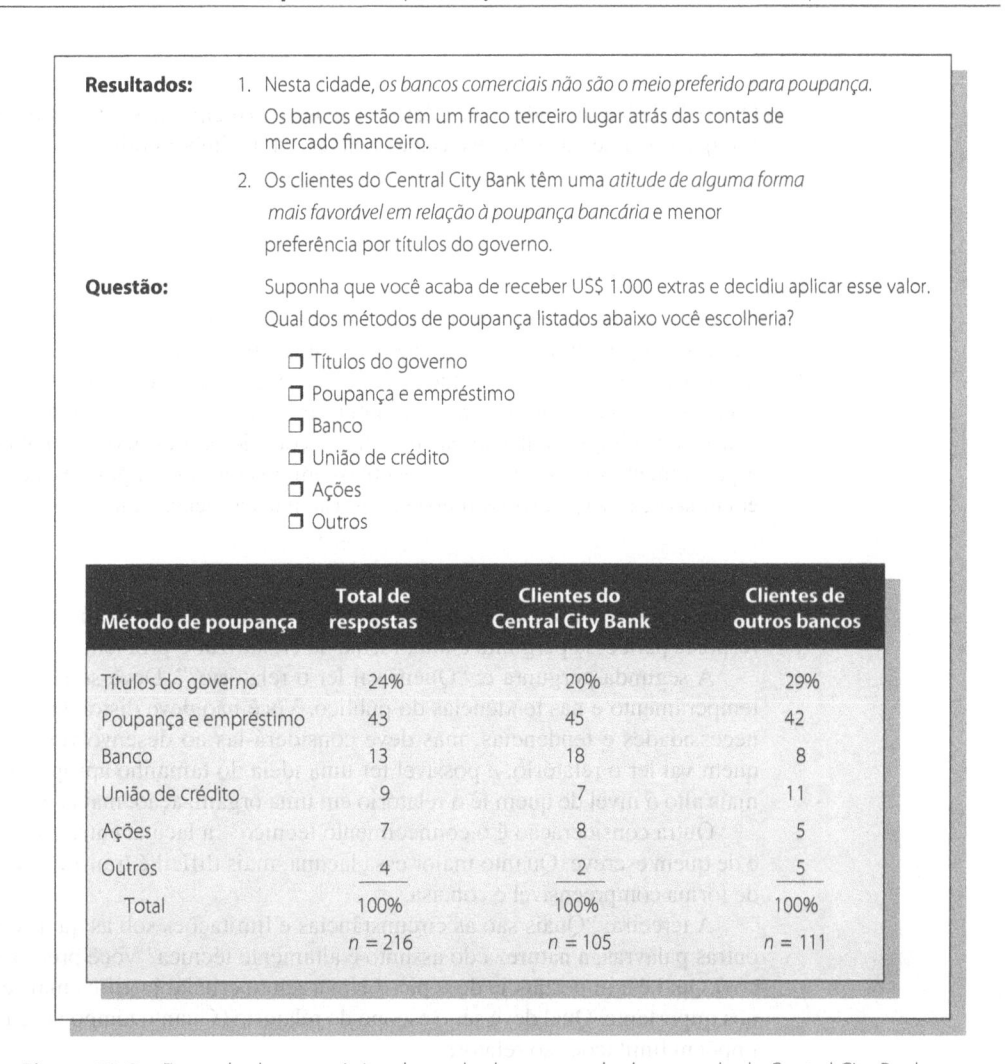

Resultados:	1. Nesta cidade, *os bancos comerciais não são o meio preferido para poupança.* Os bancos estão em um fraco terceiro lugar atrás das contas de mercado financeiro.		
	2. Os clientes do Central City Bank têm uma *atitude de alguma forma mais favorável em relação à poupança bancária* e menor preferência por títulos do governo.		
Questão:	Suponha que você acaba de receber US$ 1.000 extras e decidiu aplicar esse valor. Qual dos métodos de poupança listados abaixo você escolheria?		
	☐ Títulos do governo		
	☐ Poupança e empréstimo		
	☐ Banco		
	☐ União de crédito		
	☐ Ações		
	☐ Outros		

Método de poupança	Total de respostas	Clientes do Central City Bank	Clientes de outros bancos
Títulos do governo	24%	20%	29%
Poupança e empréstimo	43	45	42
Banco	13	18	8
União de crédito	9	7	11
Ações	7	8	5
Outros	4	2	5
Total	100%	100%	100%
	n = 216	n = 105	n = 111

Figura 19-3 Exemplo de uma página de resultados no estudo de mercado do Central City Bank..

As conclusões podem ser apresentadas em forma tabular para facilitar a leitura e referência. Os resumos de resultados podem ser subordinados à declaração de conclusão relacionada. Essas declarações devem ser numeradas, indicando ao leitor as páginas ou tabelas nas seções de resultados.

Recomendações

Normalmente, há algumas ideias sobre ações corretivas. Em pesquisa aplicada, as recomendações na maioria das vezes serão para ações gerenciais, e o pesquisador sugere uma ou mais alternativas sustentadas pelos resultados. Além disso, os pesquisadores podem recomendar iniciativas adicionais de pesquisa. Na pesquisa básica ou pura, as recomendações são geralmente sugestões para estudos adicionais que ampliem ou testem o entendimento de determinada área.

Apêndices

Os apêndices são o local correto para tabelas complexas, testes estatísticos, documentos de apoio, cópias de formulários e questionários, descrições detalhadas da metodologia, instruções para trabalhadores de campo e outros documentos importantes para suporte posterior. O leitor que quer saber mais sobre os aspectos técnicos do estudo e verificar desdobramentos estatísticos deve contar com um apêndice completo.

Bibliografia

O uso de dados secundários e relatórios longos, principalmente técnicos, exigem uma bibliografia, que documenta as fontes usadas pelo escritor. Embora possa conter trabalhos usados como apoio ou para estudos futuros, é preferível incluir apenas fontes usadas para preparar o relatório.

Redação do relatório

Infelizmente, os alunos costumam dar pouca atenção ao relato de seus resultados e conclusões. Um estudo bem apresentado frequentemente impressiona mais o leitor do que um com grande qualidade científica e apresentação ruim. A redação competente de um relatório é um dos passos centrais para a decisão de um gestor em usar os resultados na tomada de decisão e também para considerar a implementação das recomendações do pesquisador. As habilidades de redação são especialmente valiosas para os executivos em nível júnior ou pesquisadores que desejam crescer em uma organização. Um estudo bem escrito normalmente aumenta as possibilidades de carreira.

Preocupações pré-redação

Antes de escrever, devemos nos perguntar: "Qual é o objetivo deste relatório?". Redigir uma resposta para essa pergunta é uma forma de cristalizar o problema.

A segunda pergunta é: "Quem vai ler o relatório?". Deve-se pensar nas necessidades, no temperamento e nas tendências do público. Você não deve distorcer fatos para atender a essas necessidades e tendências, mas deve considerá-las ao desenvolver a apresentação. Sabendo quem vai ler o relatório, é possível ter uma ideia do tamanho apropriado. Geralmente, quanto mais alto o nível de quem lê o relatório em uma organização, mais curto ele deve ser.

Outra consideração é o conhecimento técnico – a lacuna entre o conhecimento de quem lê e de quem escreve. Quanto maior essa lacuna, mais difícil é transmitir os resultados completos de forma compreensível e concisa.

A terceira: "Quais são as circunstâncias e limitações sob as quais estou escrevendo?". Em outras palavras, a natureza do assunto é altamente técnica? Você precisa de estatísticas? Gráficos? Qual é a importância do tópico? Um assunto crucial justifica mais esforço do que um menos importante. Qual deve ser o escopo do relatório? Quanto tempo você tem? Os prazos sempre impõem limitações ao relatório.

Finalmente, a última questão é: "Como o relatório será usado?". Tente visualizar o leitor usando o relatório. Como a informação pode se tornar mais conveniente? Quanto esforço deve ser dedicado para conseguir a atenção e o interesse do leitor? O relatório será lido por mais de uma pessoa? Em caso positivo, quantas cópias devem ser feitas? Como será a distribuição do relatório?

O esboço

Uma vez que o pesquisador tenha feito a primeira análise dos dados, tirado conclusões preliminares e completado testes de significância estatística, é hora de desenvolver um esboço. Um sistema útil emprega a seguinte estrutura de organização:

I. Título do Tópico Principal

   A. Título do subtópico principal

      1. Subtópico

         a. Subtópico secundário

           (1) Detalhes adicionais

              (a) Mais detalhes adicionais

Os softwares para desenvolver esboços e conectar visualmente as ideias simplificam essa tarefa que já foi trabalhosa. Dois estilos de esboço são amplamente utilizados – o esboço em tópicos e o esboço em frases. No **esboço em tópicos**, usa-se uma palavra-chave ou duas: supõe-se que quem escreve sabe a importância dessa palavra e depois lembrará a natureza do argumento representado por ela ou pela frase ou, alternativamente, quem faz o esboço sabe que o assunto deve ser abordado, mas ainda não tem certeza sobre como fazê-lo.

O **esboço em frases** expressa os pensamentos essenciais associados com o tópico específico. Esse método deixa menos trabalho para a redação posterior, necessitando apenas de explicações para aumentar a facilidade de leitura. Ele tem a vantagem óbvia de levar o redator a tomar decisões sobre o que incluir e como dizer, e, provavelmente, é o melhor estilo de esboço para o pesquisador inexperiente, pois divide o trabalho de redigir em dois componentes principais – o que e como dizer.

Segue-se um exemplo do tipo de detalhe encontrado em cada um desses formatos de esboço:

Esboço em tópicos	Esboço em frases

I. Demanda
  A. Como mensurar
    1. Erro voluntário
    2. Erro no embarque
      a. Variação mensal
	I. Demanda de refrigeradores
	  A. Mensurada em termos de embarques da fábrica segundo relatos ao U.S. Department of Commerce.
	    1. Existe erro nas comparações ano a ano porque o relatório é voluntário.
	    2. Um segundo fator é a variação de um mês para outro devido aos modelos de embarque e faturamento.
	      a. Variações acima de 30% neste ano dependem do fato de os embarques serem mensurados por data de embarque real ou data da fatura.

A bibliografia

Os manuais de estilo fornecem orientação sobre forma, divisão e disposição alfabética e anotações. Citações, estilos e formatos adequados são únicos ao objetivo do relatório. O instrutor, programa, instituição ou cliente geralmente especifica os requisitos de estilo. A singularidade das diversas exigências torna impraticável a menção de exemplos detalhados neste capítulo, embora as notas e as referências no livro forneçam exemplos. Como citado no Apêndice A, sobre proposta de pesquisa, recomendamos as seguintes leituras: *Publication Manual of the American Psychological Association*; Kate L. Turabian, *A Manual for Writers of Term Papers, Theses, and Dissertations*; e Joseph Gibaldi, *MLA Handbook for Writers of Research Papers*.

Um software de recuperação bibliográfica permite aos pesquisadores localizar e salvar referências de serviços on-line e traduzi-las em registros para o banco de dados. Os dados podem ainda ser pesquisados, ordenados, indexados e formatados em bibliografias de qualquer estilo. Muitos programas de recuperação são compatíveis com o ambiente de rede e podem ser conectados a processadores de texto populares, como o EasyBib (www.easybib.com) e o BibMe (www.bibme.org).

Redação do rascunho

Com o esboço completo, pode-se tomar decisões sobre a colocação de gráficos, tabelas e mapas. Cada um deve corresponder a determinada seção no esboço. Embora os gráficos possam ser acrescentados mais tarde (ainda podemos transformar tabelas em gráficos), é útil fazer uma primeira aproximação dos gráficos antes de começar a escrever. As escolhas para relatar estatísticas serão revistas mais tarde neste capítulo.

Cada redator usa mecanismos diferentes para colocar no papel seus pensamentos. Alguns os escrevem à mão, confiando em outra pessoa para transcrever seu texto para o computador; já outros sentem-se à vontade na frente de um computador e conseguem acrescentar, apagar e mover seções sem problemas. O método ideal é aquele ao qual você se adapta melhor.

Os programas de computador verificam erros de ortografia e dispõem de um dicionário de sinônimos que oferece formas alternativas de expressar um pensamento.

A internet oferece o *Oxford English Dictionary*, considerado o melhor dicionário de todos os idiomas. Uma confusão entre palavras comuns não será apontada pelos corretores ortográficos. Os programas avançados esmiúçam seu relatório em busca de erros de gramática, pontuação, uso de maiúsculas, palavras repetidas, letras transpostas, homônimos, problemas de estilo e nível de facilidade de leitura. O verificador de estilo revelará palavras utilizadas equivocadamente e indicará frases estranhas. A Figura 19-4 traz o produto de uma amostra de um pacote comercial usado em uma das vinhetas deste texto. O programa mostra comentários escritos feitos a um arquivo de texto, prepara uma cópia do original e gera um relatório estatístico. A estatística resume a avaliação feita pelo programa em relação à facilidade de leitura, ao nível de graduação e à estrutura da frase. Pode-se fazer comparações com documentos de "referência" ou com documentos que você enviar para comparação. O programa não pode garantir um relatório sem erros, mas reduz o tempo gasto em revisões e melhora o estilo do produto completo.[4]

Facilidade de leitura

Os bons escritores consideram a capacidade de leitura de seu público ao buscar um alto grau de facilidade de leitura. Pode-se obter alto grau de leitura mais facilmente assim: (1) o tópico deve interessar aos leitores e pertencer à área de especialidade deles; (2) deve-se mostrar a utilidade do relatório destacando como ele os ajudará; e (3) deve-se escrever em um nível que seja apropriado para os leitores. Para verificar o nível de dificuldade do texto, use um **índice de**

Estatísticas

Estatísticas para: Vinheta do Capítulo	Problemas marcados/detectados: 8/8
Estatísticas de facilidade de leitura	
Facilidade de Leitura Flesch: 66	Nível Flesch-Kincaid: 8
Índice Gunning's Fog: 11	
Estatísticas de parágrafos	
Número de parágrafos: 25	Tamanho médio: 2,2 frases
Estatísticas de frases	
Número de frases: 55	Voz passiva: 4
Tamanho médio: 13,8 palavras	Curta (< 12 palavras): 39
Terminadas com "?": 2	Longa (> 28 palavras): 7
Terminadas com "!": 0	
Estatísticas de palavras	
Número de palavras: 759	Tamanho médio: 4,58 letras

Resumo de documento para: Vinheta do Capítulo	Problemas detectados: 8
Estatísticas de facilidade de leitura	Interpretação
Nível: 8 (Flesch-Kincaid)	Nível preferido para a maioria dos leitores.
Pontuação de facilidade de leitura: 66 (Flesch)	Isso representa de 6 a 10 anos de escolaridade.
Voz passiva: 331	O texto pode ser difícil de ler ou ambíguo com esse estilo de redação.
Tamanho médio da frase: 13,8 palavras	A maioria dos leitores pode entender facilmente frases deste tamanho.
Tamanho médio da palavra: 1,50 sílabas	O vocabulário usado neste documento é compreensível para a maioria dos leitores.
Tamanho médio do parágrafo: 2,2 frases	A maioria dos leitores pode facilmente ler parágrafos deste tamanho.

Comparações

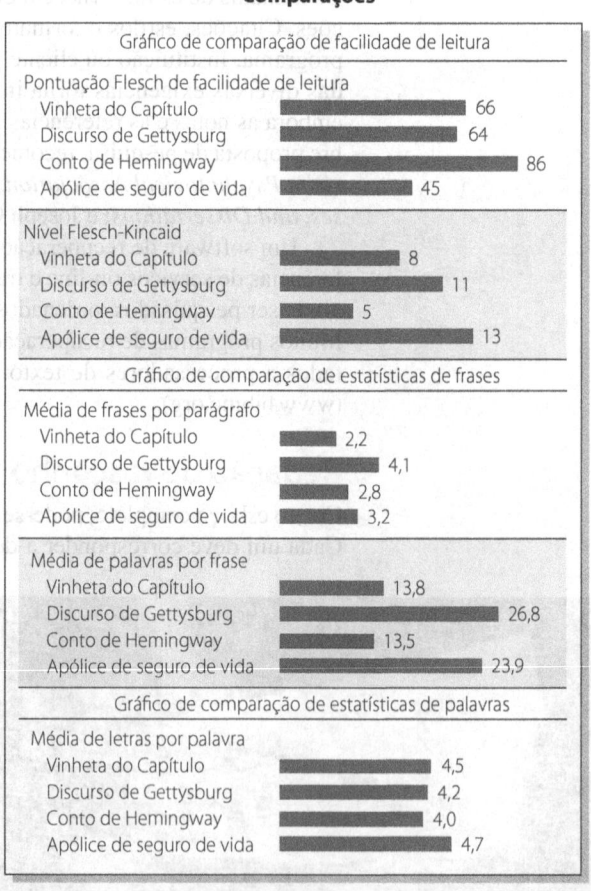

Gráfico de comparação de facilidade de leitura

Pontuação Flesch de facilidade de leitura
- Vinheta do Capítulo: 66
- Discurso de Gettysburg: 64
- Conto de Hemingway: 86
- Apólice de seguro de vida: 45

Nível Flesch-Kincaid
- Vinheta do Capítulo: 8
- Discurso de Gettysburg: 11
- Conto de Hemingway: 5
- Apólice de seguro de vida: 13

Gráfico de comparação de estatísticas de frases

Média de frases por parágrafo
- Vinheta do Capítulo: 2,2
- Discurso de Gettysburg: 4,1
- Conto de Hemingway: 2,8
- Apólice de seguro de vida: 3,2

Média de palavras por frase
- Vinheta do Capítulo: 13,8
- Discurso de Gettysburg: 26,8
- Conto de Hemingway: 13,5
- Apólice de seguro de vida: 23,9

Gráfico de comparação de estatísticas de palavras

Média de letras por palavra
- Vinheta do Capítulo: 4,5
- Discurso de Gettysburg: 4,2
- Conto de Hemingway: 4,0
- Apólice de seguro de vida: 4,7

Figura 19-4 Resultados da prova de leitura para gramática e estilo.

facilidade de leitura padrão, como o Índice de Facilidade de Leitura Flesch, que dá notas entre 0 e 100 – quanto mais baixa a nota, mais difícil de ler o material – e os Índices Flesch-Kincaid e Gunning's Fog, que fornecem pontuações que correspondem ao nível necessário para ler e entender com facilidade o documento. Embora seja possível calculá-los à mão, alguns softwares fazem-no automaticamente. Os pacotes mais sofisticados permitem que você especifique o nível de leitura preferido. As palavras que estão acima daquele nível são destacadas, permitindo que você escolha uma alternativa.

Os defensores da mensuração de facilidade de leitura não alegam que todo material escrito deve estar no nível mais simples possível. Eles argumentam apenas que o nível deve ser apropriado ao público, destacando que os livros de história em quadrinhos têm pontuação de aproximadamente 6 na escala Gunning (ou seja, uma pessoa com seis anos de estudo pode ler o material). A revista *Time* normalmente tem pontuação 10, enquanto *The Atlantic* tem pontuação de 11 ou 12. Materiais com pontuação muito acima de 12 são mais difíceis de serem lidos confortavelmente pelo público em geral. Tais medidas obviamente nos dão apenas uma ideia aproximada da verdadeira facilidade de leitura de um relatório. Os bons escritores usam diversos outros recursos para aumentar a compreensão da leitura.

Nível de compreensão

O bom texto varia de acordo com seu objetivo, por exemplo, o texto de pesquisa é criado para transmitir informações de natureza precisa. Evite ambiguidade, significados múltiplos e alusões e escolha cuidadosamente as palavras, zelando pela precisão, clareza e eficiência. Quando usamos conceitos e constructos, eles devem ser definidos operacional ou descritivamente.

Palavras e frases devem ser organizadas e editadas cuidadosamente, pois modificações malfeitas geram relatórios descuidados e ideias secundárias misturadas com ideias principais tornam o relatório confuso para os leitores, forçando-os a separar o que é importante do que é secundário, quando isso já deveria estar pronto para eles.

Finalmente, há a questão do **ritmo**, que é definido como:

> O índice no qual uma página impressa apresenta informações para o leitor... O ritmo apropriado em textos técnicos é aquele que permite ao leitor manter sua mente trabalhando apenas uma fração de segundo atrás de seus olhos à medida que lê. O ritmo logicamente será mais lento quando a informação é complexa ou difícil de entender; será mais rápido quando a informação é direta e familiar. Se a mente do leitor fica para trás dos olhos, o ritmo está muito rápido; se a mente vagueia à frente dos olhos (ou quer fazer isso), o ritmo está muito lento.[5]

Se o texto está cheio de conceitos, há muita informação por frase; em contraste, um texto esparso tem poucas ideias importantes por frase. Os escritores usam uma variedade de métodos para ajustar o ritmo de seus textos:

- Use amplos espaços em branco e margens largas para criar um efeito psicológico positivo no leitor.
- Divida unidades grandes de texto em unidades menores, com títulos para explicitar a organização dos tópicos.
- Facilite textos difíceis com auxílios visuais sempre que possível.
- Dê mais ênfase ao material importante e menos ênfase ao material secundário com a construção de frases e uso criterioso de itálico, sublinhado, maiúsculas e parênteses.
- Escolha as palavras cuidadosamente, optando pelas conhecidas e curtas, e não pelas desconhecidas e longas. Alunos de pós-graduação, em particular, parecem gostar de usar jargões, construções pomposas e palavras longas ou arcaicas. Naturalmente, há momentos em que os termos técnicos são apropriados. Os cientistas se comunicam eficientemente com jargões, mas o público, na maioria das pesquisas aplicadas, não é treinado cientificamente e precisa de mais ajuda do que a fornecida por muitos escritores.
- Repita e resuma ideias essenciais e difíceis, de forma que os leitores tenham tempo para absorvê-las.

- Faça uso estratégico das palavras de relação, que "não representam objetos ou ideias, mas mostram relação. Palavras de transição, como as conjunções, são palavras de relação, assim como expressões do tipo 'por outro lado', 'em resumo' e 'em contraste'".[6]

Tom

Reveja o texto para assegurar que o tom é apropriado. O leitor pode, e deve, ser mencionado, mas os pesquisadores devem evitar referir-se a si próprios. Um autor observa que o "uso do 'você' (...) faz a mensagem soar como se fosse escrita para o leitor, e não enviada pelo autor. Uma mensagem preparada para o leitor transmite sinceridade, personalização, cordialidade e envolvimento por parte do autor".[7] Para conseguir isso, remova as frases negativas e reescreva o pensamento de forma positiva. Não mude suas recomendações ou resultados para torná-los positivos. Ao contrário, revise sua redação. Qual das seguintes frases soa melhor?

Os usuários finais não querem que o Departamento de Sistemas de Informações diga a eles quais softwares comprar.

Os usuários finais querem mais autonomia em relação às suas escolhas de softwares.

As mensagens transmitem a mesma informação, mas o tom positivo da segunda não coloca os leitores do Departamento de Sistemas de Informações na defensiva.

Prova final

É útil deixar o rascunho de lado por um dia, antes de fazer a edição final. Vá à praia, ande de bicicleta no parque ou assista a um filme – faça qualquer coisa que não esteja relacionada ao projeto de pesquisa. Então, volte ao relatório e leia-o com olhos críticos. O texto flui suavemente? Há transições onde elas são necessárias? A organização é evidente para o leitor? Os resultados e as conclusões estão de acordo com o enunciado do problema e os objetivos da pesquisa? As tabelas e os gráficos mostram as informações apropriadas em um formato fácil de ler? Depois de assegurar-se de que o rascunho está completo, escreva o resumo executivo.

Considerações de apresentação

A consideração final no processo de elaboração de um relatório é a produção. Os relatórios podem ser digitados; impressos em uma impressora jato de tinta, laser, colorida ou de outro tipo; ou enviados para uma gráfica. A maioria dos relatórios de alunos ou de pequenas pesquisas é digitado ou produzido em uma impressora de computador. A apresentação do relatório transmite ao leitor a postura profissional usada em todo o projeto. Deve-se tomar cuidado para usar fontes compatíveis em todo o relatório. A impressora deve produzir letras consistentes, fáceis de ler, em papel de qualidade. Quando os relatórios são fotocopiados para mais de um leitor, certifique-se de que as cópias são claras e que não há listras pretas nem manchas cinzentas.

Uma página com texto demais gera um problema de aparência. Os leitores precisam do descanso visual produzido por amplos espaços em branco, definidos como três centímetros de espaço em branco no topo da página, na parte de baixo e na margem direita; do lado esquerdo, a margem deve ter pelo menos quatro centímetros, deixando espaço para encadernação ou furos para arquivo. Margens maiores sempre melhoram a aparência do relatório e ajudam a destacar os pontos ou as seções principais. O excesso de texto ocorre quando um relatório contém páginas e páginas de grandes blocos de texto sem

Suítes de programas de escritório integrados como o Microsoft Office tornaram a elaboração do relatório de pesquisa infinitamente mais fácil, mas também mais desafiadora. O patrocinador da pesquisa espera relatórios articulados e bem organizados, e esses softwares podem produzir relatórios assim. No entanto, ele também espera perfeição. A única forma de o pesquisador atender a essa expectativa é realizando uma edição e uma reescrita cuidadosas, associadas ao uso habilidoso de softwares.

quebra, o que produz um efeito psicológico desagradável nos leitores devido à aparência intimidante. Pode-se evitar excesso de texto das seguintes maneiras:

- Use parágrafos mais curtos: como orientação geral, qualquer parágrafo com mais de meia página é suspeito. Lembre-se que cada parágrafo deve representar um pensamento distinto.
- Tabule partes do texto que representem listas, citações longas ou exemplos.
- Use títulos e subtítulos para dividir o relatório e suas seções principais em tópicos homogêneos.
- Use listas verticais de pontos (como esta lista).

Nomeação incorreta cria outro problema físico; cada gráfico ou tabela deve conter informações suficientes para ser autoexplicativo. Os títulos e subtítulos do texto também ajudam na nomeação: eles atuam como sinais para o público, descrevendo a organização do relatório, indicam o progresso da discussão e ajudam os leitores a visualizar o material e retornar facilmente a determinadas seções do relatório.

Apresentação de estatísticas[8]

A apresentação de estatísticas em relatórios de pesquisa é um desafio especial para quem escreve. Quatro formas básicas de apresentar tais dados são (1) parágrafo do texto, (2) forma semitabular, (3) tabelas ou (4) gráficos.

Apresentação do texto

Essa é provavelmente a forma mais comum quando há poucas estatísticas. O escritor pode dirigir a atenção do leitor para um certo número de comparações e enfatizar pontos específicos. O problema é que as estatísticas ficam submersas no texto, exigindo que o leitor leia todo o parágrafo para extrair o significado. O material a seguir tem algumas comparações simples que se tornam mais complicadas quando texto e estatísticas se misturam:

> O Wal-Mart recuperou sua posição de número um no ranking da Forbes 500 em função de seu ótimo desempenho de vendas (aumento de 11%; US$ 351,1 bilhões). Embora o Wal-Mart tenha superado a segunda colocada, Exxon Mobil, em vendas, sua lucratividade (US$ 11,2 bilhões) ficou bem atrás da obtida pela gigante petrolífera (US$ 39,5 bilhões). Alguns atribuem diversos problemas desafiadores de relações públicas como causa do nível abaixo do esperado. A sexta colocada, General Electric, também ultrapassou o Wal-Mart em lucros, com US$ 20,8 bilhões. O forte crescimento em vendas da GE (27,4%) é uma indicação de que ela provavelmente representará um desafio para o Wal-Mart e para a Exxon Mobil no futuro.

Apresentação semitabular

Quando há poucos números, eles podem ser retirados do texto e listados. Listas de comparações quantitativas são muito mais fáceis de ler e entender do que estatísticas embutidas. Um exemplo de apresentação semitabular é mostrado a seguir.

> O Walmart escorregou para a segunda posição na lista da *Fortune 500* após ter se mantido na primeira posição por dois anos consecutivos. O gigante do varejo foi forçado a cortar os preços para reverter a redução nos seus índices de venda na mesma loja nos Estados Unidos.
>
> - O Walmart é a segunda maior empresa na *Fortune 500*, com um aumento de 6% na receita, mas uma redução de 4,2% nos lucros.
> - A Exxo Mobil, gigante petrolífera e líder de exploração de energia, é a empresa mais lucrativa na lista da *Fortune 500*, com um aumento de 27,7% na receita e de 34,8% nos lucros.
> - Enquanto a Exxon Mobil se beneficiou com o aumento do preço do petróleo, também obteve uma boa posição ao capitalizar sobre a última tendência na produção de energia doméstica: faturamento hidráulico (*fracking*).
> - Apesar do aumento do preço do petróleo, o ano da Chevron terminou com uma nota amarga devido a perdas no último trimestre; entretanto, a empresa manteve-se na terceira posição da lista, com um crescimento de 25,1% na receita e de 41,4% nos lucros.

Esta seção continua na página 533.

Close-up

Relatório escrito da MindWriter

Um relatório escrito é a finalização do projeto MindWriter, que ilustrou o processo de pesquisa em todo o livro. O contrato para o projeto CompleteCare exige um relatório do tamanho aproximado daquele feito por alunos para um projeto de finalização de curso. Embora as partes repetitivas tenham sido omitidas para economizar espaço, o material apresentado deve dar ao leitor alguma ideia de como um projeto aplicado deste tamanho é resumido. Estatísticas descritivas e gráficos simples são usados para analisar e apresentar a maioria dos dados. As referências aos capítulos nos quais é possível rever detalhes específicos são mostradas nos comentários laterais.

A apresentação de resultados segue as especificações de conteúdo da Figura 20-2 para relatórios resumidos. Está entre memorando/carta e um relatório técnico resumido. O objetivo era dar uma resposta rápida à equipe do CompleteCare. Portanto, o documento foi feito como um anexo de e-mail em PDF.

A página de capa do fax funciona como uma carta de apresentação temporária até que os originais sejam enviados.

Ela fornece toda a identificação necessária e as informações de contato. A relação entre remetente e destinatário permite o uso do primeiro nome.

Para:	Myra Wines	**De:**	Jason Henry
Empresa:	MindWriter Corp.	**Empresa:**	Henry e Associados
Local:	Austin, TX Prédio 5	**Local:**	Palm Beach, FL
Telefone:	512.555.1234	**Telefone:**	407.555.4321
Fax:	512.555.1250	**Fax:**	407.555.4357

Total de páginas incluindo esta: 11

5 de janeiro de 2008

Prezada Myra,

Autorização para o estudo. Escopo de resultados (do mês). Instruções específicas para as questões do processo.

Este fax contém o relatório do mês de dezembro do projeto CompleteCare, solicitado pelo Sr. Malraison. Os originais serão enviados amanhã de manhã para distribuição.

Solicitação de acompanhamento pelo cliente para reduzir as limitações do estudo.

Esperamos que o CompleteCare termine o levantamento dos não respondentes para que possamos descobrir o quanto esses resultados representam todos os clientes do CompleteCare.

Atualizações de progressos e retorno sobre melhorias.

Os resultados deste mês mostram melhorias nas áreas que discutimos por telefone na semana passada. O índice de resposta também está mais alto. Você ficará satisfeita em saber que nossa análise preliminar mostra melhorias nos índices da empresa de transporte.

Atenciosamente,

Jason

Close-up (cont.)

O título faz referência a um levantamento e um programa conhecidos. As descrições de variáveis, de relações e de população são desnecessárias.

O receptor do relatório, o nome da empresa e a data aparecem em seguida.

O nome do emissor do relatório, a localização e o número de telefone facilitam o contato para informações adicionais.

O nível de informação identifica esse documento como sendo de circulação restrita, apenas para uso interno.

Resultados de dezembro para o levantamento do CompleteCare

**Preparado para Myra Wines
MindWriter Corporation
Janeiro 2008**

**Henry e Associados
200 ShellPoint Tower
Palm Beach, Flórida 33480**

407.555.4321

MindWriter CONFIDENCIAL

Close-up (cont.)

Título repetido.

São usados títulos para cada seção.

A introdução contém período de cobertura do relatório, questão gerencial e objetivo secundário de pesquisa.

Uma visão geral do conteúdo do relatório permite ao leitor encontrar as seções específicas de seu interesse.

O resumo executivo fornece uma sinopse dos resultados essenciais. É o relatório em miniatura – seis parágrafos.

Tanto os resultados positivos como os negativos são mostrados.

Os critérios para os índices são mostrados como um lembrete.

Resultados do Projeto CompleteCare da MindWriter em Dezembro

Introdução

Este relatório baseia-se nos dados coletados no mês de dezembro no estudo do CompleteCare da MindWriter. O estudo questiona os clientes sobre sua satisfação com o sistema de consertos e serviços CompleteCare. O objetivo secundário é identificar mensalmente pontos de melhoria para a gerência.

Os resultados são organizados nas seguintes seções: (1) resumo executivo, (2) métodos utilizados, (3) grade de melhoria no serviço, (4) resultados detalhados para cada pergunta e (5) padrões nas questões abertas.

Resumo executivo

Os mais altos graus de satisfação com o CompleteCare foram encontrados nas categorias de "velocidade de entrega" e "velocidade de coleta". As pontuações médias nesses itens ficaram entre 4,2 e 4,4 em uma escala de 5 pontos. "Velocidade de conserto", "condições na chegada" e "impressão geral da eficácia do CompleteCare" também tiveram pontuações relativamente boas. Todos ficaram acima do nível *atendeu a todas as expectativas* (ver gráficos apropriados).

Diversas questões ficaram abaixo do nível *atendeu a todas as expectativas*. Começando do mais baixo "capacidade de resposta do *call center*", até "competência técnica do *call center*" e "providências de serviço de transporte", a pontuação média variou de 2,0 a 3,9. Em geral, os índices melhoraram a partir de novembro, com exceção de "condições na chegada".

Os três itens que geraram o maior número de comentários negativos foram (1) problemas com providências de transporte, (2) longa espera telefônica e (3) transferência de chamada para diversas pessoas no *call center*. As mesmas críticas já foram feitas nos dois últimos meses.

O critério do CompleteCare para cliente insatisfeito consiste de comentários negativos na seção de comentários/sugestões ou classificações inferiores a três (3,0) nas questões um a oito. Quarenta e três por cento da amostra atende a esses critérios, comparados com 56% no mês anterior. Considerando apenas os comentários dos clientes (positivo/negativo ou +/−), o percentual de clientes insatisfeitos seria de 32%.

O índice de comentários negativos para positivos era de 1,7 para 1, uma melhoria em relação ao índice de novembro (2,3 para 1).

Close-up (cont.)

A metodologia, relatada resumidamente, recorda ao leitor o método de coleta de dados, a natureza e o formato do questionário, as escalas usadas e as questões de mensuração visadas.

Expõem-se a amostra, uma amostra não probabilística autosselecionada e o índice de respostas. Com os dados dos respondentes anotados nos cartões postais e os arquivos do call center sobre os não respondentes, planeja-se um estudo futuro de viés de falta de resposta.

Esta seção começa com os Resultados, que consistem da grade de planejamento de ação e de seções detalhadas de resultados. Os títulos são especificados pelo cliente.

O método para criar a grade de planejamento e o conteúdo da grade são destacados.

Quando as pontuações de satisfação baseadas na expectativa são ajustados para importância percebida, "capacidade de resposta do *call center*", "competência técnica do *call center*" e "providências de transporte" são identificados como itens de ação. "Velocidade de conserto" e "resolução de problemas" continuam sendo considerados pontuações de alta importância e classificados acima da média.

Metodologia

O instrumento de coleta de dados é um cartão postal com postagem pré-paga, colocado na embalagem do produto consertado no momento em que a unidade é enviada de volta para o cliente.

O levantamento consiste de 12 questões sobre satisfação mensuradas em escala de cinco pontos. As questões registram o grau em que os componentes do processo CompleteCare (providências para recebimento do computador do cliente até a devolução do produto consertado) atendem às *expectativas* do cliente. Uma questão categórica final pergunta se os clientes usariam o CompleteCare novamente. Há espaço para sugestões.

Amostra

A amostra consistiu de 175 clientes que transmitiram suas impressões sobre a eficácia do CompleteCare. Para o período de quatro semanas, o índice de respostas foi de 35% sem qualquer incentivo. Ainda não se sabe nada sobre as diferenças entre os respondentes e os não respondentes.

Grade de melhoria de serviço

A grade na página três compara o grau em que as expectativas foram atendidas com a *importância derivada* dessas expectativas. As notas médias para os dois eixos determinam as linhas divisórias para os quatro quadrantes. Os quadrantes recebem nomes para identificar itens que precisam de ação e para destacar aqueles que devem ser observados para verificar melhoria ou deterioração.

O quadrante de **Esforços concentrados** é a área na qual os clientes estão marginalmente satisfeitos com os serviços, mas consideram as questões de serviço importantes. As questões 1a, "capacidade de resposta do *call center*", 1b, "competência técnica do *call center*" e 2a, "providências de transporte" são encontradas aqui. "Competência técnica" recebeu a mesma avaliação no mês anterior. Sua importância percebida foi considerada mais alta nos meses anteriores. "Providências para transporte" teve um aumento em importância percebida, se comparado a relatórios anteriores.

Close-up (cont.)

A técnica estatística para fazer a grade é a correlação. Foi usada uma modificação de gráfico de dispersão para criar um gráfico com linhas de referência (ver Capítulo 18).

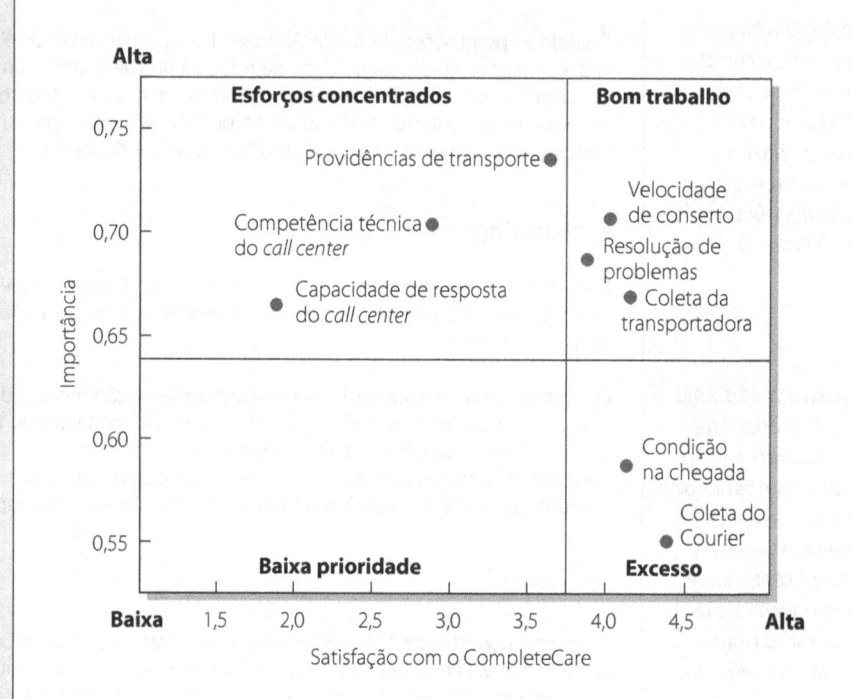

```
                    Alta
                    │  Esforços concentrados      │  Bom trabalho
              0,75 ─┤
                    │        Providências de transporte●
                    │                             │      ● Velocidade
                    │                             │        de conserto
              0,70 ─┤  Competência técnica ●      │    ● Resolução de
         Importância │  do call center             │      problemas
                    │                             │    ● Coleta da
                    │      Capacidade de resposta │      transportadora
              0,65 ─┤   ●  do call center
                    ├─────────────────────────────┼──────────────────
                    │                             │
              0,60 ─┤                             │      ● Condição
                    │                             │        na chegada
                    │                             │        Coleta do
                    │                             │      ● Courier
              0,55 ─┤  Baixa prioridade           │  Excesso
                    └─────┬────┬────┬────┬────┬────┬────┬────┬────
                  Baixa  1,5  2,0  2,5  3,0  3,5  4,0  4,5  Alta
                           Satisfação com o CompleteCare
```

Obs.: As pontuações de satisfação estão entre 1,0 e 5,0, e as de importância, de 0 a 1,0.

Descreve-se os conteúdos de cada quadrante. São prognosticadas comparações e conexões para a próxima seção.

No quadrante **Bom trabalho**, o CompleteCare, em média, *atendeu a todas as expectativas* com as questões de "velocidade de conserto" e "coleta da transportadora". A pontuação média foi acima de 4,0, e os itens foram considerados importantes pelos respondentes. A "resolução de problemas" melhorou, mas ainda continua uma preocupação.

Não há nenhum item no quadrante **Baixa prioridade**.

Excesso, o último quadrante, contém duas questões. A questão 5, "condição na chegada", melhorou sua classificação em relação ao mês anterior, mas caiu ligeiramente na escala de importância porque a média das pontuações de importância (linha horizontal) se moveu para cima. A questão 2c, "velocidade de entrega da transportadora", tem um alto índice de satisfação, mas os respondentes consideram esse item menos importante do que a maioria dos outros no CompleteCare.

Close-up (cont.)

Resultados detalhados mostram os resultados de questões individuais. Esta seção traz o conteúdo das duas partes e apresenta, resumidamente e em estilo direto, os resultados mais pertinentes.

O gráfico dá ao leitor uma visão de três meses em todas as questões em uma única olhada. As barras verticais são o modo mais simples e fácil de ler considerando o espaço disponível. As linhas horizontais da grade orientam o olhar a partir do topo da barra até o valor mais próximo dos eixos de pontuação média.

Gráficos semelhantes a esses podem ser gerados pela mesma planilha que contém os dados de entrada. Os programas de gráfico oferecem outras opções e importam os dados das planilhas.

Resultados detalhados

A figura que se segue fornece (1) uma comparação das pontuações médias de cada uma das questões nos últimos três meses e (2) resultados individuais das questões. O último item contém frequências para valores de escala, percentuais para cada categoria, pontuações médias, desvios padrão e casos válidos para cada questão (ver Apêndice para redação e colocação das questões).

A comparação entre três meses (outubro, novembro e dezembro) mostra resultados para todas as questões escalonadas. As barras para os dados de dezembro (em cinza-escuro) revelam melhorias em todos as pontuações médias (eixo vertical), exceto para a questão 5, "condição na chegada". A maioria dos aspectos do processo de serviço/conserto melhorou nesse período de três meses.

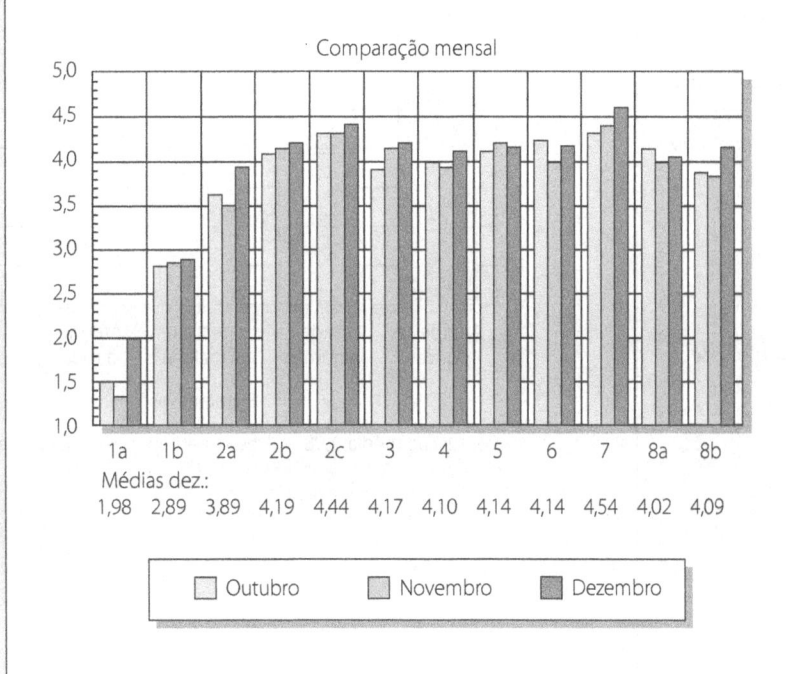

Comparação mensal

Médias dez.:
1a	1b	2a	2b	2c	3	4	5	6	7	8a	8b
1,98	2,89	3,89	4,19	4,44	4,17	4,10	4,14	4,14	4,54	4,02	4,09

☐ Outubro ☐ Novembro ■ Dezembro

Close-up (cont.)

O primeiro item individual é relatado com pontuações médias, percentuais e recomendações para melhoria.

Questão 1a. Capacidade de resposta do *Call Center*. Esta questão tem a pontuação média mais baixa do estudo. Usando um método de relatório de caixa superior (combinando as duas primeiras categorias), 11 % dos respondentes acham que o *call center* atendeu ou excedeu a suas expectativas no que se refere à capacidade de resposta. Isso melhorou apenas marginalmente desde novembro e tem implicações importantes para as metas do programa. Com base em nossa visita e nos resultados recentes, recomendamos que vocês comecem imediatamente o programa de contingência que discutimos: treinamento adicional para os operadores do *call center* e implementação do plano proposto para contratação de pessoal.

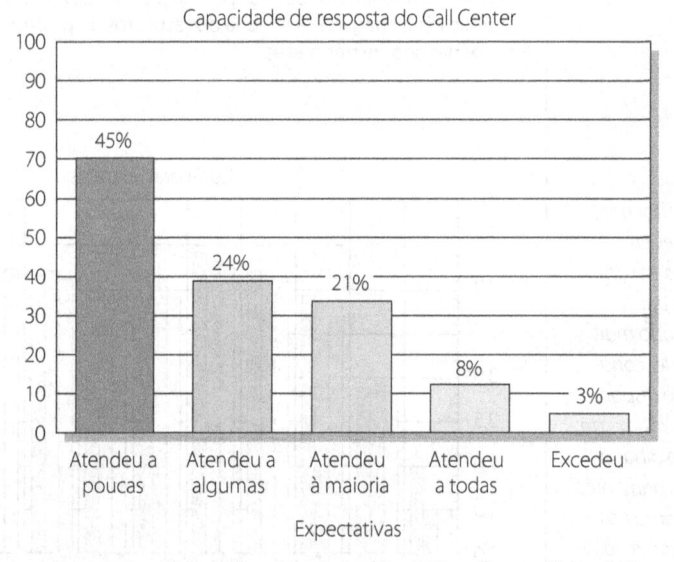

Este gráfico transmite bem a mensagem de baixa capacidade de resposta, mas não tem nome para o eixo vertical. É fácil confundir percentuais com o número de respondentes (que supostamente é representado por esse eixo).

Capacidade de resposta do Call Center

Expectativas	%
Atendeu a poucas	45%
Atendeu a algumas	24%
Atendeu à maioria	21%
Atendeu a todas	8%
Excedeu	3%

Pontuação média: 1,98   Desvio padrão: 1,09   Casos válidos: 159

Relatórios de formatos semelhantes são omitidos.

Close-up (cont.)

A questão 6 mostra uma impressão geral dos respondentes em relação ao CompleteCare. Seria uma variável dependente ideal para um estudo de regressão no qual as perguntas 1 a 5 fossem as variáveis independentes (ver Capítulo 18 e o Suplemento "Análise multivariada: uma visão geral" no site do Grupo A).

Questão 6. Impressão Geral da Eficácia do CompleteCare.
O CompleteCare aumentou o número de respondentes totalmente satisfeitos com 46% (versus 43% em novembro) na categoria de *excedeu às expectativas*. A pontuação superior aumentou para 75% dos respondentes (contra 70% em novembro).

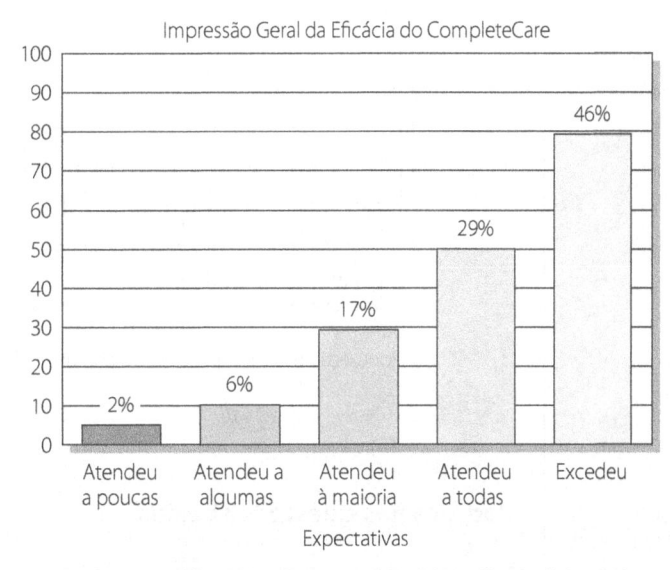

Impressão Geral da Eficácia do CompleteCare

Expectativas	%
Atendeu a poucas	2%
Atendeu a algumas	6%
Atendeu à maioria	17%
Atendeu a todas	29%
Excedeu	46%

Pontuação média: 4,14   Desvio padrão: 0,98   Casos válidos: 169

A pergunta 8a é outra questão para pesquisa mais detalhada. Ela permite ao pesquisador conectar as variáveis que descrevem a experiência de serviço/conserto com as intenções de recompra.

Questão 8a. Possibilidade de Recompra de um Produto MindWriter com Base na Experiência de Serviço/Conserto. As pontuações médias dos respondentes (4,02) neste mês para essa escala de possibilidade são as mais altas desde que a mensuração começou. A melhoria das providências de serviço de transporte e a resolução do problema que gerou o serviço parecem ser os melhores preditores para a recompra neste momento.

Close-up (cont.)

Usando a regressão, é possível identificar duas influências importantes para esta questão.

A questão 8b (não mostrada) é semelhante, perguntando sobre a relação entre desempenho de produto e intenção de recompra.

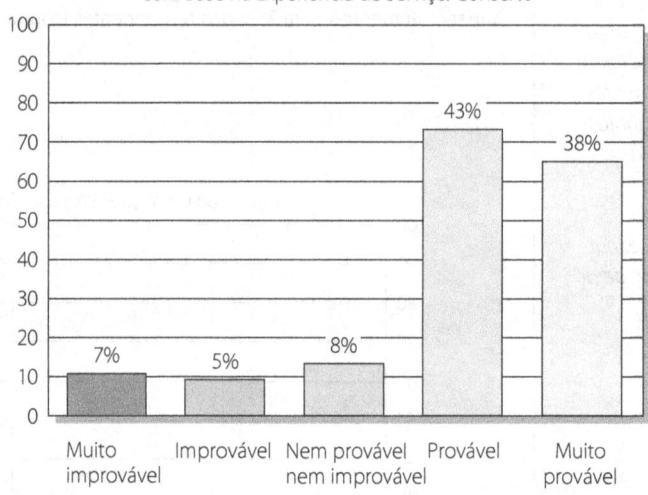

Possibilidade de Recompra de um Produto MindWriter com Base na Experiência de Serviço/Conserto

Categoria	%
Muito improvável	7%
Improvável	5%
Nem provável nem improvável	8%
Provável	43%
Muito provável	38%

Pontuação média: 4,02   Desvio padrão: 1,10   Casos válidos: 165

Padrões nas questões abertas

O questionário tem uma pergunta aberta que incentiva os respondentes a fazerem comentários ou sugestões.

A análise de conteúdo é usada para destilar as respostas (ver Capítulo 15).

Encontramos as seguintes categorias ao analisar comentários e sugestões. O índice de comentários negativos para positivos foi de 1,7 para 1. Os problemas de coleta continuam a ser problemas "da transportadora apenas" e de coordenação entre o suporte telefônico da MindWriter e a empresa de transporte. Os clientes reclamam de esperar por longos períodos no telefone e de serem transferidos para outros atendentes. Os problemas com serviço estão divididos entre grandes problemas que não foram resolvidos e pequenos problemas com os quais os clientes podem conviver. Comentários positivos elogiavam mudanças e serviços e também elogiavam determinados operadores técnicos.

Close-up (cont.)

Embora a análise de conteúdo produza mais que uma contagem de frequência de temas recorrentes, é um processo muito trabalhoso. O orçamento restrito do projeto e as necessidades do público tornam esta seção do relatório adequada para sua finalidade.

Comentários negativos	Contagem
Transporte	19
Problemas de coleta (15)	
Problemas de entrega (2)	
Avaria na caixa (1)	
A transportadora cobrou do cliente (1)	
Call Center	19
Espera muito longa (9)	
Transferência de ligação muito frequente/confusão (8)	
Falta de treinamento/dificuldade para entender (2)	
Serviço	13
O problema continua (5)	
Pequenas coisas não consertadas/danificadas (6)	
Grande demora (2-7 semanas) (2)	
Produto	6
Necessidade de consertos múltiplos (3)	
Pintura descascada (2)	
Insatisfação geral com o produto (1)	
Comentários positivos	
Comentários positivos gerais sobre o processo	13
Resposta rápida	12
Serviço ótimo	7
Pessoal de atendimento telefônico prestativo	6
Outros comentários	
O MindWriter não deveria precisar de conserto	4
Fornecer mais informações sobre o que foi feito	2
Oferecer prazo de garantia maior	1
Não vão usar o *call center* da MindWriter novamente	1

Close-up (cont.)

Este anexo do relatório contém uma cópia do questionário.

Apêndice: Questionário

Os computadores pessoais da **MindWriter** oferecem facilidade de uso e de manutenção. Quando precisar de nossos serviços, queremos que você confie no **CompleteCare**, onde quer que esteja. Essa é a razão pela qual pedimos que dedique alguns momentos para nos dizer como foi nosso atendimento.

MindWriter

Por favor, responda ao primeiro grupo de questões usando a seguinte escala:

Atendeu a **poucas** expectativas	Atendeu a **algumas** expectativas	Atendeu à **maioria** das expectativas	Atendeu a **todas** expectativas	**Excedeu** as expectativas
1	2	3	4	5

	1	2	3	4	5
1. Assistência telefônica para o seu problema:					
a. Capacidade de resposta	O	O	O	O	O
b. Competência técnica	O	O	O	O	O
2. Eficácia do serviço de transporte:					
a. Providências	O	O	O	O	O
b. Velocidade de coleta	O	O	O	O	O
c. Velocidade de entrega	O	O	O	O	O
3. Velocidade do processo geral de conserto	O	O	O	O	O
4. Solução do problema que motivou o serviço/conserto	O	O	O	O	O
5. Condições de seu MindWriter na chegada	O	O	O	O	O
6. Impressão geral da eficácia do CompleteCare	O	O	O	O	O

Qual a probabilidade de você...

	Muito improvável	Um pouco improvável	Nem improvável, nem provável	Um pouco provável	Muito provável
7. Usar o CompleteCare em outra ocasião.	O	O	O	O	O
8. Voltar a comprar outro MindWriter com base em:					
a. Experiência com serviço/conserto	O	O	O	O	O
b. Desempenho do produto	O	O	O	O	O

Por favor, compartilhe quaisquer comentários ou sugestões adicionais

Como podemos contatá-lo para fazer um acompanhamento dos problemas que teve?

Sobrenome [____] Nome [____] E-mail [____]

Cidade [____] Estado [____] CEP [____] Telefone [____]

Código de Serviço [____]

Obrigado por sua participação.

[ENVIAR]

Apresentação tabular

As tabelas em geral são superiores aos textos para apresentação de estatísticas, embora devam ser acompanhadas de comentários que dirijam a atenção do leitor para números importantes, facilitam a comparação quantitativa e garantem uma forma concisa e eficiente de apresentar dados numéricos.

> O Walmart escorregou para a segunda posição na lista da *Fortune 500* após ter se mantido na primeira posição por dois anos consecutivos. O gigante do varejo foi forçado a cortar os preços para reverter a redução nos seus índices de venda na mesma loja nos Estados Unidos.

Como o Wal-Mart se compara	2011 Classificação	Receitas (US$ milhões)	Crescimento em receita com relação ao ano anterior (%)	Lucros (US$ milhões)	Crescimento em lucros com relação ao ano anterior (%)
Exxon Mobil	1	452.926,00	27,7	41.060,00	34,8
Walmart	2	446.950,00	6,0	15.699,00	-4,2
Chevron	3	245.621,00	25,1	26.895,00	41,4

Fonte: "2011 Forbes 500," CNN Money, acesso em 26 de junho de 2012 (http://money.cnn.com/magazines/fortune/fortune500/2012/snapshots/387.html; http://money.cnn.com/magazines/fortune/fortune500/2012/snapshots/ 2255.html; http://money.cnn.com/magazines/fortune/fortune500/2012/snapshots/385.html).

As tabelas são de natureza geral ou resumida. As tabelas gerais tendem a ser grandes, complexas e detalhadas. Elas atuam como um receptáculo para os resultados estatísticos do estudo e aparecem normalmente no apêndice de um relatório de pesquisa.

As tabelas resumidas contêm apenas dados coletados que estejam bastante relacionados a um resultado específico. Para tornar as tabelas resumidas mais atraentes aos olhos do leitor (que normalmente as ignora), deve-se omitir detalhes sem importância e transformar classificações múltiplas em mensurações compostas que possam ser substituídas pelos dados originais.

Qualquer tabela deve conter informações suficientes para que o leitor entenda seu conteúdo: o título deve indicar o assunto, como os dados são classificados, o período coberto ou outras questões relacionadas (algumas vezes, inclui-se um subtítulo para explicar algo) – na maioria das vezes trata-se de uma declaração das unidades de mensuração nas quais os dados são expressos; o conteúdo das colunas deve ser claramente identificado pelo título de cada coluna, e o conteúdo das células da esquerda deve identificar as linhas; o corpo contém os dados; e as notas de rodapé contêm qualquer explicação adicional necessária – devem ser identificadas por letras ou símbolos, como asteriscos, e não por números, evitando confusão com os valores de dados. Finalmente, deve haver uma nota informando a fonte, caso os dados não tenham vindo de sua pesquisa original. A Figura 19-5 ilustra as várias partes de uma tabela.

Gráficos

Comparados às tabelas, os gráficos mostram menos informações e frequentemente trazem valores aproximados. No entanto, eles costumam ser mais lidos e mais lembrados do que as tabelas. Sua grande vantagem é transmitir valores quantitativos e comparações de modo mais imediato do que as tabelas. Com os programas de criação de gráficos dos computadores pessoais, podemos facilmente transformar um conjunto de dados em um mapa ou gráfico.

Há muitos formatos diferentes de gráfico. A Figura 19-6 mostra os mais comuns e como eles podem ser usados. Os gráficos de explicação estatística, como os de caixas (*boxplot*), os tronco-e-folha e os histogramas, foram discutidos no Capítulo 16; os de linha, de área, de pizza, de barras, ilustrados e em 3D recebem uma atenção especial nesta seção.

Gráficos de linha

Os **gráficos de linha** são usados principalmente para séries temporais e distribuição de frequência. Há várias diretrizes para criar um gráfico de linha:

Percentagem de uso de Internet entre adultos norte-americanos* ← Título

CABEÇALHO: Títulos das colunas

	Usa a internet pelo menos ocasionalmente	Recebe e-mails	Usa a Internet em casa ou para trocar e-mails	Tem uma conexão de alta velocidade em casa	Usa a Internet para obter informações sobre um hobby	Faz ligações telefônicas on-line
Percentual de distribuição						
Sexo						
Homens	48	70	90	90	49	22
Mulheres	52	72	89	89	51	21
Escolaridade						
Ensino médio incompleto ou inferior	40	27	73	72	35	11
Ensino médio completo	68	63	85	86	62	15
Ensino superior incompleto	86	84	91	92	48	22
Ensino superior completo	93	92	96	94	42	29
Etnia						
Branco	79	75	91	90	49	20
Negro	68	62	83	83	56	15
Hispânico	66	58	85	88	52	23
Idade						
18-29	91	83	89	91	48	33
30-49	86	80	89	90	51	20
50-64	73	69	91	90	51	12
65+	39	38	92	81	49	12
Presença de filhos						
Com filhos	88	83	89	92	49	20
Sem filhos	70	66	90	88	50	22
Renda						
Menos de US$ 30.000	60	53	79	83	51	12
US$ 30.00-49.999	80	79	90	88	48	23
US$ 50.000-74.999	88	85	97	94	57	20
US$ 75.000+	97	64	96	96	44	30

CÉLULAS — Corpo

* Referente a adultos maiores de 18 anos, que acessaram a internet nos 30 dias anteriores à sua participação no estudo de acompanhamento. — Nota

Fonte: PEW Research Center's Internet & American Life Project, Tracking Study, July 25–August 26, 2011 (Tabelas: AACTIV31, AACTIV12, I_User, Home3NW, Modem3b, Emlocc, IntUse.) — Nota de fonte

Figura 19-5 Amostra de resultados tabulares.

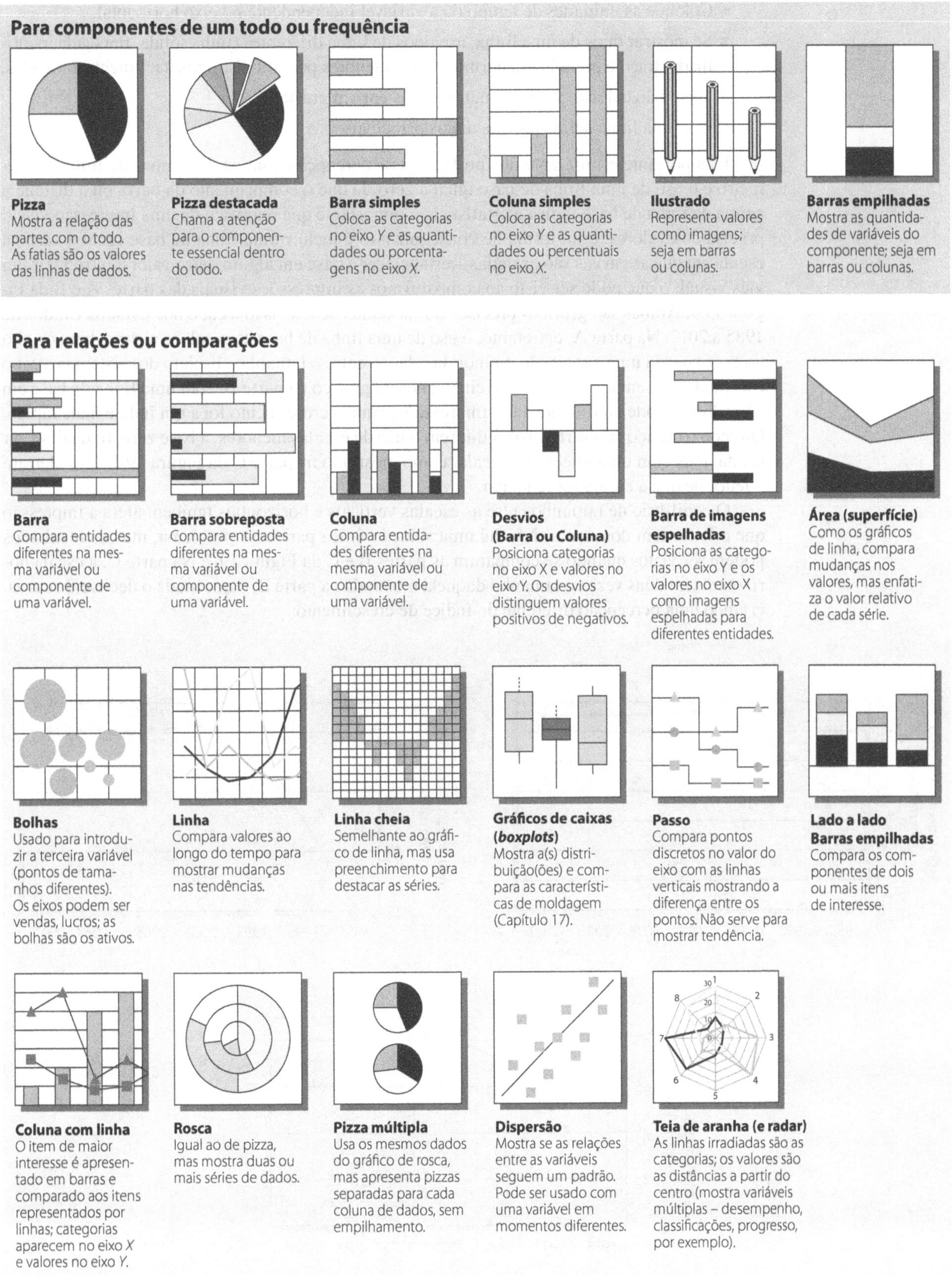

Capítulo 19 Apresentação de Ideias e Resultados: Relatórios por Escrito 535

Para componentes de um todo ou frequência

Pizza
Mostra a relação das partes com o todo. As fatias são os valores das linhas de dados.

Pizza destacada
Chama a atenção para o componente essencial dentro do todo.

Barra simples
Coloca as categorias no eixo Y e as quantidades ou porcentagens no eixo X.

Coluna simples
Coloca as categorias no eixo Y e as quantidades ou percentuais no eixo X.

Ilustrado
Representa valores como imagens; seja em barras ou colunas.

Barras empilhadas
Mostra as quantidades de variáveis do componente; seja em barras ou colunas.

Para relações ou comparações

Barra
Compara entidades diferentes na mesma variável ou componente de uma variável.

Barra sobreposta
Compara entidades diferentes na mesma variável ou componente de uma variável.

Coluna
Compara entidades diferentes na mesma variável ou componente de uma variável.

Desvios (Barra ou Coluna)
Posiciona categorias no eixo X e valores no eixo Y. Os desvios distinguem valores positivos de negativos.

Barra de imagens espelhadas
Posiciona as categorias no eixo Y e os valores no eixo X como imagens espelhadas para diferentes entidades.

Área (superfície)
Como os gráficos de linha, compara mudanças nos valores, mas enfatiza o valor relativo de cada série.

Bolhas
Usado para introduzir a terceira variável (pontos de tamanhos diferentes). Os eixos podem ser vendas, lucros; as bolhas são os ativos.

Linha
Compara valores ao longo do tempo para mostrar mudanças nas tendências.

Linha cheia
Semelhante ao gráfico de linha, mas usa preenchimento para destacar as séries.

Gráficos de caixas (*boxplots*)
Mostra a(s) distribuição(ões) e compara as características de moldagem (Capítulo 17).

Passo
Compara pontos discretos no valor do eixo com as linhas verticais mostrando a diferença entre os pontos. Não serve para mostrar tendência.

Lado a lado Barras empilhadas
Compara os componentes de dois ou mais itens de interesse.

Coluna com linha
O item de maior interesse é apresentado em barras e comparado aos itens representados por linhas; categorias aparecem no eixo X e valores no eixo Y.

Rosca
Igual ao de pizza, mas mostra duas ou mais séries de dados.

Pizza múltipla
Usa os mesmos dados do gráfico de rosca, mas apresenta pizzas separadas para cada coluna de dados, sem empilhamento.

Dispersão
Mostra se as relações entre as variáveis seguem um padrão. Pode ser usado com uma variável em momentos diferentes.

Teia de aranha (e radar)
As linhas irradiadas são as categorias; os valores são as distâncias a partir do centro (mostra variáveis múltiplas – desempenho, classificações, progresso, por exemplo).

Figura 19-6 Guia para gráficos de relatórios por escrito.

- Coloque as unidades de tempo ou a variável independente no eixo horizontal.
- Se mostrar mais de uma linha, use tipos de linha diferentes (linha sólida, tracejada, pontilhada, traço e ponto) para permitir que os leitores possam distinguir facilmente entre elas.
- Tente não colocar mais de quatro linhas em um gráfico.
- Use uma linha sólida para os dados principais.

É importante estar ciente dos problemas de percepção com os diagramas de linha. O primeiro é o uso de uma linha de base igual a zero. Já que o comprimento da barra ou a distância acima da linha de base indica a estatística, é importante que o gráfico dê uma impressão visual precisa dos valores; uma forma de conseguir isso é incluir uma linha de base igual a zero na escala em que as curvas são grafadas – estabelecer a base em algum outro valor é introduzir um viés visual, o que pode ser visto ao compararmos as impressões visuais das partes A e B da Figura 19-7. Ambas são gráficos precisos dos sistemas de televisão a cabo nos Estados Unidos de 1985 a 2012. Na parte A, entretanto, o uso de uma linha de base zero coloca a curva bem no alto do gráfico e dá uma percepção melhor da relação entre o tamanho absoluto dos sistemas a cabo e as mudanças em um intervalo de cinco anos. O gráfico na parte B, com uma linha de base em 35 milhões, pode facilmente dar a impressão de que o crescimento foi a um índice mais rápido. Quando o espaço ou outras razões ditarem o uso de escalas menores, a base zero ainda deve ser usada, mas com uma quebra na escala, como mostrado na parte C da Figura 19-7. Isso alertará o leitor de que a escala foi reduzida.

O equilíbrio de tamanho entre as escalas verticais e horizontais também afeta a impressão que o leitor tem dos dados. Não há uma solução única para esse problema, mas os resultados podem ser vistos quando se comparam as partes B e C da Figura 19-7. Na parte C, a escala horizontal tem duas vezes o tamanho daquela mostrada na parte B, o que muda o declive da curva, criando uma percepção diferente do índice de crescimento.

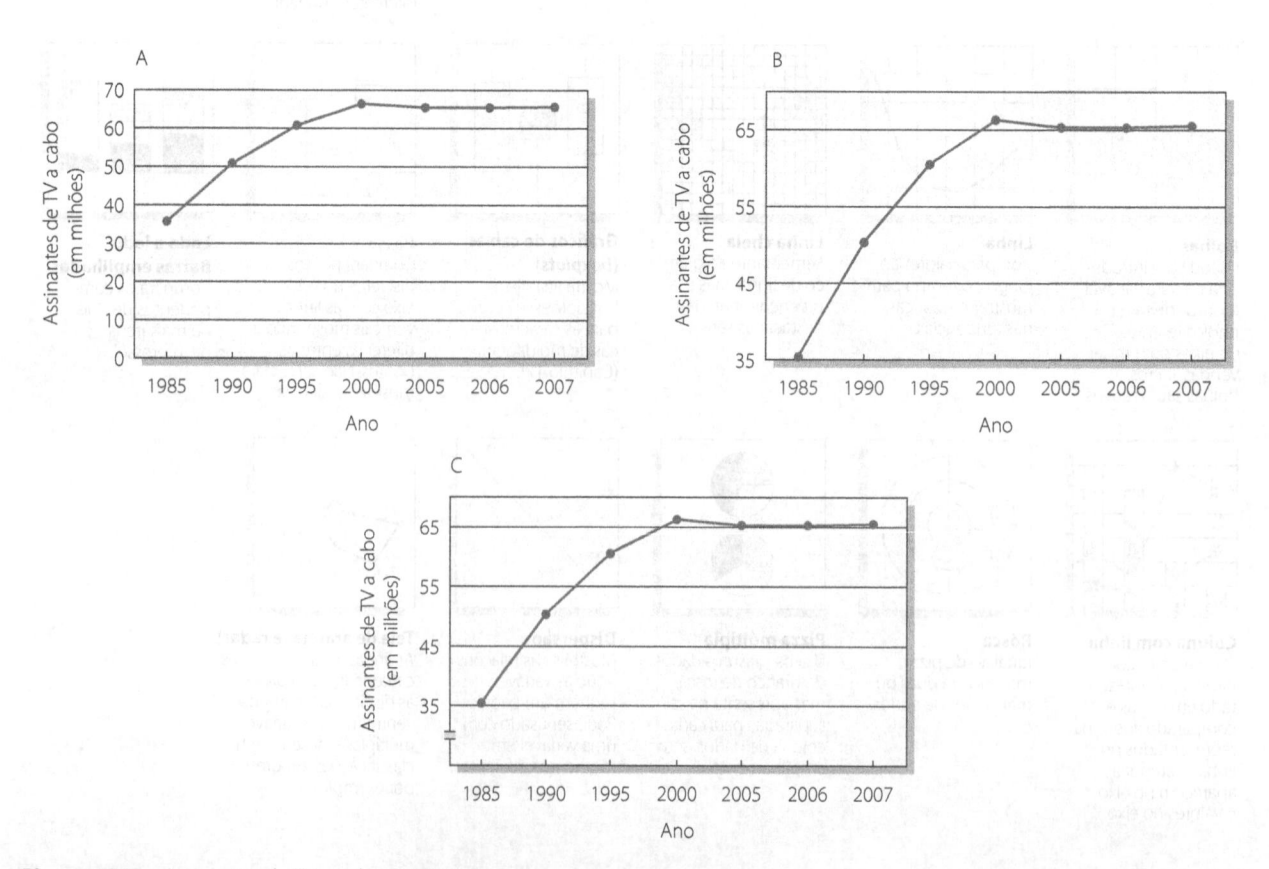

Figura 19-7   Assinantes de TV a cabo, 1985-2012.

Vendas	1985	1990	1995	2000	2005	2010	2011
Caminhões pesados	295	277,5	388,4	461,9	496,5	217,6	306,1
Caminhões leves	4446,7	4559,5	6081,4	8491,6	9228,4	5826	6540,7

Percentual de crescimento das vendas

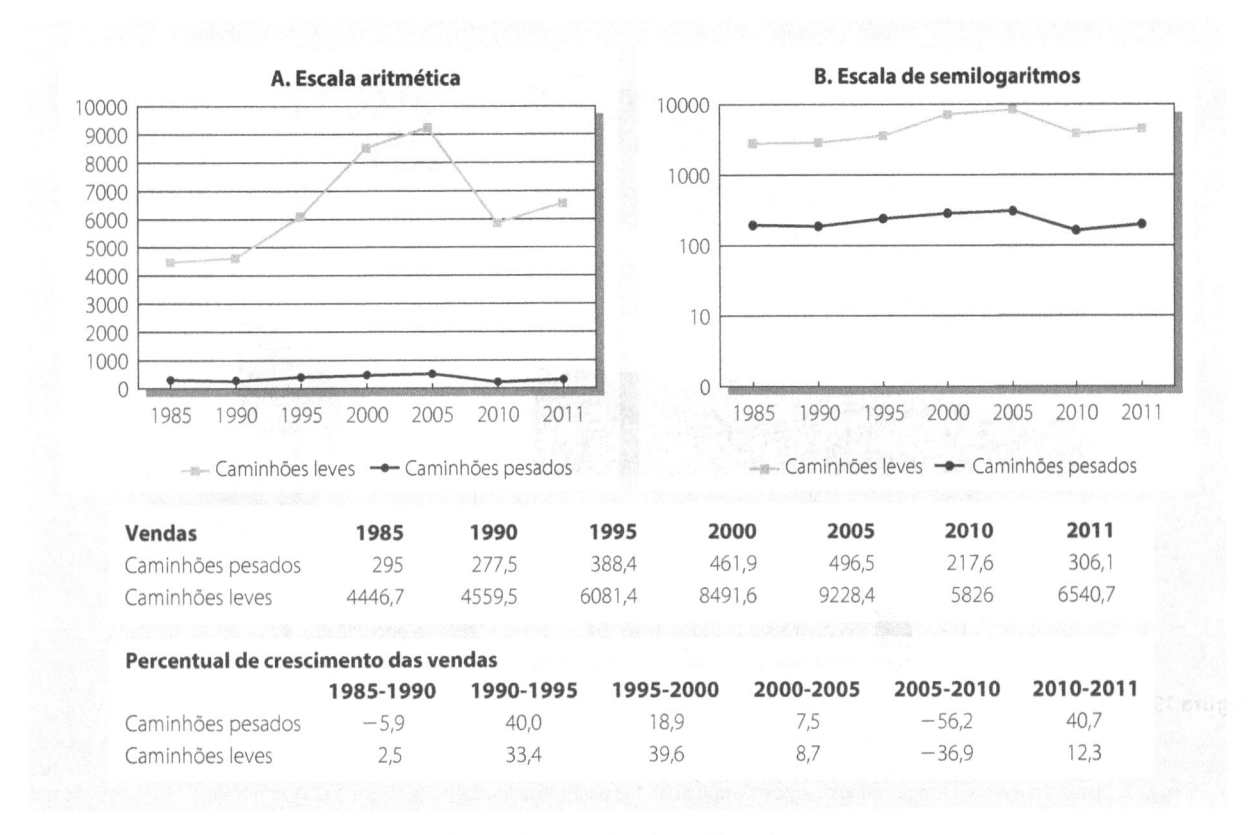

	1985-1990	1990-1995	1995-2000	2000-2005	2005-2010	2010-2011
Caminhões pesados	−5,9	40,0	18,9	7,5	−56,2	40,7
Caminhões leves	2,5	33,4	39,6	8,7	−36,9	12,3

Figura 19-8 Vendas de caminhões nos Estados Unidos, 1985-2011 (em milhares).

Fonte: Os dados foram extraídos do Senado de Michigan, acesso em 25 de junho de 2012 (http://www.senate.michigan.gov/sfa/Economics/RetailAutoSales.PDF).

Uma terceira distorção com os diagramas de linha ocorre quando são mostradas mudanças relativas e absolutas entre dois ou mais conjuntos de dados. Na maioria dos gráficos usamos escalas aritméticas, nas quais cada unidade de espaço tem valor idêntico, o que mostra as diferenças absolutas entre as variáveis, como na parte A da Figura 19-8, que apresenta as vendas de caminhões leves e pesados nos Estados Unidos de 1985 a 2011. Essa é uma forma aritmeticamente correta de apresentar esses dados, mas, se estamos interessados em índices de crescimento, as impressões visuais de uma escala de semilogaritmos são mais precisas. Uma escala de semilogaritmos usa um logaritmo ao longo de um eixo (geralmente o eixo vertical ou Y), enquanto uma escala aritmética usa o outro eixo (geralmente o eixo horizontal ou X). O eixo Y mostra quantidade, o X, tempo. Os dados aritméticos são convertidos em logs naturais por softwares de planilhas ou estatísticos e, então, grafados. Os gráficos de semilogaritmos preservam as relações de porcentagem ao longo da escala.

Uma comparação dos diagramas de linha nas partes A e B da Figura 19-8 mostra quanta diferença faz uma escala de semilogaritmos. Todas são importantes e podem ser enganosas. Na parte A, observe que as vendas de caminhões leves e pesados tiveram crescimento desde 1985, mas as vendas de caminhões pesados são apenas um pequeno segmento das vendas de caminhões nos Estados Unidos e têm uma curva de crescimento muito mais plana. Podemos até estimar que proporção é essa. A parte B dá informações sobre os índices de crescimento que não ficam claros com as escalas aritméticas. Ela mostra que, embora os caminhões leves tenham apresentado um grande crescimento entre 1985 e 2011, esse fenômeno não foi compartilhado pelos caminhões pesados, uma vez que seus padrões de crescimento foram mais consistentes entre si. A partir do índice de crescimento calculado, o crescimento de vendas de caminhões pesados na verdade excedeu o crescimento de vendas de caminhões leves em dois dos últimos

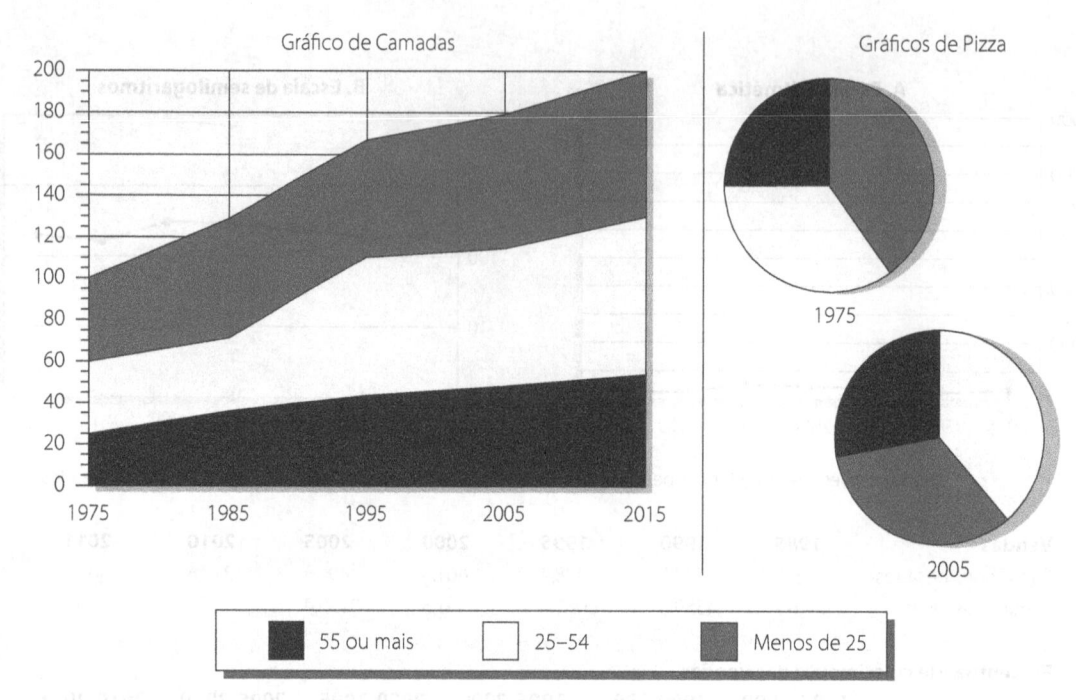

Figura 19-9 Exemplos de gráficos de área: um gráfico de camadas e dois gráficos de pizza.

Observe que os dois gráficos de pizza parecem indicar uma queda no número da categoria "menos de 25" referente ao gráfico de camadas. A categoria "menos de 25" de fato diminuiu (de 40 para 33%), mas não tão drasticamente quanto uma comparação entre o gráfico de camadas e o de pizza poderia sugerir. Observe também que o tamanho da amostra mudou de 100 para 180 unidades entre 1975 e 2005. É importante não usar gráficos de pizza sozinhos em uma série temporal para evitar impressões erradas.

quatro períodos de cinco anos examinados, mesmo quando a venda de caminhões leves excedeu em muito a venda de caminhões pesados.

Gráficos de área (camadas ou superfície)

Um **gráfico de área** também é usado para séries temporais. Consistindo em uma linha dividida em partes, ele é melhor utilizado para mostrar mudanças em padrões com o passar do tempo. As mesmas regras se aplicam aos gráficos de camadas e também aos gráficos de linha (ver Figura 19-9).

Gráficos de pizza

Os **gráficos de pizza** são outra forma de gráfico de área e são mais usados com dados comerciais; no entanto, podem ser facilmente mal interpretados pelo leitor ou ser preparados de forma imprópria. Uma pesquisa mostra que as percepções dos leitores em relação aos percentuais representados pelas fatias da pizza são consistentemente imprecisas.[9] Considere as seguintes sugestões ao elaborar este tipo de gráfico:

- Mostre 100% do assunto que está sendo abordado.
- Sempre dê nomes às fatias e coloque o percentual ou a quantidade que elas representam, pois isso permite que você dispense a legenda.
- Ponha a fatia maior na posição de 12 horas e mova o ponteiro em ordem decrescente.
- Use cores claras para fatias mais largas e cores escuras para fatias mais estreitas.
- Em um gráfico de pizza com fatias em preto e branco, uma única fatia vermelha vai chamar mais a atenção e será lembrada mais facilmente. Use isso para comunicar sua mensagem mais importante.[10]
- Não use gráficos de pizza como única forma de mostrar a evolução do tempo. Como esse tipo de gráfico sempre representa 100%, o crescimento do todo não será reconhecido. Se você precisa usar uma série de gráficos de pizza, complemente-os com um gráfico de área.

Como mostrado na Figura 19-9, os gráficos de pizza retratam dados de frequência de forma interessante; além disso, podem ser empilhados para mostrar relações entre dois conjuntos de dados.

Gráficos de barras

Os **gráficos de barras** podem ser muito eficazes se construídos de forma adequada: use o eixo horizontal para representar tempo, e o eixo vertical para representar unidades ou variáveis relacionadas a crescimento. As barras verticais são geralmente usadas para séries temporais e para classificações quantitativas; as horizontais são usadas com menor frequência. Se nenhuma das variáveis for relacionada a tempo, pode-se usar qualquer formato. Um programa de criação de gráficos (por exemplo: Excel, a versão mais recente do SPSS) gera-os facilmente. Se você está preparando um gráfico de barras à mão, deixe um espaço entre as barras que seja equivalente a pelo menos metade da largura da barra. Uma exceção a isso é o gráfico especializado – o histograma – no qual dados contínuos são agrupados em intervalos para uma distribuição de frequência (ver Capítulo 17). Uma segunda exceção é o gráfico de variável múltipla, no qual mais de uma barra está localizada em determinado segmento de tempo. Nesse caso, o espaço entre os grupos de barras é de pelo menos a metade do grupo. Existem gráficos de barras em diversos padrões. No Capítulo 17, a Figura 17-3 mostra um gráfico padrão de barras verticais. As variações são ilustradas na Figura 19-6.

Gráficos ilustrados e geográficos

Esses gráficos são usados em revistas e jornais populares porque prendem o olhar e são ilustrativos. O *USA Today* e um bando de imitadores são frequentemente culpados de levar isso ao extremo, criando gráficos incompreensíveis. Um **gráfico ilustrado** usa símbolos pictóricos (um tambor de óleo para barris de petróleo, um bonequinho para número de funcionários, ou um pinheiro para madeira). Os símbolos representam o volume de dados e são usados no lugar de uma barra em um gráfico de barra. É apropriado empilhar imagens do mesmo tamanho para expressar mais de uma quantidade e mostrar frações de uma imagem para mostrar menos. Entretanto, alterar a escala de símbolos gera problemas. Como as imagens representam objetos reais, dobrar o tamanho aumentará a área do símbolo em quatro (e o volume mais do que isso), o que leva o leitor a acreditar erroneamente que o aumento é maior do que é de fato. A exceção é um gráfico que é facilmente substituído por um gráfico de barra, como os lápis mostrados na Figura 19-6.

Os **geográficos** usam uma parte do mapa-múndi, em forma pictórica, para mostrar diferenças entre as regiões. Eles podem ser usados para vendas de produtos, situação de distribuição, consumo de mídia, índices de resposta a promoções, índices *per capita* de consumo, demografia e quaisquer outras variáveis geograficamente específicas.

Bancos de dados empilhados produzem variáveis de interesse que podem ser alinhadas em um referente geográfico comum. A figura resultante permite ao usuário "perfurar" as camadas e visualizar as relações. Com os melhores softwares baseados em Windows e com os órgãos governamentais fornecendo geocódigos e pontos de referência, as figuras espaciais geográficas estão se tornando uma forma de gráfico mais comum.

Gráficos 3-D

Com as atuais técnicas de criação, hoje literalmente todos os gráficos podem ser feitos em três dimensões. Embora os **gráficos 3-D** sejam interessantes, eles também podem obscurecer os dados. Deve-se tomar cuidado ao selecionar candidatos para esse tipo de gráfico (ver Figura 19-10). Não confunda gráficos 3-D com gráficos de pizza e de barra que adquiriram dimensionalidade simplesmente porque foi adicionada profundidade aos gráficos. Um gráfico de colunas 3-D permite que você compare três ou mais variáveis da amostra em um único gráfico de barras. Se você quer mostrar resultados de vendas de diversos trimestres das empresas Hertz, Avis, Budget e National, terá dados 3-D. Os gráficos de superfície e em 3-D são úteis para mostrar modelos de dados complexos se as distribuições implícitas forem multivariadas. Finalmente, tenha cuidado ao converter os gráficos de linha em gráficos de fita, e os gráficos de área em gráficos de área 3-D; isso pode dificultar a leitura para um iniciante e seu objetivo principal na apresentação gráfica é sempre a clareza dos dados.

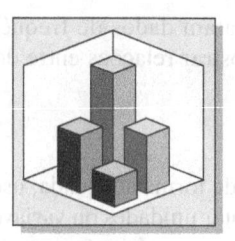

Colunas 3D
Uma variação dos gráficos de colunas, eles comparam as variáveis uma com as outras ao longo do tempo. Eixos: X = categorias, Y = séries, Z = valores. Outras variações incluem gráficos de área 3D e gráficos para unir os pontos.

Fitas 3D Esse exemplo é um gráfico em uma parede mostrando colunas de dados (séries) como fitas. São usadas uma ou mais colunas. Eixos: X = categorias, Y = séries, Z = valores.

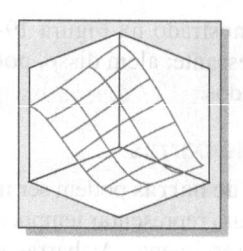

Tela 3D
Uma variação de contorno ou resposta de superfície; apropriado para mudanças no tempo e dados multivariados. Eixos: X = categorias, Y = séries, Z = valores.

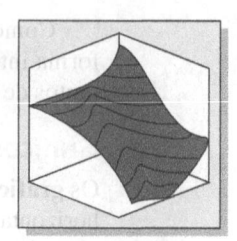

Linha de Superfície 3D
Lida com três colunas de dados e representa as coordenadas XYZ para mostrar uma superfície de resposta. Útil para aplicações multivariadas.

Figura 19-10 Gráficos 3D.

Resumo

1 A qualidade da apresentação dos resultados de uma pesquisa pode ter um efeito determinante nas percepções de qualidade do estudo por parte de um leitor ou ouvinte. Reconhecendo esse fato, o pesquisador deve fazer um esforço especial para comunicar-se com habilidade e clareza.

2 Os relatórios de pesquisa contêm resultados, análises, interpretações, conclusões e algumas vezes recomendações. Eles podem seguir o formato resumido e informal, típico de memorandos e cartas, ou podem ser mais longos e mais complexos. Relatórios longos podem ser técnicos ou gerenciais.
No primeiro caso, o problema é apresentado e seguido por resultados, conclusões e recomendações; no relatório gerencial, as conclusões e recomendações precedem os resultados; e o relatório técnico é voltado para o leitor tecnicamente treinado.

3 A redação de relatórios de pesquisa deve ser orientada pelas seguintes questões:
- Qual é o objetivo desse relatório?
- Quem vai lê-lo?
- Quais são as circunstâncias e limitações sob as quais ele é escrito?
- Como o relatório será usado?

Os relatórios devem ser claramente organizados, fisicamente convidativos e fáceis de ler; pode-se atingir esses objetivos se houver cuidados com detalhes mecânicos, estilo de redação e nível de compreensão.

4 Há um desafio especial na apresentação de dados estatísticos. Embora alguns possam ser incorporados ao texto, a maioria das estatísticas deve ser colocada em tabelas, mapas ou gráficos. A escolha de tabela, mapa ou gráfico depende de dados específicos e do objetivo da apresentação.

Termos-chave

carta de apresentação 511
esboço em frases 517
esboço em tópicos 516
gráfico 3-D 539
gráfico de área 538
gráfico de barras 539
gráfico de linha 533
gráfico de pizza 538
gráfico geográfico 539
gráfico ilustrado 539
índice de facilidade de leitura 518
relatório gerencial 509
relatório técnico 509
resumo executivo 512
ritmo 519

Questões para discussão

Revisão de termos

1 Faça a distinção entre:
   a Relatório técnico e relatório gerencial.
   b Esboço em tópicos e esboço em frases.

Tomada de decisão em pesquisa

2 O que você faria em relação às situações a seguir?

   a Colocar informações em um relatório gerencial referentes às limitações do estudo.

   b Lidar com o tamanho e a complexidade das tabelas em um relatório de pesquisa.

   c Preparar a melhor apresentação física de um relatório.

   d Dar um ritmo à sua redação.

3 Que tipo de relatório você sugeriria que fosse escrito em cada um dos seguintes casos?

   a O presidente da empresa pediu um estudo sobre os planos de pensão da companhia e uma comparação com o plano de outras empresas do segmento.

   b Foi solicitado que você redigisse um experimento de marketing, que você terminou recentemente, para submissão ao *Journal of Marketing Research*.

   c O gerente de sua divisão pediu para você preparar uma previsão de orçamento da sua divisão para os próximos 12 meses.

   d O Instituto Nacional da Saúde o contratou para estudar a relação entre propaganda de medicamentos prescritos e as vendas subsequentes desses medicamentos.

4 Há diversas formas de apresentações gráficas. Qual você recomendaria para mostrar cada um dos dados a seguir? Por quê?

   a Uma comparação das mudanças na renda média anual *per capita* nos Estados Unidos e no Japão, de 1995 a 2010.

   b A composição percentual dos modelos de gastos familiares médios, pelos principais tipos de gastos, para famílias cujos chefes tenham menos de 35 anos, comparados com famílias cujos chefes tenham 55 anos ou mais.

   c Uma comparação das mudanças ocorridas entre 31 de dezembro de 2006 e 31 de dezembro de 2010 em doações de caridade.

5 Use a Figura 19-2 e planeje a estrutura de seu projeto de graduação ou de uma pesquisa sobre a qual você leu em um dos Instantâneos deste livro.

6 Escolha um caso que contenha dados do site do livro e prepare uma página de resultados, semelhante à exibida na Figura 19-3.

7 Executivos da Warner Brothers acreditam que Ellen DeGeneres parece ser a herdeira de Oprah Winfrey na programação diurna da TV. Na última temporada, um relatório de pesquisa revelou que o *The Ellen DeGeneres Show* esteve, pela primeira vez, em pé de igualdade com o *The Oprah Winfrey Show* na mente dos telespectadores. Como forma de implementar esses resultados, a Warner Brothers anunciou que as 10 emissoras próprias da NBC continuariam transmitindo o programa de Ellen DeGeneres até 2014.

   O relatório escrito revelou que o programa da apresentadora, de uma hora de duração, é inspirador e transmite otimismo – características que atraem o público feminino da programação diurna; ela é considerada uma pessoa descontraída e com quem os telespectadores podem se identificar; além disso, é mais agradável do que Oprah Winfrey, de acordo com a Q Scores Company. Embora o programa de Ellen DeGeneres esteja atrás do programa de Oprah Winfrey nos valiosos índices Nielsen, em questões emocionais as duas apresentadoras apresentam um vínculo virtual.

   a Que outras questões o relatório deve abordar?

   b Como você aconselharia as redes de televisão a "fazer uma franquia" do programa de Ellen DeGeneres, com base nos resultados do seu estudo?

Direto das manchetes

8 O Index of Small Business Optimism teve uma redução de 3 pontos em junho de 2012, caindo para 91,4, o que o levou a perder os ganhos obtidos anteriormente no ano, de acordo com o relatório da NFIB Research Foundation. Os indicadores do mercado de trabalho e planos de despesa para estoques e equipamentos de capital foram responsáveis por 40% dessa redução. A relutância de donos de pequenos negócios em expandir suas atividades permaneceu historicamente elevada devido à incerteza política. O índice de otimismo abordado pelo relatório inclui questões sobre emprego, gastos de capital, estoques, a economia em geral, vendas, crédito, expansão, e lucros. Que outros fatores afetam a confiança das pequenas empresas e como você os incorporaria ao relatório?

Casos (em inglês) no site do Grupo A

Mentes curiosas querem saber – AGORA!	**NCRCC: planejando um novo rumo estratégico**
Dominando a liderança de professores	**Proofpoint: capitalização da paixão de um repórter por estatística**

Você encontrará uma descrição de cada caso na seção Índice de Casos deste livro. Verifique no Índice de Casos quais fornecem dados, o instrumento de pesquisa ou outro material complementar. Para acessar os casos (em inglês), entre no site do Grupo A (www.grupoa.com.br) e procure pelo livro.

Capítulo 20
Apresentação de Ideias e Achados: Apresentações Orais

> *" A plateia tem uma chance apenas de ouvir sua palestra e não consegue 'reler' trechos quando fica confuso. Muitas vezes, eles assistem a várias palestras em um mesmo dia. Ser claro é muito importante especialmente se a plateia não pode fazer perguntas durante a palestra. "*
>
> *Mark D. Hill,*
> *professor de ciência da computação e engenharia elétrica e de computação, Universidade de Wisconsin-Madison*

Objetivos de **aprendizagem**

Após ler este capítulo, você compreenderá...

1 Como a apresentação oral de pesquisas ora difere da fala tradicional em público, ora se assemelha a ela.

2 Por que a teoria retórica histórica tem influência prática sobre as habilidades de apresentação empresarial no século XXI.

3 Como planejar a apresentação da pesquisa.

4 As estruturas e os padrões a seguir ao organizar uma apresentação.

5 Os usos e as diferenças entre os tipos de materiais elaborados para dar apoio a seus objetivos.

6 Como a proficiência em apresentações de pesquisas requer a elaboração de bons materiais visuais e como usá-los de forma eficaz.

7 A importância da elocução para obter e manter a atenção do público.

8 Por que a prática é um ingrediente essencial para o sucesso e como fazê-la; e o que precisa ser reunido e verificado para ter certeza de que os preparativos para a ocasião e o local estejam prontos.

Dando vida à pesquisa

Jason Henry e Sara Arens, sócios da Henry & Associates, estão concluindo um briefing baseado na internet sobre o projeto da MindWriter. Jason e Sara estão em Boca Raton, na Flórida, e Myra Wines, diretora de defesa do consumidor da MindWriter, está participando de Atlanta, assim como outros, incluindo Jean-Claude Malraison, gerente geral da MindWriter, que participa de Délhi, na Índia, e Gracie Uhura, gerente de marketing da MindWriter, e sua equipe, que participam de uma sala de conferências em suas instalações em Austin, no Texas.

"Com base nos resultados da pesquisa de opinião que estão em sua tela, vocês alcançaram um forte consenso sobre sua primeira prioridade. A pesquisa apoia fortemente que vocês devam negociar contratos de transportadora melhores para tratar das questões de danos durante o transporte. Parabéns", concluiu Jason.

"Isso finaliza nosso briefing hoje. Sara e eu estamos à disposição para responder por e-mail a qualquer pergunta que possam ter após ler o relatório resumido que foi enviado por e-mail. Nosso endereço de e-mail está na tela e também na capa do relatório. Myra, devolvo o controle da reunião para você."

Enquanto Myra começava a concluir a reunião, Sara segurava um sinal em frente a Jason que dizia: "Desligue seu microfone." Jason fez um sinal de tudo bem e desligou seu microfone.

"Obrigada, Jason", disse Myra. "A pesquisa esclareceu algumas questões críticas para nós, e você nos ajudou a focar em algumas soluções prováveis. Isso encerra a reunião. Logo darei seguimento com um e-mail que contém um link para o arquivo gravado desta apresentação, permitindo que a compartilhem com sua equipe. Também será solicitado que participem de um breve levantamento quando fecharem a janela da apresentação. Eu realmente apreciaria que vocês disponibilizassem os três minutos necessários para completar o levantamento. Obrigada a todos pela participação."

Assim que o áudio da audiência foi desconectado, Myra disse: "Foi tudo bem, Jason. O uso da ferramenta de perguntas e respostas para obter suas ideias para ação pré-relatório foi uma jogada de mestre. Quando você postou os resultados como uma sondagem e fez com que identificassem sua primeira prioridade, elas estavam todas dispersas, isso os ajudou a entender que um propósito da pesquisa e da reunião de hoje era fazer com que estivessem todos juntos".

"Sara merece o crédito por essa jogada de mestre", disse Jason, após remover seu microfone e ligar sua função viva voz. "Ela é uma forte proponente de interação em nossos relatos e inventa continuamente novas maneiras de envolver as pessoas e mantê-las comprometidas."

"Parabéns, Sara", exclamou Myra. "Quem leva o crédito por simplificar o gráfico de comparação mensal?"

"Esse mérito na verdade vai para nossa estagiária, Sammye Grayson", disse Sara. "Eu lhe disse que, embora fosse um gráfico adequado para o relatório escrito, era um recurso visual complexo demais para a apresentação. Ela fez um ótimo trabalho. Repassarei seu elogio."

"Bem", perguntou Myra, "e daqui, para onde vamos?". "Jason e eu faremos trabalho de campo com quaisquer questões suas ou de sua equipe pela próxima semana", explicou Sara. "Então, vamos considerar este projeto concluído – até que você nos contate novamente."

"Quanto a isso", pausou Myra, "acabo de receber um e-mail de Jean-Claude. Ele quer se encontrar com vocês para tratar de um novo projeto que tem em mente. Ele pergunta se poderia pegar vocês no aeroporto de Boca na sexta-feira, por volta das 14h30. Diz que seu escritório aéreo trará vocês de volta a tempo de jantar cedo."

Sara consultou seu iPhone e indicou que estava disponível. Jason examinou seu calendário e sorriu para Sara. "Diga a Jean-Claude que o encontraremos no aeroporto. Alguma ideia de sobre o que é esse novo projeto?"

"Nem ideia!"

Introdução

Pesquisadores frequentemente apresentam seus achados oralmente. A Figura 20-1 apresenta o processo e indica seu lugar dentro do modelo de processo de pesquisa.

Uma apresentação de pesquisa tem algumas características exclusivas que a distinguem de outros tipos de falas públicas, com as quais também compartilha semelhanças: normalmente,

Análise e interpretação de dados

Determinar local da apresentação oral
- Pessoalmente: Grupo pequeno / Grupo grande
- Pela internet: Grupo pequeno / Grupo grande

Determinar acesso ao relatório escrito
- Antes
- Durante
- Depois

Desenvolver exibições de dados apropriadas
- Não eletrônicas: Impressos, Flipcharts, Cartazes
- Eletrônicas: Power Point, Sondagens, Levantamentos
  - Exibições tabulares
  - Exibições gráficas
  - Exibições textuais
  - Exibições visuais
  - Exibições de áudio

Discutir e preparar recomendações

Compilar e praticar a apresentação

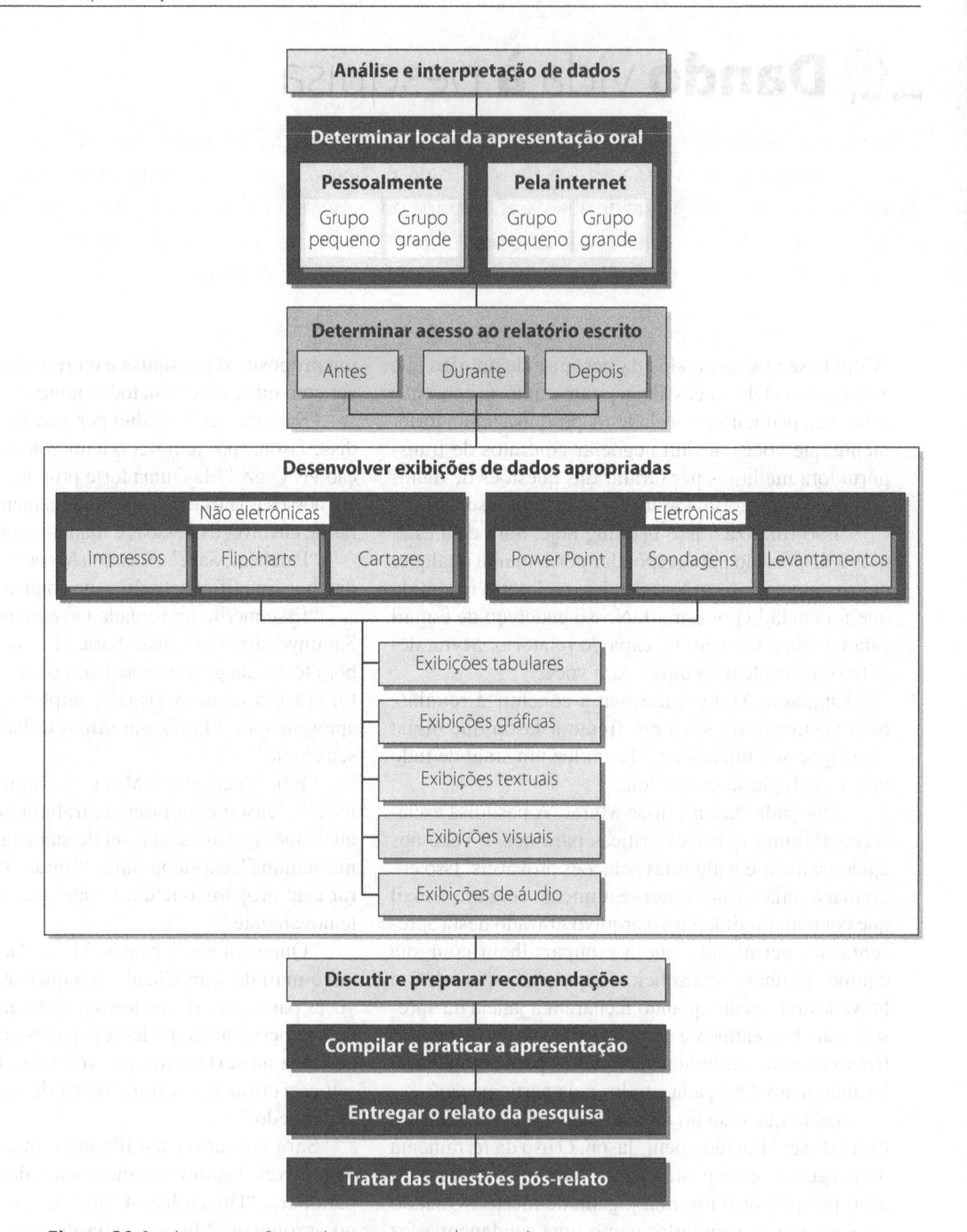

Entregar o relato da pesquisa

Tratar das questões pós-relato

Figura 20-1 Apresentações orais e o processo de pesquisa.

um pequeno grupo de pessoas está envolvido; as estatísticas muitas vezes constituem uma porção importante do tópico; os membros da audiência geralmente são gestores com interesse no assunto, mas só querem ouvir os dados e as conclusões que os ajudarão a tomar decisões críticas; o tempo de fala com frequência será menor que 20 minutos, mas pode durar mais que uma hora; e a apresentação normalmente é entremeada por perguntas e discussões. Neste capítulo, abordamos os ingredientes essenciais para uma apresentação ou um relato bem-sucedido: como planejar, organizar, dar apoio, visualizar, proferir e preparar sua apresentação.

Uma apresentação bem-sucedida exige a condensação de um *corpus* extenso e complexo de informações. As taxas de fala não devem exceder 100 a 150 palavras por minuto; portanto, uma apresentação de 20 minutos está limitada a cerca de 2 mil a 3 mil palavras. Se você deseja se

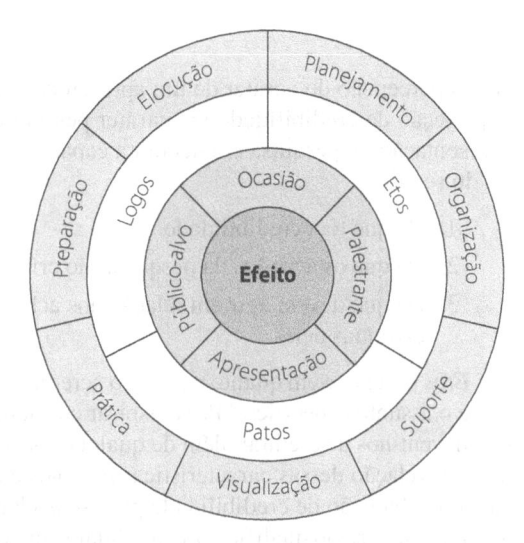

Figura 20-2 Modelo para planejamento da apresentação.

comunicar de forma eficaz sob tais condições, precisará de planejamento cuidadoso. Comece fazendo duas perguntas. Primeiramente, por quanto tempo você falará? Geralmente, o patrocinador da pesquisa indica a duração aceitável da apresentação. Seguindo o costume organizacional, a empresa pode atribuir determinado tempo para esses relatos; se o tempo for muito limitado, então a necessidade de prioridades de tópicos será óbvia. Isso leva à segunda pergunta: qual é o propósito? É despertar interesse sobre os problemas que foram descobertos? É trazer informação para o público? É relatar conclusões e fazer recomendações para tomada de decisão? Este capítulo responde a essas perguntas e leva a um plano para seu sucesso. Na Figura 20-2, você notará que o anel externo dos círculos concêntricos coincide com a organização deste capítulo; o próximo anel representa o tipo de comprovações que são exigidas em todas as apresentações, conforme descrito por Aristóteles; e, por fim, a dinâmica do palestrante, da fala, da ocasião e do público levam ao efeito que o apresentador busca.

Os três princípios de comunicação persuasiva de Aristóteles

A maioria dos leitores reconhece Aristóteles como a autoridade que desenvolveu uma teoria abrangente sobre retórica. Um filósofo grego nascido em 384 a.C. ainda tem influência sobre as habilidades de apresentação empresarial no século XXI? Pensamos que sim. Aristóteles considerava a retórica a capacidade de ver possibilidades persuasivas em toda situação de apresentação e deu-nos um método para descobrir todos os meios de persuasão sobre qualquer tópico. "Aristóteles é importante precisamente porque a retórica que ensinava era *inventiva*, diz respeito a desenvolver a melhor história possível, em vez de visar a ser elegante, ou ornamental, ou veemente ou belo ou até mesmo ser um retórico pós-modernista dando voz a pessoas marginais."[1]

O conselho de Aristóteles é tão relevante hoje quanto em sua época e deve ser a base do desenvolvimento e aprimoramento de suas habilidades de apresentação.

A base da persuasão foi definida por Aristóteles com seus três princípios de comprovação: *etos*, *patos* e *logos*. Ele associava a comunicação com a persuasão e identificava a comunicação como a capacidade de descobrir, em qualquer caso, os meios disponíveis para conseguir a persuasão.[2] Se pensarmos no discurso persuasivo em um contínuo de uma tentativa consciente de modificar o pensamento para influenciar o comportamento e as ações do ouvinte, então fica claro que toda a comunicação é persuasão, ou ao menos inclui um componente persuasivo. Compreender o processo de comunicação a partir dessa perspectiva parece mais prático que categorizar artificialmente os tipos de apresentações que damos em situações empresariais por propósito (informativo, cerimonial, de entretenimento e persuasivo) – pois, inevitavelmente, mais de um propósito está envolvido.

Etos

Nossa percepção do caráter de um apresentador afeta quão convincente achamos essa pessoa. A projeção de credibilidade via caráter pessoal é chamada de *etos* do palestrante. Uma forte apresentação de pesquisa conta com a capacidade do pesquisador de convencer os participantes do seguinte:

1. De que têm credibilidade.
2. De que os achados da pesquisa são críveis.
3. De que devem agir em relação aos achados, bem como a conclusões e recomendações extraídas deles.

Etos baseia-se em quanto o público acredita que o apresentador esteja qualificado para falar sobre o assunto específico.[3] Para inspirar confiança no palestrante, Aristóteles diz que três coisas movem-nos a acreditar além de qualquer prova: bom senso, boa vontade e bom caráter moral. A revelação dessas características pessoais em sua elocução pode desempenhar um grande papel na obtenção de credibilidade para suas ideias. Pessoas cuja educação, experiência e cujo desempenho prévio qualifiquem para falar sobre certa questão ganham o etos especial extrínseco de autoridade quando sua reputação é conhecida com antecedência.[4] No entanto, sem experiência anterior, os apresentadores de pesquisas precisam tomá-la emprestada vinculando sua metodologia e seus procedimentos a fontes críveis com experiência. Em uma cultura na qual as aparências exteriores tomaram a frente dos apelos internos de caráter (moral e intelectual), o apelo de *etos* pode ser tanto problemático quanto vantajoso.

Patos

Retóricos ao longo dos séculos consideram *patos* o mais forte dos apelos. **Patos** baseia-se na conexão emocional entre o palestrante e seu público: envolve um apelo ao senso de identidade, ao autointeresse e às emoções do público. Esses apelos aproveitam-se de predisposições comuns: nós naturalmente movemo-nos na direção do que é mais vantajoso, do que serve a nossos interesses, ou aos interesses de qualquer grupo do qual façamos parte.

As pessoas ouvem mensagens com base em seu estado de espírito: se sua disposição emocional for positiva, estarão mais propensos a serem receptivas à mensagem; se for negativa, serão menos receptivas a ela.[5] O apresentador da pesquisa precisa despertar emoções exatamente porque elas têm o poder de modificar as predisposições do público e, assim, seus julgamentos. Conhecer a predisposição do público (p. ex.: resistência, ceticismo, receptividade) e predeterminar a resposta emocional desejada encoraja o apresentador a elaborar o conteúdo e a elocução da apresentação para estimular um estado emocional desejado. Mente aberta é o mais importante estado emocional desejado pré-apresentação para qualquer público, e a receptividade é o estado emocional mais desejado pós-apresentação.

Logos

Por fim, com **logos**, o argumento lógico, encontramos razões explícitas de que o palestrante precisa para dar apoio a uma posição. Isso é traduzido em evidências de suporte e técnicas analíticas que revelem e sustentem os achados e as conclusões dos pesquisadores (descritas em detalhes mais adiante neste capítulo).

Os apelos ao *logos* na maioria das vezes usam uma variação do silogismo chamado entimema. O silogismo é um método formal de raciocínio dedutivo (descrito no Capítulo 3); você pode reconhecer o **entimema** como um silogismo truncado em que uma ou mais premissas menores são deixadas implícitas. Isso é feito porque as pessoas não falam naturalmente em forma silogística. O apresentador dá a premissa principal e espera que o público supra o conhecimento faltante (as premissas) a fim de chegar à conclusão. Em uma apresentação de pesquisa, esse planejamento é feito no estágio de análise do público, ao estimar o conhecimento, a predisposição e a atenção dos espectadores.

Contudo, a maioria das apresentações de pesquisa usam o entimema para passar dos dados para as interpretações e às conclusões, por exemplo: "Não temos um orçamento de propaganda

Figura 20-3 — Diagrama

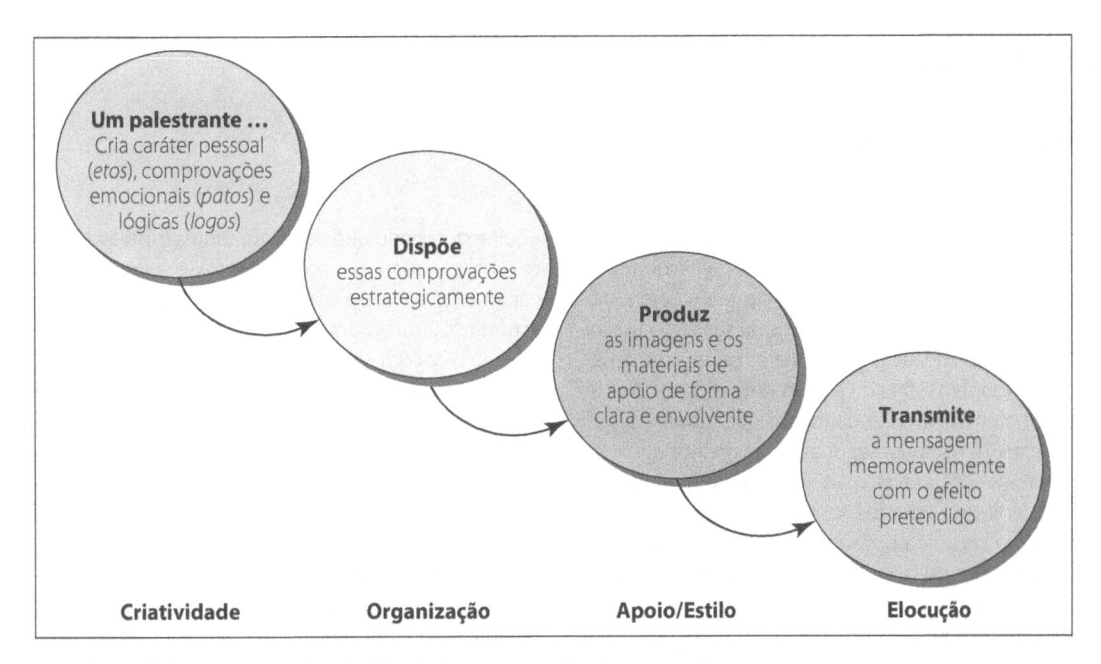

- **Um palestrante...** Cria caráter pessoal (*etos*), comprovações emocionais (*patos*) e lógicas (*logos*) — Criatividade
- **Dispõe** essas comprovações estrategicamente — Organização
- **Produz** as imagens e os materiais de apoio de forma clara e envolvente — Apoio/Estilo
- **Transmite** a mensagem memoravelmente com o efeito pretendido — Elocução

Figura 20-3 O papel das comprovações de Aristóteles na comunicação persuasiva.

Fonte: Adaptado de Raymie McKerrow, Bruce E. Gronbeck, Douglas Ehninger e Alan H. Monroe, *Principles and Types of Speech*, 14ª ed. (Boston, MA: Allyn & Bacon, 1999).

suficiente para melhorar as percepções dos consumidores sobre nossa marca de segunda linha. A marca pode vacilar e dificultar nossa capacidade de nos mantermos competitivos. Devemos remanejar recursos para continuarmos competitivos".

Logos é a parte central da maioria das apresentações de pesquisas; normalmente, é usado para descrever fatos e achados que apoiem as convicções do palestrante acerca dos resultados da pesquisa, mas não deve ser o único conteúdo da apresentação. Como os dados não tendem a ser manipulados por uma fonte confiável, o *logos* pode influenciar ouvintes contestadores. Porém, os dados também podem ser enganosos, imprecisos ou antieticamente aplicados, minando, com isso, a boa vontade e a credibilidade anteriormente estabelecidas pelo apresentador. Pesquisadores propensos a construir suas apresentações somente sobre *logos* reduzem a probabilidade de conseguir seu resultado desejado – a implementação das ações recomendadas é inerente aos achados da pesquisa. O papel das três comprovações de Aristóteles é resumido na Figura 20-3.

Planejamento

Por onde começamos a preparar a apresentação da pesquisa? Esse é o dilema enfrentado por iniciantes e especialistas experientes. Talvez a pergunta mais pertinente seja: *como* começamos? A partir de uma perspectiva *zen*, se começarmos a partir da mente do iniciante, veremos as coisas com mais clareza, de forma entusiasta e sem o fardo de visões fixas. Conforme aconselha Garr Reynolds em *Apresentação Zen*: "Se seu estado de espírito vier de um lugar de medo e fuga do risco, sempre se contentará com soluções seguras – com soluções que já foram aplicadas muitas vezes antes".[6] Algumas empresas de pesquisa usam modelos que podem ser modificados para apresentações específicas; porém, se várias apresentações forem feitas para o mesmo público de gestores usando um desses modelos, elas não conseguirão manter a atenção e se comunicar de maneira persuasiva. Portanto, uma atitude de abertura produz uma abordagem nova para o planejamento de sua apresentação.

Autores com pontos de vista semelhantes pedem-nos para considerar a maior parte de nosso tempo para pensar, esboçar e escrever. Somos aconselhados a ter uma história para contar, antes de sequer pensar em abrir o PowerPoint, e a ter uma proporção de 90 para 1 entre tempo de preparação e apresentação; em outras palavras, planeje analogicamente. O planejamento em meio

Instantâneo

A cultura dos relatórios

Uma das poucas regras universalmente seguidas na apresentação de resultados de pesquisa é moldar a mensagem para ajustar-se ao cliente. Quando a equipe do Team One/Lexus aventurou-se a compartilhar os achados de sua pesquisa inicial no Japão, sabia que deveria abordar os pontos negativos com uma abordagem educada e altamente sensível. A notícia era boa, porém, para os engenheiros que haviam desenvolvido o Lexus SC 430 para ser duas vezes melhor que o Jaguar XK8 – mais confortável, mais silencioso e mais fácil de dirigir –, alguns dos achados seriam incompreensíveis. A equipe fez três clínicas de produtos estáticos – em que mais de 250 compradores de veículos de luxo foram reunidos para comparar, mas não dirigir, o Lexus SC 430 e seus concorrentes. Pouco tempo depois, eles conduziram diversos grupos de discussão do nível superior desses compradores interessados, conhecidos como aceitantes. Entre os achados iniciais, a equipe descobriu que os compradores esperavam que o carro roncasse quando o acelerador fosse solto, mostrasse o escapamento e tivesse condução mais semelhante a um carro esporte. "Culturalmente, os engenheiros japoneses veem a si mesmos – e com justificativa – como tendo o direito de fazer um carro da forma que um carro deve ser", disse Arian Barrow, gerente de contas da Lexus na Team One Advertising. Isso retoma os cuidados com os pontos negativos, por exemplo, as expectativas dos compradores eram de que o carro chegasse de zero a 100 em menos de cinco segundos, e não em oito ou nove. "Então, terminamos compartilhando resultados de maneira mais suave do que faríamos com um cliente diferente." Como eles deram as notícias inesperadas? "As pessoas adoraram o carro! Mas o adorariam ainda mais se fosse de zero a 100 em cinco segundos!"

www.teamoneadv.com; www.lexus.com

analógico envolve todas as coisas que devemos fazer fora do domínio digital: um processo de três etapas, escrever, delinear e produzir, exige que se escreva a história como o roteiro de um filme.

Papel e caneta para esboçar as ideias no mundo analógico levam a maior criatividade e clareza para o produto finalizado.[7] O consultor por trás do documentário de Al Gore sobre o aquecimento global, *Uma Verdade Inconveniente*, sugere que o palestrante deve planejar gastar até 90 horas para criar uma apresentação de uma hora contendo 30 slides.[8]

Nossa lista de verificação geral, que começa o processo de planejamento com cinco pronomes interrogativos essenciais, acentua o papel do público no processo de planejamento.

- *Quem* forma o público?
- *O que* querem aprender?
- *Por que* essa apresentação está ocorrendo e como se conecta à visão geral?
- *Quando* a apresentação acontecerá: quais são as considerações quanto ao período do dia?
- *Onde* acontecerá – incluindo a natureza do local e viagens – a apresentação?[9]

Análise do público[10]

Você já notou que a maioria dessas perguntas está centrada no público, então vejamos algumas formas mais eficazes de analisá-lo. Primeiro, bons palestrantes entendem que o principal propósito de sua apresentação é obter a resposta desejada de seus ouvintes. O sucesso definitivo de sua apresentação depende da capacidade do palestrante de prever a resposta do público, e a análise dos participantes esperados em uma apresentação, ou **análise do público**, é realizada tendo-se três perguntas em mente:

1. Com quem lidarei?
2. Por que meus ouvintes devem realmente importar-se com as informações que eu apresentar?
3. O que eu quero que o público saiba, acredite ou faça por causa de minha apresentação?

As respostas às duas primeiras perguntas ajudam a desenvolver o *patos* de sua apresentação. Deve-se ter em consideração, acerca de audiências, que elas são egocêntricas, prestam atenção às mensagens que as afetem diretamente. Seu mantra é "Por que deveria me importar?". Os elementos de *patos* podem ser descobertos por: coleta de impressões passadas a partir de associações prévias; entrevista com membros fundamentais do público-alvo; ou, muitas vezes menos viável, levantamento de uma amostra dos convidados com respeito à concordância com uma série de afirmações sobre questões (para determinar as predisposições).[11] As respostas à terceira pergunta ajudam a desenvolver o *logos* de sua apresentação, isto é, os achados de sua pesquisa representam o ponto central do *logos* de sua apresentação.

As respostas a essas perguntas vêm do entendimento da psicologia do público. Diversos princípios psicológicos têm implicações importantes para os palestrantes.

- Um membro da audiência vem ao local da apresentação com conhecimento anterior sobre o assunto do palestrante e julgará a apresentação com base na percepção seletiva (no que sabe e acredita).
- À medida que o público ouve a fala e escuta fios de informações consistentes com o conhecimento acumulado, seus significados processados flutuarão entre concordância/discordância e clareza/confusão.
- Conforme o palestrante dirige-se à audiência, precisa construir com sua imaginação como sua mensagem será interpretada.
- Cada membro do público organiza seu constructo único do conteúdo apresentado, que é dependente de sua experiência e da abertura a mudanças.[12]

Características demográficas e disposicionais do público também desempenham um papel importante na avaliação da resposta à primeira pergunta. A composição da audiência em administração agora reflete uma mistura diferente da de alguns anos atrás. Os palestrantes precisam adaptar-se à idade do grupo, pois as semelhanças das gerações em experiência e valor afetam a receptividade. O sexo pode ter uma forte influência sobre a resposta do público. Em uma sociedade multicultural e multirracial, todo público terá uma resposta ligeiramente diferente da do palestrante – assim como visões religiosas e sensibilidade cultural precisam ser consideradas em uma faixa mais estreita de situações empresariais. Por fim, educação, *status* econômico, posição na empresa e associação de grupo dão pistas adicionais quanto ao interesse e à atitude. A audiência remota de uma apresentação (usando serviços na internet para apresentação e conexão) requer mais análise, e não menos, pois o apresentador terá de empenhar-se duas vezes mais para estabelecer e manter uma conexão.

A segunda pergunta considera a disposição do público e suas necessidades e atitudes: orientar sua apresentação para satisfazer às necessidades apropriadas diferencia as apresentações bem-sucedidas das que fracassam. Conhecer as necessidades dos membros da audiência, seja por meio de conversas informais de antemão com o patrocinador ou fazendo perfis psicológicos, pode ser essencial para o sucesso; por exemplo: uma vez que as identifique, você será capaz de adequar sua apresentação a orientações de necessidades (fisiológicas, de conhecimento, sociais ou de ego) e de ter uma boa ideia acerca das predisposições dos tomadores de decisão quanto à importância que atribuem a realização, *status*, carreira, reconhecimento ou adesão a normas organizacionais.

As características gerais da situação da apresentação e as da audiência (únicas) também são considerações da análise do público, por exemplo o ambiente físico da apresentação, o tamanho da sala, a disposição das cadeiras e a temperatura, tudo isso afetará os ouvintes. Uma grande audiência pode exigir uma apresentação mais formal, ou afetar sua escolha de linguagem e recursos visuais. A apresentação para um indivíduo ou um pequeno grupo pode exigir um relato informal no lugar de uma apresentação formal. Embora o cenário e os preparativos sejam abordados em uma seção posterior, o público afeta esses aspectos e deve fazer parte de sua análise. Na Figura 20-4, colocamos sete perguntas importantes para ajudá-lo a entender a natureza de seu público.

Tipos de aprendizes

No planejamento para sua apresentação, também é importante considerar que o público é composto por três tipos de aprendizes; a composição proporcional dos tipos de aprendizes variará com base no assunto e no grupo etário. Os palestrantes podem fazer uma conexão emocional com suas audiências ao ponto de reconhecer as diferenças entre aprendizes visuais, auditivos e cinestésicos.

1. Quem são eles?	Os dados demográficos e psicográficos são um ótimo começo, mas conectar-se com seu público significa entendê-lo em um nível pessoal.
2. Por que estão aqui?	Por que vieram ouvir você? Eles são participantes voluntários ou por obrigação? O que pensam que vão obter com essa apresentação?
3. O que os deixa acordados à noite?	Todos têm um medo, um ponto de dor. Faça com que seu público saiba que você sente empatia e ofereça uma solução.
4. Por que deveriam se importar?	O que tem de interessante para o público? Como você tornará suas vidas melhores?
5. O que você quer que eles façam?	Certifique-se de que haja uma ação clara para seu público executar.
6. Você deve esperar resistência?	O que os impediria de adotar sua mensagem e executar seu apelo à ação?
7. Qual a melhor maneira de chegar a eles?	As pessoas variam quanto a como preferem receber informações, o que pode incluir tudo, desde a montagem da sala até a disponibilidade de materiais após a apresentação. Dê ao público o que ele quer e como ele o quer.

Figura 20-4 Sete perguntas para entender seu público.
Fonte: Adaptada de Nancy Duarte, *slide:ology: The Art and Science of Creating Great Presentations.* (Sebastopol, CA: O'Reilly Media, 2008), p. 15.

Os membros do público são mais propensos a agir com base em informações com as quais tenham conexão, mas não conseguem conectar-se com qualquer coisa que não tenham internalizado.

- **Aprendizes visuais.** Cerca de 40% da população é aprendiz visual, pessoas que aprendem vendo. Esse grupo retém informações altamente visuais, logo, para lidar com ele, evite colocar muito texto nos recursos visuais e elabore recursos que tenham poucas palavras e imagens-chave predominantes; o uso de gráficos em apresentações de pesquisas já atrai estes aprendizes.

- **Aprendizes auditivos.** Representam cerca de 20 a 30% de seu público aqueles que aprendem ouvindo e se beneficiam de técnicas verbais e retóricas. Conte histórias pessoais ou use exemplos vívidos para dar apoio a suas mensagens-chave – também é possível incorporar experiências reais de participantes relatadas durante a pesquisa para enriquecer a apresentação para esse tipo de ouvinte, que se conecta com histórias.

- **Aprendizes cinestésicos.** Essas pessoas aprendem ao fazer, mover-se e tocar; elas são "interativas" e se aborrecem quando apenas ouvem por longos períodos; sendo assim, inclua atividades em sua apresentação que os mantenham envolvidos. Passe objetos (como Steve Jobs fez com a estrutura de alumínio de um novo laptop), conduza exercícios de escrita ou faça com que participem de demonstrações.[13] Apresentadores de pesquisas podem se valer de exemplos dos tipos de exercícios usados com os participantes da pesquisa, mostrando como os dados da pesquisa foram coletados, para dar vida à metodologia para esse tipo de ouvinte, que se conecta por meio de atividades.

Evite que seu público vá embora

A capacidade de o público recordar-se de informações essenciais e evitar o tédio não está nos fatores de planejamento dos apresentadores, mas deveria. Existe suporte experimental para o achado de que a precisão da memória varia em função da posição do item em uma lista ou da sequência de um argumento, chamada de Curva de Memória da Audiência,[14] também conhecida como *efeito da posição serial*. Quando é solicitado que se lembrem de uma lista de itens em qualquer ordem (memória livre), as pessoas se recordam melhor dos itens que ouvem no fim da lista (**efeito de recenticidade**). Os itens no fim da lista parecem situar-se na memória de curto prazo no momento da recordação. Entre os itens iniciais da lista, o primeiro é inicialmente distinguido como importante (**efeito de primacidade**) e pode ser transferido para a memória de longo prazo no momento da recordação. Os primeiros itens são mais frequentemente lembrados que os no meio da apresentação.[15] A implicação para apresentadores de pesquisas é que os argumentos apresentados primeiro ou no fim serão altamente influentes para o entendimento e a motivação para agir.

Antes consideravam-se 20 minutos como um fator de fadiga; agora, acredita-se que a audiência fique entediada em 10 minutos.[16] De acordo com pesquisas recentes em biologia molecular, o cérebro parece estar tomando decisões de acordo com um padrão temporal influenciado pela genética e pelo ambiente.[17] Os apresentadores de pesquisas devem observar a **regra dos 10 minutos**, variando seu conteúdo ao interpolar fala direta com gráficos, vídeos, demonstrações, perguntas e outros meios que permitam ao cérebro buscar novos estímulos.

Planejamento e a apresentação na internet

Com a redução dos orçamentos para viagens e o avanço das tecnologias baseadas na Web, gestores interessados em projetos de pesquisa, muitas vezes localizados em partes remotas do mundo, estão aumentando as apresentações na internet. Uma **apresentação na internet** envolve o uso de uma plataforma de apresentação na Web (p. ex.: Live Meeting, WebEx, etc.), um apresentador que controla remotamente a distribuição dos recursos visuais da apresentação para o computador do público enquanto fala para ele via computador ou linha telefônica com acesso controlado, e um público convidado que participa pela internet de seu escritório ou de uma sala equipada para tal. A plataforma de apresentação integra várias oportunidades de participação – de maneira mais notável, a capacidade de o público digitar perguntas durante a apresentação e de o apresentador respondê-las, ou usar questões intermitentes de levantamento para sondar o público quanto ao seu entendimento do material e seu consenso sobre uma conclusão ou recomendação. Algumas ainda oferecem a capacidade de os membros da audiência fazerem perguntas ao apresentador por meio de uma conexão telefônica. A maioria das apresentações pode ser arquivada para visualização posterior, mas sem a oportunidade de participação. Os maiores problemas no planejamento de uma apresentação na internet são afetar o patos da apresentação, pelo baixo nível de conexão com o público, e o período de tempo maior necessário para planejamento, conforme é observado na Figura 20-5. No entanto, esse formato de apresentação permite que o público seja grande e oferece processos integrados para contato prévio (todos os participantes precisam registrar-se, o que é útil para a análise do público) e acompanhamento (útil para determinar a eficácia da apresentação). As apresentações de pesquisas na internet muitas vezes usam levantamentos pós-apresentação para investigar o entendimento do público, solicitam questões adicionais e entregam cópias do relatório escrito, ações não reproduzidas muitas vezes na apresentação face a face.

Fechamos esta seção com uma citação da conhecida apresentadora Nancy Duarte que nos lembra da necessidade de tratar o público como primeira prioridade: "Eles não vieram à sua apresentação para vê-lo. Vieram para descobrir o que pode fazer por eles. O sucesso significa dar-lhes uma razão para disponibilizar seu tempo, fornecendo conteúdo que tenha consequências importantes e garantindo que o que devem fazer esteja claro".[18]

À medida que a tecnologia tem avançado, a internet tornou-se um meio confiável para apresentações orais e videoconferências. Como acontece com outras apresentações, é preciso ter cuidado com os equipamentos e preparar-se para possíveis falhas nos softwares; mantenha uma cópia de segurança de sua apresentação em seu laptop ou no servidor de sua empresa; teste seu mouse externo, bem como o que esteja conectado a seu computador; certifique-se de que a proteção de tela esteja desativada; e o mais importante: esteja preparado para fazer sua apresentação mesmo que a tecnologia falhe.

Organização

As apresentações têm uma estrutura organizacional, sem a qual é difícil visualizar e organizar seu conteúdo, e impossível para o público acompanhar e entender você. Nesta seção, examinaremos uma variedade de estratégias organizacionais.

A literatura de pesquisas sobre organização do discurso abrange (1) argumentos de ordem ideal, (2) argumentos unilaterais *versus* bilaterais e (3) os efeitos das mensagens organizadas *versus* desorganizadas. Contudo, os estudos não apoiam a conclusão de um método superior global para a organização; em vez disso, as apresentações são organizadas em muitos padrões e

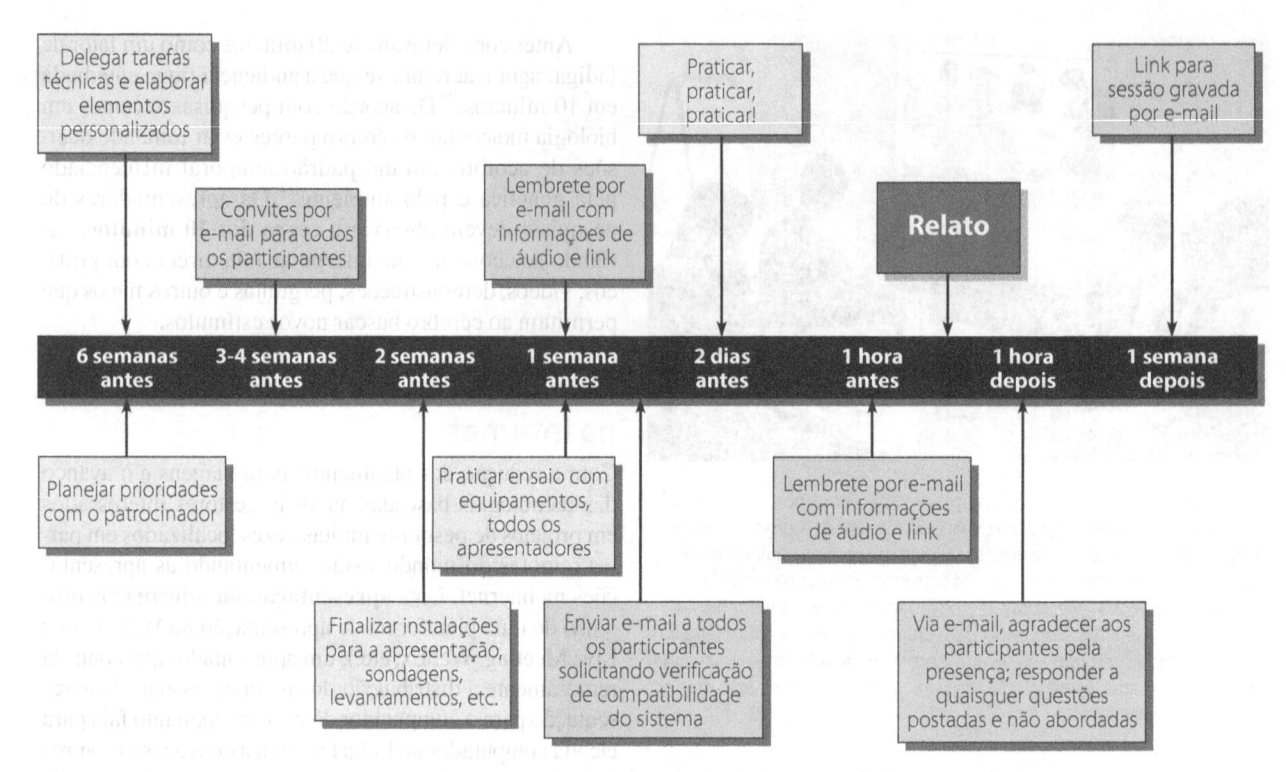

Figura 20-5 Cronograma para apresentação oral de pesquisa na internet.

adaptadas ao palestrante, ao conteúdo, ao público, à ocasião e ao local, e ao efeito pretendido. O padrão que escolher dependerá do propósito de sua apresentação.

Padrões tradicionais de organização

- *Temática:* há diversas ideias a serem apresentadas, mas nenhuma parece preceder naturalmente as outras na ordem; em uma apresentação sobre pesquisa de levantamento, o apresentador poderia organizar-se de acordo com as áreas temáticas do questionário.
- *Espacial:* o material é organizado pelo espaço físico; em uma pesquisa sobre acidentes de esqui em resorts do Colorado, a apresentação pode ser organizada por cada área específica de esqui dentro desse estado norte-americano.
- *Classificação:* coloca ideias, objetos ou argumentos em categorias; em uma apresentação sobre o que clientes potenciais revelaram ao testar protótipos de iPads, a ordem de apresentação seria organizada pelas características do iPad.
- *Ordem de clímax:* o material é organizado das informações menos importantes para as mais relevantes; em uma apresentação de pesquisa, os elementos são ordenados para levar dos achados de base ao achado principal para a solução recomendada.
- *Problema/solução:* a primeira parte do discurso descreve um problema, o meio apresenta os achados da pesquisa e a segunda apresenta a solução; começa-se com o problema gerencial, segue-se para o problema e a metodologia de pesquisa e conclui-se com os achados e as recomendações.
- *Cronológica:* usa a sequência temporal como estrutura; em uma apresentação sobre questões de segurança em fábricas, a ordem seria determinada por quando cada atividade de pesquisa (grupo focal, levantamento, experimento) ocorreu.
- *Passado/presente/futuro:* a seção da primeira parte discute o passado, a segunda aborda o presente e a terceira prevê o futuro; em uma apresentação de pesquisa usando modelagem preditiva de padrões de estoque, a organização começa com os padrões de dados do passado, a seguir, do presente e, então, modela o futuro.

- *Causa/efeito/solução:* a primeira parte descreve a causa do problema, a segunda descreve seu efeito e a terceira apresenta uma solução; em uma apresentação sobre a eficácia da solução da Toyota para o mal funcionamento do pedal do acelerador, a apresentação começa com a descoberta do defeito de engenharia, descreve o efeito sobre as vendas, a imagem da marca e a lealdade do cliente e, então, exibe informações sobre o que a pesquisa descobriu em relação às soluções que possam ser reproduzidas no público de compradores de automóveis.
- *Prós/contras/recomendação:* discutem-se benefícios, desvantagens e como os benefícios são superiores; em uma apresentação de pesquisa, o que o pesquisador descobriu sobre os benefícios de livros eletrônicos, as desvantagens percebidas e o que a Amazon poderia fazer para melhorar a vantagem do Kindle DX seriam apresentados.
- *Relato de pesquisa:* um **relato de pesquisa** é outro termo para a apresentação oral; ele começa com uma breve declaração que define o estágio para o *corpus* dos achados e explica a natureza do projeto, como surgiu e o que tentou fazer. Ele é seguido de uma discussão sobre os achados que o apoiam. Quando apropriado, as recomendações são declaradas no terceiro estágio.

A organização de sequência motivada

Um padrão especializado de organização aplicável a todos os tipos de apresentações, chamado de **sequência motivada**, é definido como "a sequência de ideias que, seguindo os processos normais do pensamento humano, motiva o público a responder ao propósito do palestrante".[19] O raciocínio, baseado em princípios psicológicos, requer que a estrutura seja desenvolvida para corresponder à forma como as pessoas normalmente chegam a uma decisão, apesar das diferenças individuais. Ela consiste em cinco etapas:

- *Atenção:* chamar a atenção para a necessidade de mudança.
- *Necessidade:* exigir mudança nas condições existentes ao criar insatisfação com elas.
- *Satisfação:* satisfazer a necessidade ou lidar com a insatisfação com uma explicação, demonstração lógica ou experiência prática, ou planejar-se para enfrentar objeções.
- *Visualização:* imaginar os benefícios que a ação proposta trará.
- *Ação:* recomendação detalhada do que é necessário para levar a uma ação especificada.

Quando as apresentações de pesquisas são elaboradas para serem persuasivas, e não meramente informativas, essa organização é poderosa, pois tem como meta estimular a ação manifesta. Em apresentações que sejam de natureza mais informativa, as etapas podem ser modificadas ou excluídas.

A organização narrativa

O **padrão narrativo** da apresentação, chamado de *imagem narrativa* por psicólogos cognitivos, é discutido em detalhes no contexto de "histórias" na próxima seção. Trata-se de uma estrutura organizacional que envolve o uso de histórias como o principal veículo para comunicar a mensagem do apresentador.

Reconhecemos que a narração de histórias sozinha pode ser o *único mecanismo de organização* de uma apresentação. Posteriormente neste capítulo, você verá como uma única história pode ser introduzida na apresentação como meio de suporte a uma opinião. Uma lenda na área de comunicação discursiva uma vez observou: "A única maneira possível de conseguir minar uma convicção é contar uma história com uma opinião... [ela será eficaz] quando nenhum outro tipo de discurso puder dar conta do trabalho – nem um argumento, nem uma descrição, nem uma exposição. A narração é a única coisa que pode... contar uma história. As pessoas vão ouvir as histórias".[20] Em seu livro, Reynolds lembra-nos de que estamos "ligados" a contar e ouvir histórias desde que éramos crianças. Infelizmente, o uso de histórias em administração tornou-se marginalizado como sinônimo de ficção.[21] A ressurreição das histórias com palestrantes como Steve Jobs, da Apple, Howard Schultz, da Starbucks, e John Chambers, da Cisco Systems, não apenas faz delas uma ferramenta de credibilidade, mas abre oportunidades para novos apresentadores observarem como os "profissionais" as usam de forma eficaz. Veja os elementos para a construção de uma história na Figura 20-6.

Contar histórias é uma técnica, consagrada pelo tempo, de envolver audiências. O autor Cliff Atkins, em seu livro *Beyond Bullet Points*, sugere a elaboração dessas histórias como peças de três atos. Aqui está seu formato traduzido para um projeto de pesquisa e sua apresentação oral.

- Ato I: Define os elementos-chave da história: ambiente, personagens, conflito, resultado desejado

Bases de afinidade para ex-alunos atletas	
Apresentador:	
Ato I: Definir a história	
O ambiente	Indicar o problema ou os estímulos que levaram à pesquisa em *forma de frase completa*, usando voz ativa, usando tom conversacional, limitando o tamanho da frase. "Atualmente, é importante para as faculdades conectar-se com seus ex-alunos."
O protagonista	O protagonista é seu público, sempre. "Esforços por todo o *campus* para levantar fundos precisam melhorar e manter a afinidade."
O desequilíbrio	Definir o que não é mais como costumava ser... por que a audiência está aqui? "Condições econômicas e culturais ameaçam as doações."
O equilíbrio	O que queremos ver acontecer? "Programas de afinidade personalizados geram doações maiores de ex-alunos."
A solução	Como chegamos daqui até lá? "Usar levantamentos on-line anuais para revelar um entendimento dos conectores de afinidade com ex-alunos atletas e outros grupos de ex-alunos."

- Ato II: Desenvolve o conflito por meio de ações e reações dos personagens em resposta às condições em transformação

Ato II: Desenvolver a ação		
Coluna de 5 minutos:	Coluna de 15 minutos:	Coluna de 45 minutos:
Algumas das coisas que fazemos não fortalecem a afinidade.	Figura 1	Citação de...
		Citação de...
		Citação de...
	Figura 2	Citação de...
		Citação de...
A afinidade de ex-alunos atletas deveria ser consistente em todos os esportes.	Figura 3	Citação de...
		Citação de...
		Citação de...
	Figura 4	Citação de...
		Citação de...
Algumas novas ideias para fortalecer a afinidade dos ex-alunos atletas.	Figura 5	Citação de...
		Citação de...
		Citação de...
	Figura 6	Citação de...
		Citação de...
	Figura 7	Citação de...
Ponto de virada	Podemos fazer as coisas de forma diferente e afetar as contribuições.	

Figura 20-6 Construção de uma história

(continua)

- Ato III: encerra a história, estrutura a resolução (clímax e decisão), revela algo sobre seu caráter

Ato III: Estruturar a resolução	
A crise	Se não descobrirmos continuamente o que motiva a afinidade, as doações continuarão estagnadas ou diminuirão.
A solução	Use levantamentos on-line anuais para revelar um entendimento dos conectores de afinidade com ex-alunos atletas e outros grupos de ex-alunos.
O clímax	Os resultados do levantamento revelam que deveríamos mudar tudo o que fazemos – desde as reuniões nos fins de semana até o logo em produtos da livraria e on-line.
A resolução	Personalizar um programa de afinidade para cada segmento principal de ex-alunos.

Figura 20-6 Construção de uma história (*continuação*).

Evidências de pesquisa sobre a eficácia da organização narrativa *versus* organização de sequência motivada são informativas. Embora a sequência motivada produza memória imediata superior, o padrão narrativo de organização resulta em significativamente mais atitudes favoráveis quanto à apresentação e ao palestrante e pode contribuir para a memória de longo prazo.[22]

A regra de três e o discurso de três pontos

Na lista de padrões tradicionais de organização, descrita no início desta seção, os últimos cinco exemplos usavam trios, ternos ou tríades – a **regra de três**. Esse dispositivo retórico é usado abundantemente na cultura ocidental em muitas disciplinas – na religião (três homens sábios com seu *ouro, incenso e mirra*); em filmes (*Sexo, mentiras e videotape*); em histórias infantis (*Os três porquinhos* ou *Cachinhos Dourados e os três ursos*); no governo (*Executivo, Judiciário e Legislativo*); máximas (segurança em incêndios: *parar, deitar e rolar*); e em discursos memoráveis, de Júlio César a Barack Obama (*"Precisamos levantar-nos, sacudir a poeira e começar de novo o trabalho de refazer a América"*).[23]

A metáfora favorita de uma peça com três atos é uma fórmula comprovada e amplamente usada ao contar histórias e escrever roteiros. Ao aplicar a regra de três como dispositivo de organização, consegue-se usar qualquer forma de apoio, inclusive a narrativa. O resultado é que sua apresentação "ganha animação, familiaridade e compreensibilidade. Com o contorno em três partes estruturando suas ideias, sua fala será mais fácil de acompanhar e recordar".[24]

Existe apoio empírico para a regra? Em 1956, o cientista George Miller, do Bell Labs, resumiu estudos mostrando que indivíduos têm dificuldade de reter mais que sete a nove dígitos na memória de curto prazo.[25] Estudos recentes colocam o número mais perto de três ou quatro; isto é, a memória de trabalho tem a capacidade de cerca de quatro porções em jovens adultos e um pouco menos em crianças e adultos mais velhos.[26] Portanto, não é uma coincidência que Steve Jobs delineasse um "roteiro" para seu público que quase sempre dividia-se em três conjuntos: uma descrição do produto com três características ou uma demonstração em três partes.[27]

Existem muitas variações do **discurso de três pontos** além das listadas anteriormente, algumas das quais você já conhece: introdução, corpo e conclusão; fale a eles o que lhes contará, conte a eles e então lhes fale o que lhes contou (visão geral, corpo e recapitulação); introdução, três melhores argumentos de apoio e conclusão; introdução surpreendente, três histórias (cada uma com argumentos) e conclusão memorável unindo as histórias. Um bom conselho acerca do poder da repetição como técnica de construção do discurso é oferecido por Dlugan: "Inspire-se com Lewis Carroll em *The Hunting of the Snark*: 'Já o disse três vezes: O que vos digo três vezes é verdade'".[28]

Apoio

Os materiais de apoio são as folhas nos ramos de sua estrutura organizacional. Após selecionar uma estratégia organizacional, seus esforços centram-se na compilação de materiais de apoio para desenvolver e validar os argumentos que estiver apresentando para a consideração ou ação

❏ **Relevante** – Cada parte do apoio deve ser relevante para o argumento que esteja apoiando e consistente com a temática.

❏ **Apropriado** – Cada item do apoio deve ajustar-se às necessidades e ao estilo dos receptores, atender às demandas desse público específico e adequar-se à ocasião.

❏ **Crível** – O material tem de ser preciso, ter origem ética e ser apresentado com imparcialidade.

❏ **Oportuno** – O material precisa ser trabalhado dentro de limites temporais.

❏ **Variedade** – A apresentação não deve depender excessivamente de um tipo de apoio, mas, em vez disso, usar inúmeras formas diferentes de suporte.

❏ **Equilibrado** – A apresentação deve incluir uma quantidade adequada de apoio, ou seja, mostrar um equilíbrio entre quantidade e variedade, ao mesmo tempo em que não sobrecarrega o caso.

❏ **Específico por palestrante** – O material deve ser selecionado para melhorar o estilo de elocução do palestrante, bem como a mensagem.

❏ **Estilística** – A apresentação deve aproveitar o poder de analogias e metáforas.

❏ **Simplicidade** – As estatísticas da apresentação devem ser comunicadas em termos compreensíveis ou por meio de comparações.

❏ **Detalhe** – Cada parte do apoio precisa ser desenvolvida de modo que os membros da audiência possam entender e visualizar como o item encaixa-se no argumento para o qual é usado.

Figura 20-7   As características dos Materiais de Apoio para apresentação.

Fonte: Adaptada de Thomas Leech, *How to Prepare, Stage, and Deliver Winning Presentations* (Nova Iorque: AMACOM, 2004), pp. 98–102; e do Speech Department da Maui Community College, http://www.hawaii.edu/mauispeech/html/supporting_materials.html, baixado em 27 de janeiro de 2010.

de seu ouvinte. Em uma apresentação de pesquisa, isso não apenas significa os dados reais e sua interpretação, mas também as histórias ou demonstrações que corroboram os dados.

Os materiais de apoio geram interesse, esclarecem o argumento do apresentador, dão ênfase a um argumento e apresentam provas que resultam em convicção. Sem materiais de apoio, uma apresentação oral não é nada mais que uma série de declarações sem evidências. Veja na lista de verificação na Figura 20-7 critérios que podem ser usados para avaliar seus próprios materiais.

A lista a seguir apresenta exemplos de materiais frequentemente usados para dar apoio aos argumentos de sua apresentação:

- **Fatos** são dados verificáveis sobre situações que existem ou eventos cuja ocorrência seja conhecida; muitas vezes envolvem dados estatísticos que podem ser demonstrados verdadeiros. Se verdadeiros, não estão em disputa e, portanto, proporcionam apoio poderoso. Os fatos são a base de muitas apresentações de pesquisas.
- **Estatísticas** são dados numéricos usados na coleta, análise e interpretação dos dados, bem como encontrados no planejamento, na mensuração e no projeto da coleta de dados. Elas são úteis e esperadas para apresentações de pesquisas; para que sejam uma fonte crível de apoio, o ouvinte precisa saber se uma estatística é válida e confiável, usada corretamente, interpretada adequadamente e relevante para o argumento. As estatísticas usadas com parcimônia reduzem a fadiga do público, além de serem essenciais em apresentações de pesquisas para facilitar a compreensão das estatísticas.
- **Exemplo específico** refere-se a um único e muitas vezes crítico incidente selecionado para provar uma reivindicação primordial com a qual princípios específicos são traduzidos em princípios mais gerais. É breve, não detalhado e pode relacionar as respostas de um participante específico.
- **Exemplo** usado para esclarecer um conceito complexo, muitas vezes menos desenvolvido que um exemplo específico, mas com uma vantagem similar de ajudar os ouvintes a visualizarem o argumento. Os exemplos podem ser verdadeiros ou hipotéticos (situações fictícias), e, em uma apresentação de pesquisa, podem relacionar o impacto de uma ação recomendada com base nas respostas de um único participante ou de um grupo.

- **Depoimento/opinião de especialistas** é a perspectiva de especialistas reconhecidos sobre um assunto. Ela projeta credibilidade com seu público quando usada adequadamente em relação ao assunto em que eles têm experiência e permite ao público absorver as histórias de sucesso, muitas vezes na forma de um videoclipe, citação ou participação de um especialista reconhecido. Essas opiniões representam uma excelente fonte de apoio porque aumentam o *etos*.

- **Analogia** usada para explicar casos paralelos; é uma comparação entre duas coisas diferentes para destacar um ponto de semelhança. Não é oferecida como prova conclusiva de um argumento, mas pode ser útil para esclarecê-lo ou para defender a posição adotada.

    Os filósofos gregos Platão e Aristóteles tinham uma visão mais ampla de analogia, vendo-a como uma *abstração compartilhada*.[29] Eles acreditavam que objetos análogos não necessariamente compartilham uma relação, mas uma ideia, um padrão, uma regularidade, um atributo, um efeito ou uma função; por exemplo, "Estar obcecado com a redução do déficit quando a economia sofreu seu maior baque desde a Depressão é como estar obcecado com a conservação da água quando sua casa está em chamas – um impulso admirável, mas mal calculado".[30]

- **Metáfora** é uma comparação implícita entre duas coisas diferentes que, na verdade, têm algo importante em comum. Ela expressa o desconhecido em termos do conhecido, conseguindo seu efeito por meio de associação, comparação e semelhança, e "carrega" o significado de uma palavra, imagem ou ideia para outra. Os alunos sabem que, quando o Dr. Gregory House (da série de TV *House*) diz "Sou uma coruja notívaga, o Wilson é um pássaro madrugador. Somos espécies diferentes", ele está falando metaforicamente.[31]

    Apesar das semelhanças, uma analogia não é o mesmo que uma metáfora, pois a primeira "é uma figura de linguagem que expressa um conjunto de relações similares entre dois conjuntos de termos. Em essência, a analogia não declara identificação total, que é a propriedade da metáfora. Ela declara uma *similaridade* das relações".[32]

Transmissão de experiência pessoal por meio de histórias

Na seção anterior, apresentamos o poder de organização da forma narrativa; agora, enfatizamos as histórias individuais *como um tipo específico de material de apoio*. As **histórias** contam os detalhes de um ato ou ocorrência ou curso de eventos. Elas são mais poderosas quando envolvem experiência pessoal: "Histórias são quem nós somos, e nós somos nossas histórias. Boas histórias têm começos interessantes e claros, conteúdo provocador e envolvente no meio e uma conclusão clara".[33]

A experiência pessoal, especialmente em uma apresentação de pesquisa, vincula seu assunto ao público e ajuda este último a conectar-se com você. Em uma apresentação, descrever sua experiência com o estudo dá uma impressão de vida real que não pode ser conseguida por meio de fatos ou estatísticas. Uma experiência pessoal ajuda o público a criar uma resposta natural e emocional.

Exemplos de seu mundo são mais poderosos que os que você toma emprestado, pois os primeiros são mais fáceis de lembrar e comunicar por causa de sua familiaridade, por exemplo: trabalho, casa, viagens ou encontros diários fornecem um conjunto rico de experiências e também algumas das anedotas mais engraçadas. Professores muitas vezes usam humor modesto porque os alunos se veem espelhados em nossas fraquezas, algumas das lições mais memoráveis para os alunos (*vide* Figura 20-8).

Veja o exemplo do discurso de Commencement Address na Universidade de Stanford por Steve Jobs em 2005, no qual ele usou a regra de três para comunicar três anedotas pessoais sobre si mesmo: "unindo os pontos, amor e perda, e uma história sobre morte". Ao encontrar também uma forma de injetar humor em um assunto muito sério, ele criou um discurso memorável, ainda frequentemente assistido no YouTube.[34] Porém, mais importante que o humor, sua história autêntica vinha de seu interior e de seu coração, e, diferentemente de suas outras apresentações, essa foi a partir de um manuscrito – suas histórias não foram memorizadas, pois eram reais para ele e, consequentemente, também para os estudantes e famílias na plateia.

1. Use a análise do público para que a história combine com este e o assunto.
2. Selecione a linguagem que reflita as características do público.
3. Concentre sua história em um argumento e enuncie-o com clareza.
4. Use a história como um mecanismo para mostrar paixão e entusiasmo quanto a seu assunto.
5. Aprenda suas histórias. Se se esquecer de um elemento, esteja preparado para improvisar e ir adiante.
6. Fatos verdadeiros de sua vida são muito superiores à história de outra pessoa.
7. Mantenha as histórias humorísticas curtas para captar a moral da história rapidamente.
8. Escreva a história para eliminar distrações e prolixidade desnecessárias.
9. Use o princípio dos "tweets" – 140 caracteres ou menos – para manter suas frases dramáticas e dinâmicas.
10. Enfatize os adjetivos e verbos para fazer suas histórias soarem mais vívidas.

Figura 20-8 Dez passos para uma boa história.
Fonte: Adaptada de Advanced Public Speaking Institute, "Public Speaking Storytelling Do's", baixado em 15 de janeiro de 2010 (http://www.public-speaking.org/public-speaking-storydo-article.htm).

Demonstrações

Uma boa **demonstração** é uma variação do discurso com intenção informativa usando auxílios visuais e atraindo aprendizes visuais e cinestésicos, especialmente se houver uma oportunidade de manusear o objeto. Em uma apresentação de pesquisa, o público, ao ouvir, assistir ou participar, aprende algo novo: pode ser mostrando um novo design de identidade corporativa ou demonstrando um produto resultante de sua pesquisa. Como guia de seu público, você o conduzirá por um processo de *mostrar e contar*, revelando cada passo do início ao fim. Na apresentação de pesquisa de propaganda e marketing, uma boa demonstração informa ao público a respeito de seu produto, mostra os benefícios de possuí-lo e inspira-o a adotar ações.[35] Eis um exemplo dos critérios para uma grande demonstração usando um iPhone 3G:

- *Curta:* A demonstração EDGE *versus* 3G durou menos de 2 minutos.
- *Simples:* Mostrou dois sites sendo carregados em um smartphone.
- *Direta:* Uma comparação lado a lado do 3G com o concorrente EDGE.
- *Rápida:* Manteve a demonstração em andamento, mas permaneceu em silêncio em pontos-chave para aumentar a dramatização.
- *Substancial:* A demonstração resolveu o problema da espera para que sites graficamente ricos fossem carregados.[36]

Visualizar

A proficiência em sua apresentação de pesquisa requer a capacidade de criar bons recursos visuais e de saber de que modo usá-los. Uma vez que os recursos visuais são fundamentais para as apresentações empresariais, utilizamos o conceito gráfico de *visualização* para apresentar o material nesta seção.

Das informações que os humanos recebem 80% chegam por meio de seus olhos; para informações técnicas, como apresentações de pesquisas, esse número é provavelmente maior.[37] Rick Altman, autor de *Why Most PowerPoint Presentations Suck* e organizador da PowerPoint Live User Conference, acredita que o verdadeiro culpado de apresentações visualmente fracas são apresentadores que organizam suas ideias com o PowerPoint ou outro software de design, em vez de fora do computador.[38]

Edward Tufte, o guru da exibição de informações quantitativas, diz: "O estilo do PowerPoint rotineiramente estraga, domina e banaliza o conteúdo".[39] Outro autor nesse coro insta os apresentadores a lembrar que existem três partes em uma apresentação: slides, anotações e *handouts*. Lembre-se da diferença entre documentos para levar (*handouts*) e slides.

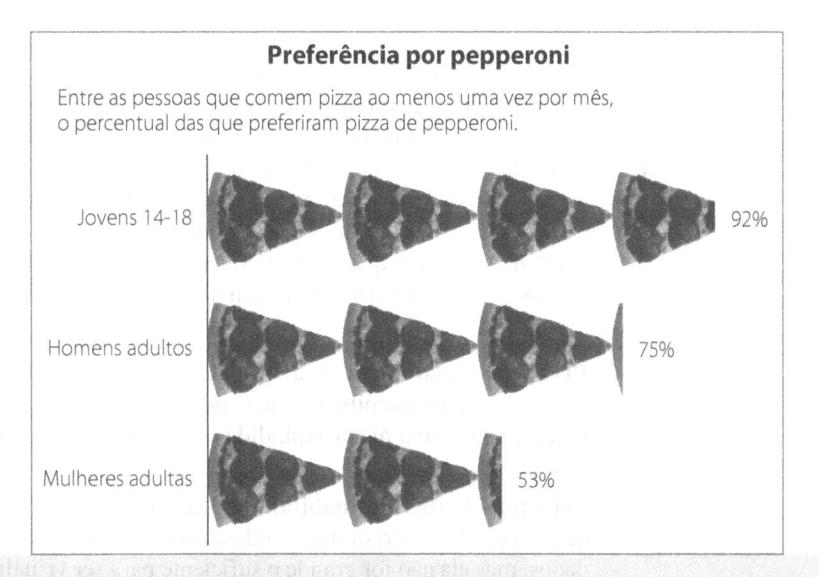

Perfil **visual**

Preferência por pepperoni

Entre as pessoas que comem pizza ao menos uma vez por mês, o percentual das que preferiram pizza de pepperoni.

- Jovens 14-18: 92%
- Homens adultos: 75%
- Mulheres adultas: 53%

Como os achados de pesquisa muitas vezes são apresentados oralmente ao patrocinador, os gráficos de barras compostos por imagens que representam o assunto do achado podem ser usados. Neste slide de exemplo, o pesquisador representa a popularidade relativa da pizza de pepperoni entre diferentes segmentos de mercado. O gráfico escolhido deve ser imediatamente reconhecível como representante do assunto. Neste caso, cada fatia de pizza representa aproximadamente 30% dos respondentes.

Uma tentativa de unir os dois resultados implica no que Reynolds chama de "slideuments" – ou documentos mal detalhados do PowerPoint disfarçados de slides. As apresentações elaboradas dessa forma têm como resultado o apresentador fornecendo o conteúdo verbal de um documento de forma ineficaz porque o público lê mais rápido do que ele consegue falar.[40]

Fundamentos psicológicos e físicos[41]

Em seu livro *Clear and to the Point*, o autor Stephen Kosslyn argumenta que os membros da audiência de qualquer apresentação "não devem ter de buscar através de um palheiro visual ou conceitual para encontrar a agulha da qual você está falando". Portanto, o processo de **visualização** envolve o desenvolvimento e a organização de materiais de apoio que ajudem o público a compartilhar de seu entendimento dos dados. A composição e o conhecimento do público, o local e a quantidade de tempo influenciam as escolhas na visualização.

Diversos princípios psicológicos influenciam o entendimento de seus achados por seu público. O **princípio de relevância** infere que apenas informações importantes para o entendimento devem ser apresentadas; já as informações apresentadas verbalmente em conjunto com suporte visual serão percebidas como mais relevantes que as mencionadas apenas verbalmente, sem suporte visual. Ainda em relação a este princípio, deve-se evitar sobrecarregar o público com informações demais.

No processo de exploração de seus dados, antes de desenvolver uma apresentação da pesquisa, você desenvolve inúmeras tabelas, gráficos e resumos textuais, mas nem todos esses materiais de apoio, quer use handouts, flipcharts ou slides, podem ou devem ser usados na maioria das apresentações devido a restrições de tempo. Quaisquer limitações no nível de conhecimento de seu público (**princípio de conhecimento apropriado**) ou a sua incapacidade de processar grandes quantidades de informações de uma só vez (**princípio de limitações de capacidade**) reduzem a complexidade de seu suporte. Em sua tentativa de compartilhar um entendimento dos dados, alguns materiais de apoio – por exemplo, técnicas gráficas, como boxplots, que sejam desconhecidas por seu público – podem gerar confusão ou obscurecer os argumentos a transmitir. Uma técnica familiar de visualização – um gráfico de barras ou colunas ou uma tabela – sempre transmite informações mais rapidamente que uma desconhecida. No entanto, você pode elaborar com técnicas apropriadas e conhecidas apresentação de dados demasiadamente complexa ao incluir informações desnecessárias: afinal, seu público tem apenas alguns momentos para digerir visualmente o que você pode ter estudado por dias ou semanas. A Figura 20-9 resume as técnicas de gráficos de dados que são apropriadas para apresentações orais.

De acordo com o **princípio das alterações informativas**, seu público esperará que qualquer coisa sobre a qual fale ou mostre em sua apresentação transmita informações importantes; logo, é essencial para sua apresentação transmitir o que é novo ou uma mudança com um slide ou handout separado (p. ex. alteração no auxílio de fluxo) ou um novo formato de design. As demonstrações ou os exercícios relacionam-se com esse princípio; seu público prestará mais atenção automaticamente quando você fizer algo diferente para transmitir novas informações.

Diversos princípios psicológicos adicionais também devem influenciar a visualização de sua apresentação.

- **Princípio da saliência.** A atenção de seu público é atraída a grandes diferenças perceptíveis; portanto, escolha técnicas de gráficos que exponham naturalmente essas diferenças, como uma pizza explodida ou um gráfico de barras, que muitas vezes servem a esse propósito.
- **Princípio da discriminabilidade.** Duas propriedades precisam diferir em uma grande quantidade para serem discernidas, isto é, se existir uma diferença importante em seus dados, mas ela não for grande o suficiente para ser visualmente discernível, é preciso usar técnicas – uma única cor de destaque, um componente superdimensionado ou quebras – para o item que é importante. Deve-se observar se a diferença apresentada tem significância estatística a fim de estabelecer a importância.
- **Princípio de organização perceptiva.** Seu público agrupará itens automaticamente, mesmo que você não forneça esses agrupamentos. Esse é um mecanismo usado para permitir que se absorva e armazene grandes quantidades de informações; então, se quiser estabelecer associações ou correlações entre achados-chave, seus materiais de apoio devem ser agrupados (em seu plano de organização, coloque-os próximos dos outros ou juntos no mesmo auxílio de fluxo) e titulados como grupo.

Princípios de elaboração

Além de selecionar os elementos visuais corretos para comunicar seus achados e conclusões, conceitos fundamentais devem orientar a elaboração de seus materiais de apoio visual.[42] Tudo é conseguido pelo que Reynolds descreve como "redução cuidadosa do não essencial"[43] – dar ao público somente o que é preciso para que entenda seus achados e conclusões, não tudo o que foi usado para chegar a esse nível de entendimento, pois as ideias reduzidas à sua forma mais simplista tendem a "grudar" na mente do público.[44]

Usando as ideias coletivas de Reynolds, Duarte, Kosslyn e Altman, surgem diversos princípios e diretrizes para poderosos designs visuais:[45]

- **Preparação visual.** O apresentador deve conceitualizar os materiais de apoio visual no papel antes de compor as versões digitais.
    - Um storyboard de slides, documentos em câmera digital, ideias em flipchart ou handouts permitem que o apresentador represente visualmente seu argumento e escolha as técnicas apropriadas de visualização.
    - Notas em papel ou post-its podem ser usados para guiar a apresentação.
- **Auxílios de fluxo.** As técnicas visuais, como as mostradas na Figura 20-10, comunicam ao público onde o apresentador está na apresentação geral.
    - Setas ou outros símbolos de fluxo ou diagramas são bons para denotar a localização e a direção na apresentação.
    - Imagens e diagramas devem apontar em direção ao conteúdo ou centro do slide, e não à área além da tela.
    - A maioria das animações retira a atenção da mensagem incorporada no material de apoio; use animações com moderação.
    - Animações dentro de gráficos (elaborar um gráfico no PowerPoint ou em um flipchart) podem atrair a atenção do público para um elemento desejado.

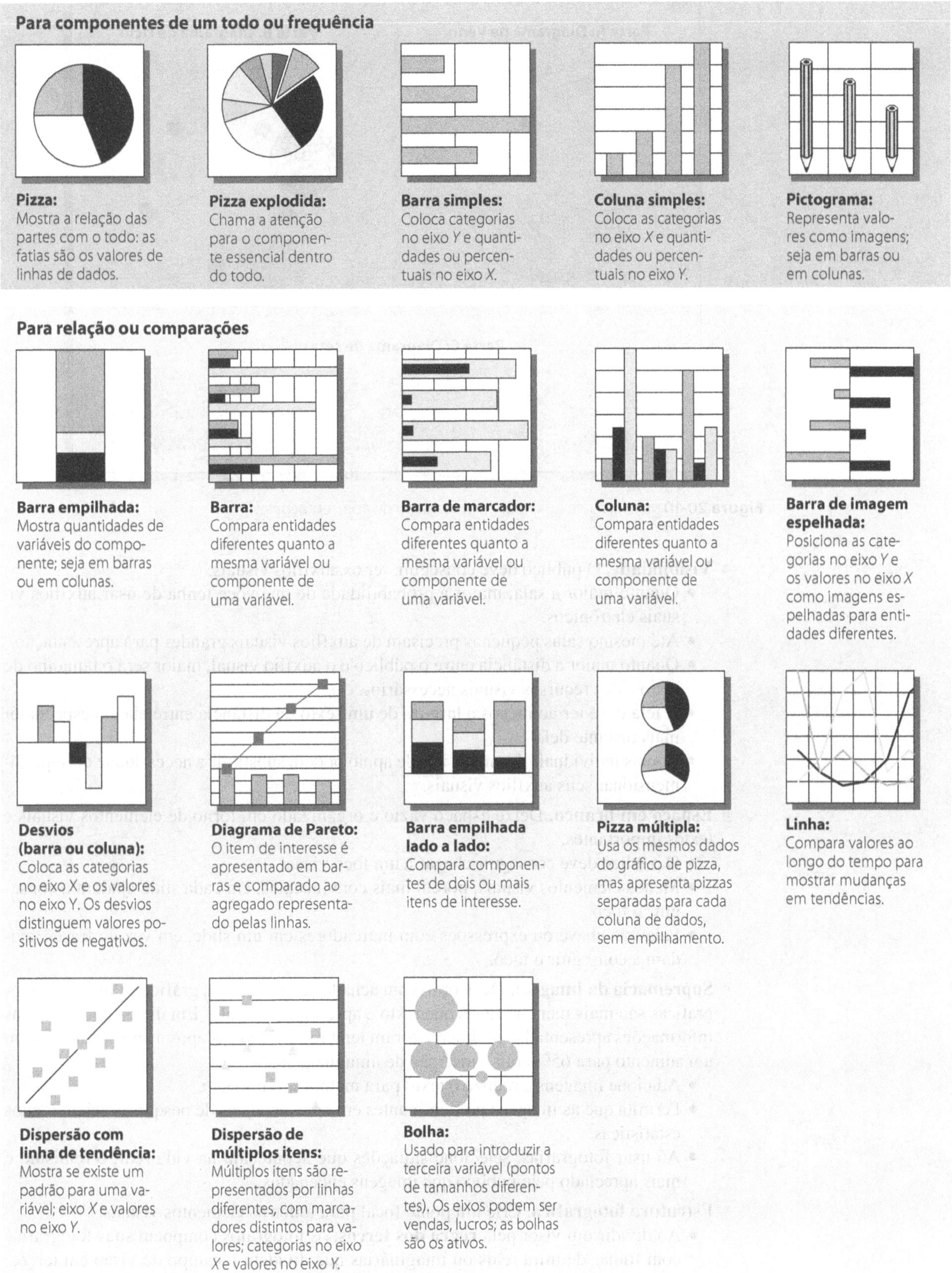

Capítulo 20 Apresentação de Ideias e Achados: Apresentações Orais   **561**

Para componentes de um todo ou frequência

Pizza:
Mostra a relação das partes com o todo: as fatias são os valores de linhas de dados.

Pizza explodida:
Chama a atenção para o componente essencial dentro do todo.

Barra simples:
Coloca categorias no eixo Y e quantidades ou percentuais no eixo X.

Coluna simples:
Coloca as categorias no eixo X e quantidades ou percentuais no eixo Y.

Pictograma:
Representa valores como imagens; seja em barras ou em colunas.

Para relação ou comparações

Barra empilhada:
Mostra quantidades de variáveis do componente; seja em barras ou em colunas.

Barra:
Compara entidades diferentes quanto a mesma variável ou componente de uma variável.

Barra de marcador:
Compara entidades diferentes quanto a mesma variável ou componente de uma variável.

Coluna:
Compara entidades diferentes quanto a mesma variável ou componente de uma variável.

Barra de imagem espelhada:
Posiciona as categorias no eixo Y e os valores no eixo X como imagens espelhadas para entidades diferentes.

Desvios (barra ou coluna):
Coloca as categorias no eixo X e os valores no eixo Y. Os desvios distinguem valores positivos de negativos.

Diagrama de Pareto:
O item de interesse é apresentado em barras e comparado ao agregado representado pelas linhas.

Barra empilhada lado a lado:
Compara componentes de dois ou mais itens de interesse.

Pizza múltipla:
Usa os mesmos dados do gráfico de pizza, mas apresenta pizzas separadas para cada coluna de dados, sem empilhamento.

Linha:
Compara valores ao longo do tempo para mostrar mudanças em tendências.

Dispersão com linha de tendência:
Mostra se existe um padrão para uma variável; eixo X e valores no eixo Y.

Dispersão de múltiplos itens:
Múltiplos itens são representados por linhas diferentes, com marcadores distintos para valores; categorias no eixo X e valores no eixo Y.

Bolha:
Usado para introduzir a terceira variável (pontos de tamanhos diferentes). Os eixos podem ser vendas, lucros; as bolhas são os ativos.

Figura 20-9 Seleção de gráficos para apresentações orais.

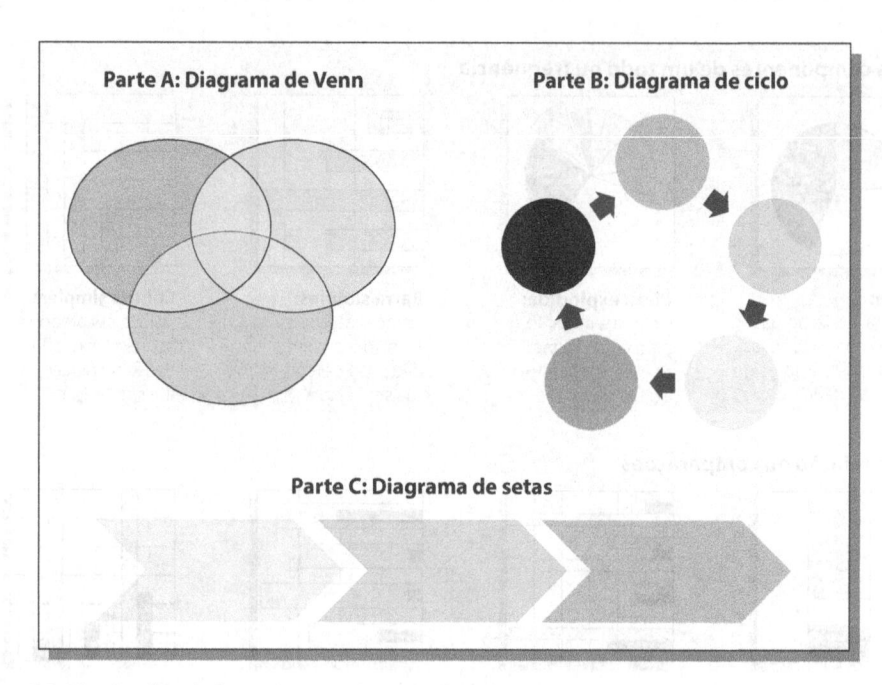

Figura 20-10 Auxílios de fluxo para estruturação de apresentações.

- **Visibilidade.** O público deve conseguir ver os auxílios visuais.
  - Quanto maior a sala, maior a probabilidade de que você tenha de usar auxílios visuais eletrônicos.
  - Até mesmo salas pequenas precisam de auxílios visuais grandes para apresentação.
  - Quanto maior a distância entre o público e o auxílio visual, maior será o tamanho do texto e dos recursos visuais necessários.
  - A tela deve ter ao menos a largura de um sexto da distância entre ela e o espectador mais distante dela.
  - Cópias individuais dos materiais de apoio podem substituir a necessidade de superdimensionar seus auxílios visuais.
- **Espaço em branco.** Deixe espaço vazio e organizado em torno de elementos visuais e textos importantes.
  - O público deve conseguir chegar a um foco visual.
  - Menos elementos visuais, porém mais convincentes, em cada slide ajudam a conseguir o foco.
  - Palavras-chave ou expressões com marcadores em um slide, em vez de frases, ajudam a conseguir o foco.
- **Supremacia da imagem.** De acordo com achados de pesquisas, gráficos e imagens fotográficas são mais memorizáveis que texto e apresentação oral.[46] Em um estudo, 10% das informações apresentadas oralmente foram lembradas 72 horas após a apresentação, com um aumento para 65% com a inserção de uma imagem.
  - Adicione imagens e reduza o texto para melhorar o impacto.
  - Permita que as imagens predominantes em apresentações de pesquisas sejam menos estatísticas.
  - Ao usar fotografias, selecione situações que aconteçam na vida real; o realismo é mais apreciado pelo público que imagens encenadas.
- **Estrutura fotográfica.** Crie um ponto focal para todos os elementos visuais.
  - Ao dividir um visor pela **regra dos terços**, os fotógrafos compõem suas fotografias com linhas de mira reais ou imaginárias que dividem o campo de visão em terços, vertical e horizontalmente. As linhas de mira formam nove células com quatro pontos de interseção. Esse pontos de interseção, também chamados de *pontos de ouro*,

podem ser usados para alinhar a imagem, criar um elemento visual equilibrado e que desperte o interesse, assim como uma fotografia.
- O ponto focal da imagem está fora do centro – deixando espaço em branco em torno do elemento visual.
- Os elementos visuais parecem apresentar um senso de equilíbrio e fluxo melhor e mais artístico.
- O objeto principal não está no centro, evitando com isso a previsibilidade e redundância e atraindo a atenção.
- **Contraste.** Use alto contraste para atrair rapidamente a atenção do público para o ponto principal.
  - Planos de fundo com muitos detalhes desvalorizam texto e imagens ou gráficos.
  - A escolha de cores de alto contraste (p. ex.: preto sobre branco, preto sobre amarelo, vermelho sobre branco) para texto, dados e plano de fundo ou cores nos gráficos aumenta a leitura e denota mudança.
  - Destacar o texto em uma lista ou números em uma tabela gera mais contraste que descolorir os elementos que deseje passar para segundo plano.
  - Variar a espessura de uma linha aumenta seu contraste.
  - Adicionar cor a um elemento aumenta seu contraste.
  - Usar cores demais para elementos gráficos diminui o contraste; destaque o que ajude a fundamentar seu argumento.
- **Compatibilidade.** A forma da mensagem deve ser compatível com seu conteúdo e o significado desse conteúdo.
  - Gráficos organizacionais podem transmitir a estrutura geral da apresentação ou ilustrar sequências de etapas.
  - Podem ser usados mapas para mostrar a localização de informações relacionadas.
  - Gráficos de dados podem ser usados para revelar quantidades relativas.
  - Gráficos de pizza e de pizza explodida são usados para mostrar proporções aproximadas, e não absolutas.
  - Tabelas transmitem impressões de quantidades relativas.
  - Gráficos de linhas podem ser usados para comunicar tendências ao longo do tempo.
  - Gráficos de degraus ilustram tendências entre duas ou mais entidades que variam ao longo de uma escala não contínua.
  - O ajuste do tamanho dos elementos (p. ex.: largura das barras em um gráfico de barras ou gráfico de degraus) não transmite quantidades precisas.
  - Uma imagem ou fotografia deve ser consistente com o que representa em um pictograma.
  - Fotos ou clipart podem ser usados para definir o contexto, apresentar ideias abstratas, provocar emoções ou representar um achado ou uma conclusão.
- **Relação.** O público deve conseguir ver as relações entre os elementos e entender quais informações ficam juntas.
  - A estrutura de organização da apresentação deve tornar a hierarquia óbvia.
  - A representação gráfica de diferentes tipos de dados na mesma tela somente transmite sentido se os dois estiverem altamente relacionados.
  - A representação gráfica de dois tipos de dados no mesmo gráfico quando eles não estão relacionados apenas confunde e desorganiza.
  - Manter os títulos dos eixos X e Y iguais em gráficos comparativos facilita a capacidade de ver relações.
  - Cabeçalhos, títulos e cores podem ser usados para agrupar itens.
  - Diagramas organizacionais que coincidem, agrupam elementos ou espalham-se conectando elementos podem ser usados para agrupar itens.
  - Diminuir o espaço entre barras ou outros elementos gráficos torna-os mais fáceis de serem mentalmente agrupados pelo público.
- **Simplicidade.** Reduza a desordem e use apenas informações e técnicas visuais necessárias para comunicar dados, ideias ou conclusões (*vide* Figura 20-11).

Parte A

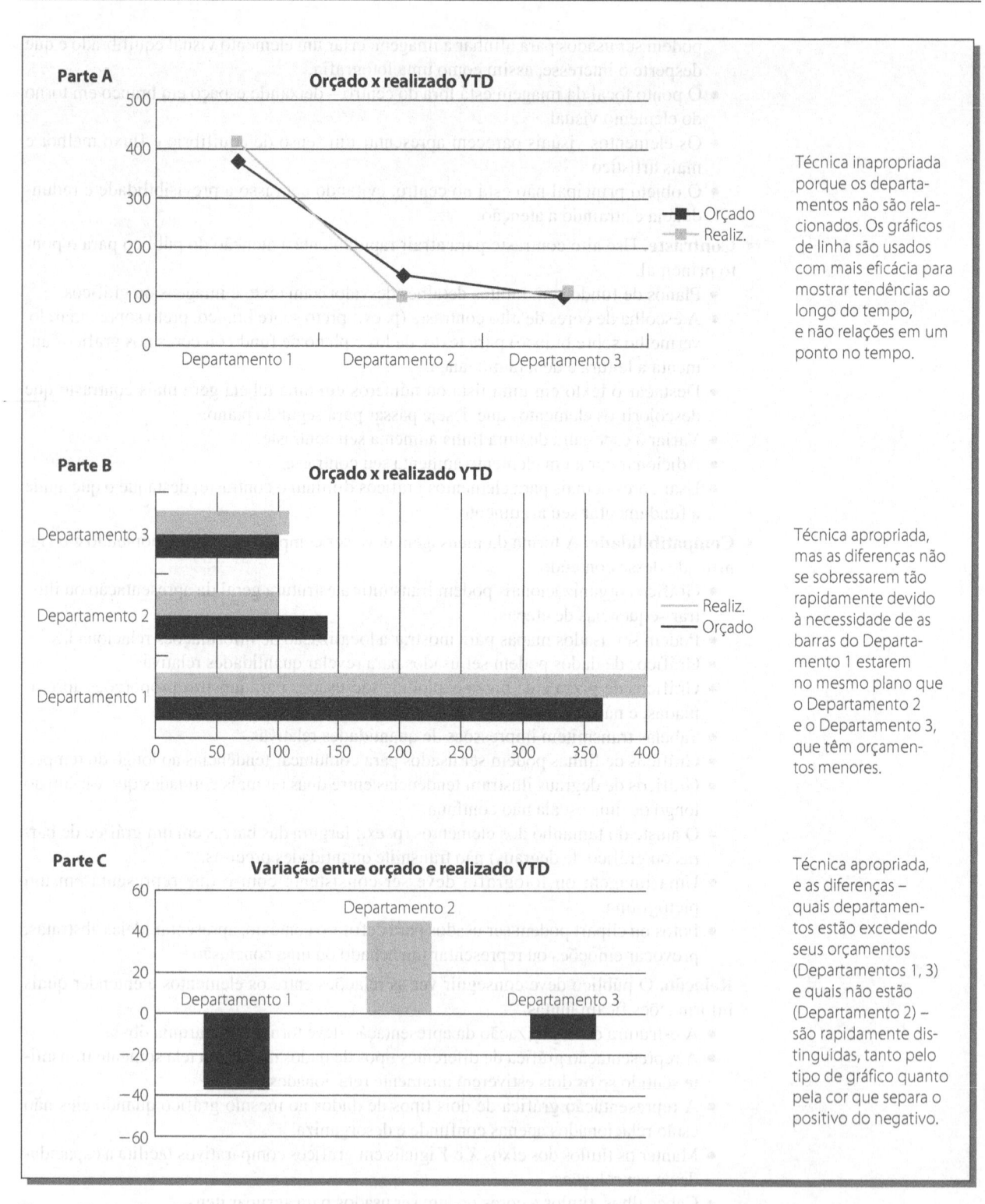

Orçado x realizado YTD

[Gráfico de linha mostrando Orçado e Realiz. para Departamento 1, Departamento 2 e Departamento 3, com valores variando de aproximadamente 375-400 no Departamento 1 até cerca de 100 nos Departamentos 2 e 3.]

Técnica inapropriada porque os departamentos não são relacionados. Os gráficos de linha são usados com mais eficácia para mostrar tendências ao longo do tempo, e não relações em um ponto no tempo.

Parte B

Orçado x realizado YTD

[Gráfico de barras horizontais mostrando Realiz. e Orçado para Departamento 1, Departamento 2 e Departamento 3, com eixo de 0 a 400.]

Técnica apropriada, mas as diferenças não se sobressarem tão rapidamente devido à necessidade de as barras do Departamento 1 estarem no mesmo plano que o Departamento 2 e o Departamento 3, que têm orçamentos menores.

Parte C

Variação entre orçado e realizado YTD

[Gráfico de barras verticais mostrando variações: Departamento 1 aproximadamente -35, Departamento 2 aproximadamente +45, Departamento 3 aproximadamente -10.]

Técnica apropriada, e as diferenças – quais departamentos estão excedendo seus orçamentos (Departamentos 1, 3) e quais não estão (Departamento 2) – são rapidamente distinguidas, tanto pelo tipo de gráfico quanto pela cor que separa o positivo do negativo.

Figura 20-11 Simplificação de elementos visuais.

- Somente gráficos, símbolos, imagens e jargão conhecidos devem ser usados para aumentar a transição de informações.
- Apenas a parte do gráfico que fundamenta seu argumento deve ser usada.
- Rótulos numéricos só serão necessários em gráficos se a precisão for importante.

- As legendas dos gráficos deverão ser eliminadas se forem usados rótulos de elementos.
- As grades de plano de fundo (horizontais e verticais) deverão ser removidas se forem usados rótulos de valor.
- Planos de fundo de gráficos ou em imagens tornam a compreensão rápida de um gráfico impossível por fornecer estimulação visual demasiada.
- Os elementos gráficos (fatias de uma pizza, barras de um gráfico) devem ser arranjados em uma progressão simples (mais até menos, menos até mais), e essa organização deve ser usada consistentemente de gráfico em gráfico.
- As barras correspondentes, de gráfico em gráfico, devem ser marcadas da mesma forma (mesma cor, mesma ordem).
- Os gráficos ou imagens sempre devem ajudar a fundamentar o argumento do apresentador ou a direcionar a atenção do público, e não se deve incluí-los unicamente pela aparência.
- Listas numeradas transmitem ordem; listas com marcadores podem ser usadas quando nenhuma ordem for sugerida.
- Bordas desnecessárias (em torno de legendas, títulos, títulos de eixo) separam os elementos, em vez de uni-los.

- **Clareza.** O público deve conseguir perceber o significado da localização dos elementos. A simplicidade leva à clareza e é obtida pela redução de elementos não essenciais. Encontre o equilíbrio entre a comunicação de demasiados achados de pesquisa e ser simples demais. No entanto, em geral, pense em termos de subtrair, e não de adicionar.
  - Elementos maiores serão percebidos como mais importantes que os menores.
  - Elementos com cor serão percebidos como mais importantes que os sem cor.
  - Menos pontos com marcadores melhoram o entendimento.
  - Os materiais de apoio devem atribuir interpretação ou significado desejado aos dados.
  - Exibições em meios diferentes (p. ex.: gráfico de barras sobreposto por um gráfico de linha) são difíceis de interpretar durante uma apresentação porque os meios diferentes não formam padrões visuais simples.

Sugestões para slides melhores

Em suma, revisemos algumas ideias simples para captar e manter a atenção de seu público (*vide* Figura 20-12). Busque uma contagem bem baixa de palavras em seus slides. O modelo padrão do PowerPoint estabelece um título em dois níveis e inúmeros subpontos. Esse é um *slideument*, que anula o propósito da apresentação; portanto, considere usar apenas um título e esteja atento à lei dos marcadores: se você tiver que os empregar, faça-o com moderação e lembre-se de que eles devem representar apenas palavras-chave ou títulos breves. As frases devem ser desencorajadas, pois tiram a atenção de seu público do palestrante enquanto a frase é lida. Os títulos dos slides não devem ter mais que uma frase (ou um enunciado de 140 caracteres, memorizável, semelhante ao Twitter). Como disse Einstein: "Tudo deveria ser o mais simples possível, mas não mais simples". A linguagem e os elementos visuais que são simples de analisar pelo público são memorizáveis.

Sugestões para slides melhores
• Baixa contagem de palavras.
• Slideuments derrotam você.
• Mantenha as coisas simples.
• A regra de 10–20–30.
• Tamanho da fonte = maior idade ÷ 2.

Figura 20-12 Sugestões para slides melhores.

Fonte: Baseada em um exemplo de Nancy Duarte, *slide:ology: The Art and Science of Creating Great Presentations* (Sebastopol, CA: O'Reilly Media, 2008), p. 151.

Use as ideias de bom senso no design apresentadas anteriormente para compor seu slide. O investidor de capital de risco, autor e notável palestrante público Guy Kawasaki promove a ideia de que os apresentadores sempre precisam simplificar sua mensagem. Depois de ter sido a audiência para inúmeras propostas de financiamento por empreendedores, ele desenvolveu sua *regra de 10–20–30*: não use mais que 10 slides, não mais que 20 minutos (mesmo que tenha recebido mais tempo) e nunca use texto menor que 30 pontos em um slide.[47] Encontrar uma boa fonte é uma arte, pois cada uma cria sua própria impressão: séria ou divertida. Porém, descobrir seu tamanho adequado é senso comum: (1) não menor que 30 pontos; (2) coloque seus slides na opção de classificação e visualize-os a 66% – "se ainda conseguir lê-los, seu público também conseguirá";[48] e (3) divida a idade do membro mais velho do público por 2 e use esse tamanho de fonte.[49] Seguir essas sugestões, conforme mostrado na Figura 20-12, levará a elementos visuais mais simples.

Proferir

Embora o conteúdo de uma apresentação seja prioridade principal, como o palestrante comunica a mensagem é muito importante. Uma apresentação impecável contribui para a receptividade do público, mas há sempre o perigo de que o estilo possa sobrepor-se à mensagem. Felizmente, o público típico de pesquisa sabe por que está reunido, tem alto nível de interesse e não precisa de entretenimento. Mesmo assim, o palestrante enfrenta um desafio real para comunicar-se de forma eficaz. Em apresentações de pesquisas, a elocução deve ser mais restrita que nas que buscarem ação ou mudança comportamental. Conduta, postura, traje e aparência como um todo devem ser apropriados para a ocasião. Ritmo do discurso, clareza do enunciado, pausas e gestos, tudo tem seu papel. Tom de voz, qualidade do tom e inflexões são questões preocupantes. Técnicas de desenvolvimento de relação são essenciais a fim de que o palestrante possa captar e manter a atenção do público.

Modos de elocução

Qual será o mecanismo por meio do qual comunicará sua mensagem ao público? Sua apresentação será memorizada, lida de um manuscrito ou feita de improviso? Descartamos o relato improvisado porque a **fala de improviso** não envolve preparação. Sua reputação e o esforço de pesquisa não devem ser colocados em risco por "improvisações".

A **memorização** consome muito tempo e é uma forma arriscada, pois qualquer falha de memória durante a apresentação pode ser uma catástrofe, e a apresentação parecerá afetada e distante. Ela não permite o estabelecimento de um bom relacionamento com o público nem a adaptação às reações enquanto você fala. Ela produz uma síndrome autocentrada ou centrada no palestrante e não é recomendada.

A **leitura de manuscrito** também não é aconselhável, uma vez que a comunicação literal de um roteiro de apresentação soa tediosa e sem vida, pois a maioria das pessoas não é treinada para ler em voz alta e, por isso, não é bem-sucedida. Elas ficam focadas no manuscrito a ponto de se esquecerem do público. Essa preocupação com o texto, mantendo a cabeça baixa, é claramente inapropriada para apresentações de pesquisas. Caso você seja um leitor treinado com acesso a um teleponto, isso pode funcionar; a maioria dos pesquisadores, entretanto, não tem a habilidade ou o equipamento para esse tipo de comunicação.

A **apresentação extemporânea** é centrada no público e feita a partir de anotações mínimas. Esse modo permite ao palestrante ser natural, fluente e flexível. Claramente, é a melhor escolha para um ambiente organizacional. A preparação para esse modo consiste em escrever um rascunho com um esboço da frase completa e converter os pontos principais em notas. Dessa forma, você pode testar linhas de argumentação, experimentar vários materiais de apoio e desenvolver fraseologias memorizáveis. Ao longo do caminho, os pontos principais são fixados sequencialmente em sua cabeça e são feitas conexões de apoio.

Roteiros e anotações

Jogue o roteiro fora! Os manuscritos muitas vezes são necessários para discursos cerimoniais, mas são inapropriados para a maioria das apresentações em administração. Eles não têm lugar nas apresentações de pesquisas, nas quais os membros da audiência querem envolver-se na troca de informações, e não que alguém leia para eles. Imagine o público se perguntando por que não conversar com a pessoa que escreveu o roteiro, em vez de com quem está lendo-o mal para ele.

Os **roteiros** são importantes na fase de planejamento, mas devem ser engavetados no momento de passar para a prática. Aqui estão algumas sugestões do autor para evoluir da ideação e organização para falar sem roteiro:

- Escreva o roteiro com frases completas na seção de notas do PowerPoint – não mais que quatro a cinco frases.
- Não escreva todas as palavras; apenas retrabalhe seu material removendo as palavras de preenchimento das frases, deixando somente as palavras-chave.
- Destaque as palavras-chave e use-as sem levar em conta os detalhes para memorizar os pontos fundamentais.
- Memorize a ideia-chave de cada slide, pergunte: "Qual será a mensagem que minha audiência levará para casa deste slide?".
- Pratique a apresentação sem as notas usando as palavras-chave, os gráficos ou elementos visuais do slide como ponto.[50]

O público aceita **cartões de anotações do palestrante**, e a presença deles ajuda a acalmar este. Mesmo se você nunca usá-los, estão ali para apoio psicológico. Muitos preferem usar cartões para suas anotações de relato. O conteúdo dos cartões varia muito, mas aqui estão algumas diretrizes gerais para elaborá-los:

- Coloque as observações preliminares no primeiro cartão.
- Use os cartões restantes para levar a uma seção principal da apresentação. A quantidade de detalhes depende da necessidade de precisão e da memória do palestrante, mas não se deve tornar um minimanuscrito contendo, por exemplo, os detalhes das informações de apoio.
- Se usar PowerPoint, combine os cartões com os slides.
- Inclua palavras-chave e expressões, ilustrações, estatísticas, datas, um guia de pronúncia para palavras difíceis, citações e ideias que mereçam ser repetidas.
- Junto à margem, coloque instruções ou pistas, como DEVAGAR, RÁPIDO, ENFATIZAR, DESLIZAR, VIRAR GRÁFICO e VOLTAR AO GRÁFICO 3.
- Numere seus cartões ou anotações sequencialmente, de forma que possa recolocá-los em ordem com rapidez caso sejam misturados por acidente.

Quando os cartões não forem adequados para a ocasião, você pode considerar o exemplo na Figura 20-13, que usa o conselho anterior sobre como a palavra-chave de um slide pode servir como ponto. Nesse exemplo, o palestrante está apresentando, entre outras coisas, informações numéricas sobre os Jogos Olímpicos de Inverno em Vancouver, British Columbia.

Os detalhes fazem a diferença

"O sucesso está nos detalhes" é nossa interpretação do comentário atribuído ao arquiteto nascido na Alemanha Ludwig Mies van der Rohe (1886-1969) de que "Deus está nos detalhes". Nesta seção, forneceremos exemplos de características muitas vezes ignoradas de uma apresentação em busca de ideias a partir dos detalhes.

Saturação

O uso de linguagem cuidadosa leva à clareza de sua apresentação e ajuda a estabelecer um aspecto de *etos*, a competência. A **saturação** de um discurso inclui repetição de vícios de linguagem, como "ãh", "hm", "sabe?", "tipo", "basicamente" ou "exatamente". Ela dá a impressão de hesitação e falta de competência. Caroline Kennedy, segundo relatado pela *Time*, teria estragado sua primeira entrevista com a imprensa de Nova Iorque com "hm" e "sabe?", saturando o cenário de seus comentários com 144 "sabe?" em uma transcrição de 8.500 palavras.

Ponto com palavra-chave	Roteiro de apresentação
1ª HDTV	Os Jogos Olímpicos de Londres de 2012 foram os primeiros a usar a tecnologia de congelamento de imagens em HDTV.
3 vezes	Londres já recebeu os Jogos Olímpicos três vezes, mais que qualquer outra cidade.
22 medalhas, o maior atleta olímpico	Michael Phelps aumentou seu total de medalhas olímpicas para 22, 19 delas de ouro, nadando em três Jogos Olímpicos – Sidney, Pequim e Londres.
204 países	204 países foram representados nos Jogos Olímpicos de Londres de 2012.
10.960 atletas	10.960 atletas competiram nos Jogos Olímpicos de Londres de 2012.
80 mil lugares	O Estádio Olímpico de Londres foi configurado para receber 80 mil pessoas para a cerimônia de abertura.
160 mil toneladas	Os londrinos moveram toneladas de terra para criar o Centro Aquático de Londres.

Figura 20-13 Uso de pontos com palavras-chave como substituição para anotações.

Fontes: "Facts and figures about the Olympic Park", acessado em 28 de julho de 2012 (http://getset.london2012.com/en/the-games/about-london-2012/the-olympic-park/facts-and-figures-about-the-olympic-park). "How many countries are involved in the 2012 Olympics?", acessado em 28 de julho de 2012 (http://wiki.answers.com/Q/How_many_countries_are_involved_in_the_2012_Olympics). "London 2012 Olympic athletes: The full list", The Guardian Datablog, acessado em 28 de julho de 2012 (http://www.guardian.co.uk/sport/datablog/2012/jul/27/london-olympic--athletes-full-list#data). Cobertura da NBC news dos eventos de natação de Michael Phelps, 4 de agosto de 2012.

Ao solicitarem que justificasse sua candidatura – após ter passado dias com conselheiros para saber como ocupar a vaga de Hillary Clinton no Senado de Nova Iorque –, ela começou em um tom monótono: "Hm, este é um momento único tanto em nossa, sabe, na história de nosso país e, e em, em, sabe, minha própria vida e, hm, sabe, estamos frente a, sabe, desafios inacreditáveis, nossa economia, sabe, atendimento de saúde, pessoas estão perdendo seus empregos aqui em Nova Iorque, obviamente, hm, é, sabe..."[51]

Jargão

O **jargão**, linguagem específica de uma profissão ou disciplina acadêmica, é considerado sem sentido e, geralmente, ininteligível para pessoas fora desse grupo. Usar jargão é um perigo especial na comunicação de uma apresentação de pesquisa, na qual seu público pode não ter formação nas técnicas de pesquisa ou de análise estatística, aumentando a linguagem desajeitada, reduzindo a simplicidade da mensagem e confundindo todos, menos os conhecedores do "código". Muitas vezes, ele precisa ser definido para o público, mas frequentemente se sabe disso ao fim da apresentação, quando as perguntas são feitas e descobre-se que diversos pontos-chave fugiram ao público devido ao jargão incorporado na apresentação. Há muitos tipos de jargão de administração ou palavras de negócios (*vide* BuzzWhack.com) a evitar; aqui estão alguns exemplos:[52]

Jargão	Sentido mais claro	Jargão	Sentido mais claro
Raia de natação	Responsabilidade específica	Mover a agulha	Gerar uma reação
Equipe da SWAT	Grupo de "especialistas" reunido para solucionar um problema ou abordar uma oportunidade	Plataforma em chamas	Crise eminente
Capital de conhecimento de alavancagem	Roubar a ideia de alguém	Esmiuçar	Examinado mais atentamente
Pelar a cebola	Investigar um problema, um aspecto por vez	Reinventar o pneu furado	Cometer um erro repetidamente
Inspeção ocular	Examinar cuidadosamente	Relinguagem	Reformular ou reescrever
Parada dura	Tempo final definitivo	Fruto mais fácil de colher	Tarefa realizada com facilidade

Fonte: Max Mallet, Brett Nelson e Chris Steiner, "The Most Annoying, Pretentious And Useless Business Jargon", *Forbes*, 26 de janeiro de 2012, acessado em 28 de julho de 2012 (http://www.forbes.com/sites/groupthink/2012/01/26/the--most-annoying-pretentious-and-useless-business-jargon/).

Comunicação não verbal

A **comunicação não verbal** é o significado transmitido por meios diferentes do verbal, abrangendo vestuário, características corporais, ambiente físico (espaço físico e tempo), movimentação e posição corporal (incluindo cinese, postura, gesto, toque), olhar e paralinguagem (pistas não verbais da voz).

A comunicação não verbal, um componente significativo da apresentação do palestrante, representa aproximadamente 50% a 60% do significado da comunicação – segundo alguns estudos, até 93%. A comunicação não verbal é um meio complexo que pode regular o ritmo de sua apresentação e algumas vezes é mais crível que a comunicação verbal e reforça ou contraria a mensagem falada. Albert Mehrabian descobriu uma regra de 7–38–55, supostamente refletindo os percentuais de quanta comunicação era atribuída a palavras, tom e linguagem corporal. A pesquisa de Mehrabian mostrou que o receptor aceitará a forma dominante de comunicação e a não verbal (38% + 55%), em vez do significado literal das palavras (7%) em condições em que um comunicador esteja falando sobre seus sentimentos ou atitudes.[53]

Embora um pesquisador fazendo uma apresentação possa usar a comunicação não verbal para seu benefício, é igualmente importante que minimize mensagens não verbais que distraiam ou sejam contraditórias e interfiram na realização do propósito da apresentação. A complexidade desse tópico é tanta que só podemos focar-nos em quatro conselhos para o apresentador.

- **Contato visual.** Você foca acima da cabeça das pessoas ou em uma parede ao fazer uma apresentação? A ausência de contato visual aborrece os ouvintes e é comum com palestrantes inexperientes. Um importante aspecto da comunicação interpessoal é o contato visual, que também pode ajudar a regular o fluxo de comunicação com seu público. A frequência do contato visual com o público ajuda a estabelecer um bom relacionamento e conforto, aumentando com isso a acessibilidade do palestrante. Apresentadores que fazem contato visual demonstram preocupação, entusiasmo e autenticidade. Se achar difícil fazer contato visual, pratique usando o conselho dos instrutores de teatro: percorra lentamente a sala, traçando um X ou Z com seus olhos, mas varie o tamanho do padrão para evitar parecer previsível. Pare e olhe para indivíduos tempo suficiente para comunicar-se com eles pessoalmente antes de seguir para outra pessoa.

- **Gestos.** Se você não gesticular enquanto fala, pode ser percebido como sem vida, especialmente se mantiver suas mãos ao lado do corpo. Um estilo de fala que é animado e cheio de vida ganha a atenção do público, facilita a aprendizagem e torna seu conteúdo mais interessante. Se pensar conscientemente acerca de seus gestos, provavelmente vá gesticular tarde demais e, como resultado, parecerá duro, desajeitado e treinado. Além dos gestos com as mãos, a expressão facial (especialmente sorrir) é um poderoso estímulo que transmite felicidade, simpatia, cordialidade, afeição e afiliação. Quando você sorri com frequência, é percebido como mais amigável, cordial e acessível. Felizmente, para o apresentador de pesquisas, é praticamente obrigatório gesticular para auxílios visuais, o que o faz começar na direção correta. Porém, cuidado para não gesticular demais na apresentação, distraindo o público com sua linguagem corporal.

- **Postura e orientação corporal.** Você comunica inúmeras mensagens pela forma como caminha e fica em pé. Ficar ereto, mas não rígido, e inclinar-se levemente para frente comunica que você é acessível, receptivo, comprometido e amigável. A proximidade interpessoal resulta quando você e seu público estão frente a frente e nada bloqueia a visão do público, como um púlpito. Falar de costas para o público ou olhar por tempo demais para um slide comunica desinteresse. Em algumas salas, há muita distância entre você e seu público. Para contrabalançar isso, mover-se pela sala aumenta a interação com o público. A proximidade permite fazer contato visual melhor e revela sua confiança. O apresentador de pesquisas precisa saber o que está em seus auxílios visuais, de modo que eles não demandem toda a sua atenção – que deve estar com o público.

- **Paralinguagem.** Esta faceta da comunicação não verbal inclui elementos vocais como tom, altura, ritmo, pausa, timbre, ruído e modulação. Pratique a variação desses sete elementos de sua voz. Uma das principais críticas dos apresentadores é a fala monótona. O público percebe-a como entediante e parada. Module sua voz para salientar palavras--chave para impacto.[54] Varie o volume, a qualidade do tom e a velocidade da fala. Qualquer uma dessas características pode ser usada com sucesso para aumentar o interesse na mensagem e prender a atenção do público. Os palestrantes não devem deixar suas palavras "sumirem" conforme terminam uma frase. Você fala tão baixo que as pessoas não conseguem ouvi-lo bem? Ajuda ter alguém no fundo da sala para sinalizar caso sua voz não esteja chegando até lá. Você fala muito rápido? Lembre-se de diminuir o ritmo. Faça pausas deliberadas antes de cada frase. Pronuncie as palavras com precisão, sem exagerar, pois falar muito devagar pode deixar o público impaciente.

Praticar e preparar

Ensaio é essencial

O que superempreendedores e astros têm em comum? A prática. Malcolm Gladwell, em seu best--seller *Fora de Série – Outliers*, apresenta o caso da "Regra de 10 mil horas", argumentando que a chave para o sucesso é a prática repetida de uma tarefa específica por 10 mil horas. Ele afirma que a grandeza ou a mestria em qualquer campo requer quantidades enormes de tempo. Com exemplos desde Beatles a Bill Gates, ele mostrou como os Beatles tocaram ao vivo em Hamburgo, na Alemanha, mais de 1.200 vezes de 1960 a 1964, acumulando mais de 10 mil horas de execução. Para Gates, foi o acesso a um computador de uma escola de ensino médio em 1968, aos 13 anos, e passar 10 mil horas programando nele.[55] Quer você pratique 60 horas ou 6 horas, o tempo que passa ensaiando é a diferença entre um desempenho de autoridade e uma decepção. Aqui, estão algumas sugestões para recriar o ambiente da apresentação enquanto pratica. O valor obtido compensará ao evitar constrangimento, permitindo que você verifique sua proporção entre material e tempo disponível, revelando furos em seu material de apoio e se preparando para o inesperado.

- Pratique cedo e com frequência, deixando tempo para revisão.
- Simule o ambiente e as instalações reais.
- Fique em pé e movimente-se (ler a partir da tela de seu computador não dá uma projeção de voz realista nem permite praticar a movimentação).
- Ensaie com os suportes e auxílios visuais.
- Pratique com um público de sua empresa ou pessoas de sua equipe que tenham históricos semelhantes aos das pessoas-chave do público real.
- Comece lendo suas anotações ou usando seus cartões de pistas/pistas de slides para familiarizar-se com o fluxo da apresentação.
- Interrompa-se durante o ensaio para anotar ideias de conteúdo e estilísticas conforme venham à mente. Você poderá observar expressões estranhas que não foram editadas e movimentos inseguros que seria melhor evitar.
- Experimente com diferentes aspectos da paralinguagem (conforme discutido anteriormente), dos gestos ou do cenário do ambiente.
- Marque em seus cartões de anotações de palestrante ou no roteiro de prática o momento de pausar, seja para respirar ou para enfatizar um ponto importante.
- Cronometre sua apresentação ao menos três vezes, ou peça para alguém da audiência fazê-lo.
- Ensaie planos de contingência para fazer frente a coisas que possam dar errado.

Agora que você já teve uma prática inicial, é hora da gravação em vídeo. Um vídeo de você falando é uma ferramenta extraordinariamente potente. Seus hábitos – tanto os bons quanto os ruins – são captados, e à medida que assistir ao vídeo, busque:

- *Contato visual*. Qual é a proporção entre contato visual direto e leitura das anotações? Você usou uma pista simples de slide para manter seu foco no público, e não no slide? Você deve ter um mínimo de 75% de contato visual na prática para obter uma meta mais alta na apresentação.

Os objetivos da reunião, a sala, a tecnologia e o tamanho e a composição do público devem influenciar significativamente a apresentação oral do pesquisador.

- *Linguagem corporal.* Há gestos inconscientes frequentes, como tocar no cabelo, tocar no rosto ou ficar em pé sem graça, puxando suas roupas? Os gestos estão dessincronizados com suas palavras ou são invariáveis? Você detecta balanço do corpo? Se usa auxílio visual, demonstração ou um suporte, suas transições são suaves?
- *Características vocais.* Preste atenção em respiração irregular com frases longas, pausas nos lugares errados, baixar ou elevar sua voz no fim das frases, expressões repetidas (p. ex.: "e então eu" ou "a seguir") como transições, ritmo rápido de elocução, vícios de linguagem repetidos e variação insignificante no tom ou ritmo.
- *Nível de energia.* Fazer a apresentação o deixa animado? Você está entusiasmado, inspirado ou entediado? Não subestime o nível de energia necessário para gerar ouvintes entusiasmados. Um famoso instrutor de discurso pergunta a seus clientes: "Em uma escala de 1 a 10 – em que 1 seja estar quase dormindo e 10 estar altamente entusiasmado como o palestrante motivacional Tony Robbins —, onde você está agora?". A maioria coloca-se entre 3 e 6, deixando espaço suficiente para elevar o nível.[56]

Assistir-se em vídeo pela primeira vez pode ser traumático, e a experiência, por si só, deve ajudá-lo a superar muitos problemas. Todavia, se você levar o aprimoramento a sério, peça um retorno dos observadores quanto ao seu desempenho enquanto assistem ao vídeo juntos. Para obter retorno honesto, fique com questões abertas, como estas: (1) Qual evidência de apoio foi mais eficaz? Por quê? Qual evidência de apoio foi ineficaz? Por quê? (2) A ordem dos achados ou argumentos ajuda a apoiar a conclusão? Por quê/Por que não? (3) Qual foi o elemento mais poderoso da apresentação? Por quê? (4) O que melhoraria a apresentação?[57]

Controle da ansiedade de desempenho

A **ansiedade de desempenho**, ou o medo do palco, é um medo produzido pela necessidade de fazer uma apresentação em frente a um público ou a uma câmera. Na fala em público, ela surge ao prever um desempenho ou acompanha o evento e causa efeitos negativos na qualidade da

Instantâneo

Superação do nervosismo

O medo de falar em público é tão frequente quanto o medo da morte e/ou da nudez pública. Não importa se você é um profissional experiente ou se é sua primeira palestra, o medo do palco, o medo ilógico de enfrentar um público, pode ser uma emoção paralisante. Como você lida com esses momentos em que sua mente começa a dar um branco e você fica nauseado? Patricia Fripp, palestrante premiada e instrutora de discurso, oferece algumas respostas. Ela sugere que você "precisa prever seu discurso mental, física e logisticamente". A preparação mental é a chave, e deve ter uma proporção de seis para um: invista três horas de preparação para um discurso de 30 minutos. Não existem substitutos para o ensaio. Passe algum tempo memorizando sua abertura e seu fechamento – três ou quatro frases cada. Embora você possa falar a partir das anotações, saber sua abertura e seu fechamento ajuda em sua fluência, permitindo que faça a conexão vital de bom relacionamento com seu público quando provavelmente estiver mais nervoso.

A aparência física do apresentador muitas vezes revela a ansiedade do desempenho com transpiração, olhar no vazio e tiques nervosos faciais.

Logisticamente, conheça a sala. Chegue o mais cedo possível para se sentir confortável com o ambiente. Pratique o uso do microfone e verifique os equipamentos. Uma rápida revisão de seus auxílios visuais também é útil. Depois, durante a apresentação, você pode concentrar-se no público e não se preocupar com o ambiente.

A parte física da superação do nervosismo é variada e pode ser limitada por seu contexto. Em um contexto de grupo pequeno, aperte mãos, cumprimente e faça contato visual com todos antes de começar. Em uma reunião maior, pelo menos faça contato com as pessoas na primeira fila. Faça-o com sinceridade, e eles torcerão pelo seu sucesso. O público não está esperando que você fracasse – ele está preocupado demais consigo mesmo – e está aí para ouvi-lo. Se possível, evite sentar enquanto estiver esperando para falar. Encontre uma posição na sala onde possa ficar em pé de vez em quando. A parte de trás da sala dá acesso ao banheiro e ao bebedouro.

Se o seu nível de ansiedade ainda estiver alto, então você precisa de uma descarga de energia. Comediantes e atores notam que fazer exercícios leves em seus camarins ou em outra área privada pode aliviar o excesso de energia. Patricia acrescenta: "Encontre um local privado e sacuda as mãos no ar. Relaxe o maxilar e balance sua cabeça de um lado para o outro. Depois balance as pernas, uma de cada vez. Fisicamente, tire a tensão de seu corpo". O objetivo é liberar energia nervosa suficiente para acalmar sua ansiedade – sem ficar tão tranquilo a ponto de esquecer seu propósito e público.

www.fripp.com

---

apresentação. Em casos extremos, o medo é uma fobia persistente, que deixa o indivíduo disfuncional em uma apresentação.

Ela tem inúmeros sintomas físicos: coração acelerado, tremor nas mãos e pernas, dores de estômago ou náusea, tiques nervosos faciais, rubor, urticária e boca seca. Mais de 56 milhões de citações em uma busca no Google por "medo de falar em público" dão crédito à difusão dessa ansiedade, que ocorre em vários níveis, em pessoas de todas as classes e históricos de experiência, de estudantes a profissionais experientes.[58]

Pesquisas detectaram cinco denominadores causais comuns entre indivíduos que sofrem de ansiedade de desempenho – todos baseados na autopercepção negativa:

1. Percebo ou imagino a presença de pessoas importantes para mim que podem julgar-me.
2. Considero a possibilidade de meu fracasso evidente em uma tarefa.
3. Sinto que preciso sair-me bem para evitar o fracasso.

4. Sinto-me inseguro quanto a sair-me bem ou não.
5. Concentro-me no meu comportamento e na minha aparência.[59]

De acordo com os autores, as estratégias ideais para lidar com a ansiedade de desempenho incluem: (1) reduzir o poder imaginado dos outros pela criação de consciência do próprio poder; (2) eliminar a imaginação de possibilidades negativas e pensar sobre os desfechos positivos de uma apresentação bem-sucedida; (3) manter o desempenho em perspectiva ao ver seu resultado como insignificante em relação à totalidade de sua vida; (4) lembrar-se de que não é possível controlar as reações ou os julgamentos de outras pessoas, mas apenas o próprio desempenho; e (5) focar a atenção fora do plano individual, aumentando a consciência dos outros, sem considerá-los como juízes. Em resumo, focar no "processo, e não nos resultados, no momento de experiência, e não no futuro, em objetivos de abordagem positivos, e não em objetivos de fuga negativos, na autoaceitação, e não na dúvida sobre si mesmo".[60] Veja na Figura 20-14 estratégias para reduzir a ansiedade de desempenho.

Alguns leitores dirão: "Entendo a psicologia, mas o que você pode sugerir que seja realmente prático?". A melhor coisa a fazer é estar esmagadora, meticulosa e totalmente preparado. Depois disso, exercite-se. Apresentadores precisam de exercícios físicos regulares para reduzir a tensão e o estresse. Dessensibilize-se com técnicas de relaxamento (meditação, yoga, Tai Chi, Qi Gong ou EFT, como muitos artistas fazem). Se possível, fale com alguns membros da

Estratégia sugerida	Ações para redução da ansiedade
Reduza o poder imaginado dos outros.	• Lembre-se de que você conhece a metodologia e os achados muito melhor que qualquer outra pessoa da plateia. • Lembre-se de que você tem novas informações e novas ideias que poderiam solucionar o problema do gestor. • Veja a si mesmo como o parceiro do público na solução do problema dele. • Vista roupas que aumentem seu poder (ternos ganham de roupas casuais).

Elimine a imaginação de possibilidades negativas.	• Lembre-se dos resultados positivos do patrocinador que adotar suas recomendações... sua empresa cresce, evita demissões, etc.
	• Planeje-se para contingências.
	  • Crie um kit para desastre, com cabos extras, lâmpadas de projeção e laptop.
	  • Grave sua apresentação em um CD e em um pendrive.
	  • Faça várias cópias de seus cartões de anotações de roteiro ou páginas de anotações de slide, colocando-as em lugares diferentes (bagagem, mochila, carro).
	  • Tenha cópias de handouts de seus slides como backup caso o PowerPoint não funcione bem.

Mantenha o desempenho em perspectiva.	• Pense na apresentação como uma oportunidade para experiência de aprimoramento da carreira. • Lembre-se do que fará mais tarde hoje ou amanhã que lhe proporcionará grande satisfação. • Planeje um jantar com amigos na noite a seguir da apresentação. • Planeje uma comemoração com seus colegas de trabalho após a sua apresentação.
Controle seu próprio desempenho.	• Faça algum exercício para queimar sua energia nervosa. • Coma algumas horas antes de ir ao palco para evitar hipoglicemia (pode fazê-lo sentir-se tonto) ou comida não digerida demais (pode provocar náusea). • Elabore seus materiais de apoio com grande cuidado. • Desenvolva exemplos, exercícios, slides e handouts fortes. • Pratique, pratique, pratique. • Aplique as técnicas de visualização que os profissionais utilizam. • Pouse suas mãos no púlpito para esconder o tremor.
Aumente sua consciência dos outros sem considerá-los juízes.	• Conheça seu público (todo, ou ao menos algumas pessoas) antes de sua apresentação. • Aprenda algo pessoal sobre alguns membros da audiência que os tornar "mais humanos": eles têm filhos que comem casca de árvore, gostam de Ki-Suco de morango, odeiam a luz do sol (ou a neve), têm um chihuahua chamado Brutus, etc.

Figura 20-14 Como lidar com a ansiedade de desempenho.

audiência antes do evento para aumentar sua confiança e seu bom relacionamento com o público. Antes da apresentação, ou enquanto estiver sendo apresentado, sente-se de maneira calma e respire lenta e profundamente.

Preparativos para instalações e equipamentos

Os preparativos para a ocasião e o local da apresentação envolvem a administração detalhada das instalações, dos problemas operacionais e dos equipamentos (púlpitos, luzes, projetores, cabos, controles, sistemas de som, vídeo, conferência pela internet, quadros eletrônicos, cavaletes para gráficos, displays/modelos/suportes). A preparação requer atenção à sala de reunião, disposição dos lugares, telas e iluminação, teste de praticamente tudo, com a preparação e o backup para desastres. Consulte na Figura 20-15 uma lista de verificação detalhada das atividades envolvidas no aperfeiçoamento dos preparativos.

Lista de verificação A		
Fonte	**Item**	**Considerações**
❏ Instalações	Sala de reunião	• No local × fora do local
		• Instalações adjacentes e barulho
		• Paredes sem enfeites: evitar distrações
		• Colocação de relógio
		• Entrada/saída oposta ao palestrante
		• Barreiras entre o apresentador e o público
	Iluminação	• Reostatos
		• Proximidade e descoloração da tela
		• Acesso a lâmpadas e instalações
	Energia elétrica	• Tomadas: localização
		• Extensões de energia
	Púlpito	• Móvel × fixo × plataforma
		• Localização e visibilidade
		• Tamanho adequado para os equipamentos do apresentador
	Temperatura	• Ajustável × central
		• Efeito sobre o público
	Lugares	• Estilo de teatro × conferência
		• Mesa de conferência para grupo pequeno: cerca de 10 a 15
		• Mesas individuais para grupo maior: cinco a seis por mesa
		• Formato em U para ter visibilidade e interação
❏ Telas de projeção	Tamanho	• 1/6 da distância da tela até o último espectador
	Visibilidade	• Ângulo lateral e elevação
	Projeção	• 1,2 m acima do nível do solo; distorção da imagem
	Barreira que interfira	• Colunas, luminárias pendentes, iluminação
	Luminosidade	• Refletividade: preto e branco × colorido
		• Sala com luz baixa × sala escura
❏ Sistema de som	Microfone	• Necessidade de especialista em som profissional
		• Acesso ao controle do sistema
		• Segurado na mão: a 15 a 25 cm verticais a partir do queixo
		• Segurado na mão fixo × sem fio
		• Proximidade de retorno
		• Conveniência de sistemas portáteis

Figura 20-15 Listas de verificação A e B para instalações e equipamentos. *(continua)*

Lista de verificação B		
Fonte	**Item**	**Considerações**
❑ Equipamento AV	Projetor LCD	• Portátil × instalado na sala
		• Compatibilidade projetor/PC
		• Alimentação para o computador
		• Localização operacional na sala
		• Controlador sem fio/mouse
		• Teclado sem fio (relacionado à reunião)
	Vídeo	• DVD/câmara de vídeo portátil/VCR
		• Transmissão pela internet
		• Teleponto
		• Tamanho do monitor de reprodução
		• Testes de sistema
	Videoconferência/Webinars	• Requisitos para PC × Mac
		• VoIP
		• Sistemas de autofalantes
		• Uma transmissão × interação de via dupla
		• Navegadores suportados
	Flipcharts/pôsteres	• Tamanho e visibilidade
		• Sistemas de suporte – cavaletes
	Quadros brancos eletrônicos	• Simulação da área de trabalho do PC
		• Criar arquivos de vídeo
		• Contação de histórias digital
		• Brainstorming
		• Transferir para PowerPoint
		• Usar para revisão/repetição

Figura 20-15 Lista de verificação A e B de instalações e equipamentos (*continuação*).
Fonte: adaptada parcialmente de Thomas Leech, *How to Prepare, Stage, and Deliver Winning Presentations* (Nova Iorque: AMACOM, 2004), pp. 167-87.

Resumo

1 Uma apresentação oral de pesquisa tem características singulares que a distinguem da fala em público, no entanto, também compartilha semelhanças. Normalmente, um pequeno grupo de pessoas está envolvido; as estatísticas muitas vezes constituem uma porção importante do tópico; os membros da audiência geralmente são gestores com interesse no assunto, mas só querem ouvir os dados e as conclusões que os ajudarão a tomar decisões críticas; o tempo de fala com frequência será menor que 20 minutos, mas pode durar mais que uma hora; e a apresentação normalmente é entremeada por perguntas e discussões.

2 A influência retórica de Aristóteles sobre a apresentação em administração no século XXI familiariza-nos com as possibilidades persuasivas em cada situação de apresentação. A base da persuasão tem três princípios de comprovação: *etos, patos* e *logos*. Nossa percepção do caráter de um apresentador afeta quão convincente achamos essa pessoa, ou seja, o *etos* do palestrante. *Patos* baseia-se na conexão emocional entre o palestrante e seu público. Envolve um apelo ao senso de identidade, ao autointeresse e às emoções do público. Com *logos*, o argumento lógico, encontramos razões explícitas de que o palestrante precisa para dar apoio a uma posição, transformando-se em evidências de apoio e técnicas analíticas que revelam e confirmam os achados e as conclusões dos pesquisadores.

3 Começamos a planejar a apresentação da pesquisa enfatizando o papel do público: Quem é o público? O que quer aprender? Por que esta apresentação está ocorrendo? Quando ocorrerá? Onde acontecerá? A pergunta mais importante é acerca da forma de pensar do público: Por que eu deveria me importar? As características demográficas e disposicionais do público também desempenham um papel. O públi-

co é composto por três tipos de aprendizes: visuais, auditivos e cinestésicos – todos com diferentes necessidades e estilos de aprendizagem. Para manter o público atento, os apresentadores de pesquisas devem observar a regra de 10 minutos variando seu conteúdo. Eles também devem entender que os argumentos apresentados no início ou no fim serão altamente influentes para a compreensão e motivação de outras pessoas para adotar ações.

4 As apresentações têm uma ampla variedade de estruturas organizacionais que o apresentador pode usar para construir um sistema, com isso auxiliando o público a acompanhar e entender a apresentação. Inúmeros padrões tradicionais de organização (temática, espacial, de classificação, de ordem de clímax, de problema/solução, cronológica, passado/presente/futuro, de causa/efeito/solução, de vantagens/desvantagens/recomendação e de relato de pesquisa) são opções viáveis, embora a sequência motivada, o estilo narrativo de desenvolvimento, a regra de três e o discurso de três pontos sejam estratégias organizacionais preferenciais.

5 Os materiais de apoio são as folhas nos ramos de sua estrutura organizacional. Eles incluem fatos, estatísticas, exemplos gerais e os específicos, depoimento/opinião de especialistas, analogia e metáfora, transmissão de experiência pessoal por meio de história e demonstrações.

6 A proficiência em apresentações de pesquisas requer a elaboração de bons materiais visuais e saber como usá-los. O culpado de apresentações visualmente fracas muitas vezes são os apresentadores que criam e organizam sua mensagem com o PowerPoint ou outro software de design (que estraga, domina e banaliza o conteúdo), em vez de fazê-lo em meio analógico, fora do computador. A visualização envolve o desenvolvimento e a organização de materiais de apoio que ajudem o público a entender seus achados. Diversos princípios psicológicos influenciam a visualização de sua apresentação: os princípios de relevância (apenas informações essenciais para o entendimento devem ser apresentadas), conhecimento apropriado (limitações no nível de conhecimento de seu público), limitações de capacidade (incapacidade de processar grandes quantidades de informações de uma vez só), alterações informativas (transmitir o que for novo em um slide separado ou *handout*), saliência (a atenção do público é atraída para grandes diferenças perceptíveis, discriminabilidade (duas propriedades têm de diferir em grande quantidade para serem discernidas) e organização perceptiva (ao estabelecer associações ou correlações entre achados-chave, seus materiais de apoio devem agrupar-se na proximidade uns dos outros).

Além de selecionar os elementos visuais corretos para comunicar seus achados e conclusões, conceitos fundamentais devem orientar a elaboração de seus materiais de apoio visual. Eles incluem preparação visual, auxílios de fluxo, visibilidade, espaço em branco, supremacia da imagem, contraste, compatibilidade, relação, simplicidade e clareza.

7 Como o palestrante transmite a mensagem é muito importante. Conduta, postura, traje e aparência como um todo devem ser apropriados para a ocasião. Ritmo do discurso, clareza do enunciado, pausas e gestos, tudo tem seu papel. Tom de voz, qualidade do tom e inflexões são questões dignas de preocupação. Técnicas de desenvolvimento de relação são essenciais a fim de que o palestrante possa captar e manter a atenção do público. Os modos de comunicação, pelos quais transmitirá a mensagem ao público, incluem fala de improviso, memorização, leitura de manuscrito e apresentação extemporânea. Descartamos a fala de improviso, pois não envolve preparação, e desencorajamos a memorização e a leitura de manuscrito devido à falta de conexão com o público. Os roteiros não têm lugar nas apresentações de pesquisas, nas quais os membros da audiência querem envolver-se na troca de informações, mas são importantes na fase de planejamento. As audiências aceitam o uso de anotações do palestrante, que são consistentes com apresentações extemporâneas.

Os detalhes fazem a diferença na apresentação eficaz, incluindo a redução da saturação, que dá a impressão de hesitação e falta de competência (repetição de vícios de linguagem, como "ãh", "hum", "sabe?", "tipo"). O uso de jargão é um perigo quando o público pode não ter formação nas técnicas de pesquisa ou de análise estatística. O jargão aumenta a linguagem confusa e reduz a simplicidade da mensagem. A comunicação não verbal é responsável por aproximadamente 50% a 93% do significado da comunicação e, por algumas vezes ser mais convincente de que a comunicação verbal, merece atenção cuidadosa. As principais categorias incluem contato visual, gestos, postura e orientação corporal e paralinguagem.

8 A prática é o ingrediente essencial que os superempreendedores e astros têm em comum. Ela serve para recriar o ambiente da apresentação conforme você pratica, evitar constrangimento posterior, verificar sua proporção entre material e tempo disponível, revelar furos em seu material de apoio e se preparar para o inesperado. Um ensaio em vídeo ajuda a superar muitos problemas, especialmente com retorno de seu público. O medo do palco ocorre em pessoas de todos os níveis e históricos de experiência, de estudantes a profissionais experientes. Embora existam diversas formas para lidar com ele, a melhor coisa a fazer é estar esmagadora, meticulosa e totalmente preparado.

Os preparativos para a ocasião e o local da apresentação envolvem a administração detalhada das instalações, dos problemas operacionais e dos equipamentos (púlpitos, luzes, projetores, cabos, controles, sistemas de som, vídeo, conferência pela internet, quadros eletrônicos, cavaletes para gráficos, displays/modelos/suportes). Além disso, a preparação requer atenção à sala de reunião, disposição dos lugares, telas e iluminação, teste de praticamente tudo, com a preparação e o backup para desastres.

Termos-chave

- análise do público 548
- analogia 557
- ansiedade de desempenho 571
- aprendizes auditivos 550
- aprendizes cinestésicos 550
- aprendizes visuais 550
- apresentação extemporânea 566
- apresentação na internet 551
- auxílios visuais 560
- cartões de anotações do palestrante 567
- clareza 565
- compatibilidade 563
- comunicação não verbal 569
- contato visual 569
- contraste 563
- demonstração 558
- depoimento 557
- discurso de três pontos 555
- efeito de primacidade 550
- efeito de recenticidade 550
- entimema 546
- espaço em branco 562
- estatísticas 556
- estrutura fotográfica 562
- *etos* 546
- exemplo 556
- exemplo específico 556
- fala de improviso 566
- fato 556
- gestos 569
- histórias 557
- jargão 568
- leitura de manuscrito 566
- *logos* 546
- memorização 566
- metáfora 557
- opinião de especialistas 557
- padrão narrativo 553
- paralinguagem 569
- *patos* 546
- postura e orientação corporal 569
- preparação visual 560
- princípio da discriminabilidade 560
- princípio de alterações informativas 560
- princípio de conhecimento apropriado 559
- princípio de limitações da capacidade 559
- princípio de organização perceptiva 560
- princípio de relevância 559
- princípio de saliência 560
- regra de três 555
- regra dos 10 minutos 551
- regra dos terços 562
- relação 563
- relato de pesquisa 553
- roteiro 567
- saturação 567
- sequência motivada 553
- simplicidade 563
- supremacia da imagem 562
- visibilidade 562
- visualização 559

Questões para discussão

Revisão de termos

1 Faça a distinção entre:
   a Fala de improviso e uma apresentação extemporânea.
   b A sequência motivada e o padrão de causa/efeito/solução da organização.
   c A *regra de três* na organização e a *regra dos terços* na visualização.
   d Saturação e jargão na elocução de uma apresentação.

2 Descreva as diferenças entre *logos*, *etos* e *patos* e seus usos para a apresentação de pesquisas.

3 Quais são os três tipos de aprendizes, e como a apresentação é diferente para cada um desses grupos em sua audiência?

Tomada de decisão em pesquisa

4 No dia anterior à sua apresentação, você está sofrendo de coração acelerado, leve tremor nas mãos e problemas no estômago. Quais medidas específicas você pode tomar para aumentar sua confiança e reduzir a ansiedade de desempenho?

5 Esboce um conjunto de auxílios visuais que você poderia usar em uma apresentação oral sobre os seguintes tópicos:
   a Como escrever um relatório de pesquisa.
   b A perspectiva para a economia ao longo do próximo ano.
   c Um grande artigo analítico na última edição da *BusinessWeek*.

6 Sua equipe da turma de métodos de pesquisa concluiu um projeto de campo para uma instituição financeira sobre eficácia da localização de filiais. A quais questões sobre a análise do público você deve responder conforme planeja sua apresentação?

Dando vida à pesquisa

7 Toda apresentação tem seu propósito. Qual foi o propósito da apresentação da Henry & Associates para a MindWriter?

8 Como a apresentação da Henry & Associates:
   a Realizou uma análise do público?
   b Envolveu a audiência?

Do conceito à prática

9 Em sua apresentação para uma empresa de capital de risco, você está montando seu plano de pesquisa para um aplicativo para smartphones que faz previsões de fluxo de caixa a curto prazo. Descreva como você usaria cada tipo de material de apoio para gerar interesse, esclarecer seu argumento, dar ênfase a um argumento e apresentar provas que resultem em convicção.

10 Usando a Figura 20-9, escolha uma técnica apropriada de gráfico para mostrar a diferença entre as atitudes de homens e mulheres em relação aos cinco principais anúncios do Super Bowl. (Você pode encontrar essa listagem em http://adbowl.com.)

11 Você está criando slides para uma apresentação que será dada para buscar um contrato de pesquisa com um dos principais fabricantes de brinquedos. Considerando os aspectos a seguir de sua apresentação – introdução, problema a ser resolvido, oportunidade de mercado, tecnologia, fabricação/produção, finanças, conclusão —, crie slides que representem quatro dessas áreas usando a Figura 20-13.

Direto das manchetes

12 Você está se preparando para fazer uma apresentação de pesquisa sobre a eficácia da propaganda da Toyota para renovar a confiança pública seguindo-se a seus atrasos na solução dos problemas de mau funcionamento no pedal do acelerador e travagem antibloqueio de veículos híbridos de alta tecnologia. Quais dos padrões de organização seriam apropriados para seu propósito? Por quê?

13 O julgamento por homicídio de Casey Anthony chegou às manchetes no mundo inteiro, não apenas pela cobertura de notícias passo a passo que recebeu, mas pelo veredito de "inocente" pela morte de sua filha, Caylee. Casey também não foi considerada culpada por abuso de menores agravado e de homicídio involuntário de menor. Esses vereditos foram dados após a apresentação de mais de 400 evidências e 90 testemunhas durante mais de 33 dias de depoimentos. Os jurados indicaram que algumas das evidências eram irrelevantes para sua discussão e decisão, ao passo que outras não foram convincentes. O promotor precisa escolher, entre as evidências coletadas, o que apresentará ao júri, assim como o pesquisador precisa fazer escolhas ao apresentar achados; e ambos precisam apresentar essas evidências de forma que se tirem as conclusões corretas. A opinião pública diferiu significativamente do veredito do júri. Quais diretrizes de apresentação podem ser obtidas para pesquisadores a partir dessa história das manchetes?

Casos (em inglês) no site do Grupo A

Mentes curiosas querem saber - AGORA!

Dominando a liderança de professores

NCRCC: planejando um novo rumo estratégico

Proofpoint: capitalização da paixão de um repórter por estatística

Você encontrará uma descrição de cada caso na seção Índice de Casos deste livro. Verifique no Índice de Casos quais fornecem dados, o instrumento de pesquisa ou outro material complementar. Para acessar os casos (em inglês), entre no site do Grupo A (www.grupoa.com.br) e procure pelo livro.

Índice de Casos

(disponíveis em inglês na página deste livro no site www.grupoa.com.br)

Uma joia de estudo

AgriComp

Hospital Infantil Akron

Atendimento de ligações

Campbell-Ewald cria consciência sobre a Associação Americana do Coração

Campbell-Ewald: R-E-S-P-E-I-T-O soletra fidelidade

A pesquisa pode resgatar a Cruz Vermelha?

Donatos: encontrando a nova pizza

HeroBuilders.com

Mentes curiosas querem saber – AGORA!

Hipóteses de testes da Marcus Thomas LLC para o desenvolvimento criativo da Troy-Bilt®

Dominando a liderança de professores

McDonald's testa o sanduíche de peixe

NCRCC: planejando um novo rumo estratégico

NetConversions influencia a Kelley Blue Book

Loteria de Ohio: pesquisa inovadora conduz à vitória

Open Doors: estendendo hospitalidade a viajantes com necessidades especiais

Proofpoint: capitalização da paixão de um repórter por estatística

Ramada demonstra seu *Personal Best*™

Starbucks, Bank One e Visa lançam Starbucks Duetto™ Visa

State Farm: cruzamentos perigosos

USTA: apresente seu *swing*

Yahoo!: *Consumer Direct* alia métricas de compra e anúncios na internet

Índice de Casos

Casos	Tipo	Cap. 01	Cap. 02	Cap. 03	Cap. 04	Cap. 05	Cap. 06	Cap. 07	Cap. 08	Cap. 09	Cap. 10	Cap. 11	Cap. 12	Cap. 13	Cap. 14	Cap. 15	Cap. 16	Cap. 17	Cap. 18	Cap. 19	Cap. 20
Uma joia de estudo	CE, T					X	X														
AgriComp	CE, A		X														X				
Hospital Infantil Akron	CE, V		X		X	X		X	X		X		X	X	X						X
Atendimento de ligações	CE, I				X	X	X							X	X						
Campbell-Ewald cria consciência sobre a Associação Americana do Coração	CE, V						X				X		X	X	X						
Campbell-Ewald: R-E-S-P-E-I-T-O soletra fidelidade	CE			X								X	X	X	X						
A pesquisa pode resgatar a Cruz Vermelha?	CE										X	X	X	X	X						
Donatos: encontrando a nova pizza	CE, V				X	X	X				X	X	X								
HeroBuilders.com	CE	X		X	X	X															
Mentes curiosas querem saber – AGORA!	CE, I				X	X	X	X			X	X	X	X		X		X	X	X	X
Hipóteses de testes da Marcus Thomas LLC para o desenvolvimento criativo da Troy-Bilt®	CE, I										X	X	X	X	X						
Dominando a liderança de professores	CE, I, A				X	X					X	X	X	X		X	X	X	X	X	X
McDonald's testa o sanduíche de peixe	CE									X						X					
NCRCC: planejando um novo rumo estratégico	CE, I, T, A				X	X		X	X	X	X	X	X	X		X	X	X	X	X	X
NetConversions influencia a Kelley Blue Book	CE, T	X						X	X			X									
Loteria de Ohio: pesquisa inovadora conduz à vitória	CE, Q, T, V						X	X			X		X	X	X	X	X	X	X	X	X
Open Doors: estendendo hospitalidade a viajantes com necessidades especiais	CE			X			X	X													
Proofpoint: capitalização da paixão de um repórter por estatística	CE, T		X					X			X	X	X	X	X		X	X	X		X
Ramada demonstra seu *Personal Best*	CE				X	X		X				X	X	X	X						
Starbucks, Bank One e Visa lançam Starbucks Card Duetto™ Visa	CV								X												
State Farm: cruzamentos perigosos	CE				X	X					X	X	X	X	X		X		X	X	X
USTA: apresente seu *swing*	CE, I, CV				X	X							X		X						
Yahoo!: *Consumer Direct* alia métricas de compra e anúncios na internet	CE											X						X			

LEGENDA:
CE = Caso por Escrito
A = Arquivo de Dados
T = Alguns dados tabulados/grafados
I = Instrumento
Q = Algumas Questões de Mensuração
CV = Caso em Vídeo
V = Algum material de vídeo

Uma joia de estudo

O Global Entrepreneurship Monitor Entrepreneurial Assessment, um projeto conjunto do Kauffman Center for Entrepreneurial Leadership do Babson College e da London Business School, fez um estudo em larga escala e de longo prazo para provar uma relação causal entre as políticas e iniciativas econômicas do governo, a atividade empreendedora resultante e o subsequente crescimento econômico. Este caso descreve a pesquisa com múltiplos estágios, incluindo milhares de entrevistas em diversos países por conhecidas empresas de pesquisa. **www.babson.edu; www.lsbf.org.uk; www.gemconsortium.org**

AgriComp

AgriComp, uma fornecedora de sistemas de computador para fazendeiros, pesquisou seus revendedores para alterar seu procedimento de resolver disputas sobre solicitação de garantia. Os revendedores locais eram responsáveis pela garantia dos produtos por meio de conserto local, seguido de um pedido de reembolso para a AgriComp. Os pedidos negados seguiam um processo interno na própria empresa. Os revendedores estavam reclamando sobre a justiça do processo de alegação e, em uma pesquisa recente, foram solicitados a responder a um processo alternativo, um mediador imparcial. O aluno deve revisar os resultados da pesquisa e determinar se valeria implantar o caro processo de mediação externa a fim de manter os revendedores contentes.

Hospital Infantil Akron

O nordeste do Estado de Ohio é um mercado de cuidados à saúde altamente competitivo, principalmente para o tratamento de crianças gravemente doentes. Com instituições renomadas de atendimento médico, como a Cleveland Clinic, que atuam no segmento de tratamento infantil, o Hospital Infantil Akron precisava de uma maneira de se diferenciar. A pesquisa apresentada neste caso ajudou a desenvolver o posicionamento do Hospital Infantil Akron e sua abordagem promocional, o que resultou em um aumento na taxa de ocupação de leitos, uma métrica essencial na indústria de cuidados à saúde. **www.akronchildrens.org; www.marcusthomasllc.com**

Atendimento de ligações

Este caso examina um estudo feito pela Prince Marketing para o TCS Management Group, parte da Aspect Communications e principal fornecedor de software para gestão de mão de obra, principalmente referente à gestão de call center. O estudo discute medidas de satisfação do cliente e procura prever o atendimento a um evento educativo de dois dias, o Users Forum. **www.aspect.com**

Campbell-Ewald cria consciência sobre a Associação Americana do Coração

Você jamais imaginaria que uma organização que faz tanto o bem quanto a Associação Americana do Coração teria baixo nível de reconhecimento por parte da população: no início do programa de pesquisa descrito, seu nível de lembrança não estimulada foi de apenas 16%. Para uma empresa que depende de contribuições, baixo reconhecimento é um enorme problema. Este caso apresenta a pesquisa por trás da primeira campanha de propaganda paga da Associação Americana do Coração. **www.c-e.com; www.americanheart.org**

Campbell-Ewald: R-E-S-P-E-I-T-O soletra fidelidade

Campbell-Ewald, a empresa de comunicação em marketing com sede em Detroit, parte da instituição global Interpublic Group of Companies, é uma empresa de consultoria que já conquistou prêmios. Este caso descreve a pesquisa por trás do esforço em mensurar e aprimorar a fidelidade do consumidor e o desenvolvimento de seus cinco princípios de respeito que levam ao compromisso mais forte do cliente. **www.c-e.com**

A pesquisa pode resgatar a Cruz Vermelha?

A Cruz Vermelha dos Estados Unidos apareceu em seu verdadeiro elemento depois de 11 de setembro de 2001. Ela foi inundada de doações para fazer seu trabalho altamente necessário e admirado. A maioria das doações foi para seu Fundo da Liberdade. Mas, logo depois que ela começou a dispersar os fundos, a mídia começou a fazer perguntas, e a Cruz Vermelha dos Estados Unidos não demorou a ficar com a reputação manchada. Saiba mais sobre a pesquisa que avaliou a percepção que os norte-americanos têm da Cruz Vermelha e como a pesquisa feita pela Wirthlin Worldwide ajudou a desenvolver um novo processo de solicitação de doações altamente eficiente. **www.wirthlin.com; www.redcross.org**

Donatos: encontrando a nova pizza

O segmento de pizza da indústria de fast food é muito agressivo. Conforme o gosto das pessoas muda e novas dietas entram na moda, as cadeias de restaurante precisam decidir se devem responder, e como. Este caso apresenta a pesquisa por trás do lançamento da pizza da Donato com baixo teor de carboidratos e como a empresa abandonou seu processo de pesquisa normal de desenvolvimento de produtos para tirar proveito de uma tendência atual. **www.donatos.com**

HeroBuilders.com

Emil Vicale, presidente do BBC Design Group, usou tecnologia de protótipo rápido (TPR) para construir protótipos tridimensionais de cera ou de plástico para os projetos de seus clientes Mas essa mesma tecnologia pode ser usada para fabricar bonecos personalizados. Logo após o 11 de setembro de 2001, a Vicale Corporation, controladora da BBC, adquiriu uma empresa de comércio eletrônico de brinquedos. O primeiro boneco de ação da Vicale foi feito em homenagem aos heróis que surgiram daquele evento. Usando TPR, ele desenvolveu um boneco com a cabeça de George W. Bush e o corpo do Arnold Schwarzenegger, e outros bonecos foram criados. Este caso é sobre uma empresa de design que usou pesquisa exploratória para definir um nicho no segmento de bonecos de ação. **www.herobuilders.com**

Mentes curiosas querem saber – AGORA!

Este caso descreve um estudo de comunicação em múltiplos estágios realizado pelo departamento de pesquisa da Penton Media, uma editora de revistas empresariais, para determinar a viabilidade a longo prazo de um serviço de leitor e anunciante – o cartão de serviço aos leitores, um instrumento do tamanho de um cartão postal usado pelos leitores para solicitar informações adicionais de um determinado anunciante. **www.penton.com**

Hipóteses de testes da Marcus Thomas LLC para o desenvolvimento criativo da Troy-Bilt®

A Troy-Bilt® trabalha com a Marcus Thomas LLC para desenvolver comunicações em marketing, incluindo campanhas publicitárias na televisão. Como parte de seu desenvolvimento criativo, a Marcus Thomas precisa entender o que motiva o interesse pela jardinagem e faz a publicidade mais efetiva dentro do setor de jardins e gramados e desenvolveu a hipótese de que "os consumidores que estão no mercado para comprar um produto entendem os anúncios de televisão de forma diferente daqueles que não estão no mercado de jardins e equipamentos de jardinagem". Ela utilizou um levantamento on-line empregando um grupo-controle, com a utilização de um vídeo, para testar essa hipótese e desenvolver a campanha subsequente. **www.marcusthomasllc.com; www.troybilt.com**

Dominando a liderança de professores

Este caso relata um estudo de comunicação em múltiplos estágios sobre professores feito pelo Departamento de Educação da Universidade de Wittenberg para determinar a viabilidade de iniciar um programa de Mestrado em Educação para professores certificados de Ohio trabalhando em distritos escolares que serviam a uma área de cinco municípios. **www.wittenberg.edu**

McDonald's testa o sanduíche de peixe

Este caso descreve o mercado de teste do sanduíche de peixe do McDonald's no sudoeste dos Estados Unidos. Os alunos devem supor que fazem parte da equipe de desenvolvimento de novos produtos e devem avaliar o projeto de pesquisa descrito. **www.mcdonalds.com**

NCRCC: planejando um novo rumo estratégico

O NCR Country Club teve início como um benefício para milhares de funcionários do National Cash Register. No fim da década de 1990, esses funcionários estavam envelhecendo rapidamente e havia a necessidade de aumentar o número de membros centrais. A NCRCC oferece dois campos de golfe, um deles já ganhou prêmios e é cenário de torneios da PGA. Mas o clube não estava atraindo novos membros, principalmente famílias jovens. Este caso é sobre um estudo de associação feito como parte de uma grande iniciativa da administração para avaliar diversas direções estratégicas que o clube poderia tomar para expandir o número de sócios. **www.ncrcountryclub.com**

NetConversions influencia a Kelley Blue Book

O Kelley Blue Book (KBB) é um dos sites de automóveis mais visitados na internet. Nele, os visitantes estimam o preço de um carro que estejam interessados em comprar ou vender. O KBB precisava aprimorar o desempenho de seu site para anunciantes, que havia se tornado a principal fonte de renda depois que as vendas do Kelley Blue Book impresso diminuíram. A NetConversions é um dos novos serviços de análise da internet que avaliam o desempenho de sites. Este caso revela como os sites são avaliados, a fim de que novos elementos de leiaute possam ser desenvolvidos e testados. **www.netconversions.com; www.kelleybluebook.com**

Loteria de Ohio: pesquisa inovadora conduz à vitória

A Loteria de Ohio foi originalmente desenvolvida como uma fonte adicional de financiamento de escolas públicas. Hoje os ganhos com jogos de loteria garantem aproximadamente 7% do orçamento anual da educação pública. Esta pesquisa foi originalmente realizada porque o diretor da loteria queria entender melhor os apostadores e obter mais informações sobre os não apostadores. O projeto da pesquisa descrito neste caso é de múltiplos estágios e incorpora o uso de pesquisa qualitativa e quantitativa. Este caso revela a pesquisa que guiou o programa promocional da Loteria de Ohio que incentiva a aposta em vários jogos. **www.marcusthomasllc.com; www.mrsi.com; www.ohiolottery.com**

Open Doors: estendendo hospitalidade a viajantes com necessidades especiais

Eric Lipp fundou a Open Doors Organization (ODO) para ajudar viajantes com deficiência. Com o objetivo de chamar a atenção das indústrias de viagem e hotelaria, e para fazer as mudanças desejadas por pessoas com necessidades especiais, a ODO realizou um grande projeto de pesquisa para estimar os gastos e as acomodações que seriam necessárias para fazer com que tais clientes viajassem mais. Harris Interactive foi escolhida para fazer a pesquisa multimétodo. Este caso descreve a metodologia e os efeitos do primeiro estágio de um estudo multifásico. **www.opendoorsnfp.org**

Proofpoint: capitalização da paixão de um repórter por estatística

A Proofpoint oferece software antispam e soluções em segurança de e-mail para grandes empresas. Seus produtos de software evitam o spam, protegem contra vírus de e-mail, garantem que as mensagens enviadas por funcionários obedeçam às políticas corporativas e previnem vazamentos de informações confidenciais por e-mail e outros protocolos de rede, como blogs e mensagens de texto. A Proofpoint sabia, com base em questionários enviados aos clientes, que o profissional de TI estava cada vez mais preocupado com questões de adesão à privacidade de informações. Acreditando que traçar esse painel mais amplo garantiria um espaço valioso e tempo de utilização de comunicação no negócio, TI e mídia predominante, a Proofpoint patrocinou uma série de levantamentos entre profissionais de TI. Este caso é sobre esses levantamentos. **www.proofpoint.com**

Ramada demonstra seu *Personal Best*™

Este caso descreve a pesquisa personalizada na indústria hoteleira que revelou tendências em satisfação do cliente e a pesquisa exclusiva do Ramada que levou ao desenvolvimento do programa de contratação, treinamento e motivação de funcionários, o Personal Best™. **www.ramada.com**

Starbucks, Bank One e Visa lançam Starbucks Duetto™ Visa

Na já estabelecida indústria de serviços financeiros, é difícil que um novo produto financeiro seja alvo das atenções ou seja nomeado um dos produtos de destaque do ano pela *Business Week*. Mas o que começou com uma forma de a Starbucks agregar valor a seu programa existente Starbucks Card se desenvolveu em um produto financeiro que muitas outras instituições estão interessadas em explorar. Este caso revela a pesquisa que foi feita para desenvolver essa nova opção de pagamento para os clientes da Starbucks. (Duração do vídeo em inglês: 11 minutos) **www.starbucks.com; www.bankone.com; www.visa.com**

State Farm: cruzamentos perigosos

State Farm, a maior seguradora de automóveis dos Estados Unidos, distribuiu uma lista das 10 intersecções mais perigosas com base em acidentes que geraram o acionamento do seguro por seus usuários. O que começou como um estudo para reduzir riscos tornou-se um estudo em andamento que direciona um grande esforço de relações públicas: a State Farm fornece fundos para comunidades para continuar a pesquisa de interseções perigosas e iniciar melhorias baseadas na pesquisa Este caso conta como a iniciativa Intersecções Perigosas da State Farm começou e como foi feita. **www.statefarm.com**

USTA: apresente seu *swing*

A Associação de Tênis dos Estados Unidos financiou uma das pesquisas mais agressivas já realizadas sobre um único esporte para revitalizar o tênis na mente dos consumidores. Os resultados da pesquisa foram complementados com pesquisa qualitativa pela Vigilante, uma especialista em campanhas de comunicação urbana. O que resultou foi uma iniciativa de marketing em grande escala envolvendo a criação de Centros de Boas-Vindas ao Tênis e a campanha Apresente seu Swing (*Come Out Swinging*), promoção de venda de mercadorias e campanhas de relações públicas. Este caso narra a pesquisa e mostra como a iniciativa de marketing se desenvolveu. (Duração do vídeo: 11 minutos) **www.usta.com; www.vigilantenyc.com; www.thetaylorgroup.com**

Yahoo!: *Consumer Direct* alia métricas de compra e anúncios na internet

Dois anos atrás, muitos especialistas em propaganda estavam lamentando a morte inevitável do anúncio na internet, mas talvez eles tenham feito um julgamento apressado. Este caso demonstra como o Yahoo!, em combinação com o *Homescan®* da ACNielsen, desenvolveu uma metodologia (*Consumer Direct*) para avaliar a verdadeira eficácia dos anúncios na internet, desde exposição de anúncios a carrinhos de compra, e o papel da Dynamic Logic na condução de avaliação de anúncios pós-exposição. **www.yahoo.com; www.acnielsen.com; www.dynamiclogic.com**

Apêndices

Apêndice A   **Briefings e Propostas de Pesquisa em Administração (com amostra)**

Apêndice B   **Guia de Debates para Grupos de Discussão**

Apêndice C   **Testes de Significância Não Paramétricos**

Apêndice D   **Tabelas Estatísticas Selecionadas**

Apêndice A

Briefings e Propostas de Pesquisa em Administração (com amostra)

Proposta de pesquisa

Muitos alunos e alguns pesquisadores empresariais enxergam o processo de proposta como um trabalho desnecessário. Na verdade, quanto mais inexperiente o pesquisador, mais importante é fazer uma proposta bem planejada e adequadamente documentada. O processo de proposta, mostrado na Figura A-1, usa dois documentos básicos: *o briefing de pesquisa e a proposta de pesquisa*. Quando a organização conta com especialistas em pesquisa em sua folha de pagamento, a proposta de pesquisa interna geralmente é tudo o que se precisa. No entanto, muitas vezes as empresas não têm capacidade e recursos adequados ou talentos especializados entre seus funcionários para executar um projeto, então elas utilizam fornecedores externos de pesquisa (incluindo especialistas em pesquisa, universidades, centros de pesquisa e empresas de consultoria). Começaremos pelo segundo cenário.

O briefing de pesquisa

É o documento formal emitido por um departamento de pesquisa corporativo, um tomador de decisão ou outro patrocinador para solicitar serviços de fornecedores de pesquisa. O desenvolvimento de um briefing bem escrito exige tempo e planejamento. Entretanto, o benefício para a organização patrocinadora é uma oportunidade de formalizar o processo de documentação, a justificativa e a autorização da encomenda da pesquisa. As solicitações de pesquisa são uma oportunidade de avaliar diferentes soluções e oferecer meios de estabelecer, monitorar e controlar o desempenho do fornecedor escolhido.

O pesquisador convida um fornecedor qualificado para enviar uma proposta de acordo com um formato específico e detalhado – entregue até determinado prazo. A determinação de um formato comum facilita a comparação entre propostas concorrentes. Cada empresa tem seus próprios requisitos, os quais são refletidos na forma do briefing e em como ele é distribuído. O governo estadunidense, por exemplo, deve, por lei, anunciar publicamente os briefings de pesquisa. Empresas privadas podem limitar os convites de fornecedores aos pretendentes que já solicitaram anteriormente, a fornecedores que ofereceram serviços no passado ou a um único proponente (fonte única). O mérito técnico e o orçamento do fornecedor para o custo do projeto determinam como os contratos são escolhidos.

Os fornecedores de pesquisa consideram os briefings uma fonte importante de negócios futuros e devem estar atentos para manter a credibilidade com clientes atuais e passados e conseguir uma propaganda boca a boca positiva. Guias profissionais ou serviços de listagem de empresas promovem a visibilidade do fornecedor. As empresas por vezes evitam o briefing formal como meio de contatar os fornecedores: elas podem convidá-lo a propor um projeto durante uma conversa e, mais tarde, pedir que você a formalize por escrito. Além disso, nem todos os projetos são propícios ao processo de solicitação de proposta. No entanto, na próxima seção, discutiremos como uma organização faz briefings altamente elaborados para lidar com problemas complexos de pesquisa.

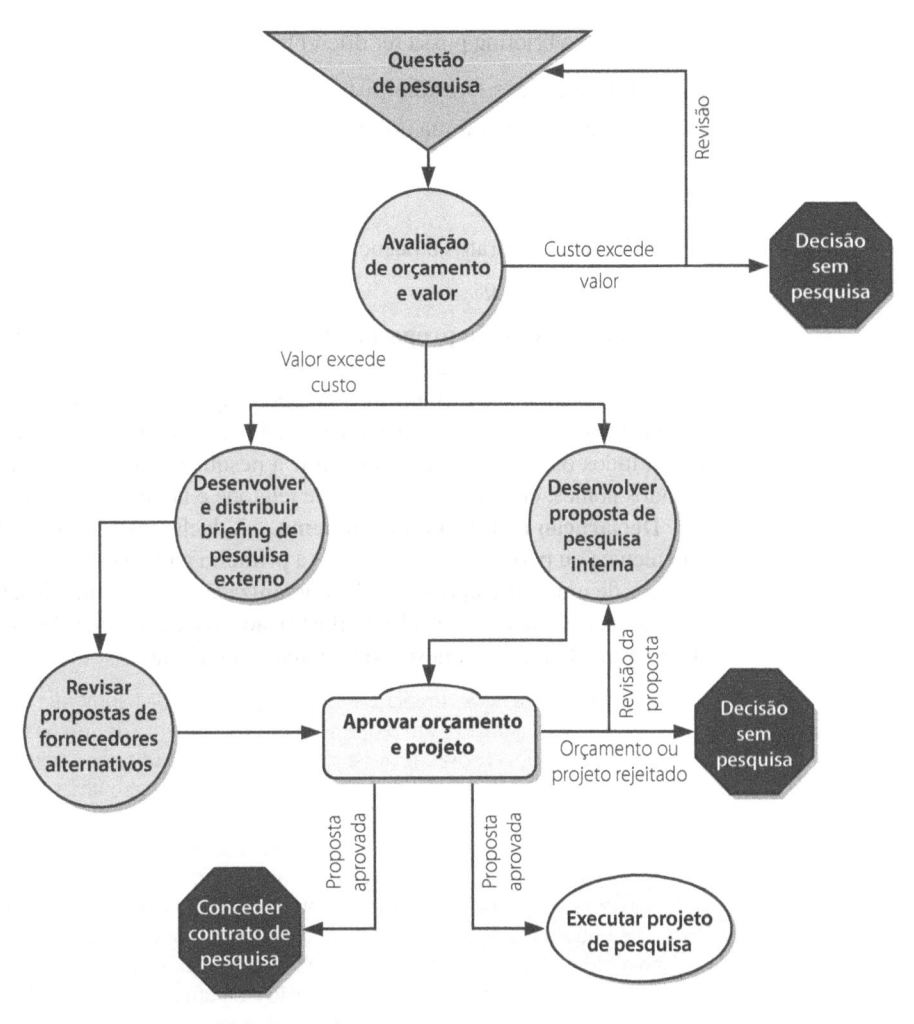

Figura A-1 O processo de proposta de pesquisa.

Como criar o briefing

O primeiro passo é definir e entender completamente o problema em questão. Em processos de briefing formal de pesquisa, especialistas internos definem o problema. Eles podem ser gerentes de marca, especialistas em novos produtos ou representantes de outros cargos. De maneira alternativa, um especialista ou um grupo de especialistas pode ser usado para auxiliar a definir o problema e posteriormente redigir o briefing de pesquisa, por exemplo, em um estudo de turismo, membros do departamento de comércio e especialistas em hotelaria, viagem, propaganda e entretenimento teriam participado sob solicitação do governador. Uma vez que o problema é definido, a seção técnica do briefing pode ser redigida.

Além de uma definição dos requisitos técnicos da pesquisa desejada, componentes essenciais do briefing incluem gestão de projeto, precificação e administração de contrato. Essas seções permitem que o potencial fornecedor de pesquisa compreenda e atenda às expectativas da equipe gerencial do patrocinador para os serviços contratados. Além disso, inclui-se uma seção sobre administração da proposta, incluindo datas importantes.

Uma atividade importante que precede isso é a qualificação dos fornecedores em potencial. Os patrocinadores devem determinar quais fornecedores têm a capacidade de concluir o projeto no prazo. Quando o projeto não é aberto a todos os proponentes, critérios como experiência no segmento, reputação, local geográfico, qualidade de trabalhos anteriores, tamanho da equipe e alianças estratégicas com outros fornecedores determinam quais proponentes serão elegíveis para receber o briefing de pesquisa.

Embora o briefing possa ser diferente de empresa para empresa, os componentes gerais são:

- Informações sobre administração da proposta.
- Declaração resumida do problema.
- Seção técnica.
- Seção de gestão.
- Seção de contratos e licença.
- Seção de preços.

Administração da proposta Esta seção é um panorama sobre informações importantes em relação à administração do projeto em si. Ela estabelece as datas do processo do briefing de pesquisa – quando ele é divulgado, quando a equipe está disponível para responder a perguntas, a data em que a pesquisa é esperada e as datas da avaliação e seleção dos fornecedores. Também inclui todos os requisitos para preparar a pesquisa e descreve como elas serão avaliadas. São listados nomes, endereços, números de telefone e fax dos contatos.

Declaração resumida do problema A declaração resumida pode ser um resumo de seção técnica ou pode ser incluída como a primeira página da seção técnica. Ela geralmente toma a forma de uma carta apresentando a organização que emitiu o briefing de pesquisa e explicando suas necessidades. A título de ilustração, usaremos uma declaração de problema da MindWriter que lida com a questão de satisfação do cliente:

> O call center das novas instalações do CompleteCare da MindWriter atualmente opera sem um registro automatizado e um processo de monitoramento. Temos dez revisores apoiando essa função, e os supervisores de nosso call center passam seis horas por mês monitorando a qualidade de nossos revisores. Estes dependem de uma programação gerada manualmente para selecionar representantes e horários de monitoramento. Quando os representantes estão em ligações ativas durante o horário de monitoramento, é um problema encontrá-los. No entanto, os revisores têm acesso ao software de agendamento on-line. Dessa forma, eles podem ver as telas das contas selecionadas pelo representante usando nossa própria ferramenta de software.
>
> A qualidade de nosso atendimento ao cliente e a satisfação resultante têm importância vital para a MindWriter. Precisamos aumentar substancialmente a eficiência do monitoramento de ligações de nossos clientes com automação e de um banco de dados registrado para revisão por agentes. Também precisamos descobrir até que ponto essas alterações técnicas em nosso processo melhoram as percepções dos clientes sobre nosso serviço.

Seção técnica As informações técnicas necessárias pelo fornecedor para criar o briefing são apresentadas nesta seção. Inicia-se descrevendo o problema a ser resolvido e os detalhes técnicos de cada requisito e depois, sem se aprofundar, os serviços a serem realizados e os equipamentos, o software e a documentação necessários. Esta seção não deve ser específica ou geral demais para dar aos fornecedores flexibilidade e criatividade razoáveis no projeto da pesquisa, mas também deve restringi-los para atender às necessidades do patrocinador. Tipicamente, devem constar os seguintes itens:

- Declaração do problema.
- Descrição dos requisitos funcionais (quais fases serão incluídas na pesquisa).
- Identificação de limitações (o que poderia limitar a criatividade no projeto da pesquisa).

Os requisitos funcionais do patrocinador ajudam os fornecedores a testar a abrangência das soluções propostas. Muitas vezes os patrocinadores pedem que o pesquisador proponente responda a algumas perguntas. No briefing de pesquisa da MindWriter, considerou-se uma variedade de questões funcionais:

Gravação
- Que proporção de ligações a sua solução proposta consegue gravar?
- Em que medida o seu sistema proposto pode ser representado em escala?
- Os representantes conseguem detectar o que está sendo gravado?

Integração e recuperação do sistema
- Você pode integrar fontes múltiplas de informação à plataforma de gravação?
- A solução proposta oferece cópias de segurança em caso de falha?
- A solução proposta armazena conversas junto com os dados correspondentes da ligação em um único banco de dados?
- As ligações gravadas podem ser ouvidas imediatamente?
- Como a solução proposta faz a busca de ligações para reprodução?
- Que volume de armazenamento arquivado de longo prazo está disponível?

Avaliação e análise
- Os dados das ligações podem ser exibidos visualmente para análise?
- Como as ligações são selecionadas para avaliação/classificação?
- É possível atribuir valores a cada questão e às categorias "desempenho do representante" ou "habilidade do representante"?
- A solução oferece capacidades de exploração de dados?
- De que forma a solução fornece suporte à análise gerencial de operações e desempenho empresarial?
- Como a solução se ajusta à filosofia de satisfação do cliente com o CompleteCare da MindWriter?

Estratégias para lidar com limitações incluem a especificação do que é previsto. Se o patrocinador exige que o fornecedor ofereça soluções criativas, o briefing de pesquisa descreve as limitações dentro das quais as soluções devem funcionar.

Um cliente de Jason Henry fornece um exemplo, a seguir, de limitações em seu briefing. O cliente está interessado em usar modelos de estudos anteriores e, portanto, precisa de consistência em seu projeto atual.

- Os tamanhos e especificações de amostra para vários mercados são:
  - Europa: 500 entrevistas completas.
  - Ásia: 500 entrevistas completas.
  - Estados Unidos: 300 entrevistas completas.
    - Diferenças regionais.
    - Diferenciação por segmento e marca.
- Proporção de amostra proposta para distribuidores/revendedores:
  - Revendedores = 90 – 95% dos participantes.
  - Distribuidores = 5 – 10%.

A criação de controle de qualidade técnica no briefing de pesquisa fortalecerá o projeto. Quando a seção técnica contém especificações completas e critérios claros para avaliar as propostas, mesmo proponentes inferiores devem fornecer a qualidade exigida para avaliação. Além disso, quando o briefing de pesquisa requer que o fornecedor ofereça relatórios técnicos durante o projeto, a gestão de projeto custa menos para a empresa. Quando não há um entendimento completo das limitações, os patrocinadores podem marcar uma reunião de planejamento com possíveis pesquisadores antes de responder ao briefing para esclarecer e examinar as opções.

Seção de gestão Todo projeto exige algum nível de gestão. A programação do patrocinador em termos de horários, planos e relatórios está incluída nesta seção. A seção de gestão também lista os requisitos para implantar horários, programação de treinamento e de relatórios, controle de qualidade e outras documentações. Se forem necessárias qualificações específicas do fornecedor, é aqui que devem ser mostradas. Também podem ser solicitadas referências dos clientes do fornecedor. Sites de documentação detalhada são cada vez mais usados para fornecer informações adicionais aos que foram convidados a enviar propostas. Os endereços dos sites são documentados no briefing de pesquisa.

Seção de contratos e licença Os tipos de contratos que o fornecedor deve assinar e qualquer acordo de confidencialidade são incluídos nesta seção. O fornecedor da pesquisa normalmente compartilha das informações confidenciais sobre estratégias e táticas de uma empresa, muito antes de que essas jogadas competitivas sejam realizadas, e está ciente dos desafios que ela enfrenta e das ações consideradas para lidar com esses desafios; portanto, a confidencialidade dessas informações é essencial. É neste contexto que o patrocinador deve discutir a proteção da propriedade intelectual e o uso de direitos autorais. As condições de pagamento e as melhores práticas exigidas também são explicitadas aqui. Geralmente, inclui-se uma amostra de contrato de compra. Uma vez que o documento de briefing é normalmente parte do contrato final, ele deve ser redigido com exatidão para evitar problemas de interpretação. Se uma tarefa não for descrita no briefing ou durante as negociações do contrato, a empresa não pode exigir que o fornecedor a realize.

Seção de preços   Para determinar o preço da proposta, os fornecedores devem receber todas as informações necessárias. Um formato que lista todas as atividades previstas ajuda o patrocinador a comparar o custo de propostas com abordagens distintas. A lista abaixo mostra exemplos de itens que podem ser incluídos:

- Serviços.
- Coleta de dados.
- Análise de dados.
- Reuniões com o cliente.
- Viagem.
- Incentivos para os entrevistados em levantamentos.
- Custos com correio e telefone.
- Reuniões sobre planejamento.
- Planejamento e ativação de internet.
- Instalações e equipamentos.
- Extensões a contratos de trabalho.
- Testes-piloto.
- Preparação de relatórios.
- Modelos de computador.
- Gestão de projetos.
- Custos com questionário e reprodução.
- Custos de mão de obra.
- Produtos entregues:
  - Treinamento.
  - Folders/literatura.
  - Videoteipes.
  - Relatórios.
  - Material promocional.

Padrões éticos são importantes para planejar a seção de preços, por exemplo, um patrocinador não enviaria um briefing de pesquisa para (1) ajudá-lo a planejar o orçamento do projeto, (2) estimar custos e ideias para um projeto que pretenda executar na empresa ou (3) criar a impressão de uma proposta competitiva quando pretende usar uma única fonte para o projeto.

Formato   Os requerimentos de formato para briefings de pesquisa podem variar muito. As seções anteriores refletem requisitos de informação, em vez de um esquema de briefing. Um formato típico contém os seguintes elementos:

- Instruções aos proponentes.
- Contexto.
  - Visão geral ou perfil da empresa do comprador.
  - Visão geral do projeto.
  - Requisitos do projeto.
- Informações do fornecedor.
  - Perfil da empresa.
  - Histórico e descrição.
  - Resumo jurídico (processos ativos ou litígio pendente).
  - Parcerias e alianças.
  - Referências.
- Solução proposta.
- Serviços e suporte.
- Proposta de custo.
  - Preço dos serviços.
  - Preço de manutenção.
  - Termos e condições contratuais.

Como cada projeto de pesquisa é geralmente único, as práticas industriais sugerem que uma avaliação cuidadosa deve ser feita ao qualificar potenciais fornecedores de pesquisa. A Figura A-2 oferece uma lista de verificação desenvolvida a partir de recomendações de profissionais e associações.

Para recapitular, o gerente, o departamento de pesquisa ou o patrocinador da pesquisa devem atingir diversos objetivos no processo de solicitação de pesquisa: qualificar potenciais fornecedores, redigir e distribuir o briefing de oito a dez semanas antes da data exigida, estar disponível para responder às questões do fornecedor ou fazer conferências antes de receber as propostas, avaliá-las com base em critérios conhecidos, conceder contratos, iniciar o projeto nas datas publicadas e dar um retorno para todos os fornecedores que enviaram propostas. O último item ajudará proponentes malsucedidos a se tornarem competitivos no futuro e manter sua boa vontade para projetos futuros.

Um briefing de pesquisa bem escrito permite que uma organização exija propostas de alta qualidade para lidar com problemas complexos. Se o briefing não for feito adequadamente, o processo levará mais tempo, sairá mais caro e não oferecerá uma solução completa a longo prazo; logo, quando um gerente solicita um projeto de pesquisa usando um briefing, é essencial investir tempo e esforço no começo.

Digamos que você é um pesquisador e recebeu um briefing de pesquisa. Qual é o próximo passo? Primeiro, você decide se a criação da proposta compensa seu investimento de tempo e esforço. Mesmo que você não esteja respondendo ao briefing, familiarizar-se com as propostas

Fornecedor de pesquisa
- Experiência com pesquisa e situação no mercado, incluindo certificação adequada.
    - Escopo/tipo de pesquisa realizada (quantitativa *versus* qualitativa *versus* ambas; desenvolvimento de criação de propaganda, teste de produto, microlocalização, etc.).
        - Conhecimento de metodologias específicas de pesquisa (p. ex.: pesquisa com crianças, etnografia visual, análise conjunta).
- Tipos de clientes.
    - Conhecimento de mercados específicos.
        - Conexões ou associações internacionais, se necessário.
- Nenhum conflito de interesses.
- Código de desempenho ético.

Equipe do fornecedor de pesquisa
- Habilidade e experiência para gerenciar o projeto.
- Habilidade e experiência para conduzir a pesquisa desejada.
    - Especialistas, conforme necessário (psicólogos, antropólogos, especialistas em internet, etc.).
- Entendimento das várias funções empresariais.

Instalações, procedimentos e gestão de qualidade do fornecedor de pesquisa
- Sistema compatível de gestão de projetos.
- Disposições contratuais compatíveis, incluindo cobrança.
- Procedimentos compatíveis para lidar com satisfação e reclamação do cliente.
- Procedimentos desejados de garantia de qualidade.
- Organização e procedimentos desejados e instalações apropriadas.
    - Coleta de dados (entrevistadores, treinamento de entrevistadores, entrevista telefônica assistida por computador, entrevistas pessoais assistidas por computador, metodologias exclusivas, etc.).
        - Operações de campo.
        - Configurações de laboratório (teste de gosto, teste de produtos, etc.).
        - Manuseio dos dados (interno ou terceirizado, softwares usados, etc.).
    - Desenvolvimento/obtenção de amostras.
- Procedimentos e diretrizes-padrão compatíveis de relatórios.
- Práticas desejadas de apresentação de resultados.

Figura A-2 Lista de verificação para qualificar fornecedores de pesquisa.

Fonte: Essa lista de verificação foi desenvolvida a partir de recomendações de profissionais da área e de materiais sobre o site da ESOMAR: http://www.esomar.nl/guidelines/CommissioningResearch.htm.

pode ser útil. Como pesquisador, você poderia considerar a produção de todos os seus projetos usando uma estrutura ou um modelo semelhante ao formato da proposta.

A proposta de pesquisa

Uma **proposta** é a oferta de uma pessoa ou de uma empresa para produzir um produto ou prestar um serviço para um potencial comprador ou patrocinador. O objetivo da proposta de pesquisa é:

1. Apresentar a questão gerencial a ser pesquisada e relatar sua importância.
2. Discutir os esforços de outras pesquisas relacionadas a questões de gestão.
3. Sugerir os dados necessários para resolver a questão gerencial e sugerir como os dados devem ser coletados, tratados e interpretados.

Além disso, uma proposta de pesquisa deve apresentar o plano, os serviços e as credenciais do pesquisador da melhor forma possível para encorajar a seleção daquela proposta, e não das propostas concorrentes. Na área de pesquisa, a sobrevivência das empresas depende de sua capacidade de desenvolver propostas vencedoras.[1] A proposta também é conhecida como plano de trabalho, prospecto, esboço, declaração de intenção ou minuta.[2] A proposta nos diz o quê, por quê, como, onde e para quem a pesquisa será feita. Ela também deve informar o benefício resultante da pesquisa.[3]

A proposta de pesquisa é essencialmente um mapa rodoviário, mostrando claramente o ponto de partida de uma jornada, o destino a ser alcançado e o método para chegar lá. Propostas bem preparadas incluem potenciais problemas que podem ser encontrados durante o caminho e métodos para evitá-los ou solucioná-los, da mesma forma que um mapa rodoviário indica rotas alternativas para um desvio.

Utilização de patrocinador

Toda pesquisa tem um patrocinador, de uma forma ou de outra. O estudante pesquisador está subordinado ao professor. Em um ambiente corporativo, se a pesquisa está sendo feita internamente por um departamento de pesquisa ou, sob contrato, com uma empresa externa de pesquisa, a gerência patrocina a pesquisa. Pesquisas patrocinadas por universidades, governo ou corporações usam comitês para avaliar o trabalho.

Uma proposta de pesquisa permite ao patrocinador avaliar a sinceridade do objetivo do pesquisador, a clareza do projeto da pesquisa, a capacitação profissional do pesquisador e sua aptidão para assumir o projeto. Dependendo do tipo de pesquisa e do patrocinador, vários aspectos de um projeto de proposta padrão são enfatizados. A proposta mostra a disciplina, a organização e a lógica do pesquisador, permitindo que o patrocinador da pesquisa avalie tanto o pesquisador como o projeto proposto, comparando-os com as propostas concorrentes em relação às necessidades organizacionais, escolares ou científicas e fazendo a melhor seleção para o projeto. Uma proposta mal planejada, mal escrita ou mal organizada prejudica mais a reputação do pesquisador do que a decisão de não apresentar uma proposta.

A comparação dos resultados do projeto de pesquisa com a proposta também é o primeiro passo para o processo de avaliação geral da pesquisa. Ao comparar o produto final com os objetivos declarados, é fácil para o patrocinador decidir se o objetivo da pesquisa – uma melhor decisão em relação à questão gerencial – foi alcançado.

Outro benefício da proposta é a disciplina que ela garante ao patrocinador. Muitos gestores, ao solicitarem uma pesquisa interna ao departamento responsável, não definem adequadamente o problema do qual estão tratando. A proposta de pesquisa age como um catalisador para a discussão entre a pessoa que faz a pesquisa e o gerente. O pesquisador transforma a questão gerencial, descrita pelo gerente, em uma questão de pesquisa e destaca os objetivos do estudo. Depois da revisão, o gerente pode descobrir que a interpretação do problema não engloba todos os sintomas originais. Assim, a proposta atua como uma base para discussões adicionais entre o gerente e o pesquisador até que todos os aspectos da questão gerencial sejam entendidos. Partes da questão gerencial podem não ser pesquisáveis, ou pelo menos não estarem sujeitas a estudo empírico. Pode ser necessário propor um projeto alternativo, como um estudo qualitativo ou análise de políticas. Depois de finalizar as discussões, o patrocinador e o pesquisador devem redigir cuidadosamente

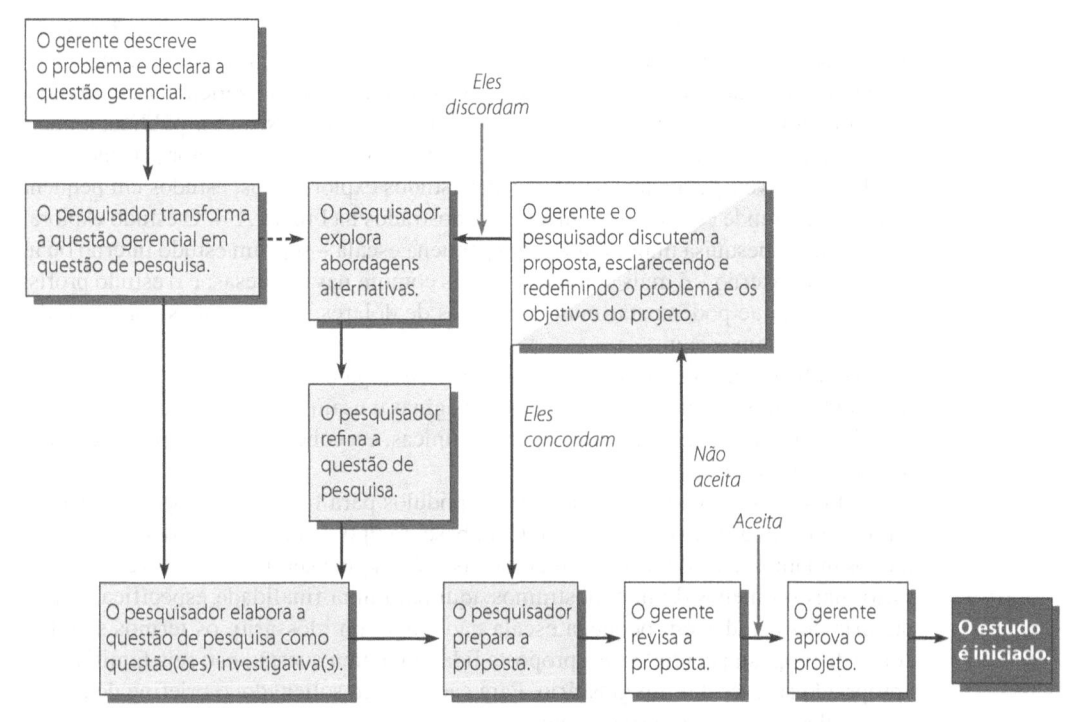

Figura A-3 Desenvolvimento da proposta.

[Fluxograma: O gerente descreve o problema e declara a questão gerencial. → O pesquisador transforma a questão gerencial em questão de pesquisa. → O pesquisador explora abordagens alternativas. → O gerente e o pesquisador discutem a proposta, esclarecendo e redefinindo o problema e os objetivos do projeto (Eles discordam / Eles concordam). → O pesquisador refina a questão de pesquisa. → O pesquisador elabora a questão de pesquisa como questão(ões) investigativa(s). → O pesquisador prepara a proposta. → O gerente revisa a proposta. → O gerente aprova o projeto (Não aceita / Aceita). → O estudo é iniciado.]

uma questão de pesquisa. Como revela a Figura A-3, o desenvolvimento da proposta pode processar-se de forma interativa até que o patrocinador autorize a execução da pesquisa.

Benefícios do pesquisador

Uma proposta traz mais benefícios para o pesquisador do que para o patrocinador. O processo de preparar uma proposta incentiva o pesquisador a planejar e rever os passos lógicos do projeto. Deve-se pesquisar literatura em administração e de pesquisa relacionada ao tema para desenvolver a proposta. Essa revisão leva o pesquisador a avaliar abordagens anteriores e questões gerenciais semelhantes, revisando o plano de pesquisa adequadamente. Além disso, o desenvolvimento da proposta oferece a oportunidade de observar falhas na lógica, erros nas suposições ou até mesmo questões gerenciais que não estejam sendo adequadamente abordadas pelos objetivos e pelo projeto.

O pesquisador interno ou contratado usa a proposta de pesquisa aprovada como um guia durante toda a investigação. Pode-se monitorar o progresso e observar os fatos importantes. No final, a proposta fornece um guia para o relatório final de pesquisa.[4]

Como em qualquer outra empresa, o pesquisador contratado obtém benefício ao estimar corretamente custos e preço do projeto de pesquisa. Um processo de proposta cuidadoso deve revelar todas as atividades relacionadas a custo, tornando essa estimativa mais exata. Como muitas atividades associadas a custo estão relacionadas a tempo, uma proposta dá vantagens ao pesquisador quando força uma estimativa de tempo para o projeto. Essas estimativas de tempo e custo encorajam o pesquisador a planejá-lo de forma que o trabalho progrida disciplinadamente em direção ao prazo estabelecido. Já que muitas pessoas tendem a adiar as coisas, o fato de ter uma programação as ajuda a trabalhar metodicamente até a finalização do projeto. Os pesquisadores frequentemente desenvolvem gráficos Gantt de passos lógicos da pesquisa, semelhante ao gráfico mostrado na Figura 5-11 do Capítulo 5, como documento de trabalho ao desenvolver respostas ao briefing.

Tipos de propostas de pesquisa

Em geral, as propostas de pesquisa podem ser divididas entre aquelas geradas para públicos internos e externos. Uma proposta interna é feita por uma equipe de especialistas na área ou pelo departamento de pesquisa da empresa. As propostas externas, patrocinadas por universidades, órgãos governamentais, contratantes governamentais, organizações sem fins lucrativos ou corporações, podem ser classificadas como solicitadas ou não solicitadas. Com poucas exceções, quanto maior o projeto, mais complicada a proposta. No setor público, a complexidade geralmente é maior do que aquela encontrada em uma proposta do setor privado.

Há três níveis gerais de complexidade: estudos exploratórios, estudos em pequena escala e estudos em grande escala. Esses níveis são mostrados na Figura A-4. O estudo exploratório gera a proposta de pesquisa mais simples; em pequena escala – seja um estudo interno ou um projeto de contrato externo – é mais complexo e mais comum nas empresas; e o estudo profissional em larga escala, que pode custar muitos milhões de dólares, é o tipo mais complexo de proposta com a qual lidamos aqui.

As solicitações de proposta para projetos de larga escala dos órgãos governamentais normalmente geram propostas de centenas de páginas e usam os mesmos módulos discutidos a seguir. No entanto, cada órgão tem exigências únicas, e a cobertura generalizada de tudo vai além do escopo deste livro.

A Figura A-5 mostra um conjunto de módulos para fazer uma proposta, cuja ordem pode representar um guia para a proposta. Com base no tipo de proposta elaborada, é possível escolher os módulos apropriados para inclusão. Isso é um guia geral e algumas vezes pode ser necessário mais ou menos do que mostramos aqui para uma finalidade específica, por exemplo, a maioria dos estudos em pequena escala não exige um glossário, os termos são definidos no corpo da proposta; contudo, se a proposta lidar com uma questão não seja familiar à diretoria, é apropriado acrescentar um glossário. Para cada estudo solicitado, o briefing de pesquisa indica os módulos necessários e sua ordem.

Propostas internas

As propostas internas são mais sucintas do que as externas. Na parte menos complexa da linha mostrada na Figura A-4, um memorando de até três páginas, do pesquisador para a diretoria, informando a declaração do problema, os objetivos do estudo, o projeto da pesquisa e a programação, é suficiente para iniciar um estudo exploratório. Empresas privadas e públicas se preocupam com a forma de resolver um determinado problema, tomar uma decisão ou melhorar um aspecto de seu negócio. Raramente as empresas fazem estudos de pesquisa por outras razões.

Independentemente de qual seja o público-alvo, na proposta em pequena escala, a revisão da literatura e a bibliografia não são tão importantes e podem sempre ser declaradas de forma breve no projeto da pesquisa. Como os gestores insistem na brevidade, um resumo executivo é obrigatório para todas as propostas, exceto as muito simples (projetos que podem ser propostos em um memorando de duas páginas não precisam de resumo executivo). Para conseguir

Tipo		Complexidade					
	Menos						Mais
Propostas empresariais							
Internas	Estudo exploratório		Estudo em pequena escala		Estudo em grande escala		
Externas		**Contrato de pesquisa exploratória**		**Contrato de pesquisa em pequena escala**		**Contrato de pesquisa em larga escala**	**Contrato de pesquisa em larga escala**
Patrocinadas pelo governo							
Propostas acadêmicas		Trabalho de conclusão de curso		Dissertação de mestrado		Tese de doutorado	

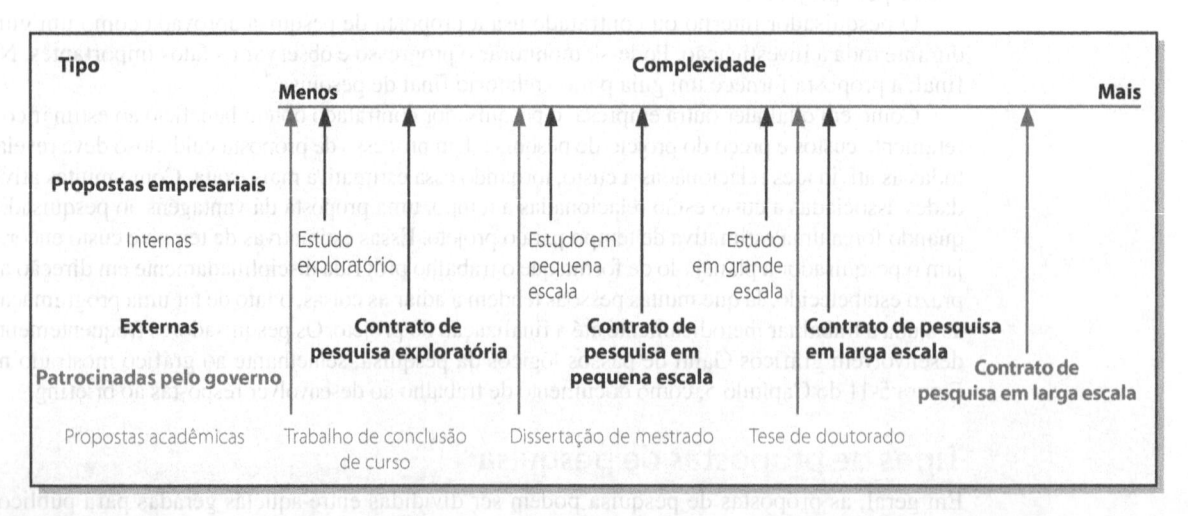

Figura A-4 Complexidade da proposta.

Módulos da proposta	Gerencial - Internas: Estudo exploratório	Gerencial - Internas: Estudo em pequena escala	Gerencial - Internas: Estudo em grande escala	Gerencial - Externas: Contrato exploratório	Gerencial - Externas: Contrato em pequena escala	Gerencial - Externas: Contrato em grande escala	Governamental: Contrato em grande escala	Estudantes: Trabalho conclusão de curso	Estudantes: Dissertação de mestrado	Estudantes: Tese de doutorado
Resumo executivo		✔	✔	✔	✔	✔	✔			
Declaração do problema	✔	✔	✔	✔	✔	✔	✔	✔	✔	✔
Objetivos da pesquisa	✔	✔	✔	✔	✔	✔	✔	✔	✔	✔
Revisão de literatura			✔			✔	✔		✔	✔
Importância/benefícios do estudo		✔	✔	✔	✔	✔	✔			✔
Projeto de pesquisa	✔	✔	✔	✔	✔	✔	✔		✔	✔
Análise de dados						✔	✔			✔
Natureza e formato dos resultados		✔	✔		✔	✔	✔		✔	✔
Qualificação dos pesquisadores				✔	✔	✔	✔			
Orçamento		✔	✔	✔	✔	✔	✔			
Programação	✔	✔	✔	✔	✔	✔	✔			✔
Instalações e recursos especiais			✔	✔	✔	✔	✔		✔	✔
Gerenciamento de projeto			✔			✔	✔			
Bibliografia			✔			✔	✔	✔	✔	✔
Apêndices/glossário de termos			✔			✔	✔		✔	✔
Instrumento de mensuração			✔			✔	✔			✔

Figura A-5 Módulos para inclusão nas propostas: uma comparação entre propostas empresariais e propostas de estudantes.

comprometimento de fundos, é necessário fazer programação e orçamento. Para os projetos em menor escala, não são necessárias descrições de instalações e recursos especiais, nem glossário. Se os projetos pequenos forem patrocinados por gestores familiarizados com o problema, o jargão associado, as exigências e as definições podem ser incluídos diretamente no texto. Além disso, não se exigem instrumentos de mensuração e módulos de gerenciamento do projeto, pois os gestores normalmente deixam esses detalhes para os pesquisadores.

Propostas externas

Uma proposta externa pode ser solicitada ou não solicitada. Uma **proposta solicitada** é normalmente uma resposta a um briefing de pesquisa. Provavelmente essa proposta concorre com várias outras por um contrato; já uma **proposta não solicitada** representa a sugestão de um pesquisador externo para fazer uma pesquisa, por exemplo uma empresa de consultoria propondo um projeto de pesquisa a um cliente que contratou a consultoria por outras razões; ou uma empresa de pesquisa que propõe um estudo personalizado a uma associação comercial para resolver problemas resultantes de mudanças no ambiente cultural ou político-legal. As propostas não solicitadas têm a vantagem de não concorrer com outras, mas têm a desvantagem de ter que especular sobre as ramificações de um problema gerencial enfrentado pela diretoria da empresa. Além de ser uma pessoa de fora avaliando um problema interno, o autor de uma proposta não solicitada deve decidir para quem o documento deve ser enviado. Tais propostas são normalmente sensíveis ao tempo, de forma que uma oportunidade pode ser perdida antes que uma proposta redirecionada encontre o destinatário correto.

As seções mais importantes da proposta externa são objetivos, projeto, qualificações, programação e orçamento. Na pesquisa por contrato, as seções de resultados e objetivos são os padrões de avaliação com os quais o projeto concluído é comparado, e o resumo executivo de uma proposta externa pode ser incluído na carta de acompanhamento. Quanto maior a complexidade do projeto, maior a necessidade de informações sobre seu gerenciamento, instalações e recursos especiais. Nas propostas patrocinadas pelo governo estadunidense, é preciso dedicar atenção especial a cada uma das especificações no briefing de pesquisa, pois ignorar ou não atender a qualquer especificação significa desqualificar automaticamente sua proposta.[5]

Procure no site do Grupo A por um exemplo de proposta externa.

Como estruturar a proposta de pesquisa

Analisando novamente a Figura A-5 com essa referência, você pode montar um conjunto de módulos que atendam às necessidades de proposta de seu público-alvo. Os módulos seguintes são flexíveis, de forma que seu conteúdo e tamanho podem ser adaptados de acordo com necessidades específicas.

Resumo executivo

O **resumo executivo**, documento essencialmente informativo, permite a um gerente ou patrocinador ocupado entender rapidamente o escopo da proposta sem ter que ler os detalhes.[6] O objetivo do resumo é assegurar uma avaliação positiva do executivo que passará a proposta a seus assistentes para uma avaliação completa. Dessa forma, o resumo executivo deve incluir declarações resumidas do problema gerencial e da questão gerencial, os objetivos da pesquisa, a questão (ou questões) de pesquisa e os benefícios de seu enfoque. Se a proposta não foi solicitada, também é recomendável fazer uma descrição breve de suas qualificações.

Declaração do problema

Esta seção precisa convencer o patrocinador a continuar lendo a proposta, logo, deve-se prender a atenção do leitor ao declarar o problema gerencial, seu histórico, suas consequências e a questão gerencial resultante. Deve-se enfatizar a importância de resolver a questão gerencial aqui, caso não haja na proposta um módulo separado sobre importância/benefícios do estudo. Além disso, esta seção deve incluir quaisquer restrições ou áreas da questão gerencial que não serão abordadas.

Declarações de problemas amplas não podem ser abordadas adequadamente em um estudo. É importante que a questão gerencial faça uma distinção clara entre o problema principal e outros problemas relacionados. Assegure-se de que sua declaração de problema seja clara, sem o uso de expressões ou clichês. Depois de ler essa seção, o potencial patrocinador deve conhecer o problema, a questão gerencial e sua importância, e saber por que algo deve ser feito para mudar a situação.[7]

Objetivos da pesquisa

Esse módulo aborda o objetivo da investigação. É aqui que você informa exatamente o que está sendo planejado para a pesquisa proposta. Em um estudo descritivo, os objetivos podem ser declarados como a questão de pesquisa. Lembre-se de que esta pode ser desdobrada em questões investigativas. Se a proposta for para um estudo causal, então os objetivos podem ser redefinidos como uma hipótese.

O módulo de objetivos parte naturalmente da declaração do problema, dando ao patrocinador metas específicas, concretas e atingíveis. É bom listar os objetivos, seja em ordem de importância ou começando com termos gerais, passando depois para termos específicos (ou seja, questão de pesquisa seguida pelas questões investigativas). A questão (ou questões) de pesquisa (ou hipótese, se apropriado) deve estar em destaque no texto para ser rapidamente identificada.

A seção de objetivos da pesquisa é a base para julgar o restante da proposta e o relatório final; sendo assim, verifique a consistência da proposta analisando se cada um dos objetivos é discutido nas seções de processo de pesquisa, análise de dados e resultados.

Revisão de literatura

A seção de **revisão de literatura** examina estudos de pesquisa recentes (ou historicamente importantes), dados da empresa ou relatórios do segmento que servem como base para o estudo proposto. Inicie sua discussão sobre a literatura relacionada e dados secundários relevantes a partir de uma perspectiva ampla, passando para estudos mais específicos, associados ao seu problema. Se este tiver uma origem histórica, comece com as referências anteriores, pois uma revisão da literatura pode revelar que o patrocinador pode responder à questão gerencial com uma busca nos dados secundários, e não com a coleta de dados primários.

Evite os detalhes irrelevantes da literatura; faça uma breve revisão das informações, não um relatório amplo. Se encontrar algo interessante em uma citação, procure a publicação original e certifique-se de que entendeu a citação, evitando assim erros de interpretação ou transcrição. Enfatize os resultados importantes e as conclusões de outros estudos, os dados significativos e as tendências de pesquisas prévias e determinados métodos ou projetos que poderiam ser reproduzidos ou evitados; discuta como a literatura se aplica ao estudo que você está propondo; e mostre os pontos fracos ou falhas no projeto propondo como você evitaria problemas semelhantes. Se sua proposta lidar apenas com dados secundários, discuta a importância dos dados e os vieses ou falta de vieses inerentes.

A revisão de literatura também pode explicar a necessidade de que o trabalho proposto avalie as deficiências e/ou falhas de informação nas fontes de dados secundários. Essa análise pode ir além da simples avaliação da disponibilidade ou conclusões de estudos passados em seus dados, examinando a exatidão de fontes secundárias, a credibilidade dessas fontes e sua adequação para os estudos anteriores.

Encerre a seção de revisão da literatura sintetizando os aspectos importantes da literatura e interpretando-os nos termos de seu problema e refine-o conforme necessário à luz de suas descobertas.

Importância/benefícios do estudo

Nesta seção você descreve os benefícios explícitos que resultarão do estudo. A importância de "fazer o estudo agora" deve ser enfatizada. Normalmente essa seção não representa mais do que alguns parágrafos, e, se tiver dificuldade para escrever, provavelmente não esclareceu o problema gerencial. Volte à análise do problema e assegure-se – com discussões adicionais com seu patrocinador ou com sua equipe de pesquisa, ou ainda com um reexame da literatura – de que entendeu a essência do problema.

Essa seção também exige que você entenda o que traz mais problemas para o seu patrocinador. Se for uma potencial atividade de sindicalização, você não pode prometer que uma pesquisa com os empregados evitará a sindicalização; entretanto, pode mostrar a importância dessa informação e suas implicações. Esse benefício pode permitir que os gestores respondam às preocupações dos empregados, criando uma ligação entre essas preocupações e a sindicalização.

A seção importância/benefícios é especialmente importante para propostas externas não solicitadas. Você deve convencer o patrocinador de que seu plano atende às necessidades da organização.

Projeto de pesquisa

Até agora você disse ao patrocinador qual é o problema, quais são os objetivos de seu estudo e por que é importante que você faça o estudo, e a proposta apresentou o valor e os benefícios do estudo. O módulo do projeto descreve o que fará em termos técnicos. Esta seção deve incluir quantas subseções forem necessárias para mostrar as fases do projeto. No projeto proposto, forneça informações sobre tarefas, como seleção e tamanho da amostra, método de coleta de dados, instrumentação, procedimentos e exigências éticas. Quando houver mais de uma forma de abordagem, discuta os métodos que rejeitou e diga por que a abordagem selecionada é a melhor.

Análise de dados

Uma breve seção sobre os métodos utilizados para análise de dados é apropriada para projetos de pesquisa em larga escala e teses de doutorado. Com projetos menores, inclua uma proposta de análise de dados na seção de planejamento de pesquisa. É nesta seção que se descreve a forma como pretende manusear os dados e a base teórica para usar as técnicas selecionadas. O objetivo dessa seção é assegurar ao patrocinador que você está seguindo suposições corretas e usando procedimentos de análise de dados teoricamente lógicos.

Esse módulo normalmente é difícil de redigir. Você pode facilitar a redação, a leitura e a compreensão de sua análise de dados ao usar exemplos de gráficos e tabelas com dados "simulados".

A seção de análise de dados é tão importante para avaliar as propostas de pesquisa que o pesquisador deve contatar um especialista para rever as últimas técnicas disponíveis para uso em determinada pesquisa e comparar essas técnicas àquelas que estão sendo propostas. Quando não há especialistas estatísticos ou analíticos na empresa, os patrocinadores tendem a contratar ajuda profissional para interpretar a solidez dessa seção.

Natureza e formato dos resultados

Depois de ler esta seção, o patrocinador deve ser capaz de voltar à declaração da questão gerencial e aos objetivos de pesquisa e descobrir que cada objetivo do estudo foi coberto. Os tipos de dados a serem obtidos e as interpretações que serão feitas na análise também devem ser especificados. Se os dados tiverem que ser devolvidos ao patrocinador por razões de confidencialidade, assegure-se de que isso esteja claro; ou, então, se o relatório tiver que ser enviado a mais de um patrocinador, isso deve ser destacado.

Esta seção também contém a declaração contratual dizendo ao patrocinador exatamente os tipos de informações que serão recebidas. Conclusões estatísticas, resultados aplicados, recomendações, planos de ação, modelos, planos estratégicos, etc., são exemplos de formato de resultados.

Qualificação dos pesquisadores

Esta seção deve começar com o principal pesquisador e então fornecer informações semelhantes sobre todas as pessoas envolvidas no projeto. Dois elementos são fundamentais:

1. Competência profissional (experiência relevante em pesquisa, o mais alto grau acadêmico alcançado e filiação a sociedades comerciais e técnicas).
2. Experiência de gestão relevante.[8]

Com tantas pessoas, empresas especializadas e consultorias gerais fornecendo serviços de pesquisa, o patrocinador precisa ter certeza de que o pesquisador é profissionalmente competente. A experiência anterior com pesquisa é o melhor medidor de competência, seguida pelo mais alto grau acadêmico alcançado. Para documentar a experiência de pesquisa relevante, o pesquisador fornece descrições concisas de projetos similares. O grau mais alto alcançado normalmente vem depois do nome da pessoa (S. Pesquisador, Ph.D. em Estatística, por exemplo). A filiação a sociedades fornece algumas provas de que o pesquisador está por dentro das últimas metodologias e técnicas. Essas informações vêm depois da experiência em pesquisa na forma de uma lista de itens, com o nome das organizações seguido pelo termo de filiação e as posições de liderança importantes.

Cada vez mais os pesquisadores fornecem consultoria, e não apenas serviços de pesquisa, e as empresas estão buscando consultoria de qualidade. Comparativamente, o pesquisador que demonstra experiência gerencial ou no segmento tem mais chance de ter sua proposta aprovada. Essa informação deve ser mostrada, da mesma forma que as informações referentes à experiência relevante em pesquisa. O currículo completo de cada pesquisador não precisa ser incluído, a não ser que seja solicitado pelo briefing. No entanto, os pesquisadores sempre colocam seus dados completos em um anexo para que os patrocinadores interessados possam consultá-los.

As empresas de pesquisa normalmente subcontratam atividades específicas de pesquisa com empresas ou pessoas especializadas ou oferecem recursos e instalações específicas, principalmente nos estudos que envolvem técnicas de pesquisa qualitativa, como entrevistas pessoais detalhadas e grupos de discussão. Normalmente, os perfis resumidos dessas empresas só são fornecidos nesta seção se a inclusão aumentar a credibilidade do pesquisador; caso contrário, o perfil desses subcontratados é incluído em um apêndice do relatório final, e não na proposta.

Orçamento

O orçamento deve ser apresentado na forma solicitada pelo patrocinador, por exemplo, algumas organizações exigem que o trabalho das secretárias seja orçado separadamente, enquanto outras insistem que esse valor seja incluído no valor cobrado pelo diretor ou nas despesas gerais da operação. Além disso, as limitações de viagens, despesas diárias ou compra de equipamentos de capital podem alterar a forma de preparar um orçamento.

Normalmente, o orçamento não deve ter mais que uma ou duas páginas. A Figura A-6 mostra uma forma que pode ser usada para pequenos projetos de pesquisa. Informações adicionais, detalhes de cópia, cotações de vendedores, valores de hora e cálculos de pagamentos devem ser colocados em um anexo, se necessário, ou mantidos no arquivo do pesquisador para referência futura.

O orçamento de uma proposta de pesquisa interna de pesquisa é baseado em custos de funcionários e despesas gerais; já o apresentado por uma organização externa inclui não apenas os salários de seus funcionários, mas também os preços por hora, por pessoa, cobrados pela empresa.

Os detalhes apresentados pelo pesquisador podem variar de acordo com as exigências do patrocinador e da política da empresa contratante. Algumas empresas de pesquisa, especialmente nas áreas de banco de dados e análise computadorizada, fazem cotações com base nas "horas homem-máquina" envolvidas no projeto. A hora homem-máquina é o valor por hora cobrado por uma pessoa usando um computador e recursos organizacionais. Aqui, em vez de separar os "outros custos" da Figura A-6, eles são reunidos em um valor combinado. Uma razão pela qual as agências externas evitam fazer orçamentos detalhados é a possibilidade de que a revelação de suas práticas de custo torne seus cálculos públicos, reduzindo sua flexibilidade de negociação. Como o orçamento incorpora um trabalho de estratégia mostrado em termos financeiros que poderia ser usado pelo recebedor da proposta para desenvolver uma cópia do plano de pesquisa, os fornecedores normalmente são muito cuidadosos.

A seção de orçamento de uma proposta externa de pesquisa informa o valor total a ser pago pelo trabalho. Se houver uma programação de pagamento proposta, isso normalmente é mostrado no pedido de compras.

Itens do orçamento	Valor	Total de horas	Valor total
A. Salários			
1. Diretor de pesquisa, Jason Henry	$200/h	20 horas	$4.000
2. Associado	100/h	10 horas	1.000
3. Assistentes de pesquisa (2)	20/h	300 horas	6.000
4. Secretária (1)	12/h	100 horas	1.200
Subtotal			$12.200
B. Outros Custos			
5. Serviços e benefícios de funcionários			
6. Viagens			$2.500
7. Material de escritório			100
8. Telefone			800
9. Aluguel			
10. Outros equipamentos			
11. Publicações e custos de armazenagem			100
Subtotal			$3.500
C. Total de custos diretos			$15.700
D. Despesas gerais de suporte			$5.480
E. Total geral necessário			$21.180

Figura A-6 Exemplo de orçamento proposto para um programa de pesquisa.

Assim como outros grandes serviços que são prestados em partes (p.ex.: a construção de uma casa), os pagamentos podem ser feitos à medida que os estágios são completados. Algumas vezes o fornecedor é pago no começo do contrato, depois recebe um valor em um estágio intermediário e o restante ao completar o trabalho.

É muito importante que você mantenha todas as informações usadas para gerar o orçamento. Se você usou cotações de fornecedores externos, mantenha uma cópia da proposta em seu arquivo. Se estimou tempo para as entrevistas, anote claramente como foi feita a estimativa. Quando chegar a hora de fazer o trabalho, você saberá exatamente quanto dinheiro está orçado para cada tarefa em particular.[9]

Alguns custos são mais complicados do que outros. Não se esqueça de montar o custo da proposta estabelecendo seus honorários. A publicação e a entrega do relatório final podem representar uma despesa de última hora facilmente ignorada nos orçamentos preliminares.

Programação

Sua programação deve incluir as principais fases do projeto, as tabelas e os marcos que representam o final de cada fase, por exemplo, as principais fases podem ser (1) entrevistas exploratórias, (2) proposta final de pesquisa, (3) revisão do questionário, (4) entrevistas de campo, (5) edição e codificação, (6) análise de dados e (7) geração de relatório. Cada uma dessas fases deve ter uma programação de tempo estimada e informar quem fará o trabalho.

Pode ser útil para você e seu patrocinador se for feito um gráfico da programação, por exemplo um gráfico Gantt, mostrado no Capítulo 5, Figura 5-11; ou então, se o projeto for grande e complexo, pode-se incluir um **método do caminho crítico** (**CPM** – *critical path method*) de programação.[10] Em um gráfico CPM, as intersecções representam os principais pontos e as setas sugerem o trabalho necessário para atingi-los. Mais de uma seta apontando para uma interseção indica que todas as tarefas devem ser completadas antes que o resultado seja atingido. Normalmente coloca-se um número junto a ela, mostrando a quantidade de dias ou semanas necessário para que a tarefa seja executada. O caminho que leva mais tempo para ser completado, do começo ao fim, é chamado de caminho crítico, pois qualquer atraso nessa atividade atrasará todo o projeto. Um exemplo de gráfico CPM é mostrado na Figura A-7. Programas de computador planejados para gerenciamento de projeto simplificam as tarefas de programação e preparo de gráficos. A maioria desses programas pode ser usada em computadores pessoais.

Pontos importantes:
3 Aprovação da proposta
7 Conclusão das entrevistas
9 Conclusão do relatório final

Caminho crítico:
I – 1 – 3 – 4 – 7 – 8 – 9 – F

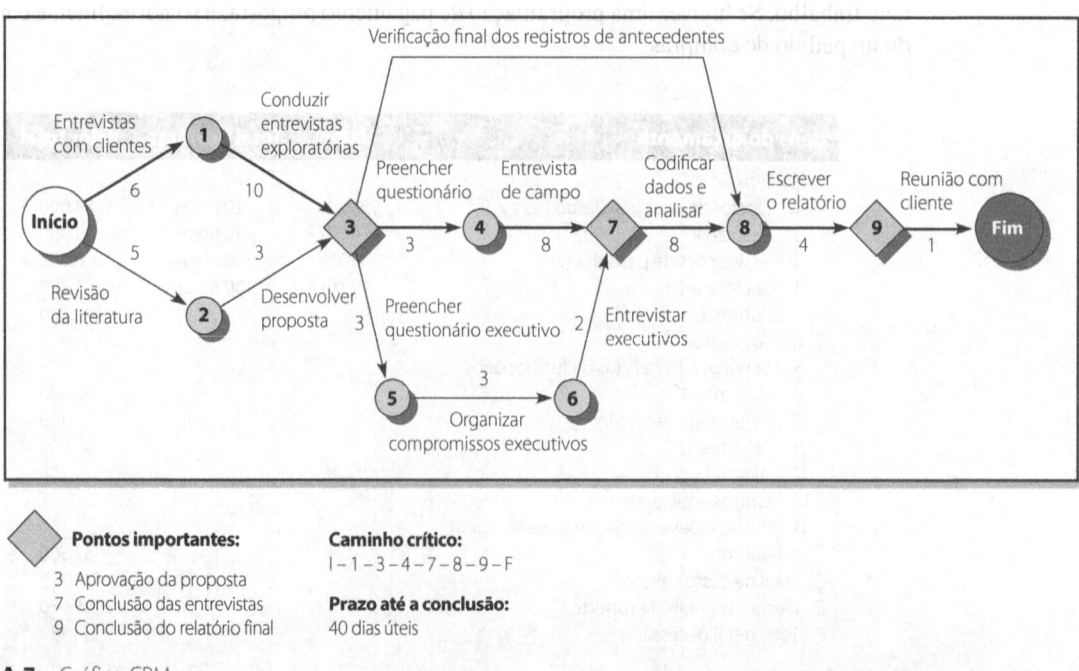

Prazo até a conclusão:
40 dias úteis

Figura A-7 Gráfico CPM.

Instalações e recursos especiais

Normalmente os projetos exigem instalações ou recursos especiais que devem ser descritos detalhadamente, por exemplo, um estudo exploratório pode precisar de instalações especializadas para sessões de grupos de discussão e até de telefones conectados ao computador ou outras instalações para entrevistas; ou então, a análise de dados proposta pode exigir algoritmos computadorizados sofisticados e, dessa forma, haver necessidade de um sistema adequado. Essas exigências variam de um estudo para outro. A proposta deve listar cuidadosamente as instalações e recursos importantes que serão usados, e os custos para uso dessas instalações devem ser detalhados no orçamento.

Gerenciamento de projetos

O objetivo da seção de **gerenciamento de projetos** é mostrar ao patrocinador que a equipe de pesquisa é organizada de forma a tornar o projeto mais eficiente. É necessário um plano-mestre para projetos complexos, mostrando como as fases serão reunidas. O plano inclui:

- A organização da equipe de pesquisa.
- Procedimentos e controles gerenciais para executar o plano de pesquisa.
- Exemplos de relatórios gerenciais e técnicos.
- A relação da equipe de pesquisa com o patrocinador.
- Responsabilidade financeira e jurídica.
- Competência de gerenciamento

Tabelas e gráficos são muito úteis na apresentação do plano mestre. A relação entre os pesquisadores e seus assistentes precisa ser mostrada quando há vários pesquisadores participando da equipe. Os patrocinadores devem saber que o diretor é uma pessoa capaz de liderar a equipe e de agir como um facilitador útil para o patrocinador. Além disso, os procedimentos para processamento de informações, controle de registros e controle de despesas são fundamentais para as grandes operações e devem ser mostrados como parte dos procedimentos de gerenciamento.

Deve-se especificar o tipo e a frequência dos relatórios de progresso, pois assim o patrocinador sabe quando receberá atualizações, e o pesquisador terá paz para trabalhar. Os limites do patrocinador sobre o controle durante o processo também devem ser definidos.

Esta seção também discute detalhes, como instalações para impressão, serviços administrativos e capacidades de processamento de informações a serem fornecidos pelo patrocinador, e não pelo pesquisador. Além disso, devem ser incluídas informações a respeito de direitos sobre dados e resultados, além de autoridade para falar em nome do pesquisador e do patrocinador.

A frequência de pagamento também é coberta pelo plano-mestre. Finalmente, são fornecidas provas de responsabilidade financeira e competência administrativa geral.

Bibliografia

Todos os projetos que exijam revisão da literatura precisam de uma bibliografia. Use o formato bibliográfico exigido pelo patrocinador. Se não for especificado nenhum formato, um manual de estilo fornecerá os detalhes necessários para preparar a bibliografia.[11] Muitas dessas fontes também oferecem sugestões para redigir a proposta.

Apêndices

Glossário O pesquisador deve incluir um glossário sempre que houver palavras específicas do tópico da pesquisa que não sejam compreendidas pelo público em geral. Essa é uma seção simples, consistindo em termos e definições, com formato semelhante ao do glossário apresentado neste livro. Além disso, o pesquisador deve definir qualquer acrônimo usado, mesmo quando eles são definidos no texto (p. ex.: CATI [*computer-assisted telephone interviewing*] para "entrevistas telefônicas assistidas por computador").

Instrumentos de mensuração Para projetos grandes, é apropriado incluir amostras dos instrumentos de mensuração se elas estiverem disponíveis no preparo da proposta. Isso permite ao patrocinador discutir determinadas mudanças em um ou mais instrumentos. Se a proposta incluir o desenvolvimento de um instrumento de mensuração sob medida, omita esse apêndice.

Outros Qualquer detalhe que reforce a proposta pode ser colocado como anexo, por exemplo, dados do pesquisador, perfil das empresas ou das pessoas cujos trabalhos serão subcontratados, detalhes de orçamento e descrições detalhadas de instalações ou recursos especiais.

A Figura A-8 mostra como alguns desses elementos foram incorporados na proposta de pesquisa da MindWriter.

Avaliando a proposta de pesquisa

As propostas estão sujeitas a revisões formais ou informais. As *revisões formais* são feitas regularmente para as propostas solicitadas. O processo de revisão formal varia, mas normalmente inclui:

- Desenvolvimento dos critérios de revisão usando as diretrizes do briefing de pesquisa.
- Atribuição de pontos para cada critério usando uma escala universal.
- Atribuição de peso para cada critério com base na importância de cada um.
- Geração de uma pontuação para cada proposta, representando a soma de todos os pontos dos critérios avaliados.

O patrocinador deve assinalar os critérios, os pesos e a escala a ser usada para avaliá-los antes de receber a proposta, que deve ser examinada com essa lista de critérios em mãos. Atribuem-se pontos para cada critério refletindo a avaliação do patrocinador sobre como a proposta atende às necessidades da empresa em relação àquele critério (p. ex.: de 1 a 10). Depois da revisão, as notas dos critérios avaliados são somadas para gerar um total cumulativo. A proposta com o número mais alto de pontos ganha o contrato.

Propostas longas e complexas normalmente são revistas por diversas pessoas, cada uma delas podendo trabalhar em uma determinada seção. O método formal tem mais probabilidade de ser usado para concorrências do governo, universidades ou setor público e também para contratos em larga escala.

Contratos em pequena escala são mais propensos à avaliação informal. Em uma revisão informal, as necessidades do projeto e também seus critérios são bem compreendidos, mas normalmente não são bem documentados. Em comparação com o método formal, não se usa um sistema de pontos, e os critérios não são classificados. O processo é mais qualitativo e baseado em informações pessoais. A Figura A-9 mostra a revisão informal que Sara Arens fez da proposta apresentada a ela por ser membro do Conselho de Desenvolvimento Econômico de seu município.

Na prática, muitos fatores contribuem para a aceitação e o custeio de uma proposta. Primeiramente, o conteúdo discutido pode ser incluído conforme os detalhes exigidos pelo briefing do patrocinador. Além dos módulos solicitados, outros fatores podem rapidamente fazer com que uma proposta não seja considerada ou podem melhorar a recepção do patrocinador à proposta, entre os quais:

- Clareza.
- Organização, em termos de lógica e fácil compreensão.
- Total atendimento das especificações do briefing, incluindo orçamento e programação.
- Estilo de redação apropriado.
- Envio dentro do prazo do briefing.

Embora uma proposta feita em um processador de texto e encadernada com uma capa cara não esconda deficiências de planejamento ou de análise, uma proposta mal apresentada, sem clareza ou desorganizada não consegue prender a atenção do patrocinador. Considerando que diversos revisores podem avaliar apenas determinadas seções, o revisor deve ser capaz de encontrar rapidamente a seção de seu interesse.

Em termos de estilo técnico de redação da proposta, o patrocinador deve ser capaz de entender a declaração do problema, o projeto de pesquisa e a metodologia. O patrocinador deve entender claramente por que a pesquisa proposta deve ser feita e os objetivos exatos e resultados concretos do estudo.

Ao preparar uma proposta para Gracie Uhura, gerente de produto da MindWriter Corporation, Jason e Sara decidiram excluir o sumário executivo por duas razões: a proposta é curta, e o essencial estará na carta de apresentação. A proposta segue os componentes discutidos neste capítulo. É uma adaptação apropriada para um estudo interno em pequena escala. O módulo "qualificação do pesquisador" não foi necessário porque a funcionária da MindWriter solicitou a proposta; Sara tinha pré-julgado as qualificações do pesquisador.

Proposta de satisfação com o processo de consertos
Programa CompleteCare da MindWriter Corporation

Declaração do problema

A MindWriter Corporation recentemente criou um programa de manutenção e consertos para seus computadores portáteis/laptops/notebooks, o CompleteCare. Ele promete proporcionar resposta rápida a problemas de manutenção dos clientes.

Atualmente, a MindWriter não está com a equipe de operadores técnicos treinados em sua central telefônica completa; a transportadora, contratada para retirar e entregar as máquinas dos clientes para o CompleteCare, não operou de forma regular e também teve problemas com a disponibilidade de peças para alguns tipos de máquinas.

Os registros telefônicos recentes da central de atendimento mostram reclamações sobre o CompleteCare; não se sabe quão representativas essas reclamações são e quais implicações podem ter para a satisfação com os produtos da MindWriter.

A administração deseja informações sobre a eficácia do programa e seu impacto sobre a satisfação dos clientes para determinar o que deve ser feito para melhorar o programa CompleteCare para o conserto e a manutenção de produtos da MindWriter.

Objetivos da pesquisa

Determinar o nível de satisfação com o programa CompleteCare. Especificamente, pretendemos identificar os níveis de satisfação por componente e geral com o programa. Os componentes do processo de conserto são alvos importantes para a investigação porque revelam:

(1) Como os níveis de tolerância do cliente para o desempenho do conserto afetam a satisfação geral e
(2) Quais componentes do processo devem ser imediatamente melhorados para elevar a satisfação geral desses clientes da MindWriter com falhas nos seus produtos.

Também descobriremos a importância dos tipos de falha nos produtos sobre os níveis de satisfação dos clientes.

Importância/benefícios

Altos níveis de satisfação do usuário se traduzem em recomendação boca a boca positiva, que influenciam os desfechos de compras de (1) amigos e familiares e (2) colegas de trabalho.

Incidentes críticos, como falhas de produtos, têm o potencial de minar os níveis existentes de satisfação ou de conservar e até mesmo aumentar os níveis resultantes de satisfação com o produto. O desfecho do episódio depende da qualidade da resposta do fabricante.

Uma resposta extraordinária do fabricante a tais incidentes preservará e melhorará os níveis de satisfação do usuário até o ponto em que benefícios diretos e indiretos derivados desses programas justificarão seus custos.

Esta pesquisa tem o potencial de conectar programas correntes de satisfação dos clientes da MindWriter e mensurar os efeitos em longo prazo do CompleteCare (e de incidentes de falha dos produtos) sobre a satisfação dos clientes.

Projeto de pesquisa

Exploração: Qualitativa. Aumentaremos nosso conhecimento sobre o CompleteCare entrevistando o gerente de serviços, o gerente da central de atendimento e o responsável pela empresa independente de embalagem. Com base em um inventário minucioso dos processos internos e externos do CompleteCare, propomos desenvolver um levantamento on-line.

Projeto do questionário. Um questionário recrutado por e-mail, on-line e autoadministrado apresenta o método de melhor custo-benefício para garantir o feedback sobre a eficiência do CompleteCare. A apresentação sobre o questionário será uma variação da atual campanha publicitária da MindWriter.

Algumas questões para esse instrumento serão baseadas nas questões investigativas apresentadas anteriormente e outras serão retiradas das entrevistas feitas com executivos. Prevemos um máximo de 12 perguntas, e uma nova escala de expectativa de cinco pontos, compatível com suas escalas existentes de satisfação dos clientes, está sendo desenvolvida.

Entendemos que você e o Sr. Malraison estão interessados em comentários literais, e uma questão para comentários/sugestões será incluída. Além disso, elaboraremos um bloco de código que capte o número de referência da central de atendimento, o modelo e os itens consertados.

Logística. Recomendamos o uso do SurveyMonkey como distribuidor do questionário, por sua facilidade de uso e rapidez na coleta de dados.

Figura A-8 Proposta para pesquisa de satisfação com o programa CompleteCare da MindWriter. *(continua)*

Teste-piloto. Testaremos o questionário com uma pequena amostra de clientes, o que conterá seus custos. Depois, revisaremos as questões e as enviaremos para que nosso designer de gráficos faça o *layout*. O instrumento será submetido a vocês para aprovação final.
Avaliação de viés sem resposta. Uma amostra aleatória de 100 nomes será garantida da lista de clientes que optarem por não participar no levantamento on-line. Os registros do CompleteCare serão usados para estabelecer a estrutura da amostragem. Os não participantes serão entrevistados por telefone e suas respostas estatisticamente comparadas às dos respondentes.

Análise de dados

Revisaremos e enviaremos a vocês um relatório semanal listando clientes insatisfeitos (com escore "1" ou "2") com qualquer item do questionário ou que enviem um comentário negativo, o que melhorará sua rapidez em solucionar reclamações de clientes. A cada mês, forneceremos um relatório consistindo em frequências e percentuais por categoria para cada questão. A apresentação visual dos dados será em forma de gráfico de barras/histograma. Propomos incluir ao menos uma questão que trate da satisfação geral (com o CompleteCare e/ou a MindWriter), que seria regredida nos itens individuais para determinar a importância de cada item.

Uma grade de desempenho identificará itens que precisam de melhoria com uma avaliação de prioridade, e outras análises podem ser preparadas com base em tempo e materiais.

As questões abertas serão resumidas e relatadas por código do modelo. Caso desejem, também podemos fornecer uma análise de conteúdo dessas questões.

Resultados: Produtos entregues

1. Desenvolvimento e produção de um questionário on-line.
2. Relatórios semanais de exceções (enviados em formato eletrônico) listando clientes que atendam aos critérios de cliente insatisfeito.
3. Relatórios mensais conforme descrito na seção de análise de dados.
4. Carregamento dos dados de cada mês para um site FTP seguro, no quinto dia útil de cada mês.

Orçamento

Projeto do questionário. Desenvolvimento de uma escala personalizada e de um levantamento on-line, incorporando o logotipo da MindWriter com uso de uma conta personalizada do SurveyMonkey.

Resumo dos custos	(em US$)
Entrevistas	1.550,00
Custos com viagens	2.500,00
Desenvolvimento do questionário	1.850,00
Equipamentos/suprimentos	1.325,00
Projeto gráfico	800,00
Conta segura do SurveyMonkey	200,00
Site FTP seguro	200,00
Arquivos de dados mensais (cada)	50,00
Relatórios mensais (cada)	1.850,00
Total de custos iniciais	10.325,00
Custos de manutenção mensal	1.030,00

Figura A-8 Proposta para pesquisa de satisfação com o programa CompleteCare da MindWriter (*continuação*).

A proposta também deve atender a diretrizes específicas da solicitação de proposta estabelecidas pela empresa ou agência patrocinadora, incluindo restrições orçamentárias e prazos de programação; uma programação que não atenda aos prazos desqualifica a proposta. Um orçamento muito alto para os fundos alocados será rejeitado; do contrário, se muito baixo, em comparação às propostas concorrentes, sugere que alguma coisa está faltando ou que há alguma coisa errada com os pesquisadores.

Finalmente, uma proposta entregue fora do prazo não será revista. Embora a desqualificação para o projeto atual devido a atraso pareça ser o pior resultado aqui, há um possível efeito de longo prazo. O atraso transmite um nível de desrespeito ao patrocinador – de que a programação do pesquisador é mais importante do que o patrocinador. Uma proposta fora do prazo também mostra um ponto fraco no gerenciamento do projeto, que levanta a questão da competência profissional.

Sara Arens

200 ShellPoint Tower
Palm Beach, Florida 33480

Sr. Harry Shipley, Presidente do
Conselho de Desenvolvimento Econômico
1800 ShellPoint Tower
Palm Beach, Flórida 33480

Prezado Harry,

Revisei a proposta de Robert Buffet relativa a uma investigação sobre a geração de empregos por parte das empresas locais e, resumindo, estou muito preocupada com diversos aspectos da "proposta". Na verdade, o documento não pode ser considerado uma proposta devido à falta de detalhes.

Primeiramente, eu gostaria de mencionar que analisei a proposta de Buffet, com o Sr. Jason Henry, meu sócio. O Sr. Buffet e sua organização podem um dia ser nossos concorrentes, e você deve estar ciente de um provável conflito de interesses e talvez desconsidere a opinião aqui exposta. Como lhe envio esta carta em dois dias, e não em duas semanas como você havia solicitado, talvez queira discutir meus comentários com outras pessoas.

O que me foi entregue por você e pelo Sr. Buffet foi um plano de pesquisa resumido para nosso município, mas, como faltavam diversas informações encontradas em uma proposta ampla, percebi imediatamente que essa não era a proposta completa solicitada pelo secretário estadual de Comércio. Liguei para a Tallahassee e falei com uma jovem que hesitou, gaguejou e recusou-se a dizer se estava autorizada a me enviar uma cópia da proposta completa. Finalmente, desisti de discutir e dei a ela o seu endereço, dizendo que ela poderia enviar para você, caso tivesse autorização para fazer isso. Depois disso fiz diversas ligações para outras pessoas que eu conhecia em Tallahassee. Você sabia que a ideia dessa pesquisa foi levantada por nosso senador sênior, que está doido para prejudicar o plano de incentivo de impostos do presidente? O senador comentou a respeito com o governador, e o governador falou com o secretário de comércio, e aqui estamos nós.

A declaração do problema é muito longa e confusa, mas, em resumo, levanta as seguintes questões: "As empresas de alta tecnologia estão gerando postos de trabalho para os residentes de nosso município? Ou estão trazendo trabalhadores técnicos e de produção de outros estados, ignorando a força de trabalho local? Ou estão pesquisando as empresas com nível baixo de criação de postos de trabalho na produção? Ou estão investindo em equipamentos de capital 'inteligentes', que não criam novos postos de trabalho?". Se você cortar a verborragia, acho que poderá ver que o projeto não tem condições de prosseguir com essas perguntas.

A seção de objetivos da pesquisa é bastante direta. Os funcionários de Buffet identificarão todas as empresas nesse município com código SIC associado à "alta tecnologia" e coletarão informações sobre o número de empregados contratados localmente nas diversas categorias, especialmente na produção, e dados sobre investimentos em capital, débitos e outros dados financeiros que, segundo o Sr. Henry, são importantes e fáceis de serem coletados.

Há uma seção chamada Importância do Estudo, que está repleta de chavões e nem chega a mencionar a legislação pendente sobre impostos. Mas pelo menos os chavões são curtos.

Fiquei irritada com a seção Planejamento. Essa seção afirma que o grupo do Sr. Buffet deve ir ao local com uma "equipe" e conduzir entrevistas detalhadas com o presidente, o tesoureiro e o *controller* de cada empresa, colocando os dados em uma planilha. Verifiquei com o Sr. Henry e também com um amigo banqueiro, e ambos afirmaram que bastaria enviar um questionário simples para o presidente. Não há necessidade de enviar uma equipe para fazer entrevistas abertas. Embora possa haver um problema de não concordância associado ao preenchimento do formulário, isso pode ser resolvido ao mencionar os patrocinadores – o secretário estadual de Comércio e o Conselho de Desenvolvimento Econômico – deixando a solicitação de entrevista como último recurso.

A proposta não possui orçamento nem uma lista dos pesquisadores que comporiam a equipe. A empresa teria carta branca para colocar qualquer pessoa em sua folha de pagamento e tentar induzir as pessoas a ultrapassar os objetivos declarados da pesquisa para falar sobre qualquer coisa. Obviamente tal licença seria uma ferramenta de marketing e deveria permitir aos pesquisadores coletar uma lista de problemas pesquisáveis não relacionados às necessidades do secretário, como informado na seção de declaração do problema.

Decididamente, recomendo que você diga ao Sr. Buffet para coletar as informações por meio de uma pesquisa simples, pelo correio. Ofereça-se para enviar a pesquisa no papel timbrado do Conselho, ou veja se você consegue que o escritório de comércio ou mesmo o escritório do governador a enviem. Mas não submeta sua comunidade empresarial local a visitas não estruturadas, sem controle, que, evidentemente, não podem ser justificadas pelos objetivos de pesquisa.

Atenciosamente,

Sara

Figura A-9 Revisão informal de proposta.

Briefing de pesquisa para a Covering Kids

A Wirthlin Worldwide conquistou o Prêmio de Pesquisa Ogilvy pela pesquisa criativa e eficaz, essencial no desenvolvimento da campanha de propaganda da Covering Kids. Este briefing de pesquisa do patrocinador, Fundação Robert Wood Johnson, iniciou o processo que resultou na participação de mais de um milhão de crianças para uma iniciativa de seguro de saúde.

13 de março de 20xx

Nome
Empresa
Endereço
Cidade, Estado, CEP

Prezado XXXX:

Como é de seu conhecimento, estamos trabalhando com a GMMB&A para apoiar a Iniciativa Covering Kids (ICK) em nível nacional. Agradecemos sua resposta recente a uma proposta para apoiar as exigências de pesquisa de marketing dessa iniciativa. Desde então, refinamos ainda mais nossas exigências. Esperamos que você esteja disposto a revisar esse briefing e sua proposta anterior no que for necessário para atender às necessidades alteradas.

A Iniciativa Covering Kids é um programa nacional de US$ 47 milhões da Fundação que trabalha para inscrever crianças elegíveis no Medicaid e nos Programas de Seguro de Saúde Infantil (SCHIP, do inglês *State Children's Health Insurance Programs*) do governo federal norte-americano. Concessões de três anos da Iniciativa Covering Kids sustentam coalizões em 49 estados e no Distrito de Colúmbia. Essas coalizões conduzem campanhas de difusão e trabalham para simplificar e coordenar os processos de inscrição em programas de saúde para crianças de famílias de baixa renda. Em seus primeiros dois anos de atividade, a ICK se concentrou basicamente em simplificar o processo de inscrição. Durante o segundo ano, além de continuar com o foco na simplificação e coordenação, haverá campanhas de marketing direcionado para incentivar os adultos a inscrever crianças elegíveis nos programas SCHIP e Medicaid.

A Fundação trabalhará com a empresa de comunicação da Covering Kids para apoiar essas coalizões da ICK em marketing, propaganda, relações públicas, construção de parcerias relacionadas à causa em nível estadual e nacional. As tarefas descritas neste documento ajudarão a fornecer a direção para o desenvolvimento estratégico de comunicações e apoiar o teste e mensuração de campanhas de comunicação em seis mercados antes da introdução em nível nacional.

Contextualização

Há aproximadamente cinco milhões de crianças sem seguro de saúde nos Estados Unidos elegíveis para o SCHIP ou Medicaid. Embora os requisitos de elegibilidade em termos de renda nos programas SCHIP financiados pelo governo federal variem de estado para estado, todos geralmente cobrem crianças em famílias de quatro pessoas com renda anual de até US$ 33.400 (maior em alguns estados). Cerca de metade dos norte-americanos são brancos não hispânicos, aproximadamente 30% são afro-americanos e 20% são hispânicos/latinos. Embora os números sejam muito menores, uma grande proporção de nativos americanos também são elegíveis, mas não estão cobertos por nenhum seguro.

Há muitas razões para que tantas crianças elegíveis não estejam inscritas. Algumas barreiras básicas contra a inscrição são: desconhecimento da disponibilidade de programas de saúde, principalmente o SCHIP; desconhecimento dos critérios de elegibilidade para esses programas; processo de aplicação complicado/oneroso; um estigma ligado a programas de saúde financiados pelo governo (especialmente para pais trabalhadores); falta de experiência e conhecimento de divulgação (a maioria dos estados nunca conduziu campanhas de divulgação para programas como o Medicaid).

O desafio principal para esse projeto é criar uma campanha em nível nacional para inscrever as crianças – ainda assim, os "mecanismos de elegibilidade" (os programas estaduais SCHIP e Medicaid) variam entre estados. Muitos estados desenvolveram suas próprias campanhas de marketing e construção de marca, de forma que os programas SCHIP em Connecticut (HUSKY B), na Geórgia (PeachCare) e em Illinois (KidsCare) se assemelham mais a planos privados de saúde do que a programas governamentais baseados em elegibilidade de renda. Um número de telefone nacional

(1-877-KIDS-NOW) está ativo e continuamente encaminha as ligações para o departamento adequado do programa estadual. É provável que um número 0800 seja usado como mecanismo de marketing e concretização desse esforço.

A campanha de comunicações será concentrada em grupos específicos de pais e outros adultos que poderiam desempenhar um papel central na inscrição de crianças elegíveis nos programas existentes. Mensagens específicas serão testadas em subconjuntos de norte-americanos de baixa renda, incluindo afro-americanos, hispânicos/latinos, nativos americanos e outros. As campanhas primeiramente serão testadas e mensuradas em seis mercados regionais antes do início da propaganda nacional. Investimentos em propaganda e outras atividades de comunicação serão associados a eventos locais incentivando a inscrição; essas atividades podem ser intensificadas duas vezes ao ano, durante a volta às aulas e nas temporadas de inverno e gripe.

Requisitos contratuais

Os requisitos para a pesquisa de mercado e apoio de avaliação são descritos nas tarefas que seguem.

Tarefa 1. PESQUISA DE MERCADO. Projetar, conduzir, analisar e fornecer conclusões relevantes ao planejamento de comunicação.

Tarefa 1a. Desenvolver um perfil abrangente em profundidade (por meio de uma série de entrevistas em profundidade) das famílias e crianças elegíveis mas não seguradas – quem elas são, onde estão, por que não estão inscritas, quais as mensagens/conceitos mais eficazes para fazer com que pessoas de grupos específicos se inscrevam no SCHIP/Medicaid, quais mensagens/palavras/conceitos causam rejeição definitiva entre determinados grupos, etc.

De particular interesse:

- Hispânicos/latinos rurais/urbanos
- Afro-americanos rurais/urbanos
- Nativos americanos rurais/urbanos
- Brancos rurais/urbanos
- Pais de crianças inscritas no SCHIP
- Pais de crianças inscritas no Medicaid
- Pais de crianças não seguradas e elegíveis para o SCHIP e/ou Medicaid que não se candidataram
- Pais de crianças não seguradas e elegíveis para o SCHIP e/ou Medicaid que se candidataram, mas não estão inscritos

Nível de esforço: aproximadamente 120 entrevistas em profundidade. [Aceitam-se sugestões alternativas.]

Tarefa 1b. Pesquisa qualitativa entre formadores de opinião: suas percepções do SCHIP; sua definição de sucesso/fracasso, etc. Podem ser incluídos funcionários do legislativo estadual e federal, funcionários responsáveis por regulamentação, defensores da saúde infantil, líderes de grupos de eleitores e portais de mídia.

Nível de esforço: aproximadamente 25 entrevistas em profundidade. [Aceitam-se sugestões alternativas.]

Tarefa de avaliação

Tarefa 1. Uma pesquisa abrangente em nível nacional, que ajudará a direcionar o desenvolvimento das comunicações; a fornecer conteúdo para a inserção de notícias e um padrão pré-campanha (dados de base). Antecipamos a repetição dessa pesquisa no futuro para ajudar a mensurar a mudança e o progresso. No entanto, neste momento estamos interessados apenas em uma pesquisa para definir os valores de base.

Estamos considerando duas opções para a amostragem da pesquisa: a) uma amostra nacional incluindo uma superamostragem de famílias de baixa renda conforme descrito anteriormente; ou b) uma amostra composta por famílias de baixa renda com subconjuntos suficientes (já descritos) para ser estatisticamente confiável. Estamos interessados em receber recomendações referentes a qual opção deve ser escolhida, bem como uma descrição de como esse trabalho poderia ser feito.

Tarefa 2. Uma avaliação da campanha de mídia nos seis mercados de teste. Como os componentes da propaganda nacional e de relações públicas da campanha de comunicação serão grandes em termos de escopo e nível de esforço, essa fase de mercado de teste será usada para testar e refinar as mensagens, técnicas e decisões de mídia. A avaliação do mercado de teste é essencial para a tomada de decisão para esse esforço.

Seis mercados de mídia de médio porte serão selecionados para obter uma combinação dos grupos demográficos e diversidade geográfica. A Fundação fornecerá a lista dos locais selecionados ao contratado. A fase de teste de propaganda e relações públicas exigirá de 4 a 6 semanas, planejada para o fim de agosto e início de setembro de 2000, e o teste de mercado será planejado e executado por meio de colaboração próxima com a empresa de comunicações contratada, o Escritório do Programa Nacional Covering Kids, as coalizões nos mercados-alvo e a Fundação. Ele será projetado para mensurar o aumento de conscientização, percepções dos públicos-alvo, disposição em se inscrever nos programas e impacto da campanha na superação das barreiras contra a inscrição.

Esse teste de mercado deverá incluir:

Tarefa 2a. Pesquisa de valor de base – um levantamento por telefone aleatório com superamostras de públicos-alvo. Incluir questões de valor de base (como medidas de consciência, atitude e intenção) e questões de desenvolvimento de mensagens (como questões sobre conceitos da mensagem, linguagem).

Tarefa 2b. Pesquisa pós-campanha – uma breve pesquisa telefônica de acompanhamento usando a mesma amostragem; incluir questões para avaliar lembrança/conscientização, atitudes, intenções.

Tarefa 2c. Monitoramento de ligações para o número gratuito oferecido – o Escritório do Programa Nacional/Fundação providenciará um intermediário para o(s) gerente(s) do serviço de ligação gratuita. Neste momento não está claro se será incluído apenas o número gratuito nacional e/ou alguns números em nível estadual. Essa tarefa incluirá a compilação e análise de dados de ligações e identificará maneiras de contatar novamente as pessoas que ligarem para avaliar ações posteriores.

Tarefa 2d. Acompanhamento das ligações – breve levantamento por telefone para identificar as questões recebidas. Números de telefone serão fornecidos no comunicado descrito. [Pode ser necessário um método alternativo de avaliação.]

Aceitam-se sugestões alternativas para avaliação do mercado de teste que exijam o mesmo nível de esforço.

Programação prevista

Abril de 20xx	fechamento do contrato início do desenvolvimento de todas as tarefas
Maio de 20xx	conduzir pesquisa nacional
Junho de 20xx	conduzir pesquisa com potenciais beneficiários, formadores de opinião conduzir pesquisa de valor de base em seis mercados de teste
Agosto de 20xx	iniciar propaganda nos mercados de teste iniciar monitoramento telefônico
Setembro de 20xx	conduzir pesquisas após mercado de teste iniciar acompanhamento de ligações telefônicas
Outubro de 20xx	apresentar resultados da pesquisa nacional apresentar resultados das ligações de retorno

Instruções da proposta

Convidamos você a enviar uma proposta abordando uma ou as duas tarefas descritas acima. Sua proposta deve incluir:

- a abordagem para conduzir o trabalho
- qualquer método ou procedimento alternativo que você gostaria de sugerir para realizar o trabalho descrito (opcional)
- uma discussão de desafios previstos para completar essas tarefas, e como você propõe lidar com tais desafios
- comentários sobre a metodologia e outras recomendações para produzir as informações necessárias
- trabalho específico a ser realizado, descrição dos resultados a serem fornecidos e todos os custos (inclusive despesas decorrentes), por tarefa
- experiência e conhecimento relevantes
- referências

A Fundação não pretende receber propostas longas ou complexas; ao contrário, as propostas devem fornecer informações sucintas que permitirão uma revisão usando os critérios listados abaixo.

Critérios de revisão

A revisão de propostas inclui os seguintes itens:

- a abordagem às necessidades e tarefas descritas neste documento, incluindo a metodologia recomendada
- problemas previstos e como serão solucionados
- experiência da empresa e dos funcionários na condução de pesquisa e avaliação de mercado semelhantes
- experiência da empresa e dos funcionários na condução de pesquisa qualitativa e quantitativa com uma população similar
- experiência da empresa e dos funcionários com questões de seguro de saúde ou de cuidados à saúde
- recursos humanos, linha do tempo para as tarefas, gerenciamento de projeto
- orçamento proposto
- capacidade de cumprir os prazos estabelecidos.

Além disso, esperamos que a sua empresa não tenha conflitos de interesse com a Fundação.

As propostas serão recebidas até o fim do horário comercial de segunda, 27 de março, entregues a:

Stuart Schear (quatro cópias)
Gerente Sênior de Comunicações
Fundação Robert Wood Johnson
Endereço
Cidade, Estado, CEP
Telefone

Kristine Hartvigsen (três cópias)
Escritório do Programa Nacional Covering Kids
Endereço
Cidade, Estado, CEP
Telefone

David Smith (quatro cópia)
GMMB&A
Endereço
Cidade, Estado, CEP
Telefone

Elaine Bratic Arkin (uma cópia)
Endereço
Cidade, Estado, CEP
Telefone

Todos que enviarem propostas serão notificados de nossa decisão até 1 de abril de 2000. Estou disponível por e-mail (smr@rwif.org) para responder a quaisquer dúvidas. Os seguintes sites também oferecem informações importantes:

<http://www.coveringkids.org> – site da "Covering Kids", a iniciativa financiada pela Fundação Robert Wood Johnson

<http://www.insurekidsnow.gov> – o site da HHS/HCFA para os programas CHIP

<http://www.cbpp.org> – Centro de Orçamento e Prioridades de Políticas

Obrigado por sua atenciosa consideração a esta solicitação.

Se desejar falar com alguém sobre esse projeto, favor ligar para 609-951-5799. Eu ou Elaine Arkin, consultora da Fundação, estaremos à disposição para lhe atender.

Atenciosamente,

Stuart Schear
Gerente Sênior de Comunicações

A implementação da reforma no sistema de saúde norte-americano, programada para 2013, provavelmente afetará o SCHIP (tema deste briefing), mas, neste momento, desconhecemos exatamente de que maneiras ou com que efeitos.

Apêndice B

Guia de Debates para Grupos de Discussão

Contextualização

Suponha que sua empresa fabrica produtos de higiene em múltiplas formas – sabonetes em barra, sabonetes líquidos, creme e gel para o corpo – mas seus clientes não estão usando os produtos adequados para os seus tipos de pele e nível de atividade? Você poderia usar grupos de discussão exploratórios para determinar o que motiva os clientes a selecionar a *forma* que escolhem. Dado o crescimento drástico deste mercado, você quer ouvir mulheres com idades entre 16 e 50 anos, além de homens entre 16 e 25 anos. Além disso, precisa entender quais são os prós e contras na hora de escolher uma forma específica.

Você procura um especialista em pesquisa para conduzir grupos de discussão em três cidades representativas do mercado dessa categoria. Antes de encontrar os seis grupos (dois grupos em cada cidade; dois compostos apenas por adolescentes), os pesquisadores pedem a cada participante para preparar duas colagens usando figuras recortadas de revistas. Uma colagem serve para refletir as percepções e experiências dos participantes com cada forma (independentemente de experiência de uso pessoal); a outra, para representar um mês na vida do participante. Os segmentos de Introdução e Formas do guia de discussão abaixo fazem referência a esses exercícios criativos.

Escolha de formas de higiene pessoal　　　　　　　　　　　　Atlanta, Seattle, Phoenix

INTRODUÇÃO (15 min)
A. SOBRE MIM – nome, dados sobre a família, trabalho, diversão, atividades, interesses. MOSTRAR A VIDA NA COLAGEM DO MÊS
B. EM ALGUM MOMENTO PERGUNTAR:　　Com que frequência você toma banho?
　　　　　　　　　　　　　　　　　　Você usa perfume? Com que frequência?
　　　　　　　　　　　　　　　　　　Você usa desodorante com ou sem perfume, loções, etc.?

FORMAS (60 min)
A. LISTADOS NO QUADRO "SABONETES EM BARRA, SABONETES LÍQUIDOS, CREME E GEL PARA O CORPO" Essas são diferentes formas de sabonetes disponíveis e sobre as quais queremos saber mais.
Quantos desses você já usou _____? Ainda o(s) usa ou o(s) trocou/rejeitou?
B. RESPOSTAS NO QUADRO (CERTIFIQUE-SE DE QUE AS FIGURAS ESTEJAM ROTULADAS)
Mostre e descreva sua colagem de figuras (dever de casa) e diga o que gosta/não gosta, o que se **associa** com a forma _____.
　　Do que mais você **gosta**? / **por que usa?**
　　O que você **não gosta**? Por que não usa (com mais frequência)?

---

*Este guia de discussão foi desenvolvido por Pam Hay, uma consultora independente de pesquisa qualitativa há mais de 24 anos, com uma carreira voltada para bens de consumo (produtos de higiene pessoal, produtos de beleza e medicamentos vendidos sem receita médica). Sua experiência inclui a condução de grupos de discussão, entrevistas individuais em profundidade, visitas etnográficas a domicílio e processos diretos multifuncionais de consumo para os propósitos de desenvolvimento de conceito, avaliação de propaganda, exploração de ideias, segmentação de consumidores e desenvolvimento de produto.

Como se compara com outras formas – vantagens / desvantagens?

O que você **deseja** em relação a essa forma... o que a faria **melhor / perfeita** para você?

Como / por que **começar** a usar? Especificamente, o que **lembra** sobre a forma _____?

Como ficou sabendo sobre ela? (anúncios, comercial de televisão, amigos) Que detalhes lembra sobre o anúncio – o que mostra, quem faz o anúncio?

REPETIR PARA TODAS AS FORMAS

C. COLOCAR AS FORMAS LADO A LADO – Quando você pensa nessas formas diferentes, elas são **basicamente as mesmas** – apenas uma forma diferente ou você pensa nelas como produtos diferentes com **resultados diferentes**? Descreva.

D. EXPLICAR O QUADRO – Ordenar os **atributos** listados no papel **do melhor para pior**, conforme a sua opinião.

LIMPEZA / CUIDADOS COM A PELE / GERMICIDA / PERFUME / ESPUMA / ODOR / PREÇO

Por que ordenou dessa forma? Qual a sua experiência / percepção sobre essa forma (*do atributo anterior*)?

E a forma que faz essa diferença?

O quanto você se preocupa com (atributos anteriores)? Por que sim / por que não? Afeta a sua compra?

E. MOSTRAR EXEMPLOS DE MARCAS COM SABONETE EM BARRA E LÍQUIDO–

Oil of Olay / Dove / Lever 2000 / Dial

Para resumir com algumas marcas específicas, não importa se você tenha experimentado ou não, que **diferença você esperaria**, se é que há alguma, ao usar o sabonete em barra da marca _____ *versus* o sabonete líquido?

Qual a diferença, se houver alguma, na forma como eles fazem você se sentir emocionalmente depois do banho entre o sabonete em barra *versus* líquido?

MARCAS (30 min)

A. Agora abordaremos marcas diferentes. Escreva a sua favorita no cartão com o seu nome.

LISTE EXEMPLOS DAS MARCAS USADAS COM MAIOR FREQUÊNCIA.

B. Quantas dessas você já usou _____? Com que frequência / há quanto tempo?

Por que **usa / escolhe** (no supermercado)? O que gosta (mais) em _____

Por que **NÃO** usa (com mais frequência)?

C. Quantos **já experimentaram Oil of Olay / Dove / Lever 2000 / Dial**? Por que sim / por que não (mais recentemente)?

O que associa com (marca anterior)? O que representa? O que a torna diferente / única em comparação com outras marcas?

FECHAMENTO (15 min)

A. Há três considerações básicas na escolha de um sabonete – **marca, forma, preço**. Classifique-as na ordem que importa mais. Por exemplo, você vai ao supermercado para comprar, e a forma preferida não está disponível na marca que você mais gosta, etc. O que você compraria?

FAZER UM QUADRO DAS RESPOSTAS

B. Agora pense em três benefícios que discutimos – **cuidados com a pele, perfume, limpeza**. Classifique-os em ordem de importância.

Descreva a ordem.

Por que _____ é mais importante que _____?

(MISCELÂNEA – SE HOUVER TEMPO)

C. O que você vê / percebe no supermercado quando passa pelo corredor de produtos de higiene? Coisas novas? Trocas de produtos?

ADULTOS – Quantos de vocês compram sabonete para outros familiares? Para quem? Como você decide qual forma / marca escolher para seu cônjuge / filho adolescente?

D. APENAS ADOLESCENTES – Vamos falar um pouco mais sobre como você fica sabendo sobre novos tipos, marcas ou versões de sabonetes.

Onde você já viu anúncios?

(Shopping center / vestiário / jornal/ provadores / etc.)

O que você lembra dele? O que mostrava / dizia / era a ideia principal?

O que você acha das recomendações de celebridades?

CONCLUSÃO

Apêndice C

Testes de Significância Não Paramétricos

Este apêndice contém mais testes não paramétricos de hipóteses que se somam àqueles descritos no Capítulo 17.

Teste de uma amostra

Teste de Kolmogorov-Smirnov

Este teste é apropriado quando os dados são pelo menos ordinais e a situação de pesquisa exige uma comparação de uma distribuição de amostra observada com uma distribuição teórica. Sob essas condições, o teste de Kolmogorov-Smirnov de uma amostra (KS) é mais poderoso do que o teste χ^2 e pode ser usado para amostras pequenas, enquanto o teste χ^2 não pode. O KS é um teste de qualidade de adequação no qual especificamos a distribuição de frequência *cumulativa* que ocorreria em caso de distribuição teórica e comparamos isso com a distribuição de frequência cumulativa observada. A distribuição teórica representa nossas expectativas sob H_0. Determinamos o ponto de maior divergência entre as distribuições observada e teórica e identificamos esse valor como D (desvio máximo). A partir de uma tabela de valores críticos para D, determinamos se uma divergência tão grande é provável com base nas variações de amostragem aleatória da distribuição teórica. O valor de D é calculado como segue:

$$D = \text{máximo} |F_0(X) - F_T(X)|$$

onde

$F_0(X) = $ a distribuição de frequência cumulativa observada de uma amostra aleatória de n observações. Onde X é qualquer pontuação possível, $F_0(X) = k/n$, onde $k = $ o número de observações igual ou menor do que X.

$F_T(X) = $ a distribuição de frequência teórica sob H_0.

Ilustramos o teste KS com uma análise dos resultados do estudo do clube de refeições, em termos dos vários níveis de classe. Pegue um número igual de entrevistas de cada classe, mas com um número diferente de pessoas interessadas em se associar. Suponha que os níveis de classe sejam mensurações ordinais. O processo de teste é como segue (ver tabela anexa):

	Calouros	Segundanistas	Terceiranistas	Quartanistas	Graduados
Número em cada classe	5	9	11	16	19
$F_0(X)$	5/60	14/60	25/60	41/60	60/60
$F_T(X)$	12/60	24/60	36/60	48/60	60/60
$|F_0(X) - F_T(X)|$	7/60	10/60	11/60	7/60	0
$D = 11/60 = 0{,}183$;					
$n = 60$					

1. *Hipótese nula.*

    H_0: não há diferença entre as classes de alunos no que se refere à intenção de se associar ao clube de refeições.

H_A: há diferença entre os alunos nas várias classes em relação à intenção de se associar ao clube de refeições.

2. *Teste estatístico.* Escolher o teste KS de uma amostra, pois os dados são mensurações ordinais e estamos interessados em comparar uma distribuição observada com uma teórica.
3. *Nível de significância.* $\alpha = 0{,}05$, $n = 60$.
4. *Valor calculado.* $D = $ máximo $|F_0(X) - F_T(X)|$.
5. *Valor crítico de teste.* Colocamos a tabela de valores críticos de D no teste de uma amostra KS (ver Figura D-5 no Apêndice D) e descobrimos que com $\alpha = 0{,}05$ o valor crítico de D é

$$D = \frac{1{,}36}{\sqrt{60}} = 0{,}175$$

6. *Interpretação.* O valor calculado é maior do que o valor crítico, indicando que devemos rejeitar a hipótese nula.

Testes de duas amostras

Teste de sinal

O teste de sinal é usado com pares conjugados quando a única informação é a identificação do membro do par que é maior ou menor ou que tem mais ou menos de determinada característica. Com H_0, esperaríamos que o número de casos nos quais $X_A > X_B$ fosse igual ao número de pares nos quais $X_B > X_A$. Todas as ligações são retiradas da análise e n é ajustado para incluir esses pares eliminados. Esse teste é baseado na expansão binomial e tem uma boa eficiência para pequenas amostras.

Testes de pares combinados de Wilcoxon

Quando podemos determinar tanto a *direção* como a *magnitude* da diferença entre pares cuidadosamente conjugados, usamos o teste de pares combinados de Wilcoxon. Ele tem uma excelente eficiência e pode ser mais poderoso do que o teste *t* nos casos em que este último não é particularmente apropriado. O mecanismo de cálculo também é muito simples: basta encontrar a diferença de pontuação (d_i) entre cada par de valores e ordenar as diferenças da menor para a maior sem considerar o sinal. Depois é preciso acrescentar os sinais reais de cada diferença à classificação de valores e calcular o teste estatístico *T*, que é a soma das notas com o sinal menos frequente. Exemplos típicos dessa situação de pesquisa podem ser estudos nos quais marido e mulher são emparelhados, gêmeos são usados, um determinado sujeito é usado em um estudo prévio ou posterior ou quando os resultados de duas máquinas semelhantes são comparados.

Dois tipos de ligação podem ocorrer com esse teste: quando duas observações são iguais, a pontuação *d* se torna zero e tiramos este par de observações do cálculo; quando dois ou mais pares têm o mesmo valor *d*, fazemos uma média de suas posições. Por exemplo, se dois pares têm nota 1, atribuímos nota 1,5 para cada um e classificamos a próxima maior diferença como terceira. Quando $n < 25$, use a tabela de valores críticos (ver Figura D-4 no Apêndice D); quando $n > 25$, a distribuição de amostragem de *T* é aproximadamente normal com:

$$\text{Média} = \mu_T = \frac{n(n+1)}{4}$$

$$\text{Desvio-padrão} = \sigma_T \sqrt{\frac{n(n+1)(2n+1)}{24}}$$

A fórmula para o teste é:

$$z = \frac{T - \mu_T}{\sigma_T}$$

Suponha que você esteja conduzindo um experimento sobre o efeito da marca na percepção de qualidade. Dez pessoas são recrutadas e pede-se a elas para experimentar e comparar duas amostras de um produto, uma identificada como uma bebida bem conhecida, e outra como um novo produto em fase de teste. Na verdade, porém, as amostras são idênticas. Solicita-se que as pessoas classifiquem as duas amostras em um conjunto de itens de escala considerados ordinais. Teste a importância desses resultados com o procedimento usual.

1. *Hipótese nula.*

   H_0: não há diferença entre as qualidades percebidas das duas amostras.

   H_A: há diferença entre a qualidade percebida das duas amostras.

2. *Teste estatístico.* Usamos o teste de pares conjugados de Wilcoxon porque o estudo é de amostras relacionadas nas quais as diferenças podem ser classificadas em termos de magnitude.

3. *Nível de significância.* $\alpha = 0,05$, com $n = 10$ pares de comparações menos qualquer par com d de zero.

4. *Valor calculado.* T é igual à soma das notas com o sinal menos frequente. Suponha que obtivemos os seguintes resultados:

Par	Com marca	Sem marca	d_i	Nota de d_i	Nota com sinal menos frequente
1	52	48	4	4	
2	37	32	5	5,5*	
3	50	52	–2	–2	2
4	45	32	13	9	
5	56	59	–3	–3	3
6	51	50	1	1	
7	40	29	11	8	
8	59	54	5	5,5*	
9	38	38	0	*	
10	40	32	8	7	$T = 5$

*Há dois tipos de situação com o mesmo número de pontos. Nós abandonamos o par com a mesma pontuação mostrado no par 9. Os pares 2 e 8 têm a mesma pontuação na nota de diferença. Nesse caso, fazemos a média das notas e designamos o valor médio a cada par.

5. *Valor crítico de teste.* Coloque $n = 9$ na tabela de valores críticos de T (ver Figura D-4 no Apêndice D) e descubra que o valor crítico com $\alpha = 0,05$ é 6. Observe que, com esse teste, o valor calculado deve ser menor do que o valor crítico para rejeitar a hipótese nula.

6. *Interpretação.* O valor calculado é maior do que o valor crítico, indicando que devemos rejeitar a hipótese nula.

Teste de duas amostras de Kolmogorov-Smirnov

Quando um pesquisador tem duas amostras independentes de dados ordinais, o teste Kolmogorov-Smirnov (KS) de duas amostras é útil e, assim como o teste de uma amostra, está relacionado com a concordância entre duas distribuições cumulativas, mas ambas representam valores de amostras. Se as duas amostras foram retiradas da mesma população, as distribuições cumulativas das amostras devem estar bem perto uma da outra, apresentando apenas desvios aleatórios da distribuição de população. Se as distribuições cumulativas mostram um desvio máximo D suficientemente alto, esta é a prova para rejeitar H_0. Para obtermos o desvio máximo, devemos usar o maior número de intervalos disponível, de forma a não obscurecer a diferença cumulativa máxima.

A fórmula KS de duas amostras é:

$$D = \text{máximo } |F_{N1}(X) - F_{N2}(X)| \text{ (teste bicaudal)}$$
$$D = \text{máximo } |F_{N1}(X) - F_{N2}(X)| \text{ (teste unicaudal)}$$

D é calculado da mesma forma que antes, mas a tabela para valores críticos para o numerador de D, K_D (teste de duas amostras), é apresentada na Figura D-6 do Apêndice D, quando $n_1 = n_2$ e quando há menos de 40 observações. Quando n_1 e/ou n_2 são maiores do que 40, deve-se usar o D da Figura D-7. Com essa amostra maior, não é necessário que $n_1 = n_2$.

Aqui usamos uma amostra diferente de um estudo sobre propaganda na indústria tabagista. Suponha que as classificações de fumantes representem uma escala ordinal (fumante compulsivo, fumante moderado e não fumante) e você testa esses dados com um teste KS de duas amostras para grupos de pessoas mais jovens e mais velhas. Siga os procedimentos a seguir:

1. *Hipótese nula.*

    H_0: não há diferença em termos de idade entre fumantes e não fumantes.

    H_A: quanto mais velha é a pessoa, maior a possibilidade de ser um fumante compulsivo.

2. *Teste estatístico.* Usamos o teste KS de duas amostras por que consideramos os dados como ordinais.

3. *Nível de significância.* $\alpha = 0,05$. $n_1 = n_2 = 34$.

4. *Valor calculado.* Ver cálculos de uma amostra (teste KS) e comparar com a tabela a seguir.

5. *Valor crítico de teste.* Colocar $n = 34$ na Figura d-6 do Apêndice D para descobrir que $K_D = 11$ quando $p \leq 0,05$ para uma distribuição unicaudal.

	Fumante compulsivo	Fumante moderado	Não fumante
$F_{n1}(X)$	12/34	21/34	34/34
$F_{n2}(X)$	4/34	10/34	34/34
$d_i = K_{D/n}$	8/34	11/34	0

6. *Interpretação.* Como o valor crítico é igual ao maior valor calculado, rejeitamos a hipótese nula.

Teste U de Mann-Whitney

Este teste também é usado com duas amostras independentes se os dados forem pelo menos ordinais; é uma alternativa para o teste t sem as suposições de limitação desse último. Quando a maior das duas amostras é 20 ou menos, há tabelas especiais para interpretar U; quando a amostragem maior excede 20, usamos uma aproximação de curva normal.

Para calcular o teste U, trate todas as observações de forma combinada e classifique-as, algebricamente, da menor para a maior. A maior pontuação negativa recebe a classificação mais baixa. Em caso de mesma pontuação, atribua a nota média como nos outros testes. Com este teste, você também pode testar amostras que não sejam iguais. Depois da classificação, os valores para cada amostra são totalizados. Calcule a estatística U como segue:

$$U = n_1 n_2 + \frac{n_1(n_1 + 1)}{2} - R_1$$

ou

$$U = n_1 n_2 + \frac{n_2(n_2 - 1)}{2} - R_2$$

onde

n_1 = número na amostra 1

n_2 = número na amostra 2

R_1 = soma das notas na amostra 1

Com essa equação, podemos ter dois valores de U, um usando R_1, e o outro usando R_2. Para fins de teste, use o U menor.

Um exemplo pode ajudar a esclarecer o procedimento de cálculo da estatística U. Consideremos o exemplo de treinamento de vendas com a discussão da distribuição t. Lembre-se de que os vendedores com o método de treinamento A tiveram vendas mais altas do que os vendedores com o método de treinamento B. Embora esses dados sejam medidas de razão, podemos ainda não aceitar outras suposições que estão implícitas no teste t. Que tipo de resultado poderia ser obtido com o teste U? Embora o teste U seja projetado para dados ordinais, pode ser usado com mensurações de intervalo e de razão.

1. *Hipótese nula.*

    H_0: Não há diferença nos resultados de vendas produzidos pelos dois métodos de treinamento.

    H_A: o método de treinamento A produz resultados de vendas superiores aos do método B.
2. *Teste estatístico.* Escolhemos o teste U de Mann-Whitney porque a mensuração é pelo menos ordinal e as suposições sob o teste paramétrico t são rejeitadas.
3. *Nível de significância.* $\alpha = 0{,}05$ (teste unicaudal).
4. *Valor calculado.*

Vendas semanais por vendedor			
Método de treinamento A	Posição	Método de treinamento B	Posição
1.500	15	1.340	10
1.540	16	1.300	8,5
1.860	22	1.620	18
1.230	6	1.070	3
1.370	12	1.210	5
1.550	17	1.170	4
1.840	21	1.770	20
1.250	7	950	1
1.300	8,5	1.380	13
1.350	11	1.460	14
1.710	19	1.030	2
	$R_1 = 154{,}5$		$R_2 = 98{,}5$
$U = (11)(11) + \dfrac{11(11+1)}{2} - 154{,}5 = 32{,}5$		$U = (11)(11) + \dfrac{11(11+1)}{2} - 98{,}5 = 88{,}5$	

5. *Valor crítico de teste.* Coloque $n_1 = n_2 = 11$ na Figura D-9 do Apêndice D e encontre o valor crítico de 34 para $\alpha = 0{,}5$, teste unicaudal. Observe que, com este teste, o valor calculado deve ser menor do que o valor crítico para rejeitar a hipótese nula.
6. *Interpretação.* O valor calculado é maior do que o valor crítico, indicando que devemos rejeitar a hipótese nula.

Assim, rejeitamos a hipótese nula de $\alpha = 0{,}05$ em um teste unicaudal usando o teste t ou U. Neste exemplo, o teste U tem aproximadamente o mesmo poder do teste paramétrico.

Quando $n > 20$ em uma das amostras, a distribuição de amostragem de U se aproxima da distribuição normal com:

$$\text{Média} = \mu_U = \frac{n_1 n_2}{2}$$

$$\text{Desvio-padrão } \sigma_U = \sqrt{\frac{(n_1)(n_2)(n_1 + n_2 + 1)}{12}}$$

e

$$z = \frac{U - \mu_U}{\sigma_U}$$

Outros testes não paramétricos

Outros testes são apropriados sob certas condições quando testam duas amostras independentes. Quando a mensuração é apenas nominal, o teste de probabilidade exata Fisher pode ser usado; quando os dados são pelo menos ordinais, use os testes da mediana e de Wald-Wolfowitz.

Testes de *k* amostras

Podemos usar testes mais poderosos do que χ^2 com dados pelo menos de natureza ordinal. Um desses testes é uma extensão do teste da mediana já mencionado. Ilustramos aqui a aplicação de um segundo teste de mensuração ordinal conhecido como análise da variância de um fator de Kruskal-Wallis.

Teste de Kruskal-Wallis

Esta é uma versão generalizada do teste de Mann-Whitney. Com ele, classificamos todos as pontuações em todo o campo de observações, da menor para a maior. Depois calculamos a soma das notas de cada amostra e distribuímos as ligações como nos outros exemplos. Então, calculamos o valor de *H* como segue:

$$H = \frac{12}{N(N + 1)} \sum_{j=1}^{k} \frac{T_j^2}{n_j} - 3(N + 1)$$

onde

T_j = soma das notas na coluna *j*

n_j = número de casos na *j* amostra

$N = \sum w_j$ = número total de casos

k = número de amostras

Quando há muitas ligações, recomenda-se que um fator corretor (*C*) seja calculado e usado para corrigir o valor *H*, como segue:

$$C = 1 - \left\{ \frac{\sum_{i}^{G}(t_i^3 - t_i)}{N^3 - N} \right\}$$

onde

G = número de conjuntos de observações associadas

t_i = número associado em qualquer conjunto *i*

$$H' = H/C$$

Para conseguir o valor crítico para *H'*, use a tabela para distribuição de χ^2 (ver Figura D-3 no Apêndice D), colocando o valor de *H* e g.l. = *k* − 1.

Para ilustrar a aplicação deste teste, use o problema de experimento de desconto. Os dados e os cálculos são mostrados na Figura C-1 e indicam que, pelo teste de Kruskal-Wallis, novamente deixaremos de rejeitar a hipótese nula com $\alpha = 0{,}05$.

Um centavo		Três centavos		Cinco centavos	
X_A	Posição	X_B	Nota	X_C	Posição
6	1	8	5	9	8,5
7	2,5	9	8,5	9	8,5
8	5	8	5	11	14
7	2,5	10	11,5	10	11,5
9	8,5	11	14	14	18
11	14	13	16,5	13	16,5
$T_j = 33,5$			60,5		77,0

$$T = 33,5 + 60,5 + 77,0$$

$$= 171$$

$$H = \frac{12}{18(18+1)} \left[\frac{33,5^2 + 60,5^2 + 77^2}{6} \right] - 3(18+1)$$

$$= \frac{12}{342} \left[\frac{1.122,25 + 3.660,25 + 5.929}{6} \right] - 57$$

$$= 0,0351 \left[\frac{10.711,5}{6} \right] - 57$$

$$H = 5,66$$

$$C = 1 - \left(\frac{3[(2)^3 - 2] + 2[(3)^3 - 3] + 4[(4)^3 - 4]}{18^3 - 18} \right)$$

$$= 1 - \frac{18 + 48 + 60}{5.814}$$

$$= 0,978$$

$$H' = \frac{H}{C} = \frac{5,66}{0,978} = 5,79$$

$$g.l. = k - 1 = 2$$

$$p > 0,05$$

Figura C-1 Análise da variância de um fator de Kruskal-Wallis (diferenciais de preço).

Apêndice D

Tabelas Estatísticas Selecionadas

D-1 Áreas de distribuição normal padrão.
D-2 Valores Críticos de t para Determinados Níveis de Probabilidade
D-3 Valores Críticos da Distribuição Qui-Quadrado
D-4 Valores Críticos de T no Teste de Pares Combinados de Wilcoxon
D-5 Valores Críticos de D no Teste de Kolmogorov-Smirnov de uma Amostra
D-6 Valores Críticos de K_D no teste de Kolmogorov-Smirnov de Duas Amostras (amostras pequenas)
D-7 Valores críticos de D no teste de Kolmogorov-Smirnov de duas amostras para grandes amostras (bicaudal).
D-8 Valores Críticos da Distribuição F para $\alpha = 0,05$
D-9 Tabela Parcial de Valores Críticos de U no Teste de Mann-Whitney
D-10 Números Aleatórios

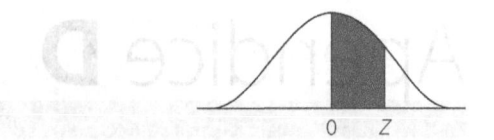

	Segunda casa decimal em z									
z	0,00	0,01	0,02	0,03	0,04	0,05	0,06	0,07	0,08	0,09
0,0	0,0000	0,0040	0,0080	0,0120	0,0160	0,0199	0,0239	0,0279	0,0319	0,0359
0,1	0,0398	0,0438	0,0478	0,0517	0,0557	0,0596	0,0636	0,0675	0,0714	0,0753
0,2	0,0793	0,0832	0,0871	0,0910	0,0948	0,0987	0,1026	0,1064	0,1103	0,1141
0,3	0,1179	0,1217	0,1255	0,1293	0,1331	0,1368	0,1406	0,1443	0,1480	0,1517
0,4	0,1554	0,1591	0,1628	0,1664	0,1700	0,1736	0,1772	0,1808	0,1844	0,1879
0,5	0,1915	0,1950	0,1985	0,2019	0,2054	0,2088	0,2123	0,2157	0,2190	0,2224
0,6	0,2257	0,2291	0,2324	0,2357	0,2389	0,2422	0,2454	0,2486	0,2517	0,2549
0,7	0,2580	0,2611	0,2642	0,2673	0,2704	0,2734	0,2764	0,2794	0,2823	0,2852
0,8	0,2881	0,2910	0,2939	0,2967	0,2995	0,3023	0,3051	0,3078	0,3106	0,3133
0,9	0,3159	0,3186	0,3212	0,3238	0,3264	0,3289	0,3315	0,3340	0,3365	0,3389
1,0	0,3413	0,3438	0,3461	0,3485	0,3508	0,3531	0,3554	0,3577	0,3599	0,3621
1,1	0,3643	0,3665	0,3686	0,3708	0,3729	0,3749	0,3770	0,3790	0,3810	0,3830
1,2	0,3849	0,3869	0,3888	0,3907	0,3925	0,3944	0,3962	0,3980	0,3997	0,4015
1,3	0,4032	0,4049	0,4066	0,4082	0,4099	0,4115	0,4131	0,4147	0,4162	0,4177
1,4	0,4192	0,4207	0,4222	0,4236	0,4251	0,4265	0,4279	0,4292	0,4306	0,4319
1,5	0,4332	0,4345	0,4357	0,4370	0,4382	0,4394	0,4406	0,4418	0,4429	0,4441
1,6	0,4452	0,4463	0,4474	0,4484	0,4495	0,4505	0,4515	0,4525	0,4535	0,4545
1,7	0,4554	0,4564	0,4573	0,4582	0,4591	0,4599	0,4608	0,4616	0,4625	0,4633
1,8	0,4641	0,4649	0,4656	0,4664	0,4671	0,4678	0,4686	0,4693	0,4699	0,4706
1,9	0,4713	0,4719	0,4726	0,4732	0,4738	0,4744	0,4750	0,4756	0,4761	0,4767
2,0	0,4772	0,4778	0,4783	0,4788	0,4793	0,4798	0,4803	0,4808	0,4812	0,4817
2,1	0,4821	0,4826	0,4830	0,4834	0,4838	0,4842	0,4846	0,4850	0,4854	0,4857
2,2	0,4861	0,4864	0,4868	0,4871	0,4875	0,4878	0,4881	0,4884	0,4887	0,4890
2,3	0,4893	0,4896	0,4898	0,4901	0,4904	0,4906	0,4909	0,4911	0,4913	0,4916
2,4	0,4918	0,4920	0,4922	0,4925	0,4927	0,4929	0,4931	0,4932	0,4934	0,4936
2,5	0,4938	0,4940	0,4941	0,4943	0,4945	0,4946	0,4948	0,4949	0,4951	0,4952
2,6	0,4953	0,4955	0,4956	0,4957	0,4959	0,4960	0,4961	0,4962	0,4963	0,4964
2,7	0,4965	0,4966	0,4967	0,4968	0,4969	0,4970	0,4971	0,4972	0,4973	0,4974
2,8	0,4974	0,4975	0,4976	0,4977	0,4977	0,4978	0,4979	0,4979	0,4980	0,4981
2,9	0,4981	0,4982	0,4982	0,4983	0,4984	0,4984	0,4985	0,4985	0,4986	0,4986
3,0	0,4987	0,4987	0,4987	0,4988	0,4988	0,4989	0,4989	0,4989	0,4990	0,4990
3,1	0,4990	0,4991	0,4991	0,4991	0,4992	0,4992	0,4992	0,4992	0,4993	0,4993
3,2	0,4993	0,4993	0,4994	0,4994	0,4994	0,4994	0,4994	0,4995	0,4995	0,4995
3,3	0,4995	0,4995	0,4995	0,4996	0,4996	0,4996	0,4996	0,4996	0,4996	0,4997
3,4	0,4997	0,4997	0,4997	0,4997	0,4997	0,4997	0,4997	0,4997	0,4997	0,4998
3,5	0,4998									
4,0	0,49997									
4,5	0,499997									
5,0	0,4999997									
6,0	0,499999999									

Figura D-1 Áreas de distribuição normal padrão.

	Nível de significância para teste unicaudal					
	0,10	0,05	0,025	0,01	0,005	0,0005
	Nível de significância para teste bicaudal					
g.l.	0,20	0,10	0,05	0,02	0,01	0,001
1	3,078	6,314	12,706	31,821	63,657	636,619
2	1,886	2,920	4,303	6,965	9,925	31,598
3	1,638	2,353	3,182	4,541	5,841	12,941
4	1,533	2,132	2,776	3,747	4,604	8,610
5	1,476	2,015	2,571	3,365	4,032	6,859
6	1,440	1,943	2,447	3,143	3,707	5,959
7	1,415	1,895	2,365	2,998	3,499	5,405
8	1,397	1,860	2,306	2,896	3,355	5,041
9	1,383	1,833	2,262	2,821	3,250	4,781
10	1,372	1,812	2,228	2,764	3,169	4,587
11	1,363	1,796	2,201	2,718	3,106	4,437
12	1,356	1,782	2,179	2,681	3,055	4,318
13	1,350	1,771	2,160	2,650	3,012	4,221
14	1,345	1,761	2,145	2,624	2,977	4,140
15	1,341	1,753	2,131	2,602	2,947	4,073
16	1,337	1,746	2,120	2,583	2,921	4,015
17	1,333	1,740	2,110	2,567	2,898	3,965
18	1,330	1,734	2,101	2,552	2,878	3,922
19	1,328	1,729	2,093	2,539	2,861	3,883
20	1,325	1,725	2,086	2,528	2,845	3,850
21	1,323	1,721	2,080	2,518	2,831	3,819
22	1,321	1,717	2,074	2,508	2,819	3,792
23	1,319	1,714	2,069	2,500	2,807	3,767
24	1,318	1,711	2,064	2,492	2,797	3,745
25	1,316	1,708	2,060	2,485	2,787	3,725
26	1,315	1,706	2,056	2,479	2,779	3,707
27	1,314	1,703	2,052	2,473	2,771	3,690
28	1,313	1,701	2,048	2,467	2,763	3,674
29	1,311	1,699	2,045	2,462	2,756	3,659
30	1,310	1,697	2,042	2,457	2,750	3,646
40	1,303	1,684	2,021	2,423	2,704	3,551
60	1,296	1,671	2,000	2,390	2,660	3,460
120	1,289	1,658	1,980	2,358	2,617	3,373
∞	1,282	1,645	1,960	2,326	2,576	3,291

Figura D-2 Valores críticos de t para determinados níveis de probabilidade

Fonte: Resumida a partir da Tabela III de Fisher e Yates, *Statistical Tables for Biological, Agricultural, and Medical Research,* 6ª ed., publicado por Oliver and Boyd Ltd., Edinburgh, 1963. Com permissão da editora.

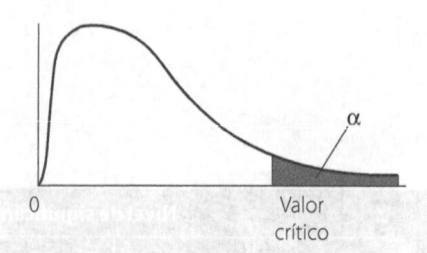

	Probabilidade				
g.l.	0,10	0,05	0,02	0,01	0,001
1	2,71	3,84	5,41	6,64	10,83
2	4,60	5,99	7,82	9,21	13,82
3	6,25	7,82	9,84	11,34	16,27
4	7,78	9,49	11,67	13,28	18,46
5	9,24	11,07	13,39	15,09	20,52
6	10,64	12,59	15,03	16,81	22,46
7	12,02	14,07	16,62	18,48	24,32
8	13,36	15,51	18,17	20,09	26,12
9	14,68	16,92	19,68	21,67	27,88
10	15,99	18,31	21,16	23,21	29,59
11	17,28	19,68	22,62	24,72	31,26
12	18,55	21,03	24,05	26,22	32,91
13	19,81	22,36	25,47	27,69	34,53
14	21,06	23,68	26,87	29,14	36,12
15	22,31	25,00	28,26	30,58	37,70
16	23,54	26,30	29,63	32,00	39,29
17	24,77	27,59	31,00	33,41	40,75
18	25,99	28,87	32,35	34,80	42,31
19	27,20	30,14	33,69	36,19	43,82
20	28,41	31,41	35,02	37,57	45,32
21	29,62	32,67	36,34	38,93	46,80
22	30,81	33,92	37,66	40,29	48,27
23	32,01	35,17	38,97	41,64	49,73
24	33,20	36,42	40,27	42,98	51,18
25	34,38	37,65	41,57	44,31	52,62
26	35,56	38,88	42,86	45,64	54,05
27	36,74	40,11	44,14	46,96	55,48
28	37,92	41,34	45,42	48,28	56,89
29	39,09	42,56	46,69	49,59	58,30
30	40,26	43,77	47,96	50,89	59,70

Figura D-3 Valores críticos da distribuição qui-quadrado.

Fonte: Resumida a partir da Tabela III de Fisher e Yates, *Statistical Tables for Biological, Agricultural, and Medical Research*, 6ª ed., publicado por Oliver and Boyd Ltd., Edinburgh, 1963. Com permissão da editora.

	Nível de significância para teste unicaudal		
	0,025	0,01	0,005
	Nível de significância para teste bicaudal		
n	0,05	0,02	0,01
6	0	—	—
7	2	0	—
8	4	2	0
9	6	3	2
10	8	5	3
11	11	7	5
12	14	10	7
13	17	13	10
14	21	16	13
15	25	20	16
16	30	24	20
17	35	28	23
18	40	33	28
19	46	38	32
20	52	43	38
21	59	49	43
22	66	56	49
23	73	62	55
24	81	69	61
25	89	77	68

Figura D-4 Valores críticos de T no teste de pares conjugados de Wilcoxon.

Fonte: Adaptado da Tabela 1 de F. Wilcoxon, *Some Rapid Approximate Statistical Procedures* (New York: American Cyanamid Company, 1949), p. 13, com gentil permissão da editora.

	Nível de significância para $D = $ Máximo $|F_0(X) - S_N(X)|$				
Tamanho de amostra n	0,20	0,15	0,10	0,05	0,01
1	0,900	0,925	0,950	0,975	0,995
2	0,684	0,726	0,776	0,842	0,929
3	0,565	0,597	0,642	0,708	0,828
4	0,494	0,525	0,564	0,624	0,733
5	0,446	0,474	0,510	0,565	0,669
6	0,410	0,436	0,470	0,521	0,618
7	0,381	0,405	0,438	0,486	0,577
8	0,358	0,381	0,411	0,457	0,543
9	0,339	0,360	0,388	0,432	0,514
10	0,322	0,342	0,368	0,410	0,490
11	0,307	0,326	0,352	0,391	0,468
12	0,295	0,313	0,338	0,375	0,450
13	0,284	0,302	0,325	0,361	0,433
14	0,274	0,292	0,314	0,349	0,418
15	0,266	0,283	0,304	0,338	0,404
16	0,258	0,274	0,295	0,328	0,392
17	0,250	0,266	0,286	0,318	0,381
18	0,244	0,259	0,278	0,309	0,371
19	0,237	0,252	0,272	0,301	0,363
20	0,231	0,246	0,264	0,294	0,356
25	0,21	0,22	0,24	0,27	0,32
30	0,19	0,20	0,22	0,24	0,29
35	0,18	0,19	0,21	0,23	0,27
Acima de 35	$\dfrac{1,07}{\sqrt{N}}$	$\dfrac{1,14}{\sqrt{N}}$	$\dfrac{1,22}{\sqrt{N}}$	$\dfrac{1,36}{\sqrt{N}}$	$\dfrac{1,63}{\sqrt{N}}$

Figura D-5 Valores críticos de D no teste de Kolmogorov-Smirnov de uma amostra.

Fonte: F. J. Massey Jr., "The Kolmogorov-Smirnov Test for Goodness of Fit", *Journal of the American Statistical Association* 46, p. 70. Adaptado com permissão do editor.

	Teste unicaudal		Teste bicaudal	
n	α = 0,05	α = 0,01	α = 0,05	α = 0,01
3	3	–	–	–
4	4	–	4	–
5	4	5	5	5
6	5	6	5	6
7	5	6	6	6
8	5	6	6	7
9	6	7	6	7
10	6	7	7	8
11	6	8	7	8
12	6	8	7	8
13	7	8	7	9
14	7	8	8	9
15	7	9	8	9
16	7	9	8	10
17	8	9	8	10
18	8	10	9	10
19	8	10	9	10
20	8	10	9	11
21	8	10	9	11
22	9	11	9	11
23	9	11	10	11
24	9	11	10	12
25	9	11	10	12
26	9	11	10	12
27	9	12	10	12
28	10	12	11	13
29	10	12	11	13
30	10	12	11	13
35	11	13	12	
40	11	14	13	

Figura D-6 Valores críticos de K_D no teste de Kolmogorov-Smirnov de duas amostras (amostras pequenas).

Fonte: Resumido a partir de I. A. Goodman, "Kolmogorov-Smirnov Tests for Psychological Research", *Psychological Bulletin* 51 (1951), p. 167, copyright (1951) by the American Psychological Association. Reimpresso com permissão. Derivado de Table 1 de F. J. Massey Jr., "The Distribution of the Maximum Deviation Between Two Sample Cumulative Step Functions", *Annals of Mathematical Statistics* 23 (1951), pp. 126-27, com gentil permissão da editora.

Nível de significância	O valor de D é tão grande que exige rejeição de H_0 no nível de importância indicado, onde $D = $ máximo $|S_{n1}(X) - S_2(X)|$
0,10	$1,22\sqrt{\dfrac{n_1 + n_2}{n_1 n_2}}$
0,05	$1,36\sqrt{\dfrac{n_1 + n_2}{n_1 n_2}}$
0,025	$1,48\sqrt{\dfrac{n_1 + n_2}{n_1 n_2}}$
0,01	$1,63\sqrt{\dfrac{n_1 + n_2}{n_1 n_2}}$
0,005	$1,73\sqrt{\dfrac{n_1 + n_2}{n_1 n_2}}$
0,001	$1,95\sqrt{\dfrac{n_1 + n_2}{n_1 n_2}}$

Figura D-7 Valores críticos de D no teste de Kolmogorov-Smirnov de duas amostras para grandes amostras (bicaudal).

Fonte: Adaptado de N. Smirnov, "Table for Estimating the Goodness of Fit of Empirical Distribution", Annals of Mathematical Statistics 18 (1948), pp. 280-81, com gentil permissão da editora.

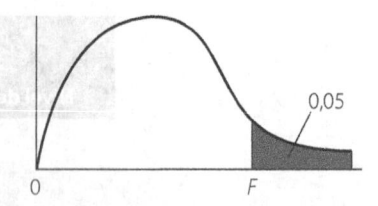

	Graus de liberdade para numerador								
n_2	1	2	3	4	5	6	7	8	9
1	161,40	199,50	215,70	224,60	230,20	234,00	236,80	238,90	240,50
2	18,51	19,00	19,16	19,25	19,30	19,33	19,35	19,37	19,38
3	10,13	9,55	9,28	9,12	9,01	8,94	8,89	8,85	8,81
4	7,71	6,94	6,59	6,39	6,26	6,16	6,09	6,04	6,00
5	6,61	5,79	5,41	5,19	5,05	4,95	4,88	4,82	4,77
6	5,99	5,14	4,76	4,53	4,39	4,28	4,21	4,15	4,10
7	5,59	4,74	4,35	4,12	3,97	3,87	3,79	3,73	3,68
8	5,32	4,46	4,07	3,84	3,69	3,58	3,50	3,44	3,39
9	5,12	4,26	3,86	3,63	3,48	3,37	3,29	3,23	3,18
10	4,96	4,10	3,71	3,48	3,33	3,22	3,14	3,07	3,02
11	4,84	3,98	3,59	3,36	3,20	3,09	3,01	2,95	2,90
12	4,75	3,89	3,49	3,26	3,11	3,00	2,91	2,85	2,80
13	4,67	3,81	3,41	3,18	3,03	2,92	2,83	2,77	2,71
14	4,60	3,74	3,34	3,11	2,96	2,85	2,76	2,70	2,65
15	4,54	3,68	3,29	3,06	2,90	2,79	2,71	2,64	2,59
16	4,49	3,63	3,24	3,01	2,85	2,74	2,66	2,59	2,54
17	4,45	3,59	3,20	2,96	2,81	2,70	2,61	2,55	2,49
18	4,41	3,55	3,16	2,93	2,77	2,66	2,58	2,51	2,46
19	4,38	3,52	3,13	2,90	2,74	2,63	2,54	2,48	2,42
20	4,35	3,49	3,10	2,87	2,71	2,60	2,51	2,45	2,39
21	4,32	3,47	3,07	2,84	2,68	2,57	2,49	2,42	2,37
22	4,30	3,44	3,05	2,82	2,66	2,55	2,46	2,40	2,34
23	4,28	3,42	3,03	2,80	2,64	2,53	2,44	2,37	2,32
24	4,26	3,40	3,01	2,78	2,62	2,51	2,42	2,36	2,30
25	4,24	3,39	2,99	2,76	2,60	2,49	2,40	2,34	2,28
26	4,23	3,37	2,98	2,74	2,59	2,47	2,39	2,32	2,27
27	4,21	3,35	2,96	2,73	2,57	2,46	2,37	2,31	2,25
28	4,20	3,34	2,95	2,71	2,56	2,45	2,36	2,29	2,24
29	4,18	3,33	2,93	2,70	2,55	2,43	2,35	2,28	2,22
30	4,17	3,32	2,92	2,69	2,53	2,42	2,33	2,27	2,21
40	4,08	3,23	2,84	2,61	2,45	2,34	2,25	2,18	2,12
60	4,00	3,15	2,76	2,53	2,37	2,25	2,17	2,10	2,04
120	3,92	3,07	2,68	2,45	2,29	2,17	2,09	2,02	1,96
∞	3,84	3,00	2,60	2,37	2,21	2,10	2,01	1,94	1,88

(Graus de liberdade para denominador)

Figura D-8 Valores críticos da distribuição F para $\alpha = 0{,}05$.

Fonte: Reimpresso com permissão de *Statistical Methods* por George W. Snedecor e William G. Cochran, 6ª. ed., © 1967 de Iowa State University Press, Ames, Iowa.

		Graus de liberdade para numerador (cont.)								
	n_2	10	12	15	20	24	30	40	80	120	∞
	1	241,90	243,90	245,90	248,00	249,10	250,10	251,10	252,20	253,30	243,30
	2	19,40	19,41	19,43	19,45	19,45	19,46	19,47	19,48	19,49	19,50
	3	8,79	8,74	8,70	8,66	8,64	8,62	8,59	8,57	8,55	8,53
	4	5,96	5,91	5,86	5,80	5,77	5,75	5,72	5,69	5,66	5,63
	5	4,74	4,68	4,62	4,56	4,53	4,50	4,46	4,43	4,40	4,36
	6	4,06	4,00	3,94	3,87	3,84	3,81	3,77	3,74	3,70	3,67
	7	3,64	3,57	3,51	3,44	3,41	3,38	3,34	3,30	3,27	3,23
	8	3,35	3,28	3,22	3,15	3,12	3,08	3,04	3,01	2,97	2,93
	9	3,14	3,07	3,01	2,94	2,90	2,86	2,83	2,79	2,75	2,71
	10	2,98	2,91	2,85	2,77	2,74	2,70	2,66	2,62	2,58	2,54
	11	2,85	2,79	2,72	2,65	2,61	2,57	2,53	2,49	2,45	2,40
	12	2,75	2,69	2,62	2,54	2,51	2,47	2,43	2,38	2,34	2,30
	13	2,67	2,60	2,53	2,46	2,42	2,38	2,34	2,30	2,25	2,21
Graus de liberdade para denominador	14	2,60	2,53	2,46	2,39	2,35	2,31	2,27	2,22	2,18	2,13
	15	2,54	2,48	2,40	2,33	2,29	2,25	2,20	2,16	2,11	2,07
	16	2,49	2,42	2,35	2,28	2,24	2,19	2,15	2,11	2,06	2,01
	17	2,45	2,38	2,31	2,23	2,19	2,15	2,10	2,06	2,01	1,96
	18	2,41	2,34	2,27	2,19	2,15	2,11	2,06	2,02	1,97	1,92
	19	2,38	2,31	2,23	2,16	2,11	2,07	2,03	1,98	1,93	1,88
	20	2,35	2,28	2,20	2,12	2,08	2,04	1,99	1,95	1,90	1,84
	21	2,32	2,25	2,18	2,10	2,05	2,01	1,96	1,92	1,87	1,81
	22	2,30	2,23	2,15	2,07	2,03	1,98	1,94	1,89	1,84	1,78
	23	2,27	2,20	2,13	2,05	2,01	1,96	1,91	1,86	1,81	1,76
	24	2,25	2,18	2,11	2,03	1,98	1,94	1,89	1,84	1,79	1,73
	25	2,24	2,16	2,09	2,01	1,96	1,92	1,87	1,82	1,77	1,71
	26	2,22	2,15	2,07	1,99	1,95	1,90	1,85	1,80	1,75	1,69
	27	2,20	2,13	2,06	1,97	1,93	1,88	1,84	1,79	1,73	1,67
	28	2,19	2,12	2,04	1,96	1,91	1,87	1,82	1,77	1,71	1,65
	29	2,18	2,10	2,03	1,94	1,90	1,85	1,81	1,75	1,70	1,64
	30	2,16	2,09	2,01	1,93	1,89	1,84	1,79	1,74	1,68	1,62
	40	2,08	2,00	1,92	1,84	1,79	1,74	1,69	1,64	1,58	1,51
	60	1,99	1,92	1,84	1,75	1,70	1,65	1,59	1,53	1,47	1,39
	120	1,91	1,83	1,75	1,66	1,61	1,55	1,50	1,43	1,35	1,25
	∞	1,83	1,75	1,67	1,57	1,52	1,46	1,39	1,32	1,22	1,00

| Valores críticos para teste unicaudal em $\alpha = 0{,}025$ ou teste bicaudal em $\alpha = 0{,}05$ ||||||||||||
$n_1 \backslash n_2$	9	10	11	12	13	14	15	16	17	18	19	20
1												
2	0	0	0	1	1	1	1	1	2	2	2	2
3	2	3	3	4	4	5	5	6	6	7	7	8
4	4	5	6	7	8	9	10	11	11	12	13	13
5	7	8	9	11	12	13	14	15	17	18	19	20
6	10	11	13	14	16	17	19	21	22	24	25	27
7	12	14	16	18	20	22	24	26	28	30	32	34
8	15	17	19	22	24	26	29	31	34	36	38	41
9	17	20	23	26	28	31	34	37	39	42	45	48
10	20	23	26	29	33	36	39	42	45	48	52	55
11	23	26	30	33	37	40	44	47	51	55	58	62
12	26	29	33	37	41	45	49	53	57	61	66	69
13	28	33	37	41	45	50	54	59	63	67	72	76
14	31	36	40	45	50	55	59	64	67	74	78	83
15	34	39	44	49	54	59	64	70	75	80	85	90
16	37	42	47	53	59	64	70	75	81	86	92	98
17	39	45	51	57	63	67	75	81	87	93	99	105
18	42	48	55	61	67	74	80	86	93	99	106	112
19	45	52	58	65	72	78	85	92	99	106	113	119
20	48	55	62	69	76	83	90	98	105	112	119	127
Valores críticos para teste unicaudal em $\alpha = 0{,}05$ ou teste bicaudal em $\alpha = 0{,}10$											
$n_1 \backslash n_2$	9	10	11	12	13	14	15	16	17	18	19	20
1											0	0
2	1	1	1	2	2	2	3	3	3	4	4	4
3	3	4	5	5	6	7	7	8	9	9	10	11
4	6	7	8	9	10	11	12	14	15	16	17	18
5	9	11	12	13	15	16	18	19	20	22	23	25
6	12	14	16	17	19	21	23	25	26	28	30	32
7	15	17	19	21	24	26	28	30	33	35	37	39
8	18	20	23	26	28	31	33	36	39	41	44	47
9	21	24	27	30	33	36	39	42	45	48	51	54
10	24	27	31	34	37	41	44	48	51	55	58	62
11	27	31	34	38	42	46	50	54	57	61	65	69
12	30	34	38	42	47	51	55	60	64	68	72	77
13	33	37	42	47	51	56	61	65	70	75	80	84
14	36	41	46	51	56	61	66	71	77	82	87	92
15	39	44	50	55	61	66	72	77	83	88	94	100
16	42	48	54	60	65	71	77	83	89	95	101	107
17	45	51	57	64	70	77	83	89	96	102	109	115
18	48	55	61	68	75	82	88	95	102	109	116	123
19	51	58	65	72	80	87	94	101	109	116	123	130
20	54	62	69	77	84	92	100	107	115	123	130	138

Figura D-9 Tabela parcial de valores críticos de *U* no teste de Mann-Whitney.

Fonte: Resumido a partir de D. Auble, "Extended Tables from the Mann-Whitney Statistic", *Bulletin of the Institute of Educational Research at Indiana University* 1, no. 2, reimpresso com permissão Para tabelas com outros tamanhos de amostras, consulte essa fonte.

97446	30328	05262	77371	13523	62057	44349	85884	94555	23288
15453	75591	60540	77137	09485	27632	05477	99154	78720	10323
69995	77086	55217	53721	85713	27854	41981	88981	90041	20878
69726	58696	27272	38148	52521	73807	29685	49152	20309	58734
23604	31948	16926	26360	76957	99925	86045	11617	32777	38670
13640	17233	58650	47819	24935	28670	33415	77202	92492	40290
90779	09199	51169	94892	34271	22068	13923	53535	56358	50258
71068	19459	32339	10124	13012	79706	07611	52600	83088	26829
55019	79001	34442	16335	06428	52873	65316	01480	72204	39494
20879	50235	17389	25260	34039	99967	48044	05067	69284	53867
00380	11595	49372	95214	98529	46593	77046	27176	39668	20566
68142	40800	20527	79212	14166	84948	11748	69540	84288	37211
42667	89566	20440	57230	35356	01884	79921	94772	29882	24695
07756	78430	45576	86596	56720	65529	44211	18447	53921	92722
45221	31130	44312	63534	47741	02465	50629	94983	05984	88375
20140	77481	61686	82836	41058	41331	04290	61212	60294	95954
54922	25436	33804	51907	73223	66423	68706	36589	45267	35327
48340	30832	72209	07644	52747	40751	06808	85349	18005	52323
23603	84387	20416	88084	33103	41511	59391	71600	35091	52722
12548	01033	22974	59596	92087	02116	63524	00627	41778	24392
15251	87584	12942	03771	91413	75652	19468	83889	98531	91529
65548	59670	57355	18874	63601	55111	07278	32560	40028	36079
48488	76170	46282	76427	41693	04506	80979	26654	62159	83017
02862	15665	62159	15159	69576	20328	68873	28152	66087	39405
67929	06754	45842	66365	80848	15262	55144	37816	08421	30071
73237	07607	31615	04892	50989	87347	14393	21165	68169	70788
13788	20327	07960	95917	75112	01398	26381	41377	33549	19754
43877	66485	40825	45923	74410	69693	76959	70973	26343	63781
14047	08369	56414	78533	76378	44204	71493	68861	31042	81873
88383	46755	51342	13505	55324	52950	22244	28028	73486	98797
29567	16379	41994	65947	58926	50953	09388	00405	29874	44954
20508	60995	41539	26396	99825	25652	28089	57224	35222	58922
64178	76768	75747	32854	32893	61152	58565	33128	33354	16056
26373	51147	90362	93309	13175	66385	57822	31138	12893	68607
10083	47656	59241	73630	99200	94672	59785	95449	99279	25488
11683	14347	04369	98719	75005	43633	24125	30532	54830	95387
56548	76293	50904	88579	24621	94291	56881	35062	48765	22078
35292	47291	82610	27777	43965	31802	98444	88929	54383	93141
51329	87645	51623	08971	50704	82395	33916	95859	99788	97885
51860	19180	39324	68483	78650	74750	64893	58042	82878	20619
23886	01257	07945	71175	31243	87167	42829	44601	08769	26417
80028	82310	43989	09242	15056	48250	04529	96941	48190	69644
83946	46858	09164	18858	12672	55190	02820	45861	29104	75386
00000	41586	25972	25356	54260	95691	99431	89903	22306	43863
90615	12848	23376	29458	48239	37628	59265	50152	30340	40713
42003	10738	55835	48218	23204	19188	13556	06610	77667	88068
86135	26174	07834	17007	97938	96728	15689	77544	89186	41252
54436	10828	41212	19836	89476	53685	28085	22878	71868	35048
14545	72034	32131	38783	58588	47499	50945	97045	42357	53536
43925	49879	13339	78773	95626	67119	93023	96832	09757	98545

Figura D-10 Números aleatórios

Fonte: The Rand Corporation, *A Million Random Digits with 100,000 Normal Deviates* (Glencoe, IL: Free Press, 1955), p. 225.

Referências e Leituras

Capítulo 1
Notas de referência

1. Ian Davis and Elizabeth Stephenson, "Ten Trends to Watch in 2006," *The McKinsey Quarterly: The Online Journal of McKinsey & Co.* (January 2006) (http://www.mckinseyquarterly.com/article_page.aspx?ar=1734&L2=21&L3=114&srid=190&gp...). Modifications have been made to this list using insights from the July 18–19, 2012 conference Marketing Research in the Mobile World, and from Leonard Murphy, "Research Innovation During Disruptive Change: 10 Key Takeaways from Market Research in the Mobile World," GreenBook, July 24, 2012, accessed July 16, 2012 (http://www.greenbookblog.org/2012/07/24/research-innovation-during-disruptive-change-10-key-takeaways-from-market-research-in-the-mobile-world).
2. http://www.haagen-dazs.com, downloaded August 23, 2002.
3. Peter D. Bennett, ed., *Dictionary of Marketing Terms*, 2d ed. (Chicago: American Marketing Association, 1995).
4. Presentation by Larry Stanek, vice president, consumer and marketplace knowledge, Minute Maid, at AMA's Marketing Research Conference, Chicago, September 9, 2002.
5. See, for example, Elizabethann O'Sullivan and Gary R. Rassel, *Research Methods for Public Administration* (New York: Longman, 1999).

Referências de Instantâneos, Perfil Visual, Legendas e Destaques
Consultancy Skills

This snapshot was developed from a GreenBook research blog entry by Edward Appleton, senior European consumer insights manager at Avery Dennison, and those who responded (including Steve Needle, Managing Partner, Advanced Simulations; Jason M. Sherman, research and innovation of clicks and mortar, social and mobile customer experiences at Whyze Group, Inc.; Jason Anderson, client-side research director, GameHex; Jennifer Salkeld Nelson, senior direction, global strategic insights, skincare North America, Johnson & Johnson; founder, of Skill Set Do Researchers Need to Be Considered 'Consultants'?," GreenBook, posted June 22, 2012, accessed June 28, 2012 (http://www.greenbookblog.org/2012/06/22/what-sort-of-skill-set-do-researchers-need-to-be-considered-consultants/).

Mercedes-Benz

Christian Bauer, "Social Network Generates Market Research for Mercedes-Benz," Baseline, March 7, 2012, accessed April 1, 2012 (http://www.baselinemag.com/c/a/CRM/Social-Network-Generates-Market-Research-for-MercedesBenz/).

Christian Bauer, "Stars Insight: The Online Market Research Community of MB," PowerPoint presentation, March 2012.

Christian Bauer, MP/MR Customer Insights, Daimler AG, e-mails: April 16, 2012 and April 20, 2012.

Kai Blask, Associate Director Automotive, TNS Infratest, emails: April 26, 2012; April 30, 2012; May 11, 2012; May 15, 2012.

"Mercedes Website Now Gathers Consumer Sentiment," Destination CRM, September 27, 2011, accessed April 1, 2012 (http://www.destinationcrm.com/Articles/CRM-News/Daily-News/Mercedes-Web-Site-Now-Gathers-Consumer-Sentiment-77913.aspx).

"TNS Uses Acquia Commons to Build Award-Winning Mercedes-Benz Social Community Website," Acquia press release, September 26, 2011, accessed April 27, 2012 (http://www.acquia.com/aboutus/newsroom/press-releases/tns-uses-acquia-commons-social-business-software-build-award-winning-mercedes-benz).

YUM

David Novak, *TAKING PEOPLE WITH YOU: The Only Way to Make BIG Things Happen,* Portfolio Hardcover (January 3, 2012).

David Novak, "To Achieve Big Goals, Become a Pattern Thinker (or, How The Cool Ranch Dorito Was Born)," Fast Company blog, January 9, 2012, accessed February 15, 2012 (http://www.fastcompany.com/1805569/to-achieve-big-goals-become-a-pattern-thinker-and-know-how-junkie).

Destaques

Wayne Eckerson, "Big Data Analytics: Profiling the Use of Analytical Platforms in User Organizations," TechTarget, September 2011, p. 10, accessed March 5, 2012 (http://docs.media.bitpipe.com/io_10x/io_103043/item_486870/Big%20Data%20AnalyticsMarkLogic.pdf).

YUM

David Novak, *TAKING PEOPLE WITH YOU: The Only Way to Make BIG Things Happen,* Portfolio Hardcover (January 3, 2012).

David Novak, "To Achieve Big Goals, Become a Pattern Thinker (or, How The Cool Ranch Dorito Was Born)," Fast Company blog, January 9, 2012, accessed February 15, 2012 (http://www.fastcompany.com/1805569/to-achieve-big-goals-become-a-pattern-thinker-and-know-how-junkie).

Capítulo 2
Notas de referência

1. This paragraph is based on a comparison of two studies: "Survey Documents State of Ethics in the Workplace," Ethics Resource Center: Press Release, October 12, 2005, accessed January 29, 2007 (http://www.ethics.org/research/2005-press-release.asp); "Major Survey of America's Workers Finds Substantial Improvement in Ethics," Ethics Resource Center, press release, May 21, 2003 (http://www.ethics.org/research/2003-press-release.asp).
2. Elizabethann O'Sullivan and Gary R. Rassel, *Research Methods for Public Administrators* (New York: Longman, 1999).
3. American Psychological Association, *Ethical Principles of Psychologists and Code of Conduct* (Washington, DC: APA, 1997).
4. Exhibit 2-2 shows the standard procedures used for informed consent in surveys conducted by the Indiana University Center for Survey Research. Wording and protocol by CSR IU.
5. Robert A. Baron and Donn Byrne, *Social Psychology: Understanding Human Interaction* (Boston: Allyn and Bacon, 1991), p. 36.
6. Floyd J. Fowler Jr., *Survey Research Methods,* rev. ed. (Beverly Hills, CA: Sage Publications, 1988), p. 138.

7. Jim Thomas, "Introduction: A Debate about the Ethics of Fair Practices for Collecting Social Science Data in Cyberspace," *Information Society* 12, no. 2 (1996).
8. "FAQs—Kroger Plus Shopper's Card," The Kroger Co., 2001 (http://www.kroger.com/faqs_shopperscard.htm).
9. "European Online Privacy Measures Up," *eMarketer,* October 26, 1998 (http://www.estats.com/news/102698_europri.html).
10. Robert O'Harrow, "Privacy Rules Send U.S. Firms Scrambling," *Washington Post,* October 20, 1998.
11. Fowler, *Survey Research Methods,* p. 139.
12. See Thomas, "Introduction." The Belmont Report was produced by the National Commission for the Protection of Human Subjects of Biomedical and Behavioral Research under the title, *Ethical Principles and Guidelines for the Protection of Human Subjects of Research* (Washington, DC: Department of Health, Education, and Welfare, 1979). The other source of ethical standards was the *Federal Register,* Part II, "Federal Policy for the Protection of Human Subjects: Notices and Rules" (Washington, DC: U.S. Government Printing Office, 1991).
13. R. Gorlin, ed., *Codes of Professional Responsibility,* 3d ed. (Washington, DC: BNA Books, 1994).
14. Jeff Allen and Duane Davis, "Assessing Some Determinant Effects of Ethical Consulting Behavior: The Case of Personal and Professional Values," *Journal of Business Ethics* (1993), p. 449.
15. Paul Davidson Reynolds, *Ethics and Social Science Research* (Englewood Cliffs, NJ: Prentice Hall, 1982), pp. 103–8.
16. The Nuremberg Code is a set of 10 moral, ethical, and legal principles for medical experimentation on humans. It comes from the judgment of the Nuremberg Military Tribunal against doctors and scientists who committed World War II Nazi atrocities. For a full listing of the Nuremberg Code, see Jay Katz, *Experimentation with Human Beings* (New York: Russell Sage Foundation, 1972), pp. 305–6. See also Allan J. Kimmel, *Ethics and Values in Applied Social Research* (Newbury Park, CA: Sage Publications, 1988), pp. 54–56.
17. Reynolds, *Ethics and Social Science Research,* pp. 103–8.
18. The Center for Business Ethics, Bentley College (Waltham, MA) (http://ecampus.bentley.edu/dept/cbe/).
19. http://www.ethicsandbusiness.org/index3.htm.
20. Adapted from stories in the *Palm Beach Post* during September 1992.

Referências de Instantâneos, Perfil Visual, Legendas e Destaques
ESOMAR & CASRO
"About ESOMAR," ESOMAR, accessed March 22, 2012 (http://www.esomar.org/about-esomar.php).
"CASRO—Who We Are—What We Do," CASRO, 2012, accessed March 22, 2012 (http://www.casro.org/whatis.cfm).
Diane Bowers, "ESOMAR World Research Codes & Guidelines: Conducting Survey Research via Mobile Phone," ESOMAR, June 2011, accessed March 22, 2012 (http://www.esomar.org/uploads/public/knowledge-and-standards/codes-and-guidelines/ESOMAR_Codes-and-Guidelines_Conducting-survey-research-via-mobile-phone.pdf).

Foundation for Transparency in Offshoring
"Help End the Market Research Professions' Secret," November 19, 2009, accessed January 24, 2010 (http://www.tomhcanderson.com/2009/11/19/help-end-the-market-research-professions-final-dirty-little-secret/).
"Recent Survey Data about Offshoring." Study conducted by Foundation for Transparency in Offshoring, November 2009, accessed January 24, 2010 (http://www.offshoringtransparency.org/images/charts/ngmr4.jpg).

Privacy's New Frontier
Alysa Zeltzer Hutnik, "Location-Based Services: Why Privacy 'Do's and Don'ts' Matter," *Inside 1to1 Privacy,* IAPP Peppers & Rogers Group, e-mail newsletter, March 9, 2012.
Janet Jaiswal, Director and Saira Nayak, "Location-Aware Mobile Applications: Privacy Concerns & Best Practices," TrustE whitepaper, accessed March 9, 2012 (http://www.truste.com/pdf/Location_Aware_Mobile_Applications.pdf).
Janice Y. Tsai, Patrick Gage Kelley, Lorrie Faith Cranor, and Norman Sadeh, "Location-Sharing Technologies: Privacy Risks and Controls," accessed March 9, 2012 (http://cups.cs.cmu.edu/LBSprivacy/files/TsaiKelleyCranorSadeh_2009.pdf).

Destaques
Angelique Carson, CIPP/US, "DoubleClick: The Privacy Profession's Incubator," Inside 1to1 Privacy, IAPP Peppers & Rogers Group, e-mail newsletter, March 9, 2012.

Online Professional Communities
Matthew D. Lees, "Building Professional Peer Communities," *eNEWS,* Patricia Seybold Group Inc., January 11, 2007, accessed January 26, 2007 (http://www.psgroup.com/detail.aspx?ID=787). Excerpts reprinted with permission of Patricia Seybold Group Inc.

Trust Trumps Privacy?
2012 TRUSTe Privacy Index: 2012 Q2 Consumer Confidence Edition, accessed July 3, 2012 (http://www.truste.com/consumer-privacy-index-Q2-2012/).
Brain LaRue, "TRUSTe Privacy Index Series: 91 Percent Worry about Online Privacy," Adotas, June 26, 2012, accessed July 3, 2012 (http://www.adotas.com/2012/06/truste-privacy-index-series-91-percent-worry-about-online-privacy/).
"Data Privacy: Business Week Survey," March 20, 2000, Center for Democracy and Technology, accessed January 29, 2007 (http://www.cdt.org/privacy/survey/findings/).
"Is Privacy Overrated?" *eMarketer.com,* eMarketer Inc., January 12, 2007, accessed January 29, 2007 (http://www.emarketer.com/Articles/Print.aspx?1004458&src=print_article_graybar_article).
Humphrey Taylor, "Most People Are 'Privacy Pragmatists' Who, While Concerned about Privacy, Will Sometimes Trade It Off for Other Benefits," Harris Interactive: The Harris Poll #17, March 19, 2003, accessed January 28, 2007 (http://www.harrisinteractive.com/harris_poll/index.asp?PID=365).

Capítulo 3
Notas de referência
1. *Merriam-Webster's Collegiate Dictionary,* 10th ed. (Springfield, MA: Merriam-Webster, 1999) (http://www.m-w.com/cgi-bin/dictionary).

2. Fred N. Kerlinger, *Foundations of Behavioral Research,* 3d ed. (New York: Holt, Rinehart & Winston, 1986), pp. 436–37.
3. Kenneth R. Hoover, *The Elements of Social Scientific Thinking,* 5th ed. (New York: St. Martin's Press, 1991), p. 71.
4. Bruce Tuckman, *Conducting Educational Research* (New York: Harcourt Brace Jovanovich, 1972), p. 45.
5. William Stephens, *Hypotheses and Evidence* (New York: Thomas Y. Crowell, 1968), p. 5.
6. Based on Roger A Kerin, Eric N. Berkowitz, Steven W. Hartley, and William Rudelius, *Marketing,* 7th ed. (Burr Ridge, IL: Irwin/McGraw-Hill, 2003), pp. 294–302.
7. Ibid., p. 298.
8. Scott M. Smith and William R. Swinyard, *Introduction to Marketing Models* (Internet Text, 1999), Chap. 1 (http://marketing.byu.edu/htmlpages/courses/693r/modelsbook.html).
9. Ibid., Chap. 6 (http://marketing.byu.edu/htmlpages/courses/693r/modelsbook/airjordan.html).
10. P. M. Miller and M. J. Wilson, eds., *A Dictionary of Social Sciences Methods* (New York: Wiley, 1983), p. 27. Also see Benjamin B. Wolman, ed., *Dictionary of Behavioral Science* 2d ed. (New York: Academic Press, 1989).
11. Thomas S. Kuhn, *The Structure of Scientific Revolutions* (Chicago: University of Chicago Press, 1970).
12. Based on John Dewey, *How We Think* (Boston: Heath, 1910), and John R. Platt, "Strong Inference," *Science,* October 16, 1964, pp. 347–53.
13. Howard Kahane, *Logic and Philosophy,* 2d ed. (Belmont, CA: Wadsworth, 1973), p. 3.
14. Dewey, *How We Think,* p. 79.

Referências de Instantâneos, Perfil Visual, Legendas e Destaques

Business and Battlefield
a. G. P. Hodgkinson, J. Langan-Fox, and E. Sadler-Smith, "Intuition: A Fundamental Bridging Construct in the Behavioural Sciences," *British Journal of Psychology* 99 (2008), pp. 1–27.
b. Ibid.
c. Benedict Carey, "In Battle, Hunches Prove to Be Valuable," *New York Times,* July 27, 2009, accessed July 29, 2009 (http://www.nytimes.com/2009/07/28/health/research/28brain.html?pagewanted=3&th&emc=th).
d. Tony Perry, "Some Troops Have a Sixth Sense for Bombs," *Los Angeles Times,* October 28, 2009), accessed December 19, 2009 (http://www.latimes.com/news/nationworld/world/la-fg-bombs-vision28-2009oct28,0,36980.story).
e. Carey, "In Battle."
f. Ibid.
g. National Academy of Sciences (2008), Science, Evolution, and Creationism states: "In everyday language a theory means a hunch or speculation. Not so in science. In science, the word theory refers to a comprehensive explanation of an important feature of nature supported by facts gathered over time."
h. Randall Fitzgerald, "How Does Science Support 'Gut Hunches?'" *Toronto Examiner,* December 1, 2009, accessed December 19, 2009 (http://www.examiner.com/x-27763-Skepticism-Examiner~y2009m12d1-How-doesscience-support-gut-hunches).
i. Ibid.
j. See also the book by Malcolm Gladwell, *Blink: The Power of Thinking Without Thinking* (Boston: Little, Brown and Company, 2005).
k. Fitzgerald, "How Does Science."
l. R. A. Rensink, "Visual Sensing without Seeing," *Psychological Science* 15 (2004), pp. 27–32.
m. Fitzgerald, "How Does Science."
n. S. J. Gould, *The Mismeasure of Man* (New York: W. W. Norton, 1981), pp. 52–53.

Interactive Advertising Bureau
Chantel Tode, "53pc of Mobile Users Stop an In-store Purchase because of Their Phone," Mobile Commerce Daily, May 17, 2012, accessed May 27, 2012 (http://www.mobilecommercedaily.com/2012/05/17/53pc-of-mobile-users-stop-an-in-store-purchase-because-of-their-phone).

Destaques
Edward Appleton, "Should Researchers Be More Like "Advertising Planners"?" Green Book, April 1, 2012, accessed April 5, 2012 (http://www.greenbookblog.org/2012/04/01/should-researchers-be-more-like-advertising-planners/).

Radio Chips
Arlene Weintraub and Janet Ginsburg, "A High-Tech Race to Corral Mad Cow," *BusinessWeek,* March 1, 2004, Issue 3872.
www.usda.gov; www.optibrand.com; www.swiftbrands.com; www.startupjournal.com.

Scientific Definitions
http://www.americanprogress.org/issues/2007/03/defining_problem.html.
Center for American Progress. *The Defining Problem: Defining Scientific Terms for Political Reasons Is Bad for Both Sides of the Debate.* Sam Berger and Jonathan D. Moreno, March 1, 2007.
www.kumc.edu; www.kslegislature.org.

Capítulo 4
Notas de referência
1. Albert Einstein and L. Infeld, *The Evolution of Physics* (New York: Simon & Schuster, 1938), p. 95.
2. Walter B. Wentz, *Marketing Research: Management, Method, and Cases* (New York: Harper & Row, 1979), p. 35.
3. Robert D. Buzzell, Donald F. Cox, and Rex V. Brown, *Marketing Research and Information Systems* (New York: McGraw-Hill, 1969), p. 595.
4. Dik Warren Twedt, "What Is the 'Return on Investment' in Marketing Research?" *Journal of Marketing* 30 (January 1966), pp. 62–63.
5. Paul D. Leedy, *How to Read Research and Understand It* (New York: Macmillan, 1981), pp. 67–70.
6. Roger Cohen, "For U.S. Publishers, Awash in Red Ink, the Moment of Truth Looms," *International Herald Tribune,* March 6, 1990, p. 6.
7. Walter B. Reitman, "Heuristic Decision Procedures, Open Constraints, and the Structure of Ill-Defined Problems," in

Human Judgments and Optimality, ed. Maynard W. Shelly II and Glenn L. Bryan (New York: Wiley, 1964), p. 285.

8. Carl M. Moore, *Group Techniques for Idea Building,* 2d ed. (Thousand Oaks, CA: Sage Publications, 1994).
9. Fred N. Kerlinger, *Foundations of Behavioral Research,* 3d ed. (New York: Holt, Rinehart & Winston, 1986), pp. 436–37.

Referências de Instantâneos, Perfil Visual, Legendas e Destaques

2012 GRIT Report

"Spring 2012 Greenbook Research Trends Report," GreenBook® | New York AMA Communication Services Inc. February 2012, p. 22.

Leonard Murphy, "GRIT Sneak Peek: What Emerging Research Techniques Will Be Used in 2012?" Greenbook, posted February 20, 2012, accessed April 18, 2012 (http://www.greenbookblog.org/2012/02/20/grit-sneak-peek-what-emerging-research-techniques-will-be-used-in-2012/).

Marcus Thomas, LLC & QualVu

"Case Study: Leveraging Technology in Marketing Research: Durable Baby Goods Consumer Insights" Marcus Thomas, LLC, provided via email, 2012.

Jennifer Hirt-Marchand, associate partner, strategic insights executive, and Edwige Winans, associate research director, Marcus Thomas, LLC, phone interview January 31, 2012.

"QualVu, Durable Baby Goods Project" Discussion Guide, provided by email, 2012.

QualVu demomstration, February 13, 2012 (https://qualvu.webex.com/qualvu/j.php?J=854496039).

Guadalupe Pagalday, marketing manager, QualVu, phone interview February 13, 2012.

Destaques

Angelique Carson, CIPP/US, "DoubleClick: The Privacy Profession's Incubator," Inside 1to1 Privacy, IAPP Peppers & Rogers Group, e-mail newsletter, March 9, 2012.

The Container Store

Cynthia Clark, "The Container Store Uses Feedback to Refresh Its Customer Experience," 1to1 Magazine, April 18, 2012, accessed April 22, 2012 (http://www.1to1media.com/view.aspx?docid=33539&utm_source=1to1weekly&utm_medium=H&utm_campaign=04232012).

Cynthia Clark, "The Container Store Uses Feedback to Refresh Its Customer Experience," 1to1 Magazine, April 18, 2012, accessed April 22, 2012 (http://www.1to1media.com/view.aspx?docid=33539&utm_source=1to1weekly&utm_medium=H&utm_campaign=04232012).

Erica Cenci, Brady PR for OpinionLab, via email, April 25, 2012.

Olescia Hanson, Public Relations Manager, The Container Store, via email, April 26, 2012.

"The Container Store embraces real-time listening through Opinionlab to improve digital & in-store experiences," OpinionLab press release, March 28, 2012, accessed April 25, 2012 (http://www.opinionlab.com/press_release/the-container-store-embraces-real-time-listening-through-opinionlab-to-improve-digital-in-store-experiences/).

Capítulo 5

Notas de referência

1. "About This Encyclopedia," *TDM Encyclopedia,*Victoria Transport Policy Institute, accessed February 2, 2007 (http://www.vtpi.org/tdm/tdm12.htm).
2. "Encyclopedia of Private Equity and Venture Capital," VC Experts Inc, accessed February 2, 2007 (http://vcexperts.com/vce/library/encyclopedia/).
3. Occupational Outlook Handbook, U.S. Bureau of Labor Statistics, accessed February 2, 2007 (http://www.bls.gov/oco/ocoiab.htm).
4. Joseph B. Sieczka and Robert E. Thornton, eds., "Potato Association of American Handbook," Potato Association of America, accessed February 2, 2007 (http://cropandsoil.oregonstate.edu/classes/CSS322/Cppina.htm).
5. North American Industry Classification System (NAICS), U.S. Census Bureau. Accessed May 2, 2009 (http://www.census.gov/eos/www/naics/). According to the Federal Register notice, NAICS 2007 plans to be published in January 2007. Accessed February 2, 2007 (http://www.census.gov/epcd/naics07/index.html).
6. *Associations Unlimited,* Gale Inc., accessed February 2007 (http://www.gale.com/servlet/ItemDetailServlet?region=9&imprint=000&titleCode=GAL7&type=4&id=110996).
7. *Green Book: A Guide for Buyers of Marketing Research Services,* New York AMA Communication Services Inc., accessed February 2, 2007 (http://www.greenbook.org/).
8. R. Srikant and R. Agrawal, "Mining Sequential Patterns: Generalizations and Performance Improvements," Proceedings, 5th International Conference on Extending Database Technology, Paris, France, March 1996.
9. B. DePompe, "There's Gold in Databases," *CMP Publications,* January 8, 1996 (http://techweb.cmp.com/iwk).
10. Table adapted from DIG White Paper 95/01, "An Overview of Data Mining at Dun & Bradstreet," Data Intelligence Group, Pilot Software, Cambridge, MA, September 1995.
11. "Data Mining: Plumbing the Depths of Corporate Databases," *Computer World Customer Publication,* insert to *ComputerWorld,* April 21, 1997, p. 12.
12. DePompe, "There's Gold in Databases."
13. "Data Mining: Plumbing the Depths," pp. 6, 18.
14. SAS Institute Inc., "Data Mining" (http://www.sas.com).
15. Exhibit 5-5 was adapted from ibid.

Referências de Instantâneos, Perfil Visual, Legendas e Destaques

Blogs

Allison, "Technorati's State of the Blogosphere 2011," November 4, 2011, accessed June 6, 2012 (http://www.blogworld.com/2011/11/04/technoratis-state-of-the-blogosphere-2011/).

Amanda Lenhart and Susannah Fox, "Bloggers: A Portrait of the Internet's New Storytellers," PEW Internet and American Life Project, July 19 2006, accessed March 7, 2007 (http://www.pewinternet.org/pdfs/PIP%20Bloggers%20Report%20July%2019%202006.pdf).

Jim Haynes, "So How Many Blogs Are There, Anyway?" Hat Trick Associates, February 1, 2010, accessed June 6, 2012 (http://www.hattrickassociates.com/2010/02/how_many_blogs_2011_web_content/).

Kathryn Zickuhr, "Generations 2010," PEW Research Center, December 16, 2010, accessed June 6, 2012 (http://www.pewinternet.org/~/media//Files/Reports/2010/PIP_Generations_and_Tech10.pdf.

Kathryn Zickuhr, "Social Media and Young Adults," PEW Research Center, February 3, 2010, accessed June 6, 2012 (http://www.pewinternet.org/Reports/2010/Social-Media-and-Young-Adults.aspx).

Lee Rainie, "The State of Blogging," *PEW Internet and American Life Report,* January 2005, accessed February 10, 2007 (http://www.pewinternet.org/pdfs/PIP_blogging_data.pdf).

"State of the Blogosphere, August 2006," Sifry's Alerts, accessed February 10, 2007 (http://www.sifry.com/alerts/archives/000436.html).

"State of the Blogosphere, February 2006 Part 1: On Blogosphere Growth," Sifry's Alerts, accessed March 7, 2007 (http://www.sifry.com/alerts/archives/000419.html).

Verne G. Kopytoff , "Blogs Wane as the Young Drift to Sites Like Twitter," *The New York Times,* February 20, 2011, accessed June 6, 2012 (http://www.nytimes.com/2011/02/21/technology/internet/21blog.html?_r=1).

Deception Line

Eamon Javers, "Spies, Lies, and KPMG," *BusinessWeek,* February 26, 2007, p. 86–88.

Deep Web

"About Us," About.com, accessed March 5, 2007 (http://advertise.about.com/about/index.html).

Chris Sherman, "The Invisible Web," Free Pint, no. 64, June 8, 2000, accessed March 5, 2007 (http://www.freepint.com/issues/080600.htm#feature).

"CompletePlanet Wins Award from Search Engine Watch," BrightPlanet.com press release, December 21, 2000, accessed March 5, 2007 (http://www.brightplanet.com/news/prs/complete planet-wins-award.html).

Robert J. Lackie, "Those Dark Hiding Places: The Invisible Web Revealed," Rider University, accessed March 5, 2007 (http://www.robertlackie.com/invisible/index.html#searchable).

Wendy Boswell, "The Invisible Web," About.com, accessed March 5, 2007 (http://websearch.about.com/od/invisibleweb/a/invisible_web.htm).

How Will Cloud Computing Affect Research?

Agam Shah, "Dell Attempts to Copyright 'Cloud Computing,'" Techworld.com, August 4, 2008, accessed June 1, 2009 (http://www.techworld.com/opsys/news/index.cfm?newsid=102279).

"Amazon Elastic Compute Cloud (Amazon EC2)," Amazon.com, accessed June 1, 2009 (http://aws.amazon.com/ec2/).

"Cloud Computing: Managing a Hybrid Services Environment," Hewlett-Packard, accessed June 1, 2009 (http://h71028.www7.hp.com/enterprise/us/en/technologies/cloud-computing.html).

David Spark, "Innovation Will Be Driven by the Adoption of Cloud Computing," June 10, 2008, accessed June 1, 2009 (http://enterprise2blog.com/2008/06/innovation-will-be-driven-by-the-adoption-of-cloud-computing/).

Doug Henschen, "Amazon: Era of Data Centers Ending," *InformationWeek,* April 19, 2012, accessed July 3, 2012 (http://www.informationweek.com/news/cloud-computing/infrastructure/232900601).

"Introducing new SkyDrive," Microsoft, accessed July 3, 2012 (http://windows.microsoft.com/en-HK/skydrive/home).

James Staten, "Leveraging Cloud Computing for New Business Enablement," May 8, 2009, accessed June 1, 2009 (http://blogs.zdnet.com/forrester/?p=202).

Laurianne McLaughlin, "Eleven Cloud Computing Vendors to Watch," CIO UK Magazine, May 6, 2008, accessed June 1, 2009 (http://www.cio.co.uk/article/665/eleven-cloud-computing-vendors-to-watch/).

"What Is Force.com, anyway?" Salesforce.com, accessed June 1, 2009 (http://www.salesforce.com/platform/).

Mining the Web

Alex Wright, "Mining the Web for Feelings, Not Facts," *New York Times,* August 23, 2009, accessed August 24, 2009.

Bo Pang and Lillian Lee, *Opinion Mining and Sentiment Analysis* (Hanover, MA: Now Publishers, 2008).

Bo Pang and Lillian Lee, "Seeing Stars: Exploiting Class Relationships for Sentiment Categorization with Respect to Rating Scales," *Proceedings of the Association for Computational Linguistics* (ACL), 2005, pp. 115–24; and Benjamin Snyder and Regina Barzilay, (2007). "Multiple Aspect Ranking using the Good Grief Algorithm," *Proceedings of the Joint Human Language Technology/North American Chapter of the ACL Conference* (HLT-NAACL), 2007, pp. 300–77.

Doug Henschen, "Sentiment Analysis: How Companies Now Listen to the Web," *InformationWeek,* June 22, 2012, accessed July 3, 2012 (http://www.informationweek.com/news/global--cio/interviews/240002019).

Doug Henschen "7 Ways Sentiment Is Hard to Decipher Online," InformationWeek, June 22, 2012, accessed July 3, 2012 (http://www.informationweek.com/news/global-cio/interviews/240002020).

See, for example, Scout Labs' approach to market intelligence (http://www.scoutlabs.com/); and Jodange's program on *Engaging Influentials with Twitter and Beyond* (http://jodange.com/news.html).

OdinText/Anderson Analytics

Marc Dresner, "Text Analytics for (Very Smart) Dummies, Part 1: Today's Most Popular and Least Understood Research Tool Explained . . . Sort of," IIR USA, Tuesday, April 3, 2012, accessed June 6, 2012 (http://www.themarketresearcheventblog.com/2012/04/text-analytics-for-very-smart-dummies.html).

Marc Dresner, "Text Analytics for (Really Smart) Dummies, Part 2: Big Blue's Unique Use Case," IIR USA, April 107, 2012, accessed June 6, 2012 (http://www.themarketresearcheventblog.com/2012/04/text-analytics-for-really-smart-dummies.html).

Marc Dresner, "Text Analytics for (Really Smart) Dummies, Part 3: Kodak Gallery Gets the Big Picture via Text Analytics," IIR USA, April 17, 2012, accessed June 6, 2012 (http://www.themarketresearcheventblog.com/2012/04/text-analytics-for-really-smart-dummies_17.html).

Tom H. C. Anderson, founder and managing partner, Anderson Analytics, e-mail, June 6, 2012.

Marc Dresner, Institute for International Research (IIR) USA and writer of The Market Research Event blog, e-mail, June 6, 2012.

Lori Trebek, director of research at KODAK Gallery, e-mail, June 7, 2012.

Professional Community

Matthew Lees, "Building Professional Peer Communities: An Interview with Vanessa DiMauro, Principal, Leader Networks," Patricia Seybold Group, January 11, 2007, accessed February 9, 2007 (http://www.psgroup.com/detail.aspx?ID=787).

Destaques

Blaise Heltai, "5 Things a CMO Needs to Know about Big Data," American Marketing Association: Marketing Thought Leaders, accessed February 15, 2012 (http://www.marketingpower.com/ResourceLibrary/Documents/newsletters/mtl/2011/12/cmos-big-data.pdf).

Capítulo 6
Notas de referência

1. Reprinted with permission of Macmillan Publishing from *Social Research Strategy and Tactics,* 2d ed., by Bernard S. Phillips, p. 93. Copyright © 1971 by Bernard S. Phillips.
2. Fred N. Kerlinger, *Foundations of Behavioral Research,* 3d ed. (New York: Holt, Rinehart & Winston, 1986), p. 279.
3. Ibid.
4. The complexity of research design tends to confuse students as well as writers. The latter respond by forcing order on the vast array of design types through the use of classification schemes or taxonomies. Generally, this is helpful, but because the world defies neat categories, this scheme, like others, may either include or exclude too much.
5. Kerlinger, *Foundations of Behavioral Research,* p. 295.
6. Abraham Kaplan, *Conduct of Inquiry* (San Francisco: Chandler, 1964), p. 37.
7. W. Charles Redding, "Research Setting: Field Studies," in *Methods of Research in Communication,* ed. Philip Emmert and William D. Brooks (Boston: Houghton Mifflin, 1970), pp. 140–42.
8. John Van Maanen, James M. Dabbs Jr., and Robert R. Faulkner, *Varieties of Qualitative Research* (Beverly Hills, CA: Sage Publications, 1982), p. 32.
9. Catherine Marshall and Gretchen B. Rossman, *Designing Qualitative Research* (Newbury Park, CA: Sage Publications, 1989), pp. 78–108.
10. This classification is suggested in Claire Selltiz, Lawrence S. Wrightsman, and Stuart W. Cook, *Research Methods in Social Relations,* 3d ed. (New York: Holt, Rinehart & Winston, 1976), pp. 99–101.
11. A comprehensive and detailed presentation may be found in Richard A. Krueger, *Focus Groups: A Practical Guide for Applied Research,* 2d ed. (Thousand Oaks, CA: Sage Publications, 1994), and David L. Morgan, *Successful Focus Groups: Advancing the State of the Art* (Thousand Oaks, CA: Sage Publications, 1993). Also see Thomas L. Greenbaum, "Focus Group Spurt Predicted for the '90s," *Marketing News* 24, no. 1 (January 8, 1990), pp. 21–22.
12. "How Nonprofits Are Using Focus Groups,"*Nonprofit World* 14, no. 5 (September–October 1996), p. 37.
13. As stated in William J. Goode and Paul K. Hatt, *Methods in Social Research* (New York: McGraw-Hill, 1952), p. 75.
14. From *Methods in Social Research* by William J. Goode and Paul K. Hatt. Copyright (c) 1952, McGraw-Hill Book Company. Used with permission of McGraw-Hill Book Company.
15. Morris R. Cohen and Ernest Nagel, *An Introduction to Logic and Scientific Method* (New York: Harcourt, Brace, 1934), Chap. 13; and Blalock, *Causal Inferences,* p. 14.
16. Morris Rosenberg, *The Logic of Survey Analysis* (New York: Basic Books, 1968), p. 3.

Referências de Instantâneos, Perfil Visual, Legendas e Destaques

McDonald's

"Basics about Childhood Obesity," Center for Disease Control. Downloaded May 29, 2012, http://www.cdc.gov/obesity/childhood/basics.html.

Christine Birkner, "10 minutes with Ashlee Yingling," American Marketing Association: *Marketing News,* May 31, 2012. p. 24.

Christine Birkner, "McDonald's Scores Itself on Sustainability: Will Consumers Be 'Lovin' It'?" American Marketing Association: Marketing News Exclusives, January 19, 2012, accessed June 8, 2012 (http://www.marketingpower.com/ResourceLibrary/Documents/newsletters/mne/2012/1/mne_mcdonalds_sustainability.pdf).

Destaques

Ron Sellers, "More Dirty Little Secrets of Online Panel Research," GreenBook Marketing Research Blog, posted January 30, 2012, accessed February 9, 2012 (http://www.greenbookblog.org/2012/01/30/more-dirty-little-secrets-of-online-panel-research-2/).

Wildcat Surveys

Jeffrey C. Adler, president, Centrac DC Marketing Research, email interview July 2, 2009 and December 5, 2009.

Josh Mendelsohn, vice president, Chadwick Martin Bailey, Inc., email interview July 6, 2009.

Postings to the Marketing Research SIG, American Marketing Association, June 2009.

Ruth Stanat, president and CEO, SIS International Research, email interview July 2, 2009.

Sharon Starr, director of market research, IPC, Inc., email interview July 2, 2009.

Capítulo 7
Notas de referência

1. Leonard Murphy, "Research Innovation during Disruptive Change: 10 Key Takeaways from Market Research in the Mobile World," GreenBook, July 24, 2012, accessed July 16, 2012 (http://www.greenbookblog.org/2012/07/24/research-innovation-during-disruptive-change-10-key-takeaways-from-market-research-in-the-mobile-world).
2. John Van Maanen, "Reclaiming Qualitative Methods for Organizational Research: A Preface," *Administrative Science Quarterly* 24 (December 1979), pp. 520–24.

3. Judith Langer, *The Mirrored Window: Focus Groups from a Moderator's Point of View* (Ithaca, NY: Paramount Market Publishing, 2001), p. 26.
4. Jennifer Mason, *Qualitative Researching*, 2d ed. (London: Sage Publications, 2002).
5. This list was developed from numerous sources including David Carson, Audrey Gilmore, Chad Perry, and Kjell Gronhaug, *Qualitative Marketing Research* (Thousand Oaks, CA: Sage Publications, 2001), pp. 67–68, which references Norman Denzin and Y. Lincoln, *Handbook of Qualitative Research* (London: Sage Publications, 1994); Y. Lincoln and E. Guba, *Naturalistic Inquiry* (Newbury, CA: Sage Publications, 1985); M. Q. Patton, *Qualitative Evaluation and Research Methods*, 2d ed. (Newbury Park, CA: Sage Publications, 1990); A. M. Pettigrew, "On Studying Organizational Cultures," *Administrative Science Quarterly* 24 (1979), pp. 570–81; Mellanie Wallendorf, Russel Belk, and John Sherry, "The Sacred and the Profane in Consumer Behavior: Theodicy on the Odyssey," *Journal of Consumer Research* 16 (June 1989), pp. 1–38.
6. Carson et al., *Qualitative Marketing Research*, p. 65.
7. Adrian Holliday, *Doing and Writing Qualitative Research* (London: Sage Publications, 2002), pp. 71–72, 99, 105.
8. Ibid.
9. Hy Mariampolski, *Qualitative Market Research: A Comprehensive Guide* (Thousand Oaks, CA: Sage Publications, 2001), p. 79.
10. *Making Connections*, AT&T (video).
11. Mariampolski, *Qualitative Market Research*, pp. 31, 85.
12. Developed from material in Christine Daymon and Immy Holloway, *Qualitative Research Methods in Public Relations and Marketing Communications* (London: Sage Publications, 2002), pp. 223–25; and Mariampolski, *Qualitative Market Research*, pp. 206–19.
13. Langer, *The Mirrored Window*, p. 41
14. "Services: Research: Case Studies: Cracking the Low-Involvement Ceiling," Primary Insights, downloaded January 1, 2003 (http://www.primaryinsights.com/services.cfm?cid=15&cscont=CrackingCeiling.cfm).
15. Dennis W. Rook, "Out-of-Focus Groups," *Marketing Research* 15, no. 2 (Summer 2003), p. 13.
16. P. Hawe, D. Degeling, and J. Hall, *Evaluating Health Promotion: A Health Worker's Guide* (Artarmon, N.S.W.: MacLennan & Petty, 1990).
17. Rook, "Out-of-Focus Groups," pp. 10–15.
18. "Shoppers Speak Out in Focus Groups," *Discount Store News* 36, no. 5 (March 3, 1997), pp. 23–26.
19. Martin Bauer and George Gaskell, eds., *Qualitative Researching with Text, Image, and Sound: A Practical Handbook* (London: Sage Publications, 2000), pp. 48–51.
20. "How Nonprofits Are Using Focus Groups," *Nonprofit World* 14, no. 5 (September–October 1996), p. 37.
21. Carson et al., *Qualitative Marketing Research*, pp. 114–15.
22. Ibid., pp. 91–94, 100–06.
23. Tom Peters and Robert Waterman, *In Search of Excellence: Lessons from America's Best Run Companies* (New York: HarperCollins, 1982). *In Search of Excellence* is being reprinted in 2012 in celebration of the 30th anniversary of its publication.
24. Carson et al., *Qualitative Marketing Research*, pp. 159–63.
25. Uwe Flick, *An Introduction to Qualitative Research*, 2d ed. (London: Sage Publications, 2002), pp. 262–63.

Referências de Instantâneos, Perfil Visual, Legendas e Destaques

Anderson Analytics
Tom Anderson, founder and president, Anderson Analytics, interviewed March 8, 2006.

Focus Group Problems
Robert W. Kahle, *Dominator, Cynics, and Wallflowers* (Ithaca, NY: Parmount Market Publishing, Inc., 2006), pp. 22–33.

FocusVision
Debbie Robinson, senior account director, VideoMarker™ Services, FocusVision, interviewed September 10, 2002.

VideoMarker materials distributed at AMA Marketing Research Conference, Chicago, September 10, 2002.

Hallmark
Monica Alderson, "Hallmark," Pipeline 2012: The Online Conference for Innovative Product Development, May 10, 2012.

IBM
Steve Lohr, "Big Blue's Big Bet: Less Tech, More Touch," *The New York Times on the Web*, January 25, 2004, downloaded January 27, 2004 (http://www.nytimes.com/2004/01/25/business/yourmoney/25ibm.html).

Office Depot
Kevin Peters, "Office Depot's President on How "Mystery Shopping" Helped Spark a Turnaround," *Harvard Business Review*, November 2011, accessed March 25, 2012 (http://hbr.org/2011/11/office-depots-president-mystery-shopping-turnaround/ar/1).

Performance Review
Ajit Nair, "The Importance of Networking in Recruitment and Job Hunting," Kenexa Connection, April 3, 2009, accessed June 2, 2009 (http://events.kenexa.com/newsletter/2009043.asp?uid=1&tbl=news5).

Wendy Kaufman, "Online Tool Offers Honest, Anonymous Feedback," NPR, March 9, 2009, accessed June 2, 2009 (http://www.npr.org/templates/story/story.php?storyId=101281162).

"Employees Take to Cyberspace to Vent," NPR, February 9, 2009, accessed June 2, 2009 (http://www.npr.org/templates/story/story.php?storyId=100463251).

"Twitter," Wikipedia, accessed June 2, 2009 (http://en.wikipedia.org/wiki/Twitter).

Todd Raphael, "Employee Referral Programs Using More Social Media" Employee Referral Programs Using More Social Media," ERE.net, June 22, 2010, accessed July 18, 2012 (http://www.ere.net/2010/06/22/employee-referral-programs-using-more-social-media/).

Pull Quote
"Joss Whedon Quotes," Good Reads, accessed April 7, 2012 (http://www.goodreads.com/author/quotes/18015.Joss_Whedon).

Capítulo 8

Notas de referência

1. K. E. Weick, "Systematic Observational Methods," in *The Handbook of Social Psychology*, vol. 2, ed. G. Lindzey and E. Aronson (Reading, MA: Addison-Wesley, 1968), p. 360.
2. R. Bales, *Interaction Process Analysis* (Reading, MA: Addison-Wesley, 1950).
3. Weick, "Systematic Observational Methods," p. 381.
4. Louise H. Kidder and Charles M. Judd, *Research Methods in Social Relations*, 5th ed. (New York: Holt, Rinehart & Winston, 1986), p. 292.
5. Kenneth D. Bailey, *Methods of Social Science*, 2d ed. (New York: Free Press, 1982), pp. 252–54.
6. Donald F. Roy, "'Banana Time,' Job Satisfaction, and Informal Interaction," *Human Organization* 18, no. 4 (Winter 1959–60), pp. 151–68.
7. Robert F. Bales, *Personality and Interpersonal Behavior* (New York: Holt, Rinehart & Winston, 1970).
8. Kidder and Judd, *Research Methods in Social Relations*, pp. 298–99.
9. Ibid., p. 291.
10. E. J. Webb, D. T. Campbell, R. D. Schwartz, L. Sechrest, and J. B. Grove, *Nonreactive Measures in the Social Sciences*, 2d ed. (Boston: Houghton Mifflin, 1981).
11. W. L. Rathje and W. W. Hughes, "The Garbage Project as a Nonreactive Approach: Garbage In . . . Garbage Out?" in *Perspectives on Attitude Assessment: Surveys and Their Alternatives*, ed. H. W. Sinaiko and L. A. Broedling (Washington, DC: Smithsonian Institution, 1975).
12. William Grimes, "If It's Scientific, It's 'Garbology,'" *International Herald Tribune*, August 15–16, 1992, p. 17.

Referências de Instantâneos, Perfil Visual, Legendas e Destaques

Akron Children's Hospital

This snapshot and the accompanying case were developed with the assistance of Akron Children's Hospital and Marcus Thomas LLC. We thank them for their participation.

"2005 Child Magazine Ranking," *Child*, accessed September 22, 2006 (http://www.rainbowbabies.org/AboutRainbow/ChildMagazineRanking/tabid/717/Default.aspx).

"2005's 10 Best Children's Hospitals," *Child*, accessed September 22, 2006 (http://www.child.com/child/story.jhtml?storyid=/templatedata/child/story/data/1130522345565.xml).

"2005's 10 Best Children's Hospitals: Specialty Honors," *Child*, accessed September 22, 2006 (http://www.child.com/child/story.jhtml?storyid=/templatedata/child/story/data/1130522345565.xml&categoryid=/templatedata/child/category/data/1131546614395.xml&page=13).

"A Continuing Legacy of Caring for Children," *Child*, accessed September 22, 2006 (http://www.rainbowbabies.org/AboutRainbow/tabid/301/Default.aspx).

"About Akron Children's," Akron Children's hospital, accessed September 22, 2006 (http://www.akronchildrens.org/cms/site/14908a4d74b348d5/index.html).

Akron Children's Hospital TV and radio spots provided by Marcus Thomas LLC via DVD.

"Akron Children's Hospital," Wikipedia.com, accessed September 22, 2006 (http://en.wikipedia.org/wiki/Akron_Children%27s_Hospital).

"America's Best Hospitals 2006 Methodology," RTI international, accessed September 22, 2006. (http://health.usnews.com/usnews/health/best-hospitals/methodology_report.pdf)

"Best Hospitals 2006: Honor Roll," *U.S. News & World Report*, accessed September 22, 2006 (http://www.usnews.com/usnews/health/best-hospitals/honorroll.htm).

"Case Study: Akron Children's Hospital: Renewing a Brand Promise," Marcus Thomas LLC, provided by e-mail, September, 2006.

"Cleveland Clinic Children's Hospital for Rehabilitation," *U.S. News & World Report*, accessed September 22, 2006 (http://www.usnews.com/usnews/health/hospitals/directory/glance_6410650.htm).

Jennifer Hirt-Marchand, vice president, director of research, Marcus Thomas LLC, phone interviews, August 20 and September 15, 2006, and numerous e-mails.

"Methodology: What It Means to Be Best," *U.S. News & World Report*, accessed September 22, 2006 (http://www.usnews.com/usnews/health/best-hospitals/methodology.htm).

"Rainbow Babies and Children's Hospital, Cleveland," *U.S. News & World Report*, accessed September 22, 2006 (http://www.usnews.com/usnews/health/best-hospitals/directory/glance_6410920.htm).

Robin Segbers, manager of planning, Marcus Thomas LLC, phone interview, August 20, 2006.

www.akronchildrens.org; www.marcusthomasllc.com.

Best Buy

Best Buy observation and Jena McGregor, "At Best Buy, Marketing Goes Micro," *BusinessWeek*, May 26, 2008, p. 52.

EyeTrackShop

Ephraim (Jeff) Bander, "EyeTrackShop's Jeff Bander Keynote Speaker at Search Insider Summit," EyeTrackShop, April 25, 2012, accessed May 22, 2012 (http://eyetrackshop.com/newsroom/keynote-speaker-search-insider-summit).

Ephraim (Jeff) Bander, president of Americas–general manager at EyeTrackShop, phone interview, May 23, 2012.

Ephraim (Jeff) Bander, president of Americas–general manager at EyeTrackShop, e-mail, May 23, 2012.

James Verrinder, "EyeTrackShop gets $3m for global expansion" Research, May 15, 2012, accessed May 21, 2012 (http://www.research-live.com/eyetrackshop-gets-$3m-for-global-expansion/4007405.article).

"Webcam Eye Tracking Provides More Effective Communication," EyeTrackShop, accessed May 21, 2012 (www.eyetrackshop.com/eye-tracking).

Destaques

"The Power of Real-time Continuous Intelligence with ESP," Sybase, March 6, 2012, p. 2, accessed March 18, 2012 (http://docs.media.bitpipe.com/io_10x/io_100526/item_434060/Sybase_Event_Stream_Processor_WP.pdf).

The Cutting Edge

Monika Koller, "Neuroimaging Techniques—Promising Research Method Also for Practical Marketing Research?" Association of Consumer Research, Vol. 12, p. 41, accessed May 21, 2012 (http://www.acrwebsite.org/volumes/la/v2_pdf/laacr_vol2_41.pdf).

Sean Green and Neil Holbert, "Gifts of the Neuro-Magi: Science and Speculation in the Age of Neuromarketing," *Marketing Research,* Spring 2012, pp. 10–15.

"Webcam Eyetracking Provides More Effective Communication," EyeTrackShop, accessed May 21, 2012 (http://eyetrackshop.com/eye-tracking).

Walmart

Vivek Agarwal, "Assessing the Benefits of Auto-ID Technology in the Consumer Goods Industry," Auto-ID Center, 2001 (http://www.autoidcenter.org/research/CAM-WWH-003.pdf).

Katherine Albrecht, "Supermarket Cards: The Tip of the Retail Surveillance Iceberg," *Denver University Law Review* 79, no. 4 (Summer 2002), pp. 534–39, 558–65.

Gerry Khermouch and Heather Green, "Bar Codes Better Watch Their Backs," *BusinessWeek Online,* July 14, 2003 (http://www.aol.businessweek.com/magazine/content/03_28/b3841063.htm).

"Goodyear Works with Wal-Mart to Bring RFID Supply Chain Technology to the Tire Industry," Goodyear Tire and Rubber Company press release, March 11, 2004 (http://www.goodyear.com/media/pr/22861ms.html).

Miguel Bustillo, "Wal-Mart Radio Tags to Track Clothing," *The Wall Street Journal,* July 23, 2010, accessed July 18, 2012 (http://online.wsj.com/article/SB10001424052748704421304575383213061198090.html).

"Overview of CASPIAN," CASPIAN, downloaded March 11, 2004 (http://www.nocards.org/press/overview.shtml).

"Press Releases," Trolley Scan (Pty) Ltd. (http://www.trolleyscan.com/pressrel.html).

"Radio Frequency ID: A New Era for Marketers?" *Consumer Insight,* ACNielsen, 2001 (http://www.acnielsen.com/pubs/ci2001/q4/features/radio.htm).

Capítulo 9
Notas de referência

1. Bibb Latane and J. M. Darley, *The Unresponsive Bystander: Why Doesn't He Help?* (New York: Appleton-Century-Crofts, 1970), pp. 69–77. Research into the responses of bystanders who witness crimes was stimulated by an incident in New York City, where Kitty Genovese was attacked and killed in the presence of 38 witnesses who refused to come to her aid or to summon authorities.
2. This section is largely adapted from Julian L. Simon and Paul Burstein, *Basic Research Methods in Social Science,* 3d ed. (New York: Random House, 1985), pp. 128–33.
3. For a thorough explanation of this topic, see Helena C. Kraemer and Sue Thiemann, *How Many Subjects? Statistical Power Analysis in Research* (Beverly Hills, CA: Sage Publications, 1987).
4. Kenneth D. Bailey, *Methods of Social Research,* 2d ed. (New York: Free Press, 1982), pp. 230–33.
5. The concept of a quota matrix and the tabular form for Exhibit 9–3 was adapted from Earl R. Babbie, *The Practice of Social Research,* 5th ed. (Belmont, CA: Wadsworth, 1989), pp. 218–19.
6. Donald T. Campbell and Julian C. Stanley, *Experimental and Quasi-Experimental Designs for Research* (Chicago: Rand McNally, 1963), p. 5.
7. Thomas D. Cook and Donald T. Campbell, "The Design and Conduct of Quasi-Experiments and True Experiments in Field Settings," in *Handbook of Industrial and Organizational Psychology,* ed. Marvin D. Dunnette (Chicago: Rand McNally, 1976), p. 223.
8. For an in-depth discussion of many quasi-experimental designs and their internal validity, see ibid., pp. 246–98.
9. Frederick J. Herzberg, "One More Time: How Do You Motivate Employees?" *Harvard Business Review* (January–February 1968), pp. 53–62.
10. William J. Paul Jr., Keith B. Robertson, and Frederick Herzberg, "Job Enrichment Pays Off," *Harvard Business Review* (March–April 1969), pp. 61–78.

Referências de Instantâneos, Perfil Visual, Legendas e Destaques
Online Dating

Bialik, "Marriage-Maker Claims;" IAC Press Release: http://iac.mediaroom.com/index.php?s=43&item=875, http://www.match.com; and http://weddingchannel.com.

Bialik, "Marriage-Maker Claims," p. 2.; and http://download.eharmony.com/pdf/eHarmony-Harris-2007-Marriages.pdf, accessed December 16, 2009.

Carl Bialik, "Marriage-Maker Claims Are Tied in Knots," *The Wall Street Journal,* July 29, 2009, accessed December 16, 2009 (http://online.wsj.com/article/SB124879877347487253.html).

Chart based on "Remember Online Dating?" *eMarketer.com* (from Piper Jaffray survey), accessed on December 12, 2009 (http://www.emarketer.com/Article.aspx?R=1006880).

DNA testing through Genepartner.com promotional: "Based on the genetic profile of the client, the GenePartner formula determines the level of genetic compatibility with the person they are interested in. The probability for successful and long-lasting romantic relationships is greatest in couples with high genetic compatibility." Accessed on December 17, 2009 (http://genepartner.com/index.php/aboutgenepartner).

John LaRosa, "U.S. Dating Services Market Worth $2.1 Billion, Held Up Well during the Recession," January 30, 2012, accessed July 18, 2012 (http://www.marketdataenterprises.com/pressreleases/Dating%20Mkt%20PR%202012.pdf).

"Online Dating Industry Research & Reports—The 2012 U.S. Dating Services Industry," Online Dating Insider, accessed July 18, 2012 (http://onlinedatingpost.com/industry/).

Psychology professor Jeffrey Lohr and two psychology graduates analyzed leading dating websites and found that promotional claims were more self-serving opinion than legitimate psychological science. See Physorg.com, "Researchers Skeptical of Claims by Online Dating Sites," June 15, 2009, accessed December 16, 2009 (http://www.physorg.com/news164292891.html); alumni Austin-Oden and King were students in an applied psychology research course with Lohr. Austin-Oden and King wrote papers about online dating and using the critical analysis techniques that Lohr taught. Lohr asked them to continue the research and he would collaborate in compiling the data. It took two years to complete the project.

See www.helenfisher.com/about.html; and http://www.chemistry.com/drhelenfisher/, ,accessed December 12, 2009.

Tugend, "Blinded by Science."

Tugend, "Blinded by Science."

Power of Message

Elisabeth A. Sullivan, "Cause + Effect," *Marketing News*, March 15, 2012, pp. 18–23.

"Reduction in Purchases of Sugar-Sweetened Beverages among Low-Income, Black Adolescents after Exposure to Caloric Information," Robert Wood Johnson Foundation, accessed March 6, 2012 (http://www.rwjf.org/childhoodobesity/product.jsp?id=73668).

Sara N. Bleich, Bradley J. Herring, Desmond D. Flagg, and Tiffany L. Gary-Webb, "Reduction in Purchases of Sugar-Sweetened Beverages among Low-Income, Black Adolescents after Exposure to Caloric Information," *American Journal of Public Health* 102, no. 2 (February 2012) pp. 329–335.

Destaques

Alex Knapp, "Are Apps the Future of Book Publishing?" Forbes, March 30, 2012, accessed April 5, 2012 (http://www.forbes.com/sites/alexknapp/2012/03/30/are-apps-the-future-of-book-publishing/).

Subject Line

www.rocketsciencegroup.com; www.mailchimp.com.

Ben Chestnut, partner, Rocket Science Group, LLC, interviewed February 12, 2007. "Email Marketing Subject Line Comparison," MailChimp, accessed February 12, 2007 (http://www.mailchimp.com/resources/subject-line-comparison.phtml).

Capítulo 10

Notas de referência

1. Floyd J. Fowler Jr., *Survey Research Methods* (Beverly Hills, CA: Sage Publications, 1988), p. 111.
2. B. W. Schyberger, "A Study of Interviewer Behavior," *Journal of Marketing* Research, February 1967, p. 35.
3. B. S. Dohrenwend, J. A. Williams Jr., and C. H. Weiss, "Interviewer Biasing Effects: Toward a Reconciliation of Findings," *Public Opinion Quarterly*, Spring 1969, pp. 121–29.
4. One of the top research organizations in the world is the Survey Research Center of the University of Michigan. The material in this section draws heavily on the *Interviewer's Manual*, rev. ed. (Ann Arbor: Survey Research Center, University of Michigan, 1976), and Fowler, *Survey Research Methods*, Chap. 7.
5. Robert L. Kahn and Charles F. Cannell, *The Dynamics of Interviewing* (New York: Wiley, 1957), pp. 45–51.
6. D. Wallace, "A Case for and against Mail Questionnaires," *Public Opinion Quarterly*, Spring 1954, pp. 40–52.
7. Jon Krosnick, "The Art of Asking a Question: The Top 5 Things Researchers Need to Know about Designing Questionnaires," a seminar sponsored by SPSS and American Marketing Association, March 30, 2004.
8. Ibid.
9. "Exploring the Digital Nation: Computer and Internet Use at Home," U.S. Department of Commerce, November 2011, accessed April 27, 2012 (http://www.esa.doc.gov/sites/default/files/reports/documents/exploringthedigitalnation-computerandinternetuseathome.pdf).
10. Ibid.
11. Ibid.
12. Edith de Leeuw and William Nicholls II, "Technology Innovations in Data Collection: Acceptance, Data Quality, and Costs," *Sociological Research Online* 1, no. 4 (1996) (http://www.socresonline.org.uk/1/4/leeuw.html).
13. Personal experience of the author, November 2002.
14. de Leeuw and Nicholls, "Technology Innovations in Data Collection."
15. Don A. Dillman, *Mail and Telephone Surveys* (New York: Wiley, 1978), p. 6.
16. de Leeuw and Nicholls, "Technology Innovations in Data Collection."
17. Dillman, *Mail and Telephone Surveys*, pp. 160–61.
18. Ibid., pp. 12, 22–24.
19. "Total Design Method," February 4, 2000 (http://survey.sesrc.wsu.edu/tdm.htm). Don Dillman is professor of sociology and rural sociology and deputy director of research and development of the Social and Economic Sciences Research Center at Washington State University.
20. Leslie Kanuk and Conrad Berenson, "Mail Surveys and Response Rates: A Literature Review," *Journal of Marketing Research*, November 1975, pp. 440–53; Arnold S. Linsky, "Stimulating Responses to Mailed Questionnaires: A Review," *Public Opinion Quarterly* 39 (1975), pp. 82–101.
21. Kanuk and Berenson, "Mail Surveys," p. 450. Reprinted from the *Journal of Marketing Research*, published by the American Marketing Association.
22. Nelson King, "[Web-Based Surveys] How They Work," *PC Magazine*, January 18, 2000 (http://www.pcmag.com).
23. Robert M. Groves and Robert L. Kahn, *Surveys by Telephone* (New York: Academic Press, 1979), p. 223.
24. "Data Collection and Processing Services," Survey Research Center at the University of Michigan, accessed April 27, 2012 (http://www.src.isr.umich.edu/content.aspx?id=research_services_sro_data_collection).
25. Michael J. Havice, "Measuring Nonresponse and Refusals to an Electronic Telephone Survey," *Journalism Quarterly*, Fall 1990, pp. 521–30.
26. Richard Curtin, Stanley Presser, and Eleanor Singer, "Changes in Telephone Survey NonResponse over the Past Quarter Century," *Public Opinion Quarterly*, Vol. 69, no. 1, (Spring 2005), pp. 87–98, accessed April 27, 2012 (http://issrweb.asu.edu/files/sras_articles/CHANGES%20IN%20TELEPHONE%20SURVEY%20NONRESPONSE.pdf).
27. "2003 CMOR Respondent Cooperation and Industry Image Study Topline Report," CMOR, downloaded November 23, 2003 (http://www.cmor.org/resp_coop_news1003_2.htm). CMOR, founded in 1992 as the Council for Marketing and Opinion Research, tries to improve access to consumers for its more than 150 member trade associations and research companies, to increase respondent awareness of the value of research, and to increase respondent cooperation rates.
28. See, for example, J. H. Frey Jr., *Survey Research by Telephone* (Beverly Hills, CA: Sage Publications, 1989).
29. "Chart 3-8: Percent of U.S. Households with a Telephone by Income by Rural, Urban, Central City Areas, and Total U.S.," downloaded December 15, 2003 (http://www.ntia.doc.gov/ntiahome/net2/presentations/slide5.html through slide8.html).

See also U.S. Census Bureau, Census 2000 Summary File 3, Matrices H6 and H43.

30. U.S. Census Bureau, Census 2000 Summary File 3, Matrices H6 and H43.
31. J. Michael Brick, J. Waksberg, D. Kulp, and A. Starer, "Bias in List-Assisted Telephone Samples," *American Association of Public Opinion Research*, May 14, 1994 (http://www.genesys-sampling.com/reference/bias.htm).
32. The Cellular Telecommunications and Internet Association's annualized wireless industry survey results, June 1985–June 2002, downloaded February 15, 2003 (http://www.wowcom.com/images/survey/june2002/annual_Table_slide_3.gif).
33. Zach Epstein, "There Are Now More Wireless Subscriber Connections in the U.S. than People," *BGR*, October 11, 2012, accessed June 21, 2012.
34. "VocalTec Unveils Surf & CallTM Network Services," TechSourceNJ.com (http://www.techsourcenj.com/feature_articles/apr00/vocaltec.shtml).
35. "Wireless Local Number Portability," Federal Communications Commission, downloaded May 22, 2004 (http://www.fcc.gov/cgb/consumerfacts/wirelessportability.html).
36. A *block* is defined as an exchange group composed of the first four or more digits of a seven-digit number, such as 721-0, 721-1, and so forth.
37. G. J. Glasser and G. D. Metzger, "National Estimates of Nonlisted Telephone Households and Their Characteristics," *Journal of Marketing Research*, August 1975, p. 360.
38. G. J. Glasser and G. D. Metzger, "Random Digit Dialing as a Method of Telephone Sampling," *Journal of Marketing Research*, February 1972, pp. 59–64; Seymour Sudman, "The Uses of Telephone Directories for Survey Sampling," *Journal of Marketing Research*, May 1973, pp. 204–07.
39. Personal participation by the author, October 2002.
40. Seymour Sudman, *Reducing the Costs of Surveys* (Chicago: Aldine, 1967), p. 65.
41. J. J. Wheatley, "Self-Administered Written Questionnaires or Telephone Interviews," *Journal of Marketing Research*, February 1973, pp. 94–95.
42. Robert M. Groves and Robert L. Kahn, *Surveys by Telephone* (New York: Academic Press, 1979), p. 223.
43. Peter S. Tuckel and Barry M. Feinberg, "The Answering Machine Poses Many Questions for Telephone Survey Researchers," *Public Opinion Quarterly*, Summer 1991, pp. 200–17.
44. Paul J. Lavrakas, *Telephone Survey Methods: Sampling, Selection, and Supervision*, 2d ed. (Thousand Oaks, CA: Sage Publications, 1993), p. 16.
45. Marilyn Geewax, "FTC Scrubs Do-Not-Call Start Date," Cox News Service, posted September 27, 2003 (http://www.dfw.com/mld/dfw/news/nation/6875595.htm).
46. "2011 Do Not Call Registry Data Book," Federal Trade Commission, November 2011, accessed June 21, 2012 (http://www.ftc.gov/os/2011/11/111130dncdatabook.pdf).
47. There are a number of sources for research services, some of which are annotated. For current listings, consult the latest edition of the *Marketing Services Guide* and the *American Marketing Association Membership Directory* (Chicago: American Marketing Association); *Consultants and Consulting Organizations Directory* (Detroit: Gale Research Corporation); or the research section of *Marketing News*.
48. See also our Exhibit 1a–4 on omnibus studies and Exhibit 1a–3 on syndicated data providers in the Online Learning Center supplement How the Research Industry Works.

Referências de Instantâneos, Perfil Visual, Legendas e Destaques

ADM Member Agencies

"The ADM," accessed April 18, 2012 (http://www.adm-ev.de/index.php?id=2&L=1).

"Quantitative Interviews by ADM Member Agencies by Method of Interview," ADM, accessed April 18, 2012 (http://www.adm-ev.de/index.php?id=2&L=1).

Anderson Analytics-BigEars

"New Survey Technology allows you to 'listen' to the voice of the customer: A third of college students say their mobile phone is an extension/reflection of themselves," Anderson Analytics press release, November 9, 2006.

Topline Report, Anderson Analytics, November 2006 (http://www.andersonanalytics.com/reports/AndersonAnalyticsBigEars.ppt).

Cell Phones

Andy Peytchev, survey methodologist, Research Triangle Institute, interviewed June 8, 2009.

David Chartier, "More Americans snipping landlines in favor of cell phones," ARS Technica, May 14, 2008, accessed June 8, 2009 (http://arstechnica.com/business/news/2008/05/more-americans-snipping-landlines-in-favor-of-cell-phones.ars).

Stephen J. Blumberg, and Julian V. Luke, "Wireless Substitution: Early Release of Estimates From the National Health Interview Survey, July–December 2007," National Center for Health Statistics, May 13, 2008, accessed June 9, 2009 (http://www.cdc.gov/nchs/data/nhis/earlyrelease/wireless200805.htm).

Stephen J. Blumberg, and Julian V. Luke, "Wireless Substitution: Early Release of Estimates From the National Health Interview Survey, July–December 2007-Tables," National Center for Health Statistics, May 13, 2008, accessed June 9, 2009 (http://www.cdc.gov/nchs/data/nhis/earlyrelease/wireless200805_tables.htm#T2).

Gamification

Betty Adamou, "Betty Adamou Telling Secrets at Esomar 3d #Eso3d," ESOMAR presentation. YouTube, accessed March 12, 2012 (http://www.youtube.com/watch?v=OcbmpYfzcAQ&context=C48092ffADvjVQa1PpcFMHbEY2akjr-z8p1GjwN7B2oOsgV6WO2Ak=).

Betty Adamou, CEO and founder of Research Through Gaming Ltd (RTG) and editor-in-chief of Game Access, a gamification blog, e-mail interview, March 20, 2012.

Gabe Zichermann, "Kids, Games, and Gamification," TEDxKids Brussels presentation on June 1, 2011. YouTube, accessed March 12, 2012 (http://www.youtube.com/watch?v=O2N-5maKZ9Q).

Gabe Zichermann, "Kids, Games, and Gamification," slidedeck, June 1, 2011, accessed March 12, 2012 (http://www.slideshare.net/gzicherm/tedxkids-zichermann-the-effect-of-games-on-children).

"Gartner Says by 2015, More than 50 Percent of Organizations That Manage Innovation Processes Will Gamify Those Processes," Gartner Group, April 12, 2011, accessed March 12, 2012 (http://www.gartner.com/it/page.jsp?id=1629214).

"Gamification for Research—Voted in the GRIT Top 50 MR Firms of the Future!," Research through Gaming, accessed March 12, 2012 (http://www.researchthroughgaming.com/thenittygritty.html).

"Gamified Engagement," M2 Research, accessed May 18, 2012 (http://www.m2research.com/gamification.htm).

Steven Johnson, "This Is Your Brain on Video Games: Gaming Sharpens Thinking, Social Skills, and Perception," *Discover* Magazine, July 9, 2007, accessed March 12, 2012 (http://discovermagazine.com/2007/brain/video-games/article_view?b_start:int=2&-C).

Wanda Meloni and Wolfgang Gruener, "Gamification in 2012: Market Update Consumer and Enterprise Market Trends," M2 Research, accessed May 18, 2012 (http://gamingbusinessreview.com/wp-content/uploads/2012/05/Gamification-in-2012-M2R3.pdf).

Harris Interactive

The Harris Poll, September 4, 2003.

Humphrey Taylor, "Do Not Call Registry Is Working Well," HarrisInteractive: The Harris Poll #10, February 13, 2004, accessed April 8, 2007 (http://www.harrisinteractive.com/harris_poll/index.asp?PID=439).

Destaques

"Harness the Conversation: Business in Today's Social World," Cvent, accessed March 8, 2012 (http://www.cvent.com/en/sem/business-in-todays-social-world-survey-ebook.shtml).

Telephone Response Rates & ACS Survey

"A Future without Key Social and Economic Statistics for the Country," U.S. Census Bureau, posted May 11, 2012, accessed July 20, 2012 (http://directorsblog.blogs.census.gov/2012/05/11/a-future-without-key-social-and-economic-statistics-for-the-country/).

"Assessing the Representativeness of Public Opinion Surveys," Pew Research Center, May 15, 2012, accessed July 20, 2012 (http://www.people-press.org/2012/05/15/assessing-the-representativeness-of-public-opinion-surveys/).

"House GOP Votes to Kill Census' American Community Survey," Daily KOS, posted May 15, 2012, accessed July 20, 2012 (http://www.dailykos.com/story/2012/05/15/1091881/-House-GOP-Votes-to-Kill-Census-American-Community-Survey).

Scott Keeter, "Survey Research, Its New Frontiers and Democracy," address to the 67th Annual Conference of the American Association for Public Opinion Research, May 18, 2012, accessed July 20, 2012 (http://pewresearch.org/pubs/2270/polling-survey-research-cell-phone-only-households-random-samples).

Capítulo 11

Notas de referência

1. Fred N. Kerlinger, *Foundations of Behavioral Research*, 3d ed. (New York: Holt, Rinehart & Winston, 1986), p. 396; S. Stevens, "Measurement, Statistics, and the Schemapiric View," *Science*, August 1968, p. 384.

2. W. S. Torgerson, *Theory and Method of Scaling* (New York: Wiley, 1958), p. 19.

3. S. S. Stevens, "On the Theory of Scales of Measurement," *Science* 103 (1946), pp. 677–80.

4. We assume the reader has had an introductory statistics course in which measures of central tendency such as arithmetic mean, median, and mode have been treated. Similarly, we assume familiarity with measures of dispersion such as the standard deviation, range, and interquartile range. For a brief review of these concepts, refer to Chapter 15, Appendix 15a: "Describing Data Statistically" or see an introductory statistics text.

5. Although this might intuitively seem to be the case, consider that one might prefer a over b, b over c, yet c over a. These results cannot be scaled as ordinal data because there is apparently more than one dimension involved.

6. Parametric tests are appropriate when the measurement is interval or ratio and when we can accept certain assumptions about the underlying distributions of the data with which we are working (normality, independence, constant variance). Nonparametric tests usually involve much weaker assumptions about measurement scales (nominal and ordinal), and the assumptions about the underlying distribution of the population are fewer and less restrictive. More on these tests is found in Chapters 17 and 18 and Appendix C.

7. *Statistical power* is the probability of detecting a meaningful difference if one were to occur. Studies should have power levels of 0.80 or higher (i.e., an 80% chance or greater of discerning an effect if one was really there).

8. See Chapters 17 and 18 for a discussion of these procedures.

9. To learn more about Swatch's BeatTime, visit http://www.swatch.com/internettime/internettime.php3.

10. The exception involves the creation of a dummy variable for use in a regression or discriminant equation. A nonmetric variable is transformed into a metric variable through the assignment of a 0 or 1 and used in a predictive equation.

11. Claire Selltiz, Lawrence S. Wrightsman, and Stuart W. Cook, *Research Methods in Social Relations*, 3d ed. (New York: Holt, Rinehart & Winston, 1976), pp. 164–69.

12. Robert L. Thorndike and Elizabeth Hagen, *Measurement and Evaluation in Psychology and Education*, 3d ed. (New York: Wiley, 1969), p. 5.

13. Examples of other conceptualizations of validity are factorial validity, job-analytic validity, synthetic validity, rational validity, and statistical conclusion validity.

14. Thomas D. Cook and Donald T. Campbell, "The Design and Conduct of Quasi Experiments and True Experiments in Field Settings," in *Handbook of Industrial and Organizational Psychology*, ed. Marvin D. Dunnette (Chicago: Rand McNally, 1976), p. 223.

15. *Standards for Educational and Psychological Tests and Manuals* (Washington, DC: American Psychological Association, 1974), p. 26.

16. Wayne F. Cascio, *Applied Psychology in Personnel Management* (Reston, VA: Reston Publishing, 1982), p. 149.

17. Thorndike and Hagen, *Measurement and Evaluation*, p. 168.

18. Cascio, *Applied Psychology*, pp. 135–36.

19. Emanuel J. Mason and William Bramble, *Understanding and Conducting Research* (New York: McGraw-Hill, 1989), p. 268.

20. A problem with this approach is that the way the test is split may influence the internal consistency coefficient. To remedy this, other indexes are used to secure reliability estimates without splitting the test's items. The Kuder-Richardson Formula 20 (KR20) and Cronbach's coefficient alpha are two frequently used examples. Cronbach's alpha has the most utility for multi-item

scales at the interval level of measurement. The KR20 is the method from which alpha was generalized and is used to estimate reliability for dichotomous items (see Exhibit 11–7).

21. Thorndike and Hagen, *Measurement and Evaluation*, p. 199.

Referências de Instantâneos, Perfil Visual, Legendas e Destaques

Destaques

Accessed April 20, 2012 (http://www.brainyquote.com/quotes/keywords/correlation.html#APdAcBTpZqbkIsCX.99).

SHL Talent Analytics

"2012 *Business Outcomes* Study Report," SHL, accessed June 7, 2012 (http://www.shl.com/assets/SHL-BOS-2012-Web.pdf).

Ken Lahti (SHL) and Madeline Laurano (Aberdeen Group), "The Talent Audit: Bridging the Gap between HR and the Business," SHL, webseminar, June 19, 2012.

"People Intelligence, A Business Imperative for High-Performing Organizations," Berkin & Associates, accessed June 7, 2012 (http://www.shl.com/assets/091611_Bersin_People_Intelligence_Report.pdf).

"*SHL Talent Analytics*™: Data-driven Insights that Boost Organizational Performance," SHL, accessed June 7, 2012 (http://www.shl.com/us/solutions/talent-analytics/).

"Transforming the Way Organizations Assess, Hire and Manage Talent," SHL, accessed June 7, 2012 (http://www.shl.com/us/company/who-we-are/).

TiVo Households

a. Alex Midlin, "Drilling Down; Hit TV Shows Have Most-Skipped Ads," *New York Times*, September 29, 2009, accessed December 24, 2009 (http://query.nytimes.com/gst/fullpage.html?res=9C06E3D9143FF93BA1575AC0A96F9C8B63&scp=1&sq=research+measurement&st=nyt).

b. Ibid.

c. Stephanie Olsen, "Watching the Watchers: TiVo Tracks Ad Viewing," *Cnet News: Digital*, July 30, 2008, accessed December 24, 2009 (http://news.cnet.com/8301-1023_3-10002634-93.html).

d. Stuart Elliot, "Advertising; Late-Game Scores for Spots, Too," *New York Times*, February 3, 2009, accessed December 24, 2009 (http://query.nytimes.com/gst/fullpage.html?res=9D01E4DD1F38F930A35751C0A96F9C8B63&sec=&spon=&pagewanted=1).

e. Ibid.

Capítulo 12

Notas de referência

1. E. Aronson, D. Wilson, and R. Akert, *Social Psychology* (Upper Saddle River, NJ: Prentice Hall, 2002); Robert J. Sternberg, *Cognitive Psychology*, 3d ed. (Reading, MA: Wadsworth Publishing, 2002); Richard E. Petty and John T. Cacioppo, *Attitudes and Persuasion: Classic and Contemporary Approaches* (Boulder, CO: Westview Press, 1996); Gordon W. Allport, "Attitudes," in *A Handbook of Social Psychology*, vol. 2, ed. C. A. Murchison (New York: Russell, 1935), 2 vols.

2. See, for example, Robert A. Baron and Donn Byrne, *Social Psychology*, 10th ed. (Boston: Pearson Allyn & Bacon, 2002), and David G. Myers, *Social Psychology*, 7th ed. (New York: McGraw-Hill, 2002).

3. Bernard S. Phillips, *Social Research Strategy and Tactics*, 2d ed. (New York: Macmillan, 1971), p. 205.

4. J. P. Guilford, *Psychometric Methods* (New York: McGraw-Hill, 1954), pp. 278–79.

5. H. H. Friedman and Taiwo Amoo, "Rating the Rating Scales," *Journal of Marketing Management* 9, no. 3 (Winter 1999), pp. 114–23.

6. Donald R. Cooper, "Converting Neutrals to Loyalists," unpublished paper prepared for the IBM Corporation, New York, 1996.

7. G. A. Churchill and J. P. Peter, "Research Design Effects on the Reliability of Rating Scales: A Meta-Analysis," *Journal of Marketing Research* 21 (November 1984), pp. 360–75.

8. See, for example, H. H Friedman and Linda W. Friedman, "On the Danger of Using Too Few Points in a Rating Scale: A Test of Validity," *Journal of Data Collection* 26, no. 2 (1986), pp. 60–63, and Eli P. Cox, "The Optimal Number of Response Alternatives for a Scale: A Review," *Journal of Marketing Research* 17, no. 4 (1980), pp. 407–22.

9. A study of the historic research literature found that more than three-fourths of the attitude scales used were of the 5-point type. An examination of more recent literature suggests that the 5-point scale is still common but there is a growing use of longer scales. For the historic study, see Daniel D. Day, "Methods in Attitude Research," *American Sociological Review* 5 (1940), pp. 395–410. Single- versus multiple-item scaling requirements are discussed in Jum C. Nunnally, *Psychometric Theory* (New York: McGraw-Hill, 1967), Chap. 14.

10. Guilford, *Psychometric Methods*.

11. P. M. Synods, "Notes on Rating," *Journal of Applied Psychology* 9 (1925), pp. 188–95.

12. This is adapted from Pamela L. Alreck and Robert B. Settle, *The Survey Research Handbook* (Burr Ridge, IL: Irwin, 1995), Chap. 5.

13. One study reported that the construction of a Likert scale took only half the time required to construct a Thurstone scale. See L. L. Thurstone and K. K. Kenney, "A Comparison of the Thurstone and Likert Techniques of Attitude Scale Construction," *Journal of Applied Psychology* 30 (1946), pp. 72–83.

14. Allen L. Edwards, *Techniques of Attitude Scale Construction* (New York: Appleton-Century-Crofts, 1957), pp. 152–54.

15. Ibid., p. 153.

16. Charles E. Osgood, G. J. Suci, and P. H. Tannenbaum, *The Measurement of Meaning* (Urbana: University of Illinois Press, 1957).

17. Ibid., p. 49. See also James G. Snider and Charles E. Osgood, eds., *Semantic Differential Technique* (Chicago: Aldine, 1969).

18. Louis Guttman, "A Basis for Scaling Qualitative Data," *American Sociological Review* 9 (1944), pp. 139–50.

19. John P. Robinson, "Toward a More Appropriate Use of Guttman Scaling," *Public Opinion Quarterly* 37 (Summer 1973), pp. 260–67.

Referências de Instantâneos, Perfil Visual, Legendas e Destaques

Maritz Research, Inc.

Keith Chrzan and Michael Kemery, "Make or break: a simple non-compensatory customer satisfaction model," *International Journal of Market Research*, Vol. 54, No. 2, 2012.

Keith Chrzan, "Make or Break Customer Satisfaction: Improving Customer Satisfaction Measurement with New Methods," 2012. PowerPoint slide set, accessed May 2, 2012 (http://www.slideshare.net/oanaman/make-or-break-customer-satisfaction).

Open Doors
"About Harris Interactive," Harris Interactive, downloaded March 20, 2004 (http://www.harrisinteractive.com/about/).

Laura Light, research director for public policy and public relations, Harris Interactive, interviewed March 10, 2004.

"Research among Adults with Disabilities: Travel and Hospitality," final report prepared by Harris Interactive for Open Doors Organization, delivered January 2002.

Eric Lipp, executive director, Open Doors Organization, interviewed March 4, 2004.

Steve Struhl, Harris Interactive, interviewed March 10, 2004. Headquartered in Rochester, New York, Harris Interactive combines proprietary methodologies and technology with expertise in predictive, custom, and strategic research. The company conducts international research through wholly owned subsidiaries—London-based HI Europe (www.hieurope.com) and Tokyo-based Harris Interactive Japan—as well as through the Harris Interactive Global Network of local market- and opinion-research firms.

Destaques
Accessed May 29, 2012 (http://www.quotes.net/quote/46156).

Snausages
Hoag Levins (producer), "How Del Monte Social-Media Strategy Created a New Pet Food: Case Study from the IAB Conference," *Advertising Age,* May 25, 2009, accessed May 28, 2009 (http://adage.com/brightcove/single.php?title=24149973001); http://www.snausages. com/snack-shack/breakfast-bites.htm; http://www.snausages.com/snack-shack/breakfast-bites-ingredients.htm.

Capítulo 13
Notas de referência
1. "Technical Report: The How's and Why's of Survey Research," SPSS Inc., October 16, 2002.
2. Dorwin Cartwright, "Some Principles of Mass Persuasion, "*Human Relations* 2 (1948), p. 266.
3. "What America Eats 2003," *Parade,* November 16, 2003. This is the ninth biennial survey of the food habits of the United States; 2,080 men and women, aged 18 to 65, were interviewed in March 2003 by Mark Clements Research.
4. More will be said on the problems of readability in Chapter 19, "Presenting Insights and Findings: Written and Oral Reports."
5. S. A. Stouffer et al., *Measurement and Prediction: Studies in Social Psychology in World War II,* vol. 4 (Princeton, NJ: Princeton University Press, 1950), p. 709.
6. An excellent example of the question revision process is presented in Stanley Payne, *The Art of Asking Questions* (Princeton, NJ: Princeton University Press, 1951), pp. 214–25. This example illustrates that a relatively simple question can go through as many as 41 different versions before being judged satisfactory.
7. Robert L. Kahn and Charles F. Cannell, *The Dynamics of Interviewing* (New York: Wiley, 1957), p. 132.
8. Hadley Cantril, ed., *Gauging Public Opinion* (Princeton, NJ: Princeton University Press, 1944), p. 31.
9. "The World Factbook: United States," Central Intelligence Agency, accessed April 16, 2007 (https://www.cia.gov/cia/publications/factbook/print/us.html).
10. "The Ohio State University," Wikipedia, accessed April 16, 2007 (http://en.wikipedia.org/wiki/Ohio_State_University).
11. Jon A. Krosnick and Duane F. Alwin, "An Evaluation of a Cognitive Theory of Response-Order Effects in Survey Measurement," *Public Opinion Quarterly* 51, no. 2 (Summer 1987), pp. 201–19.
12. Jean M. Converse and Stanley Presser, *Survey Questions: Handcrafting the Standardized Questionnaire* (Beverly Hills, CA: Sage Publications, 1986), pp. 50–51.
13. Ibid., p. 51.
14. Jane Sheppard, "Telephone Survey Practices Study 2000," ResearchInfo.com, June 01, 2000, accessed March 19, 2004 (http://www.researchinfo.com/docs/library/telephone_survey_practices_study_2000.cfm).
15. Frederick J. Thumin, "Watch for These Unseen Variables," *Journal of Marketing* 26 (July 1962), pp. 58–60.
16. F. Cannell and Robert L. Kahn, "The Collection of Data by Interviewing," in *Research Methods in the Behavioral Sciences,* ed. Leon Festinger and Daniel Katz (New York: Holt, Rinehart & Winston, 1953), p. 349.
17. Cantril, *Gauging Public Opinion*, p. 28.
18. The MindWriter questionnaire used in this example is based on a pilot project by Cooper Research Group Inc., for an unidentified client who shares the intellectual property rights. The original study was done by postcard, inserted with returned laptops. The study design and instrument have been updated to reflect how such a study would likely be done today, given currently available technology. No part of the format, question wording, sequence, scale, or references to MindWriter © 2013 may be produced or transmitted in any form or by any means, electronic or mechanical, including photocopy, recording, or any information storage and retrieval system, without permission in writing from Cooper Research Group Inc.
19. Converse and Presser, *Survey Questions*, p. 52.

Referências de Instantâneos, Perfil Visual, Legendas e Destaques
Cupid
Kerry Sulkowicz, "In Cupid's Cubicle," *BusinessWeek,* February 26, 2007, p. 18.

"Be My Valentine? Nearly 40 Percent of Workers Have Had a Workplace Romance, According to Latest Spherion Survey," Spherion Corporation press release: January 29, 2007, accessed February 24, 3007 (http:www.spherion.com/press/releases/2007/workplace-romance.jsp).

"QuickQuery Frequently Asked Questions," Harris Interactive, accessed February 24, 2007 (http://www.harrisinteractive.com/services/pubs/HI_QuickQuery_FAQ_Sheet.pdf).

"Consulting on the Psychology of Business," Boswell Group Inc., accessed February 24, 2007 (http://www.boswellgroup.com).

Decipher Mobile Design
Kristin Luck, CEO Decipher, interview via e-mail, March 20, 2012.

Kristin Luck, "Mobile Survey Best Practices," Decipher, March 12, 2012, received via e-mail.

Factors Affecting Respondent Honesty
Developed from an article by Jon Puleston, "Honesty of Responses: The 7 Factors at Play," GreenBook, March 4, 2012, accessed March 5, 2012 (http://www.greenbookblog.org/2012/03/04/honesty-of-responses-the-7-factors-at-play/).

InsightExpress
Doug Adams and Bob Ferro, "Not as Easy as It Looks: Best Practices for Online Research," InsightExpress, March 11, 2004. This presentation was part of the American Marketing Association Online Seminar Series.

Invoke
"Dynamic Survey," Invoke Solutions, accessed October 15, 2004 (http://www.invoke.com/solutions_survey.html).

"Invoke Solutions Now Offers Elegant Answer to Order Bias Challenges," Invoke Solutions press release, London Calling PR, September 20, 2004.

Melissa London, London Calling PR, agent of Invoke Solutions, e-mail contact from October 4, 2004, to November 5, 2004.

Peter MacKey, Invoke Solutions, interviewed October 22, 2004.

"Invoke Engage Analytics Emerges as a "Game Changer" for Market Research," Invoke, July 22, 2012, accessed June 22, 2012 (http://www.invoke.com/insights/news-and-events/invoke-engage-analytics-emerges-game-changer-market-research).

"Invoke Engage Demo," accessed June 22, 2012 (http://www.invoke.com/platform/demo).

Destaques
Leonard Murphy, "The CEO Series: An Interview with Kristin Luck of Decipher," GreenBook Marketing Research Blog, posted January 31, 2012, accessed February 9, 2012 (http://www.greenbookblog.org/2012/01/31/the-ceo-series-an-interview-with-kristin-luck-of-decipher/).

Travel
"Deloitte Survey: Travelers Are Essentially Uninterested in Registered Traveler Program, Despite Frustration with Long Airport Security Lines; Privacy Concerns Cited; Cost Only a Minor Issue," *Hotels,* April 4, 2007. Accessed April 16, 2007 (http://www6.lexisnexis.com/publisher/EndUser?Action=UserDisplayFullDocument&orgId=616&topicId=12552&docId=1:593960847&start=10).

Verint
verint.com

Apêndice 13a
Notas de referência
1. Sam Gill, "How Do You Stand on Sin?" *Tide,* March 14, 1947, p. 72.
2. Stanley L. Payne, *The Art of Asking Questions* (Princeton, NJ: Princeton University Press, 1951), p. 18.
3. Unaided recall gives respondents no clues as to possible answers. Aided recall gives them a list of radio programs that played last night and then asks them which ones they heard. See Harper W. Boyd Jr. and Ralph Westfall, *Marketing Research,* 3d ed. (Homewood, IL: Irwin, 1972), p. 293.
4. Gideon Sjoberg, "A Questionnaire on Questionnaires," *Public Opinion Quarterly* 18 (Winter 1954), p. 425.
5. Robert L. Kahn and Charles F. Cannell, *The Dynamics of Interviewing* (New York: Wiley, 1957), p. 108.
6. Ibid., p. 110.
7. Payne, *The Art of Asking Questions,* p. 140.
8. Ibid., p. 141.
9. Ibid., p. 149.
10. Gertrude Bancroft and Emmett H. Welch, "Recent Experiences with Problems of Labor Force Measurement," *Journal of the American Statistical Association* 41 (1946), pp. 303–12.
11. National Opinion Research Center, Proceedings of the Central City Conference on Public Opinion Research (Denver, CO: University of Denver, 1946), p. 73.
12. Hadley Cantril, ed., *Gauging Public Opinion* (Princeton, NJ: Princeton University Press, 1944), p. 48.
13. Payne, *The Art of Asking Questions,* pp. 7–8.
14. Barbara Snell Dobrenwend, "Some Effects of Open and Closed Questions on Respondents' Answers," *Human Organization* 24 (Summer 1965), pp. 175–84.

Capítulo 14
Notas de referência
1. United States Department of Commerce, Press Release CB99-CN.22, June 2, 1999 (http://www.census.gov/Press-Release/www/1999/cb99.html).
2. W. E. Deming, *Sample Design in Business Research* (New York: Wiley, 1960), p. 26.
3. Henry Assael and John Keon, "Nonsampling versus Sampling Errors in Survey Research," *Journal of Marketing Research* (Spring 1982), pp. 114–23.
4. A. Parasuraman, *Marketing Research,* 2d ed. (Reading, MA: Addison-Wesley, 1991), p. 477.
5. Proportions are hypothetical. *Advertising Age* recognized Serta's "Counting Sheep 'Penalty'" ad as one of the campaign's most effective for brand recall. Serta ranked eighth, using rankings from more than 2.6 million surveys of TV viewers from January 2 to April 1, 2003. This same campaign won a prestigious Gold Effie award in June 2002. Serta spends $20 million annually on the sheep campaign. "Counting Sheep Scheme to Win Back Clients in Serta's New TV Commercials," Serta press release, downloaded November 23, 2003 (http://www.serta.com/pressrelease/press_r2.pdf); "Ad Age Recognizes Serta," *Furniture Today* press release, downloaded November 23, 2003 (http://www.furnituretoday.com/cgi-bin/v2/showArchive.cgi?num=942&news=Ad%20Age%20recognizes%20Serta); Advertising Age, April 21, 2003.
6. Fred N. Kerlinger, *Foundations of Behavioral Research,* 3d ed. (New York: Holt, Rinehart & Winston, 1986), p. 72.
7. Amir D. Aczel, *Complete Business Statistics* (Burr Ridge, IL: Irwin, 1996), p. 180.
8. N. L. Rynolds, A. C. Simintiras, and A. Diamantopoulus, "Theoretical Justification of Sampling Choices in International Marketing Research: Key Issues and Guidelines for Researchers," downloaded May 28, 2004 (http://www.questia.com/PM.qst?a[H11005]o&d[H11005]5001902692).
9. Family Health International, "Sampling Approaches," and "Weighting in Multi-Stage Sampling," in *Guidelines for Repeated*

Behavioral Surveys in Populations at Risk of HIV (Durham, NC: FHI, 2000), Chaps. 4 and 5, pp. 29–65.
10. Standard international sampling systems are based on standards such as ISO 2859 and ISO 3951.
11. All estimates of costs are hypothetical.
12. Leslie Kish, *Survey Sampling* (New York: Wiley, 1965), p. 188.
13. Ibid., pp. 76–77.
14. Typically, stratification is carried out before the actual sampling, but when this is not possible, it is still possible to stratify after the fact. Ibid., p. 90.
15. W. G. Cochran, *Sampling Techniques*, 2d ed. (New York: Wiley, 1963), p. 134.
16. Ibid., p. 96.
17. Kish, *Survey Sampling*, p. 94.
18. For detailed treatment of these and other cluster sampling methods and problems, see ibid., pp. 148–247.
19. J. H. Lorie and H. V. Roberts, *Basic Methods of Marketing Research* (New York: McGraw-Hill, 1951), p. 120.
20. Kish, *Survey Sampling*, p. 156.
21. For specifics on these problems and how to solve them, the reader is referred to the many good sampling texts. Two that have been mentioned already are Kish, *Survey Sampling*, Chaps. 5, 6, and 7, and Cochran, *Sampling Techniques*, Chaps. 9, 10, and 11.

Referências de Instantâneos, Perfil Visual, Legendas e Destaques

Chinese Mobile Phones
"China's Cell Phone Industry (March 2009)," *TMCnet.com*, March 10, 2009, accessed June 23, 2009 (http://next-generation-communications.tmcnet.com/news/2009/03/10/4042685.htm).

"China's Cell Phone Users Top 670 Mil," *People's Daily Online*, May 21, 2009., accessed June 23, 2009 (http://english.people.com.cn/90001/90781/90877/6663007.pdf).

"New Cell Phone Users Far Outpace New Fixed-Line Phone Users," Shanghai Daily, March 22, 2007, accessed April 20, 2007 (http://english.eastday.com/eastday/englishedition/business/userobject1ai2699467.html).

Pou In Kuan, "Cell Phone Use Exploding," USC US-China Institute, accessed June 22, 2012 (http://china.usc.edu/ShowAverageDay.aspx?articleID=663&AspxAutoDetectCookieSupport=1).

Stacey Higginbotham, "China to Hit 1B Mobile Subs Next Year," Gigaom, July 22, 2011, accessed June 22, 2012 (http://gigaom.com/broadband/china-mobile-phone-subscriptions/).

Ford
David Kiley, "The Fight for Ford's Future," BusinessWeek, August 11, 2008, pp. 40–43.

Keynote
"About Us," Keynote Systems, accessed August 11, 2006 (http://www.keynote.com/about_us/about_us_tpl.html).

Danny Sullivan, "Hitwise Search Engine Ratings," SearchEngineWatch.com, August 23, 2006, accessed April 20, 2007 (http://searchenginewatch.com/showPage.html?page=3099931).

Keynote_SES_Deck.ppt, PowerPoint presentation presented by Lance Jones, senior research analyst, Keynote Systems to Search Engine Strategies 2006 Conference and Expo, New York, February 27, 2006.

Lance Jones, "How Online Consumers Use and View Search Engines," web seminar presented by American Marketing Association, July 26, 2006.

Lance Jones, senior research analyst, Keynote Systems, interviewed August 11, 2006.

Destaques
Ben Leet, uSamp blog, February 22, 2012, accessed March 5, 2012 (http://blog.usamp.com/blog/2012/02/22/analysis-of-a-hashtag-what-twitter-means-for-market-research/).

Research for Good
Sean Case, co-founder, Research for Good, interviewed via e-mail, May 5, 2012.

Sean Case, "Research for Good: Sampling with Purpose," Research for Good Web seminar, May 2, 2012.

SSI, Mixed Access Sampling
Pete Cape and Keith Phillips, "Solving the Mode Mystery: The Cost, Coverage and Quality Tradeoffs of Picking (and Mixing) Online and Offline," American Marketing Association webinar, June 13, 2012, accessed June 14, 2012 (https://cc.readytalk.com/cc/playback/Playback.do; https://cc.readytalk.com/cc/playback/Playback.do?id=dn79fd).

Pete Cape, global knowledge director, SSI, via e-mail, June 19, 2012.

Apêndice 14a

Notas de referência
This appendix was built from two examples developed for *Business Research Methods*, 8th ed. (New York: McGraw-Hill, 2003), by Donald Cooper and Pamela Schindler. A proportion is the mean of a dichotomous variable when members of a class receive the value of 1, and nonmembers receive a value of 0.

Capítulo 15

Notas de referência
1. Jean M. Converse and Stanley Presser, *Survey Questions: Handcrafting the Standardized Questionnaire* (Beverly Hills, CA: Sage Publications, 1986), pp. 34–35.
2. B. Berelson, *Content Analysis in Communication Research* (New York: Free Press, 1952), p. 18.
3. Klaus Krippendorff, *Content Analysis: An Introduction to Its Methodology* (Beverly Hills, CA: Sage Publications, 1980), p. 22.
4. Based on the operation of the SPSS Inc., product TextSmart.
5. Hans Zeisel, *Say It with Figures*, 6th ed. (New York: Harper & Row, 1985), pp. 48–49.
6. "Technology Overview," TraxUK, downloaded March 11, 2003 (http//www.trax-uk.co.uk./technology).
7. Ibid.
8. "Office XP Speaks Out: Voice Recognition Assists Users," Microsoft press release, April 18, 2001, downloaded March 11, 2003 (http://www.microsoft.com/presspass/features/2001/apr01/04-18xpspeech.asp).
9. Adapted from a history of bar-code development: http://www.lascofittings.com/BarCode-EDI/bc-history.htm.

Referências de Instantâneos, Perfil Visual, Legendas e Destaques

CBS

"2011 LAS VEGAS YEAR-TO-DATE EXECUTIVE SUMMARY," Las Vegas Convention and Visitors Authority, January 2012, accessed July 20, 2012 (http://www.lvcva.com/includes/content/images/media/docs/Year-end-2011.pdf).

"ACNielsen Entertainment Partners with CBS for Real-Time Audience Research," ACNielsen news release, April 18, 2001 (http://www.acnielsen.com/news/corp/2001/20010418.html).

Author's experience, September 9, 2005.

"CBS Television City Research Center," Vegas.com, accessed June 23, 2012 (http://www.vegas.com/attractions/on_the_strip/televisioncity.html).

"GES Builds Television City for CBS Television Network; Ambitious Research Facility Ingeniously Captures Opinions amidst Las Vegas Excitement," Viad Corp. news release, September 5, 2001 (http://www.businesswire.com/webbox/bw.090501/212480444.htm).

"Tech Week: Entertainment's Creative Online Testing with Andy Wing, President, ACNielsen Entertainment," *Washington Post.com,* Friday, May 18, 2001 (http://discuss.washingtonpost.com/wp-srv/zform/01/washtech_wing0518.html).

Dirty Data

a. "Dirty Data," Wikipedia, October 15, 2008, accessed June 9, 2007 (http://en.wikipedia.org/wiki/Dirty_data).
b. Ibid.
c. Craig Focardi, "Data Quality: the Cost of Dirty Data in the Secondary Market," *Mortgage Banking,* February 1, 2008, accessed June 2, 2009 (http://www.allbusiness.com/banking-finance/banking-lending-credit-services/8886090-1.html).
d. Ibid.
e. John Wilmes, "Defeating Dirty Data," *Destination CRM.com,* May 13, 2009, accessed June 2, 2009 (http://www.destinationcrm.com/Articles/Web-Exclusives/Viewpoints/Defeating-Dirty-Data-53828.aspx).
f. Dan Tynan, "The Perils of Dirty Data," *InfoWorld,* October 29, 2007, accessed June 2, 2009 (http://www.infoworld.com/d/developer-world/perils-dirty-data-585).
g. Nelson King, "Dealing with Dirty Data," March 1, 2003, *ComputerUser,* accessed June 2, 2009 (http://www.computeruser.com/articles/2203,3,6,1,0301,03.html).
h. Mitch Betts, "Dirty Data," December 17, 2001, *ComputerWorld,* accessed June 9, 2009 (http://www.computerworld.com/action/article.do?command=viewArticleBasic&articleId=66618).
i. "'Dirty Data' is a Business Problem, Not an IT problem, says Gartner," Gartner news release, March 2, 2007, accessed May 21, 2009 (http://www.gartner.com/it/page.jsp?id=501733).
j. Nicole Kobie, "Firms Full of Dirty Data: As Much as 30 Percent of Data Held by Companies Could Be 'Dirty' in Some Way, According to a BCS Award Winner," *ITPro.com,* December 9, 2008, accessed June 2, 2009 (http://www.itpro.co.uk/609057/firms-full-of-dirty-data).
k. Betts, "Dirty Data."
l. Ibid.
m. Kobie, "Firms Full of Dirty Data."
n. "Dirty Data," Wikibooks, March 9, 2009, accessed June 9, 2009 (http://en.wikibooks.org/wiki/The_Computer_Revolution/Security/Dirty_Data).
o. Betts, "Dirty Data."

Innerscope/Time Warner

"Study: Young Consumers Switch Media 27 Times per Hour," *Advertising Age,* April 8, 2012, accessed April 19, 2012 (http://adage.com/article/news/study-young-consumers-switch-media-27-times-hour/234008/?utm_source=daily_email&utm_medium=newsletter&utm_campaign=adage).

"Innerscope's Biometric Monitoring System,™" Innerscope Research, accessed April 19, 2012 (http://innerscoperesearch.com/index.html).

Rachel Sockut, director, marketing & PR, Innerscope, via e-mail, June 22, 2012.

Netnography Data

Douglas Gantenbein, "Good Reasons to Post Customer Reviews on Your Site," Microsoft Mid-size Business Center, accessed May 21, 2007 (http://www.microsoft.com/midsizebusiness/businessvalue/onlinereviews.mspx).

Zhilin Yang and Robin T. Peterson, "Web-Based Product Reviews Provide a Wealth of Information for Marketers," *Marketing Research,* Winter 2003, pp. 26–31.

ExactTarget Email

"Research Finds Email Driving More Consumers to Purchase Than Facebook, Text Messaging Combined: New ExactTarget Study Identifies Consumers' Varied Preferences for Marketing and Personal Communications," ExactTarget press release April 4, 2012, accessed May 11, 2012 (http://www.marketwatch.com/story/research-finds-email-driving-more-consumers-to-purchase-than-facebook-text-messaging-combined-2012-04-04).

"Welcome to ExactTarget," ExactTarget, accessed May 11, 2011 (http://www.exacttarget.com/company/about-us.aspx).

Destaques

David Novak, "To Achieve Big Goals, Become a Pattern Thinker (or, How the Cool Ranch Dorito Was Born)," *Fast Company,* January 9, 2012, accessed February 15, 2012 (http://www.fastcompany.com/1805569/to-achieve-big-goals-become-a-pattern-thinker-and-know-how-junkie).

XSight

John Woolcott, vice president, American operations, QSR International, interviewed June 4, 2004.

"XSight," QSR International, accessed June 23, 2012 (http://www.qsrinternational.com/products_xsight.aspx).

Demonstration of XSight, QSR International, accessed June 23, 2012 (http://download.qsrinternational.com/Document/XSight2/XSight_Introducing_XSight.htm).

Capítulo 16

Notas de referência

1. David C. Hoaglin, Frederick Mosteller, and John W. Tukey, eds., *Understanding Robust and Exploratory Data Analysis* (New York: Wiley, 1983), p. 2.
2. John W. Tukey, *Exploratory Data Analysis* (Reading, MA: Addison-Wesley, 1977), pp. 2–3.

3. Frederick Hartwig with Brian E. Dearing, *Exploratory Data Analysis* (Beverly Hills, CA: Sage Publications, 1979), pp. 9–12.
4. The exhibits in this section were created with statistical and graphic programs particularly suited to exploratory data analysis. The authors acknowledge the following vendors for evaluation and use of their products: SPSS Inc., 233 S. Wacker Dr., Chicago, IL 60606; and Data Description, P.O. Box 4555, Ithaca, NY 14852.
5. Paul F. Velleman and David C. Hoaglin, *Applications, Basics, and Computing of Exploratory Data Analysis* (Boston: Duxbury Press, 1981), p. 13.
6. John Hanke, Eastern Washington University, contributed this section. For further references to stem-and-leaf displays, see John D. Emerson and David C. Hoaglin, "Stem-and-Leaf Displays," in *Understanding Robust and Exploratory Data Analysis*, pp. 7–31, and Velleman and Hoaglin, *Applications*, pp. 1–13.
7. This section is adapted from the following excellent discussions of boxplots: Velleman and Hoaglin, *Applications*, pp. 65–76; Hartwig, *Exploratory Data Analysis*, pp. 19–25; John D. Emerson and Judith Strenio, "Boxplots and Batch Comparison," in *Understanding Robust and Exploratory Data Analysis*, pp. 59–93; and Amir D. Aczel, *Complete Business Statistics* (Homewood, IL: Irwin, 1989), pp. 723–28.
8. Tukey, *Exploratory Data Analysis*, pp. 27–55.
9. Hoaglin et al., *Understanding Robust and Exploratory Data Analysis*, p. 2.
10. Several robust estimators that are suitable replacements for the mean and standard deviation we do not discuss here—for example, the trimmed mean, trimean, the M-estimators (such as Huber's, Tukey's, Hampel's, and Andrew's estimators), and the median absolute deviation (MAD). See Hoaglin et al., *Understanding Robust and Exploratory Data Analysis*, Chap. 10, and SPSS Inc., *SPSS Base 9.0 User's Guide* (Chicago: SPSS, 1999), Chap. 13.
11. The difference between the definitions of a hinge and a quartile is based on variations in their calculation. We use Q_1, *25th percentile*, and *lower hinge* synonymously; and Q_3, 75th percentile, and *upper hinge*, similarly. There are technical differences, although they are not significant in this context.
12. R. McGill, J. W. Tukey, and W. A. Larsen, "Variations of Box Plots," *The American Statistician* 14 (1978), pp. 12–16.
13. See J. Chambers, W. Cleveland, B. Kleiner, and John W. Tukey, *Graphical Methods for Data Analysis* (Boston: Duxbury Press, 1983).
14. Harper W. Boyd Jr. and Ralph Westfall, *Marketing Research*, 3d ed. (Homewood, IL: Irwin, 1972), p. 540.
15. SPSS Inc., *SPSS Tables 8.0* (Chicago: SPSS, 1998), with its system file: Bank Data.

Referências de Instantâneos, Perfil Visual, Legendas e Destaques
Closeup: Tables
Sally Bigwood and Melissa Spore. *Presenting Numbers, Tables, and Charts*. Oxford: Oxford University Press, 2003.

Excel
This snapshot was developed from participating in numerous "Marketing Engineering with Excel" Web seminars provided by the authors, and using the downloaded plug-ins provided for Excel. The website (decisionpro.biz) is rich with information for both instructors and students.

Internet-Age Researchers
a. Steve Lohr, "For Today's Graduate, Just One Word: Statistics," *New York Times*, August 5, 2009, accessed August 10, 2009 (http://www.nytimes.com/2009/08/06/technology/06stats.html?_r=1&th&emc=th).
b. IDC Technology Advice by Industry, accessed August 11, 2009 (http://www.idc.com/home.jhtml).
c. James Manyika, "Hal Varian on How the Web Challenges Managers," *The McKinsey Quarterly*, 2009, accessed July 4, 2009 (http://www.mckinseyquarterly.com/Hal_Varian_on_how_the_Web_challenges_managers_2286).
d. Ian Ayers, "The Value of Statistics" (http://freakonomics.blogs.nytimes.com/2009/08/13/the-value-of-statistics/).

Destaques
Nancy Pekala, "40 Under 40: Marketing Research Rock Stars Embrace What's Next," Marketing Researchers: Bringing Marketing Research Theory into Focus, American Marketing Association, February 2, 2012, accessed February 15, 2012 (http://www.marketingpower.com/ResourceLibrary/Pages/newsletters/mr/2012/2/4-under-40-research-rock-stars.aspx)

Novation/MicroStrategy
"About Novation," Novation, accessed May 18, 2012 (https://www.novationco.com/about/).

"About Us: At UnitedHealthcare, we are committed to improving the health care system," UnitedHealthcare, accessed May 18, 2012 (http://www.uhc.com/about_us.htm).

"Company Information," VHA, accessed May 18, 2012 (https://www.vha.com/AboutVHA/Pages/CompanyInformation.aspx).

"Health Care: The Proven Remedy for Rising Supply Costs," ProVista Co., LLC., accessed May 18, 2012 (https://www.provista-co.com/health/).

Melinda Gardner, "About Us: Management Team—Melinda Gardner, vice president, Business Intelligence," Novation, accessed May 18, 2012 (https://www.novationco.com/about/management/gardner.asp).

Melinda Gardner, Brian Brinkman, and Vihao Pham, "Visual Data Discovery and Self Service Dashboards for Business People featuring Novation," web seminar, May 9, 2012.

Melinda Gardner, vice president, strategic information, information & data services, Novation; interview by e-mail, June 8, 2012.

Capítulo 17
Notas de referência
1. A more detailed example is found in Amir D. Aczel and Jayauel Sounderpandian, *Complete Business Statistics*, 5th ed. (New York: Irwin/McGraw-Hill, 2001).
2. The standardized random variable, denoted by Z, is a deviation from expectancy and is expressed in terms of standard deviation units. The mean of the distribution of a standardized random variable is 0, and the standard deviation is 1. With this distribution, the deviation from the mean by any value of X can be expressed in standard deviation units.

3. Procedures for hypothesis testing are reasonably similar across authors. This outline was influenced by Sidney Siegel, *Nonparametric Statistics for the Behavioral Sciences* (New York: McGraw-Hill, 1956), Chap. 2.
4. Marija J. Norusis/SPSS Inc., *SPSS for Windows Base System User's Guide,* Release 6.0 (Chicago: SPSS, 1993), pp. 601–06.
5. For further information on these tests, see ibid., pp. 187–88.
6. F. M. Andrews, L. Klem, T. N. Davidson, P. M. O'Malley, and W. L. Rodgers, *A Guide for Selecting Statistical Techniques for Analyzing Social Science Data* (Ann Arbor: Institute for Social Research, University of Michigan, 1976).
7. Statistical Navigator™ is a product from The Idea Works, Inc.
8. Exhibit 17-7 is partially adapted from Siegel, *Nonparametric Statistics,* flyleaf.
9. See B. S. Everitt, *The Analysis of Contingency Tables* (London: Chapman and Hall, 1977).
10. The critiques are represented by W. J. Conover, "Some Reasons for Not Using the Yates' Continuity Correction on 2 × 2 Contingency Tables," *Journal of the American Statistical Association* 69 (1974), pp. 374–76, and N. Mantel, "Comment and a Suggestion on the Yates' Continuity Correction," *Journal of the American Statistical Association* 69 (1974), pp. 378–80.
11. This data table and the analysis of variance tables and plots in this section were prepared with SuperANOVA™.
12. See, for example, Roger E. Kirk, *Experimental Design: Procedures for the Behavioral Sciences* (Belmont, CA: Brooks/Cole, 1982), pp. 115–33. An exceptionally clear presentation for step-by-step hand computation is found in James L. Bruning and B. L. Kintz, *Computational Handbook of Statistics,* 2d ed. (Glenview, IL: Scott, Foresman, 1977), pp. 143–68. Also, when you use a computer program, the reference manual typically provides helpful advice in addition to the setup instructions.
13. Kirk, *Experimental Design,* pp. 90–115. Alternatively, see Bruning and Kintz, *Computational Handbook of Statistics,* pp. 113–32.
14. For a discussion and example of the Cochran Q test, see Sidney Siegel and N. J. Castellan Jr., *Nonparametric Statistics for the Behavioral Sciences,* 2d ed. (New York: McGraw-Hill, 1988).
15. For further details, see ibid.

Referências de Instantâneos, Perfil Visual, Legendas e Destaques

A/B Testing

"What Is A/B Testing," Optimizely, accessed July 27, 2012 (https://www.optimizely.com/whatisabtesting).

Brian Christian, "The A/B Test: Inside the Technology That's Changing the Rules of Business," *Wired,* April 25, 2012, accessed July 27, 2012 (http://www.wired.com/business/2012/04/ff_abtesting/all/).

Drug Use in Movies

"New Study Looks at Drugs in Movies and Songs," America Cares Inc., April 1999 (http://www.americacares.org/drugs_in_movies.htm).

"Substance Use in Popular Movies and Music," Office of National Drug Control Policy, April 1999 (http://www.mediacampaign.org/publications/movies/movie_partIV.html).

Marcus Thomas LLC/Troy-Bilt

"Case Study: Uncovering the Inner Workings of Television Advertising," Marcus Thomas, provided via e-mail.

Jennifer Hirt-Marchand, associate partner, strategic insights executive, and Edwige Winans, associate research director, Marcus Thomas interviewed January 31, 2012.

Edwige Winans, associate research director, Marcus Thomas e-mail June 7, 2012.

Troy-Bilt questionnaire provided by Marcus Thomas via e-mail.

Destaques

Accessed May 29, 2012 (http://en.wikiquote.org/wiki/Edward_Teller).

Toyota Prius

"2010 Toyota Prius," Cars of the Year, June 4, 2009, accessed June 23, 2009 (http://socoolcars.blogspot.com/2009/06/2010-toyota-prius.htm).

"2012 Motor Trend Car of the Year: Contenders and Finalists," Motor Trend, accessed June 25, 2012 (http://www.motortrend.com/oftheyear/car/1201_2012_motor_trend_car_of_the_year_contenders_and_finalists/viewall.html#ixzz1yp3RGV8W) and (http://www.motortrend.com/oftheyear/car/1201_2012_motor_trend_car_of_the_year_contenders_and_finalists/photo_02.html#photo).

Bengt Halvorson, "2012 Toyota Prius C: Best City MPG, and Now a Top Safety Pick," *The Car Connection,* May 15, 2012, accessed June 25, 2012 (http://www.thecarconnection.com/news/1076223_2012-toyota-prius-c-best-city-mpg-and-now-a-top-safety-pick).

"Coming Soon to an Outlet Near You," Toyota, (http://www.toyota.com/upcoming-vehicles/prius-family/#post-16)

Intermark Group (http://ebrochure.interx2.net/pdfengine/generate.pdf)

"Toyota Prius," Hybridcars.com, April 6, 2006, accessed June 23, 2009 (http://www.hybridcars.com/compacts-sedans/toyota-prius-overview.html).

www.toyota.com.

Capítulo 18

Notas de referência

1. Typically, we plot the X (independent) variable on the horizontal axis and the Y (dependent) variable on the vertical axis. Although correlation does not distinguish between independent and dependent variables, the convention is useful for consistency in plotting and will be used later with regression.
2. F. J. Anscombe, "Graphs in Statistical Analysis," *American Statistician* 27 (1973), pp. 17–21. Cited in Samprit Chatterjee and Bertram Price, *Regression Analysis by Example* (New York: Wiley, 1977), pp. 7–9.
3. Amir D. Aczel, *Complete Business Statistics,* 2d ed. (Homewood, IL: Irwin, 1993), p. 433.
4. This section is partially based on the concepts developed by Emanuel J. Mason and William J. Bramble, *Understanding and Conducting Research* (New York: McGraw-Hill, 1989), pp. 172–82, and elaborated in greater detail by Aczel, *Complete Business Statistics,* pp. 414–29.
5. Technically, estimation uses a concurrent criterion variable whereas prediction uses a future criterion. The statistical procedure is the same in either case.

6. Roz Howard and Jenny Stonier, "Marketing Wine to Generation X" for the 2000–2001 NSW Wine Press Club Fellowship. Reported in Murray Almond's "From the Left Island," May 25, 2002 (http://www.wineoftheweek.com/murray/0205genx.html).

7. Peter Passell, "Can Math Predict a Wine? An Economist Takes a Swipe at Some Noses," *International Herald Tribune*, March 5, 1990, p. 1; Jacques Neher, "Top Quality Bordeaux Cellar Is an Excellent Buy," *International Herald Tribune,* July 9, 1990, p. 8.

8. See Alan Agresti and Barbara Finlay, *Statistical Methods for the Social Sciences* (San Francisco: Dellen Publishing, 1986), pp. 248–49. Also see the discussion of basic regression models in John Neter, William Wasserman, and Michael H. Kutner, *Applied Linear Statistical Models* (Homewood, IL: Irwin, 1990), pp. 23–49.

9. We distinguish between the error terms $\varepsilon_i = Yi - EYi$ and the residual $ei = (Yi - \hat{Y}i)$. The first is based on the vertical deviation of Yi from the true regression line. It is unknown and estimated. The second is the vertical deviation of Yi from the fitted Y on the estimated line. See Neter et al., *Applied Linear Statistical Models*, p. 47.

10. For further information on software-generated regression diagnostics, see the most current release of software manuals for SPSS, MINITAB, BMDP, and SAS.

11. Aczel, *Complete Business Statistics*, p. 434.

12. This calculation is normally listed as the standard error of the slope (SE B) on computer printouts. For these data it is further defined as

$$s(b_i) + \frac{8}{\sqrt{SS_x}} = \frac{538,559}{\sqrt{198,249}} = 38,249$$

where

s = the standard error of estimate (and the square root of the mean square error of the regression)

SS_x = the sum of squares for the X variable

13. Computer printouts use uppercase (R^2) because most procedures are written to accept multiple and bivariate regression.

14. The table output for this section has been modified from SPSS and is described in Marija J. Norusis/SPSS Inc., *SPSS Base System User's Guide* (Chicago: SPSS, 1990). For further discussion and examples of nonparametric measures of association, see S. Siegel and N. J. Castellan Jr., *Nonparametric Statistics for the Behavioral Sciences,* 2d ed. (New York: McGraw-Hill, 1988).

15. Calculation of concordant and discordant pairs is adapted from Agresti and Finlay, *Statistical Methods for the Social Sciences*, pp. 221–23.

16. We know that the percentage of concordant plus the percentage of discordant pairs sums to 1.0. We also know their difference is –.70. The only numbers satisfying these two conditions are .85 and .15 (.85 + .15 = 1.0, .15 – .85 = –.70).

17. G. U. Yule and M. G. Kendall, *An Introduction to the Theory of Statistics* (New York: Hafner, 1950).

18. M. G. Kendall, *Rank Correlation Methods,* 4th ed. (London: Charles W. Griffin, 1970).

Referências de Instantâneos, Perfil Visual, Legendas e Destaques

Advanced Statistics

Bob Reczek, "Navy Federal Credit Union Capitalizes on Predictive Analytics Software from SPSS Inc., Wins 2009 Technology ROI Award," *News Blaze,* September 1, 2009, accessed September 1, 2009 (http://newsblaze.com/story/2009090106065100001.bw/topstory.html).

Calvin Bierley, "Boeing Employees' Credit Union," SPSS, accessed November 20, 2009 (http://www.spss.com/success/pdf/Boeing%20Employees%20Credit%20Union%20Customer%20Story.pdf).

"Navy Federal Credit Union Capitalizes on Predictive Analytics Software from SPSS Inc., Wins 2009 Technology ROI Award," SPSS press release, September 1, 2009, accessed November 4, 2009 (http://www.spss.com/press/template_view.cfm?PR_ID=1114).

"Navy Federal Credit Union Fact Sheet," Navy Federal Credit Union, accessed June 25, 2012 (https://www.navyfederal.org/pdf/publications/fact-sheet.pdf)

Constellation Wines

Natasha Hayes, Group Marketing Director, Ravenswood, Blackstone & Toasted Head, Constellation Wines US. Interviewed August 12, 2009; August 17, 2009; and September 19, 2009.

Stuart Elliot, "In Wine We Trust,' Ads Suggest," *New York Times*, August 10, 2009, accessed August 10, 2009 (http://www.nytimes.com/2009/08/10/business/media/10adnewsletter1.html?_r=1&adxnnl=1&8ad=&emc=seiaa1&adxnnlx=1266177729-WbcjIygTDT1As/PYF44/mw).

Envirosell

Live e-chat with Paco Underhill, July 8, 1999 (http://www.abcnews.go.com/sections/politics/DailyNews/chat_990511underhill.html).

Oscar and Polaris MR

Data tables provided by Polaris Marketing Research, April 5, 2012.

"Survey Research Shows Low Involvement with Oscars for Most Americans," PRWeb, March 8, 2012, accessed April 3, 2012 (http://www.prweb.com/releases/2012/3/prweb9263454.htm).

Destaques

Nate Ives, "Two Years into Tablet Editions, Conde Nast Begins Regular Readership Reports", *AdAge* Mediaworks, March 15, 2012, accessed March 19, 2012 (http://adage.com/article/mediaworks/years-tablets-conde-nast-delivers-tablet-metrics/233315/?utm_source=mediaworks&utm_medium=newsletter&utm_campaign=adage).

Capítulo 19

Notas de referência

1. Paul E. Resta, *The Research Report* (New York: American Book Company, 1972), p. 5.

2. John M. Penrose Jr., Robert W. Rasberry, and Robert J. Myers, *Advanced Business Communication* (Boston: PWS-Kent Publishing, 1989), p. 185.

3. Ibid.

4. Most word processors contain dictionaries. All-purpose word processors such as MS Word, WordPerfect, WordPro, or Macintosh products contain a spelling checker, table and

graphing generators, and a thesaurus. For style and grammar checkers, programs such as Grammatik, RightWriter, Spelling Coach, and Punctuation + Style are available. New programs are reviewed periodically in the business communication literature and in magazines devoted to personal computing.

5. Robert R. Rathbone, *Communicating Technical Information* (Reading, MA: Addison-Wesley, 1966), p. 64. Reprinted with permission.
6. Ibid., p. 72.
7. Penrose, Rasberry, and Myers, *Advanced Business Communication,* p. 89.
8. The material in this section draws on Stephen M. Kosslyn, *Elements of Graph Design* (San Francisco: Freeman, 1993); DeltaPoint Inc., *DeltaGraph User's Guide 4.0* (Monterey, CA: DeltaPoint, 1996); Gene Zelazny, *Say It with Charts* (Homewood, IL: Business One Irwin, 1991); Jim Heid, "Graphs That Work," *MacWorld,* February 1994, pp. 155–56; and Penrose, Rasberry, and Myers, *Advanced Business Communication,* Chap. 3.
9. Marilyn Stoll, "Charts Other Than Pie Are Appealing to the Eye," *PC Week,* March 25, 1986, pp. 138–39.
10. Stephen M. Kosslyn and Christopher Chabris, "The Mind Is Not a Camera, the Brain Is Not a VCR," *Aldus Magazine,* September–October 1993, p. 34.

Referências de Instantâneos, Perfil Visual, Legendas e Destaques
DataCAP
dataCAP, Opinion Search, downloaded June 1, 2004 (http://www.opinionsearch.com/en/services/index.asp?subsection=6&subsubsection=4).

Darcy Zwetko, director of research and systems, Opinion Search, interviewed June 2003.

Forrester Research
Mark Bunger, senior analyst, Forrester Research, interviewed January 22, 2004.

"Making Auto Retail Lean," TechStrategy report, Forrester Research, downloaded January 5, 2004 (http://www.forrester.com/ER/Research/Report/Summary/0,1338,32782,00.html).

Fortune 500
The semitabular and tabular exhibits within the text are developed from information drawn from "2011 Forbes 500," CNN Money, accessed June 26, 2012 (http://money.cnn.com/magazines/fortune/fortune500/2012/snapshots/387.html; http://money.cnn.com/magazines/fortune/fortune500/2012/snapshots/2255.html; http://money.cnn.com/magazines/fortune/fortune500/2012/snapshots/385.html).

Destaques
"Don't Be in the 4%: New research Reveals that 96% of Companies Are Leveraging VoC to Improve Business Performance," Peppers & Rogers Group, 2012, accessed April 21, 2012 (http://www.1to1media.com/downloads/vovici_prg_voc%20white%20paper_FINAL_021712.pdf?%E2%80%9D).

Capítulo 20
Notas de referência
1. Bernard E. Jacob, Lecture: "Aristotle and Rhetoric," Hofstra University School of Law, September 24, 2001, downloaded February 2, 2010 (http://people.hofstra.edu/Bernard_E_Jacob/lecturenotes1.pdf) p. 1.
2. Aristotle's *Rhetoric,* translated by Rhys Roberts (New York: Random House, 1954), Book I, Chapter 2.
3. Aristotle's *Rhetoric,* Stanford Encyclopedia of Philosophy, first published May 2, 2002, downloaded December 29, 2009 (http://plato.stanford.edu/entries/aristotle-rhetoric/#4.4).
4. From the essay by Jeanne Fahnestock "The Appeals: Ethos, Pathos, and Logos," downloaded January 7, 2010 (http://otal.umd.edu/~mikej/supplements/ethoslogospathos.html).
5. Aristotle's *Rhetoric,* Stanford Encyclopedia of Philosophy.
6. Garr Reynolds, *Presentation Zen: Simple Ideas on Presentation Design and Delivery* (Berkeley, CA: Pearson/New Riders, 2008), p. 33.
7. Cliff Atkinson, *Beyond Bullet Points* (Redmond, WA: Microsoft Press, 2008) p. 14.
8. Nancy Duarte, *slide:ology: The Art and Science of Creating Great Presentations* (Sebastopol, CA: O'Reilly Media, 2008).
9. Thomas Leech, *How to Prepare, Stage, and Deliver Winning Presentations* (New York: AMACOM, 2004), p. 29.
10. Portions of this section adapted from: http://www.smsu.edu/Academics/ChallengeProgram/Speech%20110/Audience%20Analysis%20(4).doc, downloaded January 7, 2010.
11. Mary Munter and Dave Paradi, *Guide to PowerPoint* (Upper Saddle River, NJ: Pearson/Prentice Hall, 2009), p. 6.
12. Doug Losee, "An Adaptation of Constructive Alternativism as Theory for Audience Analysis," presented at the Annual Meeting of the Western Speech Communication Association (Albuquerque, NM, February 19–22, 1983), downloaded January 7, 2010 (http://www.eric.ed.gov/ERICWebPortal/custom/portlets/recordDetails/detailmini.jsp?_nfpb=true&_&ERICExtSearch_SearchValue_0=ED229800&ERICExtSearch_SearchType_0=no&accno=ED229800).
13. Carmine Gallo, *The Presentation Secrets of Steve Jobs: How to Be Insanely Great in Front of Any Audience* (New York: McGraw-Hill, 2010), p. 147.
14. J. Deese and R. A. Kaufman, "Serial Effects in Recall of Unorganized and Sequentially Organized Verbal Material," *Journal of Experimental Psychology* 54, no. 3 (1957), pp. 180–7; B. B. Murdock Jr., "The Serial Position Effect of Free Recall," *Journal of Experimental Psychology* 64 (1962), pp. 482–88.
15. Ibid.
16. Gallo, *The Presentation Secrets,* p. 83.
17. John Medina, *Brain Rules* (Seattle: Pear Press, 2008), p. 74.
18. Duarte, *slide:ology,* p. 253.
19. A. H. Monroe and D. Ehninger, *Principles and Types of Speech,* 6th ed. (Glenview, IL: Scott, Foresman and Co., 1967), pp. 264–65.
20. Ralph Nichols, "The Greatest Sales Pitch," *Proceedings of the 30th Annual Rocky Mountain Speech Conference,* Denver, February, 1961, p. 17.
21. Reynolds, *Presentation Zen,* p. 16.
22. Donald R. Cooper, "An Experimental Study to Determine the Relative Effectiveness of the Motivated Sequence Versus the Narrative Pattern of Organizational Development in a Persuasive Speech," Unpublished Master's Thesis, 1968.

23. Andrew Dlugan, "Why Successful Speech Outlines Follow the Rule of Three," June 2009 downloaded January 7, 2010 (http://sixminutes.dlugan.com/speech-outline-rule-of-three/).
24. Ibid.
25. G. A. Miller, "The Magical Number Seven, Plus or Minus Two: Some Limits on Our Capacity for Processing Information," *Psychological Review* 63, no. 2 (1956), pp. 81–97.
26. N. Cowan, "The Magical Number 4 in Short-Term Memory: A Reconsideration of Mental Storage Capacity," *Behavioral and Brain Sciences* 24 (2001), pp. 87–185.
27. Gallo, *The Presentation Secrets,* pp. 50–51.
28. Dlugan, "Why Successful Speech."
29. C. Shelley, *Multiple Analogies in Science and Philosophy* (Amsterdam/Philadelphia: John Benjamins Publishing Company, 2003).
30. Daniel Gross, "A Birder's Guide to D.C.," *Newsweek,* November 16, 2009, downloaded January 20, 2010 (http://www.newsweek.com/id/221272).
31. This example is from http://grammar.about.com/od/qaaboutrhetoric/f/faqmetaphor07.htm, downloaded January 26, 2010.
32. Bradford Stull, *The Elements of Figurative Language* (New York: Longman Publishing Group, 2002) p. 37.
33. Reynolds, *Presentation Zen,* p. 80.
34. Gallo, *The Presentation Secrets,* pp. 216–17; see also http://www.youtube.com/watch?v=UF8uR6Z6KLc, downloaded December 28, 2009.
35. Guy Kawasaki, *The Macintosh Way* (New York: HarperCollins, 1990), p. 149.
36. See criteria at Kawasaki, *The Macintosh Way,* p. 149; and application at Gallo, *The Presentation Secrets,* p. 139.
37. David Adamy, *Preparing and Delivering Effective Technical Presentations,* 2d ed. (Boston, MA: Artech House, 2000), p. 12.
38. Rick Altman, *Why Most PowerPoint Presentations Suck: And How You Can Make Them Better* (Pleasanton, CA: Harvest Books Rick Altman: 2009), p. 31.
39. Edward Tufte, "PowerPoint Is Evil: Power Corrupts. PowerPoint Corrupts Absolutely," *Wired,* September 2003, downloaded February 6, 2010 (http://www.wired.com/wired/archive/11.09/ppt2.html).
40. Reynolds, *Presentation Zen,* pp. 67–68.
41. This section was developed using some of the principles presented by Stephen Kosslyn, *Clear and to the Point: 8 Principles for Compelling PowerPoint Presentations* (New York: Oxford Press, 2007), pp. 3–12.
42. Reynolds, *Presentation Zen* p. 43.
43. Ibid., p. 117.
44. Ibid., p. 97.
45. Ideas in this bullet list were developed by applying concepts presented by the following authors to research presentations: Duarte, *slide:ology,* p. 92; Reynolds, *Presentation Zen;* Kosslyn, *Clear and to the Point,* pp. 52–59, 127–59; Altman, *Why Most PowerPoint Presentations Suck;* and Munter and Paradi, *Guide to PowerPoint,* pp. 6–12, 61–68.
46. Medina, *Brain Rules,* p. 234.
47. Guy Kawasaki, "The 10/20/30 Rule of PowerPoint," December 30, 2005, accessed February 5, 2010 (http://blog.guykawasaki.com/2005/12/the_102030_rule.html).
48. Duarte, *slide:ology,* p. 152.
49. Kawasaki, "The 10/20/30 Rule of PowerPoint."
50. Adapted from Gallo, *The Presentation Secrets,* p. 202.
51. "Caroline Kennedy Botches Debut Interview with 'You Know' Attitude," *Timesonline,* December 30, 2008, downloaded January 30, 2010 (http://www.timesonline.co.uk/tol/news/world/us_and_americas/article5416006.ece).
52. Max Mallet, Brett Nelson and Chris Steiner, "The Most Annoying, Pretentious and Useless Business Jargon," Forbes, January 26, 2012, accessed July 28, 2012 (http://www.forbes.com/sites/groupthink/2012/01/26/the-most-annoying-pretentious-and-useless-business-jargon/). Also visit BuzzWhack.com.
53. A. Mehrabian, *Silent Messages* (Belmont, CA: Wadsworth, 1971).
54. Mark L. Hickson, Don W. Stacks, and Nina-Jo Moore, *Nonverbal Communication: Studies and Applications,* 4th ed. (Boston, MA: Roxbury Publishing, 2004); "Six Ways to Improve Your Nonverbal Communications," downloaded December 16, 2009 (http://wimvdd.blogspot.com/2006/12/six-ways-to-improve-your-nonverbal.html).
55. Malcolm Gladwell, *Outliers: The Story of Success* (New York: Little, Brown and Company, 2008).
56. Gallo, *The Presentation Secrets,* p. 188.
57. Andrew Dlugen, "Why Practice? Does Practice Make Perfect?" downloaded January 8, 2010 (http://sixminutes.dlugan.com/speech-preparation-8-practice-presentation/).
58. Blair Tindall, "Better Playing Through Chemistry," *New York Times,* October 17, 2004, downloaded January 8, 2010 (http://www.nytimes.com/2004/10/17/arts/music/17tind.html?_r=1&ex=1270785600&en=37bef79604f97228&ei=5090&partner=rssuserland).
59. J. J. Barrell, D. Medeiros, J. E. Barrell, and D. Price, "The Causes and Treatment of Performance Anxiety: An Experimental Approach," *Journal of Humanistic Psychology* 25, no. 2 (1985), pp. 106–22.
60. Ibid.

Referências de Instantâneos, Perfil Visual, Legendas e Destaques

Lexus/Team One Advertising

Mark Miller, associate director, strategic planning, Team One Advertising, interviewed July 9 and October 5, 2002.

Public Speaking Jitters

Patricia Fripp, CSP, CPAE, award-winning keynote speaker and speech coach, author of *Get What You Want!,* and past president of the National Speakers Association (http://www.fripp.com/).

Destaques

Mark Hill, "Oral Presentation Advice." accessed April 20, 2012 (http://pages.cs.wisc.edu/~markhill/conference-talk.html).

Glossário

abordagem de comunicação uma abordagem de estudo com questionamento ou estudo de pessoas (por meio de entrevista pessoal, por telefone, por correio, por computador ou uma combinação desses meios) e registro das respostas para análise.

abordagem tipo funil um tipo de pergunta sequencial que move o participante de perguntas gerais para as mais específicas e é criada para conhecer a estrutura de referência dele ao mesmo tempo que extrai total revelação da informação sobre o assunto (dados nominais, ordinais, de intervalo ou de razão).

acurácia o grau em que o viés está ausente da amostra – as subestimativas e superestimativas são balanceadas entre os membros da amostra (ou seja, não há variância sistemática).

AED ver **análise exploratória de dados.**

aleatorização uso de procedimentos aleatórios de seleção para atribuir sujeitos a amostras, tanto para o grupo experimental como para o de controle, a fim de atingir equivalência entre os grupos.

ambiguidades e paradoxos uma técnica projetiva (exercício de imaginação) no qual os participantes imaginam uma marca aplicada a um produto diferente (por exemplo: uma ração para cães Tide ou um cereal Marlboro) e, a seguir, descrevem seus atributos e posição.

amostra um grupo de casos, participantes ou registros incluídos como parte da população-alvo, cuidadosamente selecionados para representar aquela população; ver também *teste-piloto* e *garimpagem de dados.*

amostra aleatória simples amostra de probabilidade na qual cada elemento tem uma chance igual e conhecida de seleção.

amostra de evento processo de selecionar alguns elementos, atos ou condições comportamentais, a partir de uma população de comportamento ou condições observáveis, para representar a população como um todo.

amostra desproporcional ver **amostragem estratificada, desproporcional.**

amostra por conveniência uma amostra não probabilística na qual a seleção de elementos é baseada em facilidade de acesso.

amostra retida uma parte da amostra (normalmente um terço ou um quarto) é separada, e apenas o restante é usado para calcular a equação estimada; a equação é então usada com os dados retidos a fim de calcular R^2 para comparação.

amostragem o processo de selecionar alguns elementos de uma população para representar essa população.

amostragem aleatória estratificada amostragem probabilística que inclui elementos de cada um dos segmentos ou estratos mutuamente exclusivos dentro de uma população.

amostragem bola de neve procedimento de amostragem não probabilística no qual os participantes subsequentes são indicados por elementos atuais da amostra; os indicados podem ter características, experiências ou atitudes semelhantes ou diferentes daquelas do elemento original da amostra; geralmente usada em metodologias qualitativas.

amostragem de tempo o processo de selecionar alguns pontos ou intervalos de tempo para observar elementos, atos ou condições de uma população de comportamento ou condições observáveis para representar a população como um todo; três tipos incluem amostras de ponto de tempo, amostras de intervalo de tempo ou amostras contínuas em tempo real.

amostragem dupla um procedimento para selecionar uma subamostra de uma amostra; também conhecida por *amostragem sequencial ou amostragem multifásica.*

amostragem estratificada, desproporcional uma técnica de amostragem probabilística na qual o tamanho de cada estrato não é proporcional à parcela da população do estrato; a alocação é normalmente baseada na variação das medidas esperadas do estrato, custo de amostra de um determinado estrato e tamanho dos diversos estratos.

amostragem estratificada, proporcional uma técnica de amostragem de probabilidade na qual cada estrato é proporcional à parcela de população daquele estrato; tem maior eficiência estatística do que uma amostragem aleatória simples.

amostragem intencional processo de amostragem não probabilística no qual os pesquisadores escolhem os participantes de acordo com suas características exclusivas ou suas experiências, atitudes ou percepções.

amostragem multifásica ver **amostragem dupla.**

amostragem não probabilística um procedimento subjetivo e arbitrário, no qual cada elemento da população não tem uma chance conhecida diferente de 0 de ser incluído; não se faz nenhuma tentativa de gerar uma amostra estatisticamente representativa.

amostragem por área uma técnica de amostragem de conglomerado aplicada a uma população com fronteiras políticas ou naturais bem definidas; a população é dividida em grupos homogêneos, dos quais se retira uma amostra de estágio único ou multiestágios.

amostragem por conglomerados um plano de amostragem que envolve a divisão da população em conglomerados ou subgrupos, depois retira uma amostra de cada subgrupo mediante um ou múltiplos estágios.

amostragem por conveniência amostragem não probabilística na qual os pesquisadores usam como participantes indivíduos que estejam disponíveis imediatamente.

amostragem por julgamento amostragem proposital na qual o pesquisador arbitrariamente seleciona elementos para atender a alguns critérios.

amostragem por quota amostragem proposital na qual características relevantes são usadas para estratificar a amostra.

amostragem probabilística procedimento controlado e aleatório que assegura que a cada elemento da população é dada uma chance de seleção diferente de zero; usada para selecionar participantes representativos de uma população-alvo; necessária para projetar resultados da amostra para a população-alvo.

amostragem proporcional ver **amostragem estratificada, proporcional**

amostragem sequencial ver **amostragem dupla.**

amostragem sistemática técnica de amostragem probabilística que aplica um índice de amostragem a uma estrutura de amostragem; a população (N) é dividida pela amostra desejada (n) para obter o índice de amostragem (k). Usando um início aleatório entre 1 e k, cada elemento k-ésimo é escolhido da estrutura amostral; normalmente tratada como uma amostra aleatória simples, mas estatisticamente mais eficiente.

amostragem teórica processo de amostragem não probabilística em que categorias conceituais ou teóricas de participantes se desenvolvem durante o processo de entrevista; buscam-se participantes adicionais que possam desafiar padrões emergentes.

análise confirmatória de dados um processo analítico guiado por inferência de estatística clássica em seu uso de significância e confiança.

análise conjunta usada para mensurar tomadas de decisão complexas que exigem julgamento de vários atributos; usa dados de variáveis independentes não métricas para garantir partes de valor que representem a importância de cada aspecto na avaliação geral dos sujeitos e produz uma escala de valor para cada atributo ou propriedade.

análise da condição física registro de observações de condições atuais resultantes de decisões anteriores; inclui estoque, sinais, obstáculos ou perigos, limpeza, etc.

análise de atividade ver *análise de processo*.

análise de caminho o uso de regressão para descrever uma estrutura completa de associações antecipadas por uma teoria causal.

análise de componentes principais método de análise fatorial que transforma um conjunto de variáveis em um novo conjunto de variáveis compostas; essas variáveis são lineares e não correlacionadas entre si; ver também *análise fatorial*.

análise de conglomerados identifica subgrupos de estudo de objetos ou participantes, depois estuda os dados de acordo com esses subgrupos.

análise de conteúdo uma ferramenta flexível, amplamente aplicável, para medir o conteúdo semântico de uma comunicação – incluindo contagens, categorizações, associações, interpretações, etc. (por exemplo: para estudar o conteúdo de discursos, anúncios, editoriais de jornais e revistas, grupos de discussão e transcrições de entrevistas pessoais); contém quatro tipos de itens: sintático, referencial, proposicional e temático, e o processo inicial é feito por computador.

análise de correlação bivariada técnica estatística para avaliar a relação de duas variáveis contínuas, mensuradas em uma escala de intervalo ou de razão.

análise de dados processo de edição e redução dos dados acumulados a um tamanho administrável, criação de resumos, busca de padrões e aplicação de técnicas estatísticas.

análise de escalograma um procedimento para determinar se um conjunto de itens forma uma escala unidimensional; usado para determinar se um item é apropriado para escalonamento.

análise de itens desenvolvimento de escala em que os criadores do instrumento desenvolvem itens de instrumento e os testam com um grupo de participantes para determinar qual discrimina fortemente entre pontuação alta e baixa.

análise de processo (atividade) o detalhamento das etapas do processo e a coleta de dados sobre a eficácia e eficiência das etapas e do processo como um todo, incluindo estudo de movimento-tempo na produção, fluxo de tráfego nos centros de distribuição e varejistas, fluxo de documentos, resolução de reclamações de clientes, etc.

análise de registro a extração de dados dos registros atuais ou históricos, privados ou de domínio público; uma técnica de garimpagem de dados.

análise de regressão usa previsões simples e múltiplas para prever Y a partir de valores de X.

análise de variância (ANOVA) testa a hipótese nula de que as médias de diversas populações são iguais; o teste estatístico é o índice F, e é usada quando precisamos de testes de k amostras independentes.

análise de variância multivariada (MANOVA) avalia a relação entre duas ou mais variáveis dependentes e variáveis classificatórias ou fatores; usada frequentemente para testar diferenças entre amostras relacionadas.

análise discriminante técnica que usa duas ou mais variáveis independentes intervalares ou de razão para classificar as observações nas categorias de uma variável dependente nominal.

análise do público uma análise dos participantes em uma apresentação por meio de conversas informais ou estabelecendo perfis psicológicos de acordo com idade, tamanho, nível educacional/conhecimento, experiência, gênero, diversidade, cultura empresarial, papéis na tomada de decisão e de atitudes, necessidades e motivações individuais.

análise exploratória de dados (AED) padrões na coleta de dados guiam a análise ou sugerem revisões do planejamento preliminar da análise de dados.

análise fatorial técnica para encontrar padrões entre as variáveis para descobrir se uma combinação implícita das variáveis originais (um fator) pode resumir o conjunto original.

análise multivariada técnicas estatísticas que focalizam e apresentam com destaque a estrutura de relações simultâneas entre três ou mais fenômenos.

analogia um dispositivo retórico que compara duas coisas diferentes para destacar um ponto de similaridade.

ansiedade de desempenho (medo do palco) um medo produzido pela necessidade de fazer uma apresentação em frente a um público ou a uma câmera.

aprendizes auditivos membros do público que aprendem escutando e representam aproximadamente de 20 a 30% do público; daí a necessidade de incluir histórias e exemplos nas apresentações de pesquisas.

aprendizes cinestésicos pessoas que aprendem fazendo, movendo-se e tocando.

aprendizes visuais pessoas que aprendem vendo – cerca de 40% do público; daí a necessidade de incluir imagens visuais, como gráficos, fotografias, modelos, etc., em apresentações de pesquisa.

apresentação extemporânea um discurso pré-planejado centrado no público e preparado a partir de anotações mínimas; gera uma apresentação natural, coloquial e flexível para os interesses do público.

apresentação na Internet envolve o uso de uma plataforma de apresentação na Web, um apresentador que controla remotamente a apresentação e um público convidado que participa pela internet de seu escritório ou de uma sala equipada para tal.

argumento declaração que explica, interpreta, defende, desafia ou explora o significado.

armazéns de dados armazéns eletrônicos nos quais uma ampla gama de dados integrados coletados são armazenados por categoria para facilitar a recuperação, interpretação e ordenação pelos técnicos em garimpagem de dados.

arquivo de dados um conjunto de registros de dados (todas as respostas de todos os participantes de um estudo).

assimetria uma medida do desvio de simetria de uma distribuição; se for totalmente simétrica, a média, mediana e moda estão no mesmo local.

associação processo usado para reconhecer e entender padrões nos dados, empregado depois para entender e explorar padrões naturais.

associação de palavras ou **figuras** técnica projetiva em que os participantes são solicitados a combinar imagens, experiências, emoções, produtos e serviços, até mesmo pessoas e lugares, ao objeto de estudo.

atitude delicada tipo de atitude que o participante se sente desconfortável em compartilhar com os outros.

atitude explícita manifestação de uma avaliação positiva ou negativa.

atitude implícita atitude sobre um objeto que influencia a atitude sobre outros objetos.

atitude uma predisposição aprendida e estável a responder a si mesmo, a outras pessoas, objetos ou questões de maneira consistentemente favorável ou desfavorável.

atribuição aleatória um processo que usa uma estrutura de amostragem aleatória para atribuir pessoas a grupos experimentais ou de controle, em uma tentativa de assegurar que os grupos sejam o mais equilibrados possível em relação à VD; cada sujeito deve ter igual chance de exposição a cada nível da variável independente.

autoentrevista assistida por computador (CASI) pesquisa fornecida por computador autoadministrada pelo participante.

autoridade o nível de dados e a credibilidade de uma fonte indicada pelas credenciais do autor e do editor; um dos cinco fatores usados para avaliar o valor de uma fonte secundária.

autovalor proporção de variância total em todas as variáveis que é observada em um fator.

auxílios de fluxo um princípio de elaboração que oferece um auxílio visual que revela ao público onde o apresentador está na apresentação geral.

auxílios visuais ferramentas de apresentação usadas para facilitar o entendimento do conteúdo (por exemplo: quadro-negro, quadro-branco, folhetos, *flip charts*, transparências de retroprojetor, slides, gráficos computadorizados, animação computadorizada).

avaliação da fonte o processo de cinco fatores para avaliar a qualidade e o valor dos dados de uma fonte secundária; ver também *objetivo, escopo, confiabilidade, público-alvo* e *formato*.

banco de dados um conjunto de dados organizados para recuperação computadorizada; define campos de dados, registro de dados e arquivos de dados.

banco de dados interno conjunto de dados armazenados por uma organização.

bibliografia (banco de dados bibliográfico) uma fonte secundária que ajuda a localizar um livro, um artigo, uma fotografia, etc.

boxplot uma técnica AED; fornece uma imagem visual da localização, dispersão, forma, comprimento da cauda e extremos da distribuição da variável; também conhecido como *gráfico de caixas e linhas*.

busca em literatura uma revisão de livros, artigos, periódicos ou literatura profissional, pesquisas e material publicado na internet que tenham relação com o problema ou com a questão gerencial ou com a questão de pesquisa.

cadeia de benefícios ver **laddering**.

campo de dados um elemento único de dados de todos os participantes de um estudo.

cargas na análise de componentes principais, os coeficientes de correlação que estimam a força das variáveis que compõem o fator.

carta de apresentação elemento do relatório final que enuncia o objetivo e o escopo do estudo, ou sua autorização e limitações; não é necessária para projetos internos.

cartões de anotações de palestrante uma versão resumida de uma apresentação, em forma de esboço ou de palavras-chave; podem ser escritos em fichários e são usados para lembrar o apresentador sobre a organização da apresentação.

caso uma entidade ou coisa sobre a qual discorre uma hipótese.

caso de dados ver **registro**

categorização para este tipo de escala, os participantes colocam a si mesmo ou indicadores de propriedades em grupos ou categorias; além disso, um processo para agrupar dados para qualquer variável em um número limitado de categorias.

causalidade situação em que uma variável leva a um determinado efeito sobre a outra variável.

células na tabulação cruzada, um subgrupo de dados criados pela intersecção de valor de duas (ou mais) variáveis; cada célula contém a contagem de casos e também o percentual de classificação conjunta.

censo uma contagem de todos os elementos em uma população.

centroides um termo usado para médias multivariadas em MANOVA.

chamadas de retorno tentativas repetidas de fazer contato com um participante visado para assegurar que ele seja encontrado e motivado a participar do estudo.

cinestesia o estudo do uso dos movimentos corporais para comunicação.

clareza um princípio de elaboração que defende o uso de técnicas visuais que permite que o público perceba o significado a partir da localização dos elementos.

classificação de componentes uma técnica projetiva na qual os participantes recebem cartões contendo características do componente e são solicitados a criar novas combinações.

classificações sensoriais apresentam-se aos participantes odores, texturas e sons, geralmente verbalizados em cartões, e pede-se que os classifiquem segundo um ou mais critérios, conforme eles se relacionam com um marca, produto, fato, etc.

codificação atribuição de números ou outros símbolos às respostas, de forma que possam ser contadas e agrupadas em um número limitado de classes ou categorias.

código de barras tecnologia que usa etiquetas contendo códigos de dados em barras verticais, lidos eletronicamente.

código de ética um conjunto de normas e padrões de comportamento de uma organização que orienta as escolhas morais sobre comportamento de pesquisa; códigos eficazes são reguladores, protegem o interesse público, são específicos em relação a comportamento e são obrigatórios.

coeficiente de contingência C uma medida de associação para variáveis nominais não paramétricas; para tabela qui-quadrado de qualquer tamanho, o limite superior varia com o tamanho da tabela e não fornece a direção da associação nem reflete causa.

coeficiente de correlação de Pearson o r simboliza a estimativa de associação linear e sua direção entre variáveis de intervalo e de razão; baseada nos dados de amostragem e varia de +1 a -1; os sinais (+,-) indicam a direção da relação (positiva ou inversa), enquanto o número representa a força da relação (quanto mais perto de 1, mais forte a relação; 0 = sem relação); e o p representa a correlação de população.

coeficiente de determinação (r^2) a quantidade de variância comum em X e Y, duas variáveis em associação; é o índice da linha de erro de melhor ajuste sobre aquela incorrida ao usar o valor médio de Y.

coeficientes de regressão coeficientes de intercepto e declive; as duas medidas de associação entre as variáveis X e Y.

coeficientes padronizados coeficientes de regressão em forma padronizada (média = 0) usados para determinar o impacto comparativo de variáveis que vêm de escalas diferentes; os valores de X reformulados em termos de seu desvio-padrão (uma medida da quantidade de Y que varia com a mudança de cada unidade da variável X associada).

colinearidade a situação na qual duas ou mais variáveis independentes estão altamente correlacionadas; faz com que os coeficientes de regressão estimados variem muito, dificultando a interpretação.

compatibilidade um princípio de elaboração que encoraja técnicas visuais de emparelhamento que combinam a forma de uma mensagem com seu conteúdo e o significado desse conteúdo.

comportamento espacial como os humanos se relacionam fisicamente entre si.

comportamento extralinguístico comportamentos estilísticos vocais, temporais, de interação e verbais de sujeitos humanos.

comportamento linguístico observação do comportamento verbal humano durante conversas, apresentações ou interações.

comportamento não verbal comportamento humano que não tem relação com o diálogo (por exemplo: movimentos corporais, expressão facial, troca de olhares, piscadas).

comunalidade na análise fatorial, a estimativa de variância em cada variável que é explicada pelos fatores que estão sendo estudados.

comunicação não verbal significado transmitido por meios diferentes do verbal; ela abrange o vestuário e as características corporais, o ambiente físico (espaço físico e tempo), movimentação e posição corporal (incluindo cinestesia, postura, gesto, toque), olhar e paralinguagem (pistas não verbais da voz).

conceito um conjunto de significados ou características associados a certos fatos, objetos, condições ou situações concretos e não ambíguos.

concordante quando um participante que se classifica melhor em uma variável ordinal também se classifica melhor em outra variável, dizemos que os pares de variáveis são concordantes.

condições de campo as verdadeiras condições ambientais nas quais a variável dependente ocorre.

condições de laboratório estudos que ocorrem sob condições que não simulam as condições ambientais reais.

confiabilidade característica de mensuração que trata de acurácia, precisão e consistência; uma condição necessária, mas não suficiente para validade (se a mensuração não for confiável, ela não pode ser válida).

confiabilidade, consistência interna uma característica de um instrumento em que os itens são homogêneos.

confiabilidade, equivalência uma característica de mensuração na qual um instrumento pode assegurar resultados consistentes com medições repetidas pelo mesmo investigador ou por amostras diferentes.

confiabilidade, estabilidade uma característica de mensuração na qual um instrumento pode assegurar resultados consistentes com mensurações repetidas da mesma pessoa ou objeto.

confidencialidade uma garantia de privacidade que mantém a validade da pesquisa e também protege os participantes.

confirmação técnicas para estimular os participantes a responder de forma mais completa e relevante a questões propostas.

conglomerado uma técnica que atribui automaticamente cada registro de dados a um grupo ou segmento por grupos de algoritmos que identificam características similares no conjunto de dados e depois divide-os em grupos.

consentimento informado o participante consente totalmente em participar, depois de receber informações sobre o procedimento do estudo proposto.

consistência interna característica de um instrumento de mensuração em que os itens são homogêneos; medida de confiabilidade.

constructo uma definição especificamente criada para representar um fenômeno abstrato em um determinado projeto de pesquisa.

construto hipotético construto inferido apenas a partir dos dados; sua pressuposição deve ser testada.

contato visual um encontro entre os olhos de duas pessoas que expressa comunicação não-verbal significativa, revelando preocupação, entusiasmo e autenticidade.

contraste um princípio de elaboração que defende o uso de técnicas de alto contraste para rapidamente chamar a atenção do público para o ponto principal.

contrastes *a priori* uma classe especial de testes usados com o teste F e especificamente desenvolvidos para testar as hipóteses de um experimento ou estudo (em comparação com testes *post hoc* ou não planejados).

controle a capacidade de reproduzir um cenário e ditar um determinado resultado – excluir, isolar ou manipular a influência de uma variável em um estudo; um fator crítico na inferência de um experimento implica que todos os fatores, com exceção da variável independente (VI), devem ser mantidos constantes e não devem ser confundidos com outra variável que não seja parte do estudo.

controle ambiental manter constante o ambiente físico do experimento.

correlação a relação pela qual duas ou mais variáveis se alteram em conjunto, de forma que mudanças sistemáticas em uma delas acompanham mudanças sistemáticas na outra.

correlações de artefato ocorrem quando subgrupos diferentes nos dados são combinados para dar a impressão de serem um só.

curtose medição dos picos ou os achatamentos (ku) de uma distribuição; uma distribuição normal tem ku de 0, uma distribuição achatada é negativa e uma distribuição em pico é positiva.

d de Somers medida de associação para dados ordinais que compensa as notas "associadas" e ajusta a direção da variável independente.

dados informações (atitudes, comportamento, motivações, atributos, etc.) coletados dos participantes ou de observações (mecânica ou direta) ou de fontes secundárias.

dados faltantes informações que faltam sobre um participante ou dados registrados; devem ser descobertos e corrigidos durante a fase de preparação de dados da análise; por exemplo: dados mal codificados, dados fora da amplitude ou valores extremos.

dados primários dados coletados pelo pesquisador para lidar com um problema específico – a questão de pesquisa.

dados secundários resultados de estudos feitos por terceiros com objetivos diferentes daqueles para os quais os dados estão sendo revisados.

declive (β_1) mudança em Y para a mudança de 1 unidade em X; um dos dois coeficientes de regressão.

dedução uma forma de inferência na qual as conclusões devem necessariamente partir das razões dadas; uma dedução é válida se for impossível que a conclusão seja falsa se as premissas forem verdadeiras.

definição operacional para uma variável formulada em termos de critério específico de teste ou operações, discriminando o que deve ser contado, mensurado ou reunido por intermédio de nossos sentidos.

demonstração técnica de apoio de apresentação que usa recursos visuais de apresentação para mostrar como algo funciona.

depoimento (opinião de especialista) opiniões de especialistas reconhecidos que possuem credibilidade para o seu público em um assunto; usado como apoio ou prova.

desvio de quartil (Q) medida de dispersão para dados ordinais que envolve a mediana e os quartis; a mediana, mais um desvio de quartil de cada lado, engloba 50% das observações e oito cobrem todo o conjunto de dados.

desvio-padrão (s) medida de dispersão; a raiz quadrada positiva da variância; abrevia-se por DP; afetado por pontuações extremas.

detecção automática de interação (DAI) um procedimento de divisão de dados que busca em até 300 variáveis o melhor preditor simples de uma variável dependente.

díade (entrevista pareada) entrevista em grupo realizada em pares (por exemplo: melhores amigos, cônjuges, superior-subordinado, desconhecidos); normalmente usada com crianças.

diagrama de caminho apresenta relações preditivas e associativas entre constructos e indicadores em um modelo estrutural.

diagrama de dispersão uma técnica visual para representar a direção e a forma de uma relação entre as variáveis.

diagrama de Pareto uma apresentação gráfica que representa dados de frequência em forma de gráfico de barras, ordenado do mais alto para o mais baixo, além do percentual cumulativo em cada nível de variável indicado como gráfico de linha.

dicionário fonte secundária que define palavras, termos ou jargões característicos de uma disciplina; pode incluir informações sobre pessoas, fatos ou organizações que dão forma à disciplina; uma excelente fonte de acrônimos.

dilema gerencial problema ou oportunidade que exige uma decisão; um sintoma de um problema ou uma indicação inicial de uma oportunidade.

dimensão de controle na amostragem por quota, um descritor utilizado para definir as características da amostra (por exemplo: idade, educação, religião).

direito à privacidade a pessoa pode se recusar a ser entrevistada ou a responder a qualquer pergunta em uma entrevista.

direito à qualidade o direito do patrocinador a um projeto de pesquisa adequado à questão de pesquisa, a um valor máximo para os recursos expandidos e ao manuseio de dados e de técnicas de relatório apropriado para os dados coletados.

direito à segurança o direito de entrevistadores, pesquisadores, experimentadores, observadores e sujeitos de serem protegidos contra qualquer ameaça física ou psicológica.

diretório uma fonte de referência usada para identificar informações de contato (por exemplo: nome, endereço, telefone); muitos são gratuitos, mas os mais amplos são exclusivos.

discagem aleatória processo computadorizado que escolhe prefixos de telefones ou blocos de prefixos e gera números dentro desses blocos para pesquisas telefônicas.

discordante quando uma pessoa com classificação alta em uma variável obtém classificação mais baixa em outra variável, os pares de variáveis são discordantes; quando existem mais pares discordantes do que pares concordantes, a associação se torna negativa.

discurso de três pontos variações sobre a regra de três na organização do discurso que podem incluir introdução, corpo e conclusão; introdução, três melhores pontos de apoio e conclusão; três histórias; ou, outros dispositivos com três elementos.

dissimulação uma técnica em um estudo de observação na qual o observador não é visto pela pessoa, para evitar modificações no comportamento do sujeito causadas pela presença do observador; isso pode ser feito com espelhos falsos, câmeras ou microfones escondidos, etc.

distribuição (de dados) conjunto de contagens de valores em ordem crescente, resultando da tabulação de incidência para cada variável por valor.

distribuição de frequência conjunto ordenado de todos os valores para uma variável.

distribuição normal bivariada os dados são de uma amostra aleatória na qual as duas variáveis são normalmente distribuídas de maneira conjunta.

distribuição normal distribuição de frequência de muitos fenômenos naturais; graficamente tem a forma de uma curva simétrica.

distribuição normal padrão padrão estatístico para descrever as distribuições de dados amostrais normalmente distribuídos; usada com estatística inferencial que normalmente pressupõe variáveis distribuídas.

distribuição *t* distribuição normal com mais área de cauda do que aquela encontrada em uma distribuição normal Z.

distribuição Z a distribuição normal de mensurações para comparação.

duplo-cego projeto de estudo em que nem os pesquisadores nem os participantes sabem que estão sendo expostos a um tratamento experimental.

edição processo para detecção de erros e omissões de dados, corrigindo-os quando possível; garante que sejam atingidos padrões mínimos de qualidade nos dados.

efeito de halo erro causado quando observações prévias influenciam percepções de observações atuais.

efeito de interação a influência que um fator tem sobre outro.

efeito de primazia viés de ordem no qual o participante tende a escolher a primeira alternativa; um princípio que afeta a organização da apresentação no qual o primeiro item numa lista é inicialmente distinguido como importante e pode ser transferido para a memória de longo prazo; implica que um argumento importante deve vir primeiro na apresentação.

efeito de recência viés de ordem que ocorre quando o participante tende a escolher a última alternativa; em apresentações, as pessoas se recordam melhor dos itens que ouvem no fim da lista de argumentos em um discurso; implica que um argumento importante deve ser o último da apresentação.

efeito principal influência direta média que um determinado tratamento da VI tem sobre a VD, independentemente de outros fatores.

elemento da população pessoa ou objeto considerado para mensuração; também conhecido por *unidade de população, elemento de amostra, unidade de amostra*.

eliminação para trás remover sequencialmente a variável de um modelo de regressão que altera o mínimo de R^2; ver também *inclusão para frente* e *seleção passo a passo*.

EMD ver **escalonamento multidimensional**.

emparelhamento processo análogo à amostragem por cota para atribuir pessoas a grupos de controle e grupos experimentais, selecionando pessoas cujas características descritivas estejam de acordo com aquelas usadas na pesquisa; usado quando a atribuição aleatória não é possível. Uma tentativa de eliminar o efeito das variáveis de confusão que agrupam sujeitos, de forma que a variável de confusão esteja presente proporcionalmente em cada grupo.

empirismo observações e proposições baseadas na experiência sensorial e/ou derivadas de tais experiências por métodos de indução lógica, incluindo matemática e estatística.

enciclopédia fonte secundária para encontrar informações anteriores ou históricas sobre um tópico ou para encontrar nomes ou termos que possam melhorar os resultados de busca em outras fontes.

entimema um silogismo truncado em que uma ou mais premissas menores são deixadas implícitas. O apresentador dá a premissa principal e espera que o público suprirá o conhecimento faltante (as premissas) a fim de chegar à conclusão.

entrada de dados processo de converter informações coletadas por meio de métodos secundários ou primários em um método de visualização e manipulação; normalmente feita com teclado ou leitura óptica.

entrevista abordagem de comunicação telefônica, pessoal ou por videoconferência para coletar dados.

entrevista convergente técnica de entrevista pessoal para ser usada com um número limitado de especialistas como participantes de uma série sequencial de entrevistas; após cada entrevista sucessiva, o pesquisador refina as questões, esperando convergir para as questões centrais do assunto; por vezes chamada de entrevista convergente e divergente.

entrevista cronológica ver **entrevista sequencial**.

entrevista cultural técnica de entrevista pessoal que solicita que um participante relate suas experiências com uma cultura ou subcultura, incluindo o conhecimento transmitido por gerações anteriores e o conhecimento que os participantes têm ou planejam transmitir para gerações futuras.

entrevista de interceptação comunicação face a face que aborda os participantes em um local centralizado.

entrevista em grupo com especialistas entrevista em grupo composta por pessoas com conhecimento excepcional sobre as questões ou tópicos em discussão.

entrevista em grupo método de coleta de dados que usa um único entrevistador com mais de um participante.

entrevista estruturada entrevista pessoal que geralmente usa um guia detalhado de entrevista para orientar a ordem das questões; as perguntas normalmente usam uma estratégia de resposta aberta.

entrevista individual em profundidade um tipo de entrevista que encoraja o participante a falar bastante, compartilhando o máximo de informações possível; geralmente dura uma ou mais horas e é de três tipos: estruturadas, semiestruturadas e não estruturadas.

entrevista não estruturada entrevista pessoal personalizada sem questões específicas nem ordem de tópicos a serem discutidos; geralmente começa com uma narrativa do participante.

entrevista pareada ver **díade**.

entrevista pessoal assistida por computador (CAPI) uma entrevista pessoal, presencial com questões sequenciadas por computador, usando técnicas de visualização; a entrada de dados em tempo real é possível.

entrevista semiestruturada entrevista pessoal que começa com algumas questões específicas e depois segue o curso de pensamento do participante com investigações do entrevistador; as questões geralmente usam uma estratégia de resposta aberta.

entrevista sequencial técnica de entrevista pessoal na qual o participante deve responder a questões formadas em torno de uma série antecipada de atividades que aconteceram ou poderiam ter acontecido; usada para estimular lembrança de experiência e emoções nos participantes; também conhecida por *entrevista cronológica*.

entrevista telefônica administrada por computador uma pesquisa por telefone realizada com perguntas sintetizadas por um computador; os dados são classificados à medida que são coletados.

entrevista telefônica assistida por computador (CATI) uma entrevista telefônica com questões sequenciadas por computador e entrada de dados em tempo real; normalmente realizada em uma sala central, em que os entrevistadores ficam em cabinas acusticamente isoladas; os dados são classificados à medida que são coletados.

entrevista telefônica um estudo conduzido totalmente por contato telefônico entre o participante e o entrevistador.

entrevistas com especialistas discussão com pessoas que tenham conhecimento sobre o problema ou suas possíveis soluções.

enunciado de busca ver **questão de busca**.

equivalência quando um instrumento assegura resultados consistentes com mensurações repetidas pelo mesmo investigador ou por amostras diferentes.

erro aleatório erro que ocorre aleatoriamente, sem padrão; ver também *erro de amostragem*.

erro de amostragem erro criado pelo processo de amostragem; o erro não responsável por variância sistemática.

erro de especificação superestimativa da importância das variáveis incluídas em um modelo estrutural.

erro de indulgência negativa um erro que acontece quando o participante dá notas baixas ou é sistematicamente crítico.

erro de indulgência um participante, em uma série de avaliações, consistentemente expressa julgamentos em uma das pontas de uma escala; um erro que ocorre quando o participante sistematicamente dá notas boas ou ruins.

erro de não resposta ocorre quando o entrevistador não consegue localizar a pessoa com a qual o estudo requer comunicação ou quando o participante se recusa a participar; especialmente problemático em estudos que usam amostragem probabilística.

erro de resposta quando o participante não responde corretamente ou quando não responde de forma completa.

erro de tendência central ver **tendência central (erro de)**.

erro discrepância entre o valor da amostra e o valor verdadeiro da população que ocorre quando o participante não responde completamente ou com exatidão – ou por escolha ou em função de conhecimento impreciso ou incompleto.

erro do entrevistador erro que resulta da influência do entrevistador sobre o participante; inclui problemas com motivação, instruções, inflexão de voz, linguagem corporal, ordem das perguntas ou respostas e fraude pela falsificação de uma ou mais respostas.

erro iniciado pelo participante erro que ocorre quando ele deixa de responder completa e precisamente – seja por escolha ou por conhecimento inadequado ou incompleto.

erro-padrão da média desvio-padrão da distribuição das médias de amostra.

erro sistemático erro que resulta de um viés; ver também *variância sistemática*.

erro tipo II um tipo de erro no teste de hipótese que ocorre quando uma falsa hipótese nula (não há diferença) é rejeitada; o valor beta (β) é a probabilidade de rejeitar incorretamente a falsa hipótese nula; o poder de teste $1 - \beta$ é a probabilidade de que vamos rejeitar corretamente a falsa hipótese nula.

erro tipo I um tipo de erro no teste de hipótese que ocorre quando a verdadeira hipótese nula (não há diferença) é rejeitada; o valor alfa (α), chamado nível de significância, é a probabilidade de rejeitar a verdadeira hipótese nula.

esboço de frases formato de planejamento de relatório; utiliza sentenças completas, e não palavras-chave ou frases para rascunhar cada seção do relatório.

esboço em tópicos formato de planejamento de relatório; utiliza palavras-chave ou frases completas para rascunhar cada seção do relatório.

escala arbitrária prática universal de desenvolvimento de escala *ad hoc* usada por desenvolvedores de instrumentos para criar escalas que são altamente específicas para a prática ou o objeto que está sendo estudado.

escala comparativa uma escala na qual os participantes avaliam um objeto a partir de um padrão, usando uma escala numérica, gráfica ou verbal.

escala de categoria simples escala que oferece duas escolhas de resposta mutuamente excludentes; também chamada de *escala dicotômica*.

escala de classificação balanceada tem número igual de categorias acima e abaixo do ponto central ou um número desigual de alternativas de resposta favoráveis e desfavoráveis.

escala de classificação de escolha forçada exige que os participantes selecionem uma das alternativas disponíveis.

escala de classificação escala que classifica um objeto ou propriedade fazendo uma comparação e determinando a ordem entre dois ou mais objetos ou propriedades; usa uma escala numérica e gera dados ordinais; ver também *questão de ordenação*.

escala de classificação forçada uma escala em que o participante ordena diversos objetos ou propriedades de objetos; mais rápida do que a comparação emparelhada para obter uma ordem de classificação.

escala de classificação gráfica uma escala na qual a pessoa coloca sua resposta junto a uma linha contínua; a pontuação ou mensuração é a distância em milímetros de cada um dos pontos extremos.

escala de classificação não balanceada tem número desigual de alternativas de respostas favoráveis e desfavoráveis.

escala de classificação não forçada dá aos participantes a oportunidade de expressar nenhuma opinião quando são incapazes de fazer uma escolha entre as alternativas oferecidas.

escala de classificação somatória categoria de escalas na qual o participante concorda ou discorda de declarações avaliativas; a escala Likert é a mais conhecida desse tipo de escala.

escala de comparação por pares o participante escolhe um objeto preferido entre vários pares de objetos em alguma propriedade; resultados em ordem de classificação de objetos.

escala de diferencial semântico (SD) mede os significados psicológicos de uma atitude e produz dados intervalares; usa substantivos bipolares, frases substantivadas, adjetivos ou estímulos não verbais, como esboços visuais.

escala de intervalo de aparência igual um tipo de escala de consenso cara e que consome bastante tempo, resultando em uma escala de graduação intervalar para mensuração de atitude, também conhecida por escala *Thurstone*.

escala de intervalo escala com as propriedades de ordem e mesma distância entre os pontos e com categorias mutuamente excludentes e exaustivas; dados que incorporam igualdade de intervalos (a distância entre uma medida e a próxima medida); escala de temperatura, por exemplo.

escala de lista de classificação múltipla uma única escala numérica ordinal ou de intervalo responde a uma série de objetos; resultados facilitam a visualização.

escala de múltipla escolha com respostas múltiplas escala que oferece opções múltiplas para os participantes e solicita uma ou mais respostas (dados nominais ou ordinais); também conhecida como *lista de verificação*.

escala de múltipla escolha com resposta única escala que tem mais de duas respostas, mas busca uma única resposta ou uma única classificação em uma graduação de preferência, interesse ou concordância (dados nominais ou ordinais); também conhecida como *questão de múltipla escolha*.

escala de ordenação classifica um objeto ou propriedade sem fazer uma comparação direta com outro objeto ou propriedade; pode ser verbal, numérica ou gráfica; ver também questão de ordenação.

escala de razão escala com as propriedades de categorização, ordem, intervalos iguais e origem única; números usados como mensurações têm valor numérico; por exemplo: peso de um objeto.

escala de soma constante o participante aloca pontos a mais de um atributo ou indicador de propriedade, de forma que o total é 100 ou 10; também conhecido por *escala de soma fixa*.

escala de soma fixa ver **escala de soma constante**.

escala de Stapel uma escala numérica com até 10 categorias (7 positivas, 7 negativas) na qual a posição central é um atributo. Quanto mais alto o número positivo, mais precisamente o atributo descreve o objeto ou seu indicador.

escala Likert uma variação da escala de classificação somatória, essa escala solicita que o participante concorde ou discorde de declarações que expressam atitudes favoráveis ou desfavoráveis em relação ao objeto. A força da atitude é refletida na nota atribuída, e as notas individuais podem ser totalizadas para uma mensuração total de atitude.

escala multidimensional escala que busca medir simultaneamente mais de um atributo do participante ou objeto.

escala nominal escala com categorias mutuamente excludentes e coletivamente exaustivas, mas sem as propriedades de ordem, distância ou origem única.

escala numérica uma escala em que intervalos iguais separam os pontos numéricos da escala, enquanto âncoras verbais atuam como rótulos para os pontos extremos.

escala unidimensional escala de instrumento que busca medir apenas um atributo do participante ou do objeto.

escalas de fator tipos de escala que lidam com conteúdo multidimensional e dimensões subjetivas, como escalograma, análise fatorial e de conglomerados e escalonamento multidimensional métrico e não métrico.

escalonamento procedimento que atribui números ou símbolos a uma propriedade dos objetos a fim de conferir algumas das característica dos números às propriedades em questão; atribuído de acordo com valor ou magnitude.

escalonamento cumulativo técnica de desenvolvimento de escala na qual os itens da escala são testados com base em um sistema de escore no qual a concordância com um item extremo da escala resulta também no endosso de todos os outros itens que tem uma posição menos extrema.

escalonamento de consenso desenvolvimento de escala com um painel de especialistas avaliando os itens do instrumento com base na relevância do tópico e na falta de ambiguidade.

escalonamento multidimensional (EMD) técnica de escalonamento para objetos ou pessoas em que o instrumento de escala busca mensurar mais de um atributo do participante ou objeto; os resultados são normalmente mapeados. Desenvolve um quadro geométrico ou mapa da localização de alguns objetos em relação a outros em várias dimensões ou propriedades e é especialmente útil para constructos difíceis de mensurar.

esclarecimento explica a verdade aos participantes e descreve os principais objetivos do estudo de pesquisa e as razões para usar o logro.

escopo o grau de abrangência de cobertura de uma fonte secundária (por estrutura de tempo, geografia, critério de inclusão, etc.); um dos cinco fatores para avaliar a qualidade de fontes secundárias.

espaço em branco princípio de elaboração que deixa espaço vazio e organizado em torno de elementos visuais e textos importantes; permite que o público consiga chegar a um foco visual.

esquema conceitual as inter-relações entre conceitos e constructos.

estabilidade característica de uma escala de mensuração: se ela assegura resultados consistentes com mensurações repetidas da mesma pessoa usando o mesmo instrumento.

estatística bayesiana usa estimativas de probabilidade subjetiva com base em experiência geral, em detrimento de dados coletados. (Ver "Problema da Teoria da Decisão" no Online Learning Center.)

estatística clássica uma visão objetiva de probabilidade na qual uma hipótese é rejeitada ou deixa de ser rejeitada com base em dados de amostra coletados.

estatística descritiva mostra as características de localização, dispersão e forma de um conjunto de dados.

estatística (em apresentações) são dados numéricos usados na coleta, análise e interpretação dos dados, mas também encontrados no planejamento, na mensuração e no projeto da coleta de dados; esperada nas apresentações de pesquisas.

estatística inferencial inclui a estimativa de valores da população e o teste de hipóteses estatísticas.

estatísticas de amostra descritores de variáveis relevantes, computadas da amostragem de dados.

estimativa de intervalo faixa de valores na qual se espera inserir o parâmetro da verdadeira população.

estratégia abordagem geral que uma organização seguirá para atingir suas metas.

estrutura de amostragem lista de elementos na população da qual a amostra foi de fato retirada.

estrutura fotográfica a prática de criar um ponto focal para todos os recursos visuais usados em apresentações.

estudo causal-explanatório um estudo projetado para determinar se uma ou mais variáveis explica as causas ou efeitos de uma ou mais variáveis de resultado (dependentes).

estudo causal pesquisa que tenta revelar uma relação causal entre variáveis: A produz B ou faz com que B ocorra.

estudo causal-preditivo um estudo projetado para prever com regularidade como uma ou mais variáveis causam ou afetam uma ou mais variáveis de resultado (dependentes).

estudo de caso (história de caso) a metodologia que combina entrevistas individuais e (às vezes) de grupo com análise e observação de registros. Ele é usado para entender eventos e suas ramificações e processos e enfatiza a completa análise contextual de alguns eventos ou condições e suas inter-relações para um único participante; um tipo de projeto pré-experimental (estudo de caso único).

estudo de comunicação o pesquisador interroga os sujeitos e coleta as respostas por meios pessoais ou impessoais.

estudo de relações espaciais estudo de observação que registra como os humanos se relacionam fisicamente entre si (ver também *proxêmia*).

estudo descritivo tenta descrever ou definir um sujeito, normalmente por meio da criação de um perfil de um grupo de problemas, pessoas ou eventos, por meio da coleta de dados e da tabulação de frequências nas variáveis de pesquisa e sua interação; o estudo revela quem, o quê, quando, onde e quanto, e está relacionado a uma questão ou hipótese univariada na qual a pesquisa questiona ou declara algo sobre tamanho, forma, distribuição ou existência de uma variável.

estudo estatístico um estudo que tenta captar as características de uma população, fazendo inferências a partir das características amostrais; envolve teste de hipóteses e é mais amplo do que um estudo de caso.

estudo explanatório tenta explicar as razões para um fato, ato ou característica mensurado pela pesquisa.

estudo exploratório ver **exploração**.

estudo formal processo de pesquisa baseado em questões que envolve procedimentos precisos para coleta e interpretação de dados; testa a hipótese ou responde à questão de pesquisa.

estudo generalista combina uma ou mais questões de vários tomadores de decisão que precisam de informações da mesma população.

estudo informativo fornece um resumo de dados, muitas vezes reformulando-os para atingir um maior entendimento ou para gerar estatísticas para comparação.

estudo longitudinal o estudo é repetido durante um período maior de tempo, acompanhando as mudanças nas variáveis com o decorrer do tempo; inclui painéis ou grupos de coorte.

estudo observacional monitoramento para coleta de dados no qual o pesquisador inspeciona as atividades de uma pessoa ou a natureza de algum material sem tentar extrair qualquer resposta; também conhecido por monitoramento.

estudo preditivo usado para determinar se há uma relação entre duas ou mais variáveis. Quando se estabelece uma causa, uma variável pode ser usada para prever a outra. Na pesquisa em administração, estudos conduzidos para avaliar cursos de ação específicos ou para prever valores atuais e futuros.

estudo transversal o estudo é conduzido apenas uma vez e revela um instantâneo de um determinado momento.

ética normas ou padrões de comportamento que guiam as escolhas morais sobre o comportamento de pesquisa.

etnografia entrevistador e participante colaboram em uma observação de participante no contexto de campo e em uma entrevista não estruturada; geralmente acontece onde o comportamento em estudo ocorre (casa do entrevistado, por exemplo).

etos baseia-se em quanto o público acredita que o apresentador seja qualificado para falar sobre o assunto específico; é determinado pela percepção do caráter do apresentador, sua experiência ou a credibilidade e a experiência das pessoas evocadas pelo apresentador.

excelência de ajuste mede a precisão com que o modelo de regressão pode prever Y.

exemplo caso verdadeiro ou hipotético usado para esclarecer um conceito complexo

exemplo de tabela exibe os dados esperados durante a análise de dados; cada exemplo é uma tabulação cruzada entre duas ou mais variáveis.

exemplo específico um incidente crítico selecionado para comprovar uma reivindicação primordial com a qual princípios específicos são traduzidos em princípios mais gerais; não como histórias detalhadas; uma forma de raciocínio indutivo.

exercícios de completar frases técnica projetiva em que os participantes são solicitados a completar uma frase relacionada com uma determinada marca, produto, fato, grupo de usuários, etc.

exercícios de imaginação técnica projetiva em que os participantes são solicitados a relacionar as propriedades de uma coisa/pessoa/marca a outra.

experimento cego quando os participantes não sabem que estão recebendo tratamento experimental.

experimento de campo estudo da variável dependente que ocorre sob as verdadeiras condições ambientais.

experimento (estudo experimental) estudo envolvendo intervenção (manipulação de uma ou mais variáveis) do pesquisador, além daquela exigida pela mensuração, para determinar o efeito em outra variável.

exploração o processo de coletar informações para formular ou refinar questões gerenciais, de pesquisa, investigativas ou de mensuração; estudos fracamente estruturados que descobrem tarefas de futuras pesquisas, incluindo desenvolvimento de conceitos, estabelecimento de prioridades, desenvolvimento de definições operacionais e melhoria do projeto de pesquisa. Uma fase de um projeto de pesquisa na qual o pesquisador aumenta o entendimento do problema gerencial, procura formas que outras pessoas usaram para lidar e/ou resolver problemas similares ao problema ou à questão gerencial e reúne informações anteriores sobre o assunto para refinar a questão de pesquisa; também conhecida como *estudo exploratório* ou *pesquisa exploratória*.

exposição enunciado que descreve sem tentar explicar.

extranet uma rede privada que usa protocolos da internet e o sistema público de telecomunicações para compartilhar informações, dados ou operações de uma empresa com fornecedores, vendedores e clientes externos.

faixa ver **faixas de predição e de confiança**.

faixas de predição e de confiança intervalo de confiança em forma de gravata borboleta ao redor de um preditor; preditores mais distantes da média têm bandas mais largas na análise de regressão.

fala de improviso um discurso que não envolve preparação e evolui espontaneamente em resposta a algum estímulo, como uma pergunta.

fato informação sobre uma situação que existe ou um evento conhecido; toma a forma de uma declaração sobre dados verificáveis que apoiam o argumento do apresentador.

fator denota uma variável independente (VI) em um experimento; os fatores são divididos em níveis de tratamento para o experimento.

fatores na análise fatorial, o resultado da transformação de um conjunto de variáveis em um novo conjunto de variáveis compostas; esses fatores são lineares e não correlacionados entre si.

fatores ativos as variáveis independentes (VI) que o pesquisador pode manipular fazendo com que o sujeito receba um ou outro nível de tratamento.

figura de autoridade uma técnica projetiva (exercício de imaginação) na qual os participantes são solicitados a imaginar que a marca ou produto é uma figura de autoridade e a descrever os atributos da figura.

filtro de recrutamento guia de entrevista semiestruturada ou estruturada projetada para assegurar ao entrevistador que o candidato será um bom participante para a pesquisa planejada.

fi (ϕ) uma medida de associação para variáveis nominais, não paramétricas; varia de 0 a +1,0 e é mais bem utilizada com tabelas qui-quadrado 2×2; não fornece a direção da associação nem reflete causa.

fontes primárias trabalhos originais de pesquisa ou dados brutos sem interpretação ou pronunciamentos que representem uma opinião ou posição oficial; inclui memorandos, cartas, entrevistas ou discursos completos, leis, regulamentações, decisões judiciais e a maioria dos dados governamentais, incluindo censo, dados econômicos e trabalhistas; é a mais importante de todas as fontes.

fontes secundárias interpretação de dados primários, geralmente sem nova pesquisa.

fontes terciárias ajudam a descobrir fontes primárias ou secundárias, como índices, bibliografias e ferramentas de busca na internet; também podem ser uma interpretação de uma fonte secundária.

formato como a informação é apresentada e com que facilidade é encontrada uma determinada informação dentro de uma fonte secundária; um dos cinco fatores usados para avaliar o valor de uma fonte secundária.

fornecedor de dados sindicalizados rastreia a mudança de uma ou mais medidas ao longo do tempo, usualmente em um determinado setor.

gama (γ) usa uma preponderância de evidências para pares concordantes *versus* pares discordantes, a fim de predizer associações; o valor gama é a redução proporcional do erro quando a previsão é feita com preponderância de evidências (valores de -1,0 a +1,0).

geográfico usa um mapa para exibir variações regionais nos dados.

gerenciamento de projeto processo de planejamento e gestão de um projeto detalhado por meio de tabelas e gráficos de responsabilidades e prazos; detalha a relação entre os pesquisadores, seus assistentes, patrocinadores e fornecedores; frequentemente resulta em um gráfico Gantt.

gestos uma forma de comunicação não verbal realizada com uma parte do corpo, usada no lugar de ou em combinação com a comunicação verbal; permite que o apresentador expresse uma variedade de sentimentos e pensamentos positivos e negativos.

gráfico 3-D uma técnica de apresentação que permite que sejam comparadas três ou mais variáveis de uma amostra em um gráfico; tipos: coluna, fita, estrutura de fios e linha de superfície.

gráfico de linha uma técnica de apresentação estatística usada para séries temporais e distribuições de frequência ao longo do tempo.

gráfico de pizza usa seções de um círculo (fatias de uma torta) para representar 100% de uma distribuição de frequência do que está sendo mostrado no gráfico; não é apropriado para mostrar mudanças com o decorrer do tempo.

gráfico de probabilidade normal compara os valores observados com os esperados em uma distribuição normal.

gráfico tronco-e-folha uma distribuição de frequência do tipo árvore para cada valor de dados, sem agrupar intervalos iguais.

gráficos de área uma apresentação gráfica que demonstra frequência total, frequência de grupo e dados em série temporal; também conhecida como *gráfico de camadas* ou *gráfico de superfície*.

gráficos de barras uma técnica de apresentação estatística que representa dados de frequência com barras horizontais ou verticais; as barras verticais são mais usadas para séries temporais e classificações quantitativas (histogramas, barras empilhadas e gráficos de variáveis múltiplas são gráficos de barras especializados).

gráficos ilustrados gráfico de barras que usa símbolos pictóricos para representar dados de frequência em vez de usar barras; o símbolo tem uma associação com o sujeito da apresentação estatística e representa uma contagem específica daquela variável.

grupo de controle um grupo de sujeitos que não é exposto à variável independente em estudo, mas que ainda gera uma medida para a variável dependente.

grupo focal o envolvimento simultâneo de um pequeno número de participantes de pesquisa (normalmente de 8 a 10) que interagem ao comando de um moderador para gerar dados sobre um determinado assunto ou tópico; amplamente usado em estudos exploratórios; a duração média é de 90 minutos a duas horas e pode ser conduzido pessoalmente, por telefone ou por videoconferência.

grupo focal on-line tipo de grupo focal no qual os participantes usam a tecnologia da internet, incluindo e-mail, sites, grupos de notícias Usenet ou sala de bate-papo da internet, para aproximar a interação de um grupo focal face a face.

grupo focal por telefone tipo de grupo focal cujos participantes estão conectados ao moderador e entre si, por meio de modernos equipamentos de teleconferência; os participantes costumam ficar em instalações separadas de teleconferência; pode se remoto, moderado ou monitorado.

grupo focal por videoconferência tipo de grupo focal em que os pesquisadores usam recursos de videoconferência de uma empresa para conectar os participantes com os moderadores e observadores; diferente dos grupos de discussão por telefone, os participantes podem ver um ao outro; pode ser remotamente moderado e, em alguns locais, pode ser simultaneamente monitorada por observadores de clientes com tecnologia de internet.

grupo de não especialistas participantes de uma entrevista em grupo que têm pelo menos alguma informação desejada, mas em nível desconhecido.

grupo heterogêneo grupo de participantes composto por pessoas com uma variedade de opiniões, experiências e ações referentes a um tópico.

grupo homogêneo grupo de participantes que consiste de pessoas com semelhança de opiniões, experiências e ações referentes a um tópico.

guia de debate lista de tópicos a serem discutidos em uma entrevista não estruturada (grupo focal, por exemplo); também conhecido por *guia de entrevista*.

guia de entrevista ver **guia de debate**.

hierarquia da questão de pesquisa em administração processo de formulação sequencial de perguntas que leva o gerente ou o pesquisador do problema gerencial para questões investigativas.

hipótese uma proposição formulada para um teste empírico; uma tentativa de enunciado descritivo que descreve a relação entre duas ou mais variáveis.

hipótese alternativa (H_A) de que existe uma diferença entre o parâmetro de amostra e a estatística de população com a qual ele foi comparado; o oposto lógico da hipótese nula usada em teste de significância.

hipótese causal ver **hipótese explanatória**.

hipótese correlacional declaração indicando que as variáveis ocorrem juntas, de alguma maneira especificada, sem implicar que uma causa a outra.

hipótese descritiva declara existência, tamanho, forma ou distribuição de alguma variável.

hipótese explanatória (causal) enunciado que descreve uma relação entre duas variáveis, na qual uma variável leva a um determinado efeito em outra variável.

hipótese nula (H_0) pressuposição de que não existe diferença entre o parâmetro da amostra e a estatística da população.

hipótese relacional descreve a relação entre duas variáveis com relação a algum caso; relações são correlacionais ou explanatórias.

histograma um gráfico de barra que agrupa valores de dados contínuos em intervalos iguais com uma barra para cada intervalo; especialmente útil para revelar assimetria, curtose e padrão modal.

história de vida técnica de entrevista pessoal que extrai de um único participante memórias e experiências da infância até os dias atuais em relação a um produto ou categoria de serviço, marca ou empresa.

história oral (narrativa) técnica de entrevista pessoal que solicita que os participantes relatem suas experiências e sentimentos pessoais em relação a eventos históricos ou comportamento passado.

histórias tipo de material de apoio usado em uma apresentação que conta os detalhes de um ato ou ocorrência ou curso de eventos; sendo mais poderosas quando envolvem experiência pessoal.

impulso do observador uma fonte de erro devido a uma queda na confiabilidade ou validade das observações registradas ao longo do tempo que afetam a codificação de categorias.

incidência número de elementos na população que pertencem à categoria de interesse, dividido pelo número total de elementos na população.

inclusão para frente na modelagem e regressão, adiciona as variáveis sequencialmente a um modelo de regressão que resulta no maior aumento de R^2; ver também *eliminação para trás* e *seleção passo a passo*.

índice fonte de dados secundários que ajuda a identificar e localizar um livro, periódico, artigo, autor, etc., a partir de um amplo conjunto.

índice de amostragem intervalo entre elementos da amostra retirados de uma estrutura de amostra em amostragem sistemática.

índice de contatos não realizados proporção de potenciais contatos não alcançados (não atende, ocupado, secretária eletrônica e desligado) em relação a todos os potenciais contatos.

índice de facilidade de leitura mensura o nível de dificuldade de material escrito; por exemplo: Índice de Facilidade de Leitura Flesch, Índice Flesch Kincaid, Índice Gunning's Fog; a maioria dos programas de processamento de texto calcula um ou vários desses índices.

índice de recusa proporção de participantes que não querem ser entrevistados em relação a todos os contatos potenciais/elegíveis.

índice de tensão índice usado em escalonamento multidimensional que varia de 1 (pior ajuste) a 0 (ajuste perfeito).

índice F o resultado de um teste F, feito para comparar mensurações de k amostras independentes.

indução (raciocínio indutivo) tirar uma conclusão a partir de um ou mais fatos em particular ou de determinadas provas; a conclusão explica os fatos.

intercepto (β_0) um dos dois coeficientes de regressão; o valor da função linear quando ela cruza o eixo Y ou a estimativa de Y quando X é 0.

intervalo a diferença entre a maior e a menor pontuação na distribuição; uma medida muito bruta da amplitude de uma dispersão.

intervalo de confiança a combinação da amplitude de intervalo e do grau de confiança.

intervalo interquartil (IIQ) mede a distância entre o primeiro e o terceiro quartil de distribuição; também conhecida como dispersão média; a distância entre os eixos em uma boxplot.

intranet uma rede privada de um empreendimento com acesso restrito a públicos autorizados; geralmente por trás de um *firewall* de segurança.

jargão linguagem específica de uma profissão ou disciplina; quando desconhecido pelo público pode reduzir a clareza da mensagem.

laddering (cadeia de benefícios) uma técnica projetiva na qual os participantes são solicitados a ligar características funcionais a seus benefícios físicos e psicológicos, tanto reais quanto ideais.

lambda (λ) uma medida de como as frequências de uma variável nominal oferecem provas preditivas sobre as frequências de outras variáveis; os valores (variam de 0 a 1,0) mostram a direção da associação.

leitura de manuscrito leitura de uma apresentação completa.

leitura óptica um processo de entrada de dados por meio do qual as respostas são registradas em formulários que podem ser lidos por computador; reduz o manuseio de dados e os erros que acompanham tal manuseio.

levantamento processo de mensuração que usa uma entrevista altamente estruturada; emprega uma ferramenta de mensuração chamada de *questionário, instrumento de mensuração* ou *programação de entrevista.*

levantamento com disquete via correio (DVC) um tipo de autoentrevista assistida por computador, na qual a pesquisa e o software de administração, em disquete de computador, são entregues ao participante por correio.

levantamento de experiência (entrevista com especialistas) entrevistas semiestruturadas ou não estruturadas com especialistas sobre um tópico ou dimensão de um tópico; técnica exploratória na qual especialistas compartilham suas ideias sobre assuntos ou aspectos importantes do sujeito e relacionam o que é importante no leque de experiências do sujeito; geralmente envolve uma entrevista pessoal ou telefônica.

levantamento de permissão ato de pesquisar clientes potenciais ou atuais que deram permissão para a pesquisa, geralmente por meio de participação em painéis.

levantamento por correio estudo autoadministrado de custo relativamente baixo enviado e devolvido pelo correio.

levantamento por entrevista pessoal comunicação de mão dupla, iniciada por um entrevistador para obter informações de um participante; face a face, por telefone ou pela internet.

levantamento por telefone entrevista estruturada conduzida por telefone.

limitadores protocolo de busca em banco de dados para definir uma pesquisa; normalmente inclui data, tipo de publicação e linguagem.

linearidade uma suposição de análise de correlação de que a coleta de dados pode ser descrita por uma linha reta passando pelos dados agrupados.

lista de verificação de observação instrumento de mensuração no qual os dados observados são registrados; análogo a um questionário em um estudo de comunicação.

lista de verificação uma questão de mensuração que representa diversas alternativas e incentiva respostas múltiplas não ordenadas; ver *escala de múltipla escolha e com múltiplas respostas.*

logos o argumento lógico; exige evidências de apoio e técnicas analíticas que revelam e sustentam os achados e as conclusões dos pesquisadores.

logro ocorre quando os participantes são informados apenas de parte da verdade ou a verdade é totalmente omitida, a fim de evitar viés por parte deles ou de proteger a confidencialidade do patrocinador.

manual fonte secundária usada para identificar termos-chave, pessoas ou fatos relevantes para o problema ou a questão gerencial.

mapeamento de marca uma técnica projetiva (tipo de mapeamento semântico) na qual os participantes recebem marcas diferentes e são solicitados a falar sobre suas percepções, geralmente em relação a diversos critérios. Eles também podem ser solicitados a posicionar espacialmente cada marca em um ou mais mapas semânticos.

mapeamento semântico técnica projetiva na qual os participantes recebem um mapa com quatro quadrantes onde diferentes variáveis se encontram nos dois eixos; eles devem organizar espacialmente as marcas, componentes de produtos ou organizações nos quatro quadrantes.

marginal(is) um termo para os totais de linha e coluna em uma tabulação cruzada.

matriz de quota uma forma de visualizar o processo de emparelhamento.

média a média aritmética de uma distribuição de dados.

média ao quadrado a variação calculada como uma média.

mediana o ponto central de uma distribuição de dados no qual metade dos casos fica acima e metade fica abaixo.

medidas com base no qui-quadrado testes para detectar a força da relação entre as variáveis testadas com um teste do qui-quadrado: fi, V de Cramer e coeficiente de contingência C.

medidas de dispersão estatística que descreve como as pontuações se agrupam ou se espalham em uma distribuição; também conhecidas como *dispersão* ou *variabilidade* (variância, desvio-padrão, intervalo, intervalo interquartil e desvio de quartil).

medidas de forma estatística que descreve as saídas de simetria de uma distribuição; também conhecida como *momentos, assimetria* e *curtose.*

medidas de localização termo para medidas de tendência central em uma distribuição de dados; ver *tendência central.*

medidas de não interferência um conjunto de abordagens observacionais que incentiva formas criativas e imaginativas de observação indireta, buscas em arquivo e variações nas observações simples e complexas, incluindo observação de traços físicos (erosão e acréscimo).

medidas métricas técnicas estatísticas que usam mensurações de intervalo e de razão.

memorização ato de memorizar todos os detalhes de uma apresentação.

mensuração atribuição de números para fatos empíricos de acordo com a regra de mapeamento.

mensurações não métricas técnicas estatísticas que usam mensurações ordinais e de razão (não paramétricas).

mensurações ordinais medidas de associação entre variáveis que geram dados ordinais.

mercado de dados instalações intermediárias de armazenagem que compilam informações requeridas localmente.

mercado de teste ativado por internet teste de produtos usando distribuição on-line.

mercado de teste controlado teste em tempo real de um produto em parceiros de distribuição arbitrariamente selecionados.

mercado de teste eletrônico teste que combina serviços de distribuição de lojas, painéis de códigos de barra de consumidores e entrega de mídia em nível domiciliar.

mercado de teste padrão teste em tempo real de um produto por intermédio de canais de distribuição.

mercado de teste simulado (STM) teste de um produto que ocorre em um ambiente de pesquisa em laboratório projetado para estimular um ambiente tradicional de compras.

mercado de teste virtuais teste de um produto usando uma simulação por computador de uma experiência interativa de compras.

metáfora uma figura de linguagem na qual uma comparação implícita é feita entre duas coisas diferentes que, na verdade, têm alguma coisa importante em comum.

método científico procedimentos disciplinados para gerar pesquisa de qualidade; inclui observação direta de fenômenos; variáveis, métodos e procedimentos claramente definidos; hipóteses testadas empiricamente; a capacidade de excluir a hipótese rival; e justificativas das conclusões de forma predominantemente estatística, e não linguística.

método de associação média avalia a distância entre dois conglomerados, primeiramente encontrando o centro geométrico de cada conglomerado e depois calculando as distâncias entre os dois centros.

método do caminho crítico (CPM) uma ferramenta de programação para propostas de pesquisas complexas ou extensas que cita fatos importantes e tempo decorrido entre esses fatos.

método dos quadrados mínimos procedimento para encontrar uma reta de regressão que mantém os erros (desvios do valor real para a linha de valor) em um patamar mínimo.

metodologia proprietária programa ou técnica de pesquisa possuído por uma só empresa; pode ter marca registrada.

mineração de dados aplicação de modelos matemáticos para extrair conhecimento significativo de volumes de dados contidos em mercados de dados internos ou em depósitos de dados; o propósito é identificar padrões de dados válidos, novos, úteis e, em última análise, compreensíveis.

minigrupo entrevista em grupo envolvendo de duas a seis pessoas.

moda o valor que ocorre com mais frequência no conjunto de dados; os dados podem ter mais de uma moda.

modelagem de equações estruturais (MEE) usa análise de estruturas de covariância para explicar causalidade entre constructos.

modelo representação de um sistema construído para estudar algum aspecto daquele sistema ou o sistema como um todo.

moderador entrevistador treinado usado em entrevistas em grupo, como grupos de discussão.

monitoramento classificação de coleta de dados que inclui estudos de observação e garimpagem de dados em bancos de dados organizacionais.

multicolinearidade a situação na qual mais de duas variáveis independentes são altamente correlacionadas.

não resistente à estatística medida estatística suscetível aos efeitos de valores extremos; por exemplo: média, desvio-padrão.

não revelação de resultados um tipo de confidencialidade; o patrocinador restringe a discussão dos resultados do projeto de pesquisa pelo pesquisador.

não revelação do patrocinador um tipo de confidencialidade; acontece quando o patrocinador da pesquisa é dissociado do patrocínio do projeto de pesquisa.

não revelação vários tipos de confidencialidade envolvendo projetos de pesquisa, incluindo patrocinador, resultados e não revelação de objetivos.

narrativa ver **história oral**

níveis de tratamento grupos naturais ou arbitrários na variável independente de um experimento.

nível de confiança a probabilidade de que os resultados estarão corretos.

nível de significância a probabilidade de rejeitar uma hipótese nula verdadeira.

nível de significância observado o valor de probabilidade comparado ao nível de significância (0,05, por exemplo) escolhido para teste e, com base nisso, a hipótese nula é rejeitada ou não rejeitada.

objetos conceitos definidos por experiência comum.

observação uma série completa de monitoramento de atividades e condições comportamentais e não comportamentais (incluindo análise de registro, análise de condições físicas, análise de processo físico, análise não verbal, análise linguística, análise extralinguística e análise espacial).

observação de grupo de brincadeira técnica observacional que envolve a observação de crianças brincando, normalmente com objetos direcionados (brinquedos ou materiais); os observadores geralmente ficam atrás de espelhos falsos.

observação direta ocorre quando o observador está fisicamente presente e monitora e registra pessoalmente o comportamento do participante.

observação espacial registro de como os humanos se relacionam fisicamente entre si; ver também *proxêmia*.

observação indireta ocorre quando o registro é feito por meios mecânicos, fotográficos ou eletrônicos.

observação não verbal observação de comportamento humano sem o uso de diálogo entre os observadores e os participantes.

observação participante quando o observador está fisicamente envolvido na situação de pesquisa e interage com o participante para influenciar algumas mensurações de observação.

observação simples observação não estruturada e exploratória dos participantes ou objetos.

observação sistemática coleta de dados por meio de procedimentos padronizados, observadores treinados, programação para registro e outros mecanismos para o observador que espelham os procedimentos científicos de outros métodos de dados primários.

OCR ver **reconhecimento óptico de caracteres**

operacionalizado o processo de transformar conceitos e constructos em variáveis mensuráveis adequadas para testagem.

opinião de especialistas (depoimento) opiniões de especialistas reconhecidos que possuem credibilidade para o seu público em um assunto; usado como apoio ou prova.

ordenação os participantes ordenam cartões (representando conceitos ou constructos) em pilhas usando critérios estabelecidos pelo pesquisador.

ordenação Q os participantes selecionam um baralho de cartas (representando propriedades ou objetos) em pilhas que representam pontos ao longo de um contínuo.

padrão de omissão instruções de omissão criadas para orientar ou sequenciar a resposta para outra pergunta baseada na resposta a uma questão de ramificação.

padrão narrativo um padrão organizacional de apresentação que envolve o uso de histórias como o principal veículo para comunicar a mensagem do apresentador.

painel infantil uma série de sessões de grupos de discussão na qual a mesma criança pode participar de até três grupos por ano, com um intervalo de meses entre cada experiência.

painel um grupo de potenciais participantes que indicaram disposição em participar de pesquisas; geralmente usado para estudos longitudinais de comunicação e pode ser usado para pesquisa qualitativa e quantitativa.

paralinguagem comunicação não verbal que inclui elementos vocais, como tom, altura, ritmo, pausa, timbre, ruído e modulação.

parâmetro da população descritores resumidos de variáveis de interesse na população (por exemplo: incidência, média, variância).

participante o sujeito, participante, ou elemento amostral de uma pesquisa.

participante o sujeito, respondente, ou elemento amostral de uma pesquisa.

patos um apelo ao senso de identidade, autointeresse e às emoções do público, que se baseia na conexão emocional entre o palestrante e seu público.

percepção dos participantes as alterações sutis ou importantes que ocorrem nas respostas dos participantes quando eles percebem que uma pesquisa está sendo realizada.

pergunta disfarçada questão de mensuração criada para esconder o verdadeiro objetivo da questão e do estudo.

personificação técnica projetiva (exercício de imaginação) na qual os participantes são solicitados a imaginar objetos inanimados com os traços, características, atributos e personalidades de humanos.

pesos beta coeficientes de regressão padronizados, nos quais o tamanho do número reflete o nível de influência que X exerce sobre Y.

pesquisa-ação uma metodologia com discussão de ideias, seguida de tentativa e erro sequencial para descobrir a solução mais eficiente para um problema; as soluções resultantes são experimentadas até que os resultados desejados sejam atingidos; usada em problemas complexos sobre os quais se tem pouca informação.

pesquisa aplicada lida com problemas ou oportunidades existentes.

pesquisa básica ver **pesquisa pura**.

pesquisa em administração um questionamento sistemático que fornece informações para orientar as decisões empresariais; o processo de determinar, adquirir, analisar, resumir e disseminar dados relevantes de administração, informações e ideias para tomadores de decisão de forma a mobilizar a organização a tomar ações apropriadas que, por sua vez, maximizem o desempenho organizacional.

pesquisa etnográfica ver **etnografia**.

pesquisa exploratória ver **exploração**.

pesquisa pura (pesquisa básica) pesquisa que objetiva resolver questões complexas de natureza teórica, com pouca influência direta sobre ações, desempenho ou decisões políticas.

pesquisa qualitativa técnicas interpretativas que buscam descrever, decodificar, traduzir e desvendar o significado, não a frequência, de determinados fenômenos; uma abordagem fundamental de exploração, que inclui entrevistas detalhadas, entrevistas em grupo, observação participante, filmagem de sujeitos, técnicas projetivas, testes psicológicos, estudos de caso, etnografia de rua, entrevistas de elite, análise de documento, proxêmia e cinestesia; ver também *análise de conteúdo*.

pesquisa quantitativa contagem precisa de algum comportamento, conhecimento, opinião ou atitude.

pesquisador *ad hoc* cria um projeto de pesquisa único para o problema do tomador de decisão.

pesquisador de serviço completo uma empresa com experiência em metodologia de pesquisa quantitativa e qualitativa que conduz todas as fases de pesquisa, desde o planejamento até o desenvolvimento de ideias, geralmente funcionando como empresa de pesquisa e consultora.

pesquisador especializado estabelece experiência em uma ou mais metodologias de pesquisa; tais especialidades geralmente são baseadas em metodologia, processo, segmento, grupo de participantes ou região geográfica; normalmente auxilia outras empresas de pesquisa a concluir projetos.

pesquisador generalista conduz pesquisas, geralmente por levantamento, em intervalos regulares e predeterminados.

planilha um software para entrada de dados que organiza os casos de dados ou registros em linhas, com colunas separadas para cada variável do estudo.

poder de teste 1 menos a probabilidade de cometer um erro tipo II (1 menos a probabilidade de que rejeitaremos corretamente a hipótese nula falsa).

ponto estimado média da amostra; nossa melhor previsão da média desconhecida da população.

pontos extremos pontos de dados que excedem +1,5 do intervalo interquartil (IIQ).

pontuação de utilidade pontuação em análise conjunta usada para representar cada aspecto de um produto ou serviço nas classificações de preferência geral de um participante.

pontuações de desvio exibe a distância entre uma observação e a média.

população elementos sobre os quais desejamos fazer algumas inferências.

população-alvo pessoas, eventos ou registros que contêm as informações desejadas para o estudo que determinam se uma amostra ou um censo deve ser selecionado.

população relevante elementos da população com maior probabilidade de ter as informações especificadas nas questões investigativas.

portal uma página da internet que atua como um caminho para publicações mais remotas na internet; normalmente inclui um ou mais diretórios, ferramentas de busca e outras características para o usuário, como notícias e previsão do tempo.

postura e orientação corporal comunicação de mensagens não verbais pela forma como caminha e fica em pé.

praticidade característica de mensuração legítima relacionada a um vasto leque de fatores de economia, conveniência e interpretação.

precisão uma das considerações para determinar a validade da amostra; o grau em que as estimativas da amostra refletem a medida feita por um censo, mensurado pelo erro-padrão da estimativa – quanto menor o erro, maior a precisão da estimativa.

pré-codificação atribuição de códigos para variáveis em um estudo e registro deles em um questionário; elimina uma página de códigos separada.

predição simples quando pegamos os valores observados de X para estimar ou predizer os valores correspondentes de Y; ver também *análise de regressão*.

preparação de dados processos que asseguram a acurácia dos dados e sua conversão da forma de dados brutos para categorias apropriadas para análise; inclui edição, codificação e entrada de dados.

preparação visual princípio de elaboração segundo o qual o apresentador deve conceitualizar os materiais de apoio visual no papel antes de compor as versões digitais.

pré-tarefa série de exercícios criativos e mentais para preparar os participantes para entrevistas individuais ou de grupo, como entrevistas pessoais ou grupos de discussão; pretende aumentar o entendimento dos próprios processos de pensamento dos participantes e traz à tona suas ideias, opiniões e atitudes.

pré-teste avaliação das questões e instrumentos antes de começar um estudo; prática estabelecida para descobrir erros nas perguntas, na sequência das perguntas, nas instruções, nas direções de omissão, etc.; ver também teste-piloto.

princípio da discriminabilidade duas propriedades têm de diferir em grande quantidade para as diferenças serem identificadas pelo público.

princípio das alterações informativas seu público irá esperar que qualquer coisa sobre a qual fale, demonstre ou mostre em sua apresentação transmita informações importantes.

princípio de conhecimento apropriado somente informações compatíveis com o nível de conhecimento do público devem ser usadas em uma apresentação.

princípio de limitações da capacidade o público não consegue processar grandes quantidades de informação de uma só vez.

princípio de organização perceptiva seu público agrupará itens automaticamente, mesmo que você não forneça esses agrupamentos; isso facilita a absorção e a armazenagem de grandes quantidades de informação.

princípio de relevância apenas informações críticas para o entendimento devem ser apresentadas.

princípio de saliência a atenção de seu público é atraída a grandes diferenças perceptíveis.

problema pouco definido problema que envolve questões complexas e não pode ser expresso fácil, concisa ou integralmente.

processo de pesquisa sequência de passos claramente definidos em uma pesquisa.

programação de entrevista lista de questões usada em uma entrevista estruturada; também conhecida por questionário.

projeto de pesquisa esquema que serve para realizar objetivos e responder a perguntas.

projeto em dois estágios um projeto no qual a exploração é um estágio distinto que precede um projeto descritivo ou causal.

projeto *ex post facto* relato após o fato sobre o que aconteceu com a variável mensurada.

proporção de incidência da população número de elementos na população que pertencem à categoria de interesse, dividido pelo número total de elementos na população.

proporção porcentagem de elementos na distribuição que atendem a um critério.

proposição declaração sobre conceitos que podem ser julgados como verdadeiros ou falsos se a referência for fenômenos observáveis.

propósito a pauta explícita ou oculta dos autores da fonte secundária de informação; um dos cinco fatores usados para avaliar uma fonte secundária.

proposta não solicitada sugestão de um pesquisador externo para fazer uma pesquisa.

proposta plano de trabalho, prospecto, resumo, declaração de intenção ou rascunho de plano para um projeto de pesquisa, incluindo o orçamento proposto.

proposta solicitada proposta feita em resposta a um briefing de pesquisa.

propriedades características dos objetos medidos; as propriedades de uma pessoa são seu peso, altura, postura, cor dos cabelos etc.

proxêmia estudo do uso de espaço; estudo da forma pela qual as pessoas organizam o território ao seu redor e como mantêm distâncias discretas entre si e as demais pessoas.

proximidade um índice de similaridade ou diferença percebida entre objetos.

público-alvo características e antecedentes das pessoas ou grupos para os quais a fonte secundária foi criada; um dos cinco fatores usados para avaliar o valor de uma fonte secundária.

quadrinhos ou balões uma técnica projetiva em que os participantes são solicitados a escrever o diálogo para uma figura semelhante a uma charge.

questão aberta ver **questão de resposta livre**

questão administrativa uma questão de mensuração que identifica participante, entrevistador, local da entrevista e condições (dados nominais).

questão-alvo estruturada questão de mensuração que apresenta aos participantes um conjunto fixo de escolhas por variável.

questão-alvo não estruturada questão de mensuração que apresenta ao participante o contexto das respostas estruturadas para ele; também conhecida por *questão aberta, questão de resposta livre* (dados nominais, ordinais e de razão).

questão-alvo questão de mensuração que aborda as questões investigativas de um determinado estudo; pode ser questão estruturada ou não estruturada.

questão de busca a combinação de palavras-chave e conectores, operadores, limitadores e abreviação com mecanismos de frase usada para conduzir pesquisas eletrônicas de fontes de dados secundários; também conhecida por *declaração de busca*.

questão de classificação um tipo de questão de mensuração que fornece variáveis sociodemográficas para agrupar respostas de participantes (dados nominais, ordinais, intervalares ou de razão).

questão de filtro pergunta para qualificar o conhecimento do participante sobre as questões-alvo de interesse ou experiência necessária para participar.

questão de graduação questão de mensuração que solicita ao participante comparar e ordenar dois ou mais objetos ou propriedades usando uma escala numérica.

questão de múltipla escolha questão de mensuração que oferece mais de duas categorias de resposta, mas busca uma única resposta.

questão de múltiplo conceito questão de mensuração que inclui duas ou mais questões em uma que o participante pode precisar responder de forma diferente; uma questão que exige tanto conteúdo que seria melhor fazer questões separadas.

questão de ordenação questão que pede para o participante posicionar cada propriedade ou objeto em um contínuo verbal, numérico ou gráfico.

questão de pesquisa a hipótese escolhida que melhor informa o objetivo da pesquisa; a resposta a essa questão daria ao gerente a informação necessária para tomar uma decisão em relação ao problema gerencial.

questão de resposta livre um tipo de pergunta de mensuração na qual o participante escolhe as palavras para estruturar a resposta; também conhecida como *questão aberta* (dados nominais, ordinais ou de razão).

questão de seleção ver **questão de filtro**

questão dicotômica pergunta de mensuração que possui duas respostas mutuamente excludentes e exaustivas (dados nominais).

questão gerencial o problema gerencial redefinido em forma de pergunta; separado em "escolha de objetivos", "geração e avaliação de soluções" ou "solução de problema ou controle de uma situação".

questão indutiva uma questão de mensuração cuja redação sugere ao participante a resposta desejada (dados nominais, ordinais, intervalares ou de razão).

questão ramificada uma sequência de questões de mensuração determinada pela resposta anterior do participante; a resposta a uma questão pressupõe que outras questões foram feitas ou respondidas e direciona o participante a responder questões específicas que seguem e omitem outras; as questões ramificadas determinam o sequenciamento das questões.

questão/resposta fechada um tipo de questão de mensuração que apresenta aos participantes um conjunto fixo de escolhas (dados nominais, ordinais ou intervalares).

questionário instrumento entregue ao participante, por meios pessoais (interceptação, telefone) ou não pessoais (por computador ou por correio), preenchido por ele.

questionário autoadministrado entregue ao participante por meios pessoais (intercepção) ou não pessoais (por computador ou por correio), completado pelo participante sem contato adicional com o entrevistador.

questionário baseado na internet instrumento de mensuração entregue e coletado via internet; o processamento de dados é contínuo. Existem duas opções atualmente: soluções exclusivas, oferecidas por empresas de pesquisa, e softwares para pesquisadores que possuam conhecimento e habilidades necessários; também conhecido por *levantamento on-line, questionário on-line, levantamento por internet*.

questões de aquecimento uma questão de mensuração neutra projetada basicamente para estabelecer afinidade com o participante (geralmente dados nominais).

questões de investigação questões que o pesquisador deve responder para dar uma resposta satisfatória à questão de pesquisa; o que o gerente acha que deve saber para chegar a uma conclusão sobre o problema gerencial.

questões de mensuração as perguntas feitas aos participantes ou as observações que devem ser registradas.

questões de mensuração pré-planejadas questões formuladas e testadas por outros pesquisadores, registradas na literatura, podendo ser aplicadas literalmente ou adaptadas para o projeto atual.

questões de mensuração sob medida questões de mensuração formuladas especificamente para um determinado projeto de pesquisa.

raciocínio lógico base da boa pesquisa, tem por fundamento encontrar premissas corretas, testar as conexões entre seus fatos e pressuposições, fazendo afirmações com base em provas adequadas.

reconhecimento de voz sistemas de computador programados para registrar respostas verbais às perguntas.

reconhecimento óptico de caracteres (OCR) programas que transferem texto impresso para arquivos de computador a fim de editar e usar esses textos sem ter que digitá-los novamente.

reconhecimento óptico de marcação (RMO) software que usa uma interface no estilo de planilha para ler e processar dados de formulários criados pelo usuário.

redução proporcional de erro (RPE) medidas de associação usadas com tabelas de contingência (também conhecida como *tabulação cruzada*) para prever frequências.

região de aceitação área entre duas regiões de rejeição baseada em um nível de significância escolhido (teste bicaudal) ou a área acima/abaixo da região de rejeição (teste unicaudal).

região de rejeição área além da região de aceitação estabelecida pelo nível de significância.

registro conjunto de campos de dados que estão relacionados, geralmente por sujeito ou participante; representado por linhas em uma planilha ou banco de dados estatístico; também conhecido como *caso de dados, registro de dados*.

registro de código as regras de codificação para atribuição de números ou outros símbolos a cada variável; também conhecido como *esquema de codificação*.

regra de decisão o critério para julgar a atratividade de duas ou mais alternativas quando usamos uma variável de decisão.

regra de três dispositivo de organização de apresentação que usa trios, ternos ou tríades na organização de apoio a um argumento.

regra dos 10 minutos variar o conteúdo da apresentação com intervalos de 10 minutos com vídeos, demonstrações, perguntas e outros meios para permitir que o cérebro evite tédio/cansaço e procure novos estímulos.

regra dos terços método com qual os fotógrafos compõem suas fotografias no visor com linhas de mira reais ou imaginárias que dividem o campo de visão em terços, vertical e horizontalmente para criar um visual equilibrado.

regras de mapeamento um esquema para atribuir números ou símbolos para representar aspectos de um fato empírico.

regressão múltipla uma ferramenta descritiva usada para desenvolver uma equação estimativa de autoponderação por meio da qual prevemos valores para uma variável dependente a partir dos valores das variáveis independentes; controlar as variáveis de confusão para avaliar melhor a contribuição de outras variáveis; testar e explicar uma teoria causal.

relação um princípio de elaboração que encoraja o uso de técnicas visuais que permitem que o público perceba as relações entre os elementos e sinta quais informações combinam.

relação assimétrica uma relação na qual postulamos que a mudança em uma variável (VI) é responsável pela mudança em outra variável (VD).

relação recíproca ocorre quando duas variáveis mutuamente se influenciam ou reforçam uma a outra.

relação simétrica ocorre quando duas variáveis variam juntas, mas sem causa.

relato da pesquisa outro termo para a apresentação oral; ele começa com uma breve declaração que define o estágio para o *corpus* dos achados e explica a natureza do projeto, como surgiu e o que tentou fazer. Ele é seguido de uma discussão sobre os achados que o apoiam. Quando apropriado, as recomendações são declaradas no terceiro estágio.

relatório de pesquisa o documento que descreve o projeto de pesquisa, seus resultados, análise dos resultados, interpretações, conclusões e, por vezes, recomendações.

relatório gerencial relatório escrito para gerentes ou clientes sem conhecimento técnico.

relatório técnico um relatório escrito para um público de pesquisadores.

reprodução o processo de repetir um experimento com grupos de sujeitos e condições diferentes para determinar o efeito médio da VI entre pessoas, situações e períodos de tempo.

resíduo diferença entre o valor da reta de regressão de Y e o valor real de Y; o que permanece depois que a reta de regressão é ajustada.

resistente à estatística uma medida estatística relativamente não afetada pelos fatores externos ao conjunto de dados; por exemplo: mediana e quartil.

resposta estruturada a seleção dos participantes é limitada a alternativas específicas fornecidas; também conhecida por *resposta fechada*.

resposta não estruturada as respostas dos participantes são limitadas apenas por espaço, desenho, instruções ou tempo; normalmente estratégias de resposta livre ou de "preencher".

resposta reativa o fenômeno em que as pessoas alteram seu comportamento devido à presença do observador.

respostas "não sei" (NS) resposta fornecida pelos participantes quando eles não têm conhecimento suficiente, orientação ou disposição para responder à pergunta.

resumo de cinco números a mediana, os quartis superior e inferior e as maiores e menores observações de uma distribuição de variável.

resumo executivo (proposta) um resumo informativo que fornece as informações essenciais da proposta, sem detalhes.

resumo executivo (relatório final) este documento é o último elemento de um relatório escrito de pesquisa e é um resumo conciso dos principais resultados, conclusões e recomendações, ou pode ser um minirrelatório, cobrindo todos os aspectos de forma abreviada.

retorno sobre investimento (ROI) o cálculo do retorno financeiro para todos os gastos organizacionais.

revisão de literatura estudos recentes ou historicamente importantes, dados da empresa ou relatórios do segmento que atuam como base para o estudo proposto.

ritmo índice no qual uma página impressa apresenta informações para o leitor; deve ser mais lento quando o material é complexo, mais rápido quando o material é simples.

rô de Spearman correlaciona as pontuações entre duas variáveis ordenadas; uma medida ordinal de associação.

rotação na análise dos componentes principais, técnica usada para assegurar uma visão mais simples e interpretável das relações entre fatores e variáveis.

roteiro uma versão escrita de uma introdução, argumentos, conclusão e recomendações usadas na preparação de uma apresentação.

RPE ver **redução proporcional de erro**.

saturação comportamentos verbais que distraem o público em uma apresentação; inclui repetição de vícios de linguagem, como "äh", "hm", "sabe?", "tipo".

seleção passo a passo na modelagem e regressão, um método para adicionar ou remover variáveis de forma sequencial de um modelo de regressão para otimizar R^2; combina os métodos de *inclusão para frente* e *eliminação para trás*.

sequência motivada uma abordagem de planejamento de apresentação que envolve a ordenação de ideias para seguir os processos normais do pensamento humano; motiva o público a responder ao propósito do apresentador.

sessão de criatividade técnica qualitativa em que um exercício individual de atividade é seguido de uma sessão de compartilhamento/discussão, na qual os participantes desenvolvem as ideias criativas dos outros – muitas vezes usada com crianças; pode ser conduzida antes ou durante uma entrevista pessoal ou em grupo; normalmente consiste de exercícios de desenho, compilação visual ou escrita.

sigilo do propósito tipo de confidencialidade; ocorre quando o patrocinador disfarça o verdadeiro objetivo do projeto de pesquisa.

significância estatística um índice de significância dos resultados de uma comparação estatística; a qualidade da diferença entre o valor amostral e o valor da população; a diferença tem significância estatística se for improvável que tenha ocorrido por acaso (representa flutuações da amostragem aleatória).

significância prática quando uma diferença estatisticamente significativa tem importância real para o tomador de decisão.

simplicidade princípio de elaboração que enfatiza a redução da saturação e defende o uso apenas de informações e técnicas visuais necessárias para comunicar dados, ideias ou conclusões.

simulação um estudo no qual as condições de um sistema ou processo são reproduzidas.

sinergia processo que está na fundação da entrevista em grupo, incentivando os membros a reagir e colaborar com as contribuições de outros participantes do grupo.

sistema de apoio à decisão (SAD) diversos elementos de dados organizados para recuperação e uso na tomada de decisão.

sistema de inteligência de negócios (SIN) sistema de informações permanentes sobre eventos e tendências nas áreas tecnológica, econômica, política, legal, demográfica, cultural, social e competitiva.

solicitação de proposta (RFP) uma solicitação formal de proposta de pesquisa a ser feita por um fornecedor externo de serviços de pesquisa.

supergrupo entrevista em grupo envolvendo até 20 pessoas.

tabela de contingência uma tabela de tabulação cruzada feita para teste estatístico, em que o teste determina se as variáveis de classificação são independentes.

tabela de frequência apresenta códigos de valores crescentes, com colunas para contagem, percentual, percentual de valores faltantes e percentual cumulativo.

tabulação cruzada técnica para comparar dados de duas ou mais variáveis categóricas.

táticas atividades específicas e programadas que executam uma estratégia.

tau (τ) medida de associação que usa tabelas marginais para reduzir erros de predição, com medidas de 0 a 1,0 refletindo o percentual de erro estimado para predição de uma variável com base em outra variável.

tau b (τ_b) um ajuste de gama para dados ordinais que considera pares "associados", e não apenas pares discordantes e concordantes (valores de -1,0 a +1,0); melhor utilizado com tabelas quadradas (uma das medidas mais amplamente usadas para dados ordinais).

tau c (τ_c) um refinamento de gama para dados ordinais que considera pares "associados", e não apenas pares discordantes e concordantes (valores de -1,0 a +1,0); útil para tabelas de qualquer tamanho (uma das medidas mais amplamente usadas para dados ordinais).

técnica de evocação de metáforas entrevista individual em profundidade que revela as atitudes e percepções escondidas ou suprimidas dos participantes fazendo com que expliquem as imagens coletadas e a relação de cada imagem com o tópico em estudo.

técnica do incidente crítico técnica de entrevista pessoal que envolve questões feitas em sequência para revelar, em forma narrativa, o que fez com que um incidente tenha sido estudado; exatamente o que a parte observada fez ou não que foi particularmente eficaz ou ineficaz; o resultado dessa ação; e por que essa ação foi eficaz ou que ação mais eficaz poderia ser esperada.

técnicas de dependência técnicas nas quais estão presentes critério ou variáveis dependentes e previsores ou variáveis independentes (por exemplo: regressão múltipla, MANOVA, análise discriminante).

técnicas de interdependência técnicas que não possuem critérios ou variáveis dependentes e preditores ou variáveis independentes (por exemplo: análise fatorial, análise de conglomerados, escalonamento multidimensional).

técnicas projetivas métodos qualitativos que incentivam o participante a revelar atitudes, ideias, emoções e motivos escondidos ou suprimidos; várias técnicas (por exemplo: testes de completar frases, testes de quadrinhos ou balões, testes de associação de palavras) são usadas como parte de uma entrevista para disfarçar o objetivo do estudo e permitir ao participante transferir ou proteger atitudes e comportamentos sobre questões confidenciais em relação a terceiros; os dados coletados por meio dessas técnicas são normalmente difíceis de interpretar (dados nominais, ordinais ou de razão).

técnicas qualitativas coleta de dados não quantitativos usada para aumentar o entendimento de um tópico.

tendência central (erro de) ocorre porque o participante está relutante em fazer julgamentos extremos, geralmente devido à falta de conhecimento.

tendência central uma medida de localização, mais comumente a média, a mediana e a moda.

tentativas medidas repetidas tiradas do mesmo sujeito ou participante.

teorema de limite central para amostras suficientemente grandes (ou seja, $n = 30+$), as médias de amostras coletadas repetidamente serão distribuídas ao redor da média da população aproximadamente em uma distribuição normal.

teoria um conjunto de conceitos, definições e proposições sistematicamente inter-relacionados usado para explicar ou predizer fenômenos (fatos), as generalizações que fazemos sobre as variáveis e as relações entre as variáveis.

teoria fundamentada nos dados (grounded theory) uma técnica de entrevista pessoal na qual a análise dos dados acontece simultaneamente com sua coleta, com o objetivo de desenvolver conceitos ou teorias gerais para análise de dados.

termo de erro os desvios dos valores reais de Y a partir da reta de regressão (representando o valor médio de Y para um determinado valor de X).

teste bicaudal teste não direcional para rejeitar a hipótese nula de que o parâmetro amostral seja maior ou menor do que a estatística da população.

teste de comparação múltipla compara as médias do grupo após encontrar um teste F estatisticamente significativo.

teste de mercado experimento controlado conduzido em um mercado cuidadosamente escolhido (por exemplo: site, loja, cidade ou outro local geográfico) para mensurar a resposta do mercado e prever vendas e lucratividade de um produto.

Teste de Percepção Temática técnica projetiva na qual se mostra uma figura aos participantes (geralmente uma fotografia ou um desenho), que são solicitados a descrever como a pessoa na figura se sente e pensa.

teste-piloto coleta de dados conduzida para detectar pontos fracos no projeto e na instrumentação e para fornecer dados representativos para seleção de uma amostragem de probabilidade; ver também *pré-teste*.

teste t teste paramétrico para determinar a significância estatística entre uma média de distribuição amostral e um parâmetro de população, quando o desvio-padrão da população é desconhecido e o desvio-padrão da amostra é usado como valor aproximado.

teste Z teste paramétrico usado para determinar a significância estatística entre uma média de distribuição amostral e um parâmetro da população; emprega a distribuição Z.

teste (χ^2) qui-quadrado um teste de significância usado para mensurações nominais e ordinais.

testes com duas amostras independentes testes paramétricos e não paramétricos usados quando as mensurações são feitas a partir de duas amostras não relacionadas (teste Z, teste t, qui-quadrado, etc.).

testes com duas amostras relacionadas testes paramétricos e não paramétricos usados quando as mensurações são feitas de amostras estreitamente relacionadas ou quando os fenômenos são mesurados duas vezes na mesma amostra (teste t, teste McNemar, etc.).

testes com k amostras relacionadas compara medidas de mais de dois grupos da mesma amostra ou mais de duas medidas do mesmo sujeito ou participante (ANOVA para medidas de intervalo ou de razão, Friedman para medidas ordinais, Cochran Q para medidas nominais).

testes de k amostras independentes testes de significância em que as medidas são tomadas de três ou mais amostras (ANOVA para medidas de intervalo ou razão, Kruskal-Wallis para medidas ordinais, qui-quadrado para medidas nominais).

testes de ordenação ver **teste de comparação múltipla.**

testes de uma amostra testes que envolvem mensurações de apenas uma amostra comparada com uma população específica.

testes não paramétricos testes de significância para dados derivados de mensurações nominais e ordinais.

testes paramétricos testes de significância que usam dados derivados de mensurações de intervalo e de razão.

traço físico tipo de observação que coleta mensurações de dados de desgaste (erosão) e dados de acréscimo (depósito), em vez de observação direta (um estudo de lixo, por exemplo).

tratamento fator experimental ao qual os participantes são expostos.

tratamento experimental a variável independente manipulada.

tríade entrevista em grupo envolvendo três pessoas.

triangulação projeto de pesquisa que combina diversos métodos qualitativos com métodos quantitativos; o mais comum são QUAL/QUANT simultâneas em ondas múltiplas ou simples, QUAL-QUANT sequencial ou QUANT-QUAL, QUAL-QUANT-QUAL sequencial.

truncamento protocolo de busca que permite usar um símbolos (geralmente "?" ou "*") que substitui um ou mais caracteres ou letras em uma palavra ou no final da palavra.

unidade de teste um termo alternativo para um sujeito em um experimento (uma pessoa, um animal, uma máquina, uma entidade geográfica, um objeto, etc.).

universo imaginário técnica projetiva (exercício de imaginação) em que os participantes são solicitados a presumir que a marca e seus usuários habitam um universo inteiro; a seguir, eles descrevem as características desse novo mundo.

***V* de Cramer** uma medida de associação para variáveis nominais não paramétricas usada para tabelas qui-quadrado maiores que 2×2; não fornece direção da associação, não reflete causa e varia de 0 a 1,0.

validade uma característica de mensuração relacionada a uma medida de teste que o pesquisador realmente deseja mensurar; as diferenças encontradas com uma ferramenta de mensuração refletem as verdadeiras diferenças entre os participantes selecionados de uma população.

validade de construto o grau em que um instrumento de pesquisa está apto a medir ou inferir a presença de uma propriedade abstrata.

validade de conteúdo o grau em que um instrumento de pesquisa fornece cobertura adequada das questões investigativas.

validade de critério o sucesso de medidas usadas para predições ou estimativas; os tipos são preditivos e concorrentes.

validade externa ocorre quando uma relação causal observada pode ser generalizada entre pessoas, ambientes e épocas.

validade interna a capacidade do instrumento de pesquisa de mensurar o que ele deve mensurar; ocorre quando a conclusão tirada sobre uma relação experimental demonstrada realmente implica causa.

validade relacionada ao critério ver **validade de critério**.

valor crítico o(s) ponto(s) divisor(es) entre a região de aceitação e a região de rejeição; esses valores podem ser calculados em termos de variável aleatória padronizada devido à distribuição normal de médias de amostra.

valor-padrão (valores Z) comunica quantas unidades de desvio-padrão um determinado caso está acima ou abaixo da média; criado para melhorar a compatibilidade entre as variáveis que vêm de escalas diferentes e precisam de comparação; inclui manipulações lineares e transformações não lineares.

valor p probabilidade de observar um valor de amostra tão extremo quanto, ou mais extremo que, o valor realmente observado, considerando que a hipótese nula é verdadeira.

valor Z ver **valor-padrão**.

variabilidade termo para medidas de dispersão dentro de um conjunto de dados.

variância medida de dispersão de pontuação em relação à média; calculada como os valores de desvio ao quadrado a partir da média da distribuição de dados; quanto mais alta a dispersão de valores, maior a variação no conjunto de dados.

variância sistemática variação que faz com que as mensurações tenham assimetria para alguma direção.

variáveis espúrias (CFV) duas ou mais variáveis que são confundidas quando seus efeitos sobre uma variável de resposta não podem ser distinguidos entre si.

variável (de pesquisa) uma característica, traço ou atributo mensurado; um símbolo ao qual se atribuem valores; inclui diversos tipos diferentes: variável contínua, de controle, de decisão, dependente, dicotômica, discreta, *dummy*, simulada, estranha, independente, interveniente e moderadora.

variável da pesquisa ver **variável**.

variável de controle variável introduzida para ajudar a interpretar a relação entre as variáveis.

variável de decisão uma característica, um atributo ou um resultado quantificável em que será baseada uma decisão.

variável dependente (VD) variável mensurada, prevista ou monitorada pelo pesquisador; pode ser afetada pela manipulação da variável independente, também conhecida por *variável de critério*.

variável de predição ver **variável independente**.

variável *dummy* variável nominal convertida para uso em estatística multivariada; codificada como 0,1, enquanto todas as outras variáveis devem ser medidas de intervalo ou de razão.

variável estranha (VE) variável para considerar (porque tem pouco efeito ou porque seu impacto é aleatório) ou excluir de um estudo de pesquisa.

variável independente (VI) a variável manipulada pelo pesquisador, que causa um efeito ou mudança na variável dependente.

variável interveniente (VIV) um fator que teoricamente afeta o fenômeno observado, mas não pode ser observado, medido ou manipulado; seu efeito deve ser inferido dos efeitos das variáveis independentes e moderadoras na variável dependente.

variável moderadora (VM) segunda variável independente que é incluída porque pode ter uma contribuição significante ou um efeito contingente na relação original entre VI e VD.

visibilidade o princípio de elaboração de acordo com o qual os materiais de apoio visual devem ser de um tamanho e estar em uma posição durante a apresentação que facilite a capacidade do público.

visitante de outro planeta técnica projetiva (exercício de imaginação) em que os participantes são solicitados a presumir que são alienígenas e estão se deparando com o produto pela primeira vez; eles devem descrever as reações, questões e atitudes em relação à compra ou reteste.

visualização processo de desenvolvimento e organização de materiais de apoio que ajudem o público a compartilhar seu entendimento dos dados.

visualização de dados processo de visualização dos dados agregados em dimensões múltiplas para obter um entendimento mais aprofundado.

vocabulário controlado hierarquias de assuntos cuidadosamente definidas, usadas para pesquisar alguns bancos de dados bibliográficos.

Crédito das Fotos

Capítulo 1

Página 5: Courtesy of TNS Infratest GmbH and Mercedes-Benz; p. 8: Courtesy of NTT Communications; p. 17: Courtesy of Tom HC Anderson, Next Gen Market Research.

Capítulo 2

Página 32: © Design Pics/Con Tanasiuk RF; p. 38: © Jon Feingersh/Getty Images RF; p. 40: © J. Pat Carter/AP Photo.

Capítulo 3

Página 69: © Tetra Images/Getty Images RF; p. 71: © Erik Isakson/Blend Images/agefotostock RF.

Capítulo 4

Página 81: Courtesy of The Container Store; p. 86: Courtesy of Marcus Thomas, LLC; p. 90: Courtesy of Decipher.

Capítulo 5

Página 100: Used with permission of the Office of Citizen Services and Communications; p. 104: © Purestock/SuperStock RF.

Capítulo 6

Página 133: © The McGraw-Hill Companies, Inc./John Flournoy, photographer; p. 135: © KidStock/Blend Images/Getty Images RF; p. 137: Advertisement provided by Luth Research, Photo © Getty Images.

Capítulo 7

Página 152: © 2007 Anderson Analytics, LLC; p. 163: © Spencer Grant/PhotoEdit; p. 164: © Jim Arbogast/Getty Images RF; p. 165: Courtesy of FocusVision Worldwide, Inc.

Capítulo 8

Página 177: © PRNewsFoto/Apple/AP Photo; p. 179: Courtesy of National Institutes of Health; p. 186: © ERproductions Ltd./Blend Images LLC RF.

Capítulo 9

Página 195: Courtesy of CfMC Research Software, www.cfmc.com; p. 200: © Amazon.com, Inc. or its affiliates. All Rights Reserved; p. 209: © The McGraw-Hill Companies, Inc./Andrew Resek, photographer.

Capítulo 10

Página 238: Courtesy of Harris Interactive, www.harrisinteractive.com.

Capítulo 11

Página 249: © Masterfile RF; p. 255: Copyright © 2007. SAS Institute Inc. All rights reserved. Reproduced with permission of SAS Institute Inc., Cary, NC, USA.

Capítulo 12

Página 271: Courtesy of i.think, Inc.; p. 275: Image is a trademark of SurveyMonkey.com, LLC and its affiliates and is used under license; p. 280: © Purestock/SuperStock RF; p. 287: © Fancy Collection/SuperStock RF.

Capítulo 13

Página 300: Photo provided courtesy of Verint® Systems. Used with permission; p. 306: Courtesy of Decipher; p. 313: Courtesy of Invoke Solutions; p. 321: © Digital Vision RF.

Capítulo 14

Página 342 (acima): © Getty Images; p. 342 (abaixo): © Serta, Inc. and Aardman Animations; p. 350: © Liu Yang/Redlink/Corbis RF; p. 358: © David Zimmerman/Getty Images.

Capítulo 15

Página 379: © Ingram Publishing/Alamy RF; p. 382: Reprint Courtesy of International Business Machines Corporation, © International Business Machines Corporation. SPSS Inc. was acquired by IBM in October, 2009; p. 386: Courtesy of QSR International; p. 396: © Pamela S. Schindler.

Capítulo 16

Página 412: Courtesy of Novation; p. 421: Courtesy of RealtyTrac, www.realtytrac.com/trendcenter; p. 424: Courtesy of DecisionPro, Inc., produced using Marketing Engineering software.

Capítulo 17

Página 435: Courtesy of Toyota Motor Sales, U.S.A., Inc.; p. 441: Courtesy of Lieberman Research Worldwide.

Capítulo 18

Página 480: Courtesy of Burke, Inc., www.burke.com; p. 488: © Fancy Photography/Veer RF; p. 490: © Laura Porter.

Capítulo 19

Página 517: © Rob Melnychuk/Corbis RF; p. 520: © Royalty-Free/CORBIS.

Capítulo 20

Página 551: © Blend Images/Getty Images RF; p. 559: © Burke/Triolo/Brand X Pictures RF; p. 571 (esquerda): © Royalty-Free/CORBIS; p. 571 (centro): © Digital Vision/Punchstock RF; p. 571 (direita): © Ryan McVay/Getty Images RF.

Índice de Nomes

Nota: *n* indica nota

A

Aczel, Amir D., 646-647n7, 648-649n7, 649-650n1, 650-651n3
Adamou, Betty, 225, 642-643
Adams, Doug, 645-646
Adamy, David, 652-653n37
Adler, Jeffrey C., 136-137, 637-638
Agarwal, Vivek, 639-640
Aggarwal, Reggie, 216
Agrawal, R., 635-636n8
Agresti, Alan, 650-651n8
Akert, R., 644-645n1
Albrecht, Katherine, 183-184, 640-641
Alderson, Monica, 164-165, 638-639
Allen, Jeff, 633-634n14
Allison (blog), 635-636
Allport, Gordon W., 644-645n1
Alreck, Pamela L., 644-645n12
Altman, David, 652-653n38
Altman, Rick, 558
Alwin, Duane F., 645-646n11
Amoo, Taiwo, 644-645n5
Anderson, Jason, 632
Anderson, Tom H. C., 17-18, 109-110, 152, 239-240, 637-638, 638-639
Andrews, F. M., 649-650n6
Anscombe, F. J., 650-651n2
Anthony, Casey, 578
Anthony, Caylee, 578
Appleton, Edward, 50, 632, 634-635
Aristotle, 544-547, 557, 651-652n2
Aronson, E., 644-645n1
Assael, Henry, 646-647n3
Atkinson, Cliff, 651-652n7
Ayers, Ian, 649-650

B

Babbie, Earl R., 640-641n5
Bailey, Kenneth D., 639-640n5, 640-641n4
Bales, R., 638-639n2
Bales, Robert F., 639-640n7
Bancroft, Gertrude, 646-647n10
Bander, Ephraim, 184-185
Bander, Ephraim (Jeff), 639-640
Baron, Robert A., 632n5, 644-645n2
Barrell, J. E., 653n59
Barrell, J. J., 653n59
Barrow, Arian, 548-549
Bauer, Christian, 5, 632
Bauer, Martin, 638-639n19
Beatles, 570-571
Belk, Russel, 638-639n5
Bennett, Peter D., 632n3
Berelson, B., 647-648n2

Berenson, Conrad, 641-642n20
Berggren, Kathy Lee, 24-25
Berkowitz, Eric N., 634-635n6
Betts, Mitch, 648-649
Bialik, Carl, 640-641
Bierley, Calvin, 498, 650-651
Bigwood, Sally, 414-415, 649-650
Birkner, Christine, 637-638
Blask, Kai, 5, 632
Bleich, Sara N., 641-642
Blumberg, Stephen J., 642-643
Bolton, Brian, 62-63
Boswell, Wendy, 636-637
Bowers, Diane, 633-634
Boyd, Harper W., Jr., 646-647n3, 648-649n14
Bramble, William J., 643-644n19, 650-651n4
Brick, J. Michael, 641-642n31
Brinkman, Brian, 649-650
Broedling, L. A., 639-640n11
Brooks, William D., 637-638n7
Brown, Rex V., 634-635n3
Bruning, James L., 649-650n12
Bryan, Glenn L., 634-635n7
Buffet, Warren, 74-75
Bunger, Mark, 512-513, 651-652
Burke, Brian, 225
Burnett, Steven, 67
Burstein, Paul, 640-641n2
Bustillo, Miguel, 640-641
Buzzell, Robert D., 634-635n3
Byrne, Donn, 632n5, 644-645n2

C

Cacioppo, John T., 644-645n1
Campbell, Donald T., 639-640n10, 640-641n6, 640-641n7, 643-644n14
Cannell, Charles F., 641-642n5, 645-646n7, 646-647n5
Cannell, F., 645-646n16
Cantril, Hadley, 645-646n8, 646-647n12
Cape, Pete, 647-648
Carey, Benedict, 67, 634-635
Carroll, Lewis, 555
Carson, Angelique, 26, 633-634, 635-636
Carson, David, 638-639n5
Cartwright, Dorwin, 645-646n2
Cascio, Wayne F., 643-644n16
Case, Sean, 346-347, 647-648
Castellan, N. J., Jr., 649-650n14, 650-651n14
Cenci, Erica, 635-636
Chabris, Christopher, 651-652n10
Chambers, J., 648-649n13
Chambers, John, 553
Chartier, David, 642-643

Chatterjee, Samprit, 650-651n2
Chen, Jesse, 239-240
Chen, John, 172
Chestnut, Ben, 200, 640-641
Christian, Brian, 449-450, 649-650
Chrzan, Keith, 644-645
Churchill, G. A., 644-645n7
Clark, Cynthia, 635-636
Cleveland, W., 648-649n13
Clinton, Hillary, 567-569
Cochran, W. G., 646-647n15
Cohen, Morris R., 637-638n15
Cohen, Roger, 634-635n6
Conover, W. J., 649-650n10
Converse, Jean M., 645-646n12, 647-648n1
Cook, Stuart W., 637-638n10, 643-644n11
Cook, Thomas D., 640-641n7, 643-644n14
Cooper, Donald R., 644-645n6, 647-648, 652-653n22
Cotignola, Frank, 107-108
Cowan, N., 652-653n26
Cox, Donald F., 634-635n3
Cox, Eli P., 644-645n8
Curtin, Richard, 641-642n26

D

Dabbs, James M., Jr., 637-638n8
Damasio, Antonio, 67
Darley, J. M., 640-641n1
Davidson, T. N., 649-650n6
Davis, Duane, 633-634n14
Davis, Ian, 632n1
Day, Daniel D., 644-645n9
Daymon, Christine, 638-639n12
de Leeuw, Edith, 641-642n12
Dearing, Brian E., 648-649n3
Deese, J., 652-653n14
Degeling, D., 638-639n16
DeGeneres, Ellen, 540-541
Dellarocas, Chrysanthos, 396-397
Deming, W. E., 341, 646-647n2
Denzin, Norman, 638-639n5
DePompe, B., 635-636n9
Dewey, John, 71-72, 634-635n12
Diamantopoulus, A., 646-647n8
Dillman, Don A., 641-642n15
DiMauro, Vanessa, 114-115
Dlugan, 555
Dlugan, Andrew, 652-653n23
Dlugen, Andrew, 653n57
Dobrenwend, Barbara Snell, 646-647n14
Dohrenwend, B. S., 641-642n3
Dresner, Marc, 636-637, 637-638
Duarte, Nancy, 551, 651-652n8
Dunnette, Marvin D., 640-641n7, 643-644n14
Durkee, Amanda, 406

674 Índice de Nomes

E

Eckerson, Wayne, 2, 632
Edwards, Allen L., 644-645n14
Ehninger, D., 652-653n19
Einstein, Albert, 565-566, 634-635n1
Elliot, Stuart, 644-645, 651-652
Emerson, John D., 648-649n6, 648-649n7
Emmert, Philip, 637-638n7
Epstein, Zach, 641-642n33
Everitt, B. S., 649-650n9

F

Fahnestock, Jeanne, 651-652n4
Fan, Wenfei, 380-381
Farley, James, 341
Faulkner, Robert R., 637-638n8
Feinberg, Barry M., 642-643n43
Ferrari, Bernard, 76
Ferro, Bob, 645-646
Festinger, Leon, 645-646n16
Finlay, Barbara, 650-651n8
Fischer, Alex, 206-208
Fisher, Helen, 196-197
Fitzgerald, Randall, 634-635
Flagg, Desmond D., 641-642
Flick, Uwe, 638-639n25
Focardi, Craig, 380-381, 647-648
Forsyth, Mark, 239-240
Fowler, Floyd J., Jr., 632n6, 633-634n11, 641-642n1
Fox, Susannah, 636-637
Frey, J. H., Jr., 641-642n28
Friedman, H. H., 644-645n5, 644-645n8
Friedman, Linda W., 644-645n8
Frind, Markus, 196-197
Fripp, Patricia, 571-572, 653

G

Gallo, Carmine, 652-653n13
Gantenbein, Douglas, 648-649
Gardner, Melinda, 406, 649-650
Gary-Webb, Tiffany L., 641-642
Gaskell, George, 638-639n19
Gates, Bill, 570-571
Geewax, Marilyn, 642-643n45
Genovese, Kitty, 640-641n1
Gibaldi, Joseph, 517-519
Gill, Sam, 646-647n1
Gilmore, Audrey, 638-639n5
Ginsburg, Janet, 634-635
Gladwell, Malcolm, 570-571, 634-635, 652-653n55
Glasser, G. J., 642-643n37
Goode, William J., 637-638n13
Gore, Al, 548-549
Gorlin, R., 633-634n13
Gould, S. J., 634-635
Gould, Stephen Jay, 67

Green, Heather, 640-641
Green, Sean, 179, 639-640
Grimes, William, 639-640n12
Gronhaug, Kjell, 638-639n5
Gross, Daniel, 652-653n30
Grove, J. B., 639-640n10
Groves, Robert M., 641-642n23, 642-643n42
Gruener, Wolfgang, 642-643
Guba, E., 638-639n5
Guess, Andy, 24-25
Guilford, J. P., 644-645n4
Guttman, Louis, 644-645n18

H

Hagen, Elizabeth, 643-644n12
Hall, J., 638-639n16
Halvorson, Bengt, 650-651
Hanke, John, 648-649n6
Hanson, Olescia, 635-636
Hartley, Steven W., 634-635n6
Hartwig, Frederick, 648-649n3
Hatt, Paul K., 637-638n13
Havice, Michael J., 641-642n25
Hawe, P., 638-639n16
Hay, Pam, 612
Hayes, Natasha, 651-652
Haynes, Jim, 636-637
Heid, Jim, 651-652n8
Heins, John, 321-322
Heltai, Blaise, 94, 637-638
Henschen, Doug, 636-637
Herring, Bradley J., 641-642
Herzberg, Frederick, 640-641n10
Herzberg, Frederick J., 640-641n9
Hickson, Mark L., 652-653n54
Higginbotham, Stacey, 646-647
Hill, Mark, 653
Hill, Mark D., 542
Hirt-Marchand, Jennifer, 86, 185-186, 635-636, 639-640, 650-651
Hoaglin, David C., 648-649n1, 648-649n5, 648-649n6
Hodgkinson, G. P., 634-635
Hodgkinson, Gerald, 67
Holbert, Neil, 179, 639-640
Holliday, Adrian, 638-639n7
Holloway, Immy, 638-639n12
Hoover, Kenneth R., 633-634n3
Houlahan, Peter, 165-166
Houran, James, 196-197
Howard, Roz, 650-651n6
Hughes, W. W., 639-640n11
Hutnik, Alysa Zeltzer, 29-30, 633-634

I

Infeld, L., 634-635n1
Ives, Nate, 651-652 J

J

Jacob, Bernard E., 651-652n1
Jaiswal, Janet, 633-634
Javers, Eamon, 636-637
Jobs, Steve, 550-551, 553, 555, 558
Johnson, Steven, 642-643
Jones, Lance, 355, 647-648
Judd, Charles M., 639-640n4
Juenger, Todd, 255-256
Julius Caesar, 555
Juran, J. M., 417-418

K

Kahane, Howard, 634-635n13
Kahle, Robert, 163
Kahle, Robert W., 638-639
Kahn, Robert L., 641-642n5, 641-642n23, 642-643n42, 645-646n7, 645-646n16, 646-647n5
Kanuk, Leslie, 641-642n20
Kaplan, Abraham, 637-638n6
Katz, Daniel, 645-646n16
Katz, Jay, 633-634n16
Kaufman, R. A., 652-653n14
Kaufman, Wendy, 638-639
Kawasaki, Guy, 565-566, 652-653n35, 652-653n47
Keeter, Scott, 643-644
Kelley, Patrick Gage, 633-634
Kemery, Michael, 644-645
Kendall, M. G., 650-651n17
Kennedy, Caroline, 567-569, 652-653n51
Kenney, K. K., 644-645n13
Keon, John, 646-647n3
Kerin, Roger A., 634-635n6
Kerlinger, Fred N., 633-634n2, 634-635n9, 637-638n2, 643-644n1, 646-647n6
Khermouch, Gerry, 640-641
Kibic, Nicole, 648-649
Kidder, Louise H., 639-640n4
Kiley, Ford David, 647-648
Kimmel, Allan J., 633-634n16
King, Nelson, 641-642n22, 647-648
Kintz, B. L., 649-650n12
Kirk, Roger E., 649-650n12
Kish, Leslie, 646-647n12
Klaunzler, Sandra, 5
Kleiner, B., 648-649n13
Klem, L., 649-650n6
Knapp, Alex, 640-641
Koller, Monika, 179, 639-640
Kopytoff, Verne G., 636-637
Kosslyn, Stephen M., 559, 651-652n8, 651-652n10, 652-653n41
Kraemer, Helena C., 640-641n3
Krippendorff, Klaus, 647-648n3
Krosnick, Jon A., 641-642n7, 645-646n11
Krueger, Richard A., 637-638n11
Kuan, Pou In, 646-647

Kuhn, Thomas S., 634-635n11
Kulp, D., 641-642n31
Kutner, Michael H., 650-651n8

L

Lackie, Robert J., 101-102, 636-637
Lahti, Ken, 643-644
Landon, Alf, 342-343
Langan-Fox, J., 634-635
Langer, Judith, 145-147, 638-639n3
LaRosa, John, 640-641
Larsen, W. A., 648-649n12
LaRue, Brain, 633-634
Latane, Bibb, 640-641n1
Laurano, Madeline, 643-644
Lavrakas, Paul J., 642-643n44
Lee, Lillian, 636-637
Leech, Thomas, 651-652n9
Leedy, Paul D., 634-635n5
Lees, Matthew D., 114-115, 633-634, 637-638
Leet, Ben, 338, 647-648
Lenhart, Amanda, 636-637
Levins, Hoag, 644-645
Levitte, Jonathan, 81
Light, Laura, 289-291, 644-645
Likert, Rensis, 279-282
Lillien, Gary L., 422-423
Lincoln, Y., 638-639n5
Lipp, Eric, 289-291, 584, 644-645
Lohr, Jeffrey, 196-197, 640-641
Lohr, Steve, 424-425, 638-639, 649-650
London, Melissa, 645-646
Lorie, J. H., 646-647n19
Losee, Doug, 652-653n12
Luck, Kristin, 296, 304-306, 645-646, 646-647
Luke, Julian V., 642-643

M

Maanen, John Van, 637-638n2, 637-638n8
MacKey, Peter, 645-646
Mallet, Max, 652-653n52
Mantel, N., 649-650n10
Manyika, James, 649-650
Marci, Carl, 421-422
Marcus, Barbara, 192
Mariampolski, Hy, 638-639n9
Marshall, Catherine, 637-638n9
Mason, Emanuel J., 643-644n19, 650-651n4
Mason, Jennifer, 638-639n4
Mayzlin, Dina, 396-397
McDonald, Scott, 470
McGill, R., 648-649n12
McGregor, Jena, 639-640
McLaughlin, Laurianne, 636-637
Medeiros, D., 653n59
Medina, John, 652-653n17

Mehrabian, Albert, 569-570, 652-653n53
Meloni, Wanda, 642-643
Mendelsohn, Josh, 136-137, 637-638
Merton, R. K., 163
Metzger, G. D., 642-643n37
Midlin, Alex, 644-645
Mill, John Stuart, 138-140
Miller, G. A., 652-653n25
Miller, George, 555
Miller, Mark, 653
Miller, P. M., 634-635n10
Monroe, A. H., 652-653n19
Moore, Carl M., 634-635n8
Moore, Nina-Jo, 652-653n54
Morgan, David L., 637-638n11
Mosteller, Frederick, 648-649n1
Munter, Mary, 652-653n11
Murdock, B. B., Jr., 652-653n14
Murphy, Leonard, 632n1, 635-636, 637-638n1, 646-647
Myers, David G., 644-645n2
Myers, Robert J., 651-652n2

N

Nagel, Ernest, 637-638n15
Nair, Ajit, 638-639
Nayak, Saira, 633-634
Needle, Steve, 632
Neher, Jacques, 650-651n7
Nelson, Brett, 652-653n52
Nelson, Jennifer Salkeld, 632
Neter, John, 650-651n8
Newswanger, James, 109-110
Nicholls, William, II, 641-642n12
Nichols, Ralph, 652-653n20
Norusis, Marija J., 649-650n4, 650-651n14
Novak, David, 12-14, 376, 632, 648-649
Nowakowski, Christin, 644-645
Nunnally, Jum C., 644-645n9

O

Obama, Barack, 555
O'Harrow, Robert, 633-634n10
Olsen, Stephanie, 644-645
O'Malley, P. M., 649-650n6
Osgood, Charles E., 644-645n16
O'Sullivan, Elizabethann, 632n2, 632n5

P

Palmisano, Samuel, 160-161
Pang, Bo, 107-108, 636-637
Paradi, Dave, 652-653n11
Parasuraman, A., 646-647n4
Passell, Peter, 650-651n7
Patton, M. Q., 638-639n5
Paul, William J., Jr., 640-641n10
Paulus, Martin P., 67

Payne, Alan, 498
Payne, Stanley L., 645-646n6, 646-647n2
Pekala, Nancy, 649-650
Penrose, John M., Jr., 651-652n2
Perry, Chad, 638-639n5
Perry, Tony, 634-635
Peter, J. P., 644-645n7
Peters, Kevin, 167-168, 638-639
Peters, Tom, 168-169, 638-639n23
Peterson, Robin T., 396-397, 648-649
Pettigrew, A. M., 638-639n5
Petty, Richard E., 644-645n1
Peytchev, Andy, 234-235, 642-643
Pham, Vihao, 649-650
Phillips, Bernard S., 637-638n1, 644-645n3
Phillips, Keith, 647-648
Plato, 557
Platt, John R., 634-635n12
Porte, Nancy, 506
Portillo, Daniel, 147-148
Presser, Stanley, 645-646n12, 647-648n1
Price, Bertram, 650-651n2
Price, D., 653n59
Prinz, Wolfgang, 67

R

Racicot, Marc, 246
Rainie, Lee, 636-637
Rajaratnam, Raj, 74-75
Rangaswarny, Arvind, 422-423
Raphael, Todd, 638-639
Rasberry, Robert W., 651-652n2
Rassel, Gary R., 632n2, 632n5
Rathbone, Robert R., 651-652n5
Rathje, W. L., 639-640n11
Rathje, William, 189
Reczek, Bob, 650-651
Redding, W. Charles, 637-638n7
Reitman, Walter B., 634-635n7
Rensink, R. A., 634-635
Rensink, Ronald, 67
Resta, Paul E., 651-652n1
Reynolds, Garr, 547, 553, 561-562, 651-652n6
Reynolds, Paul Davidson, 633-634n15
Roberts, H. V., 646-647n19
Robertson, Keith B., 640-641n10
Robinson, Debbie, 638-639
Robinson, John P., 644-645n19
Rodgers, W. L., 649-650n6
Rook, Dennis W., 638-639n15
Roosevelt, Franklin D., 342-343
Rosenberg, Morris, 637-638n16
Rossman, Gretchen B., 637-638n9
Roy, Donald F., 181, 639-640n6
Rudelius, William, 634-635n6
Rynolds, N. L., 646-647n8

S

Sadler-Smith, E., 634-635
Schindler, Pamela, 647-648
Schultz, Howard, 553
Schwartz, R. D., 639-640n10
Schyberger, B. W., 641-642n2
Sechrest, L., 639-640n10
Segbers, Robin, 185-186, 639-640
Selipesky, Adam, 105
Sellers, Ron, 124, 637-638
Selltiz, Claire, 637-638n10, 643-644n11
Settle, Robert B., 644-645n12
Shah, Agam, 636-637
Shelley, C., 652-653n29
Shelly, Maynard W., II, 634-635n7
Sheppard, Jane, 645-646n14
Sherman, Chris, 101-102, 636-637
Sherman, Jason M., 632
Sherry, John, 638-639n5
Sieczka, Joseph B., 635-636n4
Siegel, S., 650-651n14
Siegel, Sidney, 649-650n3, 649-650n14
Simintiras, A. C., 646-647n8
Simon, Julian L., 640-641n2
Sinaiko, H. W., 639-640n11
Sjoberg, Gideon, 646-647n4
Smith, Scott M., 634-635n8
Sockut, Rachel, 648-649
Sokol, David, 74-75
Sounderpandian, Jayauel, 649-650n1
Spark, David, 636-637
Spore, Melissa, 414-415, 649-650
Srikant, R., 635-636n8
Stacks, Don W., 652-653n54
Stanat, Ruth, 136-137, 637-638
Stanek, Larry, 632n4
Stanley, Julian C., 640-641n6
Starer, A., 641-642n31
Starr, Sharon, 136-137, 637-638
Staten, James, 636-637
Steiner, Chris, 652-653n52
Stephens, William, 634-635n5
Stephenson, Elizabeth, 632n1
Sternberg, Robert J., 644-645n1
Stevens, S., 643-644n1
Stevens, S. S., 643-644n2
Stoll, Marilyn, 651-652n9
Stonier, Jenny, 650-651n6
Stouffer, S. A., 645-646n5
Strenio, Judith, 648-649n7
Struhl, Steve, 644-645
Stull, Bradford, 652-653n32
Suci, G. J., 644-645n16
Sudman, Seymour, 642-643n38
Sulkowicz, Kerry, 321-322, 645-646
Sullivan, Danny, 647-648
Sullivan, Elisabeth A., 640-641
Swinyard, William R., 634-635n8
Synonds, P. M., 644-645n11

T

Tannenbaum, P. H., 644-645n16
Tarabek, Lori, 109-110
Taylor, Humphrey, 633-634, 642-643
Teller, Edward, 430
Terranova, Paul, 56-57
Thiemann, Sue, 640-641n3
Thomas, Jim, 632n7
Thomas, See, 633-634n12
Thorndike, Robert L., 643-644n12
Thornton, Robert E., 635-636n4
Thumin, Frederick J., 645-646n15
Thurstone, L. L., 644-645n13
Tindall, Blair, 653n58
Tode, Chantel, 634-635
Torgerson, W. S., 643-644n2
Trebek, Lori, 637-638
Tsai, Janice Y., 633-634
Tuckel, Peter S., 642-643n43
Tuckman, Bruce, 634-635n4
Tufte, Edward, 558, 652-653n39
Tugend, 640-641
Tukey, John W., 648-649n1, 648-649n2, 648-649n12, 648-649n13
Turabian, Kate L., 517-519
Twedt, Dik Warren, 634-635n4
Tynan, Dan, 647-648

U

Underhill, Paco, 489-490, 651-652

V

van der Rohe, Ludwig Mies, 567-568
van Zuylen, Catherine, 107-108
Varian, Hal, 424-425
Velleman, Paul F., 648-649n5
Verrinder, James, 639-640
Vicale, Emil, 582
von Goethe, Johann Wolfgang, 268

W

Waksberg, J., 641-642n31
Wallace, D., 641-642n6
Wallendorf, Mellanie, 638-639n5
Wasserman, William, 650-651n8
Waterman, Robert, 168-169, 638-639n23
Webb, E. J., 639-640n10
Weick, K. E., 638-639n1
Weintraub, Arlene, 634-635
Weiss, C. H., 641-642n3
Welch, Emmett H., 646-647n10
Wentz, Walter B., 634-635n2
Westfall, Ralph, 646-647n3, 648-649n14
Westin, Alan, 34-35
Wheatley, J. J., 642-643n41
Whedon, Joss, 144
Wiemers, John F., 62-63
Williams, J. A., Jr., 641-642n3
Wilmes, John, 647-648
Wilson, D., 644-645n1
Wilson, M. J., 634-635n10
Winans, Edwige, 86, 436, 650-651
Winfrey, Oprah, 540-541
Witte, Lucy, 81
Wolman, Benjamin B., 634-635n10
Woolcott, John, 648-649
Wright, Alex, 107-108, 636-637
Wrightsman, Lawrence S., 637-638n10, 643-644n11

Y

Yang, Zhilin, 396-397, 648-649
Yingling, Ashlee, 133-134
Yule, G. U., 650-651n17

Z

Zeisel, Hans, 647-648n5
Zelazny, Gene, 651-652n8
Zichermann, Gabe, 225, 642-643
Zickuhr, Kathryn, 636-637
Zwetko, Darcy, 509-510, 651-652

Índice de Empresas

A

AAPOR (American Association for Public Opinion Research), 42, 235-236
AARP (American Association of Retired Persons), 20-21
ABC News, 489-490
About.com portal, 101-102
Academcy of Motion Picture Arts and Sciences, 481-482
Academy of Management, 42
Accenture, 145-147
Acquia, 5
AdAge Media News, 428-429
ADM Arbeitskreis Deutscher Marktund Sozialforschungsinstitute e. V., 228-229
AgriComp, 581
Akron Children's Hospital, 185-186, 581
Alaskan Airlines, 289-291
Alert!, 45-46
AMA Communications Services, Inc., 101-102
Amazon, 190, 396-397
Amazon Advertising, 487-488
Amazon Elastic Compute Cloud (EC2), 105
AMC Theaters, 481-482
American Association for Public Opinion Research (AAPOR), 42, 235-236
American Association of Advertising Agencies, 40-43
American Association of Engineering Societies, 40-43
American Association of Retired Persons (AARP), 20-21
American Bankers Association, 40-43
American Heart Association, 581
American Institute for Chartered Property Casualty Underwriters, 42
American Institute of Certified Public Accountants, 40-43
American Marketing Association, 42
American Political Science Association, 43-45
American Psychological Association (APA), 31, 42-45, 517-519
American Red Cross, 582
American Society for Public Administrators, 42
American Society of Chartered Life Underwriters and Chartered Financial Consultants, 42
American Sociological Association, 43-45
Anaconda, 133-134
Anderson Analytics, 17-18, 109-110, 152, 239-240
AOL, 101-102, 184-185, 355
APA (American Psychological Association), 31, 42-45, 517-519

Apple, Inc., 92-93, 294-295, 551
Applebee's restaurants, 310-311
Arizona Cardinals Football Team, 255-256
Ask.com search engine, 355
Aspect Communications, 581
Association for Investment Management and Research, 40-43
Association of American Publishers, 89-90
AT&T, 125, 154
Atlantic, The, 518-519
Attensity, 107-108
Avery Dennison, 50
Avis, 539

B

Babies R' Us, Inc., 86
Babson College, 581
Bank of America, 106-107
Barbour Griffith & Rogers (BGR), 100-101
Barclay's Capital, 504-505
BBC Design Group, 582
BECU (Boeing Employees' Credit Union), 498
Bell Labs, 555
Bentley College, 43-45
Berkshire Hathaway, 74-75
Bersin & Associates, 257-258
Best Buy, 125, 175-177
BibMe, 517-519
BigEars, 239-240
Bing search engine, 213-214
BizRate, 228-229
Bizrate, 396-397
Boeing Employees' Credit Union (BECU), 498
Boswell Group, 321-322
Brain and Creativity Institute, 67
BrainReserve, 386-387
British Chemical, 211
British Computer Society, 380-381
Bud Light, 255-256
Budget, 539
Burger King, 206-208
Burke, 479-480
Business Objects, 424-425
Business Roundtable, The, 42
BusinessWeek, 334-35, 125, 584

C

Cadsoft, 54-55
Callaway Golf Pebble Beach Invitational, 581
Campbell-Ewald, 581, 582
Carnegie Mellon University, 29-30
CASPIAN, 183-184
Catalyst, 561,

Cathay Pacific Airlines, 461-462
CBS, 381-382
Cell Metabolism, 93
Census Data Capture Center, 397-398
Center for Business Ethics, Bentley College, 43-45
Center for Ethics and Business, Loyola Marymount University, 43-45
Centers for Disease Control and Prevention, 133-134, 196-197
Centrac DC Marketing Research, 136-137
Certified Financial Planner Board of Standards/Institute of Certified Financial Planners, 40-42
CfMC, 194-195
Chadwick Martin Bailey Inc., 136-137
Chemistry.com, 196-197
Chilren's Hospital Association, 412
Chrysler Motor Co., 431-433
Cisco Systems, 551
City University of Hong Kong, 396-397
Clear Channel, 184-185
Cleveland Clinic, 581
Coca-Cola, 12-14
Columbus Partnership, 206-208
Complaints.com, 396-397
CompletePlanet, 101-102
Conde Nast, 470
Constellation Brands, 487-488
Continental Airlines, 214-215
Copper Industry Association, 133-134
Cornell University, 25
Council of American Survey Research Organizations (CASRO), 33-34
Cummins Engines,
Cvent, 216

D

Daimler AG, 5
Data Development Corporation (DDC),
Decipher Research, 89-90, 296, 304-306
Del Monte, 277-280
Dell, 105, 401-402
Deloitte & Touche USA LLP, 310-311
Delta Airlines, 289-291
Democratic Party, 342-343
Department for Work and Pensions (UK), 225
DePaul University, 45-46
Design Forum, 10-12
Diligence, Inc., 100-101
Direct Marketing Association, 40-43
Disney, 168-169
DIY Network, 436
Donatos, 582
Dun & Bradstreet Corp., 380-381
Dunkin' Donuts, 10-12
Dynamic Logic, 585

E

eBay.com, 396-397
Economic and Statistics Administration, US Department of Commerce, 228-229
EducTV, 87-88
eHarmony.com, 196-197
Elance.com, 396-397
Ellen DeGeneres Show, 540-541
Encyclopedia of Private Equity and Venture Capital, 100-101
Enterprise Rent-a-Car, 147-148
Entertainment Merchants Association, 444-445
Envirosell, 489-490,
Epinion.com, 396-397
Equitable Life, 504-505
ESOMAR, 33-34
EyeTrackShop, Inc., 184-185

F

Facebook, 147-148
Facebook Places, 29-30
Farecast.com, 424-425
Federal Express, 397-398
Federal Register, 40-43
Federal Trade Commission, 239-240
Ferrari Consultancy, LLC, 76
FindArticles database, 101-102
Five Guys Restaurants, 206-208
FocusVision, 165-166
Footlocker, 366
Ford Motor Co., 341-342, 431-433
Forrester Research, 86, 512-513
FreePint, 101-102

G

Gallup Organization, 242-243, 487-488
Game Access blog, 225
Gamification, the Blog, 225
Gap, 489-490
Garbage Project, 189
Gartner Group, 225, 380-381
General Electric (GE), 12-14
General Mills, 184-185
German Association for Marketing and Social Research, 5
GES, 381-382
Glassdoor.com, 147-148
GlaxoSmithKline, 257-258
Global Entrepreneurship Monitor Entrepreneurial Assessment, 581
GMMB, Inc.,
GNC, 184-185
GoDaddy.com, 255-256
Goodyear, 183-184,
Google, 101-102, 105, 184-185, 213-214, 355-356, 424-425, 449-450
GreenBook blogs, 10-11
Greenbook Research Industry Trends (GRIT), 85

GreyMatter Research & Consulting, 124
Groupon, 29-30

H

H&M, 184-185
Hallmark, 164-165
Harris Interactive, 196-197, 237-238, 242-243, 289-291, 321-322, 584
Harris Poll, 34-35
Harvard Business Review, 74-75
Hearsay Social, 48-49
HeroBuilders, 582
Hertz, 539
Hilton Hotels, 257-258
Home Depot, 12-14, 136-137
Honda Motor Co., 431-433
House Crashers (DIY Network), 436
House, M.D., 555
HP (Hewlett-Packard), 105
Hyperion Solutions, 424-425

I

IAMS pet foods (P&G), 143
IAPP (International Association of Privacy Professionals), 26
IBM, 76, 105, 109-110, 160-161, 380-381
IBM SPSS Statistics, 381-383, 424-426, 444-446, 498
Index of Small Business Optimism, 540-541
Indiana University, Center for Survy Research, 31
Indiana University, Graduate Research Ethics Education Workshop, Association of Practical and Professional Ethics, 45-46
Inferential Focus, 386-387
InfoMine directory, 101-102
Information Society, 35-36
Innerscope Research, 420-421
Inside Higher Ed, 25
InsightExpress, 320
Institute for Social Research, 444-446
Institute of Noetic Sciences, 67
Interactive Advertising Bureau, 53
Internal Revenue Service, 396-397
International Association for Financial Planning, 42
International Association of Privacy Professionals (IAPP), 26, 29-30
Internet Public Library (IPL), 101-102
Interpublic Group of Companies, 282
Invoke Solutions, 313-314
IPC Inc., 136-137
ipl2, 101-102
IPOC International Growth Fund Ltd., 100-101
IRI, 345-346
iThink Inc., 270-271

J

Jobitorial.com, 147-148
Johns Hopkins University, 208-209
JPMorganChase, 504-505

K

Kahle Research Solutions, 163
Kansas House of Representatives, 56-57
Kansas University Medical Center, 56-57
Kauffman Center for Entrepreneurship Leadership, Babson College, 577
Kelley Blue Book (KBB), 583
Kelley Drye & Warren LLP, 29-30
Kellogg's, 146-148, 157-158, 257-258
Kenexa, 147-148
Kennecott, 133-134
Keynote Systems, 355
KODAK Gallery, 109-110
Kohl's Department Stores, 310-311
KPMG, 100-101
Kraft Foods, 107-108, 143, 237-238, 310-311
Kroger Co., Inc., 36-37, 145-147, 310-311, 396-397

L

Leader Networks, 114-115
Leeds University Business School, 67
Lexus, 10-12, 548-549,
LG Electronics/Zenith, 401-402
Librarians' Internet Index (LII), 101-102
Lieberman Research Worldwide, 441-442
LinkedIn, 17-18, 114-115
Literary Digest, 342-343
LiveMeeting, 551
Living Social, 29-30
London Business School, 581
Loyola Marymount University, 43-45
Lufthansa Airlines, 461-462
Luth Research, 137-138

M

M2 Reseach, 225
Marcus Thomas LLC, 86, 185-186, 436, 580, 582, 583
Maritz Research, 282-283
Marketdata Enterprises, 196-197
Marriott Hotels, 289-291
Massachusetts Insitute of Technology (MIT), 396-397
MasterCard, 106-107
Match.com, 196-197
Max Planck Institute (Germany), 67
McDonald's Corp., 10-12, 133-134, 206-208, 583
McKinsey & Company, 74-75, 76, 396-397
Mellon Bank, 106-107
Mercedes-Benz (MB), 5

Índice de Empresas

MGM Grand Hotel and Casio, 381-382
Microsoft Corp., 10-11, 105, 396-397, 399-400, 422-423, 424-425, 519-520
MicroStrategy, 412
Minitab Software, 425-426
Minute Maid, 10-12
MIT (Massachusetts Insitute of Technology), 396-397
Mobil Travel Guide,
Mondelez International, 143
Morgan Stanley Smith Barney,
Morpace, 341-342
Mortgage Banking, 380-381
Mozilla, 147-148
MSN search engine, 355

N

Nabisco, Inc., 7-8, 122
Naisbitt Group, 386-387
NATA, 22-23
National Academies, The, 56-57
National Association of Realtors, 42
National Car Rental, 539
National Health Interview Survey, 234-235
National Milk Producers Federation, 93
National Society of Professional Engineere, 40-43
National Telecommunications and Information Administration (NTIA), US Department of Commerce, 228-229
Navy Federal Credit Union (NFCU), 498
NBC, 255-256, 540-541
NCR Corporation, 170-171
NCR Country Club, 583
NetConversions, 583
New Mexico State University, 396-397
New York Times, 107-108, 424-425
NewVantage Partners, 94
Next Gen Market Research (NGMR), 17-18, 114-115
NFCU (Navy Federal Credit Union), 498
NFIB Research Foundation, 540-541
NGMR (Next Gen Market Research), 17-18, 114-115
Nielsen, 183-184, 242-243, 585
Nielsen Entertainment, 381-382
Nielsen Global Survey of Food Labeling, 208-209
Nielsen Media Research, 234-235, 345-346, 396-397, 540-541
Nike, Inc., 366
Nissan Motor Co., 431-433
North American Indusry Classification System, United States (NAICS), 100-101
Northwest Airlines, 289-291
Novation, 412
NTT Communications, 8-9

O

Occupational Handbook, 100-101
Odin Text, 109-110
Office Depot, 167-168
Office of Industry Analysis, 125
Office of National Drug Control Policy, 444-445
Oglivy Research Award, 608
Ohio Lottery,
Ohio State University, The, 206-208, 311-313
Olympic Games, 254-255
OmniPulse (Research Now), 481-482
Online Publishers Association, 428-429
Online TDM Encyclopedia, 100-101
Open Doors Organization (ODO), 289-291, 584
Open Road Integrated Media, 192
Opinion Research, Inc., 509-510
OpinionLab, 81
Oprah Winfrey Show, 190, 540-541
Optibrand, 962-63
Optimizely, 449-450
Oracle, 424-425

P

P&G (Procter & Gamble), 143, 168-169, 184-185
Panasonic, 401-402
Parade magazine, 302-304
Patricia Seybold Group, 114-115
Pennsylvania State University, 422-423
Penton Media, 582
PepsiCo, 12-14, 171
Pew Research Center, 235-236
Pittsburgh Steelers Football Team, 255-256
PlentyofFish.com, 196-197
Polaris Marketing Research, Inc., 481-482
PowerPoint Live User Conference, 558
PreVisor, 257-258
PricewaterhouseCoopers, 380-381
Primary Insights, Inc., 158-160
Prince Marketing, 581
Princeton University, 483-484
Privacy & American Business, 34-35
Procter & Gamble (P&G), 143, 168-169, 184-185
Proofpoint, 584
Provista, LLC, 412
Psychological Science, 468-469
PTA, 133-134

Q

Q Scores Company, 540-541
QSR International, 386-387
QualVu, 86

R

Radio Shack, 489-490
Ramada, 584
RealityTrac, 420-421
Reebok, 184-185
Republican Party, 246, 342-343
Research for Good (RFG), 346-347
Research Now, 481-482
Research Through Gaming (RTG) Ltd, 225
Research Triangle Institute (RTI Interational), 234-235
reviewcentre.com, 396-397
RFG (Research for Good), 346-347
Rider University, 101-102
Robert Wood Johnson Foundation, 608
Robinson Organization, 487-488
Rocket Science Group LLC, 200
Romanáe Conti St. Vivant, 483-484
RTG (Research Through Gaming) Ltd., 225
RTI International (Research Triangle Institute), 234-235
Rypple, 147-148

S

Saleforce.com, 105
Samsung, 401-402
SAP (Systems Applications and Products), 399-400, 424-425
SAS, 254-255, 425-426, 444-446
SaySo for Good, 346-347
SCHIP (State Children's Health Insurance Program), 578
Seaport Surveys, 37-38
Searchwise, 101-102
Serta, 341-342
Sharp, 401-402
SHL, 257-258
ShopAlert, 29-30
Simplement, Inc., 399-400
Singapore Airlines, 291-292
SIS International Research, 136-137
SkyDrive (Microsoft cloud), 105
Skype services, 166-167
SnapFish, 184-185
Society for Human Resource Management, 42
Society of Competititve Intelligence Professionals, 43-45
SONY, 190, 401-402
Southwest Airlines, 12-14
Spherion Inc., 321-322
SRI International, 386-387
Stanford University, 189, 558
Starbucks, 551, 584
Stars Insight, 5
State Children's Health Insurance Program (SCHIP), 578
State Farm Dangerous Intersection Study, 128-129
State Farm Insurance, 582
Statistical Abstract of the United States, 100-101
Sun Microsystems, 125

Super Bowl, 255-256
Super Searchers Web Page, 101-102
Survey Monkey, 105, 136-137, 275-276
Survey Research Center, University of Michigan, 235-236
Survey Sampling Inc., 230-231
Swatch's Beat Time, 254-255
Swift & Co., 62-63
Sybase, 172

T

Target Stores, Inc., 86
TCS Management Group, 581
Team One Advertising, 548-549,
Technorati, 98-99
TechTarget, 2
The Beard Institute, Duquesne University, 46-47
The Container Store, 81
The Taylor Group, 582
Tigris Consulting, 380-381
Time magazine, 518-519, 567-569
Time Warner Inc., 257-258, 420-421
TiVo, 255-256
TNS Infratest (TNS), 5
Toyota Motor Co., 431-433, 434-435
Travel Industry Magazine, 456-457
Troy-Bilt, 436, 582
TrustE, 29-30, 34-35
Twitter, 147-148

U

UK Department for Work and Pensions, 225
UHC Inc., 412
United Airlines, 214-215
United Latin American Citizens, 133-134
United States Tennis Association (USTA), 582
University of Arkansas, 196-197
University of British Columbia (Canada), 67
University of California, San Diego, 67
University of Michigan, 235-236
University of Wisconsin-Madison, 542
UPS, 12-14
US Army, 468-469
US Bureau of Labor Statistics, 100-101
US Census Bureau, 196-197, 334-335, 341, 345-346, 420-421
US Department of Agriculture (USDA), 62-63
US Department of Commerce, 228-229
US Department of Defense, 498
US Department of Health and Human Services, 43-45
US government, 99-100, 105
US Open, 581
US Transportation Security Administration, 310-311
USA Today, 539
uSamp, 338
USTA (United States Tennis Association), 585

V

Vanity Fair, 122
VC Experts, 100-101
Verint, 299-300, 506
VHA Inc., 412
Vicale Corporation, 582
Victoria Transportation Policy Institute, 100-101
Vienna University of Economica and Business Administration (Austria), 179
Visa, 584

W

Walmart Stores, Inc., 86, 183-184, 191
Walsworth Publishing, 266-267
Warner Brothers, 540-541
WebEx, 166-167, 551
WebMD, 114-115
WeddingChannel.com, 196-197
Wendy's International, 206-208
Wired, 449-450
Wirthlin Worldwide, 582, 608
Wittenberg University, 583

Y

Yahoo!, 101-102, 105, 355, 585
Yale School of Management, 396-397
Yankelovich Partners, 242-243
YouTube, 184-185, 558
Yum! Brands, 12-14, 376

Z

Zanthus, 406
ZDnet.com, 396-397
Zoomerang, 136-137
ZQ Intelligence (Luth Research), 137-138

Índice

A

Abordagem da forma equivalente postergada para confiabilidade, 263-264
Abordagem de comunicação, 218-229
 erros em, 221-226
 escolha, 226-229 descrição da, 218-222
 hierarquia da questão gerencial e, 299-302
 persuasiva, 544-547
abordagem tipo funil, para sequência de questões, 321-322
Abstrações, dados como, 87-88
Acesso em tempo real, 7-8
Acordo de Safe Harbor dos Estados Unidos, 35-36
Acréscimo, como medidas não intrusivas, 185-186, 189
Adequação, em codificação, 385-386
AED (análise exploratória de dados); *ver* Análise exploratória de dados (AED)
Dados editáveis, 378-382
Agregadores de RSS, 9899
Alocação de recursos, 82-84, 422-423
Alterações informativas, princípio de, 561-562
A Manual for Writers of Term Papers, Theses, and Dissertations, (Turabian), 517-519
Ambiente, controle do, 199-201
Ambientes virtuais, 85
Amostra por conveniência, 154
Amostragem, 338
 acessibilidade de levantamento, 230
 acesso misto, 348-349
 acurácia de, 341-343
 dando vida à pesquisa, vinhetas, 339-340
 em pesquisa qualitativa, 153-154
 e, na mineração de dados, 108-110
 estrutura para, 349-351
 métodos para, 350-351
 não probabilística
  bola de neve, 363-365
  considerações práticas, 360-363
  conveniência, 362-363
  propósito, 362-364
 para experimentos, 201-203
 parâmetros de interesse, 347-349
 população-alvo 347-348
 precisão de, 342-343
 probabilidade
  aleatória simples, 351-354
  complexa, 355-362
 projetar, 342-347
 projeto de, 86-88
 propósito de, 340-341
 representativo, 206-208
 tamanho da amostra, 367-374
  estimativa da média da população, 368-371
  estimativas de intervalo, 368-369
  pontos estimados, 367-369
  questões sobre médias e, 371-373
  questões sobre proposições e, 373-374
  visão geral, 350-352
Amostragem bola de neve, 154, 363-365
Amostragem de acesso misto, 348-349
Amostragem de eventos em observações, 182-183
Amostragem dupla, 360-362
Amostragem estratificada, 354-358, 360-361
Amostragem estratificada aleatória, 354-356
Amostragem estratificada desproporcional, 356-358
Amostragem estratificada proporcional, 356-358
Amostragem intencional, 154
Amostragem intencional não probabilística, 362-364
Amostragem não probabilística, 360-361
Amostragem não probabilística de conveniência, 362-363
Amostragem por área, 358-360
Amostragem por conglomerado, 357-361
Amostragem por julgamento, 362-363
Amostragem por quota, 362-363
Amostragem probabilística
 aleatória simples, 351-354
 complexa, 355-362
 descrição de, 345-346
Amostragem probabilística aleatória simples, 351-354, 360-361
Amostragem probabilística complexa, 355-362
Amostragem sequencial, 393-394
Amostragem sistemática, 201-203, 355-356, 360-361
Amostras representativas, 206-208, 345-346
Análise confirmatória de dados, 407-408
Análise conjunta, apresentação de planilha para, 422-423
Análise da escolha do cliente, apresentação de planilha para, 422-423
Análise da escolha do cliente, planilhas para exibição, 422-423
Análise de atividade, 175-176
Análise de condição física, 175-176
Análise de conteúdo
 de comentários de grupo focais, 167-169
 de *feedback* postado na Internet, 396-397
 de observações, 175-176
 em dados de codificação, 386-390
 teste de hipóteses e, 444-445
Análise de correlação bivariada, 472-483
 coeficiente r de Pearson de momento – produto, 472-474, 475-480
 diagramas de dispersão, 473-477
 interpretação de, 479-483
Análise de correspondência, 108-109
Análise de demonstração financeira, 175-176
Análise de escalograma, 291-293
Análise de itens, 279-282
Análise de mídias social, 145-147
 informação de produto de, 277-280
 Mídias sociais
 monitoramento, 109-110
 netnografia de, 145-147
 serviços baseados em localização, 29-30
Análise de opção, 83-84
Análise de processos, 175-176
Análise de registros, em observações, 174-175
Análise de sedimentos, 107-108
Análise de segmentação e de direcionamento, apresentação de planilha para, 422-423
Análise de talentos, 257-258
Análise de textos, 109-110
Análise do valor do cliente ao longo do tempo, apresentação de planilha para, 422-423
Análise do valor do tempo de vida do cliente, planilhas para exibição, 422-423
Análise exploratória de dados (AED), 108-109, 407-422
 boxplots, 417-421
 diagrama de Pareto, 417-418
 gráfico tronco-e-folha, 413-416
 histogramas, 409-412
 mapeamento, 420-422
 tabelas de frequência, gráficos de barras e gráficos de pizza, 408-410
 visão geral, 407-409
Análise facial, 85
Análise fatorial, 108-109
Análise visual, 108-109, 184-185, 412, 413, 474-475, 549-550, 551, 553, 558-566

Analogia, em apresentações, 557
Anonimato, de levantamento por correspondência, 230-231
ANOVA (análise de variância)
  de dois fatores, 461-464
  de fator duplo de Friedman, 464-466
  de um fator, 455-461
  medidas repetidas, 463-466
  teste F do modelo de regressão e 492-493
ANOVA de dois fatores (análise de variância), 461-464
ANOVA de fator duplo de Friedman (análise de variância), 464-466
ANOVA de um fator (análise de variância), 455-461
Ansiedade de desempenho, 571-573
Anúncios em mala direta, 449-450
Aplicação de técnicas de jogos, 85, 225
Aplicação de técnicas de jogos (métodos de aplicação), 85
Apresentação extemporânea, 566-567
Apresentação semitabular de estatísticas, 521-533
Apresentação Zen (Reynolds), 547
Apresentações orais, 542-578; *ver também* Relatórios, pesquisa
  dando vida à pesquisa, vinheta de abertura, 543
  entrega, 566-570
  materiais de apoio, 555-558
  modelo para, 543-545
  organização
    de sequência motivada, 553
    discurso de três pontos, 555
    narrativa, 553-555
    tradicional, 552-553
  pesquisa dos três princípios de comunicação persuasiva de Aristóteles, 544-547
  planejamento
    apresentação na internet, 551
    de análise do público, 548-550
    estilos de aprendizagem, 549-551
    precisão da memória, 550-551
  prática e preparo, 570-574
  visualização, 558-566
    eslaides melhores, 565-566
    fundamentos psicológicos e físicos, 559-562
    princípios de projeto, 561-566
Apresentando números, tabelas e gráficos (Bigwood and Spore), 414
Aquiescência, viés de, 226
Áreas de distribuição normal padrão (tabela), 622
Argumento, os três princípios de comunicação persuasiva de Aristóteles, 544-547

Arquivo de dados, 394-395
Arrecadação de fundos disfarçado de pesquisa, 237-239
Arrecadação de fundos disfarçado de pesquisa, 237-239
Árvores de decisão, 109-110
Associação, medidas de, 470-505
  análise de correlação bivariada, 472-483
    coeficiente r de Pearson de momento – produto, 472-474, 475-480
    diagramas de dispersão, 473-477
    interpretação de, 479-483
  dando vida à pesquisa, vinhetas de abertura, 471-472
  regressão linear simples, 481-494
    aplicação de, 483-486
    excelência de ajuste, 490-494
    método dos quadrados mínimos, 485-489
    modelo de, 481-484
    previsões de, 488-491
  testes não paramétricos, 494-503
    medidas de dados nominais, 494-498
    medidas de dados nominais, 498-503
Atitude de base afetiva, 270-272
Atitude de base cognitiva, 270-272
Atitudes de base conativa, 272
Atitudes; ver Análise da audiência de escalas de mensuração, 548-550
Atribuição aleatória aos grupos, 140-141, 201-203
Auditorias em lojas, 175-176
Autoentrevista assistida por computador (CASI), 228-229
Auxílios de fluxo para apresentações, 561-563
Avaliação, 109-110, 257-258
Avaliação de experimentos, 194-197
  de entrevistas pessoais, 239-241
  de entrevistas por telefone, 234-236
  de fontes de informação, 101-104
  de levantamentos autoadministrados, 228-229
  de observações, 177-178
  de propostas de pesquisa, 603-607
  métodos de, 83-84
  por observações, 71-72
Avaliação *ex post facto*, 83-84
Avaliação prévia, 83-84
Avaliação provisória, 83-84

B

Benchmarking, 152
Benefícios da pesquisa, 28-30
Bibliografias, 99-100, 517-519
Bing, ferramenta de busca, 424-425
Biometria, 35-36

Blogs, 98-99, 107-108, 225
"Boa pesquisa", características, 15-19
Boxplots, 417-421
Business Outcomes Study Report de 2012 (SHL), 257-258

C

Cadastro Do Not Call, 237-238
Cadeia de benefícios (*laddering*), 157-158
Calibração de instrumentos, 87-88
Campo de dados, 394-395
capacidade de concentração, 421-422
Capacidade de monitoramento, 6-7
Capacidades de "avaliação de ameaça", 67
CAPI (entrevistas pessoais assistidas por computador), 158-160, 239-241,
Carta de apresentação de relatórios, 511-512
Carta de autorização, de relatórios, 511-512
Cartões de anotações do palestrante, 567-568
Cartões inteligentes, 35-37
CASI (autoentrevista assistida por computador), 228-229
Categorias, de questões de mensuração, 303-304
Categorização, 273, 381-382
CATI (entrevista telefônica assistida por computador), 235-236, 241-242,
Celulares, 234-235, 239-240; *ver também* Dispositivos móveis; Smartphones
Cenário do *mystery shopper*, 131, 167-168
Censo, 84, 340-341
Chips de computador implantáveis, 62-63
Chips de computador implantáveis, 62-63
Ciberespaço, coleta de dados no, 35-36; *ver também* Internet
Ciberespaço, coleta de dados no, 35-36; *ver também* Internet
Ciclo de vida do produto, 64-65
Cínicos, em grupos focais, 163
Cinismo, em grupos focais, 163
Circuito fechado de televisão, 35-36
Clareza, para apresentações, 563-565
Clareza, para apresentações, 565-566
Classificação, 109-110, 303-304
Clear and to the Point (Kosslyn), 559
Cliente, mensuração da satisfação do, 89-90, 282-283
Cliques, quantidade de, 213-214
Close-up, quadros
  escalas de mensuração, 290-292
  exemplos de estudos, 522-532
  ferramentas de busca, 352-354
  levantamento arriscado, 136-137
  observação, 187-188
  problema de dados sujo, 380-381

projeto do instrumento, 323-324
proposta de pesquisa, 116-119
quase-experimentos, 211
tabelas, 414-416
Coalizões internas, de gestores, 39
Codificação de questões abertas, 384-385
   banco de dados para, 386-390
   respostas para, 307-308, 309-310
Código de barras, para entrada de dados, 396-398
Código de ética, 40-43; *ver também* Ética
Código de Nuremberg, 43-45
Código Universal de Produto (UPC), 396-397
Coeficiente de determinação, 477-478, 492-493
Coeficiente de lambda (λ), 496-497
Coeficiente de variação, 255-256
Coeficiente *r* de Pearson de momento – produto, 472-474, 475-480
Coeficientes de regressão, 525
Coleta de dados assistida por computador, 226
Coleta de dados assistida por computador, 226
Coleta de informações assistida por computador, 226
Coleta de informações assistida por computador, 226
Comércio eletrônico, 34-35
Comoderadores, em grupos focais, 163
Comportamento extralinguístico, 175-177
Comportamento extralinguístico de interação, 175-177
Comportamento extralinguístico, estilística verbal, 175-177
Comportamento extralinguístico temporal, 175-177
Comportamento extralinguístico vocal, 175-177
Comportamento linguístico, 175-177
Comportamento, relação da atitude com, 272
Compras repetidas, 64-65
Computação em nuvem, 105
Comunicação não verbal, 175-177, 567-570
Comunidades de pares profissionais, 114-115
Comunidades on-line, 83, 114-115, 166-167
Comunidades on-line de pesquisa de mercado (MROCs), 145-147
Comunidades profissionais, 114-115
Comunidades virtuais, 114-115
Conceitos, pesquisa, 52-55, 248-251
Concentração de observadores, 182-183
Conclusões, da pesquisa, 18-19

Condições de campo para estudos, 130
Condições de laboratório para estudos, 130
Conduzindo especificações de conteúdo de observações, 182
   coleta de dados, 182-186
   tipo de estudo, 180-182
   treinamento do observador, 182-183
Conduzindo experimentos, 196-203
   análise de dados, 201-203
   controlando o ambiente, 199-201
   escolha do projeto, 199-200
   níveis de tratamento, 197-201
   seleção da variável, 197-199
   seleção do participante, 201-203
   teste-piloto, 201-203
Conectividade, aumento de
Confiabilidade, 182-183, 261-264; *ver também* Validade
Confiabilidade como estabilidade, 262-264
Confiabilidade entre os juízes, 263-264
Confidencialidade do
   participante, 34-35, 40-41
   patrocinador, 36-38
Conglomerado, 108-109
Conhecimento apropriado, princípio do
Consentimento informado de participantes, 31-34
Consistência interna, 263-264
Consistência interna, confiabilidade como, 263-264
Constructos,
   atitude como, 272
   descrição de, 54-56
   objeto de mensuração como, 248-251
Construtos hipotéticos, 54-55
Consultoria, habilidades para pesquisa, 9-10
Consumidores-alvo, 244
Contar histórias, em apresentações, 554-555, 557-558
Contato visual 569-570
Conteúdo, de questões de mensuração, 303-305, 331-337
Contraste *a priori*, 460-461
Contraste, para apresentações, 562-565
Controle
   amostragem, 363-364
   em projeto de pesquisa, 139-140
   e previsão, 22-23
Controle de frequência, 363-364
Controle de precisão, 363-364
Conveniência de amostragem não probabilística, 362-363
   bola de neve, 363-365
   considerações práticas, 360-363
   descrição de, 345-346
   em pesquisa qualitativa, 154

propósito, 362-364
quota, 201-203
Conveniência de experimentos, 194-195
Conveniência, mensuração de, 264-265
Conversacionais, 13-15
Correlação rô de Spearman (ρ), 501-502
Correlações artificiais, 479-481
Covariância, 139-140, 477-478
CPM (método do caminho crítico), 126-127, 601-603
Crenças, atitudes e, 270-271
Crescimento de primeira linha, 244
Crianças, como sujeitos da pesquisa, 31 *ver também* Participantes, pesquisa
Critérios confiáveis, 259-261
Critérios disponíveis, 259-262
Critérios relevantes, 259-261
Crowdsourcing, 145-147
Cultura
   corporativa, 27-28, 39
   entrevistas e, 159
   métrica de escala de mensuração e, 276-277
Cultura corporativa, 27-28, 39
Curtose, de distribuição, 405
Curva de Memória da Audiência, 550-551

D

Dados
   análise e interpretação de, 88-89
   coleta de, 85-86, 128-129
   coleta de dados assistida por computador, 226
   coleta de informações assistida por computador, 226
   coleta na Internet, 35-37, 228-229
   construto hipotético de, 54-55
   custo da coleta, 7-8
   custo da coleta, 341
   de observações, 182-186
   diretiva de Proteção de Dados da Comissão Europeia, 36-37
   escalas de mensuração e, 274-275
   experimento, 201-203
   integração de, 7-8
   mudança ou falsificação, 40-41
   voz do consumidor (VoC), 244
Dados de codificação, 381-394
   banco de dados, 386-390, 444-445
   construção do registro de códigos, 381-383
   dados faltantes, 391-394
   questões abertas, 384-385
   questões fechadas, 381-383
   regras de, 385-387
   respostas "não sei", 389-392
   visão geral, 381-383

Dados de digitação, 393-396
Dados de transações, 103-104
Dados de voz do consumidor (VoC), 244
Dados faltantes aleatórios (DFA), 393-394
Dados faltantes, codificação, 391-394
Dados faltantes completamente aleatórios (DFCA), 393-394
Dados faltantes sem aleatoriedade (DFSA), 393-394
Dados primários, 88-89, 132
Dados secundários, 88-89, 132
Dados transacionais, 12-14
DAI (detecção automática de interação), 425-426
Dando vida à pesquisa, vinhetas de abertura, medidas de, 471-472
 amostragem, 339-340
 apresentações orais, 543
 escalas de mensuração, 269
 ética, 27
 exibição dos dados e exame, 407
 experimento, 193
 formação do cliente, 51-52
 histórico do patrocinador, 51-52
 levantamentos, 217-218
 mensuração, 247-248
 observações, 173
 pesquisa qualitativa, 145
 preparação e descrição de dados, 377
 projeto de pesquisa, 125-126
 questão de pesquisa, 77, 95
 questionários, 297
 relatórios, 507
 revisões de proposta, 3-4
 testes de hipóteses, 431
DBM (levantamento com CD via correio), 228-229
Decisões de compra, 53, 64-65, 301-302
Decreto de Melhoria do Do Not Call de 2007, 239-240
Dedução, 68-73, 545-546
Definições científicas, 56-57
Definições operacionais, 55-58, 250-251
Definições, pesquisa, 54-58
DEIs (dispositivos explosivos improvisados), 67
Demanda primária, em ciclo de vida do produto, 64-65
Demonstrações, em apresentações, 558
Depoimento, em apresentações, 557
Depósito de dados, 103-104
Deriva, de observadores, 182-183
Descoberta de padrões, mineração de dados para, 106-108
Descrição densa, em estudos de caso, 168-169
Desenvolvimento de banco de dados, 394-395

Desenvolvimento de pesquisa-ação, 110-121
 questão gerencial 110-115
 questão(ões) de pesquisa 114-120
 questões de mensuração, 120-121
 questões investigativas 115-119
Desgaste, como medida não intrusiva, 185-186, 189
Desvio padrão, 404; ver também ANOVA (análise de variância)
Desvio quartil, 404-405
Detecção automática de interação (DAI), 425-426
Diagramas de dispersão, 473-477, 487
Diagramas de Pareto, 417-418
Dicionários, 99-100
Dilema gerencial, 6-7, 20-21, 79, 81
Dimensão de tempo, em estudos, 130
Dinâmica de grupo, 163
Direito à privacidade, 34-35; ver também direito à privacidade dos participantes
Direito à qualidade da pesquisa, 39-41
Direito à segurança 40-41
Direitos de privacidade dos participantes
 análise de sentimentos e, 107-108
 e-mails versus levantamentos on-line, 230-231
 na Internet, 35-37
 serviços baseados na localização e, 29-30
 visão geral, 32-35
Diretiva de Proteção de Dados da Comissão Europeia, 36-37
Direto das manchetes
 amostragem para o tênis da Nike Foampoiste, 366
 aplicações para tecnologia de tempo de resposta rápida, 399-400
 campanha da Pepsi Viva o agora, 171
 desenvolvimento de questões relevantes para o levantamento de desemprego feito pelo governo, 329-330
 desenvolvimento de relatório sobre otimismo de pequenas empresas, 540-541
 experimento para testar a fusão do sistema de TI da United Airlines, 214-215
 explicações de correlação com arranha-céu, 504-505
 Federação Nacional de Produtores de Leite e proposta de pesquisa sobre obesidade, 93
 gráfico de atitude em aplicativos para tablet, 428-429
 hierarquia de pesquisa e a Oreos, 122
 hipóteses para explicar desempenho de testes de aptidão, 468-469
 investimentos bancários e método científico, 74-75

 lições do julgamento de Casey Anthony para apresentações orais em pesquisa, 578
 mensuração de pesquisa para testar a eficiência do Walsworth Publishing, 266-267
 organização de apresentação oral para a pesquisa da Toyota, 578
 painéis da Hearsay Social para mídias sociais, 48-49
 pesquisa de observação na WalMart, 191
 pesquisa do estudante, 24-25
 projeto de levantamento para dados VoC, 244
 projeto de pesquisa para renomear a empresa de salgadinhos Kraft, 143
 projeto de pesquisa para transferência da divisão de alimentos animais IAMS, 143
 questões para o questionário de expectativas do iPad, 294-295
Diretório, 101-102
Discriminabilidade, princípio de, 561-562
Discurso de três pontos, 555
Dispersão, 254-255, 372-373
Dispositivos explosivos improvisados (DEIs), 67
Dispositivos móveis; ver também Smartphones
 levantamentos em, 33-34, 85, 239-240
 pesquisa em, 234-235
 projeto de questionário para, 304-306
Dissimulação em observação, 179-181
Distribuição
 estatísticas para, 401-403
 normal, 401-402, 475-477, 622
 resumo de cinco números em, 417-418
Distribuição leptocúrtica, 405
Distribuição mesocúrtica, 405
Distribuição não verbal, 401-402, 475-477, 622
Distribuição normal bivariada de coeficiente r de Pearson de momento-produto, 475-477
Distribuição normal padrão, 622
Distribuição platicúrtica, 405
Distribuições de frequência, 401-402
Domicílios inacessíveis, levantamento telefônico e, 236-237
Dominadores, em grupos focais, 163
Dominators, Cynics, and Wallflowers (Kahle), 163
"Dynasty Drivers" (Yum! Brands), 12-14

E

Economia em mensuração, 264-265
Edição central de dados, 378-382
Edição de campo para dados, 378-379

EEG (eletroencefalograma), 179 80/20
Efeito da posição serial, 550-551
Efeito de halo, 182-183, 276-278
Efeito de primacidade, 311-313, 550-551
Efeito de recenticidade, 311-313, 550-551
Elementos da população, 340-341, 345-347, 355
Eletroencefalograma (EEG), 179
Emparelhamento em experimentos, 201-203
Empirismo, 68-69, 248, 250-251
Enciclopédias, 99-101
Entimema, em apelos, 545-546
Entrada de dados digitais, 396-398
Entrada de dados por DTMF, 235-236
Entrada de dados por DTMF, 235-236
Entrevista com especialistas, 95-96
Entrevista convergente, 159
Entrevista de interceptação, 239-241
Entrevista em grupo, 160-168
Entrevista individual em profundidade, 12-14, 95-96, 158-161
Entrevista pessoal assistida por computador (CAPI), 226
Entrevista sequencial, 159
Entrevistas estruturadas, 155-157
Entrevistas não estruturadas, 155-157
Entrevistas pessoais, 227, 239-241
Entrevistas semiestruturadas, 155-157
Entrevistas; *ver também* Grupos focais; Participantes, pesquisa
 business-to-business, 37-38
 erro do entrevistador, 221-224
 especialistas, 95-96
 grupo, 160-168
 individuais em profundidade, 12-14, 95-96, 158-161
 individuais em profundidade *versus* grupo, 154-157
 levantamentos telefônicos, 234-240
 limitações da duração por telefone, 237-238
 pessoal, para levantamentos, 239-241
 programação para, 303-304
 responsabilidades em, 155-158
 técnicas projetivas em, 157-160
Entrevistas via webcam, 85
Entrevista telefônica assistida por computador (CATI), 235-236, 241-242,
Equipes de pesquisadores, 37-43
Equivalência, confiabilidade como, 263-264
Erro
 aceitabilidade social, 230-231
 amostragem, 221-223, 342-343
 de tendência central, 276-277
 em abordagem de comunicação, 221-226
 em fatores situacionais, 258-259
 em levantamentos, 223-224

entrada de dados, 221-223
entrevistador, 221-224
Erro tipo I, em testes de hipóteses, 435-438
Erro tipo II, em testes de hipóteses, 435-441
estatísticas de redução proporcional de erro (RPE), 496-497, 499
índice, 276-278 resposta, 224-226, 258-259
indulgência, 274-275, 276-277
instrumento, 258-259
mensuração, 258-259
não cobertura, 248
não conclusão, 230-231
não resposta, 348-349
Erro de amostragem, 221-223
Erro de amostragem, 342-343
Erro de indulgência, 274-275, 276-277
Erro de não conclusão em levantamentos, 230-231
Erro de não resposta, 348-349
Erro de resposta, 224-226, 257-258
Erro do instrumento, 258-259
Erro e fatores situacionais, 258-259
Erro na entrada dos dados, 221-223
Erros de aceitabilidade social, 230-231
Erros de classificação, 276-278
Erros de não cobertura, 348-349
Erro tipo I, em testes de hipóteses, 435-438
Erro tipo II, em testes de hipóteses, 435-441
Esboço de relatórios, 516-517
Esboço em frases para relatórios, 516-517
Escala de categoria simples, 320
Escala de classificação balanceada, 274-275
Escala de classificação de escolha forçada, 274-276
Escala de classificação de escolha forçada, 274-276
Escala de classificação não balanceada, 274-275
Escala de medida de múltipla escolha com resposta única, 277-280
Escala de mensuração comparativa, 287-288
Escala de mensuração de expectativa híbrida, 290
Escala de mensuração de graduação forçada, 287-289
Escala de mensuração de resposta livre, 276-277
Escala de mensuração numérica, 278-279
Escala de mensuração por pares, 287-291
Escala intervalar de mensuração
 amostra e, 348-349
 escalas de atitude como, 254-255
 testes estatísticos com, 444-446
 visão geral, 251-253

Escalas de classificação
 características de, 276-277
 questões para, 308-309, 313-315
 tipos de resposta para, 273-276
 usos de, 287-291
Escalas de classificação somatória, 279-282
Escalas de graduação
 características de, 276-277
 questões para, 308-309, 314-315
 tipos de resposta para, 273
 usos de, 287-291
Escalas de mensuração, 268-295
 atitude, 53, 269-273
 atitude simples, 277-280
 classificação gráfica, 286-287
 dando vida à pesquisa, vinheta de abertura, 269
 diferencial semântico, 282-286
 graduação, 287-291
 hierarquia da questão gerencial e, 298-300
 Likert, 279-283
 lista de classificação gráfica/numérica, 284-287
 ordenação e, 290
 selecionando, 273-278
 soma constante, 286-287 cumulativa, 291-293
 Stapel, 286-287
Escalas de mensuração cumulativas, 291-293
Escalas de mensuração de atitude simples, 277-280
Escalas de mensuração de classificação gráfica, 278-279, 286-287
Escalas de mensuração de diferencial semântico (DS), 278-279, 282-286
Escalas de mensuração de Likert, 277-278, 279-283, 290
Escalas de mensuração de lista de classificação múltipla/numérica, 284-287, 290
Escalas de mensuração de múltipla escolha, 276-278
Escalas de mensuração de soma constante, 278-279, 286-287
Escalas de mensuração de Stapel, 278-279, 286-287
Escalas de mensuração dicotômicas, 276-278
Escalas de mensuração multidimensional, 274-275
Escalas de mensuração nominal
 amostras e, 348-349
 apresentação de dados, 409-410
 descrição de, 251-254
 medidas de associação não paramétrica para, 494-498
 testes estatísticos com, 444-446
Escalas de mensuração ordinais
 amostras e, 348-349

medidas de associação não paramétrica para, 498-503
testes estatísticos com, 444-446
usos de, 253-254
visão geral, 251-253
Escalas de mensuração unidimensional, 274-275
Escalas de razão
amostras e, 348-349
testes estatísticos e com, 444-446
usos de, 254-256
visão geral, 251-253
Escalas; ver escalonamento de escalas de mensuração, 255-256, 272-273
Escaneamentos de retina, 62-63
Escaneamentos do cérebro, 179
Esclarecimento dos participantes, 32-34
Escolhas morais, ética para, 27-28
Escopo do tópico, de estudos, 130
Escores z, 401-402
Espaço de trabalho, na Internet, 4
Espaço em branco, para apresentações, 562-563
Especificação do conteúdo de observações, 182
Esquema de codificação, 381-383
Esquemas conceituais, 54-55
Estatística bayesiana, 431-433
Estatística clássica, 431-433
Estatística de amostra, 347-348
Estatística de d de Somers 501-502
Estatística de distribuição livre, 253-254
Estatística de gama (γ) de Goodman e Kruskal, 499
Estatística de não resistência, 418-419
Estatística de tau b (τ_b) de Kendall, 499-500
Estatística de tau c (τ_c) de Kendall, 501-502
Estatística não paramétrica, 253-254
Estatísticas, 401-405; ver também Testes de hipóteses;
apresentação de
exemplo de, 522-532
gráficos para, 533-540
no texto, 520-521
semitabular, 521-533
tabular, 521-534
distribuições, 401-403
em apresentações, 556
medidas de forma, 405
medidas de variabilidade, 404-405
testes de significância de medidas de tendência central, 403-404
valor de, 424-425
Estatísticas de redução proporcional de erro (RPE), 496-497, 499
Estatísticas descritivas, 403
Estatísticas para medidas de forma, 405

Estatísticas paramétricas, 253-255
Estilo de aprendizagem auditivo, 550-551
Estilo de aprendizagem cinestésico, 550-551
Estilos de aprendizagem, 549-551
Estilos de aprendizagem visual, 549-550
Estimativas internas em amostragem, 368-369
Estratégia, 9-12
Estratégia alternativa de resposta, 326-327
construção de questões de mensuração e, 305-315
classificação, 313-315
dicotômica, 309-310
graduação, 314-315
lista de verificação, 313-314
múltipla escolha, 309-314
resposta livre, 309-310
escalas para, 273-275
escolha da pergunta para, 335-336
Estratégias de extensão em ciclo de vida do produto, 64-65
Estrutura, amostragem, 340, 349-351
Estrutura fotográfica, para apresentações, 562-563
Estudo causal-explanatório, 128-129
Estudo de comunicação, 128-129
Estudo de fluxo, 175-176
Estudos causais-preditivos, 128-129
Estudos correlacionais, 22-23, 136-137, 253-254; ver também Associação, medidas de
Estudos de caso, 130, 167-168
Estudos de Hawthorne, 66-68, 131
Estudos de rastreamento ocular, 184-185
Estudos descritivos, 21-22, 128-129, 136-139
Estudos de tempo/movimentação, 175-176
Estudos estatísticos, 130
Estudos explanatório, 22-23
Estudos exploratórios, 127-128, 131-137
Estudos formais, projeto de, 127-128
Estudos longitudinais, 130, 242-243
Estudos longitudinais com grupo de coorte, 130
Estudos preditivos, 22-23
Estudos telefônicos com vários métodos, 234-235
Estudos transversais, 130
Ethos, em comunicação persuasiva, 545-546
Ética, 26-49
análise de sentimentos e, 107-108
médicos e pacientes como sujeitos de pesquisa, 185-186
dando vida à pesquisa, vinhetas de abertura, 27
no tratamento de participantes, 27-37

benefícios da pesquisa discutidos, 28-30
coleta de dados da Internet, 35-37
consentimento informado, 31-34
direitos de privacidade, 32-35
esclarecimento, 32-34
questões de logro, 29-31
padrões profissionais, 40-45
patrocinador de pesquisa e, 36-41
pesquisadores e membros da equipe, 40-43
recursos, 43-47
visão geral, 16-17, 27-28
Etnografia, 145-147, 159, 181
e-velocidade, 509-510
Exaustividade em codificação 385-386
Excelência de ajuste, 490-494
Excel, modelagem por, 65-66, 422-423
Exclusividade mútua, em codificação, 385-386
Exemplo específico, em apresentações, 556
Exemplos, em apresentações, 556
Exibição dos dados e exame, 406
análise de dados exploratória, 407-422
análises baseadas em tabela, 425-428
boxplots, 417-421
dando vida à pesquisa, vinhetas de abertura, 407
diagrama de Pareto, 417-418
gráfico tronco-e-folha, 413-416
histogramas, 409-412
mapeamento, 420-422
porcentagens em, 422-426
tabelas de frequência, gráficos de barras e gráficos de pizza, 408-410
tabulação cruzada, 421-428
visão geral, 407-409
Experimento cego, 199-201
Experimento duplo-cego, 199-201
Experimentos, 128-129, 192
avaliação de, 194-197
conduzindo, 196-203
análise de dados, 201-203
controlando o ambiente, 199-201
escolha do projeto, 199-200
níveis de tratamento, 197-201
seleção da variável, 197-199
seleção do participante, 201-203
teste-piloto, 201-203
dando vida à pesquisa, vinheta de abertura, 193
projeto pré-experimental, 206-209
projetos experimentais verdadeiros, 208-210
projetos quase- ou semiexperimentais, 208-213
validade, 203-208
visão geral, 193-194
Experimentos de campo, 194-195, 208-213

Experimentos de custo, 194-195
　amostra *versus* censo, 340-341
　entrevista pessoal, 239-241
　levantamentos, 230
　tamanho da amostra, 351-352
Exploração, 95-104
　avaliação das fontes de informação, 101-104
　fontes de informação, 98-102
　níveis de informação, 97-99
Exposição 68-69

F

Fala de improviso, 565-566, 566-567
Falha da memória, 332-333
Falsificando dados, 221-223
Fase exploratória, 95-96
"Fator Oprah", 190
Fatos, em apresentações, 556
Feedback, 81, 396-397
Ferramentas de busca, 98-99, 101-102, 352-354
Ferramentas de visualização, 7-8
Filtro de recrutamento, 155-156
Filtro de recrutamento, 155-156
Fixação de preços elevados, 64-65
Fontes de ideias de produtos, 164-165
Fontes primárias de informação, 97-98
Fontes secundárias de informação, 97-98
Fontes terciárias de informação, 98-99
Fora de Série – Outliers (Gladwell), 570-571
Formas paralelas de testes para confiabilidade, 263-264
Fórmula de correção Spearman-Brown, 263-264
Fraude, 100-101, 106-107
Frequência de resposta, 149-150
Frequência de resposta, 149-150
Funcionalidade de reconhecimento de voz, 396-397
Fuso horários cruzados, 254-255

G

Gamification in Marketing and Gamification by Design (Zichermann), 225
Geográficos, 539
Geração G, 225 Geração Y, 147-148
Gerenciamento da qualidade total (TQM, *total quality management*), 89-90
Gestão de estoque, 175-176, 183-184
Gestos, 569-570
Globalização, 6-7
Gráfico de área, 538

Gráfico de caixas de linhas, 417-418
Gráfico de camadas, 538
Gráficos 3D, 539-540
Gráficos de barras, 408-410, 539
Gráficos de Gantt, 119, 601-602 *Lixologia*, 189
Gráficos de linha, 533-537
Gráficos de pizza, 408-410, 538
Gráficos de superfície, 538
Gráficos ilustrados, 539
Gráfico tronco-e-folha, 413-416
Grandes empresas, críticas de, 6-7
Green Book, a Guide for Buyers of Marketing Research Services (AMA Communications Services, Inc.), 101-102
Grupo de especialistas, 160-161
Grupo homogêneo,181
Grupo não especialista, 160-161
Grupos controle em experimentos, 199-201
Grupos focais,
　elemento da população em, 341-342
　escala de medição de atitude de, 270-271
　executivo, 37-38 visão geral, 135-136
　guias de discussão para, 155-157, 612-613
　pesquisa de posicionamento com, 487-488
　problemas em, 163
Grupos focais em videoconferência, 166-167
Grupos focais on-line, 166-167
Grupos heterogêneos, 181
Grupos virtuais, 145-147
GSR (resposta galvânica da pele), 179
Guias de discussão, 155-157, 612-613

H

Hierarquia da questão de pesquisa em administração, 79
Hipótese alternativa, 433-434; *ver também*
Hipótese correlacional, 61-62
Hipótese descritiva, 60-62
Hipótese experimental, 197-198
Hipótese nula, 433-435, 440-441; *ver também* Teste de hipóteses
Hipóteses causais, 61-62
Hipóteses explanatórias, 61-62
Hipóteses operacionalizadas, 197-199
Hipóteses relacionais, 61-62
Histogramas, 409-412
História, validade interna afetada pela, 203-204, 212-213
História oral, 159
Histórias de vida, 159
Hostis em grupos focais, 163
"Hotspot," 5
Hunting of the Snark, The (Carroll), 555

I

Ideias em vídeo, em pesquisa, 86
Identificação genética (DNA), 35-36
Identificação por radiofrequência (DIFR), 62-63, 420-421
IIQ (intervalo interquartil), 254-255, 404
Impressão digital, 35-36
Incentivos, participação, 346-347
Inclinação (β), como coeficientes de regressão, 481-484
Índice de abertura de e-mails, 200
Índice de abertura para e-mails, 200
Índice de amostragem, em amostragem sistemática, 355
Índice de contatos não realizados, em levantamento telefônico, 235-236
Índice de legibilidade, 517-519
Índice de recusa, em levantamento telefônico, 235-236
Índice Flesch-Kincaid, 517-519
Índice Gunning's Fog, 517-519
Índices, 99-100
Indução, 70-73
Indústrias de conhecimento intensivo, 6-7
Informações confidenciais, 333-334
Informações não estruturadas, 386-387
Informações privilegiadas, 74-75
Iniciativas locais, 175-177
Instantâneo
　amostragem, 341-342
　amostras representativas, 206-208
　análise de talentos, 257-258
　análise de textos, 109-110
　aplicação de técnicas de jogos, 225
　apresentações orais, 548-549
　blogs, 98-99
　business intelligence, 100-101
　"compradores secretos", 167-168
　compreensão da estatística, 424-425
　computação em nuvem, 105
　comunidades de prática, 114-115
　definições científicas e política, 56-57
　escala de mensuração por pares, 287-288, 289-291
　escaneamentos do cérebro, 179
　estatística avançada, 498
　estratégia de intervenção humana, 160-161
　estudos de rastreamento ocular, 184-185
　ética de levantamentos móveis, 33-34
　e-velocidade, 509-510
　ferramentas de busca, 101-102
　geração de *feedback*, 81
　grupos focais, 163
　habilidades de consultoria, 10-11
　identificação por radiofrequência (DIFR), 62-63, 183-184
　incentivos, 346-347

índice de abertura de *e-mails*, 200
insights em vídeo, 86
médicos e pacientes como sujeitos de pesquisa, 185-186
medo de falar em público, 571-572
mensuração da satisfação do cliente, 282-283,
mineração de dados, 107-108
namoro no escritório, 321-322
netnografia, 396-397
padrão de pensamento, 12-14
padrões de compra no varejo, 489-490
padrões de consumo de mídia, 421-422
"palpites instintivos", 67
pesquisa baseada em *smartphones*, 234-235
pesquisa de "audiotour", 133-134
pesquisa de avaliação de desempenho, 147-148
pesquisa de laboratório, 381-382
pesquisa em administração 5
planilhas, 422-423
prêmio Oscar, 481-482
privacidade, 34-35
propagandas puladas e assistidas, 255-256
questionários móveis, 304-306
questionário telefônico, 233-234
relatório modular, 512-513
RFDI (identificação por radiofrequência), 183-184
rotulagem de alimentos, 208-209
serviços baseados na localização, 29-30
serviços de relacionamentos *on-line*, 196-197
teste de hipóteses, 436, 444-445
testes de separação de anúncios on-line, 449-450
variáveis de pesquisa, 62-63
videoconferência para grupos focais, 165-166
visualização de dados, 412
Institutional Review Boards (IRBs), 43-44
Instrumentação, validade interna afetada pela, 204-205
Integridade na pesquisa, 27-28; *ver também* Ética
Inteligência de negócios, 9-10, 100-101, 239-240
Inteligência de pessoal, 257-258
Interação da seleção e X, validade externa e, 205-206
Interatividade, 5
Internet
  alta velocidade, 7-8
  análise da, 13-15
  análises de desempenho na, 147-148
  apresentações orais, 551
  blogs, 98-99
  coleta de dados na, 35-37, 228-229

computação em nuvem, 105
comunidades profissionais na, 114-115
espaço de trabalho na, 4
feedback na, 396-397
ferramentas de busca, 101-102
grupos focais *on-line*, 166-167
jogar na, 225
levantamentos na, 229, 275-276, 319-320
serviços de relacionamento na, 196-197
técnicas de pesquisa emergentes na, 85
testes A/B para, 449-450
Internet de alta velocidade, 7-8
Interpretabilidade em mensuração, 264-265
Intervalo, 404
Intervalo interquartil (IIQ), 254-255, 404
Intervalos de confiança, 368-370, 371
Intervenção, 193-194; *ver também* Experimentos
Intervenção do governo, GPS (sistema de informações geográficas), 407
Isenção de viés, 259-261
Itens de prefácio, nos relatórios, 511-512

J

Jargão, 567-569

L

Laboratório, pesquisa, 381-382
Lacuna de conhecimento em gestores, 39
Lei de Proteção à Privacidade Infantil Online dos EUA (COPPA), 32-34
Leitura de manuscrito, 566-567
Leitura óptica, 395-396
Levantamento arriscado, 136-137,
Levantamento com CD via correio (DBM), 228-229
Levantamento de experiência, 133-135
Levantamento de romance no escritório, 321-322
Levantamento on-line QuickQuery (Harris Interactive), 321-322
Levantamentos, 216-244; *ver também* Questão gerencial
  abordagem de comunicação, 218-229
    descrição de, 218-222
    erros em, 221-226
    escolha, 226-229
  aplicação de técnicas de jogos, 85, 225
  arriscado, 136-137
  autoadministrado, 228-235
  dando vida à pesquisa, vinheta, 217-218
  dispositivos móveis e, 33-34, método ideal, 239-243
  duração de, 320
  entrevista pessoal, 239-241

entrevista por telefone, 234-240
escalas de mensuração para, 275-276
experiência, 133-135
incentivos, 227, 232, 233-234, 275-276, 346-347, 396-397
Internet, 319-320
metodologia de levantamento com população representativa, 313-314
modo misto, 230-231, 242-243
móvel 33-34, 85, 304-306, 346-347
Levantamentos autoadministrados, 227-235
Levantamentos entregues por computador, 228-229
Levantamentos e opções de correio de voz, 239-240
Levantamentos móveis, 304-306, 346-347
Levantamentos por interceptação, 228-229, 230
Levantamentos telefônicos, 310-311
Levantamentos telefônicos automatizados, 310-311
Levantamento telefônico administrado por computador, 235-236
Levantamento telefônico e discagem aleatória, 236-237
Limitações da capacidade, princípio de, 559
Linearidade, de coeficiente *r* de Pearson de momento, 475-477
Linguagem da pesquisa, 52-68
  conceitos, 52-55
  constructo, 54-55
  definições, 54-58
  hipóteses, 60-64
  modelos, 65-68
  teoria, 63-66
  variáveis, 57-60
Lista de verificação
  escala de mensuração como, 276-277, 277-280
  observação, 181-182
  questões sobre, 308-309, 313-314
Literatura, pesquisa, 95-96, 598-600
Lógica difusa, 108-109G
Logro, 29-31, 100-101

M

Manipulação de variáveis independentes (VI) em experimentos, 194-195
Manuais, 100-101
Mapeamento, 248, 251-253, 420-422
Mapeamento de marcas, técnicas de, 158-160
Marketing direcionado, 106-107
Matriz de quota, 201-203
Maturação, validade interna afetada pela, 203-204

Média
  cálculo, 403
  como mensuração de tendência central, 255-256
  estimativa da média da população, 368-371
  tamanho amostral e, 371-373
Média da população, estimativa da, 368-371
Médias geométricas, como mensuração de tendência central, 255-256
Médias harmônicas, como mensuração de tendência central, 255-256
Medição da satisfação do cliente, 89-90, 282-283
Medida de escala de classificação não balanceada, 277-280
Medida de moda de tendência central, 253-254
Medida mediana da tendência central
  cálculo da, 403-404
  em *bloxplots*, 417-419
  visão geral, 254-255
Medidas de associação não paramétrica
  para dados nominais, 494-498
  para dados ordinais, 498-503
Medidas de associação; *ver* Associação, medidas de
Medidas de tendência central; *ver* Tendência central, medidas de
Medidas não intrusivas para observação, 182-183, 185-186
Medidas repetidas de ANOVA (análise de variância), 463-466
Medo de falar em público, 571-572
Medo do palco, 571-573
Megatrends (Naisbitt Group), 387-388
Memorização 566-567
Mensuração, 246-267
  conceitos em, 53
  confiabilidade de, 262-264
  dando vida à pesquisa, vinhetas de abertura, 247-248
  de objetos e propriedades, 248-251
  diferenças em, 255-259
  escalas para, 250-256
    intervalo, 254-255
    nominal, 251-254
    ordinal, 253-254
    razão, 254-256
  praticidade de, 264-265
  validade de, 259-263
  visão geral, 248-250
Mentalidade de que pesquisa é despesa e não investimento, 90-91
Mercados de dados, 103-104
Mercados de previsão, 85
Mercados de teste, 149-150
Metáfora, em apresentações, 557

Método científico, 66-73
  dedução, 68-73
  indução, 70-73
  "palpites instintivos", 67
  visão geral, 15-16
Método científico como atividade de solucionar quebra-cabeça, 68-69
Método de concordância, 138-139
Método do caminho crítico (CPM), 126-127, 601-603
Método dos quadrados mínimos, 485-489
Metodologia *COMPASS* (Harris Interactive), 289-291
Metodologia CUE (Primary Insights, Inc.), 158-160
Metodologia de levantamento com população representativa, 313-314
Metodologias de pesquisa, 7-8
Métodos causais, 193-194
Mineração de dados
  ética em, 35-37
  evolução de, 105-108
  processo de, 107-110
Mineração de fontes internas, 90-91, 103-110
Mineração de opiniões, 107-108
Mineração do banco de dados da empresa, 90-91
MLA Handbook for Writers of Research Papers (Gibaldi), 517-519
Modelo de fluxo máximo, 65-66
Modelo de tabelas para análise preliminar, 301-302
Modelos baseados em sequência, 109-110
Modelos baseados na genética, 109-110
Modelos de estimativa, 109-110
Modelos descritivos, 65-66
Modelos normativos, 65-66
Modelos, pesquisa, 65-68
Modelos preditivos, 65-66
Monitoramento, coleta de dados por, 128-129
Monitoramento de câmera digital, 35-36
Monitoramento eletrônico, 35-36
Moralidade, validade interna afetada pela, 204-206
MROCs (comunidades on-line de pesquisa de mercado), 145-147

N

"Nativos" e "imigrantes" digitais, 420-421
Netnografia, 145-147, 396-397
Neurociência, 67
Níveis de tratamento, em experimentos, 197-201
Nível de compreensão de relatórios, 518-520

Nível de experiência observadores, 182-183
Nível factual para observação, 182
Nível inferencial para observação, 182
Normas de segurança, 175-176
Notas de laboratório, 87-88
Novos produtos e projeto de serviço, apresentações de planilha para, 422-423
Números com defeito, levantamentos telefônicos e, 236-238
Números incorretos, levantamento telefônico e, 236-238

O

Obesidade, 133-134
Objetivos de pesquisa, 273, 300-302
Observação direta, 179
Observação discordante, 499
Observação indireta, 179
Observação não comportamental, 174-177
Observação participante, 180-181
Observação simples, 180-181
Observação sistemática, 180-181
Observações, 172-191
  avaliação de, 177-178
  avaliação por, 71-72
  coleta de dados de, 87-88
  comportamento, 175-177
  comportamento de varejo, 489-490
  concordante e discordante, 499
  conduzindo
    coleta de dados, 182-186
    especificações de conteúdo, 182
    tipo de estudo, 180-182
    treinamento do observador, 182-183
  dando vida à pesquisa, vinheta de abertura, 173
  em experimentos, 208-209
  fontes e locais para, 12-14
  medidas não intrusivas para, 185-189
  não comportamental, 174-177
  relação observador-participante, 177-181
  visão geral, 173-175
Observações comportamentais, 175-177, 187-188
Observações concordantes, 499
OCR, reconhecimento óptico de caracteres, 395-396
Opinião de especialistas em apresentações, 557
Orçamento da área funcional, 82
Orçamento departamental, 82
Orçamento por tarefa, 82
Orçamentos, pesquisa, 82-84; *ver também* Custo; Proposta, pesquisa
Ordem temporal de variáveis, 139-141
Ordenação, 274-275, 290

Ordenação estruturada, 289-291
Ordenação não estruturada, 289-291
Ordenação Q, 289-291
Organização narrativa de apresentações orais, 553-555
Organização perceptiva, princípio de, 561-562
Organização tradicional, de apresentações, 552-553
Orientação corporal, em apresentações, 569-571
Oscar, prêmio, audiência de filmes e, 481-482
Outliers, 417-419
Oxford English Dictionary, 189

P

Padrão de pensamento, 12-14
Padrões de compra, 489-490
Padrões de compra no varejo, 489-490
Padrões de consumo de mídia, 421-422
Padrões éticos de comportamento, ética como, 27-28
Padrões profissionais de ética, 40-45
Página de título, de relatórios, 511-512
Painéis *on-line*, 266-267
Painel, estudos, 130, 242-243, 345-347
Palpite, 67
Paralinguagem, 569-570
Parâmetros de população, 347-348
Participantes
   conhecimento dos, 332-333
   em levantamentos autoadministrados, 232
   em levantamentos telefônicos, 237-239
   em observações, 180-181
   erros de pesquisa de, 223-224, 226
   honestidade dos, 301-302
   incentivos para, 346-347
   médicos e pacientes como, 185-186
   para experimentos, 201-203
   percepção dos, 131
   qualitativa, 149-150
   questões éticas de pesquisa, 27-37
      benefícios da pesquisa discutidos, 28-30
      coleta de dados da Internet, 35-37
      consentimento informado, 31-34
      direitos de privacidade, 32-35
      esclarecimento, 32-34
      logro, 29-31
   recrutamento, 33-34, 155-157
   relação observador-participante, 177-181
   relacionamento com, 325-326
   triagem, 317-319
   validade interna e seleção dos, 204-205
Participantes do tipo agradador, 301-302
Participantes do tipo autoiludido, 301-302
Participantes do tipo distanciador, 301-302
Participantes do tipo ignorante, 301-302
Participantes do tipo jogador, 301-302
Participantes do tipo pavão, 301-302
Participantes do tipo tomador de decisão inconsciente, 301-302
Patos, em comunicação persuasiva, 545-546, 548-549
Patrocinadores, em pesquisa
   background, 51-52
   disfarce, 300-302
   grupos focais, visualização por, 163
   questões éticas, 36-41
Penetração de preços, 64-65
Pensamento, pesquisa, 50-75
   dando vida à pesquisa, vinhetas, 51-52
   linguagem, 52-68
      conceitos, 52-55
      constructos, 54-55
      definições, 54-58
      hipóteses, 60-64
      modelos, 65-68
      teoria, 63-66
      variáveis, 57-60
   método científico, 66-73
      dedução, 68-73
      indução, 70-73
      "palpites instintivos", 67
Percepção dos participantes, 131
Perfil Visual, recurso,
   amostragem de acesso misto, 348-349
   coleta de dados da Internet, 228-229
   desenvolvimentos de metodologias de pesquisa, 17-18
   duração do levantamento, 320
   escalas de mensuração multidimensional, 275-276
   fontes de ideias de produtos, 164-165
   gráficos, 559
   grupos focais, 270-271
   informações não estruturadas, 386-387
   levantamentos pela internet, 319
   metodologia de levantamento com população representativa, 313-314
   mídias sociais, 277-280
   observação, 175-177
   pesquisa de modo misto, 230-231
   pesquisa qualitativa e quantitativa para propaganda, 487-488
   questionários, 310-311
   técnicas de pesquisa emergentes, 85
   técnicas projetivas, 152
Pesquisa, 88-89
Pesquisa-ação, 168-169
Pesquisa aplicada, 15-16
Pesquisa básica, 15-16
Pesquisa com base em aplicativos, 85
Pesquisa com células-tronco, 56-57
Pesquisa de avaliação de desempenho, 147-148
Pesquisa de modo misto, 230-231
Pesquisa de posicionamento, 422-423, 487-488
Pesquisa de "turnê para ouvir", 133-134
Pesquisa em administração, vantagem competitiva de, 7-11
   "boa pesquisa", características, 15-
   desnecessária ou inadequada, 38
   exemplos de estudos, 18-22
   processo de pesquisa, 13-15
   razões par estudar, 4-7
   revisões de proposta, 3-4
   tomadores de decisão baseados em informações, 11-13
Pesquisa on-line, 5
Pesquisa passíveis de reprodução, 15-16, 194-195
Pesquisa politicamente motivada, 54, 89
Pesquisa pura, 15-16
Pesquisa qualitativa, 144-171
   amostragem não probabilística em 154
   dando vida à pesquisa, vinheta, 145
   descrição de, 145-147
   em propaganda, 487-488
   metodologias, 125, 153-170
      amostragem, 153-154
      combinando, 167-169
      entrevista individual em profundidade, 158-161
      entrevistas, 154-160
      facilidade de leitura de entrevistas, 160-168
   pesquisa quantitativa sendo mesclada com, 168-170
   pesquisa quantitativa *versus*, 145-150
   processo, 149-153
Pesquisa quantitativa
   em propaganda, 487-488
   pesquisa qualitativa sendo mesclada com, 168-170
   pesquisa qualitativa *versus*, 145-150
Pesquisas on-line, 275-276
Pessoas alcoolizadas, em grupos focais, 163
"Petisco", de informação, 6-7
"Petisco" de informações, 6-7
PET (tomografia por emissão de pósitrons), 179
Piadistas, em grupos focais, 163
Piscadas de olhos, 175-177
Planejamento de projeto de pesquisa, 15-17
Planilha, 394-396, 422-423
Plotagem na matriz GE, 422-423
Poder da marca, 352-354
Poder da mensagem, 208-209

Poder estatístico, 253-254
Política de penetração de preços, 64-65
Pontos estimados, em amostragem, 367-369
Pontuação do Índice de Facilidade de Leitura Flesch, 517-519
População, 86, 341-342
População-alvo, 86, 347-348
Porcentagens, em tabulação cruzada, 422-426
Portadoras de necessidades especiais, pessoas, 289-291
Postura, 569-570
Praticidade, mensuração, 264-265
Precisão
   amostragem, 341-343
   lembrança, 550-551
Precisão, 331, 342-343
Precisão do recall, 550-551
Pré-codificação, 433-434
Predição, mineração de dados para, 106-107
Preparação e descrição de dados, 376
   codificação, 381-394
      banco de dados, 386-390
      construção do registro de códigos, 381-383
      dados faltantes, 391-394
      questões abertas, 384-385
      questões fechadas, 381-383
      regras de, 385-387
      respostas "não sei", 389-392
      visão geral, 381-383
   dando vida à pesquisa, vinhetas de abertura, 377
   edição, 378-382
   entrada digital, 396-398
      digitação, 393-396
      inovações para, 397-398
      reconhecimento de voz, 396-397
      reconhecimento óptico, 395-397
   estatística, 401-405
      distribuições, 401-403
      medidas de forma, 405
      medidas de tendência central, 403-404
      medidas de variabilidade, 404-405
Preparação visual, para apresentações, 561-562
pré-tarefa, em pesquisa qualitativa, 149-150, 152
Pré-teste de pesquisa, 87-88, 201-203, 310-311, 326-327
Previsão, apresentação de planilha para, 422-423
Princípio da saliência, 561-562
Princípio de relevância, 559
Princípios de comunicação persuasiva, 544-547
Privacy Act de 1974, 43-45

Privacy Protection Act de 1980, 43-45
Problema de dados sujo, 380-381
Processo de pesquisa, 76-93
   análise de dados e interpretação, 88-89
   coleta de dados, 87-89,
   dando vida à pesquisa, vinheta, 77
   mineração do banco de dados da empresa, 90-91
   motivada politicamente, 91-92
   problemas mal definidos, 90-92
   projeto 84-88
   proposta, 82-84
   questões, 79-81
   questões não pesquisáveis, 90-91
   relatórios, 88-90
   sequência de, 77-79
   síndrome da técnica favorita, 89-91
   visão geral, 13-15
Produtos de consumo, empresas, 183-184
Produtos de consumo, empresas de,183-184
Produtos de SaaS (software como serviço), 109-110
Produtos de SaaS (software como serviço), 109-110
Programa de redução de dados, 108-109
Programas de identificação de fidelidade, 103-104
Projeto com amostra separada com pré e pós-teste, 210-213
Projeto com grupo controle de pós-teste apenas, 208-210
Projeto com grupo de controle não equivalente, 210-212
Projeto de estudo causal, 138-142
Projeto de grupo de séries temporais, 212-213
Projeto de pesquisa 123-143
   dando vida à pesquisa, vinhetas, 125-126
   descrição de, 126-131
   estudo descritivo, 136-139
   estudos causais, 138-142
   estudos exploratórios, 131-137
   experimental verdadeiro, 208-210
   para experimentos, 199-200
   pré-experimental, 206-209
   quase-experimental, 208-213
   semiexperimental, 208-213
   visão geral, 84-88
Projeto de pesquisa de estudo com grupo estático, 207-209
Projeto de um grupo com pré e pós-teste, 206-208
Projeto do instrumento, 316-327
   instruções, 322-326
   pré-teste, 326-327 problemas em, 325-327
   sequência, 319-325
   triagem de participantes, 317-319

Projeto em dois estágios, 135-136,
Projeto *ex post facto*, 128-129
Projeto pré-experimental, 206-209
Projetos de pesquisa com pré- e pós-teste, 208-210
   amostra separada, 210-213
   projeto com grupo controle de pós-teste apenas, 208-210
   projeto de grupo de controle, 208-210
   projeto de um grupo, 206-208
Projetos de pesquisa *one-shot* 206-208
Projetos de quase-experimento, 208-213
Projetos experimentais verdadeiros, 208-210
Projetos semiexperimentais, 208-213
Projetos; *ver* Orientação de detalhes no projeto de pesquisa, para observadores, 182-183
Propaganda, 255-256, 86
Proporção de incidência da população, 348-349
Proporções, 348-349, 373-374
Proposições. 58; *ver também* testes de hipóteses
Propósito definido de pesquisa, 15-17
Proposta de pesquisa solicitada, 596-598
Proposta de pesquisa; *ver* Pesquisa, proposta de
Proposta, pesquisa, 587-612; *ver também* Relatórios, pesquisa
   avaliando, 603-607
   benefícios para o pesquisador de, 595-596
   exemplo de, 116-119, 608-611
   lista de verificação de pesquisa para, 593-594
   patrocinador de, 594-595
   seções de, 596-604
   solicitação de proposta (RFP), 3, 7-8, 588-594
   tipos de, 595-598
   visão geral, 82-84
Propostas de pesquisa externas, 596-598
Propostas de pesquisa interna, 596-598
Propostas de pesquisa não solicitadas, 596-598
Propriedades, variáveis como, 248-251
Proselitistas em grupos focais, 163
Proxêmica, 175-177

Q

Quadrado da média, para índice F, 456-457
Qualidade de dados elusivos, 87-88
Quartis, como resistentes à estatística, 417-419
Quase-experimento de séries temporais múltiplas, 211
Questão de duplo conceito=, 310-311, 331

Questão de pesquisa, dados secundários para esclarecer
dando vida à pesquisa, vinheta, 95
exploração, 95-104
avaliação das fontes de informação, 101-104
fontes de informação, 98-102
níveis de informação, 97-99
mineração de fontes internas, 103-110
o desenvolvimento de pesquisa-ação, 110-121
questão de pesquisa, 114-120
questão gerencial 110-115
questões de mensuração, 120-121
questões investigativas 115-119
Questão de pesquisa; ver também Questão gerencial
cristalização de, 127-128
em desenvolvimento de pesquisa-ação, 114-120,
mal definido, 90-92
visão geral, 79-81
Questão de resposta livre, 309-310
Questão gerencial
construção de questões de mensuração, 303-317
categorias e estrutura, 303-304
conteúdo, 303-307
eficaz, 331-337
estratégia de resposta, 307-315
fontes de, 314-317
redação, 304-308
hierarquia de, 297-304
abordagem de comunicação, 299-302
análise preliminar, 301-304
disfarce de objetivos e patrocinadores, 300-302
escala necessária, 298-300
no desenvolvimento de pesquisa-ação, 110-115
pré-teste, 326-327
projeto do instrumento, 316-327
instruções, 322-326
problemas em, 325-327
sequência, 319-325
triagem de participantes, 317-319
Questionários, 87-88, 181-182, 310-311; ver também questão gerencial; levantamentos
Questões administrativas, 303-304
Questões de mensuração, 303-317
categorias e estrutura, 303-304
conteúdo, 303-307
eficaz, 331-337
em desenvolvimento de pesquisa-ação, 120-121
estratégia de resposta, 307-315
fontes de, 314-317
na hierarquia de questão gerencial, 81
redação, 304-308

Questões de mensuração preconcebidas, 120-121
Questões de mensuração sob medida, 120-121
Questões de múltipla escolha, 308-314
Questões de ramificação, 319
Questões dicotômicas, 309-310 Variáveis dicotômicas, 57-58
Questões fechadas, codificação, 381-383
Questões investigativas, 81, 115-119; ver também Questão gerencial
Questões objetivadas, 303-304

R
Raciocínio lógico, 66-68, 68-73
RAV (reconhecimento automático de voz), 235-236
Reatividade de um teste com X, validade externa e, 205-206
Reconhecimento automático de voz (RAV), 235-236
Reconhecimento de marcação óptica (RMO), 395-396, 406
Reconhecimento de voz, 235-236, 396-397
Reconhecimento facial, 35-36
Reconhecimento óptico entrada de dados por, 395-397
Redação, de questões de mensuração, 304-308, 333-337
Redes neurais, 109-110
Redes sociais, 107-108, 147-148, 196-197, 321-322, 408-410
Reescalonar variável, 255-256
Reestruturação corporativa, 10-11
Registro de dados, 419-420
Registro de entrevista em grupo, 167-169
Registro direto no *software*, 33-34
Regra 80/20, 417-418
Regra de decisão 84
Regra de três, 555
Regra dos 10 minutos, 550-551
Regra geral de orçamento, 82,
Regressão estatística, 204-205
Regressão linear simples, 481-494
aplicação de, 483-486
excelência de ajuste, 490-494
método dos quadrados mínimos, 485-489
modelo de, 481-484,
previsões de, 489-491
Regressão linear, ver Regressão linear simples
Regulamentação, 29-30
Relação assimétrica de disposição-comportamento, 140-141
Relação assimétrica de propriedade-comportamento, 140-141

Relação assimétrica de propriedade-disposição, 140-141
Relação assimétrica de variáveis, 140-141
Relacionamento recíproco de variáveis, 140-141
Relações assimétricas de variáveis, 140-141
Relações assimétricas entre estímulo-resposta, 140-141
Relações bivariadas, 137-138
Relações espaciais, 175-177
Relações, para apresentações, 563-565
Relatório Belmont de, 1979, 40-43
Relatório modular, 512-513
Relatórios gerenciais, 509-511; ver também Relatórios, pesquisa
Relatórios, pesquisa, 506-541; ver também Apresentações orais;
apresentação estatística, 520-521
exemplo de, 522-532
gráficos para, 521-540
no texto, 520-521
semitabular, 521-533
componentes de, 510-516,
considerações de apresentação, 520-521
dando vida à pesquisa, vinheta, 507
de entrevista em grupo, 167-169
longos 508-511
preocupações pré-redação, 514-519
propósito de, 128-129
rascunhos, 517-521
resultados, 88-90
resumido, 507-509
visão geral, 21-22
Relatório técnico, 509-510
Resíduos padronizados, 488-489
Resistente à estatística, 417-418
Resposta biométrica, 85
Resposta de reatividade, 185-186
Resposta estruturada, 307-308
Resposta fechada, 307-308
Resposta galvânica da pele (GSR), 179
Resposta não estruturada, 307-308
Respostas em caixas de texto, em celular, 234-235
Respostas "não sei", 389-392
Ressonância magnética, 179
Ressonância magnética, 179
Restrições de tempo em levantamentos, 230
Resultados de pesquisa, apresentação não ambígua de, 17-19; ver também Relatórios de pesquisa
Resultados, sigilo de, 37-38, ver também Relatórios, pesquisa
Resumo de cinco números em distribuições, 417-418
Resumo executivo, de relatórios, 511-512

Retenção de clientes, 244
Retorno sobre investimento (ROI). 6-7
Revisão de relatórios, 519-520
Revisões de proposta, 3-4, 603-607
RFDI (identificação por radiofrequência), 62-63, 420-421
RFP (solicitação de proposta), 3, 7-8, 588-594; *ver também* Proposta de pesquisa
Risco, 29-30, 106-107
Ritmo, em relatórios, 519-520
RMO (reconhecimento de marcação óptica), 395-396
Romance no escritório, levantamento sobre, 321-322
Rotatividade de funcionários, 257-258
Rotulagem de alimentos, mensagens de, 208-209
RPE (estatísticas de redução proporcional de erro), 496-497, 499

S

Saturação, em apresentações, 567-569
Seguidores, em grupos focais, 163
Sequência de questões, 319-325
Sequência de questões do geral para o específico, 321-322
Serviço *on-line* de classificação de empresas, 228-229
Serviços baseados na localização (LBS), 29-30
Serviços de dados on-line, 196-197
Serviços de relacionamento *on-line*, 196-197
Sigilo, 34-35, 36-38
Sigilo do propósito, 37-38
Significados conotativos, mensuração de, 291-292
Significância estatística, 431-433; *ver também* Testes de significância
SIG (Sistema de informações geográficas), 420-421
Silogismo, em apelos, 545-546
Simplicidade, para apresentações, 563-564
Simulações, 130
Síndrome da técnica favorita, 89-91
Sistema de apoio à decisão (SAD), 8-10
Sistema de informações geográficas (SIG), 420-421
Sistemas de correspondência de DNA, 62-63
Sistemas de filtragem de ligações, levantamento telefônico e, 235-237, 239-240
Sistemas formais de avaliação 360°, 147-148
Smartphones; *ver também* dispositivos móveis
  decisões de compra afetadas por, 53
  levantamentos sobre, 239-240
  pesquisa sobre, 234-235
  projeto de questionários para, 304-306
  serviços baseados na localização e, 29-30
Sobrecarga de informações, 6-7
Software XSight (QSR International), 386-387
Solicitação de proposta (RFP), 3, 7-8, 588-594; *ver também* Proposta de pesquisa
Solução de problemas, como base de pesquisa, 15-16
Standard Industrial Classification, 100-101
State of the Blogosphere Report (Technorati), 98-99
Supremacia da imagem, para apresentações, 562-563
Sustentabilidade, 133-134

T

Tabela estatística de número aleatórios, 631
Tabelas
  análises baseadas em, 425-428
  apresentação estatística em, 521-534
  dados apresentados em, 414-416
Tabelas de frequência, 408-410
Tabelas estatísticas, 621-631
  áreas de distribuição normal padrão, 622
  números aleatórios, 631
  valores críticos da distribuição F para $\alpha = 0,05$, 628-629
  valores críticos da distribuição qui-quadrado, 624
  valores Críticos de D no Teste de Kolmogorov-Smirnov de duas amostras para grandes amostras (bicaudal), 627,
  valores Críticos de D no Teste de Kolmogorov-Smirnov de uma amostra, 625
  valores críticos de T no teste de pares conjugados de Wilcoxon, 625
  valores críticos de t para determinados níveis de probabilidade, 623
  valores críticos de U no teste de Mann-Whitney, 630
Tabletes, projeto de questionários para, 304-306
Tabulação cruzada, 421-428
  análises baseadas em tabela, 425-428
  porcentagens em, 422-426
  visão geral, 137-138
Tagarelas, grupos focais, 163
Talento, analítico, 6-7
Tática, 10-11
TDM (Total Design Method), 232
Técnica de diálogo para figuras, 157-158
Técnica de dividir ao meio, 263-264

Técnica de evocação de metáforas, 158-160
Técnica de rodízio, 311-313
Técnica do incidente crítico, 159
Técnicas ambíguas de Testes de hipóteses, 157-158
Técnicas de associação de figuras, 157-158
Técnicas de associação de palavras, 157-158
Técnicas de cadeia de benefícios, 157-158
Técnicas de completar frases, 157-158
Técnicas de etnografia móveis, 85
Técnicas de exercícios de imaginação, 157-158
Técnicas de figura de autoridade, 157-158
Técnicas de livre associação, 162-164
Técnicas de mapeamento semântico, 158-160
Técnicas de neuroimagem, 179
Técnicas de ordenação de componentes, 157-158, 162-164
Técnicas de ordenação sensorial, 157-158
Técnicas de paradoxos, 157-158
Técnicas de personificação, 157-158
Técnicas de pesquisa emergentes, 85, 98-99, 166-167
Técnicas de representação de papéis, 162-164
Técnicas de universo imaginário, 157-158
Técnicas projetivas, 152, 157-160
Técnicas qualitativas móveis, 85
Técnicas visitante de outro planeta, 157-158
Tecnologia de agente ativo, 33-34
Tecnologia *VideoMarker* (FocusVision), 165-166
Telefone, entrevistas por, 227, 234-240
Telefone, grupos focais por, 165-167
Telemarketing, 237-239
Tempo do Meridiano de Biel, 254-255
Tempo-padrão global, 254-255
Tendência central, medida de, 253-254, 276-277, 403-404
Tendência monotônica, em elementos da população, 355
Tendências, visualização de dados para, 108-109
Teorema central de limite, 369-370
Teoria, 63-66
Teoria de decisão, 83-84
Teoria fundamentada em dados, 159
Terceirização dos serviços de levantamento, 241-243
Teste, 87-88, 204-205
Teste bicaudal, em testes de hipóteses, 433-434
Teste de Hipóteses, 430-469
  dando vida à pesquisa, vinheta de abertura, 431

Erro tipo I, 435-438
Erro tipo II, 437-441
experimento, 197-198
lógica de, 432-437
procedimentos de teste estatístico, 440-441
questão de pesquisa 81
significância estatística, 431-433
teste de significância, 442-443
  duas amostras independentes, 449-453
  duas amostras relacionadas, 452-456
  k amostras independentes, 455-464
  k amostras relacionadas, 463-466
  selecionando, 444-446
  tipos de, 442-445
  uma amostra, 446-448
valores de probabilidade (valores de p), 440-443
visão geral, 60-64

Teste de Kolmogorov-Smirnov de duas amostras para grandes amostras (bicaudal, tabela), 627
Teste de Kolmogorov-Smirnov de uma amostra, 625
Teste de Kruskal-Wallis, 616-620
Teste de Mann Whitney, valores críticos de U (tabela), 630
Teste de pares conjugados de Wilcoxon, 625
Teste de Percepção Temática, 157-158
Teste direcional, em testes de hipóteses, 433-434
Teste estatístico de índice F, para ANOVA, 456-458, 492-493, 628-629
Teste McNemar, 454-456, 464-466
Teste não direcional, em testes de hipóteses, 433-434
Teste-piloto, 87-88, 201-203
Teste Q Cochran, 464-466
Teste qui-quadrado (χ^2)
  medidas de associação não paramétrica, 494-495
  teste de duas amostras independentes, 450-453
  teste de uma amostra não paramétrica, 447-449
  teste não paramétricos com k amostras independentes, 463-464
Testes A/B, para sites, 449-450
Testes de amostra dividida, 282-283
Testes de comparação múltipla, 460-462
Testes de separação de anúncios on-line, 449-450
Testes de significância
  de coeficiente r de Pearson de momento, 478-480
  de k amostras independentes, 455-464
  duas amostras independentes, 449-453
  duas amostras relacionadas, 452-456
  k amostras relacionadas, 463-466
  não paramétrico, 613-620
    duas amostras, 615-619
    k amostras, 616-620
    uma amostra, 613-615
  selecionando, 444-446
  tipos de, 442-445
  uma amostra, 446-448
Testes de significância com duas amostras independentes, 449-453
Testes de significância com duas amostras relacionadas, 452-456
Testes de significância não paramétricos, 442-443
  duas amostras, 615-619
  em situação de duas amostras independentes, 450-453
  em situação de duas amostras relacionadas, 454-456
  em situação de uma amostra, 447-448
  em situações com k amostras independentes, 463-464
  em situações com k amostras relacionadas, 464-466
  k amostras, 616-620
  teste qui-quadrado (χ^2), 447-449
  uma amostra, 613-615
Testes de significância não paramétricos com duas amostras, 615-619
Testes de significância não paramétricos com uma amostra, 613-615
Testes de significância paramétricos
  em situação de duas amostras relacionadas, 453-455
  em situações com k amostras relacionadas, 463-466
  em situações de duas amostras independentes, 449-451
  em situações de k amostras independentes, 455-464
    ANOVA de dois fatores (análise de variância), 461-464
    ANOVA de um fator (análise de variância), 455-461
    contrastes a $priori$, 460-461
    testes de comparação múltipla, 460-462
  em situações de uma amostra, 446-448
  visão geral, 442-443
Testes k amostras de significância não paramétricos, 616-620; ver $também$ testes de significância não paramétricos; Testes de significância paramétricos
Testes padronizados, 87-88
Teste t, 492, 623
Teste unicaudal, em testes de hipótese, 433-434
The Focused Interview (Merton), 163

The Most Human Human: What Artificial Intelligence Teaches Us about Being Alive, (Christian), 449-450
  Organização de sequência motivada, de apresentações, 553
TNCS (transferência de núcleos celulares somáticos), 56-57
Tomadores de decisão baseados em informações, 10-15
  grupos focais em videoconferência para convencer, 165-166
  hierarquia dos, 10-15
  necessidades da pesquisa de, 17-18
Tomadores de decisão como visionários, 10-12
Tomadores de decisão intuitivos, 10-12
Tomadores de decisão padronizados, 10-12
Tom, em relatórios, 519-520
Tomografia por emissão de pósitrons (PET), 179
Total Design Method (TDM), 232
TQM (gerenciamento da qualidade total), 89-90
Transferência de núcleos celulares somáticos (TNCS), 56-57
Transformação baseada em fragmentação, 108-109
Treinamento do observador, 182-183
Triangulação, 168-169, 189

U

Uma Verdade Inconveniente (Gore), 548-549
Unidades proposicionais, na análise de conteúdo, 387-388
Unidades referenciais, na análise de conteúdo, 387-388
Unidades sintáticas, na análise de conteúdo, 387-388
Unidades temáticas, na análise de conteúdo, 387-388

V

Validade convergente, 261-262
Validade de constructo, 259-260, 261-262
Validade de conteúdo, 259-261
Validade de critério, 259-262
Validade de critério concorrente, 259-260
Validade discriminante, 261-262
Validade externa, 203-204, 205-208
Validade interna
  ameaças à, 203-206
  definição de, 259-260
  problemas na, 212-213
Validade preditiva, 261-262

Validade; *ver também* Confiabilidade
de experimentos, 203-208
deriva do observador para reduzir, 182-183
mensuração, 259-263
Valor de "palpites instintivos", 67
Valores críticos
da distribuição F para $\alpha = 0,05$ (tabela), 628-629
da distribuição qui-quadrado (tabela), 624
de D no teste de Kolmogorov-Smirnov de duas amostras para grandes amostras (bicaudal, tabela), 627
de D no Teste de Kolmogorov-Smirnov de uma amostra (tabela), 625
de T no teste de pares conjugados de Wilcoxon (tabela), 625
de U no Teste de Mann Whitney (tabela), 625
Valores de probabilidade (valores de *p*), 440-443
Valores padrão (escores z), 401-402
Vantagem competitiva, 7-11
Variabilidade, estatística para, 404-405
Variância, 341-343, 404; *ver também* ANOVA (análise de variância)
Variância comum, 477-479
Variância sistemática, 341-343
Variáveis contínuas, 57-58
Variáveis de controle (VCs), 58-60
Variáveis de critério, 57-58

Variáveis de interação, 58-60
Variáveis de pesquisa, 57-60
controle de, 128-129
decisão, 84
em experimentos, 197-199
mensuração de, 248-251
priorizando, 62-63
reescalonar, 255-256
relação de, 140-141
Variáveis discretas, 57-58
Variáveis espúrias (VSs), 58-60
Variáveis estranhas (VEs), 58-60, 194-195
Variáveis intervenientes (VIV), 58-60
Variáveis moderadoras (VM), 58-60
Variáveis, objetos, 248-251
Variáveis preditoras, 57-58
Variáveis; *ver* Variáveis da pesquisa
Variável de decisão, 84
Variável dependente (VD), 57-59, 60, 193-194
Variável independente (VI)
atribuição aleatória de grupos e, 140-141
descrição de, 57-59
em experimentos, 193-195
Vencendo a crise (Peters and Waterman), 168-169
Vendas disfarçadas de pesquisa, 237-239
Vender sob o disfarce de pesquisa, 237-239
Vestígios físicos, observação indireta baseada em, 185-186, 189

Viés
aceitação social, 226
ambientes experimentais e, 205-206
efeito de halo, 276-278
interpretação de dados e, 40-41
isenção de, 259-261
presença física, 221-224
redação com, 335-336
resposta, 226
técnica de rodízio para prevenir, 311-313
Viés de aceitabilidade social, 226
Vigilância global, 35-36
Visibilidade, de apresentações, 561-562
Visitas para ouvir, 13-15
Visualização de dados, 108-109
Vocabulário, 304-307, 333-335

W

Wallflowers, em grupos focais, 163
Why Most PowerPoint Presentations Suck (Altman), 558
World Wide Web
apresentações orais sobre, 551
Avaliação de sites, 103
espaço de trabalho na, 4
levantamentos sobre, 319-320
pesquisa de levantamento sobre, 229, 233-234
retorno sobre, 396-397
testes A/B para, 449-450